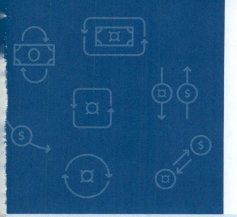

manual de ECONOMIA

www.editorasaraiva.com.br

Amaury Patrick Gremaud, André Franco Montoro Filho, André Luis Squarize Chagas,
Antonio Carlos Coelho Campino, Antonio Evaristo Teixeira Lanzana, Carlos Antonio Luque,
Carlos Marques Pinho (*in memoriam*), Claudio Ribeiro de Lucinda, Denise Cavallini Cyrillo,
Diva Benevides Pinho (*in memoriam*), Francisco Anuatti Neto, Heron Carlos Esvael do Carmo,
José Paulo Zeetano Chahad, José Tiacci Kirsten, Juarez Alexandre Baldini Rizzieri, Julio Manuel Pires,
Leda Maria Paulani, Luiz Carlos Pereira de Carvalho, Manuel Enriquez Garcia, Márcio Bobik Braga,
Marco Antonio Sandoval de Vasconcellos, Maria Cristina Cacciamali, Paulo Furquim de Azevedo,
Raul Cristovão dos Santos, Roberto Guena de Oliveira, Roberto Luis Troster, Rudinei Toneto Jr.,
Sérgio Naruhiko Sakurai, Simão Davi Silber

Organizadores
Diva Benevides Pinho (*in memoriam*), Marco Antonio S. de Vasconcellos e Rudinei Toneto Jr.

Professores do Departamento de Economia da Faculdade de Economia, Administração e
Contabilidade da Universidade de São Paulo (USP - São Paulo e Ribeirão Preto)

manual de
ECONOMIA

7ª EDIÇÃO | **EQUIPE DE PROFESSORES DA USP**

Avenida Paulista, n. 901, Edifício CYK, 3º andar
Bela Vista – SP – CEP 01310-100

SAC Dúvidas referentes a conteúdo editorial, material de apoio e reclamações:
sac.sets@saraivaeducacao.com.br

Direção executiva	Flávia Alves Bravin
Direção editorial	Renata Pascual Müller
Gerência editorial	Rita de Cássia S. Puoço
Coordenação editorial	Fernando Alves
Edição	Ana Laura Valerio
	Neto Bach
	Thiago Fraga
Produção editorial	Daniela Nogueira Secondo
Serviços editoriais	Juliana Bojczuk Fermino
Preparação	Marcela Prada Neublum
Revisão	Angélica Beatriz Halcsik
	Viviane Zeppelini
Diagramação	LGB Publicações
Capa	ERJ Composição Editorial
Adaptação de capa	Alline Garcia Bullara
Adaptação da 6ª tiragem	Camilla Felix Cianelli Chaves
Impressão e acabamento	A.R. Fernandez

ERP 350.303.007.005

ISBN 978-85-472-2028-0

DADOS INTERNACIONAIS DE CATALOGAÇÃO NA PUBLICAÇÃO (CIP)
BIBLIOTECÁRIA RESPONSÁVEL: ANGÉLICA ILACQUA CRB-8/7057

Manual de economia: equipe de professores da USP/Amaury Patrick Gremaud...[et al]; organizadores: Diva Benevides Pinho, Marco Antonio S. de Vasconcellos, Rudinei Toneto Jr . – 7 ed. – São Paulo: Saraiva, 2017.

Inclui bibliografia.
ISBN 978-85-472-2028-0

1. Economia I. Gremaud, Amaury Patrick II. Pinho, Diva Benevides III. Vasconcellos, Marco Antonio Sandoval de IV. Toneto Junior, Rudinei

17-0825
CDD: 330
CDU: 330

Índices para catálogo sistemático:
1. Economia

Copyright © Amaury Patrick Gremaud, André Franco Montoro Filho, André Luis Squarize Chagas, Antonio Carlos Coelho Campino, Antonio Evaristo Teixeira Lanzana, Carlos Antonio Luque, Carlos Marques Pinho, Claudio Ribeiro de Lucinda, Denise Cavallini Cyrillo, Diva Benevides Pinho, Francisco Anuatti Neto, Heron Carlos Esvael do Carmo, José Paulo Zeetano Chahad, José Tiacci Kirsten, Juarez Alexandre Baldini Rizzieri, Julio Manuel Pires, Leda Maria Paulani, Luiz Carlos Pereira de Carvalho, Manuel Enriquez Garcia, Márcio Bobik Braga, Marco Antonio Sandoval de Vasconcellos, Maria Cristina Cacciamali, Paulo Furquim de Azevedo, Raul Cristovão dos Santos, Roberto Guena de Oliveira, Roberto Luis Troster, Rudinei Toneto Jr., Sérgio Naruhiko Sakurai, Simão Davi Silber.
2017 Saraiva Educação
Todos os direitos reservados.

7ª edição
1ª tiragem: 2017
2ª tiragem: 2018
3ª tiragem: 2018
4ª tiragem: 2019
5ª tiragem: 2020
6ª tiragem: 2022

Nenhuma parte desta publicação poderá ser reproduzida por qualquer meio ou forma sem a prévia autorização da Saraiva Educação. A violação dos direitos autorais é crime estabelecido na Lei n. 9.610/98 e punido pelo art. 184 do Código Penal.

COD. OBRA 2196 CL 651214 CAE 621396

Sobre os Autores

Amaury Patrick Gremaud

Professor do Departamento de Economia da Faculdade de Economia, Administração e Contabilidade da Universidade de São Paulo (FEA/USP-Ribeirão Preto). Doutor, mestre e economista pela USP. Coordenador do curso de Economia da FEA/USP-Ribeirão Preto, professor do Programa de Pós-graduação em Integração da América Latina (Prolam) da USP, diretor da Escola Técnica e de Gestão da USP. Ex-diretor da Escola de Administração Fazendária (Esaf), do Ministério da Fazenda (2002-2004), e do Instituto Nacional de Estudos e Pesquisas Educacionais Anísio Teixeira (Inep), Ministério da Educação (MEC), onde foi coordenador do Exame Nacional do Ensino Médio (Enem), entre 2004-2008.

André Franco Montoro Filho

Professor titular do Departamento de Economia da Faculdade de Economia, Administração e Contabilidade da Universidade de São Paulo (FEA/USP). Ph.D. pela Universidade de Yale (Estados Unidos), livre-docente, professor adjunto e economista. Secretário de Planejamento do Estado de São Paulo. Foi presidente e vice-presidente do Banco Nacional do Desenvolvimento (BNDES) e, atualmente, é presidente do Instituto Butantan (IB) da USP.

André Luis Squarize Chagas

Professor doutor do Departamento de Economia da Faculdade de Economia, Administração e Contabilidade da Universidade de São Paulo (FEA/USP). Doutor, mestre e economista pela USP. Coordenador do Índice de Preços de Obras Públicas (Ipop) e do Índice de Preços ao Consumidor (IPC), ambos da Fundação Instituto de Pesquisas Econômicas (Fipe). Coordenador de projetos da Fipe e Pesquisador do Núcleo de Economia Regional e Urbana (Nereus) da USP. Ex-conselheiro suplente do Conselho Regional de Economia (Corecon-SP), ex-assessor econômico da Serasa e ex-assessor econômico da Companhia de Desenvolvimento Econômico de Ribeirão Preto (Coderp).

Antonio Carlos Coelho Campino

Professor titular de Economia da Faculdade de Economia, Administração e Contabilidade da Universidade de São Paulo (FEA/USP), onde leciona Economia da Saúde nos níveis de graduação e pós-graduação. Ex-presidente da Associação Brasileira de Economia da Saúde (Abres) (2000-2002), diretor de pesquisas (1983-1987) e diretor de cursos (2001-2005) da Fundação Instituto de Pesquisas Econômicas (Fipe), chefe do Departamento de Economia da FEA/USP (1987-1989), diretor da Faculdade de Educação da Universidade de São Paulo (FEUSP) (1984/1988) e assessor regional em Economia da Saúde da Organização Pan-americana da Saúde (OPAS/OMS) (1990-1994).

Antonio Evaristo Teixeira Lanzana

Professor do Departamento de Economia da Faculdade de Economia, Administração e Contabilidade da Universidade de São Paulo (FEA/USP) e dos programas de MBA da Fundação Instituto de Pesquisas Econômicas (Fipe) e da Fundação Instituto de Administração (FIA). Doutor, mestre e economista pela FEA/USP. Membro do Comitê de Avaliação da Conjuntura da Associação Comercial de São Paulo (ACSP). Foi economista-chefe e consultor econômico da Federação das Indústrias do Estado de São Paulo (Fiesp).

Carlos Antonio Luque

Professor titular do Departamento de Economia da Faculdade de Economia, Administração e Contabilidade da Universidade de São Paulo (FEA/USP). Doutor, mestre, livre-docente e professor titular pela USP. Secretário adjunto de Planejamento do Estado de São Paulo nas gestões Mário Covas e Geraldo Alckmin. Ex-presidente da Ordem dos Economistas do Brasil (OEB) e do Conselho Regional de Economia de São Paulo (Corecon-SP). Presidente da Fundação Instituto de Pesquisas Econômicas (Fipe) desde 2007.

Carlos Marques Pinho (in memorian)

Professor titular do Departamento de Economia da Faculdade de Economia, Administração e Contabilidade da Universidade de São Paulo (FEA/USP). Doutor, economista, livre-docente, professor adjunto e professor titular pela USP. Bacharel e licenciado em Pedagogia pela Faculdade de Filosofia, Letras e Ciências Humanas da Universidade de São Paulo

(FFLCH/USP) e bacharel em Direito pela Pontifícia Universidade Católica de São Paulo (PUC-SP). Foi vice-diretor da FEA/USP e representante no Conselho Universitário da USP.

Claudio Ribeiro de Lucinda

Professor associado livre-docente do Departamento de Economia da Faculdade de Economia, Administração e Contabilidade da Universidade de São Paulo (FEA/USP-Ribeirão Preto). Pós-doutor pela Universidade de Chicago, no *George Stigler Center for the Study of the Economy and the State*, e professor visitante na *University of Southern California*. Doutor e mestre em Economia pela Fundação Getulio Vargas (FGV) e ex-professor na Escola de Administração de Empresas de São Paulo (FGV-EAESP), na Escola de Economia de São Paulo (FGV-EESP) e no Ibmec-SP. Possui vários artigos publicados na área de antitruste e regulação, além de atuar como consultor. Especialista em Organização Industrial, Antitruste e Regulação e Finanças Corporativas, com foco em Métodos Quantitativos.

Denise Cavallini Cyrillo

Professora associada do Departamento de Economia da Faculdade de Economia, Administração e Contabilidade da Universidade de São Paulo (FEA/USP). Doutora, mestre e economista pela FEA/USP. Presidente da Comissão de Cultura e Extensão da FEA/USP. Professora credenciada na pós-graduação Interunidades em Nutrição Humana Aplicada da USP. Pesquisadora da Fundação Instituto de Pesquisas Econômicas (Fipe).

Diva Benevides Pinho (*in memoriam*)

Professora emérita do Departamento de Economia da Faculdade de Economia, Administração e Contabilidade da Universidade de São Paulo (FEA/USP). Doutora, economista, bacharel e licenciada em Ciências Sociais pela Faculdade de Filosofia, Letras e Ciências Humanas da Universidade de São Paulo (FFLCH/USP), bacharel em Direito pela Faculdade de Direito da Universidade de São Paulo (USP), livre-docente e professora titular pela USP. Ex-chefe de Departamento de Economia da FEA/USP. Foi membro de todos os colegiados da FEA/USP. Vice da Pró-reitoria de Cultura e Extensão da USP, presidente da Comissão de Patrimônio da USP. Membro do Conselho Consultivo Especial do Departamento de Economia da FEA/USP. Consultora de Cooperativismo e autora do livro *O cooperativismo no Brasil - da vertente pioneira à vertente solidária*.

Francisco Anuatti Neto

Professor do Departamento de Economia da Faculdade de Economia, Administração e Contabilidade da Universidade de São Paulo (FEA/USP-Ribeirão Preto). Doutor e economista pela USP. Tem diversos cursos no exterior, como na Rockfeller Foundation (Costa Rica, Tailândia e Zimbábue), United Nations Industrial Development, Banco Mundial e World Bank Institute.

Heron Carlos Esvael do Carmo

Professor livre-docente do Departamento de Economia da Faculdade de Economia, Administração e Contabilidade da Universidade de São Paulo (FEA/USP). Doutor, mestre, economista e livre-docente pela USP. Foi coordenador do IPC da Fundação Instituto de Pesquisas Econômicas (Fipe). Ex-presidente do Conselho Regional de Economia de São Paulo (Corecon-SP) e ex-conselheiro do Conselho Federal de Economia (Cofecon).

José Paulo Zeetano Chahad

Professor titular do Departamento de Economia da Faculdade de Economia, Administração e Contabilidade da Universidade de São Paulo (FEA/USP). Pós-doutor pela Boston University (Estados Unidos), doutor, mestre, economista e livre-docente pela USP. Vice-presidente da Ordem dos Economistas e da Associação Brasileira de Estudos do Trabalho (Abet), secretário-executivo da Sociedade Brasileira de Econometria (SBE) e da Associação Nacional dos Centros de Pós-Graduação em Economia (Anpec). Secretário nacional adjunto do Trabalho do Ministério do Trabalho e da Administração. Ex-presidente da Fundação Instituto de Pesquisas Econômicas (Fipe) e ex-assessor especial do Ministro do Trabalho. Coordenador brasileiro da Área Trabalho do Mercosul. Membro do Conselho de Emprego e Relações de Trabalho da Fecomercio. Conselheiro da Fundação Oncocentro de São Paulo (Fosp) e da Fundação Seade.

José Tiacci Kirsten

Professor titular de Estatística Econômica e Econometria do Departamento de Economia da Faculdade de Economia, Administração e Contabilidade da Universidade de São Paulo (FEA/USP). Economista, estatístico, diretor-presidente da Data-Kirsten – Pesquisas, Projetos e Projeções S/C Ltda., ex-secretário de Estado da Indústria e Comércio e da Secretaria da Administração do Governo do Estado de São Paulo.

Juarez Alexandre Baldini Rizzieri

Professor sênior do Departamento de Economia da Faculdade de Economia, Administração e Contabilidade da Universidade de São Paulo (FEA/USP). Pós-doutor pela Universidade de Houston (Estados Unidos), doutor e economista pela USP e mestre pela Universidade de Purdue (Estados Unidos). Ex-coordenador do IPC da Fundação Instituto de Pesquisas Econômicas (Fipe) e ex-presidente da Fipe e da Ordem dos Economistas do Brasil (OEB).

Julio Manuel Pires

Professor do Departamento de Economia da Faculdade de Economia, Administração e Contabilidade da Universidade de São Paulo (FEA/USP-Ribeirão Preto) e professor titular do Departamento de Economia e do Programa de Estudos Pós-graduados em Economia Política da Pontifícia Universidade Católica de São Paulo (PUC-SP). Doutor e economista pela USP.

Leda Maria Paulani

Doutora e professora titular em Teoria Econômica pelo Instituto de Pesquisas Econômicas da USP (IPE-USP) e livre-docente junto ao Departamento de Economia Faculdade de Economia, Administração e Contabilidade da Universidade de São Paulo (FEA-USP) na área de Metodologia da Economia. Bacharel em Jornalismo pela Escola de Comunicação e Artes da Universidade de São Paulo (ECA/USP). É pesquisadora 1-D do Conselho Nacional de Desenvolvimento Científico e Tecnológico (CNPq) e ex-presidente da Sociedade Brasileira de Economia Política (2004-2008). Foi assessora-chefe do gabinete da Secretaria de Finanças da Prefeitura de São Paulo (2001-2002) e secretária municipal de Planejamento, Orçamento e Gestão também de São Paulo (2013-2014). Autora, entre outros, de *Modernidade, discurso econômico* e *Brasil Delivery* e coautora de *A nova contabilidade social*.

Luiz Carlos Pereira de Carvalho

Professor associado do Departamento de Economia da Faculdade de Economia, Administração e Contabilidade da Universidade de São Paulo (FEA/USP). Doutor, economista, livre-docente e professor associado pela USP. Ex-vice-presidente para Assuntos Culturais da Ordem dos Economistas do Brasil (OEB).

Manuel Enriquez Garcia

Professor do Departamento de Economia da Faculdade de Economia, Administração e Contabilidade da Universidade de São Paulo (FEA/USP). Mestre e doutor pela USP. Coautor do livro *Fundamentos de Economia*, já em sua terceira edição. Ex-vice-presidente do Conselho Regional de Economia de São Paulo (Corecon). Vice-presidente da Ordem dos Economistas do Brasil (OEB).

Márcio Bobik Braga

Professor associado do Departamento de Economia da Faculdade de Economia, Administração e Contabilidade da Universidade de São Paulo (FEA/USP-Ribeirão Preto) e do Programa de Pós-graduação em Integração da América Latina (Prolam). Ex-diretor da Fundação para o Desenvolvimento da Pesquisa em Administração, Economia e Contabilidade (Fundace), de Ribeirão Preto. É coautor do livro *A nova contabilidade social*.

Marco Antonio Sandoval de Vasconcellos

Professor sênior do Departamento de Economia da Faculdade de Economia, Administração e Contabilidade da Universidade de São Paulo (FEA/USP). Doutor, mestre e economista pela USP. Ex-presidente do Conselho Regional de Economia de São Paulo (Corecon-SP). Coordenador de projetos e cursos da Fundação Instituto de Pesquisas Econômicas (Fipe) e coautor dos livros *Fundamentos de economia, Economia fácil, Macroeconomia para gestão empresarial* e *Manual de comércio exterior e negócios internacionais*.

Maria Cristina Cacciamali

Professora titular do Departamento de Economia da Faculdade de Economia, Administração e Contabilidade da Universidade de São Paulo (FEA/USP). Pós-doutora pelo Massachusetts Institut of Technology (MIT-Estados Unidos); University of New Mexico (UNM/USA), Universidade do Porto (UP/Pr), Instituto Politécnico Nacional (IPN/Me) e Institut des Hautes Ètudes de l'Àmerique Latine (IHEAL/Fr). Doutora, mestre, economista, livre-docente e titular pela USP. Professora do Programa Interunidades Integração da América Latina da USP (Prolam). Professora visitante da pós-graduação em Relações Internacionais da

Universidade de la República em Montevidéu, Uruguai. Pesquisadora sênior da Fundação Instituto de Pesquisas Econômicas (Fipe). Coordenadora do Núcleo de Estudos e Pesquisa em Política Internacional, Estudos Comparados e Políticas Públicas da USP. Pesquisadora Nível 1 do Conselho Nacional de Desenvolvimento Científico e Tecnológico (CNPq) nas seguintes áreas: estudos comparativos sobre desenvolvimento econômico, mercado de trabalho e distribuição de renda.

Paulo Furquim de Azevedo

Ex-professor do Departamento de Economia da Faculdade de Economia, Administração e Contabilidade da Universidade de São Paulo (FEA/USP-Ribeirão Preto). Doutor e mestre em Economia pela FEA/USP. Graduado em Administração Pública pela Escola de Administração de Empresas de São Paulo (FGV-EAESP), *visiting scholar* na Universidade da Califórnia, Berkeley (Estados Unidos). Consultor do Banco Mundial, ex-membro do conselho editorial do Instituto de Economia Agrícola (IEA), pesquisador do Grupo de Estudos e Pesquisas Agroindustriais (Gepai). Ex-conselheiro e presidente interino do Conselho Administrativo de Defesa Econômica (Cade). Ex-professor da Escola de Economia de São Paulo (FGV-EESP) e professor do Insper.

Raul Cristovão dos Santos

Professor de História do Pensamento Econômico da Faculdade de Economia, Administração e Contabilidade da Universidade de São Paulo (FEA/USP). Ph.D. pela New School for Social Research, NY, mestre e economista pela FEA/USP. *Visiting professor* na Universidade de Illinois (Estados Unidos).

Roberto Guena de Oliveira

Professor doutor do Departamento de Economia da Faculdade de Economia, Administração e Contabilidade da Universidade de São Paulo (FEA/USP-Ribeirão Preto). Doutor, mestre e economista pela USP. Coordenador de cursos da Fundação Instituto de Pesquisas Econômicas (Fipe). Pesquisador da Fipe, da Fundação Instituto de Pesquisas Contábeis, Atuariais e Financeiras (Fipecafi) e da Fundação para Pesquisa e Desenvolvimento da Administração, Contabilidade e Economia (Fundace).

Roberto Luis Troster

Ex-professor do Departamento de Economia da Faculdade de Economia, Administração e Contabilidade da Universidade de São Paulo (FEA/USP). Doutor pela USP, pós-graduado em *Banking* pela Stonier School of Banking, University of Delaware e economista pela USP (Prêmio Gastão Vidigal). Ex-economista-chefe da Federação Brasileira das Associações de Bancos (Febraban) e ex-professor titular da Pontifícia Universidade Católica de São Paulo (PUC-SP).

Rudinei Toneto Jr.

Professor titular do Departamento de Economia da Faculdade de Economia, Administração e Contabilidade da Universidade de São Paulo (FEA/USP-Ribeirão Preto). Doutor e mestre em Economia pela FEA/USP. Ex-presidente da Fundação para o Desenvolvimento da Pesquisa em Administração, Economia e Contabilidade (Fundace), de Ribeirão Preto. Ex-assessor econômico da Prefeitura de Ribeirão Preto. Foi chefe do Departamento de Economia e diretor da FEA/USP-Ribeirão Preto. Ex-presidente da Coordenadoria de Administração Geral da USP (Codage).

Sérgio Naruhiko Sakurai

Doutor, mestre e bacharel em Economia pela Faculdade de Economia, Administração e Contabilidade da Universidade de São Paulo (FEA/USP). Docente do Departamento de Economia da FEA/USP-Ribeirão Preto. Pesquisador e docente dos cursos de pós-graduação da Fundação Instituto de Pesquisas Econômicas (Fipe) e da Fundação para o Desenvolvimento da Pesquisa em Administração, Economia e Contabilidade (Fundace). Pesquisador visitante na Universidade de Illinois em Urbana-Champaign, Estados Unidos, e Universidade de Cambridge, Inglaterra.

Simão Davi Silber

Professor sênior do Departamento de Economia da Faculdade de Economia, Administração e Contabilidade da Universidade de São Paulo (FEA/USP). Ph.D. pela Universidade de Yale, Estados Unidos, mestre pela Fundação Getulio Vargas (FGV/RJ), economista pela USP e professor dos MBAs da Fundação Instituto de Pesquisas Econômicas (Fipe). Também foi presidente da Fipe.

Apresentação

Manual de economia é uma publicação elaborada por professores da Universidade de São Paulo, dirigida a estudantes e profissionais interessados em entender as principais questões econômicas de nosso tempo.

Além do seu estilo condensado e didático na apresentação dos conceitos e da teoria econômica, talvez o principal diferencial desta obra seja o de apresentar uma visão bastante abrangente e atualizada da economia brasileira, possibilitando aos leitores uma avaliação de como as teorias e os conceitos discutidos nos vários capítulos operam na realidade do país.

Nesta sétima edição, foi feita uma revisão completa, sendo mantida a estrutura básica dos capítulos. As maiores diferenças residem na introdução de um novo capítulo sobre Economia da saúde (Capítulo 29) e uma nova redação do capítulo sobre setor público (Capítulo 26 da sexta edição), que passa a ser denominado de Política fiscal do governo (Capítulo 17 desta edição). Como nas edições anteriores, as alterações foram no sentido de tornar este livro ainda mais didático, que é a razão fundamental da sua grande aceitação em todo o país, atingindo não só estudantes e profissionais da área de economia, administração e contabilidade, como também de outras áreas em que a disciplina de economia está incluída.

Na **Parte I – A economia e o pensamento econômico**, foram atualizados o Capítulo 2 – Aspectos da evolução da ciência econômica e o Capítulo 3 – De Smith a Marx: a economia política e a marxista. O Capítulo 1 não sofreu alterações.

Na **Parte II – Microeconomia**, o Capítulo 10 – Regulamentação dos mercados foi revisto e atualizado, em função de alterações legais ocorridas nos últimos anos. Os demais capítulos permaneceram como na sexta edição.

Na **Parte III – Macroeconomia**, quase todos os capítulos foram revistos e atualizados: no Capítulo 13 foi apresentado um resumo da evolução e situação atual da teoria macroeconômica; no Capítulo 14, foram atualizados os dados da Contabilidade Social no Brasil; o Capítulo 15 – Teoria de determinação da renda e do produto nacional é o único desta parte que não sofreu modificações em relação à edição anterior; no Capítulo 16 – Introdução à teoria monetária, as definições e as estatísticas dos agregados monetários também foram atualizadas.

Além disso, foi introduzido o Capítulo 17 – Política fiscal do governo, de autoria do professor doutor Sérgio Naruhiko Sakurai (este tema foi apresentado na edição anterior na última parte do livro, sob o título O setor público). Isso alterou a numeração dos capítulos seguintes, quando comparados à sexta edição. No Capítulo 18 – Considerações sobre o problema da inflação, atualizou-se o tópico sobre o processo inflacionário brasileiro e o Capítulo 19 foi atualizado com as mais recentes ponderações dos vários índices de preços no Brasil.

Na **Parte IV – População, emprego e distribuição de renda**, os Capítulos 21 e 22 tiveram tanto o texto como as tabelas e os quadros atualizados.

Na **Parte V – Economia internacional**, foi atualizado o Capítulo 23 – Comércio internacional e mantido o texto do Capítulo 24. O Capítulo 25 – O setor externo da economia brasileira foi ampliado e atualizado.

A **Parte VI – Desenvolvimento econômico** foi mantida exatamente como na edição anterior.

Finalmente, na **Parte VII – Metodologia e tópicos especiais em economia**, foi introduzido o Capítulo 29 – Economia da saúde, de autoria do professor doutor Antonio Carlos Coelho Campino e da professora doutora Denise Cavallini Cyrillo. Como observado anteriormente, o capítulo sobre o setor público foi deslocado para a Parte III sob novo título. Os dois últimos capítulos, Capítulo 30 – Metodologia da ciência econômica e Capítulo 31 – Metodologia quantitativa da pesquisa econômica: a estatística e a econometria, permaneceram como na edição anterior.

Espera-se, após essas atualizações e inclusões, ampliar as possibilidades de utilização desta obra nas várias áreas em que é necessário um maior conhecimento de Economia, incluindo concursos públicos e o Exame Nacional de Desempenho de Estudantes (Enade), antigo Provão.

Agradecemos a todos os estudantes estagiários, desta e das edições anteriores, que ajudaram na elaboração dos vários capítulos, e aos estudantes que nos proporcionaram, professores da USP, a experiência e a motivação para a elaboração deste livro.

Os organizadores

SUMÁRIO

PARTE 1 — A economia e o pensamento econômico

CAPÍTULO 1
INTRODUÇÃO À ECONOMIA
Juarez Alexandre Baldini Rizzieri

1.1	Introdução	3
1.2	Alguns problemas econômicos	3
1.3	Métodos de investigação da Ciência Econômica	4
1.4	Concepções e definições sobre Ciência Econômica	7
1.5	Objeto da Ciência Econômica: a lei da escassez	10
1.6	Problemas econômicos básicos	11
1.7	O problema da organização econômica	15
1.8	Uma divisão didática do estudo da Ciência Econômica	24
	Questões	24
	Referências	25

CAPÍTULO 2
DE SMITH A MARX: A ECONOMIA POLÍTICA E A MARXISTA
Raul Cristovão dos Santos

2.1	Introdução	26
2.2	Fisiocratas e Adam Smith	27
2.3	A emergência da economia política como ciência moral autônoma	42
2.4	A economia marxista	52
2.5	Capital na esfera de competição	61
2.6	O legado de Marx	65
	Questões	66
	Referências	66

CAPÍTULO 3
ASPECTOS DA EVOLUÇÃO DA CIÊNCIA ECONÔMICA — DO INÍCIO DO SÉCULO XXI ÀS RAÍZES DO PENSAMENTO ECONÔMICO
Diva Benevides Pinho

3.1	Introdução	67
3.2	Raízes da Ciência Econômica	67
3.3	As principais tendências atuais da Ciência Econômica	92
3.4	Considerações finais	99
3.5	Anexo – Prêmios Nobel de Economia	100
	Questões	105
	Referências	105

PARTE 2 Microeconomia

CAPÍTULO 4
INTRODUÇÃO À MICROECONOMIA
Marco Antonio Sandoval de Vasconcellos

4.1	Conceito	109
4.2	Pressupostos básicos da análise microeconômica	109
4.3	Aplicações da análise microeconômica	111
4.4	Divisão usual do estudo microeconômico	112
4.5	Desenvolvimentos recentes	113
	Questões	114
	Referências	114

CAPÍTULO 5
TEORIA ELEMENTAR DO FUNCIONAMENTO DO MERCADO
André Franco Montoro Filho

5.1	Teoria elementar da demanda	115
5.2	Teoria elementar da oferta	121
5.3	O equilíbrio de mercado	122
	Questões	144
	Referências	145

CAPÍTULO 6
A TEORIA DO CONSUMIDOR
Roberto Guena de Oliveira

6.1	Introdução	146
6.2	A demanda por livros-textos	146
6.3	Preferências e demanda	155
	Questões	176
	Referências	176

CAPÍTULO 7
TEORIA DA FIRMA: A PRODUÇÃO E A FIRMA
Luiz Carlos Pereira de Carvalho

7.1	Introdução	177
7.2	A importância da teoria da produção	177
7.3	A produção	179
7.4	A firma	190
	Questões	209
	Referências	210

CAPÍTULO 8
ESTRUTURAS DE MERCADO
Roberto Luis Troster

8.1	Introdução	211
8.2	Estruturas de mercado	211

8.3	Aspectos alocativos	222
Questões		223
Referências		223

CAPÍTULO 9
ORGANIZAÇÃO INDUSTRIAL
Cláudio Ribeiro de Lucinda
Paulo Furquim de Azevedo

9.1	Introdução	224
9.2	Precificação	225
9.3	Competição	231
9.4	Organização	241
9.5	Considerações finais	250
Questões		251
Referências		251

CAPÍTULO 10
REGULAMENTAÇÃO DOS MERCADOS
Francisco Anuatti Neto

10.1	Introdução	253
10.2	Direitos de propriedade e uso dos recursos no mercado	253
10.3	Regulamentação dos mercados	257
Questões		269
Referências		270

CAPÍTULO 11
TEORIA DOS JOGOS: UMA INTRODUÇÃO
Amaury Patrick Gremaud
Márcio Bobik Braga

11.1	Introdução	271
11.2	A teoria dos jogos	274
11.3	Conceitos básicos	274
11.4	Outras aplicações	283
11.5	Considerações finais	284
Questões		284
Referências		286

CAPÍTULO 12
GOVERNO, ESCOLHA PÚBLICA E EXTERNALIDADES
André Luis Squarize Chagas

12.1	Introdução	287
12.2	Externalidades	287
12.3	Bens comuns e bens públicos	290
12.4	Escolha pública	292
12.5	Tributação	294
12.6	O papel do governo	295
12.7	Considerações finais	295
Questões		296
Referências		297

PARTE 3 Macroeconomia

CAPÍTULO 13
TEORIA MACROECONÔMICA: EVOLUÇÃO E SITUAÇÃO ATUAL
Carlos Antonio Luque

13.1	Introdução	301
13.2	Evolução da teoria macroeconômica	303
13.3	Panorama atual da macroeconomia	307
	Questões	308
	Referências	308

CAPÍTULO 14
SISTEMAS DE CONTAS NACIONAIS: NOÇÕES BÁSICAS E O SISTEMA BRASILEIRO
Leda Maria Paulani

14.1	Introdução	309
14.2	As contas nacionais do Brasil até 1996	316
14.3	O sistema de contas nacionais no Brasil até 1996 (SNA 68)	327
14.4	O formato atual das contas nacionais do Brasil (SNA 93)	332
	Questões	347
	Referências	348

CAPÍTULO 15
TEORIA DA DETERMINAÇÃO DA RENDA E PRODUTO NACIONAL
Juarez Alexandre Baldini Rizzieri

15.1	Introdução	349
15.2	Renda *versus* despesa	349
15.3	Oferta agregada, desemprego e nível geral de preços	349
15.4	Demanda agregada	350
15.5	Renda nacional de equilíbrio	351
15.6	O investimento nacional privado (I)	354
15.7	Os gastos do governo (G)	364
15.8	A demanda de exportação e de importação	366
15.9	Os hiatos inflacionários e deflacionários	369
15.10	Política fiscal e nível de renda	371
15.11	Suplemento	371
	Questões	374
	Referências	375

CAPÍTULO 16
INTRODUÇÃO À TEORIA MONETÁRIA
Roberto Luis Troster

16.1	Introdução	376
16.2	Moeda	376
16.3	Intermediários financeiros	380
16.4	Política monetária	383

16.5 A demanda por moeda e a teoria quantitativa da moeda 389
Questões 392
Referências 393

CAPÍTULO 17
POLÍTICA FISCAL DO GOVERNO
Sérgio Naruhiko Sakurai

17.1 Introdução 394
17.2 Uma discussão sobre a atuação do governo 395
17.3 Financiamento dos gastos do governo 395
17.4 Considerações finais 402
Questões 403
Referências 403

CAPÍTULO 18
CONSIDERAÇÕES SOBRE O PROBLEMA DA INFLAÇÃO
Carlos Antonio Luque
Marco Antonio Sandoval de Vasconcellos

18.1 Introdução 404
18.2 As distorções provocadas por altas taxas de inflação 405
18.3 Causas clássicas de inflação 407
18.4 Outras causas: inflação inercial, inflação de expectativas e a corrente estruturalista 410
18.5 Política monetária e inflação 411
18.6 O processo inflacionário no Brasil 413
18.7 Suplemento, inflação e desemprego: a curva de Phillips 418
Questões 421
Referências 421

CAPÍTULO 19
COMO MEDIR A INFLAÇÃO: OS NÚMEROS-ÍNDICES DE PREÇOS
Heron Carlos Esvael do Carmo

19.1 Introdução 422
19.2 Teoria dos números-índice 425
19.3 Síntese da metodologia dos principais indicadores brasileiros de inflação 431
Questões 441
Referências 442

CAPÍTULO 20
MODELO DE INTERLIGAÇÃO ENTRE O LADO REAL E O MONETÁRIO: ANÁLISE *IS-LM*
Rudinei Toneto Jr.

20.1 Introdução 443
20.2 A curva *IS*: o equilíbrio no mercado de bens 443
20.3 A curva *LM* e o equilíbrio no mercado monetário 447
20.4 Equilíbrio simultâneo no mercado de bens e de ativos 450
20.5 Os efeitos da política econômica no modelo *IS-LM* 451
20.6 Considerações finais 456
Questões 457
Referências 457

PARTE 4 — População, emprego e distribuição de renda

CAPÍTULO 21

MERCADO DE TRABALHO: CONCEITOS, DEFINIÇÕES, FUNCIONAMENTO E PRINCIPAIS ESTATÍSTICAS PARA O BRASIL

José Paulo Zeetano Chahad

21.1	Introdução	461
21.2	A atividade econômica e o comportamento do mercado de trabalho	462
21.3	População economicamente ativa (PEA) e mercado de trabalho	464
21.4	Principais indicadores do mercado de trabalho: conceitos e definições	467
21.5	A evolução recente do mercado de trabalho no Brasil	480
21.6	As políticas públicas voltadas para o mercado de trabalho	498
	Questões	501
	Referências	501

CAPÍTULO 22

A DESIGUALDADE DE RENDA NO BRASIL: DA INDUSTRIALIZAÇÃO ACELERADA À DISTRIBUIÇÃO DE RENDA NO INÍCIO DO SÉCULO XXI

Maria Cristina Cacciamali

22.1	Introdução	503
22.2	Mensuração do grau de concentração da renda	504
22.3	Problemas metodológicos e limitação dos dados	506
22.4	A distribuição de renda no Brasil	511
22.5	Considerações finais	524
	Questões	525
	Referências	526

PARTE 5 — Economia internacional

CAPÍTULO 23

COMÉRCIO INTERNACIONAL

Simão Davi Silber

23.1	Introdução	531
23.2	Mecanismos do comércio internacional: alguns conceitos fundamentais	532
23.3	Teorias do comércio internacional	545
23.4	Globalização, regionalização do comércio internacional e os países em desenvolvimento	552
	Questões	553
	Referências	554

CAPÍTULO 24

ECONOMIA ABERTA: REGIMES CAMBIAIS, DETERMINAÇÃO DA RENDA E IMPACTOS DA POLÍTICA ECONÔMICA

Rudinei Toneto Jr.

24.1	Introdução	555

24.2	Taxa de câmbio real e nominal	555
24.3	Os determinantes da taxa de câmbio	557
24.4	Modelo de economia aberta no curto prazo	560
24.5	Eficácia da política econômica e regimes cambiais	563
24.6	Considerações finais	566
Questões		567
Referências		567

CAPÍTULO 25
O SETOR EXTERNO DA ECONOMIA BRASILEIRA
Antonio Evaristo Teixeira Lanzana

25.1	Introdução	568
25.2	O balanço de pagamentos	568
25.3	Outros conceitos importantes	573
25.4	O crescimento do setor externo	576
25.5	Outras considerações sobre o setor externo	599
25.6	Considerações finais	603
Questões		604
Referências		604

PARTE 6 — Desenvolvimento econômico

CAPÍTULO 26
CRESCIMENTO E DESENVOLVIMENTO ECONÔMICO
Marco Antonio S. de Vasconcellos
Manuel Enriquez Garcia

26.1	Introdução	607
26.2	Fontes de crescimento	607
26.3	Modelos de crescimento econômico: introdução	609
26.4	Estratégias de desenvolvimento	613
Questões		614
Referências		614

PARTE 7 — Metodologia e tópicos especiais em Economia

CAPÍTULO 27
ECONOMIA DO MEIO AMBIENTE
Roberto Guena de Oliveira

27.1	Introdução	617
27.2	Exposição do problema	617
27.3	Poluição	618
27.4	O problema dos bens comuns	625
27.5	Recursos não renováveis	627
Questões		629
Referências		630

CAPÍTULO 28
ECONOMIA REGIONAL E URBANA
Julio Manuel Pires

28.1	Introdução	631
28.2	Espaço geográfico e espaço econômico	632
28.3	Indústria motriz e polo econômico	633
28.4	As abordagens clássicas	634
28.5	Teoria dos lugares centrais	638
28.6	Teoria da base econômica e da base de exportação	639
	Questões	641
	Referências	642

CAPÍTULO 29
ECONOMIA DA SAÚDE
Antonio Carlos Coelho Campino
Denise Cavallini Cyrillo

29.1	Introdução	643
29.2	Os fenômenos das transições demográfica, nutricional e epidemiológica	644
29.3	Mercado de serviços de saúde: quando o mercado falha	648
29.4	Sistema de saúde e o SUS	664
	Questões	669
	Referências	669

CAPÍTULO 30
METODOLOGIA DA CIÊNCIA ECONÔMICA
Carlos Marques Pinho

30.1	Introdução	671
30.2	Controvérsias metodológicas	673
30.3	Estudo de caso	682
	Questões	684
	Referências	684

CAPÍTULO 31
METODOLOGIA QUANTITATIVA NA PESQUISA ECONÔMICA: A ESTATÍSTICA E A ECONOMETRIA
José Tiacci Kirsten

31.1	Histórico	686
31.2	A estatística	687
31.3	A econometria	692
	Questões	695
	Referências	695

GLOSSÁRIO 697

ÍNDICE DE ASSUNTOS 721

PARTE 1

A economia e o pensamento econômico

CAPÍTULOS

1 INTRODUÇÃO À ECONOMIA

2 ASPECTOS DA EVOLUÇÃO DA CIÊNCIA ECONÔMICA
DO INÍCIO DO SÉCULO XXI ÀS RAÍZES DO PENSAMENTO ECONÔMICO

3 DE SMITH A MARX
A ECONOMIA POLÍTICA E A MARXISTA

INTRODUÇÃO À ECONOMIA

Juarez Alexandre Baldini Rizzieri

1.1 ■ INTRODUÇÃO

Um curso de Introdução à Ciência Econômica deve comprometer-se com, ao menos, três objetivos: primeiro, estimular o estudante à percepção e ao interesse pelos problemas econômicos; segundo, familiarizá-lo com as teorias que se propõem a analisar os mesmos problemas; e, finalmente, mostrar o quanto se deve aprender, com humildade, essa maravilhosa ciência social. O desafio é grande, mas a paciência, a vontade e o entusiasmo devem ficar acima das dificuldades. Cada conceito deve ser rigorosamente entendido, para que não se perca a coerência lógica do raciocínio analítico que é inerente ao pensamento econômico.

Este capítulo contém as seguintes partes:

- apresentação de alguns problemas econômicos;
- método de análise científica;
- Economia como ciência social;
- relação da Economia com as demais áreas de conhecimento;
- escassez como objeto da Economia;
- organização econômica da sociedade;
- economia de mercado;
- papel dos preços;
- Estado e economia de mercado;
- sistema capitalista ou descentralizado;
- sistema centralizado ou planificado.

1.2 ■ ALGUNS PROBLEMAS ECONÔMICOS

Os problemas econômicos estão presentes em todos os instantes de nossas vidas, desde questões rotineiras até assuntos de real complexidade, como:

a) Por que a renda nacional cresceu do pós-guerra até 1980 acima de 7,0% ao ano, superando o Japão e, dali em diante, praticamente estacionou?

b) Por que o nordestino possui uma renda *per capita* muito inferior à do paulista?

c) Por que a expansão da moeda e a do crédito podem gerar inflação?

d) Por que o governo que não tem superávit fiscal apresenta dificuldade em financiar seus défices públicos?

e) Como pode uma desvalorização cambial conduzir a uma melhora na balança comercial e a uma redução do salário real?

f) Será que o sistema de indexação de salários, câmbio e juros interferiu no processo inflacionário?

g) Por que a taxa de juros de mercado e o preço esperado de venda do produto são dados importantes para as decisões de investimento das empresas?

h) Até que ponto juros altos reduzem o consumo e estimulam a poupança?
i) Por que os fumantes são mais penalizados quando sobe o preço de todos os cigarros relativamente à alta de preço de apenas uma marca?
j) Serão as negociações coletivas a solução alternativa ao mercado quando a economia é fortemente marcada por oligopólios e sindicatos fortes, acompanhada de baixa abertura ao comércio internacional? Na ausência dessa solução, até onde o congelamento de preços apresenta-se como alternativa para conter um processo inflacionário?
k) Por que os impostos sobre alguns produtos, como cigarros, veículos e eletrodomésticos, são por demais elevados?
l) Quais as justificativas técnicas para a existência de tantas empresas estatais na economia brasileira na década de 1980?
m) Por que as universidades públicas são predominantemente federais?
n) Como os bancos interferem nas taxas de juros e apenas intermedeiam a poupança financeira do país?
o) A propaganda cria necessidades ou apenas informa sobre as características dos bens e serviços?
p) Por que a alta no preço do cafezinho reduz a demanda de açúcar?
q) Por que a renda dos agricultores se eleva quando ocorre uma estiagem que reduz a produção?
r) Por que estudar Economia quando o lazer é mais atraente?

1.3 ■ MÉTODOS DE INVESTIGAÇÃO DA CIÊNCIA ECONÔMICA

1.3.1 Teoria e métodos de investigação científica

> **Teoria:** *conjunto de ideias sobre a realidade, sempre analisadas de forma interdependente.*
> **Definições:** *significado dos termos (ideias) da teoria.*
> **Argumentos:** *referem-se às condições nas quais a teoria se sustenta.*
> **Hipóteses:** *conjecturas relativas à maneira como as coisas da realidade se comportam.*
> **Modelos:** *representação das principais características dos componentes de uma teoria.*
> **Método indutivo:** *parte dos fatos específicos para chegar a conclusões gerais.*
> **Método dedutivo:** *método que parte das conclusões gerais para explicar o particular.*

Teoria pode ser entendida como um conjunto de ideias sobre a realidade, sempre analisadas de forma interdependente. Dessa maneira, o aluno não deve, desde o início de sua formação científica, ignorar que toda teoria tem caráter ideológico, isto é, a predominância de um conjunto de ideias de como as coisas são e se comportam.

As **definições** dizem respeito ao significado dos termos (ideias) da teoria; os **argumentos** referem-se às condições nas quais a teoria se sustenta; e as **hipóteses** são conjecturas relativas à maneira como a realidade se comporta.

Modelos são a representação das principais características dos componentes de uma teoria, por exemplo, a poupança depende da renda e do investimento da taxa de juros, porém é com o equilíbrio de ambos que a própria renda se equilibra.

Os **métodos científicos** caracterizam-se pelo raciocínio lógico e são classificados em:
- **indutivo:** método que parte dos fatos específicos para chegar a conclusões gerais. Aprende-se com a experiência do dia a dia. Exemplo: o aumento de tributos reduz a renda disponível e, logo, a demanda, o que, por sua vez, ajuda a frear a inflação;
- **dedutivo:** método que parte das conclusões gerais para explicar o particular. Exemplo: empresa capitalista maximiza lucro, como a Ford é uma empresa capitalista, maximiza lucro. Tal conclusão pode ser válida, mas não necessariamente verdadeira.

1.3.2 Natureza da investigação na ciência econômica

A investigação científica consiste em relacionar questões formuladas sobre o comportamento dos fenômenos e sua evidência empírica. Na verdade, existe uma preocupação constante na formulação das leis que governam o comportamento dos fenômenos. Se a evidência for pequena ou nula, torna-se impossível padronizá-lo e devem-se reformular as hipóteses feitas sobre o seu comportamento.

Em algumas ciências, tais como na Biologia e na Química, é possível produzir fenômenos por meio da experimentação controlada de laboratório. Todavia, em outras ciências, por exemplo, a Economia e a Astronomia, é necessário esperar pelo tempo para desenvolver observações, a fim de serem utilizadas como evidências no teste das hipóteses sobre o comportamento dos fenômenos.

No campo da Economia, a investigação científica procura testar pela evidência a estabilidade do comportamento humano segundo uma hipótese formulada. Como é possível predizer o comportamento humano?

O caráter estável desse comportamento deve-se ao fato de ser possível gerar (prever) observações *a priori* com certa margem aceitável de erro. Por que o erro? O erro aparece na dificuldade de prever o comportamento de um indivíduo isolado dentro do grupo, somente permitindo determinar a tendência estável do comportamento do grupo em geral. Por exemplo, suponha-se uma multidão nas praias de Santos ou Copacabana, tomando banho de mar sob uma temperatura elevada de 38 ou 39°C. É bastante aceitável a ideia de que o consumo local de sorvetes e refrigerantes deva ser estimulado. Porém, é difícil predizer que alguns indivíduos particularizados vão ou não participar desse consumo. Falando pelo comportamento da coletividade, há propensão a dizer que sim, e a chance de acertar é maior do que a de errar devido à "lei dos grandes números", ou seja, quanto maior o número de casos favoráveis (número de pessoas que com certeza tomam refrigerantes e sorvetes) em relação ao total dos casos possíveis de ocorrer (número total das pessoas da coletividade), tanto maior será a probabilidade da tendência geral do comportamento da coletividade. Também maior será a chance de se repetirem os casos tomados ao acaso e de acordo com essa determinada tendência.

Assim, o comportamento humano apresenta caráter estável pela simples determinação da maior chance associada à tendência das ações da maioria das pessoas da coletividade que se está estudando. Essa é a vantagem da Economia sobre as demais ciências sociais, isto é, o comportamento econômico é o mais estável.

Comprovadas pela evidência, as leis que explicam o comportamento humano passam a fazer parte do conjunto de conhecimentos que formam a **teoria econômica**.[1] Como essa teoria é, então, utilizada para testar as hipóteses formuladas sobre uma específica realidade socioeconômica? Na verdade, isso se apresenta como um simples encadeamento de raciocínio lógico. Baseadas nos postulados da teoria existente, formulam-se as hipóteses a respeito de como qualquer realidade se comporta. Deduzem-se as implicações e os resultados decorrentes dessas hipóteses, que são confrontados com a evidência dos dados de observação coletados da realidade. Finalmente, desse confronto, tiram-se as conclusões: ou a teoria explica satisfatoriamente o comportamento da realidade econômica ou deve-se formular uma teoria alternativa e mais adequada.

Teoria econômica: *leis que explicam o comportamento humano e fazem parte do conjunto de conhecimentos. Por isso, muitas vezes é sinônimo de "arte de pensar".*

---

[1] Os comportamentos humanos agora padronizados passam a definir o comportamento do *Homo-Economicus*, o qual retrata a imagem do indivíduo cujas ações sempre racionais derivam exclusivamente de seus interesses econômicos dentro da sociedade.

A ideia apresentada no parágrafo anterior pode ser visualizada na Figura 1.1.

FIGURA 1.1

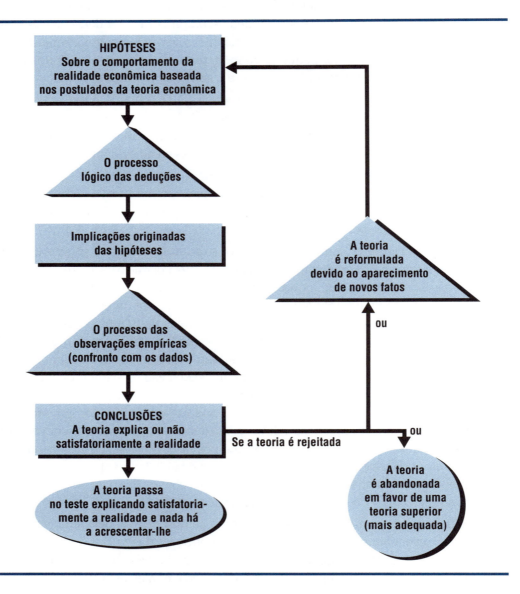

Argumentos positivos: *dizem respeito ao que "é, foi ou será".*

Argumentos normativos: *dizem respeito ao que "deveria ser".*

Uma vez entendidos o método e o objeto da Ciência Econômica, é interessante observar a natureza dos argumentos pertinentes à teoria econômica, classificados em positivos e normativos. Os **argumentos positivos** dizem respeito ao que "é, foi ou será". Desse modo, qualquer rejeição sobre as suas validades pode ser apropriadamente confrontada com os fatos da realidade. Os **argumentos normativos** dizem respeito ao que "deveria ser". As rejeições a tais argumentos não podem ser confrontadas com os fatos objetivos da realidade, porque os argumentos normativos são impregnados de critérios filosóficos, religiosos ou culturais e apresentados sob juízos de valores que procuram infundir a ideia do que é bom ou do que é ruim. Logo, carregados de valores subjetivos.

Veja o seguinte exemplo: São Paulo é a primeira cidade na produção industrial brasileira. Esse é um argumento positivo porque pode ser confrontado com os dados da realidade.

O que não acontece com o seguinte argumento: São Paulo deveria ser a segunda cidade porque em primeiro deveria estar Salvador ou Porto Alegre.

Com esses exemplos, fica fácil perceber que a Economia só se interessa, primordialmente, pelos argumentos positivos.

1.4 ■ CONCEPÇÕES E DEFINIÇÕES SOBRE CIÊNCIA ECONÔMICA

O marco inicial da etapa científica da teoria econômica coincidiu com os grandes avanços da técnica e das Ciências Físicas e Biológicas, nos séculos XVIII a XXI. Nesse notável período da evolução do conhecimento humano, a Economia constituiu seu núcleo científico, estabeleceu sua área de ação e delimitou suas fronteiras com outras ciências sociais. A construção de seu núcleo científico fundamentou-se no enunciado de um apreciável volume de leis econômicas, desenvolvidas com base nas concepções mecanicistas, organicistas e posteriormente humanas, por meio das quais os economistas procuraram interpretar os principais fenômenos da atividade econômica.

Os economistas do grupo organicista pretendiam que o organismo econômico se comportasse como um órgão vivo. Os problemas de natureza econômica eram expostos em uma terminologia retirada da Biologia, como órgãos, funções, circulação, fluxos, fisiologia, entre outras. A concepção organicista da Economia se faz presente em vários textos históricos, como este datado do século XVIII: "as partes principais da Economia Social são as relacionadas com os órgãos dos quais a sociedade se serve para a criação, a distribuição e o consumo dos bens, do mesmo modo como as partes principais da fisiologia do homem são os órgãos que se relacionam com a nutrição, o crescimento e o desenvolvimento do corpo humano".[2]

Já os mecanicistas pretendiam que as leis da Economia se comportassem como determinadas leis da Física, e a terminologia usada era estática, dinâmica, aceleração, rotação, velocidade, fluidez, forças, entre outras, como se pode observar neste texto do século XIX: "A Economia deveria se ocupar dos resultados produzidos por uma combinação de forças e esses resultados deveriam ser descobertos com o auxílio da natureza mecânica das atividades individuais".[3] Outro exemplo do mesmo século: "a Economia deveria ser Matemática e Física, porque se ocupa de quantidades e relações entre quantidades".[4] Para citar um exemplo do século XX: "uma força aplicada a uma massa produz um movimento caracterizado por sua aceleração. Esta, para uma mesma força, é tanto maior quanto mais fraca a massa. Do mesmo modo, a demanda aplicada a determinada riqueza produz mudança caracterizada pelo preço no qual ela intervém. Para uma procura de montante igual em unidades monetárias, o preço será tanto mais elevado quanto mais fraca for a quantidade das riquezas oferecidas. A quantidade ofertada é, então, uma resistência à elevação infinita dos preços, como a massa, uma resistência ao movimento. Nos dois casos, a inércia é proporcional à qualidade de matéria na qual a influência motriz é aplicada".[5]

Todavia, as concepções organicista e mecanicista, hoje, foram ultrapassadas pela concepção humana da Economia, a qual coloca no plano superior os móveis psicológicos da atividade humana. A Economia repousa sobre os atos humanos e é, por excelência uma ciência social. Apesar de a tendência atual ser a de obter resultados cada vez mais precisos para os fenômenos econômicos, é quase impossível fazer análises puramente

---

[2] Jean B. Say. *Traité de Economie Politique*, 5. ed., Paris, Deterville, 1826.
[3] Herman H. Gossen. *Laws of Human Relations and the Rules of Human Action derived Therefrom*, 1983, MIT Press, USA.
[4] W. S. Jevons. *A General Mathematical Theory of Political Economy*, The Journal of the Royal Statistical Society, London, 1866.
[5] Jaques Rueff. *The Role and the Rule of Gold*, International Finance, section 47, 1965, Princeton University.

frias e numéricas, isolando as complexas reações do homem no contexto das atividades econômicas, e o economista não precisa dar respostas com aproximação de muitas casas decimais; pelo contrário, se apenas conseguir determinar o sentido geral de causa e efeito, já terá dado um formidável passo avante.

Após todos esses enfoques a respeito da concepção da Economia, sua melhor definição foi dada pelo economista americano Paul Samuelson: "**Economia** é uma ciência social que estuda a administração dos recursos escassos entre usos alternativos e fins competitivos". Para complementar, podem-se lembrar as palavras do professor Antonio Delfim Netto: "Economia é a arte de pensar". Apesar de especificado seu objeto, a Economia relaciona-se com as demais áreas do conhecimento humano.

Economia: *"é uma ciência social que estuda a administração dos recursos escassos entre usos alternativos e fins competitivos".*

1.4.1 Autonomia e inter-relação com as demais ciências

Notadamente, convém à Economia, como a qualquer outra ciência, delimitar seu núcleo e especificar corretamente seu objeto. Porém, na realidade, é muito difícil separar os fatores essencialmente econômicos dos extraeconômicos, pois todos são significativos para o exame de qualquer sistema social. Nesse sentido, a autonomia de cada um dos ramos das ciências sociais não deve ser confundida com um total isolamento, pois todas as manifestações das modernas sociedades se encontram interligadas, mas deve apenas ser observada sob diferentes óticas e investigada em termos não unilaterais.

A Figura 1.2 demonstra a estrutura da Economia quanto a seu núcleo e aspectos principais.

FIGURA 1.2

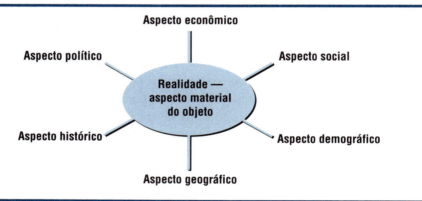

Na verdade, cada ciência observa e analisa a realidade do aspecto material do seu objeto segundo sua própria lógica formal. O fato, porém, é que as visões sobre o mesmo objeto acabam se inter-relacionando.

1.4.1.1 Economia e Política

Essa interdependência é secular, pois como a política é a arte de governar, ou o exercício do poder, é natural que esse poder tente exercer o domínio sobre a economia. Pelas instituições, principalmente pelo Estado, os grupos de dominação procuram interferir em uma distribuição de renda que lhes seja conveniente. Por exemplo, os agricultores na época da política do "café com leite" mantinham o uso da política do Estado para lhes conceder vantagens econômicas. O mesmo ocorre hoje com os industriais, que querem apropriar-se de crédito subsidiado ou tarifas aduaneiras que protejam o mercado interno da competição externa, garantindo-lhes lucros maiores. Não muito distinta é a ação de trabalhadores organizados, petroleiros, metalúrgicos do ABC, bancários e outros, que conseguem salários maiores que os trabalhadores pouco organizados, logo, com menor força política. Finalmente, cabe no Brasil falar da oligarquia nordestina, que politicamente vem de longa data se locupletando com as transferências de renda inter-regionais.

1.4.1.2 *Economia e História*

Os próprios sistemas econômicos estão condicionados à evolução histórica da civilização. As ideias que constroem as teorias são formuladas em um contexto histórico em que se desenvolvem as atividades e as instituições econômicas. A pesquisa empírica sobre os fatos econômicos é levada adiante com base no registro histórico das informações sobre a realidade que se propõe analisar. A vantagem dos estudos em um contexto particular da história decorre do volume generalizado de informações que são levantadas sobre o ambiente em que transcorrem os fatos econômicos. A história do ambiente enriquece os resultados analíticos. Fica evidente que os produtores de café conseguiam manter seu nível de renda, em um momento de crise, quando representavam o poder político, nos idos anos do primeiro quarto do século passado, o que não acontece no momento atual. O conhecimento do quadro político e social ajuda a entender a evolução dos fatos econômicos.

1.4.1.3 *Economia e Geografia*

Os acidentes geográficos interferem no desempenho das atividades econômicas e, inúmeras vezes, as divisões regionais são utilizadas para estudar as questões ligadas aos diferenciais de distribuição de renda, de recursos produtivos, de localização de empresas, dos efeitos da poluição sobre o meio ambiente, do equilíbrio dado pelos custos de transporte, das economias de aglomeração urbana, entre outras. Na verdade, todas as atividades econômicas têm um conteúdo espacial, que muitas vezes não se refere apenas aos custos de transporte.

1.4.1.4 *Economia e Sociologia*

Quando a política econômica visa atingir os indivíduos de certas classes sociais, ela interfere diretamente no objeto da Sociologia, isto é, a dinâmica da mobilidade social entre as diversas classes de renda. As políticas salariais ou de gastos sociais (educação, saúde, transportes, alimentação e outros) são exemplos que, direta ou indiretamente, influenciam nessa mobilidade.

1.4.1.5 *Economia, Matemática e Estatística*

A Economia faz uso da lógica matemática e das probabilidades estatísticas.[6] Muitas relações de comportamento econômico podem ser expressas por funções matemáticas, por exemplo, a quantidade demandada Q por um indivíduo é uma função linear da renda disponível R, do preço do bem P, dos preços do substituto S e do complementar C, isto é,

$$Q = a - bP + cR + dS - eC$$

em que a, b, c, d e e são constantes. Pode-se escrever também que a poupança da coletividade S é função da renda disponível R e da taxa de juros i, ou seja:

$$S = a + bR + ci$$

---

[6] No Capítulo 31, apresenta-se uma discussão abrangente acerca da metodologia quantitativa na pesquisa econômica.

Todavia, a Economia não é uma ciência exata em que se podem programar os resultados sem erros. Por exemplo, se todos tivessem uma renda maior, é fácil imaginar que nem todos iriam gastar as mesmas proporções em consumo. É praticamente impossível prever com exatidão o comportamento de um particular indivíduo, mas, se indagado, o aluno poderia responder com base no valor médio de gastos da coletividade. Como pessoa inteligente, é quase certo que estaria se baseando no valor em que a probabilidade de ocorrência é maior, isto é, em que a margem de erro for mínima. Essa estratégia de estimar as relações econômicas, matematicamente formuladas, por meio da minimização dos desvios estatísticos aleatórios, é conhecida como Econometria, uma espécie de mistura da economia, matemática e estatística.

1.5 ■ OBJETO DA CIÊNCIA ECONÔMICA: A LEI DA ESCASSEZ

Uma vez apresentadas a definição e a relação da Economia com algumas importantes ciências, cabe agora explicitar o objeto da Economia em toda sua extensão.

Em Economia, tudo se resume a uma restrição quase física: a lei da escassez. Isto é, produzir o máximo de bens e serviços com os recursos escassos disponíveis para cada sociedade.

Se uma quantidade infinita de cada bem pudesse ser produzida, se os desejos humanos pudessem ser completamente satisfeitos, não importaria que uma quantidade excessiva de certo bem fosse, de fato, produzida. Nem importaria que os recursos disponíveis, trabalho, terra e capital (este deve ser entendido como máquinas, edifícios, matérias-primas, entre outros) fossem combinados irracionalmente para a produção de bens. Não havendo o problema da escassez, não faz sentido falar em desperdício ou em uso irracional dos recursos, e, na realidade, só existiriam os "bens livres". Bastaria fazer um pedido e, pronto, um carro apareceria de graça.

Na realidade, a escassez dos recursos disponíveis acaba por gerar a escassez dos bens — chamados bens econômicos. Por exemplo, as jazidas de minério de ferro são abundantes, porém, o minério pré-usinável, as chapas de aço e, finalmente, o automóvel são bens econômicos escassos. Logo, o conceito de escassez econômica deve ser entendido como a situação gerada pela razão de produzir bens com recursos limitados, a fim de satisfazer as ilimitadas necessidades humanas. Porém, somente existirá escassez se houver uma demanda para a aquisição do bem. Por exemplo, o hino nacional escrito na cabeça de um alfinete é um bem raro, mas não é escasso, porque não existe uma demanda para sua aquisição.

Utilidade: *a capacidade que tem um bem de satisfazer uma necessidade humana.*

Seria possível perguntar: por que são os bens procurados (desejados)? A resposta é relativamente simples: um bem é demandado porque é útil. Por **utilidade**, entende-se a capacidade que tem um bem de satisfazer uma necessidade humana.

Dessa última definição, importa conceituar o que são bem e necessidade humana.

Bem: *material ou imaterial, é tudo aquilo capaz de atender uma necessidade humana.*

Bem é tudo aquilo capaz de atender uma necessidade humana. Eles podem ser: materiais, pois podem-se atribuir-lhes características físicas de peso, forma e dimensão, tais como automóvel, moeda, borracha, café, relógio; ou imateriais — são os de caráter abstrato, tais como a aula ministrada, a hospedagem prestada, a vigilância do guarda-noturno (em geral, todos os serviços prestados são bens imateriais, ou seja, se acabam quase simultaneamente à sua produção).

O conceito de necessidade humana é concreto, neutro e subjetivo, porém, para não se omitir da questão, "necessidade humana" será definida como qualquer manifestação de desejo que envolva a escolha de um bem econômico capaz de contribuir para a sobrevivência ou para a realização social do indivíduo. Assim, ao economista interessa a existência das necessidades humanas a serem satisfeitas com bens econômicos, e não a validade filosófica das necessidades.

O fato concreto é que no mundo de hoje todos desejam e pensam que necessitam de geladeiras, esgoto, carros, televisão, rádios, educação, cinemas, livros, roupas, cigarros e relógios. As ilimitadas necessidades já se expandem para além da esfera biológica da sobrevivência. É possível pensar que o suprimento dos bens destinados a atender às necessidades biológicas das sociedades modernas seja um problema solucionado e, com ele, também o problema da escassez. Todavia, em uma contra-argumentação, surgem dois problemas: o primeiro é a renovação diária dessas necessidades, exigindo contínuo suprimento dos bens para atendê-las; o segundo é a constante criação de novos desejos e necessidades, motivadas pela perspectiva do aumento no nível do padrão de vida. Da noção biológica, deve-se evidentemente passar à noção psicológica da necessidade, observando que a saturação das necessidades, e, sobretudo, dos desejos humanos, está muito longe de ser alcançada, mesmo nas economias altamente desenvolvidas desta época. Como consequência, também há renovação no problema da escassez.

Explicado o sentido econômico de escassez e necessidade, torna-se fácil entender que "Economia é a ciência social que se ocupa da administração dos recursos escassos entre usos alternativos e fins competitivos", ou que "Economia é o estudo da organização social, pela qual os homens satisfazem suas necessidades de bens e serviços escassos".

As definições apresentam, de forma explícita, o objeto da Ciência Econômica como o estudo da escassez e sua classificação entre as ciências sociais.

1.6 ■ PROBLEMAS ECONÔMICOS BÁSICOS

Nas bases de qualquer comunidade, encontra-se sempre a tríade de problemas econômicos apresentado no Quadro 1.1.

QUADRO 1.1

Tríade de problemas econômicos

1. O que e quanto produzir?	Quais produtos deverão ser produzidos — carros, cigarros, café, vestuários, entre outros — e em que quantidades deverão ser colocados à disposição dos consumidores
2. Como produzir?	Por quem serão os bens e serviços produzidos, com quais recursos e de que maneira ou processo técnico
3. Para quem produzir?	Para quem se destinará a produção — fatalmente, para os que têm renda

É muito fácil entender que, se os recursos utilizáveis fossem ilimitados, *o que*, *quanto*, *como* e *para quem* produzir não seriam problemas. Na realidade, existem ilimitadas necessidades, e limitados recursos disponíveis e técnicas de fabricação. Baseada nessas restrições, a Economia deve optar dentre os bens a serem produzidos e os processos técnicos capazes de transformar os recursos escassos em produção.

1.6.1 Opções tecnológicas: conceitos de curva de transformação e custos de oportunidade

A análise conjunta da escassez dos recursos e das ilimitadas necessidades humanas conduz à seguinte conclusão: a Economia é uma ciência ligada a problemas de escolha.

Com a limitação do total de recursos capazes de produzir diferentes mercadorias, impõe-se uma escolha para a produção entre mercadorias relativamente escassas.

Para melhor entendimento, suponha uma economia em que existam certo número de indivíduos, certa técnica de produzir, certo número de fábricas e instrumentos de produção e um conjunto de recursos naturais (terra, matérias-primas e outros). Considerem-se todos esses dados como constantes, isto é, que não se alteram durante a análise.

Ao decidir "o que" deverá ser produzido e "como", o sistema econômico terá realmente decidido como alocar ou distribuir os recursos disponíveis entre as milhares de diferentes possíveis linhas de produção. Quanta terra destinar-se-á ao cultivo do café? E à pastagem? Quantas fábricas serão para a produção de camisas? Quantas para o automóvel? Analisar todos esses problemas simultaneamente é por demais complicado. Para simplificar, suponha que somente dois bens econômicos deverão ser produzidos: camisas e carros. Haverá sempre uma quantidade máxima de carros (camisas) produzida anualmente, quando todos os recursos forem destinados à sua produção e nada à produção de camisas (carros). O total exato depende da quantidade e da qualidade dos recursos produtivos existentes na economia e do nível tecnológico com que sejam combinados. Evidentemente, fora das quantidades máximas, existem infinitas possibilidades de combinações intermediárias entre carros e camisas a serem produzidos, conforme Tabela 1.1.

TABELA 1.1

Bens	Quantidade máxima de carros	Possibilidades intermediárias					Quantidade máxima de camisas
	A	B	C	D	E	F
Carros (milhares)	150	140	120	90	70	0
Camisas (milhões)	0	10	20	30	40	50

De acordo com a Figura 1.3, ao unir os pontos, obtém-se a chamada *curva das possibilidades de produção* ou *curva de transformação*, à medida que se passa do ponto A para B, de B para C e assim por diante, até F, em que carros estarão se transformando em camisas. É óbvio que a transformação não é física, mas sim transferindo-se recursos de um processo de produção para outro.

FIGURA 1.3

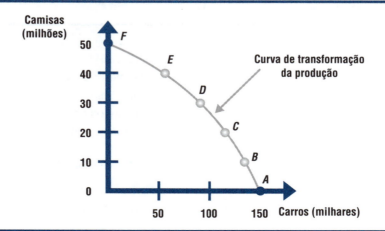

A curva de transformação representa um importante fato: "uma economia no **pleno emprego** precisa sempre, ao produzir um bem, desistir de produzir um tanto de outro bem".

Aparece aqui a chance de definir um dos conceitos mais importantes da Economia: o **custo de oportunidade**.

Tome-se o exemplo das camisas e dos carros. Devido à limitação de recursos, os pontos de maior produção aparecem sobre a curva de transformação (A, B, ... F). Para a fabricação só de carros — A —, estar-se-ia sacrificando toda a produção de camisas. Logo, o custo de oportunidade corresponde exatamente ao sacrifício do que se deixou de produzir, ou, em outras palavras, o custo ou a perda do que não foi escolhido, e não o ganho do que foi escolhido.

Da mesma forma, se estivesse em B (carros = 140, camisas = 10) e passasse a C (carros = 120, camisas = 20), o custo de oportunidade seria o sacrifício de deixar de produzir 20 mil carros. De uma forma geral, ele é o sacrifício de se transferirem os recursos de uma atividade para outra.

Resumindo, as condições básicas para a existência do custo de oportunidade são recursos limitados e pleno emprego dos recursos.

O que acontecerá se houver desemprego geral de fatores como homens desocupados, terras inativas ou fábricas ociosas? Para esse caso, os pontos de produção não se encontrarão sobre a curva de transformação, mas sim em algum lugar dentro da área limitada pela curva e pelos eixos coordenados.

Por exemplo, poderá ser o ponto P dentro da área, conforme a Figura 1.4.

Pleno emprego: *identificado como um conceito de resultado econômico e não de restrição física de recursos, é definido por uma situação em que os recursos disponíveis estão sendo plenamente utilizados na produção de bens e serviços, garantindo o equilíbrio econômico das atividades produtivas.*

FIGURA 1.4

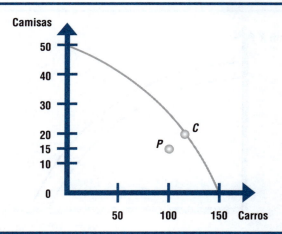

A produção em P significa 100 mil carros e 15 milhões de camisas. É possível mover para o ponto C apenas inserindo os recursos ociosos a trabalhar, aumentando a produção de carros e camisas a um só tempo. O custo de oportunidade para o ponto P é zero, porque não há sacrifício nenhum para se produzir mais de ambos os bens.

1.6.2 Mudanças na curva de transformação

Variações nos fatores considerados constantes determinarão um deslocamento da curva para a direita. Primeiro, quanto maiores forem as disponibilidades de recursos produtivos da economia, mais afastada da origem estará a curva, conforme a Figura 1.5.

FIGURA 1.5

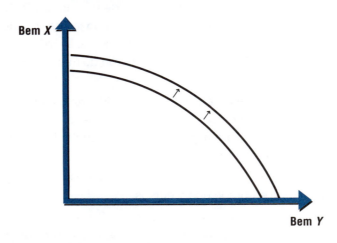

Segundo, variações tecnológicas iguais para os processos de produção dos dois bens deslocarão a curva para a direita e paralelamente, como mostra a Figura 1.6.

FIGURA 1.6

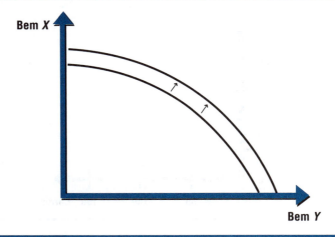

Se a variação tecnológica for maior para o processo de produção do bem *Y*, maior será o deslocamento em relação a esse eixo, de acordo com a Figura 1.7.

FIGURA 1.7

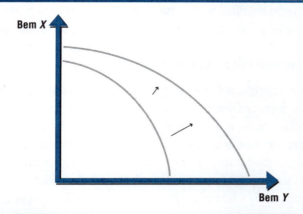

1.6.3 Custos crescentes

A razão de a curva de transformação ser decrescente deve-se ao fato de os recursos disponíveis serem limitados. O formato da curva mostra que decrescem a taxas crescentes, e isso significa que a substituição entre quantidades dos dois bens se torna cada vez mais difícil.

Isso quer dizer que, à medida que se está consumindo (produzindo) pouco de um bem, o sacrifício de consumir (produzir) menos ainda é muito grande. Por exemplo, passando de *B* para *C*, ganham-se 10 milhões de camisas e sacrificam-se 20 mil carros. Agora, ao passar de *D* para *E*, ganham-se 10 milhões de camisas, porém, sacrificam-se 40 mil carros.

Esse fenômeno dos custos crescentes surge à medida que se transferem recursos adequados e eficientes de uma atividade para outra, em que eles se apresentam ineficientes e inadequados. Assim, ao insistir somente na produção de camisas, será necessário recorrer aos soldadores de chapas de aço para passarem a pregar mangas de camisas, ainda que poucos consigam fazê-lo.

Essa é a razão de esperar a vigência da lei dos custos crescentes ou dos rendimentos decrescentes.

1.7 ■ O PROBLEMA DA ORGANIZAÇÃO ECONÔMICA

Dadas as limitações dos recursos produtivos e do nível tecnológico, as nações procuram organizar sua economia a fim de resolverem os problemas de *o que*, *quanto*, *como* e *para quem* produzir de forma eficiente, isto é, com o menor desperdício possível.

De certa maneira, são duas as formas de organização econômica:

1. descentralizada (ou economia de mercado), do tipo ocidental;

2. centralizada, do tipo cubano ou chinês.

Uma breve visão das duas será dada a seguir.

1.7.1 O sistema de preços numa economia de mercado

Para apresentar uma ideia mais clara do funcionamento do sistema de preços, a apresentação começará com a descrição de uma economia de livre iniciativa sem a intervenção do governo. Nessa circunstância, o Estado apenas participa da vida econômica com ações regulatórias, para o caso em que os conflitos privados não consigam soluções pelo mercado. O papel do governo é marginal, pouco expressivo.

1.7.1.1 O sistema privado de preços: livre iniciativa

Em uma economia privada de livre iniciativa, nenhum agente econômico (indivíduo ou empresa) se preocupa em desempenhar o papel de gerenciar o bom funcionamento do sistema de preços. Preocupa-se em resolver isoladamente seus próprios negócios e sobreviver na **concorrência** imposta pelos mercados, tanto na venda e compra de produtos finais como nos fatores de produção. Esse jogo econômico é todo baseado nos sinais dados pelos preços formados nos diversos mercados, como um sistema de semáforos para controlar o trânsito. Todos correm riscos, porém, riscos previstos. O futuro é incerto, mas as prospecções se apoiam nas probabilidades de ocorrência, daí o risco estimado. O lucro pode ser o prêmio pelo risco assumido.

Concorrência do mercado de fatores: *é o termo que especifica a disputa para a aquisição de recursos utilizáveis na produção.*

Concorrência do mercado do produto: *já especifica a disputa para a compra e venda do produto final.*

Acontece que todos agindo dessa forma egoísta resolvem inconscientemente os problemas básicos da coletividade. Os economistas do século XVIII acreditavam que a ação de cada indivíduo era dirigida por uma "mão invisível", a fim de contribuir para o bem-estar geral e o bom funcionamento do sistema econômico.

Na verdade, a ação conjunta dos indivíduos e empresas permite que centenas de milhares de mercadorias sejam produzidas como um fluxo constante, mais ou menos voluntariamente, sem uma direção central.

Por exemplo, sem um constante fluxo de produtos entrando e saindo, ver-se-ia a população de São Paulo ameaçada pela fome em uma semana. Assim, é possível que milhões de pessoas possam dormir sossegadamente à noite sem que as sobressalte o terror mortal de uma paralisação do abastecimento do qual depende a própria existência dos indivíduos e da cidade. Tudo é realizado sem coação ou direção centralizada de qualquer organismo consciente.

Isso é o bastante para argumentar que um sistema de concorrência de mercados, por mais imperfeito que possa ser seu funcionamento, não é um sistema caótico ou anárquico, e nele há ordem e coordenação.

Como funciona esse mecanismo de preços automático e inconsciente? Como se viu anteriormente, todos os bens econômicos têm seu preço.

Suponha agora que, por uma razão qualquer, todos os homens desejem maior quantidade de camisas. Se a quantidade disponível for limitada e inferior à demandada, então, a disputa entre os indivíduos para a aquisição de camisas acabará por elevar o seu preço, eliminando os que não tiverem meios de comprar. Com a alta do preço, mais camisas serão produzidas, podendo posteriormente baixar o preço. Da mesma forma, imagine que há um excesso de sapatos no mercado, além da quantidade demandada. Como resultado da concorrência entre os vendedores, seu preço baixará. Um preço mais baixo estimulará o consumo de sapatos, e os produtores procurarão ajustar-se à quantidade adequada.

O desejo dos indivíduos determinará a magnitude da demanda, e a produção das empresas determinará a magnitude da oferta. O equilíbrio entre a demanda e a oferta será sempre atingido pela flutuação do preço.

O mecanismo de preços é um vasto sistema de tentativas e erros, de aproximações sucessivas, para alcançar o equilíbrio entre oferta e demanda.

Isso ocorre tanto no mercado de bens de consumo como no de fatores de produção, tais como trabalho, terra e capital. Se houver maior necessidade de economistas do que de advogados, as oportunidades de trabalho serão mais favoráveis aos primeiros. O salário do economista tenderá a elevar-se e o do advogado, a cair.

Pode-se notar que os problemas básicos da economia — o que, quanto, como e para quem — podem ser resolvidos pela concorrência dos mercados e pelo mecanismo dos preços. O consumidor tentará maximizar seu bem-estar e o produtor, o lucro.

- Que bens serão produzidos será decidido pela demanda dos consumidores no mercado. O dinheiro pago ao vendedor será redistribuído em forma de renda como salários, juros ou dividendos aos consumidores. Assim, fecha-se o círculo. O consumidor sempre procurará maximizar a utilidade ou a satisfação.

- Quanto produzir será determinado pela atuação dos consumidores e dos produtores no mercado com os ajustamentos dados pelo sistema de preço.

- Como produzir será determinado pela concorrência entre os produtores. O método de fabricação eficiente ou mais barato deslocará o ineficiente e o mais caro, possibilitando ao concorrente sobreviver no mercado produtor. O objetivo do produtor será sempre o de maximizar lucros.

- Para quem produzir será determinado pela oferta e demanda no mercado de fatores de produção: por salários, juros, aluguéis e lucros, que, em conjunto, formam a renda individual, relativa a cada serviço e ao conjunto de serviços. A produção destina-se a quem tem renda para pagar, e o preço é o instrumento de exclusão.

Tudo o que foi apresentado pode ser visualizado na Figura 1.8, em que os preços dos bens ou dos fatores de produção são determinados nos mercados pelas forças atuantes da oferta e da demanda, tanto dos consumidores como das empresas. Por exemplo, suponha que os consumidores desejem consumir sapatos, habitações e chá, cujas quantidades dependerão dos preços dos bens e dos orçamentos de cada indivíduo. A fim de atender à demanda por esses bens, as empresas ofertarão quantidades que variarão não só com os preços dos bens, mas também com o custo de produzir cada um.

FIGURA 1.8

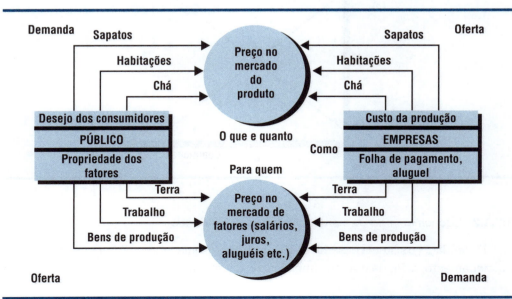

Resumindo, o sistema descreve a ação conjunta da demanda e da oferta nos seguintes termos: os consumidores, de um lado, após escolherem os bens desejados, dirigem-se ao mercado com suas rendas e hábitos determinados a fim de comprar os bens e maximizar suas satisfações; do outro lado, os produtores ofertam os bens no mercado, considerando seus custos de produção, a fim de maximizar seu lucro total.

Desde que a quantidade ofertada de um bem seja diferente da quantidade demandada, o preço flutuará até que a igualdade se estabeleça, determinando uma quantidade e um preço de equilíbrio que deixarão satisfeitos consumidores e produtores.

O mesmo acontecerá no mercado de fatores de produção: o salário de equilíbrio será estabelecido quando a força de trabalho a ser empregada for igual à ofertada pela coletividade.

O sistema de preços coordena as decisões de milhões de unidades econômicas, faz com que eles se equilibrem, uns aos outros, e força ajustamentos para torná-los condizentes com o nível tecnológico e com o montante disponível de recursos.

Preço e quantidade de equilíbrio

No mercado em que se formam os preços, os consumidores estabelecem os **preços máximos** que estão dispostos a pagar pela quantidade a ser demandada. Essa avaliação é subjetiva (psicológica) e deriva do conceito de utilidade que o consumidor procura maximizar. Nesse caso, a curva de demanda de mercado delimita o preço máximo. Ao contrário, os produtores estabelecem seus **preços mínimos** que estão dispostos a receber pela quantidade ofertada, diante da restrição dos custos incorridos e seu objetivo de maximizar lucros. Assim, a curva de oferta representa o limite mínimo. Dessa forma, a área de negociação do preço e da quantidade dar-se-á na região *ABC* da Figura 1.9, mas o equilíbrio será em *B*. O mercado é a solução civilizada mais barata, logo, a mais eficiente para realizar trocas, que, em última instância, são a essência do problema econômico.

FIGURA 1.9

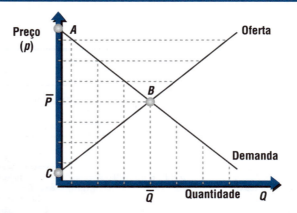

1.7.1.2 *Economia mista de mercado: a presença do Estado*

Na verdade, o sistema descrito na Figura 1.9 apresenta inúmeras imperfeições no seu funcionamento, além de grande simplificação da vida real. As falhas no funcionamento da economia de mercado impedem-na de atingir suas metas: eficiente alocação dos recursos escassos; distribuição justa da renda (não confundir com igualdade, que não existe); estabilidade dos preços (baixíssima inflação) e crescimento econômico.

As falhas são basicamente duas:

1. imperfeições na concorrência dos mercados caracterizadas pela presença de poucos produtores (monopólio ou oligopólio e sindicatos), transformando os mercados impessoais em pessoais para deles tirar vantagens econômicas, pela cobrança de preços muito acima dos custos de produção;

2. efeitos externos que o mercado é incapaz de internalizar no cômputo dos seus benefícios e/ou custos. Por exemplo, o custo da poluição das fábricas sobre as famílias não é cobrado nos preços dos produtos.

As imperfeições de concorrência levam à má distribuição de renda e de bem-estar, e somente a atuação do Estado pode corrigir isso, regulamentando a ação dos oligopólios ou investindo nas áreas sociais para reduzir os focos de pobreza. Muitas vezes, a presença do Estado na economia ocorre por meio das empresas estatais, produzindo o que o setor privado poderia fazer, mas não faz por falta de capital (Eletrobras, Petrobras e outras), ou por medidas de segurança nacional, ou mero nacionalismo político. Assim, a intervenção do Estado na economia multiplica-se e vai além das suas funções convencionais de educação, saúde, infraestrutura (transportes e saneamento), justiça, defesa nacional, entre outros.

1.7.1.3 Elementos de uma economia capitalista

O capitalismo caracteriza-se por um sistema de organização econômica baseado na propriedade privada dos meios de produção, isto é, os bens de produção ou de capital.

Capital

O termo **capital** usualmente tem diferentes significados, inclusive na linguagem comum é entendido como certa soma em dinheiro. Todavia, o conceito de capital a ser apreendido aqui é o conjunto (estoque) de bens econômicos heterogêneos, como máquinas, instrumentos, fábricas, terras, matérias-primas, capaz de reproduzir bens e serviços.

Capital: *conjunto (estoque) de bens econômicos heterogêneos, como máquinas, instrumentos, fábricas, terras, matérias-primas, capaz de reproduzir bens e serviços.*

O uso do capital na produção introduz os métodos indiretos, além de contribuir para o aumento da produtividade do trabalho. Tome-se o clássico exemplo: "um camponês habita uma cabana distante da fonte de água. Se deseja saciar a sede, poderá dirigir-se a ela e apanhará água com as mãos. Poderá, também, despender seu tempo e alguns recursos para fabricar um balde, podendo fazer sua provisão de água e diminuir seu número de viagens à fonte. Finalmente, poderá despender mais tempo e recursos, para construir uma adutora de maneira a canalizar a água, desde a fonte à cabana". Tanto o balde como a adutora passam a fazer parte do estoque de capital. Assim, o camponês precisou destinar tempo e poupar recursos para a ampliação do seu estoque de capital. No agregado nacional, aquilo que a comunidade está disposta a poupar, ou seja, aquilo que ela está disposta a se abster de consumir no presente e esperar pelo consumo futuro constitui os recursos que a comunidade pode, no momento, destinar à formação de novo capital. Da mesma forma, em comunidades em progresso econômico, certa fração dos esforços produtivos correntes é destinada à formação de novo capital, sacrificando-se o consumo presente para aumentar a produção futura.

Propriedade privada

Capitalismo: *sistema no qual o capital é essencialmente propriedade privada de alguém.*

Capital tangível: *capital na sua forma física (equipamentos, edificações e outros).*

Capital intangível: *conjunto de capital representado por documentos.*

Nossa economia recebe o nome de **capitalismo**, porque esse capital é essencialmente propriedade privada de alguém: o **capitalista**. É pela propriedade que o capitalismo se apropria de parte da renda gerada nas atividades econômicas. Dessa forma, fica garantido o estímulo à criatividade e à concorrência.

O capital na sua forma física (equipamentos, edificações e outros) é chamado **capital tangível**. Cada pedaço de terra, cada parcela de equipamento ou de edifício tem um documento ou um título de propriedade mostrando que pertence diretamente a alguém. O mesmo conjunto de capital representado por documentos é chamado **capital intangível**. As patentes dos processos tecnológicos são outra forma desse último tipo de capital.

No sistema capitalista, são os indivíduos que recebem os juros, os dividendos, os lucros, os aluguéis e os direitos de exploração (*royalties*) dos bens de capital e das patentes.

É claro que, ao computar o capital total do país, deve-se evitar contar dobrado. Ninguém seria tolo em dizer que seu capital é de $ 2.000, se possuísse um bar na avenida São João no valor de $ 1.000 e tivesse no cofre uma hipoteca de $ 1.000 com a garantia do bar. A Ambev jamais declararia que seu capital é de $ 1 bilhão, se todas as suas fábricas valessem $ 0,5 bilhão e existissem com os acionistas outro meio bilhão na forma de ações.

Divisão do trabalho

As economias de produção em massa, nas quais se baseiam os padrões modernos de vida, não seriam exequíveis se a produção ainda se processasse individualmente ou por núcleos familiares. A produção massificada deve-se principalmente à divisão do trabalho, ou seja, à especialização de funções que permite a cada pessoa usar, com a máxima vantagem, qualquer diferença peculiar em aptidões e recursos. Pois a especialização, além de se basear nas diferenças individuais de aptidões, cria e acentua essas diferenças. Um exemplo que ilustra o aumento de produtividade devido à especialização é o da montagem de automóveis. Um só indivíduo, na melhor das hipóteses, poderia montar um automóvel por mês e 100 indivíduos, 100 automóveis por mês. Porém, se se subdividirem as funções em uma linha de montagem, de tal forma que cada indivíduo execute operações simples e repetidas, o grupo, em conjunto, poderá montar, no mesmo prazo, milhares de automóveis semelhantes, talvez 10 mil.

Além disso, a simplificação de funções, tornada possível pela **especialização**, presta-se à **mecanização**, isto é, ao uso mais intensivo de capital por trabalhador. Ao mesmo tempo evita a duplicidade antieconômica de instrumentos e poupa o tempo perdido de passar de uma tarefa para outra.

É evidente, contudo, que a especialização e a divisão do trabalho levam a uma elevada interdependência de funções. Hoje em dia, um operário não produz nem ao menos um simples objeto. Ele poderá pregar mangas em camisas ou atarraxar a porca n. 999 na linha de montagem de um carro durante toda a sua vida produtiva. Para fazer isso, receberá um salário que o habilitará a comprar mercadorias de qualquer natureza.

Moeda

Ao lado do capital e da especialização, a moeda é o terceiro aspecto da vida econômica moderna. A importância da moeda é ressaltada quando se imagina uma economia de escambo, na qual uma espécie de mercadoria é trocada diretamente por outra. Teria de haver dupla coincidência de necessidades, de tal forma que um alfaiate faminto encontrasse um agricultor que tivesse, ao mesmo tempo, comida e o desejo de possuir um terno novo; caso contrário, não haveria negócio.

O escambo já representa um grande avanço sobre a situação em que cada homem teria de ser um "homem dos sete instrumentos" e perito em coisa nenhuma. No entanto, o puro escambo se realiza sob tão grandes desvantagens que não seria concebível a divisão do trabalho altamente elaborada, sem a introdução de um segundo grande progresso: o uso da moeda. Em quase todas as culturas, os homens não trocam mercadorias, mas vendem uma delas por moeda e, então, usam a moeda para comprar as mercadorias que desejam.

A moeda é uma das maiores invenções da humanidade e tem na economia quatro funções básicas: meio de troca, reserva de valor, unidade de conta e padrão para pagamentos diferidos no tempo.

Como meio de troca, facilita enormemente os negócios. Para que seja aceita, deve manter o seu poder de compra ao longo do tempo e também ser facilmente reconhecida, divisível e transportável.

Como unidade de conta, reduz sensivelmente o esforço de conhecer todos os preços relativos entre si, pois basta conhecê-los em relação à moeda.

Suponha uma economia sem moeda e com três produtos: milho, arroz e verduras. Admita o seguinte sistema de preços: 1 tonelada de milho equivale a 2 toneladas de arroz, que, por sua vez, equivalem a 4 toneladas de verduras. Uma vez que existem três produtos e que o preço de cada um deve ser expresso em relação aos outros dois, as pessoas deveriam ter em mente um total de seis preços:

1. Preço do milho em relação ao arroz — 1 t = 2 t
2. Preço do milho em relação às verduras — 1 t = 4 t
3. Preço do arroz em relação ao milho — 1 t = 1/2 t
4. Preço do arroz em relação às verduras — 1 t = 2 t
5. Preço das verduras em relação ao milho — 1 t = 1/4 t
6. Preço das verduras em relação ao arroz — 1 t = 1/2 t

Isso parece criar muita confusão e, além disso, na economia existem milhares de produtos. Como ter em mente todos os preços relativos?

Para simplificar esse problema da existência de muitos preços, as economias modernas introduziram as unidades monetárias: real, dólar, peso, libra, rublo e outras. Todas são padrões de valor. Dessa forma, todos os preços são simplesmente expressos conforme a unidade monetária correspondente. Isso reduz drasticamente o número de preços que é preciso memorizar.

No exemplo, se o preço do milho for $ 0,20 por quilo, o quilo de arroz custará $ 0,10 e o quilo de verdura custará $ 0,05. Precisaremos saber somente três preços.

1.7.2 O funcionamento de uma economia centralizada

Nas economias centralizadas, os três problemas básicos — o que e quanto, como e para quem — são determinados pelos órgãos planejadores centrais e não pelo sistema de preços, como nas economias de mercado.

O planejamento é, grosso modo, formulado da seguinte maneira:

- primeiro: faz-se um "inventário" das necessidades humanas a serem atendidas;
- segundo: faz-se um "inventário" dos recursos e das técnicas disponíveis para a produção;
- terceiro: com base nessas disponibilidades, faz-se uma seleção das necessidades prioritárias e fixam-se as quantidades de cada bem a serem produzidas — são as chamadas "metas" de produção-consumo.

O órgão planejador fixa as metas a serem cumpridas, transmite-as aos órgãos setoriais e regionais, e estes, diretamente às unidades produtoras da atividade econômica.

O sistema de preços não funciona como mecanismo orientador, mas sim como facilitador da consecução dos objetivos de produção estabelecidos pelo Estado. Na realidade, tem duas funções diferentes, uma durante o processo de produção e outra no momento da venda do produto ao consumidor. Vejamos essas funções isoladamente.

1.7.2.1 Os preços e a organização da produção

Durante o processo de produção, os preços não passam de **recursos contábeis** que facilitam o controle da eficiência com que os produtos são manufaturados, calculados com base em empresas de eficiência média. Assim, se uma fábrica qualquer estiver produzindo de modo pouco eficiente, os prejuízos financeiros logo acusarão essa falha. No caso de eficiência maior do que a média, aparecerão lucros inesperados.[7]

Em resumo, durante o processo de produção, os preços fixados dos recursos disponíveis são usados como recursos de contabilização dos custos de produção do processo, para que se possa julgar a eficiência de operação das diversas empresas.

No regime capitalista, os prejuízos exigem uma restrição da produção, o que significa que alguns serão desviados da indústria em causa; por sua vez, o aparecimento de lucros indica que a indústria em causa está em expansão, isto é, absorvendo novos recursos. Em uma economia centralizada, a expansão e a contração industriais são determinadas pelo governo, não pelo sistema de preços. Portanto, se o governo achar que determinada indústria é vital para a economia do país, essa indústria prosperará, apesar de apresentar relativa ineficiência de produção e, consequentemente, prejuízos. Da mesma forma, o governo poderá decretar a contração de uma indústria altamente eficiente, apesar de ela estar dando margem a grandes lucros.

No setor industrial, a produção é predominantemente organizada por fábricas individuais, administradas por um "diretor" (com aprovação do partido comunista local). O diretor pode parecer soberano perante os trabalhadores, mas suas ordens com respeito a como e o que produzir, também quanto, qual e como substituir equipamentos ou mesmo expandir a empresa, são determinadas por órgãos planejadores hierarquicamente superiores. Assim, o diretor é mais um burocrata do que um empresário.

Em uma economia centralizada, a agência planificadora central desenvolve os planos econômicos gerais, os quais são transferidos aos escritórios regionais, que os destinam aos ministros particulares. Estes finalmente os encaminham aos diretores empresariais para as respectivas execuções.

---

[7] A maior parte destes lucros vai para os cofres governamentais. Outra parte é usada para expandir a empresa, se tal expansão não entrar em conflito com os planos governamentais. E outra parte, ainda, é repartida entre administradores e operários, como prêmio pela eficiência demonstrada.

As firmas individuais recebem suas quotas de produção de acordo com as metas quantitativas setoriais e globais para cada produto. Cada firma recebe um máximo de fatores de produção e não há possibilidade de o diretor conseguir mais recursos além dos fornecidos. Os salários oferecidos pelas empresas seguem a maximização da produção, e, em geral, dependem diretamente da produtividade e da grande especialização do trabalhador, de tal forma que ele estará monetariamente motivado para produzir e para desenvolver as suas capacidades.

Os trabalhadores são livres na escolha profissional e têm mobilidade para a execução do trabalho entre empresas ou regiões.

A agricultura é composta pelas fazendas estatais e pelas fazendas coletivas. As primeiras pertencem ao governo e são totalmente dirigidas por ele. Na realidade, são fazendas de cereais e de carne e são responsáveis pela maior parte da produção agrícola. As segundas pertencem às famílias-membros e são responsáveis pelo restante.

1.7.2.2 Os preços e a distribuição da produção

A segunda função dos preços resume-se no caso de serem empregados para auxiliar a distribuição dos diversos produtos, evitando, assim, que o governo seja obrigado a lançar mão do sistema de racionamento. Em outras palavras, os preços dos bens de consumo são determinados pelo governo para eliminar qualquer excesso ou qualquer falta persistente de produção. Dessa forma, pode haver uma diferença muito grande entre o preço de produção de um bem e o seu preço de venda. Quanto maior for a falta (escassez) de um bem, maior será a taxa de imposto de consumo incidida sobre ele.

Por exemplo, assumindo que o preço de produção de um aparelho de televisão seja 1.500 rublos; se a demanda por esses bens de consumo for maior do que a oferta, como forma de evitar a presença do racionamento, o governo estabelece 3.000 rublos como o preço de venda. Dessa maneira, o equilíbrio entre a demanda e a oferta se restabelecerá.

Em outros casos, os preços de venda podem ser inferiores aos custos de produção, em uma tentativa de o governo encorajar o consumo de alguns produtos particularmente abundantes, como batata e outros vegetais. Nesse caso, o governo subsidia o consumo de tais produtos. Os consumidores são livres na escolha dos produtos postos à venda nas lojas governamentais ou nas cooperativas de consumo.

1.7.2.3 Propriedade pública

Os meios de produção — máquinas, edifícios, matérias-primas, instrumentos, tratores e caminhões, terras, minas, bancos — são considerados como pertencentes a todo o povo, isto é, propriedade coletiva. Todavia, existem os meios de produção de propriedade privada de pequenas atividades artesanais (como sapateiro e alfaiate) e camponesas (como sítios e instrumentos agrícolas rudimentares). Os meios de sobrevivência como roupas, automóveis, eletrodomésticos, móveis, entre outros, pertencem aos indivíduos, exceto as residências, que pertencem ao Estado.

1.7.3 As distinções básicas entre os dois tipos de sistemas econômicos

a) Propriedade privada *versus* propriedade pública dos meios de produção.
b) O sistema de preços nas economias de mercado leva a maior eficiência no uso de recursos escassos e, consequentemente, na organização da produção. O controle seletivo no sistema de preços das economias centralizadas produz maior justiça social na distribuição da produção.

1.8 ■ UMA DIVISÃO DIDÁTICA DO ESTUDO DA CIÊNCIA ECONÔMICA

Um curso de Introdução à Economia visa capacitar o aluno a dar seus primeiros passos na análise e na percepção dos problemas econômicos. É uma junção da "heureca!" (descobrir) com a "arte de pensar" (analisar).

A teoria econômica constitui-se de um corpo unitário de conhecimento da realidade, passível de uma divisão, principalmente por razões didáticas:

a) Microeconomia (teoria dos preços): estuda a formação dos preços nos diversos mercados, por meio da ação conjunta da demanda e da oferta. Os preços constituem os sinais para o uso eficiente dos recursos escassos da sociedade e funcionam como um elemento de exclusão;

b) Macroeconomia (equilíbrio da renda nacional): estuda as condições de equilíbrio estável entre renda e despesa nacionais. As políticas econômicas de intervenção procuram sempre estabelecer tal equilíbrio;

c) Desenvolvimento econômico: estuda o processo de acumulação dos recursos escassos e da geração de tecnologia capazes de aumentar a produção de bens e serviços para a sociedade;

d) Economia internacional: estuda as condições de equilíbrio do comércio externo (importações e exportações), além dos fluxos de capital.

QUESTÕES

1. Explique como os problemas econômicos fundamentais — o que e quanto, como e para quem produzir — originam-se da escassez de recursos produtivos.
2. O que mostra a curva de possibilidades de produção ou curva de transformação?
3. Defina custos de oportunidade. O que são custos de oportunidade crescentes?
4. Conceitue bens de capital, bens de consumo, bens intermediários e fatores de produção.
5. A Economia é uma ciência não normativa. Explique essa afirmação.
6. O que são as concepções organicista, mecanicista e humana da Ciência Econômica?
7. Analisando uma economia de mercado, observa-se que os fluxos real e monetário conjuntamente formam o fluxo circular da renda. Explique como esse sistema funciona.
8. Em uma economia centralizada:
    a) como são determinados os três problemas básicos da economia?
    b) como é formulado o planejamento nesse tipo de economia?
    c) quais as funções do sistema de preços?
9. Quais os elementos de uma economia capitalista? Resuma cada um deles.
10. Para fins didáticos, qual a divisão usual do estudo da Ciência Econômica? Qual o escopo de cada área de estudo?

REFERÊNCIAS

BERCHIELLI, F. *Economia monetária*. São Paulo: Saraiva, 2000.

BÊRNI, D. de A. *Técnicas de pesquisa em economia*: transformando curiosidade em conhecimento. São Paulo: Saraiva, 2002.

FUSFELD, D. R. *A era do economista*. São Paulo: Saraiva, 2001.

REGO, J. M.; MARQUES, R. M. (Org.). *Economia brasileira*. 2. ed. São Paulo: Saraiva, 2003.

SAMUELSON, P. A.; NORDAUS, W. D. *Economics*. 17. ed. New York: McGraw-Hill, 2001.

STIGIUM, B. P.; STIGIUM, M. L. *Economia*. São Paulo: Edusp, 1973.

VASCONCELLOS, M. A. S.; GARCIA, M. E. *Fundamentos de economia*. 2. ed. São Paulo: Saraiva, 2004.

2

DE SMITH A MARX: A ECONOMIA POLÍTICA E A MARXISTA

Raul Cristovão dos Santos

2.1 ■ INTRODUÇÃO

Durante o século XIX, a Ciência Econômica era designada pelo termo Economia Política. Essa designação tendeu a desaparecer a partir do início do século XX com a crescente penetração — e consequente influência — da teoria marginalista que, de acordo com sua aspiração teórica de ser uma ciência pura como a Física e a Matemática, passou a reivindicar o termo Economia para a Ciência Econômica.

Sob a denominação de Economia Política, encontram-se diferentes, e não raras, incompatíveis abordagens a questões econômicas que, por diversas vezes, estiveram envolvidas em acaloradas controvérsias nesse período. Assim, não é tarefa simples apontar para um conjunto de proposições como constituindo "o" núcleo da Economia Política. A seguir, será apresentado um pequeno esboço de suas principais correntes, de modo a situar os autores que se configuram como depositários do saber da Economia Política do ponto de vista da história do pensamento econômico.

É mais ou menos tradicional nas histórias da Ciência Econômica afirmar que as origens ou a emergência da Economia Política estão nos trabalhos dos fisiocratas na França e, principalmente, em Adam Smith, na Escócia, tido quase sempre como pai da Ciência Econômica. Esses serão os primeiros autores a serem tratados neste capítulo, porém com uma pequena ressalva. Em vez de considerá-los como ponto de partida da Economia Política, será seguida aqui, por motivos que ficarão claros adiante, a periodização de Schumpeter. Este autor, naquela que é tida como uma das mais esclarecedoras obras da história da Ciência Econômica, considerou os fisiocratas e Adam Smith como ponto final de uma crescente literatura acerca de questões econômicas relacionadas à organização e administração dos emergentes Estados nacionais.

O desenvolvimento posterior da Ciência Econômica ocorre no início do século XIX, com as obras de J. B. Say, na França, e de David Ricardo, na Inglaterra. No caso do primeiro, seu trabalho desenvolve-se como uma crítica ao pensamento fisiocrático, apoiado na riqueza das nações, da qual foi o principal propagador na França. Já quanto ao segundo, sua mais importante obra é fruto de participações nas controvérsias sobre o padrão monetário inglês e a Lei do Cereal, ocorridas no início do século XIX. As proposições de Ricardo, principalmente as referentes às teorias do valor e da distribuição, provocaram diversos tipos de reações dentro da academia.

Com o objetivo de sistematizar e consolidar o que lhe parecia ser o consenso entre os economistas políticos, John Stuart Mill publicou em 1848 seus *Princípios de Economia Política*. Essa obra representa o apogeu da Economia Política, passando a ser referência obrigatória tanto no ensino quanto nas discussões da Ciência até praticamente o início do século XX. Além de realizar uma síntese entre as ideias ricardianas e as de seus críticos, tem-se pela primeira vez em uma obra da Economia Política o reconhecimento e a análise das questões sociais que proliferaram na Europa na primeira metade do século XIX.

Por volta de 1870, surgem duas linhas de pensamento econômico que viriam a estabelecer dupla ruptura com a Economia Política, conforme estava codificada nas obras de Say, na França, e de Mill, na Inglaterra. Uma delas, a já citada revolução marginalista, tem uma origem simultânea nos livros de Stanley Jevons, na Inglaterra, de Leon Walras, na Suíça, e de Karl Menger, na Áustria. A outra linha está na crítica da Economia Política elaborada por Karl Marx e será apresentada aqui. Embora essas duas linhas de pensamento sejam críticas à Economia Política, essa postura crítica é reivindicada de forma mais aguda pela primeira do que pela segunda. De fato, Marx apresentou sempre a sua teoria como uma superação da Economia Política que ele considerava como conhecimento científico em oposição à Economia Vulgar (Figura 2.1).

FIGURA 2.1

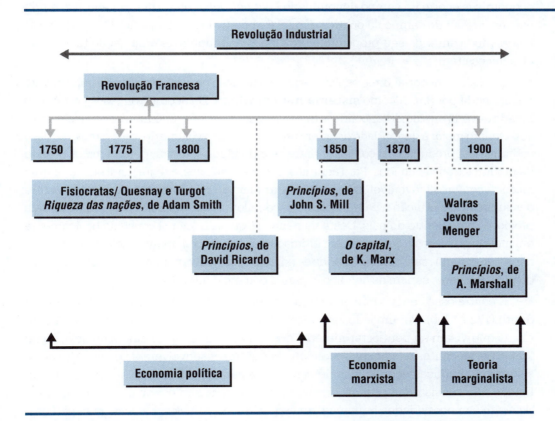

2.2 ■ FISIOCRATAS E ADAM SMITH

Conforme apontou-se antes, o pensamento fisiocrático e, principalmente, o de Adam Smith, será tratado aqui como a versão mais elaborada de ideias que constituíam o campo da *Political Oeconomy* na segunda metade do século XVIII. O importante é notar que esse termo não é uma expressão arcaica para *Political Economy*, ou seja, da Economia Política. Ele denota realmente um determinado campo de saber sobre questões que hoje seriam consideradas econômicas, mas o faz de uma forma particular, como uma questão da organização do Estado ou, se quiser, do corpo político.

Para se ter uma ideia desse campo de investigação, o livro de James Stuart é um exemplo, publicado em 1766, portanto, dez anos antes do *Riqueza das nações*. Nele, por analogia à ideia aristotélica de *Oeconomy* enquanto a arte de administrar o lar pelo chefe de família com o objetivo de prover o que necessita para o seu bem-estar, considera-se a *Political Oeconomy* como a arte ou ciência de administrar o Estado pelo soberano de tal forma que seus súditos possam prover-se a si próprios de tudo o que lhes é indispensável para a vida na sociedade. É a administração do reino ou do corpo político que está em jogo. Questões consideradas hoje como estritamente econômicas estavam relacionadas à boa administração do Estado. Pode-se dizer que a esfera do econômico era subalterna à da política. Para ter uma ideia dessa estrutura de conhecimento, basta ver que a obra *Riqueza das nações* foi reconhecida por um dos seus editores, na época, como um dos livros mais completos de política.

Portanto, a primeira manifestação de uma ciência preocupada com questões econômicas ocorre no campo denominado *Political Oeconomy*, que, por sua vez, ainda está no interior do campo da política. E qual é o objeto de investigação? Conforme visto na definição anterior, seu propósito é prover aos habitantes de uma nação tudo o que eles necessitam.

Sistema mercantilista:
o Estado deveria implementar políticas que gerassem um crescente acúmulo de metais preciosos.

É possível encontrar uma resposta para essa questão em uma corrente de pensamento denominada por Smith como **sistema mercantilista**. De acordo com essa corrente, o Estado deveria implementar políticas que gerassem crescente acúmulo de metais preciosos. Quanto maior a quantidade deles em um país, maior o volume de meio circulante. Isso estimularia a produção e o comércio entre os indivíduos e, assim, geraria maior volume de produtos transacionados. Para acumular metais preciosos, a regra geral era obter uma balança comercial favorável, ou seja, exportar mais do que importar. A diferença entre o volume de exportação e o de importação se refletiria em um fluxo positivo de metais preciosos para dentro do país. Desta maneira, a riqueza nacional consistia basicamente em metais preciosos e dependia, em última instância, do bom manejo do comércio internacional. Quanto mais bem projetadas as políticas para salvaguardar a balança comercial do país, melhores seriam as condições para o comércio interno.

É contra esse cenário que emergem as ideias de Quesnay (1694-1774) e de Adam Smith (1723-1790). Por um lado, enquanto ideias dentro do campo de políticas econômicas que visam ao bem-estar material dos indivíduos em um Estado, ou seja, como ideias pertencentes à *Political Oeconomy*. Por outro, desenvolvem-se como críticas ao sistema de políticas econômicas de caráter mercantilista. Primeiro, a riqueza de um Estado não consiste em possuir metais preciosos, mas sim em objetos úteis, que satisfaçam as necessidades humanas, quaisquer que sejam elas, básicas ou supérfluas. Segundo, sua fonte não está no comércio internacional, mas no comércio doméstico ou interno. O comércio internacional somente conta para ampliar a riqueza do Estado como complemento do doméstico. Feita essa exposição geral do campo no qual se inserem as ideias de Quesnay e de Smith, e, dentro dele, do principal eixo em que elas se desenvolvem, serão considerados agora seus elementos particulares.

2.2.1 As ideias fisiocráticas: François Quesnay

O pensamento fisiocrático está expresso em vários textos de diferentes autores. Porém, todos têm como origem comum o pensamento de François Quesnay. Por isso, aqui somente os textos desse autor serão considerados. Isso não facilita muito a tarefa, pois Quesnay nunca escreveu um que contivesse de forma organizada e unitária o corpo de suas ideias. Porém, é possível identificar um núcleo conciso que compreende um arcabouço de análise, um conjunto de hipóteses sobre as condições de produção e um conjunto de relações entre algumas variáveis que permitem reproduzir teoricamente o processo de circulação de produtos entre os habitantes de um país.

2.2.1.1 O arcabouço de análise

Um dos aspectos mais interessantes e que sempre levou à contemplação de Quesnay enquanto não apenas fundador da Ciência Econômica, mas também como precursor da moderna análise econômica, é a estrutura de análise utilizada que consiste em considerar os indivíduos de uma sociedade como organizados em ordens sociais e as atividades por eles exercidas em apenas duas. Assim, a miríade de indivíduos e de suas atividades observados no cotidiano fica reduzida, por meio de um processo de abstração, a somente três ordens sociais e a duas atividades. Vale aqui, mesmo que rapidamente, ver como essa estrutura é elaborada. Nesse caso, deve-se lembrar que Quesnay teve um importante precedente na obra de Cantillon e que suas ideias se desenvolveram com base na estrutura de análise elaborada por esse último autor. Observe, então, como ele constrói essa estrutura de análise.

Em primeiro lugar, Cantillon apresenta o que pode-se considerar como a equação básica do pensamento fisiocrático: a **riqueza de um país** está originalmente na natureza, mas em uma forma inadequada para o uso por parte do ser humano. Assim, é necessário que o ser humano a transforme para torná-la útil. Esse é o papel do **trabalho humano**. Então, **riqueza** nada mais é do que o acúmulo de objetos úteis (Figura 2.2).

Riqueza de um país: *está originalmente na natureza, mas em uma forma inadequada para o uso por parte do ser humano.*

Trabalho humano: *transformação da riqueza de um país, pelo ser humano, em produto final útil ao homem.*

Riqueza: *acúmulo de objetos úteis.*

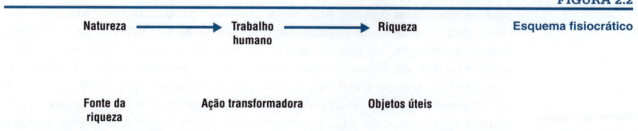

FIGURA 2.2

Esquema fisiocrático

Em segundo lugar, Cantillon supõe que todas as terras de um país acabarão se concentrando nas mãos de poucos indivíduos durante o processo de constituição dessa sociedade. Em outras palavras, qualquer que seja a configuração inicial da distribuição de terras em uma sociedade, elas serão apropriadas privadamente por um pequeno grupo de indivíduos. Estes, por terem a propriedade privada sobre a terra, têm por isso mesmo condições de sobreviver independentemente do resto da sociedade, pois podem, com o seu trabalho, obter riqueza da terra que lhes pertence. Formam, portanto, a classe independente ou de proprietários de terra. Porém, nesse caso, o resto da sociedade não sobreviveria sem o acesso à terra. É estabelecido, então, um arranjo social, por meio do qual é permitido ao resto da sociedade trabalhar na terra dos proprietários, pagando com uma parte da produção seu uso das terras. Assim, seria possível ao resto da sociedade obter riqueza e, portanto, sobreviver. Dentro desse arranjo, o trabalho, elemento intermediário na equação fisiocrática, recairia sobre o resto da sociedade, ou seja, sobre aqueles que dependem dos proprietários e formam, por isso mesmo, a classe dependente. Então, com base nessa abordagem histórica, Cantillon reduz o conjunto de indivíduos da sociedade a duas classes: independentes e dependentes. Os primeiros, dada a propriedade privada sobre a terra, fonte da riqueza, obtêm riqueza sem precisar trabalhar. Os segundos, exatamente por não possuírem terra, devem trabalhar para obter riqueza para si e para os independentes. E como se organiza o trabalho dentro da classe dependente? A resposta a essa questão nos leva ao terceiro ponto da construção de Cantillon.

As atividades de produção iniciam-se diretamente sobre a terra, no esquema de Cantillon, na área rural. Conforme os proprietários vão obtendo riqueza, eles se transferem para as cidades, onde outro conjunto de atividades se desenvolve para atender às suas necessidades. As atividades se subdividem entre as que são executadas no campo, diretamente sobre a terra, e as que são executadas na cidade, sendo possível pensar de forma indireta sobre os produtos originários da terra. Esse segundo conjunto de atividades depende do primeiro, pois as atividades da cidade são executadas sobre os produtos gerados pelas atividades do campo. As atividades desenvolvidas no campo podem ser traduzidas por agricultura e as executadas na cidade por indústria, incluindo manufaturas e comércio. Assim, novamente, reduzem-se todas as atividades a apenas duas: agricultura e indústria. Note que o conjunto interminável de trocas na sociedade se reduz a apenas uma: a troca entre produção agrícola e produção industrial.

Por fim, e aqui está a mais famosa proposição fisiocrática, as atividades desenvolvidas pelos setores agrícola e industrial não estão no mesmo pé de igualdade quanto à geração de riqueza. Embora os dois setores gerem objetos úteis, o agrícola tem primazia sobre o industrial, uma vez que este só pode subsistir com os produtos gerados pelo primeiro. De fato, a atividade industrial requer para o seu desempenho produtos agrícolas para o sustento dos seus trabalhadores e matéria-prima para elaborar seus produtos. Como diria posteriormente Turgot, essa primazia é eminentemente técnica: a atividade industrial não é possível sem a prévia oferta de produtos agrícolas. Daí, como o setor agrícola produz não só para sua manutenção como também para o sustento industrial, o seu produto deve ser maior do que o seu próprio consumo, ou seja, ele deve ser capaz de gerar um excedente de produção. Quanto maior o nível de atividade agrícola, maior o nível de produto total, pois ele permite ampliar a produção industrial com o seu excedente. Portanto, a chave para uma oferta abundante de objetos úteis está na capacidade de o setor agrícola gerar um excedente de produção. É sobre essa questão que se desenvolve a **teoria da riqueza** de Quesnay.

Teoria da riqueza:
a chave para uma oferta abundante de objetos úteis está na capacidade de o setor agrícola gerar um excedente de produção.

2.2.1.2 As condições de produção

Em seu primeiro trabalho sobre políticas econômicas, denominado *Fermiers*, publicado em 1756, Quesnay preocupa-se com as condições de produção que permitem ao setor agrícola gerar um excedente de produção. De maneira geral, pode-se dizer que Quesnay assume duas condições, as quais aparecem como hipóteses do seu quadro econômico.

Primeiro, a agricultura que produz riqueza é a executada em larga escala e possui alto valor agregado no mercado, sendo realizada intencionalmente para o mercado, para as trocas. A produção agrícola de pequena escala acaba por orientar-se para a produção de subsistência, cujos produtos são de pequeno valor monetário no mercado, produzindo basicamente para o próprio sustento do produtor agrícola, ou seja, é uma produção para o consumo familiar. Daí uma das máximas de Quesnay: a produção de riqueza não consiste somente na produção de objetos úteis, de valores de uso, mas sim de valores de uso com valor de troca. O excedente ou produto líquido é para Quesnay um excedente de valor monetário, e não apenas um excedente físico. A produção em larga escala, diferentemente da produção em pequena escala, exige um período longo entre o início da produção e a obtenção do produto final. Por isso, esse tipo de produção requer a existência prévia de um montante mínimo de recursos para sustentar os produtores e materiais durante esse longo período de maturação da produção. Esse montante mínimo de recursos é chamado por Quesnay de **adiantamentos**. A necessidade de adiantamentos à produção pressupõe a presença de empresários agrícolas possuidores dessa riqueza para que a agricultura possa produzir mais riqueza, ou seja, uma quantidade de produtos cujo valor final seja superior aos gastos com os adiantamentos. Esse último ponto leva à segunda condição.

Adiantamentos: *a produção em larga escala, diferentemente da em pequena escala, exige um período longo entre o início da produção e a obtenção do produto final. Por isso, esse tipo de produção requer a existência prévia de um montante mínimo de recursos para sustentar os produtores e materiais durante esse longo período de maturação da produção.*

A possibilidade de obter um excedente de valor monetário na produção agrícola, uma vez que a condição técnica seja satisfeita, depende da diferença entre o preço ao qual será vendido o produto agrícola e o seu custo de produção. Quesnay utiliza dois conceitos nesse ponto do seu argumento. Um deles é o preço de mercado ou o preço efetivo que vigora no mercado. Este depende fundamentalmente do grau de necessidade do produto por parte dos consumidores e do poder de compra. O outro é o preço fundamental. Este é determinado pelos gastos com os adiantamentos da produção. Ele compreende os adiantamentos anuais, gastos com salários e materiais, e os adiantamentos originais, gastos com implementos, instalações. Diferentemente dos adiantamentos anuais, que são recuperados com a venda do produto, os adiantamentos originais são recuperados paulatinamente, pois os itens que o compõem são utilizados durante vários anos. Ele corresponde ao que hoje seria chamado de depreciação e de taxa de risco por investir recursos em uma determinada atividade. Então, para que haja um excedente de valor monetário, é necessário que o preço de mercado esteja acima do preço fundamental. Quando isso ocorre, afirma Quesnay, o produto agrícola está sendo comercializado ao seu preço próprio. De maneira geral, Quesnay supõe que essa seja a situação normal do produto agrícola gerado pela produção em larga escala, pois este encontra sempre indivíduos desejosos e dispostos a pagar por ele. Somente sob algum tipo de distorção, como a de políticas de barateamento de bens agrícolas, normalmente, em favor dos bens industriais, é que o produto agrícola não alcança o seu preço próprio.

Vale a pena, neste ponto, discutir o que ocorre com o produto industrial. Essa produção também requer adiantamentos, basicamente de salários e materiais, que definem o seu preço fundamental. Também a possibilidade de obter um excedente depende do preço de mercado estar acima ou não do seu preço fundamental. Porém, nesse caso, Quesnay observa que a competição do lado da oferta, entre os diversos fabricantes e os comerciantes, pressiona para baixo o preço de mercado do produto industrial. Isso vai até o nível mínimo que pode ser cobrado, que é exatamente o seu custo de produção. Portanto, no caso do produto industrial, dada a competição do lado da oferta, o preço do produto industrial iguala-se ao custo de produção, determinado pelo montante dos adiantamentos. Logo, a produção industrial não gera um excedente em valor monetário e enquanto a produção agrícola, quando efetuada sob condições técnicas adequadas e comercializada ao seu preço próprio, gera um excedente de valor, a produção industrial apenas recupera os adiantamentos, deixando de gerar um excedente.

Daqui, Quesnay introduz um par de conceitos fundamentais para o posterior desenvolvimento da Economia Política. Diz-se da produção que gera um excedente de valor que ela é produtiva e da que não gera, improdutiva. É, assim, produtivo o setor agrícola, e, por extensão, os seus adiantamentos e o trabalho que esses adiantamentos põem em movimento. Já o setor industrial é improdutivo, pois não faz mais do que pagar pelo seu próprio custo.

Uma vez explicado como a atividade agrícola ou a sua produção geram um excedente, e, ressalte-se, em valor monetário, resta explicar como esse excedente é a base do processo de compra e venda generalizada de produtos entre indivíduos dentro de um país, ou seja, da sua circulação doméstica de mercadorias e dinheiro.

2.2.1.3 O processo de circulação

Como visto anteriormente, a classe dependente somente tem acesso à terra ao pagar pelo seu uso. Os empresários agrícolas, no esquema fisiocrático, pertencem à classe dependente e devem pagar pelo uso da terra. O montante desse pagamento é determinado pelo montante do valor do excedente, dada a competição entre esses empresários pelas terras disponíveis. Deste modo, o excedente produzido na agricultura não fica com os empresários desse setor, mas é transferido para os proprietários e constitui os rendimentos dessa classe sob a forma de renda da terra. Agora, Quesnay supõe que os proprietários devem gastar toda a renda auferida pelo aluguel da terra aos empresários agrícolas. Esta passa a ser a sua função social: devolver à sociedade, sob a forma de gastos, o que dela obtiveram sem que nenhum esforço tenha sido necessário para obtê-la. Na verdade, como a renda da terra é a única forma de rendimento líquido ou autônomo, isto é, não está comprometida com os custos de produção, pode ser gasta de qualquer maneira, mas deve ser gasta. São os gastos da renda pelos proprietários que vão desencadear o processo de circulação de mercadorias e dinheiro no país.

Quesnay assume que os proprietários gastem metade da sua renda com o setor agrícola e a outra metade com o setor industrial. Esse é o primeiro movimento. Assim, os empresários dos dois setores vendem parte da sua produção para os proprietários. Seguindo a suposição de gastos feita sobre a classe dos proprietários, Quesnay afirma que os empresários agrícolas vão gastar metade dessa receita comprando produtos do seu próprio setor, e a outra metade, produtos do setor industrial. Da mesma forma, os empresários do setor industrial vão gastar metade da sua receita inicial com produtos industriais e a outra, com produtos agrícolas. Ora, isso gera um novo montante de receitas para os empresários dos dois setores, que vão gastar da mesma forma que a anterior, metade no seu próprio setor, metade no outro. Porém, essa nova onda de gastos, entre setores e dentro deles, gera nova receita que, por sua vez, vai ter o mesmo destino com compras entre os dois setores e dentro deles, sempre naquela proporção. Note-se, porém, que a cada rodada os gastos são proporcionalmente menores e, assim, também as receitas auferidas pelos empresários. Portanto, o processo de compra e venda entre setores tende a zero.

O resultado final da série de compra e venda entre setores é a reposição dos elementos de produção, o que permite que o ciclo comece novamente. As compras do setor agrícola nele mesmo repõem os produtos para sustento dos seus trabalhadores (alimentos) e materiais, enquanto as compras do setor industrial permitem repor os instrumentos e equipamentos necessários à produção agrícola. Já as compras do setor industrial no setor agrícola repõem os produtos para sustento dos seus trabalhadores e de materiais. Durante o processo, ambos os setores recuperam suas condições de produção e podem reproduzir a oferta de produtos. No entanto, no caso do setor agrícola, a reprodução gera também o excedente de valor e, com isso, os rendimentos da classe de proprietários, a renda da terra. Logo, ao final do processo, tem-se novamente essa classe de posse da renda da terra para ser gasta nos dois setores e estes com a sua oferta de produtos disponíveis para a venda. Todo o processo inicia-se novamente com base nos gastos da renda em produtos agrícolas e industriais, desencadeando outra vez os gastos entre setores. Esse processo está descrito no quadro econômico (Figura 2.3), representado pelo famoso "zigue-zague" de setas entre a primeira e a terceira coluna.

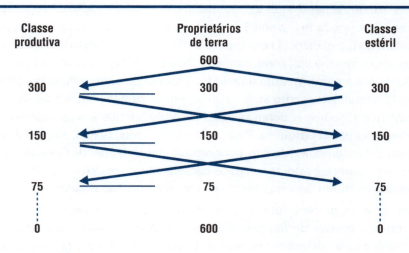

FIGURA 2.3
Quadro econômico

Fonte: adaptado do Quadro econômico de F. Quesnay.

2.2.2 Adam Smith

Como foi apontado anteriormente, as ideias dos fisiocratas e de Adam Smith deveriam ser consideradas dentro do campo da *Political Oeconomy* para entender melhor não só seu conteúdo, mas também a própria evolução da Ciência Econômica. No caso de Smith, identificar o seu argumento econômico nesse campo é uma tarefa imediata pelo fato de ter sido professor de Filosofia Moral em Glasgow, entre 1752 e 1763. Suas duas obras, *A teoria dos sentimentos morais* e *Uma investigação sobre a natureza e as causas da riqueza das nações*, são derivadas do material apresentado por Smith nesse curso. Pode-se, então, identificar o campo de investigação do livro *Riqueza das nações* com base na análise da estrutura de seu curso.

No século XVIII, o conhecimento humano estava contido e, diga-se, codificado, no campo maior denominado Filosofia que, por sua vez, subdividia-se em Filosofia Natural e Filosofia Moral. A primeira tinha como objeto de investigação os fenômenos naturais que ocorrem na natureza independentemente da vontade humana. Ela compreendia o que hoje conhecemos como as chamadas Ciências Exatas e Biológicas, tais como Física, Matemática, Biologia, entre outras. Note-se que aqui se localiza o núcleo da revolução científica que marca o advento da sociedade moderna na Europa e cujo paradigma máximo é a obra de Isaac Newton. Por sua vez, a Filosofia Moral estudava os fenômenos humanos, tendo como padrão o método científico empregado pela Filosofia Natural.

Em outras palavras, a Filosofia Moral procurava gerar conhecimento científico sobre o ser humano nos moldes do campo das Ciências Naturais. Afirma Schumpeter que, no século XVIII, a área da Filosofia Moral era uma disciplina estabelecida, fazia parte do currículo normal das universidades europeias e compreendia quatro ramos: Teologia, Ética, Jurisprudência e Receitas Públicas.

No caso de Smith, de acordo com as notas de aula de um dos seus alunos que estão hoje disponíveis, o seu curso de Filosofia Moral dividia-se em Teologia, Ética e Jurisprudência. O seu livro *Teoria dos sentimentos morais*, publicado em 1759, e que lhe trouxe o reconhecimento acadêmico, é expressão direta das suas aulas sobre Ética nesse curso. Já a parte de Jurisprudência preocupava-se com as regulações do Estado necessárias à implementação e à manutenção da ordem social. Por um lado, essas regulações diziam respeito à justiça, em particular, à preservação da segurança entre indivíduos e à propriedade privada. Por outro lado, Smith discutia as regulações que se preocupavam com a eficiência com que os indivíduos na sociedade podiam se prover dos meios necessários à sua sobrevivência. Esse ramo da jurisprudência era denominado *Police* e, claramente, guarda uma forte semelhança com o objeto de investigação da *Political Oeconomy* descrito antes. Porém, em contraste com outros autores desse ramo, Smith não atribui ao soberano a capacidade de orientar e organizar os indivíduos da sociedade na busca da riqueza. Pelo contrário, nos seus textos, a figura do soberano aparece bem mais diminuída do que, por exemplo, nos trabalhos de Quesnay, para quem a *Political Oeconomy* é a arte de tornar os homens úteis, sendo necessária, para tanto, a implementação direta de uma ordem positiva por parte do Estado.

Voltando ao argumento anterior, as ideias contidas nessa seção denominada *Police* formam a origem do *Riqueza das nações*. A elas serão acrescidas posteriormente as ideias fisiocráticas sobre capital, trabalho produtivo e produto líquido, não sem antes passar por uma drástica reformulação conceitual realizada por Smith. Não só as ideias, mas também a própria estrutura argumentativa de Smith, encontram-se originalmente contidas naquelas aulas. Vale a pena considerá-las aqui, pois fornecem um ótimo ponto de partida para apreciar o conteúdo teórico do *Riqueza das nações*.

Como se viu, Smith, assim como os fisiocratas, refuta o sistema mercantilista de políticas econômicas, baseado na ideia de que a riqueza seja dada pela acumulação de metais preciosos e de que sua origem esteja na esfera do comércio externo. Desse ponto de vista, a estrutura geral de argumentação de Smith no *Riqueza das nações* é composta de três partes. A primeira é a exposição da ideia correta de riqueza e das suas causas. Isso ocupa basicamente os Livros I e II. A segunda é a utilização da ideia correta de riqueza para avaliar os sistemas de políticas econômicas alternativos, ou seja, o mercantilista e o fisiocrático. Essa parte do argumento de Smith, uma das mais extensas do *Riqueza das nações*, está no Livro IV, sendo o Livro III transição para esse tópico. A terceira, por fim, uma vez refutados esses sistemas alternativos, é apresentar proposições para a atuação do Estado, fundadas na visão correta de riqueza. Isso compõe o material do Livro V. Vejamos, então, os principais elementos do argumento econômico de Smith, encontrados principalmente nos dois primeiros livros do *Riqueza das nações*.

Riqueza, ou seja, os objetos úteis, na literatura da época, era chamada de utilidade ou valor de uso. Note-se que esses conceitos se referem às qualidades físicas ou concretas dos objetos, qualidades essas que os tornam adequados à satisfação de necessidades humanas e não algum aspecto subjetivo em relação à sua utilização. Metais preciosos por suas qualidades físicas não satisfazem diretamente nenhuma dessas necessidades. Quando mais, a posse deles pode servir para que alguém obtenha objetos úteis. Agora, a questão é como os indivíduos conseguem obter esses objetos úteis, isto é, riqueza? A resposta de Smith é imediata: por meio do seu trabalho. Isso porque os objetos úteis não estão prontos para consumo na natureza. Há sempre de existir um esforço humano para obtê-los.

Portanto, de um lado, temos a riqueza, a oferta de objetos úteis, ou seja, uma sociedade é tão mais rica quanto mais ela estiver provida desses objetos; de outro, a sua fonte, o trabalho humano, pois, para Smith, a indústria se desenvolveu para atender aos desejos naturais dos seres humanos. Essa é a equação básica do *Riqueza das nações*. Comparando-a com a dos fisiocratas, apresentada no início desta seção, nota-se a diferença quanto ao posicionamento em relação ao trabalho humano: enquanto na equação fisiocrática o trabalho situa-se como um elemento intermediário entre a riqueza e sua fonte, isto é, a natureza, na equação smithiana, o trabalho humano posiciona-se como a fonte da riqueza (Figura 2.4).

FIGURA 2.4

Relação básica de Adam Smith

Então, a questão crucial passa a ser: como os indivíduos organizam os seus trabalhos para obter uma oferta abundante de objetos úteis? Posto isso, Smith afirma que o trabalho humano gera riqueza de acordo com duas circunstâncias: o grau de desenvolvimento da produtividade do trabalho, ou seja, da destreza e da habilidade com que o ser humano realiza as tarefas da produção, e o número proporcional de trabalhadores produtivos. A primeira compõe o tema do Livro I, a segunda, o do Livro II do *Riqueza das nações*.

O Livro I inicia-se pela afirmação óbvia de que quanto maior a produtividade do trabalho, maior a quantidade de objetos úteis obtida por unidade de esforço humano por período. Isso quer dizer que, quanto maior a produtividade, maior o excedente de produção.

Porém, do que depende esse aumento da produtividade? Depende da divisão social de trabalho. Smith, para exemplificar essa causa da riqueza, utiliza outro conceito, o da divisão interna do trabalho, o processo de diferenciação e integração de tarefas no interior de uma atividade produtiva. Quanto mais especializado for o trabalho dos indivíduos entre atividades e dentro de atividades, maiores serão a produtividade do trabalho e, portanto, a produção de objetos úteis. Isso decorre de três motivos. Primeiro, com a divisão de trabalho economiza-se o tempo gasto em cada tarefa, pois o trabalhador, ao fixar sua atenção em uma só operação, eleva substancialmente sua habilidade e destreza para executá-la. Segundo, economiza-se tempo na passagem de uma tarefa para a outra. Terceiro, a especialização do trabalho cria a oportunidade de utilizar ferramentas ou instrumentos também especializados para cada tarefa, o que torna mais efetivo o trabalho a ser executado.

> **Excedente de produção:** *cada indivíduo produz mais de um objeto do que necessita. Com esse excedente, pode obter os demais objetos por meio de uma troca.*

No entanto, se um indivíduo se especializa em uma determinada atividade, ele produz somente um tipo de objeto útil. Nesse caso, como conseguiria obter os demais objetos que lhe são úteis? Por que ele abdicaria de produzir tudo aquilo de que necessita para produzir somente um único produto? Porque o aumento da produtividade decorrente dessa especialização gera um **excedente de produção**: cada indivíduo produz mais do que necessita. Com esse excedente, pode obter os demais objetos por meio de uma troca. O indivíduo deixa de produzir para si próprio e passa a produzir para os outros ou para o mercado.[1] O ponto relevante está no conteúdo social da produção, direcionada para o mercado e não para o consumo pessoal.

A divisão de trabalho relaciona-se a essa propensão às trocas dos indivíduos que é, de acordo com Smith, um elemento inato da natureza humana. Note-se que Smith parte de uma interdependência social entre os indivíduos, uma vez que, diferentemente de outras espécies do mundo animal, todo ser humano depende de outros para sobreviver.[2] Portanto, não se está supondo a existência de agentes isolados entre si que, movidos pelo autointeresse, somente se relacionam no ato da troca. Na verdade, os indivíduos apelam para o autointeresse dos outros, e a troca é a forma mais efetiva de apelação.

Uma vez explicado como a divisão de trabalho eleva a produtividade e como ela depende da extensão do mercado, Smith passa a considerar o que ocorre no processo de trocas. Isso quer dizer que ele passa a analisar como se determina o preço ou o valor de troca de cada mercadoria e, nesse processo, como o total das mercadorias produzidas durante um determinado período, por exemplo, um ano, é distribuído entre os indivíduos na sociedade. É nessa parte do seu argumento que Smith introduz dois conceitos fundamentais: preço real e preço natural. Vejamos, então, como Smith estrutura o seu argumento.

Smith distingue o valor de troca de uma mercadoria do seu valor de uso. O primeiro diz respeito à capacidade de uma mercadoria "comprar" uma quantidade de outras mercadorias no mercado. O segundo refere-se às qualidades físicas do objeto que permitem satisfazer necessidades humanas. O valor de troca não guarda nenhuma relação e não depende do valor de uso da mercadoria. Para demonstrar essa proposição, Smith dá como exemplo o paradoxo da água e dos diamantes. A água tem um altíssimo valor de uso, pois é indispensável à vida humana, porém possui um baixo valor de troca. Por sua vez, um diamante tem alto valor de troca, muito embora seja irrelevante para a vida humana.

Uma vez apontado que o valor de troca de uma mercadoria não depende do seu valor de uso, Smith passa a considerar no que consiste o valor de troca, e essa questão traduz-se imediatamente em outra: qual é a sua medida? O valor de troca de uma mercadoria pode estar expresso em quantidades de metais preciosos ou em quantidades de alguma outra mercadoria cujo valor os indivíduos acreditam ser razoavelmente constante. De acordo com Smith, o desenvolvimento das trocas nas sociedades modernas, e com isso a disseminação do uso de moedas metálicas, fez da primeira a forma mais

---

[1] Antes que alguém seja tentado a ver aqui o embrião da matriz marginalista, note-se que o indivíduo deve produzir (trabalho) o que será objeto de uma troca. Trocam-se excedentes de produção e não uma determinada dotação inicial de objetos úteis.
[2] Portanto, essa questão não pode ser confundida com a questão da economia moderna que se refere à coordenação das decisões autônomas dos indivíduos.

usual de medir o valor de troca. O **preço nominal** das mercadorias nada mais é do que o valor de troca medido por uma dessas duas formas. No entanto, mercadorias e dinheiro (metálico), que também é uma mercadoria, possuem um valor variável. Logo, não servem como medida do valor real das mercadorias, pois não atendem ao requisito básico de uma medida de valor, que é o de ser invariável. Smith afirma que a medida de valor real é o trabalho humano. Qual é a explicação de Smith para essa afirmativa? Sua explicação pode ser desdobrada em três etapas.

Preço nominal: *o valor de troca de uma mercadoria expresso em quantidade de metais preciosos ou em alguma outra mercadoria cujo valor os indivíduos acreditam ser razoavelmente constante.*

Na primeira, por meio da definição de riqueza, é possível afirmar que um indivíduo é tanto mais rico quanto maior a quantidade de objetos úteis de que ele dispõe. Ora, o que um item da sua riqueza vale para o indivíduo que não deseja consumi-lo, mas trocá-lo, é exatamente o quanto ele pode adquirir de outras mercadorias no mercado. Caso contrário, ele teria de trabalhar para obter essas outras mercadorias. Assim, o valor de troca de um item da riqueza para um indivíduo é dado pelo quanto ele poupa de trabalho ao seu proprietário. Portanto, o preço real das mercadorias é igual à quantidade de trabalho que elas comandam no mercado. Na prática, isso corresponde a utilizar o valor do trabalho, por exemplo, o preço do trabalho mais simples de uma sociedade, como a unidade de medida dos preços das mercadorias. Supondo que o preço nominal de uma mercadoria seja p, e que o preço desse trabalho simples seja w, então, seu preço real é:

$$p_r = p/w$$
$$P_r = p/w$$

Note-se que, dessa forma, o preço real da mercadoria se expressa em unidades de quantidades de trabalho. Por exemplo, se o preço nominal de uma mercadoria é igual a 100 unidades monetárias e o salário-mínimo é de 50 unidades monetárias por unidade de trabalho simples, então o preço real dessas mercadorias é igual a duas unidades de trabalho. Em outras palavras, cada unidade dessa mercadoria comanda duas unidades de trabalho.

Um dos pontos falhos dessa solução de Smith é que, sendo o preço do trabalho também um preço, então, ele apresenta o mesmo problema das duas outras medidas referidas antes: ele tem um valor que é variável. O argumento de Smith, nesse ponto, é bem precário. Ele afirma que, para o trabalhador, o tempo que ele despende trabalhando representa sempre a mesma quantidade de sacrifício e, portanto, tem sempre o mesmo valor, independentemente de ele receber maior ou menor remuneração. Obviamente, Smith não respondeu à questão posta. Esse ponto se constituirá em uma das questões mais controversas e intermináveis da Ciência Econômica.

Na segunda, Smith utiliza o preço real da mercadoria para determinar as partes que compõem o valor de troca das mercadorias. Para tanto, considera inicialmente uma sociedade composta de produtores independentes, ou seja, uma sociedade em que cada produtor possui as condições de produção e, então, trabalha para si mesmo – chamado por Smith de estágio rude e primitivo de uma sociedade. Nesse caso, diz Smith, o produto do trabalho de cada produtor pertence a ele mesmo, já que, como trabalha para si próprio, não precisa dividir o produto do seu trabalho com ninguém. Logo, o preço real da mercadoria produzida por produtor independente, o quanto de trabalho a mercadoria vai comandar no mercado, é exatamente igual à quantidade de trabalho gasta para produzi-la. Se um produtor gasta duas horas para produzir 10 quilos de cereal, indo ao mercado trocá-los por outra mercadoria, vai obter uma quantidade desta na qual tenham sido gastas duas horas de produção.

Em seguida, Smith aplica a sua medida de valor para o caso de uma sociedade moderna, ou seja, uma sociedade na qual já ocorreu a acumulação de estoques. Nesse caso, os produtores trabalham para outros, para aqueles que, por terem a propriedade sobre os estoques de mercadorias necessárias à produção (máquinas e instrumentos, materiais e produtos para o sustento dos trabalhadores), detêm o controle das condições de produção. Note-se que esse tipo de sociedade praticamente "cai do céu" nesse ponto do argumento de Smith. Na verdade, os fundamentos desse tipo de sociedade são derivados no Livro II do *Riqueza das nações* e serão considerados a seguir. Sob essa organização da produção, a quantidade de trabalho comandada por uma mercadoria no mercado — o seu preço real — não é mais igual à quantidade de trabalho que foi gasta na sua produção. Isso porque, agora, o produto final do trabalhador não lhe pertence integralmente. Ele trabalha para outro, recebendo em troca uma parcela da produção, mas o produto total é propriedade de quem o empregou. Vamos supor novamente que o trabalhador gaste duas horas para produzir dez quilos de cereal, mas agora esses dez quilos pertencem ao seu empregador. Supondo-se que ele pague ao trabalhador cinco quilos pelo seu trabalho e mantém ainda cinco quilos, com os quais ele pode contratar um trabalhador adicional; assim, os dez quilos de cereal comandam agora dois trabalhadores em vez de um, como no caso da sociedade primitiva. Nesse sentido é que se afirma que o trabalho comandado é maior do que o trabalho incorporado em uma sociedade capitalista.

Dessa forma, o preço real da mercadoria se decompõe em duas partes: uma que corresponde aos salários do trabalhador, e a outra que equivale ao lucro do empregador, proprietário dos estoques adiantados à produção. Se considera-se a propriedade privada da terra, uma terceira dedução será feita sobre o produto dos trabalhadores. Essa dedução corresponde à renda da terra, ao rendimento da classe dos proprietários. Portanto, em geral, em uma sociedade já organizada sob a propriedade privada das condições de produção e de posse da terra, o preço real de uma mercadoria se divide — naturalmente, diria Smith — em salários, lucros e renda da terra. Smith generaliza essa conclusão para o conjunto das mercadorias produzidas em um ano. O valor desse produto está dividido nesses três componentes que são as três fontes de rendimentos das três classes que formam o tecido social de uma sociedade capitalista. Qualquer outro tipo de rendimento, como os juros, é uma forma de rendimento secundário, derivado de uma das três fontes originais.

A terceira etapa do argumento de Smith sobre o valor de troca refere-se ao funcionamento do mercado na determinação dos preços das mercadorias. Novamente, Smith, seguindo os fisiocratas, distingue preço de mercado de preço natural. O preço de mercado é o preço corrente da mercadoria, determinado pela demanda efetiva (desejo e poder de compra) e pela quantidade oferecida do produto em determinado período. Já o preço natural é o preço real quando as taxas de salário, de lucros e de renda da terra estão no seu nível natural, ou seja, quando essas taxas estão equalizadas pelas forças da competição no mercado. Quando o preço da mercadoria é exatamente igual ao seu preço natural, então, as remunerações do capital, do trabalho e da terra empregados na produção são exatamente as determinadas pela competição, dadas as condições de produção. Isso quer dizer que não existe nenhum motivo para os proprietários desses elementos, capitalistas, trabalhadores e proprietários de terra alterarem as suas decisões sobre o emprego desses elementos. Porém, quando o preço de mercado de um produto é diferente do seu preço natural, ocorrem mudanças nessas decisões, pois existe a oportunidade de obter melhor remuneração pelo emprego dos recursos produtivos, por exemplo, se o preço de mercado está acima do preço natural, ou seja, a remuneração de um ou mais elementos da produção está acima do seu nível natural. Vamos supor que somente a taxa de lucro esteja acima da sua taxa natural. Logo, os capitalistas de outros setores da economia serão induzidos a deslocarem o seu capital do setor em que estão operando para este que apresenta uma taxa de lucro superior à normal. O efeito desse deslocamento do capital de outros setores para dentro de um mais lucrativo é o de expandir a escala de produção e, assim, o da oferta de seu produto. O aumento da oferta leva a uma queda do preço do mercado do produto e, daí, a uma tendência de este se aproximar do seu preço natural. O processo competitivo, caracterizado pela busca por parte dos proprietários dos recursos produtivos por uma melhor remuneração, atua como uma força que impele os preços de mercado a se igualarem aos preços naturais. Estes são, por assim dizer, o centro de gravidade do sistema de preços, sendo a competição a força gravitacional presente no sistema.

A questão que resta agora é: o que determina as taxas naturais de lucro, de salário e da renda da terra? Smith não fornece nenhuma resposta satisfatória a essa pergunta. De maneira geral, ele afirma que essas taxas são determinadas pela concorrência. Assim, os salários são determinados pela demanda por trabalho, a qual depende da taxa de acumulação de capital, e pela oferta de trabalho que, por sua vez, depende do crescimento populacional. De acordo com Smith, não é possível conhecer a taxa de lucro diretamente, pois existe sempre uma aura de mistério, criada pelos capitalistas, ao redor dos seus negócios. Ele propõe, então, deduzir qual é o nível dessa taxa pelo nível da taxa de juros, pois os tomadores de empréstimo estarão dispostos a pagar mais juros quanto maiores forem as suas expectativas de lucro. A renda da terra também é determinada pela barganha entre proprietários e empresários agrícolas.

Dessa forma, o preço natural de uma mercadoria é a mera soma das taxas de salário, de lucro e da renda da terra, sendo que estas refletem os preços determinados pela concorrência, conforme descrito antes. Portanto, a equação de preços de Smith é a simples soma de outros preços. Instala-se, assim, um círculo vicioso na teoria de preços de Smith. Em seguida, ele conclui que, se estes são os componentes do valor de uma mercadoria, eles são a fonte do valor das mercadorias. Mais ainda, Smith afirma que o que é verdade para uma mercadoria o é para o conjunto delas produzidas anualmente, logo, o produto nacional é simplesmente a soma da massa de salários, de lucros e de renda. O círculo vicioso, presente na explicação do preço de uma mercadoria considerada isoladamente, está agora instalado no seu conceito de valor do produto anual da nação.

No Livro II, Smith dedica a sua atenção à segunda causa da riqueza, ou seja, à proporção entre o número de trabalhadores produtivos e os improdutivos. O ponto de partida do seu argumento é que do início da produção até a venda do produto decorre um período, ou seja, a produção e a comercialização do produto são processos consumidores de tempo. O produtor necessita de um estoque de mercadorias para garantir a sua sobrevivência, e manter os instrumentos e materiais indispensáveis à elaboração do produto final durante esse período. Quanto maior o estoque, maior é o período durante o qual um produtor pode se sustentar e sustentar a produção. Porém, se a quantidade desse estoque é superior a um determinado limite mínimo, em vez de deixá-lo ocioso, o produtor pode utilizá-lo de forma mais proveitosa para sustentar outros empregados que trabalhariam sob seu comando no processo de produção.

> **Excedente de produção:** *a contratação e o emprego de trabalhadores elevam a escala de produção do negócio do empregador, tanto pelo aumento do número de pessoas como pelo possível aumento da produtividade do trabalho, pois, com maior número de empregados, pode-se aprofundar a divisão interna de trabalho e, com ele, aumentar a oferta e a circulação de objetos úteis na sociedade.*
>
> **Capital:** *parcela de estoques utilizada para adquirir, ou melhor, comandar o trabalho alheio.*
>
> **Lucro do capital:** *o excedente advindo do emprego do estoque como capital.*

A contratação e o emprego desses trabalhadores elevam a escala de produção do negócio do empregador, tanto pelo aumento do número de pessoas como pelo possível aumento da produtividade do trabalho, pois, com maior número de empregados, pode-se aprofundar a divisão interna de trabalho. Como resultado, o **excedente de produção** aumenta e, com ele, aumentam a oferta e a circulação de objetos úteis na sociedade.

A parcela de estoques utilizada para adquirir, ou melhor, comandar trabalho alheio, Smith denomina **capital**, e o excedente, advindo do emprego do estoque como capital, é chamado de **lucro do capital**. Smith faz questão de enfatizar que esse último não deve ser confundido com os salários de supervisão ou organização da produção. Sua origem está no valor que é agregado pelo trabalho na produção e a esse trabalho Smith chama de **produtivo**.

Note-se que, sob esse raciocínio, Smith introduz uma diferenciação social entre os indivíduos envolvidos na produção da riqueza. Por um lado, os indivíduos que possuem estoques acima do limite mínimo passam a atuar como capitalistas, ou seja, empregam seus estoques como capital, comandando trabalho de outros na produção. Por outro lado, os indivíduos que não possuem estoques suficientes para tal não têm outra alternativa senão vender o seu trabalho para os primeiros em troca de uma parcela da riqueza, sob a forma de salários. Smith afirma que essa é a situação da maioria dos indivíduos, em uma sociedade moderna, e eles compõem a classe dos trabalhadores.

Veja mais de perto como acontece o processo de produção sob a presença do capital. Primeiro, Smith distingue o capital em fixo e circulante. A distinção entre os dois tipos de capital ocorre pela necessidade ou não de entrar na circulação para obter lucro. Capital fixo é a parte do capital que não precisa entrar na circulação de mercadorias para gerar lucros, como máquinas e demais instrumentos de trabalho. Capital circulante só pode contribuir para os lucros por meio da circulação, como é o caso dos salários pagos e da matéria-prima. Segundo, Smith qualifica o trabalho como produtivo quando este adiciona e fixa um valor ao valor dos materiais empregados na elaboração do produto, ou seja, quando o trabalho agrega valor durante a produção e esse valor pode ser utilizado posteriormente na aquisição de outras mercadorias no mercado. Ao agregar valor, o trabalhador repõe o valor do seu salário e põe o valor dos lucros de quem o emprega. Ao fixar esse valor, o possuidor da mercadoria pode adquirir ou comandar posteriormente, pelo menos, a mesma quantidade de trabalho que a produziu. Na verdade, em uma sociedade que está sob a acumulação de capital, a mercadoria vai adquirir mais trabalho do que o trabalho que a gerou.

Dessa forma, o produto anual de uma nação, ou o seu valor — Smith trata essas duas magnitudes de forma indiferente —, divide-se em duas partes: uma repõe o capital empregado (gastos com salários, materiais e depreciação de instrumentos), enquanto a outra forma o produto líquido, um excedente de valor, que se constituirá nos rendimentos das classes capitalista e de proprietários de terra, na forma de lucros e de renda da terra. Observe como a redefinição de Smith da ideia fisiocrática de trabalho produtivo permite conceber agora o lucro como uma forma de rendimento líquido, com o mesmo *status* teórico da renda da terra. Podem-se ilustrar de forma simplificada esses conceitos, considerando que o capital circulante é composto somente de salários. Assim, temos:

$$\text{Produto Nacional} - \text{Salários} = \text{Produto Líquido} = \text{Lucros} + \text{Renda}$$

Uma parte do produto anual da nação, os salários, é sempre utilizada no emprego de trabalhadores produtivos, pois seu destino é repor o capital adiantado à produção.

O produto líquido, por ser um rendimento líquido, não está comprometido com as condições da produção e, por isso, pode ou não ser utilizado no emprego adicional de trabalhadores produtivos. Se não o for, o número de trabalhadores produtivos e, portanto, o nível de produção, continua no mesmo patamar do período anterior. Agora, se o capital for acumulado, ou seja, se parcela desse excedente for empregada na contratação de um número adicional de trabalhadores produtivos, então, não só o nível de emprego se eleva, como também o nível de produção e, com ele, o nível do excedente ou do produto líquido.

A acumulação de capital é a segunda causa da riqueza de uma nação. Ela se funda em outra propensão humana, a saber, a busca incessante da melhoria das condições de vida. Isso porque o meio mais óbvio para melhorar as condições de vida é o aumento da fortuna. Essa, por sua vez, depende da forma como o capital acumulado é empregado. Para Smith, os indivíduos tendem naturalmente a empregar o capital nas atividades em que o trabalho posto em movimento agrega mais valor. Eles fazem isso guiados somente pelos seus interesses particulares. Porém, ao procurar direcionar o seu capital para as atividades em que se agrega mais valor, os indivíduos acabam por aumentarem o valor total da produção da sociedade, ou seja, da riqueza nacional. Portanto, guiados por interesses privados, os indivíduos promovem, sem intenção, o bem geral. Esse é o processo da mão invisível, tão propalado na literatura econômica. Observe que tal processo refere-se às decisões dos capitalistas sobre o emprego mais remunerativo do capital. Desse ponto de vista, o processo de acumulação de capital deve ser deixado a cargo dos indivíduos, pois nenhum outro mecanismo ou agente pode substituí-los melhor nessa tarefa. Essa ideia está na base do sistema natural de liberdade advogado por Smith em oposição ao sistema mercantilista, com sua ênfase nas regulações do Estado, e ao sistema fisiocrático, pois embora este também baseie a sua ideia de uma ordem natural na liberdade da ação dos indivíduos,[3] a própria ordem deve ser imposta por uma ordem positiva gerenciada pelo Estado.

De maneira geral, para Smith, o processo de acumulação de capital, guiado pela busca da maior remuneração do capital por parte dos capitalistas, acaba por criar uma sequência natural dessas aplicações dentre os setores da economia: agricultura, manufaturas, comércio doméstico e, por último, como não poderia deixar de ser, o comércio internacional. Observe que, ao contrário da ideia difundida de que Smith privilegia a indústria em relação à agricultura, esta aparece ocupando o primeiro lugar nessa ordem natural. Isso porque essa atividade é a única que gera os três tipos de rendimentos: salários, lucros e renda. A indústria vem a seguir, pois só gera lucros e salários.

Ao início desta seção, foi possível observar que, para Smith, a questão básica é a de tornar o trabalho dos indivíduos em uma sociedade em produtor de riqueza.[4] Agora, a título de conclusão, pode-se dizer que a resposta de Smith está na alteração da organização social do trabalho, de produção para consumo próprio em produção para os outros, ou em escala social. Essa organização compreende a divisão de trabalho e o número proporcional de trabalhadores produtivos (acumulação de capital). É sob essa última que estão articuladas as ideias de interesses privados, a "mão invisível" e o sistema de liberdade natural. No *Riqueza das nações*, Smith articula de forma contraditória essas duas causas, pois, na introdução da segunda causa, ele faz depender a divisão de trabalho da própria acumulação de capital. De qualquer forma, a Economia Política

---

[3] Essas ideias já estavam presentes nos trabalhos de Turgot, para quem nada supera o próprio indivíduo nas suas decisões sobre a melhor forma de aplicar o seu capital.
[4] Essa é, ainda hoje, a questão fundamental do desenvolvimento econômico.

desfará esse nó, optando pela lógica da acumulação, ou seja, pelas ideias expostas sob a segunda causa da riqueza. Porém, para isso, terá de reconstruir o objeto de análise da Ciência Econômica. O primeiro passo dessa operação está na obra de Jean Baptiste Say.

2.3 ■ A EMERGÊNCIA DA ECONOMIA POLÍTICA COMO CIÊNCIA MORAL AUTÔNOMA

No desenvolvimento de suas ideias sobre questões econômicas, Jean Baptiste Say (1767-1832) assimilou e passou a difundir na França as ideias de Smith em oposição às dos fisiocratas. Embora Say afirmasse que a obra de Smith contivesse as verdades da nova ciência, elas estavam expostas de forma confusa e desordenada, o que dificultava sobremaneira a tarefa de disseminá-las na sociedade. Ora, essa percepção de caos dentre um conjunto de proposições reconhecidas como verdades científicas só é possível porque Say já possuía uma concepção particular do campo de investigação da Ciência Econômica. Tal concepção tinha como ponto de referência o arranjo conceitual presente no *Reflexões* de Turgot. Nessa pequena obra, Turgot fornece a sua concepção do quadro econômico de Quesnay. Porém, diferentemente desse autor, com sua ênfase nas relações aritméticas do quadro, expressas nos seus enigmáticos ziguezagues, Turgot procura derivar a lógica de funcionamento subjacente ao quadro. Nessa tarefa, ele mostra que as ações dos indivíduos na sociedade direcionadas para a obtenção de riqueza compreendem dois momentos.

O primeiro é o da produção da riqueza, pois esta, na forma em que se apresenta originalmente na natureza, é inadequada para satisfazer necessidades humanas. Daí, como já postulava Cantillon, ser necessária a intervenção do trabalho humano. Uma vez produzida a riqueza, pode-se discutir como esta chega às mãos dos indivíduos, já que os que a produzem não são seus consumidores imediatos, dado o grau de desenvolvimento da divisão social do trabalho. Esse é o momento da distribuição da riqueza entre os indivíduos na sociedade. Porém, a distribuição da riqueza repõe as condições para que esta seja novamente produzida, na verdade, reproduzida, e assim novamente distribuída. Há, então, uma ordem (a percepção científica) no conjunto aparentemente desordenado (percepção do senso comum) de ações humanas direcionadas especificamente à obtenção de riqueza, formada pela sequência da sua produção e da sua distribuição. Mais ainda, como a distribuição é que repõe as condições da produção, ocorre um movimento recorrencial. Assim, o processo é centrado em si mesmo, formando, por assim dizer, um sistema autorregulado. Essa circularidade caracteriza a riqueza como um fluxo. Como afirma Schumpeter, a descoberta do fluxo circular da renda e a da expressão da sua magnitude no produto nacional é um acontecimento sem paralelo na história da ciência econômica. Em Turgot, no entanto, essa concepção está presa no interior do argumento original dos fisiocratas e, portanto, subalterna ao objeto de investigação da *Political Oeconomy*.

Say, em sua exposição peculiar das ideias de Smith, toma emprestado esse modo de pensar e de organizar conceitualmente a vida econômica. Na verdade, ele o coloca como o objeto específico da Ciência Econômica, ao afirmar que essa é a ciência das leis da produção, da distribuição e do consumo da riqueza. Nessa definição, a riqueza permanece com o mesmo sentido encontrado em Smith e nos fisiocratas (objetos úteis), porém, sobre ela se coloca agora um processo específico, dado pela sequência de ações humanas formada por sua produção, distribuição e consumo.[5] Note-se o contraste com

---

[5] Aqui está um exemplo claro, e talvez o mais marcante, do que Schumpeter definiu como concepção sequencial da economia, em contraste com as suas concepções sincrônicas.

a obra de Smith. Nesta, o objeto de investigação é a natureza e a causa da riqueza. Agora, sob a concepção de Say, trata-se de estudar o funcionamento de um sistema autorregulado referente à riqueza. Como esse processo é recorrencial, apresenta uma regularidade que pode ser apreendida pelas suas leis de movimento. Finalmente, ao defini-la como o objeto próprio dessa ciência, Say concebe-a como um campo independente e distinto da política. Para não deixar dúvidas a esse respeito, ele passa a denominar a Ciência Econômica de *Political Economy*, em vez de *Political Oeconomy*. A primeira tem na riqueza sua razão de ser, e a segunda, no poder.

Em decorrência dessa concepção, a exposição lógica dessas leis segue a lógica da vida econômica. Assim, o núcleo teórico da obra de Say divide-se em três partes: *sobre a produção, sobre a distribuição* e *sobre o consumo*. Esse passa a ser o padrão clássico de exposição da Economia Política, encontrado nos seus mais diversos tratados ao longo do século XIX. Observe que, por ser a distribuição um momento intermediário entre a produção e o consumo, é somente nesse ponto que se apresenta a discussão do valor de troca ou dos preços das mercadorias. Portanto, não é de estranhar que, nos *Princípios* de J. S. Mill, a análise dos preços só apareça no meio da obra.

A tarefa teórica iniciada por Say, na França, vai ter sua contrapartida, na Inglaterra, com James Mill (1773-1836). Este, em seu livro *Commerce defended*, de 1808, ao rebater as proposições fisiocráticas de W. Spence, já faz uso de algumas ideias de Say, como a controversa "lei de Say". Posteriormente, em *Elementos de Economia Política*, publicado em 1826, James Mill emprega o arranjo conceitual de Say para definir o campo de investigação da Economia Política e, assim, acaba por disseminá-lo no circuito intelectual britânico. Porém, ele o faz com um adendo crucial: fundar essa concepção no trabalho humano. O argumento básico é o de que a maioria dos objetos úteis de que os seres humanos necessitam requer um esforço para ser obtida e, portanto, a riqueza de que trata a Economia Política é aquela composta por objetos úteis que podem ser não só produzidos, mas principalmente reproduzidos pelo trabalho humano. Essa condição geral da existência humana, o fato de ter de trabalhar para obter riqueza, passa a definir o "econômico" da vida social.

Seguindo a formulação de Say, James Mill define a Economia Política como o estudo das leis de produção, distribuição e consumo da riqueza. A ordem dos tópicos não é casual. Já que, para obter riqueza, os indivíduos devem despender algum esforço, o primeiro passo da investigação é a produção da riqueza. Mill refere-se à existência dos três elementos indispensáveis à produção: trabalho humano, que é a base da vida econômica, capital e terra. Sobre o trabalho, faz algumas considerações acerca da sua divisão. Sobre o capital, reproduzem-se as ideias de Turgot, ampliadas por Smith, de que este se constitui em um estoque de mercadorias necessárias à produção, adiantadas pelos capitalistas para pôr em movimento ou empregar um determinado número de trabalhadores. Dadas as condições técnicas, esse número de trabalhadores gera uma quantidade de produto final por ano, considerado como a unidade de tempo. Normalmente, assume-se que as condições técnicas são de tal grau que a quantidade de mercadorias produzida é superior à quantidade de mercadorias consumida durante a produção, ou seja, as condições de produção permitem gerar um excedente de produção.

Uma vez produzida, essa riqueza deve ser distribuída entre os indivíduos, de acordo com a classe social a que pertencem. Portanto, o passo seguinte é a distribuição. Por fim, os indivíduos, de posse da sua parcela de riqueza produzida, tratam de consumi-la, por um lado, para se manterem vivos, e, por outro, para poderem continuar a produzir. Assim, o ponto final do processo se transforma no seu ponto inicial. O esquema da Figura 2.5 resume a concepção do processo econômico empregado pelos economistas políticos.

FIGURA 2.5

Esquema do funcionamento do sistema econômico

James Mill aponta a distribuição da riqueza entre salários, lucro e renda como uma das maiores dificuldades na construção teórica desse esquema. Note-se que essa explicação deve ser consistente com a visão de que a base da vida econômica é o trabalho humano. A superação dessa dificuldade aparece com a publicação, em fevereiro de 1815, do trabalho de David Ricardo intitulado *An essay on the influence of a low price of corn on the profits of stock, showing the inexpediency of restrictions on importation*, daqui em diante, *Ensaio sobre os lucros*.

Ricardo era um corretor na Bolsa de Valores de Londres, na qual amealhou sólida fortuna, seguindo um estilo pouco ousado, mas seguro, nas operações. Tinha por hábito discutir questões da política econômica inglesa, normalmente após o fechamento da bolsa. Esse hábito o levou, por fim, a escrever alguns artigos sobre a estabilidade do padrão monetário para o *Morning Chronicle*, em 1809. Esse material foi publicado posteriormente, na forma de panfleto, em 1810, com o nome de *The high price of bullion, a proof of the depreciation of the bank notes*. Nele, Ricardo discute a questão da depreciação da libra esterlina, apontando que esta foi causada pelo excesso de emissão de notas do Banco da Inglaterra, com base na suspensão da plena conversibilidade dessas notas em ouro. Essa posição ficou conhecida na literatura monetária como bulionista, sendo atacada por outra corrente, a antibulionista, que era a favor da livre emissão, desde que feita sob critérios seguros e rigorosos na seleção dos eventuais tomadores de empréstimos.

Ricardo voltou à carga nas discussões sobre questões de política econômica no período precedente à promulgação da Lei do Cereal, em 1816. Durante a guerra napoleônica, o preço interno do cereal aumentou significativamente com as restrições à importação do cereal. O preço do produto industrial cresceu proporcionalmente menos do que o do cereal e dos salários. Ao fim da guerra, os proprietários pressionavam o governo para fixar as tarifas de importação do cereal em um patamar elevado, de tal forma que a sua importação ficou inviável, muito embora o cereal produzido no exterior fosse mais barato do que o inglês. Essa proteção tarifária ao cereal doméstico constituía a Lei do Cereal. Claramente, seu objetivo era manter elevadas as rendas auferidas pelos proprietários de terra, por meio do alto preço do cereal. Como os salários mantinham-se praticamente constantes, o resultado dessa situação era a deterioração dos lucros dos industriais. Isso levava a uma perda de competitividade da indústria inglesa, à época com um alto nível de produtividade em relação às indústrias dos países do continente europeu.

Durante o período que antecede a publicação da Lei do Cereal, vários panfletos foram divulgados. No início de 1815, surgem os trabalhos de Malthus, West e Torrens. Todos eles discutiam a teoria da renda da terra. Em particular, o trabalho de Malthus destaca-se como defensor da manutenção das tarifas de importação e, portanto, dos interesses dos proprietários de terra. Três semanas depois, Ricardo publica o seu *Ensaio sobre os lucros*. Paradoxalmente, Ricardo incorporava a teoria da renda diferencial de Malthus exatamente para atacar as restrições tarifárias à importação do cereal e, assim, os interesses dos proprietários de terra, posicionando-se entre os defensores dos industriais.

Além da posição adotada no debate, o que distingue o trabalho de Ricardo é o método, que já estava presente no seu ensaio sobre padrão monetário. Neste, para discutir o fenômeno concreto da desvalorização da libra, Ricardo propõe primeiro estabelecer quais são os princípios gerais (abstratos) que regulam o valor da moeda. Da mesma forma, para tratar da questão concreta dos efeitos da restrição da importação ao cereal sobre os lucros do capital, Ricardo elabora uma teoria na qual estão as leis gerais (abstratas) da distribuição do produto nacional entre as três classes.

Tanto a posição a favor dos industriais como o aspecto metodológico chamaram a atenção de James Mill para o trabalho de Ricardo. Após conhecê-lo, Mill passou a incentivar Ricardo a escrever uma versão ampliada da teoria da distribuição, exposta no *Ensaio sobre os lucros*. É essa versão ampliada que aparece nos primeiros seis capítulos do seu livro *Sobre os princípios da economia política e da tributação*, publicado em 1817. Entre o *Ensaio* e os *Princípios*, Ricardo mantém inalterada a sua teoria da distribuição. A diferença básica entre as duas versões está na questão do valor. A teoria do valor trabalho, que é apenas esboçada no *Ensaio*, assume sua formulação completa nos *Princípios*. Note-se, no entanto, que, para Ricardo, as conclusões da sua teoria da distribuição independiam da questão do valor. De acordo com essa ideia, e seguindo um procedimento usual da literatura, será inicialmente exposta a teoria da distribuição de Ricardo, para depois tratar da questão do valor.

Com algumas ligeiras simplificações, aqui, o argumento básico elaborado por Ricardo em seu *Ensaio* será seguido. Ricardo supõe que:

(1) todas as terras de um país estão livres para exploração;
(2) não existe progresso técnico, a técnica utilizada é capaz de gerar uma quantidade de produto maior do que aquela consumida pela produção;
(3) produz-se um único bem: o cereal, em cuja produção entre somente ele próprio;
(4) o período de produção é de um ano;
(5) as terras se diferenciam quanto à qualidade, estando ordenadas em grau decrescente de qualidade em terra 1, 2, 3 e assim por diante;
(6) o capital é composto somente de capital circulante (salários);
(7) a taxa de salário é constante e igual a uma quantidade de cereal. Essa taxa de salário é a de equilíbrio no sentido malthusiano, ou seja, é a taxa que iguala a de natalidade à de mortalidade da população da classe trabalhadora. Portanto, uma das parcelas da distribuição do produto, a massa de salários, é imediatamente determinada pelo número de trabalhadores empregado pela massa de capital circulante multiplicado por essa taxa de salário.

O processo de exploração das terras inicia-se pela terra mais fértil, a terra 1. Como ainda existem terras disponíveis, o empresário agrícola não precisa pagar pelo uso dessa terra aos seus proprietários. Portanto, nessa fase, a renda da terra é igual a zero, e o produto será distribuído entre salários, cuja parcela já está determinada, uma vez que a taxa de salário real é dada, e os lucros, nesse caso, determinados como resíduo. No exemplo de Ricardo, os empresários empregam 200 kg de cereal como capital circulante, para obter 300 kg de produto final. Assim, o excedente, que nessa fase se destina somente ao pagamento de lucros, é igual a 100 kg de cereal. Portanto, a taxa de lucro é de 50% (100 kg/200 kg), e a renda da terra é igual a zero, conforme Tabela 2.1.

TABELA 2.1

Expansão agrícola para Ricardo (1)

	Capital circulante	Produto final	Excedente	Lucro	Taxa de lucro	Renda
Terra 1	200 kg	300 kg	100 kg	100 kg	50%	0 kg

Fonte: RICARDO, D. Ensaio acerca da influência do baixo preço do cereal sobre os lucros do capital. In: NAPOLEONI, 1978.

Seguindo a lógica da acumulação descrita por Smith, os empresários consomem parte do seu lucro, e o restante eles acumulam como capital, ou seja, empregam para contratarem mais trabalhadores e, assim, expandirem a produção, para aumentarem a massa de lucros. A expansão da produção só pode ser feita em terra com uma qualidade pior daquela utilizada até então. Isso quer dizer que o capital e o trabalho empregados na terra 2 produzem, em média, quantidade menor do cereal do que quando eram empregados na terra 1. Ora — e aqui Ricardo usa a teoria da renda diferencial de Malthus —, dada a queda de produtividade do trabalho empregado pelo capital na terra 2, o empresário precisará utilizar uma quantidade maior de trabalhadores para obter a mesma quantidade de produto final. No exemplo, o capital circulante deve ser igual a 210 kg de cereal para obter os mesmos 300 kg de cereal. Isso implica que o excedente nessa terra cai para 90 kg de cereal. Como nesse tipo de terra não se paga renda, pois ainda existem terras disponíveis para exploração, esse excedente consiste somente em lucros. Porém, a taxa de lucro cai para 43% (90 kg/210 kg).

Porém, os efeitos da expansão agrícola não encerram aqui e vão afetar também a distribuição do produto na primeira terra. Nesta, a taxa de lucro é de 50%, superior à obtida na terra 2; logo, os empresários vão competir pelo uso dessa terra, oferecendo um pagamento por ele, que é a renda da própria terra. De acordo com Ricardo, a competição entre empresários pelo uso da primeira terra (mais fértil) eleva o seu aluguel ou renda até o ponto em que a taxa de lucro obtida nela se iguala à obtida na segunda terra. No exemplo de Ricardo, isso quer dizer que, na primeira terra, o excedente de 100 kg de cereal é agora distribuído em 86 kg para lucros, correspondente à taxa de lucro de 43% determinada na segunda terra, e 14 kg para renda (Tabela 2.3).

TABELA 2.2

Expansão agrícola para Ricardo (2)

	Capital circulante	Produto final	Excedente	Lucro	Taxa de lucro	Renda
Terra 1	200 kg	300 kg	100 kg	86 kg	43%	14 kg
Terra 2	210 kg	300 kg	90 kg	90 kg	43%	0 kg

Fonte: RICARDO, D. Ensaio acerca da influência do baixo preço do cereal sobre os lucros do capital. In: NAPOLEONI, 1978.

Observe que o pagamento da renda não constitui um novo componente do custo de produção, mas é somente uma dedução dos lucros obtidos anteriormente na terra mais fértil. No exemplo, antes da utilização da terra 2, os lucros na terra 1 eram de 100 kg. Agora, com o uso da terra 2, esses lucros caem para 86 kg devido à dedução de 14 kg para o pagamento da renda nessa terra.

O uso de uma terceira terra, de pior qualidade que as outras duas, segue a mesma tendência: o aumento da renda a ser paga pelo uso das terras mais férteis, igual à diferença da produtividade do trabalho nas duas terras anteriores e a marginal, e a redução da taxa geral no nível da taxa obtida na terra marginal. No exemplo de Ricardo, seriam necessários 220 kg de cereal como capital circulante para gerar os mesmos 300 kg de cereal, portanto, o excedente na terra marginal cairia para 80 kg e a taxa de lucro, para 36% (80 kg/220 kg) (Tabela 2.3).

TABELA 2.3
Expansão agrícola para Ricardo (3)

	Capital circulante	Produto final	Excedente	Lucro	Taxa de lucro	Renda
Terra 1	200 kg	300 kg	100 kg	72 kg	36%	28 kg
Terra 2	210 kg	300 kg	90 kg	76 kg	36%	14 kg
Terra 3	220 kg	300 kg	80 kg	80 kg	36%	0 kg

Fonte: RICARDO, D. "Ensaio acerca da influência do baixo preço do cereal sobre os lucros do capital." In: NAPOLEONI, 1978.

Portanto, a expansão da produção agrícola, ao se realizar em terras menos férteis, faz aparecer um pagamento pelo uso da terra mais fértil, que se constituirá nos rendimentos dos proprietários de terra, ou seja, a renda. Essa renda é igual ao diferencial da produtividade do trabalho na última terra utilizada, a terra marginal, e a produtividade do trabalho na terra mais fértil. Ao mesmo tempo, devido às piores condições de produção do cereal na terra marginal, a taxa de lucro tende a declinar. A competição entre os empresários capitalistas equaliza a taxa de lucro, de tal forma que cada unidade de capital aplicada na produção do cereal recebe a mesma remuneração, independentemente da terra que esteja sendo aplicada.

Os lucros do capital diminuem simplesmente porque não se pode obter terra igualmente adequada para produzir alimentos, e o grau de redução dos lucros e de elevação das rendas fundiárias depende integralmente do aumento nos gastos de produção (Tabela 2.4).

TABELA 2.4
Expansão agrícola

	Capital circulante	Produto final
Terra 1	200 kg	300 kg
Terra 2	200 kg	286 kg
Terra 3	200 kg	272 kg

No seu exemplo, Ricardo supõe que a produção se mantenha constante, 300 kg de cereal, enquanto a massa de capital circulante cresce, pois é necessário aumentar o número de trabalhadores para se obter a mesma quantidade de cereal. Pode-se inverter a suposição de Ricardo, fazendo constante a massa de capital circulante e, consequentemente, o número de trabalhadores empregados em cada lote de terra. Nesse caso, o volume de produção de cereal é que se alterará com o uso de terras de pior qualidade: 300 kg, 286 kg, 272 kg. Graficamente, pode-se representar o exemplo, assim transformado, conforme Figura 2.6:

FIGURA 2.6

Representação gráfica do exemplo numérico

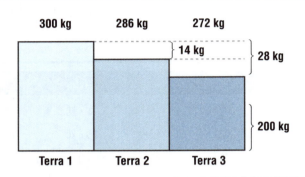

Note-se que basta observar o que ocorre na terra marginal para determinar a taxa de lucro geral. Nessa terra, os lucros são iguais à diferença entre a produtividade do trabalho e a taxa de salário real que é dada. Daí a relação entre os lucros assim definidos e o montante de capital aplicado na terra marginal determinar a taxa de lucro nessa terra. Dada a competição entre os capitalistas, equaliza-se a taxa de lucros, ou seja, equalizam-se os retornos ao capital aplicado nos diferentes tipos de terra, por meio de uma redistribuição de parte do excedente obtido nas terras utilizadas anteriormente para o pagamento da renda aos seus proprietários.

Agora, no argumento de Ricardo, o cereal consiste no único produto consumido pelos trabalhadores. O processo de acumulação de capital implica o aumento do número de trabalhadores empregados. Assim, para sustentar esse número adicional de trabalhadores, é necessária uma quantidade adicional de cereal para pagar os seus salários. No entanto, essa quantidade adicional só pode ser obtida utilizando terras de pior qualidade. Isso implica, conforme o exemplo, uma queda da taxa de lucros, devido ao pagamento da renda. Portanto, a acumulação de capital envolve uma relação inversa entre lucros e salários, mediada pela renda da terra. Daí a conclusão de Ricardo de que o progresso da riqueza (acumulação de capital) provoca uma queda dos lucros e, portanto, do próprio motivo da acumulação de capital, e um aumento da renda da terra: "ao passar a cultivar terras de pior qualidade (ou situadas mais desfavoravelmente), a renda subiria na terra previamente cultivada e, precisamente na mesma extensão, declinariam os lucros; e, se o baixo nível dos lucros não detivesse sua acumulação, dificilmente haveria limites para a elevação da renda e a queda do lucro".[6]

---

[6] RICARDO, D. Ensaio acerca da influência do baixo preço do cereal sobre os lucros do capital. In: NAPOLEONI, C., *Smith, Ricardo, Marx*. Rio de Janeiro: Graal, 1978. p.195-225.

Para manter o ímpeto da acumulação de capital, deve-se evitar essa tendência declinante dos lucros. Uma alternativa é o progresso técnico na agricultura. Este, de maneira geral, elevaria a produtividade do trabalho em todos os tipos de terra e, assim, atenuaria a tendência dos rendimentos decrescentes na agricultura. A outra alternativa seria obter cereal, principal componente da cesta de bens dos trabalhadores, a um preço menor, adquirindo-o dos países que o produzem mais eficientemente. Essa segunda alternativa é que Ricardo enfatiza no seu panfleto para atacar a proibição da importação do cereal.

O aspecto importante e decisivo para o desenvolvimento das ideias econômicas é que Ricardo elabora rigorosamente toda a teoria da distribuição do produto nacional entre as três classes sociais. Essa estrutura teórica se constituirá, a um só tempo, na teoria dos lucros e das crises de uma economia capitalista da principal corrente da economia política inglesa, fundada por James Mill e codificada, décadas depois, pelo seu filho John Stuart Mill, em sua obra de 1848.

Resta saber agora como a questão do valor emerge na teoria da distribuição de Ricardo. Como se viu, Ricardo supõe que o cereal é o único bem produzido na economia e, assim, consumido pelos trabalhadores. Essa suposição facilita drasticamente a sua teoria da distribuição, pois permite que todas as suas variáveis sejam expressas em unidades físicas, quilos de cereal, evitando trabalhar essas variáveis expressas em unidades de valor. Malthus critica essa suposição pelo simples fato de que a cesta de bens dos trabalhadores é composta de vários tipos de bens, e não apenas de um. A única saída lógica para Ricardo era generalizar a teoria da distribuição para o caso de n bens. Isso o levou imediatamente à elaboração de uma teoria de preços. E, de fato, é a essa teoria que Ricardo se dedica nos anos seguintes à publicação do seu *Ensaio*.

Inicialmente, Ricardo elabora uma teoria do valor baseada no gasto de trabalho, direto e indireto, incorrido durante a produção das mercadorias. Assim, a razão de trocas entre duas mercadorias é dada pelas quantidades relativas de trabalho empregadas nas suas produções. Se a mercadoria *A* solicita, em média, duas horas de trabalho para ser produzida, enquanto a mercadoria *B* requer quatro horas, então, serão necessárias duas unidades da mercadoria *A* para adquirir uma *B*, no mercado. Ou ainda, em termos monetários, se a mercadoria *A* custa uma unidade monetária, então, a *B* deverá custar duas unidades monetárias. Obviamente, os preços de mercado dessas mercadorias podem ser diferentes dessa proporção, porém, como já havia explicado Smith, a competição tende a fazer com que esses preços se igualem à proporção de duas unidades de *A* por uma de *B*.

Essa explicação já havia sido antecipada no próprio *Ensaio*, porém de forma limitada, apenas para discutir o que ocorreria com os preços monetários das mercadorias, durante o processo de acumulação de capital. Agora, Ricardo quer fazer dessa explicação do valor de troca das mercadorias a base lógica da sua teoria da distribuição. Veja mais de perto no que consistiu essa transição.

Para Ricardo, tratava-se de introduzir o trabalho na posição lógica que o cereal ocupava na teoria da distribuição. Na versão original da sua teoria dos lucros, o cereal aparecia tanto como insumo, ou seja, como capital circulante, quanto como produto final. Assim, os lucros (por trabalhador) eram determinados pela diferença entre quantidades homogêneas de cereal/kg produzidas anualmente *menos* kg de cereal adiantados como capital circulante, ou seja, para pagamento dos salários anuais dos trabalhadores, não sendo necessária nenhuma referência aos preços dessas quantidades. A teoria dos lucros de Ricardo afirmava ainda que, com o processo de acumulação de capital, era necessário mais cereal para produzir a mesma quantidade dele, devido à utilização de terras de pior qualidade.

Baseado na sua versão da teoria do valor-trabalho, Ricardo generaliza o seu argumento, afirmando que são quantidades de trabalho que aparecem tanto como insumo quanto como produto final. Assim, os lucros são dados pela diferença entre a quantidade total de trabalho gasta na produção do produto anual e a quantidade de trabalho gasta na produção das mercadorias consumidas pelos trabalhadores. Da mesma forma que na versão anterior, Ricardo argumenta agora que, com o processo de acumulação de capital, aumenta a quantidade de trabalho utilizada na economia, porém os lucros tendem a cair porque é necessária uma quantidade proporcionalmente maior de trabalho para gerar a cesta de bens dos trabalhadores, novamente devido à piora das condições de produção dos produtos consumidos pela classe trabalhadora, uma vez que parcela significativa dessa cesta era composta por produtos agrícolas, cuja expansão da produção acontecia em terras de pior qualidade.

Dessa forma, para Ricardo, a teoria dos lucros continuava a ser válida para o caso geral de a cesta de bens da classe trabalhadora ser composta por mais de um produto. No entanto, é porque se tem mais de um produto que Ricardo se defronta com um problema de ordem lógica, a saber, o valor do produto nacional altera sua magnitude devido às mudanças da sua distribuição, mesmo que seja ainda produto da mesma quantidade de trabalho, isto é, sem que ocorram mudanças nas suas condições de produção. Sendo mais específico, Ricardo nota que os valores de troca das mercadorias se alteram devido a uma variação da taxa de salários, sem que ocorressem alterações nas quantidades de trabalho empregadas nas produções.

Ricardo localiza a raiz desse problema, de natureza lógica, no fato de que a produção das diferentes mercadorias se faz sob diferentes proporções entre capital fixo e circulante, ou sob diferentes tempos de circulação do capital circulante. Em outras palavras, algumas mercadorias, mais do que outras, requerem, na sua produção, maior quantidade de capital fixo do que de capital circulante. Por exemplo, é maior a proporção entre a massa de capital imobilizada em máquinas e a massa de capital circulante na produção de aço do que na de calçados. Esse fato pode ser generalizado, afirmando-se que, de maneira geral, as condições de produção das mercadorias têm diferentes estruturas temporais de produção. Se as mercadorias fossem produzidas sob as mesmas estruturas temporais, então estar-se-ia diante do fato de que se está produzindo uma única mercadoria. Da ótica da produção, se as mercadorias são produzidas com as mesmas estruturas temporais de produção, isso equivale a dizer que a economia produz um único bem.

Agora, uma alteração da taxa de salário vai afetar diferentemente os preços relativos das mercadorias, exatamente porque elas são produzidas sob diversas estruturas de capital.

Em face desse problema, Ricardo continuou a afirmar que os valores de troca das mercadorias são determinados pelas quantidades relativas de trabalho, direto e indireto, exigidas nas suas respectivas produções. Essa lei geral é apenas modificada pela alteração dos salários, dada a existência de diferentes estruturas temporais de produção.

Foi esse problema que levou Ricardo a tentar construir teoricamente uma medida de valor que fosse invariável às alterações da distribuição de renda. De fato, ele nunca conseguiu formular uma solução para o problema, mas indicou o caminho. Suponha uma mercadoria que fosse fabricada sob condições médias de produção, ou seja, uma mercadoria cujas condições de produção correspondessem à média entre as produzidas com maior proporção de capital fixo para capital circulante e as produzidas com a menor proporção. Essa mercadoria não teria o seu valor alterado porque uma alteração dos salários seria compensada por uma alteração dos lucros em sentido contrário. Assim, se os valores de troca das demais mercadorias estivessem sendo expressos nessa mercadoria, eles não se modificariam quando ocorresse mudança na distribuição de renda. Os valores de trocas das mercadorias só apresentariam mudanças quando, de fato, ocorressem alterações nas quantidades de trabalho gastas na sua produção.

2.3.1 A versão final da Economia Política: John S. Mill

O estágio final da Economia Política inglesa ocorre com a publicação, em 1848, dos *Princípios de Economia Política*, de John Stuart Mill (1806-1873), filho de James Mill. O pai achava fundamental para o desenvolvimento intelectual do seu filho que a sua educação se iniciasse o mais cedo possível durante a sua infância. Assim, Mill aprendeu grego aos 3 anos, Matemática aos 11, e Economia Política, nos *Princípios* de Ricardo, aos 13. Aos 21, Mill entrou em séria depressão quando suas convicções filosóficas, baseadas no utilitarismo de Bentham e nos princípios econômicos de Ricardo, foram abaladas pela crítica dos românticos, em particular, de Carlyle e de Coleridge, para quem a filosofia utilitarista não passava de mera máquina de cálculo, e a Economia Política, uma ciência desprovida de alma. Essa crise levou Mill a rever suas ideias originais. É desse período uma série de artigos metodológicos sobre Economia Política, reunidos mais tarde sob o título de *Essays on some unsettled questions of political economy*. Porém, o maior produto dessa revisão de ideias apareceria em 1843, com *Sistema de lógica*. Nessa obra, Mill cria uma base epistemológica sólida para as ciências sociais. Para a Economia Política, Mill define seu campo de investigação como o da classe de fenômenos sociais nos quais suas causas últimas são as que atuam por meio do desejo da riqueza, cuja principal lei psicológica é a conhecida lei de que um ganho maior é preferível a um menor. Porém, Mill não se cansa de afirmar que são tênues os limites entre as diversas ciências sociais e que, portanto, é precária a posição de um cientista social que restringe o estudo da sua ciência social ao seu objeto imediato, principalmente quando o seu objetivo tem uma finalidade prática.

Em 1848, Mill publica os *Princípios de Economia Política* com algumas aplicações à Filosofia Social. Seu objetivo declarado era escrever uma obra nos moldes do *Riqueza das nações*, ou seja, uma exposição abrangente dos princípios da ciência que fossem aceitos consensualmente entre os economistas políticos contemporâneos. De fato, durante as primeiras décadas do século XIX, assiste-se a uma crescente atividade teórica dentro do campo da Economia Política, dentre as quais as discussões sobre a estabilidade do padrão monetário e sobre a Lei do Cereal, que, como visto antes, gerou como subproduto uma teoria do valor e da distribuição. Esses novos princípios foram objeto de intensas controvérsias entre os economistas políticos, que deixavam uma forte sensação de desorganização no campo das ciências sociais. Portanto, a área estava madura para um projeto que tentasse consolidar as ideias aceitas consensualmente entre os praticantes em uma mesma estrutura teórica. Foi a essa tarefa que Mill se dedicou e cujo produto final está nos seus *Princípios*. Então, é nesse livro que está depositado o saber da Economia Política. Sua importância nesse papel pode ser auferida pelo fato de o livro ter-se tornado a obra de referência da Ciência Econômica desde a sua publicação até as primeiras décadas do século XX.

Como uma obra de consolidação de ideias, o livro de Mill pode ser visto como uma tentativa de reafirmar a teoria ricardiana, absorvendo as principais críticas lançadas contra Ricardo. Assim, por um lado, Mill não altera substancialmente o objeto da Economia Política. Conforme visto antes, seu objeto diz respeito às ações humanas voltadas para obter riqueza. Esta continua a ser concebida como o conjunto de objetos úteis que exigem trabalho humano para ser obtidos, portanto, dentro da concepção elaborada anteriormente por seu pai e por Ricardo. Divide o campo da Economia Política entre o estudo das leis de produção e da distribuição da riqueza, eliminando a questão do consumo da riqueza. Isso porque, de acordo com Mill, qualquer dos tópicos acerca da questão do consumo está, de fato, incluído na análise da sua produção ou da sua distribuição. É no campo da distribuição, porém, que Mill realiza mudanças substanciais, que, para alguns autores, deformaram as ideias originais de Ricardo. Esse é o caso da teoria do valor em que Mill refaz a teoria ricardiana como uma teoria do custo de produção, quase uma volta à formulação de Smith, na qual os preços são a mera adição da taxa de salários, de lucros e de renda da terra. Mudança mais substancial ainda ocorre na versão de Mill da teoria dos lucros de Ricardo que concebia os lucros como um dos componentes do produto líquido ou do excedente gerado pela produção. Desse ponto de vista, os lucros não eram contrapartida de nenhum custo de produção, daí a incômoda questão do por que eles serem apropriados somente pela classe capitalista. Alguns críticos de Ricardo afirmavam que os lucros eram, de fato, um custo de produção, ou seja, uma remuneração por um sacrifício envolvido na produção. Em particular, Senior argumentava que os lucros eram a remuneração da abstinência, pelo fato de, na origem do capital, um dos elementos essenciais da produção estar um sacrifício do consumo da riqueza por parte dos capitalistas. Mill incorpora essa ideia nos seus *Princípios*, eliminando a própria ideia de excedente.

Porém, talvez o aspecto mais notável da obra de Mil seja a distinção que ele impõe quanto à natureza das leis da produção e da distribuição. Para Mill, as leis da produção têm caráter semelhante às leis das ciências naturais, quer dizer, são leis que atuam independentemente da vontade ou da ação humana. Já o mesmo não se pode dizer quanto às leis da distribuição. Essas são leis morais ou sociais e, portanto, podem ser alteradas ou estão sujeitas à vontade ou à ação humana. Assim, é possível alterar a distribuição da riqueza em uma sociedade capitalista, reduzindo o grau de desigualdade por meio de mudanças de suas instituições. Aqui, mais do que em outros pontos da obra de Mill, abre-se espaço para a discussão dos conflitos sociais que vinham ganhando corpo ao longo do século XIX, especialmente os que envolviam os interesses das classes capitalistas e dos trabalhadores. Mill não se mostrou insensível quanto a essas questões, pelo contrário, trouxe-as para dentro do campo da Economia Política. Seu livro é o primeiro nesse campo a discutir comunismo e socialismo como regimes sociais alternativos ao capitalismo. O capítulo denominado "Sobre o provável futuro da classe trabalhadora" é uma peça teórica de tal qualidade que o torna leitura obrigatória até hoje.

Porém, a discussão dessas questões sociais ou, para ser mais preciso, do conflito entre as classes capitalista e dos trabalhadores vai assumir um caráter mais radical politicamente, e mais rigoroso teoricamente, algumas décadas depois, quando da publicação de *O capital*, de Karl Marx, objeto do próximo item.

2.4 ■ A ECONOMIA MARXISTA

Nos itens anteriores, salientou-se que, por volta de 1870, no campo da Ciência Econômica, houve dupla ruptura em relação ao seu objeto e método de análise, conforme estabelecido nas obras de J. S. Mill e J. B. Say. Nessas obras, pode-se verificar a tensão entre uma análise baseada nas relações entre classes sociais, a usual tríade proprietários de terra-capitalistas-trabalhadores e outra baseada na ação dos indivíduos, reflexo do liberalismo econômico. A dupla ruptura de 1870 faz surgir duas concepções de econômico que se fundam em um desses dois planos de análise. Para os autores da revolução marginalista — W. Jevons, L. Walras e K. Menger —, o fundamento do conceito de econômico está na ação dos indivíduos cuja existência é permeada pela escassez. Trata-se da outra concepção, presente na obra de K. Marx (1818-1883), em que o econômico da vida social está nas relações que os indivíduos estabelecem entre si para produzirem o que necessitam. A seguir, tentar-se-á mostrar como Marx derivou essa concepção de econômico e, em segundo lugar, como, com base nessa concepção, ele empreende o discurso crítico à Economia Política.

2.4.1 A trajetória intelectual de Marx

Nesta seção, será realizada uma pequena exposição dos principais momentos da elaboração do conceito de econômico de Marx. Para essa tarefa, será utilizada aqui a pequena, mas reveladora, autobiografia intelectual, na qual Marx indica quais foram os principais momentos da evolução de suas ideias.

Nessa autobiografia, Marx aponta que, durante os anos na Universidade de Berlim, estudou Direito, mas tinha forte interesse em História e Filosofia. Entre 1842 e 1843, Marx trabalhou como editor da *Gazeta Renana*, jornal cuja linha era de oposição ao absolutismo prussiano. Aqui tem-se o primeiro momento crucial no desenvolvimento das ideias de Marx. Como editor, ele se viu às voltas com o que denominou interesses materiais. Quais eram esses interesses? Eles diziam respeito às decisões do parlamento renano sobre "o roubo da madeira e o parcelamento da propriedade fundiária". De acordo com o direito feudal, os camponeses podiam colher lenha das florestas. Porém, com a mudança do regime da propriedade comunal para a propriedade privada, esses atos eram agora qualificados de roubo e, portanto, passíveis de punição. Assim, a origem da trajetória intelectual de Marx está na sua preocupação com as questões materiais, ou seja, questões relativas à riqueza, pobreza e disputa entre grupos sociais, no caso, proprietários de terra e camponeses, sobre o comando de recursos. No seu artigo sobre essa questão, Marx afirma que os interesses dos proprietários tinham vencido os interesses da comunidade e, consequentemente, os interesses da classe menos favorecida. Aqui está o eixo teórico do projeto intelectual de Marx: a preocupação com a situação de grupos sociais desfavorecidos, trabalhadores ou não, e a discussão da questão sobre relações sociais entre dominadores e dominados, e não da aparência dessa relação de acordo com o sistema legal e jurídico.

O primeiro passo de Marx para entender como se constituem esses interesses materiais foi "uma revisão crítica da filosofia de direito de Hegel". O resultado dessa revisão levou Marx a concluir que "a anatomia da sociedade burguesa deve ser procurada na Economia Política". De fato, se a compreensão dos conflitos de interesses entre grupos sociais não tem sua raiz nas relações legais ou jurídicas, essa raiz deve ser procurada nas relações materiais de vida, ou seja, nas ações sociais dos indivíduos para ganhar a vida. Ora, no século XIX, o campo de investigação dessas questões era a Economia Política, conforme visto anteriormente. Então, por esse motivo, Marx dirigiu seus estudos para o campo da Economia Política e esse constitui o terceiro momento de sua trajetória intelectual. Marx inicia seus estudos econômicos em Paris e depois em Bruxelas. Desses estudos, Marx derivou o que denominou o fio condutor para o desenvolvimento subsequente do seu trabalho: "na produção social da própria vida, os homens constroem relações determinadas, necessárias e independentes de sua vontade, relações que correspondem a uma etapa determinada de desenvolvimento de suas forças produtivas. A totalidade dessas relações de produção forma a estrutura econômica da sociedade, a base real sobre a qual se levanta uma superestrutura jurídica política, e à qual correspondem formas sociais de consciência. (...) Em certa etapa do seu desenvolvimento, as forças produtivas materiais da sociedade entram em contradição com as relações de produção existentes ou, o que nada mais é do que a sua expressão jurídica, com as relações de propriedade dentro das quais, até então, se tinham movido. De forma que do desenvolvimento das forças produtivas essas relações se transformam em seus grilhões. Sobrevém, então, uma época de revolução social".

Essa é a passagem que expressa de forma direta (e também sobre a qual desenvolveram-se infindáveis controvérsias) a ideia do materialismo histórico. Note que Marx apresenta essa conclusão apenas como um fio condutor de seus estudos, nunca como um tipo de lei que deva ser verificado empiricamente.

O primeiro uso do fio condutor materializa-se no livro *A ideologia alemã*, escrito em parceria com F. Engels, em 1845, em Bruxelas. Essa parceria marca o quarto momento do desenvolvimento de Marx, e ela se mostraria uma das mais fecundas da história das ideias sociais. Nesse período, é fruto dessa parceria o *Manifesto do partido comunista*, bem como a *Miséria da filosofia*. Entre 1848 e 1849, Marx volta a publicar o seu antigo jornal, agora denominado *Nova Gazeta Renana*. Porém, esse projeto, assim como o anterior, foi interrompido pela censura política e resultou na ida de Marx para a Inglaterra em 1850. Essa mudança de ares marca o quinto momento do desenvolvimento de suas ideias.

Em Londres, Marx resolve retomar seus estudos de Economia Política, começando tudo de novo. Para isso, como ele mesmo descreve, contribuiu o enorme acervo da biblioteca do Museu Britânico e a própria realidade econômica inglesa, que se constituía em um ótimo ponto de observação da sociedade burguesa. O primeiro resultado desses estudos aparece em 1859, com o livro *Para a crítica da Economia Política*, exatamente em cujo prefácio Marx descreveu a sua trajetória intelectual, utilizada aqui. No entanto, o resultado máximo desse período é *O capital*, cujo primeiro volume viria a público em 1867. Esse foi o único dos três livros que compunham originalmente a obra publicado por Marx ainda em vida. Os outros dois foram publicados posteriormente à sua morte pelo seu fiel colaborador, Engels: o segundo volume em 1885 e o terceiro, em 1894.

Na introdução de *O capital*, Marx descreve que o seu objeto de investigação é a lei do movimento econômico da sociedade burguesa. Porém, como vimos antes, a essência de qualquer sociedade está nas suas relações de produção. É desse ponto interior que se torna possível compreender a aparência ou a manifestação externa da essência. Assim, a estrutura conceitual de *O capital* inicia-se no plano de análise das relações internas de uma sociedade capitalista. Esse desenvolvimento conceitual desdobra-se ao longo do Livro I, que trata da produção capitalista, e do Livro II, no qual Marx trata do processo de circulação do capital. O Livro III passa gradativamente a considerar o capital na sua expressão externa, ou seja, na esfera da competição.

Seguindo a própria estrutura desenvolvida por Marx, será apresentada, na primeira seção, a análise do processo de produção do capital de uma forma geral, ou seja, considerando o capital no que é comum a todos os capitais particulares nos seus movimentos concretos. A análise do processo de produção do capital ressaltará três tópicos: a) a teoria do valor e do dinheiro; b) o processo de produção capitalista; e c) a acumulação de capital. Na segunda seção, procede-se à análise do capital no processo de competição.

2.4.2 A produção do capital

O Livro I de *O capital* tem como objeto o processo de produção do capital, ou seja, o processo por meio do qual o capital é produzido e, uma vez produzido, como ele se reproduz. No entanto, a existência do conceito de capital pressupõe a presença de um desenvolvido processo de circulação de mercadorias e dinheiro. Portanto, Marx inicia a análise da produção do capital pela análise da mercadoria e do dinheiro. Uma vez desenvolvidos os conceitos de mercadoria e de dinheiro, Marx passa a tratar da análise da produção do capital propriamente dita. Entendida a lógica da produção do capital, Marx finaliza discutindo o processo de reprodução do capital. O esquema a seguir sintetiza e serve de guia para o desenvolvimento conceitual elaborado por Marx ao longo do Livro I (Figura 2.7).

FIGURA 2.7 — Esquema conceitual de O Capital, Livro I

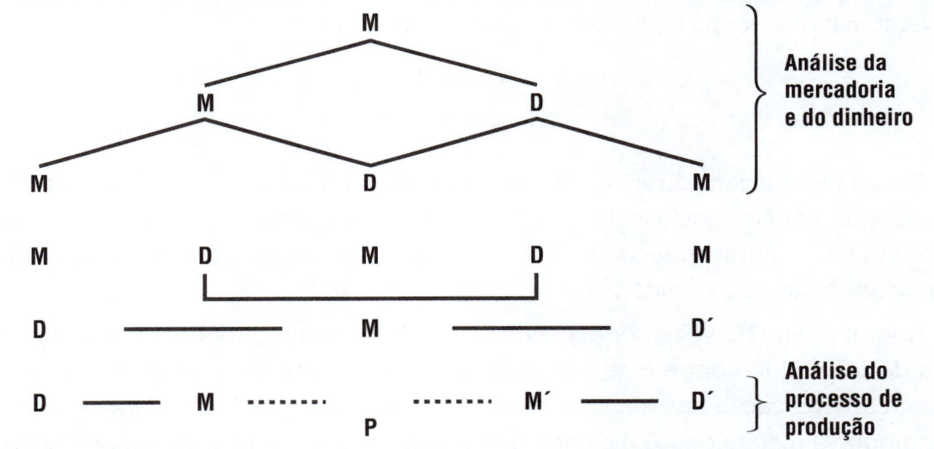

{ Análise da mercadoria e do dinheiro

{ Análise do processo de produção

2.4.3 Valor e dinheiro

A análise do capital como determinada relação social inicia-se, em Marx, pela célula da riqueza material gerada nesse modo de produção: a mercadoria.

A mercadoria tem um duplo aspecto: valor de uso (um objeto concreto que satisfaz necessidades humanas) e valor de troca. Entretanto, como valor de troca, a mercadoria nada tem que ver com as suas qualidades concretas. Como valor de uso, as mercadorias distinguem-se apenas qualitativamente; como valor de troca, suas qualidades desaparecem para somente serem comparadas quantitativamente, sendo determinadas *quanta* de valor. Esse aspecto, comum a todas as mercadorias quando se abstraem suas qualidades concretas, deve-se ao fato de elas serem todas produtos do trabalho humano. Porém, como para obter esse aspecto comum, foi necessário abstrair-se de seus aspectos como valor de uso, então, o trabalho humano, obtido aqui, não pode ser o trabalho concreto que produziu um valor de uso. Essa abstração implica também a abstração das qualidades específicas do trabalho que produz um valor de uso. Considera-se, portanto, o trabalho humano abstrato ou social.

A partir desse ponto, Marx analisa a forma própria, por meio da qual o valor de uma mercadoria se apresenta, ou seja, o valor de troca. Tomando-se a forma mais simples do valor, temos que x de $A = y$ de B (A e B, duas mercadorias distintas). A expressão diz que uma quantidade de A "vale" uma quantidade de B.

Novamente, resta saber o que existe de comum que permite afirmar tal igualdade. Para tanto, é necessário abstrair-se do aspecto quantitativo da forma simples do valor e considerá-la como $A = B$. Aqui, temos que o valor de A emerge por meio da própria relação com B e, dessa forma, ao se equacionar A, algo que tem valor, a B, equaciona-se o trabalho materializado em A com o trabalho materializado em B. Os dois trabalhos (o de fazer A e o de fazer B) contam, nessa expressão, somente no que eles têm em comum: a qualidade de ser trabalho humano em geral.

Em sua forma total, o valor ganha autonomia em face do valor de uso de uma mercadoria individual, no caso, a mercadoria A. No entanto, ainda não se atingiu uma expressão geral para o valor das mercadorias, independentemente dos seus valores de uso. O passo final para que o valor das mercadorias adquira independência total dos seus valores de uso é atingido quando as formas relativas do valor de todas as mercadorias apresentam-se em uma forma unificada e simples. Nesse ponto, uma única mercadoria ocupa a posição de equivalente geral:

$$Y \text{ de } B = x \text{ de } A$$
$$Z \text{ de } C = x \text{ de } A$$

Essa é a forma geral do valor em que a mercadoria A, ao ser excluída do mundo das mercadorias, ocupa a posição de equivalente geral, recebendo como prêmio o "direito" de ser "todas as outras mercadorias", por meio do caráter de permutabilidade direta com todas as outras mercadorias.

A forma geral do valor corresponde ao desenvolvimento total da contradição interna da mercadoria entre o seu valor de uso e o de troca, desde que nesse estágio ocorra a diferenciação das mercadorias em mercadorias e dinheiro. Para tanto, basta assumir que a mercadoria A é o ouro, que passa, portanto, a desempenhar o papel da mercadoria-dinheiro.

Vê-se que toda a análise de Marx partiu da forma simples da mercadoria até a forma dinheiro. O dinheiro é a independência do valor contido nas mercadorias, ou melhor, é a forma independente do valor que já está contido na mercadoria. Agora, serão consideradas as funções do dinheiro para Marx.

A primeira função é inerente à análise desenvolvida anteriormente: dinheiro como medida do valor. Na forma geral do valor, a mercadoria que assume o papel de equivalente geral (por exemplo, ouro) fornece o material no qual todas as mercadorias expressam o seu valor de maneira qualitativamente igual e quantitativamente em proporções definidas. Por exemplo:

$$1 \text{ cadeira} = 5 \text{ g de ouro}$$
$$1 \text{ mesa} = 10 \text{ g de ouro}$$

Dessa forma, o ouro passa a ser a medida comum de valor das mercadorias. Aqui, o dinheiro, como medida do valor, tem somente uma existência ideal.

O desenvolvimento seguinte é fixar uma quantidade de mercadoria-moeda como unidade, dando-lhe um nome. Por exemplo, 1 g de ouro passa a ser a unidade denominada real. Portanto:

$$1 \text{ cadeira} = 5 \text{ reais}$$
$$1 \text{ mesa} = 10 \text{ reais}$$

Agora, o dinheiro tem dois papéis distintos: o primeiro, **medida de valor**, determina o valor das mercadorias; o segundo, **padrão de preços**, mede quantidades de ouro por meio de uma unidade de ouro.

A segunda função também diz respeito ao dinheiro na sua relação com as mercadorias, porém, no processo de circulação dessas: é o dinheiro como meio de circulação ou moeda. Note-se que essa segunda função do dinheiro não é atribuída arbitrariamente. Somente depois que as mercadorias têm seus preços monetários definidos e que a mercadoria-dinheiro possui seu valor como equivalente geral pode-se começar a análise da circulação, quando as mercadorias serão transacionadas pelos seus preços por meio do dinheiro.

No processo de circulação, são as mercadorias que circulam por meio do dinheiro, esse último nunca deixando a esfera da circulação e sendo constantemente deslocado pelo movimento das mercadorias.

Na função de meio de circulação, o dinheiro pode ser representado por símbolos, ou seja, não é necessária a presença da mercadoria-dinheiro na esfera de circulação, como meio de circulação.

A terceira função do dinheiro ocorre quando ele tem necessariamente de se apresentar "em pessoa" ou quando é fixado como a "única forma de valor", em pessoa ou por meio de um representante. Nessa terceira função, o dinheiro aparece como o único instrumento reconhecido socialmente como "realizador de preços".

2.4.4 O processo de produção capitalista

Na seção anterior, observou-se que o valor das mercadorias depende do trabalho abstrato e que esse valor tem uma forma específica de se apresentar: o valor de troca. Mais ainda, a análise do valor de troca permitiu observar a gênese do dinheiro e, portanto, as suas três funções peculiares de medida de valor, meio de circulação e dinheiro. A mercadoria e o dinheiro são as condições preliminares para a existência do capital. Sem a produção de mercadorias, sem um determinado grau de desenvolvimento da circulação dessas mercadorias e, portanto, da existência do dinheiro, é impossível observar-se a gênese do capital.

Na própria circulação simples de mercadorias, surge um movimento que, em vez de ter seu ponto de partida e finalização na mercadoria, tê-lo-á no dinheiro. Esse movimento — dinheiro que compra mercadorias que serão revendidas por (mais) dinheiro — descreve, para Marx, a forma mais geral de circulação do capital: um *quantum* de valor pelo seu próprio movimento engendra seu crescimento. No entanto, a mera circulação do dinheiro e de mercadorias gerando mais dinheiro não caracteriza *per se* a existência de uma economia capitalista. Para Marx, *dinheiro e mercadorias transformam-se em capital quando se tem, na esfera de circulação, a presença da força de trabalho como mercadoria*. Essa mercadoria somente passa a existir onde os produtores diretos estão separados das condições de trabalho, tendo, portanto, como única mercadoria a vender, na esfera de circulação, a sua **capacidade de trabalho** ou a sua força de trabalho. É a existência da força de trabalho como mercadoria que possibilita explicar, no seu movimento, a expansão do valor inicial, sem que sejam necessárias condições adicionais na análise.

O capital não pode, então, ser visto como coisas (mercadorias) ou mera soma de valor (dinheiro), mas como uma relação social, específica a uma determinada organização social na qual alguns indivíduos detêm o controle dos meios de produção e outros, somente a sua capacidade de trabalho.

A força de trabalho, como qualquer outra mercadoria, tem o duplo aspecto de valor de uso e de troca; como valor de uso, a sua utilidade, para quem a adquire, está na sua capacidade de ser a fonte do valor, ou seja, na sua utilização: ela gera e conserva valor. Como valor de troca, seu valor é dado pelas condições de sua reprodução, que correspondem ao valor das mercadorias necessárias à reprodução material do trabalhador e da sua família. O capitalista deve comprar a força de trabalho exatamente pelo seu valor e, ainda assim, ao vender o produto obtido da produção, recuperar o que foi gasto com um excedente em valor. A explicação desse excedente de valor encontra-se na análise da produção do capital.

No processo de produção estão unidos os elementos que inicialmente estavam separados: a força de trabalho e os meios de produção. O processo de produção, visto pela ótica dos elementos materiais que o compõem, é chamado, por Marx, de processo de trabalho. Tais elementos são: o trabalho, os instrumentos do trabalho e o objeto sobre o qual incide a atividade do trabalhador. Para Marx, o processo de trabalho é uma atividade com propósito determinado, no caso, um valor de uso.

O processo de trabalho, em seus elementos simples e abstratos, conforme apresentado por Marx, não pertence a nenhuma época histórica. Dessa forma, o capital incorpora o processo de trabalho, conforme se apresenta desenvolvido historicamente, bem como o trabalho sem, no entanto, alterá-los. A esse movimento de incorporação do processo de trabalho ao capital, sem modificações no primeiro, Marx chama de subsunção formal do trabalho ao capital.

Porém, uma vez submetido ao capital, o processo de trabalho reveste-se de um caráter social: não se produz apenas um valor de uso, mas uma mercadoria (valor de uso e valor); não só um valor, mas um valor excedente (**mais-valia**). Do ponto de vista do capitalista, o processo de trabalho é o processo de consumo do trabalho revestido de duas características: o trabalhador opera sob o controle dos capitalistas, para evitar perdas, e o produto do seu trabalho não lhe pertence, mas ao capitalista. O processo de produção, visto agora como o processo por meio do qual se deve gerar um excedente de valor, é denominado por Marx processo de valorização.

Temos, portanto, que o processo de produção é a unidade entre o processo de trabalho e o de valorização. Vê-se, então, que o duplo caráter do trabalho (concreto e abstrato), descoberto na análise da mercadoria, reveste-se agora nessa polarização da atividade produtiva: por um lado, o processo de produção é uma atividade com um fim específico, objetivando a produção de um valor de uso — aqui o que conta é o trabalho concreto — por outro lado, é um processo que gera mais valor por meio do consumo da mercadoria criadora do valor, a força de trabalho.

Como processo de valorização, o capitalista adquire a força de trabalho pelo seu valor, ou seja, pelo valor das mercadorias que permitem ao trabalhador reproduzir-se. O valor da força de trabalho equivale, portanto, a x horas/homem. Porém, durante o processo produtivo, no qual consumir tal mercadoria é gerar valor, o capitalista requer que o tempo de trabalho despendido pelo trabalhador e, deste modo, o valor gerado na produção, exceda, em magnitude, o valor da força de trabalho. Note a importância, para o capitalista, do valor de uso da força de trabalho, que não é somente a fonte do valor, mas de mais valor que ela mesma possui. Por isso, o capital empregado na aquisição da força de trabalho é denominado capital variável, pois ao trocar (equivalentes) trabalho morto pelo trabalho vivo, o valor dessa parte do capital expande-se, desde que a força de trabalho seja consumida produtivamente. Temos, então, que por uma certa jornada de trabalho (por exemplo, 12 horas), uma parcela corresponde ao valor da força de trabalho (por exemplo, 6 horas) que é igual ao tempo de trabalho gasto na produção dos meios de subsistência para os trabalhadores. O excedente em valor, produzido pela força de trabalho (nesse caso, 6 horas), constitui-se na mais-valia plasmada em uma massa de mercadorias. Note que agora as mercadorias não são mais mero produto do trabalho humano, com valor de uso e valor, mas produto do capital: unidade do valor de uso e de mais-valor. Dessa forma, temos o esquema apresentado na Figura 2.8:

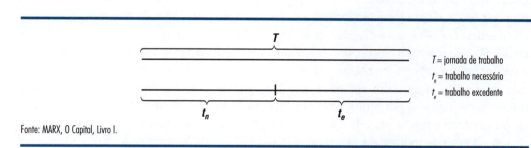

FIGURA 2.8

Divisão da jornada de trabalho

T = jornada de trabalho
t_n = trabalho necessário
t_e = trabalho excedente

Fonte: MARX, O Capital, Livro I.

Portanto, em uma parcela da duração do processo de produção, o trabalhador reproduz o seu valor (trabalho necessário), enquanto a outra parcela gera um valor excedente (mais-valia) que corresponde ao trabalho excedente. A relação entre trabalho excedente e trabalho necessário gera a taxa de mais-valia, ou seja, $s = t_e/t_n$. Esse excedente de valor, materializado em uma quantidade de valores de uso, só é gerado de duas maneiras: extensão da jornada de trabalho e/ou a intensidade do processo de trabalho. É possível ampliar a parcela do trabalho excedente (mais-valia), desde que se esteja tomando o processo de trabalho como um dado para o capital. A mais-valia assim obtida é denominada mais-valia absoluta, cuja característica básica é a não necessidade de se alterar o processo de trabalho para a sua obtenção.

Agora, de acordo com Marx, a subsunção formal do trabalho ao capital não estabelece uma base própria para a produção capitalista, pois o capital, ao se apropriar do processo de produção, o mantém intacto. Portanto, somente quando o capital passa a submeter o próprio processo de trabalho às suas necessidades de valorização é que se gera uma base (tecnológica, inclusive) própria ao capital. Esse processo é descrito por Marx como subsunção real do trabalho ao capital. Temos, portanto, um movimento inicial no qual o capital engloba o processo de trabalho para, em seguida, passar a transformá-lo, reduzindo-o a mero meio no seu movimento de valorização. O fator dominante no processo de produção, ou seja, o processo de valorização do capital, passa agora a afirmar-se, criando e recriando o processo de trabalho.

O efeito básico desse movimento é o avanço da produtividade do trabalho de forma a reduzir o trabalho necessário para uma determinada jornada, aumentando a taxa de mais-valia. O excedente de valor, obtido por meio de alterações no próprio processo de trabalho é, então, denominado mais-valia relativa. É a geração de mais-valia relativa (sem excluir, claro, a mais-valia absoluta) que caracteriza o processo de produção sob o regime do capital. A alteração constante no processo de trabalho, visando ao desenvolvimento da produtividade do trabalho socializado, é efetivada por meio da mecanização, conceito preciso referindo-se ao processo histórico pelo qual os instrumentos de trabalho são deslocados das mãos do trabalhador e inseridos em um mecanismo. O ápice desse processo está na produção de máquinas por meio de máquinas, estágio que Marx denomina como a base tecnológica própria da produção capitalista. Uma vez atingido esse estágio, tem-se uma mudança qualitativa importante: não são mais os meios de produção que são utilizados pelo trabalhador, mas, ao contrário, a máquina utiliza o trabalhador. No plano da análise do capital em geral, esse resultado é um produto da competição entre capital e trabalho: a incessante negação do trabalho pelo capital. Assim, as condições e o conhecimento técnico-científico passam a ser elementos cruciais da revolução permanente no processo de trabalho e no modo de produção capitalista, bem como nas relações entre capitalistas e trabalhadores. Submetendo o processo de trabalho ao processo da sua valorização, o capital desenvolve as forças produtivas do trabalho em escala social. Aqui não se trata mais do trabalho individual, mas sim do trabalho socializado que aparece por meio da cooperação, a divisão social do trabalho ou manufatura e, por fim, a indústria em larga escala. Nessa última, tem papel decisivo a aplicação da ciência e da tecnologia. Acentua-se também o montante mínimo de capital requerido em uma indústria para que essa possa operar em escala social. O montante mínimo aumenta à medida que métodos capitalistas penetram em diferentes ramos da indústria. Com esses métodos, surge também a produtividade social do trabalho. Esse processo consiste tanto na apropriação de ramos industriais já existentes, como na criação de novos ramos. O próprio desenvolvimento do emprego da maquinaria em um ramo acaba por afetar e possibilitar a introdução de maquinaria em outros ramos.

Uma vez analisado o processo de produção do capital, explicando a geração da mais-valia, nota-se que a mais-valia relativa, que define especificamente a produção capitalista, só pode ser obtida por meio de alterações constantes no processo de trabalho, objetivando sempre ampliar a produtividade do trabalho. Daí a proeminência da questão tecnológica na análise de Marx, pois somente a geração e a aplicação da tecnologia podem levar a cabo o processo de valorização do capital.

2.4.5 O processo de acumulação

De acordo com Marx, o processo de produção em qualquer sociedade é também um processo de reprodução, pois nenhuma sociedade pode interrompê-lo sob pena de extinção. O mesmo ocorre com a produção social em bases capitalistas: uma vez atingido o seu fim, ou seja, obtenção de uma massa mais-valia, o processo é reiniciado. Dessa forma, o processo de produção capitalista é um processo de reprodução no qual seu resultado é também sua premissa. Duas situações podem ocorrer nesse processo, de acordo com o destino que será dado à mais-valia obtida. Por um lado, os capitalistas podem utilizá-la em consumo pessoal e, dessa forma, o processo de produção realiza-se novamente na mesma escala anterior. Marx caracteriza esse movimento de reprodução simples. Por outro lado, a mais-valia (ou parte dela) pode ser acumulada, ou seja, utilizada posteriormente para expandir o processo de produção. Temos, então, a reprodução ampliada.

Dois resultados devem ser ressaltados aqui. Primeiro, seja a reprodução do capital simples ou ampliada, deve-se observar que, ao produzir o capital, produzem-se novamente as condições básicas da sua produção, isto é, a relação social básica capital (mercadoria e dinheiro) e a força de trabalho. O segundo resultado diz respeito aos efeitos da acumulação sobre a própria força de trabalho, por meio das alterações da composição orgânica do capital. Essa última reflete, em valor, alterações na composição técnica do capital (a proporção entre a massa dos meios de produção e a massa da força de trabalho utilizada pelos primeiros). Segundo Marx, o processo de acumulação atinge um ponto a partir do qual a produtividade social do trabalho torna-se o elemento crucial para a própria acumulação. O incremento na produtividade está relacionado com o aumento na proporção dos meios de produção por unidade da força de trabalho, ou seja, alterações na composição técnica do capital que refletem um aumento da composição do capital. Portanto, o progresso na acumulação do capital produz uma diminuição relativa da parcela do capital variável e, daí, um aumento relativo da força de trabalho.

O aumento da riqueza material, que deverá funcionar como capital por meio da acumulação, produz um aumento na massa dos meios de produção, ampliando a base da produção capitalista para operar em larga escala. Esse processo é descrito por Marx como a concentração dos meios de produção. Porém, por sua vez, com a concentração de capital, ocorre aumento de vários capitais, os quais atraídos entre si, confrontam-se, ao mesmo tempo, como frações autônomas do capital social. Esse processo, chamado de centralização do capital, não depende da acumulação, uma vez que corresponde à mera redistribuição do capital social já existente. Interessa aqui simplesmente apontar para a existência do processo de centralização, que resulta da competição entre capitais e que será acoplada ao sistema de créditos.

Poderemos descrever agora, de forma mais precisa, o movimento do capital por meio do qual seu valor inicial é ampliado e que é desenvolvido por Marx do circuito do capital-dinheiro (Figura 2.9).

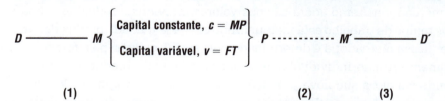

FIGURA 2.9

Esquema do processo de valorização do capital

Em (1), o capital, na forma de dinheiro, vai se metamorfosear em mercadorias na esfera de circulação, mais precisamente, em meios de produção (MP) e força de trabalho (FT). Em seguida, o movimento na esfera de circulação é interrompido para dar lugar ao processo de produção (2). No final, uma quantidade de mercadorias, contendo uma massa de valor superior, pelo acréscimo da mais-valia ($c + v = c + v + s$), é devolvida à esfera de circulação, (3) na qual, ao ser vendida, realiza-se o movimento do capital para sua forma original, dinheiro.

2.5 ■ CAPITAL NA ESFERA DE COMPETIÇÃO

Serão abordados agora a análise do capital na competição e o papel do sistema de crédito. Aqui, a tentativa será somente alinhavar os principais elementos da análise de Marx, pois, ao contrário do que ocorre com a análise do capital em geral, o material sobre competição e crédito aparece fragmentado no Livro III. Em parte, a tarefa é facilitada, pois alguns elementos cruciais aparecem no próprio Livro I, concluído por Marx.

Ao contrário do que alguns autores têm sugerido, a análise de competição, para Marx, tem papel relevante para explicar o modo de produção capitalista e, por isso mesmo, o seu entendimento deve ser procurado na operação metodológica de Marx. Os Livros I e II procuram estabelecer as leis tendenciais da produção e circulação da mais-valia, produto específico do capital. No entanto, capital é aqui entendido como o capital em geral, abstraindo-se as qualidades particulares de distintos capitais. No Livro III, Marx passa à tarefa de se aproximar da superfície desse modo de produção, deixando para trás suas relações internas. O primeiro passo é exatamente apreciar como a mais-valia gerada e apropriada inicialmente pelos capitalistas passa a ser distribuída. Temos, então, a transformação da taxa de mais-valia na taxa de lucro ou na massa de mais-valia nos lucros. Esse é o famoso problema da transformação dos valores em preços de produção. Em seguida, Marx deriva a sua disputada lei da tendência decrescente da taxa de lucro. A análise envolve as relações entre os diversos capitais individuais, ou seja, a análise situa-se, então, na competição entre os diversos capitais. Porém, o que Marx entende por competição?

Competição deve ser vista como resultado do processo de valorização do capital e somente pode ser entendida dentro desse contexto. É um processo no qual o capital enfrenta-se a si mesmo, assumindo formas agressivas. A atividade social de produção, que pretende obter e realizar mais-valia, é concluída por muitos capitalistas individuais. O resultado de todas essas atividades produtivas colidirá na esfera da circulação. Em competição, na qual o capital é colocado contra si mesmo, esse processo aparece como uma disputa entre capitalistas. De fato, Marx faz uma analogia com a guerra, em que a melhor arma é diminuir o custo de produção por meio de novos métodos de produção, que aumentam a produtividade do trabalho. Por meio de métodos mais indiretos de produção, esses resultados são atingidos: um aumento no capital fixo em proporção ao trabalho (aumentando sua produtividade) e ao produto (reduzindo custos).

Supondo-se que um capital individual em determinado ramo da indústria altere o seu processo de trabalho, resultando na duplicação da produtividade do trabalho, suas mercadorias terão agora os seus valores individuais reduzidos, uma vez que menos tempo de trabalho está materializado em cada unidade produzida. No entanto, o valor dessa mercadoria é determinado pelo social, ou seja, pelo tempo de trabalho socialmente (e não individualmente) necessário à sua produção. Se o capitalista pretende vender a sua nova produção diária (dobro da original), ele deve dobrar a sua parcela no mercado. Para tanto, deve reduzir o preço da mercadoria, mas não necessariamente ao nível do valor individual das mercadorias. Ele pode fixar o novo preço abaixo do praticado no mercado, porém, acima do valor individual das suas mercadorias. Como resultado, o capitalista apropria-se de uma mais-valia extra, realizando para si mesmo o que o capital como um todo faz na produção da mais-valia relativa. No entanto, os demais capitalistas no setor são compelidos a alterarem o seu modo de produção, generalizando, portanto, a utilização do modo no setor. O resultado é o aumento na produtividade do trabalho e uma redução do preço das mercadorias produzidas no setor, afetando, por último, a taxa da mais-valia.

Note-se que cada capitalista engajado nesse processo não tem escolha: ou ele revoluciona seus métodos de produção constantemente, apropriando-se de uma mais-valia extra até que o método se generalize, ou o processo competitivo acabará por eliminá-lo. Essa é a guerra disputada pelos vários capitalistas na superfície do mundo de produção capitalista. É dessa forma que a lei mais geral de valorização do capital reafirma-se na competição entre capitalistas.

Desse ponto de vista, os resultados obtidos pela teoria da competição de Marx podem ser vistos sob dois aspectos. Primeiro, em uma indústria, as firmas não são iguais devido aos diferentes métodos de produção utilizados em diferentes estágios (há outros aspectos que diferenciam firmas dentro de uma indústria, tais como localização, informação, entre outros). No processo de competição, as estruturas diferenciadas são constantemente recriadas. Assim, em uma indústria, temos diferentes estruturas de custo entre firmas. A competição entre vendedores e compradores igualará o preço de venda da mercadoria em questão. Logo, observa-se, em uma indústria, um espectro de taxas de lucro, bem como diferentes margens de lucro.

Em segundo lugar, o processo de competição entre indústrias provocará outro resultado. Para ver isso, é necessário identificar um conjunto de taxa de lucros no espectro de cada indústria. Esse conjunto de taxa de lucros é obtido pelas firmas que utilizam as melhores técnicas de produção disponíveis. Esses são os capitais reguladores da indústria. É precisamente a taxa média de lucro do capital regulador que influenciará o capital a entrar ou não em alguma indústria.

Agora, é possível verificar os resultados da competição entre indústrias. No contexto da reprodução ampliada, o capital está procurando sempre o melhor meio de se valorizar. Assim, busca indústrias com maiores taxas médias de lucro sobre capital regulador, assumindo que a taxa de juros, única dada para o capitalista, está abaixo das taxas médias de lucros sobre o capital regulador. Se a demanda pelos produtos de alguma indústria cresce mais rapidamente que a sua oferta, o preço de mercado e a taxa média de lucros sobre os capitais reguladores aumentarão. Como a taxa de lucro é maior que a das outras indústrias, o fluxo de capital naquela indústria aumentará e, ao mesmo tempo, sairá mais rapidamente das outras. A oferta aumentará mais rapidamente que a demanda na indústria em questão, trazendo para baixo seu preço de mercado e a taxa média do lucro dos capitais reguladores. Por sua vez, com a oferta crescendo menos que a demanda nas outras indústrias, os preços de mercado e a taxa média de lucros tenderão a cair. Assim, entre indústrias, a taxa média de lucros dos respectivos capitais reguladores tenderá a se igualar. Entretanto, essa tendência não implica algum estado de repouso ou equilíbrio para o qual essas taxas de lucros tendem.

Deve-se lembrar aqui o processo de centralização, ou seja, o processo pelo qual são atraídos os capitais individuais gerados inicialmente pela acumulação de capital. A produtividade do trabalho, conforme ressaltada anteriormente, depende da escala de operação em que o capital atua socialmente. No plano da competição, traduz-se pela absorção de capitais menores pelos maiores. A centralização permite o avanço da acumulação por agilizar a transformação de vários processos de produção num processo socialmente combinado, operado em larga escala.

No entanto, o impulso significativo no processo de competição entre capitais individuais é dado pelo sistema de crédito que passa a ter um papel decisivo na equalização da taxa de lucro, ao permitir o agrupamento e deslocamento de massas de capitais entre setores.

Note que, agora, além dos capitalistas industriais e dos trabalhadores, Marx considera a presença de capitalistas detentores de uma mercadoria cujo valor de uso é dado exatamente por ela poder funcionar como capital produtivo. Marx descreve essa mercadoria como sendo o capital-moeda, ou seja, um certo montante de valor em uma forma independente. O modo pelo qual essa mercadoria é alienada é o empréstimo e o que o seu possuidor recebe são juros. Os capitalistas, que detêm tal mercadoria, são chamados por Marx de "capitalistas do dinheiro".

O capital-moeda é uma mercadoria que, por um lado, é adquirida pelo seu valor de uso (servir como capital), de acordo com seu valor que, nesse caso, é o seu preço ou valor; por outro lado, essa mercadoria existe somente na circulação.

O processo de reprodução do capital pode ser visto agora, como mostra a Figura 2.10.

FIGURA 2.10

Esquema longitudinal da produção e circulação do capital

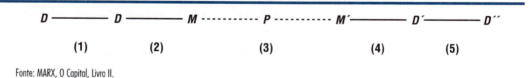

Fonte: MARX, O Capital, Livro II.

Veja cada um desses movimentos. Na Figura 2.10, passo (1), os capitalistas do dinheiro alienam um montante de valor aos capitalistas individuais. No passo (2), os capitalistas industriais passam a utilizá-lo como capital produtivo, ou seja, na aquisição de meios de produção e força de trabalho. O passo seguinte (3) é o próprio processo de produção, no qual é gerada uma massa de mais-valia realizada (reconvertida na sua forma original, dinheiro) por meio da venda da produção na circulação (4). Por fim, na esfera da circulação, o capitalista paga o empréstimo feito pelo capitalista-dinheiro (principal e juros) como uma parcela deduzida dos lucros totais. Entende-se agora por que Marx, no Livro I, diz que a mais-valia é, em primeiro lugar, apropriada pelos capitalistas industriais, mas esse não é necessariamente seu destino final. Nesse caso, percebe-se que uma parcela de mais-valia gerada e apropriada pelos capitalistas industriais acaba sendo distribuída aos capitalistas do dinheiro. Temos agora que a mais-valia assume duas formas distintas: lucros das empresas e juros — esse último surge como uma dedução dos lucros totais. Marx parece ter concebido que a taxa de juros é determinada por fatores monetários independentemente da taxa de lucro que, no entanto, estabelece um limite máximo para a primeira. A análise de Marx do mercado monetário fornece os elementos necessários para explicar a determinação da taxa média de juros. Em primeiro lugar, Marx descreve quais são esses elementos: a oferta de moeda (montante de notas bancárias e moeda em circulação no país) que deve desempenhar duas funções: promover os gastos dos rendimentos (consumo) e transferir capital. A demanda por moeda, ligada à primeira função, depende basicamente do volume de gastos em consumo e da velocidade de circulação da moeda não ligada às reservas bancárias. A demanda por moeda, ligada à segunda função, diz respeito à circulação monetária entre comerciantes, comerciantes e produtores e entre os próprios produtores. A moeda aqui é basicamente meio de pagamento, ou seja, essas transações são efetuadas por meio da transferência de crédito, com o dinheiro aparecendo apenas para liquidar essas transferências. Aqui é crucial o papel do setor bancário, que demandará moeda (recursos monetários) de acordo com o volume de adiantamentos que precise fazer face às necessidades de firmas por meio de empréstimos de curto prazo, especuladores de ações, governo e gastos de investimento. A relação entre a demanda por moeda pelos bancos e seus adiantamentos depende, por sua vez, do grau de organização do sistema de crédito e do grau de incerteza dos banqueiros.

A determinação da taxa média de juros é, para Marx, um fenômeno tipicamente institucional, ou seja, depende das opiniões entre fornecedores e tomadores de empréstimos, sendo, portanto, influenciada por diversos elementos econômicos, políticos e institucionais. Note-se que exatamente porque a mercadoria aqui transacionada circula somente na esfera de circulação, ela não está sujeita a nenhuma lei do valor, como as demais mercadorias.

As relações entre a taxa de juros e a de lucro são consideradas por Marx no processo de equalização da taxa de lucros entre setores. Acima, foi apresentado como esse processo ocorria por meio do movimento do capital de setores com taxas de lucros menores para setores de maior lucratividade. Marx sugere que o sistema de crédito torna mais efetivo esse processo porque, por meio do crédito, o capital de toda a classe capitalista torna-se disponível de acordo com as necessidades de cada setor industrial. No entanto, não se deve inferir que o sistema de crédito reduz o nível de competição entre capitalistas. Pelo contrário, ao tornar o capital social mais líquido para os capitalistas individuais, o crédito acaba por acirrar as disputas entre capitalistas.

2.6 ■ O LEGADO DE MARX

É quase impossível fazer uma apreciação completa do impacto das ideias de Marx sobre o campo da Ciência Econômica no espaço disponível para isso neste capítulo. São feitas, portanto, apenas algumas considerações sobre as ideias que distinguem a abordagem de Marx de outras matrizes teóricas.

Sem sombra de dúvida, se há uma peça teórica que diferencia a natureza das ideias econômicas de Marx de outras correntes do pensamento econômico, esta é a sua teoria da exploração ou da mais-valia. Em primeiro lugar, porque em profundo contraste com o atual pensamento econômico, a teoria de Marx preserva o conceito de excedente ou de produto líquido e, com isso, a visão de que o eixo de uma economia moderna está na produção desse excedente, visando ampliar o próprio excedente. Em segundo lugar, faz do trabalho humano ou de uma determinada forma de organização social do trabalho humano, a saber, o trabalho assalariado, a base da explicação da produção do excedente. Esse aspecto diferencia Marx da Economia Política, pois os autores dessa área, embora a existência do excedente estivesse relacionada ao trabalho, assumiam ser essa organização social um estado natural, perdendo, portanto, o caráter específico de uma economia moderna. Assim, embora reconhecessem que o trabalho fosse a origem do excedente, em termos físicos e de valor, não se perguntavam qual seria o caráter desse trabalho que produzia o valor. O duplo caráter do trabalho, a sua forma concreta e a sua forma social, é, nas palavras do próprio Marx, uma das suas mais notáveis contribuições para a Economia Política, ou para a sua crítica. É o duplo caráter do trabalho humano que, aplicado à análise da compra e venda da força de trabalho, a mercadoria especial da sociedade moderna, permite distinguir entre o valor da força de trabalho e o valor produzido pela força de trabalho — diferença essa que está na base da explicação da mais-valia. Em terceiro lugar, Marx aponta a mais-valia relativa como a forma específica de uma economia moderna produzir o excedente. Nesse conceito, Marx mostra que uma economia moderna só tem uma forma para expandir-se, a saber, o processo incessante de transformação da sua estrutura produtiva. O que essa economia produz, antes de tudo, são novos métodos de produção e, ao fazê-lo, eleva a produtividade do trabalho humano, daí o seu caráter revolucionário como modo de produção social. Portanto, diferentemente da Economia Política e da atual Economia, em Marx, o progresso tecnológico encontra-se no âmago da teoria e, por isso mesmo, no âmago do que entende por funcionamento de uma economia capitalista.

A teoria de Marx não está isenta de alguns problemas teóricos. O principal deles, objeto de infindáveis controvérsias, é a teoria do valor, base da sua teoria da mais-valia. Originalmente, a crítica a essa teoria apontava para uma contradição lógica entre a determinação dos valores das mercadorias e dos seus preços de produção. Embora vários autores tenham, desde então, demonstrado que essa crítica é improcedente, fornecendo diferentes alternativas para a famosa transformação dos valores em preços de produção, o fato é que não se conseguem manter todos os resultados reivindicados por Marx. Essa discussão deixou de ter caráter apenas teórico para passar a se constituir em um dos principais centros de embate da Ciência Econômica, após a emergência e difusão da teoria marginalista, uma vez que, sob esta, a Ciência Econômica transforma-se numa teoria de preços.

QUESTÕES

1. Explique o mecanismo pelo qual a divisão do trabalho em Adam Smith leva ao crescimento econômico.
2. Sintetize a teoria da renda em Ricardo.
3. Compare a teoria da vantagem absoluta em Smith e a teoria das vantagens comparativas em Ricardo.
4. Sintetize as teorias do valor-trabalho e do valor-utilidade, e suas contribuições para a construção das teorias de demanda do consumidor.
5. Qual a principal contribuição de Marx que o diferencia de outras correntes de pensamento econômico de sua época?
6. Sintetize a concepção de materialismo histórico, segundo a visão marxista.

REFERÊNCIAS

BLAUG, M. *Economic theory in retrospect*. Cambridge: Cambridge University Press, 1978.
FOLEY, D. *Understanding capital*. Cambridge: Harvard University Press, 1986.
FUSFELD, Daniel R. *A era do economista*. São Paulo: Saraiva, 2001.
MORISHIMA, M.; CATEPHORES, G. *Valor, exploração e crescimento*. Rio de Janeiro: Zahar, 1980.
PASINETTI, L. L. *Lectures on the theory of production*. New York: Columbia University Press, 1977.
RICARDO, D. "Ensaio acerca da influência do baixo preço do cereal sobre os lucros do capital." In: C. NAPOLEONI. *Smith, Ricardo, Marx*. Rio de Janeiro: Graal, 1978. p.195-225.
_____. *Princípios de política econômica e da tributação*: Os Economistas. São Paulo: Abril Cultural, 1982.
SMITH, A. *Investigação da natureza e das causas da riqueza das nações*: Os Economistas. São Paulo: Abril Cultural, 1983. v. 2.

3
ASPECTOS DA EVOLUÇÃO DA CIÊNCIA ECONÔMICA — DO INÍCIO DO SÉCULO XXI ÀS RAÍZES DO PENSAMENTO ECONÔMICO

Diva Benevides Pinho[1]

3.1 INTRODUÇÃO

Está se vivendo a era da revolução digital, da nanotecnologia, das viagens interplanetárias, do comércio pelas teias da *web*, de experimentos apoiados por dezenas de países e milhares de cientistas (como o LHC — Grande Colisor de Hádrons, o maior acelerador de partículas já construído no mundo), e também na era de debates reais e virtuais sobre problemas de interesse global, como as consequências internacionais da crise de 2008 e do fantástico crescimento recente da China, a segunda potência econômica mundial.

Daí o surgimento de uma espécie de *linguagem global do medo* — um misto de antigas e recentes ameaças aos indivíduos e à comunidade internacional. Destacam-se, por exemplo, o temor do desemprego e da desvalorização da moeda (tão frequentes na década de 1950), da guerra nuclear (exacerbado entre as duas Grandes Guerras mundiais) e de uma crise financeira global, potencializada por incertezas sociais e econômicas preexistentes. Temor que não poupa sequer as economias relativamente sólidas, embora sua percepção varie segundo a cultura de cada povo.

Muitos desses problemas são objeto de pesquisas acadêmicas e podem ser observados, por exemplo, em trabalhos selecionados pelo Comitê do Prêmio Nobel de Economia.

3.2 RAÍZES DA CIÊNCIA ECONÔMICA

3.2.1 Das origens até 1750: a fase pré-científica da economia

Durante muito tempo, a economia constituiu um conjunto de preceitos ou de soluções adaptadas a problemas particulares.

Na Antiguidade[2] grega, por exemplo, apareceram apenas algumas ideias econômicas fragmentárias em estudos filosóficos e políticos, mas sem o brilho dos trabalhos nos campos da filosofia, ética, política, mecânica ou geometria.

Embora o termo econômico (de *oikos*, casa, e *nomos*, lei) tenha sido utilizado pela primeira vez por Xenofontes, na obra de mesmo nome (no sentido de princípios de gestão dos bens privados), os autores gregos não apresentaram um pensamento econômico independente. De modo geral, trataram apenas de conhecimentos práticos de administração doméstica; inclusive a *Crematística* (de *chrema*, posse ou riqueza) de Aristóteles, apesar do título, referia-se, sobretudo, aos aspectos pecuniários das transações comerciais.

---

[1] Originalmente escrito pela Profª. Drª. Diva Benevides Pinho, a atualização deste capítulo nesta nova edição ficou sob responsabilidade do Prof. Dr. Raul Cristovão dos Santos.
[2] Sobre a Antiguidade, além do livro de Blaug citado, cf. SCHUMPETER, J. *História da análise econômica*. v. 3. Rio de Janeiro: Fundo de Cultura, 1964; BARRÈRE, A. *Histoire de la pensée économique et analyse contemporaine*. Paris: Ed. Montchrétien, 1973; HUGON, P. *História das doutrinas econômicas*. 16. ed. São Paulo: Atlas, 1973, além dos livros já clássicos de Gonnard e de Gide/Rist.

Este autor, contudo, apresentou algumas contribuições interessantes às teorias do valor, dos preços e da moeda.

Na Antiguidade romana, igualmente, não houve um pensamento econômico geral e independente, embora a economia de troca fosse mais intensa em Roma do que na Grécia. A unidade econômica do vasto império, mantida por meio de notáveis redes rodoviárias e de intensa navegação, transformara Roma em centro de afluência dos produtos de todas as províncias, estimulando as transações comerciais e a criação de companhias mercantis e sociedades por ações. Porém, as preocupações dos romanos limitaram-se fundamentalmente à política, de modo que sua contribuição à economia foi quase nula.

Na Idade Média, principalmente do século XI ao XIV, surgiu uma atividade econômica regional e inter-regional (com feiras periódicas que se tornaram célebres, como as de Flandres, Champagne, Beaucaire e outras), organizaram-se corporações de ofício, generalizaram-se as trocas urbano-rurais, retomou novo impulso o comércio mediterrâneo (Gênova, Pisa, Florença e Veneza tornaram-se os grandes centros comerciais da época) etc. A Igreja procurou "moralizar" o interesse pessoal, reconheceu a dignidade do trabalho (manual e intelectual), condenou as taxas de juros, buscou o "justo preço", a moderação dos agentes econômicos e o equilíbrio dos atos econômicos. No entanto, o pensamento econômico medieval, de caráter eminentemente prático, também era dependente: da subordinação à filosofia ou à política, na Antiguidade Clássica, passara a ser orientado pela moral cristã. A partir da metade do século XV, entretanto, essa subordinação religiosa seria substituída pela preocupação metalista.

Mercantilismo: *imprimiu preceitos de administração pública que os governantes deveriam usar para aumentar a riqueza da nação e do príncipe.*

Realmente, o **Mercantilismo** (1450-1750) imprimiu ao pensamento econômico um cunho de arte empírica, de preceitos de administração pública que os governantes deveriam usar para aumentar a riqueza da nação e do príncipe: na Espanha e em Portugal, os economistas aconselharam a proibição da saída de metais preciosos e da entrada de mercadorias estrangeiras; na França, o Colbertismo buscou o intervencionismo na indústria e o protecionismo alfandegário, para desenvolver a industrialização interna, exportar mais e reduzir as importações ao mínimo possível; na Grã-Bretanha, o comércio e a navegação apareceram como as principais fontes da riqueza nacional etc.

Importantes transformações marcaram o início do Mercantilismo, destacando-se as seguintes:

- intelectuais — com o Renascimento e sua magnífica floração artística (Leonardo da Vinci, Miguel Ângelo, Rafael, Ticiano e outros) e literária, a laicização do pensamento, o retorno aos métodos de observação e de experiência, a difusão de novas ideias por meio da imprensa (Gutemberg imprimiu a primeira Bíblia em 1450) etc.;
- religiosas — trazidas principalmente pelo movimento da Reforma, em especial a implantada por Calvino e pelos puritanos anglo-saxões, que exaltavam o individualismo e a atividade econômica, condenavam a ociosidade, justificavam os empréstimos a juros, a busca do lucro, o sucesso nos negócios etc.;
- padrão de vida — marcadas pela reabilitação teológica da vida material em relação ao ascetismo e, consequentemente, pelo desejo de bem-estar, de alimentação requintada (com o uso de especiarias, do açúcar etc.), de habitações confortáveis e arejadas (que implicavam a necessidade de decoração dos interiores, com móveis trabalhados, quadros, tapeçarias, louças finas etc.), de viagens inter-regionais (que contribuíram para a propagação das novas maneiras de viver e de pensar) etc.;

- políticas — com o aparecimento do Estado Moderno, coordenador dos recursos materiais e humanos da nação, aglutinador das forças da nobreza, do clero, dos senhores feudais, da burguesia nascente etc.;
- transformações geográficas — decorrentes da ampliação dos "limites do mundo", graças às grandes descobertas (sobretudo a bússola) e aos esforços para desenvolver a navegação (em especial dos soberanos portugueses, como o infante D. Henrique, o Navegador): Bartolomeu Dias dobrou o cabo das Tormentas (1487), Colombo desembarcou em Guanahani (1492), Vasco da Gama atingiu as Índias (1498), Cabral descobriu o Brasil (1500), Magalhães empreendeu, pela primeira vez, uma viagem de circum-navegação, concluída por seu lugar-tenente Sebastião del Cano (1514), Cortez conquistou o México (1519-1521), Pizarro dominou a terra dos Incas (1531) etc.;
- transformações econômicas — o afluxo à Europa de metais preciosos, provenientes do Novo Mundo, provocou o deslocamento do eixo econômico mundial: os grandes centros comerciais marítimos não mais se limitaram ao Mediterrâneo, estendendo-se também ao Atlântico e ao Mar do Norte (Londres, Amsterdã, Bordéus, Lisboa etc.). O aparecimento de interessantes ideias sobre a moeda possibilitou a elaboração da concepção metalista, base do Mercantilismo: o ouro e a prata passaram a ser considerados os mais perfeitos instrumentos de aquisição de riqueza.

As transformações geográficas foram, talvez, as mais importantes, porque propiciaram a presença dos metais preciosos em uma Europa política e intelectualmente modificada, criando as condições da concepção metalista que caracterizou o mercantilismo em suas várias formas — bulionista, industrialista, comercialista, fiduciário etc.

Durante os três séculos do Mercantilismo, as nações da Europa Ocidental organizaram sua economia interna, baseadas na unidade nacional e na exportação de todos os recursos econômicos, sob o controle e a direção do Estado.

Vários autores têm destacado a grande função histórica do Mercantilismo, na passagem da economia regional para a economia nacional, bem como suas falhas: atribuiu demasiado valor ao metal precioso; considerou a produção apenas em função da prosperidade do Estado ou do enriquecimento público, sem se preocupar com o bem-estar dos indivíduos; encarou o comércio internacional de maneira unilateral e "agressiva" — "o lucro de um país é o prejuízo de outro",[3] "as perdas de um país equivalem aos lucros realizados pelo estrangeiro",[4] um país não ganha sem que outro perca etc.

Muito criticada tem sido também a **política colonial mercantilista**, que consistia em explorar a colônia ao máximo (dela retirando metais preciosos, se possível, mas igualmente produtos tropicais, especiarias, produtos raros, matérias-primas etc.), bem como em impedir que nela se desenvolvesse qualquer atividade econômica que mesmo remotamente pudesse fazer concorrência à metrópole.

Política colonial mercantilista: *consistia em explorar a colônia ao máximo e impedir que se desenvolvesse nela qualquer atividade econômica que pudesse, ainda que remotamente, fazer concorrência à metrópole.*

Muitas ideias importantes, expressas pelos mercantilistas de modo isolado (como o papel ativo da moeda na economia, o multiplicador da renda e outras) não chegaram a marcar o Mercantilismo, que passou para a História essencialmente como um conjunto de atos econômicos e de política econômica. Keynes, em *Teoria geral do emprego, do*

---
[3] M. MONTAIGNE. *The Complete Essays*, London, Penguin 2003.
[4] A. MONTCHRÉTIEN. *Traité de Economie Politique*, F. Billacro Ed., 1999, Paris.

juro e da moeda,⁵ observou ser possível que esses pioneiros do pensamento econômico tivessem adotado suas máximas de sabedoria prática sem terem discernido as bases teóricas em que repousavam. Examinou, então, os motivos por eles apresentados e as práticas que preconizavam, com base no trabalho *Mercantilism*, do Prof. Heckscher, o qual colocou pela primeira vez, à disposição do grande público de economia, os traços característicos desse movimento. E acrescentou que a generalização da ideia de que a teoria mercantilista primitiva não apresentava sentido algum resultara da ausência de uma exposição inteligível sobre o assunto, lacuna preenchida com a obra de Heckscher, apesar de este ser partidário da teoria clássica e testemunhar pouca simpatia pelo protecionismo mercantilista.

Embora seja pouco significativa a contribuição do Mercantilismo à constituição da análise econômico-científica, algumas obras marcaram certo esforço de sistematização no fim do século XVII e início do século XVIII: a *Political arithmetic* (1682), de William Petty, que evidenciou a preocupação da análise estatística dos problemas econômicos, e o *Essai sur la nature du commerce en général* (1734), de Cantillon, que prenunciou a fase científica da economia, apresentando elementos sobre as funções da produção e os riscos assumidos pelos empresários (desenvolvidos mais tarde por Say) e explicitando o circuito econômico (formulado precisamente por Quesnay alguns anos depois).

Cantillon representou o elo entre Petty e Quesnay, que pouco depois seria o chefe da escola fisiocrática. O trio — Petty, Cantillon, Quesnay — marcou importante sequência na história da análise econômica.

Somente a partir de Quesnay, entretanto, a atividade econômica passou a ser tratada cientificamente.

3.2.2 A criação científica da Economia: de 1750 a 1870

O *Quadro econômico* de Quesnay (1758) e a *Riqueza das nações* de Adam Smith (1776) marcaram, realmente, a reação contra o tratamento assistemático e disperso dos problemas econômicos.

3.2.2.1 A Fisiocracia

Movimento que não existia em 1750, a Fisiocracia empolgou *tout Paris* e Versalhes de 1760 a 1770, mas já estava esquecida por volta de 1780, exceto por alguns economistas — como observou Schumpeter.⁶ Considerado, por muitos autores, mais uma "seita" de filósofos-economistas do que uma escola econômica, surgiu e desapareceu como um meteoro, em torno do dr. Quesnay, médico da corte e protegido de Mme. Pompadour, cuja posição assegurou, por algum tempo, uma situação privilegiada da Fisiocracia, em geral, na vida intelectual do *grand monde* francês.

Justo e honesto, pedante e doutrinador, leal à sua protetora e impermeável às tentações do ambiente da corte, Quesnay (1694-1774) teria sido, na expressão de Schumpeter, um "maçante respeitável".⁷

Dentre seus discípulos, destacaram-se: o marquês Mirabeau (1715-1789), autor de diversas obras, especialmente *Philosophie* (1763), aceita como importante manual de

---

⁵ KEYNES, H. M. Notas sobre o mercantilismo. In: *The general theory of employment, interest and money*. MacMillan: Cambridge University Press, p. 333, 1973. (The Collected Writings of John Maynard Keynes, v. VII).
⁶ SCHUMPETER, J. A. *História da análise econômica*. Rio de Janeiro: Fundo de Cultura, 1964. p. 286, v. 1
⁷ SCHUMPETER, 1964, p. 280.

ortodoxia fisiocrática, e *L'ami*, com apreciações sobre o Quadro econômico de *Quesnay*; Paul Mercier de la Rivière (1720-1793), "impulsivo e grosseiro", escreveu outro importante manual fisiocrático — *L'ordre naturel et essentiel des sociétés politiques* (1767); G. F. Le Trosne (1728-1780), advogado, que se interessou mais pelas relações entre o sistema fisiocrático e o Direito Natural; o padre Nicolas Baudeau (1730-1792), convertido ao "credo" fisiocrático depois de lhe haver feito violenta oposição, tornando-se então um dos seus mais eficientes propagadores; Pierre S. Dupont de Nemours (1739-1817), talvez o mais inteligente do grupo (mas que, na apreciação de Schumpeter, tinha o talento brilhante de um pianista e não de um compositor), reuniu e comentou as obras dos fisiocratas, principalmente as de Quesnay; Turgot (1726-1781), intendente de Limoges e ministro de Luís XVI, teve a oportunidade de aplicar as ideias econômicas de sua escola; Karl Friedrich Margrave de Baden, posteriormente Grão-Duque de Baden (1728-1811), um dos políticos mais capazes de sua época, fez várias tentativas de aplicação da Fisiocracia em seu principado etc.

Os fisiocratas conseguiram atento auditório entre os fidalgos da corte e os governantes da época: Catarina (da Rússia), Gustavo III (da Suécia), Estanislau (da Polônia), José II (da Áustria) e muitos outros, que tentaram aplicar algumas de suas máximas de um bom governo.

A **Fisiocracia** impôs-se principalmente como doutrina da ordem natural: o universo é regido por leis naturais, absolutas, imutáveis e universais, desejadas pela Providência Divina para a felicidade dos homens. Estes, por meio da razão, poderão descobrir essa ordem.

Alguns autores consideram as teorias de Quesnay sobre o Estado e a sociedade meras reformulações da doutrina escolástica que satisfaziam aos nobres e à sociedade. Uns poucos chegam a destacar certa tendência teológica no pensamento de Quesnay, mas a maioria está de acordo em reconhecer a natureza puramente analítica ou científica de sua obra econômica.

Precursor em alguns campos, Quesnay distinguiu-se na formulação de princípios de filosofia social utilitarista (obter a máxima satisfação com um mínimo de esforço), no Harmonismo, que se desenvolveria no século XIX (embora consciente do antagonismo de classes, acreditava Quesnay na compatibilidade universal ou complementaridade dos interesses pessoais em uma sociedade competitiva), na teoria do capital (os empresários agrícolas só podem iniciar seu trabalho devidamente equipados, ou seja, se dispuserem de um capital, no sentido de riqueza acumulada, antes de iniciar a produção, mas não analisou a formação e o comportamento do capital monetário e do capital real) etc.[8]

No *Quadro econômico*, Quesnay representou, de modo simplificado, o fluxo de despesas e de bens entre as diferentes classes sociais, distinguindo um equilíbrio de quantidades globais que os keynesianos deveriam analisar a partir de 1936. Tal como Cantillon, evidenciou a interdependência entre as atividades econômicas — problema que Walras estudaria mais tarde. Indicou como a agricultura fornece um "produto líquido" que se reparte entre as classes da sociedade e admitiu ser a terra produtora da mais-valia (não se referindo ao trabalho que Marx enfocaria anos após). Importante instrumento de análise, o quadro é o precursor da economia quantitativa, embora o

Fisiocracia:
impôs-se principalmente como doutrina da ordem natural: o Universo é regido pelas leis naturais, absolutas, imutáveis e universais, desejadas pela Providência Divina para a felicidade dos homens.

---

[8] A respeito das obras de Quesnay, cf., além dos manuais de *História do pensamento econômico*, a edição especial do *Quadro econômico* (Lisboa, Fundação Calouste Gulbenkian, 1969): as p. 329-52 contêm a tábua cronológica das obras de Quesnay e as p. 359-71, a relação dos estudos de caráter econômico a ele relativos.

aspecto econométrico da obra de Quesnay tenha readquirido atualidade apenas a partir de Léontief (com objetivo e técnicas diferentes).

Em 1764, Adam Smith, então professor de Filosofia Moral na Universidade de Glasgow, entrou em contato com Quesnay, Turgot e outros fisiocratas, ao visitar a França. Doze anos depois, tornou-se o chefe da Escola Clássica que, juntamente da Escola Fisiocrática, marcou o início da fase propriamente científica da economia.

3.2.2.2 A Escola Clássica[9] ou a Economia Política

Embora a maioria dos autores tenha feito de Smith (1723-1790) o apologista da nascente classe industrial capitalista, a verdade é que ele se mostrava favorável aos operários e aos trabalhadores agrícolas, opondo-se aos privilégios e à proteção estatal que apoiavam o "sistema mercantil".

Lekachman[10] reúne várias passagens da *Riqueza das nações* contendo expressões neste sentido, em favor dos trabalhadores, dos consumidores, bem como pela vida rural.

O caráter otimista de Smith destoou dos mercantilistas que o precederam e de Malthus, que o seguiria. Confiava Smith no egoísmo inato dos homens e na harmonia natural de seus interesses: todo indivíduo se esforça, em seu próprio benefício, para encontrar o emprego mais vantajoso para seu capital, qualquer que seja ele — o que o conduz, naturalmente, a preferir o emprego mais vantajoso para a sociedade.[11] O constante e ininterrupto esforço de todo homem pode ser um instrumento poderoso para melhorar sua própria condição, a despeito da extravagância do governo e dos piores erros da administração.[12]

Para Smith, Deus (ou a natureza) implantou no homem certos instintos, entre os quais o de "trocar": este, mais a tendência de ganhar mais dinheiro e de subir socialmente, conduzem o trabalhador a poupar, a produzir o que a sociedade precisa e a enriquecer a comunidade. Os homens são "naturalmente" assim. Se o governo se abstiver de intervir nos negócios econômicos, a "Ordem Natural" poderá atuar. Porém, como os fisiocratas, Smith não afirmava que ela fosse espontânea: era um fim que deveria ser alcançado.

Apesar da abundância de exemplos e de digressões, a *Riqueza das nações* contém o que seu subtítulo anuncia: investigação da natureza e das causas da riqueza das nações, ou seja, em termos modernos, o autor busca uma teoria do desenvolvimento econômico.

A principal explicação de Smith para o desenvolvimento está nas primeiras páginas de sua obra: a divisão do trabalho — expressão de simplicidade enganadora, utilizada por ele em dois sentidos diferentes que seriam, em tempos modernos: a especialização da força de trabalho, que acompanha o avanço econômico, e a alocação da força de trabalho entre várias linhas de emprego.

Ao enfatizar o mercado como regulador da divisão do trabalho, distinguiu o "valor de uso" do "valor de troca", atribuindo interesse econômico apenas ao último. Considerou o valor distinto do preço, afirmando ser o trabalho "a medida do valor". Analisou a distribuição da renda ao discutir os três componentes do "preço natural": salários, lucros e rendas da terra. Dos problemas do valor e da distribuição da renda, passou

---

[9] Marx utilizou a expressão "economistas clássicos" para designar os autores da teoria econômica que encontrara em Ricardo seu ponto culminante. Keynes considerou "clássicos" seus predecessores, incluindo entre eles Stuart Mill, Marshall, Edgeworth e Pigou. Neste capítulo, "Escola Clássica" é empregada no sentido de grupo de economistas do fim do século XVIII e começo do século XIX, liderados por Adam Smith.
[10] LEKACHMAN, R. *Histoire des doctrines économiques*: de l'Antiquité à nos jours. Paris: Payot, 1960. p. 99.
[11] SMITH, A. *Richesse des nations*. Ed. Canan, 1937. p. 421.
[12] SMITH, 1937. p. 326.

à exposição dos mecanismos de mudança econômica e dos fatores que governam a alocação das forças de trabalho entre empregos produtivos e improdutivos.

O modelo teórico de desenvolvimento econômico de Smith constituía parte integrante de sua política econômica: ao contestar o padrão mercantilista de regulamentação estatal e de controle, apoiava a suposição de que a concorrência maximiza o desenvolvimento econômico e, assim, os benefícios do desenvolvimento seriam partilhados por toda a sociedade.

De modo geral, os críticos de Smith têm afirmado que sua obra não é original, salvo pela disposição dos assuntos e pela exposição. Reconhecem, porém, que escolheu exemplos tão significativos que sua importância é reconhecida ainda hoje, e conseguiu combinar materiais históricos e analíticos de modo excepcionalmente eficaz.

Seus admiradores, entretanto, consideram a *Riqueza das nações* uma notável conquista intelectual, com uma visão completa do progresso econômico, dentro de um tratamento teórico e afastado de interesses particulares (diferentemente de seus antecessores).

Dentre seus discípulos, destacam-se pelas importantes contribuições à construção da Ciência Econômica: Malthus, Ricardo, Stuart Mill e Say (representante francês da Escola Clássica). De modo geral, todos eles procuraram explicar certos pontos ambíguos ou inconsistentes da obra de Smith.

Thomas Robert Malthus (1766-1834) tentou precisar a terminologia teórica (*Definitions in political economy*) e colocar a economia em sólidas bases empíricas, embora reconhecendo os precários fundamentos empíricos de muitas proposições amplamente aceitas, bem como a deficiência dos dados estatísticos. Tornou-se famoso com a obra *An essay on the principle of population*, publicada anonimamente na primeira edição (1798), mas cuja calorosa recepção levou-o a preparar mais seis edições (a última em 1826). Escreveu ainda vários panfletos e artigos sobre temas do momento e sua maior obra teórica: *The principles of political economy considered with a view to their practical application*.

A lei da população de Malthus desenvolveu um aspecto que Smith deixara incompleto: "... a potência da população é infinitamente maior do que a potência da terra na produção de subsistência para o homem. A população, quando não controlada, cresce a uma taxa geométrica. A subsistência só cresce a uma taxa aritmética. Um ligeiro conhecimento dos números mostrará a imensidão da primeira potência em relação à segunda".[13]

Os fatos, entretanto, mostraram que Malthus subestimara o ritmo e o impacto do progresso tecnológico. Além disso, não lhe seria possível prever a revolução agrícola que viria alterar radicalmente a oferta de bens de alimentação, nem as técnicas de limitação da fertilidade humana. Relativamente às propriedades "autorreguladoras" dos mercados, afastou-se de seus contemporâneos e apresentou contribuições depois desenvolvidas por James Mill e Say.

David Ricardo (1772-1823) trabalhou no mesmo sentido de Malthus, isto é, preocupado em ampliar a tradição iniciada por Smith. Porém, diferentemente de Smith e de Malthus, que usaram amplamente exemplos ilustrativos, Ricardo, banqueiro de lógica rigorosa, foi direto e formal em sua construção de um sistema abstrato em que as conclusões decorrem dos axiomas.

---

[13] MALTHUS, T. *An essay on the principle of population*. 1. ed. London: Macmillan, 1909. p. 6.

O interesse de Ricardo pela teorização em economia desenvolveu-se em sua meia-idade, quando já havia enriquecido como especialista em títulos governamentais e como banqueiro. Estimulado por James Mill, concentrou-se na redação dos *Principles of political economy and taxation*, publicado em 1817. Nas duas primeiras edições, Ricardo mostrou-se otimista em relação às consequências sociais do maquinismo, mas na terceira reviu sua posição e concluiu que a máquina poderia provocar o desemprego tecnológico e deteriorar as condições do trabalhador. Essa posição conflitava com a fé de Smith na "harmonia de interesses" entre as várias classes da sociedade e seria tema de destaque na obra de Marx.

Ricardo mudou, de modo sutil, a análise clássica do problema do valor: "Então, a razão pela qual o produto bruto se eleva em valor comparativo é porque mais trabalho é empregado na produção da última porção obtida, e não porque se paga renda ao proprietário da terra. O valor dos cereais é regulado pela quantidade de trabalho empregada em sua produção naquela qualidade de terra, ou com aquela porção de capital, que não paga aluguel".[14]

Mostrou Ricardo as interligações entre expansão econômica e distribuição da renda, tratou dos problemas do comércio internacional e defendeu o livre-cambismo. Porém, como observou Lekachman,[15] as grandes ideias conduzem a resultados inesperados: Ricardo jamais teria suposto que viesse a inspirar "socialistas ricardianos" — como William Thompson, John Gray, Thomas Hodgskin, John Francis Bray, Charles Hall etc., que somaram elementos utópicos (edificação de comunidade com base na bondade e na racionalidade humanas) à fé em uma economia e psicologia científicas.

John Stuart Mill (1806-1873), filho do economista James Mill, buscou sistematizar e consolidar a análise clássica desde Adam Smith. Ao fazê-lo, todavia, modificou algumas premissas, passando para a história do pensamento econômico como "revisionista", e introduziu na economia preocupações de "justiça social", que lhe valeram o qualificativo de "clássico de transição" entre sua Escola e as reações socialistas. A reinterpretação das leis que governam a atividade econômica, em geral, e a distribuição da renda, em particular, talvez representem a modificação mais importante efetuada por Stuart Mill à tradição clássica.

Jean Baptiste Say (1768-1832), jornalista, industrial, parlamentar e professor de economia do Collège de France foi o principal representante francês da Escola Clássica. Retomou a obra de Smith para corrigi-la e completá-la em vários pontos, em seu *Cours d'economie politique* (1928, em seis volumes). Deu atenção especial ao empresário e ao lucro, e subordinou o problema das trocas diretamente à produção, tornando-se conhecida sua concepção de que a oferta cria a procura equivalente (popularizada como "Lei de Say").

Stuart Mill e Marx preocuparam-se com as consequências sociais da industrialização em sua época, especialmente o baixo padrão de vida da crescente classe trabalhadora (empilhada em favelas urbanas, sem as mais elementares condições sanitárias), a longa jornada de trabalho, os reduzidos salários, a ausência de legislação trabalhista e previdenciária etc. Porém, se o florescimento industrial fosse julgado em termos do crescimento da produção, do aumento do volume do comércio internacional ou da acumulação do capital produtivo, então o sucesso seria inegável. Esse contraste

---

[14] RICARDO, D. *Principles of political economy and taxation*. Cambridge: Cambridge University Press, 1953. p. 74.
[15] LEKACHMAN, 1960, p. 187.

evidenciava para ambos que o sistema de distribuição de renda não estava funcionando bem na economia capitalista em expansão. Por sua vez, o crescimento industrial parecia associado a instabilidades econômicas que se sucediam com regularidade impressionante. Ambos, Stuart Mill e Marx, perceberam que o instrumental teórico legado pelos clássicos não era adequado: baseava-se nos pressupostos da "harmonia de interesses" e da ordem natural e providencial, que não se confirmavam.

Os dois autores não concordaram, entretanto, quanto à solução: Stuart Mill argumentou que a distribuição da renda era sensível à manipulação humana e preconizou políticas de promoção do bem-estar geral, mas sobretudo voltadas para a classe trabalhadora; Marx, por sua vez, criticou-o por tentar harmonizar a economia política do capital às exigências do proletariado (entendido como classe "sem propriedade" ou que possui apenas o seu poder de trabalho) — e essas exigências não podiam mais ser ignoradas.

3.2.2.3 O marxismo

Karl Marx (1818-1883) opôs-se aos processos analíticos dos clássicos e às suas conclusões, com base no que Lenin considerou a melhor criação da humanidade no século XIX: a filosofia alemã, a economia política inglesa e o socialismo francês.

Criticou a doutrina populacional de Malthus com base nas diferenças características dos diversos estágios da evolução econômica e seus respectivos modos de produção, afirmando que uma mudança no sistema produtivo poderá converter em excedente demográfico uma aparente escassez populacional.

Preocupou-se com épocas históricas específicas, contestando os casos hipotéticos dos clássicos (Smith, por exemplo, escrevera sobre um estágio "primitivo e rude" da sociedade), as construções abstratas que não consideravam o significado da dinâmica interna do processo histórico, nem as leis econômicas peculiares aos estágios históricos.

Ao lado de disputas metodológicas com o classicismo,[16] **Marx** modificou a análise do valor, apesar de ter utilizado vários componentes da versão clássica da teoria do valor-trabalho (Ricardo, especialmente); desenvolveu conceitos que se tornaram muito conhecidos, como o de mais-valia, capital variável, capital constante, exército de reserva industrial e outros; analisou a acumulação do capital, a distribuição da renda, as crises econômicas etc.

Afirmava Marx que "o valor da força de trabalho é determinado, como no caso de qualquer outra mercadoria, pelo tempo de trabalho necessário à produção, e consequentemente à reprodução, desse artigo em especial".[17]

Desenvolveu argumentos para mostrar que o valor da força de trabalho se baseia nos insumos de trabalho necessários à subsistência e ao treinamento dos trabalhadores. As condições da produção do sistema capitalista, entretanto, obrigam o trabalhador a vender mais tempo de trabalho do que o necessário para produzir valores equivalentes às suas necessidades de subsistência. Os trabalhadores são obrigados a aceitar as condições impostas pelos empregadores porque não dispõem de fontes alternativas de renda. Assim, seu dia de trabalho compreende o tempo "necessário" à produção de valores iguais às exigências de manutenção e um tempo de trabalho "excedente".

---

[16] Cf. Capítulo 31.
[17] MARX, K. *O capital*. Livro 1. Trad. Reinaldo Sant'Anna. Rio de Janeiro: Civilização Brasileira, 1980, p. 191.

O valor criado pelo tempo de trabalho excedente é apropriado pelos detentores dos meios de produção: os capitalistas.

Por sua própria natureza, o capitalismo tende a separar as classes sociais de modo sempre crescente: com o avanço tecnológico, um número cada vez maior de trabalhadores é rebaixado em suas técnicas, passando a realizar operações de rotina e tarefas repetitivas. Além disso, a substituição dos homens pelas máquinas faz aumentar o exército de reservados desempregados — consequência do modo de produção capitalista, que mantém a posição de poder dos capitalistas e permite abundante oferta de trabalho a salários de subsistência. Aliás, entre os próprios capitalistas, a difusão do maquinismo e a dinâmica do sistema fazem desaparecer os pequenos empresários, ou os de menores recursos, que também se tornam dependentes dos proprietários dos meios de produção.

Ademais, a existência do exército de reserva industrial explica também a tendência de os salários se manterem no nível de subsistência: os capitalistas podem recorrer à mão de obra desempregada para substituir aquela que deseja melhores salários.

Muitos autores afirmam que a contribuição de Marx à análise econômica é um prolongamento, engenhosamente elaborado, da Escola Clássica. Outros os contestam com veemência, insistindo no erro frequente de se analisarem separadamente as diversas teorias marxistas, o que destrói a unidade do marxismo — um conjunto de filosofia, sociologia, história e economia. Outros, enfim, acusam o "complô do silêncio" dos "economistas burgueses" em torno da obra de Marx, por causa de sua sociologia da revolução, que preconiza a derrubada violenta da ordem capitalista.

Vejamos, a seguir, o período marcado pela reabordagem dos princípios clássicos básicos e a elaboração de outros, de modo a firmar a economia como ciência.

3.2.3 A elaboração dos princípios teóricos fundamentais: 1870-1929

Era evidente, no último quartel do século XIX, a urgência da reabordagem dos princípios básicos que orientavam a Ciência Econômica, em face de novos fatos econômicos e das transformações estruturais das economias das nações industrializadas: o capitalismo "atomizado" e concorrencial do início do século XIX cedera lugar a um capitalismo "molecular" ou de grandes concentrações econômicas, de forte tendência monopolística; o Estado abandonara sua passividade de simples guardião da ordem para interferir, cada vez mais, no campo econômico; os salários reais dos trabalhadores denotavam sensível melhora, em vez de crescente deterioração, e os sindicatos começavam a surgir legalmente, em defesa dos interesses profissionais dos empregados; os países ocidentais gozavam de notável prosperidade, sem indícios das graves consequências previstas pelos clássicos pessimistas (especialmente Malthus), por Marx e outros.

Coube aos neoclássicos ou marginalistas não apenas a reabordagem teórica que se impunha, mas também a elaboração de princípios teóricos fundamentais da Ciência Econômica.

A denominada "revolução marginalista" ocorreu em torno de 1870, portanto, no mesmo período da publicação do Livro I do *Capital* de K. Marx. Ela é produto da publicação quase que simultânea das obras de três pensadores: W. S. Jevons (Inglaterra); L. Walras (Suíça) e C. Menger (Áustria). Essas obras lançaram os fundamentos teóricos e metodológicos da atual ciência econômica, embora haja diferenças de ênfase entre as mesmas.

O novo conceito do "econômico" da vida social é o de escassez, ideia suficientemente forte para construir uma crítica aos *Princípios* de J. S. Mill. Esse conceito está mais explorado e elaborado nos trabalhos de Walras e, principalmente, de Menger. Partindo da equação básica de que a ciência econômica trata de como as necessidades humanas são satisfeitas ou dos meios que os seres humanos utilizam para satisfazê-las, esses autores apontam para o fato de que objetos que podem satisfazer necessidades humanas existem em quantidades menores do que as requeridas. Nas palavras de Menger, esses objetos não são apenas bens (coisa que são úteis para os seres humanos), mas bens econômicos (escassos). A ação econômica passa a ser como os seres humanos devem agir para poder obter a maior satisfação possível dos bens escassos que possuem. O problema se apresenta já para indivíduo e é anterior, por assim dizer, à vida social. Daí a ênfase da teoria marginalista no indivíduo como a unidade última da análise econômica.

A ação econômica central para elevar o grau de satisfação de qualquer indivíduo ocorre nas trocas. Neste ponto, está inserida a nova explicação do valor de troca baseado na teoria da utilidade marginal — ideia mais desenvolvida por Jevons.

Do ponto de vista metodológico, a mais destacada ideia é a de que o discurso econômico deve ser pautado pela matemática para que a ciência econômica possa, de fato, aspirar a ser conhecimento científico. Tal reivindicação é proeminente em Jevons e Walras. O primeiro chega a afirmar que a ciência econômica é um ramo da matemática e sugere a alteração de seu nome *Political Economy* (Economia Política) para *Economics* (Economia), próximo às denominações de outras ciências naturais como *Physics* (Física), *Mathematics* (Matemática). Levará um bom tempo para que isso ocorra, mas é assim que a Ciência Econômica é conhecida hoje: Economia.

O novo edifício teórico calcado no conceito de escassez vai maturar e apresentar-se solidificado nas obras de Alfred Marshall (Inglaterra) e de Knut Wickseel (Suécia), por volta de 1890. Por sua vez, as ideias de Walras se desenvolverão na conhecida Teoria do Equilíbrio Geral.

Em 1929, a Grande Depressão gerou verdadeira "crise de consciência" para os economistas ao perceberem que a ciência clássica não lhes permitia analisar integralmente a expansão da atividade econômica e elaborar políticas econômicas adequadas. Verificaram que a teoria do retorno automático ao equilíbrio era indefensável: os preços e os custos não se adaptam mutuamente com rapidez e facilidade (teoria dos custos constantes) e as ofertas e procuras nem sempre reagem automaticamente diante das alterações dos preços (teoria da concorrência imperfeita); a própria moeda, com base no padrão-ouro, provocava desequilíbrios; a atividade econômica apresentava-se cada vez menos competitiva etc.

No período 1870-1929, balizado pelos fatos mais importantes acabados de indicar sumariamente, a economia conheceu intenso desenvolvimento teórico. De um lado, vários economistas continuavam empenhados na controvérsia metodológica a respeito do emprego da dedução ou da indução, que apaixonara historicistas e clássicos, até Schmoller concluir que ambos os métodos são tão necessários ao raciocínio econômico como as duas pernas para andar.[18] De outro lado, buscavam a integração da teoria da utilidade do valor com a teoria do custo de produção dos clássicos, bem como a explicação para os preços dos bens e dos fatores, e a alocação dos recursos com o auxílio da **análise marginal**.

Análise marginal: *representou um instrumento, rapidamente difundido, para explicar a alocação de determinados recursos escassos entre os usos correntes, com o objetivo de se chegar a resultados ótimos.*

---

[18] PINTO, C. M. *A metodologia da ciência econômica*. São Paulo, 1977.

Neoclassicismo ou Marginalismo:
buscou integrar a teoria da utilidade do valor com a teoria do custo de produção dos clássicos, bem como explicar os preços dos bens e dos fatores, a alocação dos recursos com o auxílio da análise marginal.

O **Neoclassicismo** apresentou-se sob a forma de importantes escolas, dentre as quais se destacaram: a Escola de Viena ou Escola Psicológica Austríaca, a Escola de Lausanne ou Escola Matemática, a Escola de Cambridge e a Escola Sueca.

3.2.3.1 A Escola de Viena (ou Escola Psicológica Austríaca) e a teoria da utilidade marginal

A Escola de Viena teve seu desenvolvimento em torno de Carl Menger a partir de 1870. Em 1871, formulou uma teoria do valor de troca baseada no princípio da utilidade marginal decrescente, simultaneamente com o inglês Stanley Jevons (1871) e o francês Léon Walras (1874).

Pouco divulgadas no exterior devido à barreira da língua, as obras de Menger constituíram, na Alemanha e na Áustria, o fundamento dos estudos teóricos posteriormente aí realizados. Dentre seus seguidores, destacaram-se **Friedrich von Wieser** (1851-1926) e **Eugen Böhm-Bawerk** (1851-1914), que apresentaram importantes contribuições, especialmente à teoria do capital e do juro.

A revolução mengeriana consistiu, essencialmente, no deslocamento da finalidade dos estudos econômicos quanto à preocupação com a riqueza (ou com a maneira como a riqueza é produzida, distribuída e consumida), típica dos autores clássicos, passando à análise econômica das necessidades dos homens, sua satisfação e valoração subjetiva dos bens. Constatou que os homens apresentam escalas de preferência decorrentes de motivos muito variados. Observou que os objetos desejados pelos consumidores (ou com pré-requisitos para satisfazê-los: coisas com características de bem — *Güterqualität*) têm oferta geralmente menor do que as quantidades requeridas (necessidades — *Bedarf*) que deles se têm, o que leva o indivíduo a classificar seus desejos de acordo com a importância que a eles atribui. Com base no estudo das escalas de preferência de um indivíduo em relação a vários bens, da consideração das limitações que a natureza impõe, do confronto das escalas de preferência dos sujeitos econômicos entre si, e de outros fatores, Menger procurou reconstruir a atividade econômica. Ultrapassou, assim, a posição dos clássicos — que se limitavam a estudar os problemas dos preços em uma economia de troca e acreditavam que o valor dos bens depende da quantidade de trabalho neles incorporado. Buscou Menger uma teoria do valor que explicasse a importância atribuída subjetivamente pelos indivíduos aos bens, fundamentando o valor sobre a utilidade de um bem que existe em quantidade limitada (noção de margem) e sobre sua aptidão para satisfazer as necessidades dos sujeitos econômicos.

Uma das figuras mais proeminentes da Escola de Viena foi Böhm-Bawerk, professor e Ministro das Finanças da Áustria por três vezes. Formal e dedutivo, procurou analisar a natureza do capital e seu papel no processo produtivo. Tentou conciliar duas posições opostas: as desvantagens da restrição ao consumo com as vantagens de futuras expansões da produção, baseando-se na teoria subjetiva do valor. Supunha que o "homem econômico", motivado pelo desejo de maximização da utilidade, tende a supervalorizar as necessidades presentes e a subestimar a intensidade dos desejos futuros; daí a necessidade de recompensar a poupança presente com o pagamento de taxa de juros: isso significa sacrificar as satisfações presentes.

3.2.3.2 A Escola de Lausanne (ou Escola Matemática) e a teoria do equilíbrio geral

A escola de Lausanne foi fundada por **Léon Walras** (1834-1910), professor francês que lecionou Economia na Faculdade de Direito de Lausanne, de 1870 a 1892, quando sucedido por Vilfredo Pareto (1848-1923).

A análise do equilíbrio geral é uma abordagem alternativa à usada por Marshall para o problema de determinação do preço. Cournot já havia percebido a necessidade de considerar todo o sistema econômico para uma solução completa dos problemas relativos a certas partes. Foi, entretanto, Walras quem construiu um sistema matemático para demonstrar o equilíbrio geral, enfatizando a interdependência de todos os preços dentro do sistema econômico, bem como da micro e da Macroeconomia. Mostrou que as atividades das unidades de produção (famílias, firmas, empresas) não podem ser compreendidas isoladas umas das outras ou separadas da economia como um todo. Procurou separar a Economia Pura da Economia Aplicada: o *status* da economia como ciência pura não deveria ser comprometido com interesses de aproximar a obra dos teóricos dos problemas dos negócios públicos.

O novo edifício teórico calcado no conceito de escassez vai maturar e apresentar-se solidificado nas obras de Alfred Marshall (Inglaterra) e de Knut Wickseel (Suécia) por volta de 1890. Por sua vez, as ideias de Walras se desenvolverão na conhecida Teoria do Equilíbrio Geral.

3.2.3.3 A Escola de Cambridge e a teoria do equilíbrio parcial

Alfred Marshall (1842-1924), professor de Economia Política da Universidade de Cambridge, exerceu enorme influência sobre importantes gerações de pensadores econômicos e deu posição de destaque à Escola que recebeu o nome de sua Universidade. Sua obra — *Principles of economics* (primeira edição em 1890) — constituiu, segundo Keynes, o início da idade moderna da Ciência Econômica britânica.

Considerava a economia como o estudo da "humanidade nos negócios comuns da vida", ou seja, ciência do comportamento humano e não ciência da riqueza. O fim das contribuições teóricas deve ser o esclarecimento de problemas práticos — posição diametralmente oposta à de Walras.

Diferentemente de seus contemporâneos neoclássicos, procurou tornar suas análises acessíveis ao grande público mediante um estilo simples e claro, evitando as exposições matemáticas.

A complexidade do sistema econômico e a diversidade de motivos do comportamento humano levaram Marshall a criar técnicas para o estudo sistemático da economia, por meio da redução do número de variáveis a proporções manejáveis e da criação de um método de mensuração do comportamento. Utilizou o método dedutivo ou abstrato para separar uma variável ou setor da economia de cada vez, com base no pressuposto de que seu comportamento não exerce influência apreciável sobre a atividade econômica restante (ou princípio da desprezibilidade dos efeitos indiretos). Isso não significa que a parte da economia que não está sendo analisada permaneça inalterada, mas que, se o pequeno setor considerado sofrer os efeitos de uma mudança externa, ajustar-se-á produzindo apenas um efeito desprezível sobre o resto da economia.

A dificuldade de medir as motivações humanas, que desafiam a investigação científica por não serem todas mensuráveis, levou Marshall a observar que grande parte da vida do homem é orientada para a obtenção de ganho econômico, de modo que as motivações podem ser medidas por intermédio de um denominador comum: a moeda. Notou, porém, que a aplicação desse denominador a indivíduos provavelmente não seja válida, recomendando sua aplicação ao grande grupo ou organismo social, porque este envolve um número suficientemente grande de indivíduos, que nivelam as diferenças da renda. Assim, o estudo dos preços (de bens e de fatores) passou a constituir a principal área de investigação de Marshall, com o objetivo de descobrir as regularidades da atividade econômica.

Tornou-se famoso seu exemplo de uso da metodologia dedutiva ou abstrata para investigar a interação das forças da oferta e da procura e para explicar o aparecimento do preço do equilíbrio (Livro V de seus *Principles*).

3.2.3.4 A Escola Neoclássica Sueca

Knut Wicksell (1851-1926) foi o principal representante do ramo sueco do Neoclassicismo, apresentando importantes contribuições à análise do valor e da distribuição. Deu ênfase ao papel da moeda e do crédito na atividade econômica, diferentemente de seus antecessores, muitos dos quais consideravam a moeda um simples "véu" que cobria as trocas de bens. Mostrou que tais questões, até então relegadas a plano secundário, aumentavam de importância e complexidade à medida que se dependia cada vez mais dos bancos como criadores de meios de pagamentos.

Seu interesse pela teoria do capital e do juro surgiu da crítica que apresentou aos trabalhos de Böhm-Bawerk. Introduziu o conceito de estrutura de capital, propiciando novo enfoque relativo ao efeito da acumulação de capital e à inovação sobre a Renda Nacional, bem como ao relacionamento entre as quotas de participação.

Das contribuições de Wicksell, a mais importante talvez tenha sido seu esforço pioneiro no sentido de integrar a análise monetária à real. Em sua época, supunha-se que as mudanças no nível de preços e no valor da moeda refletiam somente as alterações na quantidade de moeda e em sua velocidade; por sua vez, o nível da produção era considerado dependente da oferta de recursos e do estado das técnicas que determinavam a eficiência de seu uso e o pleno emprego. Wicksell rompeu com a tradição e defendeu o ponto de vista de que os fenômenos monetários e os fenômenos reais se inter-relacionam, de modo que as mudanças no nível geral dos preços não ocorrem diretamente, mas sim indiretamente, como resultado das alterações da taxa de juros. Coube a Keynes realizar, mais tarde, a plena integração entre a análise monetária e a real.

Apesar da ampla aceitação do Neoclassicismo e da grande extensão do domínio de sua influência, principalmente durante os três primeiros decênios do século XX, as principais ideias marginalistas foram também objeto de alguns movimentos de oposição, como veremos mais adiante.

3.2.3.5 Oposições ao Neoclassicismo

Dentre as principais oposições, destacaram-se o institucionalismo (liderado por Veblen) e o movimento da Economia do Bem-Estar (com Pigou).

A escola institucionalista

Desenvolveu-se principalmente nos Estados Unidos e buscou fundamentar-se na História, na Sociologia e nas Ciências Sociais em geral. Opôs-se à metodologia das Escolas Clássica e Neoclássica, com o objetivo de tirar a economia do "laboratório" de deduções, e reconduzi-la à realidade. Nesse sentido, o institucionalismo procurou considerar o tempo (colocado em destaque pela Escola Histórica) e o espaço (por meio dos quadros sociais e institucionais).

A personalidade de Thorstein Veblen (1857-1929) dominou o institucionalismo. De formação complexa e variada, Veblen foi influenciado por grandes nomes: discípulo de John Bates Clark (quando estudante do "Carleton College"), colega de John Dewey (na "John Hopkins"), doutorou-se em Filosofia por Yale e estudou Antropologia, Sociologia e Economia com outro famoso neoclássico, J. L. Laughlin (depois seu chefe no Departamento de Economia da Universidade de Chicago). Publicou, entre outros trabalhos, *A teoria da classe desocupada*, *A teoria da empresa de negócios* e *Os engenheiros e o sistema de preços*.

Seguiram sua tradição Wesly Mitchell, John R. Commons, C. E. Ayres e, mais recentemente, John Kenneth Galbraith. Veblen rejeitou o pressuposto neoclássico fundamental de que o comportamento humano, na esfera econômica, é racionalmente dirigido, que o homem tem habilidade para calcular os ganhos e as perdas econômicas associadas a escolhas alternativas disponíveis, ou melhor, que o homem é um calculador dos prazeres e dos sofrimentos (concepção hedonista). Viu no comportamento humano uma dicotomia essencial: de um lado, reflete o impacto de uma tecnologia dinâmica e, de outro, as influências das instituições predominantes. Afirmou que os padrões de consumo não são propriamente o resultado do cálculo racional dos ganhos e perdas marginais, mas sim o resultado do hábito, da "exibição emulativa", do desejo de imitar os padrões de consumo da rica classe ociosa etc.

Nesse sentido, uma política de *laissez-faire* não maximiza automaticamente o bem-estar do consumidor, e o Estado deveria abrandar as influências indesejáveis, tributando o "consumo conspícuo".

A economia do bem-estar

Arthur C. Pigou (1877-1959), sucessor de Marshall na cátedra de Economia Política da Universidade de Cambridge, desafiou a tradição neoclássica relativa à substituição da ação industrial privada pelo Estado, na esfera econômica.

Desde Adam Smith já se reconhecia que certos empreendimentos não lucrativos para os empresários privados são muito necessários à comunidade. Pigou, em *Riqueza e bem-estar* (1920), identificou situações em que a presença de "influências externas" na produção justificam a intervenção do Estado, para a provisão de bens ou de serviços.

Outro assunto que mereceu a atenção de Pigou foi o significado social das indústrias de custos crescentes e decrescentes, bem como o uso de um sistema de tributos e de subsídios para regular sua produção, evitando-se a excessiva atração de investimentos pelas indústrias de custos crescentes ou o subinvestimento pelas de custos constantes ou decrescentes.

Knight examinou o argumento de Pigou a favor de tributos e subsídios para corrigir divergências entre os produtos marginais privado e social; tomou posição favorável à tradicional opinião neoclássica de que a concorrência tende a produzir uma eficiente locação de recursos, argumentando que a falha do mecanismo de mercado, demonstrada por Pigou, é indicativa de falha do governo em proteger os direitos da propriedade privada.

Os debates entre Pigou, Knight e Veblen revelaram, no fundo, a insuficiência da teoria neoclássica para explicar os problemas de atividade econômica. No decênio de 1920, o ponto central de discussões e oposições foi a teoria neoclássica do valor; em seguida, a análise marshalliana de rendimentos crescentes e seu relacionamento com a viabilidade do mercado competitivo. No início do decênio de 1930, o aparecimento das teorias de concorrência imperfeita reativou os ataques contra o neoclassicismo, e, logo depois, Keynes criticou os aspectos da análise neoclássica que se relacionam à questão macroeconômica do nível de emprego e da produção.

3.2.4 A fase contemporânea: de 1929 em diante

As críticas apresentadas às teorias neoclássicas, a partir de 1920, atingiram seu ponto culminante no decênio de 1930, caracterizado como um período de grande fermentação teórica. Na maioria dos casos, os debates provocaram novas análises e novos estudos em ambos os lados oponentes — são exemplos os trabalhos sobre o comportamento dos preços das empresas situadas entre o monopólio puro e a concorrência perfeita; o comportamento ótimo do produtor e do consumidor, a teoria do monopólio e da concorrência imperfeita; os problemas da "grande empresa" resultantes da concentração do poder econômico e outros.

É evidente que os fatos econômicos contribuíram intensamente para acirrar os debates dos economistas, especialmente a insuficiência da tradição clássica e neoclássica para solucionar problemas como os da Primeira Guerra Mundial e da crise de 1929, ou seja, os países industrializados do mundo ocidental já seriamente abalados pela crise do pós-guerra, que ocasionou elevados níveis de desemprego e profundo descontentamento no povo, sofreram ainda, em 1929, o impacto de outra crise, iniciada na Bolsa de Valores de Nova Iorque e difundida em todo o mundo.

Parecia muito distante da realidade a imagem de funcionamento de um sistema econômico apresentada pelos marginalistas: o pleno emprego seria o nível normal de operação da economia, e as distorções que surgissem teriam correção oriunda de remédios gerados pelo próprio sistema econômico. Em vez disso, entretanto, o desemprego havia atingido proporções alarmantes e não havia indicações de que tal situação estava se autocorrigindo.

Na ausência de um diagnóstico teórico sobre a economia do desemprego maciço, os políticos e os governantes tentaram desesperadamente remediar os males por meio de medidas esparsas, como a restrição das importações, o aumento das tarifas, a desvalorização da moeda, a realização de obras públicas como mecanismo de criação de emprego (Inglaterra) ou de estímulo à economia (Estados Unidos), entre outras.

3.2.4.1 A revolução keynesiana

No conturbado período entre as duas grandes guerras, as obras de **John Maynard Keynes** (1883-1946) romperam a tradição neoclássica e apresentaram um programa de ação governamental para a promoção do pleno emprego. Foi tal o impacto produzido que a atuação de Keynes e de seus continuadores passou a ser chamada de "Revolução Keynesiana". Teórico e homem de ação, Keynes foi conselheiro de vários governos da Inglaterra e participou de importantes conferências internacionais durante a Segunda Guerra Mundial. Em 1943, criou o Plano Keynes para estabilização internacional das moedas. Terminada a Guerra, participou ativamente dos trabalhos de criação do Fundo Monetário Internacional (FMI) e do Banco Internacional para a Reconstrução e o Desenvolvimento (Bird).

Keynes interessou-se pelos problemas da instabilidade a curto prazo e procurou determinar as causas das flutuações econômicas e os níveis de renda e de emprego em economias industriais. Alguns neoclássicos já haviam se referido às flutuações industriais e à "inconstância do emprego", mas enfocando principalmente as forças que influenciavam na produção em mercados determinados e não aquelas que agiam sobre a economia como um todo. Marx, por sua vez, também se aproximara das preocupações de Keynes, mas não se aprofundara no assunto, talvez por acreditar na queda inevitável do capitalismo. Keynes, entretanto, colocou em dúvida as pressuposições dos neoclássicos ou marginalistas, bem como suas preocupações com o "longo prazo" — período no qual "todos estaremos mortos".

Considerou os problemas dos grandes agregados a curto prazo e esforçou-se no sentido de contestar a condenação marxista do capitalismo: este poderia ser preservado, em sua parte essencial, se reformas oportunas fossem efetuadas, já que um capitalismo não regulado se mostrara incompatível com a manutenção do pleno emprego e da estabilidade econômica.

Vejamos as origens e os desdobramentos da revolução de Keynes. Se a teoria marginalista vai se consolidando no final do século XIX como Teoria dos Preços, outra área de pesquisa encontra-se em estado de ebulição: Teorias das Flutuações Econômicas e Teoria Monetária. Passa-se a reconhecer que crises econômicas não são fatos isolados, mas sim parte de um fenômeno mais geral: as flutuações econômicas. Surgem várias e diferentes explicações para elas, mesmo entre economistas da mesma linhagem teórica, como os austríacos Joseph A. Schumpeter e Von Mises e F. Hayek ou então entre economistas de Cambridge, como Hawtrey, D. Robertson e J. M. Keynes. Já na área de teoria monetária, percebe-se uma mudança das abordagens baseadas na Teoria Quantitativa da Moeda para a renda nacional e a sua disposição entre investimento e poupança, mediados pela taxa de juros, como são exemplos K. Wicksell (*Interest and prices*) e J. M. Keynes (*Treatise on money*, dois volumes). Keynes, desapontado com o seu livro, tanto pelas críticas teóricas como pela indiferença das suas ideias sobre uma agenda de políticas públicas como elaborada no seu artigo "O fim do laissez faire", inicia uma reformulação da parte teórica do volume 1, do *Treatise*, que vai redundar na *Teoria geral do emprego, dos juros e da moeda*. Esta obra mais as de M. Kalecki e de G. Myrdal formarão a chamada revolução keynesiana.

Para Keynes, a reformulação das suas ideias teóricas vai de encontro a uma estabelecida ortodoxia, a começar pela própria explicação do desemprego. De acordo com os princípios da teoria marginalista, o desemprego nada mais era do que o mal funcionamento do mercado de trabalho, ou seja, a existência de um preço desequilibrado — neste caso, uma taxa de salário real acima da de equilíbrio. Keynes aponta que o nível de emprego não é determinado no mercado de trabalho. Em primeiro lugar, porque a função de oferta de trabalho não retrata o comportamento dos trabalhadores no mundo real. Em segundo lugar, e esta é a crítica importante para Keynes, os trabalhadores não têm qualquer mecanismo social para decidir sobre o nível de produção e de emprego na sociedade moderna. O nível de emprego é determinado no mercado de produtos pelo volume de **demanda efetiva** da economia para um dado período.

Keynes criticou a lei de Say e inverteu a perspectiva de exame da moeda em movimento ("gasta") para analisá-la quando entesourada ou guardada; reinterpretou a taxa de juro; analisou a poupança e o consumo; estudou sob novo enfoque a determinação do investimento e o equilíbrio agregativo; atribuiu papel ativo à política fiscal, defendendo défices públicos propositais para inflar a procura agregada; opôs-se à excessiva confiança nos controles monetários etc.

As deficiências e as "temeridades" da obra de Keynes, entretanto, têm sido apontadas por vários autores: em vez de geral, como pretendeu, sua teoria permaneceu particular, ou como resposta à situação da Grã-Bretanha durante a crise dos anos 1930, além de limitar-se ao subemprego e ao curto período. Além disso, simplificou exageradamente a complexa realidade econômica, omitiu a análise da microeconomia, colocou-se voluntariamente no quadro das estruturas capitalistas, não se dedicou aos países emergentes etc. O que é mais grave: não considerou o problema fundamental do fim da análise produtiva ou a que tipo de civilização é chamada a servir a gigantesca engrenagem de técnicas, capitais e trabalho humano.

Alguns autores socialistas têm criticado Keynes por haver recomendado políticas econômicas que, além de aumentarem a inflação, não provocam a elevação do poder aquisitivo dos trabalhadores, mas apenas estimulam o consumo dilapidador das classes dominantes.

Ao tentar encobrir o caráter classista do consumo na sociedade burguesa, Keynes estabeleceu uma única lei de consumo para todas as classes, ignorando que o consumo dos trabalhadores e dos capitalistas é de natureza muito diferente. Assim, não teria sido casual o fato de Keynes "realçar a figura de um ideólogo reacionário do consumo parasitário, como foi Malthus".[19]

Apologista do capitalismo monopolista do Estado, Keynes teria silenciado conscientemente sobre a natureza classista do Estado burguês imperialista, órgão dos monopólios capitalistas. Suas propostas para aumentar o controle estatal sobre a atividade econômica agravaram o jugo da oligarquia financeira, mediante a utilização dos recursos da renda nacional.

Por sua vez, sempre houve certa tendência socialista no sentido de incorporar algumas contribuições keynesianas, como a política do pleno emprego e a política de direcionamento dos investimentos. Ou, então, de apresentar algumas comparações com a intenção de aproximar Marx e Keynes: a armada industrial de reserva teria sido o pressentimento do desemprego permanente de Keynes; a tese marxista do subconsumo operário estaria próxima da tese keynesiana da insuficiência da demanda efetiva; a tendência à baixa do lucro lembraria a insuficiência da eficácia marginal do capital; para ambos, o juro é o preço da moeda disponível.[20]

Apesar de muito criticada, entretanto, a obra de Keynes estimulou o desenvolvimento de estudos não apenas no campo da economia, mas também em áreas afins. Os econometristas, por exemplo, passaram a construir novos modelos agregados e a estatística conta com um novo campo de pesquisas ligado à contabilidade nacional, à coleta e análise dos dados da renda nacional, do produto nacional, entre outros.

O desdobramento da Macroeconomia é reforçado por outras linhas de pesquisas, algumas anteriores ao próprio surgimento da revolução keynesiana: a elaboração de dados da atividade econômica das principais economias capitalistas para os estudos das flutuações econômicas e a utilização de métodos estatísticos para trabalhar esses dados. Destacam-se, no primeiro caso, os trabalhos de Wesley Mitchel, fundador da *National Bureau of Economic Research*, em 1920. Ajudou também a fundar a *New School for Social Research* em Nova Iorque. O trabalho de Mitchel foi influenciado pelos institucionalistas Veblen e Dewey. É mais voltado para a elaboração de dados para gerar

---

[19] KARATAEV, RYNDINA, STEPANOV et al. *Historia de las doctrinas económicas*. México: Grijalbo, 1964. v. 2, p. 1.103.
[20] PETTRE, A. *Pensée économique et théories contemporaines*. 5. ed. Paris: Dalloz, 1970. p. 364.

hipóteses sobre o ciclo econômico, não propriamente para um trabalho econométrico. Esse aspecto foi criticado por Koopman, que afirmou "medir o ciclo econômico sem nenhuma teoria". Essa crítica define a linha de pesquisa do trabalho de Lawrence Klein para a Comissão Cowles por volta dos anos 1950.

Ragnar Frish, adepto da escola econométrica, em 1927, gera um modelo no qual se apresentam tendência, ciclo, variações sazonais e erráticas. Esse passo servirá de base para a pesquisa de Jan Tinbergen sobre modelos macroeconômicos matemáticos dinâmicos. A simbiose entre tais linhas de pesquisa gerou o nascimento da Econometria e a criação dos grandes modelos macroeconômicos, refinados e elaborados até os anos 1970. Como postulava Havelmoo em 1943, é fundamental uma abordagem estocástica nos modelos, ou seja, é necessária uma teoria da probabilidade para fundamentar os métodos estatísticos.

Na área da renda, emprego e teoria monetária, as contribuições pós-keynesianas têm provocado verdadeiro impacto sobre a evolução do pensamento econômico contemporâneo, como o renunciado matemático e a análise do processo dinâmico; o modelo multiplicador-acelerador de Samuelson; a explicação de Hicks-Hansen das taxas e juros, as novas teorias da função consumo; a hipótese de renda permanente de Friedman; a hipótese de consumo de Duesenberry; a hipótese da proporcionalidade de Smithies. Também são importantes as contribuições sobre a natureza e o financiamento do investimento; sobre a teoria monetária; sobre a integração entre a micro e a Macroeconomia; sobre as teorias da inflação de custo *versus* inflação da demanda e outras.

Na área da flutuação e do desenvolvimento econômico, são geralmente considerados pós-keynesianos os autores que têm interesse especial pela procura agregada e que contribuem no sentido de tornar dinâmica a análise de Keynes, como Joan Robinson, Harrod, Hicks, Samuelson, Domar, Duesenberry, entre outros.

Enquanto Keynes reabilitava o capitalismo, o socialismo implantado nacionalmente, pela primeira vez em 1917, pela União das Repúblicas Soviéticas Socialistas (URSS), passou a servir de modelo, depois da Segunda Guerra Mundial, às democracias populares, como China, Vietnã, Cuba e outras.

Porém, nas últimas décadas do século XX, bruscas mudanças econômicas, tecnológicas, políticas, sociais e culturais surpreenderam o mundo. Implodiram os modelos de economias socialistas integralmente planificadas no início dos anos 1990, enfraquecendo as forças políticas locais e regionais apoiadas em exacerbado centralismo estatal e em política massificadora — daí se dizer que foi uma fase científica e tecnologicamente muito produtiva, mas politicamente imprevisível.

Na área científica e tecnológica, o crescente e intenso progresso continuou superando qualquer ficção científica, tanto no campo de pesquisas do infinitamente pequeno como no campo do infinitamente grande. Na área política, a reavaliação do papel do Estado apresentou fatos inesperados, sobretudo no ponto de junção entre a estrutura e a superestrutura: fracassaram tanto o Estado comunista, inspirado na URSS, como o Estado capitalista — o primeiro por não conseguir aperfeiçoar a sociedade via planejamento estatal autoritário, provocando indiretamente a reabilitação da competição individual e do lucro, que retornaram com a "mão invisível de Adam Smith"; e o segundo por não haver conseguido resolver as questões sociais, que até se agravaram com o processo de globalização econômica. Ambos, comunismo e capitalismo, mostraram-se insuficientes para promover um desenvolvimento de dimensão humana e cultura.

Além disso, as chamadas "vias alternativas", tais como os movimentos de caráter cooperativo, corporativo, religioso e outros, não conseguiram ocupar o vazio deixado pelo contínuo encolhimento do Estado, até então o principal provedor de recursos em importantes setores da área econômica e social.

A globalização econômica assimétrica, como já vimos, aumentou as desigualdades entre os países. Reforçada pela revolução da informática, sobretudo pelas novas tecnologias de comunicação planetária, passou a ser considerada um jogo para poucos eleitos ao eliminar as barreiras entre os Estados, favorecendo os países industrialmente mais avançados. Outros afirmam que a globalização e a mundialização do capitalismo selvagem confundem-se, ampliando a competição desenfreada de todos contra todos, em busca da maximização de ganhos. E há aqueles que consideram a globalização econômica um simples meio da era informacional de "uniformizar" os hábitos de consumo dos povos, sem disfarçar sua cumplicidade com o receituário neoliberal de ajuste da economia.

O fato é que no novo século e milênio, ao mesmo tempo que se intensificava a criação de riqueza baseada na mente ou no conhecimento e a "Nova Economia" ganhava espaço, parecia desintegrar-se a estrutura do tradicional sistema embasado em bens materiais, que até então mantivera o mundo coeso, ou seja, a riqueza imaterial começou a se sobrepor à tradicional preferência pela riqueza tangível, sólida, resultante da propriedade da terra, do imóvel ou do capital para a produção industrial. A moeda também se tornou cada vez mais intangível, e na forma eletrônica, monitorada na tela do vídeo, transferia-se instantaneamente de um extremo a outro do mundo.

O sucesso da "Nova Economia" tornou-se preocupante com a intensa e rápida valorização das ações de empresas sem ativos sólidos, mas de importante "capital intelectual". A euforia desse mercado acionário foi comparada a uma "bolha tecnológica", um jogo de final imprevisível, "*stupid money*" acumulado por "*stupid people*". E, realmente, logo começaram a cair as ações das empresas de tecnologia na bolsa eletrônica Nasdaq.

Na contemporaneidade, tornam-se cada vez mais evidentes as grandes rachaduras de instituições básicas — Nações-Estado, igrejas, lares, escolas, hospitais, instituições econômicas, financeiras, políticas e outras. Ao mesmo tempo, ao desemprego tecnológico soma-se o desemprego causado pela recessão econômica que atinge simultaneamente Estados Unidos, União Europeia e Japão, como vimos. Daí o perverso aumento de excluídos, extracomunitários, "sem-teto", desempregados — inclusive nos países mais ricos do mundo.

3.2.4.2 A ciência econômica depois de Keynes

Como se ressaltou no item anterior, a época contemporânea conhece mudanças profundas. Muitas delas, inéditas em vários aspectos, alcançam dimensão planetária graças ao rápido avanço da ciência e das novas tecnologias de comunicação. Outras estão provocando alterações na estrutura dos Estados, nas relações de poder e nas atividades econômicas em todos os seus aspectos.

No que concerne à teoria de Keynes, haverá abertura para a chamada Macroeconomia (originalmente, Teoria da Determinação do Produto e do Emprego). Esse pilar da atual Ciência Econômica é indubitavelmente uma criação do século XX, pois não existia no começo do século.

Logo após a publicação da Teoria Geral, vários economistas passaram a elaborar modelos matemáticos para representar o seu núcleo teórico ("esqueletos sem a carne", comentaria Schumpeter). O trabalho de John Hicks, *Mr. Keynes and the classics: a suggest interpretation* (apresentado originalmente no *Econometric Society Meetings*, em setembro de 1936, em Oxford), destacou-se dos demais e, sem dúvida, será a base da Macroeconomia moderna. Hicks parte de uma representação formal próxima a de Keynes para, em seguida, transformar a teoria de Keynes em um mero caso particular do modelo de equilíbrio geral. Seu modelo, inicialmente denominado como "IS-LL", passou para a literatura como o modelo "IS-LM", pelo qual é conhecido até hoje. Parte considerável de seu sucesso deve-se a sua divulgação por Paul Samuelson e Alvin Hansen nos Estados Unidos. Samuelson é também responsável pela apresentação mais popular da Teoria da Demanda Efetiva por meio do seu gráfico da reta de 45°. O passo decisivo para a construção do modelo IS-LM ocorre com o artigo de Franco Modigliani de 1944 denominado *"Liquidity preference and the theory of interest and money"*.

Com o final da Segunda Guerra Mundial e a ascensão dos Estados Unidos e da URSS como líderes conflitantes mundiais, duas áreas ganham destaque: Teoria do Crescimento Econômico e Teorias do Desenvolvimento Econômico.

A primeira, com a preocupação a respeito da reconstrução das principais economias capitalistas. O destaque aqui é o trabalho de Roy Harrod, com suas desconcertantes conclusões sobre a possibilidade de uma trajetória estável de crescimento e a solução de Robert Solow no artigo *"A contribution for the theory of economic growth"*, de 1956.

A segunda, com a construção de economias atrasadas, formadas por ex-colônias e países já livres politicamente, porém pobres, caso do Brasil. De fato, cria-se uma nova área de pesquisa com os trabalhos pioneiros de Artur Lewis, Albert Fishlow e W. W. Rostow. É criada a Comissão Econômica para a América Latina (Cepal) sob a direção do economista argentino Raul Prébish. É o principal centro de ideias sobre desenvolvimento fora dos países desenvolvidos. Deve-se a esta instituição o primeiro passo na coleta e organização de dados econômicos dos países das Américas do Sul e Central. A teoria mais representativa desse novo lócus intelectual é a da Deterioração dos Termos de Trocas entre países ricos e pobres.

Os anos 1960 e 1970 assistem duas grandes controvérsias na Economia (entenda-se: na matriz teórica marginalista). A primeira, de caráter externo, origina-se com a publicação do livro *Produção de mercadorias por meio de mercadorias*, de Piero Sraffa, em 1960. A partir de sua interpretação do problema da medida invariante do valor de David Ricardo, que tem na teoria do capital seu principal problema, Sraffa constrói um modelo matemático, portanto, dentro dos cânones científicos da Economia, cujo resultado paralelo é a impossibilidade lógica de modelos agregados como utilizados na Macroeconomia, por exemplo, nas teorias de crescimento a la Solow. Mais importante, sua obra fornece uma base sólida para a teoria marxista explorada nos trabalhos de Anwar Shaik e Duncan Foley, nos Estados Unidos, e de Gerard Dumeil, na França. Abre espaço também para a formulação de abordagens, por vezes chamadas de heterodóxicas, como a neorricardiana.

A outra controvérsia, de caráter interno, advém da incapacidade de explicar a nova realidade econômica dos anos 1960 e 1970: **inflação com desemprego**, algo inusitado desde as teorias de flutuação econômica. Isso põe em cheque todo o conhecimento estabelecido e, em particular, abre espaço para uma crítica mais aguda por parte dos economistas de Chicago. Até então, a formulação de Samuelson e Solow sobre a curva de Philips era a explicação sugerida pelos keynsianos para o fenômeno da inflação com desemprego. Milton Friedman, usando a distinção entre curto e longo prazo (fundamental em toda a sua crítica aos keynesianos), mostra que, no curto prazo, é possível reduzir o desemprego com uma política monetária expansionista. Porém, à medida que os agentes econômicos adaptam suas expectativas, volta-se ao nível anterior de desemprego (a chamada taxa natural de desemprego) e a um nível superior de preços.

A crítica devastadora é de Robert Lucas. Para ele, os agentes não adaptam suas expectativas a partir da experiência passada, mas a partir da situação futura, ou seja, eles formam expectativas racionais porque têm o mesmo modelo que os formuladores de políticas econômicas. Os agentes não cometem erros sistemáticos, tanto no curto como no longo prazo. O efeito maior da sua crítica é sobre os modelos macros que não se apoiam nas decisões individuais dos agentes, ou seja, não têm microfundamentos sólidos.

Na área da Ciência Econômica, entretanto, até agora não surgiu uma obra econômica que provocasse impacto semelhante ao da *Teoria geral do emprego, do juro e da moeda*, de Keynes, em 1936. Nem ideias que revolucionassem tão intensamente a maneira de considerar os problemas econômicos, políticos, sociais e culturais, tal como aconteceu com o keynesianismo. Ou que tivessem consequências tão amplas como o fortalecimento do intervencionismo, sobretudo no mundo ocidental.

Mais de meio século já decorreu desde que a obra de Keynes revolucionou o mundo econômico, sem que outra "teoria geral" e outro autor se impusessem com tanta força; nem mesmo no momento atual, quando o próprio keynesianismo começa a refluir diante da escalada do neoliberalismo, bem como ante as renovações, fusões ou cisões de antigas correntes e de escolas do pensamento econômico. Aliás, um ponto especial de grande influência do keynesianismo permanece insuperável: a tendência matematizante da teoria econômica.

No entanto, há outra característica desta época que talvez explique a ausência de uma obra ou de um autor do porte de Keynes: é a avalanche de contribuições científicas esparsas e, em geral, limitadas a determinados aspectos da teoria e/ou de sua aplicação, deixando confusos os próprios economistas e dificultando as tentativas de sistematização, de busca dos principais encadeamentos ou de articulações das diversas dimensões da Ciência Econômica. Daí os autores Beaud e Dostaler[21] compararem a Economia atual a uma confusa Babel,[22] na qual se podem distinguir três figuras mitológicas: Penélope,[23] que não se cansa de tentar a impossível façanha de tecer o ideal teórico com a complexidade do mundo econômico; Sísifo,[24] que enfrenta

---

[21] BEUAD, M.; DOSTALER, G. *La pensée économique dépuis Keynes*: historique et dictionnaire dês principaux auteurs. Paris: Seuil, 1993.
[22] Babel, termo geralmente empregado nos Estados Unidos no sentido de confusão, refere-se à torre que estava sendo edificada pelos descendentes de Noé para chegar aos céus. O castigo de Deus foi a confusão de línguas, impossibilitando a continuação da obra.
[23] Na *Odisseia*, de Homero, Penélope manteve, por 20 anos, a esperança de que seu desaventurado marido Ulisses estivesse vivo e conseguisse voltar. Durante esse tempo, seu lar se viu infestado de pretendentes a desposá-la. Penélope prometeu decidir-se por um dos pretendentes assim que terminasse a mortalha que tecia para seu velho pai. Então, tecia de dia e desmanchava de noite, recomeçando sempre para não acabar o trabalho e ser obrigada a novas núpcias.
[24] De acordo com a mitologia grega, Sísifo, lendário rei de Corinto, foi levado ao inferno e condenado ao suplício de subir uma montanha carregando às costas um penedo, que caía e escorregava montanha abaixo antes que Sísifo chegasse ao cume, obrigando-o a recomeçar. Se tentasse descansar, era chicoteado por uma Erinia (terrível divindade do mundo subterrâneo que executava as maldições). O rochedo de Sísifo simboliza trabalho pesado, contínuo e inútil.

a heterodoxia sempre em reconstrução; e Ícaro,[25] que fracassa na tentativa de altos voos do pensamento econômico.

Por que Babel? Porque é o sentido metafórico da crescente dificuldade de comunicação entre os especialistas da área econômica, fragmentada em múltiplos setores e subsetores de especialização, e com análises, pesquisas e ensaios teóricos parciais, geralmente limitados a específicos problemas micro ou macroeconômicos, ou a determinados aspectos de interação com a estatística, a matemática, as ciências sociais, a biologia e/ou outras ciências. Assim, se for considerada somente a interação com outros campos do conhecimento, é intenso o desenvolvimento atual de vários setores de estudos econômicos, tais como economia urbana, economia da educação, economia da energia, economia do direito, economia da saúde, economia psicológica, economia da arte etc.

É, portanto, imenso o desafio de conseguir acompanhar as conclusões dos trabalhos recém-divulgados, até mesmo sobre um pequeno setor da Ciência Econômica. O leitor fica perdido diante do grande número de revistas, livros, *papers*, anais de congressos, encontros, seminários e outras formas de troca de experiência em campos determinados da Economia, apresentados sob forma impressa ou eletrônica, em livrarias especializadas, sejam elas reais ou virtuais. A *internet*, por exemplo, acessada de forma cada vez mais rápida e fácil, abre imensas possibilidades de cópia de arquivos, "navegação" em hipertextos e ancoragem em "nós" do padrão da Biblioteca do Senado Americano ou das grandes universidades dos Estados Unidos.

Soma-se a tudo isso o fato de a maioria dos economistas continuar semi-isolada em pequenas comunidades de estudo e de trabalho, tais como determinado departamento de uma determinada faculdade, ou um centro de pesquisa altamente especializado, cujas publicações têm pequena tiragem. Apenas recentemente começaram a surgir divulgações de análises e conclusões científicas em portais e *sites*, mas quase sempre somente por meio de *abstracts* em inglês.

Até mesmo no caso de trabalhos inteiramente divulgados em inglês — o idioma que se tornou o grande veículo internacional de comunicação científica —, é cada vez mais difícil selecionar aqueles que representam contribuições originais devido à diferenciação de graus de generalidade e de elaboração teórica, à pluralidade de abordagens e de produtos, à interação de teorias e da realidade, voltados a temas centrais ou periféricos.

Na linha da argumentação de Beaud e Dostaler, poder-se-ia dizer, somente a respeito das obras publicadas em inglês, que há cerca de 150 anos teria sido possível a um economista ler todas elas; há 60 anos, teria conseguido conhecer diretamente apenas os principais trabalhos; há 30 anos, poderia ter acompanhado somente os progressos em curso; e, hoje, um economista estudioso e dedicado conseguiria opinar apenas sobre os problemas de um reduzido campo da Ciência Econômica, e assim mesmo com a condição de haver recebido informações dos principais debates em curso, via meios de comunicação tradicionais e/ou eletrônicos. Mesmo nesta última hipótese, não se deve esquecer que teria sido quase completamente ignorada a produção não anglofone, também abundante e variada.

---

[25] Ícaro foge do labirinto voando com asas de penas de aves presas com cera. Porém, como subiu muito alto, o Sol derreteu a cera e ele caiu no mar Egeu.

Daí certa ironia dos críticos de economia quando afirmam que os saberes econômicos, para serem conhecidos, precisam ser produzidos em inglês e matemática, as duas grandes "linguagens" que se impuseram depois da Segunda Guerra Mundial. Porém, se o idioma não for inglês, certamente o trabalho não ultrapassará o âmbito de pequenas comunidades científicas locais ou regionais não anglofones, ainda que do Hemisfério Norte.

Entretanto, apesar de todas essas dificuldades e do fato de apenas uma pequena parte dos estudos econômicos conseguir chegar aos principais centros internacionais do saber econômico, a Economia é a ciência que mais se destaca no conjunto das ciências sociais, devido a seu sólido embasamento estrutural e às múltiplas possibilidades de suas aplicações práticas.

Por sua vez, a dimensão econômica mundial, ou mundialização da economia, vem provocando mudanças profundas nas economias nacionais, restrição no campo de atuação dos Estados e revisão nos limites do *welfare-state*.

Aliás, com a implosão dos regimes comunistas no final dos anos 1980 e a generalização do sistema de economia de mercado, parecia que o liberalismo econômico, mesmo com novas roupagens, seria o grande vitorioso no limiar do século XXI. Porém, a frustração chegou antes de o novo século e milênio, com as dificuldades de todas as políticas econômicas — ortodoxas, heterodoxas e mistas —, conseguirem solucionar, no mínimo, problemas como o desemprego crescente e o aumento da faixa de pobreza e de exclusão social em todos os países, inclusive naqueles considerados ricos e altamente industrializados.

Então, o enfoque dos decepcionantes resultados sociais das várias correntes de políticas econômicas volta-se para outra realidade: a quase ausência da Ciência Econômica na análise de temas relevantes de nossa época, como os aspectos econômicos das agressões ecológicas.

Todas as considerações até aqui apresentadas mostram a dificuldade de encontrar um critério sistematizador que possibilite delinear as principais tendências do *pensamento econômico atual*. Além disso, é muito difícil avaliar qualquer período historicamente próximo.

Pode-se, por exemplo, tentar abordar essa questão pelo cruzamento de informações sobre as contribuições dos economistas, com base nas principais obras e revistas econômicas das últimas décadas. Porém, como já foi citado, a avalanche de trabalhos é muito grande e a maioria é editada nos Estados Unidos, o que exclui, de partida, o mundo, não anglofônico.

Qual opção encontrar para apontar as principais tendências do pensamento econômico atualmente? Um critério pode ser, por exemplo, o exame das contribuições dos laureados do Prêmio Nobel de Economia, de 1969 a 2001.

3.2.4.3 *A variada contribuição dos economistas: Prêmio Nobel*

Como distinguir as principais tendências do pensamento econômico contemporâneo na Babel de que falam Beaud e Dostaler? Neste item, indica-se o critério das contribuições científicas dos economistas laureados com o Prêmio Nobel (veja o Anexo deste capítulo).

Contudo, esse critério é controvertido. Os economistas em geral — e os próprios laureados — têm criticado a concessão do Prêmio Nobel de Ciências Econômicas — incluído, em 1969, aos outros prêmios que, desde o início do século XX, o Banco da Suécia outorgava à física, química, medicina, literatura e paz, em memória de Alfred Nobel.

Logo à primeira vista, a relação[26] dos premiados entre 2001 e 1969, apresentada no final deste capítulo, mostra que a área social tem sido pouco contemplada. Em 1998, entretanto, a escolha do indiano Amartya Sen, considerado importante teórico da economia do bem-estar, sinalizou (embora fracamente) que a Academia Real da Suécia estaria se preocupando com a área social.[27] Antes dele, foram premiados o americano Paul Samuelson (1970), a dupla John Hicks (Grã-Bretanha) e Kenneth Arrow (Estados Unidos), em 1972, com suas teorias na área da economia do bem-estar.

Observa-se também a posição de excepcional destaque das universidades norte-americanas. Em parte, isso decorre de grande desenvolvimento da profissão "economista" nos Estados Unidos e dos recursos financeiros disponíveis para contratar os grandes talentos do mundo inteiro, oferecendo-lhes condições de remuneração e de trabalho atrativas e integrando-os como cidadãos norte-americanos. Então, quase todos os laureados são norte-americanos natos ou naturalizados, ou economistas pesquisadores que mantêm estreitos vínculos com importantes centros de ensino e de pesquisa dos Estados Unidos.

A adoção dessa política de valorização do capital intelectual, desde a Segunda Guerra Mundial, como se verá adiante,[28] contribuiu muito para os Estados Unidos se afirmarem como o grande centro mundial de estudos da Ciência Econômica e, especialmente, de modelos macroeconômicos.

Aliás, as diversas vezes em que o prêmio de Economia foi dividido entre dois professores universitários, a maioria provinha de universidades dos Estados Unidos. Em 1990 e em 2001, só para citar dois exemplos, o prêmio foi dividido entre três pesquisadores — todos do meio acadêmico norte-americano.

Dentro dos Estados Unidos, a palma vai para a Universidade de Chicago, conhecida por seus valores liberais e como um dos mais dinâmicos laboratórios de ideias econômicas "revolucionárias" — embora nem sempre populares. Além disso, a Universidade de Chicago tem tido a possibilidade de testar algumas de suas teorias na prática, devido ao estreito relacionamento que mantém com outras áreas, especialmente a Administração e o Direito.

Realmente, desde que foi criado o Prêmio Nobel de Ciências Econômicas, tem aumentado o número de professores premiados da Universidade de Chicago: James J. Heckmann (2000), análise da escolha discreta; Robert Lucas (1995), expectativas racionais; Robert Fogel (1993), história econômica; Gary Becker (1992), comportamento econômico e interação; Ronald Coase (1991), direitos de propriedade; Merton M. Miller (1990), finança corporativa; George Stigler (1982), economia industrial e regulamentação estatal; Theodore Schultz (1979), desenvolvimento econômico; Milton Friedman (1976), economia monetária; Von Hayeck (1974), instituições e economia monetária.

O sueco Myrdal, o único economista institucionalista laureado (1974), embora tenha sido um dos mais entusiasmados defensores da criação do Prêmio Nobel de Economia, contestou com veemência as regras de julgamento da Academia Real da

---

[26] Aspectos importantes de trabalhos dos professores que receberam Prêmio Nobel de Economia, de 1969 a 1996, podem ser verificados em dicionários de autores de economia, como os de Blaug (principalmente *Who's who in Economics: a biographical dictionary, 1700-1986*) e Beaud e Dostaler (obra já citada). A lista dos agraciados com o Prêmio Nobel está no item 3.5 deste Capítulo.
[27] Natural de Bengala (Índia), doutor pela Universidade de Cambridge e professor nos Estados Unidos e na Inglaterra, autor de mais de 20 livros, Sen estudou, durante vários anos, as causas da pobreza e da fome no mundo.
[28] Cf. subitem 3.3.4 – Os grandes modelos macroeconômicos.

Suécia, por considerá-las "draconianas" e fechadas à ampla discussão das indicações em diferentes grupos acadêmicos. E, como a Economia não é uma ciência "neutra" e nem objetiva, como a Física ou a Química, ela depende de valores e da opinião do pesquisador. Suas críticas à decisão de premiar Friedman, tanto do ponto de vista político como profissional, foram confirmadas pela hostilidade do público durante a cerimônia de premiação. Ficou claro que a contestação havia ultrapassado o recinto acadêmico, para chegar às ideias de Friedman — repudiando a teoria, a metodologia e a forte política conservadora por ele recomendada.

Outro premiado, Von Hayeck (1974) declarou, durante um banquete oferecido a premiados no Nobel, em Estocolmo, que, se tivesse sido consultado, teria sido contrário ao estabelecimento de prêmio especial para Economia.

No mesmo sentido, diversos críticos chamaram a atenção para alguns aspectos negativos, tais como a excepcional autoridade científica atribuída a um indivíduo, como se sua competência abrangesse todos os problemas da sociedade; o desproporcional peso das diretrizes do *mainstream establishment* e não propriamente da Ciência Econômica; a ausência de marxistas e escassez de mulheres cientistas apesar de economistas como Joan Robinson. A premiada Elinor Ostrom, em 2009, é realmente uma exceção. Daí a ironização — para ser distinguido com o Prêmio Nobel de Economia é preciso ser homem, norte-americano e do *establishment*.

3.3 ■ AS PRINCIPAIS TENDÊNCIAS ATUAIS DA CIÊNCIA ECONÔMICA

Dentre as múltiplas tendências do pensamento econômico depois do longo período keynesiano, indicam-se *nove principais*, do ponto de vista didático, embora na realidade elas se interpenetrem e se completem: a revolução matematizante da Ciência Econômica; a divulgação didática da teoria econômica matematizada; a oposição econometristas *versus* economistas institucionalistas; os grandes modelos macroeconômicos; as controvérsias dos anos 1970/80 sobre a prática da Econometria; o vitorioso e longo intervencionismo keynesiano; o neoliberalismo contestado; as principais heterodoxias e outros grandes questionamentos. Vejamos cada uma dessas tendências.

3.3.1 A revolução matematizante da ciência econômica

A demanda de Jevons e Walras pelo uso da matemática no fazer ciência torna-se a característica mais marcante da Ciência Econômica.

Embora a utilização da matemática no campo econômico seja antiga, foi nos anos 1930 que começou a se tornar especialmente relevante devido ao trabalho de um grupo de economistas com formação nas áreas de Matemática, Física e Engenharia. Surgiu, então, a Econometria, assim denominada por Ragnar Frisch, primeiro Prêmio Nobel de Economia, junto de Jan Tinbergen.

A Econometria representou a "unificação da teoria econômica com a estatística econômica e as matemáticas para a compreensão real das relações quantitativas da vida econômica" — conforme explicação de Frisch no editorial da revista *Econometrica* (1933), publicada pela Sociedade de Econometria, fundada em 1930, em Cleveland, com o objetivo estatutário de tratar do "avanço da teoria econômica em suas relações com as estatísticas e as matemáticas". Aliás, Frisch foi o redator-chefe da revista *Econometrica* durante 20 anos.

3.3.2 A divulgação didática da teoria econômica matematizada

Tornou-se cada vez maior o prestígio da Ciência Econômica diante do sucesso da teoria econômica matematizada, axiomática e simbólica. Multiplicaram-se trabalhos como os de contabilidade nacional, planejamento, políticas econômicas de desenvolvimento, equilíbrio econômico, entre outros.

Paul Anthony Samuelson passou a ser um dos primeiros economistas americanos mais conhecidos devido não só à grande divulgação de seus artigos de reformulação matemática da Economia, em revistas de economia matemática que se multiplicavam, tais como *Econometrica, Review of Economic Studies, Review of Economics and Statistics*, mas também em outras revistas de Economia (*Quarterly Journal of Economics, American Economic Review* e *Journal of Political Economy*) etc. Além disso, seu trabalho *Economics, an introductory analysis*, publicado pela primeira vez em 1948, em Nova Iorque, foi logo em seguida traduzido para diversos idiomas, tornando-se o manual básico mais famoso dos cursos universitários de Ciências Econômicas no mundo ocidental. Desde 1988, esse manual, com o título de *Economia* (e sem o subtítulo), foi atualizado por Samuelson em parceria com William D. Nordhaus, um dos jovens economistas mais destacados dos Estados Unidos.

Os veículos de divulgação da teoria econômica matematizada contaram, ainda, com a criação de outras revistas que se impuseram como consulta obrigatória nessa área — *International Economic Review* (1960), *Journal of Economic Theory* (1969), *Journal of Mathematical Economics* (1974), entre outras.

Aliás, entre as demais ciências sociais, os instrumentos da metodologia quantitativa da Ciência Econômica suscitaram, também, novas abordagens, apesar de críticas e, frequentemente, de ferrenhas oposições.

3.3.3 A oposição econometristas *versus* economistas institucionalistas

Essa oposição, que foi se tornando evidente com o keynesianismo, assumiu maiores proporções com as críticas dos membros do *National Bureau of Economic Research*, que consideravam os estudos dos institucionalistas meros trabalhos de especulação teórica pura e indutivismo empírico.

Atualmente, porém, ao mesmo tempo que é revigorado o institucionalismo, diminuem as críticas de seus opositores mais ferrenhos: os econometristas.

O movimento neoinstitucionalista contemporâneo é multidisciplinar — característica, aliás, mencionada pelo júri do Nobel de Economia, que premiou Myrdal. Este autor, o francês Perroux e o norte-americano Galbraith são destaques entre os autores neoinstitucionalistas.

Outras características do movimento são a diversificação, a amplitude do programa, a recusa de separar a economia da realidade social e a busca de caminhos alternativos com base nas instituições, nos valores sociais, nas tecnologias e na própria evolução da sociedade.

3.3.4 Os grandes modelos macroeconômicos

Com a Segunda Guerra Mundial, os Estados Unidos tornaram-se o centro do nascimento e do desenvolvimento de grandes modelos macroeconômicos e também o polo geográfico principal da Ciência Econômica. A Grã-Bretanha sai de cena e os Estados Unidos recebem toda a luz dos refletores.

Vários fatos contribuíram para isso, em especial a possibilidade de contatos de matemáticos, estatísticos, economistas e administradores civis e militares, em instituições ligadas à pesquisa militar, como o como o *Office of Strategic Services* (OSS), no qual a *Research and Analysis Branch* contava, entre meia centena de economistas, com especialistas como Moses Abramowitz, Paul Baran, Charles Kindleberger, Walt W. Rostow, Paul M. Sweezy e muitos outros. No *Statistical Research Group* (Columbia), também ligado à pesquisa militar, especialmente ao combate aéreo, estavam Milton Friedman, John Savage, George Stigler, Abraham Wald e outros.

No fim da guerra surgiu outro importante ponto de trabalho multidisciplinar conjunto, com economistas famosos — a *RAND Corporation*, *Research and Development*, organismo privado de pesquisa e desenvolvimento, que no seu início teve como principal cliente a Força Aérea norte-americana.

Nessas instituições desenvolveram-se, então, importantes pesquisas aplicáveis às atividades militares e econômicas em geral, com a utilização da teoria dos jogos, programação linear, análise de sistema, alocação ótima de recursos, pesquisa operacional e outras.

A teoria econômica beneficiou-se da grande capacidade norte-americana de mobilizar, abrigar e integrar especialistas estrangeiros, inclusive dissidentes e contestadores. Porém, beneficiou-se, principalmente, da visão dos acadêmicos de uma nação rica e da presença de instituições de apoio às pesquisas de dinâmicos grupos de inter-relação entre universidades, governo, empresários, sistema bancário e financeiro etc.

Em decorrência dessa formidável possibilidade de troca direta de experiências, nos Estados Unidos, foi possível a reformulação matemática de todos os setores da atividade econômica — teoria do comércio internacional, análise da flutuação dos ciclos, teoria do consumidor, teoria do valor, Macroeconomia keynesiana etc.

Deve-se salientar o importante papel que continuam tendo, até agora, as fundações de apoio financeiro a programas institucionais norte-americanos de pesquisa (Ford, Rockefeller e outras) e a bolsas de estudos para estudantes estrangeiros.

3.3.5 As controvérsias dos anos 1970 e 1980 sobre a prática da Econometria

Se o final dos anos 1950 pode ser considerado a era dos grandes modelos macroeconômicos, os anos 1970 e 1980 são marcados por grandes debates sobre a prática econométrica, mobilizando argumentos para a controvérsia entre keynesianos, monetaristas e a nova Macroeconomia clássica.

Em outras palavras, o keynesianismo, que ainda dominava a cena, não mais se baseava naquele Keynes que desejava romper com a escola clássica, mas em um instrumental cada vez mais sofisticado, que se tornou conhecido como economia neoclássica, ou a nova ortodoxia econômica que dominou o pensamento econômico durante amplo período, após a Segunda Guerra Mundial.

Em linhas gerais, a síntese neoclássica, também denominada nova Macroeconomia clássica, apresenta as seguintes características gerais:

- volta às teorias pré-keynesianas, embora algumas das proposições já houvessem sido enunciadas nos anos 1930 (Simons) e 1940 (Friedman), mas na ocasião não receberam atenção do mundo econômico dominado pelo keynesianismo;

- interação entre micro e Macroeconomia, com atribuição de fundamentos microeconômicos que já se encontravam na abordagem neoclássica tradicional;
- desenvolvimento de uma visão monetarista alternativa da teoria keynesiana e posicionamento a respeito de uma política econômica restrita ao estabelecimento de regras estáveis e previsíveis.

A ortodoxia formada e consolidada nos anos 1940 e 1950 triunfou nos anos 1960 com a denominação Nova Economia. Sua importância refletiu-se nos manuais universitários de ensino de Economia, nos artigos das mais reputadas revistas, nos trabalhos dos economistas em evidência, atraindo significativas subvenções de instituições internacionais de financiamento à pesquisa e compondo um sistema tão poderoso que desencorajava a contestação de cientistas de outras tendências.

Todavia, apesar do ambiente intelectual desfavorável, as críticas heterodoxas foram crescendo aos poucos, e, nos anos 1970, várias certezas que apoiavam o intervencionismo keynesiano começaram a ser abaladas por críticas de economistas com orientações políticas diferentes, tanto daqueles considerados de esquerda como de economistas da direita.

No conjunto das oposições, entretanto, a Universidade de Chicago passou a se destacar por sua cultura iconoclasta e como notável laboratório de ideias revolucionárias. Entre seus professores, Milton Friedman destacou-se como importante líder da oposição à ortodoxia keynesiana — oposição por ele mesmo denominada *contrarrevolução monetarista*.

3.3.6 O vitorioso e longo intervencionismo keynesiano

Aos poucos, o keynesianismo foi se afastando do núcleo teórico elaborado por Keynes. Manteve-se, porém, como importante ponto de convergência de diferentes aspectos do chamado "pensamento keynesiano", caracterizado pela ruptura com os clássicos, quer no campo das políticas econômicas, quer no campo da economia aplicada e da teoria.

Em sentido amplo, o keynesianismo chegou até a abrigar abordagens que Keynes havia combatido, tornando-se uma espécie de "sincretismo" econômico. Aliás, durante dez anos, o próprio Keynes tentou esclarecer certos aspectos de seu pensamento, participando de debates, escrevendo artigos, ministrando conferências e correspondendo-se com outros economistas. E assim, sua própria interpretação apresentou variações.

De modo geral, entretanto, depois de 1936, predominou o chamado caráter keynesiano nos desdobramentos e desenvolvimentos da Ciência Econômica teórica e aplicada e das políticas econômicas.

O que significa caráter keynesiano? Na opinião de diversos economistas, significa, em sentido amplo, continuidades e convergências de diversos aspectos do pensamento de Keynes, ou seja, embora a vitoriosa maré keynesiana se afastasse do difícil núcleo teórico de Keynes, geralmente qualificado de "pesado", mantinha com ele alguns liames e, ao mesmo tempo, ligava-se a outras fontes de inspiração. Assim, por exemplo, generalizava-se a obrigação do governo de assegurar o pleno emprego; a matematização da economia facilitava a simplificação das relações entre grandezas macroeconômicas; dados mais confiáveis, graças a novos instrumentos estatísticos e matemáticos, possibilitavam a análise dos agregados macroeconômicos e de suas relações funcionais; surgiam as contabilidades nacionais.

Do ponto de vista das políticas econômicas, em sentido mais amplo, ainda passaram a ser qualificadas de keynesianas as inspirações de liberais e radicais, difundidas do mundo anglo-saxão ou as ideias social-democratas, socialista-reformistas, cristão-democratas e reformadoras sociais em geral, que partiam da Europa.

Aliás, como estudado, algumas aproximações do keynesianismo chegaram até mesmo a abranger abordagens que Keynes havia combatido, como o sincretismo econômico da síntese clássica.

Os grandes modelos macroeconométricos vão ser elaborados pelos autores da síntese neoclássica. Surgem, assim, as simulações do funcionamento das economias dos principais países industrializados, com base, sobretudo, no progresso das contabilidades nacionais/sociais, na econometria e na informática. Os autores neoclássicos reveem estatisticamente as principais funções keynesianas e apresentam reelaborações, como as relações entre renda e consumo, taxas de salário e desemprego, inflação e desemprego, determinantes do investimento etc.

Nesta direção, destacam-se John R. Hicks, Roy F. Harrod, James Edward Meade, Franco Modigliani, James S. Duesenberry, A. William Phillips, entre outros.

3.3.7 O neoliberalismo contestado

Com o refluxo do intervencionismo de inspiração keynesiana, a política econômica neoliberal foi implantada no mundo inteiro, principalmente no último decênio. Suas bases principais são a desregulamentação da economia, a privatização do setor empresarial do Estado, a liberalização dos mercados, a redução de défice público, o controle da inflação, o corte nas despesas sociais, entre outros itens.

Parece, entretanto, que a força inicial do neoliberalismo está refluindo devido aos contrastantes efeitos perversos do Estado mínimo, principalmente em comparação ao Estado-providência, em fase de desmantelamento. Somam-se a isso o rápido aumento da exclusão social, os protestos armados, as duras lutas étnicas e/ou conflitos rurais e urbanos, que contribuem para dificultar ou quase inviabilizar a governabilidade democrática em um futuro próximo.

Na prática, têm sido muitas as oposições às consequências socioeconômicas do neoliberalismo, como se verificou em ruidosas manifestações populares em Seattle, Washington e em outras cidades que sediaram reuniões da Organização Mundial do Comércio, do Fundo Monetário Internacional, do Banco Mundial, do G7 ou grupo dos países mais industrializados do mundo etc. O ponto culminante das contestações, entretanto, ocorreu na última semana de janeiro de 2001, quando Porto Alegre tornou-se, por alguns dias, a sede mundial da oposição à globalização neoliberal.

Realmente, o Fórum Social Mundial de Porto Alegre surgiu como contraponto ao Fórum Econômico de Davos, que há três décadas vem reunindo o *establishment* do mundo financeiro, econômico e político. Em geral, a presença de algumas Organizações Não Governamentais (ONGs) discordantes contribuía, na realidade, para realçar alguns argumentos favoráveis às necessidades de reformas do Estado, à total liberação das forças do mercado e à posição predominante da alta finança internacional e dos governos das potências capitalistas. A crítica contrária a Davos resumia-se, de modo geral, em reclamações à quase nula atenção aos problemas sociais, enquanto o foco do evento concentrava-se em problemas de risco de investimentos em países emergentes e em desrespeito ao direito de propriedade intelectual.

Porto Alegre significou, então, uma agenda alternativa de reflexões para propostas de construção de um outro mundo possível, nem de exclusão social, nem de hegemonia financeira do neoliberalismo.

Entretanto, era difícil qualquer consenso quanto à sugestão de medidas práticas devido à multiplicidade de propostas e à heterogeneidade de interesses representados, de ambientalistas, feministas, socialistas, guerrilheiros colombianos, agricultores, contestadores políticos (anti-FMI, anti-Banco Mundial e outros) até ativistas antitransgênicos, com o francês Bové[29] à frente.

O Fórum de Porto Alegre marcou várias posições interessantes, entre as quais a *resistência* ao neoliberalismo, a *crítica* ao mercado e ao capital especulativo, a *defesa* da democracia e da solidariedade, o *respeito* aos direitos humanos e à cultura dos povos e a *luta* em prol de melhor qualidade da vida humana (saneamento básico, habitações condignas, educação, saúde etc.).

Em síntese, os debates das grandes questões que limitam o desenvolvimento humano, com a participação de pessoas de países tão diferenciados, apresentaram rico material de estudo e de reflexão para análises posteriores. Assim, por exemplo, os debates sobre o exercício da cidadania plena apresentam importantes propostas de políticas urbanas (considerando melhor qualidade de vida), sociais (considerando a reinserção dos excluídos), econômicas (considerando a redistribuição da renda), ambientais (considerando tudo de bom que a natureza oferece) e culturais (considerando as mais variadas manifestações da humanidade e o modo de respeitá-las).

O Fórum Social de Porto Alegre apontou também algumas alternativas, tais como a *Tobin tax* (de James Tobin, Prêmio Nobel de Economia, 1978) que, no campo financeiro, propõe a cobrança do imposto de 0,1% a 0,5% sobre as transações; e outras medidas, como controle social dos orçamentos públicos, estímulo ao desenvolvimento científico, universalização dos direitos humanos e cidadania planetária.

3.3.8 As principais heterodoxias

Além dos estudos de economia marcados pela heterodoxia pós-keynesiana, outros surgem da renovação das correntes marxistas e também da persistência do institucionalismo.

Assim, por um lado, a corrente pós-keynesiana procura uma análise alternativa de prolongamento da obra de Keynes no movimento de ruptura com os clássicos. Entre os autores identificáveis como pós-keynesianos, manifestam-se a rejeição pelos trabalhos de síntese e, de modo geral, a indicação de políticas econômicas que conduzam a mudanças estruturais. Sraffa, por exemplo, desempenha importante papel na evolução do pós-keynesianismo.

Por outro lado, o movimento heterodoxo marxista amplia-se. As relações entre Marx e o marxismo tornam-se tão complexas que se costuma observar que já ultrapassaram os problemas do relacionamento entre Keynes e o keynesianismo. Aliás, é frequente a observação irônica de que Marx não seria marxista, tal como Keynes se declarou não keynesiano. Nos Estados Unidos, a chamada economia política radical vai abranger campos muito diferentes.

---

[29] O agricultor francês Bové, que destruiu plantações experimentais de transgênicos no Rio Grande do Sul, naquela ocasião já estava sendo processado na França por transgressões semelhantes. Em Porto Alegre, tornou-se o símbolo máximo do fórum e quando as autoridades brasileiras determinaram sua expulsão, recebeu a solidariedade dos congressistas em ruidosas manifestações.

No mundo anglo-saxão, as obras de três autores, traduzidas em vários idiomas, tornam-se especialmente conhecidas — Paul Baran, Maurice Dobb e Paul Sweezy. Na antiga URSS, por ordem de Stalin, foi elaborado um manual de economia política.

Por sua vez, o institucionalismo, é fortalecido com importantes contribuições. Entre elas, destacam-se as obras de Myrdal (Prêmio Nobel de Economia em 1974, juntamente de Hayek) e de Galbraith, que se tornaram especialmente populares como base de posições teóricas alternativas à teoria clássica.

Os problemas do desenvolvimento e do subdesenvolvimento atraem a atenção de acadêmicos e pesquisadores, entre os quais se destacam Bettelheim, Dobb, Myrdal, Lewis, Rostow, Prebisch, presidente da Cepal, órgão das Nações Unidas. Na América Latina, um grupo de economistas e cientistas sociais da Cepal procura combinar a análise marxista com a análise estrutural e estudar as características do capitalismo periférico, bem como as relações centro-periferia.

3.3.9 Os grandes questionamentos

As mudanças que estão ocorrendo celeremente, nesta época, indicariam tendências mais profundas? Estaríamos em condições de avaliar, do ponto de vista econômico, fatos tão próximos e, ao mesmo tempo, tão complexos?

Será que a humanidade, ao ter acesso ao conhecimento em sentido amplo e em tempo real, estaria cada vez mais sujeita a formas de despersonificação, massificação, rotinização e alienação, talvez jamais conhecidas? Será que estamos sendo submetidos à ditadura das simulações, que nos leva a confundir a vida como é com a imitação da vida? Ou seriam suficientes as informações obtidas via simulações de modelos matemáticos, cujos programas informatizados oferecem a possibilidade de introdução de múltiplas variações?

Sabe-se que, às vezes, um fato novo, de aparência banal, pode provocar mudanças inimagináveis. Um exemplo recente, embora controverso quanto a sua autenticidade, pode ilustrar tal dúvida: a descoberta de bactérias em um meteorito vindo de Marte — seria um fato de análise técnica e conceitual relativamente simples para as ciências naturais, mas de grande complexidade para a Teologia e as Ciências Sociais em geral.

Há, porém, outros questionamentos atuais: a época contemporânea estaria sendo marcada pelo fim das utopias? Fim da história (Fukuyama)? Fim da ciência, das grandes descobertas e das grandes rupturas do conhecimento humano (Horgan)? Fim do emprego assalariado (Rifkin)? Predomínio do teletrabalho ou da telecomutação (Kugelmass)? Muitas das atuais previsões cairão com o decorrer do tempo como simples mitos de socioeconomia não linear, ou visão falha de futuristas *fin de siècle* (Krugman)? Teríamos capacidade de distinguir a realidade (*o que é*) daquilo que resulta de nosso imaginário?

Na área econômica, seria possível um outro autor do porte de Keynes e outra obra tão revolucionária quanto a teoria geral do emprego, do juro e da moeda? É pouco provável. A tendência parece ser a divulgação em cascata, quantitativamente numerosa, de pesquisas e estudos pontuais, limitados a determinados aspectos da economia. Embora não provoquem grandes impactos, nem grandes rupturas, sem dúvida uma parte significativa apresentará progressos incrementais, que contribuirão para o desenvolvimento da Ciência Econômica.

Aliás, as pressões sobre os acadêmicos para que publiquem, divulguem sua produção e disputem a preferência de conceituadas revistas internacionais acabam gerando uma avalanche de trabalhos pouco relevantes, ou até mesmo oportunidades para "brincadeiras", do tipo daquela recentemente apresentada pelo físico Sokal, da Universidade de Nova Iorque,[30] que escondeu o nada em complexas expressões sem sentido.

3.4 ■ CONSIDERAÇÕES FINAIS

Procurou-se mostrar, em uma visão evolutiva da Ciência Econômica, a importância da interação entre fatos marcantes e contribuições de pesquisadores e cientistas da área econômica que se destacaram no decorrer do tempo.

Porém, como optou-se por partir do presente para o passado, iniciou-se pelas contribuições ao desenvolvimento de núcleos de novas áreas, como a *Economia da Cooperação*, cujas bases foram lançadas por Charles Gide, professor da Faculdade de Direito de Paris e do *Collège de France*, depois complementadas e aprofundadas por acadêmicos de vários países, com destaque para Elinor Ostrom, prêmio Nobel de Economia de 2009. Outra área de pesquisas acadêmicas que vem se destacando recentemente é a da Economia da Informação, baseada em análises dos mercados com informações assimétricas, desenvolvidas por pesquisadores que receberam o Prêmio Nobel de Economia em 2001 — Akerlof, Spence e Stiglitz —, continuadores de Mirrlees e Vickrey, outros laureados pela Fundação Nobel em 1996.

Na linha cronológica de fatos marcantes com sérias repercussões nos estudos e na política econômica internacional, o dia 11 de setembro de 2001 (ou "Terça-Feira Negra") abalou os Estados Unidos e o mundo inteiro. E suas consequências, a princípio agravadas pela simultaneidade de recessões em múltiplos países (Japão, Comunidade Europeia e Estados Unidos), continuam sendo potencializadas pela sucessão de outras crises nos países capitalistas mais ricos da atualidade. Enquanto isso, a China compensa a desaceleração global, fica atrás apenas dos Estados Unidos, mas corre o risco de uma *bolha* prestes a estourar.

Depois de analisar resumidamente a fase atual, estudaram-se as raízes da Ciência Econômica, dividindo-a em períodos: (1) a fase pré-científica da Economia — das origens até 1750, período em que a economia esteve subordinada à filosofia, à política e à religião, prestando serviços à Cidade-Estado (Antiguidade), ao bem comum (Idade Média) e ao Príncipe (Renascimento e mercantilismo); (2) a fase da criação científica da Economia — de 1750 a 1870 —, evoluindo gradativamente da consideração da natureza (fisiocracia) ao homem (movimentos diversos, de Adam Smith aos novos institucionalistas, passando por Marx); (3) a fase de elaboração dos princípios teóricos fundamentais — de 1870 a 1929 —, escolas psicológica, matemática (teoria do equilíbrio geral), de Cambridge (teoria do equilíbrio parcial), neoclássica, institucionalista e outras; (4) a fase contemporânea — durante longos anos marcada fortemente por Keynes e o pós-keynesianismo.

Na atualidade, a grande avalanche de obras, autores, *papers* e contribuições científicas esparsas, geralmente limitadas a determinados aspectos teóricos e/ou sua aplicação, chega a lembrar uma Babel tão confusa, que não se consegue apontar uma obra ou um autor do porte de Keynes. Daí a opção de indicar as contribuições científicas selecionadas segundo o critério de premiação da Fundação Nobel (Suécia).

---

[30] Alain Sokal, professor da Universidade de Nova Iorque, publicou em conceituada revista de crítica cultural (*Social Text*, edição da primavera/verão/1996) um artigo intitulado *Atravessando as fronteiras em direção a uma hermenêutica transformativa da gravidade quântica*. E logo depois, em outra revista (*Língua Franca*), publicou *Um físico faz experiências com estudos culturais*, explicando que o texto anterior, repleto de frases sem sentido, era apenas uma brincadeira.

Apesar das críticas e falhas indicadas neste capítulo, trata-se de um critério norteador de áreas significativas de pesquisa em grandes universidades, principalmente nos Estados Unidos.

A fase contemporânea, contudo, deixa entrever mecanismos econômicos que buscam valorizar os atores econômicos, a pessoa humana, os valores éticos e a cooperação. Essa busca é somada à urgente necessidade de combater as agressões ecológicas que põem em risco a própria continuidade da vida neste planeta.

É oportuno, então, enfatizar que a Economia é uma ciência social, e o objeto principal de seus estudos deve ser a atividade econômica voltada para o gênero humano e não simplesmente para a produção e o mercado e para o lucro econômico, sem considerar, por exemplo, as condições de trabalho (tanto materiais como psicológicas), nem as necessidades humanas.

Qualquer esforço no sentido de eficiência, qualidade e produtividade, deve incluir o combate às perversas consequências da globalização econômica assimétrica e a luta pela valorização dos atores econômicos, porque o fim último da Ciência Econômica é a satisfação das necessidades da pessoa humana.

3.5 ANEXO – PRÊMIOS NOBEL DE ECONOMIA

Especialistas acadêmicos laureados por sua especial contribuição às Ciências Econômicas, no período 1969-2016.

- 2016

    Oliver Hart (MIT) e Bengt Holmström (Universidade de Harvard), pela contribuição à teoria dos contratos.

- 2015

    DEATON, Angus (GB, Estados Unidos) por seus estudos sobre "o consumo, a pobreza e o bem-estar".

- 2014

    TIROLE, Jean (França), por sua "análise do poder do mercado e de sua regulação".

- 2013

    FAMA, Eugene, HANSEN, Lars Peter e SHILLER, Robert (Estados Unidos), por seus trabalhos sobre os mercados financeiros.

- 2012

    SHAPEY, Lloyd e ROTH, Alvin (Estados Unidos), por seus trabalhos sobre a melhor maneira de adequar a oferta e a demanda em um mercado, com aplicações nas doações de órgãos e na educação.

- 2011

    SARGENT, Thomas e SIMS, Christopher (Estados Unidos), por trabalhos que permitem entender como acontecimentos imprevistos ou políticas programadas influenciam nos indicadores macroeconômicos.

- 2010

    DIAMOND, Peter e MORTENSEN, Dale (Estados Unidos), PISSARIDES, Christopher (Chipre/Reino Unido), um trio que melhorou a análise dos mercados nos quais a oferta e a demanda têm dificuldades para se acoplar, especialmente no mercado de trabalho.

- 2009

OSTROM, Elinor, WILLIAMSON, Oliver E.

- 2008

KRUGMAN, Paul.

- 2007

HURWICZ, Leonid, MASKIN, Eric S., MYERSON, Roger B.

- 2006

PHELPS, Edmund S.

- 2005

AUMANN, Robert J., SCHELLING, Thomas C.

- 2004

KYDLAND Finn E., PRESCOTT, Edward C.

- 2003

ENGLE, Robert F. (Universidade de Nova Iorque), GRANGER, Clive W. J. (Universidade da Califórnia). Ambos desenvolveram métodos de análise de séries de tempo: ARCH (Engle) e cointegração (Granger).

- 2002

KAHNEMAN, Daniel (Universidade de Princenton), SMITH, Vernon L. (*Interdisciplinary Center for Economic Science*). Kahneman integrou resultados de pesquisas na área de psicologia à ciência econômica, especialmente no que se refere à tomada de decisões em situação de incerteza. Smith estabeleceu experimentos em laboratório como uma ferramenta para análises econômicas empíricas, especialmente no estudo de mecanismos de mercado alternativos.

- 2001

As aulas expositivas continuam ocupando uma parte do currículo, porém como uma forma de sustentação teórica que mescla diversas metodologias. AKERLOF, George (Universidade da Califórnia — Berkeley), SPENCE, Michael (Universidade de Stanford), STIGLITZ, Joseph (Universidade de Colúmbia). Analisaram os mercados com informações assimétricas, desenvolvendo o núcleo de uma nova área — a Economia da Informação — e abrindo caminho à ampla aplicação, que vai dos mercados agrícolas tradicionais aos mercados financeiros contemporâneos.

- 2000

HECKMAN, James J. (Universidade de Chicago), MCFADDEN, Daniel (Universidade da Califórnia — Berkeley). O primeiro desenvolveu teorias e métodos de análise de amostras seletivas; o segundo desenvolveu teorias e métodos de análise de escolhas discretas.

- 1999

MUNDELL, Robert A. (Universidade de Colúmbia, NY). Analisou a política monetária e fiscal em diferentes regimes de taxas câmbio.

- **1998**

    SEN, Amartya (1934), Índia, professor universitário nos Estados Unidos (Harvard) e na Inglaterra (Oxford, *London School of Economics*). Contribuição à economia do bem-estar econômico (avaliação do bem-estar das populações e compreensão dos mecanismos econômicos que produzem a fome — que geralmente não resulta da falta de alimentos).

- **1997**

    MERTON, Robert C. (Universidade de Harvard), SCHOLES, Myron S. (Universidade de Stanford). Desenvolveram um novo método para determinar o valor dos derivativos.

- **1996**

    MIRRLEES, James (1930), Escócia, Universidade de Cambridge (Inglaterra), VICKREY, William (1914), Canadá, Universidade de Colúmbia (Estados Unidos). Apresentaram contribuições fundamentais à teoria econômica de incentivos sob informação assimétrica (na sociedade há grupos que detêm mais informações que outros, e podem usá-las estrategicamente. Criticaram os modelos de equilíbrio da economia, que previam situações sem distorções nos mercados).

- **1995**

    LUCAS, Robert E. Jr (1937), Estados Unidos, Universidade de Chicago. Desenvolveu e aplicou a hipótese das expectativas racionais, transformando a análise macroeconômica, e aprofundou a compreensão da política econômica.

- **1994**

    HARSANYI, John C. (1920, Budapest), Estados Unidos, Universidade da Califórnia, Berkeley, CA NASH, John F. (1928), Estados Unidos, Princeton University, NJ SELTEN, Reinhard (1930), Alemanha, Universidade de Rheinische Friedrich--Willelms, Bonn. Análise de equilíbrios na teoria dos jogos não cooperativos.

- **1993**

    FOGEL, Robert W. (1926) Estados Unidos, Universidade de Chicago, NORTH, Douglass C., (1920), Estados Unidos, Universidade de Washington, St. Louis, MO. Renovação da pesquisa de história econômica pela aplicação da teoria econômica e de métodos quantitativos para explicar as mudanças econômicas e institucionais.

- **1992**

    BECKER, Gary S. (1930), Estados Unidos, Universidade de Chicago, IL. Contribuição para a ampliação do domínio da análise microeconômica a vasto campo do comportamento e interações humanas, inclusive comportamentos fora do mercado.

- **1991**

    COASE, Ronald H. (1910), Estados Unidos, Universidade de Chicago, IL. Descoberta e compreensão do significado dos custos de transação e dos direitos de propriedade para a estrutura e o funcionamento tradicionais da economia.

■ 1990

MARKOWITZ, Harry M. (1927), City University of NY, NY (teoria da escolha de portfolio), MILLER, Merton M. (1923), Estados Unidos, Universidade de Chicago, IL (teoria da finança corporativa), SHARPE, William F. (1934), Estados Unidos, Universidade de Stanford, CA (modelo de avaliação dos ativos financeiros). Contribuíram para o desenvolvimento da economia financeira.

■ 1989

HAAVELMO, Trygve (1911), Noruega, Universidade de Oslo. Contribuição aos fundamentos da econometria na teoria das probabilidades e por sua análise das estruturas econômicas simultâneas.

■ 1988

ALLAIS, Maurice (1911), França, École Nationale Supérieure des Mines de Paris. Contribuição à teoria de mercados e da eficiente utilização de recursos.

■ 1987

SOLOW, Robert M. (1924), Estados Unidos, MIT — *Massachusetts Institute of Technology*, MA. Teoria do desenvolvimento econômico.

■ 1986

BUCHANAN, Jr., James M. (1919), Estados Unidos, *Center for Study of Public Choice*, Fairfax, VA. Desenvolvimento das bases contratuais e constitucionais da teoria das decisões econômicas e políticas.

■ 1985

MODIGLIANI, Franco (1918, Roma), Estados Unidos, MIT — *Massachusetts Institute of Technology*, MA. Análise da poupança e dos mercados econômicos e financeiros.

■ 1984

STONE, Sir Richard (1913-1991), Grã-Bretanha, Universidade de Cambridge. Contribuição ao desenvolvimento dos sistemas de contas nacionais e aperfeiçoamento das bases da análise econômica empírica.

■ 1983

DEBREU, Gerard (1921, Calais, França), Universidade da Califórnia, Berkeley, CA. Incorporação de novos métodos analíticos em teoria econômica e rigorosa reformulação da teoria do equilíbrio geral.

■ 1982

STIGLERR, George J. (1911-1991), Estados Unidos, Universidade de Chicago, IL. Estruturas industriais, funcionamento de mercados e causas e efeitos da regulamentação pública.

■ 1981

TOBIN, James (1918), Estados Unidos, Universidade de Yale, New Haven, CT. Análise de mercados financeiros e suas relações com a tomada de decisões, emprego, produção e preços.

- **1980**

  KLEIN, Lawrence R. (1920), Universidade de Pennsylvania, Filadélfia, PA. Criação de modelos econométricos e aplicação à análise das flutuações econômicas e das políticas econômicas.

- **1979**

  SCHULTZ, Theodore W. (1902), Estados Unidos, Universidade de Chicago, IL LEWIS, Sir Arthur, 1915-1991 (nasceu em West Indies, Grã-Bretanha), Universidade de Princeton, NJ, Estados Unidos. Pesquisas de desenvolvimento econômico, com ênfase nos problemas dos países em desenvolvimento.

- **1978**

  SIMON, Herbert A. (1916), Estados Unidos, Universidade de Carnegie-Mellon, Pittsburg, PA. Pesquisas sobre o processo de tomada de decisões nas organizações econômicas.

- **1977**

  OHLIN, Bertil, Suécia (1899-1979), Stockholm School of Economics MEADE, James E. (907-1995), Universidade de Cambridge, Grã-Bretanha. Novos rumos para a teoria do comércio internacional e movimentos internacionais de capitais.

- **1976**

  FRIEDMAN, Milton (1912), Estados Unidos, Universidade de Chicago, IL. Contribuição no campo da análise do consumo, teoria e história monetária, e demonstração da complexidade da política de estabilização.

- **1975**

  KANTOROVICH, Leonid Vitaliyevich (1912-1986), URSS, Academia de Ciências de Moscou KOOPMANS, Tjalling C. (1910-1986), Holanda, Universidade de Yale, CT, Estados Unidos. Contribuição à teoria da alocação ótima de recursos.

- **1974**

  MYRDAL, Gunnar (1898-1987), Suécia, VON HAYEK, Friedrich August (1899-1992), nascido na Áustria. Teoria da moeda e flutuações econômicas, e análise da interdependência dos fenômenos econômicos, sociais e institucionais.

- **1973**

  LEONTIEF, Wassily (1906, Rússia), Universidade de Harvard, Cambridge, MA. Desenvolvimento do método *input-output* e sua aplicação em importantes problemas econômicos.

- **1972**

  HICKS, Sir John R. (1904-1989), All Souls College, Oxford, Grã-Bretanha ARROW, Kenneth J. (1921), Estados Unidos, Universidade de Harvard, MA. Contribuições à teoria do equilíbrio econômico geral e à teoria do *welfare*.

- **1971**

  KUZNETS, Simon (russo naturalizado nos Estados Unidos), Universidade de Harvard, MA. Interpretação do crescimento econômico empiricamente fundamentada, que levou a um novo ponto de vista sobre a estrutura econômica e social e o processo de desenvolvimento.

- 1970

    SAMUELSON, Paul (1915), Estados Unidos, MIT (*Massachusetts Institute of Tecnology*), Cambridge, MA. Desenvolvimento de uma teoria econômica estática e dinâmica e contribuição para levantar o nível de análise na ciência econômica.

- 1969

    FRISCH, Ragnar (1895-1963), Noruega, Universidade de Oslo, TINBERGEN, Jan (1903-1994), Países Baixos, *The Netherlands School of Economics*, Roterdã. Desenvolvimento e aplicação de modelos dinâmicos para análise de processos econômicos.

QUESTÕES

1. Quais as tendências marcantes do pensamento econômico contemporâneo?
2. Entre os economistas laureados com o Prêmio Nobel de Economia, por que houve tanta oposição à indicação de Milton Friedman?
3. Quais as principais contribuições das análises dos mercados com informações assimétricas à Economia da Informação?
4. Por que o neoliberalismo econômico tem sido criticado? Qual a sua posição?
5. A crítica econômica atual considera a contribuição dos econometristas e a dos economistas institucionalistas opostas ou complementares? Por quê?
6. Qual a importância do keynesianismo nas políticas do *Welfare State*?
7. O que é a chamada Escola de Chicago? Por que tem sido tão criticada? Comente duas de suas contribuições atuais à teoria econômica.
8. O que foi a estagflação? Como isto afetou a ideia de curva de Philips?
9. O que significou, do ponto de vista econômico, o confronto entre o Fórum Social de Porto Alegre (BR) e o Fórum Econômico de Davos (Suíça), no início de 2001?
10. Qual a contribuição mais importante de Elinor Ostrom, a primeira mulher laureada pelo Prêmio Nobel de Economia em 2009?

REFERÊNCIAS

ASIMAKOPULOS, A. *Keynes's general theory and accumulation*. Cambridge: Cambridge University Press, 1991.

BLAUG, M. *Great economists before Keynes*. Cambridge: Cambridge University Press, 1986.

_____; STURGES, P. *Who's who in Economics, 1700-1986*. Cambridge: M.I.T. Press, 1983.

BRIDEL, P. P. *From Walras to Pareto, 1870-1923*. Cheltenham: Edward Elgar, 1997.

BUCHHOLZ, T. G. *Novas idéias de economistas mortos*. Rio de Janeiro: Record, 2000.

CARNEIRO, R. (Org.). *Os Clássicos de Economia*, 2v. São Paulo: Ática, 1997.

FUSFELD, D. R. *A Era do Economista*. São Paulo: Saraiva, 2001.

GALBRAITH, J. K. *Um relato em primeira mão*. São Paulo: Pioneira, 1994.

_____. *Uma história crítica*. São Paulo: Pioneira, 1989.

HAYEK, F. A. *Price and Production*. London: Routledge, 1991.

HODGSON, G. M. *Bringing life back into economics*. Ann Arbor: University of Michigan Press, 1993.

HUNT, E. K.; SHERMAN, Howard J. *História do Pensamento Econômico*. Petrópolis: Vozes, 1992.

KARATAEV; RYNDINA; STEPANOV et al. *História de las doctrinas económicas*, 2v. México: Ed. Grijalbo, 1964.

METTRE, A. Paris: *Pensée économique et théories contemporaines*. Dalloz, 1959.

ROLL, E. *História das Doutrinas Econômicas*. São Paulo: Ed. Nacional, 1962.

SAMUELSON, P. A. et al. *Tendencias del pensamiento económico*. Madrid: M. Aguilár, 1958.

SCHUMPETER, J. A. *História da análise econômica*, 3v. Rio de Janeiro: Fundo de Cultura, 1964.

_____. *Fundamentos do pensamento econômico*. Rio de Janeiro: Zahar, 1968.

SELIGMAN, B. B. *Economic thought since 1870*. Wisconsin: Press of Glencoe, 1962.

SPENGLER, J.; ALLEN, W. R. *Aristotle to Marshall*. Chicago, 1971.

SPIEGEL, H. W. *The growth of economic thought*. Washington: Prentice Hall, 1971.

THWEATT, W. *Teorias do desenvolvimento econômico*. Rio de Janeiro: Zahar, 1971.

PARTE 2

Microeconomia

CAPÍTULOS

4 INTRODUÇÃO À MICROECONOMIA

5 TEORIA ELEMENTAR DO FUNCIONAMENTO DO MERCADO

6 TEORIA DO CONSUMIDOR

7 TEORIA DA FIRMA
A PRODUÇÃO E A FIRMA

8 ESTRUTURAS DE MERCADO

9 ORGANIZAÇÃO INDUSTRIAL

10 REGULAMENTAÇÃO DOS MERCADOS

11 TEORIA DOS JOGOS
UMA INTRODUÇÃO

12 GOVERNO, ESCOLHA PÚBLICA E EXTERNALIDADES

4 INTRODUÇÃO À MICROECONOMIA

Marco Antonio Sandoval de Vasconcellos

4.1 ■ CONCEITO

A **Microeconomia**, ou **teoria dos preços**, analisa a formação de preços no mercado, ou seja, como a empresa e o consumidor interagem e decidem qual o preço e a quantidade de determinado bem ou serviço em mercados específicos.

Assim, enquanto a **Macroeconomia** enfoca o **comportamento da Economia** como um todo, considerando variáveis globais como consumo agregado, renda nacional e investimentos globais, a análise microeconômica preocupa-se com a formação de preços de bens e serviços e de fatores de produção (salários, aluguéis, lucros) em mercados específicos, por exemplo, soja, automóveis etc.

A **teoria microeconômica** não deve ser confundida com economia de empresas, pois tem enfoque distinto. A Microeconomia estuda o funcionamento da oferta e da demanda na formação do preço no mercado, isto é, o preço obtido pela interação do conjunto de consumidores com o conjunto de empresas que fabricam um dado bem ou serviço.

Do ponto de vista da economia de empresas, que estuda uma empresa específica, prevalece a visão contábil-financeira na formação do preço de venda de seu produto, baseada principalmente nos custos de produção, enquanto na Microeconomia predomina a visão do mercado.

A abordagem econômica se diferencia da contábil mesmo quando são tratados os custos de produção, pois o economista analisa não só os custos efetivamente incorridos, mas também aqueles decorrentes das oportunidades sacrificadas, ou seja, dos **custos de oportunidade** ou **implícitos**. Como detalhado mais adiante, os custos de produção do ponto de vista econômico não são apenas os gastos ou desembolsos financeiros incorridos pela empresa (custos explícitos), mas incluem também quanto as empresas gastariam se tivessem de alugar ou comprar no mercado os insumos que são de sua propriedade (custos implícitos).

4.2 ■ PRESSUPOSTOS BÁSICOS DA ANÁLISE MICROECONÔMICA

4.2.1 A hipótese *coeteris paribus*

Para analisar um mercado específico, a Microeconomia se vale da hipótese de que **tudo o mais permanece constante** (em latim, *coeteris paribus*). O foco de estudo é dirigido apenas àquele mercado e à análise do papel que a oferta e a demanda nele exercem, supondo que outras variáveis interfiram pouco ou que não interfiram de maneira absoluta.

A partir dessa hipótese, torna-se possível o estudo de determinado mercado com a seleção de apenas variáveis que influenciam nos agentes econômicos — consumidores e produtores — nesse particular mercado, independentemente de outros fatores presentes em outros mercados.

Sabe-se, por exemplo, que a procura de uma mercadoria é normalmente mais afetada por seu preço e pela renda dos consumidores. Para analisar o efeito do preço sobre a procura, suponha que a renda permanece constante (*coeteris paribus*); da mesma forma, para avaliar a relação entre a procura e a renda dos consumidores, suponha que o preço da mercadoria não varia. Tem-se, assim, o efeito "puro" ou "líquido" de cada uma dessas variáveis sobre a procura.

4.2.2 Papel dos preços relativos

Na análise microeconômica, são mais relevantes os **preços relativos**, isto é, os preços de um bem em relação aos demais, do que os **preços absolutos** (isolados) das mercadorias.

Por exemplo, se o preço do guaraná cair em 10%, mas também o preço da soda cair em 10%, nada deve acontecer com a demanda (procura) dos dois bens (supondo que as demais variáveis permaneceram constantes). Agora, tudo o mais permanecendo constante, caso apenas o preço do guaraná decresça, permanecendo inalterado o preço da soda, devem-se esperar um aumento na quantidade procurada de guaraná e uma queda na de soda. Embora não tenha havido alteração no preço absoluto da soda, seu preço relativo aumentou, quando comparado com o do guaraná.

4.2.3 Objetivos da empresa

A grande questão na Microeconomia, que inclusive é a origem das diferentes correntes de abordagem, reside na hipótese adotada quanto aos objetivos da empresa produtora de bens e serviços.

A análise tradicional supõe o **princípio da racionalidade**, segundo o qual o empresário sempre busca a maximização do lucro total, otimizando a utilização dos recursos de que dispõe.[1] Essa corrente enfatiza conceitos como receita marginal, custo marginal e produtividade marginal em lugar de conceitos de média (receita média, custo médio e produtividade média) — daí ser chamada de **marginalista**. Como será visto no Capítulo 8, a maximização do lucro da empresa ocorre quando a receita marginal se iguala ao custo marginal, ou seja, quando custos e receitas igualam-se na margem e não na média.

As correntes alternativas consideram que o móvel do empresário não seria a maximização do lucro, mas sim fatores como aumento da participação nas vendas do mercado ou maximização da margem sobre os custos de produção, independente da demanda de mercado.

Geralmente, nos cursos de Economia, a abordagem marginalista compõe a teoria microeconômica propriamente dita, chamada de **teoria tradicional**, enquanto as demais abordagens são usualmente analisadas nas disciplinas denominadas Teoria da Organização Industrial ou Economia Industrial, que também serão apresentadas neste livro.

---

[1] O princípio da racionalidade (que supõe um *homo oeconomicus*, isto é, um homem econômico) é aplicado extensamente na teoria microeconômica tradicional. Por esse princípio, os empresários tentam sempre maximizar lucros, estando condicionados pelos custos de produção; os consumidores procuram maximizar sua satisfação (ou utilidade) no consumo de bens e serviços (limitados por sua renda e pelos preços das mercadorias); os trabalhadores procuram maximizar lazer etc.

4.3 ■ APLICAÇÕES DA ANÁLISE MICROECONÔMICA

A **análise microeconômica**, ou **teoria dos preços**, como parte da Ciência Econômica, preocupa-se em explicar como se determina o preço dos bens e serviços, bem como dos fatores de produção. O instrumental microeconômico procura responder, também, a questões aparentemente triviais, por exemplo: por que, quando o preço de um bem se eleva, a quantidade demandada desse bem deve cair, *coeteris paribus*?

Entretanto, deve-se salientar que, se a teoria microeconômica não é um manual de técnicas para a tomada de decisões do dia a dia, mesmo assim ela representa uma ferramenta útil para estabelecer políticas e estratégias, dentro de um horizonte de planejamento, tanto para empresas como para políticas econômicas.

Para as **empresas**, a análise microeconômica pode subsidiar as seguintes decisões:
- política de preços da empresa;
- previsões de demanda e faturamento;
- previsões de custos de produção;
- decisões ótimas de produção (escolha da melhor alternativa de produção, isto é, da melhor combinação de fatores de produção);
- avaliação e elaboração de projetos de investimentos (análise custo-benefício da compra de equipamentos, ampliação da empresa);
- política de propaganda e publicidade (como as preferências dos consumidores podem afetar a procura do produto);
- localização da empresa (se a empresa deve situar-se próxima aos centros consumidores ou aos centros fornecedores de insumos);
- diferenciação de mercados (possibilidades de preços diferenciados, em diferentes mercados consumidores do mesmo produto).

Em relação à **política econômica**, a teoria microeconômica pode contribuir para a análise e tomada de decisões das seguintes questões:

- avaliação de projetos de investimentos públicos;
- efeitos de impostos sobre mercados específicos;
- política de subsídios (nos preços de produtos como trigo e leite, ou na compra de insumos como máquinas, fertilizantes);
- fixação de preços mínimos na agricultura;
- controle de preços;
- política salarial;
- política de tarifas públicas (água, luz e outras);
- política de preços públicos (como petróleo, aço);
- leis antitruste (controle de lucros de monopólios e oligopólios).

Como é possível observar, são decisões necessárias ao planejamento estratégico das empresas e à política e à programação econômica do setor público.

Evidentemente, a contribuição da Microeconomia está associada à utilização de outras disciplinas, como a Estatística, a Matemática Financeira, a Contabilidade e mesmo a Engenharia, de forma a dar conteúdo empírico a suas formulações e conceitos teóricos.

4.4 ■ DIVISÃO USUAL DO ESTUDO MICROECONÔMICO

A divisão tradicional da teoria microeconômica está apresentada nos próximos tópicos.

4.4.1 Análise da demanda

A teoria da demanda ou procura de uma mercadoria ou serviço divide-se em teoria do consumidor (demanda individual) e teoria da demanda de mercado.

4.4.2 Análise da oferta

A **teoria da oferta** de um bem ou serviço também se subdivide em oferta da **firma individual** e **oferta de mercado**. Na análise da oferta da firma são abordadas a teoria da produção, que analisa as relações entre quantidades físicas do produto e os fatores de produção, e a **teoria dos custos de produção**, que incorpora, além das quantidades físicas, os preços dos insumos.

4.4.3 Análise das estruturas de mercado

A partir da demanda e da oferta de mercado são determinados o preço e a quantidade de equilíbrio de um dado bem ou serviço. O preço e a quantidade, entretanto, dependerão das peculiaridades na forma ou estrutura desse mercado, ou seja, se ele é competitivo, com muitas empresas produzindo um dado produto, ou concentrado em poucas ou em uma única empresa, e se os produtos são homogêneos ou diferenciados. Dependerão também dos objetivos dos empresários, ou seja, se desejam maximizar lucros a curto prazo ou se pretendem maximizar inicialmente sua participação no mercado para afastar concorrentes etc.

Na análise das estruturas de mercado, avaliam-se os efeitos da oferta e da demanda, tanto no mercado de bens e serviços como no mercado de fatores de produção. As estruturas do **mercado de bens e serviços** são:

a) concorrência perfeita;
b) concorrência imperfeita ou monopolista;
c) monopólio;
d) oligopólio.

Dentro dos modelos de oligopólio, destacam-se os chamados **duopólios** (duas empresas concorrentes), que deram a base para a chamada Teoria dos Jogos, comentada mais adiante.

As estruturas do **mercado de fatores de produção** são:

a) concorrência perfeita;
b) concorrência imperfeita;
c) monopsônio;
d) oligopsônio.

No mercado de fatores de produção, a procura de fatores produtivos é chamada de **demanda derivada**, uma vez que a demanda por insumos (mão de obra, capital) está condicionada (ou deriva) à procura pelo produto final da empresa no mercado de bens e serviços.

A **análise do equilíbrio geral** leva em conta as inter-relações entre todos os mercados, diferentemente da análise de equilíbrio parcial, que analisa um mercado isoladamente, sem considerar suas inter-relações com os demais, ou seja, procura-se analisar se o comportamento independente de cada agente econômico conduz todos a uma posição de equilíbrio global, embora todos sejam, na realidade, interdependentes.

A **teoria do bem-estar**, ou ***welfare economics***, estuda como alcançar soluções socialmente eficientes para o problema da alocação e distribuição dos recursos, ou seja, encontrar a "alocação ótima dos recursos".

Há de se destacar que, no estudo microeconômico, um dos tópicos consiste na análise das **imperfeições de mercado**, em que são analisadas situações nas quais os preços não são determinados isoladamente em cada mercado.

Na realidade, tanto a **teoria do equilíbrio geral** e **do bem-estar** como a **teoria do consumidor** são fundamentalmente abstratas, utilizando-se, com frequência, modelos matemáticos de razoável grau de dificuldade. Como o objetivo deste livro é apresentar conceitos básicos de Economia, que deem subsídios para sua atuação no dia a dia e um melhor entendimento das principais questões econômicas de atualmente, essas teorias não serão discutidas aqui, pois não costumam ser abordadas nos cursos introdutórios de Economia, sendo normalmente ministradas ao final da disciplina de Teoria Microeconômica.

4.5 ■ DESENVOLVIMENTOS RECENTES

Fundamentalmente, a teoria microeconômica tradicional, também chamada neoclássica, baseada em princípios marginalistas, foi desenvolvida no final do século XIX e primeiras décadas do século XX. A partir de 1930, ela vem apresentando novos desenvolvimentos, aproximando seus modelos relativamente abstratos com o mundo contemporâneo. Nesse sentido, ganham destaque os estudos sobre Teoria dos Jogos, Regulamentação de Mercado e Organização Industrial.

A **Teoria dos Jogos** tem por objetivo a análise de problemas por meio da interação entre os agentes, nas quais a decisão de um indivíduo, firma ou governo afetam as decisões dos demais agentes ("jogadores"), e vice-versa. Dessa forma, a Teoria dos Jogos destaca o comportamento estratégico dos agentes.

No estudo sobre **Regulamentação de Mercados**, é importante ressaltar a existência de regras legais que regem o funcionamento dos mercados, apontando as agências e os instrumentos de que o Estado dispõe para a defesa da concorrência. Nas sociedades modernas, predominam sistemas de mercado de concorrência imperfeita, que leva à necessidade de discutir, na hipótese de imperfeições de mercado, o papel da interferência governamental para garantir o uso eficiente de recursos escassos.

Como ficará claro no decorrer da leitura deste livro, a Teoria dos Jogos e Regulamentação de Mercados representam aperfeiçoamentos da teoria microeconômica tradicional.

Já a **Teoria de Organização Industrial** parte de pressupostos diferentes da teoria tradicional. Segundo essa corrente, estudos empíricos mostram que a hipótese da maximização de lucros, fundamental no modelo neoclássico, estaria distante do que ocorre no mundo real, não explicando o comportamento empresarial em um mercado oligopolizado. As empresas de grande porte têm políticas de determinação de seu preço com base em seus custos de produção, e não são tomadoras de preço no mercado, como supõe a teoria microeconômica convencional.

Ao longo da leitura deste livro, as teorias serão discutidas com mais detalhes.

QUESTÕES

1. Qual o papel dos preços relativos na análise microeconômica?
2. No raciocínio econômico, qual a importância da hipótese do *coeteris paribus*?
3. Qual o principal campo de atuação da teoria microeconômica?
4. Como se divide o estudo microeconômico?
5. Do que trata a Teoria dos Jogos?
6. Qual a importância da Teoria da Organização Industrial dentro do estudo microeconômico?
7. Conceitue a demanda de um bem ou serviço.
8. Conceitue a oferta de um bem ou serviço.
9. Qual o significado de demanda derivada?
10. Qual o escopo da Teoria de Equilíbrio Geral?

REFERÊNCIAS

LIPSEY, R. G. *An introduction to positive economics*. 2. ed. Londres: Weidenfeld and Nicolson, 1996.

MANSFIELD, E.; YOHE, G. *Microeconomics: theory and applications*. 10. ed. New York: W. W. Norton & Company, 2000.

MUSGRAVE, R. A. *Teoria das finanças públicas*. São Paulo: Atlas, 1974. v. 1, cap. 13.

SAMUELSON, P. A.; NORDHAUS, W. D. *Economics*. 17. ed. New York: McGraw-Hill, 2001.

WESSELS, W. J. *Microeconomia*: teoria e aplicações. São Paulo: Saraiva, 2002.

5 TEORIA ELEMENTAR DO FUNCIONAMENTO DO MERCADO

André Franco Montoro Filho

5.1 ■ TEORIA ELEMENTAR DA DEMANDA

Não é objetivo deste trabalho desenvolver uma teoria completa da demanda. A intenção é fazer uma introdução ao tema e, portanto, apresentar uma visão simplificada do problema.

Costuma-se definir a **demanda individual** como a quantidade de um determinado bem ou serviço que o consumidor deseja adquirir em certo período.

Nessa definição é preciso destacar dois elementos. Em primeiro lugar, a demanda é o desejo de adquirir, é a aspiração, o plano, e não sua realização. Não se deve confundir demanda com compra, nem oferta com venda. Demanda é o desejo de comprar. Em segundo lugar, a demanda é o *fluxo* por *unidade de tempo*. A demanda se expressa por certa quantidade em dado período. Assim, deve-se dizer que Maria tem desejo de adquirir 5 kg de feijão por semana e não, simplesmente, que Maria deseja 5 kg e que essa é a sua demanda.

Porém, do que depende essa demanda ou esse desejo de adquirir? Quais são os fatores ou variáveis que influenciam na demanda?

A teoria da demanda é derivada de hipóteses sobre a escolha do consumidor entre diversos bens que seu orçamento permite adquirir. O que se almeja é explicar o processo de escolha do consumidor perante as diversas alternativas existentes. Tendo um orçamento limitado, ou seja, determinado nível de renda, o consumidor procurará distribuir esse seu orçamento (renda) entre os diversos bens e serviços de forma a alcançar a melhor combinação possível, ou seja, aquela que lhe trará maior nível de satisfação.

Suponha que um indivíduo vá almoçar em um restaurante, verifique o que influencia em sua escolha. Recebendo o cardápio, a primeira coisa que ele olha são os preços. Assim, a escolha de um determinado prato, digamos um filé, depende não só do preço do filé, mas também do preço das outras carnes, do preço das massas e outros. Pode-se facilmente ver que, quanto maior for o preço do filé, menos propenso estará o indivíduo a pedir um. Da mesma forma, quanto menor o preço dos outros pratos principais, como massas e carnes, menor desejo ele terá de comer filé. Isso ocorre porque o filé, as outras carnes e as massas são substitutos. Ele escolhe um ou outro. Dificilmente, o consumidor pedirá um frango acompanhado de um peixe. De outra parte, existem os acompanhamentos e os complementos. É um filé com fritas, ou com arroz, ou mesmo com arroz e fritas. Caso o preço dos acompanhamentos seja alto, ele reduzirá sua vontade de pedir um filé. Além dos preços, uma outra variável afeta essa escolha: a renda. Se o indivíduo não tiver dinheiro para pagar a conta, não pedirá o filé com fritas. Também o gosto do consumidor determina a escolha. Mesmo que o preço do bife de fígado e seus acompanhamentos seja baixo, o indivíduo não os pedirá caso não suporte fígado.

Demanda individual: *quantidade de um determinado bem ou serviço que o consumidor deseja adquirir em certo período.*

É possível observar, com esse exemplo, que a escolha do consumidor foi influenciada por algumas variáveis que, em geral, serão as mesmas que influenciarão em sua escolha em outras ocasiões. Dessa forma, costumam-se apresentar quatro determinantes de demanda individual::

1. preço do bem;
2. preços dos outros bens;
3. renda do consumidor;
4. gosto ou preferência do indivíduo.

Em linguagem matemática, essas relações serão expressas da seguinte forma

$$D_x = f(P_x, P_1, P_2 \ldots P_{n-1}, R, G),$$

sendo:

D_x = a demanda do bem x;
P_x = o preço do bem x;
P_i = o preço dos outros bens, $i = 1, 2, \ldots n - 1$;
R = renda;
G = preferências.

Para estudar a influência de cada fator sobre a demanda, é preciso fazer uma simplificação, pois analisar tudo em conjunto é bastante complexo e exigiria um instrumental matemático mais elaborado. A simplificação consistirá em considerar cada efeito e variável, separadamente, fazendo a hipótese de que tudo o mais permaneça constante. Essa hipótese é também conhecida como a cláusula do *coeteris paribus*. Por exemplo, *coeteris paribus* a demanda é a função do preço.

5.1.1 Relação entre quantidade demandada e preço do bem

A relação entre quantidades demandadas e preços dos bens pode ser representada da seguinte maneira:

$$D_x = f(P_x), \text{ tudo o mais permanecendo constante}$$

Normalmente, tem-se uma relação inversa entre o preço do bem e a quantidade demandada. Quando o preço do bem cai, este fica mais barato em relação a seus concorrentes e, dessa forma, os consumidores deverão aumentar seu desejo de comprá-lo. De outra parte, quando o preço cai, o indivíduo fica mais rico em termos reais. Por exemplo: com $ 100, eu posso comprar um par de sapatos se o preço for $ 100, ou dois pares se o preço cair pela metade, ou quatro pares por $ 25. Quando o indivíduo fica mais rico, normalmente aumentam suas demandas. Por essas duas razões (o bem relativamente mais barato e o consumidor com maior poder de compra), deve-se esperar que, quando o preço de um bem ou serviço cair, a quantidade demandada aumente.

Assim, quando

$$P_x \uparrow \quad , \quad D_x \downarrow$$

E quando

$$P_x \downarrow \quad , \quad D_x \uparrow$$

Essa é a hipótese plausível e já testada várias vezes para diversos produtos. Porém, há limitação: tudo o mais permanecendo constante. É um efeito isolado. Na realidade, muitos efeitos aparecem conjuntamente e é difícil fazer a separação de cada um.

Pode-se construir a curva mostrando a relação entre a demanda e o preço da mercadoria. Essa curva, chamada **curva de demanda**, mostra a relação entre o preço do bem e a quantidade desse bem que o consumidor está disposto a adquirir em certo período, tudo o mais permanecendo constante, ou seja, não variando o preço dos outros bens, a renda e o gosto do consumidor.

Curva de demanda: *mostra a relação entre a demanda e o preço da mercadoria.*

Um ponto da curva mostra a combinação de preço e quantidade. Ao preço P_x^0, a quantidade demandada será Q_x^0. A curva de demanda indica o conjunto de todas as combinações possíveis entre preços e quantidades. Quando se fala em demanda, refere-se à curva inteira, enquanto a quantidade demandada indica determinado ponto dessa mesma curva, conforme Gráfico 5.1.

GRÁFICO 5.1

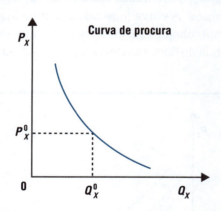

5.1.2 Relação entre a demanda de um bem e o preço dos outros bens

$$D_x = f(P_i), \text{ tudo o mais permanecendo constante}$$

Para essa função, não existe relação geral: o aumento do preço do bem i poderá aumentar ou reduzir a demanda do bem x. A reação depende do tipo de relação existente entre os dois bens.

a) Se o aumento do preço do bem i aumentar a demanda do bem x, os bens i e x serão chamados substitutos ou concorrentes. No exemplo do restaurante, o filé e as massas são **bens substitutos**. Também são substitutos a manteiga e a margarina, o transporte por trem e por avião, o café e o chá, entre outros.

Bens substitutos: *quando o aumento de um bem aumenta a demanda de outro.*

Como sugerem os exemplos, **bens concorrentes** são aqueles que guardam relação de substituição. Consome-se um ou outro. O consumo de um pode substituir o consumo do outro.

Bens concorrentes: *aqueles que guardam uma relação de substituição, isto é, quando se consome um bem em lugar de outro.*

Graficamente, essa relação é apresentada de duas formas. Em primeiro lugar, na forma direta, conforme Gráfico 5.2.

GRÁFICO 5.2

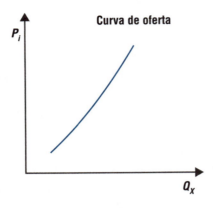

A outra forma é por meio de deslocamentos da curva de demanda. Quando o preço do bem i (i e x substitutos) aumenta ao mesmo preço do bem x (P_x^0), a quantidade demandada desse bem cresce. A curva (inteira) de demanda se desloca para a direita. Com raciocínio semelhante, chega-se à conclusão de que, quando o preço do bem i diminui, a curva de demanda do bem x se desloca para a esquerda, conforme Gráfico 5.3.

GRÁFICO 5.3

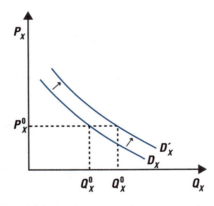

b) Se o aumento do preço do bem i ocasionar uma queda na demanda do bem x, serão chamados de **bens complementares**. É o caso de pneumáticos e câmaras de ar, pão e manteiga, caneta e tinta, entre outros. Como se pode observar, bens complementares são aqueles que, em geral, são consumidos *conjuntamente*. Sua complementaridade pode ser técnica, caso do automóvel e da gasolina, ou psicológica, como trabalhar com música.

Assim como ocorre com os bens concorrentes, existem duas formas de mostrar a relação entre o preço do bem i e a demanda do bem x — diretamente ou por meio de deslocamentos na curva de demanda do bem x. Só que aqui, como é fácil verificar, o deslocamento será em sentido oposto ao caso apresentado anteriormente, em que existia relação de substituição entre os bens de acordo com o Gráfico 5.4.

GRÁFICO 5.4

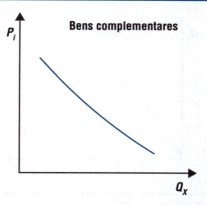

O deslocamento na curva de demanda do bem x causado por um aumento no preço de um bem complementar está representado no Gráfico 5.5.

GRÁFICO 5.5

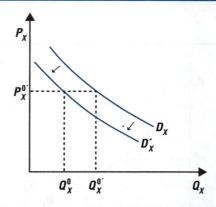

5.1.3 Relação entre a demanda por um bem e a renda do consumidor

$D_x = f(R)$, *tudo o mais permanecendo constante*

Em geral, existe uma relação crescente e direta entre a renda e a demanda por um bem ou serviço. Quando a renda cresce, a demanda do bem deve aumentar. O indivíduo, ficando mais rico, vai desejar aumentar seu padrão de consumo e, portanto, demandar maiores quantidades de bens e serviços.

Essa é a regra. Como toda boa regra, ela admite exceções. Em primeiro lugar, é possível que o indivíduo esteja totalmente satisfeito com o consumo de determinado bem e, portanto, não altere a quantidade demandada por unidade de tempo, quando sua renda aumentar. É o caso do consumo saciado. Outra exceção encontra-se nos chamados bens inferiores. Esses são bens cuja demanda se reduz quando a renda aumenta. Por exemplo, a demanda por carne de segunda se reduz quando o indivíduo aumenta seus ganhos, pois ele passará a demandar carne de primeira e não mais de segunda.

Esses três casos são apresentados no Gráfico 5.6. A curva (1) é a dos **bens normais**, enquanto a (2) é a dos **bens de consumo saciado** e a (3), dos **bens inferiores**.

GRÁFICO 5.6

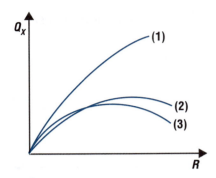

A relação entre a renda e a demanda por determinado bem pode ser apresentada na forma de deslocamentos da curva de demanda. Para os bens normais, um aumento de renda deslocará a curva para a direita, como mostra o Gráfico 5.7. Para os bens inferiores, o deslocamento será para a esquerda. O leitor pode fazer o gráfico sobre bens de consumo saciado.

GRÁFICO 5.7

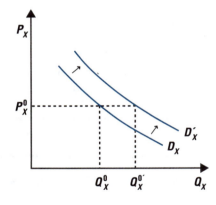

5.1.4 Relação entre a demanda do bem e o gosto do consumidor

Por fim, resta examinar a influência do gosto ou da preferência do consumidor sobre sua demanda. Essa relação será estudada por meio de um exemplo.

Suponha que seja feita grande campanha publicitária incentivando a população a beber mais leite. Nessa campanha, é apresentado o valor nutritivo do leite e os benefícios que ele traz para a saúde. O povo é despertado por essa propaganda e resolve tomar mais leite. O que ocorrerá com a curva de demanda por leite? É fácil responder. A curva se deslocará para a direita.

5.1.5 Curva de demanda de mercado

Demanda de mercado: *soma das demandas individuais.*

Até agora abordou-se a demanda individual. E a demanda de mercado? A **demanda de mercado** é a soma das demandas individuais. Suponha que, a determinado preço, o consumidor A deseja adquirir 10 maços de cigarros, o B deseja 7 e o C, 5. Sendo o mercado constituído por essas pessoas, a demanda de mercado será de 22 maços de cigarros, pelo preço dado.

Em termos rigorosos, diz-se que a curva de demanda de mercado é a soma horizontal das curvas de demanda dos indivíduos que compõem esse mercado. É chamada horizontal porque somente se somam as quantidades e não os preços. A Tabela 5.1 apresenta um exemplo para um mercado constituído de três pessoas.

TABELA 5.1

Preço	Consumidor A	Consumidor B	Consumidor C	Mercado
2.500	4	5	12	21
2.000	14	10	22	46
1.500	24	15	32	71
1.000	34	20	42	96
500	44	25	52	121

5.2 ■ TEORIA ELEMENTAR DA OFERTA

Define-se **oferta** como a quantidade de um bem ou serviço que os produtores desejam vender por unidade de tempo. Novamente, é preciso destacar os dois elementos. A oferta é um desejo, um plano, uma aspiração. E a demanda é um fluxo por unidade de tempo (Gráfico 5.8).

Oferta: *quantidade de bem ou serviço que os produtores desejam vender por unidade de tempo.*

GRÁFICO 5.8

Do mesmo modo que a demanda, a oferta de um bem depende de inúmeros fatores, os quais serão discutidos a seguir.

A oferta do bem depende de seu próprio preço. Admitindo a hipótese *coeteris paribus*, quanto maior for o preço do bem, mais interessante será produzi-lo e, portanto, a oferta será maior. Relacionando a quantidade ofertada de um bem com seu preço, obtém-se a curva de oferta.

A oferta do bem x depende dos preços dos fatores de produção. De fato, o preço dos fatores, juntamente da tecnologia empregada, determina o custo de produção. Havendo aumento do preço do fator, aumentará o custo de produção. Os bens em cuja produção se empregam grandes quantidades desse fator sofrerão aumentos de custo significativos, enquanto os que pouco o utilizam sofrerão menos.

Por exemplo, aumentando o preço da terra, tem-se grande aumento no custo de produção de café, enquanto em outros setores que aproveitam em menor intensidade o fator terra, têm-se aumentos menores de custos. Assim, a mudança no preço do fator acarretará alterações na lucratividade relativa das produções, e isso ocasionará deslocamentos nas curvas de ofertas das diferentes mercadorias.

O mesmo raciocínio pode ser feito em relação à mudança na tecnologia de produção. Os bens que mais se beneficiarem da mudança tecnológica terão uma lucratividade aumentada, e assim surgirão deslocamentos nas curvas de oferta de diversos bens e serviços.

A oferta de um bem pode ser alterada por mudança nos preços dos demais bens produzidos. Se os preços dos demais bens subirem e o preço do bem x permanecer idêntico, sua produção tornar-se-á menos atraente em relação à produção dos outros bens, consequentemente diminuindo sua oferta. Nesse caso, há deslocamento da curva de oferta para a esquerda.

É possível sintetizar essas relações matematicamente:

$$O_x = f(P_x, P_1 \ldots P_{n-1}, \pi_1, \pi_2, \ldots \pi_m, T)$$

em que:

O_x = quantidade ofertada do bem x;

P_x = o preço do bem x;

P_1 = o preço do bem i, $i = 1, 2 \ldots n - 1$;

π_j = o preço dos fatores de produção, $j + 1, 2 \ldots m$;

T = tecnologia.

5.3 ■ O EQUILÍBRIO DE MERCADO

O preço na economia de mercado é determinado tanto pela oferta como pela demanda. Colocando em único gráfico as curvas de oferta e de demanda, sabe-se que a curva de demanda, que representa o desejo dos consumidores, é decrescente, e a de oferta, crescente (Gráfico 5.9).

GRÁFICO 5.9

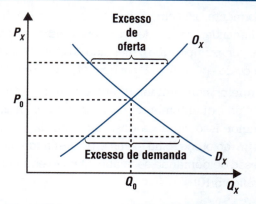

A interseção das curvas será E, ponto ao qual correspondem o preço P_0 e a quantidade Q_0. Esse ponto, se existir, será único, pois a curva de demanda é decrescente e a de oferta, crescente. Nesse ponto, a quantidade que os consumidores desejam comprar é exatamente igual àquela que os produtores desejam vender, isto é, existe coincidência de desejos.

Para qualquer preço superior a P_0, a quantidade que os ofertantes desejam vender é maior que aquela que os consumidores desejam comprar. Em linguagem técnica, existe excesso de oferta. Quanto maior o preço, maior será o excesso de oferta. De outra parte, para qualquer preço inferior a P_0, surgirá excesso de demanda. Quanto menor o preço, maior será o excesso de demanda. Em qualquer dessas situações, não existe compatibilidade de desejos.

Observe o que ocorre nestas situações:

I — quando existir **excesso de demanda**, surgirão pressões para que os preços subam, pois:
   a) os compradores, incapazes de comprarem tudo o que desejam ao preço existente, dispõem-se a pagar mais;
   b) os vendedores veem a escassez e percebem que podem elevar os preços sem queda em suas vendas.

II — quando existir **excesso de oferta** surgirão pressões para os preços caírem, pois:
   a) os vendedores percebem que não podem vender tudo o que desejam, seus estoques aumentam e, assim, passam a oferecer a preços menores;
   b) os compradores notam a fartura e passam a regatear o preço.

No ponto E (P_0, Q_0), não existem pressões para alterações nos preços. Nesse ponto, os planos dos compradores são consistentes com o dos vendedores. Sendo o único nessas condições, o ponto E é o ponto de equilíbrio das curvas de oferta e demanda. O preço P_0 é o preço de equilíbrio e Q_0, a quantidade de equilíbrio.

5.3.1 Mudanças do ponto de equilíbrio devido a deslocamentos das curvas de oferta e demanda

Como visto anteriormente, existem vários fatores que podem provocar deslocamentos das curvas de oferta e demanda. Ora, um deslocamento desse tipo provocará outro do ponto de equilíbrio. Suponha, por exemplo, que o mercado do bem x está em equilíbrio, e x é um bem não inferior. O preço do equilíbrio é $\overline{P}$ e a quantidade de equilíbrio é $\overline{Q}$.

Suponha agora que os consumidores tenham aumento de renda real (aumento de poder aquisitivo). Consequentemente, *coeteris paribus*, a demanda do bem x, ao mesmo preço, será maior. Isso significa deslocamento da curva de demanda para a direita, para $D'D'$. Assim, ao preço $\overline{P}$, há excesso de demanda, provocando aumento de preços até que o excesso de demanda se acabe. O novo equilíbrio ocorrerá pelo preço $\overline{P}'$ e quantidade $\overline{Q}'$ (Gráfico 5.10).

GRÁFICO 5.10

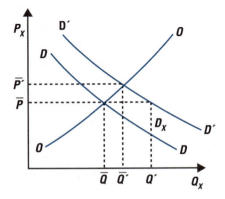

Da mesma forma, deslocamento da curva de oferta afeta a quantidade e o preço de equilíbrio. Suponha, para exemplificar, que os preços das matérias-primas do bem x reduzam-se. Consequentemente, a curva de oferta do bem x se desloca para a direita. Por raciocínio análogo ao anterior, é possível perceber que o preço de equilíbrio se tornará menor e a quantidade, maior (Gráfico 5.11).

GRÁFICO 5.11

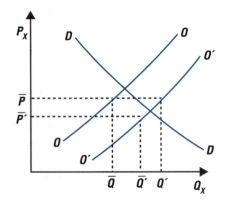

5.3.2 Elasticidade-preço da demanda

Sabe-se que mudanças nos preços dos bens, *coeteris paribus*, provocam mudanças nas quantidades demandadas. Será agora analisado o grau em que a quantidade demandada responde a uma variação nos preços. Suponha que a situação de equilíbrio seja modificada por um aumento da oferta. A nova posição de equilíbrio vai depender da curva de demanda do referido bem (Gráfico 5.12).

GRÁFICO 5.12

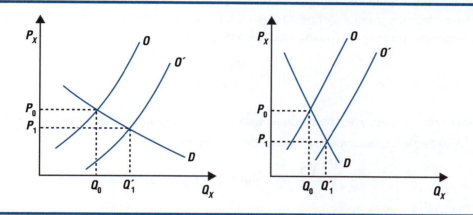

Em ambos os casos apresentados no Gráfico 5.12, as curvas O e O' são as mesmas, assim como o preço e a quantidade inicial de equilíbrio.

No caso 1, ocorreram grande aumento na quantidade de equilíbrio e pequena variação no preço. No caso 2, foi o oposto, isto é, existiram pequeno acréscimo na quantidade e grande redução no preço.

A importância dessas diferenças nas respostas da demanda a variações nos preços pode ser explicada pelo seguinte exemplo: suponha que o governo deseje aumentar o consumo de batatas e conceda estímulo a seus produtores. Estes reagem ao estímulo, aumentando a oferta (deslocamento da curva). Se o mercado de batatas for do tipo do caso 1, o governo obterá bons resultados: ocorreram grande aumento do consumo e pequena redução nos preços. Já o mesmo não ocorrerá no caso 2. Nessa situação, os resultados obtidos serão fracos. O aumento na quantidade consumida será pequeno, apesar da grande redução nos preços. Como se poderia medir essa sensibilidade da demanda a mudanças nos preços? Qual medida utilizar?

É possível pensar no coeficiente angular, mas esse não seria o meio correto, pois dependeria das unidades de medidas utilizadas. Por exemplo, caso a demanda por batatas fosse mensurada em quilos, horizontal (caso 1), e, se a demanda fosse medida em toneladas, a curva tenderia a ser vertical (caso 2). Nesse caso, para o mesmo fenômeno, medidas de sensibilidade seriam diferentes, pela simples modificação das unidades de medida.

É possível também pensar em acréscimos absolutos. Se o preço aumentasse $ 10, a quantidade se reduziria em 200 unidades. Essa também não seria uma medida apropriada, pois é muito diferente um aumento de $ 10 no preço de 1 kg de feijão, de um aumento de $ 10 no preço de um carro. Se essa medida fosse utilizada, não seria possível fazer comparações entre os diversos bens. Aumento de $ 10 no preço de veículos não significa nada. Porém, o aumento de $ 10 no preço do quilo de feijão no mínimo derrubaria o Ministro da Fazenda.

A forma correta e usada em Economia para medir a sensibilidade da demanda e as variações nos preços é a elasticidade-preço da demanda, na qual se relacionam a variação porcentual da quantidade e do preço. Pode-se agora introduzir o conceito de elasticidade-preço da demanda.

Elasticidade-preço da demanda é a variação porcentual de quantidade demandada do bem x, para cada unidade de variação porcentual no preço do bem x. Dessa forma, matematicamente, define-se elasticidade-preço da demanda como a relação das porcentagens da variação da quantidade e do preço do bem x:

> **Elasticidade-preço da demanda:** *variação porcentual de quantidade demandada do bem x para cada unidade de variação porcentual no preço do bem x.*

$$\eta_D = \frac{\text{Var.\%}\ Q_x}{\text{Var.\%}\ P_x}$$

ou seja, como a relação das porcentagens da variação da quantidade e do preço do bem x.

A variação porcentual da quantidade é dada por:

$$\frac{\Delta Q}{Q}, \text{ em que } \Delta Q = Q_2 - Q_1$$

A variação porcentual do preço é (Gráfico 5.13):

$$\frac{\Delta P}{P}, \text{ em que } \Delta P = P_2 - P_1.$$

GRÁFICO 5.13

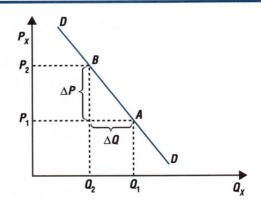

Na situação inicial, o preço do bem x é P_1 e a quantidade demandada é Q_1. No segundo momento, o preço mudou para P_2, em que $P_2 > P_1$. Logicamente, a quantidade demandada passa a ser $Q_2 < Q_1$.

5.3.3 Elasticidade no ponto e no arco

A elasticidade-preço da demanda no ponto A será:

$$\eta_D^A = \frac{\text{Var.\%}Q}{\text{Var.\%}P} = \frac{\Delta Q}{\Delta P} \cdot \frac{P^1}{Q_1}$$

Caso o interesse estivesse no ponto B, seria:

$$\eta_D^A = \frac{\text{Var.\%}Q}{\text{Var.\%}P} = \frac{\Delta Q}{\Delta P} \cdot \frac{P_2}{Q_2}$$

Porém, e se o interesse for a elasticidade entre os pontos A e B, ou seja, a elasticidade no arco AB? Para melhor compreensão desse problema, considere a seguinte curva de demanda (Tabela 5.2):

$$Q_D = 10 - 2p$$

em que:

Q_D = quantidade demandada;

p = preço.

TABELA 5.2

Q_D	P
10	0
8	1
6	2
4	3
2	4
0	5

Inicia-se no preço 2 e, portanto, quantidade 6. Em um segundo momento, o preço passa a 4 e a quantidade demandada torna-se 2. Resumindo:

ponto A — $P_1 = 2$, $Q_1 = 6$
ponto B — $P_2 = 4$, $Q_2 = 2$

Logo:

$\Delta Q = Q_2 - Q_1 = -4$
$\Delta P = P_2 - P_1 = 2$

e $\dfrac{\Delta Q}{\Delta P} = \dfrac{-4}{2} = -2$

O leitor já deve ter observado que $\dfrac{\Delta Q}{\Delta P}$ é a declividade ou o coeficiente angular da curva de demanda. Como a curva de demanda é normalmente decrescente, o coeficiente angular é negativo. Assim, a elasticidade-preço da demanda é também *negativa*. A razão para ser negativa decorre do fato de que, quando os preços aumentam, a quantidade demandada diminui. O contrário ocorre quando os preços caem. As variações de preços e quantidades têm sentidos opostos. Logo, a elasticidade é, em geral, negativa.

Volte ao exemplo dado. Pode-se calcular a elasticidade no ponto A:

$$\eta_D^A = -2 \cdot \frac{2}{6} = -\frac{2}{3}$$

No ponto B, tem-se:

$$\eta_B^D = -2 \cdot \frac{4}{2} = -4$$

Então, qual será a elasticidade no arco AB? Qual a elasticidade no intervalo entre os pontos A e B, já que a elasticidade no ponto A é diferente da elasticidade no ponto B? Para resolver essa questão, usa-se a seguinte fórmula:

$$\eta_D^{AB} = \frac{\Delta Q}{\Delta P} \cdot \frac{\frac{P_1 + P_2}{2}}{\frac{Q_1 + Q_2}{2}} = \frac{\Delta Q}{\Delta P} \cdot \frac{P_1 + P_2}{Q_1 + Q_2}$$

Ou seja, toma-se a média aritmética das quantidades e a dos preços. Essa é a **elasticidade no arco** ou no **ponto médio**. Calculando-se pelo exemplo dado:

$$\eta_D^{AB} = -2 \cdot \frac{4+2}{2+6} = -2 \cdot \frac{6}{8} = -\frac{3}{2}$$

Em geral, o conceito de elasticidade é utilizado em referência a determinado ponto, preço e quantidade. É bom notar, e o exemplo mostra, que a elasticidade varia conforme o ponto escolhido. Nesse sentido, não é correto afirmar, a não ser em casos especiais, que a elasticidade da demanda é x. Deve-se afirmar, por exemplo, que no ponto A a elasticidade é $-\frac{2}{3}$, no ponto B é -4. Ou no arco compreendido entre A e B é $-\frac{3}{2}$.

Cumpre frisar que, no exemplo, o arco escolhido foi muito grande e, dessa forma, as diferenças entre as elasticidades são bastante acentuadas. Em casos práticos, entretanto, o arco é menor e, portanto, a elasticidade no arco ou nos pontos extremos é bastante próxima.

5.3.4 Definições

Em valor absoluto, a elasticidade varia entre zero e infinito. Desse modo, dividem-se as demandas de bens em três categorias, no que se refere à elasticidade-preço da demanda:

1. demanda inelástica, quando $\eta_D > -1$ ou $|\eta_D| < 1$
2. demanda de elasticidade unitária, quando $\eta_D = -1$ ou $|\eta_D| = 1$
3. demanda elástica, quando $\eta_D < -1$ ou $|\eta_D| > 1$

No caso 1 — demanda inelástica —, tem-se a situação na qual a variação porcentual da quantidade demandada é menor que a variação porcentual dos preços, ou seja, % Var. Q < %Var. P.

No caso 2, ocorre igualdade entre essas variações percentuais.

No caso 3 — demanda elástica —, verifica-se o inverso do caso 1, isto é, a variação porcentual da quantidade demandada é maior do que a variação porcentual de preços, ou seja, % Var. Q > % Var. P.

Nos casos 1 e 3 têm-se dois extremos. O primeiro, de demanda inelástica, é aquele em que $\eta_D = 0$. Isso significa que qualquer variação nos preços não provocará variação na quantidade demandada, conforme Gráfico 5.14.

GRÁFICO 5.14

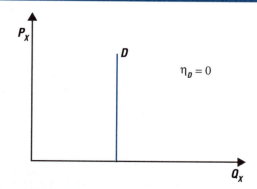

O segundo caso extremo, que se encaixa dentro do item de demanda elástica, é aquele no qual se tem $\eta_D \to \infty$, ou seja, a quantidade demandada pode variar sem que haja modificação no preço, conforme Gráfico 5.15.

GRÁFICO 5.15

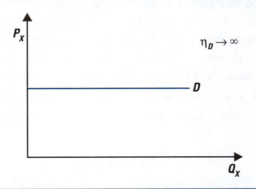

5.3.5 Relação entre receita total e elasticidade

A receita total que as empresas produtoras de determinado bem recebem é obviamente igual à quantidade vendida vezes o preço da mercadoria. Da mesma forma, a despesa total dos consumidores com esse bem é igual à quantidade comprada vezes seu preço. A despesa dos consumidores na compra de determinado bem é igual à receita total de seus produtores. Assim, tudo a respeito da receita das empresas valerá, com as devidas adaptações, para a despesa dos consumidores.

Suponha que, em certo mercado, o preço de equilíbrio seja P_0 e a quantidade, Q_0 e observe o Gráfico 5.16

GRÁFICO 5.16

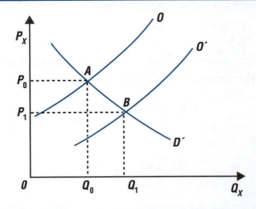

Nesse mercado, a receita total dos produtores será:

$$RT_0 = P_0 \cdot Q_0 = OP_0AQ_0$$

Agora suponha que a oferta aumente. O leitor já sabe que isso é representado no gráfico por meio de deslocamento da curva de oferta para a direita. O novo preço de equilíbrio será P_1, que é menor que P_0. Porém, a nova quantidade de equilíbrio será Q_1, que é maior que Q_0. A esse preço e quantidade, a receita total será:

$$RT_1 = P_1 \cdot Q_1 = OP_1BQ_1$$

Essa receita é maior ou menor que RT_0? O preço é menor, mas a quantidade é maior. Apenas com essas informações nada se pode afirmar.

Existe, entretanto, uma forma de saber se houve ou não aumento da receita, por meio da comparação entre as variações na receita total e a elasticidade-preço da demanda. No intervalo considerado, ou seja, entre os pontos A e B, assuma que a demanda seja elástica; portanto, a variação porcentual na quantidade (para mais) será maior que a variação porcentual (redução) nos preços. Portanto, haverá acréscimos na receita total das empresas produtoras do bem em questão. O que as empresas ganham com o aumento da quantidade supera o que perdem devido à redução nos preços.

Raciocine, então, a partir do exemplo apresentado. De acordo com o argumento exposto, sendo a demanda elástica, a receita total no instante zero é menor que a do instante um, ou seja:

$$RT_0 < RT_1$$

É fácil provar graficamente essa afirmativa. Para que a desigualdade mencionada seja verdadeira, é preciso que o retângulo P_1P_0AC seja menor que o retângulo Q_0CBQ_1:

$$P_1P_0AC < Q_0CBQ_1$$

Ora, sendo a demanda elástica no ponto B, tem-se:

$$\eta_D^B = \frac{\frac{\Delta Q}{Q_1}}{\frac{\Delta P}{P_1}} > 1$$

logo:

$$\frac{\Delta Q}{Q_1} > \frac{\Delta P}{P_1}$$

Essa expressão simplesmente indica que a variação porcentual da quantidade é maior que a variação porcentual dos preços. Portanto:

$$\Delta Q \cdot P_1 > \Delta P \cdot Q_1 > \Delta P Q_0$$

ou seja,

$$Q_0CBQ_1 > P_1P_0AC$$

logo:

$$RT_1 > RT_0$$

Dessa forma, pode-se concluir que, sendo a demanda elástica, a receita total das empresas aumenta quando os preços se reduzem e diminui quando eles sobem.

No caso de a demanda ser inelástica no intervalo considerado, ocorre o oposto. A variação porcentual dos preços é maior que a variação porcentual da quantidade. Logo, com a queda dos preços, a receita cai, e, com o aumento, a receita total torna-se maior.

Finalmente, no caso de elasticidade igual a 1, a receita total permanecerá constante.

Resumindo, tem-se resultados conforme Tabela 5.3.

TABELA 5.3

Valor numérico da elasticidade	Preço de X	Receita total
$\eta_D < -1$	aumenta (ou diminui)	diminui (ou aumenta)
$\eta_D = -1$	aumenta (ou diminui)	permanece constante
$\eta_D > -1$	aumenta (ou diminui)	aumenta (ou diminui)

5.3.6 Fatores que influenciam na elasticidade-preço da demanda

Existem muitos fatores que determinam o valor da elasticidade de um bem. É muito difícil *a priori* afirmar que um bem tenha demanda **elástica** ou **inelástica**. Entretanto, existem certos elementos que podem explicar ou influenciar na elasticidade. Deve o leitor ficar precavido a respeito deles. Não há nada de definitivo, e os elementos que serão apresentados devem ser entendidos como subsídios à compreensão de por que a demanda por certos bens tem elasticidade maior que a de outros.

1. **A existência de bens substitutos:** é de esperar que, quanto melhores substitutos tiver o bem, maior deverá ser sua elasticidade. A razão para isso é que o consumidor poderá substituir o bem cujo preço aumentar por um outro que lhe seja concorrente. Assim, se o preço da Coca-Cola aumentar, o indivíduo poderá passar a beber guaraná ou outro refrigerante. Com pequeno aumento no preço, haverá grande redução na quantidade demandada. Desse modo, a elasticidade vai depender da forma com que o bem é definido. Quanto mais ampla for a definição, menor deverá ser a elasticidade do bem. No exemplo, a elasticidade da Coca-Cola será certamente maior que a de outros refrigerantes. O leitor saberá ordenar os bens a seguir de acordo com a elasticidade-preço da demanda? Bens: vegetais, tomates, alimentação.

2. **O peso do bem no orçamento:** influi na elasticidade-preço. Se for pouco substituível, quanto menor seu peso no orçamento, menor será sua elasticidade. Como exemplo, estão o cafezinho e o sal de cozinha.

3. **Essencialidade do bem:** fator importante para determinar sua elasticidade. Quanto mais essencial for o bem, menor deverá ser sua elasticidade-preço.

5.3.7 Elasticidade-preço cruzada da demanda

O conceito de elasticidade-preço cruzada é bastante semelhante ao conceito de elasticidade-preço da demanda. A diferença reside em que se comparam variações porcentuais de quantidade demandada de um bem com variações porcentuais de preço de outro bem. Elasticidade-preço cruzada entre os bens *x* e *y* é a variação porcentual de quantidade demandada do bem *x*, para cada unidade de variação porcentual do preço *y* (admitindo-se constante o preço do bem *x*, da renda, dos gastos, ou seja, condição *coeteris paribus*):

$$\eta_{xy} = \frac{\text{Var.\% } Q_x}{\text{Var.\% } P_y} = \frac{\Delta Q_x}{\Delta P_y} \cdot \frac{P_y}{Q_x}$$

A razão $\dfrac{\Delta Q_x}{\Delta P_y}$ poderá assumir valores desde $-\infty$ até $+\infty$. Se a razão $\dfrac{\Delta Q_x}{\Delta P_y} < 0$ e, consequentemente, $\eta_{xy} = \dfrac{\Delta Q_x}{\Delta P_y} \cdot \dfrac{P_y}{Q_x} < 0$, os bens x e y serão complementares, ou seja, quando o preço do bem y aumentar, a quantidade demandada do bem x diminuirá. Como exemplo, pode-se citar o caso do café e do açúcar. Se o preço do café subir, diminui seu consumo e, consequentemente, também o do açúcar:

$$\eta_{AC} = \dfrac{\Delta Q_A}{\Delta P_C} \cdot \dfrac{P_C}{Q} < 0$$

Se a razão $\dfrac{\Delta Q_x}{\Delta P_y} > 0$ e, portanto, $\eta_{xy} = \dfrac{\Delta Q_x}{\Delta P_y} \cdot \dfrac{P_y}{Q_x} > 0$, tem-se o caso dos bens substitutivos ou sucedâneos, no qual, quando subir o preço do bem x, aumentará a quantidade demandada do bem y. Exemplo clássico é a relação existente entre a manteiga e a margarina. Subindo o preço da manteiga, aumenta o consumo da margarina.

5.3.8 Elasticidade-renda da demanda do bem x

Elasticidade-renda da demanda é a variação porcentual da quantidade demandada de um bem x para cada unidade de variação porcentual da renda do consumidor:

$$\eta_{xy} = \dfrac{\text{Var.\% } Q}{\text{Var.\% } R} = \dfrac{\Delta Q}{\Delta R} \cdot \dfrac{R}{Q}$$

O conceito de elasticidade-renda é bastante similar aos anteriores. Procura-se medir o que ocorrerá quando houver variação na renda do consumidor. Normalmente, quando se tem aumento da renda, intuitivamente se espera aumento da quantidade demandada de qualquer bem. Assim, ter-se-ia::

$$\eta_r = \dfrac{\Delta Q}{\Delta R} \cdot \dfrac{R}{Q} > 0$$

Entretanto, no caso dos bens inferiores, a elasticidade-renda será negativa.

5.3.9 Elasticidade-preço de oferta do bem x

Do mesmo modo que a elasticidade de demanda, a elasticidade de oferta se define como a variação porcentual na quantidade ofertada do bem x para cada unidade de variação porcentual no preço do bem x:

$$E_0 = \dfrac{\text{Var\% } Q}{\text{Var.\% } P} = \dfrac{\Delta Q}{\Delta P} \cdot \dfrac{P}{Q}.$$

Se

$E_o > 1$ = oferta elástica;

$E_o = 1$ = oferta de elasticidade unitária;

$E_o < 1$ = oferta inelástica.

Ao contrário da elasticidade da demanda, a elasticidade-preço da oferta é positiva. Isso ocorre porque as variações de preço e quantidade são no mesmo sentido. Ao aumentar o preço, aumenta-se a quantidade oferecida.

5.3.10 Casos particulares

1. **Elasticidade-preço da oferta zero:** neste caso, a curva de oferta será vertical. A qualquer preço a quantidade ofertada será a mesma (Gráfico 5.17).

GRÁFICO 5.17

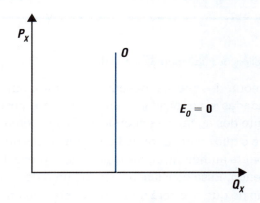

2. **Elasticidade-preço da oferta infinita:** a curva de oferta será horizontal (Gráfico 5.18).

GRÁFICO 5.18

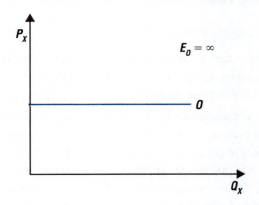

3. **Elasticidade-preço da oferta unitária:** qualquer curva de oferta passando pela origem tem elasticidade-preço unitária. Fica a cargo do leitor provar essa propriedade (Gráfico 5.19).

GRÁFICO 5.19

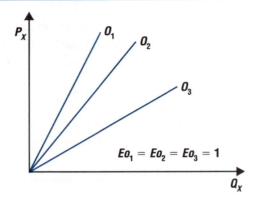

5.3.11 Algumas aplicações da teoria de mercado

Nesta seção, a teoria dos preços, desenvolvida anteriormente, bem como sua utilidade, serão estudadas e verificadas, para saber se é possível fazer predições sobre o comportamento dos agentes econômicos. Já se abordaram o mecanismo da formação dos preços e o que ocorre quando há modificações do equilíbrio. Por exemplo, viu-se que, se a oferta aumentar, *coeteris paribus*, o preço de equilíbrio deve cair e a quantidade, aumentar. Essa conclusão, além de uma dedução lógica da teoria, é também uma previsão do que ocorrerá quando a oferta aumentar.

A teoria de preços desenvolvida, apesar de elementar, é muito poderosa na aplicação a uma série de situações concretas, como se verá adiante. Essa análise serve para ilustrar a aplicação teórica de preços e, ao mesmo tempo, proporcionar ao leitor a prática em análise econômica. O entendimento da forma de raciocínio econômico é fundamental. O leitor, assimilando-a, será capaz de tratar corretamente situações do mundo real, que se diferem um pouco dos exemplos dados, ou mesmo analisar novas situações.

5.3.12 Fixação de preços mínimos

São muito comuns a fixação ou a garantia de preços mínimos. Essas medidas visam proteger os produtores, em geral agrícolas, das flutuações de mercado, ou melhor, defendê-los de possível queda acentuada nos preços de seus produtos.

Antes de analisar o mecanismo de preços mínimos, é importante ver o que ocorreria se não houvesse essa política e quais as consequências disso. Baseie seu raciocínio em produtos agrícolas. Em determinado ano, há grande safra de amendoim e, portanto, haverá grande oferta. Os preços de equilíbrio serão baixos e algumas vezes inferiores ao custo de produção. O que ocorrerá com a receita total dos agricultores? Diminuirá. O leitor já deve saber que essa redução não é causada apenas pela queda de preços, mas também pelo fato de a demanda ser inelástica. Caso fosse elástica, a receita total aumentaria, apesar da queda de preços. Porém, em geral, a demanda por produtos agrícolas é inelástica. Tem-se assim a primeira repercussão: a renda dos agricultores diminui.

Os produtores, ao verem a sua renda diminuir, alterarão seus planos em referência ao próximo ano. Sentir-se-ão desestimulados a plantar amendoim, e alguns, ou muitos, passarão a plantar cebolas, cujo preço é alto. A oferta de amendoim do ano seguinte cairá e a de cebolas, aumentará. O preço do amendoim subirá. Haverá escassez no mercado, além de prejuízo para os consumidores e para a indústria de óleo e outros derivados. No mercado de cebola ocorrerá o inverso: os preços cairão e a renda dos plantadores reduzir-se-á. Talvez no outro ano a situação se inverta, e assim por diante.

Para evitar essas flutuações e os prejuízos decorrentes, o governo interfere no mercado e fixa preços mínimos para o amendoim, ou seja, garante aos produtores uma determinada remuneração mínima. Essa política será analisada por meio de gráficos.

O preço mínimo é P_M e o preço de equilíbrio é P_0. Como o preço mínimo é inferior ao de mercado, ninguém vai usar essa garantia. De fato, é melhor para o produtor vender diretamente ao mercado, no qual recebe P_0 por unidade vendida, do que recorrer às autoridades para receber P_M por unidade. A única vantagem do preço mínimo, nessas circunstâncias, é psicológica. Os produtores estão garantidos contra uma queda acentuada no preço.

Primeiro caso: preço de equilíbrio do mercado superior ao preço mínimo, conforme Gráfico 5.10.

GRÁFICO 5.20

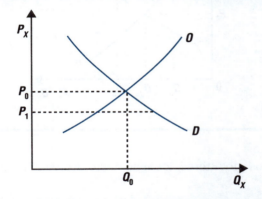

Segundo caso: preço de mercado inferior ao preço mínimo estabelecido, conforme Gráfico 5.21.

GRÁFICO 5.21

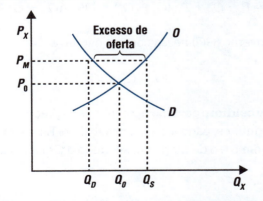

Nesse caso, haverá excesso de oferta. Os produtores preferirão vender ao preço P_M a fazê-lo ao preço P_0, pois $P_M \geq P_0$. A quantidade oferecida a esse preço (P_M) será Q_S. A quantidade demandada será Q_0. O excesso de oferta será a diferença: $Q_S - Q_0$.

O governo precisa, então, intervir nesse mercado, podendo fazê-lo por meio de dois programas:

1. **Programa de compras:** o governo compra o excedente ao preço P_M. Pode-se representar essa intervenção por meio de deslocamento para a direita da curva de demanda. A razão para essa representação é fácil de ser entendida. A curva de demanda D, nesse caso, é a curva de demanda de mercado. Com o governo surge mais um elemento demandando o bem. Logo, a curva de demanda de mercado, sendo a somatória das curvas de demanda individuais, desloca-se para a direita, segundo o Gráfico 5.22:

GRÁFICO 5.22

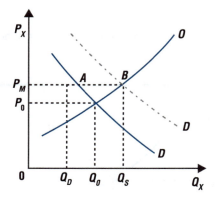

A receita total dos produtores, igual ao gasto dos consumidores mais o gasto do governo, é:

$$RT = P_M \cdot Q_S = OP_M B Q_S$$

que pode ser dividido em

$$RT = P_M \cdot Q_D + P_M (Q_S - Q_D) = OP_M A Q_D + Q_D A B Q_S$$

ou seja, o gasto do governo (GG) nessa compra é igual a

$$GG = Q_D A B Q_S$$

2) **Programa de subsídio:** o governo permite que os preços caiam, mas, para manter a receita dos produtores, paga a estes um subsídio. Esse é exatamente a diferença entre o preço mínimo e o de mercado, segundo o Gráfico 5.23.

GRÁFICO 5.23

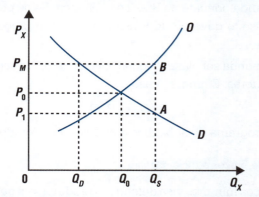

Para que os consumidores adquiram a quantidade Q_S, é preciso que o preço seja P_1. Os produtores recebem dos consumidores o preço P_1 e o governo paga um subsídio por unidade vendida igual a $P_M - P_1$, de forma que os produtores mantenham uma receita total igual a:

$$RT = P_M \cdot Q_S = OP_M BQ_S$$

Pode-se verificar que os gastos dos consumidores (GC') serão:

$$GC' = P_1 \cdot Q_S = OP_1 AQ_S$$

e o GG' será:

$$GG' = (P_M - P_1) \cdot Q_S = P_1 P_M BA$$

Compare a despesa do governo nos dois casos a fim de verificar qual programa deve adotar. O critério para isso se situa em adotar a decisão mais barata, ou seja, qual das despesas será menor. Nesta análise não se levarão em conta os custos administrativos, nem os custos de estocagem ou lucros que o governo possa auferir nesses dois programas. O padrão de referência será verificar se o GG resultará menor ou maior que GG'.

Suponha inicialmente que a demanda seja inelástica. Sem nenhuma interferência do governo, o gasto dos consumidores seria $P_0 \cdot Q_0$. Caso o preço aumente para P_M, a despesa dos consumidores passará para $P_M \cdot Q_D$. Como a demanda é inelástica, a despesa dos consumidores aumenta. Logo:

$$P_M \cdot Q_D > P_0 Q_0$$

Caso o preço decresça para P_1, a despesa se tornará $P_1 \cdot Q_S$. Sendo a demanda inelástica,

$$P_1 \cdot Q_S < P_0 Q_0$$

Comparando as duas desigualdades, verifica-se que

$$P_M \cdot Q_D > P_1 \cdot Q_S$$

como era de esperar já que a demanda é inelástica. Aumentando os preços, a receita total aumenta. Logo:

$$GG = Q_D AB\, Q_S < GG' = P_1 P_M BA$$

Assim, sendo a demanda inelástica, o programa de compras deve ser utilizado. É o caso do café. A demanda por café no Brasil é inelástica. Se os preços caírem, a receita também cairá. Por isso, o governo do Brasil mantém seu preço alto, compra a safra excedente e a estoca.

No caso de a demanda ser elástica, ocorrerá o oposto. A queda de preços aumenta o gasto dos consumidores. Em nosso caso:

$$P_M Q_D < P_1 Q_S$$

logo, $GG > GG'$ é o programa de subsídios que deve ser adotado.

5.3.13 Controle de preços e racionamento

A política de preços mínimos visa defender o produtor, em geral, agrícola. A análise agora será sobre o tabelamento ou controle de preços, cujo objetivo é defender o consumidor. Em certas ocasiões, o governo entende que o preço que vigoraria no mercado seria muito alto e intervém, fixando o preço máximo pelo qual a mercadoria pode ser vendida. É óbvio que esse preço deve ser inferior ao preço de equilíbrio de mercado.

O controle de preços foi uma prática muito utilizada no Brasil. Devido ao processo inflacionário, o governo, visando à defesa do consumidor e ao controle da inflação, interveio no mercado e fixou ou tabelou os preços de várias mercadorias. Tornaram-se bastante conhecidos a Superintendência Nacional de Abastecimento (Sunab), o Conselho Interministerial de Preços (CIP) e a Secretaria Especial de Abastecimento e Preços (Seap), órgãos do Governo Federal encarregados do controle de preços.

Quais serão as consequências desse controle de preços? Pode-se analisá-las utilizando o instrumental já desenvolvido de oferta, demanda e equilíbrio.

Sendo o preço fixado inferior ao equilíbrio, surgirá excesso de demanda, segundo o Gráfico 5.24.

GRÁFICO 5.24

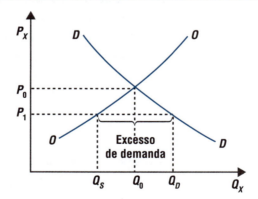

Ao preço P_1, haverá demanda insatisfeita. Nem toda a quantidade desejada pelos consumidores (Q_0) pode ser adquirida, pois os ofertantes só desejam vender a quantidade Q_S. Sem o tabelamento, surgiriam pressões para os preços aumentarem, de forma que tornasse a quantidade demandada igual à oferecida. Em outras palavras, o mecanismo de preços é responsável ou é a forma pela qual a quantidade ofertada se distribui entre os consumidores. Com o aumento de preços, desaparece o excesso de demanda.

Estabelecido o tabelamento, os preços não poderão subir e serão necessários outros mecanismos para distribuir a quantidade ofertada entre os consumidores. Vários sistemas aparecem espontaneamente e serão aqui apresentados por meio de um exemplo. Suponha que há um jogo no Morumbi, São Paulo e Corinthians para decidir o campeonato paulista. Os ingressos são tabelados e limitados. O público que deseja apreciar o espetáculo é maior que a capacidade do estádio. Surge o excesso de demanda. Como esse problema pode ser resolvido? Existem várias possibilidades:

1. **filas nas bilheterias:** os primeiros que chegarem serão contemplados. As filas aparecem não só no futebol, mas nos cinemas, nos ônibus e outros, pois é um critério que surge quando aparece excesso de demanda.

2. **vendas por debaixo do pano:** a Federação Paulista de Futebol reserva certo número de ingressos e os vende aos amigos. Em geral, a Federação separa parte dos ingressos aos clubes, e estes os vendem a seus diretores e conselheiros. Esses elementos, por serem amigos do presidente da Federação ou dos presidentes dos clubes, adquirem ingressos sem precisar entrar em filas. Porém, não é apenas nesse caso que surgem essas vendas — elas podem aparecer para qualquer produto que seja escasso em certo momento. Um vendedor qualquer recebe produção limitada de determinado artigo de grande demanda. Para quem ele vai vender? Em geral, vai dar preferência aos fregueses antigos, aos amigos ou a outras pessoas, por outras razões. Para os demais consumidores, a mercadoria "está em falta".

3. **mercado negro:** alguns elementos (cambistas) compram certa quantidade de ingressos e os vendem a preços maiores que os fixados, daí auferindo lucros. O mercado negro surge quando a autoridade não dispõe de meios adequados para fiscalizar as vendas, podendo surgir no atacado ou no varejo, dependendo das condições de mercado e fiscalização.

Assim, por exemplo, se houver poucas empresas produtoras do bem tabelado, a fiscalização nesse nível será fácil e operante. Porém, se no varejo houver muitos vendedores, as dificuldades de fiscalização poderão causar o aparecimento do mercado negro.

Essas são as três formas mais comuns a surgirem espontaneamente no mercado. O governo, por sua vez, pode entender que essas formas de distribuição ou alocação da quantidade ofertada entre os consumidores não são adequadas, e intervir no mercado, determinando **racionamento**.

Esse racionamento pode ser feito de várias formas e com diversos critérios. Pode ser por meio de cupons de consumo. Cada família recebe certo número de cupons, usando-os para comprar as mercadorias discriminadas. Pode ser feito por meio da fixação de um consumo máximo. Cada família pode consumir tantas unidades do bem por mês, e assim por diante. Pode-se proceder à distribuição desses cupons ou dessas quotas segundo o sexo e a idade, o estado civil, o número de filhos, e outros.

Os racionamentos estão cada vez mais frequentes. Em São Paulo, em 1965 e 1966, devido à grande estiagem, houve problemas no fornecimento de energia elétrica. O governo interveio e estabeleceu o consumo máximo de cada unidade. Em 1969, houve problema com o fornecimento de água. Novamente, o governo interveio e fixou o consumo máximo de cada família. Nesse cálculo, foi considerado o número de pessoas por residência, e o consumo máximo era determinado segundo o número de consumidores por ligação. Situação semelhante veio a se repetir em 2001, de forma mais severa e de abrangência nacional, conhecida popularmente como "apagão". O governo estabeleceu metas de consumo de energia elétrica por residência e, tendo como base o consumo de anos anteriores, restringiu a 20% o consumo. Ocorreu outro racionamento de água em 2015, quando o índice pluviométrico foi um dos mais baixos da história. No entanto, não houve racionamento de energia elétrica, já que foram acionadas as usinas termoelétricas.

5.3.14 Lançamento de imposto sobre as vendas

Qual será o efeito da decretação de imposto sobre as vendas de mercadoria? Qual a repercussão do Imposto sobre Circulação de Mercadorias e Serviços (ICMS) sobre o preço e a quantidade de equilíbrio? Para analisar esses problemas, é preciso inicialmente distinguir entre impostos específico e *ad valorem*. O imposto específico é o que recai sobre a unidade vendida. Por exemplo, para cada venda de geladeira deve-se pagar ao governo $ 500. Esse imposto independe do preço da mercadoria. Seja o preço $ 5.000 ou $ 10.000, o imposto é de $ 500. O imposto *ad valorem* recai sobre o valor da venda. Por exemplo, 10% do valor da venda. Assim, se a geladeira for vendida por $ 5.000, o imposto será de $ 500, e, se o preço for de $ 10.000, o imposto será $ 1.000. No Brasil, em virtude da inflação, os impostos em geral são fixados *ad valorem*. Serão, entretanto, analisados os dois tipos.

5.3.14.1 Imposto específico

A primeira repercussão do imposto específico é o deslocamento da curva de oferta para a esquerda, igual, verticalmente, ao valor do imposto. Isso ocorre porque a oferta depende do preço que o produtor efetivamente recebe e não do preço de mercado. Desse último, o produtor subtrai o imposto e fica com o restante. Sendo P o preço de mercado, I o valor do imposto, o preço que o produtor receberá (P') será:

$$P' = P - I$$

O que ocorre com o preço e a quantidade de equilíbrio? O leitor, a essa altura, já deve ter a resposta. A decretação do imposto específico vai elevar o preço de mercado e reduzir a quantidade de equilíbrio. O Gráfico 5.25 mostra essa repercussão.

GRÁFICO 5.25

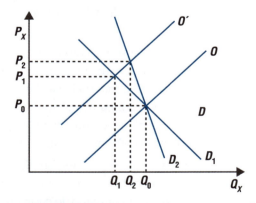

P_1 é o novo preço de equilíbrio e Q_1, a quantidade. P' é o preço efetivamente recebido pelo produtor e $P' = P_1 - I$.

Costuma-se dividir a diferença entre P e P', ou seja, o imposto em duas parcelas, ΔP e $\Delta P'$. A primeira é igual a:

$$\Delta P = P_1 - P_0$$

que representa o aumento do preço de equilíbrio e é chamada *parcela do imposto paga pelo consumidor*. A outra parcela $\Delta P'$ é:

$$\Delta P' = P_0 - P'$$

que representa a redução no preço recebido pelo produtor; é chamada de *parcela do imposto paga pelo produtor*. É fácil mostrar que:

$$\Delta P + \Delta P' = P_1 - P' = I$$

De outra parte, a proporção do imposto pago pelo consumidor é dada por:

$$\frac{\Delta P}{I} = \frac{\Delta P}{\Delta P' + \Delta P}$$

Observe o que ocorre no Gráfico 5.26, na qual são apresentadas duas curvas de demanda, uma curva de oferta sem imposto e outra curva com imposto específico.

GRÁFICO 5.26

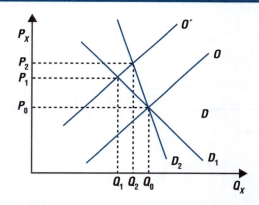

O preço e a quantidade de equilíbrio inicial são os mesmos para as demandas D_1 e D_2, mas os preços e as quantidades finais com imposto são diferentes, pois:

$$P_2 > P_1$$
$$Q_2 > Q_1$$

Em outras palavras, no caso da demanda 1, que é mais horizontal, o acréscimo de preço de mercado foi menor e a redução da quantidade foi maior do que no caso da demanda 2, que é mais vertical. Sendo o aumento de preço a parcela do imposto paga pelo consumidor, pode-se concluir que essa será maior no caso 2 do que no 1.

É possível analisar rigorosamente o que determina tais diferenças. Chama-se $Q_1 - Q_0$ de ΔQ:

$$\Delta Q = Q_1 - Q_0$$

Já estudou-se que a elasticidade-preço da demanda no ponto de equilíbrio inicial é:

$$\eta_D = \frac{\Delta Q}{\Delta P'} \cdot \frac{P_0}{Q_0}$$

e a elasticidade-preço da oferta é:

$$E_0 = \frac{\Delta Q}{\Delta P'} \cdot \frac{P_0}{Q_0}$$

Logo:

$$\Delta P = \Delta Q \cdot \frac{P_0}{Q_0} \cdot \frac{1}{\eta_D}$$

$$\Delta P' = \Delta Q \cdot \frac{P_0}{Q_0} \cdot \frac{1}{E_0}$$

Portanto,

$$\frac{\Delta Q}{\Delta P + \Delta P'} = \frac{\Delta Q \cdot \frac{P_0}{Q_0} \cdot \frac{1}{\eta_D}}{\Delta Q \cdot \frac{P_0}{Q_0} \cdot \frac{1}{\eta_D} + \Delta Q \cdot \frac{P_0}{Q_0} \cdot \frac{1}{E_0}} = \frac{\frac{1}{\eta_D}}{\frac{1}{\eta_D} + \frac{1}{E_0}}$$

$$\frac{\Delta P}{\Delta P + \Delta P'} = \frac{\frac{1}{\eta_D}}{\frac{E_0 + \eta_D}{\eta_D \cdot E_0}} = \frac{E_0}{E_0 + \eta_D}$$

Ou poder-se-ia dizer que:

$$\Delta P = I \cdot \frac{E_0}{E_0 + \eta_D}$$

Assim, a parcela do imposto paga pelo consumidor (e analogamente do produtor) dependerá das elasticidades-preços da oferta e da demanda do bem.

É interessante o leitor examinar os casos a seguir:

1. oferta infinitamente elástica;
2. oferta totalmente inelástica;
3. demanda infinitamente elástica;
4. demanda totalmente inelástica.

5.3.14.2 Imposto ad valorem

O imposto ad valorem incidirá sobre o valor das vendas. O imposto a ser pago representa uma porcentagem da receita total do produtor. Em outras palavras, o preço efetivamente recebido pelo produtor é uma parcela do preço de mercado. Caso vigore imposto de 10%, o que o produtor recebe é, na verdade, 90% do preço de mercado. Em termos gerais, se o imposto for t%, o produtor receberá $(1 - t)$%.

Usando a mesma terminologia já apresentada:

$$P' = (1 - t)P$$

Qual a repercussão do imposto *ad valorem*? É fácil verificar, observando a oferta com e sem imposto, que as alterações aparecem no coeficiente angular da curva. Ele diminui, ou seja, a curva de oferta se torna mais vertical (Gráfico 5.27).

GRÁFICO 5.27

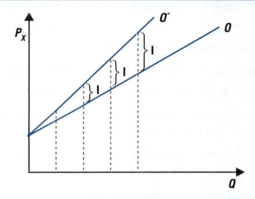

Com a alteração da oferta, vão modificar-se preço e quantidade de equilíbrio do mercado. O preço aumentará e a quantidade reduzir-se-á (Gráfico 5.28).

GRÁFICO 5.28

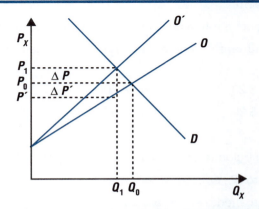

Da mesma forma que no caso do imposto específico, costuma-se chamar o aumento do preço de parcela paga pelo consumidor:

$$\Delta P = P' - P_0$$

sendo o restante do imposto pago pelo produtor:

$$\Delta P' = P_0 - P'$$

Como no caso do imposto específico, as parcelas pagas pelo consumidor e pelo produtor dependerão das elasticidades-preços da oferta e da demanda por produto.

QUESTÕES

1. Conceitue demanda individual por bem ou serviço e explique de que variáveis depende.
2. Conceitue a oferta individual por bem ou serviço. De que variáveis depende a oferta de mercadoria?
3. Qual a diferença entre variação da demanda e variação da quantidade demandada? Dê um exemplo para cada caso.
4. Explique por que o governo costuma estabelecer preços mínimos (garantidos) para os produtos agrícolas.
5. Sobre a elasticidade-preço da demanda:
    a. Quais os fatores que influenciam na elasticidade-preço da demanda?
    b. Por que a elasticidade-preço da demanda por sal é próxima de zero?
    c. Explique por que, quando a demanda é inelástica, os aumentos do preço do produto devem elevar a receita total dos vendedores.
6. Defina: elasticidade-renda; elasticidade-preço cruzada da demanda e elasticidade-preço da oferta.
7. a. Defina imposto *ad valorem* e imposto específico.
    b. Quanto mais concorrencial o mercado de um produto, maior a parcela paga pelo consumidor, dada uma variação de um imposto sobre venda. Você concorda ou discorda? Por quê?
8. Ilustre graficamente o que ocorre com o preço e a quantidade de equilíbrio do mercado de um bem:
    a. quando aumenta a renda dos consumidores, supondo um bem normal;
    b. quando aumentam os preços das matérias-primas utilizadas na produção desse bem.
9. Dados: $P_0 = \$ 20$ $q_0 = 500$
    $P_1 = \$ 30$ $q_1 = 400$

    Pede-se:
    a. calcular a elasticidade-preço da demanda, no ponto (P_0, Q_0).
    b. idem, no ponto (P_1, Q_1).
    c. idem, no ponto médio entre zero e 1.
    d. classifique a demanda por esse produto, de acordo com a elasticidade-preço.
10. Supondo tabelamento de preço, de que formas pode ser resolvido o excesso de demanda que normalmente esse tipo de política provoca?

REFERÊNCIAS

EATON, C. B.; EATON, D. F. *Microeconomia*. São Paulo: Saraiva, 1999.

LIPSEY, R. G. *An introduction to positive economics*. 2. ed. Londres: Weidenfeld and Nicolson, 1966.

MANSFIELD, E.; YOHE, G. *Microeconomics: theory and applications*. 10. ed. New York: W. W. Norton & Company, 2000.

SAMUELSON, P. A.; NORDHAUS, W. D. *Economics*. 17. ed. New York: McGraw-Hill, 2001.

SIMONSEN, M. H. Teoria microeconômica. 6. ed. Rio de Janeiro: Fundação Getúlio Vargas, 1983.

WESSELS, W. J. *Microeconomia* — teoria e aplicações. São Paulo: Saraiva, 2002.

6 A TEORIA DO CONSUMIDOR

Roberto Guena de Oliveira

6.1 ■ INTRODUÇÃO

Neste capítulo, será apresentada uma abordagem introdutória acerca da teoria usualmente empregada para fundamentar e descrever a demanda dos consumidores. Inicialmente, haverá um caso particular de um bem para o qual cada consumidor deve decidir se adquire uma ou nenhuma unidade. Em seguida, será apresentado um caso mais geral no qual os bens podem ser demandados em quaisquer quantidades positivas. Não há aqui a pretensão de exaurir todos os detalhes da teoria do consumidor, mas apenas oferecer uma primeira visão geral do tema.[1]

6.2 ■ A DEMANDA POR LIVROS-TEXTOS

6.2.1 A demanda de uma estudante

O professor de matemática de Carolina anunciou que baseará seu curso em um livro-texto. Carolina e seus colegas devem decidir se adquirem ou não o livro. Carolina está disposta a comprar o livro-texto desde que ele não custe mais do que $ 80. Assumindo que ela não tenha interesse em comprar mais do que uma unidade do livro-texto de matemática, sua demanda por ele em função de seu preço é relativamente simples: se o preço for maior do que $ 80, a quantidade de livros-textos que Carolina comprará será zero; se o preço for menor ou igual a $ 80, ela comprará apenas um livro. A curva de demanda de Carolina pelo livro-texto de matemática é descrita no Gráfico 6.1. Como, para preços acima de $ 80 a quantidade demandada por Carolina é zero, para esses preços, a curva de demanda coincide com o eixo vertical. E, como a um preço menor ou igual a $ 80 a quantidade demandada por Carolina é de um livro, a curva de demanda a esses preços é uma linha reta vertical que cruza o eixo horizontal no ponto correspondente a uma unidade.

---

[1] Para uma exposição mais avançada e aprofundada da teoria do consumidor, veja VASCONCELLOS, M. A. S.; OLIVEIRA, R. G. de O.; BARBIERI, F. *Manual de microeconomia*. 3. ed. São Paulo: Atlas, 2011. Cap. 2 a 7.

GRÁFICO 6.1

A curva de demanda de Carolina pelo manual de matemática

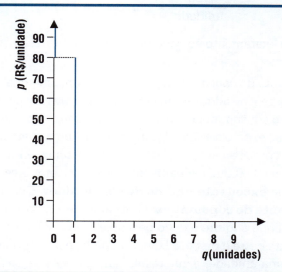

Assuma agora que o manual seja vendido ao preço $p^* = \$\,50$ por unidade. Nesse caso, como Carolina está disposta a pagar até $\$\,80$ pelo manual, ela deve adquirir uma unidade. Graficamente, o ponto de equilíbrio de Carolina se dá no cruzamento da linha reta horizontal que representa o preço $p^* = \$\,50$ com a curva de demanda de Carolina. Isso é ilustrado pelo ponto E no Gráfico 6.2.

GRÁFICO 6.2

O equilíbrio de Carolina

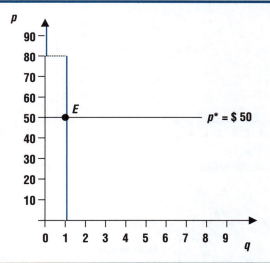

Como Carolina está disposta a pagar até $\$\,80$ por uma unidade do manual, pode-se afirmar que, de acordo com o ponto de vista dela, o benefício obtido pela unidade do manual que ela consome em equilíbrio é igual a $\$\,80$. Esse benefício é conhecido como **excedente bruto do consumidor**. O excedente bruto de Carolina, quando o preço é igual a $\$\,50$ por unidade, é representado pela área em azul do Gráfico 6.3(a). Com efeito, o valor dessa área é:

$$\frac{\$\,80}{\text{unidade}} \times 1 \text{ unidade} = \$\,80$$

o qual corresponde exatamente ao valor que Carolina está disposta a pagar pela unidade que adquire.

O excedente bruto do consumidor, porém, não é uma medida adequada do ganho que um consumidor tem ao adquirir um bem, pois não leva em consideração que, para comprar esse bem, o consumidor deve fazer um pagamento, o que corresponde a uma perda para ele. Nesse exemplo, para adquirir o manual pelo qual Carolina está disposta a pagar até $ 80, ela precisa pagar, de fato, $ 50. A diferença entre os $ 80 que ela está disposta a pagar e os $ 50 que ela efetivamente vai pagar é o seu ganho líquido. Tal ganho é chamado de **excedente líquido do consumidor**. É usual chamá-lo de, simplesmente, **excedente do consumidor**. Graficamente, o valor que Carolina paga pela unidade do manual que adquire é dado pela área cinza do Gráfico 6.3(b). Com efeito, essa área é o produto entre o preço, $ 50 por unidade, e a quantidade de manuais que Carolina compra, uma unidade, o que resulta em exatamente os $ 50 que ela precisa desembolsar para adquirir o manual. Fazendo, então, a diferença entre a área azul no Gráfico 6.3(a) e a área cinza no Gráfico 6.3(b), obter-se-á o excedente líquido de Carolina, representado pela área azul no Gráfico 6.3(c).

GRÁFICO 6.3

Excedente bruto do consumidor (a), valor pago (b) e excedente líquido do consumidor (c)

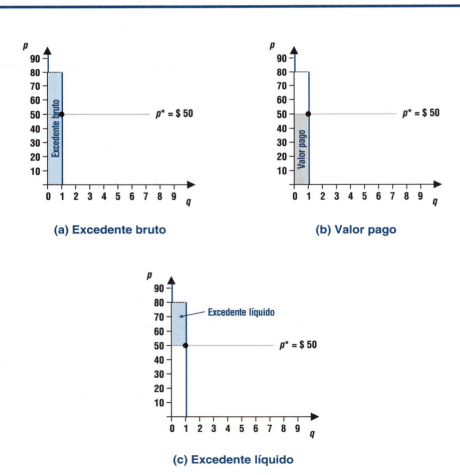

(a) Excedente bruto

(b) Valor pago

(c) Excedente líquido

6.2.2 A demanda de todos estudantes

Carolina tem mais quatro colegas: Ana, Mateus, Pedro e Sofia. Os valores que cada um deles, incluindo Carolina, está disposto a pagar para adquirir o manual de matemática estão descritos na Tabela 6.1.

TABELA 6.1

Disposição a pagar pelo manual de matemática

Aluno(a)	Valor que está disposto(a) a pagar
Carolina	$ 80
Mateus	$ 70
Sofia	$ 60
Ana	$ 60
Pedro	$ 55
Felipe	$ 48
Mônica	$ 30

Se os valores máximos que cada aluno está disposto a pagar pelo manual são aqueles presentes na Tabela 6.1, a demanda por parte desses alunos em função do preço do manual será a seguinte:

- se o preço for superior a $ 80 por unidade, ninguém irá adquirir o manual e, portanto, a quantidade demandada será zero;
- se o preço for menor ou igual a $ 80, mas superior a $ 70, apenas Carolina irá comprar o manual e, portanto, a quantidade demandada será de uma unidade;
- se o preço for menor ou igual a $ 70 e superior a $ 60, além de Carolina, Mateus também desejará adquirir o manual e, assim, a quantidade demandada será igual a duas unidades;
- para um preço menor ou igual a $ 60 e superior a $ 55 por unidade, Carolina, Mateus, Sofia e Ana desejarão adquirir o manual e, então, a quantidade demandada será igual a quatro unidades;
- caso o preço por unidade do manual seja menor ou igual a $ 55 e maior do que $ 48, Carolina, Mateus, Sofia, Ana e Pedro demandarão o livro e, portanto, sua quantidade demandada será de cinco unidades;
- se o manual puder ser adquirido a um preço unitário maior do que $ 30 e menor ou igual a $ 48, Felipe também desejará adquiri-lo e, assim, a quantidade demandada passa a ser de seis unidades;
- finalmente, se o preço do manual for menor ou igual a $ 30 por unidade, todos os alunos vão demandá-lo e a quantidade demandada será de sete unidades.

O Gráfico 6.4 mostra a curva de demanda dos alunos da turma de Carolina. Assumindo que o preço do manual seja $ 50 por unidade, a quantidade demandada será de cinco unidades. Carolina, Mateus, Sofia, Ana e Pedro adquirirão o livro. Felipe e Mônica não o comprarão, pois o valor máximo que estariam dispostos a pagar é inferior ao preço estipulado para o manual.

GRÁFICO 6.4

A curva de demanda pelo manual de matemática de todos os alunos do curso

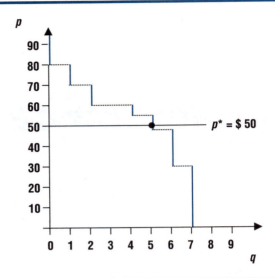

Os excedentes brutos dos alunos que compram o livro serão:

- $ 80 para Carolina;
- $ 70 para Mateus;
- $ 60 para Sofia e para Ana;
- $ 55 para Pedro.

Tais excedentes então podem ser representados graficamente com a área abaixo da curva de demanda dos alunos até a quantidade adquirida do manual, conforme ilustra o Gráfico 6.5(a), no qual cada retângulo sombreado em azul representa o excedente de um dos alunos que compram o livro a esse preço. A exemplo do que foi realizado quando analisou-se a demanda de Carolina, o excedente líquido de cada aluno é dado pela diferença entre seu excedente líquido e o valor que ele efetivamente pagou. No Gráfico 6.5(b), os valores pagos por aluno são representados graficamente com áreas retangulares. O total pago pelos alunos é a área abaixo da linha de preço até a quantidade demandada. Com efeito, tal área é o produto do preço vezes a quantidade demandada e, portanto, representa quanto os alunos devem gastar com a compra dos manuais. Ao considerar, para cada aluno ou aluna, a diferença entre o valor que ele ou ela está disposto a pagar e o valor efetivamente pago, obtém-se o seu excedente líquido. Graficamente, os excedentes líquidos estão representados no Gráfico 6.5(c). A soma desses excedentes também é chamada excedente do consumidor, apesar de que talvez o termo mais apropriado fosse **excedente dos consumidores**. Note que, graficamente, o excedente do consumidor é representado pela área abaixo da curva de demanda e acima da linha de preço. Novamente, essa área representa a diferença entre o que os consumidores estariam dispostos a pagar pela quantidade que consomem do bem e o valor que eles efetivamente pagam e, é, portanto, uma medida do ganho líquido desses consumidores.

GRÁFICO 6.5

Excedente bruto, valor pago e excedente líquido de todos os alunos da turma de Carolina

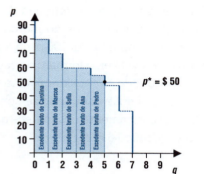

(a) Excedente bruto

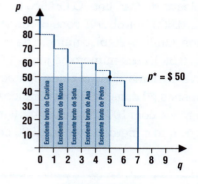

(b) Valor pago

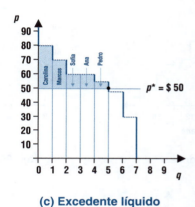

(c) Excedente líquido

6.2.3 Muitos consumidores

O leitor provavelmente deve ter notado que as curvas de demanda dos Gráficos 6.2 e 6.4 são diferentes das curvas de demanda vistas no Capítulo 5 deste livro. Com efeito, enquanto naquele capítulo as curvas de demanda eram contínuas e suaves, as curvas de demanda vistas neste capítulo são descontínuas e angulosas, com formato de escada. Essa diferença ocorre por duas razões. A primeira delas é que é considerada a demanda por um bem indivisível — o manual de matemática —, acerca do qual cada aluno deve decidir se compra ou não apenas uma unidade. A segunda diferença decorre do fato de que o número de alunos considerados para compor a demanda total do manual de matemática é relativamente pequeno — apenas sete. Com efeito, caso o número de potenciais compradores aumente, cada um deles será tão pequeno em relação ao mercado que o "degrau" na curva de demanda correspondente a ele será desprezível.

Para mostrar isso, o Gráfico 6.6 apresenta a simulação do que ocorreria com a demanda de mercado do manual de matemática caso o mercado tivesse 20, 100 ou 1.000 consumidores. Nos três casos, a cada consumidor foi atribuída ao acaso uma disposição a pagar entre $ 0 e $ 100 e construiu-se a curva de demanda de mercado empregando-se o mesmo procedimento com o qual foi construída a curva de demanda dos colegas de Carolina. O Gráfico 6.6 mostra as curvas obtidas. A primeira delas, no Gráfico 6.6(a), foi obtida considerando-se apenas 20 consumidores no mercado. Na segunda, Gráfico 6.6(b), o número de consumidores considerados foi 100 e, na terceira, Gráfico 6.6(c), esse número é igual a 1.000. Como é possível ver, o formato de "escada" da curva de demanda que ainda aparece claramente quando se considera um mercado com apenas 20 consumidores (Gráfico 6.6, a) já é menos notável quando se considera um mercado com 100 consumidores (Gráfico 6.6, b) e praticamente desaparece quando se supõe que o mercado tenha 1.000 consumidores (Gráfico 6.6, c).

GRÁFICO 6.6

Curva de demanda de mercado do manual de matemática, conforme o número relavante de consumidores seja igual a 20, 100 ou 1.000

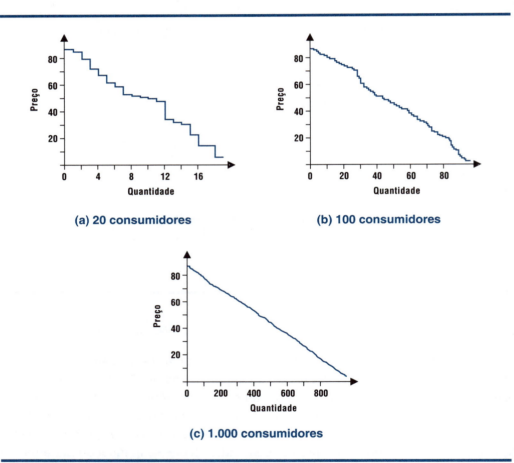

6.2.4 Variações no excedente do consumidor

O excedente do consumidor é um conceito útil para avaliar o impacto sobre o bem-estar dos consumidores decorrente de alterações nos preços dos bens. Por exemplo, imagine que o governo esteja cogitando adotar uma política que resulte em uma redução no preço do manual de matemática. A variação no excedente dos consumidores desse manual fornece uma medida útil do ganho decorrente dessa política. Imagine que a política a ser implementada implique uma redução no preço de $ 50 para $ 40. Há dois grupos de consumidores que serão afetados por essa política. No primeiro, estão aqueles que iriam comprar o manual ainda que ele custasse $ 50, e que, portanto, "ganham", cada um deles, $ 10, com a redução de seu preço para $ 40 por unidade. O segundo grupo corresponde aos consumidores que não estavam dispostos a pagar $ 50 para adquirir uma unidade do manual, mas aceitam comprá-lo ao preço de $ 40. No exemplo da Tabela 6.1, o primeiro grupo corresponde aos alunos Carolina, Mateus, Sofia, Ana e Pedro, que, como já estavam dispostos a pagar mais do que $ 50 pelo manual, experimentam, cada um deles, com a redução no preço para $ 40, um ganho de $ 10 em seu excedente líquido. O segundo grupo é composto apenas por Felipe que, por estar disposto a pagar até $ 48 para adquirir o manual, consegue, com o preço mais baixo, um excedente líquido de $ 8 ($ 48 – $ 40). Esse valor é um ganho de excedente líquido, pois, caso o preço fosse $ 50 por manual, Felipe não faria a compra e seu excedente líquido seria zero. Ao somar, assim, os ganhos de excedente de Carolina, Mateus, Sofia, Pedro e Felipe, o ganho de excedente líquido dos colegas de Carolina será de $ 58 ($ 10 para cada um dos cinco primeiros mais $ 8 para Felipe), conforme Gráfico 6.7.

GRÁFICO 6.7

Variação líquida no excedente líquido de todos os alunos da turma de Carolina quando o preço do manual de matemática cai de $ 50 para $ 40 por unidade

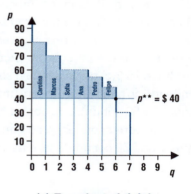

(a) Excedente inicial

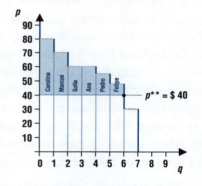

(b) Excedente após a redução no preço

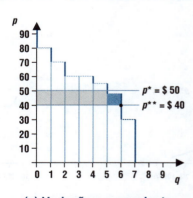

(c) Variação no excedente líquido dos alunos

O efeito da redução no preço do manual sobre o excedente líquido dos colegas de Carolina, incluindo ela, é representado nos Gráficos 6.7(a) a 6.7(c). No Gráfico 6.7(a), a área sombreada representa o excedente líquido desses alunos quando o preço é $ 50 por unidade. No Gráfico 6.7(b), a área sombreada representa o mesmo excedente quando o preço cai para $ 40. A variação no excedente líquido dos consumidores é a diferença entre as áreas sombreadas nos dois gráficos e corresponde à área sombreada no Gráfico 6.7(c). Essa área está dividida em duas partes. A primeira, na cor cinza, representa o ganho que os alunos que estariam dispostos a pagar $ 50 ou mais para adquirir o manual obtêm quando o preço é reduzido para $ 40. A segunda parte, correspondente à área azul, representa o ganho obtido pelo aluno que não estaria disposto a comprar o livro ao valor de $ 50, mas aceita comprá-lo ao preço de $ 40 por unidade. A área cinza representa, assim, o ganho dos consumidores que já fariam parte do mercado ao preço mais elevado. A área azul representa o ganho dos consumidores (no caso do exemplo, apenas um consumidor) que passam a comprar o manual após a redução em seu preço.

Imagine agora que o mercado total do manual de matemática possua um número muito grande de potenciais compradores, de tal sorte que a curva de demanda de mercado desse manual possa ser representada por uma curva suave tal como a do Gráfico 6.8. Nesse caso, o excedente líquido dos consumidores quando o preço é $ 50 por unidade é representado pela área sombreada em azul do Gráfico 6.8(a). Quando o preço cai para $ 40, tal excedente aumenta e passa a ser representado pela área sombreada do Gráfico 6.8(b). A diferença entre essas duas áreas é a variação no excedente líquido dos consumidores. Ela é representada no Gráfico 6.8(c) como sendo a soma de duas áreas: a área sombreada em cinza, correspondendo ao ganho que os consumidores que adquiririam o manual a um preço maior ou igual a $ 50 por unidade obtêm quando o preço cai para $ 40, mais a área sombreada em azul, correspondendo ao ganho dos consumidores que não comprariam o manual ao preço de $ 50 por unidade, mas aceitam comprá-lo ao preço de $ 40 por unidade.

GRÁFICO 6.8

Variação líquida no excedente líquido do consumidor em um mercado com muitos consumidores

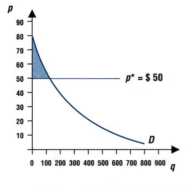
(a) Excedente inicial

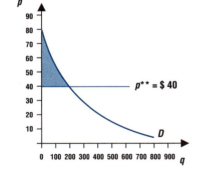
(b) Excedente após a redução no preço

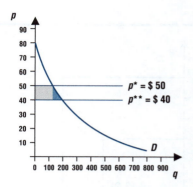

(c) Variação no excedente líquido

6.3 ■ PREFERÊNCIAS E DEMANDA

O exemplo da demanda pelo manual de matemática, apesar de ilustrativo, possui uma limitação óbvia: ele só pode ser empregado para fundamentar a demanda de um bem cuja quantidade demandada por consumidor é, apenas, zero ou um. Além disso, a abordagem adotada não esclarece de que forma tal demanda é afetada pela renda dos consumidores e pelos preços de outros bens. Para contornar essas limitações, é necessário um modelo mais geral de comportamento do consumidor. Tal modelo parte do reconhecimento de que as escolhas de um consumidor em relação às quantidades que adquire de cada bem estão inter-relacionadas. A demanda de pipoca de um consumidor, por exemplo, é afetada pela frequência com que ele vai ao cinema, que é afetada pela decisão dele fazer ou não uma viagem a um hotel no litoral, e assim por diante. Desse modo, faz mais sentido considerar conjuntamente as escolhas que um consumidor faz das quantidades que demanda de cada bem da economia. Para descrever essas escolhas conjuntamente, emprega-se o conceito de **cesta de bens**. Uma cesta de bens nada mais é do que uma lista de quantidades, cada uma dessas representando a quantidade que um consumidor adquire de um bem específico. Em tese, pode-se pensar em cestas de bens com um número qualquer de bens. Porém, para evitar o uso de matemática mais avançada, será considerado aqui o caso hipotético de um consumidor que deve decidir o quanto consumir de apenas dois bens, os quais chamaremos de "bem 1" e "bem 2". Os resultados descritos podem, contudo, ser estendidos para um número tão grande quanto se queira de bens. Assim, no caso simplificado aqui considerado, uma cesta de bens é uma lista de duas quantidades: a quantidade do bem 1 e a quantidade do bem 2.

Uma cesta de bens pode ser representada por um par de números, no qual o primeiro é a quantidade do bem 1 e, o segundo, a quantidade do bem 2. Por exemplo, se um consumidor consome uma cesta de bens com três unidades do bem 1 e duas unidades do bem 2, essa cesta de bens é descrita pela expressão (3,2). Para dar outro exemplo, a expressão (4,5) representa uma cesta de bens com quatro unidades do bem 1 e cinco unidades do bem 2. Graficamente, as cestas de bens podem ser representadas como pontos de um gráfico cartesiano para o qual a primeira coordenada representa a quantidade do bem 1 e a segunda coordenada representa a quantidade do bem 2. O Gráfico 6.9 mostra alguns exemplos de cestas de bens representadas graficamente.

GRÁFICO 6.9

Representação gráfica de diversas cestas de bens

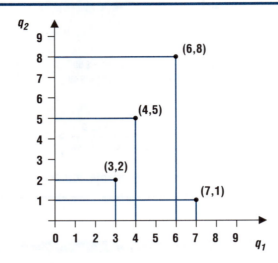

Assume-se aqui que não existam cestas de bens com quantidades negativas de um bem. No caso de um mundo com dois bens, qualquer cesta de bens que um consumidor escolha consumir deve localizar-se no quadrante positivo do Gráfico 6.9.

6.3.1 Preferências completas

Assume-se também que, para quaisquer duas cestas de bens, a e b, uma, e apenas uma, das seguintes alternativas será verdadeira:

a) o consumidor prefere a cesta a à cesta b;
b) o consumidor considera a cesta a indiferente à cesta b;
c) o consumidor prefere a cesta b à cesta a.

Quando isso acontece, as preferências desse consumidor são **completas**.

Caso as preferências sejam completas, é possível classificar as possíveis cestas de bens com relação a uma cesta de bens qualquer, a, em três conjuntos: o conjunto das cestas de bens preferidas a a, o conjunto das cestas de bens inferiores a a e o conjunto das cestas de bens indiferentes a a. Esse último conjunto é chamado de **curva de indiferença** associada à cesta a. O Gráfico 6.10 ilustra uma possível divisão desse tipo para o caso em que há apenas dois bens. A área sombreada corresponde ao conjunto das cestas de bens preferidas a a, a curva passando pela cesta a é o conjunto das cestas de bens indiferentes a essa cesta, e a área em branco corresponde ao conjunto das cestas de bens inferiores a a. Evidentemente, tal divisão depende das preferências do consumidor e, portanto, a figura é puramente hipotética. No Gráfico 6.10, a cesta de bens b está sob a curva de indiferença associada à cesta a e, consequentemente, é indiferente a essa cesta.

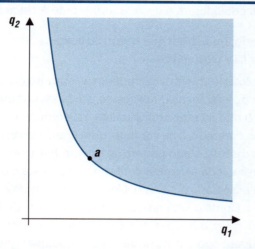

GRÁFICO 6.10

Representação hipotética do conjunto das cestas de bens ao menos tão boas quanto as cestas *a*

Os três conjuntos descritos e, em particular, a curva de indiferença, podem ser definidos para qualquer cesta de bens. O Gráfico 6.11 mostra um conjunto de curvas de indiferenças definidas em relação às cestas *a*, *b*, *c* e *d*. De um modo geral, cada consumidor apresenta uma infinidade de curvas de indiferença associadas às diferentes cestas de bens possíveis.

GRÁFICO 6.11

Conjunto de curvas de indiferença

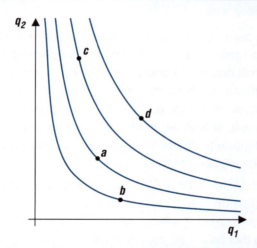

6.3.2 Preferências transitivas

Para impor consistência nas preferências do consumidor, assume-se também que, quando o consumidor compara três cestas de bens quaisquer, que serão chamadas cestas a, b e c, observa-se o seguinte:

1) caso ele considere a cesta *a* preferida à cesta *b* e a cesta *b* preferida à cesta *c* ou considere a cesta *a* indiferente à cesta *b* e a cesta *b* preferida à cesta *c* ou ainda considere a cesta *a* preferida à cesta *b* e a cesta *b* preferida à cesta *c*, ele também considerará a cesta *a* preferida à cesta *c*;

2) caso ele considere a cesta *a* indiferente à cesta *b* e a cesta *b* indiferente à cesta *c*, ele também considerará a cesta *a* indiferente à cesta *c*.

Se isso for observado, quaisquer que sejam as cestas *a*, *b* e *c*, diz-se que as preferências do consumidor são **transitivas**.

Preferências completas e transitivas impõem a seguinte propriedade às curvas de indiferença: quaisquer que sejam as duas cestas, *a* e *b*, se as curvas de indiferença associadas às cestas *a* e *b* têm ao menos uma cesta em comum, então a cesta *a* deve ser indiferente à *b* e as duas curvas são, na verdade, uma única curva, o que indica que duas curvas de indiferença distintas não podem se cruzar. Para ver isso, considere que a curva de indiferença associada à cesta *a* contenha uma cesta *c* que também pertence à curva de indiferença associada à cesta *b*. Como *c* está tanto na curva de indiferença de *a*, *a* é indiferente a *c*. Como *c* está na curva de indiferença de *b*, *c* é indiferente a *b*. Assim, *a* é indiferente a *c* e *c*, a *b*, de tal sorte que, sendo as preferências transitivas, *a* é indiferente a *b*. Considere agora uma outra cesta *d* qualquer que pertença à curva de indiferença associada a *a*. Como, por hipótese, *d* é indiferente a *a* e, conforme visto, *a* é indiferente a *b*, *d* também é, desde que as preferências sejam transitivas, indiferentes a *b*. Portanto, toda cesta de bens que pertence à curva de indiferença associada a *a* também pertence à curva de indiferença associada a *b*. Por raciocínio idêntico, conclui-se que também toda a cesta de bens pertencente à curva de indiferença associada a *b* pertence à curva de indiferença associada a *a*. Isso indica que as duas curvas de indiferença – a associada a *a* e a associada a *b* – são, na verdade, a mesma curva.

6.3.3 Preferências monotônicas

No presente texto, assume-se também que, ao comparar duas cestas de bens, se uma delas contiver uma quantidade maior de pelo menos um bem, e não tiver quantidades menores dos outros bens, esta cesta será preferível à outra. Em outras palavras, assume-se que um aumento no consumo de qualquer bem, desde que não acompanhado da redução no consumo de um ou mais bens, é sempre desejável. Preferências com essa característica são chamadas **preferências monotônicas**. Assume-se que os consumidores apresentam preferências monotônicas, pois essa hipótese simplifica significativamente a exposição da teoria do consumidor.[2]

Se as preferências de um consumidor são monotônicas, elas devem apresentar duas propriedades dignas de nota. A primeira delas é que as curvas de indiferença desse consumidor não podem ser "grossas", isto é, elas devem ser, efetivamente curvas no sentido geométrico das palavras, com espessura zero. Para ver isso, considere a curva de indiferença "grossa" apresentada pela área colorida do Gráfico 6.12. Considere uma cesta de bens, tal como a cesta *a* no interior dessa área e uma cesta de bens *b* à direita e acima de *a*, mas ainda dentro da área que representa essa curva de indiferença. Como *a* e *b* pertencem à mesma curva de indiferença, *b* deve ser indiferente a *a*. Porém, se as preferências fossem monotônicas, *b* seria preferida a *a*, pois contém quantidades maiores dos dois bens. Assim, se as curvas de indiferença forem áreas

---

[2] Há situações em que a hipótese de monotonicidade das preferências é, de fato, falsa. Por exemplo, um consumidor pode não desejar uma quantidade maior de um determinado bem caso ele já consuma tal bem à saciedade. Os resultados derivados neste capítulo, todavia, não dependem crucialmente dessa hipótese. Eles podem ser obtidos adotando-se hipóteses menos restritivas. Todavia, a apresentação se tornaria mais técnica e inadequada para o escopo deste livro.

e não curvas, elas não representam preferências monotônicas e, se as preferências forem monotônicas, as curvas de indiferença não podem ser "grossas" (Gráfico 6.12).

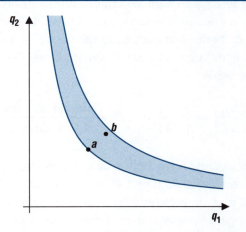

GRÁFICO 6.12

Uma "curva" de indiferença não compatível com a hipótese de preferências monotônicas

A segunda propriedade das curvas de indiferença decorrente da hipótese de monotonicidade das preferências é que, caso as preferências sejam monotônicas, as curvas de indiferença devem inclinar-se para baixo à direita, tal como ocorre com as curvas de indiferença ilustradas nos Gráficos 6.10 e 6.11. Ou seja, quanto mais à direita estiver sobre a mesma curva de indiferença, mais abaixo estará.

O Gráfico 6.13 mostra um exemplo de uma curva de indiferença não compatível com a hipótese de que as preferências sejam monotônicas. Essa curva de indiferença tem um trecho positivamente inclinado no qual encontram-se as cestas a e b. Como a cesta b está à direita e acima da cesta a, ela contém quantidades maiores do bem 1 e do bem 2. Portanto, caso as preferências fossem monotônicas, a cesta b seria preferida à cesta a. Assim, se as curvas de indiferença apresentarem trechos positivamente inclinados, as preferências não podem ser monotônicas e, consequentemente, se as preferências do consumidor são monotônicas, suas curvas de indiferença não apresentam trechos positivamente inclinados.

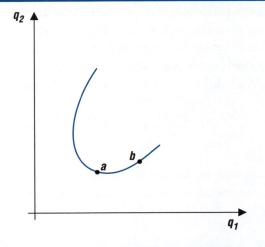

GRÁFICO 6.13

Curvas de indiferença com trechos positivamente inclinados não são compatíveis com a hipótese de que as preferências sejam monotônicas

6.3.4 Taxa marginal de substituição

Considere o Gráfico 6.14. As cestas de bens $a = (20,50)$ e $b = (40,25)$ estão sobre a mesma curva de indiferença. Assim, se um consumidor deixar de consumir a cesta a e passar a consumir a cesta b, ele não terá seu nível de bem-estar alterado. Nessa mudança, o consumo do bem 1 sofre um aumento de $\Delta q_1 = 40 - 20 = 20$ unidades e o consumo do bem 2 varia de $\Delta q_2 = 25 - 50 = -25$ unidades. O valor absoluto da relação entre essas duas variações é:

$$\left|\frac{\Delta q_2}{\Delta q_1}\right| = \left|\frac{-25}{20}\right| = 1{,}25 \ \frac{\text{Unidade do bem 1}}{\text{Unidade do bem 2}}$$

Desse modo, no deslocamento ao longo da curva de indiferença do ponto a para o ponto b, cada unidade adicional do bem 1 substitui em média 1,25 unidade do bem 2. Essa razão é chamada taxa de substituição entre os dois bens. Graficamente, a **taxa de substituição** associada à passagem da cesta a para a cesta b é dada pela tangente do ângulo (α) que a linha reta que passa pelas duas cestas faz com o eixo horizontal.

GRÁFICO 6.14

A taxa de substituição entre os bens 1 e 2 calculada para uma mudança entre as cestas a e b é dada pela tangente do ângulo α

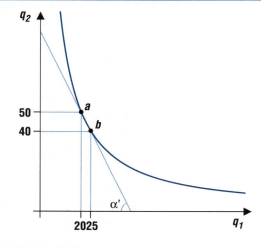

Ocorre que a taxa de substituição depende das cestas sobre a curva de indiferença escolhidas para o cálculo das variações Δq_1 e Δq_2. Por exemplo, o Gráfico 6.15 mostra o que ocorre se a taxa de substituição é calculada considerando uma mudança da mesma cesta $a = (20,50)$ para uma outra cesta sobre a curva de indiferença $c = (25,40)$. Nesse caso, $\Delta q_1 = 25 - 20 = 5$ e $\Delta q_2 = 40 - 50 = -10$, de modo que

$$\left|\frac{\Delta q_2}{\Delta q_1}\right| = \left|\frac{-10}{5}\right| = 2 \ \frac{\text{Unidade do bem 1}}{\text{Unidade do bem 2}}$$

Essa taxa é a tangente do ângulo α' formado entre a linha reta que passa pelas cestas a e c e o eixo horizontal, conforme ilustra o Gráfico 6.15.

GRÁFICO 6.15

A taxa de substituição se altera quando o segundo ponto é alterado

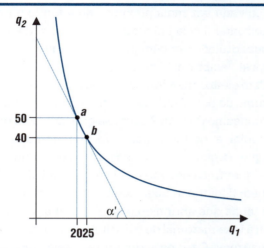

O Gráfico 6.16 ilustra o que acontece quando a cesta *a* e as cestas de bens (*b*, *c*, *d*, *e*, ...) são consideradas sucessivamente mais próximas da cesta *a*. A inclinação da linha reta que une essas cestas de bens se aproxima cada vez mais daquela tangente à curva de indiferença no ponto *a*. Consequentemente, a taxa de substituição se aproxima cada vez mais da tangente do ângulo agudo formado por essa linha reta com o eixo horizontal. O valor dessa tangente é chamado **taxa marginal de substituição**, ou, abreviadamente, TMS, e indica o valor da taxa de substituição calculada para um deslocamento muito pequeno sobre a curva de indiferença. Intuitivamente, desde que o bem 1 seja medido em unidades pequenas,[3] a taxa marginal de substituição indica quantas unidades do bem 2 são necessárias para compensar o consumidor pela perda de consumo de uma unidade do bem 1, de modo a mantê-lo no mesmo nível de bem-estar, ou, inversamente, quantas unidades do bem 2 uma unidade do bem 1 é capaz de substituir de modo a fazer com que o consumidor permaneça no mesmo nível de bem-estar.

GRÁFICO 6.16

Taxa marginal de substituição

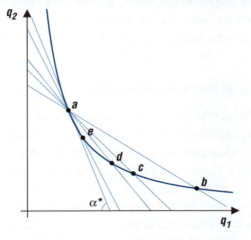

---

[3] Por exemplo, caso o bem 1 seja o consumo mensal de arroz de um consumidor, ele pode ser medido em grama de arroz por mês em vez de quilograma de arroz por mês.

A taxa de substituição calculada para uma variação entre o ponto *a* e pontos sobre a curva de indiferença cada vez mais próximos de *a* tende à tangente do ângulo α^* formado pelo eixo horizontal e pela linha tangente à curva de indiferença no ponto *a*. A taxa marginal de substituição também pode ser interpretada como o máximo que o consumidor está disposto a abrir mão do consumo do bem 2 para obter uma unidade adicional do bem 1. Com efeito, quando o consumidor recebe uma unidade adicional do bem 1 e reduz o consumo do bem 2 em um montante inferior à taxa marginal de substituição, a redução no consumo do bem 2 é àquela que faria com que ele voltasse ao seu nível de bem-estar inicial, e, portanto, seu nível de bem-estar final é maior do que o inicial, o que indica que a troca foi vantajosa para o consumidor. Ou seja, ele aceita e é beneficiado por qualquer troca em que recebe uma unidade do bem 1 e abre mão de uma quantidade do bem 2 inferior à taxa marginal de substituição. Caso a quantidade do bem 2 da qual ele tenha que abrir mão para obter uma unidade adicional do bem 1 seja exatamente igual à taxa marginal de substituição, o consumidor estará indiferente entre aceitar ou não a troca. Caso essa quantidade seja superior à taxa marginal de substituição, o consumidor não deve aceitar a troca, pois a quantidade que ele deixará de consumir do bem 2 será superior àquela que o deixaria tão bem quanto na situação antes da troca e, portanto, ele teria uma redução em seu bem-estar.

De modo similar, a taxa marginal de substituição pode ainda ser interpretada como a quantidade mínima do bem 2 que o consumidor exige receber para abrir mão de uma unidade do consumo do bem 1. De fato, ao perder uma unidade de consumo do bem 1 e ser compensado com uma elevação do consumo do bem 2 igual à taxa marginal de substituição, o consumidor ficaria tão bem quanto na situação inicial. Portanto, ele seria indiferente entre aceitar ou não uma troca na qual abre mão de uma unidade de consumo do bem 1 e recebe uma quantidade do bem 2 igual à taxa marginal de substituição. Se a quantidade oferecida do bem 2 em troca de uma unidade do bem 1 for superior à taxa marginal de substituição, a troca será vantajosa para ele. A troca trará desvantagem caso a quantidade oferecida do bem 2 em troca de uma unidade do bem 1 seja inferior à taxa marginal de substituição.

Resumindo, a taxa marginal de substituição pode ser interpretada como a quantidade máxima do bem 2 que o consumidor está disposto a deixar de consumir para obter uma unidade adicional do bem 1 ou, equivalentemente, como a quantidade mínima do bem 2 que o consumidor demanda receber em troca da redução de uma unidade no consumo do bem 1.

6.3.5 Taxa marginal de substituição decrescente

A inclinação da linha reta que tangencia uma curva de indiferença depende, na maioria dos casos, do ponto de tangência dessa linha reta com a curva de indiferença. Assim, a taxa marginal de substituição depende do ponto escolhido sobre a curva de indiferença. No Gráfico 6.17, por exemplo, traçam-se as linhas retas tangentes a uma curva de indiferença de uma consumidora passando pelos pontos *a* e *b*. Como essas linhas formam diferentes ângulos com o eixo vertical, a taxa marginal de substituição calculada no ponto *a* é diferente da taxa marginal de substituição calculada no ponto *b*. No caso, a taxa marginal de substituição é maior no ponto *a*.

Assume-se aqui que, como acontece no exemplo do Gráfico 6.17, a taxa marginal de substituição diminui à medida em que se escolhem pontos mais à direita sobre a curva de indiferença. Essa hipótese é chamada **hipótese da taxa marginal de substituição decrescente**.

Para argumentar que essa hipótese é razoável, considere novamente as cestas de bens *a* e *b* do Gráfico 6.17. Na cesta *a*, o bem 1 é relativamente mais escasso e o bem 2 é relativamente mais abundante comparativamente à cesta *b*. É razoável esperar que a quantidade do bem 2, da qual a consumidora está disposta a abrir mão para obter uma unidade adicional do bem 1, seja maior quando o bem 1 for escasso e o bem 2, abundante, comparativamente com a situação em que o bem 1 é abundante e o bem 2 é escasso. Assim, a taxa marginal de substituição dessa consumidora calculada na cesta *a* deve ser superior à taxa marginal de substituição da mesma consumidora calculada na cesta *b*. De um modo geral, ao longo de uma curva de indiferença, deve-se esperar que a taxa marginal de substituição diminua ao passo em que são escolhidas cestas de bens com quantidades maiores do bem 1 e, consequentemente, quantidades menores do bem 2, isto é, à medida em que se encaminha da esquerda para a direita ao longo da curva de indiferença.

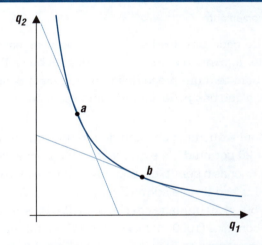

GRÁFICO 6.17

A taxa marginal de substituição é maior na cesta *a* comparativamente à cesta *b*, mais à direita

A hipótese da taxa marginal de substituição decrescente implica que as curvas de indiferença fazem uma "barriga" voltada para a origem. Tecnicamente, diz-se que as curvas de indiferença são **convexas** em relação à origem. As curvas de indiferença dos Gráficos 6.10, 6.11, 6.14, 6.15, 6.16 e 6.17 apresentam, todas elas, taxa marginal de substituição decrescente. Os Gráficos 18 (a) e (b) dão exemplos de curvas de indiferença que *não* apresentam taxa marginal de substituição decrescente em toda a sua extensão (Gráfico 17, a) ou em parte dela (Gráfico 17, b).

GRÁFICO 6.18

Duas curvas de indiferença que não apresentam taxa marginal de substituição decrescente

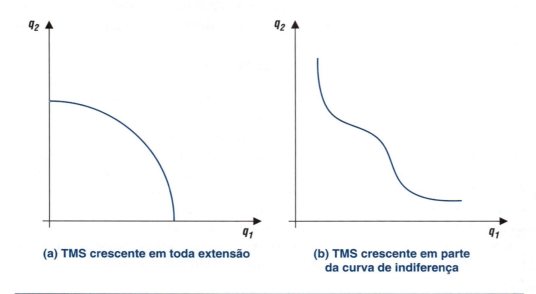

(a) TMS crescente em toda extensão

(b) TMS crescente em parte da curva de indiferença

6.3.6 Restrição orçamentária

As quantidades de cada um dos bens que as pessoas escolhem consumir são limitadas por seu poder aquisitivo e pelos preços desses bens. Para representar isso, assume-se que cada bem tem um preço definido, que cada consumidor possui uma renda monetária dada e que não pode adquirir uma cesta de bens cujo valor exceda o de sua renda monetária.

Por exemplo, suponha que uma consumidora tenha uma renda de $ 1.000, que o preço do bem 1 seja $ 20 por unidade e que o preço do bem 2 seja $ 50 por unidade. Caso deseje consumir apenas o bem 1, ela poderá adquirir, no máximo, (1.000,00/20 =) 50 unidades do bem 1. Caso deseje adquirir apenas o bem 2, o máximo que poderá comprar serão (1.000/50 =) 20 unidades desse bem. Se decidir adquirir, 20 unidades do bem 1, ela gastará com isso (1000 – 20 × 20 =) $ 400, de tal sorte que só lhe restarão (1000 – 400 =) $ 600 para comprar o bem 2 e ela poderá, no máximo, adquirir (600/50 =) 12 unidades desse bem. Generalizando um pouco mais, se q_1 é a quantidade consumida do bem 1 e q_2, aquela do bem 2, dados os preços de $ 20 por unidade do bem 1 e de $ 50 por unidade do bem 2, o gasto dessa consumidora com a aquisição dos bens 1 e 2 é dado pela expressão $20 \times q_1 + 50 \times q_2$. Como esses gastos não podem superar sua renda, q_1 e q_2 devem ser tais que $20 \times q_1 + 50 \times q_2 \leq 1.000$.

Generalizando ainda mais, se o preço do bem 1 é p_1, o preço do bem 2, p_2, e a renda da consumidora, r, então as quantidades q_1 e q_2 devem respeitar a condição

$$p_1 q_1 + p_2 q_2 \leq r$$

Essa condição é conhecida como **restrição orçamentária**. O conjunto das cestas de bens formadas pelas quantidades q_1 e q_2 dos bens 1 e 2, respectivamente, que satisfazem a essa restrição, é chamado **conjunto de restrição orçamentária** e o conjunto das cestas de bens do conjunto de restrição orçamentária, para as quais $q_1 p_1 + q_2 p_2 = r$, é chamado de **linha de restrição orçamentária**.[4]

Graficamente, se a quantidade do bem 1 é representada no eixo horizontal e a quantidade do bem 2 é representada no vertical, a linha de restrição orçamentária é a linha reta que cruza o eixo horizontal no ponto em que $q_1 = r/p_1$ e que cruza o eixo vertical no ponto em que $q_2 = r/p_2$, tal como ilustra o Gráfico 6.19(a). Note que a tangente do ângulo formado entre a linha de restrição orçamentária e o eixo vertical é igual a p_1/p_2. O conjunto de restrição orçamentária é representado graficamente pelo conjunto dos pontos sobre a linha de restrição orçamentária e abaixo dela, e esse conjunto corresponde à linha de restrição orçamentária mais a área sombreada abaixo dela.

GRÁFICO 6.19

A restrição orçamentária

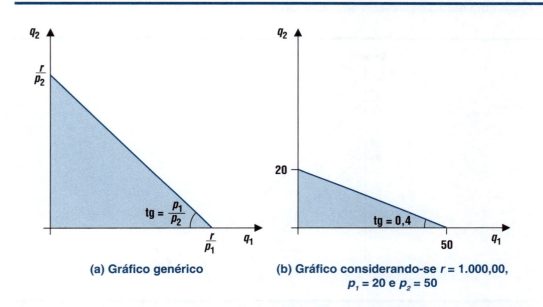

(a) Gráfico genérico

(b) Gráfico considerando-se $r = 1.000,00$, $p_1 = 20$ e $p_2 = 50$

O Gráfico 6.19(b) dá um exemplo específico de linha e conjunto de restrição orçamentária no qual a renda da consumidora é $r = 1.000,00$ e os preços dos bens 1 e 2 são, respectivamente, $p_1 = 20$ e $p_2 = 50$. Nesse caso, a intersecção da linha de restrição orçamentária com o eixo horizontal ocorre no ponto em que $q_1 = r/p_1 = 1.000/20 = 50$, e a intersecção dessa linha com o eixo vertical ocorre no ponto em que $q_2 = r/p_2 = 1.000/50 = 20$ e a tangente do ângulo formado entre a linha de restrição orçamentária e o eixo horizontal é $p_1/p_2 = 20/50 = 0,4$.

6.3.7 Deslocamentos da linha de restrição orçamentária

A posição da linha de restrição orçamentária é inteiramente determinada pelos preços e pela renda. Se um desses valores muda, a posição da linha de restrição orçamentária também muda. Chama-se essa mudança de um deslocamento da linha de restrição orçamentária. Veja os possíveis deslocamentos dessa linha quando há mudança de apenas um parâmetro.

---

[4] No caso mais geral, em que o número de bens é um inteiro qualquer n, notando por $q_1, q_2, ..., q_n$ as quantidades consumidas dos bens 1, 2, ..., n, respectivamente, e por $p_1, p_2, ..., p_n$ seus preços, o conjunto de restrição orçamentária é dado pelo conjunto das cestas com quantidades $q_1, q_2, ..., q_n$ de cada um dos bens, tais que $\sum_{i=1}^{n} p_i q_i \leq r$, e a linha de restrição orçamentária é dada pelo conjunto das cestas que satisfazem essa condição com igualdade.

Primeiramente, considere uma variação na renda do consumidor. Um aumento na renda faz com que a intersecção da linha de restrição orçamentária com o eixo horizontal se desloque para a direita, pois com uma renda maior, a razão entre esta e o preço do bem 1 aumenta. Como o mesmo se pode dizer da razão entre a renda e o preço do bem 2, o ponto de cruzamento da linha de restrição orçamentária com o eixo vertical se desloca para cima. A inclinação da linha de restrição orçamentária, por sua vez, depende apenas da razão entre os preços dos dois bens e, consequentemente, não é afetada por variações na renda. Assim, com um aumento na renda, a linha de restrição orçamentária se desloca para a direita e para cima, mantendo-se paralela à linha de restrição orçamentária, conforme indica o Gráfico 6.20. Evidentemente, um deslocamento na direção contrária, para baixo e para a esquerda, deve ocorrer caso haja uma redução na renda do consumidor.

GRÁFICO 6.20

Efeito sobre a linha de restrição orçamentária de uma variação na renda do consumidor

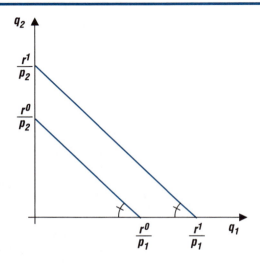

Considere agora uma variação no preço do bem 1. Caso esse preço aumente, a linha de restrição orçamentária passará a cruzar o eixo horizontal mais à esquerda, pois a razão r/p_1 diminui. Como a inclinação da linha de restrição orçamentária é dada pela razão p_1/p_2, um aumento em p_1 deixa essa linha mais inclinada. A intersecção da linha de restrição orçamentária com o eixo vertical depende apenas do preço do bem 2 e da renda do consumidor, de tal sorte que uma elevação no preço do bem 1 não afeta a posição dessa intersecção. Assim, um aumento no preço do bem 1 faz com que a linha de restrição orçamentária gire no sentido horário sobre o eixo de rotação definido por seu ponto de intersecção com o eixo vertical. Isso é ilustrado no Gráfico 6.20, que mostra o que acontece com a restrição orçamentária quando o preço varia entre p_1^0 e p_1^1, com $p_1^1 < p_1^0$. Ao contrário, caso haja uma redução no preço do bem 1, a linha de restrição orçamentária deverá girar no sentido anti-horário sobre o eixo de rotação definido por seu ponto de cruzamento com o eixo vertical, de tal sorte que seu cruzamento com o eixo horizontal se desloca para a direita, conforme pode ser visto no Gráfico 6.21, imaginando-se que o preço do bem 1 variou de p_1^1 para p_1^0.

GRÁFICO 6.21

Efeito de uma mudança no preço do bem 1 sobre a linha de restrição orçamentária

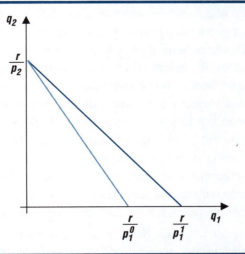

Empregando raciocínio inteiramente similar, conclui-se que uma elevação no preço do bem 2 faz com que a linha de restrição orçamentária gire sobre o eixo de seu ponto de intersecção com o eixo horizontal no sentido anti-horário, de tal sorte que sua inclinação diminui e seu ponto de cruzamento com o eixo vertical se desloca para baixo, conforme é possível ver no Gráfico 6.22. Supondo um aumento no preço do bem 2 de p_2^0 para p_2^1 e uma redução no preço do bem 2, a linha de restrição orçamentária gira sobre o eixo de rotação de seu ponto de cruzamento com o eixo horizontal no sentido horário, o que faz com que a sua inclinação se acentue e que seu cruzamento com o eixo vertical se desloque para cima, conforme é possível ver também no Gráfico 6.22, com a mesma figura assumindo que o preço caia de p_2^1 para p_2^0.

GRÁFICO 6.22

Efeito de uma mudança no preço do bem 2 sobre a linha de restrição orçamentária

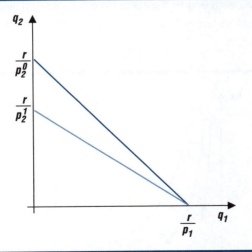

6.3.8 Equilíbrio do consumidor

Entre todas as cestas de bens que são compatíveis com a sua restrição orçamentária, o consumidor deve escolher aquela que ele julga a mais desejável. Essa cesta de bens é chamada **a cesta de bens demandada por parte do consumidor**, a sua representação gráfica é chamada de ponto de equilíbrio do consumidor e as quantidades de cada bem na cesta demandada são chamadas de quantidade demandada desse bem. Considere a curva de indiferença que contém essa cesta. Ela deve ter duas propriedades. Primeiramente, por conter uma cesta de bens compatível com a restrição orçamentária, essa curva de indiferença tem ao menos um ponto em comum com o conjunto de restrição orçamentária. Em segundo lugar, como a cesta de bens demandada pelo consumidor é preferida a todas as outras cestas de bens no conjunto de restrição orçamentária, a curva de indiferença que contém a cesta de bens demandada é mais elevada do que qualquer outra curva de indiferença que contenha cestas de bens do conjunto de restrição orçamentária. Assim, o ponto de equilíbrio de um consumidor é o ponto do conjunto de restrição orçamentária que pertence à curva de indiferença mais elevada que ainda tem ponto em comum com esse conjunto.

Isso é ilustrado no Gráfico 6.23. Nele, está representado o conjunto de restrição orçamentária de um consumidor, assim como algumas de suas curvas de indiferença. O consumidor não pode adquirir qualquer cesta de bens sobre a curva de indiferença I_3, pois esta curva não tem qualquer ponto de contato com o conjunto de restrição orçamentária. Ele poderia escolher algumas cestas de bens sobre a curva de indiferença I_1, tal como a cesta de bens *a*. Porém, essa não seria a melhor escolha, pois há cestas de bens no conjunto de restrição orçamentária, tal como a cesta de bens *b*, que estão acima da curva de indiferença I_1 e que, portanto, seriam preferíveis à cesta de bens *a*. Isso ocorrerá para qualquer curva de indiferença que cruze a linha de restrição orçamentária. Desse modo, a curva de indiferença mais elevada que ainda possua ponto em comum com o conjunto de restrição orçamentária não pode cruzar a linha de restrição orçamentária. Como ela ainda deve ter um ponto em comum com o conjunto de restrição orçamentária, isso significa que deve apenas "tocar" por cima a linha de restrição orçamentária ou, em outras palavras, tangenciar essa linha. No Gráfico 6.23, a curva de indiferença com essa característica é a curva I_2. Ela tangencia a linha de restrição orçamentária na cesta *e*, que é a cesta de equilíbrio, ou seja, aquela que pertence ao conjunto de restrição orçamentária e que é preferida a todas as outras.

GRÁFICO 6.23

Equilíbrio do consumidor

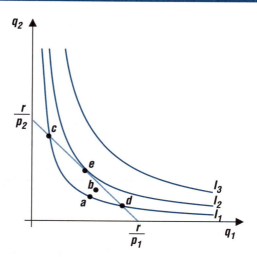

Graficamente, o equilíbrio do consumidor corresponde à cesta de bens que pertence à linha de restrição orçamentária e cuja curva indiferente é tangente a essa linha. Conforme visto, a inclinação da linha de restrição orçamentária é igual à razão entre os preços dos bens, p_1/p_2, e a inclinação da curva de indiferença é a *TMS*. Assim, a cesta de equilíbrio do consumidor é a cesta de bens sobre a linha de restrição orçamentária na qual $TMS = p_1/p_2$.

Esse resultado pode ser interpretado de modo um pouco mais intuitivo. Para chegar a ele, observe, primeiramente, que p_1/p_2 representa quantas unidades do bem 2 podem ser compradas com o valor de uma unidade do bem 1. Por exemplo, caso $p_1 = 6$ e $p_2 = 3$, com o valor de uma unidade do bem 1, $ 6, será possível comprar 6/3 = 2 unidades do bem 2. Desse modo, desde que esteja sobre sua linha de restrição orçamentária, p_1/p_2 representa quanto o consumidor poderá consumir a mais do bem 2, caso escolha uma cesta de consumo com uma unidade a menos do bem 1, ou, alternativamente, quanto terá que consumir a menos do bem 2, caso deseje uma cesta de consumo com uma unidade a mais do bem 1. Além disso, a *TMS* pode ser interpretada como quanto do consumo do bem 2 o consumidor está disposto a abrir mão para ter uma unidade adicional do bem 1 ou, alternativamente, qual o consumo adicional do bem 2 necessário para compensar o consumidor pela perda de uma unidade do bem 1.

Imagine agora que um consumidor esteja considerando consumir uma cesta de bens na qual TMS > p_1/p_2, tal como a cesta *c* do Gráfico 6.23. Sendo a TMS > p_1/p_2, então a quantidade do bem 2 da qual o consumidor está disposto a abrir mão para ter uma unidade adicional do bem 1, dada pela *TMS*, é maior do que a quantidade do bem 2 de que ele precisa abrir mão para ter essa unidade adicional, dada por p_1/p_2. Nesse caso, será vantajoso aumentar o consumo do bem 1, ou seja, caminhar para a esquerda sobre a linha de restrição orçamentária.

Considere agora o caso em que $TMS < p_1/p_2$, tal como ocorre na cesta *d* do Gráfico 6.23. Nesse caso, a quantidade adicional do bem 2 que o consumidor consegue adquirir ao optar por uma cesta de bens com uma unidade a menos do bem 1, dada pela razão p_1/p_2, é maior do que a quantidade de que julga suficiente para compensá-lo pela perda do consumo dessa unidade do bem 1, dada pela *TMS*. Desse modo, nesse caso, vale a pena reduzir o consumo do bem 1 para poder aumentar o consumo do bem 2, isto é, caminhar para a esquerda sobre a linha de restrição orçamentária.

Assim, para explorar todas as possibilidades de ganho, o consumidor deve aumentar o consumo do bem 1 e reduzir o consumo do bem 2, caso $TMS > p_1/p_2$, e, ao contrário, reduzir o consumo do bem 1 e aumentar o consumo do bem 2, caso $TMS < p_1/p_2$. Como o equilíbrio não é mais possível para o consumidor melhorar seu bem-estar, nenhuma dessas possibilidades de ganho devem estar presentes. Isso ocorre quando $TMS = p_1/p_2$.

Há, todavia, uma exceção para essa regra. Argumenta-se que, no equilíbrio, a *TMS* não poderia ser superior a p_1/p_2, pois, quando isso ocorre, o consumidor pode adquirir cesta de bens mais desejáveis ao aumentar o consumo do bem 1 em detrimento do consumo do bem 2. Porém, ele só pode fazer isso caso ainda consuma o bem 2. Se a *TMS* continua superior a p_1/p_2 mesmo após o consumidor ter zerado o consumo do bem 2, não será mais possível para ele aumentar o consumo do bem 1 em detrimento do consumo do bem 2. Assim, pode ocorrer de o consumidor atingir o equilíbrio em uma situação em que $TMS > p_1/p_2$. Porém, isso só é possível caso, no equilíbrio, o consumo do bem 2 seja igual a zero. Assim, caso no equilíbrio o consumo do bem 2 seja igual a zero, a *TMS* pode ser igual ao preço relativo p_1/p_2 ou maior do que esse preço relativo, ou seja, nesse equilíbrio $TMS \geq p_1/p_2$. Um equilíbrio no qual o consumo de um dos bens é igual a zero é chamado de solução de canto, em que não há necessariamente a igualdade entre a *TMS* e p_1/p_2. O Gráfico 6.24 ilustra uma possível solução de canto com consumo nulo do bem 2, na qual $TMS > p_1/p_2$.

GRÁFICO 6.24

Solução de canto com consumo exclusivo do bem 1

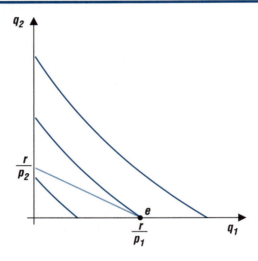

Também pode ocorrer uma solução de canto com consumo nulo do bem 1. Para que isso ocorra, é necessário que, nessa solução, $TMS \leq p_1/p_2$. O Gráfico 6.25 ilustra o caso de uma solução de canto com consumo nulo do bem 1.

GRÁFICO 6.25

Solução de canto com consumo exclusivo do bem 2

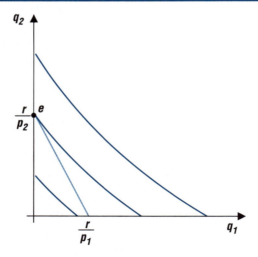

Resumindo as conclusões sobre o equilíbrio do consumidor, é possível afirmar que:

- esse equilíbrio é caracterizado pelo ponto de contato entre a linha de restrição orçamentária e a curva de indiferença mais elevada entre as que têm algum ponto em comum com o conjunto de restrição orçamentária;
- caso no equilíbrio do consumidor os dois bens sejam consumidos em quantidades positivas, então esse equilíbrio será caracterizado pela igualdade $TMS = p_1/p_2$;
- caso no equilíbrio do consumidor o consumo do bem 2 seja nulo, então nesse equilíbrio $TMS \geq p_1/p_2$;
- caso o consumo do bem 1 no equilíbrio do consumidor seja nulo, então nesse equilíbrio $TMS \leq p_1/p_2$.

6.3.9 Efeitos de alterações na renda

Conforme estudado, a cesta de bens demandada pelo consumidor, que configura o seu equilíbrio, é a cesta de bens que o consumidor considera preferida entre todas aquelas que atendem sua restrição orçamentária. Assim, para qualquer alteração na restrição orçamentária, a cesta de bens demandada deverá ser redefinida. Diz-se, nesse caso, que há uma alteração no equilíbrio do consumidor. Será analisado individualmente de que maneira alterações na renda e no preço de um bem afetam o equilíbrio do consumidor. Como qualquer alteração na linha de restrição orçamentária pode ser entendida como uma combinação de variações na renda e nos preços dos bens, a análise pode ser facilmente estendida para esses casos.

Considere, inicialmente, o efeito de um deslocamento na linha de restrição orçamentária em virtude de uma variação na renda do consumidor. Assumindo que as preferências do consumidor sejam monotônicas, é possível afirmar que, quando há variação na renda de um consumidor, a quantidade demandada de ao menos um dos bens deverá variar no mesmo sentido que a renda, isto é, se a renda aumenta, a quantidade demandada desse bem também aumenta e, se a renda diminui, a sua quantidade demandada também diminui. Nada impede, todavia, que a quantidade demandada de um dos bens diminua quando a renda do consumidor aumenta, desde que haja um aumento na quantidade demandada do outro bem ou que a quantidade demandada de um dos bens aumente quando a renda do consumidor diminui e desde que isso seja acompanhado de uma redução na quantidade demandada do outro bem. Quando a quantidade demandada de um bem diminui em resposta a um aumento de renda e aumenta em resposta a uma redução na renda, esse bem é chamado de **bem inferior**. Se o bem não é inferior, ele é dito **bem normal**. Como, para ao menos um dos bens, a quantidade demandada deve variar no mesmo sentido da variação na renda, não pode ocorrer de todos os bens serem inferiores. Sempre haverá pelo menos um bem normal.

O Gráfico 6.26 ilustra o efeito de um aumento na renda do consumidor de r_0 para r_1, com os preços mantidos constantes em p_1 e p_2 sobre o equilíbrio do consumidor quando os dois bens são normais. A linha cinza é a linha de restrição orçamentária associada à renda mais baixa, $r0$, e a linha colorida é a linha de restrição orçamentária associada à renda mais elevada, $r1$. O ponto de equilíbrio, quando a renda é $r0$, é o ponto e_0. Nesse ponto, as quantidades demandadas dos bens 1 e 2 são, respectivamente, q_1^0 e q_2^0. Quando a renda passa a r_1, o novo ponto de equilíbrio é e_1, com quantidades demandadas q_1^1 e q_2^1. Como o ponto e_1 está à direita e acima de e_0, $q_1^1 > q_1^0$ e $q_2^1 > q_2^0$, ou seja, o aumento na renda do consumidor levou a um aumento nas quantidades demandadas dos dois bens. Assim, os dois bens são normais.

GRÁFICO 6.26

Efeito de uma variação na renda sobre o equilíbrio do consumidor: bens normais

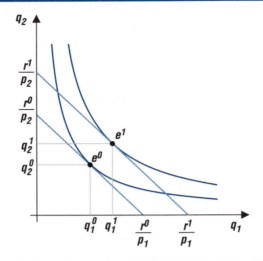

O Gráfico 6.27 também ilustra o efeito de um aumento na renda de r_0 para r_1. Nela, quando a renda é r_0, o equilíbrio também é denominado e_0, e quando a renda é r_1, o equilíbrio também é denominado e_1. Ainda similarmente ao que ocorre no Gráfico 6.24, as quantidades demandadas no ponto de equilíbrio e_0 são q_1^0 e q_2^0 e, no ponto de equilíbrio e_1, q_1^1 e q_2^1. Porém, diferentemente do que ocorre nos Gráficos 6.26 e 6.27, o ponto e_1 está acima e à esquerda do equilíbrio inicial e_0, ou seja, quando a renda aumenta de r_0 para r_1, a quantidade demandada do bem 1 diminui. Isso significa que esse bem é um bem inferior para um consumidor com preferências iguais às representadas pelas curvas de indiferença do Gráfico 6.26. Note que $q_2^1 > q_2^0$, pois o ponto e_1 está acima do ponto e_0. Isso era esperado porque, conforme visto, não é possível que todos os bens sejam simultaneamente inferiores.

GRÁFICO 6.27

Efeito de uma variação na renda sobre o equilíbrio do consumidor quando o bem 1 é um bem inferior

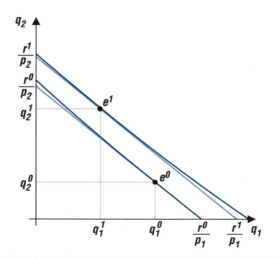

6.3.10 Alterações nos preços e o equilíbrio do consumidor

Foi possível ver o que pode acontecer com o equilíbrio do consumidor caso haja uma alteração em sua renda. A pergunta agora é: o que a teoria do consumidor prevê caso haja alteração no preço de um dos bens, sendo mantidos constantes o preço do outro bem e a renda do consumidor? De fato, ela prevê pouco. O que é possível afirmar é que (a) não é possível que a quantidade demandada de todos os bens varie na mesma direção do preço que foi alterado; e (b) caso a quantidade demandada de um bem varie na mesma direção do preço que foi alterado, a quantidade demandada do outro bem deverá variar na direção oposta. Assim, por exemplo, quando há um aumento no preço do bem 1 e, tanto a renda do consumidor quanto o preço do bem 2 permanecem inalterados, quatro resultados são possíveis:

1. as quantidades demandadas dos bens 1 e 2 diminuem;
2. a quantidade demandada do bem 1 diminui e a do bem 2 aumenta;
3. as quantidades demandadas dos bens 1 e 2 permanecem inalteradas;
4. a quantidade demandada do bem 1 aumenta e a do bem 2 diminui.

Quando ocorre o primeiro resultado, diz-se que o bem 2 é um **complemento** do bem 1. De um modo mais geral, diz-se que o bem 2 é complemento do bem 1, caso a quantidade demandada do bem 2 varie na direção oposta a variações no preço do bem 1, isto é, caso a quantidade demandada do bem 2 aumente quando o preço do bem 1 diminui e diminua caso o preço do bem 1 aumente. O Gráfico 6.28 ilustra um caso em que o bem 2 é complemento do bem 1. Nele são representadas duas linhas de restrição orçamentária. A renda e o preço do bem 2 são iguais para as duas linhas, mas a linha de restrição orçamentária está associada a um preço do bem 1, p_1^0, menor do que o preço do bem 1 associado à linha de restrição orçamentária mais inclinada, p_1^1 ($p_1^0 < q_1^1$). Como se pode ver, tanto a quantidade demandada do bem 1 como a do bem 2 são menores quando o preço do bem 1 é mais elevado.

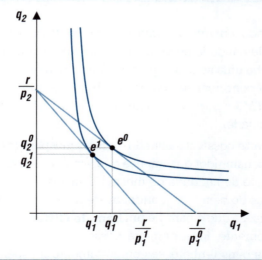

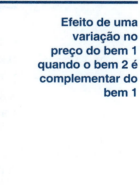

GRÁFICO 6.28

Efeito de uma variação no preço do bem 1 quando o bem 2 é complementar do bem 1

Quando ocorre o segundo resultado, em que a quantidade demandada do bem 2 aumenta em resposta a um aumento no preço do bem 1, diz-se que o bem 2 é um **substituto** do bem 1. De um modo mais geral, se, quando a renda e o preço do bem 2 são mantidos constantes, a quantidade demandada do bem 2 varia no mesmo sentido que o preço do bem 1, o bem 2 é dito substituto do bem 1. O Gráfico 6.29 ilustra um caso no qual as preferências do consumidor são tais que o bem 2 se comporta como um bem substituto do bem 1. Nesse gráfico, são mostradas duas linhas de restrição orçamentárias associadas à mesma renda e preço menor do bem 2, mas com preços do bem 1 diferentes, p_1^0 e p_1^1, com $p_1^1 > p_1^0$. Com o equilíbrio na linha de restrição orçamentária associada ao preço do bem 1 mais elevado, isto é, a linha de restrição orçamentária mais inclinada encontra-se acima do ponto de equilíbrio na outra linha de restrição orçamentária, menos inclinada e, portanto, associada a um preço do bem 1 mais baixo, é possível concluir que, ao preço do bem 1 mais elevado, a quantidade demandada do bem 2 também é mais elevada e, portanto, o bem 2 é substituto do bem 1.

GRÁFICO 6.29

Efeito de uma variação no preço do bem 1 quando o bem 2 é substituto do bem 1

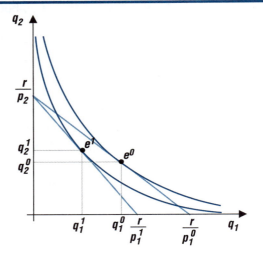

O terceiro resultado, em que a variação no preço do bem 1 não provoca variação nem na quantidade demandada do bem 1 nem na quantidade demandada do bem 2, pode ocorrer quando há uma solução de canto com consumo nulo do bem 1. A mesma solução de canto vai continuar se o preço do bem 1 aumenta ou, no caso em que na solução de canto $TMS < p_1/p_2$, caso o preço do bem 1 não diminua o bastante para inverter essa desigualdade.

Finalmente, o quarto possível resultado é o mais inesperado e contraintuitivo. Não há nada na teoria do consumidor que impeça que, em resposta a uma redução no preço do bem 1, a quantidade demandada do mesmo bem 1 diminua e que, em resposta a uma elevação no preço do bem 1, a quantidade demandada do mesmo bem aumente. Quando isso ocorre, diz-se que o bem 1 é um **bem de Giffen**, nome dado a Sir Roberto Giffen, que, aparentemente, foi a primeira pessoa a sugerir a possibilidade de que a demanda de alguns bens tenha esse comportamento inesperado. A ocorrência de bens de Giffen é tão rara que, por muito tempo, diversos autores sugeriram que é mera possibilidade teórica, sem qualquer correspondência real. Alguns autores chegaram a sugerir que, em virtude disso, a teoria do consumidor deveria ser redesenhada de modo a proibir a existência teórica de bens de Giffen. Porém, em anos mais recentes, observações empíricas de bens de Giffen foram relatadas. Em 1991, Battalio, Kagel e Kogut descreveram experimentos controlados em que relações econômicas foram simuladas com ratos, nos quais água com quinino revelou-se um bem de Giffen. Mais recentemente, Jensen e Miller demonstraram que, para algumas famílias de baixa renda na China, o arroz se comporta como um bem de Giffen. Está fora do escopo deste livro fornecer explicações mais profundas sobre as razões pelas quais um bem de Giffen pode existir.[5]

6.3.11 Derivando a curva de demanda

Observando os efeitos das variações no preço de um bem sobre o equilíbrio do consumidor, é possível derivar a sua curva de demanda por esse bem. Isso é ilustrado nos Gráficos 6.29 e 6.30.

O Gráfico 6.29 combina curvas de indiferença e diferentes linhas de restrição orçamentária. A linha de restrição orçamentária mais à esquerda foi obtida para um determinado preço da unidade do bem 1, p_1^0. A linha de restrição orçamentária do meio foi obtida para um preço $p_1^1 < p_1^0$. A linha de restrição orçamentária mais à direita foi obtida assumindo que o preço do bem 1 seja ainda menor, $p_1^2 > p_1^1$.

GRÁFICO 6.30

Derivando a curva de demanda

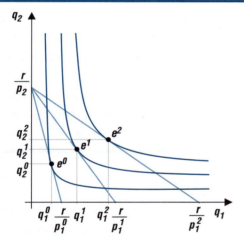

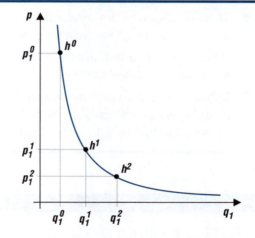

(a) Efeito das variações no preço do bem 1 sobre o equilíbrio do consumidor

(b) Marcados cada preço do bem 1 e a quantidade demandada desse bem a esse preço

Para cada uma dessas linhas de restrição orçamentária, obtém-se um ponto de equilíbrio. Quando o preço da unidade de alimentação é p_1^0, obtém-se o equilíbrio e^0. Quando ele é p_1^1, obtém-se o equilíbrio e^1 e, para o preço da unidade de alimentação igual a p_1^2, obtém-se o equilíbrio e_1^2. Às cestas de mercadorias e^0, e^1 e e^2 correspondem, respectivamente, às quantidades consumidas q_1^0, q_1^1 e q_1^2. Assim, quando o preço de uma unidade de alimentação é p_1^0, a quantidade do bem 1 que o consumidor deverá comprar

---

[5] Tal explicação pode ser encontrada em Vasconcellos, Oliveira e Barbieri (2011), especialmente nos Capítulos 6 e 7.

é q_1^0; quando esse preço passa para p_1^1, a quantidade consumida de alimentação passa para q_1^1, e, quando esse preço é p_1^2, a quantidade comprada do bem 1 é q_1^2.

Esse resultado é apresentado no Gráfico 6.21. O eixo horizontal indica a quantidade consumida do bem 1 e o eixo vertical indica o preço de uma unidade desse bem. Assim, o ponto h^0 indica apenas que, quando o preço do bem 1 é p_0^1, a quantidade demandada desse bem é q_1^0. Do mesmo modo ocorre com os pontos h^1 e h^2.

QUESTÕES

1. Qual seria a demanda pelo manual de matemática do exemplo inicial, quando são considerados todos os colegas de Carolina, caso todos tivessem a mesma disposição a pagar?
2. Por que a curva de demanda do manual de matemática não pode ser negativamente inclinada?
3. Desenhe a representação gráfica das seguintes cestas de consumo: $a = (3,1)$, $b = (2,2)$, $c = (0,0)$ e $d = (4,0)$.
4. Faça um gráfico da linha de restrição orçamentária quando $r = 500$, $p_1 = 20$ e $p_2 = 10$.
5. Se no equilíbrio de um consumidor o consumo dos dois bens é positivo, o que se pode dizer a respeito da relação entre a taxa marginal de substituição e o preço relativo p_1/p_2?
6. Se no equilíbrio de um consumidor o consumo do bem 2 é nulo, o que se pode dizer a respeito da relação entre a taxa marginal de substituição e o preço relativo p_1/p_2?
7. No modelo com dois bens, se um bem é inferior, o outro é necessariamente normal. Verdadeiro ou falso? Explique.
8. Esboce um gráfico mostrando a variação no equilíbrio do consumidor em virtude de uma variação no preço do bem 2, considerando que (a) o bem 1 é complemento do bem 2 e (b) o bem 1 é substituto do bem 2.

REFERÊNCIAS

BATTALIO, R.; KAGEL, J. H.; KOGUT, C. A. Experimental confirmation of the existence of a giffen good. *The American Economic Review*, v. 81, n. 4, p. 961-970, 1991.

JENSEN, R. T.; MILLER, N. H. Giffen Behavior and subsistence consumption. *American Economic Review*, v. 8, n. 4, p. 1553-77, 2008.

VASCONCELLOS, M. A. S.; OLIVEIRA, R. G. de O.; BARBIERI, F. *Manual de microeconomia*. 3. ed. São Paulo: Atlas, 2011.

7 TEORIA DA FIRMA: A PRODUÇÃO E A FIRMA

Luiz Carlos Pereira de Carvalho

7.1 ■ INTRODUÇÃO

Em uma economia de mercado, os **consumidores**, de um lado, e as **firmas**, de outro, constituem-se, respectivamente, nas unidades do setor de consumo e do setor da produção. Ao desenvolverem suas atividades básicas de *consumir* e *produzir*, ambas se inter-relacionam por intermédio do sistema de preços.

A parte da teoria econômica que se preocupa em estudar o comportamento da unidade do setor de consumo — o consumidor — é denominada **teoria do consumidor**. Esta, por meio da utilização de hipóteses básicas e de um mecanismo adequado de raciocínio, procura explicar o comportamento do consumidor quando ele, ao atender suas necessidades, realiza o seu processo de consumo.

O comportamento da unidade do setor da produção — a firma — é estudado por outra parte da teoria econômica, denominada **teoria da firma**, que, utilizando também hipóteses de trabalho e adequado mecanismo de raciocínio, procura explicar o comportamento da firma quando desenvolve a sua atividade produtiva.

No presente capítulo, será apresentada a teoria da firma, procurando-se, no estudo do seu conteúdo, abordar, de forma clara e acessível, todos os mecanismos explicativos da sua atividade como centro da realização do processo produtivo.

Quando se analisa a teoria da firma na parte específica que trata do problema da produção, dos custos de produção e dos rendimentos da firma, em última análise está-se estudando o que na teoria microeconômica é conhecido como a teoria da produção. De certa forma, o grande título teoria da firma é geral e abrange a teoria da produção, a teoria dos custos e a análise dos rendimentos da firma.

7.2 ■ A IMPORTÂNCIA DA TEORIA DA PRODUÇÃO

O estudo da teoria da produção apresenta grande importância, uma vez que seus princípios gerais proporcionam as bases para a análise dos custos e da oferta dos bens produzidos. Além disso, tais princípios se constituem também em peças fundamentais para a análise dos preços e do emprego dos fatores, assim como da sua alocação entre os diversos usos alternativos na economia.

Por conseguinte, de forma resumida, é possível afirmar que a **teoria da produção** desempenha pelo menos dois papéis extremamente importantes. O primeiro deles diz respeito ao que se relaciona com a ideia de que a teoria da produção serve de base para a análise das relações existentes entre **produção** e **custos de produção**. Em uma economia moderna, cuja tecnologia e processos produtivos evoluem diariamente — e, de certa

---

Teoria do consumidor: *parte da teoria econômica que se preocupa em estudar o comportamento da unidade do setor de consumo — o consumidor.*

Teoria da firma: *explica o comportamento da firma quando desenvolve sua atividade produtiva.*

forma, em alguns períodos e regiões nota-se relativa escassez de fatores de produção —, o relacionamento entre produção e custos de produção é muito importante na análise da teoria da formação dos preços. Se, portanto, é a teoria da produção que, no âmbito da análise da formação dos preços, permite que se estabeleça esse relacionamento, essa teoria ocupa um lugar de suma importância na análise microeconômica.

O segundo papel, altamente relevante, desempenhado pelo estudo da teoria da produção, é aquele que mostra que ela também serve de apoio para a análise da demanda da firma com relação aos fatores de produção que utiliza. As empresas produzem bens que têm utilidade e que, por essa razão, vão ser demandados pelos consumidores durante o processo de satisfação de suas necessidades, ou seja, quando realizam os respectivos **planos econômicos de consumo**. Todavia, para produzir esses bens, as empresas dependem, por sua vez, da disponibilidade de outros bens, chamados **bens de produção** ou, mais comumente, **fatores de produção**. A teoria da produção, no desempenho desse segundo importante papel relativo à análise microeconômica, mostra como pode constituir-se no alicerce da análise da demanda da firma pelos fatores de produção.

7.2.1 Alguns conceitos básicos da teoria da produção

O estudo da teoria da produção e o desenvolvimento de sua análise exigem, de início, o conhecimento de alguns conceitos fundamentais.

Empresa ou firma: *unidade de produção que atua racionalmente, procurando maximizar seus resultados relativos à produção e ao lucro.*

O primeiro conceito básico é o de **empresa** ou **firma**, que consiste em uma unidade de produção que atua racionalmente, procurando maximizar seus resultados relativos à produção e ao lucro.

É importante ressaltar que esse conceito abrange um empreendimento de modo geral, que, além de atividades industriais e agrícolas, também engloba atividades profissionais, técnicas e de serviços. Ademais, quando se fala em firma em geral, devem-se fazer algumas abstrações. Assim, as diferenças entre firmas serão ignoradas, considerando-se apenas as características comuns existentes entre elas.

É possível definir a empresa ou a firma à luz da teoria dos preços. Nesse conceito, não há vinculações jurídicas ou contábeis. Portanto, é possível definir a empresa ou firma como unidade técnica que produz bens.

Deve-se, entretanto, entender que a forma de organização da firma não apresenta relevância para a teoria dos preços e, consequentemente, para a teoria da produção. Assim, ela tanto pode ser individual como coletiva. A ideia essencial é de que a firma seja uma unidade de produção que atue racionalmente, procurando maximizar seus resultados relativos à produção e ao lucro.

Fator de produção: *bens ou serviços transformáveis em produção.*

O segundo conceito básico é o de **fator de produção**, sendo possível conceituá-lo como bens ou serviços transformáveis em produção.

Além do conceito, é conveniente que se analisem também algumas distinções entre eles. Existem os primários, isto é, os que não são produzidos por outra empresa, e os secundários, cuja existência deriva do processo produtivo realizado por alguma empresa ou firma. Portanto, os fatores primários são os fatores naturais que existem independentemente da ocorrência de processo produtivo anterior. Já os fatores secundários são os que necessitam da realização de processo produtivo para criá-los.

O terceiro conceito básico é o de **produção**, que é definida como a transformação dos fatores adquiridos pela empresa em produtos para a venda no mercado. É importante que se entenda que o conceito de produção não se resume em identificar transformações físicas e materiais. Seu sentido é mais amplo, abrangendo também a oferta de serviços, como transporte, financiamentos, comércio e outras atividades.

Produção: *transformação, pela empresa, dos fatores adquiridos em produtos para a venda no mercado.*

7.3 ■ A PRODUÇÃO

7.3.1 A função de produção

7.3.1.1 Conceito e representação

O empresário, ao decidir o que, como e quanto produzir, vai, na medida das respostas vindas do mercado consumidor, variar a quantidade utilizada dos fatores, para com isso variar a quantidade produzida do produto. Esse tipo de ação do empresário não é, todavia, totalmente independente e está sujeito a algumas restrições econômicas e financeiras, por exemplo. Além dessas, existe outra muito importante e que se caracteriza como restrição técnica: a função de produção.

A **função de produção** identifica a forma de solucionar os problemas técnicos da produção, pela apresentação das combinações de fatores que podem ser utilizados para o desenvolvimento do processo produtivo. É possível conceituá-la como a relação que mostra qual a quantidade obtida do produto, com base naquela utilizada dos fatores de produção.

Função de produção: *relação que mostra qual a quantidade obtida do produto, com base na quantidade utilizada dos fatores de produção.*

É interessante observar que, normalmente, na análise microeconômica, a função de produção assim definida admite sempre que o empresário esteja utilizando a maneira mais eficiente de combinar os fatores e, consequentemente, obter a maior quantidade produzida do produto. Todavia, a fim de que o empresário possa realizar esse tipo de ação da maneira mais eficiente possível, é preciso utilizar determinado processo de produção.

Assim, é interessante que aqui também se conceitue **processo de produção**: técnica por meio da qual um ou mais produtos serão obtidos pela utilização de determinadas quantidades de fatores de produção. Se esse processo for simples, obter-se-á, com a combinação dos fatores, um único produto; quando, pela combinação dos fatores, for possível produzir mais de um produto, ter-se-á um processo de produção múltiplo, ou produção múltipla.

Processo de produção: *técnica por meio da qual um ou mais produtos serão obtidos pela utilização de determinadas quantidades de fatores de produção.*

É possível perceber, pelos conceitos apresentados, que a função de produção indica o máximo de produto que se pode obter com as quantidades dos fatores, uma vez escolhido o processo de produção mais conveniente. A diferença entre os conceitos de função de produção e processo de produção é extremamente sutil. O processo de produção, na realidade, indica quanto de cada fator se faz necessário para obter certa quantidade de produto. Por outro lado, a função de produção indica o máximo de produto que se pode obter com certa quantidade de fatores, mediante a adequada escolha do processo de produção. Em outras palavras, podem existir diversas formas de combinar os fatores para obter certa quantidade de produto. Cada uma dessas formas caracteriza um processo de produção. Por conseguinte, quando se fala em função de produção no sentido genérico, admite-se implicitamente que o processo ou a forma escolhida de combinar os fatores é a mais eficiente, e todas as demais formas ou processos menos eficientes já foram desprezados.

Entendidas essas diferenças conceituais entre função de produção e processo de produção, é possível agora passar para a representação analítica da função de produção. Normalmente, na análise microeconômica, é possível representá-la da seguinte maneira:

$$q = f(x_1, x_2, x_3, ..., x_n)$$

em que

q = quantidade produzida do bem;

$x_1, x_2, x_3, ..., x_n$ = quantidades utilizadas de diversos fatores, respeitada a escolha do processo de produção mais eficiente.

Com o objetivo de tornar essa função de produção genérica operacionalmente didática no âmbito da teoria dos preços, é necessário realizar uma simplificação, reduzindo-a a uma função de apenas duas variáveis:

$$q = f(x_1, x_2)$$

Convém observar que a função de produção é, por hipótese, uniforme e contínua, constituída de um fluxo de fatores do qual resulta um fluxo de produtos. Desse modo, sempre deve ser definida em tempo. Ainda é preciso lembrar que a função de produção é unicamente definida em níveis positivos dos fatores e do produto, ou seja:

$$q > 0; x_1 > 0 \text{ e } x_2 > 0$$

Outra observação importante é que a função de produção vai modificar-se à medida que se modifica o nível de tecnologia existente, isto é, com o aprimoramento do conhecimento tecnológico evidentemente alterar-se-á a composição da função de produção. Esse conhecimento constitui-se no conjunto de informações que estão à disposição dos empresários e que possibilitam a melhor maneira de combinar os fatores de produção, com vistas à obtenção de certa quantidade do produto.

A teoria econômica, em sua análise, considera dois tipos de relações entre a quantidade produzida do produto e a quantidade utilizada dos fatores. A primeira delas ocorre quando, na função de produção, alguns fatores são fixos e outros variáveis. Esse tipo de relação identifica o que a teoria denomina **curto prazo**. O segundo tipo de relação identifica o **longo prazo** e ocorre quando todos os fatores são variáveis.

7.3.1.2 A hipótese da existência de fatores fixos e variáveis na função de produção: análise de curto prazo

Fatores variáveis: *aqueles cujas quantidades utilizadas variam com a realização do processo produtivo.*

Fatores fixos: *aqueles cujas quantidades utilizadas não variam com a realização do processo produtivo.*

Considere uma função de produção que possua as quantidades de todos os **fatores fixos**, menos a de um deles. Se a hipótese considerada for a de utilizar uma função de produção simplificada, com apenas dois fatores, então, um deles será o fator fixo e o outro, o variável. Assim, tem-se:

$$q = f(x_1, x_2),$$

em que:

q = quantidade do produto;

x_1 = fator variável;

x_2 = fator fixo.

Nesse caso, a quantidade produzida, para que possa variar, dependerá da variação da quantidade utilizada do fator variável, associada à contribuição constante do fator fixo, em cada combinação dos fatores utilizados. Admitindo essa estrutura para a função de produção, é possível apresentar novamente uma série de conceitos básicos para a análise da teoria da produção. O primeiro desses conceitos é o de produto total do fator variável.

Pode-se definir o **produto total do fator variável** como a quantidade do produto que se obtém da utilização do fator variável, mantendo-se fixa a quantidade dos demais fatores. No caso exemplificado, x_1 é o fator variável, e x_2^0 é o fixo. Por conseguinte, o produto q depende da utilização do fator variável $q = f(x_1)$ e, logicamente, modificar-se-á em função de cada nível em que for fixado o fator fixo x_2. Por exemplo, x_2^0, x_2^1, x_2^2.

É preciso notar que existe certa proporção de combinação entre o fator fixo x_2^0 e o fator variável x^1, pois, à medida que se incrementa o nível de utilização do fator fixo, reduzem-se as quantidades utilizadas do fator variável na função. Graficamente, pode-se representar a curva do produto total do fator variável conforme o Gráfico 7.1.

GRÁFICO 7.1

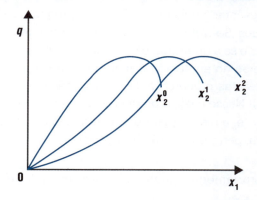

Outros conceitos básicos que podem ser derivados dessa hipótese de função de produção são os de produtividade média e marginal do fator variável.

Produtividade média do fator variável é o resultado do quociente da quantidade total produzida pela quantidade utilizada desse fator. Representativamente, tem-se:

$$PMe = \frac{q}{x_1}.$$

Por **produtividade marginal do fator variável**, entende-se a relação entre as variações do produto total e as da quantidade utilizada do fator variável, podendo ser assim representada:

$$PMg = \frac{\Delta q}{\Delta x_1}.$$

A lei dos rendimentos decrescentes

Admitindo a função de produção considerada, pode-se analisar um elemento muito importante no estudo da teoria da produção: a **lei dos rendimentos decrescentes**.

Lei dos rendimentos decrescentes: *descreve o comportamento da taxa de variação da produção quando é possível variar apenas um dos fatores, permanecendo constantes os demais.*

Essa lei descreve o comportamento da taxa de variação da produção quando é possível variar apenas um dos fatores, permanecendo constantes os demais.

À medida que determinada empresa aumenta a sua produção por meio da função de produção, em que todos os fatores de produção são fixos, menos um, alteram-se as proporções de combinação entre os fatores. Essa alteração não se faz totalmente ao saber das próprias intenções da empresa; ela é regida pela lei dos rendimentos decrescentes ou lei das proporções variáveis, como também é conhecida.

Essa lei pode ser assim enunciada: aumentando-se a quantidade de um fator variável, permanecendo a quantidade dos demais fatores fixos, a produção, inicialmente, crescerá a taxas crescentes; a seguir, depois de certa quantidade utilizada do fator variável, passará a crescer a taxas decrescentes; continuando o incremento da utilização do fator variável, a produção decrescerá.

Além de identificada como lei dos rendimentos decrescentes e lei das proporções variáveis, também é conhecida como lei da produtividade marginal decrescente.

A título de ilustração, imagine uma empresa agrícola produtora de arroz. O fator fixo é representado pela área de terra disponível associada ao equipamento existente. O fator variável é representado pela mão de obra empregada, ou seja, pelo número de empregados contratados. Se várias combinações de terra e mão de obra forem utilizadas para produzir arroz e se a quantidade de terra for mantida constante, os aumentos da produção dependerão do aumento da mão de obra utilizada na lavoura. Quando isso ocorrer, alterar-se-ão as proporções de combinação entre os fatores fixo (terra) e variável (mão de obra). Nesse caso, a produção de arroz aumentará até certo ponto e depois decrescerá, isto é, a maior quantidade de homens para trabalhar, associada à área constante de terra, permitirá que a produção cresça até o máximo e depois passe a decrescer.

Colocando, arbitrariamente, números nesse exemplo, é possível construir a Tabela 7.1 ilustrativa.

TABELA 7.1

Terra (fator fixo)	Mão de obra (fator variável)	Produto total do fator variável	Produtividade média do fator variável	Produtividade marginal do fator variável
10	1	6	6,0	6
10	2	14	7,0	8
10	3	24	8,0	10
10	4	32	8,0	8
10	5	38	7,6	6
10	6	42	7,0	4
10	7	44	6,2	2
10	8	44	5,4	0
10	9	42	4,6	−2

Verifica-se que, de início, pode haver rendimentos crescentes, isto é, os acréscimos de utilização do fator variável podem provocar incrementos na produção. Todavia, essa fase, quando ocorre, é passageira, pois logo em seguida ocorrem rendimentos decrescentes. Observa-se que, da quarta unidade de mão de obra incluída no processo produtivo, começam a surgir os rendimentos decrescentes. A oitava unidade, associada às dez unidades do fator fixo terra, maximiza o produto (44 unidades). A produtividade marginal dessa oitava unidade é nula. Daí por diante cada unidade do fator variável mão de obra, associada às dez unidades do fator fixo terra, passa a ser ineficiente, ou melhor, as suas produtividades marginais tornam-se negativas.

Tais relações permitem o traçado do gráfico representativo da lei dos rendimentos decrescentes. A curva do produto inicialmente cresce a taxas crescentes, depois a taxas decrescentes, até atingir o seu máximo; em seguida, decresce. As curvas das produtividades média e marginal são construídas com base na curva do produto total. A curva de PM_e é obtida pelo quociente entre a quantidade produzida e a utilizada do fator variável, e a curva da PM_g, pelo quociente entre as variações da quantidade produzida e as variações da quantidade utilizada do fator variável.

Graficamente, é possível representá-las seguindo o Gráfico 7.2.

GRÁFICO 7.2

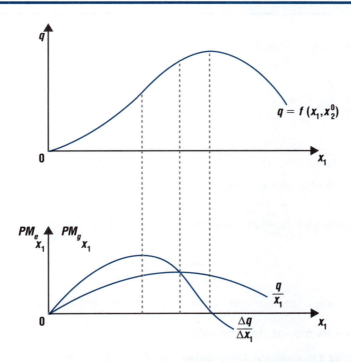

7.3.1.3 A hipótese da existência unicamente de fatores variáveis na função de produção: análise de longo prazo

Essa segunda forma de encarar o relacionamento entre a quantidade produzida do produto e a quantidade utilizada dos fatores, ou seja, a hipótese que admite que na função de produção todos os fatores são variáveis, caracteriza a análise de longo prazo (Gráfico 7.3).

GRÁFICO 7.3

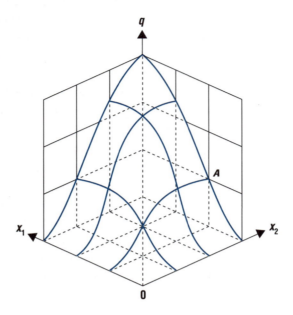

Em termos gerais, é possível representar a função de produção de longo prazo da seguinte forma:

$$q = f(x_1, x_2, x_3, \ldots x_n)$$

em que

q = produção realizada;

$x_1, \ldots, x_2$ = quantidades utilizadas dos fatores em certo período.

Admitindo que a função possua apenas dois fatores de produção, ou seja,

$$q = f(x_1, x_2)$$

pode-se representá-la graficamente por uma curva denominada isoquanta.

As isoquantas e os mapas de produção

O que significa isoquanta? **Isoquanta** significa "igual quantidade" e pode ser definida como uma linha na qual todos os pontos representam combinações dos fatores que indicam a mesma quantidade produzida. Vê-se, assim, pela definição, que isoquanta é, na verdade, uma curva ou linha de indiferença de produção. Por essa razão, a isoquanta é também denominada linha de igual produção, linha de isoproduto ou ainda, como já foi mencionado, curva de indiferença de produção. A isoquanta pode ser representada como no Gráfico 7.4.

GRÁFICO 7.4

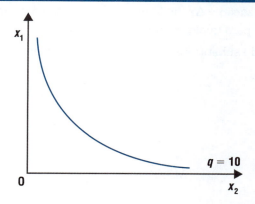

O número 10, identificador da isoquanta, significa dez unidades do produto e revela que qualquer quantidade em que forem combinados os fatores x_1 e x_2 redundará na produção de dez unidades do produto. Fenômeno semelhante ocorrerá quando as isoquantas forem identificadas por números, tais como 20, 30, 40, ou qualquer outro.

Isoquanta é a representação gráfica do conjunto de pontos que identificam a mesma quantidade de produto. Portanto, a isoquanta ou linha de igual produção é a representação gráfica de uma tabela de igual produção.

Um conjunto de isoquanta, cada qual representando determinado nível de produção derivado da combinação dos fatores, constitui uma família de isoquanta e é normalmente conhecido por **mapa de produção**. Graficamente, o mapa de produção pode ser representado como no Gráfico 7.5.

GRÁFICO 7.5

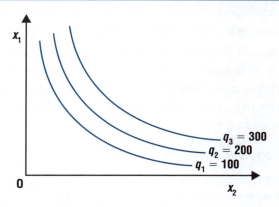

A taxa marginal de substituição técnica entre os fatores

A **taxa marginal de substituição técnica** é um conceito muito importante na teoria de produção, pois revela qual deverá ser o acréscimo de utilização do fator x_1 (ou seja, $+\Delta x_1$) para que, compensando o decréscimo de utilização do fator x_2 (isto é, $-\Delta x_2$), mantenha constante a quantidade produzida do produto. Em outras palavras, a taxa marginal de substituição técnica mostra que o ganho de produção, devido ao acréscimo de utilização $+\Delta x_1$ do fator x_1, é exatamente igual à perda de produção devido ao decréscimo de utilização $-\Delta x_2$ do fator x_2. Assim, na mesma isoquanta, a produção permanece constante para qualquer combinação $x_1\ x_2$.

A taxa marginal de substituição técnica pode ser assim identificada:

$$TMST_{x_1,\ x_2} = \frac{-\Delta x_1}{+\Delta x_2}$$

ou

$$TMST_{x_1,\ x_2} = -\frac{\Delta x_1}{\Delta x_2}$$

GRÁFICO 7.6

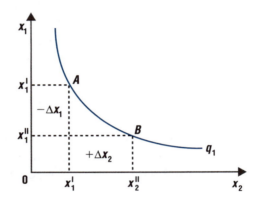

O sentido do conceito de taxa marginal de substituição técnica pode ser percebido de forma bastante clara pela observação da representação gráfica.

Nota-se pelo Gráfico 7.6 que, sobre a isoquanta q_1, ao se passar do ponto A para o ponto B, reduziu-se a utilização do fator x_1 de $-\Delta x_1$ e aumentou-se a utilização do fator x_2 de $+\Delta x_2$. Todavia, como o decréscimo de x_1 é perfeitamente compensado pelo acréscimo de x_2, a produção não se altera. Logo, tanto no ponto A como no ponto B a produção é a mesma e igual a q_1.

Propriedades das isoquantas

O comportamento do perfil das isoquantas em um mapa de produção é regido por suas propriedades. A teoria da produção destaca três propriedades fundamentais:

1. são decrescentes da esquerda para a direita;
2. são convexas com relação à origem dos eixos cartesianos;
3. não se cruzam nem se tangenciam.

As isoquantas são decrescentes, porque o sinal da taxa marginal de substituição técnica entre os fatores é sempre negativo, isto é, essa taxa sempre relaciona decréscimo de utilização de um dos fatores com o acréscimo do outro. Assim, é representada por uma fração na qual o numerador e o denominador têm sempre sinais contrários.

$$TMST_{x_1, x_2} = \frac{-\Delta x_1}{+\Delta x_2}$$

ou

$$TMST_{x_2, x_1} = \frac{-\Delta x_2}{+\Delta x_1}$$

Como a taxa marginal de substituição técnica representa a inclinação da isoquanta, conclui-se que esta será sempre inclinada negativamente. Assim, tanto podem ser traçadas como linhas decrescentes da esquerda para a direita como enquanto linhas ascendentes da direita para a esquerda. O importante é que tenham declividade negativa, justificada pelo fato de ao longo da isoquanta o nível de produção ser constante e os fatores de produção serem substituídos entre si.

As isoquantas são convexas em relação à origem, porque a taxa marginal de substituição técnica é decrescente. Realmente, caminhando-se sobre a isoquanta no sentido do fator que está sendo substituído, percebe-se que cada vez menores quantidades desse fator deixam de ser utilizadas em troca de novas unidades do fator que o está substituindo na função. Assim, a isoquanta é convexa em relação à origem. Graficamente, é bastante fácil notar esse fenômeno. Suponha que o fator x_1 esteja sendo substituído, em sua utilização na função de produção, pela participação crescente do fator x_2. Dessa forma, é possível representar graficamente a perda de participação de x_1 por segmentos verticais cada vez menores, e o ganho de participação de x_2 por segmentos horizontais cada vez maiores. É possível notar que, unindo os extremos desses segmentos, obtém-se forçosamente uma linha convexa conforme Gráfico 7.7.

GRÁFICO 7.7

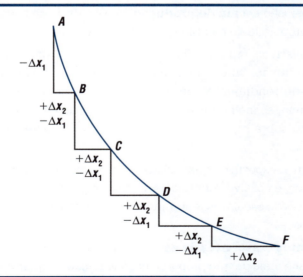

As isoquantas não se cruzam nem se tangenciam, porque, de fato, apenas uma isoquanta pode passar por um ponto. Esse fato pode ser demonstrado graficamente como no Gráfico 7.8.

GRÁFICO 7.8

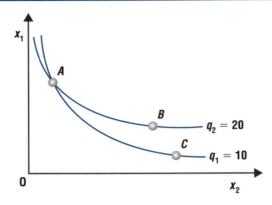

A combinação dos fatores referentes ao ponto B é indiferente àquela referente ao ponto A, pois ambos os pontos estão sobre a mesma isoquanta $q_2 = 20$. O mesmo ocorre com as combinações dos fatores referentes aos pontos A e C na isoquanta $q_1 = 10$. Assim, em relação à produção, o ponto A é indiferente ao ponto B, na isoquanta $q_2 = 20$, e também é indiferente ao C, na isoquanta $q_1 = 10$. Portanto, o ponto B deveria ser indiferente ao ponto C. Todavia, essa indiferença seria absurda, pois o ponto B representa uma combinação dos fatores x_1 e x_2 que redunda na produção de 20 unidades do produto, e o ponto C, uma combinação que produz apenas 10 unidades. Desse modo, conclui-se que, pelo ponto A, só pode passar uma das duas isoquantas.

A noção de rendimentos de escala

Ao analisar a teoria da produção, é muito importante que se entenda o sentido verdadeiro da expressão **escala de produção**, que é o ritmo de variação da produção, respeitada certa proporção de combinação entre os fatores.

O resultado relativo a produtos finais obtidos por meio da variação da utilização dos fatores de produção, os economistas denominam **rendimentos de escala**. Assim, a expressão rendimentos de escala descreve simplesmente uma relação tecnológica. Todavia, as melhorias da tecnologia não são admitidas nesse conceito, válido unicamente sob a hipótese de consideração da existência de determinado nível de tecnologia.

De acordo com a resposta da quantidade produzida a uma variação da quantidade utilizada dos fatores, é possível identificar três tipos de rendimentos de escala: os rendimentos crescentes de escala, os rendimentos constantes de escala e os rendimentos decrescentes de escala.

Os **rendimentos crescentes de escala** ocorrem quando a variação na quantidade do produto total é mais do que proporcional à variação da quantidade utilizada dos fatores de produção. Por exemplo, aumentando-se a utilização dos fatores em 10%, o produto cresce 20%. Todavia, quais são as causas geradoras dos rendimentos crescentes de escala? É possível citar algumas delas. A influência das relações dimensionais é uma causa muito comum de rendimentos crescentes de escala: se o diâmetro de um tubo é dobrado, o fluxo de água que passa por ele mais do que dobra. Porém, esse fenômeno tem um limite que é definido na maioria dos casos por restrições materiais ou técnicas.

> **Escala de produção:** ritmo de variação da produção, respeitada certa proporção de combinação entre os fatores.
>
> **Rendimentos de escala:** nome dado ao resultado relativo a produtos finais obtidos por meio de variação da utilização dos fatores de produção.

No exemplo, o tubo não poderia ser aumentado indefinidamente, pois as restrições da sua própria produção seriam muitas. Assim, em certo momento, os rendimentos crescentes de escala tendem a desaparecer.

Uma outra causa muito importante de rendimentos crescentes de escala é a existência do fenômeno da indivisibilidade entre os fatores de produção. Isso significa dizer que esses fatores, ou, de maneira mais geral, os insumos utilizados no processo produtivo, possuem dimensões mínimas ou submetidas a intervalos definidos de variação. Quando a escala de produção de uma firma aumenta, podem surgir problemas com as dimensões dos equipamentos: as antigas tornam-se insuficientes, porém, as dimensões seguintes já são excessivas. Por exemplo, na sua linha de produção, uma firma possui uma fresadora. Porém, respeitadas as proporções adequadas de ampliação da sua escala de produção, haveria a necessidade de uma fresadora e meia — o que não é possível. Logo, ou a firma fica com a que tinha, ou passa a ter duas na sua linha de produção. Portanto, a firma acaba tendo que dobrar o número de fresadoras, embora realmente não necessite disso. Como consequência, a sua produção pode mais do que dobrar. Ocorrem, assim, rendimentos crescentes de escala. É preciso considerar, no entanto, que o fenômeno da indivisibilidade é um problema de grau: se não é possível obter meia fresadora, usa-se uma fresadora em meio período.

Os rendimentos constantes de escala ocorrem quando a variação do produto total é proporcional à variação da quantidade utilizada dos fatores de produção. Por exemplo, aumentando-se a utilização dos fatores em 10%, o produto também aumenta em 10%.

A fase posterior à ocorrência de rendimentos crescentes de escala é considerada pelos economistas como fase de breve duração. Porém, as evidências empíricas sugerem que essa fase é mais longa do que imaginam e abrange um intervalo grande de produção. Imagine a possibilidade de uma firma que, inicialmente, opere com rendimentos crescentes, porém extremamente pequenos, e, posteriormente, vem a operar com rendimentos decrescentes, também extremamente pequenos. É possível admitir que, na realidade, essa firma estivesse, ao longo do tempo, operando com rendimentos constantes de escala. Essa hipótese é muito prática e conveniente, pois simplifica sobremaneira a análise teórica do problema.

Finalmente, os rendimentos decrescentes de escala ocorrem quando a variação do produto é menos do que proporcional à variação na utilização dos fatores. Por exemplo, aumenta-se a utilização dos fatores em 10% e o produto cresce em 5%.

Após os rendimentos constantes (que não duram indefinidamente), a firma passa a operar com rendimentos decrescentes de escala. Quais são as causas? Há divergências entre as opiniões dos economistas.

Mesmo admitindo a análise de longo prazo, na qual todos os fatores são considerados variáveis, alguns economistas pressupõem que o empresário ou o administrador em si se constitui em fator fixo. Assim, não pode expandir-se, embora os outros fatores de produção o possam. O poder de decisão e sua capacidade empresarial e administrativa são indivisíveis e incapazes de aumentar. Esse fenômeno introduz proporções variáveis nas combinações entre os fatores, ocasionando o surgimento de rendimentos decrescentes de escala.

É possível representar graficamente os três tipos de rendimentos de escala. Para isso, deve ser admitido que a distância entre as isoquantas represente a escala de produção e identifique o comportamento dos rendimentos marginais de escala.

Nessas condições, quando respeitada a escala, as isoquantas deslocam-se para a direita, revelando aumento do nível de produção, e a distância entre elas diminui, e assim tem-se a visualização gráfica do caso de rendimentos crescentes de escala; quando, ao contrário, a distância entre as isoquantas aumenta, tem-se a visualização gráfica do caso de rendimentos decrescentes de escala; finalmente, quando a distância entre as isoquantas permanece constante, têm-se rendimentos constantes de escala. Considerando uma escala de produção igual a 100, pode-se, portanto, representar graficamente os três tipos de rendimentos de escala, da maneira apresentada no Gráfico 7.9.

GRÁFICO 7.9

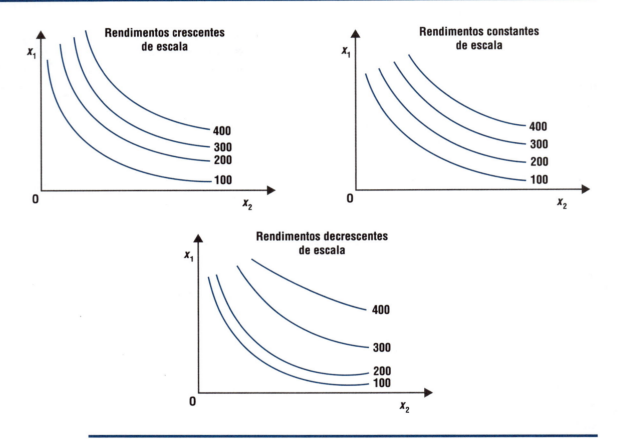

7.4 ■ A FIRMA

7.4.1 A firma maximizadora de lucros e a conduta de otimização

O objetivo básico da firma é a maximização dos seus resultados quando realiza sua atividade produtiva. Dessa forma, procurará sempre obter a máxima produção possível em face da utilização de certa combinação de fatores.

Contudo, na economia monetária, os fatores de produção, que são bens escassos, não podem ser obtidos gratuitamente. Possuem um preço que a firma necessita pagar para poder utilizá-los. Portanto, a quantidade utilizada de cada um, multiplicada pelo respectivo preço, constituirá a despesa total que a firma realizará para poder dar andamento à produção. Essa despesa é normalmente denominada custo total de produção.

A otimização dos resultados da firma poderá ser obtida quando for possível resolver um dos dois problemas seguintes: **maximizar a produção** para determinado custo total ou **minimizar o custo total** para certo nível de produção. Em qualquer uma das situações, a firma maximizará ou otimizará os seus resultados. Estará, pois, em uma situação que a teoria econômica denomina **equilíbrio da firma**.

7.4.1.1 Os custos de produção

Entendidas as posições de equilíbrio da firma como situações de otimização, é fácil compreender que a cada uma dessas posições corresponderá uma despesa total ou um custo total de produção ótimo. Dessa forma, conhecidos os preços dos fatores, é sempre viável determinar um custo total de produção ótimo para cada nível de produção.

Assim, é possível definir custo total de produção como o total das despesas realizadas pela firma com a utilização da combinação mais econômica dos fatores, por meio da qual é obtida determinada quantidade do produto.

Os custos totais de produção são genericamente classificados em dois tipos: **custos fixos totais** (**CFT**) e **custos variáveis totais** (**CVT**). Os primeiros correspondem à parcela dos custos totais que independem da produção. São decorrentes dos gastos com os fatores fixos de produção. Já os custos variáveis totais são parcelas dos custos totais que dependem da produção e assim mudam conforme sua variação. Representam, por sua vez, as despesas realizadas com os fatores variáveis de produção.

Já foi visto anteriormente que a teoria da produção se interessa particularmente por dois tipos de função de produção: a **função de produção de curto prazo**, caracterizada pela existência de fatores fixos (pelo menos um) e de fatores variáveis, e a **função de produção de longo prazo**, com fatores unicamente variáveis. Em decorrência desse fato, a análise dos custos de produção obedece à mesma bipartição: os custos totais de curto prazo, caracterizados pelo fato de serem compostos por parcelas de custos fixos e variáveis, e os custos totais de longo prazo, formados unicamente por custos variáveis.

Custos fixos totais: *correspondem à parcela dos custos totais que independem da produção. São decorrentes dos gastos com os fatores fixos de produção.*

Custos variáveis totais: *são parcelas dos custos totais que dependem da produção e assim mudam conforme sua variação. Representam, por sua vez, as despesas realizadas com os fatores variáveis de produção.*

Os custos de curto prazo

Suponha que uma firma realize a sua produção por meio da utilização de fatores fixos e variáveis. Considere, a título de exemplo, a existência de apenas um fator fixo, identificado pelo *tamanho* ou pela *dimensão* dessa firma, e de dois fatores variáveis, capital e mão de obra. Assim, pois, essa firma imaginária só poderá aumentar ou diminuir sua produção por meio de uma atuação sobre a utilização dos fatores variáveis — capital e mão de obra —, uma vez que o seu tamanho ou sua dimensão é constante, não podendo ser aumentado ou diminuído em curto prazo.

Considere, para efeito de análise dos custos de produção de curto prazo, a função de produção dessa firma, assim identificada:

$$q = f(x_1, x_2, x_3^0)$$

na qual

q = quantidade produzida;
x_1 e x_2 = fatores variáveis (capital e mão de obra);
x_3^0 = fator fixo (dimensão da planta).

Sabe-se, pelos conceitos já apresentados, que o custo total de produção da quantidade q é formado pelo total das despesas realizadas com a utilização da combinação mais econômica dos fatores de produção: x_1, x_2 e x_3^0. Sabe-se também que esse custo total é formado por duas parcelas: uma variável — custo variável total — decorrente das despesas com os fatores variáveis x_1 e x_2, e outra fixa — custo fixo total —, resultado das despesas com o fator fixo x_3^0.

Admitindo que os preços desses fatores sejam representados respectivamente por p_1, p_2 e p_3, é possível especificar os custos de curto prazo, da maneira que se segue:

$$CT_x = CVT + CFT \tag{1}$$

em que:

CT_x = custo total de curto prazo;
CVT = custo variável total;
CFT = custo fixo total.

Porém, sabe-se que:

$$CVT = p_1 x_1 = p_2 x_2 \tag{2}$$

ou seja, o custo variável total é determinado pelo total das despesas com os fatores variáveis, isto é, pelas quantidades utilizadas desses fatores multiplicadas pelos respectivos preços, em que:

$$CFT = p_3 \cdot x_3 \tag{3}$$

ou seja, o custo fixo total é determinado pelo total das despesas com os fatores fixos, nesse caso, pela quantidade utilizada do fator fixo multiplicada pelo respectivo preço. Assim, associando as relações apresentadas em (1), (2) e (3), é possível escrever:

$$CT_c = p_1 x_1 + p_2 x_2 + p_3 x_3 \tag{4}$$

A igualdade (4) nos dá a equação do custo total de curto prazo. Ao contrário do custo fixo total $p_3 x_3$, que não se altera, o custo variável total $p_1 x_1 + p_2 x_2$ poderá aumentar ou diminuir em decorrência da maior ou menor utilização dos fatores x_1 e x_2, mantidos sempre os seus respectivos preços.

Dessa forma, considerando o custo fixo total inalterado, o custo total fixo de curto prazo variará apenas em decorrência de modificações no custo variável total. Como este está intimamente relacionado com o comportamento da produção, conclui-se facilmente que o custo total fixo de produção no curto prazo depende diretamente do nível de produção estabelecido pela firma, associado aos gastos com os fatores fixos de produção.

A teoria da produção, além da análise dos custos totais de curto prazo, interessa-se também em estudar outros custos, decorrentes deste último, e que também estão relacionados com o comportamento da produção. Esses custos são os custos médios ou unitários e o custo marginal. Entre os custos médios, destacam-se o custo total médio de curto prazo (CMe_c), o custo variável médio ($CVMe$) e o custo fixo médio ($CFMe$). Veja a seguir como é possível obter cada um deles e qual a sua representação gráfica.

O custo total médio é obtido por meio do quociente entre o custo total e a quantidade produzida. Assim, é possível identificá-lo da seguinte forma:

$$CMe_c = \frac{CT_c}{q}$$

Porém, como o custo total de curto prazo é decomposto em duas parcelas, uma variável e outra fixa, representando cada uma, respectivamente, o custo variável total e o custo fixo total, é possível alterar a igualdade anterior para:

$$CMe_c = \frac{CVT + CFT}{q}$$

ou

$$CMe_c = \frac{CVT}{q} + \frac{CFT}{q}$$

Dessa última igualdade, decorrem de forma simples e clara as representações do custo variável médio e do custo fixo médio. O primeiro é obtido pelo quociente entre o custo variável total e a quantidade produzida. O segundo, pelo quociente entre o custo fixo total e a quantidade produzida. Assim, é possível escrever:

$$CVMe = \frac{CVT}{q}$$

e

$$CFMe = \frac{CFT}{q}$$

Veja agora como se comportam esses custos médios. Já foi visto que o custo variável total é a despesa de produção diretamente relacionada com seu andamento. Portanto, à medida que a produção cresce, o custo variável total aumenta. O custo variável médio, por sua vez, é **inicialmente** decrescente e, após atingir o mínimo, torna-se crescente. Isso porque, embora o custo variável total seja crescente com o aumento da produção, inicialmente ele cresce proporcionalmente menos do que a produção; após certo nível do produto, ele passa a crescer mais do que proporcionalmente.

Por sua vez, o custo total fixo é constante para cada intervalo de produção. Em decorrência desse fato, o custo fixo médio é decrescente à medida que a produção aumenta.

Resta agora analisar o outro custo dependente da produção e de certa forma relacionado com o custo total de produção, por intermédio do comportamento do custo variável total. Esse é denominado custo marginal de curto prazo e é um tipo normalmente determinado pela variação do custo total em resposta à variação da quantidade produzida. Pode ser assim identificado:

$$CMg_c = \frac{\Delta CT_c}{\Delta q}$$

mas como

$$CT_c = CVT + GFT$$

então,

$$CMg_c = \frac{\Delta(CVT + CFT)}{\Delta q}$$

Todavia, como visto, o custo total fixo não se modifica com as variações da produção. Assim, na realidade, o *custo marginal de curto prazo é determinado pela variação do custo variável total em decorrência das variações da quantidade produzida*:

$$CMg_c = \frac{\Delta CVT}{\Delta q}$$

O comportamento do custo marginal é bastante característico. Inicialmente, decresce quando a relação entre as variações do custo variável e as variações da produção fica decrescente. Após atingir o mínimo, passa novamente a crescer em função do fato de a relação antes mencionada se tornar crescente. Apresenta, como se vê, a forma de U, ficando, porém, situado abaixo da curva, de custo variável médio, quando esta for decrescente, e acima dessa curva, quando o referido custo for crescente. No ponto de mínimo do custo variável médio, o custo marginal a ele se igualará. Comportamento idêntico ocorre entre as curvas de custo marginal e custo total médio.

Graficamente, é possível representar todos os custos de curto prazo. Veja cada um deles, iniciando pelos custos totais de produção.

O Gráfico 7.10 mostra as representações convencionais das curvas de custo total, custo variável total e custo fixo total, em curto prazo. Nota-se, claramente, que a curva de custo total é formada pela composição do comportamento das outras duas, a curva de custo fixo total e a curva de custo variável total.

GRÁFICO 7.10

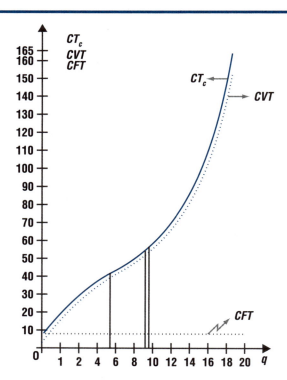

As curvas de custo total médio (ou custo unitário), custo variável médio, custo fixo médio e custo marginal, todas em curto prazo, são apresentadas no Gráfico 7.11.

GRÁFICO 7.11

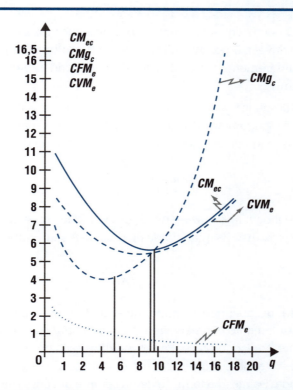

Verifica-se, pelo Gráfico 7.11, que a curva de custo total médio é resultado da composição dos perfis das curvas de custo variável médio e custo fixo médio. Essa curva se apresenta em forma de U ou de um prato, devido à hipótese de que a firma, ao desenvolver o processo produtivo, inicialmente experimenta rendimentos crescentes, após os quais entra em um estágio de rendimentos decrescentes. Esse fenômeno está relacionado à lei das proporções variáveis, já analisada anteriormente por ocasião do estudo da função de produção no curto prazo.

Os custos de longo prazo

Como visto, o longo prazo possui como característica o fato de todos os fatores na função de produção serem variáveis. Dessa forma, nesse tipo de período de produção, não faz sentido abordar custos fixos, pois, devido à característica já mencionada da função de produção, só existem custos variáveis.

Assim, tomando-se uma função de produção hipotética, todos os seus fatores serão variáveis, inclusive o tamanho ou a dimensão da empresa. Pode-se representá-la assim:

$$q_L = f(x_1, x_2, x_3)$$

em que

q_L = quantidades produzidas em longo prazo,

x_1, x_2 e x_3 = fatores variáveis (capital, mão de obra e dimensão da planta).

O custo total de produção de longo prazo é determinado pela soma das despesas com cada um dos fatores, despesas essas representadas pelo resultado da multiplicação do preço de cada fator pela respectiva quantidade utilizada na função de produção. Assim, tem-se:

$$CT_L = p_1x_1 + p_2x_2 + p_3x_3$$

Tal igualdade fornece a equação do custo total de longo prazo. Como todos os fatores de produção são variáveis, é possível afirmar que o custo total de produção em longo prazo é um custo inteiramente variável e, portanto, dependente do nível de produção estabelecido pela firma.

Pelo custo total de longo prazo, é possível obter o custo médio ou custo unitário (CMe_L) e o custo marginal de longo prazo (CMg_L). O primeiro deles é o resultado do quociente entre o custo total de longo prazo e a quantidade produzida, sendo assim representado:

$$CMe_L = \frac{CT_L}{q}$$

O custo marginal de longo prazo é decorrente do quociente entre as variações do custo total de longo prazo e as da quantidade produzida. A sua identificação é a seguinte:

$$CMg_L = \frac{\Delta CT_L}{\Delta q}$$

É muito importante saber que o comportamento do custo total e do custo médio de longo prazo está intimamente correlacionado com o *tamanho* ou a *dimensão* da planta escolhida para operar em longo prazo. Para cada dimensão de planta escolhida, existirá sempre um custo total de curto prazo e um custo total de longo prazo otimizando a quantidade produzida. Da mesma forma, existirá sempre um custo médio de curto prazo e um de longo prazo tornando ótima a produção. Dessa forma, para cada nível ótimo de produção, serão iguais os custos totais e os custos médios, de curto e de longo prazos.

Por essa razão é que, na representação gráfica desses custos, a curva representativa do custo total de longo prazo é uma envolvente ou envoltória das curvas de custo total de curto prazo, possuindo a primeira, com cada uma das outras, um ponto de tangência correspondente ao nível ótimo de produção.

Observando o Gráfico 7.12, nota-se claramente esse fenômeno. Cada uma das curvas de custo total de curto prazo, CT_{cA}, CT_{cB} e CT_{cC}, identifica três tamanhos diferentes de plantas da firma, sendo o tamanho C maior do que o tamanho B, e este, por sua vez, maior do que o tamanho A. Se eventualmente a empresa produzir a quantidade OX, poderá fazê-lo utilizando qualquer uma das três dimensões de planta. Todavia, vê-se claramente que é com a dimensão A que essa produção poderá ser obtida com o menor custo total. Assim, o ponto X' é aquele que deverá estar tanto na curva de custo total de curto prazo, correspondente à dimensão A da planta, como na de longo prazo, e, dessa forma, constituirá-se em referência para delinear o traçado desta última.

Algo semelhante ocorre com as produções OY e OZ. Para a primeira, o tamanho escolhido deve ser o B, que permite essa produção ao menor custo possível (ponto Y'); para a segunda, o tamanho ideal será o C, que minimizará o custo total de produção dessa quantidade (ponto Z').

Assim, ao lado do ponto X', os pontos Y' e Z' também se constituem em mais duas referências para o traçado da curva de custo total de longo prazo. Admitindo que pontos desse tipo existam em quantidade infinita, pode-se traçar, de forma contínua, a curva de custo total de longo prazo, como apresentada no gráfico, envoltória das curvas de custo total de curto prazo. Vê-se ainda que essa curva revela que o custo total de longo prazo depende do nível de produção, crescendo com o aumento deste último.

GRÁFICO 7.12

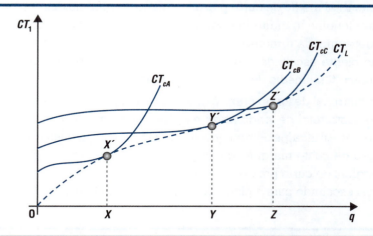

Analogamente, o custo médio de longo prazo está relacionado com os custos médios de curto prazo, cada um identificado pelo tamanho de planta escolhido. Dessa forma, na sua representação gráfica, o custo médio de longo prazo também se constitui na envoltória das curvas de custo médio de curto prazo.

Graficamente, esse fato pode ser facilmente observado. O mesmo raciocínio já utilizado para a constituição da curva de custo total de longo prazo pode agora ser repetido.

Assim, observando o Gráfico 7.13, nota-se que, para a produção OR, a planta representativa da dimensão A é a mais adequada, identificando o menor custo médio de produção (ponto R'). Para produzir OS, a planta ideal será aquela correspondente à dimensão B, com o menor custo identificado pelo ponto S'. Para a produção OT, a dimensão ótima é a C e o custo ótimo é definido por T'. Fenômeno idêntico ocorre com a produção OM e com o custo mínimo M'.

GRÁFICO 7.13

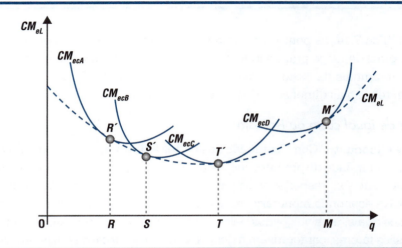

Admitindo a continuidade da existência de pontos do tipo dos mencionados, é possível traçar o perfil da curva de custo médio de longo prazo, envoltória das diversas curvas de custo médio de curto prazo.

É importante uma observação adicional a respeito da produção OT. Nota-se que, para esse nível do produto, a curva de custo total médio de longo prazo tangencia a curva de custo total médio de curto prazo, no ponto de mínimo dessa última (T'). Esse fato revela um fenômeno muito importante: a produção OT não é apenas a produção ótima para determinada dimensão de planta escolhida, mas revela também a melhor dimensão de planta escolhida, isto é, aquela que iguala, nos respectivos pontos de mínimos, o custo total médio de curto e longo prazo.

O custo marginal de longo prazo é determinado, como visto, pela relação entre as variações do custo total de longo prazo e as da produção. Assim, sua representação gráfica não é constituída pela linha envoltória das curvas de custo marginal de curto prazo. A curva de custo marginal de longo prazo é formada pelos pontos das curvas de custo marginal de curto prazo que correspondem à produção ótima relativa a cada tamanho ideal escolhido para a planta da firma como no Gráfico 7.14.

GRÁFICO 7.14

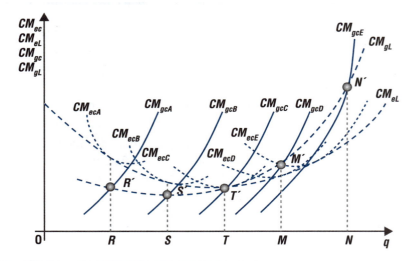

No Gráfico 7.14, os pontos relevantes para a determinação do perfil da curva de custo marginal de longo prazo são R', S', T', M' e N', representando, respectivamente, os custos marginais de curto prazo das produções OR, OS, OT, OM e ON, todas elas ótimas em relação às dimensões de plantas escolhidas.

As linhas de igual custo ou isocusto

O que é **isocusto**? Como estudado nas partes anteriores, a firma, para produzir determinada quantidade do produto, necessita utilizar determinados fatores de produção, combinados entre si, respeitadas as restrições técnicas apresentadas pela função de produção. Na economia monetária, esses fatores possuem seus respectivos preços de mercado, os quais, uma vez pagos pelas firmas compradoras de determinadas quantidades desses fatores, caracterizam a despesa ou o custo total das mesmas. A isocusto se constitui em uma linha de preços, que, dados os preços dos fatores e as respectivas quantidades adquiridas, representa a despesa ou o custo total constante para a firma que os utiliza.

Formalmente e no sentido econômico, a isocusto pode ser definida como a linha na qual todos os pontos indicadores das combinações de quantidades utilizadas dos fatores adquiridos pela firma representam sempre o mesmo custo total. Nota-se pelo conceito que a isocusto nada mais é do que a representação da própria equação de custo total da empresa, quando para qualquer combinação dos fatores esse custo é mantido constante. Desse modo, analiticamente, é identificada da mesma forma que esta última. Admitindo-se que a firma se utilize de apenas dois fatores, a isocusto será explicitada por:

$$CT = p_1 x_1 + p_2 x_2$$

A representação gráfica da isocusto pode ser efetuada por meio de um diagrama cartesiano e por uma tabela na qual estão indicados os preços dos fatores e suas combinações, de modo que redundem sempre no mesmo custo total de produção. Essa tabela é geralmente conhecida como tabela de igual custo. Transportando esses dados para a representação cartesiana e escolhendo para os seus respectivos eixos uma escala adequada, teremos a representação gráfica da isocusto. Veja na Tabela 7.2 como pode ser apresentada pela utilização de dados hipotéticos.

TABELA 7.2

Preço do fator x_1 p_1	Preço do fator x_2 p_2	Quantidade utilizada do fator x_1	Quantidade utilizada do fator x_2	Custo total de produção $CT = p_1 x_1 + p_2 x_2$
6	4	20,0	0	120
6	4	18,0	3,0	120
6	4	14,0	9,0	120
6	4	10,0	15,0	120
6	4	6,6	20,1	120
6	4	3,2	25,2	120
6	4	0	30	120

Vê-se pelo Gráfico 7.15 que, mantidos constantes os preços dos fatores, o perfil da isocusto será o de uma linha reta, inclinada negativamente. Em todos os seus pontos, representa sempre o mesmo custo total.

GRÁFICO 7.15

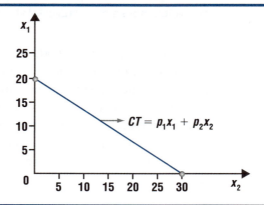

A taxa marginal de substituição técnica na isocusto

O conceito de taxa marginal de substituição técnica também pode ser utilizado para a isocusto. Nesse caso, essa taxa revela qual deverá ser, por exemplo, o incremento na utilização do fator x_1 ($+\Delta x_1$), que compensará perfeitamente o decréscimo de utilização do fator x_2 ($-\Delta x_2$), de tal maneira que, mantidos constantes os preços desses fatores, a despesa ou o custo total de produção permaneça inalterado.

Representativamente, essa taxa é identificada da mesma forma já apresentada por ocasião da sua análise na isoquanta, ou seja:

$$TMS_{x_1, x_2} = \frac{-\Delta x_1}{+\Delta x_2}$$

É possível visualizá-la da maneira apresentada no Gráfico 7.16.

GRÁFICO 7.16

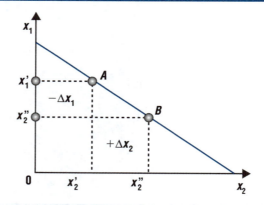

Ao passar do ponto A para o ponto B sobre a isocusto, a participação de x_1 de certa quantidade identificada por $-\Delta x_1$ diminui e a contribuição de x_2, por meio do acréscimo $+\Delta x_2$ aumenta. Todavia, esses acréscimos e decréscimos de participação dos fatores se compensam e, mantidos os seus preços, os custos totais de produção nos pontos A e B são exatamente iguais. Dessa forma, a firma realoca a participação dos fatores na combinação entre eles, porém não altera o seu custo total de produção.

As curvas de possibilidade de produção

Quando a firma adquire fatores de produção e com eles produz mais de um produto, sua atividade produtiva é classificada pela teoria econômica como *produção múltipla*. Admitindo que a firma possua em certo momento determinada quantidade de fatores, é muito importante para ela saber quais as possibilidades que tem de, com esse estoque de fatores, produzir diversos produtos para venda no mercado.

Considerando a hipótese simplificada de a firma fabricar apenas dois produtos, a teoria econômica, para procurar explicar as alternativas de escolha que ela tem, vale-se de uma ferramenta gráfica de grande auxílio para a compreensão do problema, que é comumente denominada curvas de possibilidade de produção ou, como muitos estudiosos a denominam, curvas de transformação.[1]

Podemos definir a **curva de possibilidade de produção** como uma linha na qual todos os pontos revelam as diferentes possibilidades de dois produtos serem fabricados de forma combinada em determinado período com a quantidade de fatores que a firma possui.

Curva de possibilidade de produção: *linha na qual todos os pontos revelam as diferentes possibilidades de dois produtos serem fabricados de forma combinada em determinado período com a quantidade de fatores que a firma possui.*

Exemplificando, suponha que uma firma possua, em certo momento, 10.000 toneladas de aço em lingotes e, com esse estoque de matéria-prima, pretenda produzir trilhos para estrada de ferro e chapas laminadas para a indústria automobilística. A curva de possibilidade de produção revelará as possibilidades de produzir em conjunto esses dois bens, com a quantidade constante de matéria-prima. Diz-se que, nesse caso, os dois produtos — trilhos e chapas — são **concorrentes entre si** em relação à utilização do estoque fixo de matéria-prima de aço em lingotes.

É possível representar as curvas de possibilidade de produção como no Gráfico 7.17.

GRÁFICO 7.17

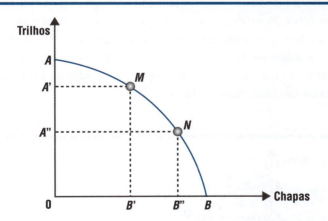

Nota-se pelo gráfico que, se a firma utilizar toda sua matéria-prima para produzir apenas trilhos, obterá a quantidade *OA* desse produto, e nada será obtido de chapas; se, ao contrário, utilizar todo o aço para produzir chapas, obterá a quantidade *OB* desse produto e não produzirá trilhos. Esses dois pontos *A* e *B* são **pontos-limites** ou **pontos de fronteira**, nos quais só existe a possibilidade de produzir um dos dois produtos.

---

[1] O conceito de curva de possibilidade de produção, em um contexto mais geral, foi apresentado no Capítulo 1 e aplicado a um caso de firma individual.

Nos demais pontos sobre a curva, como no caso dos pontos M e N, existe a possibilidade de produzir ambos os produtos com o estoque de matéria-prima. Claro está que, como os dois produtos são concorrentes em relação à utilização do estoque de recursos, para aumentar a quantidade produzida de um deles é necessário reduzir a do outro. Assim, verifica-se pela observação do gráfico que, para passar do ponto M para o N, é necessário reduzir a produção de trilhos de OA' para OX' para ser possível aumentar a produção de chapas de OB' para OB''. Todavia, tanto em M como em N, o estoque de matéria-prima é **totalmente utilizado**.

Como os fatores de produção ou recursos em geral se constituem em bens econômicos e consequentemente custam dinheiro, a firma, para obtê-los, tem de dispor de determinado custo total. Dessa forma, a curva de possibilidade de produção também revela as possibilidades de produzir os dois bens, com o mesmo custo total. Por essa razão, a curva de possibilidade de produção também se constitui em uma isocusto ou em uma curva de igual custo de produção.

A taxa marginal de substituição na curva de possibilidade de produção

Da mesma forma já analisada, em que se verificou a possibilidade de identificar a taxa marginal de substituição tanto nas isoquantas quanto nas isocustos, também é perfeitamente possível fazê-la agora com as curvas de possibilidade de produção.

Nesse caso, a citada taxa é geralmente denominada **taxa marginal de substituição** entre os produtos ou taxa marginal de transformação. No exemplo anterior, essa taxa seria identificada pela quantidade de trilhos que deveria ser produzida a menos para poder obter um acréscimo na produção de chapas laminadas de aço, de tal forma que fosse utilizada pela firma a mesma quantidade de matéria-prima disponível naquele período.

Esse comportamento relativo à substituição entre os bens produzidos é regido pelo fato de a taxa marginal de substituição ser crescente, isto é, para que a produção de um dos bens possa aumentar de uma quantidade constante, o sacrifício em termos da produção do outro necessita ser cada vez maior. Esse fenômeno revela uma característica fundamental das curvas de possibilidade de produção: **são côncavas com relação à origem dos eixos cartesianos** (Gráfico 7.18).

GRÁFICO 7.18

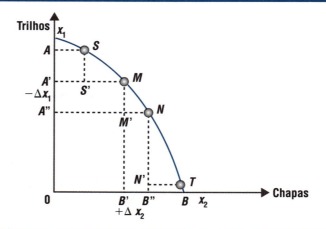

Nota-se pelo gráfico que a taxa marginal de substituição entre os produtos é identificada da forma já conhecida, qual seja:

$$TMS = \frac{-\Delta x_1}{+\Delta x_2}$$

Além disso, os pontos S, M, N e T revelam que essa taxa é realmente crescente: para aumentar a produção de chapas em quantidade constante (S'M = M'N = NY), é necessário diminuir a produção de trilhos em quantidade crescente (SS' < MM' < NN').

A razão desse fenômeno está calcada na quantidade relativa dos dois produtos que é produzida em cada caso. No ponto S, produzem-se muito mais trilhos em relação à produção de chapas. Assim, reduzindo-se um pouco a produção de trilhos (distância SS'), é possível aumentar a produção de chapas em determinada quantidade (distância S'M). Situação oposta se dá no ponto N, no qual se produzem quantidade grande de chapas (GB") e menor de trilhos (OX'). Assim, para aumentar a produção de chapas na mesma quantidade (distância N'T), é necessário grande sacrifício da produção de trilhos (distância NN').

Esse comportamento, em termos da substituição entre os bens produzidos, traz à baila um dos conceitos mais importantes da teoria econômica: o conceito de custo de oportunidade.

A noção de custo de oportunidade

Como é possível definir **custo de oportunidade**? Retomando o Gráfico 7.17, será analisada a situação representada pelos pontos M e N sobre a curva de possibilidade de produção AB. Suponha que estivesse caminhando sobre a curva de M para N, isto é, alterando o comportamento da produção de trilhos e chapas de acordo com a modificação indicada pelos dois pontos. A razão dessa modificação seria o incentivo para se produzirem mais chapas de aço em um montante identificado pela distância M'N.

Todavia, a curva de possibilidade de produção mostra que não é possível incrementar a produção de chapas de montante igual à distância MW se não for possível reduzir a produção de trilhos de montante igual à distância MM'. Assim, pontos como M e N sobre a curva representam alternativas econômicas viáveis para a firma em questão, e a distância MM' indica o custo de oportunidade de se modificar a estrutura de produção de trilhos e chapas daquela alternativa identificada pelo ponto M, para a alternativa identificada pelo ponto N.

Assim, é possível dizer que o custo de oportunidade mede o valor das oportunidades perdidas em decorrência da escolha de uma alternativa de produção em lugar de outra também possível.

Caberia agora a pergunta: qual a razão que induziria a firma produtora de trilhos e chapas a *efetivamente escolher* a alternativa de produção desses bens indicada pelo ponto N em lugar da indicada pelo ponto M? Admitindo o comportamento da firma como racional, ela só escolheria a alternativa indicada pelo ponto N se o ganho adicional com a produção de chapas fosse maior do que o custo de oportunidade da alternativa escolhida, de trilhos produzidos a menos.

7.4.1.2 Os rendimentos da firma

Ao realizarem o processo de produção de bens, as firmas almejam uma compensação para a sua atividade criadora de riquezas. Assim, os custos de produção, identificando o esforço para realizar a produção, têm uma contrapartida que se constitui na sua própria compensação: o rendimento ou a receita recebida pela venda da produção no mercado. Claro está que, quanto maior for esse rendimento, maior será o incentivo para a firma continuar produzindo e assim manter o suprimento do produto ao mercado consumidor.

Pode-se definir o rendimento total ou a **receita total das vendas** de uma firma como o resultado da multiplicação da quantidade total do produto oferecida e vendida no mercado pelo seu respectivo preço de venda. O rendimento ou receita total seria assim identificado:

$$RT = p \cdot q$$

em que

p = preço de venda do produto;
q = quantidade vendida;
RT = rendimento ou receita total das vendas.

Além da receita total já definida, é muito importante para a análise da firma o conceito de dois outros tipos de receita: a **receita média** (**RMe**) e a **receita marginal** (**RMg**). A primeira é definida como o resultado do quociente entre a receita total e a quantidade vendida do produto:

$$RMe = \frac{RT}{q}$$

Porém, como $RT = p \cdot q$, então:

$$RMe = \frac{p \cdot q}{q}$$

em que:

$RMe = p$.

Nota-se, assim, que a receita média da firma é constituída pelo *próprio preço de venda do produto*.

A receita marginal é definida como o resultado do quociente entre as variações da receita total, decorrentes das variações da quantidade vendida do produto. Assim:

$$RMg = \frac{\Delta RT}{\Delta q}$$

Todos esses rendimentos ou receitas da firma podem ser representados graficamente. Para isso, inicialmente, foi construída uma tabela de receitas, formada por dados hipotéticos, e, a seguir, por intermédio de um esquema cartesiano, cada uma delas foi representada graficamente, tendo, todavia, o cuidado de escolher a escala adequada, conforme Tabela 7.3.

TABELA 7.3

Tabela de receitas				
Preço de venda p	Quantidade vendida q	Receita total $RT = p \cdot q$	Receita média $RM_e = \dfrac{RT}{q}$	Receita marginal $RM_g = \dfrac{\Delta RT}{\Delta q}$
0	20	0	0	−9
1	18	18	1	−7
2	16	32	2	−5
3	14	42	3	−3
4	12	48	4	−1
5	10	50	5	1
6	8	48	6	3
7	6	42	7	5
8	4	32	8	7
9	2	18	9	9
10	0	0	10	

Transportando para o gráfico, em que, no respectivo eixo horizontal (eixo das abscissas), figurem as diferentes quantidades vendidas, e no eixo vertical (eixo das ordenadas), apareçam as diferentes receitas expressas em moeda, é possível visualizar o perfil apresentado pelas curvas identificadoras dos diferentes tipos de receitas da firma, segundo o Gráfico 7.19.

GRÁFICO 7.19

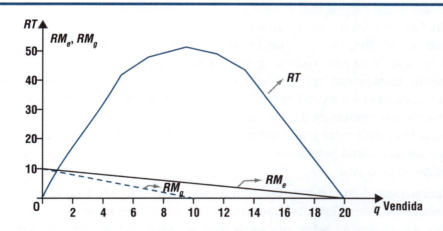

É interessante observar o traçado da curva de receita marginal. Para que o seu perfil seja corretamente apresentado no gráfico, é necessário que cada valor numérico da receita marginal seja relacionado com o ponto médio do intervalo da quantidade vendida a que corresponde. Assim, por exemplo, a receita marginal 9 corresponde ao intervalo de vendas entre 0 e 2. Portanto, tal receita deve ser relacionada com a quantidade vendida 1; a receita marginal 7 corresponde ao intervalo de vendas entre 2 e 4 e assim deve ser relacionada com a quantidade vendida 3. Procedendo dessa forma para todos os valores obtidos para a receita marginal, é possível realizar corretamente o traçado do perfil da sua respectiva curva representativa.

As curvas de igual rendimento ou isorrendimento

As curvas de igual rendimento, também conhecidas como **isorrendimento**, identificam outra ferramenta gráfica da qual a teoria econômica lança mão para permitir uma mais fácil compreensão dos seus conceitos por meio da visualização do fenômeno descrito. É possível conceituar as isorrendimentos como linhas sobre as quais os pontos revelam as diferentes quantidades dos produtos que, vendidas no mercado com seus respectivos preços, geram para a firma a mesma receita total.

GRÁFICO 7.20

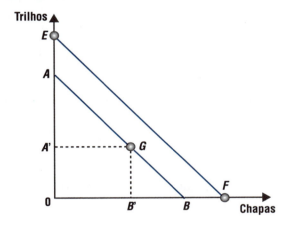

Graficamente, uma isorrendimento pode ser visualizada da forma apresentada no Gráfico 7.20. Tomando-se a isorrendimento identificada por *AB* e admitindo-se que a firma em questão produza trilhos e chapas laminadas, verifica-se que, se a sua receita total provier unicamente da venda de trilhos, será necessário vender a quantidade *OA* desse produto; se, ao contrário, a receita total da firma depender unicamente das vendas de chapas laminadas, será necessário vender a quantidade *OB* delas. Qualquer outro ponto sobre a isorrendimento *AB*, como o ponto *G*, revela a obtenção da mesma receita total por meio da venda de quantidades combinadas de ambos os produtos.

Fenômenos idênticos ocorrem com a isorrendimento *EF*. Todavia, nesse caso, ela identifica a obtenção de uma receita total maior do que a revelada pela isorrendimento *AB*. Assim, à medida que as isorrendimentos se deslocam para a direita, se afastando cada vez mais da origem dos eixos cartesianos, identificam o recebimento de receitas totais cada vez maiores pela firma.

A taxa marginal de substituição entre os produtos nas isorrendimentos

O conceito de taxa marginal de substituição entre os produtos nas isorrendimentos é extremamente parecido com os já apresentados anteriormente. Pode-se dizer que, nas isorrendimentos, essa taxa revela o aumento necessário nas vendas de um dos produtos (por exemplo, trilhos) para que, compensando a redução nas vendas do outro (chapas laminadas), mantenha-se inalterada a receita total da firma.

Representativamente, a taxa marginal de substituição entre os produtos é identificada da forma já conhecida:

$$TMS = \frac{-\Delta m}{+\Delta n}$$

sendo, por exemplo, m os trilhos e n as chapas laminadas de aço.

7.4.1.3 As condições de otimização dos resultados: o equilíbrio da firma

A teoria da produção considera que o princípio básico que orienta o comportamento da firma é o da maximização dos seus resultados. Por maximização dos resultados, deve ser entendido o fato de a firma procurar realizar o máximo de produção por meio da utilização de certa combinação de fatores. Como todo esforço produtivo incorre na realização de um custo de produção, a maximização dos resultados também deve ser entendida como tendo atingido uma situação ótima, na qual se obtém o máximo de produto com determinado custo de produção. O caminho que leva a essa situação de otimização constitui a análise do equilíbrio da firma.

A teoria da produção realiza essa análise de forma simplificada. Considere, inicialmente, que a firma produza um único produto — portanto, realiza uma **produção simples** —, e, para isso, faz uso da combinação de dois fatores apenas. A maior ou menor utilização desses fatores induzirá aumentos ou reduções na quantidade produzida e, consequentemente, nos custos de produção. Posteriormente, admite a hipótese de a firma fabricar mais de um produto — realizando uma **produção múltipla** —, com determinada quantidade de recursos em certo período. A variação das quantidades dos bens produzidos depende da forma de alocação dos recursos disponíveis no processo de produção.

Veja agora a análise do equilíbrio da firma em cada um dos dois casos mencionados. Serão utilizadas hipóteses simplificadas, resumidas às demonstrações gráficas dos modelos utilizados.

O equilíbrio da firma na hipótese de produção simples

Como já analisado em partes anteriores deste capítulo, os níveis de produção que a firma pode realizar são representados graficamente pelas curvas de igual produção ou isoquanta. Um conjunto de isoquanta identifica o mapa de produção, ou seja, os diferentes níveis de produção realizáveis pela firma. Os custos totais decorrentes da atividade produtiva são representados graficamente pela isocusto.

De acordo com a conduta de otimização, a firma estará na sua posição de equilíbrio quando maximizar a quantidade produzida em relação a determinado custo de produção. Essa situação é identificada graficamente pela associação entre as diferentes isoquantas, cada uma representando certo nível do produto, e a isocusto, identificando o custo total de produção.

A representação gráfica do equilíbrio será então realizada quando, com uma dada isocusto, for possível alcançar a mais alta isoquanta componente do mapa de produção da firma.

GRÁFICO 7.21

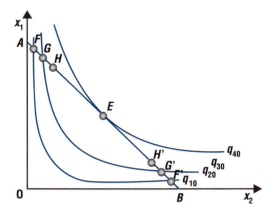

Nota-se pelo Gráfico 7.21 que o custo total da firma, representado pela isocusto AB, permite a obtenção de diversos níveis de produção.

Assim, os pontos F e F', de intersecção entre a isocusto AB e a isoquanta q_{10}, mostram a possibilidade de se obter esse nível de produção com o custo mencionado. Os pontos G e G' mostram uma situação melhor, pois revelam a possibilidade de obter uma produção maior, identificada pela isoquanta q_{20}, ao mesmo custo AB. Fenômeno semelhante ocorre com os pontos H e H' ao revelar a obtenção de uma produção maior do que as anteriores representada pela isoquanta q_{30}, ao mesmo custo total AB. Chega-se, assim, ao ponto E, que se revela como o melhor ponto entre os já mencionados, pois identifica a possibilidade de obter o nível mais elevado de produção isoquanta q_{40} ao mesmo custo total AB. No ponto E, a firma está maximizando a produção para certo nível de custo total. Está assim na sua posição "ótima" e, portanto, em equilíbrio.

Vê-se assim que, graficamente apresentado, o equilíbrio da firma é sempre identificado por um ponto de tangência entre a isoquanta mais distante da origem dos eixos cartesianos, e, desse modo, representativa do maior nível de produção, e a isocusto identificadora do custo total de produção realizado pela firma.

O equilíbrio da firma no caso de produção múltipla

De forma semelhante ao caso anterior, é possível entender o equilíbrio da firma na hipótese de produção múltipla. A curva de possibilidade de produção, representando uma isocusto, identifica as diferentes possibilidades de produzir os bens usando sempre a mesma quantidade de fatores e, consequentemente, realizando sempre o mesmo custo total. Por sua vez, as curvas de igual rendimento ou isorrendimento mostram como os bens podem ser vendidos de forma combinada aos seus respectivos preços de mercado, de modo a gerar para a firma a mesma receita total.

A conduta de otimização da firma revela que nesse caso ela estará em equilíbrio quando conseguir obter, por meio da venda dos seus produtos, a maior receita total possível. Portanto, nessa hipótese, para analisar o equilíbrio da firma, é necessário associar a curva de possibilidade de produção à isorrendimento, associação esta que identificará tal equilíbrio quando, para uma dada curva de possibilidade de produção, se alcançar a isorrendimento mais elevada possível, segundo o Gráfico 7.22.

GRÁFICO 7.22

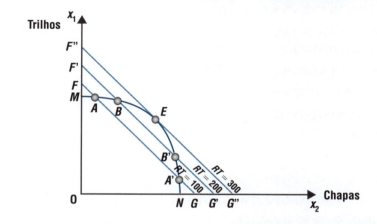

A curva de possibilidade de produção MN revela as diferentes possibilidades de produzir x_1 (trilhos) e x_2 (chapas) com o mesmo custo total. Vê-se ainda que a receita total da firma representada pelas isorrendimento pode ser diferente, dependendo da forma de produzir e vender de modo combinado os dois produtos no mercado pelos seus respectivos preços. Os pontos A e A' mostram a possibilidade de a firma realizar uma receita total igual a 100, com a venda combinada de trilhos e chapas produzidos com o custo total identificado pela curva de possibilidade de produção MN. Os pontos B e B' revelam aumento da receita total recebida, pois tais pontos identificam o ganho de uma receita total de 200, gerada pela venda de trilhos e chapas produzidos com o mesmo custo MN. No ponto E, a firma otimiza os seus resultados, pois nesse ponto obtém, pela venda de trilhos e chapas produzidos com o mesmo custo MN, uma receita total de 300, a maior possível até então. Dessa forma, no ponto E, a firma estará em equilíbrio com maximização dos seus resultados.

Nota-se, então, que o equilíbrio da firma no caso de produção múltipla é representado graficamente por um **ponto de tangência** entre a curva de possibilidade de produção e a isorrendimento o mais afastada possível da origem dos eixos cartesianos. Tal ponto identifica a maximização da receita total da firma para determinado custo total de produção. É, assim, um ponto ótimo para a firma em questão.

QUESTÕES

1. Enuncie os conceitos a seguir mencionados:
   a) firma ou empresa;
   b) função de produção;

c) isoquanta;
d) isocusto;
e) taxa marginal de substituição técnica;
f) taxa marginal de transformação.

2. Qual fenômeno é descrito pela lei dos rendimentos decrescentes? Por que esse fenômeno ocorre?

3. Explique por que o produto total somente pode diminuir caso a produtividade marginal do fator variável seja negativa.

4. O que se entende por escala de produção? Explique como e por que ocorrem os rendimentos crescentes, decrescentes e constantes de escala.

5. Como se define a curva de possibilidade de produção?

6. Apresente os conceitos de:
    a) custo total de produção;
    b) custo fixo;
    c) custo marginal;
    d) custo de oportunidade.

7. Explique por que o custo variável médio é inicialmente decrescente e, após atingir um mínimo, torna-se crescente.

8. O custo fixo de qualquer ativo que não possa ser transferido para outra utilização tem custo de oportunidade igual a zero? Justifique sua resposta.

9. O conceito de custo marginal refere-se a uma alteração no custo total ou no custo variável total de produção? Justifique sua resposta.

10. Considerando que a atividade empresarial é realizada dia a dia no curto prazo, qual a utilidade do conceito de custo total médio de longo prazo para o empresário? Justifique sua resposta.

REFERÊNCIAS

EATON, C. B.; EATON, D. F. *Microeconomia*. São Paulo: Saraiva, 1999.

GARÓFALO, G. L.; P. CARVALHO, L. C. Introdução à teoria da firma. In: *Análise microeconômica*: teoria do consumidor e análise da procura e teoria da firma e análise da oferta. São Paulo: Atlas, 1980, Cap. 12.

MANSFIELD, E.; YOHE, G. *Microeconomics*: theory and applications. 10. ed. New York: W. W. Norton & Company, 2000.

PINDYCK, R. S.; RUBINFELD, D. L. *Microeconomia*. 5. ed. São Paulo: Prentice-Hall do Brasil, 2002.

REGO, J. M.; MARQUES, R. M. *Economia brasileira*. 2. ed. São Paulo: Saraiva, 2003.

VARIAN, H. R. *Microeconomia*. 5 ed. Rio de Janeiro: Campus, 2000.

VASCONCELLOS, M. A. S.; OLIVEIRA, R. G. *Microeconomia*. 2. ed. São Paulo: Atlas, 1999.

WESSELS, W. J. *Microeconomia*: teoria e aplicações. São Paulo: Saraiva, 2002.

8 ESTRUTURAS DE MERCADO

Roberto Luis Troster

8.1 ■ INTRODUÇÃO

Uma questão central na teoria econômica é o preço e a quantidade de equilíbrio nos mercados, resultado da ação de oferta e demanda. Entretanto, a oferta e a demanda interagem de modo a apresentar resultados muito distintos em cada mercado, pois cada um tem características específicas de produto, condições tecnológicas, acesso, informação, tributação, regulamentação, participantes e localização no espaço e no tempo, que o tornam único. Porém, existem características comuns que permitem classificar as diferentes estruturas de mercado. O objetivo deste capítulo é justamente expor as estruturas de mercado mais comuns.

8.2 ■ ESTRUTURAS DE MERCADO

As **estruturas de mercado** são modelos que captam aspectos inerentes de como os mercados estão organizados. Cada estrutura de mercado destaca alguns aspectos essenciais da interação de oferta e demanda e se baseia em algumas hipóteses e no realce de características observadas em mercados existentes, tais como: o tamanho das empresas, a diferenciação dos produtos, a transparência do mercado, os objetivos dos empresários e o acesso de novas empresas, entre outras.

Estruturas de mercado: *modelos que captam aspectos inerentes de como os mercados estão organizados.*

As estruturas básicas são assim divididas:
1) estruturas clássicas básicas:
   a) monopólio;
   b) concorrência perfeita.
2) outras estruturas clássicas:
   a) concorrência monopolista;
   b) oligopólio;
   c) monopsônio;
   d) monopólio bilateral.
3) modelos marginalistas de oligopólio:
   a) o modelo de Cournot;
   b) o modelo de Sweezy;
   c) o cartel perfeito;
   d) os modelos de liderança-preço.

Em todas as estruturas clássicas, o mercado é transparente: todos têm informação perfeita e os agentes são maximizadores de lucro.

É oportuno lembrar que há outras abordagens alternativas de estruturas que salientam aspectos como a concorrência potencial ou o comportamento dos gerentes das empresas, objeto do capítulo seguinte deste livro.

Cada estrutura mencionada ressalta algumas características do funcionamento dos mercados. O entendimento das estruturas facilita a compreensão do funcionamento de diversos mercados, tais como o mercado de hortifrutigranjeiros capixaba, o mercado de cobre chileno ou o mercado monetário brasileiro, entre outros. Embora o preço e a quantidade sejam as variáveis mais importantes a serem determinadas na interação da oferta e da demanda, aspectos como a eficiência e a regulamentação de mercados devem também ser objeto de atenção.

8.2.1 Estruturas clássicas básicas

As estruturas clássicas básicas contêm os dois casos extremos: o monopólio, em que há um único provedor de um produto no mercado, e a concorrência perfeita, na qual a dimensão de uma empresa é insignificante em relação às demais.

Monopólio: um único vendedor fixa o preço de seu produto.

8.2.1.1 Monopólio

No monopólio, o setor é a própria firma, porque existe um único produtor que realiza toda a produção. Dessa forma, a oferta da firma é a oferta do setor e a demanda da firma é a demanda do setor. É importante ressaltar que o monopólio "puro" é uma construção teórica, porque, na prática, ele não existe. O monopolista vende um bem, ou conjunto de bens, de maneira a concorrer com outros bens perante a renda disponível do consumidor. Em muitas circunstâncias, é a estrutura mais apropriada para a produção de certos bens e serviços.

As hipóteses do monopólio são:

- o setor é constituído de uma única firma;
- a firma produz um produto para o qual não existe substituto;
- existe concorrência entre os consumidores;
- a curva de receita média é a curva de demanda do mercado.

A curva de receita média (RMe) da firma monopolista é a curva de demanda do mercado (DD), e indica os diferentes preços por unidade que serão recebidos quando o monopolista decidir vender quantidades diferentes do produto. Considere o Gráfico 8.1.

GRÁFICO 8.1

Demanda do monopólio

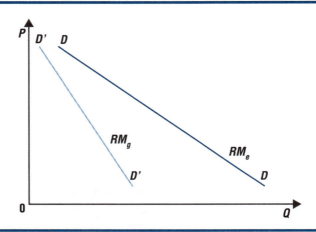

A linha *DD* é a curva de demanda e de receita média do monopolista, enquanto a linha *D'D'* é a de receita marginal.

Existe relação entre as curvas de receita total, média e marginal. A **receita total** atinge o máximo no ponto em que a receita marginal é zero, ou seja, quando corta o eixo horizontal. A **receita marginal** representa os acréscimos à receita total: enquanto a receita marginal é positiva, a cada diminuição de preço há aumento na quantidade superior proporcionalmente à queda de preços. Isso implica uma receita de vendas maior. Contudo, a partir do ponto em que a receita marginal é zero, a perda de receita pela diminuição de preço é maior que o ganho obtido pelo aumento da quantidade vendida.

Ao se supor um monopolista que não tenha qualquer tipo de custos, sabe-se que o **ponto de lucro máximo** será o ponto de receita total máxima. O ponto é um par, de preço e quantidade, na curva de demanda, no qual o acréscimo na quantidade vendida é compensado pelo decréscimo no preço de venda. Essa análise pode ser vista no Gráfico 8.2.

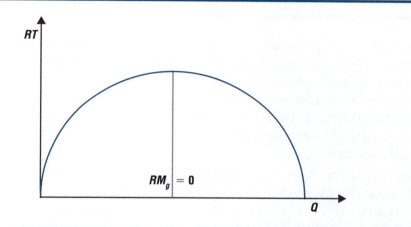

GRÁFICO 8.2

Receita total do monopólio

O desejo do monopolista é maximizar o lucro. Para tanto, é oportuno analisar como ocorrerá o equilíbrio. Considerando as curvas de custos, vistas no capítulo anterior, suponha que o monopolista não exerça nenhuma influência no preço dos fatores de produção que emprega. Nesse caso, o monopolista ajusta seu nível de produção até o ponto em que a receita marginal é igual ao custo marginal. Em outras palavras, enquanto o aumento na receita total (a receita marginal) for maior que o aumento no custo total (o custo marginal), será consistente com seus objetivos aumentar o nível de produto, pois seu lucro total aumentará.

Haverá aumento no lucro caso o incremento na receita marginal seja maior que o incremento no custo marginal. Como a receita marginal é decrescente e o custo marginal é crescente, no ponto em que os dois se igualam estará o ponto de lucro máximo.

O Gráfico 8.3 apresenta as curvas de demanda (*DD*), as curvas de receita média (*RMe*), a receita marginal (*RMg*), o custo médio (*CMe*) e o custo marginal (*CMg*).

A curva (*DD*) é a curva de receita média, isto é, curva de demanda do produto, e *RMg* é a curva de receita marginal. As curvas de custo médio (*CMe*) e custo marginal (*CMg*) definem a estrutura de custo da firma. Como o monopolista maximiza o lucro no nível de produção em que a receita marginal é igual ao custo marginal, o ponto E define o nível de produção (O_e) em que o monopolista está maximizando seu lucro vendendo a quantidade O_e na unidade de tempo, pelo preço P_e por unidade.

GRÁFICO 8.3

Equilíbrio do monopólio

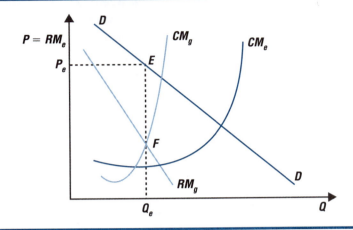

A análise procedente mostra que o ponto em que o custo marginal é igual à receita marginal corresponde àquele de equilíbrio da firma monopolista. Não é demais enfatizar que o preço de cada unidade do produto é determinado pela curva de demanda e não pela de receita marginal; o lucro é determinado pelo preço e custo médio, e não pelo preço e custo marginal. Essas considerações servem para indicar que existe a possibilidade de a firma monopolista incorrer em prejuízo, ou seja, quando a receita total for igual ao custo total.

Na estrutura de mercado monopolista, a firma é única, de maneira que a entrada de novas firmas alteraria a estrutura do mercado. Em consequência, o monopólio somente se mantém se a firma conseguir impedir a entrada de outras firmas no mercado. Diversos fatores podem concorrer para a manutenção do monopólio, representando barreiras ao acesso de novas firmas, dentre os quais destacam-se:

a) a dimensão reduzida do mercado;

b) a existência de patentes, o que impede a produção de um dado produto por firmas concorrentes;

c) a proteção oferecida por leis governamentais;

d) o controle das fontes de suprimento de matérias-primas para a produção de seu produto.

Em razão dessas vantagens, o monopólio pode apresentar lucro maior que outros setores. Nesse sentido, é interessante distinguir lucro normal e lucro extraordinário. O **lucro normal** inclui a remuneração do empresário, seu custo de oportunidade; o **lucro extraordinário** é resultado dos fatores que criaram a situação de monopólio e que permitem ao monopolista auferir um lucro acima do normal.

Lucro normal: *inclui a remuneração do empresário, seu custo de oportunidade.*

Lucro extraordinário: *resultado dos fatores que criaram a situação de monopólio e que permitem ao monopolista auferir um lucro acima do normal.*

Contudo, é pouco provável que um monopólio se perpetue no longo prazo: as patentes tornam-se obsoletas; novos produtos, e mais refinados, são desenvolvidos por outras firmas; matérias-primas substitutas tornam-se disponíveis, entre outros fatores. A manutenção do monopólio somente é mais factível quando o mercado é garantido por meio de leis governamentais.

Se o mercado de uma firma for reduzido, é provável que ele permaneça no regime de monopólio, mesmo auferindo lucros vantajosos. Se outra firma entrar no mercado, o preço do produto poderá tornar-se tão baixo que as duas sofrerão prejuízo. Além disso, a longo prazo, o desenvolvimento tecnológico dá origem à produção de novos métodos e técnicas que determinam o surgimento de novos produtos, de melhor qualidade, e substitutos daqueles bens anteriormente monopolizados. Existem, entretanto, alguns instrumentos que podem exercer certo controle sobre o poder do monopólio, como a regulamentação do preço do produto e a imposição fiscal.

8.2.1.2 *Concorrência perfeita*

A estrutura de mercado caracterizada por concorrência perfeita é uma concepção mais teórica, porque os mercados altamente concorrenciais existentes, na realidade, são apenas aproximações desse modelo, posto que, em condições normais, sempre parece existir algum grau de imperfeição que distorce o seu funcionamento.

O seu conhecimento é importante não só como estrutura ideal, empregada em muitos estudos que procuram descrever o funcionamento econômico de uma realidade complexa, como também pelas inúmeras consequências derivadas de suas hipóteses, que condicionam o comportamento dos agentes econômicos em diferentes mercados (Gráfico 8.4).

As hipóteses do modelo de concorrência perfeita são:

a) *existe grande número de compradores e vendedores:* referente não ao valor acima de determinada quantidade, mas sim ao preço dado para as firmas e para os consumidores;

b) *os produtos são homogêneos:* substitutos perfeitos entre si. Dessa forma, não pode haver preços diferentes no mercado;

c) *existe informação completa sobre o preço do produto:* conhecida também como **transparência do mercado**;

d) *entrada e saída das firmas no mercado é livre:* não há barreiras, o que permite às firmas menos eficientes saírem do mercado para o ingresso de firmas mais eficientes. Essa hipótese também é conhecida como **livre mobilidade**.

Concorrência perfeita: *muitos vendedores e compradores em um mercado em que nenhum deles tem influência significativa no preço.*

Transparência do mercado: *informação completa sobre o preço do produto.*

Livre mobilidade: *entrada e saída das firmas no mercado, sem barreiras.*

GRÁFICO 8.4

Demanda de concorrência perfeita

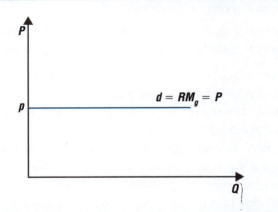

Variável exógena:
ocorre quando a empresa no regime de concorrência perfeita só fixa a quantidade a ser vendida, pois o preço é fixado pelo mercado e não por ela.

A hipótese de que a firma, individualmente, seja incapaz de alterar o preço do produto tem uma consequência importante, porque implica a curva de demanda do produto ser perfeitamente elástica ou, em outros termos, horizontal. A empresa no regime de concorrência perfeita só fixa a quantidade a ser vendida, pois o preço está fixado pelo mercado. Como o preço do produto para a firma é uma **variável exógena** (isto é, não é determinado por ela), essa firma pode vender quantas unidades desejar pelo preço vigente no mercado. Se o preço do produto for p por unidade, a firma receberá sempre p reais por unidade adicional que vender. Então, a receita marginal (RMg) será de p reais, o mesmo ocorrendo com a receita média (RMe).

Normalmente, uma curva de demanda é descendente da esquerda para a direita, como visto no monopólio. Contudo, nesse caso, ela é horizontal. A razão é que, em concorrência perfeita, refere-se à curva de demanda para uma firma apenas. A curva de demanda do mercado continua sendo descendente da esquerda para a direita, porque descreve a demanda total do produto, dos seus diferentes níveis de preços (Gráfico 8.5).

GRÁFICO 8.5

Demanda da firma e do mercado

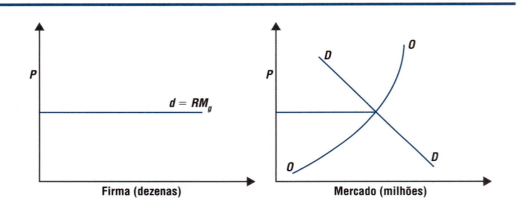

A curva de demanda da firma continua sendo uma linha horizontal, porque ela reflete a demanda do seu produto. Como a firma é incapaz de alterar o preço corrente do mercado, a demanda por seu produto é perfeitamente elástica e a curva de demanda é horizontal. O preço no mercado está determinado pela oferta e pela demanda. Contudo, a firma apenas "recebe" o preço do mercado.

Supondo a estrutura de custos discutida no capítulo anterior, a empresa, para maximizar lucro, precisa satisfazer conjuntamente as seguintes condições:

- *o preço do produto deve ser igual ou superior ao custo variável médio ($p \geq CVM$)*: se os custos variáveis forem superiores aos preços, a firma tornar-se-á inviável no longo prazo. Mesmo no curto prazo, ela poderá incorrer em prejuízos para pagar parte dos custos fixos e tentar manter-se no mercado;
- *o custo marginal deve ser igual à receita marginal ($CMg = RMg$), sendo o custo marginal crescente*: o empresário fixará a quantidade a ser vendida de forma a obter o lucro máximo, o que acontecerá quando o acréscimo na receita por uma quantidade maior de unidades vendidas for igual ao acréscimo nos custos (Gráfico 8.6).

GRÁFICO 8.6
Maximização em concorrência perfeita

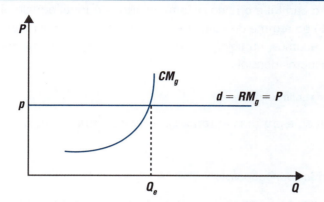

Dessa forma, o ramo ascendente da curva de custo marginal, acima da curva de custo variável médio, constitui-se na curva de oferta da firma, operando no regime de concorrência perfeita.

Analogamente, a curva de oferta do setor como um todo será a soma das curvas de oferta de todas as firmas no setor. As firmas com custos variáveis médios acima do preço terão de abandonar o setor a longo prazo, de forma que apenas as mais eficientes permanecerão. Outrossim, a mobilidade e inexistência de barreiras garantem que novas empresas entrem no setor se houver lucros maiores que em outros setores. Com novas empresas, há um deslocamento da curva de oferta do setor para a direita, e, consequentemente, os preços serão menores (Gráfico 8.7).

GRÁFICO 8.7
Oferta do mercado

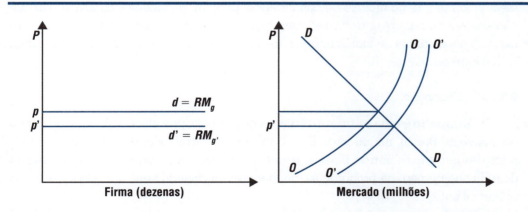

O preço de equilíbrio diminui, e só as firmas que produzem com custos médios abaixo do preço podem continuar produzindo no longo prazo. Esse processo de saída de firmas menos eficientes e entrada de novas mais eficientes, desloca o preço para baixo, até o ponto em que:

- as firmas com as estruturas de custos mais baixos permanecerão operando no setor;
- no equilíbrio a longo prazo, o custo médio será igual ao custo médio mínimo em todas as firmas.

Nesse equilíbrio de longo prazo, o retorno obtido pela firma é apenas suficiente para remunerar o capital e o risco do empresário, e é igual àquele obtido em outros setores operando no regime de concorrência perfeita, no que se refere ao melhor uso alternativo dos recursos, ou seja, a longo prazo, em concorrência perfeita, as firmas auferem apenas lucros normais.

8.2.2 Outras estruturas clássicas

Além das duas estruturas anteriores, existem outras estruturas clássicas muito importantes.

8.2.2.1 Concorrência monopolista

Embora apresente, como na concorrência perfeita, uma estrutura de mercado em que existe um número elevado de empresas, a **concorrência monopolista** (também chamada **concorrência imperfeita**) caracteriza-se pelo fato de que as empresas produzem produtos diferenciados, embora sejam substitutos próximos. Por exemplo, diferentes marcas de cigarro, sabonete, refrigerante etc. Trata-se, assim, de uma estrutura mais próxima da realidade do que a concorrência perfeita, na qual se supõe um produto homogêneo, produzido por todas as empresas.

Concorrência monopolista: também chamada concorrência imperfeita caracteriza-se pelo fato de que as empresas produzem produtos diferenciados, embora substitutos próximos.

Nessa estrutura, cada firma tem determinado poder sobre a fixação de preços, ou seja, a curva de demanda com a qual se defronta é negativamente inclinada, embora bastante elástica, pois a existência dos substitutos próximos permite aos consumidores alternativas para fugirem dos aumentos de preços.

A diferenciação de produtos pode ocorrer por características físicas (composição química, potência etc.), pela embalagem ou pelo esquema de promoção de vendas (propaganda, atendimento, fornecimento de brindes, manutenção, entre outros). Da mesma forma que no modelo de concorrência perfeita, prevalece a suposição de que não existem barreiras à entrada de firmas, o que significaria, a longo prazo, uma tendência para a existência de lucros normais (receita total igual a custo total), não surgindo lucros extraordinários.

8.2.2.2 Oligopólio

O **oligopólio** é uma estrutura de mercado que, hoje, prevalece no mundo ocidental (inclusive no Brasil), na indústria e no transporte aéreo e rodoviário, nos setores químico e siderúrgico e outros. Essa estrutura de mercado caracteriza-se pela existência de reduzido número de produtores e vendedores fabricando bens que são substitutos próximos entre si.

Oligopólio: estrutura de mercado que se caracteriza pela existência de reduzido número de produtores e vendedores fabricando bens que são substitutos próximos entre si.

Em outras palavras, esses produtos têm alta elasticidade cruzada. Segundo a substituibilidade perfeita ou imperfeita dos bens, o oligopólio pode ser **perfeito** ou **diferenciado**.

A noção fundamental subjacente ao oligopólio é a da interdependência econômica. Se todos os produtores são importantes, ou possuem uma faixa significativa do mercado, as decisões sobre o preço e a produção de equilíbrio são interdependentes, porque a decisão de um vendedor influi no comportamento econômico dos outros vendedores.

8.2.2.3 Monopsônio e oligopsônio

O **monopsônio** é caracterizado pela existência de muitos vendedores e um único comprador. É uma estrutura que pode prevalecer especialmente no mercado de trabalho. É o caso, por exemplo, da empresa que se instala em determinada cidade do interior e, por ser única, torna-se demandante exclusiva da mão de obra local. Portanto, os trabalhadores empregam-se no monopsônio, ou precisam trabalhar em outra localidade.

O **oligopsônio** é o mercado em que existem poucos compradores, que dominam o mercado, e muitos vendedores.

Monopsônio: *caracteriza-se pela existência de muitos vendedores e um único comprador.*

Oligopsônio: *mercado no qual existem poucos compradores, que dominam o mercado, e muitos vendedores.*

8.2.2.4 Monopólio bilateral

No **monopólio bilateral**, defrontam-se um monopolista e um monopsonista. Tipicamente, o monopolista deseja vender dada quantidade de produto por um preço, e o monopsonista deseja obter a mesma quantidade por um preço diferente daquele pretendido pelo monopolista.

Como ambas as posições são conflitantes, somente a negociação recíproca permite a definição do preço. Inicialmente, concordam que a quantidade a ser transacionada será a que ambos desejam, e que o monopolista não venderá por um preço abaixo de p, por exemplo, e o monopsonista não pagará nenhum preço acima de p'.

Entre os limites p e p', no qual o preço em princípio é indeterminado, monopolista e monopsonista negociarão o preço final que dependerá do poder de barganha de cada um dos oponentes: o monopsonista tentando pagar o preço mais baixo, por ser o único comprador, e o monopolista querendo vender por um preço mais elevado, tentando usar a força de ser o único vendedor.

Monopólio bilateral: *confronto entre um monopolista e um monopsonista.*

8.2.3 Modelos marginalistas de oligopólio

O oligopólio refere-se a uma estrutura de mercado em que existem poucos vendedores com poder de fixar os preços e muitos compradores. Nos modelos marginalistas, supõe-se que os oligopolistas maximizem os lucros igualando receita marginal a custo marginal.

Além das estruturas já descritas, consideradas como as mais importantes do núcleo da Microeconomia, existe uma série de outras abordagens para o estudo do comportamento dos mercados. A preocupação central de todas as abordagens é de alguma forma explicar seu funcionamento e, principalmente, mostrar a natureza da interdependência entre os oligopolistas. A seguir, serão apresentadas algumas dessas abordagens, por serem consideradas as mais representativas.

8.2.3.1 O modelo de Cournot

O **modelo de Cournot**, de 1838, é um modelo de **duopólio** (duas empresas produtoras no mercado) pioneiro a mostrar como as empresas são dependentes da ação de outras no oligopólio. Suponha que existam duas fontes de água mineral, pertencentes a dois empresários. Só existem custos fixos — os custos de escavação —, portanto, os custos variáveis e o custo marginal são nulos ($CV = CMg = 0$). Consequentemente, a maximização de lucro para cada empresário corresponde ao ponto em que $RMg = 0$. Cada empresário supõe que seu rival nunca mude seu preço, em razão da atitude tomada pelo

Modelo de Cournot: *mostra como as empresas são dependentes da ação de outras no oligopólio.*

Duopólio: *duas empresas produtoras no mercado.*

concorrente. Em outras palavras, a característica básica desse modelo é que os empresários não reconhecem a interdependência que têm entre si (Gráfico 8.8).

GRÁFICO 8.8

Modelo de Cournot

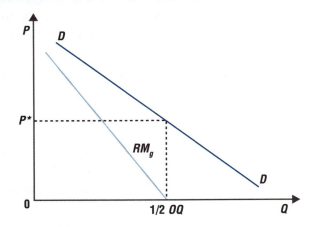

Supondo que a demanda seja linear e que um dos dois comece a produzir primeiro, o preço de equilíbrio será o que corresponde ao ponto no qual $CMg = RMg = 0$, e a quantidade produzida será a metade do segmento OQ. O segundo empresário, observando o mercado, considera sua demanda como a demanda total menos a quantidade atendida pelo primeiro. Dessa forma, estabelece o preço correspondente a $p^*/2$ e a quantidade correspondente a $OQ/4$ como metade do mercado não tomado pelo primeiro. A atitude do segundo força o primeiro a diminuir seu preço para continuar maximizando lucro.

As ações e reações continuam indefinidamente, uma vez que ambos os empresários não reconhecem sua interdependência. No limite, a quantidade de equilíbrio será dois terços do segmento OQ e o preço de equilíbrio será dois terços de p^*. Se ao modelo forem adicionadas mais firmas, o preço de equilíbrio final será menor.

8.2.3.2 O modelo de Sweezy

Modelo de Sweezy: *explica por que os preços dos oligopólios são relativamente estáveis, mesmo quando os custos mudam.*

O **modelo de Sweezy**, também conhecido como **modelo da demanda quebrada**, foi desenvolvido buscando explicar por que os preços dos oligopólios são relativamente estáveis, isto é, permanecem constantes por longos períodos, mesmo quando os custos mudam. O modelo supõe que cada oligopolista tenha uma curva de demanda "quebrada". A curva de demanda é elástica para preços acima do preço de equilíbrio e inelástica para preços abaixo do preço de equilíbrio.

A explicação para a curva de demanda ser elástica, para aumentos de preços, seria a de que, se um oligopolista aumentasse seu preço, não seria acompanhado pelos demais oligopolistas, e, dessa forma, perderia parte do mercado para os concorrentes. Por sua vez, todos os oligopolistas reconheceriam o fato de que, se um deles baixasse os preços para aumentar a sua fatia de mercado, provocaria reação idêntica à dos demais, desencadeando uma "guerra de preços". Essa reação idêntica faria não só com que cada um deles permanecesse com a mesma fatia de mercado, como também diminuiria o lucro extraordinário de todos (Gráfico 8.9).

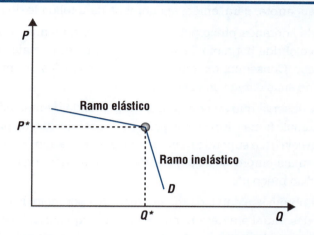

GRÁFICO 8.9

O modelo de Sweezy: curva da demanda quebrada

Dessa forma, os oligopolistas, reconhecendo a interdependência, observariam a curva de demanda inelástica para quedas de preço. Portanto, não haveria nenhuma razão para que baixassem os preços. O modelo, desse modo, seria uma das explicações para a estabilidade de preços observada nos oligopólios.

8.2.3.3 O cartel perfeito

Cartel é uma organização (formal ou informal) de produtores dentro de um setor, que determina a política de preços para todas as empresas que o compõem.

O cartel perfeito nada mais é que os oligopolistas que, reconhecendo a interdependência que têm entre si, procuram se unir e maximizar o lucro do cartel. A solução a que se chega é a do monopólio puro. Fixando-se o preço, a questão é como dividir as quantidades entre os diferentes membros do cartel. A divisão das quotas pode dar-se de diversas formas, e vai depender, em última instância, da capacidade de negociação dos seus integrantes.

De maneira geral, os cartéis são instáveis. Considerando que normalmente operam com certa capacidade ociosa, o incentivo para que cada um dos membros tente burlar os demais é grande.

8.2.3.4 Os modelos de liderança-preço

Os **modelos de liderança-preço** constituem uma coalizão imperfeita (**cartel imperfeito**), em que as firmas de um setor oligopolista decidem tacitamente (isto é, não é necessário um acordo formal) estabelecer o mesmo preço, aceitando a liderança de uma firma da indústria.

A líder — a firma que fixa o preço — pode tanto ser a firma de custo mais baixo, como também a maior firma do mercado.

A firma líder fixa o preço e é seguida pelas demais. Todas maximizam o lucro reconhecendo a interdependência que têm entre si. Na hipótese de a firma líder ser a de custo mais baixo, entrará em consideração a regulamentação antimonopólio.

Pelas leis antimonopólios, uma firma não pode, em muitos casos, deter a totalidade das vendas de um mercado. Dessa forma, ao fixar seus preços, a firma de custo mais

Cartel: *organização (formal ou informal) que determina a política de preços para todas as firmas que compõem um mesmo setor.*

Modelos de liderança-preço: *coalizão imperfeita (cartel imperfeito), em que as firmas de um setor oligopolista decidem tacitamente estabelecer o mesmo preço, aceitando a liderança de uma firma da indústria.*

baixo descarta a possibilidade de práticas predatórias de preço que levem seu concorrente à bancarrota, para, então, apoderar-se da totalidade do mercado.

No modelo de liderança-preço pela firma de maior tamanho no mercado, a solução de equilíbrio é obtida por meio da suposição de que as demais firmas são apenas tomadoras de preço. Consequentemente, a curva de oferta das mesmas corresponde à soma horizontal de suas curvas de custo marginal.

A firma líder observa que sua demanda é a demanda de mercado menos a parte atendida pelas demais firmas. Em outras palavras, supondo que, ao preço p^*, a quantidade demandada seja q^*, e supondo também que a esse mesmo preço p^* a quantidade ofertada pelas demais empresas seja $q^\#$, então, a firma líder considerará como sua a demanda $q^* - q^\#$ ao preço p^*.

A firma líder obtém sua curva de receita marginal por meio da curva de demanda obtida da forma descrita. Para determinar o preço de equilíbrio, basta igualar o custo marginal à receita marginal.

8.3 ■ ASPECTOS ALOCATIVOS

O exame desses modelos mostra que, dada uma estrutura particular, é possível determinar o preço e a quantidade de equilíbrio. Evidentemente, existe uma infinidade de outros modelos.[1] A questão é: comparando-se as estruturas entre si, quais seriam as respectivas vantagens e desvantagens?

Sem dúvida nenhuma, ao comparar as diferentes estruturas, verifica-se que, do regime de concorrência perfeita, é possível derivar a noção de eficiência econômica porque, se o mercado estiver em equilíbrio de longo prazo, o preço do produto será igual ao custo total mínimo.

Desde que o fluxo de entrada e saída do setor seja livre, a sua produção será ampliada à medida que existirem oportunidades de investimentos lucrativos, de maneira que, no longo prazo, o preço diminuirá e a disponibilidade do produto será maior.

Suponha que um setor operando em regime de concorrência perfeita seja monopolizado. Os efeitos da monopolização seriam a elevação do preço e a redução da produção. Devido à possibilidade de existência de lucro monopolista no longo prazo, em razão das barreiras à entrada de novas firmas no setor, o preço do produto pode ser superior ao seu custo total médio mínimo.

A eficiência econômica sob monopólio não é máxima, porque o monopolista não utiliza necessariamente uma planta de produção ótima ou não produz a quantidade ótima, dada a escala de planta existente.

Eficiência de Pareto: *alocação de recursos eficiente quando não é possível melhorar a situação de um setor sem piorar a situação de outro.*

Isso leva ao conceito de **ótimo** ou **eficiência de Pareto**. Uma alocação de recursos é eficiente, segundo Pareto, quando não é possível melhorar a situação de um setor sem piorar a situação de outro. O monopólio não é eficiente, no conceito de Pareto, pois é possível baixar os preços sem haver impacto em outros setores (o que já não pode ocorrer em concorrência perfeita).

Evidentemente, em muitos mercados existem ineficiências, em que muitas são causadas por restrições tecnológicas e outras, por restrições regulatórias. A falta de

---

[1] Nos dois capítulos seguintes, serão estudados outros modelos que discutem estruturas de mercado com base em hipóteses não marginalistas. Na teoria dos jogos, por exemplo, será mais destacada a questão da interdependência das firmas na busca de melhores resultados.

informação e as barreiras à entrada são responsáveis por ineficiências que oneram toda a sociedade, em benefício de poucos.

Outro ponto importante é que o mercado por si só não garante a eficiência. Por um lado, o governo é fundamental para que o mercado exista, pois o mercado existe porque existe propriedade, e a propriedade é tal porque assim é definida e defendida pelo governo. Por outro lado, existe uma série de bens em que o mercado não assegura uma alocação eficiente. Um exemplo são os bens públicos,[2] defesa nacional e outros que fazem com que a quantidade a ser produzida e os recursos a serem alocados sejam decididos de forma mais eficiente num processo político.

QUESTÕES

1. O que são estruturas de mercado?
2. Como estão divididas as estruturas básicas de mercado?
3. Como o monopolista determina o ponto do lucro máximo?
4. Quais fatores propiciam a existência de monopólios?
5. Quais as hipóteses da concorrência perfeita?
6. Por que a demanda em concorrência perfeita é horizontal?
7. Quais outras estruturas clássicas são de seu conhecimento? Descreva-as resumidamente.
8. Quais modelos de oligopólio são mais conhecidos?
9. Cite exemplos de estruturas de mercado observadas na economia brasileira semelhantes às mencionadas no texto.
10. O que é *ótimo* ou *eficiência de Pareto*?

REFERÊNCIAS

MANKIW, N. G. *Princípios de microeconomia*. São Paulo: Cengage, 2013.
MILTONS, M. *Microeconomia*. São Paulo: Saraiva, 2016.
PINDYCK, R. S.; RUBINFELD, D. L. *Microeconomia*. São Paulo: Pearson Brasil, 2014.
VARIAN, H. R. *Microeconomia* – Uma abordagem moderna. 9. ed. Rio de Janeiro: Campus, 2015.

---

[2] No Capítulo 29, o conceito de bem público é discutido mais pormenorizadamente.

9 ORGANIZAÇÃO INDUSTRIAL

Cláudio Ribeiro de Lucinda
Paulo Furquim de Azevedo

9.1 ■ INTRODUÇÃO

Ainda que, à primeira vista, os modelos apresentados nos primeiros cursos de Microeconomia possam parecer exageradamente abstratos e distantes da realidade, eles possuem uma função didática importante: dar ao aluno fluência nos principais instrumentos utilizados pelos economistas na análise da realidade. Concorrência perfeita, informação disponível sem custos e capacidade ilimitada dos agentes para solucionar problemas são elementos fundamentais para os modelos microeconômicos, mas que dificilmente caracterizam o mundo econômico real. Não raro, a análise microeconômica mais básica encontra limites e não oferece interpretações adequadas a situações observadas na prática.

Nesse sentido, a extensão da teoria microeconômica para encarar esses limites existe há muito tempo e se constitui em um campo próprio, o da Organização Industrial. Dada a ampla variedade de peculiaridades das situações específicas a que a Organização Industrial foi chamada a analisar, a quantidade de temas enfrentados é bastante grande. Temas, como a forma pela qual a competição se dá em diferentes setores, como os preços se formam em mercados em que a competição perfeita não se verifica, a razão da existência de empresas em que os fatores de produção se coordenam por direção administrativa e não por preços, serão apresentados aqui e são apenas exemplos desse campo da teoria econômica.

Neste capítulo, algumas de suas importantes correntes serão abordadas, sem a pretensão de exposição aprofundada, apenas revelando ao leitor algumas linhas de pesquisa relevantes ao estudo dos mercados e das empresas. Além disso, é esperado que o leitor tenha, ao final deste capítulo, uma melhor apreciação da importância da teoria econômica, não apenas como uma base intelectual para modelos econômicos mais aperfeiçoados, mas também como um instrumental adequado para a análise de situações reais.

A presente revisão, portanto, é composta por três partes que estão relacionadas e são separadamente apresentadas apenas por motivos didáticos. A primeira delas trata de precificação: como empresas no mundo real estabelecem seus preços, e como esses preços estão relacionados com os conceitos de custo marginal e sensibilidade da demanda a preços. É claro que esse processo não é independente das formas pelas quais a competição entre as empresas ocorre; as estratégias de competição — quais são as variáveis que as empresas usam para competir umas com as outras e os seus efeitos — são o segundo grande tema deste capítulo. Finalmente, o último grande tema aqui abordado diz respeito à organização das empresas. Por que em setores como os de *software*, gigantes como a Apple e Microsoft coexistem com pequenas empresas criadas em "fundo de garagem" (como as próprias Apple e Microsoft já foram)?

Começando, então, pelo primeiro dos temas: Por que são observados preços para produtos que, à primeira vista, parecem diferentes do que seria esperado segundo a teoria microeconômica tradicional?

9.2 ■ PRECIFICAÇÃO

Para abordar a precificação, é necessário retornar brevemente às ideias já abordadas em outros capítulos deste livro sobre competição perfeita e monopólio. Nesses dois extremos da competição, a teoria microeconômica assume que a empresa possui como objetivo a maximização do lucro, tendo conhecimento de suas funções de custo e de demanda. Como consequência, considerava-se que a decisão fundamental da empresa consistia em escolher o nível de operação em que o lucro fosse máximo, correspondendo à quantidade em que custo marginal e receita marginal (respectivamente, CMg e RMg) se igualassem. Essa condição de maximização de lucro pode ser representada pela seguinte equação:

$$\frac{\partial C(Q)}{\partial Q} = CMg = RMg = \frac{\partial R(P(Q), Q)}{\partial Q}$$

em que:

Q = quantidade produzida;
C = custo total;
P = preço;
R = receita total;
CMg = custo marginal;
RMg = receita marginal.

É muito comum assumir que, ainda que útil, a regra mostrada não se aplica ao mundo real, e muitos autores buscaram demonstrar isso. O mais famoso desses estudos foi o de Hall & Hitch.[1]

Hall & Hitch investigaram diversas firmas, principalmente pertencentes ao setor industrial, obtendo resultados fundamentais para a abordagem prevalecente. Segundo eles, as firmas pesquisadas não agiam de modo a maximizar o seu lucro, não fazendo uso, portanto, do princípio marginalista. Segundo eles, a melhor forma de representar o processo de decisão empresarial seria o chamado **princípio do custo total**. Segundo esse princípio, as firmas tinham como decisão principal a determinação do preço e não da quantidade. Esse preço era determinado de modo bastante simples, por meio de margem fixa (*mark-up*), que incidia sobre o custo variável médio (*CVMe*). Algebricamente, seria possível representar a determinação do preço pela seguinte equação:

Princípio do custo total: *as firmas tinham como decisão principal a determinação do preço e não da quantidade.*

$$P = CVMe\,(1 + mark\text{-}up)$$

Os preços seriam relativamente estáveis, uma vez que o aumento da demanda poderia ocasionar elevação na quantidade vendida sem que isso tivesse impacto na elevação do preço. Para que houvesse alteração nos preços, seria necessário que o custo variável médio fosse sensivelmente modificado ou que houvesse alteração no *mark-up*. Este último, no entanto, constituía margem fixa, alterada somente por modificações substanciais no mercado. A contribuição de Hall & Hitch se viu sujeita a críticas nos anos seguintes, sendo a mais importante a de Machlup (1946), que merece uma atenção

---

[1] HALL, R. L.; HITCH, C. Price theory and business behavior. *Oxford Economic Papers*, n. 2, p. 12-45, 1939.

mais detida porque ilustra como comportamentos, aparentemente incoerentes com a teoria econômica, ainda podem ser explicados por ela.

Em primeiro lugar, enfatiza Machlup, em muitos casos, realizam-se inconscientemente ações que são muito difíceis de modelar analiticamente. Por exemplo, no futebol, a cobrança de uma falta ou escanteio de forma a marcar um gol envolveria a resolução de complexas equações matemáticas, levando em conta as características da bola, das condições atmosféricas, da distância do gol, entre outros fatores. Mesmo assim, essa atividade é realizada cotidianamente no Brasil por pessoas que, em muitos casos, têm fraco domínio das quatro operações básicas.

Em segundo lugar, continua o autor, em nenhum momento fica claro que o termo "médio" mencionado no texto de Hall & Hitch trata de uma média com relação à quantidade, e é bastante possível que esse custo médio seja referente à média dos custos ao longo de um período. Entendido custo médio como custo médio ao longo de um período, essa medida não é necessariamente inconsistente com o conceito de custo marginal.

A crítica de Machlup foi seguida por outros autores ao mostrarem que a noção de um *mark-up* pode ser reconciliada com a maximização de lucros na visão tradicional com a seguinte fórmula:

$$P = CMg\left(1 + \frac{1}{|e_D|}\right)$$

em que $|e_D|$ representaria o valor absoluto da demanda residual da empresa,[2] ou seja, empresas que enfrentam demandas menos elásticas podem ter *mark-ups* acima do custo marginal. A ideia de demanda residual também incorpora um conceito que será apresentado mais adiante: competição e precificação estão inerentemente relacionadas.

9.2.1 Discriminação de preços

Após essa polêmica sobre o processo de determinação de preços, boa parte da literatura subsequente ocupou-se da chamada "discriminação de preços" que, segundo Varian (1989), pode ser entendida como "[...] quando dois ou mais produtos similares são vendidos a preços que são proporções diferentes dos seus custos marginais".[3] Para isso, três fatores são necessários: (a) a existência de poder de mercado, (b) a capacidade de selecionar os seus consumidores e (c) os consumidores não poderem ser capazes de revender seus produtos ou serviços.

O primeiro dos elementos, denominado **poder de mercado**, diz respeito à capacidade da empresa em elevar unilateralmente seus preços acima dos custos marginais. Para que isso aconteça, o segundo dos elementos, a **capacidade de selecionar os seus consumidores**, deve estar presente. Finalmente, mesmo que existisse poder de mercado e a empresa fosse capaz de selecionar seus consumidores, a discriminação de preços seria inviável se os consumidores fossem incapazes de **revender o produto**.

---

[2] Ou seja, já considerando os efeitos de respostas das empresas competidoras.
[3] Essa definição, um pouco diferente da encontrada nos livros de Microeconomia, permite incluir conceitos como o de preços de Ramsey e *peak-load pricing*, dentro do tema da discriminação de preços.

Uma das primeiras contribuições nesse sentido foi a de Boiteux,[4] com base nos *insights* de Frank Ramsey sobre tributação. Boiteux, como resultado de uma pesquisa para a Eletricité de France, buscava encontrar uma estrutura de preços para o serviço de fornecimento de eletricidade para diferentes tipos de consumidores, sujeita a uma restrição sobre o volume de lucros econômicos da empresa, pois a empresa era estatal. A principal conclusão desse autor foi que o *mark-up* (diferença entre preço e custo marginal, expressa como proporção do preço) deve ser proporcional à elasticidade-preço da demanda.

Em especial, no caso de dois serviços ($i = 1, 2$) com diferentes elasticidades-preço da demanda, a razão entre os *mark-ups* dos dois serviços deve ser dada por:

$$\frac{p_1 - CMg}{p_2 - CMg} \times \frac{p_2}{p_1} = \frac{e_{D2}}{e_{D1}}$$

em que e_{D1} representa a elasticidade-preço da demanda do primeiro produto e e_{D2}, a elasticidade-preço da demanda pelo produto 2. A intuição para esse resultado é que, com a receita de dois serviços sendo necessária para cobrir os custos fixos, tem-se que o serviço cuja demanda é menos sensível a preço deve cobrir uma parte maior desses custos do que o serviço com demanda menos elástica.

9.2.2 Peak-load pricing

Outra contribuição de Boiteux[5] diz respeito à teoria de "preços de pico" (*peak-load pricing*), isto é, situações em que o produto apresenta uma variabilidade de demanda bastante elevada, como energia elétrica, transporte urbano, entre outros. Nesses serviços, durante um período dado, a demanda se altera bastante (no caso de energia elétrica para domicílios, o período logo após o horário comercial, e, no caso de transporte público, o final do horário comercial). É possível que nesses momentos não exista capacidade suficiente para atender à demanda, trazendo à frente a necessidade de utilizar o mecanismo de preços para adequar a demanda à capacidade.

A solução desenvolvida por Boiteux,[6] neste caso, passa por distinguir entre dois tipos de custos marginais: o custo marginal da operação — que seria o custo de atendimento de uma unidade de demanda na suposição que a capacidade existente é suficiente para atender à demanda — e o custo marginal de longo prazo — associado ao atendimento de uma unidade de demanda, incluindo a possibilidade de expansão de capacidade caso não esteja disponível. Considerados esses custos, o conceito básico é encontrar preços nos dois períodos que cubram necessariamente o custo marginal da operação e, eventualmente, o custo marginal da capacidade.[7]

Para esses serviços, o ponto de partida é distinguir situações em que a capacidade existente é suficiente para o atendimento da demanda no período fora do pico de situações em que a demanda é restrita pela capacidade no horário de pico e fora dele. No primeiro caso, em que a demanda é restrita pela capacidade apenas no horário de

---

[4] BOITEUX, M. On the management of Public Monopolies Subject to Budgetary Constraints. *Journal of Economic Theory*, v. 3, p. 336-345, 1956.
[5] Existem alguns autores que se anteciparam a Boiteux na discussão deste conceito. No entanto, a literatura mais recente considera como o ponto de partida as contribuições desse autor.
[6] BOITEUX, M. La Tarification des demandes en point: application de la theorie de la vente au cout marginal. *Revue Generale de l'Electricité*, n. 58, p. 321-40, 1949. BOITEUX, M. La Tarification au cout marginal e les demandes aleatoires. *Cahiers Du Seminaire de Econometrie*, n. 1, p. 56-59, 1951.
[7] Por simplicidade, não é considerada a existência de custos fixos.

pico e a capacidade não pode ser aumentada rapidamente, o preço deve ser igual ao custo marginal de operação no período fora de pico e, no restante do tempo, deve ser elevado até o ponto em que a demanda é exatamente igual à capacidade disponível. No segundo caso, o preço deve ser elevado nos dois horários até o ponto que a quantidade demandada é igual à capacidade disponível — ainda que o preço seja diferente nos dois períodos.

E quando a capacidade disponível para o serviço pode ser alterada em resposta às ações do ofertante? Nesse caso, a capacidade será alterada até o ponto em que ela é mais do que suficiente para o atendimento nos horários fora de pico e, no horário de pico, o preço é determinado pelo custo marginal de operação somado com o custo marginal da capacidade, como mostra o Gráfico 9.1.

GRÁFICO 9.1

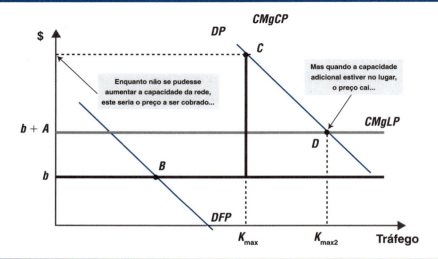

No Gráfico 9.1, tem-se uma situação em que o custo marginal da operação é igual a b, com um limite de capacidade fixo no curto prazo e igual a K_{max}. Esse lado da oferta é enfrentado por uma demanda variável no tempo, correspondendo a uma demanda no horário de pico igual a DP e no horário fora de pico igual à DFP. No longo prazo, quando a capacidade pode ser alterável, a capacidade tem de ser elevada até o ponto em que o preço é igual ao custo marginal de longo prazo — composto pelo custo marginal de operação, b, e o custo marginal da capacidade, A.

9.2.3 Tarifa em várias partes

Outra forma de precificação que pode ser relacionada com a ideia geral de discriminação de preços é a de tarifa em duas (ou mais) partes. Nessa forma de precificação, o ofertante estabelece o preço que o consumidor paga por uma determinada quantidade em duas partes: uma delas fixa, associada ao direito ao uso do produto ou serviço, e a segunda variável, com a quantidade efetivamente adquirida. O consumidor adquirindo Q unidades do produto, ou serviço, teria uma conta (representada por T) equivalente a:

$$T = F + pQ$$

em que:

F = taxa de acesso ao serviço;

p = preço por unidade.

Para uma demanda constante e igual para todos os consumidores, qual seria o conjunto de preços $\{F; p\}$ que maximizaria os lucros da empresa? A intuição para os preços ótimos reside no fato de que, ao reduzir o preço por unidade de consumo, há um incentivo por parte dos consumidores em adquirir mais unidades. Em consequência, o excedente do consumidor associado ao volume adquirido aumenta, assim como o espaço para elevar a tarifa fixa F. No caso de uma demanda linear e custos marginais constantes, esse argumento pode ser aplicado até o ponto em que o preço pela utilização é igual ao custo marginal do produto, com a tarifa fixa exatamente igual ao excedente do consumidor.

Esse resultado é bastante interessante, mas dificilmente tem-se que os consumidores são exatamente idênticos quanto à disposição a pagar por uma dada quantidade do produto. Em situações em que a demanda se difere entre grupos de consumidores, o resultado pode ser generalizado com a adoção de um **menu de tarifas**, ou seja, um conjunto de pares $\{F; p\}$ que seriam escolhidos por diferentes conjuntos de consumidores.

Evidentemente, a escolha de cada um desses preços e tarifas fixas não é arbitrária, obedecendo a princípios básicos similares aos discutidos anteriormente. Para fixar melhor os conceitos, suponha que os consumidores possam ser classificados em N diferentes categorias, de acordo com o valor atribuído por grupo para uma dada quantidade do produto ou serviço. Em primeiro lugar, os elementos componentes das tarifas $\{F_i, p_i\}$ devem ser tais que consumidores com diferentes avaliações do produto ou serviço devem escolher diferentes elementos desse menu, ou seja, seria de se esperar que esse menu de tarifas contivesse um número de diferentes pares $\{F; p\}$ exatamente igual ao número de grupos de consumidores. Em segundo lugar, tem-se que o preço por unidade consumida não necessariamente será igual ao custo marginal de produção, sendo apenas para a tarifa $\{F; p\}$ escolhida pelo consumidor com maior avaliação do produto ou serviço.

Finalmente, o terceiro princípio para a determinação desse menu de tarifas é que é possível manobrar os componentes do menu de forma a extrair o excedente do consumidor de quase todos os grupos de consumidores, exceto aqueles com maior disposição a pagar pelo produto ou serviço. Um exemplo pode ser útil nesse caso. Imagine que existam apenas dois grupos de consumidores, um que está disposto a pagar mais pelo produto e outro disposto a pagar menos. Para essa situação, a empresa, para maximizar seus lucros, deve estabelecer duas tarifas, $\{\{F_1; p_1\}, \{F_2; p_2\}\}$, tais que (1) o consumidor do grupo que está disposto a pagar menos adquira de fato o produto, a chamada **restrição de participação**, e (2) nenhum dos grupos ache que é mais interessante adquirir o produto segundo a estrutura de tarifas desenhada para o outro, também conhecida como **restrição de compatibilidade de incentivos**.[8]

A primeira condição pode ser atendida se tiver em mente que o excedente do consumidor do grupo com menor avaliação tem de ser igual ou superior a zero. Se esse grupo de consumidores possuir um excedente do consumidor negativo, não comprará

Restrição de participação: *grupos de consumidores que precisam ser incentivados a adquirir o produto, desde que isso seja lucrativo para o ofertante.*

Restrição de compatibilidade de incentivos: *grupos de consumidores que precisam adquirir o produto de acordo com as condições desenhadas para eles.*

---

[8] Em alguns casos, pode ser ótimo do ponto de vista do ofertante que um grupo de consumidores não seja atendido.

o bem ou serviço. A segunda condição é um pouco mais complicada, pois, a princípio, é necessário evitar que os compradores de maior disposição a pagar escolham a tarifa para os consumidores de menor disposição a pagar, e vice-versa.

No entanto, uma dessas restrições costuma acontecer junto do atendimento à primeira das condições: se os usuários de menor avaliação possuem um excedente do consumidor nulo em sua tarifa, provavelmente terão um excedente negativo caso escolham a tarifa desenhada para o grupo de maior avaliação. Consequentemente, não escolherão o par $\{F_i, p_i\}$ desenhado para o grupo de maior disposição a pagar.

O importante é evitar que os consumidores com maior disposição a pagar escolham a tarifa desenhada para aqueles de menor avaliação. Isso implica que o excedente do consumidor para esse grupo de consumidores, quando escolhem a tarifa desenhada para eles, deve ser igual ou maior do que se eles escolhessem a tarifa desenhada para os consumidores de baixa disposição a pagar.

Se os consumidores com menor disposição a pagar possuem zero de excedente do consumidor quando escolhem a tarifa desenhada para eles, decorre que se os consumidores com maior disposição a pagar escolhessem a mesma tarifa, eles provavelmente teriam um excedente do consumidor maior do que zero. Portanto, os consumidores de maior disposição a pagar, para serem induzidos a escolher outra tarifa, precisam ter um excedente do consumidor positivo. Isso ocorrerá com um preço por uso p igual ao custo marginal do serviço, e uma tarifa fixa desenhada de forma a induzir a escolha dessa tarifa.

9.2.4 Gerenciamento de receita

Outra aplicação importante desses conceitos de discriminação de preços deu origem às técnicas conhecidas na área de gestão de operações e *marketing*, como gerenciamento de receita (*revenue management*), ainda que a terminologia mais adequada seja gerenciamento de lucros (*yield management*). Nesse caso, além das condições anteriormente descritas para a discriminação de preços, duas condições precisam se verificar: (i) a quantidade do produto ou serviço disponível para a venda é fixa, e (ii) o produto ou serviço vendido é perecível, no sentido que, após determinado período, não possuirá valor para o consumidor.

Assim, as condições adicionais para o gerenciamento de receita ser adequado são:

- a quantidade do produto ou serviço disponível para a venda é fixa;
- o produto ou serviço vendido é perecível, no sentido que, após determinado período, passará a não ter valor nenhum para o consumidor.

Nem todos os setores atendem a essas condições, mas os setores em que são válidas, como transporte e hotelaria, atualmente apresentam uso intensivo dessas técnicas. Outro elemento que faz com que essas técnicas sejam especialmente lucrativas envolve a relação entre os custos fixos e os custos variáveis, sendo que os primeiros devem ser grandes em relação aos segundos.

Usualmente, a maximização de lucros, nesse caso, vai implicar uma trajetória de preços em cada um dos períodos que faltam até o momento em que o produto ou serviço deixa de ter valor. A trajetória para os preços, nesse caso, deve seguir esta lógica: o preço hoje deve ser maior ou igual ao valor esperado para a venda desse produto ou serviço mais adiante — desde que antes do período em que o produto deixa de ter valor.

A computação específica dessas trajetórias passa pelo uso de métodos de programação dinâmica, mas estão além do escopo deste livro.

Independente da técnica utilizada para a precificação, uma condição subjacente é que as empresas envolvidas possuem a capacidade de, unilateralmente, elevar seus preços além dos custos marginais. A existência de poder de mercado, bem como as estratégias pelas quais as empresas conseguem e mantêm esse poder, será descrita na próxima seção.

9.3 ■ COMPETIÇÃO

A análise das formas pelas quais as empresas competem nos mercados iniciou-se em meados do século XIX, com as contribuições de Cournot e Bertrand sobre a competição por preços ou quantidades entre empresas duopolistas. Tais contribuições, ao longo do século XX, foram revistas à luz da Teoria dos Jogos e hoje são parte importante do instrumental analítico à disposição do economista.

Talvez a principal referência que marca o início da pesquisa moderna em organização industrial tenha sido o trabalho de Mason.[9] Ao contrário de Hall & Hitch, que centraram suas críticas no princípio marginalista, Mason lançou as bases do paradigma de estrutura-conduta-desempenho (ECD), assim como sugeriu um método de análise, baseado em estudos de caso, como meio de captar as estratégias empresariais.

Em seu texto, Mason definiu as firmas oligopolistas como seu objeto, o que lhe permitiu diversas considerações que não eram pertinentes em um contexto de concorrência perfeita. Uma dessas considerações, particularmente importante, era a interdependência das ações da firma e de suas concorrentes. Ao contrário de um ambiente de concorrência perfeita, em que a ação de uma firma era insignificante perante o todo; em mercados oligopolizados, a ação de uma empresa afetava o retorno esperado pelas demais. Por exemplo, se uma firma decidisse ampliar a produção e realizar um esforço de vendas para ganhar participação no mercado, as demais firmas poderiam se defrontar com a queda da receita. Como consequência, o comportamento da firma não poderia ser paramétrico, mas sim estratégico. Em outras palavras, a firma oligopolista não tomaria as variáveis externas como dadas, mas consideraria que a sua ação poderia induzir à mudança da ação das suas rivais. Uma vez que a ação das rivais era relevante na determinação das principais variáveis econômicas — como o preço —, a firma devia agir considerando a provável reação das concorrentes.

Ao centrar sua análise nas grandes firmas, Mason introduziu a ideia de firma ativa, que agia no sentido de modificar o ambiente em que está inserida. Preços, por exemplo, não mais eram um dado para as firmas, mas sim uma variável de escolha, abrindo a porta para a discussão de variáveis estratégicas, que viria depois.

Até pelo grau de desenvolvimento do instrumental técnico do economista na época, era inviável a construção de uma teoria no mesmo nível de abstração que caracterizava a microeconomia da época e, por isso, Mason preferiu optar pelo uso de estudos de casos, que poderiam evidenciar as particularidades de cada empresa e suas ações estratégicas.

Em seu texto, o autor procurou classificar as firmas segundo tipos de estruturas de mercado, observando, entre outros, o grau de concentração do mercado, as estruturas

---

[9] MASON, E. S. Price and production policies of large-scale enterprise. *American Economic Review*, v. 29, p. 64-71, 1939.

dos mercados fornecedores e as características do produto. Dado um tipo de estrutura de mercado, as firmas poderiam optar por um leque de possíveis estratégias (condutas), conforme seu objetivo. A escolha da estratégia, juntamente da estrutura de mercado em que se inseria, determinaria o resultado do sistema econômico (desempenho). Desenhava-se, portanto, a cadeia causal que caracterizaria o paradigma de estrutura--conduta-desempenho: um tipo de estrutura de mercado limitaria e condicionaria a conduta das firmas, o que teria efeitos sobre o desempenho econômico.

O paradigma ECD tem como principal preocupação a avaliação do desempenho de determinado mercado diante do desempenho esperado em uma situação ideal de concorrência perfeita. Em outras palavras, procura-se avaliar em que medida as imperfeições do mecanismo de mercado limitam a capacidade em atender às aspirações e demandas da sociedade por bens e serviços. O confronto ocorre, portanto, entre o desempenho econômico de uma estrutura dita "imperfeita" e o desempenho do ideal competitivo. Sendo considerado como variável dependente, assume-se que o desempenho econômico pode ser alterado mediante intervenções sobre a estrutura de mercado e a conduta das firmas — o que serviria de guia para as políticas públicas.

O grande vilão nos mercados oligopolizados é a capacidade de uma firma fixar seus preços acima do custo marginal. Havendo poder de monopólio por parte de algumas firmas participantes do mercado, três tipos de ineficiência podem surgir: (a) ineficiência alocativa; (b) ineficiência produtiva e (c) ineficiência dinâmica.

Ineficiência alocativa:
surge diretamente do exercício do poder de monopólio, ou seja, do fato de o preço ser superior ao custo marginal.

Ineficiência produtiva:
refere-se à perda de motivação por parte da firma que desfruta de lucros elevados, refletindo-se em um pequeno esforço gerencial e produtivo.

Ineficiência dinâmica:
sem concorrência, o estímulo à atividade inovativa vê-se diminuído.

A **ineficiência alocativa** surge diretamente do exercício do poder de monopólio, ou seja, do fato de o preço ser superior ao custo marginal. Isso faz com que o consumo seja inferior àquele que seria socialmente desejado, de tal modo que abre espaço para a intervenção do Estado no sentido de promover a concorrência e corrigir essa distorção. Mais importante ainda é a **ineficiência produtiva**, que se refere à perda de motivação por parte da firma que desfruta de lucros elevados, refletindo-se em um pequeno esforço gerencial e produtivo. A concorrência inibe diretamente esse tipo de ineficiência ao pressionar a empresa a lutar pela sua sobrevivência. Uma ação do governo no sentido de promover a concorrência pode, portanto, ser benéfica também nesse caso. Finalmente, a ausência de concorrência pode implicar **ineficiência dinâmica**, uma vez que as firmas se veem menos estimuladas a promoverem investimentos em capacitação tecnológica. A concorrência é o grande motor da busca de novos produtos, novos mercados e novos processos produtivos. Sem concorrência, o estímulo à atividade inovativa vê-se diminuído.

A seguir, será apresentado um quadro sintético do paradigma de ECD. O efeito causal principal é dado pelas setas "cheias", enquanto os efeitos considerados secundários são representados pelas setas pontilhadas (Figura 9.1). Em primeira instância, o desempenho do sistema econômico é determinado pelo conjunto de estratégias que define a conduta das firmas. Cada empresa tem a possibilidade de desenvolver estratégias com a finalidade de ganhar participação no mercado, mas cada estratégia terá impacto distinto sobre o desempenho. Por exemplo, por um lado, gastos em pesquisa e desenvolvimento de novos produtos refletem-se no aumento da eficiência dinâmica, contribuindo para a melhoria da qualidade e/ou queda do preço dos produtos. Por outro lado, a estratégia de **cartelização**, com o objetivo de elevação dos preços, tem efeito oposto. Introduzem-se ineficiências alocativa e produtiva, tendo, portanto, reflexos negativos sobre o desempenho econômico.

Cartelização:
designa uma conduta uniforme das firmas, procurando agir como um monopólio.

Não obstante as firmas tenham autonomia para traçar sua conduta por meio de um leque de estratégias, esse conjunto de estratégias disponíveis é determinado pela estrutura de mercado em que a empresa se insere. Esse é o ponto em que o paradigma de ECD mais se aprofundou, seguindo, sobretudo, os trabalhos de Bain.[10] Se houver barreiras elevadas à entrada, haverá espaço para o exercício do poder de monopólio, permitindo que a empresa faça uma política de elevação dos preços. Se, ao contrário, não houver barreiras à entrada e à saída, as firmas terão pouco espaço para a elevação dos preços. Assim, a estrutura de mercado condiciona a decisão estratégica.

A estrutura, por sua vez, é determinada pelas condições básicas de oferta e demanda, compreendendo características do produto, dos consumidores, da tecnologia, entre outras. Características da tecnologia, expressas na função de produção, definem a existência de economias de escala. Estas, por sua vez, induzem uma estrutura concentrada. Pelo lado da demanda, características do produto permitem ou não a sua diferenciação, sendo um elemento da estrutura.

FIGURA 9.1

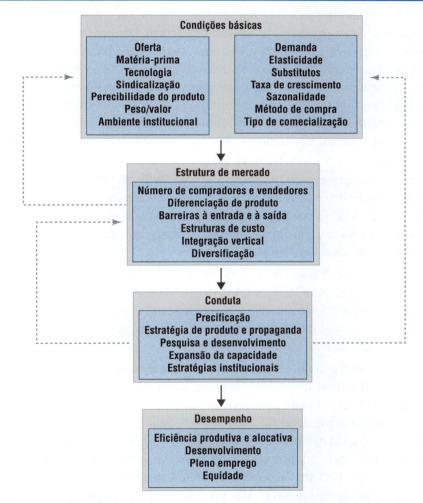

Fonte: SCHERER, F. M.; ROSS, D. *Industrial market structure and economic performance*. Boston: Houghton Mifflin Company, 1990. p. 5.

---

[10] BAIN, J. *Barriers to new competition*. Cambridge: Harvard University Press, 1956.

Preocupado em construir relações gerais entre as variáveis econômicas relevantes aos mercados oligopolizados, Bain vai buscar na estrutura de mercado suas principais explicações para o desempenho econômico. Nesse sentido, a cadeia causal proposta por Mason é transformada na relação direta entre estrutura e desempenho, estando a conduta das firmas relegada a segundo plano. As relações gerais entre essas variáveis poderiam ser objeto de verificação empírica nas análises de *cross section* de diferentes indústrias.

Na versão tradicional do paradigma ECD, os efeitos causais secundários são frequentemente ignorados. Esse ponto forneceu a base para boa parte das críticas no final dos anos 1970, que buscaram explorar essas inter-relações, levando a um enfraquecimento do paradigma como uma hipótese frutífera para pesquisas acadêmicas de ponta. Ainda assim, o ECD continua servindo de ponto de partida para a análise de problemas práticos e estudos de caso, especialmente na área de estratégia de empresas.

Dentro do paradigma ECD, um aspecto que ilustra bem as inter-relações entre os componentes, além das limitações associadas à subestimação dos canais secundários, é a questão das barreiras à entrada e a competição potencial. Em sua análise, Bain distingue dois tipos de concorrência: efetiva (a existente entre as firmas já estabelecidas no mercado) e potencial (a derivada da ameaça da entrada de outras firmas). A concorrência efetiva é o grande determinante da maior parte das estratégias das firmas, como a busca da eficiência produtiva e da colocação do produto. A concorrência potencial, por sua vez, aparece como complemento à concorrência efetiva, impondo limites às políticas de preços. Se a concorrência potencial for muito acirrada — isto é, se for muito fácil a entrada de outras firmas no mercado —, as firmas já estabelecidas não poderão elevar em demasia seus preços, sob pena de perder mercado para as novas firmas.

A concorrência potencial é conceito antigo em Economia. Na concorrência perfeita, por exemplo, não é necessário assumir que há infinitas firmas, mas apenas que há livre entrada nesse mercado. O que Bain introduzia como novidade era uma graduação contínua das condições de entrada em um mercado, conseguindo diferenciar a concorrência potencial existente nas diferentes indústrias.

Para tratar das condições de entrada em um mercado, é necessário definir exatamente o que é entrada. Para Bain, entrada é definida como um novo investimento feito por uma nova firma. Assim, a ampliação da capacidade instalada das firmas já atuantes no mercado e a aquisição da capacidade instalada já existente por uma nova firma não constituem uma entrada.

A discussão sobre condições de entrada foi retomada por Stigler,[11] que fornece ao conceito de "barreiras à entrada" sua roupagem mais moderna. Segundo Stigler, pode-se entender barreiras à entrada como quaisquer custos que as empresas que contemplam a entrada em um determinado setor precisam incorrer e, ao mesmo tempo, as empresas ali instaladas não precisam. Essa definição, sendo mais abrangente e direta que a taxonomia de Bain, incorpora as definições de barreiras à entrada de Stigler: (a) diferenciação de produto, (b) vantagens absolutas de custo e (c) economias de escala, além das barreiras com base em instituições locais, como patentes e barreiras alfandegárias. Além disso, essa definição traz à tona o fato de que algumas dessas barreiras

---

[11] STIGLER, G. J. *The organization of industry*. Chicago: Chicago University Press, 1968.

são independentes do comportamento das empresas no mercado e outras, tão ou mais importantes que aquelas, são determinadas pelas ações das empresas.

9.3.1 Vantagem absoluta de custos

Uma firma estabelecida pode apresentar custos mais baixos do que os que seriam incorridos pelas potenciais entrantes, independentemente da escala de produção. Nesse caso, a firma estabelecida pode fixar um preço acima de seu custo médio de longo prazo, sem atrair a entrada de concorrentes potenciais.

Existem diversos motivos para que uma firma estabelecida apresente custos mais baixos que as concorrentes potenciais entrantes, entre os quais destacam-se três:

a) possuir acesso privilegiado a fontes de matéria-prima, economizando custos de transporte e logística;

b) possuir tecnologia superior à das firmas entrantes, seja por patente, seja pela aquisição de tecnologia no exercício de sua atividade (*learning by doing*);

c) possuir rede de fornecedores e clientes, cuja relação estabelecida no longo prazo permite melhores condições de negociação.

Independentemente do motivo de seu surgimento, a vantagem absoluta de custos permite à firma estabelecida a prática de preço exatamente equivalente ao custo médio de longo prazo da empresa entrante com melhores condições, sem, com isso, induzir a entrada de qualquer concorrente potencial.

Essa relação é apresentada no Gráfico 9.2. Pode-se notar que, para qualquer escala de produção, o custo incorrido pela firma entrante é sempre maior que o incorrido pela firma estabelecida. Esta última pode, portanto, fixar o seu preço até o nível correspondente a *P*, sem com isso provocar a entrada de concorrentes potenciais.

GRÁFICO 9.2

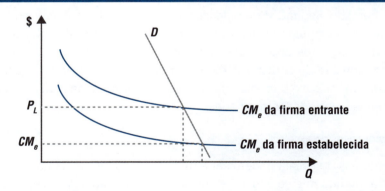

9.3.2 Diferenciação de produto

Uma das barreiras à entrada refere-se ao modo pelo qual o consumidor percebe o produto das firmas estabelecidas *vis-à-vis* do das firmas entrantes. Esse tema ganhou muita atenção por parte dos economistas desde a formalização do conceito de competição monopolística. Uma distinção muito comum feita por eles é sobre como os

Diferenciação vertical do produto: *todos os consumidores consideram os produtos diferentes e há unanimidade sobre quais produtos são considerados como melhores.*

Diferenciação horizontal do produto: *todos os consumidores consideram os produtos diferentes, mas não há unanimidade sobre quais são melhores para o consumidor.*

consumidores percebem a diferenciação dos produtos. A **diferenciação vertical** pode ser definida como quando os consumidores concordam que os produtos são diferentes e, ao mesmo tempo, sabem quais produtos seriam "melhores" em relação aos outros.[12] Alternativamente, define-se **diferenciação horizontal do produto** como quando os consumidores percebem os produtos como diferentes, e cada um dos consumidores possui diferenças sobre qual dos produtos é o mais adequado para si.

Ainda sobre produtos horizontalmente diferenciados, uma pergunta precisa ser respondida: por que os consumidores gostariam que produtos diferentes coexistissem? Por que não teríamos apenas um único tipo de produto? Os economistas utilizam dois caminhos diferentes para responder a essa pergunta. No primeiro deles, os consumidores têm o chamado **gosto pela variedade**, em que o consumidor, quando enfrenta a possibilidade de adquirir duas unidades do produto, prefere um de cada variedade a dois iguais.

Outra alternativa é o chamado **modelo de endereço**, ou **variedade ideal**, em que não são as características dos bens que afetam a satisfação do consumidor, mas sim os bens propriamente ditos. Isso significa assumir que os consumidores avaliam os produtos como um pacote de atributos, ou seja, os bens são avaliados pelas características que possuem e os consumidores escolheriam aquele pacote de características que melhor serviria à sua necessidade. Como os consumidores possuem diferentes gostos por atributos, dever-se-ia observar produtos diferentes sendo vendidos.

Modelos de variedade ideal são especialmente utilizados para ilustrar o fato de que a diferenciação de produtos é também usada pelas empresas em determinado mercado para criar barreiras à entrada para competidores. Um exemplo desse tipo de aplicação é o de Schmalensee[13] no mercado norte-americano de cereais matinais. Esse artigo foi escrito no contexto de uma causa protocolada pela *Federal Trade Commission* contra as quatro maiores empresas de cereal norte-americanas, a qual afirmava que estas empresas, ao lançarem marcas novas de cereais matinais, dificultavam a entrada de novos competidores e permitiam que estas empresas desfrutassem de participações maiores de mercado. Segundo Schmalensee, na presença de economias de escala e na suposição que os consumidores derivam satisfação apenas dos atributos dos produtos, as empresas incumbentes, ao fornecerem novos "pacotes" de características, reduzem a quantidade de consumidores dispostos a tentar provar as marcas de eventuais entrantes. Nesse sentido, ao utilizar a diferenciação de produto combinada com as economias de escala, barreiras à entrada foram criadas.

9.3.3 Economias de escala

As economias de escala podem ser entendidas como quedas no custo médio de longo prazo à medida que se expande a escala de produção. Há economias de escala de duas espécies: (a) reais, em que, à medida que cresce a escala de produção, são necessários menos insumos para a produção da mesma quantidade de produto; e (b) pecuniárias, em que o preço dos fatores de produção decresce com o aumento da quantidade produzida.

---

[12] Se todos os produtos possuíssem os mesmos preços, seria de se esperar que apenas um dos produtos tivesse demanda positiva. O que acontece, no entanto, é que os produtos classificados como melhores possuem preços maiores.
[13] SCHMALENSEE, R. Entry deterrence in the ready-to-eat breakfast cereal industry. *The Bell Journal of Economics*, n. 9, v. 2, p. 305-327, 1978.

As **economias de escala reais** podem decorrer de diversos fatores, destacando-se: (a) economias de trabalho, advindas sobretudo da divisão do trabalho, que permite ganhos com a especialização da mão de obra e economia de tempo entre as tarefas; (b) economias físicas, derivadas sobretudo da indivisibilidade do capital; (c) economias de reservas financeiras e estoques, que podem ser proporcionalmente menores à medida que se expande a escala de produção; (d) economias de pesquisa e desenvolvimento de novos produtos, cujo custo é fixo, independentemente da quantidade produzida; e (e) economias de propaganda e *marketing*, que normalmente exigem um gasto mínimo elevado para que tenham algum efeito sobre a demanda.

Economias de escala reais: *à medida que cresce a escala de produção, são necessários menos insumos para a produção da mesma quantidade de produto.*

As **economias de escala pecuniárias**, por sua vez, são normalmente derivadas da maior capacidade de barganha ou do menor risco decorrente do crescimento da firma. No que se refere à capacidade de barganha, uma firma operando em larga escala pode adquirir seus insumos a preços mais baixos, conseguindo impor a seus fornecedores termos de troca de seu interesse. Além disso, o tamanho da firma está associado a maior estabilidade e, como consequência, ao menor risco incorrido pelos que negociam com ela. Assim, uma grande empresa pode, por exemplo, empregar a mesma mão de obra a custo relativamente menor, devido ao menor risco de rompimento da relação de emprego. Mais relevantes ainda são as economias de escala pecuniárias derivadas de taxas de juros mais baixas, uma vez que a probabilidade de pagamento de empréstimo é proporcional à magnitude desse empréstimo em relação ao capital. Consequentemente, quanto maior a empresa, maior a probabilidade de honrar determinado empréstimo e, portanto, menor deve ser a taxa de juros cobrada.

Economias de escala pecuniárias: *o preço dos fatores de produção decresce com o aumento da quantidade produzida.*

Do mesmo modo como no caso da diferenciação de produto, as economias de escala também podem ser utilizadas pelas empresas instaladas em determinado mercado de forma a erguer barreiras adicionais a novos entrantes. Esse argumento tem por base a literatura de "Preempção Estratégica de Entrada" (*Strategic Entry Deterrence*).

Para melhor compreender a essência desse argumento, imagine que todas as empresas tenham curvas de custo idênticas, sendo que uma das empresas já está instalada em determinado mercado e as outras, não. Mesmo que a empresa incumbente cobre um preço que reduza o incentivo à entrada, nada garante que após isso, a incumbente não se veja obrigada a elevar seus preços novamente em vez de mantê-los baixos. Afinal de contas, o preço que desestimularia a entrada não conseguiu fazê-lo e manter o preço mais baixo simplesmente implica menores lucros nessa situação. Sabendo que não seria ótimo, do ponto de vista da incumbente, a manutenção dos preços baixos após a entrada,[14] as entrantes se aventuram a competir.

Nesse sentido, o investimento em capacidade pode agir como um comprometimento da empresa. Caso ela invista na ampliação de sua capacidade, de forma que a escala mínima eficiente da empresa instalada seja exatamente igual ao necessário para o preço se manter mais baixo na eventualidade da entrada, a incumbente acaba conseguindo eliminar o incentivo à entrada por parte de potenciais competidores.

9.3.4 Externalidades de rede

Em anos recentes, a ideia de tamanho da empresa como um elemento importante para vencer a competição e impedir a entrada ganhou mais força, especialmente nas

---

[14] Em terminologia de Teoria dos Jogos, essa ação não satisfaz o requerimento de racionalidade sequencial, não fazendo parte de um Equilíbrio de Nash perfeito em subjogo.

chamadas "indústrias de rede", em que o serviço para o consumidor final depende de um conjunto de elementos interconectados e fortemente complementares entre si. Esse tipo de organização do fornecimento de serviços não é moderno: setores como distribuição de energia e transporte são organizados dessa forma desde o século XIX. No entanto — e essa foi uma das razões para o interesse recente dos economistas —, desde meados da década de 1970, passou-se a observar redes em que nem todos os elementos pertencem à mesma empresa. Além disso, com a desregulamentação no mesmo período, observou-se o fenômeno de redes que competem entre si pelo usuário final, ao mesmo tempo que precisam compartilhar elementos de rede. Nesse caso, um elemento-chave são as chamadas **externalidades de rede**.

Externalidades de rede, pelo lado do consumo, usualmente implicam que o bem-estar decorrente do consumo de um produto ou serviço aumenta com o número de unidades já vendidas, *ceteris paribus*. Note que não há contradição entre isso e a tradicional Lei da Demanda, pois com o número constante de unidades já vendidas, um preço maior agora implica uma menor quantidade vendida.

A razão para a existência de externalidades de rede pelo lado do consumo é que a adição de mais uma unidade consumida significa mais um elemento nessa rede, o que aumenta o bem-estar dos outros elementos da rede. Por exemplo, para um produto como o antigo aparelho de fax, o número de pessoas para quem o dono de um aparelho pode enviar documentos é crucial na decisão de compra do mesmo.[15]

Tais externalidades podem agir tanto no sentido de fortalecer a posição de um incumbente, dificultando a entrada de competidores, como forçando uma maior competição quando do lançamento de um produto. O primeiro tipo de situação pode ser exemplificado com o caso de sistemas operacionais para microcomputadores. Esse mercado claramente exibe externalidades de rede, no sentido que mais de um usuário do sistema operacional gera efeitos positivos sobre outros usuários, ao aumentar a massa de computadores compatíveis entre si. Nesse sentido, para que um novo fornecedor de sistemas operacionais consiga realizar a entrada lucrativa, é necessário conseguir um número de usuários muito maior, de forma a tornar o benefício para tais usuários correspondente ao preço do produto competidor.

Por outro lado, para um produto com uma base pequena de usuários, é possível que a existência de externalidades de rede acabe por incentivar competidores. Para que essas externalidades de rede sejam realizadas pelos consumidores, é necessário que a empresa produtora estabeleça um compromisso crível de um elevado volume de produção. Nem sempre esse compromisso é crível e, para induzir os consumidores a adquirirem o produto, pode ser interessante para a empresa licenciar seu produto para o maior número possível de competidores. Nesse caso, necessariamente o volume de produção será maior, assim como a disposição a pagar dos consumidores.

Esse conceito de externalidades de rede está atualmente sendo muito utilizado para o estudo de situações como decisões de compatibilidade de produtos, determinação de preços de acesso a elementos de rede em telecomunicações e inovação.[16]

---

[15] Muito provavelmente, o dono do primeiro aparelho de fax deve ter derivado relativamente pouca satisfação, pois não teria muitas pessoas para quem enviar documentos.

[16] Uma referência interessante para indústrias de rede é ECONOMIDES, N. The economics of networks. *The International Journal of Industrial Organization*, n. 14, v. 2, 1995.

9.3.5 Mercados em duas partes

Outra extensão interessante da ideia das externalidades de rede deu margem à literatura sobre "mercados em duas partes".[17] É possível entender, à primeira vista, mercados em duas ou mais partes como mercados em que existem empresas que fornecem uma *plataforma*, cuja fonte de lucros reside em atender a dois ou mais grupos de usuários, colocando-os em contato para gerar transações mutuamente benéficas e, no processo, cobrando os dois (ou mais) grupos adequadamente. Na frase anterior, o termo "à primeira vista" foi utilizado porque, apenas seguindo essa definição, boa parte dos mercados seria um mercado em duas partes. Instituições como bolsas de valores, mercados municipais, entre outras, têm como objetivo reunir grupos de agentes (compradores e vendedores) em um mesmo lugar e realizar seus lucros no processo. Existem dois elementos adicionais que precisam estar presentes para que esse mercado seja considerado como um "mercado em duas partes". Como exemplo, será utilizado o mercado de cartões de crédito, que fornece um tipo de plataforma (VISA, MasterCard ou American Express) e que busca atender dois grupos de agentes — os lojistas e os consumidores.

Em primeiro lugar, é necessário que existam externalidades de rede nesse mercado: é necessário que uma das partes gere maior satisfação com a participação na plataforma quanto maior for o número de associados em um dos lados. No caso do setor de cartões de crédito, o benefício para um consumidor em ter um cartão de crédito é maior quanto maior for o número de lojistas que aceitam seu cartão. Da mesma forma, o benefício para um lojista é quanto maior for o número de consumidores que utilizam esse cartão para fazer suas compras.

A segunda condição está relacionada com a forma pela qual o dono da plataforma recupera seus custos, pois a divisão dos custos da plataforma não é neutra em seus efeitos sobre o tamanho do mercado. Por exemplo, em uma situação em que os usuários de cartão fossem completamente isentos de pagamento pelo uso da plataforma, o lado dos lojistas sofreria um aumento nos preços pelo uso da plataforma. Só que, ao aumentar o preço nesse lado do mercado, reduzem-se o incentivo para que mais lojistas se juntem à plataforma e, ao mesmo tempo, o benefício derivado da rede por parte dos usuários de cartão. Isso reduziria mais ainda o incentivo para os lojistas se juntarem à rede, levando a um número muito menor de clientes atendidos nas duas pontas do mercado.

9.3.6 Teoria dos mercados contestáveis

O papel da concorrência potencial foi levado às últimas consequências no trabalho de Baumol, Panzar e Willig,[18] em que é apresentada a teoria dos mercados contestáveis, cujos impactos sobre a organização industrial e, em particular, a política antitruste americana foram consideráveis.

Para colocar em primeiro plano a concorrência potencial, os autores apresentaram a ideia de contestabilidade de um mercado que em nada depende da concorrência efetiva. Um mercado será perfeitamente contestável se:

---

[17] É importante não confundir mercado em duas partes com tarifa em duas partes, discutida na seção anterior.
[18] BAUMOL, W.; PANZAR, J. C.; WILLIG, R. D. *Contestable markets and the theory of industry structure*. San Diego: Harcourt Brace Jovanovich, 1982.

a) não existirem restrições institucionais, vantagem absoluta de custos, diferenciação de produto ou qualquer outra restrição à entrada (embora possa haver economias de escala);

b) não existirem barreiras à saída, ou seja, que as firmas estabelecidas possam abandonar o mercado sem que com isso incorram em qualquer custo;

c) o tempo de resposta da firma estabelecida à eventual entrada for superior ao tempo que a entrante levar para iniciar operações, podendo abandonar o mercado antes de uma retaliação de preços.

Se um mercado apresentar as características citadas, sua operação será eficiente, replicando os resultados de concorrência perfeita. A ideia central é simples. Se uma firma estabelecida elevar seus preços acima de seu custo médio de longo prazo, haverá oportunidade de realização de lucros extraordinários para as firmas entrantes. Como não existirão restrições à entrada, outras firmas poderão ingressar nesse mercado sem incorrer em custos. Mesmo havendo economias de escala, como o tempo de resposta da firma estabelecida a eventual entrada será superior ao tempo que a entrante levará para iniciar suas atividades, não existirá a possibilidade de retaliação imediata por parte da firma estabelecida. Finalmente, como não haverá barreiras à saída, a firma entrante poderá abandonar o mercado assim que a firma estabelecida esboçar alguma reação. Em resumo, se houver oportunidade de lucro extraordinário em um mercado perfeitamente contestável, uma nova firma poderá "instantaneamente" entrar nesse mercado, realizar o lucro e abandoná-lo antes da reação da empresa estabelecida. Esse processo, conhecido como *hit-and-run*, é o grande disciplinador do comportamento das firmas estabelecidas, de tal modo que elas se veem constrangidas por manterem seus preços próximos de seus custos médios de longo prazo.

No modelo desenvolvido por Baumol, Panzar e Willig, a estrutura de mercado não é determinada *a priori*. Ao contrário, ela é resultado de aspectos tecnológicos — incorporados na função de produção — e do padrão de concorrência ditado pela contestabilidade do mercado. A função de produção e os preços dos fatores de produção definem se uma configuração da estrutura de mercado é factível, ou seja, se ela permite a operação sem prejuízo por parte das firmas. A contestabilidade, por sua vez, define se essa mesma configuração é sustentável, ou seja, se ela não induz a entrada de outras firmas ao permitir a realização de lucros temporários. Para que a configuração seja sustentável, é necessário que as firmas produzam em seu tamanho ótimo, apresentando o menor custo de produção possível. Caso contrário, uma concorrente potencial poderia entrar nesse mercado, sem restrições, produzindo a custos inferiores. A pressão exercida pela concorrência potencial é tal que a configuração da estrutura de mercado resultante será factível e sustentável.

Portanto, no caso de perfeita contestabilidade, além de não haver espaço para a realização de lucros extraordinários, a estrutura de mercado será eficiente, apresentando uma configuração que o leve ao menor custo possível. Podem-se ressaltar duas grandes contribuições da teoria dos mercados contestáveis para a organização industrial: (a) a dissociação entre concentração de mercado e poder de monopólio e (b) a identificação de barreiras à saída como um significativo determinante da concorrência nos mercados.

A teoria dos mercados contestáveis identifica um conjunto de condições, determinadas pelas três características de um mercado perfeitamente contestável, para que se observe um resultado eficiente. A concentração do mercado — elemento muito utilizado nas análises de concorrência — não é uma dessas condições. Em outras palavras, um oligopólio, desde que perfeitamente contestável, pode ser uma estrutura de mercado eficiente. Como consequência, a análise da concorrência deve centrar-se nas três condições que caracterizam a contestabilidade, em vez de ter a concentração de mercado como indicador mais relevante do poder de mercado.

A segunda grande contribuição da teoria dos mercados contestáveis foi a relevância dada às barreiras à saída. Até então, a grande ênfase recaía sobre as barreiras à entrada, que receberam grande destaque no trabalho de Bain. Barreiras à saída decorrem, sobretudo, da necessidade de realização de custos irrecuperáveis (*sunk costs*), de tal modo que uma firma não pode abandonar o negócio de que participa sem incorrer em perdas. A importância de barreiras à saída está em seu papel de disciplinar a entrada das firmas no mercado, desestimulando o ingresso das que tenham por objetivo apenas aproveitar oportunidade de alto lucro temporário.

9.4 ■ ORGANIZAÇÃO

Uma firma, independente da tecnologia que adote, tem modos alternativos para se estruturar internamente ou se relacionar com seus clientes e fornecedores. Essa não é uma escolha aleatória, sendo frequentes as ações estratégicas com o intuito de buscar um ou outro modo de organização da produção. A razão dessa preocupação com a estrutura organizacional está em sua estreita relação com a eficiência econômica de uma firma ou sistema econômico.

É importante notar que, apesar do que muitos autores afirmam, a teoria microeconômica tradicional oferece uma possível explicação para porque algumas atividades são organizadas dentro de uma empresa e outras fora dela. Suponha que algumas das atividades dentro de uma empresa possuem economias de escala, mas a demanda interna por esses serviços é pequena, implicando sua realização a um custo unitário superior ao mínimo custo médio, seria eficiente considerar a realização dessa atividade por outra empresa.[19]

No entanto, apenas a existência de economias de escala em termos de atividades internas à empresa não necessariamente explica porque algumas atividades devem ser realizadas internamente à empresa e outras não. A estrutura organizacional é relevante porque: (a) a informação necessária para gerir uma empresa não é completa; (b) contratos internos e externos à firma apresentam custos ao serem implementados; e (c) a adaptação a contingências não antecipadas é variável conforme a forma organizacional adotada. Assim, é necessário que a empresa se organize de modo a lidar eficientemente com esses problemas informacionais, contratuais e/ou de adaptação.

Um resultado tradicional obtido por essa linha de análise está na comparação de uma estrutura centralizada com outra, em que a empresa é dividida em unidades de negócio. A estrutura centralizada permite maior controle das atividades da empresa, conseguindo coordená-las melhor por meio de um único comando na direção da empresa. Uma estrutura descentralizada, dividida em unidades de negócio, perde essa capacidade de coordenação, pois o controle sobre elas é dividido entre as unidades. Nesse caso, é possível criar mecanismos de incentivo que levem a um comportamento mais engajado de cada unidade de negócio, uma vez que ela é diretamente responsável pelos resultados apresentados. Como consequência, ao passar de uma forma organizacional para outra, perde-se em controle — e, portanto, coordenação —, mas

---

[19] Esse ponto é enfatizado por Stigler, 1968. Cap. 12.

ganha-se em motivação. À medida que aumenta o tamanho da empresa, o controle — vantagem da estrutura centralizada — torna-se mais difícil de ser exercido. Por esse motivo, a estruturação em unidades de negócios pode ser mais atrativa, uma vez que o controle da estrutura centralizada passa a perder efeito.

Nas subseções que se seguem são apresentadas algumas abordagens que têm em comum a preocupação pelo estudo das estruturas internas das organizações e o modo que as instituições, como o mercado, operam. Mesmo tendo esse ponto de contato, as abordagens selecionadas diferem substancialmente umas das outras. Essa breve apresentação pretende marcar algumas diferenças, ressaltando algumas contribuições de cada abordagem ao estudo da organização industrial. Não há a pretensão de apresentar uma lista completa das teorias alternativas, mas apenas um corpo mínimo que caracterize parte relevante da pesquisa sobre a firma, seu escopo e comportamento. São elas: teoria behaviorista; economia dos custos de transação; teoria da agência e teoria evolucionista.

9.4.1 Teoria behaviorista

Qualquer pessoa que já teve a oportunidade de conviver no ambiente de uma grande firma não hesitaria em diagnosticar duas características: (a) a firma não possui comando único e irrestrito, ao contrário, trata-se de "coalizão de grupos com interesses conflitantes"; e (b) o comando da firma não tem a capacidade de resolver todos os problemas de modo "maximizador",[20] contentando-se com soluções satisfatórias. São essas mesmas características que orientam a concepção de firma utilizada pela teoria behaviorista, inspirada sobretudo nos trabalhos de Simon[21] e Cyert & March.[22]

Essa linha de pesquisa orientou o foco de análise para o processo de tomada de decisões nas grandes firmas, em um contexto de mercados oligopolizados e forte incerteza quanto às variáveis relevantes. Centrar a análise sobre o processo de decisão significa negar o pressuposto de maximização do lucro como objetivo único da empresa, uma vez que a ação da firma reflete objetivos múltiplos e conflitantes. Enquanto acionistas possivelmente desejam maiores dividendos (lucros não reinvestidos), gerentes podem preferir maiores salários e menos estresse. Enquanto uma divisão financeira pode ter como objetivo o controle dos custos, uma divisão de *marketing* frequentemente prefere o aumento do volume de vendas. Em suma, conflitos são inerentes às organizações.

O processo de decisão é concebido da seguinte forma: os diversos indivíduos que compõem uma organização apresentam suas solicitações, as quais são determinadas por vários fatores, como *status*, remuneração, conforto, entre outros. A multiplicidade de solicitações não pode, por via de regra, ser satisfeita integralmente, uma vez que diversas solicitações são conflitantes. Além disso, equacionar pedidos díspares e não redutíveis a variáveis quantificáveis torna o problema quase sem solução. Diante disso, os membros da empresa agrupam-se de acordo com objetivos comuns, encaminhando propostas de ação que contemplem as principais solicitações de cada indivíduo. As propostas encampadas por grupo são denominadas "níveis de aspiração", correspondendo a soluções consideradas satisfatórias — embora imperfeitas — pelos membros do grupo.

Os autores introduziram também a ideia de aprendizado no processo de tomada de decisão. As solicitações individuais dependem da experiência passada em dois níveis.

---

[20] Por comportamento maximizador entende-se a capacidade de encontrar a melhor solução existente.
[21] SIMON, H. A behavioral model of rational choice. *Quarterly Journal of Economics*, p. 99-118, 1952.
[22] CYERT, R. M.; MARCH, J. *A behavioral theory of the firm*. New Jersey: Prentice-Hall, 1963.

De um lado, os indivíduos aprendem, com a experiência, qual é o efeito das ações sobre os resultados que lhes interessam. Assim, uma solicitação feita pelos funcionários e atendida pela alta gerência — por exemplo, salário fixo — pode não ter o resultado desejado por aqueles que a pediram — por exemplo, redução do nível de emprego. Constata-se, portanto, que uma remuneração fixa pode ter resultados perversos sobre a eficiência de uma empresa e, consequentemente, sobre o nível de emprego. De outro lado, os agentes aprendem comparando suas solicitações passadas com os resultados efetivamente obtidos. Esse efeito ocorre porque os agentes não conseguem avaliar com precisão a situação da firma, fazendo suas solicitações tendo como referência o desempenho passado da empresa.

A decisão final cabe à alta direção que, diante da multiplicidade de objetivos e dos limites na avaliação das alternativas disponíveis à firma (racionalidade limitada), contenta-se com uma solução "satisfatória" e possível, mesmo diante de tantas restrições ao processo de tomada de decisões. Reconhece-se, portanto, que não é possível nem econômico a firma se empenhar em um comportamento maximizador.

Para resolver os conflitos internos, a alta direção pode recorrer a medidas não diretamente relacionadas à atividade produtiva, cuja finalidade é atenuar as divergências quanto aos objetivos da firma. Essas medidas são, em sua maioria, instrumentos de compensação, incluindo transferência de recursos, redução da carga de trabalho e/ou delegação de funções. Encontra-se, então, uma explicação econômica para elementos internos às organizações, que parecem desprovidos de sentido. Por exemplo, aliviar a carga de trabalho da área de *marketing* pode ser uma medida que atenue conflitos internos e permita a adoção de uma ação não desejada pelos membros dessa área.

Não obstante tenha trazido diversas contribuições ao estudo das organizações e, em particular, da grande empresa capitalista, a teoria behaviorista teve alcance restrito dentro da teoria econômica. Limitações da própria linha de pensamento contribuíram para que o horizonte se restringisse aos limites da firma, não sendo possível extrair dela uma teoria de determinação de preços, de comportamento interdependente entre firmas ou do papel de diferentes estratégias no processo de concorrência. Em suma, elementos centrais à organização industrial não são abordados, o que a relega à categoria de teoria alternativa.

Embora tenha tido impacto tênue sobre a teoria econômica, a teoria behaviorista mantém ativa a sua linha de pesquisa, sobretudo aquela voltada ao processo de decisão nas organizações.

9.4.2 Coase e Williamson: custos de transação e firma

O que é a firma? Por que existem firmas? Se o leitor retornar aos capítulos anteriores, encontrará a resposta em que se apoia a economia tradicional: a firma é uma unidade de transformação tecnológica.

Aspectos organizacionais ou de relacionamento com clientes e fornecedores são sumariamente ignorados, de tal modo que a firma pode ser representada como uma função de produção, cujas entradas são os vários insumos necessários à produção e as saídas, os bens produzidos por ela.

É senso comum, no entanto, pensar que uma empresa não é caracterizada somente por transformar insumos em produtos. Existem diversos modos de organizar a produção relevantes para a eficiência do sistema econômico. Uma firma pode ser centralizada ou organizada em unidades de negócios autônomas, produzir os insumos de que necessita ou adquiri-los de terceiros, estabelecer contratos de longo prazo com seus fornecedores ou optar por compras esporádicas, adotar esquemas de remuneração de seus empregados por produtividade ou utilizar remuneração fixa. Enfim, firmas se diferem umas das outras, independentemente de sua atividade de transformação de insumos em produto.

A caminho de apresentar uma visão mais aprofundada da firma, Ronald Coase publicou, em 1937, *The nature of the firm*. Sua preocupação era entender o escopo, a abrangência e os limites de uma empresa.

Como ponto de partida, Coase identificou que as trocas, o estabelecimento de acordos ou qualquer resultado de uma transação entre os agentes econômicos apresentavam custos, podendo ser: custos de coleta de informações e custos de negociação e estabelecimento de acordo entre as partes, tendo sido genericamente denominados por custos de transação.

Como segundo passo, Coase mostrou que as transações poderiam se realizar por meio de diferentes formas organizacionais, como mercado, contratos de longo prazo ou mesmo internamente a uma firma — este não seria somente um meio de transformação de insumos em produtos, mas um meio alternativo de transacionar no mercado. No limite, toda atividade de produção e transação poderia se verificar dentro da mesma firma.

O que definiria o escopo e os limites de uma firma era, sobretudo, o modo como ela desempenhava essa função alternativa no mercado. Se os custos de fazer uma transação por meio do mercado fossem muito elevados, poderia ser vantajoso internalizá-la, ampliando o escopo da firma.

O argumento de Coase pode ser exposto do seguinte modo: sejam G_i e G_j dois modos alternativos de organizar a produção, por exemplo, de uma firma centralizada e uma firma organizada em unidades de negócio autônomas. Além disso, C_i e C_j podem ser os respectivos custos de organizar a produção utilizando os modos alternativos G_i e G_j:

G_i é a forma organizacional utilizada se $C_i \leq C_j$

e

G_j é a forma organizacional utilizada se $C_i \geq C_j$

No primeiro caso, seria mais interessante uma firma centralizada, uma vez que seus custos de transação são menores do que os de uma descentralizada. No segundo caso, é mais econômico a firma operar em unidades autônomas.

Com seu argumento, Coase colocou em cena as restrições às transações econômicas, cujos custos não mais poderiam ser impunemente considerados como negligenciáveis. Elementos antes considerados exógenos à análise econômica — como direitos de propriedade e estrutura organizacional da firma — passaram, um a um, a ser incorporados à análise econômica. Sua contribuição foi especialmente relevante ao estudo da regulamentação dos mercados, conforme pode ser depreendido da leitura do próximo capítulo.

Possivelmente, a consequência mais importante do artigo de Coase foi o enriquecimento da visão da firma, que passa de mero depositário da atividade tecnológica de transformação do produto para um complexo de contratos regendo transações internas.

Coase já havia identificado que as transações apresentavam custos. No entanto, ainda era necessário explicar como surgem esses custos e o que determinava sua magnitude. Somente assim seria possível inferir qual deveria ser a forma organizacional adotada. Esse passo foi dado pela economia dos custos de transação,[23] cuja principal referência é Williamson.[24]

A economia dos custos de transação parte de dois pressupostos comportamentais que a distinguem da abordagem tradicional. Assume-se que os indivíduos são oportunistas e que há limites em sua capacidade cognitiva para processar a informação disponível (racionalidade limitada). Por oportunismo, entende-se que os indivíduos são considerados fortemente autointeressados, podendo, se for de seu interesse, mentir, trapacear ou quebrar promessas. O pressuposto da racionalidade limitada, por sua vez, implica que o agente — por exemplo, um empresário — se empenhará em obter aquilo que considera melhor para si — por exemplo, o maior lucro possível para a sua empresa. No entanto, a obtenção de informações necessárias às decisões que levem a esse objetivo, assim como a capacidade de processamento de contratos complexos que deem conta de todas as contingências, é limitada ou, na melhor das hipóteses, custosa. Em outras palavras, o recurso "racionalidade" é escasso, implicando custos a sua utilização. Devido a esses custos, os agentes limitam o uso da cognição, o que pressupõe que suas decisões não necessariamente corresponderão àquelas que seriam obtidas empregando-se racionalidade plena. Em vez de uma decisão ótima, o agente contenta-se com uma decisão satisfatória, pertencente a um conjunto de outras decisões igualmente satisfatórias e indistinguíveis entre si, dados os limites da racionalidade.

Como não é possível estabelecer uma relação que dê conta de todas as eventualidades, a renegociação é inevitável. Entretanto, como há possibilidade de comportamento oportunista, essa renegociação sujeita uma parte ao risco de que a outra se aproveite da situação para obter ganhos para si, impondo prejuízos à primeira. Por isso, nas transações econômicas, as partes agem precavendo-se do comportamento dos demais agentes. Coleta de informações, salvaguardas contratuais e utilização do sistema judiciário são custos de transação, incorridos para evitar prejuízos decorrentes de ação oportunista.

A magnitude dos custos de transação é variável. Conforme as características de uma determinada transação, os custos podem ser maiores ou menores. Williamson[25] identifica nas transações três dimensões principais, que, em conjunto, permitem inferir os custos de transação: frequência, incerteza e especificidade dos ativos.

A **frequência** é uma medida da recorrência com que uma transação se efetiva. Seu papel é duplo. Primeiro, quanto maior a frequência, menores serão os custos fixos médios associados à coleta de informações e à elaboração de um contrato complexo que imponha restrições ao comportamento oportunista. Segundo, se a frequência for muito elevada, os agentes terão motivos para não impor perdas aos seus parceiros, já que uma atitude oportunista poderia implicar a interrupção da transação e a consequente perda dos ganhos futuros derivados da troca. Em outras palavras, nas transações recorrentes, as partes podem desenvolver reputação, o que limita seu interesse em agir de modo oportunista para obter ganhos de curto prazo.

Frequência: *é uma medida da recorrência com que uma transação se efetiva.*

---

[23] A economia dos custos de transação é considerada um ramo da Nova Economia Institucional, que se caracteriza pelo *slogan* comum segundo o qual "instituições são importantes e suscetíveis de análise".
[24] WILLIAMSON, O. *The economic institutions of capitalism*. London: Free Press, 1985. p. 450.
[25] WILLIAMSON, 1985.

A incerteza tem como principal papel a ampliação das lacunas que um contrato não pode cobrir. Em um ambiente de incerteza, os agentes não conseguem prever os acontecimentos futuros e, assim, o espaço para renegociação é maior. Quanto maior esse espaço, maiores serão as possibilidades de perdas derivadas do comportamento oportunista das partes.

Finalmente, a especificidade dos ativos envolvidos assume o papel de variável-chave no modelo. Os ativos serão específicos se o retorno associado a eles depender da continuidade de uma transação específica. Por exemplo, um fornecedor de uma indústria automobilística em regime de consórcio modular (em que os fornecedores se localizam nas instalações da montadora) faz diversos investimentos cujo retorno depende da continuidade de suas vendas para a empresa. Seus ativos são, portanto, específicos a essa transação.

Quanto maior a especificidade dos ativos, maior a perda associada a uma ação oportunista por parte de outro agente. Consequentemente, maiores serão os custos de transação. No exemplo sobre o consórcio modular, essa relação é evidente. Se não houver garantias contratuais aos fornecedores da montadora, ela poderá impor condições desfavoráveis em renegociações futuras. Como consequência, o risco de perda no retorno dos ativos específicos será grande, indicando elevado custo de transação.

Aqui entra o papel das instituições, em geral, e das formas organizacionais, em particular. As instituições são as regras do jogo, cuja a função é restringir o comportamento oportunista, atenuando os custos de transação. Veja o exemplo de uma forma organizacional como um contrato de longo prazo entre fornecedor e montadora. Nesse caso, há diversas salvaguardas no contrato que impõem multas a comportamento diferente daquele acordado contratualmente. Há também salvaguardas que asseguram parte do retorno do investimento, mesmo que a transação seja rompida. Em síntese, os custos de transação são atenuados com a utilização de um contrato de longo prazo.

À medida que as instituições podem reduzir os custos de transação, surge a ideia de instituição eficiente, como a que reduz mais intensamente os custos de transação.

Williamson propõe ainda uma ordenação dos diversos modos de realizar determinada transação, começando pelo mercado *spot*, passando por contratos de longo prazo e terminando na hierarquia (uma única firma abarcando a transação em questão). Conforme se caminha por essa ordenação de formas organizacionais, ganha-se em controle sobre a transação, mas perde-se em capacidade de resposta a estímulos externos (motivação).

Se a especificidade dos ativos for nula, os custos de transação serão negligenciáveis, não havendo necessidade de controle sobre a transação. Nesse caso, a forma organizacional mais eficiente seria o mercado. Se, ao contrário, a especificidade dos ativos for elevada, os custos associados ao rompimento contratual serão altos. Seria, então, interessante maior controle sobre as transações, mesmo que à custa de menor motivação. Opta-se, portanto, pela hierarquia.

A economia dos custos de transação desenvolveu-se consideravelmente a partir de 1985, expandindo o seu campo de aplicação para as diversas áreas da Economia e da teoria das organizações. Suas contribuições à organização industrial são particularmente intensas no estudo da integração vertical e de contratos de exclusividade, apresentando conclusões bastante diferentes das apontadas pela organização industrial tradicional. Em resumo, essas formas organizacionais poderiam ter a função de reduzir custos de transação, sendo, portanto, soluções eficientes.

9.4.3 Teoria da agência

Também interessada em analisar aspectos internos da firma, a teoria da agência propõe uma análise bastante distinta da empreendida pela teoria behaviorista. Seu método é inerentemente ortodoxo (isto é, semelhante àquele empregado pela Microeconomia tradicional), distinguindo-se apenas por considerar que a informação não é completa e que há custos em coletá-la.

O modelo básico da teoria da agência apresenta dois atores — denominados principal e agente — que se relacionam por meio de uma transação qualquer. O primeiro é um ator cujo retorno depende da ação de um agente ou de uma informação que é propriedade privada dele. Assim, a característica fundamental de uma relação entre principal e agente é a "assimetria de informações", tendo o agente uma informação de que o principal não dispõe.

Essa relação introduz dois tipos de problemas transacionais, relevantes para a decisão sobre o modo como devem se organizar as firmas e suas relações com fornecedores e clientes. O primeiro problema ficou conhecido como **risco moral**, referindo-se à possibilidade de o agente fazer uso de sua informação privada em benefício próprio após a celebração de um contrato, eventualmente impondo prejuízos ao principal.

Dois tipos de risco moral podem ser distinguidos:

a) **informação oculta** (*hidden information*): as ações do agente são observáveis e verificáveis pelo principal, mas uma informação relevante ao resultado final é adquirida e mantida pelo agente;

b) **ação oculta** (*hidden action*): as ações do agente não são observáveis ou verificáveis. Uma ação é observável se o principal é capaz de avaliá-la em qualidade e/ou quantidade, mesmo que isso não implique alguma forma de mensuração. Uma ação é verificável se, além de observável pelo principal, ele tenha meios de provar o que observou perante a instância responsável pela resolução das querelas contratuais — por exemplo, um tribunal.

A diferença entre uma ação verificável e outra apenas observável é relevante em relações continuadas entre agente e principal, em que um deles, ou ambos, pode interromper o contrato ou renegociá-lo no decorrer da transação. Nesse caso, a observabilidade tem como efeito a imposição de uma restrição ao contrato, limitando o comportamento do agente, que pode até ser punido com a interrupção desse contrato. O principal, no entanto, somente interromperá o contrato se essa solução lhe garantir um retorno maior do que aquele que seria obtido por meio de sua continuidade, mesmo considerando a possibilidade de risco moral.

O exemplo clássico de risco moral com *informação oculta* é a relação entre paciente (principal) e médico (agente). A ação do médico — uma operação ou a aplicação de um medicamento — é, presume-se, observável. No entanto, o médico, por meio de exames e amparado pela obscuridade de seu conhecimento, adquire uma informação privada essencial à transação em questão, qual seja, o diagnóstico. O paciente pode exigir contratualmente o acesso a essa informação privada, o que aparentemente eliminaria o problema de risco moral. No entanto, mesmo que o paciente fique ciente de um diagnóstico, nada assegura que seja de fato verdadeiro. Em outras palavras, se o agente tiver motivos para mentir, o diagnóstico fornecido será inútil, não resolvendo

Risco moral: *o agente pode fazer uso de informação privada em benefício próprio, eventualmente impondo prejuízos ao principal.*

Informação oculta: *as ações do agente são observáveis e verificáveis pelo principal, mas uma informação relevante ao resultado final é adquirida e mantida pelo agente.*

Ação oculta: *as ações do agente não são observáveis ou verificáveis.*

o problema da assimetria informacional. Um obstetra poderia, por exemplo, recomendar uma cesariana (pela qual, supõe-se, receberia mais que por um parto normal), sem que a situação da paciente exigisse esse tipo de tratamento. Não havendo qualquer restrição ética ao comportamento do médico, ele poderia mentir na apresentação do diagnóstico, de modo que fizesse uso dos incentivos financeiros que a realização de uma cesariana implicaria. Nesse caso, o médico estaria usando a assimetria informacional em benefício próprio, influindo negativamente no retorno que o principal (paciente) pretendia obter da transação.[26]

O exemplo clássico de risco moral com ação oculta pode ser encontrado na relação entre seguradora (principal) e segurado (agente). Um agente faz o seguro de seu carro em uma seguradora denominada principal. De acordo com esse seguro, se o carro for furtado, o valor integral do veículo será ressarcido ao agente. No entanto, o agente pode atuar de modo a alterar a probabilidade de roubo do automóvel, tomando precauções que são custosas a ele, como pagar um estacionamento em vez de deixar o carro na rua. Uma vez segurado, o proprietário do veículo tem, literalmente, assegurado o valor de seu veículo. Se houver furto, ele recuperará o valor por meio da seguradora; se não houver, ele manterá a posse de seu automóvel. Recebendo o retorno da transação, independentemente da ocorrência de furto, o agente presumivelmente será menos cuidadoso com o seu veículo, o que aumentará o risco de roubo e, consequentemente, reduzirá o retorno esperado do principal na transação.

Seleção adversa: *mecanismo que elimina do mercado os produtos de boa qualidade porque o vendedor não consegue convencer o comprador sobre a qualidade do produto.*

Outra contribuição igualmente importante do estudo da assimetria de informações foi o conceito de **seleção adversa**. O tipo de problema agora enfocado não mais se refere ao comportamento pós-contratual, mas sim à adesão, ou não, à determinada transação. Um mercado que possui diferentes qualidades de bens, e essa é uma informação privada de uma das partes, tende a ser ineficiente à medida que as transações desejadas em um mundo de informação perfeita não se realizam. Resumidamente, o mecanismo de seleção adversa elimina do mercado os produtos de boa qualidade porque o vendedor não consegue convencer o comprador sobre a qualidade do produto. Da parte do vendedor, a transação só é interessante se o valor a ser recebido for maior ou igual ao valor do bem, dado em função da qualidade do bem e da informação privada do vendedor. O comprador, por sua vez, não podendo avaliar a qualidade do bem, não pode simplesmente comparar valor e qualidade. Como alternativa, o comprador compara o valor a ser pago com a qualidade esperada. Se um bem for de alta qualidade, o vendedor, ciente disso, exigirá alto valor para a transação. O consumidor, no entanto, ignorante quanto à qualidade do bem, aceita pagar um valor correspondente à qualidade esperada, que, por definição, é inferior ao valor de um bem de alta qualidade. Consequentemente, somente os bens de qualidade inferior seriam comercializados.

Sinalização: *o vendedor age de modo a munir o comprador de informações confiáveis a respeito do bem.*

A solução para um problema de seleção adversa é conhecida como **sinalização**. O vendedor agiria de modo que provesse o comprador de informações confiáveis a respeito do bem — como certificados de qualidade ou garantia —, atenuando a assimetria de informações e, como consequência, o problema de seleção adversa. O exemplo clássico para esse fenômeno é o mercado de carros usados, no qual a qualidade é variável e dificilmente observável de forma apropriada.

---

[26] A classe médica deve ler este parágrafo não como ofensa à própria profissão, mas como sólida justificativa à existência de instituições como a ética médica ou as associações de classe.

Para os adeptos dessa abordagem, a organização das firmas e dos mercados é muitas vezes desenhada para dar conta de problemas como risco moral e seleção adversa. Como exemplo, a remuneração do funcionário (agente), de acordo com a produtividade, é uma solução para o fato de seu patrão (principal) não ser capaz de observar seu empenho no trabalho (um caso de risco moral com ação oculta). Assim, um modo de induzir o trabalhador a um empenho maior é remunerá-lo de acordo com sua produtividade.

A teoria da agência presta-se também para a formulação de estratégias diversas das firmas. Por exemplo, frequentemente, o esforço de *marketing* atende ao propósito de eliminar a assimetria informacional entre firma e seus consumidores. A criação de uma marca de conhecimento dos consumidores informa sobre a qualidade do produto. Em outras palavras, a marca sinaliza ao consumidor aspectos da qualidade do produto, atenuando o problema de seleção adversa.

9.4.4 Teoria evolucionista

A incerteza sobre o comportamento das variáveis econômicas muitas vezes impede a ação racional dos agentes econômicos. Em um ambiente marcadamente incerto, não é possível prever acontecimentos relevantes ou mesmo as consequências das ações de cada um. É esse o tipo de ambiente que trabalha a teoria evolucionista, tendo como importante referência Nelson & Winter[27] e, mais longinquamente, Schumpeter.

Em um ambiente de incerteza — como aquele em que o progresso tecnológico é intenso —, os agentes procuram desenvolver formas organizacionais que permitam a tomada de decisão sem o conhecimento das variáveis relevantes.

O processo de tomada de decisão necessariamente acarreta dispêndio de recursos, notadamente quando a incerteza é elevada. Afinal, os indivíduos devem coletar informação, assim como processar a informação disponível. Para encarecer ainda mais esse processo, o conhecimento nem sempre pode ser transmitido de uma pessoa para outra. Ao contrário, o conhecimento é predominantemente tácito, o que significa que não pode ser transmitido por meio de palavras ou qualquer outro código de transmissão.

Assim, o processo de decisão, na melhor das hipóteses (conhecimento codificável), apresenta um custo de coleta e processamento das informações. No caso de o conhecimento ser tácito, a coleta da informação, mais que custosa, é impraticável. Uma maneira de lidar com essa limitação é suprimir as decisões. Por acordo mútuo, os indivíduos podem definir rotinas que poupam os custos de tomada de decisão a todo instante. Rotinas correspondem a uma ação preestabelecida para um tipo de problema. À medida que surgem problemas dessa espécie, torna-se desnecessária uma nova decisão, utilizando-se a rotina prevalecente.

Existem dois tipos de rotinas:

a) as que estabelecem um ambiente que torna imutável o comportamento;

b) aquelas em que a rotina é compatível com um ambiente instável.

No primeiro caso, trata-se de planificar rigidamente o conjunto de tarefas dos membros de uma organização. No segundo, instaura-se um leque de opções de comportamento (um catálogo de rotinas), procurando-se também desenvolver uma linguagem comum.

---

[27] NELSON, R.; WINTER, S. *An evolutionary theory of economic change*. Cambridge: Harvard University Press, 1982.

Enfim, nos dois casos, os indivíduos não se deparam com reconsiderações a cada instante, em resposta às mudanças do ambiente. As rotinas são definidas, então, pela forma com que a produção se organiza. Nesse ponto, há forte semelhança entre a teoria evolucionista e a economia dos custos de transação. Ambas concebem as formas organizacionais como meios de lidar com problemas derivados da incapacidade de formular contratos completos e que sejam implementados sem custos. A diferença entre elas recai sobre a capacidade dos agentes em desenhar as formas organizacionais adequadas. Enquanto a economia dos custos de transação prevê que os agentes constroem as regras cientes dos problemas que enfrentarão no futuro, na teoria evolucionista, a incerteza é suficientemente grande para impedir a construção dessas regras de modo razoável.

No caso do futuro radicalmente incerto, não é possível desenhar as rotinas adequadas, uma vez que elas podem revelar-se ineficazes na eventualidade de contingências não imaginadas no momento da negociação. Por essa razão, pode ser desejável redigir contratos incompletos, prevendo mecanismos de adaptação no caso de não realização de um estado do mundo previsto.

Nesse momento surge o principal papel do mercado e da concorrência para a teoria evolucionista. Como as rotinas não são perfeitas, é necessário um mecanismo de seleção externo à firma, a fim de que seja possível a prevalência das rotinas mais adequadas. Esse mecanismo externo é o mercado, que, por meio da concorrência, impõe a sobrevivência apenas às formas organizacionais mais eficientes.

Juntamente do crivo do mercado, que elimina as formas organizacionais menos eficientes (supondo que haja concorrência), o processo de criação de novas rotinas incorpora a experiência passada, modificando as formas organizacionais. Assim, pode-se dizer que as formas organizacionais "aprendem".

A teoria evolucionista vem abarcando um número crescente de pesquisadores, o que pode ser notado pelo aumento da produção na área. Sua contribuição à organização industrial é marcante, sobretudo em assuntos em que a dinâmica tecnológica é particularmente relevante.

9.5 ■ CONSIDERAÇÕES FINAIS

Dadas as dimensões reduzidas deste capítulo e a abrangência da literatura de organização industrial, faz-se necessária a indicação de algumas referências fundamentais à compreensão mais aprofundada dos temas aqui tratados. Além das referências originais, indicadas ao longo do texto, alguns livros-textos permitem visão ampla e didática da matéria.

Para a compilação dos trabalhos relativos à organização industrial tradicional, a principal referência é Carlton & Perloff (2004). Aqueles interessados em um aprofundamento teórico, com a utilização de modelos formais baseados na Teoria dos Jogos, podem recorrer ao trabalho de Tirole (1988). Para temas relacionados a gerenciamento de receita, uma referência muito boa é Shy (2008). Por sua vez, a produção de material didático nessas áreas tem crescido consideravelmente, havendo diversas opções disponíveis. Para uma cobertura abrangente da teoria da agência, sugere-se a leitura de Salaniè (1997), assim como de Laffont & Tirole (1993), para aplicações dessa teoria à regulação de mercados. Uma visão geral da economia dos custos de transação e suas interfaces com a teoria da agência pode ser encontrada em Besanko et al. (1999), sobretudo para aplicações a estratégias empresariais. Finalmente, alguns importantes autores da teoria evolucionista encontram-se agrupados em Stoneman (1995), que procura traçar um panorama da fronteira de pesquisa em mudança tecnológica. Uma referência em português da economia dos custos de transação pode ser encontrada em Farina et al. (1997), com aplicações à análise de regulação e competitividade.

QUESTÕES

1. A organização industrial surgiu como crítica à microeconomia tradicional. A insatisfação com o modo pelo qual eram tratados as firmas e os mercados levou ao surgimento de algumas tentativas de rompimento, notadamente no final dos anos 1930. Quais eram as principais objeções feitas à análise prevalecente? E quais foram as principais respostas?

2. Alguns tipos de periódicos (como o *Primeiramão*, em São Paulo) são especializados em anúncios. Jornais como este podem ser considerados como participantes de um mercado em duas partes? Explique sua resposta.

3. O domínio de tecnologia não disponível às demais firmas é um dos objetos de desejo de qualquer firma. Mostre as implicações dessa situação na lucratividade da empresa.

4. Considere um mercado caracterizado por economias de escala e que apresenta apenas três firmas estabelecidas. Uma concorrente potencial (firma entrante) pode produzir o mesmo produto com o mesmo custo que as firmas estabelecidas, mas mesmo assim evita entrar nesse mercado. Quais obstáculos são observados pela firma entrante?

5. Economias de escala são uma barreira à entrada para a maior parte dos que estudam as estruturas de mercado. Baumol, Panzar e Willig permitem a presença de economias de escala em conjunto com o pressuposto de ausência de barreiras à entrada. Como conciliar as duas abordagens?

6. Imagine que, por restrição governamental, passe a ser proibida a utilização de tarifas em duas partes (por exemplo, na telefonia fixa, com a proibição de assinatura). O que deve ser esperado do ponto de vista de bem-estar econômico?

7. O modelo de estrutura-conduta-desempenho privilegia a determinação causal da estrutura de mercado para as estratégias das firmas e destas para o desempenho do sistema econômico. É razoável assumir essa causalidade?

8. Firmas são organizações complexas, apresentando objetivos múltiplos e, por vezes, conflitantes. Em que medida a consideração desse fato introduz novos resultados na análise econômica?

9. A decisão de se comprarem insumos ou produzi-los internamente, muitas vezes, não decorre dos custos de produção de cada alternativa. Qual elemento deve ser considerado para a avaliação correta dessas estratégias?

10. Discuta o papel da incerteza no estabelecimento de rotinas dentro das organizações.

REFERÊNCIAS

AZEVEDO, P. F. *Integração vertical e barganha*. Tese (Doutorado) — Departamento de Economia. Faculdade de Economia, Administração e Ciências Contábeis, Universidade de São Paulo, São Paulo, 1996.

BAIN, J. *Barriers to new competition*. Cambridge: Harvard University Press, 1956.

BAUMOL, W.; PANZAR, J. C.; WILLIG, R. D. *Contestable markets and the theory of industry structure*. San Diego: Harcourt Brace Jovanovich, 1982.

BESANKO, D.; DRANOVE, D; SHANLEY, M. *The economics of strategy*. 2. ed. New York: Wiley, 1999.

BOITEUX, M. On the management of Public Monopolies Subject to Budgetary Constraints. *Journal of Economic Theory*, v. 3, p. 336-345, 1956.

_____. La tarification au cout marginal e les demandes aleatoires. *Cahiers Du Seminaire de Econometrie*, n. 1, p. 56-59, 1951.

_____. La tarification des demandes en point: application de la theorie de la vente au cout marginal. *Revue Generale de l'Electricité*, n. 58, p. 321-40, 1949.

CARLTON, D.; PERLOFF, J. M. *Modern industrial organization*. 4. ed. New York: Addison-Wesley. 2004.

COASE, R. The nature of the firm (1937). In: *The firm, the market, and the law*. Chicago: University of Chicago Press, 1988.

CYERT, R. M.; MARCH, J. *A behavioral theory of the firm*. New Jersey: Prentice-Hall, 1963.

EATON, C. B.; EATON, D. F. *Microeconomia*. São Paulo: Saraiva, 1999.

ECONOMIDES, N. *The economics of networks*. The International Journal of Industrial Organization, n. 14, v. 2, 1995.

FARINA, E. M. M. Q.; AZEVEDO, P. F.; SAES, M. S. M. *Competitividade*: Estado, mercado e organizações. São Paulo: Singular, 1997.

FONTENELE, A. Progresso e método na história das teorias de organização industrial. Tese (Doutorado). – Faculdade de Economia, Administração e Ciências Contábeis, Universidade de São Paulo, São Paulo, 1995.

HALL, R. L.; HITCH, C. Price theory and business behavior. *Oxford Economic Papers*, n. 2, p. 12-45, 1939.

LABINI, P. S. *Oligopólio e progresso técnico*. São Paulo: Forense, 1980.

LAFFONT, J. J.; TIROLE, J. *A theory of incentives in procurement and regulation*. Cambridge: MIT Press, 1993.

MASON, E. S. *Price and production policies of large-scale enterprise*. American Economic Review, v. 29, p. 64-71, 1939.

MILGROM, P.; ROBERTS, J. *Economics, organization and management*. New Jersey: Prentice-Hall, 1992.

NELSON, R.; WINTER, S. *An evolutionary theory of economic change*. Cambridge: Harvard University Press, 1982.

SALANIÈ, J. *Theory of contracts*: a primer. Cambridge: MIT Press, 1997.

SCHERER, F. M.; ROSS, D. *Industrial market structure and economic performance*. Boston: Houghton Mifflin Company, 1990.

SCHMALENSEE, R. Entry Deterrence in the Ready-to-Eat Breakfast Cereal industry. *The Bell Journal of Economics*, n. 9, v. 2, p. 305-327, 1978.

SHY, O. *How to price*: A guide to pricing techniques and yield management. Cambridge: Cambridge University Press, 2008.

SIMON, H. A behavioral model of rational choice. *Quarterly Journal of Economics*, p. 99-118, 1952.

STIGLER, G. J. *The organization of industry*. Chicago, IL: Chucago University Press, 1968.

STONEMAN, P. *Handbook of the economics of innovation and technological change*. Oxford: Blackwell, 1995.

SWEEZY, P. Demand under conditions of oligopoly. *Journal of Political Economy*. v. 47, p. 568-73, 1939.

TIROLE, J. *The theory of industrial organization*. Cambridge: MIT Press, 1988.

WESSELS, W. J. *Microeconomia*: teoria e aplicações. São Paulo: Saraiva, 2002.

WILLIAMSON, O. *The economic institutions of capitalism*. London: Free Press, 1985.

10 REGULAMENTAÇÃO DOS MERCADOS

Francisco Anuatti Neto

10.1 ■ INTRODUÇÃO

Mostrou-se, no capítulo anterior, que em um sistema de mercado em que os produtores e consumidores transacionam em uma estrutura de mercado de concorrência perfeita, os recursos escassos são empregados com o máximo de eficiência alocativa. Tal resultado é a situação de equilíbrio para cada agente e para a economia como um todo, pois nenhuma transação voluntária entre agentes poderia melhorar a situação de um, sem piorar a de outros. Essa situação denominou-se equilíbrio ótimo de Pareto.

Na hipótese de que todas as estruturas dos mercados em uma economia sejam de concorrência perfeita e que não possuam falhas de mercado, pode-se assegurar que um sistema de mercado é capaz de conduzir ao melhor uso dos recursos em uma sociedade em que cada agente econômico procura seus próprios interesses. Tal sistema, mesmo sendo apenas possibilidade teórica, serve ao economista como guia para a discussão das situações concretas em que se vive.

Nas sociedades de mercado modernas, predominam estruturas de mercado de concorrência imperfeita. Isso leva à necessidade de discutir, quando diante dessa e outras falhas de mercado, se o uso eficiente dos recursos escassos requer intervenção governamental. Caso seja constatada sua necessidade, o economista deve ser capaz de apontar também de que maneira tais interferências devem ocorrer.

O objetivo deste capítulo é discutir as circunstâncias que levam a ineficiências alocativas do sistema de mercado, ressaltar a existência de regras que explícita ou implicitamente regem o funcionamento dos mercados e apontar para o papel a ser exercido por agências e de quais instrumentos que o Estado brasileiro pode dispor na regulamentação de mercados.

10.2 ■ DIREITOS DE PROPRIEDADE E USO DOS RECURSOS NO MERCADO

Mesmo em uma sociedade hipotética, em que todas as estruturas de mercado operassem em concorrência perfeita, poderiam surgir falhas que impedissem a ocorrência de solução eficiente na alocação de recursos escassos.

Ao encarar os negócios na vida cotidiana, em que os produtores e consumidores não estão isentos de incertezas, de comportamentos oportunistas e de custos elevados de se obterem e processarem informações, será possível esperar que as soluções dadas em tal mercado sejam sempre adequadas? O ambiente de incerteza em que se realizam as transações pode ser facilmente constatado, pois se fazem negócios que comprometem as circunstâncias futuras sem que seja possível antecipar com clareza ou controlar seus efeitos. Não é preciso recorrer a exemplos para demonstrar que, diante da existência de oportunismo, pessoas são tentadas a renunciarem a um contrato quando uma oportunidade melhor lhes aparece. E, por último, o fato de que, para tomar uma decisão de investimento, é necessário dedicar tempo e recursos para obter as informações necessárias.

Nessas circunstâncias, será que a sociedade de mercado oferece solução adequada para a organização dos recursos escassos na satisfação das necessidades materiais?

É tarefa do economista investigar as circunstâncias que levam à utilização eficiente dos recursos em uma sociedade. Caso espere por respostas às indagações feitas, é necessário ampliar a perspectiva e discutir um pouco as próprias regras que regem o funcionamento dos mercados.

Os mercados são convenções sociais regidas por leis gerais, basicamente aquelas que estabelecem os direitos de propriedade e a troca entre os indivíduos, e também por estatutos específicos instituídos com o objetivo de restringir ou ampliar o conjunto de transações possíveis para determinados bens ou serviços.

Na base das regras que moldam a operação dos mercados, encontra-se o sistema de atribuição de direitos definindo os termos mais gerais da contratação voluntária de recursos entre os membros de uma sociedade. O objetivo da próxima seção é apresentar os principais elementos do sistema de atribuição de direitos e discutir como as regras de distribuição de direitos exercem papel fundamental na alocação de recursos em uma sociedade de mercado.

Na segunda seção deste item, será discutido como estatutos específicos podem complementar as regras gerais do sistema de direitos de propriedade, oferecendo regras adicionais capazes de promover melhoria da eficiência na alocação de recursos, por meio do mecanismo de mercado.

10.2.1 O sistema de atribuição de direitos e a alocação de recursos

Grande parte dos negócios realizados é feita por meio de contratos. Para trabalhar, firmam-se contratos de trabalho ou de prestação de serviços; para morar, são feitos contratos de aluguel ou de financiamento, e assim por diante. As leis e os regulamentos definem limites bem claros para que esses contratos sejam considerados válidos, ou seja, as transações de mercado definem preços e quantidades envolvidos segundo as restrições legais.

Ao realizar tais transações, incorre-se no pagamento dos bens e serviços propriamente ditos e em outros custos como os de confecção, monitoramento e de implementação dos próprios contratos. Quando se discute eficiência alocativa em mercados de concorrência perfeita, esses custos, ou os recursos empregados na atividade de conceber e fazer cumprir contratos, foram ignorados. Isso ocorre porque se pressupõe que o sistema legal sancione, sem custos, qualquer transação realizada entre os agentes privados, desde que respeitados os princípios da propriedade privada.

Direito de uso:
o titular pode decidir como irá usufruir, transformar ou mesmo destruir o ativo.

Direito de exploração:
o titular pode decidir de que maneira irá auferir a renda do ativo, seja explorando-o diretamente, seja contratando outros para fazê-lo.

Direito de alienação:
define a capacidade de o titular transferir de forma permanente o ativo a outros.

Portanto, as regras condicionam o funcionamento dos mercados, impondo limites ao emprego de recursos e afetando diretamente os custos de realizar e cumprir contratos. A alocação de recursos na sociedade está sempre associada ao sistema de atribuição de direitos, cuja principal função é atribuir, aos titulares dos ativos, autoridade de escolher o uso específico desejado entre uma classe de usos possíveis e não proibidos, bem como de impedir que outros tenham acesso a esses recursos, ou seja, que tal atribuição seja exclusiva do titular.

A atribuição dos direitos de comando sobre o ativo comporta três categorias: o **direito de uso**, o **direito de exploração** e o **direito de alienação**. Ao receber o direito de uso, o titular pode decidir como irá usufruir, transformar ou mesmo destruir o ativo. Se receber também o direito de exploração, o titular pode decidir de que maneira irá auferir a renda do ativo, seja explorando-o diretamente, seja contratando outros para fazê-lo. A terceira categoria é a que define a capacidade de o titular transferir de forma permanente o ativo a outros, ou seja, o direito de alienação.

Quando os três direitos sobre o mesmo ativo são atribuídos ao mesmo titular, diz-se que existem **direitos de propriedade plena**. Porém, não é tarefa simples delimitar os ativos a que a propriedade plena diz respeito em grande parte dos ativos existentes na sociedade. Um exemplo dessa dificuldade foi apontado por Alchian,[1] ao tratar do obstáculo de se atribuírem direitos sobre o ativo terra:

> Diversas pessoas têm, ao mesmo tempo, uma parcela de direitos de uso da terra. A pode ter o direito de cultivar trigo sobre ela. B pode ter o direito de atravessá-la. C pode ter o direito de fumar e jogar cinzas. D pode ter o direito de voar com um avião sobre ela. E pode ter o direito de submetê-la a vibrações em consequência do uso de um equipamento nas vizinhanças. Cada um desses direitos pode ser transferível. Em resumo, os direitos de propriedade privada para várias parcelas de usos da terra 'pertencem' a pessoas diferentes.

O exemplo aponta também para a dificuldade de identificar em uma única pessoa a titularidade dos direitos; quando isso é possível, fala-se de **propriedade individual plena**. Porém, existem outras três possibilidades: a **propriedade plena estatal**, a **propriedade plena coletiva** e a **propriedade comum**, ou de livre acesso.

No caso da propriedade estatal, aqueles que controlam o Estado exercem de fato a titularidade desses direitos. Na propriedade coletiva, a titularidade dos recursos é exercida pela comunidade ou por seus representantes, excluindo o acesso dos de fora e controlando o uso pelos seus membros.

O estabelecimento e a garantia dos direitos exclusivos de propriedade demandam medidas custosas por parte dos indivíduos e do Estado. Tais medidas são tomadas pelos agentes privados, estatais ou coletivos quando seus custos são inferiores aos rendimentos esperados. Do contrário, os agentes econômicos arcam com os custos de garantir o uso exclusivo de seus ativos. Nesse caso, mesmo sendo escassos e possuindo valor econômico, os ativos podem ser deixados na forma de livre acesso.

Os **recursos de livre acesso** surgem quando o Estado é incapaz de assegurar ou se recusa a garantir contratos entre agentes econômicos que disputam a utilização dos mesmos recursos. Outra situação de livre acesso ocorre quando não existe autoridade governamental capaz de regulamentar o uso de certos ativos, a exemplo dos estoques pesqueiros em águas internacionais.

Existem dois tipos de limitações que podem ser impostas pelo Estado aos direitos exclusivos de propriedade: as proibições e as atenuações. Ao impor limites de velocidade nas estradas, o Estado está zelando não só pela segurança do motorista, mas também pela segurança de todos os outros viajantes. Diz-se, nesse caso, que o direito de uso da propriedade sobre o automóvel foi atenuado. Esse tipo de limitação deve ser distinguido de restrições que impedem o mesmo motorista de atropelar pedestres e abalroar propriedade alheia. Neste último caso, é a própria noção de propriedade privada e liberdade de iniciativa que está envolvida, pois os direitos de um têm como limite os direitos dos demais.

Direitos de propriedade plena: *os três direitos sobre o mesmo ativo são atribuídos ao mesmo titular.*

Propriedade individual plena: *uma única pessoa possui a titularidade dos direitos.*

Propriedade plena estatal: *os que controlam o Estado exercem, de fato, a titularidade desses direitos.*

Propriedade plena coletiva: *a titularidade dos recursos é exercida pela comunidade ou por seus representantes.*

Propriedade comum: *os ativos podem ser deixados na forma de livre acesso.*

Recursos de livre acesso: *quando o Estado é incapaz de assegurar ou se recusa a garantir contratos entre agentes econômicos que disputam a utilização dos mesmos recursos.*

---

[1] *Some economics of property rights,* 1977 apud EGGERTSSON, T. *Economic behavior and institutions.* Cambridge: Cambridge University Press, 1990. p. 53.

Tais atenuações têm efeitos alocativos importantes, como pode ser visto no caso da repartição dos direitos sobre a propriedade da terra. Qualquer redefinição em uma estrutura de direitos de propriedade feita pelo Estado tem efeitos sobre a riqueza, gerando perdedores e ganhadores. Quanto maiores forem as garantias que o Estado oferece ao titular de direitos exclusivos de propriedade, maior será o valor de um ativo, pois isso permitirá o emprego livre desses recursos nas atividades de maior retorno.

10.2.2 Regulamentação e incentivos

Em um sistema econômico em que todos os agentes dispõem das informações necessárias e não têm razões para esperar que os outros não cumpram o contratado, todos os recursos de valor econômico poderiam ser delineados e a titularidade dos direitos de propriedade, atribuídas. Uma vez estabelecidos os direitos exclusivos de propriedade, pode-se garantir que todos os recursos sejam empregados em atividades em que o rendimento econômico (custo de oportunidade) seja máximo, não sendo necessária a interferência do Estado. Essa situação corresponde a uma alocação eficiente, segundo Pareto.

Já nas condições da sociedade em que se vive atualmente, as transações envolvendo bens de consumo, serviços e ativos produtivos, ou temporárias ou permanentes, são realizadas por meio de contratos que estipulam os seus termos. Estes, ou a estrutura dos contratos, especificam a distribuição de renda entre os participantes e as condições de uso dos recursos, e são escolhidos levando em consideração os custos da própria transação, os riscos econômicos e os arranjos políticos e legais em vigor. Desse modo, o uso eficiente de recursos é aquele que busca maior rendimento em seu emprego, consideradas as três dimensões. Ainda, os agentes econômicos buscarão maior eficiência inovando as formas de contratação, reduzindo, assim, os custos na realização das transações. Inovações contratuais podem, então, ser comparadas a inovações técnicas na produção, pois estariam expandindo a fronteira de possibilidades de produção. Porém, sempre cabe ao Estado determinar o conjunto dos arranjos contratuais que são considerados legítimos, definindo ou limitando as regras do jogo de mercado. Já se discutiram as regras que têm validade geral para o funcionamento dos mercados — como é o caso do sistema de atribuição de direitos —, cabendo agora tratar das regras que se aplicam apenas a mercados específicos. Se é possível dizer que o Estado está presente em todos os mercados quando sanciona um sistema de atribuição de direitos, não é exato que essa presença possa ser confundida com intervenção.

As intervenções específicas, chamadas de regulamentação dos mercados, são exatamente as que restringem a oferta e a demanda em um mercado, tais como controle de preços, restrições à entrada de novos produtores, imposição de atendimento aos consumidores de determinada área, especificação de características de produtos ou de tecnologias a serem empregadas na fabricação e imposição de padrões ambientais no local de trabalho e fora da firma.

A principal questão a discutir é: em que medida as regras particulares aplicadas a mercados específicos, limitando o escopo das transações possíveis, acabam por melhorar a alocação de recursos quando comparadas aos resultados que seriam obtidos por um mercado que operasse somente com as regras gerais?

O objetivo da segunda parte deste capítulo é identificar as principais formas de regulamentação de mercados existentes no Brasil, discutindo as razões para cada uma delas, ou seja, as falhas de mercado, e também as regras específicas e agências designadas para tal fim.

10.3 ■ REGULAMENTAÇÃO DOS MERCADOS

Regulamentação é o conjunto de regras particulares ou de ações específicas implementadas por agências administrativas para interferir diretamente no mecanismo de alocação de mercado, ou, indiretamente, alterando as decisões de oferta e demanda de consumidores e produtores.

Se o sistema de mercado assegura o uso eficiente dos recursos para a produção de bens de caráter privado, desde que as condições discutidas no capítulo anterior sejam satisfeitas, a regulamentação tem como condição necessária a existência de falhas de mercado. Formular e implementar a regulamentação de um mercado requer elevados custos administrativos, leva à redistribuição de rendimentos e pode interferir na eficiência alocativa de outros mercados; requer, portanto, recursos que não podem ser ignorados quando se comparam os ganhos de eficiência na introdução da regulamentação com as ineficiências de um mercado não regulamentado, mas que apresenta alguma falha.

O objetivo aqui é discutir o conjunto de regras e ações, de agora em diante, instrumentos disponíveis para contornar as falhas de mercado e garantir a melhoria da eficiência alocativa em uma economia calcada na livre iniciativa.

Os instrumentos de regulamentação são genericamente classificados em **comando e controle** (C&C) e **incentivos financeiros** (IF). Os instrumentos de incentivos financeiros estão associados a transferências de recursos por meio de impostos e subsídios. Já os instrumentos de comando e controle são aqueles associados a regras particulares implementadas por agências governamentais especialmente concebidas para esses fins, fazendo uso de regulamentos e sanções.

Cada tipo de falha de mercado pode ser associada a uma instituição, ou conjunto de instituições, que varia de país para país e ao longo do tempo. Nas seções seguintes são apresentados alguns dos sistemas de regulamentação existentes no Brasil, destacando-se as falhas de mercado associadas a eles, as formas de regulamentação e os instrumentos empregados.

É importante frisar que, embora há muito tempo presentes na sociedade brasileira, esses sistemas de regulamentação ganham maior peso político com a redemocratização do país. Tal papel foi bastante revigorado com a promulgação da Constituição de 1988, que afirma a organização econômica do país pautada na livre iniciativa e no direito à propriedade como parte dos direitos fundamentais, resguardado o cumprimento de sua função social.

Regulamentação: *conjunto de regras particulares para interferir no mecanismo de alocação de mercado ou alteração das decisões de oferta e demanda.*

Comando e controle: *regras particulares implementadas por agências governamentais por meio de regulamentos e sanções.*

Incentivos financeiros: *transferências de recursos por meio de impostos e subsídios.*

10.3.1 Regulamentação de serviços de utilidade pública

10.3.1.1 *O problema*

Os mercados falham na presença dos chamados bens públicos — aqueles para os quais o consumo por parte de um indivíduo não reduz a capacidade de outros de usufruírem dos seus serviços — porque, como as empresas privadas não dispõem de elementos para cobrar de cada consumidor, também não terão incentivos para ofertar tais bens.

Os bens com características de bens públicos, como defesa nacional, lei e ordem, saúde pública, ciência básica, infraestrutura de transporte e urbana (por exemplo, parques, vias e iluminação), não seriam produzidos nas quantidades que os consumidores estariam dispostos a pagar se fossem ofertados por empresas privadas. Isso ocorre em parte porque as firmas não dispõem de meios para identificar o valor econômico das apropriações individuais. Tal dificuldade tem origem no fato de o uso do bem por um indivíduo não impedir que outros o usem, ou mesmo havendo rivalidade no uso, o custo de obter tal informação é muitas vezes superior ao valor econômico do bem. Para a produção de alguns bens públicos como defesa nacional, lei e ordem, a solução quase universal tem sido a produção direta pelo Estado. Para outro grupo de bens, como saúde pública, educação, ciência básica e serviços de infraestrutura, as soluções variam de país para país e ao longo do tempo, desde a produção direta pelo Estado, passando pela contratação governamental dos serviços de empresas privadas, até a concessão para exploração por monopólio privado.

A contratação de serviços de empresas privadas para prestação de serviços públicos ocorre mediante licitação, cabendo ao governo determinar quantidade, qualidade e limites de preços para os serviços a serem contratados. A licitação é o processo pelo qual as empresas privadas competem pela prestação do serviço ao governo.

O regime de concessões predominante nos serviços públicos é aquele em que a empresa pode cobrar do usuário pelo menos uma parte dos serviços prestados por meio de tarifas. O sistema de concessões monopolistas pode ser associado à falha de mercado identificada como monopólio natural. Isso não quer dizer que toda vez que se está diante de uma concessão, um caso de monopólio natural será encontrado. A associação da falha de mercado identificada como monopólio natural com os serviços públicos industriais, ou serviços de utilidade pública, ocorreu historicamente porque as tecnologias de produção apresentavam fortes economias de escala para os tamanhos de mercado relevantes. Em uma situação como essa, a livre entrada de competidores dá origem a duplicações de investimentos elevados que acabam por onerar os consumidores ou desestruturar a oferta dos serviços. A forma tradicional de regulamentar o funcionamento de monopólios naturais é limitar a entrada de concorrentes.

Monopólios naturais: *regime de concessões predominante nos serviços públicos, em que a empresa pode cobrar do usuário uma parte dos serviços prestados por meio de tarifas.*

Como os **monopólios naturais** são definidos como tais em função da tecnologia disponível, é possível que mudanças tecnológicas alterem as condições de competição. O maior exemplo desse tipo de alteração foi observado com o desenvolvimento da telefonia celular. Enquanto os sistemas de telefones convencionais requerem grandes investimentos nas redes (o mesmo é válido para redes de água e energia elétrica), a telefonia celular comportaria a entrada de uma empresa que pudesse investir em apenas uma torre de transmissão de sinais. Para empregar o conceito de monopólio natural na regulamentação da telefonia celular, deve-se estar ciente de que as dimensões do mercado relevante serão muito menores que as da telefonia convencional.

Uma vez esclarecido esse aspecto conceitual dos monopólios naturais, deve-se identificar qual o sistema de atribuição de direitos que rege os serviços públicos no Brasil antes de passar ao sistema de regulamentação.

10.3.1.2 Sistema de atribuição de direitos

Tomando a Constituição Federal de 1988 como base do sistema de atribuição de direitos, é possível encontrar vários dispositivos que tratam dos serviços de utilidade pública. Em vários deles estava incluída a obrigatoriedade de que os serviços fossem prestados diretamente pelo Estado ou por concessão exclusiva a empresas estatais. Entre esses casos estavam os serviços de correios e telégrafos, telefonia, transmissão de dados e demais serviços públicos de comunicações, distribuição de gás canalizado, pesquisa e lavra de petróleo e gás natural, refino, importação, exportação e transporte marítimo de petróleo. As reformas recentes têm aberto a participação das empresas privadas nesses setores.

A Constituição Federal, em seu Art. 175, cita que a prestação de serviços públicos é incumbência do Poder Público, na forma da lei, diretamente ou sob o regime de concessão ou permissão, sempre por meio de licitação. Duas leis federais definem o regime de concessões de serviços públicos: a lei n. 8.987, de 1995, alterada pela lei n. 9.648, de 27 de maio de 1998, e a lei n. 9.074, também de 1995. Um contrato de concessão pode ser definido como o meio pelo qual a Administração Pública transfere a um particular a execução de uma obra por sua conta e risco, seja por meio de remuneração indireta e prazo certo, ou paga pelo usuário.

Embora seja um contrato, a concessão trata da prestação de um serviço público, e é função do Poder Público organizar tais serviços. Assim, caberá ao governo, como poder concedente, regulamentar os objetivos, a forma de execução do serviço, a fiscalização, os direitos e deveres das partes, as circunstâncias em que poderá ocorrer rescisão, as multas e os direitos dos usuários.

Por seu turno, para que existam firmas legitimamente interessadas em tais contratos de concessão, o poder concedente deverá ser capaz de garantir remuneração dos ativos a serem empregados pela empresa concessionária compatível com a existente em outras atividades de características semelhantes.

10.3.1.3 Agências e instrumentos

No Art. 30, parágrafo único, da lei n. 8.987, está previsto que o controle poderá ser exercido diretamente pelo poder concedente, por meio de um órgão técnico a ele subordinado ou por entidade com ele conveniada. Assim, a lei reconhece a **necessidade de especialização técnica** por parte da agência que exercerá o controle e a fiscalização das ações da concessionária.

Mesmo quando critérios para definição e reajustes de tarifas estiverem definidos nos contratos de concessão, os órgãos fiscalizadores devem manter papel discricionário, fundamental na avaliação da qualidade dos serviços prestados.

Os instrumentos empregados na concessão são basicamente **instrumentos de comando e controle (C&C)**, previstos no contrato de concessão. Entre eles está o principal instrumento do governo ou da agência técnica de controle: a capacidade de determinar as tarifas e as outras formas de remuneração do concessionário. Em vez de adotar uma regra única de determinação de tarifas, a lei n. 8.987, Art. 15, optou pelo critério da menor tarifa oferecida em um processo de licitação pública, ou seja, as firmas competindo pelo direito de produzir fazem a oferta da tarifa que consideram mais adequada, dados os requisitos de qualidade e de quantidade especificados. Como o processo de licitação é um processo competitivo, o vencedor será aquele que oferecer a menor tarifa.[2] A agência pode se recusar a validar um resultado se a tarifa mínima for considerada muito elevada, e, para isso, a competência técnica da agência de controle é fundamental, pois ela deverá ter informações sobre os custos de produção.

---

[2] O processo de licitação para as concessões de serviço público segue a lei 8.666, de 21 de junho de 1993, a Lei de Licitações.

Como a concessão dura vários anos, outro aspecto crucial é o mecanismo de reajuste das tarifas. As regras de reajustes tarifários mais empregadas ultimamente em vários países tendem a combinar a manutenção do valor real da tarifa constante com incentivos a ganhos de produtividade.

Assim, as agências técnicas de regulamentação dos serviços públicos devem ser capazes de determinar o número de concessionários que poderão operar, e os controles de preços a serem feitos de modo a minimizar as rendas de monopólio que serão auferidas pelos concessionários.[3]

10.3.2 Sistema de defesa da concorrência

10.3.2.1 O problema

Os mercados falham na presença de concorrência imperfeita, ou seja, quando firmas podem atuar em um mercado específico de modo a fixarem seus preços acima dos custos marginais de produção. Em tais estruturas de mercado, os preços estarão acima e as quantidades produzidas abaixo daquelas associadas ao nível de eficiência. As razões que dão origem ao poder de monopólio podem ser muito variadas, mas seus efeitos podem ser resumidos em dois grandes grupos de mercados imperfeitos: monopólios naturais e **oligopólios**.

Oligopólios: *pequeno número de grandes firmas que se distanciam de uma estrutura competitiva, por meio de cartelização, restrição à concorrência ou práticas desleais.*

Cartelização: *atuação conjunta entre firmas que permite um acordo explícito de fixação de preços e/ou participações no mercado.*

Os monopólios naturais foram abordados na seção anterior. Cabe agora discutir as estruturas oligopolistas. O pequeno número de grandes firmas pode dar margem a três tipos de comportamentos que levam à alocação de recursos em uma estrutura de mercado oligopolista a se distanciar da alocação de uma estrutura competitiva. O primeiro tipo é a possibilidade de atuação conjunta ou **cartelização**; o segundo conjunto de práticas são as ações das grandes firmas voltadas a restringir a concorrência, seja por parte de firmas que já operam no mercado, seja de potenciais ingressantes; o terceiro tipo são as **práticas predatórias** em relação a consumidores e fornecedores.

As práticas de ação conjunta e cartelização estão associadas à diminuição da rivalidade entre as firmas operando em determinado mercado. Com menor rivalidade, as firmas tenderão a acomodar participações no mercado e a coordenar a fixação de seus preços de modo a manter as participações estáveis e aumentar conjuntamente os lucros. Diz-se que existe um cartel quando é formalizado acordo explícito de fixação de preços e/ou participações no mercado. Porém, a coordenação nesse sentido pode ser tácita, ou seja, exercida por uma empresa líder ou simplesmente por tentativa e erro ou acomodação das firmas que atuam tempo suficiente sem pressão competitiva de entrantes. Uma estrutura de mercado com tais características se afasta da solução competitiva e se aproxima da solução de monopólio.

Para que uma situação como essa perdure no tempo, com equilíbrio estável, sem que novas firmas sejam atraídas pelos lucros de monopólio existentes, é necessário que existam barreiras à entrada. Essas barreiras são custos que uma empresa entrante tem de incorrer, mas as que já estão instaladas não, podendo ser de natureza tecnológica, como domínio de marcas, patentes e *know-how*, devido a restrições de suprimentos,

---

[3] A partir da criação da Lei de Parcerias Público-Privadas, nº 12, de 2004, foram incluídas as concessões patrocinadas e administrativas. As PPPs (patrocinada ou administrativa) admitem que o poder público realize pagamentos ao concessionário.

como direitos de lavra de minérios, ou ainda devido à conquista das preferências dos consumidores, obtidas por meio de propaganda ou da simples antiguidade de uma marca.

Assim, caberá ao órgão regulamentador impedir e punir acordos explícitos e prevenir a coalizão tácita estimulando e intensificando a rivalidade das firmas instaladas.

Existem, contudo, barreiras à entrada que são resultado de ações estratégicas das firmas dominantes para expulsar as concorrentes ou para impedir a entrada de novas concorrentes. Guerras de propaganda têm muitas vezes esse objetivo, ao imporem aos competidores menores o ônus de responder a uma campanha apenas para manter sua participação no mercado. Da mesma forma, as várias campanhas publicitárias ao longo do tempo ajudam a estabelecer e a fixar a reputação da empresa. Para a empresa entrante, e sem reputação estabelecida, o esforço e os custos de propaganda e fixação de reputação serão maiores do que para as que já operam.

A caracterização de práticas como essas (estratégias de restringir a concorrência) é a mais difícil de ser analisada e exige avaliação caso a caso por parte dos agentes reguladores. Das ações estratégicas das firmas para limitar a concorrência, três são mais claramente identificadas: a prática de **preços predatórios**, as **vendas casadas** e o **controle das fontes de suprimentos**.

O terceiro tipo de comportamento são as práticas restritivas para com fornecedores e clientes, que podem ser divididas em dois grupos: os contratos verticais e a discriminação de preços entre fornecedores e clientes. Os **contratos verticais** são feitos entre fornecedores e clientes que têm como origem as dificuldades de manter relações de oferta e demanda de longo prazo. Uma lista desses contratos está resumida na Tabela 10.1.

Contratos verticais: *feitos entre fornecedores e clientes que têm como origem as dificuldades de manter relações de oferta e demanda de longo prazo.*

TABELA 10.1

Escopo dos contratos verticais

Vendas diretas
Preços fixos

Discriminação de preços
Tarifa fixa de entrada
Tabelas de preço variando com a quantidade
Royalties

Restrições verticais
Manutenção de preço de revenda
Exclusividade de território
Representação exclusiva
Venda casada
Compra obrigatória

Restrições contratuais
Contratos com cláusulas contingentes
Licenciamento
Franquias

Integração vertical
Propriedade e controle interno

Fonte: SPULBER, D. F. *Regulation and markets*. Cambridge: MIT Press, 1989. p. 488.

Quando esse contrato é estabelecido de comum acordo entre duas firmas, é de se esperar que ele seja de proveito para ambas as partes. Entretanto, muitas vezes, trata-se

Contrato de adesão:
feito por um grande produtor que impõe ao seu distribuidor ou varejista as condições de revenda do produto.

de **contrato de adesão**, ou seja, um grande produtor impõe ao seu distribuidor ou varejista as condições de revenda do produto. Como saber se o produtor está exercendo seu poder de monopólio ou se está implantando uma política que será de proveito para ambos? Como fica a situação do consumidor no final da cadeia de negócios? Existem alguns tipos de acordo que são literalmente proibidos e outros que devem ser analisados, caso a caso, pelas agências de regulamentação.

As relações com os consumidores finais serão discutidas na seção 10.3.3. Veja agora como a regulamentação de mercados oligopolistas está presente no sistema brasileiro de defesa da concorrência.

10.3.2.2 Sistema de atribuição de direitos

A base de organização de um sistema de defesa da concorrência está presente na Constituição Federal de 1988, logo no Art. 1°, inciso IV, no título *Dos Princípios Fundamentais*, em que se afirma que o Estado Democrático de Direito tem como fundamento "os valores sociais do trabalho e da livre iniciativa". No título seguinte, *Dos Direitos e Garantias Fundamentais*, Art. 5°, incisos XXII e XXIII, "é garantido o direito de propriedade" e "a propriedade atenderá a sua função social".

É no Título VII, *Da Ordem Econômica e Financeira*, Capítulo I, *Dos Princípios Gerais da Atividade Econômica*, que se encontra, no Art. 170, a reafirmação de que:

> a ordem econômica, fundada na valorização do trabalho humano e na livre iniciativa, tem por fim assegurar a todos existência digna, conforme os ditames da justiça social, observados os seguintes princípios:
> I — soberania nacional;
> II — propriedade privada;
> III — função social da propriedade;
> IV — livre concorrência;
> V — defesa do consumidor;
> VI — defesa do meio ambiente.

A defesa do consumidor e do meio ambiente será assunto das próximas seções; aqui deve-se analisar a extensão de função social e livre concorrência. A defesa da concorrência trata da prevenção e repressão de infrações à ordem econômica, tendo como base os princípios de liberdade de iniciativa, da livre concorrência, função social da propriedade, defesa dos consumidores e repressão ao abuso do poder econômico.

A prevenção e repressão às infrações contra a ordem econômica foram tratadas inicialmente na lei n. 8.884, de 11 de junho de 1994, tendo sido substituída pela lei n. 12.529 de 2011, que reestruturou o Sistema Brasileiro de Defesa da Concorrência (SBDC), definindo uma estrutura administrativa da agência. O Conselho Administrativo de Defesa Econômica (CADE) passou a ser constituído, desde então, por três órgãos:

1. Tribunal Administrativo de Defesa Econômica;
2. Superintendência Geral;
3. Departamento de Estudos Econômicos.

No Art. 36, lei n. 12.529, de 2011, são apontados como infrações os atos, mesmo aqueles que não surtem o efeito pretendido, direcionados a:

I — limitar, falsear ou de qualquer forma prejudicar a livre concorrência ou a livre iniciativa;
II — dominar mercado relevante de bens ou serviços;
III — aumentar arbitrariamente os lucros;
IV — exercer de forma abusiva posição dominante.

O texto emprega dois termos que requerem esclarecimentos: **mercado relevante** e **posição dominante**. O primeiro refere-se à esfera da concorrência, ou seja, é necessário que a agência identifique corretamente o mercado, a sua extensão, os produtos envolvidos, o número de concorrentes, entre outros. O segundo termo, a posição dominante, refere-se ao fato de a firma possuir uma parcela igual ou superior a 20% do mercado. Note, porém, que a posição dominante não é em si uma infração, mas sim as ações abusivas que tal posição lhe permite.

Mercado relevante: *relativo à concorrência, isto é, a agência identifica corretamente o mercado, a sua extensão, os produtos envolvidos, o número de concorrentes, entre outros.*

Posição dominante: *ocorre quando a firma detém uma parcela superior a 20% do mercado.*

No mesmo artigo também são caracterizadas as condutas ou práticas que podem ser interpretadas como infrações à ordem econômica. São listadas condutas que correspondem a combinações entre as firmas no mercado para evitar a competição, ações para expulsar concorrentes que já estão no mercado ou impedir a entrada de novos, e impor controles nas relações ao longo da cadeia produtiva e de distribuição. Julgar se a existência de tais práticas caracteriza limitação ao direito de todos a mercados concorrenciais é tarefa do CADE.

10.3.2.3 Agências e instrumentos

Como visto, o CADE é a agência brasileira responsável pela política de defesa da concorrência, também chamada de **política antitruste**. Pela lei n. 12.529, de 2011, o CADE foi transformado em autarquia federal vinculada ao Ministério da Justiça,[4] e os seus seis conselheiros são nomeados pelo presidente da República para um mandato de quatro anos, não coincidentes e sem direito à recondução. Dessa forma, procurou-se investir o conselho de liberdade de ação perante o governo, tornando o órgão uma agência que executa sua função livre das injunções de outros interesses.[5]

Política antitruste: *política de defesa da concorrência.*

Cabe ao CADE zelar pela observância da lei, decidir pela existência de infrações, aplicar as penalidades quando houver infração e ainda exercer controle dos atos e contratos que possam levar uma empresa a ter posição dominante. O CADE é, portanto, um órgão decisório, auxiliado na investigação e instauração de processos. Analisa atos de concentração econômica como aquisições, fusões, incorporações e *joint ventures*.

Os principais instrumentos de punição de que o CADE dispõe, caso seja caracterizada infração à ordem econômica, são multas; proibições de contratar com órgãos públicos, inclusive financeiros; exibição pública por meio de divulgação dos atos na imprensa e inclusão no Cadastro Nacional de Defesa do Consumidor. As multas podem chegar até 20% do valor do faturamento anual da empresa, podendo ser aplicadas tam-

---

[4] SBDC é formado pelo CADE e pela Secretaria de Acompanhamento Econômico do Ministério da Fazenda. Uma autarquia é o órgão de administração pública com maior independência que os departamentos e as secretarias de governo, podendo ter orçamento próprio, com diretores dotados de mandatos por tempo definido e não coincidente com os mandatos eletivos dos que os nomeiam. Um exemplo do grau de autonomia das autarquias perante os governos são as universidades federais e estaduais.

[5] Embora esse seja o espírito da mudança, a implantação na prática dessa independência é um processo político mais lento e complexo.

bém aos administradores em até 20% da multa aplicada à empresa. De grande impacto do ponto de vista da regulamentação de mercados, são outros instrumentos de que o CADE dispõe e que precedem à aplicação das punições anteriormente identificadas. O primeiro grupo de instrumentos de caráter administrativo é a medida preventiva, que determina a cessação imediata de determinada prática, caso possa causar lesão irreparável ao mercado. Outro instrumento administrativo é o compromisso de cessação da prática que esteja causando danos a terceiros. Firmar compromisso de cessação não significa que a empresa admita culpa ou reconheça ter praticado ato ilícito, mas que, reconhecendo as consequências de seus atos, esteja disposta a fazer acordo com o CADE.

O segundo grupo de instrumentos são formas de controle direto pelo CADE sobre negociações entre agentes privados, quais sejam: controle de atos e contratos; compromisso de desempenho e consulta. Neste último, os interessados em obter manifestação do CADE, antes de realizar contrato de fusão ou incorporação, devem apresentar informações detalhadas sobre a transação. Isso poupa os custos de ter a transação desfeita, caso o CADE venha a avaliar que o contrato não levaria a aumento de produtividade, ou à melhoria da qualidade, ou a ganho de eficiência e desenvolvimento tecnológico. São essas as circunstâncias previstas no controle de atos e contratos considerados na avaliação de qualquer transação que leve ao aparecimento de empresa com posição dominante, ou que tenha faturamento anual superior a $ 50 milhões. Em função de circunstâncias intervenientes, o CADE poderá fixar metas qualitativas e quantitativas por meio do compromisso de desempenho para que a transação seja aprovada. O acompanhamento desse compromisso fica a cargo da Secretaria de Direito Econômico (SDE).

10.3.3 Sistema Nacional de Defesa do Consumidor

10.3.3.1 *O problema*

Os mercados falham quando, dado um sistema de atribuição de direitos, os custos e benefícios de uma transação, para cada agente envolvido, não são explicitamente definidos nos termos do contrato. Nesse caso, os contratos entre os agentes, mesmo sendo voluntários e respeitando o sistema de atribuição de direitos em vigor, não conduzem ao emprego eficiente dos recursos.

Duas circunstâncias podem gerar contratos com esse tipo de ineficiência, levando a soluções de mercado inadequadas: a primeira delas ocorre quando as ações de pelo menos uma das partes contratantes não podem ser observadas pela outra (**informação oculta**); a segunda ocorre quando uma das partes contratantes possui maior informação que outra sobre um elemento crucial para determinação dos benefícios e dos custos da transação (**informação assimétrica**).

O primeiro caso está presente em contratos como aluguel e seguro de veículos. Por não poderem ser observadas, as pessoas tendem a dirigir veículo alugado de forma mais displicente do que fariam com o seu próprio veículo. Da mesma forma, a pessoa, uma vez que tenha segurado seu veículo, tende a arriscar mais, dirigindo ou parando em locais expostos a roubo, em relação à situação sem o seguro. Na ausência de regulamentação, o resultado nos dois mercados são preços mais elevados para os serviços.

O segundo caso está presente também em mercados competitivos, como o de carros usados, em que os vendedores conhecem melhor do que os compradores as condições do veículo. A existência de informações assimétricas não requer regulamentação específica para cada tipo de mercado, podendo ser controlada por legislação ampla, como o Código de Defesa do Consumidor. Entretanto, se a assimetria de informação estiver associada a outras falhas de mercado, pode levar ao surgimento de regulamentação específica, com agências próprias. Regulamentação de atendimento médico e escolas privadas são exemplos possíveis.

10.3.3.2 Sistema de atribuição de direitos

O papel do Estado na promoção da defesa do consumidor está presente no título *Dos Direitos e Garantias Fundamentais*, da Constituição Federal, Art. 5°, inciso XXXII: "o Estado promoverá, na forma da lei, a defesa do consumidor".

O sistema legal que implantou essas disposições constitucionais é composto pela lei n. 8.078, de 11 de setembro de 1990, que trata dos direitos do consumidor, das sanções administrativas, das infrações penais, das formas de defesa desses direitos e da organização do Sistema Nacional de Defesa do Consumidor (SNDC). Este último é complementado pelo decreto n. 1.306, de 9 de novembro de 1994, que regulamenta o Fundo de Defesa dos Direitos Difusos, importante instrumento financeiro para a operação do sistema, e ainda pelo decreto n. 2.181, de 20 de março de 1997, que trata da organização do sistema e das normas gerais para aplicação de sanções administrativas.

No Art. 6°, da lei n. 8.078/90, estão definidos os direitos básicos do consumidor, como a proteção contra os riscos provocados por produtos perigosos e nocivos; direito à educação e divulgação sobre o consumo adequado dos produtos e serviços; direito à informação adequada e clara contendo as especificações qualitativas, quantitativas e de preço dos bens; e direito à proteção contra a publicidade enganosa, métodos e práticas comerciais e contratuais desleais e abusivas. Esse conjunto de direitos reconhece a existência de assimetrias de informações e de poder econômico entre fornecedores e consumidores.

Ainda nesse artigo, é possível encontrar, entre os direitos do consumidor, a garantia de prevenção e reparação de danos sofridos na aquisição de produtos ou serviços. Tal garantia é prevista no acesso do consumidor aos órgãos judiciários e administrativos e na "facilitação da defesa de seus direitos, inclusive com a inversão do ônus da prova, a seu favor", isso é, cabe ao fornecedor provar que a reclamação do consumidor é improcedente. Trata-se, pois, de uma forma de contrabalançar as assimetrias de poder e de informação.

Não é possível deixar de mencionar a questão da titularidade dos direitos do consumidor que, nesse sistema de atribuição de direitos, pode ser exercida tanto pelo indivíduo em particular como a título coletivo. Para o exercício individual dos direitos do consumidor, basta que se recorra às agências previstas pelo SNDC ou ao Judiciário. No caso da defesa coletiva, ela poderá ser exercida pelo Ministério Público, pelas unidades da federação ou pelas próprias agências designadas a executar a defesa do consumidor, ou ainda por associações de defesa do consumidor.

Existem três formas de direitos dos consumidores: a primeira são os **direitos difusos**, ou seja, direitos de natureza indivisível, cujos titulares são pessoas indeterminadas; a segunda forma é a de **direitos coletivos**, ou seja, cuja titularidade é indivisível para os membros de um grupo, mas está associada ao grupo como um todo; e a terceira forma é a de **direitos individuais homogêneos**, os decorrentes de origem comum. A defesa dos direitos da primeira forma traz benefícios a um grupo não determinado, da segunda forma, a um grupo específico e da terceira forma, beneficia a todos os indivíduos que sofreram o mesmo dano.

Direitos difusos: *de natureza indivisível, cujos titulares são pessoas indeterminadas.*

Direitos coletivos: *cuja titularidade é indivisível para os membros de um grupo, mas está associada ao grupo como um todo.*

Direitos individuais homogêneos: *decorrentes de origem comum.*

10.3.3.3 Agências e instrumentos

O SNDC é integrado por órgãos federais, estaduais, do Distrito Federal e municipais e pelas entidades privadas de defesa do consumidor. A agência governamental encarregada de executar a Política Nacional de Defesa do Consumidor é o Departamento de Proteção e Defesa do Consumidor (DPDC), subordinado à SDE.

A fiscalização das relações de consumo é exercida pelos fiscais do DPDC e dos órgãos de proteção e defesa do consumidor criados com essa finalidade nos Estados e municípios. Cabe também aos órgãos estaduais e municipais, no âmbito de cada jurisdição, exercer atividades de avaliação e encaminhamento de denúncias, incentivar a criação de entidades de defesa do consumidor e firmar convênios para fiscalizar práticas mercantis abusivas. O desrespeito às normas da lei n. 8.078 constitui infração administrativa sujeita às penalidades previstas no Art. 56:

I — multa;
II — apreensão do produto;
III — inutilização do produto;
IV — cassação do registro do produto junto ao órgão competente;
V — proibição de fabricação do produto;
VI — suspensão de fornecimento de produtos ou serviço;
VII — suspensão temporária de atividade;
VIII — revogação de concessão ou permissão de uso;
IX — cassação de licença do estabelecimento ou de atividade;
X — interdição, total ou parcial, de estabelecimento, de obra ou de atividade;
XI — intervenção administrativa;
XII — imposição de contrapropaganda.

Os processos administrativos motivados por denúncia de consumidores ou por ação fiscalizadora dos agentes dos órgãos de defesa do consumidor constituem-se no principal instrumento de C&C de que essas agências dispõem. As sanções administrativas estão relacionadas às violações aos direitos básicos do consumidor e às boas práticas comerciais e contratuais. A multa não pode ser confundida com um instrumento financeiro, pois mesmo sendo aplicada em proporção à vantagem obtida pelo fornecedor, trata-se de um mecanismo de sanção como os demais.

10.3.4 Sistema de proteção ao meio ambiente

10.3.4.1 O problema

Os mercados falham quando as transações produzem efeitos positivos ou negativos a terceiros, ou seja, causam externalidades. Tais efeitos dão origem a custos ou benefícios para terceiros, não refletidos nos custos de transacionar dentro do mercado, levando à super ou subexploração dos recursos. O papel da regulamentação nesses casos é o de avaliar os custos externos e redistribuí-los aos que lhes deram origem.

Em grande parte das atividades econômicas, pode-se identificar a presença de resíduos gerados nos processos produtivos. Por exemplo, na agricultura, o uso de pesticidas pode contaminar os trabalhadores ou as águas subterrâneas; na indústria, têm-se o lançamento de gases na atmosfera e os resíduos sólidos e líquidos contendo materiais nocivos à saúde; e nos sistemas de transporte urbano, que empregam ônibus com motores a diesel, ocorre a intoxicação das cidades com os gases de escape. Portanto, externalidades negativas são um fenômeno bastante comum no cotidiano.

Se é fácil notar a presença de externalidades, o mesmo não pode ser dito quanto a corrigi-las. Existem dificuldades de natureza técnica, relativas ao conhecimento dos elementos prejudiciais da poluição: mesmo quando conhecidos os elementos maléficos das substâncias poluentes, existem problemas em identificar o quanto as pessoas foram de fato afetadas por determinada fonte de poluição, ou seja, de repartir o ônus entre os poluidores; e, ainda, as dificuldades de compensar os prejudicados pela poluição, isto é, como evitar o comportamento oportunista quando se oferece dinheiro para quem foi afetado por certo tipo de poluição.

Às dificuldades técnicas e informacionais sobrepõe-se a dificuldade de identificar corretamente os direitos de propriedade em questão. Como repartir a responsabilidade pela poluição atmosférica em uma grande cidade? Quanto dela caberá aos proprietários de veículos, aos industriais, entre outros? Se a responsabilidade civil dos que causam a poluição fosse facilmente identificada, o conjunto geral de leis que disciplina o assunto seria suficiente para que qualquer dano causado a terceiros viesse a ser compensado. Nesse caso, não haveria necessidade de regulamentação e de agências governamentais especificamente concebidas para esse fim. Porém, os direitos de uso exclusivo não são completamente definidos e os recursos naturais podem tornar-se, com efeito, de livre acesso. Muitas vezes, isso ocorre sem que seja percebido como tal. Os exemplos de tais situações são abundantes, desde direitos de perfuração de poços de petróleo nos Estados Unidos, estoques pesqueiros em águas internacionais, até o caso de pastagens em áreas comunais da África. A solução de casos de propriedade comum de recursos requer discutir também os custos de serem produzidos direitos de propriedade que eliminem o livre acesso. É necessária a substituição por um sistema que garanta que a decisão sobre o uso do recurso seja tomada por um único agente, mesmo que a propriedade possa continuar comunal ou estatal. Somente nesse caso se pode assegurar, quer pelo papel de coordenador, quer por atribuição de direito de alocação exclusivo, que tal recurso não será superexplorado.

Assim, a regulamentação do meio ambiente e a definição dos melhores instrumentos para tornar os custos externos a ele relacionados como parte dos custos privados de produção são dois dos grandes desafios que vêm sendo encarados pelas sociedades modernas. O sistema de defesa do meio ambiente no Brasil e os principais instrumentos de que ele dispõe serão analisados em seguida.

10.3.4.2 Sistema de atribuição de direitos

O Art. 170 da Constituição Federal afirma que a "ordem econômica, fundada na valorização do trabalho humano e na livre iniciativa, tem por fim assegurar a todos existência digna, conforme os ditames da justiça social, observados os seguintes princípios: [...] VI — defesa do meio ambiente; [...]".

É no título *Da Ordem Social* da Constituição Federal que se vê um capítulo dedicado ao meio ambiente. No Art. 225, lê-se: "Todos têm direito ao meio ambiente ecologicamente equilibrado, bem de uso comum do povo e essencial à sadia qualidade de vida, impondo-se ao Poder Público e à coletividade o dever de defendê-lo e preservá-lo para as presentes e futuras gerações".

No parágrafo primeiro do referido artigo, definem-se as atribuições do Poder Público no sentido de garantir tal direito. No que diz respeito à regulamentação dos mercados destacam-se dois incisos:

> IV — exigir, na forma da lei, para instalação de obra ou atividade potencialmente causadora de significativa degradação do meio ambiente, estudo prévio de impacto ambiental, a que se dará publicidade; V — controlar a produção, comercialização e o emprego de técnicas, métodos e substâncias que comportem risco para a vida, a qualidade de vida e o meio ambiente.

As atribuições de órgãos específicos para cumprir as funções de controle definidas nos incisos citados já haviam sido previstas na lei n. 6.938, de 31 de agosto de 1981, que instituiu o Sistema Nacional do Meio Ambiente. Nesse sistema, cabe aos Estados, entre outras atribuições de natureza ambiental, o controle da poluição e o licenciamento de atividades potencialmente causadoras de degradação ambiental, recaindo para a esfera federal o controle e licenciamento de atividades de interesse interestaduais. É pelo exercício do controle da poluição, estabelecendo-se padrões de emissão de poluentes, e do fornecimento de licenças de funcionamento, que as agências ambientais exercem a regulamentação dos mercados.

10.3.4.3 Agências e instrumentos

O Sistema Nacional de Meio Ambiente é dirigido por um Conselho Nacional que assessora o ministro no estabelecimento da Política Nacional de Meio Ambiente. Da mesma forma, existem os Conselhos Estaduais, responsáveis pelas políticas estaduais. No âmbito federal, o Instituto Brasileiro de Meio Ambiente (Ibama) é a agência federal encarregada de estabelecer programas e exercer a fiscalização da legislação ambiental. Nos Estados, as agências estaduais cumprem o mesmo papel, porém, seguindo legislações e parâmetros ambientais fixados em cada estado. Diante dos parâmetros ambientais estabelecidos, as agências dispõem de três instrumentos de controle: os estudos e relatórios de impacto ambiental EIA/Rima; as licenças de funcionamento; e a fiscalização das emissões de poluentes.

Os EIA/Rimas aplicam-se a novos projetos ou à expansão de projetos já existentes, sendo custeados pelo proponente e submetidos à avaliação do órgão ambiental competente.

O segundo instrumento é a licença de funcionamento, que pode ser aplicada inclusive a plantas existentes anteriormente à legislação ambiental. Na hipótese de um projeto ter seu EIA/Rima aprovado, a obtenção da licença não é automática, dependendo da inspeção da planta e das condições de funcionamento efetivo. A concessão de licenças não depende apenas do projeto em si, mas das condições do meio ambiente em que estará instalado. Desse modo, a agência pode impor compromissos mais ou menos rigorosos de padrões de lançamentos de diferentes poluentes.

O terceiro instrumento de controle é a ação fiscalizadora, que pode impor diversas sanções, como multas, interrupção da produção, suspensão temporária das atividades e até cassação da licença e consequente fechamento da empresa.

A esses instrumentos de controle, a legislação brasileira vem acrescentando nos últimos anos um novo conjunto de instrumentos econômicos genericamente associados aos princípios do poluidor-pagador e consumidor-pagador. Entre eles, estão os *royalties* de compensação financeira pela utilização de recursos hídricos para fins de geração de energia elétrica, *royalties* de compensação financeira pela utilização de recursos minerais, compensações financeiras para municípios inundados por barragens, para exploração de recursos florestais e, ainda em implantação, a cobrança pelo uso dos recursos hídricos.

Essa parece ser uma tendência na regulamentação dos recursos ambientais. No começo dos anos 1990, o governo americano começou a permitir que as companhias de eletricidade comprassem e vendessem direitos de emissão de certos tipos de poluentes, princípio que foi ampliado quando o governo começou a leiloar direitos para o espectro magnético. Nesse contexto, surgiram mecanismos associados a incentivos econômicos de racionalização dos recursos ambientais por meio da criação de regras de racionalização de recursos.

No mesmo sentido, mais recentemente, o Programa das Nações Unidas para o Meio Ambiente, em associação com Organização Meteorológica Mundial, deram início ao Painel Intergovernamental de Mudanças Climáticas (IPCC), que incorporou 195 países numa agenda de discussões sobre a redução de emissões de gases do efeito estufa e na busca de novos mecanismos de incentivo ao controle do aquecimento global. Em 2016, o Painel Intergovernamental aprovou um relatório estimando a necessidade de limitação do aquecimento global a 1,5 °C acima da temperatura pré-industrial. Os meios para que se alcance esse objetivo constituem um grande desafio para a economia.

QUESTÕES

1. Discuta em quais circunstâncias a seguinte afirmação é correta: "Uma estrutura de mercado concorrencial garante a melhor alocação de recursos".
2. Discuta em quais circunstâncias a seguinte afirmação é plausível: "Em uma economia de mercado, é possível realizar contratos para qualquer data, se os contratantes possuem as informações suficientes e os sistemas de atribuição de direitos permitem que a alocação de recursos seja eficiente".
3. Procure cinco exemplos de serviços de utilidade pública que tenham característica de monopólio natural. Identifique para cada serviço qual elemento impediria a existência de outro produtor do mesmo serviço.
4. Aponte exemplos de serviços de utilidade pública que não sejam monopólios naturais. Esses serviços também seriam sujeitos à regulação dos serviços para cada caso?
5. Critique a afirmação: "Se o mercado é de concorrência imperfeita, existe pelo menos uma empresa que exerce o poder de mercado e opera com lucros extraordinários".
6. Dê exemplos de mercados concentrados em que possa haver alto grau de rivalidade. Explique qual é a principal tarefa da política de defesa da concorrência: evitar a concentração ou a diminuição da rivalidade?
7. A assimetria de informação pode ser caracterizada como uma falha de mercado. O Sistema de Defesa do Consumidor adota a inversão do ônus da prova nas relações de consumo. Quais os efeitos dessa inversão sobre o comportamento dos fornecedores e consumidores?

8. Identifique os principais ativos fornecidos à humanidade pelo meio ambiente. Discuta como o uso de recursos naturais está associado a externalidades positivas e negativas.
9. Quanto à regulamentação do meio ambiente no Brasil, discuta os papéis dos instrumentos de comando e controle e dos instrumentos de incentivos econômicos.
10. Os estudos conduzidos pela IPCC indicam que o aquecimento global produzirá diversos efeitos sobre o clima do planeta. Isso poderá levar à deterioração de certas áreas produtoras de alimentos (tropicais) e favorecer outras (subtropicais). Nesse contexto, discuta como um Sistema de Atribuições de Direitos amplo seria necessário para garantir as populações futuras.

REFERÊNCIAS

CARVALHO, M. A.; SILVA, C. R. L. *Economia internacional*. 2. ed. São Paulo: Saraiva, 2002.

CAVES, R. E.; FRANKEL, J. A.; JONES, R. W. *Economia internacional*: comércio e transações globais. São Paulo: Saraiva, 2001.

EATON, C. B.; EATON, D. F. *Microeconomia*. São Paulo: Saraiva, 1999.

EGGERTSSON, T. *Economic behavior and institutions*. Cambridge: Cambridge University Press, 1990.

FARINA, E. M. M. Q. Fundamentos da defesa econômica. *Estudos Econômicos da Construção*, v. 1, p. 25-37, 1996.

GOLDEMBERG, J. Energia e sustentabilidade. Revista de Cultura e Extensão da Universidade de São Paulo, n°14, 2015.

JOHNSON, B. B.; SAES, F. A. M.; TEIXEIRA, H. J. & WRIGHT, J. T. C. *Serviços públicos no Brasil*: mudanças e perspectivas. São Paulo: Blucher, 1996.

MAIMON, D. Estratégias empresariais, meio ambiente e políticas públicas. Tese (Concurso de Professor Titular). — Universidade Federal do Rio de Janeiro, Rio de Janeiro, 1995.

MANSFIELD, E.; YOHE, G. *Microeconomics*. New York: W. W. Norton & Company, 2000.

NORTH, D. *Institutions, institutional change and economic performance*. Cambridge: Cambridge University Press, 1990.

OLIVEIRA, G. de. *Concorrência*: panorama no Brasil e no mundo. São Paulo: Saraiva, 2000.

SPULBER, D. F. *Regulation and markets*. Cambridge, Massachusetts: MIT Press, 1989.

WESSELS, W. J. *Microeconomia*: teoria e aplicações. São Paulo: Saraiva, 2002.

TEORIA DOS JOGOS: UMA INTRODUÇÃO

Amaury Patrick Gremaud
Márcio Bobik Braga

11.1 ■ INTRODUÇÃO

É inegável a familiaridade que as pessoas têm com o termo *jogo*. Todos os dias é possível ver nos jornais ou na televisão reportagens inteiras sobre futebol, basquete ou vôlei. É difícil também encontrar pessoas que, pelo menos uma vez na vida, não tenham experimentado jogar "palitinho", "par ou ímpar", dama ou mesmo xadrez. O termo "jogo", no entanto, pode deixar de ser apenas uma palavra relacionada com lazer para ter importância fundamental como instrumento de análise econômica. Por exemplo, uma firma oligopolista, tal como em um jogo de xadrez, deve estar atenta às possíveis estratégias de seus concorrentes, para não acabar em posição difícil ou "em xeque". Deve também decidir se adota estratégia mais agressiva, qual o ataque mais ofensivo no futebol, ou se mantém comportamento mais moderado ou de espera em relação aos adversários, o que poderia ser comparado com a estratégia defensiva de um time, esperando as oportunidades proporcionadas pelos "contra-ataques".

Inúmeras situações podem ser tratadas como um verdadeiro jogo, tal como ele é conhecido popularmente. Como exemplo, suponha uma situação em que você possua uma firma que produza sabão em pó. Em determinado momento, você deve decidir se lança um novo tipo de sabão em pó no mercado. Para tornar isso possível, é necessário ainda desenvolver o produto, investindo em P&D, além de empreender uma campanha de *marketing*, o que implica custos. Por sua vez, as receitas vão depender da participação desse novo produto no mercado (quanto desse novo produto será vendido — substituindo antigos sabões em pó que continuam no mercado) e até que ponto os concorrentes vão reagir ao seu lançamento com produtos semelhantes. Afinal, você deve ou não incorrer nos custos iniciais e lançar o produto no mercado? Ele trará lucros ou não?

Podem-se apresentar ainda outra situação interessante. Suponha que, em determinada faculdade, o serviço de fotocópia seja realizado por apenas uma pessoa, e que seja possível a outra pessoa, você, por exemplo, explorar esse serviço. Assim, na decisão de entrar no "mercado" de fotocópias na faculdade, você poderá dar início a uma verdadeira guerra de preços, já que a pessoa que até então monopolizava esse serviço tentará manter sua posição, podendo, para tanto, baixar os preços com o objetivo de inviabilizar os serviços do concorrente. Até que ponto vale a pena você entrar no mercado? Essas são situações econômicas, dentre várias outras possíveis, que podem ser analisadas de acordo com a Teoria dos Jogos.

Os jogos, objeto de análise econômica, por constituírem método de investigação científica, têm conotação específica e tratamento formal fornecido pela Teoria dos Jogos. Seu objetivo é analisar os problemas por meio da interação entre os agentes, na qual as decisões de um indivíduo, firma ou governo afetam as decisões dos demais agentes ou

Teoria dos Jogos:
estudo das decisões em situação interativa.

jogadores ou vice-versa. A **Teoria dos Jogos**, definida como o estudo das decisões em situação interativa, não se restringe à Economia, sendo também bastante utilizada em Ciências Políticas, Sociologia, estratégia militar, entre outras.

Dentro da Economia, ou da Microeconomia, a Teoria dos Jogos procura analisar o processo de tomada de decisão em situação um pouco diferente da preconizada pela concorrência perfeita. Do mesmo modo que na concorrência perfeita, parte-se do pressuposto de que os agentes tomam decisões de modo racional e intencional, procurando atingir um objetivo — isto é, as ações tomadas são consistentes com a busca do objetivo. Além disso, na Teoria dos Jogos, assim como na Microeconomia clássica, pressupõe-se um comportamento maximizador, ou seja, o agente toma as decisões procurando "maximizar" seus objetivos, buscando o máximo lucro, a máxima satisfação, entre outros. O que diferencia a Teoria dos Jogos é o ambiente no qual essas decisões (intencionais, racionais e maximizadoras) são tomadas. Na microeconomia tradicional, o agente decide com base em um conjunto de informações, em um ambiente dito paramétrico, ou seja, em que o resultado depende apenas da sua decisão, não importando as ações dos demais agentes.[1] Já em Teoria dos Jogos, trabalha-se com o chamado **ambiente estratégico**, no qual o resultado de determinada ação depende não apenas dela, mas também das ações dos outros tomadores de decisão.

11.2 ■ A TEORIA DOS JOGOS

11.2.1 Breve histórico

A Teoria dos Jogos, especialmente em sua ligação com a Economia, tem como marco fundamental a publicação, em 1944, do livro *Teoria dos Jogos e comportamento econômico*, de autoria do matemático John von Neumann e do economista Oskar Morgenstern. Porém, antes dela, muitos avanços haviam sido feitos, especialmente no campo da Matemática.

Os chamados jogos de azar, como as loterias, os jogos de dados e de cartas, são objetos de estudo dos matemáticos desde tempos imemoriais. Na verdade, o início da Teoria dos Jogos acompanha o desenvolvimento da teoria das probabilidades e da lógica. Nesse desenvolvimento, podem-se citar, entre outros, Cardano, Pascal, Fermat, Bernouille, Waldgrave. Pelo lado da economia, Augustin **Cournot**, na primeira metade do século XIX, acaba levantando o problema da interdependência de ações em situações de duopólios. Também analisando estruturas de mercado não concorrenciais, Bertrand constrói modelos que induzem à ideia de interdependência de ações, o mesmo sendo feito por Stackelberg, no início do século passado.

Modelo de Cournot:
modelo de duopólio (duas empresas produtoras no mercado).

Voltando à Matemática, em 1912, o alemão Zermelo prova um importante teorema que conduz à ideia de que jogos não cooperativos de duas pessoas, com ações sequenciais e informação completa, são perfeitamente determinados. Desse modo, jogos como o "jogo da velha" ou xadrez têm uma solução conhecida, ou seja, os jogadores têm uma estratégia ótima (apesar de se saber disso, ainda não foi descoberta qual a estratégia ótima em jogos de xadrez, mas sabe-se que ela existe). Em 1924, o francês Borel trabalha com os mesmos problemas que von Neumann, chegando mesmo a definir um jogo na sua forma moderna.

---

[1] Dependendo do conjunto de informações disponíveis para o agente quando da tomada de decisão, a escolha pode ser determinística, quando todas as informações necessárias estão disponíveis; pode também ser uma escolha envolvendo risco ou sob incerteza, quando alguns parâmetros não estão disponíveis. O elemento básico que conduz a essa situação é o pressuposto do grande número de agentes, fazendo com que a ação de cada um isoladamente não altere os resultados gerais.

John von Neumann era húngaro e já em 1928 publicou um estudo sobre o conceito de *minimax* para jogos não cooperativos de duas pessoas com soma zero. Além de escrever o livro com Morgenstern, von Neumann deixou contribuições em diversas áreas. Foi um brilhante matemático, tendo elaborado importantes trabalhos em ciências da computação, desenvolvendo autômatos e inteligência artificial, além de trabalhar com matemática aplicada à física quântica. Participou inclusive do grupo que desenvolveu a bomba atômica nos Estados Unidos. Oskar Morgenstern, economista austríaco, fez parte do famoso círculo de Viena, junto de pensadores como Albert Einstein e Bertrand Russel; dedicou-se durante vários anos a modelos de previsão econômica e a questões epistemológicas, quando se juntou a von Neumann para se dedicar aos modelos matemáticos de Teoria dos Jogos e suas aplicações econômicas.

Depois do livro de von Neumann e Morgenstern, ampliaram-se os trabalhos nesse campo, especialmente nos jogos chamados estritamente competitivos (jogos de duas pessoas de soma zero). No início da década de 1950, uma nova importante contribuição vem com John **Nash**, ainda dentro de jogos não cooperativos, porém, com mais de duas pessoas e soma variável. Nesse período, o autor desenvolve os conceitos de solução chegando ao chamado "equilíbrio de Nash", que se aproxima muito das soluções encontradas um século antes por Cournot (alguns chamam esse equilíbrio, ou essa solução, de "equilíbrio de Nash-Cournot"). Nash também inicia importantes trabalhos na, ainda pouco explorada, área dos jogos cooperativos. Nessa década, a parte básica de Teoria dos Jogos já estava montada. A partir de então, desenvolveram-se importantes sofisticações e refinamentos no arsenal montado em meados do século. Em 1994, John Nash, John Harsanyi e Reinhard Selten receberam o Prêmio Nobel por suas contribuições à teoria econômica, especialmente à Teoria dos Jogos. Em 2005, novamente, estudiosos relacionados à Teoria dos Jogos, Robert Aumann e Thomas Schelling, ganharam o Prêmio Nobel por suas contribuições para a melhor compreensão das situações de conflito e cooperação em economia.

Equilíbrio de Nash: *conceito de equilíbrio (ou solução), também conhecido como o de não arrependimento.*

11.2.2 O dilema dos prisioneiros

Talvez o mais comum dos exemplos da Teoria dos Jogos seja o chamado **dilema dos prisioneiros**. Trata-se de uma situação na qual dois indivíduos devem tomar uma decisão, sendo a consequência dependente da interação das duas decisões. Nesse jogo, duas pessoas são aprisionadas, suspeitas de terem cometido, conjuntamente, um crime. Os policiais colocam os dois suspeitos em celas separadas, de modo que a comunicação entre eles não seja possível e a cada um é perguntado se cometeram ou não o crime. Os policiais, para induzi-los a confessar, propõem as seguintes situações:

Dilema dos prisioneiros: *"jogo" que trata de uma situação na qual dois indivíduos devem tomar uma decisão e sua consequência depende da interação das duas decisões.*

a) se o suspeito não confessar e o seu parceiro confessar, denunciando o outro, a pena será máxima para o que não confessou — dez anos de reclusão —, enquanto o que confessou terá a pena reduzida a zero;

b) se ambos confessarem, a pena será reduzida à metade — cinco anos de reclusão para cada suspeito;

c) se nenhum deles confessar o crime, apenas continuarão presos por mais algum tempo (um ano, por exemplo).

O que deveriam fazer os dois prisioneiros?

Com base no exemplo citado, pode-se estudar o comportamento dos jogadores, as estratégias possíveis e suas consequências. Se um dos suspeitos confessar, poderá ficar preso cinco anos ou permanecer livre, caso o outro não confesse. Se não confessar, poderá ficar apenas um ano preso, se o outro não confessar, ou dez anos, caso o outro confesse. Também pode-se analisar o resultado do jogo, a chamada solução de um jogo. Nesse caso, parece, a princípio, melhor para ambos não confessarem e ficarem presos apenas um ano. Porém, pelo fato de os dois suspeitos estarem incomunicáveis, existe uma grande ameaça: se um deles confessar, poderá conseguir a liberdade imediata. Assim, sabendo da possível traição de seu companheiro, ambos têm fortes estímulos a confessar o crime, procurando reduzir a pena (ou até se ver livre). Desse modo, a consequência acaba sendo a confissão dos dois, com cinco anos de cadeia para cada um, o que, evidentemente, não é a melhor solução para ambos. Para que seja possível compreender melhor esse e outros resultados de jogos, deve-se avançar em outros conceitos importantes.

No dilema dos prisioneiros, dois jogadores tomam a decisão simultaneamente, sem possibilidade de cooperação, conhecendo perfeitamente os resultados a que cada uma das combinações de decisão conduz. Porém, podem existir outras possibilidades, dependendo do número de jogadores, da sequência[2] em que as ações são efetivadas, da possibilidade de cooperação (acordos, conversas), das informações disponíveis, entre outras. Além disso, o que ocorreria se essa situação fosse repetida mais vezes? Será que o comportamento dos agentes continuaria sempre o mesmo? Assim, existem vários tipos de jogos com suas especificidades e cada um deles será definido aqui claramente. Em seguida, será possível classificar os vários tipos e examinar alguns.

11.3 ■ CONCEITOS BÁSICOS

É importante destacar que a Teoria dos Jogos, assim como toda a teoria econômica, trabalha com modelos, isto é, abstrações teóricas simplificadas da realidade. Um "jogo" também é um modelo, uma abstração teórica da realidade.

11.3.1 Caracterização de um jogo

Jogo: *conjunto de regras e de resultados.*

Um **jogo** é caracterizado pelo conjunto de regras e pelo conjunto de resultados que o formam. As regras "descrevem" a realidade, delimitando as ações possíveis dos agentes (jogadores). Nesse campo de ação, os agentes tomam suas decisões de modo racional e maximizador, com base no conjunto de resultados.

Entende-se como o conjunto de regras de determinado jogo a especificação de cada um dos seguintes elementos:

a) os jogadores (agentes econômicos);
b) o conjunto de ações possíveis para cada jogador;
c) o conjunto de informações disponíveis para cada agente.

Payoff: *em um jogo, o conjunto dos resultados possíveis, decorrentes da interação entre as estratégias dos jogadores.*

Além desses elementos, a caracterização do jogo se completa com o conjunto dos resultados possíveis, também denominados **payoff**, decorrentes da interação das ações.

11.3.1.1 Os jogadores

Jogadores: *agentes econômicos que tomam as decisões.*

Os **jogadores** são agentes econômicos que tomam as decisões. São consumidores buscando maximizar sua satisfação, firmas que procuram maximizar seu lucro ou aumentar sua fatia de mercado, investidores que devem decidir entre tomar ou não um empréstimo,

---

[2] Um jogo de xadrez, por exemplo, é diferente do dilema dos prisioneiros. Neste último, ambos decidem simultaneamente; no xadrez, cada jogador toma a decisão depois da jogada do outro, configurando-se um jogo sequencial.

bancos que têm de decidir se concedem ou não empréstimos, ou mesmo o governo que tem de tomar a decisão de implementar determinada política econômica. Esses jogadores são, a princípio, considerados racionais e têm preferências em relação aos resultados do jogo. Na tomada de decisão, eles procuram maximizar suas preferências.

Em relação aos jogadores, o principal problema é a definição do seu número. Os jogos podem variar de um até n jogadores, inclusive jogos com infinitos jogadores. Aqueles de dois jogadores são os mais comuns e os mais estudados. Quando existe apenas um jogador, considera-se um jogo contra a natureza. A natureza é um jogador especial, pois não tem interesses nem intenções; trata-se do acaso, que pode ocorrer com alguma certeza, com alguma probabilidade ou com nenhuma certeza, quando não se pode atribuir nenhuma probabilidade a determinado evento. Por exemplo, no jogo de "cara ou coroa", o resultado é determinado pela natureza. Quando um empresário deseja realizar algum investimento, procurando aumentar sua capacidade de produção, deverá levar em conta a demanda futura pelo bem produzido; essa demanda, para a Teoria dos Jogos, seria determinada pela natureza.[3]

11.3.1.2 Ações e estratégias

Em um jogo, devem estar definidas as ações possíveis de serem feitas por parte dos jogadores, como a possibilidade ou não de cooperação, acordos ou coalizões entre eles. Os jogos em que os acordos são permitidos são chamados **jogos cooperativos**. Quando os acordos não são possíveis, tem-se os **jogos não cooperativos**. Estes últimos foram os mais estudados e apresentam resultados mais conhecidos.

Um jogo pode ser composto por várias ações, como o xadrez, em que existem diversos lances. Define-se **estratégia** como o conjunto de ações a ser executado ao longo do jogo. Ainda usando o xadrez como exemplo, em princípio, o jogador deveria saber como responder a cada lance do adversário, e a estratégia seria definida como o conjunto de ações a ser levado a efeito em resposta aos lances do adversário. Assim, a estratégia consiste em um plano de ações que pode se resumir a apenas uma ação, como no caso do dilema dos prisioneiros, ou a um complexo conjunto de alternativas, como "se ele fizer isso, eu faço aquilo, e, se ele responder assim, eu respondo assado, entre outras", como no jogo do xadrez.

Note que as estratégias no jogo do "par ou ímpar" são quatro, sendo que cada uma é composta de duas ações:

a) pedir par e jogar (número de dedos) par;

b) pedir ímpar e jogar par;

c) pedir par e jogar ímpar;

d) pedir ímpar e jogar ímpar.

Porém, como um dos jogadores escolhe primeiro, restam ao adversário apenas duas estratégias.

No caso do dilema dos prisioneiros, para cada jogador, existem apenas duas estratégias com uma ação cada:

Jogo cooperativo: *tipo de jogo em que acordos entre os jogadores são permitidos.*

Jogo não cooperativo: *tipo de jogo em que não há possibilidade de acordos entre os jogadores.*

Estratégia: *conjunto de ações a ser executado ao longo do jogo.*

---

[3] Nesse caso, o empresário pode realizar ou contratar pesquisa de mercado com o objetivo de reduzir o poder de determinação da demanda pela natureza.

a) confessar;

b) não confessar.

No xadrez, existe um número imenso de estratégias para as peças brancas e outro tanto para as pretas. Por exemplo, as brancas podem ter como estratégia:[4]

a) 1. P4R, 2. P4Br se pretas P4R, ou P3D se pretas P2CD, ou P2CD se pretas..., 3. C3Tr se pretas...

b) 1. P4D, 2. P4R se pretas P4R, ou P3D se pretas P2CD, ou P2CD se pretas..., 3. C3Tr se pretas...

c) e assim por diante.

Na verdade, é exatamente em função do grande número de estratégias que o jogo de xadrez é tão interessante.

11.3.1.3 As informações disponíveis

Um jogo também deve definir que tipo de informações está disponível para os jogadores. Em outras palavras, devem-se ter respostas para perguntas do tipo "o que o jogador sabe?" ou "ele sabe sobre as preferências dos outros jogadores, sobre as ações permitidas aos outros jogadores, sobre os resultados a serem alcançados?". Chamam-se **jogos de informação completa** aqueles nos quais os jogadores possuem todas as informações necessárias para a tomada de decisão. Esses são os mais conhecidos e mais facilmente analisados.[5] Quando parte das informações não está disponível, temos um **jogo de informação incompleta**.

Jogo de informação completa: *os jogadores possuem todas as informações necessárias para a tomada de decisão.*

Jogo de informação incompleta: *parte das informações não está disponível.*

Jogo de informação perfeita: *tipo de jogo em que os jogadores agem em sequência.*

Jogo de informação imperfeita: *tipo de jogo em que os jogadores agem ao mesmo tempo.*

Também existem os **jogos de informação perfeita** (ou sequenciais) e os **jogos de informação imperfeita** (ou simultâneos). Nos jogos em que a jogada é simultânea, como o "par ou ímpar", a informação é imperfeita, já que um jogador não sabe o que o outro vai fazer. Nos jogos cujas ações ocorrem em sequência, como o xadrez, a informação é perfeita, pois o jogador sabe o que o outro fez antes de fazer sua ação.

11.2.1.4 Os resultados (payoffs)

A interação do conjunto de estratégias leva a resultados que podem assumir várias formas. Por exemplo, no dilema dos prisioneiros, têm-se os seguintes resultados possíveis:

a) a estratégia de confessar de um prisioneiro e de confessar do outro leva ao resultado de cinco anos de cadeia para ambos;

b) a estratégia de confessar de um prisioneiro e de não confessar de outro leva ao resultado de liberdade para o que confessou e de dez anos de cadeia para quem não confessou;

c) a estratégia de não confessar para ambos leva a um ano de cadeia para ambos.

---

[4] Os que não conhecem as regras do jogo de xadrez não precisam ficar assustados com a nomenclatura apresentada no exemplo. Basta ter em mente que existe uma quantidade enorme de lances no jogo.

[5] Quando a informação é completamente compartilhada, isto é, um jogador sabe que o outro sabe que ele sabe que o outro sabe ... *ad infinitum*, temos uma situação chamada de sabedoria comum.

Os resultados são avaliados de acordo com as preferências dos jogadores. No exemplo anterior, a avaliação parece óbvia: quanto menos anos na cadeia, melhor. Porém, nem sempre os resultados e sua avaliação se colocam de forma simples. Na maior parte das vezes, os resultados são apresentados numericamente para facilitar o entendimento do jogo. Esses números geralmente representam lucro ou nível de satisfação do jogador ao fim do jogo (evidentemente, quanto maior o número, maior o nível de satisfação).

Podem-se ter os chamados **jogos de soma zero**, nos quais o que um grupo de jogadores ganha é exatamente o que o outro perde, como no jogo do par ou ímpar. Os jogos de soma zero são um caso particular dos **jogos de soma constante**, em que a soma dos resultados obtidos é sempre a mesma, contrapondo-se aos **jogos de soma variável**, como o dilema dos prisioneiros.

Jogo de soma zero: *a soma é constante, no qual o ganho de um jogador é sempre igual à perda do outro.*

Jogo de soma constante: *a soma dos resultados é sempre a mesma, independentemente das ações dos jogadores.*

Jogos de soma variável: *a soma dos resultados é inconstante.*

11.3.2 Tipos de jogos

Com base nas diferentes características que possuem, podem-se ter diferentes modelos ou tipos de jogos, em Teoria dos Jogos. Assim, tem-se:

- **quanto ao número de jogadores:** jogos envolvendo um, dois, ou mais jogadores;
- **quanto às ações possíveis:** jogos cooperativos ou não cooperativos;
- **quanto às informações disponíveis:** jogos com informação completa ou incompleta; sequenciais ou simultâneos;
- **quanto aos resultados:** jogos de soma constante (zero) ou variável.

Na verdade, o jogo é a combinação dessas possibilidades. Assim, o modelo pode ser o de dois jogadores, não cooperativo, com informação completa, simultâneo e de soma constante; ou o de cinco jogadores, cooperativo, com informação incompleta, sequencial e de soma variável, e assim por diante.[6]

11.3.3 A representação de um jogo

Existem basicamente duas formas de representar ou formalizar graficamente um jogo: a forma extensiva, usando a chamada "árvore de um jogo", ou a normal, também chamada estratégica, utilizando matrizes para a representação gráfica.

11.3.3.1 A forma extensiva

Os jogos sequenciais, em geral, são representados graficamente por meio do que se chama de **árvore de decisão**, também conhecida como forma extensiva. Trata-se da maneira de representar sequencialmente cada uma das ações dos jogadores. Uma árvore de decisão é um gráfico orientado com um único nodo inicial, em que cada nodo representa um ponto de ação de determinado jogador e as ligações entre os nodos são as ações possíveis.

Árvore de decisão: *forma de representar sequencialmente cada uma das ações dos jogadores, também conhecida como forma extensiva.*

Tomando a situação descrita anteriormente sobre os serviços de fotocópias de uma faculdade, suponha que determinada firma tem a intenção de entrar em determinado mercado (de serviços de reprodução) já dominado por apenas uma firma (mercado monopolista). As estratégias disponíveis para a firma desafiante consistem em "entrar" ou "não entrar" no mercado. Caso entre, o monopolista deverá decidir se começa ou não uma guerra de preços contra o desafiante. Percebe-se, assim, que a ação de entrar no mercado por parte da firma desafiante é seguida pela ação do monopolista em retaliar ou não essa ação. A decisão do desafiante de entrar ou não no mercado precede a do

---

[6] Outro aspecto que pode ser destacado é a possibilidade de o jogo se repetir ou não, isto é, o jogo será jogado novamente? Quantas vezes? Infinitas vezes?

monopolista de iniciar a guerra ou não contra o desafiante. Tem-se um jogo com dois jogadores, não cooperativo, sequencial e com informação completa. A árvore de decisão pode ser representada conforme a Figura 11.1.[7]

FIGURA 11.1

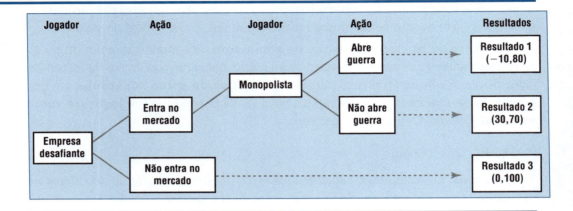

Na árvore de decisão da Figura 11.1, os números entre parênteses representam os resultados, que podem ser, por exemplo, os lucros obtidos com a operação da firma desafiante e do monopolista, respectivamente. Na situação inicial, o monopolista tem $ 100 mil de lucro. Se a firma desafiante decidir entrar no mercado, e o monopolista decidir não abrir guerra, o mercado será dividido, porém, a firma que estava estabelecida anteriormente tem um lucro superior ao da desafiante, dada a sua antiguidade no mercado (acordos firmados com alunos, entre outros). Por seu turno, se a firma entrar e a monopolista abrir guerra, os lucros se reduzirão em função da queda de preços, a firma desafiante acabará por ter prejuízo e os lucros da monopolista serão substancialmente reduzidos. O que deve fazer a firma desafiante?

11.3.3.2 A forma normal ou estratégica

A forma normal ou estratégica de um jogo é aquela em que os resultados são apresentados na forma de matrizes. Tal representação é comum para jogos simultâneos, especialmente de dois jogadores. Nesse caso, as linhas e colunas representam as estratégias dos jogadores e os elementos (duplos), os respectivos resultados. O dilema dos prisioneiros pode ser representado como na Tabela 11.1.

TABELA 11.1

		Prisioneiro 2	
		Confessa	Não confessa
Prisioneiro 1	Confessa	(5, 5)	(0, 10)
	Não confessa	(10, 0)	(1, 1)

[7] A definição de *árvore de decisão* apresenta um rigor formal que será, por motivos didáticos e sem comprometer o rigor do texto, dispensada neste capítulo. Para tratamento mais formal desse conceito, ver SHUBIK, M. *Game theory in the social sciences*: concepts and solutions. Cambridge, Massachusetts: MIT Press, 1982; KREPS, D. *A course in microeconomic theory*. Princeton: Princeton University Press, 1990.

Cada prisioneiro tem duas estratégias possíveis: confessar ou não confessar o crime. Os números entre parênteses da Tabela 11.1 são os resultados, em relação a anos de cadeia, avaliados pelos jogadores (quanto maior, menos desejável).

11.3.4 Soluções

Depois de estabelecida a caracterização de um jogo e sua forma de representação, cabe agora sua solução que consiste em saber qual a melhor forma de jogar o jogo (a melhor estratégia) para cada jogador, até o resultado final.

Existem vários conceitos de solução ou de tomada de decisão. Aqui, serão analisados três dos mais conhecidos:

a) dominância;
b) *maxmin*;
c) o conceito de Nash.

De todo modo, a ideia central é sempre a de que a melhor decisão (a melhor estratégia) é aquela que garante o melhor resultado, dadas as estratégias dos adversários. Utilizando basicamente jogos não cooperativos de informação completa e dois jogadores, esses conceitos serão brevemente estudados.

11.3.4.1 *Estratégias dominantes*

Uma estratégia é chamada de dominante em relação a outra quando os resultados obtidos com sua utilização são melhores em relação aos resultados obtidos com outra estratégia, qualquer que seja a atuação dos demais jogadores. Essa estratégia é, assim, melhor que as outras e pressupõe-se que é a que deverá ser escolhida pelo jogador.

No caso do dilema dos prisioneiros, ambos os jogadores possuem uma estratégia dominante. Para o prisioneiro 1, a estratégia dominante é confessar. Essa estratégia leva a resultados melhores que a outra, não importando o que o prisioneiro 2 fizer. Assim, por um lado, se o prisioneiro 2 confessar, a melhor resposta para o prisioneiro 1 é confessar. Por outro lado, se o prisioneiro 2 não confessar, continua sendo a melhor resposta (dominante) confessar. De modo análogo, pode-se verificar que a estratégia dominante para o jogador 2 também é confessar (verifique você mesmo).

Uma observação importante é que a solução encontrada não necessariamente é a melhor possível para os jogadores, como no caso do último exemplo. Existe um resultado melhor para ambos: se não confessarem, ficarão apenas um ano presos. Em outras palavras, a solução alcançada não representa um ótimo de Pareto, pois pode-se melhorar a situação de um prisioneiro sem piorar a do outro. A solução ótima (um ano para cada) certamente seria alcançada se houvesse possibilidade de comunicação ou de acordo entre as partes. Porém, determinada a estrutura do jogo, essa comunicação não é possível.

Suponha outra situação: a batalha do mar de Bismarck. O almirante japonês Imamura quer tomar a Nova Guiné e, para tal, deve enviar uma esquadra naval. Existem dois caminhos para a frota: a rota norte, mais curta, levando dois dias até o alvo, e a rota sul, mais longa, levando três dias. O almirante sabe que no caminho até o alvo a frota será bombardeada por aviões inimigos e tentará minimizar o tempo de exposição ao bombardeio. O almirante inimigo, Kenney, procurará destruir parte da frota japonesa antes de chegar à Nova Guiné e, para isso, envia aviões para bombardear a esquadra. O problema desse almirante é saber para onde enviar os seus aviões: para a rota norte ou para a rota sul, pois se, por exemplo, enviá-los para a rota norte e a esquadra for pela sul, os aviões deverão retornar, perdendo assim um dia de bombardeio.

Pode-se formalizar a situação usando a forma estratégica. Temos duas estratégias possíveis para cada almirante, as duas rotas, e a rota escolhida sem que o adversário saiba da decisão. Os resultados serão o número de dias de bombardeio a que a frota japonesa estará submetida. Quanto maior esse número, melhor para Kenney e pior para Imamura[8] (Tabela 11.2).

TABELA 11.2

		Almirante Imamura	
		Confessa	Não confessa
Almirante Kenny	Rota norte	2	2
	Rota sul	1	3

Nessa situação, o que Kenney deve fazer? Para onde enviar seus aviões? Note que ele não possui nenhuma estratégia dominante. Se os navios forem para o sul, sua melhor "resposta" será enviar os aviões para o sul. Por seu turno, se os navios forem para o norte, sua melhor resposta será enviar os aviões para o norte.

Porém, olhando as opções que Imamura tem, percebe-se que para esse almirante é melhor enviar sua frota para o norte, sendo essa sua estratégia dominante. Os navios indo pela rota norte estarão submetidos a dois dias (se os aviões também forem para o norte) ou a apenas um dia de bombardeio (se os aviões forem para o sul), o que é melhor do que enviá-los pela rota sul e estar submetido a dois (se os aviões forem para o norte) ou três dias de bombardeio (se os aviões também forem para o sul). Assim, Imamura elimina a opção da rota sul e enviará seus navios pela rota norte. Percebendo isso, Kenney agora poderá decidir com mais facilidades e enviará seus aviões também para o norte. Assim, a solução é o bombardeio de dois dias na rota norte.

A situação da firma que desafia a outra no mercado de fotocópia da faculdade é semelhante. Se acompanhar os resultados, em princípio a firma desafiante não tem uma estratégia dominante, pois se entrar poderá perder ou ganhar dinheiro, dependendo do que a monopolista fizer. Porém, olhando os resultados disponíveis para a firma monopolista, fica claro o que ela fará: não abrirá a guerra de preços, pois seu lucro será superior não abrindo guerra. Como o desafiante sabe disso, por indução retroativa, decide entrar no mercado. Assim, a situação final é a entrada no mercado da nova firma, sem guerra de preços.

---

[8] Esse é um jogo de soma zero, o que um ganha, o outro perde. Como os resultados, em módulo, são iguais para ambos os jogadores, é possível representá-los com apenas um número. Pode-se, no entanto, representar a escolha da rota norte por ambos como (2, 22), sendo o primeiro *payoff* do Almirante Kenney e o segundo, do Almirante Imamura, e assim por diante.

Há situações, porém, em que não existem estratégias dominantes, inviabilizando a solução do jogo por esse critério. Suponha o exemplo a seguir: Filomena e Juvenal se amam e detestam ficar separados. No entanto, nos fins de semana, ambos gostam de programas distintos. Juvenal gosta de ir ao futebol, ao passo que Filomena gosta de ir ao costumeiro baile que acontece na cidade. O problema é que ambos detestam fazer programas sozinhos. A situação, comumente chamada de **batalha dos sexos**, pode ser representada com base na matriz da Tabela 11.3.

TABELA 11.3

		Filomena	
		Futebol	Baile
Juvenal	Futebol	(3, 2)	(1, 1)
	Baile	(−1, −1)	(2, 3)

Se ambos forem ao futebol, ambos estarão felizes, porém, Juvenal um pouco mais. Se ambos forem ao baile, também ambos ficarão felizes, mas Filomena mais. Contudo, se cada um for fazer um programa diferente, não estarão tão felizes; pior ainda, se Juvenal for ao baile e Filomena ao futebol. Se cada um tiver de escolher individualmente (sem se comunicar com o outro, mas procurando imaginar o que o outro fará), percebe-se que nenhum deles possui uma estratégia dominante. Assim, o jogo fica sem solução pelo critério de dominância.

11.3.4.2 Maxmin

Outra forma de escolher a estratégia, quando não existe estratégia dominante, é o chamado **maxmin**. Nesse caso, o jogador procura maximizar o mínimo que ele pode assegurar para si, independentemente das estratégias dos outros jogadores. A estratégia *maxmin* é a que garante ganho mínimo para o jogador. A ideia aqui é a seguinte: não sei o que fazer, farei aquilo que me der "o menos pior" dos piores resultados possível.

Maxmin: *estratégia utilizada quando não há estratégia dominante.*

No exemplo anterior, usando o conceito *maxmin*, tem-se: para Juvenal, se ele escolher a estratégia de ir ao futebol, o pior que pode ocorrer é Filomena escolher ir ao baile, de modo que o resultado para Juvenal seja (1). No caso de escolher a estratégia de ir ao baile, o pior que pode ocorrer é Filomena ir ao futebol, cujo resultado, para Juvenal, será (−1). Procurando obter a menor perda possível, Juvenal, então, escolherá a estratégia de ir ao futebol. Fazendo o mesmo raciocínio para Filomena, ela acabará escolhendo ir ao baile. Assim, a solução do jogo por *maxmin* será o par de estratégias: Juvenal vai ao futebol e Filomena ao baile, com resultado mediano para ambos (1, 1). Note que essa solução também não é Pareto ótima.

Supondo um hipotético jogo de soma zero,[9] como o descrito a seguir, a estratégia *maxmin* de A é IA, e de B é IB, de modo que o resultado final será 15 para A, e −15 para B (Tabela 11.4).

---

[9] Aquilo que um ganha o outro perde; na matriz, o número é positivo para o jogador A e será considerado negativo para o B.

FIGURA 11.4

		Jogador B	
		Estratégia IB	Estratégia IIB
Jogador A	Futebol	15	10
	Baile	5	20

O conceito de *maxmin* é baseado na ideia de que o jogador age da maneira mais prudente possível. Para muitos autores, essa ideia é muito forte, pois pressupõe que os jogadores vivem constantemente na retranca ou que são sempre muito pessimistas. Além do mais, pode conduzir a resultados que geram arrependimento dos jogadores: eles poderiam ter feito melhor. No jogo descrito anteriormente, tanto Filomena como Juvenal se arrependem de suas decisões, dada a escolha feita pelo outro. Tais críticas fazem com que esse conceito seja pouco usado pelos teóricos como forma habitual de solucionar jogos. Eles preferem outro conceito: o equilíbrio de Nash.

11.3.4.3 Equilíbrio de Nash

O conceito de equilíbrio (ou solução) de Nash é também conhecido como o de não arrependimento. A combinação de estratégias escolhidas leva a um resultado no qual nenhum dos jogadores individualmente se arrepende, ou seja, esse jogador não poderia melhorar a sua situação unilateralmente modificando a estratégia escolhida. Em uma situação em que se utiliza o conceito de Nash, um jogador escolhe a melhor estratégia, dada a escolha do outro.

De volta ao dilema dos prisioneiros, foi visto que a solução por estratégias dominantes é ambos confessarem e, assim, ficarem presos por cinco anos. Essa também é uma solução de Nash. O prisioneiro 1 tem uma decisão melhor do que a de confessar, uma vez que o prisioneiro 2 confessou? Não, pois a outra opção seria não confessar, e se o fizesse ficaria dez anos preso. Assim, para o prisioneiro 1, confessar é a melhor estratégia se o 2 confessar. O mesmo ocorre para o prisioneiro 2, pois confessar é a melhor resposta que ele pode dar à estratégia de confessar escolhida por 1. Nessa situação, nenhum dos dois prisioneiros se arrepende do que fez, em vista do que o outro fez. Cada um deles, individualmente, não poderia ter agido de maneira melhor. Essa solução é, portanto, uma solução de Nash, a mesma encontrada pelo critério de dominância.

Examinando o resultado de apenas um ano de cadeia para os prisioneiros, caso nenhum deles confesse, percebe-se que essa não é uma solução pelo critério de Nash. O jogador 1 arrepende-se de não ter confessado, pois se o tivesse feito estaria livre àquela hora, uma vez que o prisioneiro 2 não confessou. Assim, ele poderia melhorar sua situação (ficar menos tempo preso), em vista da opção do outro.[10] Existe, nesse caso, uma forte tendência de fugir da situação, não configurando uma solução estável. Os outros resultados possíveis que não o de Nash têm o mesmo problema, pois sempre pelo menos um dos jogadores se arrepende da opção escolhida.

Olhando agora para o exemplo da batalha dos sexos, vê-se que a solução *maxmin* não é uma solução para Nash: se Juvenal escolheu ir ao futebol, era melhor que

---

[10] Esse mesmo raciocínio pode ser feito para o outro prisioneiro.

Filomena também o fizesse. Do mesmo modo, já que Filomena escolheu ir ao baile, era melhor Juvenal também ter ido. Porém, olhando para a situação em que ambos vão ao futebol, nenhum deles se arrepende da estratégia adotada, dado o que o outro fez. Essa é uma solução de Nash.

O problema que surge nesse jogo é que a combinação de estratégias "ambos irem ao baile" também é uma solução de Nash.[11] Assim, é possível mais de um equilíbrio de Nash, o que constitui um problema para a teoria e exige refinamentos para poder desenvolver a solução do jogo (por exemplo, considerar o cavalheirismo do homem).

11.4 ■ OUTRAS APLICAÇÕES

A Teoria dos Jogos constitui-se em um instrumento de grande utilidade na compreensão de fenômenos ou problemas econômicos. Veja três exemplos a seguir.

11.4.1 Vida curta dos cartéis

Os cartéis são organizações de produtores ou indústrias dentro de certo setor ou atividade que determinam a política de preços para todos os associados, fixando cotas de mercado para cada um. É estabelecido como forma de evitar guerra de preços que pode trazer resultados ruins para todos. Sua sobrevivência, no entanto, depende da cooperação de cada um em seguir a política comum. Nesse contexto, um produtor pode, individualmente, melhorar sua situação se romper o acordo, reduzindo seu preço e conquistando, assim, uma fatia maior no mercado. Tal possibilidade pode se constituir em um desestímulo à formação do cartel, caso os produtores pensem estrategicamente como em um jogo.

11.4.2 Inflação inercial

A inflação inercial pode ser tratada como um jogo não cooperativo.[12] Em uma situação em que todos os preços e salários são indexados pela totalidade da inflação passada, cria-se uma situação de inércia inflacionária que só pode ser rompida com o fim da indexação. Em outras palavras, o fim da inflação inercial só poderá ocorrer caso todos abram mão da indexação. No entanto, problemas de coordenação, credibilidade da política anti-inflacionária, poder de fixação de preços e salários diferenciados na economia, além de outros, criam situações de não cooperação entre os vários agentes econômicos, o que mantém a situação de indexação. Os agentes só aceitarão abrir mão do reajuste em seus preços se todos também abrirem mão. Como existem ameaças de não cooperação por parte dos demais agentes, pode-se, tal como no dilema dos prisioneiros, chegar ao resultado de não cooperação por parte de todos os agentes.[13]

11.4.3 Credibilidade da política econômica

Muitas medidas de política econômica requerem cooperação entre governo e partidos no Congresso Nacional por dependerem de leis ou mesmo de alterações na Constituição. Em várias situações, as medidas impõem algum custo para a sociedade no curto prazo, como no caso das políticas de combate à inflação. No longo prazo, porém, é de se esperar que toda a sociedade melhore. Os partidos no Congresso enfrentam

---
[11] A situação descrita pelo jogo *batalha dos sexos* envolve um problema dito de coordenação.
[12] Sobre esse ponto, ver SIMONSEN, M.; CYSNE, R. P. *Macroeconomia*. São Paulo: Atlas-FGV, 1945. Cap. 12.
[13] Trata-se de situação simples e ilustrativa. Evidentemente, a inflação é um jogo bem mais complexo do que aqui colocado.

um dilema. Se colaborarem com o governo, perdem popularidade no curto prazo. Se o governo mantiver coerência na condução da política, no entanto, a sociedade estará melhor em um prazo mais longo, aumentando assim a popularidade dos partidos em relação à situação anterior às medidas. O problema surge quando o governo não é confiável na condução de suas políticas. Nesse caso, a política implementada pode não ser bem-sucedida, o que é ruim para os partidos tanto no curto como no longo prazo. Essa situação pode ser tratada como um jogo cujo resultado depende da credibilidade do governo.

11.5 ■ CONSIDERAÇÕES FINAIS

Teoricamente, a maior parte dos jogos que são modelados pela teoria econômica, como os exemplos citados até aqui, é definida como jogos não cooperativos, nos quais cada agente econômico busca maximizar seu *payoff*, efetivando ações sem se preocupar com o "bem-estar" do oponente ou o estabelecimento de acordos. Não se pode concluir, no entanto, que o mundo real seja não cooperativo. Existem inúmeras situações cooperativas na sociedade. A criação de associações, de sindicatos e de cooperativas são exemplos de cooperação entre os agentes. Tais situações são consideradas, pela Teoria dos Jogos, como jogos cooperativos, cuja sofisticação matemática e complexidade dos conceitos escapam dos objetivos de um livro introdutório. Os jogos não cooperativos, no entanto, ainda são os mais utilizados nos livros-textos e cursos, em vista da facilidade com que são aplicados a inúmeras situações estudadas pela Economia.

Outra questão importante diz respeito ao número de vezes que o jogo é realizado. A repetição de um jogo pode dar início a um processo de aprendizagem acerca das estratégias dos jogadores, levando a resultados diferentes caso fosse realizado apenas uma única vez. Imagine sucessivas repetições do jogo dilema dos prisioneiros. Nesse caso, é difícil imaginar que sempre o resultado será os dois confessarem. Enfim, são inúmeras as possibilidades na Teoria dos Jogos, o que talvez explique a crescente popularidade que ela vem alcançando dentro da teoria econômica.

QUESTÕES

1. Encontre a solução, se existir, dos seguintes jogos de soma variável, utilizando os critérios de dominância, *maxmin* e Nash:

a)

	BI	BII
AI	(8, 4)	(2, 6)
AII	(7, 2)	(8, 1)

b)

	BI	BII	BIII
AI	(10, 4)	(5, 1)	(4, −20)
AII	(10, 9)	(5, 0)	(0, −10)

2. Encontre a solução, se existir, dos seguintes jogos de soma zero, utilizando os critérios de dominância, *maxmin* e Nash:

a)

	BI	BII
AI	5	4
AII	3	7

b)

	BI	BII
AI	4	3
AII	5	0
AIII	4	1

3. Suponha duas firmas não cartelizadas, Ambev e Schincariol. Na disputa pelo mercado de cerveja, existem duas estratégias possíveis: a) promover guerra publicitária, incorrendo em custos de propaganda; b) não fazer guerra publicitária. Se ambas as firmas promoverem guerra, isso não altera suas posições relativas no mercado. Porém, se uma promover e a outra não, a primeira ganha uma fatia considerável do mercado, aumentando suas vendas. Explique qual a ação das firmas e qual a situação final, supondo a seguinte matriz de resultados que representa os lucros das firmas:

		Ambev	
		Guerra	Não guerra
Schincariol	Guerra	(1, 1)	(10, 0)
	Não guerra	(0, 10)	(5, 5)

4. Suponha duas firmas concorrentes no setor açucareiro dividindo o mercado de certa região. Tais firmas têm sofrido fortes pressões de grupos ecologistas para a instalação de equipamentos de tratamento de vinhoto. Porém, essa instalação implica fortes custos a serem repassados aos preços. O aumento unilateral dos preços implica perda de mercado, porém, tal não ocorre se o aumento se der nos produtos das duas firmas. Explique qual será o efeito da atuação dos grupos ecologistas sobre a poluição da região e como poderia atuar o governo em tal situação.

5. Monte o modelo de Cournot como um jogo não cooperativo e simultâneo. Demonstre que o equilíbrio de Nash leva ao mesmo resultado do modelo.

6. Procure "modelar" as seguintes situações:

    a) O governo anuncia uma política de crescimento econômico, mas necessita da colaboração da população. Essa colaboração representa um sacrifício temporário. Será que a população estará disposta a colaborar com o plano?

    b) Os sindicatos entram em greve por melhores salários. A greve dura um mês e a indústria apresenta uma proposta "irredutível" para os trabalhadores voltarem ao trabalho. Tal proposta, no entanto, contempla apenas 50% das reivindicações dos trabalhadores. Estes voltam ou não ao trabalho?

    c) Determinada pessoa herda o conhecimento de um processo de fabricação de um novo tipo de cerveja de sabor superior e custo baixo. Essa pessoa deve entrar no mercado ou vender o conhecimento a uma grande indústria de cerveja?

d) Determinado empresário solicita ao banco a prorrogação do prazo de pagamento de empréstimo, alegando dificuldades financeiras. O banco concede ou não essa prorrogação?

e) Considere o seguinte jogo, em sala de aula, de Teoria dos Jogos. Cada aluno anota em um papel seu nome e um número de 1 a 100, depositando-o em seguida em uma urna, sem que os outros alunos saibam do número anotado. Antes, porém, é dada a informação pelo professor de que o aluno cujo número corresponder à metade da média de todos os números será premiado com um 10 na prova. Demonstre que, pelo conceito de equilíbrio de Nash, todos conseguem esta nota. Analise ainda o que aconteceria com o equilíbrio de Nash se o professor impusesse a seguinte regra: alunos com números anotados abaixo da média perdem cinco pontos na prova.

REFERÊNCIAS

EATON, C. B.; EATON, D. F. *Microeconomia*. São Paulo: Saraiva, 1999.

GIBBONS, R. *Game theory for applied economist*. Princeton: Princeton University Press, 1992.

KREPS, D. *A course in microeconomic theory*. Princeton: Princeton University Press, 1990.

RASMUSEN, E. *Games and information: an introduction to game theory*. 2. ed. Cambridge: Blackwell Publishers, 1994.

SHUBIK, M. *Game theory in the social sciences: concepts and solutions*. Cambridge: MIT Press, 1982.

SIMONSEN, M.; CYSNE, R. P. *Macroeconomia*. São Paulo: Atlas-FGV, 1995.

WESSELS, W. J. *Microeconomia*: teoria e aplicações. São Paulo: Saraiva, 2002.

12 GOVERNO, ESCOLHA PÚBLICA E EXTERNALIDADES

André Luis Squarize Chagas

12.1 INTRODUÇÃO

Como visto em capítulos anteriores, os mercados competitivos esgotam os ganhos de troca entre os agentes, desde que não ocorram imperfeições ou falhas de mercado. O poder de mercado de monopólios e oligopólios, ou as assimetrias de informação, são exemplos de falhas de mercados que alteram os resultados do modelo de concorrência perfeita. Outro tipo de falha de mercado muito comum decorre do fato de que, em algumas situações, as preferências ou decisão de produção são afetadas pelas escolhas de outros agentes. Esse tipo de falha, denominada de **externalidade**, impõe restrições aos resultados de concorrência perfeita, o que é relevante para um número não desprezível de situações.

Este texto trata dessas situações e se organiza da seguinte forma: na próxima seção, discutem-se o conceito de externalidades, as dificuldades para a análise econômica decorrentes dos fatores externos, as formas de internalização etc. Na sequência, tratam-se dos bens comuns e públicos, bens cuja oferta pelo setor privado não é viável sem a ação do governo. Fundamenta-se a existência do Estado, sob argumentos econômicos, com base nesses mercados. A seção seguinte trata do problema da escolha pública. As seções 5 e 6 discutem o papel do governo nas sociedades modernas, focando-se na tributação e nas políticas públicas. A última seção traz as conclusões.

12.2 EXTERNALIDADES

As **externalidades** ou **economias externas** surgem quando a decisão tomada por um agente influencia no bem-estar de outro agente, não diretamente envolvido com as decisões do primeiro. Em outras palavras, em um mercado, as decisões de compradores e vendedores influenciam mutuamente em uns e outros e o resultado para esses agentes é totalmente internalizado pelo mercado, refletindo na quantidade e no preço de equilíbrio. No entanto, caso outro agente, não envolvido no mercado, também seja influenciado, a perda ou ganho de bem-estar desse último agente não se encontra refletido no equilíbrio de mercado, tratando-se de uma externalidade.

Um exemplo clássico de externalidade é a poluição. No caso do Rio Tietê, para tornar o exemplo mais próximo, as dezenas de milhares de pneus lá jogados constituem uma externalidade para toda a sociedade, sobretudo para os não consumidores ou produtores de pneus. Uma fábrica, ao emitir fumaça (subproduto não desejado do processo produtivo) em níveis que prejudicam a saúde humana e o meio ambiente, provoca efeitos externos sobre eles.

As externalidades podem ser negativas ou positivas. O exemplo da poluição é um caso de externalidade negativa. A educação (escolarização) é um caso de externalidade positiva, na medida em que todos se beneficiam por viver em uma sociedade mais educada.

A existência de externalidades leva a resultados ineficientes, do ponto de vista social, na medida em que os agentes não incorporam (não internalizam), no processo de tomada de decisão, todos os custos ou benefícios possíveis.

Suponha o caso de uma empresa industrial que gera poluição como parte de seu processo de produção, o que impacta negativamente o produto de uma empresa extrativa. Para a indústria, a produção de poluição é livre de custo, uma vez que é um subproduto de seu processo produtivo. Ela não tem incentivos para incorporar os custos sociais da poluição no seu processo de tomada de decisão, pois isso reduzirá o seu lucro. Assim, ela produzirá uma quantidade muito grande de poluição, bem maior que o socialmente ótimo.

No Gráfico 12.1, a curva B representa o benefício marginal da poluição, que é decrescente no nível de poluição (quanto maior a quantidade de poluição, menor o benefício marginal social), enquanto a curva C representa o custo social marginal da poluição, que é crescente na quantidade de poluição (quanto maior a quantidade de poluição, maior o custo social marginal). Ao não levar em conta o custo social marginal, a empresa industrial maximiza o seu lucro, fixando o benefício marginal igual a zero, produzindo a quantidade x_p de poluição.

No entanto, o ótimo social seria obtido ao ser levado em conta também os custos sociais da poluição, fixando o benefício marginal igual ao custo marginal. Ou seja, escolhendo a quantidade socialmente ótima, x_s, no ponto em que as curvas B e C se interceptam. Nesse exemplo, a solução privada assegura o máximo benefício para os agentes do mercado, às custas de redução do ótimo social.

GRÁFICO 12.1

Produção de poluição: solução privada *versus* solução socialmente ótima

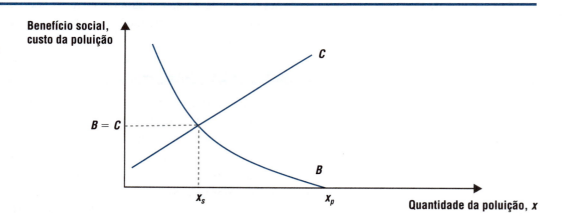

Algumas situações, no entanto, permitem a solução privada dos problemas decorrentes da externalidade. Uma delas pode ser a fusão dos processos produtivos da indústria e da extração. Nessa situação integrada, a empresa passa a considerar não apenas os benefícios gerados pela produção de poluição para o processo industrial, como também o custo para o processo extrativo. De fato, muitos processos de fusão e aquisição se justificam pelas **economias de escopo**[1] entre as empresas fundidas —

---

[1] Definem-se economias de escopo quando produtos diferentes podem ser produzidos mais eficientemente (ou seja, com custos menores) em conjunto, do que separadamente.

claro que nem todos os processos de fusão e aquisição são conduzidos visando reduzir externalidades negativas.

Outra forma seria permitir que as empresas negociassem entre si sobre a quantidade ideal de poluição. Nesse caso, a definição dos **direitos de propriedade** é essencial: se é a empresa industrial que tem o direito de poluir ou se é a empresa extrativa que tem direito ao ambiente limpo.

Um resultado conhecido como **Teorema de Coase**[2] estipula que, se os direitos de propriedade forem bem definidos, o mercado livremente resolverá os problemas de externalidade.

No exemplo anterior, caso a empresa extrativa tenha direito ao ambiente limpo, ela pode negociar com a empresa industrial alguma poluição, vendendo à esta o direito de poluir. Por outro lado, se os direitos de propriedade forem definidos em favor da empresa industrial, a empresa extrativa pode desejar pagar para que a indústria não polua.

Em um caso ou outro, a negociação entre as partes levará a uma situação ótima do ponto de vista social, alterando apenas a distribuição de renda entre as empresas.

Definir os direitos de propriedade, no entanto, não é algo trivial, pois significa escolher ganhadores e perdedores de um eventual processo de negociação, e requer, via de regra, a existência de órgãos de regulação e solução de conflitos. Órgãos privados para solução de conflitos podem existir. São os casos das câmaras de arbitragem ou tribunais extrajudiciais. A ideia é que o conflito gera uma externalidade negativa que pode prejudicar a todos os envolvidos, conduzindo a uma situação de equilíbrio ineficiente (um equilíbrio de Nash não cooperativo ineficiente).[3] O prejuízo com o conflito pode, eventualmente, ser grande o suficiente para justificar a contratação de profissionais para arbitrarem uma solução mais eficiente.

Novamente, estes não se constituem na maioria dos casos, uma vez que os benefícios sociais são difusos, dificultando a coordenação de uma solução pelo mercado. Para esses casos, é possível que o Estado desempenhe o papel de regulador, atuando para internalizar as externalidades identificadas.

A **regulação estatal** também pode ser feita limitando a produção de poluição por parte das empresas poluidoras, seja impondo um limite sobre quantidades, seja tributando a poluição gerada. Nesse último caso, a alíquota do imposto deveria ser fixada de modo a incentivar a indústria a reduzir a poluição. A fixação da tarifa ótima deve levar em conta os custos e benefícios sociais da poluição, o que conduz à mesma solução ótima do ponto de vista social. Esse tipo de imposto, que internaliza os efeitos de uma externalidade, é conhecido como **Imposto de Pigou**.[4]

No entanto, a definição pelo Estado da quantidade ótima de poluição, ou da alíquota de um imposto pigouviano, nem sempre é tranquila e livre de erros, podendo aprofundar distorções antes de corrigi-las. Afinal, o governo é também uma construção social e uma organização imperfeita. O processo de decisão estatal varia de regime para regime. Nas sociedades modernas, o Estado democrático é o modelo institucional predominante. Salvaguardadas as peculiaridades de cada país, as decisões públicas no Estado democrático envolvem a coordenação entre políticos dos

---

[2] Em referência a Ronald Coase (1910-2013), Prêmio Nobel de Economia em 1991.
[3] Veja no Capítulo 11 o conceito de Equilíbrio de Nash em jogos não cooperativos.
[4] Em referência a Arthur Cecil Pigou (1877-1959), economista inglês.

poderes executivos e legislativo, além de funcionários públicos do poder judiciário. Nem sempre o processo de escolha resultante desse processo é o mais eficiente do ponto de vista social. Um ramo comum da Economia e da Ciência Política estuda o processo de **escolha pública**, aplicando métodos de análise econômica para entender o funcionamento do governo, obtendo resultados muito interessantes e que conflitam com o senso comum, como se verá adiante, de modo que, sempre que uma solução privada estiver disponível, seria sensato, no mínimo, testá-la.

12.3 ■ BENS COMUNS E BENS PÚBLICOS

É certo, contudo, que nem sempre uma solução privada está disponível. Ela, em geral, é possível para aquelas categorias de bens que apresentam algum grau significativo de exclusividade. Os bens, em geral, podem ser classificados de acordo com atributos de rivalidade/não rivalidade e exclusividade (alta ou baixa).

Um bem é **rival** quando o seu consumo por um agente impede o consumo por outros agentes. São rivais todos os bens de consumo, como alimentos, roupas etc. Por outro lado, um bem **não rival caracteriza-se pela possibilidade de consumo por mais consumidores simultaneamente**, como é o caso dos sinais de TV aberta, segurança pública etc.

Os bens também têm o atributo da exclusividade. Um bem é **exclusivo** quando o seu proprietário pode impedir o acesso de outros agentes ao bem. Isso acontece com todos os bens privados, como automóveis, propriedades particulares etc. No entanto, alguns bens têm baixo grau de exclusividade: peixes em águas internacionais, banheiros públicos etc.

Pois bem, os bens exclusivos, rivais ou não, podem ser providos privadamente, seja por empresas competitivas – caso de uma grande quantidade de bens rivais exclusivos – seja por monopólios naturais – caso de empresas protegidas por regulações ou patentes. No entanto, a solução privada para os bens não exclusivos (com baixo grau de exclusividade) não é trivial.

12.3.1 Bens comuns

Bens comuns é o nome que se dá aos bens rivais com baixo grau de exclusividade. Esse tipo de bem padece de um problema conhecido como **tragédia dos comuns**, qual seja, o consumo predatório do bem. São exemplos de bens comuns: peixes em águas internacionais, resultando na ameaça de extinção de espécies; áreas públicas não ocupadas, incentivando o descarte de lixo e entulhos, por exemplo; trânsito em vias não tarifadas, resultando em congestionamentos, entre outros.

O fato de não serem internalizados os custos pelo uso do fator comum, na tomada de decisão individual, leva os agentes a consumi-lo acima do socialmente ótimo.

Uma solução para a tragédia dos comuns seria a definição de direitos de propriedade, restringindo o acesso ao bem. Embora essa solução seja eficiente, do ponto de vista econômico, definir os direitos de propriedade para um agente ou grupo altera a distribuição da renda e, ainda que se vá de uma situação ineficiente, no sentido de Pareto, para uma eficiente, não há critério claro sobre como essa passagem deva ser feita.

A regulação ou imposição de impostos pigouvianos também pode solucionar o problema das tragédias dos comuns. O rodízio municipal de veículos em São Paulo é um exemplo de regulação que visa restringir o acesso de veículos ao serviço de trânsito. Já o pedágio urbano da Cidade de Cingapura e de Londres é um exemplo de taxa pigouviana para corrigir o mesmo problema.

12.3.2 Bens públicos

Entretanto, existe ainda uma categoria de bens que são não rivais e têm baixo grau de exclusividade. Esses bens são chamados de **bens públicos**, pois o seu provimento gera benefícios a todos, ou a um número muito grande de agentes, mas dada sua não exclusividade, é difícil identificar os benefícios marginais de cada um.

Um exemplo clássico de bem público é o da segurança em uma rua ou bairro. Trata-se de um bem que beneficia todos (menos o ladrão, evidentemente), portanto, existe um ganho social no seu provimento. Sendo assim, todos estarão melhores se o serviço for ofertado.

No entanto, os agentes têm um incentivo a não cooperarem, nesse caso. Uma vez que, caso o serviço seja ofertado, todos se beneficiam dele, tendo cotizado ou não para o seu provimento, evidentemente, alguns agentes podem considerar uma melhora em seu bem-estar, ao não pagar nada e usufruir do serviço. Esse comportamento é conhecido como ***free-rider*** (carona). O agente que não cotiza "pega carona" no serviço de segurança. Evidentemente, outros agentes pensando da mesma forma aumentam as chances de o serviço não ser ofertado – ou ser em uma quantidade subótima.

O caso da segurança da rua ou do bairro pode ser resolvido transformando a região em um condomínio fechado. Nesse caso, transforma-se o bem público em um bem exclusivo dos moradores do condomínio, possibilitando definir os beneficiários e, também, impondo maior controle sobre o seu financiamento. Porém, nem todos os bens públicos podem ser resolvidos por expediente semelhante.

As **leis de patentes** são outro exemplo de solução para provimento privado, no caso de inovações tecnológicas. As ideias são a base para as inovações, que por sua vez explicam o progresso tecnológico. Sem progresso tecnológico, não há crescimento de longo prazo. No entanto, ideias são bens não rivais e com baixa exclusividade. Assim, não haveria incentivos econômicos para a geração de novas ideias. As patentes buscam garantir exclusividade ao inventor, a fim de que ele consiga renda de monopólio suficiente para recuperar o custo de oportunidade da inovação.

A **regulamentação de monopólios naturais** também serve para viabilizar a oferta de bens públicos aos agentes privados. Essas regulamentações, em geral, asseguram barreiras à entrada de novas empresas no mercado. Isso é necessário, pois, caso contrário, a concorrência poderia levar a preços inferiores ao custo total médio de longo prazo, não viabilizando o negócio de nenhuma empresa. No Brasil, são regulados dessa forma, por exemplo, os mercados de telefonia fixa, distribuição de energia, concessão de rodovias, entre outros.

A característica desses mercados regulados é que eles deixam de ser bens públicos após a regulação. Em outras palavras, o desenho do mercado permite identificar os agentes que se beneficiam do bem e cobrar deles por sua oferta. O papel do Estado é, nesse caso, o de prover os incentivos corretos na forma da regulamentação do mercado.

No entanto, um grande número de bens e serviços públicos não se viabiliza apenas com regulações. Por exemplo, segurança nacional, praças e parques públicos, estradas em localidades distantes etc. Esses tipos de bens ou serviços são providos, via de regra, diretamente pelo Estado ou suas autarquias.

12.4 ESCOLHA PÚBLICA

O primeiro problema que surge com esses tipos de bens eminentemente públicos refere-se à questão de quais bens deveriam ser ofertados e a que quantidades. No caso de bens privados, esse problema se resolve pela maximização de utilidade do consumidor sujeita à sua restrição orçamentária e a maximização de lucros da empresa, sujeita à sua restrição técnica (sendo válidos o dual de minimização de gastos ou de custos para o problema de cada um dos agentes).

No caso social, o problema da escolha pública envolve a definição da regra de agregação das preferências individuais. Um resultado, conhecido como **Teorema da Impossibilidade de Arrow**,[5] é revelador das dificuldades de tal agregação.

São pressupostos razoáveis que:

1. dado um conjunto completo, reflexivo e transitivo de preferências individuais,[6] a preferência social também deve ser completa, reflexiva e transitiva;
2. se para todos os indivíduos, *x* é preferível a *y*, então, na função social, *x* deve ser preferido a *y*;
3. a decisão entre *x* e *y* deveria depender apenas de como as pessoas ordenam *x* em relação a *y*. Esse pressuposto é conhecido como independência das alternativas irrelevantes;
4. as preferências sociais não deveriam refletir as preferências de apenas um indivíduo (não ditatorial).

O Teorema da Impossibilidade de Arrow mostra que essas quatro condições não podem ser satisfeitas ao mesmo tempo.

Um clássico exemplo de regra de escolha que viola um dos pressupostos de Arrow, o pressuposto de transitividade, é a regra da maioria (diga-se de passagem, uma regra comumente empregada em escolha pública). Considere três agentes (A, B, C) decidindo sobre os níveis de gasto público *x*, *y* e *z*. A ordenação das preferências é dada como na Tabela 12.1.

TABELA 12.1

Ordenação de preferências sobre os níveis de gasto público de três agentes fictícios

	Agente		
	A	B	C
Ordenação do nível de gasto	x	y	z
	y	z	x
	z	x	y

---

[5] Em referência ao economista Kenneth Joseph Arrow (1921-2017), ganhador do Prêmio Nobel de 1972.
[6] Esses são os axiomas fundamentais da moderna teoria microeconômica da escolha. Um conjunto é completo quando o consumidor consegue ordenar todas as possíveis alternativas segundo suas preferências. Ele é reflexivo quando uma escolha é ao menos tão boa quanto ela mesma. O axioma da transitividade implica que, se uma alternativa *A* é preferida à *B*, e se *B* é preferida à *C*, então *A* tem que ser preferida à *C*.

Ou seja, o agente A prefere a alternativa x sobre todas as outras, e ordena a alternativa z como a sua menos preferida. O agente B, por sua vez, prefere a alternativa y sobre todas as demais, a z de modo intermediário e a x é sua alternativa menos preferida. O agente C, finalmente, tem a alternativa z como sua mais preferida opção e a y, como a menos preferida. Caso sejam colocadas em votação as alternativas x e y, x vence pela regra da maioria, com dois votos contra um, pois os agentes A e C preferem x a y, e apenas o agente B prefere y a x. Caso seja votado x e z, a maioria escolhe z, uma vez que os agentes B e C preferem z a x, e apenas o agente A votaria em x. No entanto, caso a votação tivesse começado com a escolha inicial entre y e z, x venceria no final. Esse resultado é claramente intransitivo.

Outras regras de votação podem ser pensadas, como atribuir pesos às alternativas e escolher mediante alguma ponderação desses pesos. No entanto, todas essas regras sempre esbarram em um ou mais dos postulados de Arrow.

12.4.1 Funções de bem-estar social

A flexibilização do terceiro postulado – independência das alternativas irrelevantes – possibilita a definição de funções de bem-estar social (W). Duas funções de bem-estar social muito discutidas são:

1. Função de Bentham:[7]

$$W(u_1,...,u_n) = \sum_{i=1}^{n} a_i u_i$$

em que:

- $W(\cdot)$ é a função de bem-estar social;
- u_i são as utilidades individuais, $i = 1,...,n$;
- a_i são pesos. Em geral se assume $a_i \geq 0$ e $\sum_{i=1}^{n} a_i = 1$.

Ou seja, o bem-estar social é obtido a partir de uma média aritmética ponderada das utilidades individuais.

2. Função de Rawls:[8]

$$W(u_1,...,u_n) = \min\{u_1,...,u_n\}$$

Ou seja, a utilidade social é dada pela utilidade do agente em pior situação.

Tanto em um caso como em outro, a utilização da função de bem-estar social exige algum tipo de comparação das utilidades entre agentes diferentes, o que requer a definição cardinal das utilidades.[9] Uma forma flexível para a função de bem-estar social pode ser obtida impondo-se apenas que ela seja crescente na utilidade de cada consumidor. Esse tipo de abordagem permite a definição de um equilíbrio socialmente ótimo eficiente de Pareto, ou seja, uma situação em que o máximo de bem-estar é alcançado. No entanto, essa abordagem não garante que o equilíbrio é único, o que traz novamente a questão da escolha sobre a distribuição dos benefícios e também não

---

[7] Em referência ao filósofo inglês Jeremy Bentham (1748-1832).
[8] Em referência ao filósofo americano John Rawls (1921-2002).
[9] Utilidade cardinal refere-se ao caso em que o grau de satisfação (utilidade) do consumidor seria mensurável (uma maçã valeria 5 útiles; uma pêra, 3 útiles etc.) e, portanto, comparável entre indivíduos diferentes.

permite trabalhar adequadamente com transbordamentos de utilidade, qual sejam os casos de inveja ou altruísmo.

12.5 ■ TRIBUTAÇÃO

Ainda que seja possível a escolha de um ótimo social segundo alguma função de bem-estar social, outro problema que permanece refere-se ao financiamento do bem ou serviço público. As economias modernas geralmente o resolvem por meio da tributação.

Ao decidir sobre um sistema tributário, os governos se deparam com um clássico dilema: **eficiência e equidade**. Os impostos, se inevitáveis, devem ser eficientes, no sentido de alterarem o menos possível os sinais dados pelos preços em mercados competitivos. De outra maneira, o sistema tributário estimulará setores ineficientes e penalizará os mais eficientes.

Por outro lado, deve-se atentar também para a equidade do sistema, entendida como um bem em si mesmo pela maior parte das sociedades. Evidentemente, existem razões econômicas para a equidade, como redução de conflitos internos, expansão de mercado consumidor etc.

Assim, dois princípios são geralmente aceitos para nortear o desenho de um sistema tributário:

- **Princípio dos benefícios**: segundo o qual cada um deve contribuir de acordo com o benefício auferido. Nos casos em que isso é possível, no entanto, foi visto anteriormente que o provimento do serviço público por um ente privado é possível.

- **Princípio da capacidade de pagamento**: segundo o qual devem contribuir mais os agentes com maior capacidade. Caso a contribuição seja mais que proporcional à renda, por exemplo, trata-se de um sistema de **impostos progressivos**; se for menos que proporcional, **imposto regressivo**; e **imposto proporcional**, no caso de contribuições proporcionais.

O princípio da capacidade está intimamente ligado ao critério de tributação por questões de equidade e pode ser desdobrado em dois outros princípios:

- **Equidade vertical**: segundo o qual agentes com capacidades diferentes devem contribuir com quantias diferentes.

- **Equidade horizontal**: segundo o qual agentes com igual capacidade devem contribuir com quantias iguais.

Duas formas de tributação preponderam entre as economias modernas: impostos sobre a renda e impostos sobre o consumo. Os impostos sobre a renda não alteram preços relativos dos bens e, por isso, não geram perda de eficiência no mercado de bens. No entanto, eles podem alterar a decisão dos agentes entre trabalho e lazer e, com isso, reduzir a poupança nacional.

Já os impostos sobre o consumo, que podem ser específicos, quando cobrados sobre a quantidade vendida, ou *ad valorem* (ou proporcional), quando é em porcentual do preço, tendem a distorcer os preços relativos e gerar perda de eficiência.[10]

---

[10] Em um mercado concorrencial, a perda de eficiência e bem-estar que decorre de um imposto sobre o consumo (vendas) é chamada de peso morto do imposto. Essa perda reflete a má alocação de recursos que é gerada quando o governo, ao aplicar um imposto sobre consumo, faz com que a quantidade transacionada fique abaixo da quantidade desejada pelo mercado, se não fosse aplicado o imposto. Para mais detalhes, Varian (2003, p. 323-24) ou Vasconcellos (2006, p. 93-94).

Um tipo de imposto sobre o consumo que não gera perda de eficiência em determinadas condições é o Imposto sobre Valor Adicionado (IVA), que incide sobre o valor adicionado em cada etapa do processo produtivo, em um esquema de débitos e créditos. No entanto, se as alíquotas entre os produtos forem diferentes, haverá alteração dos preços relativos.

IVA não são fáceis de serem implementados quando os benefícios dos entes federativos não são muito claros, como ocorre no Brasil. A demora na implementação da reforma tributária tem contribuído para aumentar a ineficiência do sistema de arrecadação, como é exemplo a Substituição Tributária no Estado de São Paulo, que transforma o ICMS, um imposto *ad valorem*, em sua concepção original, em imposto específico.[11]

Impostos do tipo *lump sum*[12] (montante fixo), por meio do qual se recolhe o mesmo montante para todos os agentes, são mais eficientes, no entanto, não são equitativos.

O governo pode ainda decidir financiar por meio da **emissão de moeda**. Entretanto, esse método não é equitativo, pois tende a penalizar os mais pobres, sem acesso a produtos bancários, e nem eficiente, na medida em que desestimula investimentos e exportações, além de alterar as expectativas dos agentes.

12.6 ■ O PAPEL DO GOVERNO

Como será visto em capítulos posteriores, na parte de Macroeconomia, nas economias modernas, além do provimento de serviços públicos como segurança nacional, praças públicas etc., as sociedades também atribuem importância estratégica a, entre outros, bens como:

- manutenção da estabilidade de preços;
- equilíbrio no balanço de pagamentos;
- distribuição de renda;
- estado de bem-estar social.

Embora alguns desses bens possam ser providos por agentes privados ou com seu auxílio, a maior parte envolve decisões estratégicas de Estado.

Além disso, como visto ao longo do texto, o Estado também desempenha o papel de regulador, fixando os direitos de propriedade, ou de árbitro, decidindo em pontos de conflitos. A regulação e a arbitragem são também serviços públicos que beneficiam não apenas as partes envolvidas, como geram externalidades para toda a sociedade.

12.7 ■ CONSIDERAÇÕES FINAIS

O tema tratado neste capítulo envolve questões que estão na fronteira do conhecimento da Ciência Econômica.

Parece bastante bem sedimentado o terreno que envolve as escolhas individuais na ausência de externalidades. A existência de externalidades coloca algumas dificuldades. No entanto, a correta definição dos direitos de propriedade pode ajudar na solução do problema. Existirá um conflito social quando se tratar da definição

---

[11] Ao arbitrar um preço de venda e recolher o imposto sobre o preço arbitrado, sem possibilidade de correção a posterior, o governo torna específico um tributo que se queria proporcional.

[12] Impostos do tipo *lump sum*, ou de montante fixo, são impostos cobrados de uma única vez em montante igual para todos os agentes.

de direitos de propriedade, pois envolve a escolha de ganhadores e perdedores, em termos de distribuição de renda.

Um exemplo disso é a definição sobre a instalação de bloqueadores de sinal de telefone celular em presídios. O serviço de telefonia gera uma externalidade negativa, ao possibilitar que presidiários se comuniquem com pessoas de fora. Por outro lado, o serviço de segurança é um bem público. Encarar esse problema como uma externalidade significa atribuir a usuários e empresas de celular o custo para instalação dos bloqueadores. Encarar como uma questão de segurança pública implica atribuir o ônus a todos os contribuintes. Essa questão ainda não está resolvida e tem decisões judiciais nos dois sentidos.

Não há uma teoria positiva pacificada a esse respeito. Avanços nas teorias sobre funções de bem-estar social podem ajudar a encaminhar essas e outras questões.

De todo modo, o governo emerge com um papel fundamental: o de prover serviços públicos que não seriam ofertados de outra forma, sobretudo aqueles estratégicos para o país.

QUESTÕES

1. Explique o que é externalidade. Dê um exemplo de externalidade positiva e um de negativa.
2. Cite exemplos de situações em que a solução de uma externalidade pode ser obtida sem a intervenção governamental.
3. O que é o Teorema de Coase? Como ele pode ser aplicado para a resolução de conflitos de interesse envolvendo agentes privados? Qual seria o papel do Estado segundo esse princípio?
4. Explique o que é imposto pigouviano e como ele pode ajudar a resolver o problema de uma externalidade negativa.
5. Por que os bens comuns geram resultados ineficientes?
6. Bens públicos são não rivais e não exclusivos. Explique cada um desses termos.
7. As leis de patentes asseguram um monopólio ao detentor da patente, levando à ineficiência (preço acima do custo marginal). No entanto, também assegura o provimento privado de bens que, de outra forma, poderiam não ser ofertados pelo mercado. Com base em seus conhecimentos econômicos, discuta esses dois aspectos das patentes.
8. O que é o Teorema da Impossibilidade de Arrow? Como sua conclusão impacta sobre a escolha pública?
9. Quais os princípios e critérios que devem nortear o desenho de um sistema tributário?
10. Discuta o papel do governo nas modernas economias de mercado. Em que situações as ações do governo podem contribuir para a eficiência econômica?

REFERÊNCIAS

PINDYCK, R. S.; RUBINFELD, D. L. *Microeconomia*. 7. ed. São Paulo: Pearson, 2010.
VARIAN, H.R. *Microeconomia*: Princípios básicos. 7. ed. Rio de Janeiro: Elsevier/Campus, 2003.
VASCONCELLOS, M.A.S. *Economia micro e macro*. 4. ed. São Paulo: Atlas, 2006.

PARTE 3

Macroeconomia

CAPÍTULOS

13 TEORIA MACROECONÔMICA
EVOLUÇÃO E SITUAÇÃO ATUAL

14 SISTEMAS DE CONTAS NACIONAIS
NOÇÕES BÁSICAS E O SISTEMA BRASILEIRO

15 TEORIA DA DETERMINAÇÃO DA RENDA E PRODUTO NACIONAL

16 INTRODUÇÃO À TEORIA MONETÁRIA

17 POLÍTICA FISCAL DO GOVERNO

18 CONSIDERAÇÕES SOBRE O PROBLEMA DA INFLAÇÃO

19 COMO MEDIR A INFLAÇÃO
OS NÚMEROS-ÍNDICES DE PREÇOS

20 MODELO DE INTERLIGAÇÃO ENTRE O LADO REAL E O MONETÁRIO
ANÁLISE *IS-LM*

13 TEORIA MACROECONÔMICA: EVOLUÇÃO E SITUAÇÃO ATUAL

Carlos Antonio Luque

13.1 ■ INTRODUÇÃO

O principal objetivo da teoria econômica é analisar como são determinados os preços e as quantidades dos bens produzidos e dos fatores de produção existentes na economia. A partir de meados da segunda metade do século XIX, os economistas estruturaram um método de análise que viria a se consagrar posteriormente, denominado **escola neoclássica**. O princípio básico dessa escola era o da racionalidade dos agentes econômicos, ou seja, perante uma série de opções, os indivíduos, livremente, escolheriam aquela opção que considerariam mais vantajosa.

A fim de verificar como se determinavam os preços e quantidades produzidas, esses economistas criaram duas entidades básicas: o consumidor e a firma. O consumidor seria uma entidade abstrata que teria por objetivo maximizar alguma função (tradicionalmente, coloca-se como objetivo básico a maximização da satisfação ou utilidade), enquanto as firmas, ao decidirem aspectos relativos aos preços a serem cobrados ou às quantidades a serem produzidas, tomariam tais decisões, procurando maximizar também alguma função objetiva. Nesse caso, tem sido tradicional a colocação dos lucros como variável a ser maximizada.

Com o objetivo de analisar o processo de determinação de preços e quantidades, a teoria microeconômica preserva em sua análise as características individuais de cada bem e cada fator de produção. Cada produto é visto com suas características específicas, ou seja, laranjas distinguem-se na análise dos demais bens, como abacates, automóveis e outros. Por sua vez, no tocante aos diversos fatores de produção, também são preservados os vários tipos de fatores, bem como, dentro de cada fator, suas diferentes características.

Na tentativa de determinar como os preços e quantidades são estabelecidos, desenvolveram-se dois métodos de análise básicos: a **abordagem de equilíbrio parcial** e a **abordagem do equilíbrio geral**.

A abordagem do equilíbrio parcial analisa determinado mercado sem considerar os efeitos que ele pode ocasionar sobre os demais existentes na economia. Admite-se que os demais mercados afetam o mercado analisado, mas julga-se que ele próprio não afeta os demais. Por seu turno, na abordagem do equilíbrio geral, acredita-se que tudo depende de tudo, e assim, para determinar como são formados os preços dos bens, deve-se, inicialmente, listar todos os bens que são produzidos pela economia e todos os tipos de insumos que são utilizados, e considerar que, nas demandas e ofertas de cada um dos bens, todos os preços dos demais bens são importantes.

Evidentemente, a preservação de todas as características específicas de cada bem na análise impede que algumas considerações mais gerais a respeito da evolução da economia possam ser efetuadas. Imagine que existe o interesse em saber como os preços de uma economia têm-se comportado ao longo dos últimos meses. A resposta que a Microeconomia daria seria individualizar cada um dos bens produzidos, respondendo: o preço relativo do bem x está aumentando e o do bem y, diminuindo, e assim sucessivamente. Por sua vez, se estivéssemos interessados em avaliar como se tem comportado a produção dos bens na

---

Escola neoclássica: *tem como princípio o método de análise dos agentes econômicos, ou seja, perante uma série de opções, os indivíduos, livremente, escolhem a que consideram a mais vantajosa.*

Abordagem do equilíbrio parcial: *analisa determinado mercado sem considerar os efeitos que ele pode ocasionar sobre os demais existentes na economia.*

Abordagem do equilíbrio geral: *tudo depende de tudo; portanto, para determinar como são formados os preços dos bens, deve-se, inicialmente, listar tudo que é produzido pela economia e todos os tipos de insumos que são utilizados, e considerar que, nas demandas e ofertas de cada um dos bens, todos os preços dos demais bens são importantes.*

economia, a Microeconomia também forneceria respostas específicas para cada um dos bens produzidos.

Ainda que a observação de como evoluem os preços e a produção de cada bem individualmente seja extremamente elucidativa, pode-se perceber, de antemão, a necessidade de obter respostas um pouco mais rápidas e abrangentes.

Interessa saber coisas do tipo: como se tem comportado o nível de produção da economia ao longo dos últimos anos, como tem evoluído o nível de emprego, entre outros.

Dessa forma, percebe-se a necessidade de se dar um tratamento mais agregativo e empírico à análise econômica. E aqui surge o espaço para a Macroeconomia, que tem por objetivo fundamental analisar como são determinadas as variáveis econômicas de maneira agregada. O interesse aqui está em saber se o nível de atividades tem crescido ou diminuído, se os preços têm crescido, por exemplo, de forma agregada. É claro que a Microeconomia também analisa variáveis agregadas, como o mercado de automóveis, que inclui uma série de tipos de automóveis fabricados. Entretanto, a Macroeconomia faz agregações absolutas, pois reúne todos os tipos de bens produzidos.

Ao considerar uma economia fechada, ou seja, uma economia que não mantém relações com outros países, a Macroeconomia a observa como se ela fosse constituída por quatro mercados: o **mercado de bens e serviços**; o **mercado de trabalho**; o **mercado monetário e de títulos** e o **mercado cambial**.

Mercado de bens e serviços: *efetua-se agregação de todos os bens produzidos pela economia durante certo período e define-se o chamado produto nacional.*

Mercado de trabalho: *no qual se realizam a compra e venda de serviços de mão de obra, estabelecem-se salários e o nível de emprego.*

No mercado de bens e serviços, para tentar responder como se tem comportado o nível de atividades, efetua-se a agregação de todos os bens produzidos pela economia durante certo período e define-se o chamado produto nacional. Esse produto representa a agregação de todos os bens produzidos pela economia. O preço desse produto, que representa a média de todos os preços produzidos, é o chamado **nível geral de preços**. Observe que o nível geral de preços e o produto nacional representam entidades abstratas criadas pelos economistas.

De maneira semelhante, o mercado de trabalho também representa a agregação de todos os tipos de trabalho existentes na economia. Nesse mercado, é determinado como se estabelecem a taxa salarial e o nível de emprego.

Pode-se observar que, por meio dessa agregação, a teoria macroeconômica esquece as características individuais de cada produto, bem como de cada tipo de trabalho. Evidentemente, caso se queira efetuar alguma desagregação, isso é possível, por exemplo, ao destacar a produção dos chamados bens agrícolas dos bens industriais. Entretanto, a natureza básica da Macroeconomia é a discussão da economia em termos agregados.

Mercado monetário: *economia cujas trocas são efetuadas utilizando-se sempre um elemento comum, conhecido por moeda.*

Agentes econômicos superavitários: *possuem nível de renda superior aos seus gastos.*

Agentes deficitários: *possuem nível de gastos superior ao de renda.*

Mercado de títulos: *mercado no qual os agentes superavitários emprestam para os deficitários.*

Além disso, discute-se o **mercado monetário**, pois a análise será desenvolvida em uma economia cujas trocas são efetuadas utilizando-se sempre um elemento comum, conhecido por moeda. É intuitivo perceber que, se as trocas utilizam sempre a moeda, ela deve ter alguma importância na determinação dos preços e quantidades produzidas.

Nas economias, existem **agentes econômicos superavitários** e **agentes deficitários**. Agentes superavitários são os que possuem nível de renda superior aos seus gastos e deficitários, os que possuem nível de gastos superior ao de renda. Para tal, idealiza-se um mercado no qual os agentes superavitários emprestam para os deficitários: o **mercado de títulos**. Em qualquer economia, existe uma série de títulos que fazem essa função (títulos do governo, ações, debêntures, duplicatas, entre outros). Entretanto, a Macroeconomia, mais uma vez, agrega todos e define um título (tradicionalmente, é representado por algum título do governo), e, nesse mercado, procura determinar o preço e a quantidade de títulos.

Como a economia mantém transações com o resto do mundo, existem **mercados de divisas** ou de moeda estrangeira. A oferta de divisas depende das exportações e da entrada de capitais financeiros, enquanto a demanda por divisas é determinada pelo volume de importações e pelas saídas de capital financeiro. A variável determinada nesse mercado é a taxa de câmbio, que é o preço da divisa em termos da moeda nacional.

Assim, podem-se resumir os objetivos da análise macroeconômica como sendo o de estudar como se determinam as seguintes variáveis agregadas: nível geral de preços, nível de produto, taxa de salários, nível de emprego, taxa de juros, quantidade de moeda, preço e títulos, taxa de câmbio e quantidade de divisas.

Mercados de divisas: *também conhecido como de moeda estrangeira.*

13.2 ■ EVOLUÇÃO DA TEORIA MACROECONÔMICA[1]

A teoria macroeconômica ganhou grande impulso a partir da década de 1930, com Keynes, considerado seu fundador. Evidentemente, os economistas anteriores a Keynes sempre tiveram preocupações a respeito do desempenho da economia no seu agregado. Entretanto, a linha predominante dos economistas acreditava que as economias de mercado tinham a capacidade de, sem a interferência do governo, utilizar de maneira eficiente todos os recursos disponíveis, ou seja, produzir esses recursos com pleno emprego. A partir desse momento, produto e emprego já estariam determinados, representando a efetiva disponibilidade de recursos. Assim, duas das principais variáveis que a teoria macroeconômica tinha por objetivo analisar já estariam determinadas e ocorrem apenas algumas contribuições acerca das teorias monetárias e de inflação.

Dessa forma, as principais variáveis-objeto da Macroeconomia resolviam-se de maneira muito fácil. Assim, a preocupação dos economistas voltava-se fundamentalmente para o desenvolvimento da teoria microeconômica.

Pode-se perceber o grau de insatisfação que existia naquela altura com os resultados que a Macroeconomia oferecia, ou seja, a existência de uma tendência automática ao **pleno emprego** e, consequentemente, inexistência de desemprego dos trabalhadores. Isso porque a evidência empírica mostrava pessoas buscando constantemente emprego sem alcançarem sucesso.

Pleno emprego: *os recursos disponíveis estão sendo plenamente utilizados na produção de bens e serviços, garantindo o equilíbrio das atividades produtivas.*

Nesse ambiente, surge outra teoria, na década de 1930, com o aparecimento do livro *Teoria geral do emprego, juros e moeda*, elaborado por John Maynard Keynes e publicado em 1936.

Keynes mostrava que, contrariamente aos resultados apontados pela **teoria neoclássica**,[2] as economias capitalistas não tinham a capacidade de promover automaticamente o pleno emprego. Assim, abria-se a oportunidade para a ação governamental, pelos seus clássicos instrumentos de política econômica, para direcionar a economia rumo à utilização total dos recursos. Enquanto para os economistas neoclássicos a ação governamental deveria restringir-se à produção dos chamados bens públicos (por exemplo, segurança, educação, entre outros), depois de Keynes, o governo tinha não apenas a oportunidade, mas também a necessidade de orientar sua política econômica no sentido de promover a plena utilização dos recursos disponíveis na economia.

Após o surgimento deste livro, a teoria macroeconômica recebeu impulso considerável, passando a constituir um campo bastante fértil de análise da teoria econômica, propiciando um arcabouço teórico muito profícuo para a própria política econômica.

---

[1] No Capítulo 2, foram apresentados aspectos da evolução da Macroeconomia, que são retomados nesta parte.
[2] Na realidade, Keynes chamava de clássicos os economistas que acreditavam na teoria prevalecente. Entretanto, seguindo a tradição mais geral, aqui se está catalogando-os como neoclássicos pelo fato de suas análises se basearem no racionalismo econômico.

Inicialmente, considerou-se que Keynes, para mostrar a incapacidade de as economias gerarem o pleno emprego, havia se utilizado da rigidez dos salários nominais que impediriam a geração de um salário real compatível com o equilíbrio de pleno emprego. Em outras palavras, um salário real elevado poderia significar excesso de oferta de mão de obra.

Essa visão acerca da teoria keynesiana foi posteriormente bastante criticada, e muitos autores procuraram resgatar aquilo que, segundo eles, seria a verdadeira mensagem de Keynes. A controvérsia acerca do que efetivamente Keynes disse decorre das próprias dificuldades de leitura de seu livro, que dá margens a inúmeras dúvidas. De qualquer modo, ainda que a rigidez dos salários não apareça no livro (pelo contrário, em inúmeras passagens são colocadas explicitamente alterações nos salários nominais), ficou generalizada a noção de que a rigidez salarial era a forma pela qual Keynes havia atacado tão frontalmente a teoria neoclássica.

Em 1937, Hicks lança o artigo "*Mr. Keynes and the classics: a suggested interpretation*", que se tornou a versão oficial do livro de Keynes, de tal sorte que todas as análises posteriores foram efetuadas com base nesse artigo, e não na própria leitura do livro. Após esse artigo, que introduz o aparato conhecido como IS/LM, vai-se estruturando a chamada síntese neoclássica.

A partir de então, todas as formulações de política econômica acabam sendo realizadas com base nessa estrutura teórica que permitia a geração de desemprego na economia. Nesse caso, abria-se espaço para a utilização das políticas monetárias e fiscais para a promoção do pleno emprego.

A síntese neoclássica gera resultados razoáveis de previsões acerca do comportamento das variáveis agregadas até a década de 1960. Nessa altura, havia correspondência bastante direta entre a estrutura teórica e os modelos empíricos.

Apesar dessa correspondência, durante a década de 1950, algumas questões colocadas originariam posteriormente uma revolução da teoria macroeconômica. Nessa década, o modelo mais tradicional apresentava notável dicotomia entre o comportamento da economia no pleno emprego e abaixo do pleno emprego. Abaixo do pleno emprego, seguia-se a tradição keynesiana de que os preços eram rígidos, e que mudanças no sistema dadas exogenamente afetavam apenas as variáveis reais. Por sua vez, no pleno emprego, as variáveis reais permaneciam inalteradas e choques de demanda se traduziam apenas em um movimento dos preços.

Surge então a contribuição de Phillips,[3] cujo propósito foi o de remover essa dicotomia. Segundo ele, parecia óbvio que, pelo menos no curto prazo, qualquer mudança no sistema deveria promover alterações tanto na parte real como no lado monetário.

A chamada **curva de Phillips** expressava simplesmente uma curva de oferta agregada positivamente inclinada. Phillips relacionava a taxa de crescimento dos preços (inflação) com a taxa de desemprego. Caso a taxa de desemprego fosse mais elevada, indicaria maior excesso de oferta e, consequentemente, haveria pressão para que a taxa de crescimento dos salários nominais fosse mais baixa. Essa taxa menor corresponderia a uma taxa de inflação menor. À medida que a taxa de inflação fosse maior, os salários reais seriam menores e, consequentemente, de acordo com a teoria neoclássica, as firmas teriam incentivo a contratar mais mão de obra. Assim, haveria o chamado *trade-off* entre inflação e desemprego, no sentido de que quanto maior o desemprego, menor seria a taxa de inflação, e quanto menor o desemprego, maior a taxa.

---

[3] PHILLIPS, A. W. The relation between unemployment and the rate of change of money wage rates in U.K. 1861-1957. *Economica*, n. 25, p. 283-94, 1958.

Essa noção, ainda que antiga, e posteriormente refutada pelos fatos, é muito tradicional. Muitas vezes, ouve-se dizer que a adoção de um conjunto de medidas combatendo o processo inflacionário acaba gerando, pelo menos durante certo período, diminuição do nível de atividades e do desemprego.

Entretanto, essa ideia de que a taxa de crescimento de uma variável nominal (inflação) afetava as variáveis reais (desemprego) não era aceita pela tradicional teoria neoclássica, que, ao se basear na racionalidade econômica dos agentes, afirma que o nível de produto e de emprego deve depender das condições técnicas disponíveis para uma sociedade em determinado momento do tempo, além, evidentemente, da disponibilidade dos fatores de produção.

Essa insatisfação com a curva de Phillips representando as condições da oferta agregada foi consubstanciada na segunda metade da década de 1960, com os trabalhos de Phelps[4] e Friedman.[5]

De acordo com a teoria neoclássica, os agentes estão preocupados com a evolução das variáveis reais e não simplesmente com a evolução das variáveis nominais. No caso da curva de Phillips, desconsiderava-se completamente a expectativa de crescimento dos preços, ou seja, admitia-se que os agentes econômicos — no caso os trabalhadores — possuíam **ilusão monetária**, ou seja, não percebiam o que ocorria com o nível dos preços, mas apenas com seus salários. Para Friedman, isso feria o princípio da racionalidade econômica, pilar da teoria tradicional.

Assim, Friedman e Phelps propõem que na equação explicativa das taxas de crescimento dos salários nominais deveria ser introduzido, além da taxa de desemprego, a taxa de inflação esperada. Quando se introduz a taxa de inflação esperada, passa-se a ter um resultado completamente diferente porque, a cada taxa de inflação esperada, tem-se uma determinada curva de Phillips.

Na política econômica, já não existiria um *trade-off* estático entre inflação e desemprego. Em outras palavras, caso a taxa de inflação se elevasse, e com isso a economia apresentasse uma taxa de desemprego menor, em um dado momento, os trabalhadores perceberiam que nessa economia a taxa de inflação era maior do que a esperada. Por meio dessa percepção, os trabalhadores passariam a negociar os salários com base nessa expectativa e, consequentemente, a taxa de desemprego voltaria ao seu nível original, pois os salários reais, que haviam diminuído, voltariam ao seu nível original.

Nesse caso, à medida que o governo quisesse manter a economia próxima do pleno emprego, haveria a necessidade de continuamente acelerar as taxas de inflação e esperar que os trabalhadores levassem algum tempo para perceber essa aceleração. É por isso que essa nova versão da curva de Phillips passou a ser conhecida como a **versão aceleracionista**.

Entretanto, à medida que houvesse correta percepção por parte dos agentes econômicos — no caso específico dos trabalhadores —, o nível de emprego (ou a taxa de desemprego) voltaria ao seu nível original. A partir daí, coloca-se em evidência o papel que as expectativas têm no comportamento dos agentes econômicos, e como isso se reflete no próprio desempenho da economia. Os economistas passaram a dar maior atenção a como os agentes econômicos formam suas expectativas. Começa a se desenrolar a noção de que os agentes econômicos não podem ser ludibriados sistematicamente, ou seja, que cometam erros sistemáticos de previsão. E é justamente essa ideia que

Versão aceleracionista:
quando o governo queria manter a economia próxima do pleno emprego, acelerava as taxas de inflação e esperava que os trabalhadores levassem algum tempo para percebê-la.

---

[4] PHELPS, E. S. Phillips. Curve expectation of inflation and optimum unemployment over time. *Economica*, v. 34, n. 135, pp. 254-281, 1967.
[5] FRIEDMAN, M. The role of monetary policy. *American Economic Review*, 1958.

constitui a base da escola de expectativas racionais, que viria a dar sustentação a toda a revolução pela qual passou a Macroeconomia durante as décadas de 1970 e 1980.

A escola das chamadas **expectativas racionais**, conhecida também como novos clássicos (*new classical economics*), tem origem especificamente com o artigo de Muth,[6] o qual argumentava que se as expectativas são previsões informadas de eventos futuros, elas são essencialmente o mesmo que as previsões da teoria econômica relevante.

Essa base da escola dos novos clássicos significava que os agentes econômicos, ao formarem suas expectativas sobre alguma variável econômica, acabariam por tentar verificar como aquela variável se comportava no tempo. Admitindo que existia uma teoria econômica que explicava o comportamento da variável, os agentes acabariam por formar suas expectativas com base na própria teoria explicativa. Assim, evitar-se-iam os erros sistemáticos.

À luz de todos esses movimentos, iam-se configurando quatro escolas principais no pensamento macroeconômico: keynesianos, neoclássicos (monetaristas), novos neoclássicos e pós-keynesianos.

A diferença fundamental entre os keynesianos e os neoclássicos (monetaristas), originária desde o livro de Keynes, refletiria o fato de que os neoclássicos acreditavam que as economias de mercado poderiam gerar equilíbrios de pleno emprego. Por seu turno, os keynesianos procuravam mostrar que a característica fundamental das economias capitalistas era essa incapacidade de alcançar o nível de pleno emprego, em face das falhas estruturais do sistema de mercado.

De acordo com os keynesianos (autores como James Tobin, Franco Modigliani, entre outros), as políticas monetária e fiscal afetariam o produto e o emprego de forma rápida, mas sem efeitos mais significativos sobre a inflação. Para reduzir as taxas de inflação, não bastaria apenas reduzir a demanda agregada, mas também acoplar algumas **políticas de renda**.

Políticas de renda: *medidas que afetam diretamente os preços dos diversos fatores de produção e dos próprios bens. Assim, como exemplo de políticas de renda, todos os esquemas de congelamentos de preços e salários seriam introduzidos na economia brasileira nas décadas de 1980 e 1990.*

Os economistas monetaristas (Karl Brunner, Alan Meltzer, Milton Friedman) acreditavam que a inflação era essencialmente um fenômeno monetário. Nesse sentido, o combate à inflação passaria necessariamente por controle mais efetivo do estoque de moeda. Além disso, acreditavam que, no curto prazo, produtos e empregos poderiam ser estimulados por políticas de demanda agregada, ou seja, acreditavam na curva de Phillips, pelo menos no curto prazo. Entretanto, a longo prazo, prevalecia a noção de que os níveis de emprego e produto dependiam das condições de produtividade e da disponibilidade dos fatores de produção.

Os **novos clássicos** apresentavam resultados ainda mais fortes, pois, pelo menos inicialmente, acreditavam que não havia mecanismos por meio dos quais o governo poderia aumentar ou diminuir sistematicamente o nível de emprego, relativamente a seu equilíbrio de longo prazo. Isso porque, baseados na hipótese de expectativas racionais, acreditavam que, a partir do momento que os agentes percebiam adequadamente o modelo estrutural que determinava as variáveis, em média, as expectativas não conteriam erros sistemáticos e, consequentemente, o nível de emprego não se alteraria nem no curto prazo.

Assim, de acordo com essa linha de pensamento, os indivíduos sempre otimizariam, e os mercados sempre entrariam em equilíbrio. É a versão mais radical da escola monetarista.

Os novos neoclássicos, ao colocarem em evidência a questão das expectativas, levantaram um ponto nevrálgico existente em toda a teoria macroeconômica desde seu surgimento.

---

[6] MUTH, J. F. Rational expectations and the theory of price movements. *Econometrica*, n. 29, v. 3, pp. 315-335, 1961.

Como dito inicialmente, os economistas criaram a noção de agentes representativos para analisar o processo de formação de preços. Essa noção é fundamental para o processo de agregação e, assim, para a própria sustentação da Macroeconomia. Quando os novos neoclássicos levantaram a questão de formação de expectativas, voltou-se a questionar a estabilidade dessas variáveis agregadas e, especificamente, a noção de agentes representativos. Era imprescindível a necessidade de procurar dar os fundamentos microeconômicos à teoria macroeconômica, significando que as variáveis agregadas deveriam estar bem fundamentadas no comportamento dos agentes individuais.

Os keynesianos, a partir da revolução das chamadas expectativas racionais, também procuraram dar sustentação microeconômica à Macroeconomia. Atualmente, essa corrente, denominada **novos keynesianos**, seguindo sua tradição, procura explicar por que existem certos preços rígidos na economia que promovem o desequilíbrio em alguns mercados, principalmente o mercado de trabalho. Assim, procuram-se analisar, especialmente, as falhas existentes na movimentação de preços e salários, evitando que haja equilíbrio entre a demanda e a oferta.

Novos keynesianos: *procuram explicar por que existem certos preços rígidos na economia que promovem o desequilíbrio em alguns mercados.*

13.3 ■ PANORAMA ATUAL DA MACROECONOMIA

A evolução da teoria macroeconômica, a partir da década de 1960, trouxe, de um lado, um dinamismo sobre as questões macroeconômicas, ainda que praticamente todos os resultados mais tradicionais da teoria fossem questionados. De modo geral, quase sem exceção, as principais relações macroeconômicas mostravam-se altamente instáveis.

De início, percebia-se que, dar sustentação à teoria macroeconômica com base nos fundamentos microeconômicos, era uma tarefa extremamente difícil. Os **novos clássicos** buscavam desenvolver algumas linhas para dar uma sustentação microeconômica para a Macroeconomia, assim como os chamados **novos keynesianos**.

Foi um período marcado por notáveis questionamentos das visões prevalecentes tradicionais, sem que nessa primeira etapa se consolidasse um novo modelo macroeconômico. Mankiw (1990) retratava muito claramente essa percepção. Havia um distanciamento muito grande entre a teoria macroeconômica e os modelos macroeconométricos. Enquanto na década de 1960 os modelos empíricos estavam muito próximos da realidade teórica prevalecente; na década de 1980, os responsáveis pela condução da política econômica utilizavam os ensinamentos da teoria macroeconômica tradicional, ainda que estivessem sendo questionados.

Posteriormente, fruto de todas as grandes discussões, como **Curva de Phillips**, o surgimento da **teoria de expectativas racionais** e a necessidade de se dar à teoria macroeconômica fundamentos microeconômicos mais sólidos, foram sendo incorporados em modelos de equilíbrio geral denominados **modelos dinâmicos estocásticos de equilíbrio geral (*dynamic stochastic general equilibrium theory – DSGE*)**. Nesse período, surge uma espécie de calmaria no panorama macroeconômico, pois os modelos resultantes (DSGE) representavam uma síntese de toda a evolução da teoria macroeconômica. As grandes controvérsias praticamente desapareceram, como afirmado por Howitt:[7]

> *The articles on macroeconomics published in leading journals almost all use the same common methodology, that of dynamic stochastic general equilibrium (DSGE) theory, according to which the economy should be represented by a model with explicit micro foundations – endowments, technology (of production and of transaction), preferences and demography*

---

[7] HOWITT, P. What have central bankers learned from modern macroeconomic theory. *Journal of Macroeconomics*, v. 34, n. 1, p. 2, mar. 2012.

> *– as well as explicit stochastic processes governing shocks to these constituent components and the economy should be assumed a lways to be in a state of rational-expectations equilibrium.*

Entretanto, com a crise internacional de 2008, iniciada nos Estados Unidos e alastrada para outros países, novamente, a teoria macroeconômica entra em crise por não conseguir prever essa queda acentuada dos níveis de produção e emprego. Os críticos mais ferrenhos da teoria macroeconômica predominante ganharam força, pois a noção de equilíbrio tão valorizada pelo *mainstream* (teoria convencional) falha novamente. Argumenta-se que os modelos são irreais, omitem fatos relevantes do comportamento dos agentes econômicos, o papel das expectativas dos agentes nunca é adequadamente incorporado nos modelos etc.

Enfim, as tradicionais críticas novamente ganham força, em função do fracasso da teoria prevalecente. Infelizmente, para os economistas, mais uma vez, a teoria macroeconômica acaba se defrontando em uma situação de crise já tão comum, remontando ao próprio início da teoria keynesiana da década de 1930.

QUESTÕES

1. Diferencie os métodos de análise de equilíbrio parcial e equilíbrio geral.
2. Qual a principal crítica ao método de agregação, utilizado na teoria macroeconômica?
3. Resuma os quatro mercados que constituem a estrutura de análise macroeconômica e quais as variáveis determinadas em cada um deles.
4. O que é a curva de Phillips?
5. Sintetize os pensamentos básicos das escolas neoclássica e keynesiana.
6. Sintetize os pensamentos básicos dos novos clássicos, novos neoclássicos e novos keynesianos.

REFERÊNCIAS

FRIEDMAN, M. The role of monetary policy. *American Economic Review*, 1958.

FROYEN, R. T. *Macroeconomia*. São Paulo: Saraiva, 1999.

FUSFELD, D. R. *A era do economista*. São Paulo: Saraiva, 2001.

HICKS, J. R. Mr. Keynes and the Classics. *Econometrica*, n. 5, p.147-59, 1937.

HOWITT, P. What have central bankers learned from modern macroeconomic theory. *Journal of Macroeconomics*, v. 34, n. 1, 2012.

MODIGLIANI, F. Liquidity preference and the theory of interest and money. *Econometrica*, n. 12, p. 45-88, 1944.

MUTH, J. F. Rational expectations and the theory of price movements. *Econometrica*, n. 29, v. 3, p. 315- 35, 1961.

PHELPS, E. S. P. Curve expectation of inflation and optimum unemployment over time. *Economica*, n. 34, v. 135, p. 254-81, 1967.

PHILLIPS, A. W. The relation between unemployment and the rate of change of money wage rates in U.K. 1861-1957. *Economica*, n. 25, p. 283-94, 1958.

14 SISTEMAS DE CONTAS NACIONAIS: NOÇÕES BÁSICAS E O SISTEMA BRASILEIRO

Leda Maria Paulani

14.1 ■ INTRODUÇÃO

14.1.1 Noções básicas

A **contabilidade social** congrega instrumentos de mensuração capazes de aferir o movimento da economia de um país em determinado período: quanto se produziu, quanto se consumiu, quanto se investiu, quanto se vendeu para o exterior, quanto se comprou do exterior etc. São várias as peças contábeis com essas características, como o balanço de pagamentos e as contas monetárias. Porém, a peça básica desse conjunto de instrumentos é o chamado **sistema de contas nacionais**, que apresenta, dentre outras coisas, os números relativos a variáveis determinantes do comportamento de qualquer economia, como o **Produto Interno Bruto (PIB)**, a Renda Nacional e a Formação Bruta de Capital, cujos significados mais precisos serão melhor estudados mais adiante, mas que têm em comum o fato de serem **agregados**.

Por isso, a história dos sistemas de contas nacionais está diretamente ligada à história daquilo que se convencionou chamar **Macroeconomia**, cuja distinção da Microeconomia está justamente em seu enfoque centrado nas **variáveis agregadas**, enquanto a micro coloca seu foco no comportamento dos agentes econômicos, seja enquanto produtores (empresas), seja enquanto consumidores.

Assim, é só a partir do advento de um livro muito importante na história da Ciência Econômica, a *Teoria Geral do Emprego, do Juro e da Moeda*, de John Maynard Keynes, em 1936 — livro este que, de alguma maneira, "funda" a Macroeconomia — que ganham contornos definitivos os conceitos fundamentais da contabilidade nacional, bem como a existência de identidades no nível macroeconômico e a relação entre os diferentes agregados.

Desse modo, a partir da obra teórica de Keynes, os economistas passaram a saber *o que* medir em nível agregado e *como* fazê-lo. A partir dos primeiros esforços para fechar logicamente o sistema de contas nacionais, a teoria macroeconômica e a contabilidade social experimentaram desenvolvimentos conjuntos, beneficiando-se mutuamente.

Os sistemas de contas nacionais assentam-se sobre alguns princípios básicos que são sempre respeitados. O principal deles é o chamado **princípio das partidas dobradas**, que reza que a um lançamento a crédito deve sempre corresponder outro a débito e vice-versa. O outro princípio, diretamente associado a este, é a exigência de **equilíbrio interno** (para cada conta, devem ser idênticos o valor do lado do crédito e o do lado do débito) e de **equilíbrio externo** (necessidade de equilíbrio entre todas as contas no sistema). Nas duas próximas seções, serão apresentadas as noções básicas que presidem a estruturação dos sistemas de contas nacionais e a forma de seu funcionamento.

Contabilidade social: *congrega instrumentos de mensuração que permitem aferir o movimento da economia de um país em determinado período.*

Sistema de contas nacionais: *peça básica da Contabilidade Social, que se preocupa com a definição e os métodos de quantificação dos principais agregados macroeconômicos, como Produto Nacional, Consumo Global, Investimentos, Exportações etc.*

Produto Interno Bruto (PIB): *produto total, independentemente da origem dos fatores de produção responsáveis por ele.*

Princípio das partidas dobradas: *princípio contábil básico do sistema de contas nacionais, que reza que a um lançamento a crédito deve sempre corresponder outro a débito e vice-versa.*

14.1.2 Produto, renda e despesa agregada

A primeira característica a destacar em uma avaliação sistêmica do conjunto de transações realizadas pela economia de um país é a identidade que existe entre determinados tipos de operação. Nesta seção, serão discutidas as **identidades básicas do sistema econômico** e, na próxima, como se constitui o que se chama de **fluxo circular da renda**.

O primeiro ponto a lembrar é que o que permite somar unidades de geladeiras e litros de leite, dúzias de ovos e toneladas de arroz, horas de aula de inglês e cortes de cabelo, serviços administrativos e quilowatts de energia, espetáculos de teatro e metros de tecido, toneladas de aço e cabeças de boi, é o fato de que existe algo chamado **dinheiro**. Quando valores monetários são atribuídos a todas essas coisas, tão diferentes entre si do ponto de vista qualitativo, elas se tornam de mesma natureza (valores) e, enquanto tal, podem ser agregadas de modo a se mensurar o comportamento da economia de um país inteiro em determinado tempo.

Essa menção ao dinheiro (ou à moeda) é importante, porque, quando se fala de **identidade**, a primeira noção que vem à cabeça é justamente *venda = compra*. Como é evidente, ninguém pode comprar o que quer que seja — por exemplo, uma camisa por $ 10 —, se não houver, do outro lado do balcão, alguém vendendo tal camisa por $ 10. Trata-se de uma troca: o vendedor, que tinha a camisa, fica com os $ 10, mas tem de abrir mão da camisa; e o comprador, que tinha os $ 10, fica com a camisa, mas tem de abrir mão dos $ 10. Esse movimento, que se chama **troca**, implica, portanto, duas operações que são o inverso uma da outra, mas que, do ponto de vista analítico, conformam uma identidade, já que *uma não pode existir sem a outra*.

A partir dessa ideia básica, haverá aqui uma tentativa de demonstrar que, da mesma forma que não pode ocorrer uma compra sem que se veja do outro lado uma venda, também não pode haver uma produção que não constitua um dispêndio e não seja simultaneamente geração de renda. Veja um exemplo a seguir.

Imagine uma economia hipotética H, em que não exista governo e que não realize transação alguma com o exterior, ou seja, com outros países. Imagine também que, nessa economia, existam apenas quatro setores, cada um deles com uma empresa: o de produção de sementes (setor 1), o de produção de trigo (setor 2), o de produção de farinha de trigo (setor 3) e o de produção de pão (setor 4). Considere, então, a seguinte situação (situação 1): ao final do ano X, contaram-se entre esses setores as seguintes transações mostradas:

- A empresa do setor 1 produziu sementes no valor de $ 500 e vendeu-as à empresa do setor 2;
- A empresa do setor 2 produziu trigo no valor de $ 1.500 e vendeu-o à empresa do setor 3;
- A empresa do setor 3 produziu farinha de trigo no valor de $ 2.100 e vendeu-a à empresa do setor 4;
- A empresa do setor 4 produziu pães no valor de $ 2.520 e vendeu-os aos consumidores finais.

Como se deve proceder para descobrir qual foi o **produto** dessa economia no ano X? A primeira pergunta a responder é: o que foi que ela produziu nesse período? Essa resposta não é difícil e está apresentada no Quadro 14.1.

QUADRO 14.1
Produção da economia H, ano X: situação 1

Sementes no valor de	$ 500
Trigo no valor de	$ 1.500
Farinha de trigo no valor de	$ 2.100
Pães no valor de	$ 2.520
Valor total da produção	$ 6.620

De acordo com esse cálculo, o produto da economia H, no ano X, teria sido uma coleção de bens no valor de $ 6.620. Contudo, observando atentamente, ao final do ano X, essa economia *não tem* à sua disposição todos esses bens simultaneamente, ou seja, sementes no valor de $ 500, *mais* trigo no valor de $ 1.500, *mais* farinha de trigo no valor de $ 2.100 e *mais* pães no valor de $ 2.520. As sementes foram consumidas na produção do trigo, que, por sua vez, foi consumido na produção da farinha, que, por sua vez, foi consumida na produção dos pães. O que se tem, portanto, são tão-somente pães no valor de $ 2.520. Todos os demais bens foram produzidos para serem utilizados, em diferentes estágios da cadeia produtiva — ou seja, como **insumos** —, na produção dos próprios pães, os quais constituem, no final das contas, o produto efetivo de tal economia.

Essa, portanto, é a primeira distinção importante a se fazer: aquilo chamado de *valor total da produção* no Quadro 14.1 denomina-se, mais rigorosamente, **valor bruto da produção** e indica o valor de tudo que foi produzido, inclusive daquilo que foi utilizado como insumo na produção de outros bens, ou seja, inclusive o chamado **consumo intermediário**. Isso posto, a forma mais direta de se chegar ao valor do produto da economia é considerar apenas o valor dos **bens finais** produzidos, ou, como no exemplo, apenas o valor dos pães. Porém, qual é o significado de bens finais no sistema de contas nacionais? Voltando ao exemplo, suponha que, por uma razão qualquer, a empresa do setor 2 não vendeu à empresa do setor 3 a totalidade do trigo que produziu, mas apenas uma parte, no valor de $ 1.000. Sendo assim, a empresa do setor 3 só pôde produzir farinha de trigo no valor de $ 1.400, quantidade essa que foi vendida integralmente ao setor 4 para a fabricação de pães. Com essa menor quantidade de farinha, porém, a empresa do setor 4 só pôde produzir e vender aos consumidores finais pães no valor de $ 1.680. A seguir, está o resumo das operações desta que será chamada de situação 2:

- A empresa do setor 1 produziu sementes no valor de $ 500 e vendeu-as à empresa do setor 2.
- A empresa do setor 2 produziu trigo no valor de $ 1.500 e vendeu à empresa do setor 3 uma parcela equivalente a $ 1.000, ficando com uma quantidade de trigo no valor de $ 500.
- A empresa do setor 3 produziu farinha de trigo no valor de $ 1.400 e vendeu-a à empresa do setor 4.
- A empresa do setor 4 produziu pães no valor de $ 1.680 e vendeu-os aos consumidores finais.

Valor bruto da produção: *valor de tudo que foi produzido, inclusive daquilo que foi utilizado como insumo na produção de outros bens, ou seja, inclusive o consumo intermediário.*

Consumo intermediário: *bens que são transformados ou agregados na produção de outros bens e que se consomem no processo produtivo.*

Bens finais: *os que são vendidos para consumo ou utilização final.*

Qual será, na situação 2, o valor do produto da economia H no período X? Ao considerar que o que determina a classificação do bem como intermediário ou final é apenas sua natureza, diz-se que o valor do produto dessa economia no período em questão é de $ 1.680, ou seja, o valor dos pães. Porém, essa conclusão não está correta. Em tais circunstâncias, ao calcular o valor do produto, não se deve esquecer que, além dos pães efetivamente vendidos aos consumidores finais, a economia produziu também, no período X, trigo, no valor de $ 500, ainda não consumido. Nesse caso, portanto, apesar de o trigo não ser um bem final e sim um bem intermediário, pois não se vende trigo *in natura* diretamente aos consumidores finais, o valor de sua produção tem de ser contabilizado. Assim, o valor do produto dessa economia no período X será de $ 2.180 e não de $ 1.680, como à primeira vista poderia parecer.

Logo, não é a natureza do bem que determina, para efeitos da contabilidade social, se ele é intermediário ou final, e sim qual sua situação no momento em que se está apurando o valor do produto. Assim, todo bem que por sua natureza é final, deve ter seu valor considerado no cálculo do valor do produto, mas nem todo bem cujo cálculo entra no valor do produto é um bem final por natureza.

Essa forma de enxergar o produto de uma economia, ou essa **ótica** como se costuma dizer, privilegia o *dispêndio* da economia em determinado período e é conhecida como **ótica da despesa** ou **ótica do dispêndio**. É como se a seguinte pergunta estivesse sendo feita: para produzir quais tipos de bens a economia *despendeu* seus esforços, sua força de trabalho, seus recursos, seu capital material? No caso da economia H, na situação 2, essa resposta será: a economia H, no período X, despendeu mão de obra e outros recursos na produção de pães, que alimentaram sua população nesse período, e na produção de trigo, que deverá ser consumido no período subsequente.

De forma sintética, é possível dizer que a ótica da despesa ou do dispêndio avalia o produto de uma economia considerando a soma dos valores de todos os bens e serviços produzidos no período que *não foram destruídos (ou absorvidos como insumos) na produção de outros bens e serviços*.

Porém, essa não é a única maneira ou a única ótica por meio da qual é possível averiguar e mensurar qual foi o produto de uma dada economia em determinado período. Existem ainda mais duas formas de fazer isso, mais duas óticas, e é a consideração conjunta das três óticas possíveis que tornará perceptível a identidade *produto* ≡ despesa ≡ renda. A seguir, veja, então, a segunda delas.

A **ótica do produto** considera aquilo que os economistas houveram por bem denominar **valor adicionado**. Na economia H, situação 1, tem-se que o setor 1 produziu sementes no valor de $ 500. Como esse setor hipoteticamente partiu do zero no início do período X e chegou ao final dele com uma quantidade de sementes no valor de $ 500, o valor que ele adicionou ao produto dessa economia nesse período foi $ 500. Já o setor 2 saiu de $ 500 e chegou em $ 1.500, tendo, portanto, adicionado um valor de $ 1.000. Pelo mesmo raciocínio, os setores 3 e 4 adicionaram ao produto da economia H, no ano X, respectivamente, os valores de $ 600 e $ 420. Ao somar o valor adicionado que foi produzido em cada uma das quatro unidades produtivas da economia H, obtém-se, como esperado, o mesmo valor de $ 2.520 obtido pela ótica do dispêndio.

Assim, **valor adicionado**, pela ótica do produto, é a avaliação do produto total da economia na consideração do valor efetivamente adicionado pelo processo de produção

Valor adicionado:
a avaliação do produto total da economia consiste na consideração do valor efetivamente adicionado pelo processo de produção em cada unidade produtiva, informação obtida ao deduzir do valor bruto de produção de cada unidade produtiva o valor de seu consumo intermediário.

em cada unidade produtiva, informação obtida ao deduzir do valor bruto da produção de cada unidade produtiva o valor de seu consumo intermediário.

A partir da consideração da ótica do produto, torna-se já bastante evidente uma primeira "perna" da identidade que está sendo investigada: **produto ≡ dispêndio**. Resta considerar a terceira ótica ou forma de enxergar o produto da economia, a saber, a **ótica da renda**.

Para começar a compreender a identidade **produto ≡ renda**, a primeira coisa a lembrar é que a produção da demanda, além da matéria-prima e de outros insumos, é o consumo daquilo que chamamos **fatores de produção**. Considere novamente a economia H na situação 1. Para que, por exemplo, a empresa do setor 3 tenha conseguido transformar $ 1.500 na forma de trigo em $ 2.100 na forma de farinha de trigo, ela precisou dispor de máquinas[1] — de beneficiamento e outros tipos de equipamentos que fazem parte de um moinho — e de mão de obra, ou seja, horas de trabalho dos operários do moinho. Sem a colaboração desses dois fatores, a farinha de trigo jamais poderia ter sido produzida. O mesmo raciocínio pode ser estendido aos demais setores da economia.

Observe, pois, sob esse ângulo, todos os setores conjuntamente. O que se percebe? Percebe-se que, para a produção dos $ 2.520 em valor, que tomaram concretamente a forma de pães, foram consumidas horas de trabalho e máquinas de vários tipos. Para efeitos de simplificação do raciocínio, por ora será deixado de lado o fato de que a terra também deveria ser considerada como um fator de produção.

Considere, então, a existência de apenas dois fatores de produção, ou seja, **trabalho** e outro chamado genericamente de **capital** (máquinas e equipamentos, e os imóveis onde essas unidades produtivas estão instaladas, com suas respectivas infraestruturas). É entre capital e trabalho, portanto, que deve ser repartido o produto gerado pela economia, o que é feito atribuindo a cada um deles uma **remuneração determinada monetariamente**. À remuneração do fator trabalho se dá o nome **salário** e à remuneração do fator capital, **lucro**.

Assim, em determinado período, as remunerações de ambos os fatores, conjuntamente consideradas, devem igualar-se, em valor, ao produto obtido pela economia nesse mesmo período, visto não ser o primeiro elemento — as remunerações — nada mais do que a divisão do segundo — o produto —, entre esses fatores. As remunerações pagas constituem a **renda**, e não é preciso muito esforço para perceber que, com isso, consuma-se a identidade produto ≡ renda. Portanto, pela ótica da renda, é possível avaliar o produto gerado pela economia em dado período considerando o montante total das remunerações pagas a todos os fatores de produção nesse período.

Considerando as três óticas conjuntamente, a identidade **produto ≡ dispêndio ≡ renda** significa que, *caso o produto de uma economia seja avaliado em dado período, é possível somar o valor de todos os bens finais produzidos (ótica do dispêndio) ou, alternativamente, somar os valores adicionados em cada unidade produtiva (ótica do produto) ou, ainda, somar as remunerações pagas a todos os fatores de produção (ótica da renda).*

---

[1] Para que o exemplo fique correto do ponto de vista teórico, é preciso considerar as máquinas como *bens não econômicos*, ou seja, que não têm preço e cuja oferta é abundante. Não sendo assim, a economia H não poderia ser considerada por produzir apenas pães (e seus insumos), já que as máquinas também teriam que ser produzidas e, portanto, teriam que entrar no cômputo do valor de seu produto.

14.1.3 O fluxo circular da renda

Para compreender melhor o que significa tal identidade, esqueça, por um momento, que existe a coisa chamada dinheiro. Ao colocar isso de lado, o que é que se tem enquanto resultado final de um dado período de atividades econômicas? Determinado conjunto de bens e serviços. E para que eles foram produzidos? Para serem consumidos pela própria sociedade que os produziu, servindo, portanto, para garantir a reprodução material dessa sociedade.

Os membros que constituem a sociedade aparecem, portanto, duas vezes no jogo de sua reprodução material e desempenham dois papéis distintos: ora são **produtores**, ora **consumidores** daquilo que foi produzido. Para que sejam produtores, eles precisam ser também **proprietários de fatores de produção**. Com exceção dos idosos, das crianças e dos fisicamente incapazes, todos são proprietários de fatores, pois cada um dispõe, pelo menos, de sua força de trabalho como propriedade. Como produtores, os membros da sociedade se organizam em conjuntos aos quais se dá o nome de **unidades produtivas**, ou **empresas**; enquanto consumidores, eles são membros de conjuntos de outra natureza, aos quais se denomina **famílias**.

Resumindo, pode-se, então, dizer que as empresas produzem para que as famílias possam consumir os bens e serviços produzidos e o que garante que esses bens e serviços revertam para o consumo das famílias é o fato de que os consumidores, ou seja, as famílias, são também os proprietários dos fatores de produção. As famílias "cedem" esses fatores às empresas para que eles possam ser utilizados na produção de bens e serviços e fazem isso justamente para obterem, em troca, a garantia de sua participação na divisão do produto resultante. Têm-se, portanto, **fluxos materiais**, que levam inicialmente das famílias às empresas horas de trabalho e capital material e levam, posteriormente, das empresas às famílias os bens e serviços finais produzidos, para que sejam por elas consumidos.

Considerando agora as três óticas que dão origem à identidade produto ≡ dispêndio ≡ renda, torna-se fácil perceber que a *ótica do produto* se refere à atividade dos membros da sociedade como produtores, ou seja, à atividade das *unidades produtivas* ou *empresas*. Por sua vez, a *ótica do dispêndio* (ou do gasto, ou da demanda) refere-se a sua atuação como consumidores, ou seja, como *famílias*.

E a ótica da renda? Para que seja possível considerá-la, é preciso abandonar a hipótese simplificadora e reintroduzir o dinheiro. Como se sabe, na economia atual, as mercadorias não se trocam diretamente umas pelas outras. Todas as trocas são *mediadas*, ou *intermediadas*, pelo dinheiro. Assim, esse esquema muito simples de transações, que só carrega de um lado para outro bens e serviços concretos (horas de trabalho e capital material, primeiro; bens e serviços finais, depois), vai se complicar um pouco, porque será duplicado: a partir de agora haverá, sempre, como contrapartida de um fluxo material, também um **fluxo monetário**. Tem-se, assim, a seguinte sequência de eventos:

1. as famílias cedem às empresas os fatores de produção de que são proprietárias e, em troca, recebem delas uma renda, ou seja, uma remuneração sob a forma de dinheiro;
2. as empresas combinam esses fatores em um processo denominado processo de produção, e obtêm, como resultado, um conjunto de bens e serviços;

3. com a renda recebida em troca da utilização, na produção dos fatores de que são proprietárias, as famílias compram das empresas os bens e serviços produzidos;
4. as famílias consomem os bens e serviços.

A Figura 14.1 mostra esses eventos e sua articulação. As linhas cheias indicam fluxos materiais de bens e serviços concretos; e as linhas pontilhadas, fluxos monetários.

FIGURA 14.1

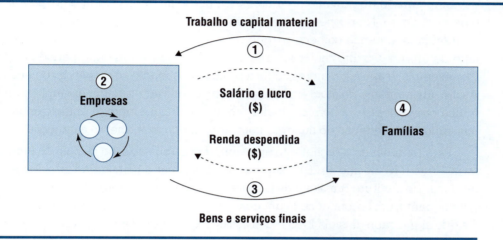

A Figura 14.1 demonstra o movimento dos bens e serviços concretos e do dinheiro. Os números que nela aparecem refletem a sequência de eventos anteriormente apresentadas. Nos passos 1 e 3, têm-se transações que envolvem um fluxo material e, em contrapartida, um fluxo monetário. Já os passos 2 e 4 dão conta de atividades desenvolvidas internamente a cada um dos conjuntos — produção, pelas empresas, e consumo, pelas famílias —, não constituindo, portanto, transações.

Ao considerar, então, que a ótica da renda pensa os membros da sociedade em sua condição de proprietários de fatores de produção, é possível concluir que, na sociedade atual, a qual é, no aspecto material, inteiramente organizada pela troca, a ótica do produto considera a atividade dos indivíduos como produtores, ou seja, aquela das unidades produtivas ou empresas. Já a ótica do dispêndio (ou do gasto, ou da demanda) refere-se a sua atuação enquanto consumidores, ou seja, como famílias. Finalmente, a ótica da renda analisa os indivíduos em sua condição de proprietários de fatores de produção. As transações ocorrem entre famílias e empresas e envolvem fluxos reciprocamente determinados de bens e serviços concretos, por um lado, e de dinheiro, por outro, e conformam um fluxo a que se dá o nome de **fluxo circular da renda**. Trata-se de fluxo porque expressa um movimento, ou seja, um trânsito, e é circular porque passa sempre, ainda que em momentos diferentes e em condições diferentes, pelos mesmos pontos.

Além disso, a ideia do fluxo circular está associada exclusivamente ao lado monetário das transações, e por isso o fluxo é da renda e não da despesa ou do produto. Não é difícil entender o porquê disso. Ocorre que o que de fato circula é o dinheiro: o dinheiro que remunera os fatores de produção é o mesmo que reverte às empresas na compra dos bens e serviços finais. Isso não acontece com os bens e serviços concretos. Os fatores de produção, por exemplo, fazem uma única viagem — das famílias às empresas. Quando retornam, já não são mais os mesmos bens e serviços (horas de trabalho e capital

Fluxo circular de renda: *fluxo que se estabelece entre as unidades produtoras e apropriadoras de renda, no mercado de bens e serviços e no mercado de fatores de produção.*

material), mas sim bens e serviços finais, utilizados pelas famílias para seu sustento e reprodução. Da mesma maneira, os bens e serviços finais não circulam; eles fazem uma única viagem: das empresas às famílias. Daí que, no esquema anterior, é possível identificar a ótica do produto no número 2, a ótica do dispêndio no número 4 e a ótica da renda nos números 1 e 3.

Esse fluxo, porém, é contínuo e ininterrupto, ainda que possa sofrer mudanças de intensidade ao longo do tempo. Portanto, as sequências apresentadas para efeitos de compreensão do movimento e da lógica desse fluxo servem apenas para facilitar o entendimento. Na economia verdadeira e real, o fluxo nunca começa de um ponto determinado, e nunca começa porque de fato nunca para: ele flui sempre, tal qual o leito de um rio. Quanto maior for a intensidade do fluxo em dado período de tempo (por exemplo, o ano X), maiores serão a produção, a renda e o dispêndio da economia. Assim, um *aumento do fluxo* em relação a um período anterior (por exemplo, o ano X-1) indica *crescimento econômico*: maior produção, maior emprego, maior renda, maior consumo. Uma redução do fluxo, ao contrário, indica exatamente a situação oposta.

Para terminar esta seção, será apresentado na Tabela 14.1 o cálculo do Produto Interno Bruto (PIB) no ano de 2013, segundo as três óticas aqui estudadas, elaborado pela fundação do Instituto Brasileiro de Geografia e Estatística (IBGE). Não há preocupação, por enquanto, em entender cada um dos agregados que aí aparecem, tampouco qual é o exato significado da sigla PIB. Todas essas operações e variáveis serão devidamente explicadas no momento adequado. A intenção, aqui, é apenas ilustrar, com um exemplo, a apuração do produto (que, por enquanto, pode ser entendido como sinônimo de PIB) de uma economia de verdade, bem como a existência das três óticas possíveis para sua mensuração.

TABELA 14.1

Produto interno bruto (PIB) segundo as três óticas – 2013

Ótica do produto	$ milhões	Ótica do dispêndio	$ milhões	Ótica da renda	$ milhões
Valor bruto da produção	9.090.434	Consumo final*	4.283.830	Remuneração de empregados	2.307.327
Impostos sobre produtos	789.471	Formação bruta de capital**	1.155.332	Excedente operacional bruto***	2.171.851
(–) Subsídios a produtos	(–) 11.612	Exportação de bens e serviços	620.077	Impostos sobre a produção	856.107
(–) Consumo intermediário	(–) 4.551.838	(–) Importação de bens e serviços	(–) 742.784	(–) Subsídios à produção	(–) 18.830
PIB	5.316.455	PIB	5.316.455	PIB	5.316.455

Fonte: Fundação IBGE — Sistema de Contas Nacionais.
*inclui o consumo do governo
**inclui variação de estoques
***inclui rendimento misto bruto (rendimento de autônomos)

14.2 ■ AS CONTAS NACIONAIS DO BRASIL ATÉ 1996

14.2.1 Introdução

Várias podem ser as maneiras de apresentar as informações do sistema de contas nacionais sem que sejam desrespeitados os conceitos básicos que lhes dão origem.

Em função disso, o formato concreto do sistema pode variar, e de fato varia, de país para país. Todavia, a necessidade de estabelecer comparações entre os diversos países tem feito com que a Organização das Nações Unidas (ONU) — organismo internacional responsável pela elaboração do **System of National Accounts (SNA)** — divulgue, de tempos em tempos, um conjunto de recomendações que a maior parte dos países procura seguir, a fim de tornar o mais homogêneo possível esse formato.

O SNA de 1968 (**SNA 68**) vigorou por um longo período e foi substituído pelo SNA de 1993 (**SNA 93**). Este último sistema é bem mais complexo do que o anterior, que, como será visto, é um sistema de apenas quatro ou cinco contas que respeita os equilíbrios interno e externo. Como, porém, os princípios básicos do sistema não se alteram, a investigação se dará sobre as contas nacionais utilizando o sistema mais simples.

14.2.2 O sistema básico

14.2.2.1 Economia fechada e sem governo

Ao considerar o movimento da economia como um todo, o produto, ou a produção, é a principal variável a ser enfocada: sem produção não há renda, nem pode, obviamente, haver dispêndio; além disso, se não há produção, não há o que transacionar, portanto, não há movimento. Assim, a **conta de produção** ou **conta do produto** é a mais importante do sistema, já que nela todas as demais encontram sua razão de ser. É por ela, portanto, que se deve iniciar a análise do sistema de contas nacionais. Inicialmente, será considerada em uma situação ainda muito simples, ou seja, supondo que o **governo não existe** e supondo também que a economia em questão não realiza nenhuma transação com outros países, ou seja, é uma **economia fechada**. Nessas condições, como se estruturaria o sistema?

Retomando a economia H, tal como apresentada na seção 14.1, em sua situação 2. Utilizando a ótica do dispêndio, conclui-se que o produto dessa economia foi constituído por pães no valor de $ 1.680 — os pães não foram absorvidos como insumos na produção de outros bens, mas consumidos pelas pessoas — e por trigo no valor de $ 500, que (ainda) não foi consumido na produção de outros bens. Assim, a contabilização desse último valor no produto da economia deve ser feita de maneira a indicar isso.

Com esses elementos, tem-se já uma pista sobre a forma que deve ter a conta do produto. De um dos lados da conta, há o *produto* em si; de outro, sua utilização ou destino, ou seja, o **consumo das famílias** (ou *consumo pessoal*, ou *consumo privado*) e a **variação de estoques**. O termo correto aqui é *variação* de estoques (e não *formação* de estoques) por que, em uma economia real, parte do valor desses estoques pode ter sido trazida do ano anterior. Essas variações podem evidentemente ser tanto positivas, configurando crescimento dos estoques, como negativas, configurando redução nos estoques de um período a outro.

Ao retomar, então, a conta de produto, diz-se que, de um de seus lados, estará contabilizado o *produto* e, de outro, sua utilização ou destino, ou seja, *consumo pessoal* e *variação de estoques*. Porém, o que são estoques, ou melhor, de que eles são constituídos? Eles são constituídos por mercadorias que representam **consumo futuro**. Ora, tudo aquilo que é produzido em um período, mas que não é consumido nesse período, significando, ou ensejando, consumo no futuro, tem um nome, chama-se **investimento**, e a variação de estoques não é a única forma de investimento. Todos os equipamentos,

Investimento: *tudo aquilo que é produzido e não é consumido em dado período. Composto pelo investimento em bens de capital (máquinas e imóveis), chamado de formação bruta de capital fixo, e pela variação de estoques de produtos que não foram consumidos.*

máquinas, instrumentos e obras de construção civil também são investimentos, porque viabilizam a produção futura de bens e serviços.

No entanto, algumas diferenças importantes existem entre a primeira forma de investimento (variação de estoques) e a última (produção de máquinas, equipamentos etc.). A primeira é que as máquinas, os equipamentos e os imóveis poderão ser utilizados inúmeras vezes na produção de bens e serviços, tantas vezes quanto for possível, até que se desgastem inteiramente e tenham de ser substituídos. Com os outros bens, isso não acontece. Os bens ainda não consumidos (por exemplo, o trigo da economia H), uma vez que o sejam, desaparecem.

Por isso, apesar de todos esses bens serem considerados investimentos, costuma-se separá-los em duas categorias distintas, a *variação de estoques* e a *formação de capital fixo*. É possível afirmar, então, que o investimento costuma ser dividido em variação de estoques, que congrega os bens cujo consumo ou absorção futuros acontecerão de *uma única vez*, e a **formação bruta de capital fixo**, que agrega os bens que *não desaparecem depois de uma única utilização* e possibilitam a produção e, portanto, o consumo, futuros em um período *bastante extenso*.

Formação bruta de capital fixo: *agrega os bens que não desaparecem depois de uma única utilização e possibilitam a produção e, portanto, o consumo futuro em um período bastante extenso.*

Uma nova moradia, por exemplo, possibilita o consumo futuro de serviços de moradia ao longo de 40 ou 50 anos, período esse que, uma vez findo, ensejará a necessidade de que ela seja inteiramente reformada ou mesmo reconstruída. Essa característica é comum a todos os bens incluídos na rubrica formação de capital fixo, ou seja, ainda que isso não ocorra de uma única vez, todos eles também se desgastam com o tempo, o que leva à criação de uma nova rubrica, a *depreciação*, e de dois *conceitos diferentes de produto: bruto* e *líquido*.

Antes de entrar nessa discussão, porém, é preciso considerar ainda uma segunda diferença entre os bens cuja produção é classificada como formação bruta de capital fixo e aqueles cuja produção não consumida é classificada na variação de estoques. A diferença está em que, apesar do dever de ambos serem considerados investimentos, a formação bruta de capital fixo é normalmente **planejada**, ou seja, é resultante de um *planejamento das empresas*, enquanto a variação de estoques é, ao menos em parte, resultante do comportamento de variáveis que escapam ao controle das empresas — como mudanças na moda, no clima, nos preços relativos e nas preferências —, sendo, nesse sentido, **não planejada**.

Sabendo disso, de volta à questão do desgaste do capital fixo, os **bens de capital** (bens que se enquadram na categoria de capital fixo) também se desgastam (depreciam) com o uso, de modo que, findo um determinado período, seu valor terá sido inteiramente absorvido pelo fluxo de produção de bens (ou serviços) aí ocorrido. Assim, parte do produto de uma economia em um dado período deve ser destinado simplesmente a repor os bens de capital já inteiramente desgastados.

Produto líquido: *produto bruto menos depreciação.*

Depreciação: *parcela do produto bruto destinada à reposição da parte desgastada do estoque de capital da economia, em determinado período.*

A pergunta que surge então é: essa parcela do produto deve ou não ser considerada? Bem, as duas coisas podem ser feitas: ele deve obrigatoriamente ser contabilizado, caso seja considerado o **produto bruto**, mas não deverá ser contabilizado se o objetivo é saber qual foi o **produto líquido** da economia. Assim, para obter o valor do produto líquido de uma economia em determinado período, é preciso *deduzir*, do valor total produzido, ou seja, do valor do produto bruto, aquela parcela meramente destinada à reposição da parte desgastada do estoque de capital da economia, a que se dá o nome de **depreciação**. Isso posto, a conta de produção (ou do produto) em uma economia fechada e sem governo ficaria estruturada como mostra o Quadro 14.2.

QUADRO 14.2
Conta do produto (economia fechada e sem governo)

Débito		Crédito	
a_1	Salários	C	Consumo pessoal
a_2	Lucros	D	Variação de estoques
a_3	Aluguéis	E	Formação bruta de capital fixo
a_4	Juros		
A	Renda ou produto nacional líquido $(A = a_1 + a_2 + a_3 + a_4)$		
B	Depreciação		
Renda ou produto nacional bruto		**Despesa bruta**	

A **conta de produção** mostra, do lado do débito, o resultado do esforço conjunto da economia de um país em determinado período, bem como a participação dos fatores de produção na distribuição do produto/renda assim gerado. Para ser fiel à realidade, será aqui considerado, além do trabalho, que gera salários, e do capital material, que gera lucros, também o capital monetário, que gera juros, e a propriedade imobiliária de modo geral, que gera um rendimento chamado aluguel. Do lado do crédito, a conta mostra qual foi o destino do produto assim gerado, ou seja, se foi gasto em consumo, ou se foi acumulado, isto é, convertido em investimento — daí a utilização do termo despesa na última linha do lado do crédito.

A identidade produto ≡ dispêndio garante o *equilíbrio interno* da conta de produto exigido pelo método das partidas dobradas.[2] Para que se obtenha também o *equilíbrio externo* do sistema, é necessário considerar as duas outras contas desse modelo simplificado, a saber, a **conta de apropriação** e a **conta de capital**. O sentido lógico da conta de apropriação é mostrar de que maneira as famílias alocaram a renda que receberam pela cessão de seus fatores de produção. Trata-se de uma espécie de "conta-espelho" da conta de produto: se, nesta, os indivíduos e famílias são considerados como agentes envolvidos nas atividades produtivas (por meio das empresas); na conta de apropriação, são tomados como unidades de dispêndio, a partir da renda recebida. Por isso, essa conta traz, do lado do débito, a rubrica poupança líquida, que indica a parcela de renda que as famílias decidiram não consumir e sim poupar (Quadro 14.3).

Conta de produção: *mostra o resultado do esforço conjunto da economia de um país em determinado período, bem como a participação dos fatores de produção na distribuição do produto/renda assim gerado.*

Conta de apropriação: *mostra de que maneira as famílias alocaram a renda que receberam pela cessão de seus fatores de produção.*

QUADRO 14.3
Conta de apropriação (economia fechada e sem governo)

Débito		Crédito	
C	Consumo pessoal	a_1	Salários
F	Poupança líquida	a_2	Lucros
		a_3	Aluguéis
		a_4	Juros
Utilização da renda nacional líquida		**Renda nacional líquida**	

---

[2] O leitor deve reparar que a conta do produto exibe não só a identidade produto ≡ despesa, mas a identidade macroeconômica básica completa (produto ≡ renda ≡ despesa).

Conta de capital: *conta que "fecha" o sistema de contas nacionais, garantindo seu equilíbrio externo.*

A conta de apropriação funciona como uma espécie de demonstrativo de lucros e perdas, com seus correspondentes significados de receitas e despesas. Os principais agentes por trás dessa conta são as famílias. São elas que se apropriam da renda gerada na economia e a alocam da forma que melhor lhes convêm. Em função disso e da exigência de equilíbrio externo imposta pelo princípio das partidas dobradas, tais lançamentos a crédito na conta de apropriação aparecem como lançamentos a débito na conta do produto. Do lado do crédito da conta do produto, a rubrica *consumo pessoal* também vai encontrar seu par na rubrica de mesmo nome lançada a débito na conta de apropriação. Isso posto, quais são os lançamentos que restaram sem contrapartida? Na conta do produto, os itens D e E, que requerem lançamentos a débito, e B, que requer um lançamento a crédito, e, na conta de apropriação, o item F, que também requer um lançamento a crédito. A **conta de capital** vai trazer esses lançamentos, tal como se vê no Quadro 14.4.

QUADRO 14.4

Conta de capital (economia fechada e sem governo)

Débito		Crédito	
D	Variação de estoques	F	Poupança líquida
E	Formação bruta de capital fixo	B	Depreciação
Investimento bruto		Poupança bruta	

A conta de capital, portanto, "fecha" o sistema, garantindo seu equilíbrio externo. Porém, além de completar o sistema, a conta de capital demonstra a **identidade investimento ≡ poupança**, quase tão importante para a lógica de seu funcionamento quanto a identidade *produto ≡ renda ≡ despesa*. E o que ela mostra? Ela mostra que, se a variação de estoques e a formação bruta de capital fixo devem ser considerados investimentos, porque possibilitam, viabilizam ou ensejam consumo futuro, eles também devem ser considerados **poupança**, pois indicam que, dos esforços de produção da sociedade em determinado período, nem tudo foi consumido naquele período, mas parte foi guardado (poupado) para ser consumido no futuro. Como a poupança significa necessariamente um crédito (quem poupa tem um crédito relativo ao consumo futuro), o investimento, concretizado no aumento de estoques — quando há — e na formação bruta de capital fixo, vai configurar um débito. Finalmente, cumpre notar que a rubrica *poupança líquida*, lançada a débito na conta de apropriação e a crédito na conta de capital, engloba a poupança pessoal (poupança das famílias) e os lucros retidos (poupança retida nas empresas). Somando-se seu valor ao da depreciação, tem-se a poupança bruta, como demonstra o lado do crédito da conta de capital.

Poupança: *é o ato de não consumir no período, deixando para consumo futuro.*

14.2.2.2 Economia aberta e sem governo

A estrutura de três contas até aqui apresentada configura a base sobre a qual pode ser construído um sistema mais complexo que admita, por exemplo, que a economia não é fechada e, portanto, realiza com o exterior uma série de transações. Veja, então, o que acontece com o sistema, mas sem considerar ainda a existência do governo. Partindo do pressuposto de que cada uma das economias do planeta tem relações econômicas com as demais, a primeira constatação é que, considerada uma economia qualquer, parte de sua produção de bens, em determinado período, foi, com certeza, vendida ao resto do mundo, ou seja, exportada. Simultaneamente, tem-se também de admitir que parte do que foi consumido e/ou acumulado nesse mesmo período pode ter sido produzido fora do país e comprado, ou seja, **importado**, pela economia em questão. O cotejo entre **exportações** e **importações** constitui um elemento muito importante, a chamada **balança comercial**, de uma peça contábil também chave no estudo da economia de um país que é o **balanço de pagamentos**.

Porém, exportações e importações não se referem apenas a bens (mercadorias tangíveis), mas também a serviços (mercadorias intangíveis), como frete e seguros. As transações externas envolvendo serviços não são contabilizadas na balança comercial, mas em outra das peças do balanço de pagamentos, a **balança de serviços e rendas**. Nessa peça, porém, são contabilizadas não só as transações envolvendo serviços, mas também aquelas envolvendo *fatores de produção (rendas)*, como pagamento e recebimento de lucros e juros.

A distinção entre **bens e serviços fatores** e **não fatores** é um dos elementos mais importantes para as contas nacionais quando se trata de estudar economias abertas. O pagamento de rendas por parte de determinada economia ao resto do mundo significa que parte da produção dessa economia em determinado período foi obtida graças à utilização de fatores de produção de propriedade de *não residentes* no país, como capital físico, trabalho, capital monetário e tecnologia. Nesse caso, parte da renda gerada por essa economia nesse período, ainda que tenha sido *internamente* gerada, não pode ser considerada do país, ou seja, não pode ser considerada *nacional*, uma vez que deve ser enviada aos países de residência dos proprietários desses fatores. Por seu turno, fatores de produção de propriedade de *residentes* dessa economia podem ser utilizados na produção e geração de renda em outros países, criando-se assim o direito de a economia em questão receber essa renda.

Assim, do ponto de vista agregado, o que importa é o *saldo* dessas operações. Quando um país envia liquidamente rendas ao exterior significa que, no período em questão, utilizou mais fatores de produção estrangeiros (de não residentes) do que foram utilizados os fatores de produção de seus residentes pelas economias de outros países. Nesse caso, seu produto (ou renda) **interno** vai apresentar um valor maior do que seu produto (ou renda) **nacional**. Por sua vez, se o país recebe liquidamente renda do exterior, seu produto (ou renda) interno vai apresentar um valor menor do que seu produto (ou renda) nacional.

Porém, e do ponto de vista da consideração dos agregados? Qual deles é o melhor ou mais adequado ou mais correto: o nacional ou o interno? Não há uma resposta precisa para essa pergunta, mas, de acordo com o SNA 93, o atributo *interno* é mais recomendado quando se está falando de produto e o atributo *nacional* quando se está falando de renda (a ideia por trás disso é que *nacional* é um atributo que se aplica apenas à renda gerada, já que está relacionado à nacionalidade dos proprietários de fatores de produção). Assim, uma boa forma de resumir a questão é dizer que o PIB reflete o produto total produzido no território do país, independentemente da origem dos fatores de produção responsáveis por ele. Já a **Renda Nacional Bruta (RNB)** considera o valor adicionado gerado por fatores de produção de propriedade de residentes, independentemente do território onde esse valor é gerado.

Para dar conta das transações que as economias estabelecem com o resto do mundo, é preciso incorporar ao sistema de três contas uma quarta conta. Essa conta é construída *do ponto de vista do resto do mundo*, ou seja, as importações de bens e

---

Balança comercial: *item do balanço de pagamentos em que são lançadas as exportações e importações de mercadorias.*

Balanço de pagamentos: *registro contábil de todas as transações de um país com o resto do mundo. Envolve transações com mercadorias, serviços, fatores de produção e capitais (monetários e físicos).*

Balança de serviços e rendas: *item do balanço de pagamentos em que são lançadas as transações com serviços, como fretes, seguros, viagens internacionais e royalties, e as transações com fatores de produção como pagamento e recebimento de juros e lucros, realizadas entre o país e os demais países.*

Renda Nacional Bruta (RNB): *renda gerada por fatores de produção de propriedade dos residentes, independentemente do território onde esse valor é gerado.*

serviços não fatores e o envio de rendas ao exterior são lançados a crédito, enquanto que as exportações e o recebimento de rendas são lançados a débito (pois conformam os débitos que o resto do mundo tem para com essa economia). O Quadro 14.5 traz a **conta do setor externo**.

QUADRO 14.5

Conta do setor externo (economia aberta e sem governo)

Débito		Crédito	
G	Exportações de bens e serviços não fatores	I	Importações de bens e serviços não fatores
H	Renda recebida do exterior	J	Renda enviada ao exterior
K	Resultado do BP em transações correntes		
Total do débito		Total do crédito	

Antes de analisar como ficam as demais contas do sistema a partir da introdução dessa quarta conta, cabe observar que a rubrica **K** pode ficar de fato em qualquer dos lados da conta do setor externo, desde que seu sinal esteja correto, garantindo-se o equilíbrio interno da conta. Ficando onde está apresentado, ou seja, do lado esquerdo, ele deverá ter sinal positivo se o país em questão teve um défice em transações correntes e sinal negativo se o país teve superávit.

Veja então como ficam as demais contas. Como é possível perceber, as contas afetadas por novos lançamentos são a conta do produto e a conta de capital. A conta do produto terá agora de contemplar o valor produzido com a utilização de fatores de propriedade de não residentes, líquido dos valores produzidos em outros países com a utilização de fatores de propriedade de residentes. Além disso, para compensar o lançamento a débito na conta do setor externo, a conta do produto contemplará, do lado do débito, a rubrica importações, de modo que ela não mais vai demonstrar o produto, mas aquilo que se chama **oferta total** da economia. No movimento contrário, as exportações serão lançadas no lado do crédito da conta de produto, compondo a **demanda total** da economia (Quadro 14.6).

QUADRO 14.6

Conta do setor externo (economia aberta e sem governo)

Débito		Crédito	
I	Importações de bens e serviços não fatores	G	Exportações de bens e serviços não fatores
J-H	Renda líquida enviada (+) ou recebida (−) do exterior	C	Consumo pessoal
		D	Variação de estoques
a_1	Salários	E	Formação bruta de capital fixo
a_2	Lucros		
a_3	Aluguéis		
a_4	Juros		
A	Renda ou produto nacional líquido ($A = a_1 + a_2 + a_3 + a_4$)		
B	Depreciação		
Oferta total de bens e serviços		Demanda total por bens e serviços	

Nessa nova versão, portanto, a conta do produto apresenta, do lado do débito, o PIB mais as importações de bens e serviços não fatores, ou seja, a oferta total, que deve igualar-se, em valor, à demanda total por bens e serviços, seja ela originada das necessidades internas de consumo, das necessidades internas de investimento ou da procura externa. Com isso, tem-se quase todos os lançamentos inversos necessários para garantir o equilíbrio externo do sistema depois da introdução da conta do resto do mundo.[3] Contudo, há ainda, sem contrapartida, a rubrica **K**. O lançamento necessário aparece na conta de capital, apresentada a seguir no Quadro 14.7.

QUADRO 14.7
Conta de capital (economia aberta e sem governo)

Débito		Crédito	
D	Variação de estoques	F	Poupança líquida
E	Formação bruta de capital fixo	B	Depreciação
		K	Resultado do BP em transações correntes
Investimento bruto total		Poupança bruta total	

Lembrando que a conta de capital demonstra a identidade investimento ≡ poupança, tem-se que, se o valor atribuído à rubrica **K** for positivo, ou seja, se o país incorreu em um défice na conta-corrente de seu balanço de pagamentos, isso indica que, no período em questão, parte do investimento efetuado na economia deveu-se à importação de capital, ou seja, necessitou de poupança externa. Se o valor atribuído à rubrica **K** for negativo, indicando um superávit em transações correntes, ela terá se tornado, ao menos naquele período, exportadora líquida de capitais, ou seja, sua absorção interna, em face da sua produção, permitirá que ela exporte capitais. Fecha-se, com isso, o sistema. Nesse modelo de economia aberta e sem governo, a conta de apropriação permanece tal como apresentada em sua primeira versão.

14.2.2.3 Economia aberta e com governo

Com o modelo anterior, uma das hipóteses simplificadoras iniciais foi relaxada e o fato de a economia realizar transações com o exterior foi admitida. Para completar o modelo, é preciso agora abrir mão da segunda hipótese simplificadora e introduzir o governo. Como se sabe, o governo interfere significativamente na vida econômica de um país. Além de arrecadar impostos e consumir bens e serviços para poder fornecer à população outros bens e serviços — como segurança e educação —, ele também realiza transferências e pode subsidiar determinados setores, devolvendo assim ao setor privado parte do que arrecada. Dependendo do tipo de imposto e dos subsídios que o governo fornece, ele pode ainda interferir nos preços das mercadorias. Para dar conta de todas essas operações, uma alternativa é introduzir no sistema uma quinta conta, chamada **conta do governo** (Quadro 14.8).

Conta do governo: mostra o que o governo recebe, sob a forma de impostos e outras receitas, como taxas e contribuições, e seus gastos em consumo, transferências e subsídios.

---

[3] Note que o lançamento H, apesar de encontrar-se do mesmo lado (débito) de sua conta original, apresenta-se com sinal negativo.

QUADRO 14.8

Conta do governo

Débito		Crédito	
L	Consumo do governo	P	Impostos diretos
M	Transferências	Q	Impostos indiretos
N	Subsídios	R	Outras receitas correntes líquidas
O	Saldo do governo em conta-corrente		
Utilização da receita		**Total da receita**	

A conta do governo é, em muitos sentidos, semelhante à conta de apropriação. Assim como esta busca mostrar qual é o destino que as famílias dão às rendas que recebem pelo fato de serem proprietárias de fatores de produção, a conta do governo busca mostrar qual foi o valor da receita total do governo em determinado período e como o governo a alocou. Desse modo, a conta mostra que o governo recebe, sob a forma de impostos e outras receitas líquidas (por exemplo, taxas e contribuições), determinada parcela da renda gerada na economia. Com essa quantia, em primeiro lugar, ele sustenta suas próprias atividades, ou seja, paga salários a seus funcionários e adquire bens e serviços do setor privado — por exemplo, material de escritório, computadores, remédios e alimentos para merenda escolar (rubrica consumo do governo). Além disso, ele utiliza essa receita para fazer transferências monetárias ao setor privado e para conceder subsídios a determinados setores julgados importantes. Do cotejo entre a receita que o governo arrecada e os gastos que ele tem, surge um saldo que tanto pode ser positivo como negativo. Se for positivo, significa que o governo arrecadou mais do que gastou, gerando uma **poupança do governo**; se for negativo, significa que ele gastou mais do que arrecadou e foi financiado por poupança do setor privado (interna ou externa).

Quais são as consequências que a introdução da conta do governo traz para o sistema? Como visto, o governo não só arrecada impostos e outros tipos de tributos,[4] mas também devolve parte deles sob a forma de **transferências** e **subsídios**. Os impostos que ele arrecada podem ser classificados em **impostos diretos** e **indiretos**. Os impostos diretos incidem sobre a renda ou a propriedade e são recolhidos e pagos como impostos. O exemplo mais importante é o imposto de renda, mas há outros bem conhecidos como o imposto sobre a propriedade territorial urbana (IPTU) e o imposto sobre a propriedade de veículos automotores (IPVA). Já os impostos indiretos não são pagos como impostos, mas como parte do preço das mercadorias. Os exemplos mais conhecidos no Brasil são o Imposto sobre Produtos Industrializados (IPI) e o Imposto sobre Circulação de Mercadorias e Serviços (ICMS). Por serem pagos indiretamente, ou seja, por meio dos preços, eles os alteram relativamente a uma situação em que tais impostos não existissem.

Essa distinção entre impostos diretos e indiretos torna mais fácil compreender a natureza das *devoluções* que o governo faz. Considere inicialmente as *transferências*.

Impostos diretos: *incidem sobre a renda e a propriedade.*

Impostos indiretos: *incidem sobre o preço das mercadorias.*

---

[4] Tributo é a designação genérica de todo tipo de renda que o governo é capaz de arrecadar justamente por ser *governo*, ou seja, por deter o monopólio da operação de tributar. Os impostos (diretos e indiretos) são os tributos mais conhecidos, mas, além deles, existem também as taxas (como a taxa do lixo), as contribuições de melhoria (decorrentes da realização de obras públicas) e outros tipos de contribuição (como a previdenciária, a de intervenção no domínio econômico etc.).

O que são transferências? São operações em que há um efetivo deslocamento de recursos monetários das mãos do governo para as mãos de beneficiários no setor privado. Nesse grupo enquadram-se, portanto, o pagamento de aposentadorias e pensões e de benefícios sociais como o Bolsa-Família, e o pagamento de juros àqueles que têm em mãos títulos da dívida pública. O governo, assim, devolve ao setor privado, diretamente sob forma monetária, parte daquilo que ele recolhe como tributos. As transferências funcionam, assim, como impostos diretos com o sinal trocado, ou seja, **impostos diretos negativos**.

Considere agora os subsídios. Eles significam a abdicação, por parte do governo, de uma receita à qual teria direito. O governo pode, por exemplo, em função de objetivos sociais, querer reduzir o preço do leite aos consumidores finais e, para tanto, abrir mão da arrecadação do ICMS que incidiria sobre sua comercialização. Assim, a concessão de subsídios mexe com os preços das mercadorias, mas no sentido inverso ao provocado pela incidência de impostos. Assim, eles podem ser considerados como impostos indiretos com o sinal trocado, ou **impostos indiretos negativos**.

Graças a sua capacidade de alterar os preços, a existência do governo provoca uma nova dicotomia na forma de registro dos agregados. Por um lado, as mercadorias têm seu valor aumentado pelos impostos indiretos compensados dos subsídios, mas, por outro, esse acréscimo de valor não tem como contrapartida pagamentos a fatores de produção. Como registrar esse diferencial? Para resolver esse problema, foram criados dois conceitos de produto: o **produto a preços de mercado**, que inclui o valor dos impostos indiretos compensados dos subsídios, e o **produto a custo de fatores**, que não considera esse valor adicional. Cabe nesse sentido observar que, quando a mídia falada ou escrita anuncia, por exemplo, que o IBGE divulgou a taxa de crescimento do *produto* em determinado ano ou trimestre, é do **produto interno bruto a preços de mercado (PIBpm)** que se está falando.

Feitas essas considerações, veja como fica a estrutura do sistema, agora que o modelo está completo, ou seja, trata-se de uma economia aberta e com governo. Para tanto, será apresentada a versão final de cada uma das contas (com exceção da do governo, já apresentada) para, na sequência, explicar como se dá o fechamento do sistema conforme Quadro 14.9 a 14.12.

Produto/renda a custo de fatores: *valor do produto que reflete o custo dos fatores, excluindo impostos indiretos e subsídios do governo.*

Produto Interno Bruto a preços de mercado (PIBpm): *inclui o valor dos impostos indiretos, compensados dos subsídios.*

QUADRO 14.9

Conta de capital (economia aberta e com governo)

	Débito		Crédito
I	Importações de bens e serviços não fatores	G	Exportações de bens e serviços não fatores
J-H	Renda líquida enviada (+) ou recebida (−) do exterior	C	Consumo pessoal
		L	Consumo do governo
a_1	Salários	D	Variação de estoques
a_2	Lucros	E	Formação bruta de capital fixo
a_3	Aluguéis		
a_4	Juros		
A	Renda ou produto nacional líquido ($A = a_1 + a_2 + a_3 + a_4$)		
B	Depreciação		
Q-N	Impostos indiretos líquidos de subsídios		
	Oferta total de bens e serviços		Demanda total por bens e serviços

QUADRO 14.10

Conta de apropriação (economia aberta e com governo)

Débito		Crédito	
C	Consumo pessoal	a_1	Salários
P-M	Impostos diretos líquidos de transferências	a_2	Lucros
R	Outras receitas correntes líquidas	a_3	Aluguéis
F	Poupança privada líquida	a_4	Juros
Utilização da renda nacional líquida		Renda nacional líquida	

QUADRO 14.11

Conta do setor externo (economia aberta e com governo)

Débito		Crédito	
G	Exportações de bens e serviços não fatores	I	Importações de bens e serviços não fatores
H	Renda recebida do exterior	J	Renda enviada ao exterior
K	Resultado do BP em transações correntes		
Total do débito		Total do crédito	

QUADRO 14.12

Conta de capital (economia aberta e com governo)

Débito		Crédito	
D	Variação de estoques	F	Poupança privada líquida
E	Formação bruta de capital fixo	B	Depreciação
		K	Resultado do BP em transações correntes
		O	Saldo do governo em conta corrente
Investimento bruto total		Poupança bruta total	

Apresentadas as cinco contas em sua versão final, é importante entender as modificações provocadas pela introdução da conta do governo. Relativamente à versão anterior, é possível encontrar, do lado do débito da conta de produção, o lançamento adicional **Q − N**, que compensa igual lançamento a crédito na conta do governo. Esse lançamento deve-se ao fato de essa conta ter de registrar o PIB a preços de mercado, de modo que é preciso lançar no lado do débito o valor dos impostos indiretos líquidos de subsídios. Em contrapartida, é necessário também lançar do lado do crédito o consumo do governo (rubrica **L**), compensando assim o lançamento a débito na conta do governo. De fato, além de coletar tributos, o governo surge também como um agente adicional de demanda, além daquelas que já existiam, quais sejam, consumo pessoal, investimentos (formação bruta de capital fixo mais variação de estoques) e demanda externa (exportações).

Já a conta de apropriação, que, nessa versão, apresenta a renda na versão nacional líquida a custo de fatores, vai trazer, do lado do débito, os lançamentos adicionais **P-M** e **R**, compensando-se lançamentos inversos existentes na conta do governo. O primeiro justifica-se porque, de posse da renda, a decisão sobre consumir ou poupar não pode se dar sobre sua totalidade, mas tem que preservar a parte destinada ao pagamento dos impostos diretos. Contudo, o valor a ser preservado deve ser líquido das transferências que, como visto, funciona como um imposto direto com sinal negativo. Finalmente, a rubrica **R** também tem de ser lançada no lado do débito da conta de apropriação, uma vez que os detentores de renda também fazem diretamente, além dos impostos diretos propriamente ditos, outros tipos de pagamento ao governo (como o pagamento de taxas, contribuições previdenciárias, multas ou aluguéis em função do uso de propriedades do Estado), os quais vêm a constituir as outras receitas do governo.

O sistema se fecha por completo quando se percebe que o lançamento a débito na conta do governo da rubrica **O** (saldo em conta-corrente) vai encontrar um lançamento a crédito na conta de capital, isso porque, uma vez introduzido no sistema, o governo torna-se também uma fonte geradora de poupança. Assim, a identidade entre investimento e poupança fica garantida pelo fato de que, do lado direito da conta de capital aparecem, além da depreciação, as três fontes geradoras de poupança (setor privado, setor externo e governo), enquanto que, em seu lado esquerdo, aparece o investimento total que envolve a formação bruta de capital fixo e a variação de estoques. Evidentemente, se o resultado da conta-corrente do governo for negativo, esse registro deve ser efetuado com o sinal negativo (o mesmo, aliás, é válido também para as duas outras fontes geradoras de poupança).

14.3 ■ O SISTEMA DE CONTAS NACIONAIS NO BRASIL ATÉ 1996 (SNA 68)

No Brasil, os esforços que desembocariam na criação do primeiro sistema de contas nacionais datam de 1947, a partir da criação do Núcleo de Economia na já existente Fundação Getulio Vargas do Rio de Janeiro (FGV-RJ), núcleo esse que se tornaria mais tarde o Instituto Brasileiro de Economia (IBRE). Por essa época, ainda estava em estudo, no plano internacional, o desenho conceitual do sistema. Uma versão mais bem-acabada desse sistema, graças aos esforços da equipe liderada pelo economista Richard Stone (prêmio Nobel de 1984), só viria em 1953. Foi nesse ano que as Nações Unidas divulgaram o **SNA 53**, a primeira proposta de desenho do sistema, com recomendações metodológicas visando padronizar os cálculos e homogeneizar as estimativas.

Assim, só em 1956 o Brasil disporia, pela primeira vez, de um balanço geral da atividade econômica do país, da adaptação, ao SNA 53, das estimativas da RNBcf, já elaboradas pelo IBRE-FGV para o período 1948-55. Até 1986, é o Centro de Contas Nacionais do IBRE-FGV que se responsabiliza pelo cálculo e pela elaboração das contas nacionais do Brasil, procurando, na medida do possível, adaptar-se às determinações internacionais expressas nas edições do SNA. Até o início dos anos 1990, era o **SNA 68** que vigorava e presidia o cálculo das contas. Em 1977 e em 1984, o Centro de Contas Nacionais editou publicações dando conta das sucessivas revisões metodológicas empreendidas para adequar cada vez mais o sistema brasileiro ao padrão traçado pelo SNA 68.

Entrementes, a Fundação do IBGE tratava de desenhar e mensurar as variáveis necessárias para a construção da **matriz insumo-produto** do país, um instrumento de mensuração, em princípio, *alternativo ao sistema de contas nacionais*, pois permite uma visão, setor a setor, do consumo intermediário, da geração de valor adicionado, da oferta de insumos a outros setores e da demanda final de cada um.

A partir de 1986, é a Fundação do IBGE que passa a se responsabilizar pela elaboração das contas nacionais. Na época em que assume esse encargo, essa instituição elabora também uma profunda revisão metodológica e opera uma mudança estrutural

Matriz insumo-produto ou de relações intersetoriais: *sistema de Contabilidade Social, alternativo ao sistema de contas nacionais, criado pelo economista russo Wassily Leontief, que mostra todas as transações agregadas de bens intermediários e de bens finais da economia em determinado período.*

substituindo o antigo sistema de cinco contas, de estrutura bastante similar àquela estudada na seção anterior, por um sistema de quatro contas.

Assim, a partir de 1987, o Sistema de Contas Nacionais do Brasil passou a ser apresentado pelas seguintes contas: conta produto interno bruto (referente à conta do produto); conta renda nacional disponível bruta (referente à conta de apropriação); conta transações correntes com o resto do mundo (correspondente à conta do setor externo) e conta de capital. Esse sistema, que vigorou até 1996, exclui, portanto, a conta do governo, cujas operações são apresentadas à parte na **conta-corrente das administrações públicas**. O fluxo de renda que passa pelo governo, entretanto, está implícito nas demais contas. Os Quadros 14.13 a 14.16 apresentam essas quatro contas. Os números em parênteses correspondem à contrapartida do lançamento do item em outras contas.

Conta-corrente das administrações públicas: *é a conta do governo, apresentada à parte do sistema de contas nacionais. O fluxo de renda que passa pelo governo está implícito nas quatro contas básicas do sistema.*

QUADRO 14.13

Conta PIB

Débito	Crédito

1.1 PIB a custo de fatores (2.4)
    1.1.1 Remuneração dos empregados (2.4.1)
    1.1.2 Excedente operacional bruto (2.4.2)
1.2 Tributos indiretos (2.8)
1.3 (menos) Subsídios (2.9)
	1.4 Consumo final das famílias (2.1)
	1.5 Consumo final das administrações públicas (2.2)
	1.6 Formação bruta de capital fixo (4.1)
	1.7 Variação de estoques (4.2)
	1.8 Exportações de bens e serviços não fatores (3.1)
	1.9 (menos) Importações de bens e serviços não fatores (3.5)

PIBpm	Dispêndio correspondente ao PIB

QUADRO 14.14

Conta renda nacional disponível bruta (RDB)

Débito	Crédito

2.1 Consumo final das famílias (1.4)
2.2 Consumo final das administrações públicas (1.5)
2.3 Poupança bruta (4.3)
	2.4 PIB a custo de fatores (1.1)
	    2.4.1 Remuneração dos empregados (1.1.1)
	    2.4.2 Excedente operacional bruto (1.1.2)
	2.5 Remuneração de empregados líquida recebida do resto do mundo (3.2 − 3.6)
	2.6 Outros rendimentos líquidos recebidos do resto do mundo (3.3 − 3.7)
	2.7 Transferências unilaterais líquidas recebidas do resto do mundo (3.4 − 3.8)
	2.8 Tributos indiretos (1.2)
	2.9 (menos) Subsídios (1.3)

Utilização da RDB	Apropriação da RDB

QUADRO 14.15

Conta transações correntes com o resto do mundo

Débito	Crédito
3.1 Exportações de bens e serviços não fatores (1.8)	3.5 Importações de bens e serviços não fatores (1.9)
3.2 Remuneração de empregados recebida do resto do mundo (2.5 + 3.6)	3.6 Remuneração de empregados paga ao resto do mundo (3.2 – 2.5)
3.3 Outros rendimentos recebidos do resto do mundo (2.6 + 3.7)	3.7 Outros rendimentos pagos ao resto do mundo (3.3 – 2.6)
3.4 Transferências unilaterais recebidas do resto do mundo (2.7 + 3.8)	3.8 Transferências unilaterais pagas ao resto do mundo (3.4 – 2.7)
	3.9 Saldo das transações correntes com o resto do mundo (4.4)
Recebimentos correntes	Utilização dos recebimentos correntes

QUADRO 14.16

Conta de capital

Débito	Crédito

4.1 Formação bruta de capital fixo (1.6)
    4.1.1 Construção
        4.1.1.1 Administrações públicas
        4.1.1.2 Empresas e famílias
    4.1.2 Máquinas e equipamentos
        4.1.2.1 Administrações públicas
        4.1.2.2 Empresas e famílias
    4.1.3 Outros
4.2 Variação de estoques (1.7)
	4.3 Poupança bruta (2.3)
	4.4 (menos) Saldo das transações correntes com o resto do mundo (3.9)

Total da formação bruta de capital (FBK)	Financiamento da formação bruta de capital (FBK)

Como o leitor pode perceber, exceção feita ao fato de que não existe uma conta do governo, as quatro contas apresentadas guardam um parentesco muito grande com as contas da seção anterior. A **conta PIB** corresponde à conta do produto. A principal diferença é que as importações, antes lançadas no lado do débito, aparecem agora com sinal negativo no lado do crédito da conta. Dessa forma, tem-se, no lado do débito, o montante do PIBpm, ao passo que, no lado do crédito, têm-se discriminados os componentes de **demanda agregada**. Sobre essa conta, duas observações devem ser feitas. A primeira é que está aí presente o lançamento correspondente ao *consumo do governo* (1.5), denominado *consumo das administrações públicas*, que vai ter sua contrapartida a débito na conta RDB (lançamento 2.2). A segunda observação é que a rubrica *excedente operacional bruto* dá conta do montante total de lucros, aluguéis e juros pagos no período ao qual se referem as contas e, por isso, essas categorias de renda não aparecem explicitamente.

A **conta RDB** corresponde, com algumas diferenças, à conta de apropriação apresentada anteriormente. A primeira mudança é que, em função da inexistência da conta do governo e da decisão de se apresentar a renda nacional em sua versão *bruta*, aparece a débito não a poupança líquida do setor privado, mas a **poupança bruta** (2.3), que corresponde à poupança bruta do setor privado (famílias e empresas) mais a poupança do governo. Outra diferença é que nesse formato apresenta-se a *renda a preços de mercado* e não a custo de fatores, de onde deriva a necessidade de se incluir, no lado do crédito, o valor dos tributos indiretos líquidos de subsídios. Por seu turno, o fato de se ter de considerar o agregado renda em sua versão *nacional* em vez de em sua versão interna implica a inclusão dos lançamentos 2.5 e 2.6. O somatório desses itens mostra a geração de renda devida a fatores de produção (capital e trabalho) de residentes atuando no resto do mundo, líquida dos pagamentos efetuados pela operação em nosso território de fatores de produção de propriedade de não residentes. O item 2.7 apresenta o resultado líquido das transferências entre o Brasil e o resto do mundo. Esse último item é necessário porque a renda efetivamente *disponível* aos residentes de um país em determinado período envolve também o resultado líquido das transferências efetuadas entre esse país e o resto do mundo. As transferências constituem pagamentos e recebimentos, sem contrapartida, que ocorrem entre as economias. Eles podem ser constituídos por moeda ou bens e derivam de vários fatores, como ajuda humanitária em situações de calamidade, e o envio de recursos que imigrantes trabalhando em outros países fazem aos residentes, dentre outros.

A **conta de transações correntes com o resto do mundo** apresenta duas diferenças em relação ao formato anteriormente apresentado. A primeira delas diz respeito ao lado em que se encontra lançada a rubrica relativa ao resultado das transações correntes com o resto do mundo. Na versão anterior, tal rubrica encontrava-se no lado do débito, enquanto nessa versão encontra-se no lado do crédito, com a denominação alterada para *saldo das transações correntes com o resto do mundo*. Se o valor total do lado do crédito for maior que o valor total do lado do débito, então, para que seja respeitado o equilíbrio interno da conta, o saldo dessa conta, que fica ao lado do crédito, terá que ser lançado com sinal negativo. Isso significa que o país em questão acumulou no período mais débitos para com o resto do mundo do que créditos contra ele, ou seja, ele foi um "importador" de poupança externa. A outra diferença é que, em vez de se encontrar, no lado do crédito, a rubrica renda enviada ao exterior e, do lado do débito, a rubrica renda recebida do exterior, têm-se discriminados em ambos os lados da conta os recebimentos e pagamentos referentes à *remuneração de empregados, outros rendimentos e transferências* entre o Brasil e o resto do mundo.

Finalmente, com relação à **conta de capital**, a diferença mais importante deve-se, mais uma vez, à inexistência da conta do governo, que faz com que, em vez de se encontrarem discriminados, no lado do crédito da conta, o saldo em conta-corrente do governo e a poupança bruta do setor privado, encontra-se apenas a rubrica *poupança bruta*. Há ainda duas outras diferenças, que não são, porém, de conteúdo. A primeira é a já mencionada alteração de denominação da rubrica *resultado do balanço de pagamentos em transações correntes para saldo em transações correntes com o resto do mundo*, mas o conteúdo e o significado da rubrica são exatamente os mesmos. O termo menos que antecede o item deve-se ao fato de o lançamento que faz contrapartida a este (o lançamento 3.9) estar também lançado a crédito em sua conta de origem. Isso significa que a poupança externa veio somar-se à poupança interna (rubrica 4.3) para financiar a formação bruta de capital do país no período em tela. A segunda diferença é que esse formato traz discriminada, no lado do débito da conta de capital, a participação dos setores público e privado na formação bruta de capital fixo.

Para concluir a análise do sistema vigente no Brasil até 1996, resta investigar a **conta-corrente das administrações públicas**, cujo objetivo é detalhar a atividade do governo, implícita nas quatro contas estudadas. Essa conta, que não guarda qualquer contrapartida contábil com as demais (ou seja, não integra o sistema de contas em si, que se resume às quatro contas apresentadas), demonstra os componentes dos gastos correntes do governo — incluindo os juros sobre a dívida —, bem como a composição de sua receita corrente — tributos e outras receitas e o saldo desses fluxos no período em questão. O cálculo do montante final de cada um desses itens é efetuado a partir da consolidação dos balanços da União, dos estados e dos municípios (Quadro 14.17).

QUADRO 14.17

Conta complementar: conta-corrente das administrações públicas

Débito	Crédito

A Consumo final das administrações públicas
   a.1 Salários e encargos
   a.2 Outras compras de bens e serviços
B Subsídios
C Transferências de assistência e previdência
D Juros da dívida pública interna
E Poupança em conta-corrente
	F Tributos indiretos
	G Tributos diretos
	H Outras receitas correntes líquidas
	   h.1 Outras receitas correntes brutas
	   h.2 (menos) Outras despesas de transferência
	      h.2.1 Transferências intragovernamentais
	      h.2.2 Transferências intergovernamentais
	      h.2.1 Transferências ao setor privado
	      h.2.1 Transferências ao exterior

Total da formação bruta de capital (FBK)	Financiamento da formação bruta de capital (FBK)

Como se percebe, nessa conta complementar aparecem discriminados os gastos do governo em quatro rubricas: o *consumo final*, subdividido em gastos com *salários e encargos* e *compras de bens e serviços*; os gastos com *subsídios;* os gastos com *transferências de assistência e previdência* e os gastos relativos ao pagamento dos *juros da dívida interna*. Já a receita aparece discriminada em *tributos diretos* e *indiretos* e *outras receitas correntes líquidas*. Este último item aparece aberto para demonstrar de que modo se chega a seu valor final. Como essa conta resulta da consolidação dos fluxos experimentados no período em questão pelas três esferas de governo (federal, estadual e municipal), torna-se necessário, para evitar dupla contagem, deduzir, de seu valor bruto, as transferências inter e intragovernamentais, além, evidentemente, das transferências ao setor privado e ao exterior. O saldo líquido desses fluxos necessários para garantir o equilíbrio interno da conta aparece na rubrica *poupança em conta-corrente*. Se o valor desse item for negativo no período em questão, o setor governo, globalmente considerado, terá registrado um défice em suas operações correntes, que pode ter sido financiado de várias maneiras, como por emissão de moeda, aumento da dívida interna ou venda de patrimônio. No entanto, as informações que permitiriam saber de que forma esse défice foi financiado não são apresentadas no sistema de contas nacionais.

14.4 ■ O FORMATO ATUAL DAS CONTAS NACIONAIS DO BRASIL (SNA 93)

14.4.1 Os elementos integrantes do novo sistema

A partir de 1998, mais uma vez seguindo orientação da ONU, o IBGE modificou a forma de apresentação do Sistema de Contas Nacionais do Brasil para adaptá-lo às recomendações do **SNA 1993**. O sistema novo foi divulgado em 1998, mas a série sob o novo formato retroagiu até 1995. O formato anterior só alcançou as contas até 1996. O novo desenho do sistema foi elaborado sob a responsabilidade conjunta de cinco organizações: a ONU, o Fundo Monetário Internacional (FMI), a Comissão das Comunidades Europeias, a Organização para Cooperação e Desenvolvimento Econômico (OCDE) e o Banco Mundial. Apesar das enormes diferenças entre esse sistema e o anteriormente vigente, seus fundamentos, como reconhece a própria ONU, permanecem os mesmos e os princípios contábeis anteriormente apresentados continuam a ser válidos.[5]

A principal característica que distingue o novo sistema em comparação com o anterior é a riqueza muito maior de informações que ele possui. Além disso, é constituído pela integração de instrumentos de mensuração dos agregados econômicos que têm natureza distinta. De um lado, estão as **tabelas de recursos e usos (TRU)**, que têm sua estrutura básica assentada na matriz insumo-produto. De outro, estão **as contas econômicas integradas (CEI)**, um conjunto integrado de peças contábeis que se aproxima muito das quatro contas do sistema anteriormente vigente (SNA 68). Finalmente, é preciso considerar que as CEI são, na realidade, o resultado da análise do desempenho da economia por setores institucionais, de modo que **as contas econômicas integradas por setores institucionais (empresas financeiras, empresas não financeiras, famílias, administrações públicas, instituições sem fins lucrativos a serviço das famílias e resto do mundo)** são também elementos fundamentais para a compreensão da dinâmica de funcionamento do novo sistema. Nas próximas duas seções, serão estudadas com mais detalhes as TRU e as CEI, mas apenas em sua versão agregada, de compreensão mais simples que as CEI institucionais e mais adequada, portanto, a este capítulo introdutório.

Novo sistema de contas nacionais no Brasil: *constitui-se da tabela de recursos e usos (TRU), que têm sua estrutura básica assentada na matriz insumo-produto, e as contas econômicas integradas (CEI), que se aproximam das quatro contas do sistema anteriormente vigente.*

14.4.2 As tabelas de recursos e usos

14.4.2.1 Noções de insumo-produto

A matriz insumo-produto, cujo desenvolvimento está ligado ao prêmio Nobel em Economia Wassily W. Leontief (1906-1999), tem como objetivo proporcionar uma análise acerca das relações intersetoriais na produção. Tecnicamente, a matriz insumo-produto implica a desagregação, por ramo de atividade, de vários dos agregados presentes em um sistema usual de contas nacionais, particularmente aqueles que aparecem na conta de produção. Porém, além do valor adicionado e da demanda final, a desagregação atinge também a demanda intermediária (ou consumo intermediário).

---

[5] Em 2015, o IBGE divulgou uma nova série de informações fazendo a revisão dos valores do Sistema de Contas Nacionais do Brasil para adequá-lo às determinações do manual SNA 08, que, dentre outras alterações menos importantes, passou a incluir na rubrica FBKF os produtos de propriedade intelectual que geram conhecimento, como, por exemplo, os gastos com *softwares*, bancos de dados e pesquisa e desenvolvimento. Essa alteração, apesar de seu impacto nos valores dos agregados, por conta da elevação do valor do investimento e, nessa medida do PIB, não implica alteração na estrutura do sistema tal como determinado pelo SNA 93 aqui apresentado e que continua vigente.

Um exemplo simples pode ser útil para compreender a ideia da matriz insumo-produto, bem como sua forma de funcionamento. Considere uma economia hipotética H com apenas três setores — 1, 2 e 3 — que estabelecem transações econômicas entre si. Se *Xij* representa as vendas do setor *i* para o setor *j* efetuadas durante o período *t*, pode-se construir a matriz da Tabela 14.2.

TABELA 14.2

Compras e vendas setoriais na economia H no período *t*

Compras setoriais / Vendas setoriais		Setores			Demanda final	Produção bruta
		1	2	3		
Setores	1	X_{11}	X_{12}	X_{13}	Y_1	X_1
	2	X_{21}	X_{22}	X_{23}	Y_2	X_2
	3	X_{31}	X_{32}	X_{33}	Y_3	X_3
Valor adicionado		V_1	V_2	V_3	—	—
Produção bruta		X_1	X_2	X_3	—	—

Como é fácil perceber, uma matriz como essa pode fornecer, de modo desagregado, ou seja, setor por setor, as informações referentes ao valor bruto da produção, ao valor adicionado, ao consumo intermediário, à demanda intermediária e à demanda final, variáveis todas importantes, como visto, na conformação dos sistemas de contas nacionais no formato anteriormente vigente. Assim, têm-se, por exemplo, para o setor 1, as seguintes relações:

- X_{11} = "vendas" do setor 1 ao próprio setor 1
- X_{12} = vendas do setor 1 ao setor 2
- X_{13} = vendas do setor 1 ao setor 3
- Y_1 = **demanda final** pelos bens produzidos pelo setor 1
- $X_1 = X_{11} + X_{12} + X_{13} + Y_1$ (produção bruta ou **valor bruto da produção** do setor 1)

Além disso, tem-se para o mesmo setor 1:

- X_{11} = "compras" do setor 1 ao próprio setor 1
- X_{21} = compras do setor 1 ao setor 2
- X_{31} = compras do setor 1 ao setor 3
- V_1 = **valor adicionado** pelo setor 1 (produto do setor 1)
- $X_1 = X_{11} + X_{21} + X_{31} + V_1$ (produção bruta ou **valor bruto da produção** do setor 1)

Considerando que o mesmo pode ser feito com os setores 2 e 3, é possível construir para a economia H no período *t* as seguintes relações:

- Valor bruto da produção = $X_1 + X_2 + X_3$
- Produto (valor adicionado) = $V_1 + V_2 + V_3$
- Demanda agregada ou dispêndio agregado = $Y_1 + Y_2 + Y_3$
- $V_1 + V_2 + V_3 = Y_1 + Y_2 + Y_3$ (Produto = Dispêndio)

Percebe-se, então, de forma clara, que a matriz insumo-produto (matriz IXP) pode apresentar informações agregadas, tais como aquelas apresentadas pelas peças contábeis dos sistemas de contas nacionais, mas apresenta essas informações como resultantes dos valores desagregados verificados em cada setor. Assim, a matriz IXP é de extrema utilidade para a definição de políticas setoriais e para as atividades de planejamento de modo geral. Dela pode-se, por exemplo, estimar qual é o impacto sobre o nível de produção e emprego e sobre as demandas setoriais de um aumento ou retração na produção de determinado ramo, um tipo de informação que um sistema contábil convencional não é capaz de fornecer. Para tanto, porém, é preciso derivar da matriz IXP a chamada matriz de coeficientes técnicos e ainda a própria matriz de Leontief, operações para as quais não se tem aqui espaço e que fogem ao escopo destas notas introdutórias sobre matriz IXP. O que foi apresentado, no entanto, já é suficiente para compreender as tabelas de recursos e usos que agora integram o Sistema Brasileiro de Contas Nacionais seguindo as orientações do SNA 93.

14.4.2.2 As TRU do SNA 93

Tabelas de recursos e usos: *o Sistema Brasileiro de Cntas Nacionais constitui-se de seis matrizes: oferta, produção, importação, consumo intermediário, demanda final e componentes do valor adicionado.*

As **TRU** do Sistema Brasileiro de Contas Nacionais conformam um conjunto constituído por seis matrizes, as quais contêm os seguintes conteúdos e estão dispostas tal como no diagrama da Tabela 14.3.

- A — matriz de oferta
- A1 — matriz de produção
- A2 — matriz de importação
- B1 — matriz de consumo intermediário
- B2 — matriz de demanda final
- C — matriz de componentes do valor adicionado

TABELA 14.3

Tabelas de recursos e usos

	Tabelas de recursos de bens e serviços		
A	A1		A2
	Tabelas de usos de bens e serviços		
		B1	B2
		C	

Entre essas matrizes, estabelecem-se as seguintes relações:

$$A = A1 + A2 \qquad (I)$$

$$A = B1 + B2 \qquad (II)$$

$$C = A1 - B1 \qquad (III)$$

A relação (I) indica que, para cada setor, a oferta total da economia é igual à produção interna mais a importação. Essa oferta total, porém, deve igualar-se à demanda total, o que é demonstrado pela relação (II). Essa mesma relação mostra também que a demanda total é constituída pela demanda para consumo intermediário e pela demanda por bens finais. Como são constituídas setor a setor, a soma das matrizes B1 e B2 conformam uma matriz insumo-produto, tal como mostrado anteriormente, sendo que a demanda final aparece discriminada por seus componentes (consumo das famílias e das administrações públicas, formação bruta de capital fixo, variação de estoques e demanda externa — exportações). Finalmente, a relação (III) mostra que se chega ao valor adicionado de cada setor e ao valor adicionado total da economia (PIB), deduzindo, do valor da produção, o consumo intermediário. A Tabela 14.4 mostra um exemplo numérico que permitirá compreender melhor o funcionamento das TRU.

Antes de analisar o exemplo, cabe lembrar que, no âmbito do Sistema Brasileiro de Contas Nacionais, os setores que aparecem nas TRU são os seguintes: Agropecuária (A); Indústria (I), que engloba indústria de transformação, indústria extrativa mineral, construção civil e serviços industriais de utilidade pública; Comércio (C); Transportes (T), que envolve também Correio e Armazenagem; Intermediação Financeira (F), que envolve também seguros e previdência complementar; Serviços (S), que envolve também atividades imobiliárias, aluguel e serviços de informação; e Administração Pública (G), que envolve também saúde e educação públicas. O exemplo traz todos esses setores.

A primeira matriz do exemplo mostra que:

preços ao consumidor = preços básicos + impostos sobre produtos e importação líquidos de subsídios = margens de comércio e transporte.

O conceito de **preços ao consumidor** é correlato ao anteriormente visto como **preços de mercado**. Já o conceito de **preços básicos** aplica-se mais adequadamente aos setores e não corresponde, por isso, ao conceito anterior de **custo de fatores**, visto que, neste último, estavam implicitamente consideradas, para cada setor, as margens de transporte e comércio.

Todavia, no agregado, essa correspondência é válida, já que as margens de comércio e transporte desaparecem na medida em que o comércio e o transporte constituem-se, eles mesmos, em setores de produção. As linhas da matriz A, bem como de suas componentes A1 e A2, correspondem aos seis grandes setores anteriormente apresentados. Assim, esse quadrante indica, por exemplo, que a oferta total do setor I alcançou, no ano em questão, o valor de $ 3.600 ao ser avaliada a preço de consumidor, montante esse resultante de $ 2.880, quando avaliada a preços básicos, mais $ 360 de impostos sobre produtos e importação, mais $ 360 referentes à margem de comércio e transporte.

TABELA 14.4 TRU para uma economia hipotética H no período t

Tabela de RECURSOS de bens e serviços

Descrição do produto	Oferta total a preços de consumidor	Margem de comércio e transporte	Imposto sobre produtos e importação	Oferta total a preços básicos	Setor A	Setor I	Setor S	Setor F	Setor C + T	Setor G	Total da atividade	Total da economia	Importação
Setor A	600	60	24	516	468	24	0	0	0	12	504		12
Setor I	3.600	360	360	2.880	48	2.520	36	0	12	24	2.640		240
Setor S	2.400	240	240	1.920	0	0	1.920	0	0	0	1.920		0
Setor F	480	0	24	456	0	0	0	444	0	0	444		12
Setor C + T	240	−660	12	888	0	12	0	0	840	0	852		36
Setor G	840	0	0	840	0	0	0	0	0	840	840		0
TOTAL	8.160	0	660	7.500	516	2.556	1.956	444	852	876	7.200		300

Tabela de USOS de bens e serviços

Descrição do produto	Oferta total a preços de consumidor	Setor A	Setor I	Setor S	Setor F	Setor C + T	Setor G	Total da atividade	Exportação	Consumo das Administrações Públicas	Consumo das Famílias	Formação Bruta de Capital Fixo	Variação de Estoques	Demanda final	Demanda total
Setor A	600	84	300	18	0	18	0	420	36	0	126	12	6	180	600
Setor I	3.600	120	1.260	372	18	240	114	2.124	168	0	804	480	24	1.476	3.600
Setor S	2.400	6	24	60	6	60	144	300	36	0	2040	24	0	2.100	2.400
Setor F	480	18	156	42	48	54	30	348	24	0	108	0	0	132	480
Setor C + T	240	6	72	24	6	60	6	174	18	0	48	0	0	66	240
Setor G	840	0	0	0	54	0	0	54	0	786	0	0	0	786	840
TOTAL	8.160	234	1.812	516	132	414	312	3.420	282	786	3.126	516	30	4.740	8.160

Componentes do valor adicionado

	Setor A	Setor I	Setor S	Setor F	Setor C + T	Setor G	Total da atividade	Total da economia	
Valor adicionado bruto (PIB)	282	744	1.440	312	438	564	3.780	4.440	= PIB
Remuneração (a + b)	60	420	792	150	240	564	2.226	2.226	
a) Salários	48	336	660	120	192	420	1.776	1.776	
b) Contribuição Social	12	84	132	30	48	144	450	450	
Excedente Operacional Bruto	192	276	492	132	144	0	1.236	1.236	
Rendimento de Autônomos	30	42	132	30	54	0	288	288	
Imposto sobre produtos e importação								660	
Outros impostos sobre produção	0	12	30	0	0	0	42	42	
Outros subsídios à produção		−6	−6				−12	−12	

Cabe explicar ainda o sinal de menos colocado à frente do valor referente à margem de comércio e transporte do setor C + T. Como apresentado anteriormente, ao considerar a produção no agregado, não faz sentido falar em margem de comércio e transportes, visto que o comércio e o transporte constituem, também eles, setores de produção. Assim, de um lado, torna-se necessário apresentar o valor dessa margem para cada um dos setores da economia, mas zerar o valor da coluna (que indica o valor total da oferta), já que, no agregado, a margem é zero. De outro lado, no que diz respeito à soma da linha, é o valor negativo para a margem de comércio e transporte que produz, unicamente para esse setor, um valor da oferta a preços básicos maior do que seu valor a preços de consumidor.

Agora, quanto à matriz A1, que, como visto, informa os valores alcançados pela produção doméstica, cada linha indica em quais atividades os produtos são produzidos, enquanto as colunas mostram a composição dos produtos produzidos pelas atividades.

Assim, por exemplo, fica-se sabendo que, no ano em questão, o país produziu $ 504 em produtos agropecuários (que são os produtos característicos do setor A), tendo sido $ 468 desse valor produzido pela própria atividade agropecuária, enquanto a atividade industrial (setor I) produziu mais $ 24, e o governo (setor G) produziu os $ 12 restantes (por exemplo, por meio de instituições como a Embrapa). Da mesma maneira, fica-se sabendo que, por exemplo, a atividade industrial (atividade do setor I) produziu uma oferta total no valor de $ 2.556, sendo $ 2.520 em produtos industriais, mais $ 24 em produtos do setor agropecuário, mais $ 12 em serviços de comércio e transporte. O aparecimento de valores fora das casela onde se esperaria que eles aparecessem deve--se ao fato de que os setores não são puros, ou seja, dentro, por exemplo, da atividade industrial, é possível encontrar também produção de bens agrícolas e de serviços de transporte. O mesmo ocorre com as demais atividades.

A matriz A2, como visto, traz os valores, em moeda local, alcançados pelas importações de bens e serviços realizadas pelo país. Por meio dele, fica-se sabendo que o país importou $ 12 em produtos agropecuários, $ 240 em produtos industriais e assim por diante. Respeitando as equações básicas anteriormente apresentadas, com o somatório dos valores dessa matriz com aqueles da produção doméstica (coluna "total da atividade" da matriz A1), chega-se à oferta total a preços básicos de cada setor, tal como apresentado pela matriz A. Por exemplo, a oferta total a preços básicos de $ 2.880 em bens industriais (bens do setor I) resultou da produção de $ 2.640, realizada domesticamente com mais $ 240 em importações. A mesma relação vale evidentemente para os demais setores, bem como para a linha final que agrega a totalidade da oferta.

Veja agora a matriz B1. Como já citado, essa matriz constitui parte importante da matriz insumo-produto (matriz IXP), já que mostra as compras intermediárias que os setores e as unidades empresariais efetuam entre si para obter os insumos necessários à produção de seus bens. Assim, a matriz B1 vai mostrar quanto cada um dos seis setores comprou em insumos aos demais setores. Fica-se sabendo, então, que, no período em questão, para produzir seus $ 2.556 em valor (sendo $ 2.520 em produtos industriais, mais $ 24 em produtos agropecuários, mais $ 12 em serviços de comércio e transporte), o setor I precisou de $ 300 em insumos vindos do setor A, mais $ 1.260 em insumos vindos do próprio setor I, mais $ 24 em insumos do setor S, mais $ 156 em insumos vindo do setor F e mais $ 72 em insumos dos setores C + T, totalizando, em compras intermediárias, ou consumo intermediário, o valor de $ 1.812.

Daí já se obtém imediatamente o valor adicionado ou produto do setor I. Há, de um lado, na matriz A1, o valor total da produção das atividades desenvolvidas por esse setor no período *t*, que foi de $ 2.556; de outro, da matriz B1, sabe-se que o valor do consumo intermediário desse setor no mesmo período foi de $ 1.812. Assim, deduzindo o segundo valor do primeiro, tem-se o valor adicionado por esse setor no período em questão. Esse mesmo cálculo pode ser feito para todos os demais setores. Por isso, a primeira linha da matriz C é precisamente aquela que aponta o valor adicionado de cada setor. Desnecessário citar que a soma dos valores que compõem a linha do valor adicionado bruto produz o valor do PIB a preços básicos (ou a custo de fatores), ou seja, $ 3.780, valor esse que, somado ao valor dos impostos líquidos de subsídios sobre produtos e importação, também assinalado nessa linha, produz o valor do PIB a preços de consumidor (ou a preços de mercado), que é de $ 4.440 e encontra-se destacado na Tabela 14.4.

Cabe aqui uma observação sobre o consumo dos serviços de intermediação financeira pelos demais setores. Como esses serviços (que constituem um dos insumos produzidos pelo setor F) só podem ser indiretamente mensurados, e como não havia critério para sua distribuição dentre os demais setores, optou-se, até há poucos anos, pela criação de um setor artificial denominado **dummy financeira**, de produção nula e consumo intermediário igual ao valor total dos serviços de dívida pagos (portanto, de valor adicionado negativo). Ocorre que esse valor faz parte no agregado do valor bruto da produção da economia (pois faz parte do valor da produção do setor F), mas não cria e não adiciona valor, uma vez que, em sua maior parte, o setor F apenas intermedeia o pagamento de juros de devedores a credores. Com esse artifício, apesar de não aparecer absorvido pelos diversos setores, esse valor aparecia como um valor intermediariamente consumido (por esse setor artificial), sem inflar, portanto, o valor adicionado da economia. Recentemente, o tratamento dado a essa questão se alterou, pois o Serviço de Intermediação Financeira Indiretamente Mensurado (**SIFIM**) passou a ser distribuído entre os setores, utilizando-se como critério a participação de cada um no valor adicionado total. Com isso, desapareceu o setor artificial *dummy*.

Considere agora a matriz B2, que discrimina a demanda final em seus componentes básicos e cujos valores totais, somados, no agregado e setorialmente, àqueles apresentados na matriz B1, recuperam o valor da oferta total de bens e serviços (coluna demanda total), tal como indica a equação básica da tabela de usos de bens e serviços das TRU. De maneira idêntica à estrutura do lado do crédito da conta de produção (ou conta PIB) do sistema anterior, tem-se nesse quadrante a decomposição da demanda agregada (ou demanda final) em demanda externa (exportações), consumo das famílias e do governo, formação bruta de capital fixo e variação de estoques. Cada um desses elementos constitui uma coluna, e nas linhas se encontram as contribuições de cada um dos setores para a constituição dessa demanda final.

Finalmente, resta comentar o quadrante C, que decompõe o valor adicionado de cada um dos setores nas categorias de renda e impostos sobre a produção. Como mencionado, a primeira linha indica o valor adicionado gerado em cada um dos setores e seus valores são obtidos deduzindo-se, do valor total de cada setor (última linha da matriz A1), o valor de seu respectivo consumo intermediário (última linha da matriz B1). As linhas seguintes dessa matriz C mostram a decomposição do valor adicionado de cada setor, indicado na primeira linha do quadrante, nas seguintes categorias: (a) remunerações, subdivididas em salários e contribuições sociais; (b) **excedente operacional bruto**; (c) rendimento de autônomos; (d) impostos líquidos de subsídios sobre produtos e importação; (e) outros impostos sobre a produção; e (f) outros subsídios

---

Dummy financeira: *recurso artificial anteriormente utilizado para incluir o consumo dos serviços de intermediação financeira pela dificuldade de distribuí-los entre os demais setores. Atualmente, esses serviços são distribuídos entre os setores, utilizando-se como critério a participação de cada um no valor adicionado total.*

Excedente operacional bruto: *diferença entre o valor do produto e o total de salários pagos. Trata-se de uma forma de obter-se, por exclusão, a soma conjunta dos juros, dos aluguéis e dos lucros.*

sobre a produção. Por meio da análise das informações desse quadrante é, possível saber, por exemplo, que dos $ 744 de valor adicionado gerados pelo setor I, $ 420 tomaram a forma de remunerações, sendo $ 336 em salários e $ 84 em contribuições sociais; $ 276 constituíram o excedente operacional bruto do setor; $ 42 constituíram rendimento de autônomos, enquanto $ 6 tomaram a forma de outros impostos sobre a produção líquidos de outros subsídios sobre a produção. A mesma análise pode ser feita para todos os demais setores.

O leitor certamente está se perguntando o que é que diferencia o item (d) dos itens (e) e (f) e por que razão o primeiro aparece assinalado apenas pelo seu valor total, enquanto os demais aparecem decompostos por setor. Essa diferença na forma de tratamento explica-se pela natureza do imposto. Os impostos que estão englobados no item (d) incidem diretamente sobre os produtos, alterando seus preços (como o IPI, o ICMS e o ISS). Já os impostos englobados no item (e) têm como fator gerador a produção, mas não alteram diretamente o preço dos produtos, ocupando, por isso, uma parcela do valor adicionado de cada setor (como se fosse uma espécie de "renda do governo"). Um exemplo desse tipo de imposto encontra-se naqueles tributos que incidem sobre a folha de pagamentos. Esses valores devem obviamente ser deduzidos dos subsídios correspondentes, que aparecem na última linha das TRU.

14.4.3 As contas econômicas integradas e as identidades contábeis

As **CEI** são preparadas a partir das informações constantes das TRU e são inicialmente elaboradas por setores institucionais, ou seja, com seus valores discriminados em: 1) empresas não financeiras; 2) empresas financeiras; 3) administrações públicas; 4) instituições sem fins lucrativos a serviço das famílias (ISFSF); e 5) famílias. Além disso, também faz parte das CEI institucionais, funcionando como uma espécie de sexto setor institucional, o resto do mundo. As CEI que agora se vê, e que, apesar do formato diferente que têm, pois trabalham com **recursos** e **usos** e não mais com **créditos** e **débitos**, se aproximam do sistema de quatro contas que vigorou no Brasil até 1996 e constituem, na realidade, o resultado agregado das estimativas elaboradas nesses seis diferentes setores institucionais. Por apresentarem apenas os resultados agregados, as CEI são de compreensão mais simples e intuitiva do que as CEI institucionais e, por isso, elas serão aqui analisadas. Na medida do necessário, serão feitas algumas relações entre as CEI e algumas identidades contábeis importantes. As CEI são constituídas por cinco contas e sete subcontas, divididas em três grupos, assim estruturados:

Contas econômicas integradas: *de forma próxima ao sistema de quatro contas que vigorava anteriormente (até 1996), com a diferença de que trabalha com recursos e usos, e não com créditos e débitos, constitui-se do resultado agregado de seis setores institucionais: empresas não financeiras, empresas financeiras, administrações públicas, instituições sem fins lucrativos a serviço das famílias, famílias e resto do mundo.*

Grupo A — Conta de Bens e Serviços

    Conta 0 — Conta de Bens e Serviços

Grupo B — Contas de Produção, Renda e Capital

    Conta 1 — Conta de Produção

    Conta 2 — Conta de Renda

        Conta 2.1 — Conta de Distribuição Primária da Renda

            Conta 2.1.1 — Conta de Geração de Renda

            Conta 2.1.2 — Conta de Alocação de Renda

        Conta 2.2 — Conta de Distribuição Secundária da Renda

        Conta 2.3 — Conta de Uso da Renda

    Conta 3 — Conta de Acumulação

Grupo C — Conta das Operações Correntes com o Resto do Mundo (RM)
Conta 4 — Conta de Operações Correntes com o Resto do Mundo

Conta 4.1 — Conta de Bens e Serviços do RM com a economia nacional

Conta 4.2 — Conta de Distribuição Primária da Renda e Transferências Correntes do RM com a economia nacional

Conta 4.3 — Conta de Acumulação do RM com a economia nacional

Essas contas, como adiantado, não seguem o tradicional formato débito/crédito, mas tal como as TRU, utilizam a nomenclatura usos e recursos. Outra inovação é que as rubricas aparecem no centro da conta e os valores lançados como usos ou recursos, à esquerda e à direita, respectivamente, dessas rubricas. Segue-se, dessa forma, a convenção contábil de colocar o débito (uso) do lado esquerdo e o crédito (recurso) do lado direito da peça contábil. A única conta que escapa dessa convenção, por razões que ficarão logo claras, é justamente a conta 0, ou **Conta de Bens e Serviços**, que será vista na Tabela 14.5. Para facilitar a compreensão, o mesmo exemplo numérico já utilizado no estudo das TRU continuará a ser utilizado.

TABELA 14.5

	Grupo A — Contas de Bens e Serviços Conta 0 — Conta de Bens e Serviços	
Recursos	Operações e saldos	Usos
7.200	Produção (VBP)	
300	Importação de Bens e Serviços (M)	
660	Impostos líquidos de subsídios sobre produtos e importação (IpM — Sub.pM)	
110	Imposto de importação (IM)	
550	Demais impostos sobre produtos (Ipd)	
	Consumo intermediário (CI)	3.420
	Consumo final (administrações públicas e famílias) (CF)	3.912
	Formação bruta de capital fixo (FBKF)	516
	Variação de estoques (VarE)	30
	Exportação de bens e serviços (X)	282
8.160	TOTAL	8.160

Como é fácil perceber, a conta 0 procura demonstrar a igualdade entre oferta total e demanda total da economia, mas o faz no nível da produção total (não no nível do produto ou PIB), pois, do lado dos recursos (oferta), insere-se o valor bruto da produção

(VBP) e, no lado dos usos (demanda), acrescenta-se, ao lado dos componentes da demanda agregada (consumo final, FBKF, variação de estoques e exportações), também o consumo intermediário. Essa conta, na realidade, não faz parte do sistema (quando as CEI são abertas institucionalmente ela não existe). Trata-se de uma espécie de conta síntese que apresenta, para a economia como um todo, as informações sobre a oferta total e demanda total de bens e serviços. Diferentemente das demais, ela traz por isso os recursos do lado esquerdo e os usos do lado direito da conta. Esta conta permite a visualização da seguinte identidade:

Oferta total = Demanda total

VBP + M + (IpM − Sub.pM) = CF + CI + FBKF + VarE + X

Por sua vez, sabe-se também que:

PIB = VBP − CI + (IpM-Sub.pM).

A primeira conta que efetivamente faz parte do sistema (a Conta 1 − Conta de Produção) serve justamente para apresentar o valor do PIB como sendo esse resultado. Dessa conta em diante, as colunas de usos e recursos passam a estar localizadas dos lados esquerdo e direito, respectivamente, tal como acontece nas peças que trabalham com o par débito/crédito. Outra observação que precisa ser feita é que, a partir de agora, apesar de continuar a valer o princípio do equilíbrio interno das contas (as somas de valor de ambos os lados devem ser iguais), é sempre o saldo de cada conta que se busca, ou seja, cada uma das contas tem por finalidade a descoberta do valor de uma determinada variável. Veja, então, como ficaria a conta de produção na economia H, no período t. A conta 1, por exemplo, parte do valor da produção (VBP) para chegar ao PIB, conforme Tabela 14.6.

TABELA 14.6

Usos	Grupo B — Contas de produção, renda e capital Conta 1 — Conta de produção Operações e saldos	Recursos
	Produção (VBP)	7.200
3.420	Consumo intermediário (CI)	
	Impostos líquidos de subsídios sobre produtos e importação (IpM − Sub.pM)	660
4.440	Produto interno bruto (PIB)	

As próximas duas contas buscarão, partindo do valor do PIB encontrado na Conta 1, chegar ao valor da RNB, conforme Tabela 14.7.

TABELA 14.7

	Grupo B — Contas de produção, renda e capital Conta 2 — Conta de renda Conta 2.1 — Conta de distribuição primária da renda Conta 2.1.1 Conta de geração de renda	
Usos	Operações e saldos	Recursos
	Produto interno bruto (PIB)	4.440
2.226	Remuneração dos empregados (W + Wnr)	
2.200	Remunerações pagas por residentes a residentes (W)	
26	Remunerações pagas por residentes a não residentes (Wnr)	
690	Impostos líquidos de subsídios sobre produção e importação (Ipç – Sub.pç)	
1.524	**Excedente operacional bruto inclusive rendimento de autônomos (EOB)**	

Essa conta é a conta da geração da renda, ou seja, a pergunta que se deseja responder aqui é: dada a totalidade do valor adicionado (PIB), internamente gerado, como se distribuiu tal valor dentre as várias categorias de rendimento, no período em tela? No fundo, como se está sempre pressupondo a identidade macroeconômica básica (produto = renda = dispêndio), essa pergunta é equivalente a perguntar sobre a maneira segundo a qual tal renda foi gerada. Como o excedente operacional bruto (EOB)[6] não é diretamente mensurado, mas estimado por diferença, a conta tem por objetivo justamente apurar seu valor. Para tanto, retira do PIB o valor que remunerou os trabalhadores (incluindo-se aí as contribuições sociais), além do valor dos impostos líquidos de subsídios sobre produção e importação, que também são valor adicionado, mas não tomam a forma de rendimentos que possam ser apropriados pelos agentes.

O leitor deve reparar que não se trata aqui apenas dos impostos sobre produtos e importação, líquidos de subsídios (IpM–Sub.pM), mas do conjunto dos impostos sobre a produção, líquidos de subsídios (Ipç–Sub.pç), ou seja, inclui aqueles tipos de tributos que incidem sobre a produção (e não sobre a renda ou o patrimônio), mas não alteram os preços das mercadorias (no caso, o valor é de $ 690 e não apenas de $ 660). Nesse caso, como o objetivo é descobrir qual é o valor do EOB, se essa última parcela não fosse considerada, esse valor estaria sendo superestimado.

Outro elemento para o qual se deve atentar é a discriminação da remuneração aos empregados em salários pagos por residentes a residentes (W) e salários pagos por residentes a não residentes (Wnr). Como efeito da internacionalização e abertura cada vez maior das economias nacionais, surgem fenômenos como esse, em que rendas são enviadas ao exterior não apenas para remunerar o capital de propriedade de não residentes operando na economia doméstica, mas também para remunerar trabalhadores não residentes que tenham prestado serviços ao país. Por exemplo, uma confecção brasileira pode mandar efetuar parte do serviço de sua empresa em algum

---

[6] Por questão de facilidade, supõe-se aqui que o EOB inclui também os rendimentos de autônomos, mas essa variável é discriminada tanto nas CEI institucionais, como nas CEI do plano agregado em estudo.

país do sudeste asiático ou mesmo na China, pois, dada a diferença de salários, as despesas adicionais com transporte e eventuais perdas devido a deslocamento tão grande podem, a depender da escala do negócio, compensar a substituição. Em um caso como esse, essa renda será enviada ao exterior para o pagamento desses salários. A informação sobre Wnr é extraída da balança de serviços e rendas, que compõe o balanço de pagamentos.

Antes de passar à próxima conta, cabe observar que essas duas últimas contas (de produção e de geração da renda), em conjunto com a conta que está pressuposta a esta, substituem *grosso modo* a conta de produção do sistema anterior, trazendo todas as informações necessárias para a identificação da identidade produto ≡ dispêndio. A conta seguinte (de alocação da renda), bem como as duas subsequentes (de distribuição secundária da renda e de alocação da renda) estarão substituindo, por sua vez, a antiga conta de apropriação, que teve sua denominação alterada posteriormente para Renda Nacional Disponível Bruta. Nesse sentido, a conta 2.1.2 vai partir do EOB apurado na conta anterior para chegar à RNB, enquanto que a conta 2.2 partirá desse agregado para chegar justamente à RDB (Tabela 14.8).

TABELA 14.8

Grupo B — Contas de produção, renda e capital
Conta 2 — Conta de renda
Conta 2.1 — Conta de distribuição primária da renda
Conta 2.1.2 Conta de alocação da renda

Usos	Operações e saldos	Recursos
	Excedente operacional bruto inclusive rendimento de autônomos (EOB)	1.524
	Remuneração dos empregados (W + Wr)	2.240
	Remunerações pagas por residentes a residentes (W)	2.200
	Remunerações pagas por não residentes a residentes (Wr)	40
	Impostos líquidos de subsídios sobre produção e importação (Ipç – Sub.pç)	690
500	Rendas de propriedades enviadas (Rppe) e recebidas do resto do mundo (Rppr)	150
4.104	**Renda nacional bruta (RNB)**	

Como se vê, essa conta parte do EOB e chega à RNB somando àquele valor a remuneração total paga a empregados, os impostos líquidos de subsídios sobre a produção e a importação e o saldo das rendas de propriedade recebidas e enviadas ao exterior (no caso desse exemplo, o resultado é negativo, já que Rppr = 150 e Rppe = 500). Essas duas últimas operações são similares às que apareciam no sistema anterior e que visavam transformar o PIB em Renda Nacional. Porém, o leitor deve atentar também para o seguinte: dados os fenômenos mais recentes anteriormente apontados, não só pode haver, por parte de residentes, pagamentos a não residentes por serviços prestados ao país (o Wnr = 26 que aparece na conta anterior), como pode também ocorrer a situação contrária, ou seja, não residentes pagando a residentes remunerações por trabalhos prestados. Ora, esse tipo de renda tem de ser incorporada ao agregado RNB, assim como devem ser incorporados os recebimentos decorrentes de rendas de propriedade. Daí o aparecimento nessa conta da rubrica Wr.

Esse seria, portanto, o montante de renda à disposição dos residentes para consumir ou poupar. Contudo, esse valor ainda não está correto. Até aqui tem-se a renda nacional que se obtém considerada apenas a **distribuição primária da renda**, vale dizer aquela que de imediato se aloca entre os vários setores institucionais (empresas financeiras e não financeiras, administrações públicas, ISFSF, famílias e resto do mundo). Porém, essa distribuição primária não é aquela que efetivamente permanece. Dadas as **transferências** existentes entre esses setores (como a que vai das administrações públicas às famílias), o quinhão final de renda que cabe a cada setor fica bastante alterado. Se essas transferências se dessem exclusivamente entre setores domésticos, isso não faria a menor diferença no plano agregado, pois o que um setor recebe, o outro deixa de ter. Tais operações apareceriam, portanto, apenas no nível desagregado das CEI, ou seja, nas CEI institucionais. Contudo, dentre os setores que compõem a economia já listados, encontra-se também o próprio resto do mundo. Também entre este e os setores domésticos ocorrem transferências. Portanto, é preciso considerar esses valores para que se chegue ao efetivo montante de renda à disposição dos residentes para consumir ou poupar, ou seja, ao agregado **RDB**. A conta seguinte, ao trazer para as CEI o resultado agregado da **distribuição secundária da renda**, mostra justamente essas operações.

TABELA 14.9

Usos	Operações e saldos	Recursos
	Grupo B — Contas de produção, renda e capital Conta 2 — Conta de renda Conta 2.2 — Conta de distribuição secundária da renda	
	Renda nacional bruta (RNB)	4.104
30	Outras receitas correntes enviadas (Te) e recebidas do resto do mundo (Tr)	60
4.134	**Renda nacional disponível bruta (RNB)**	

Das operações até aqui apresentadas pelas contas, tem-se, portanto, a seguinte sequência de operações:

$$VBP - CI + (IpM\text{-}Sub.pM) = PIB \text{ (Conta 1 } - \text{ de Produção)}$$
$$PIB - (W + Wnr) - (Ipç\text{-}Sub.pç) = EOB \text{ (Conta 2.1.1 } - \text{ de Distribuição Primária da Renda } - \text{ Geração)}$$
$$EOB + (W + Wr) + (Ipç\text{-}Sub.pç) + (Rppr - Rppe) = RNB \text{ (Conta 2.1.2 } - \text{ de Distribuição Primária da Renda } - \text{ Alocação)}$$
$$RNB + (Tr - Te) = RDB \text{ (Conta 2.2 } - \text{ de Distribuição Secundária da Renda)}$$

Tendo chegado no agregado RDB, o que agora é necessário saber é como essa renda foi alocada pelos residentes entre consumo e poupança. A conta da Tabela 14.10 demonstra qual é a participação de cada um desses dois diferentes usos na RDB.

TABELA 14.10

	Grupo B — Contas de produção, renda e capital Conta 2 — Conta de renda Conta 2.3 — Conta de uso da renda	
Usos	Operações e saldos	Recursos
	Renda nacional disponível bruta (RDB)	4.134
3.912	Despesa de consumo final (CF)	
222	**Poupança bruta (SD)**	

A conta mostra que, dos $ 4.134 de RDB, a economia H utilizou, no período t, $ 3.400 para consumo, poupando $ 734.[7] Essa poupança deve ser agora cotejada com o investimento feito no período por essa economia, ou seja, com o dispêndio em FBKF e em variação de estoques. A conta de capital apresenta esse cotejo (Tabela 14.11).

TABELA 14.11

	Grupo B — Contas de produção, renda e capital Conta 3 — Conta de acumulação (conta de capital)	
Usos	Operações e saldos	Recursos
	Poupança bruta (SD)	222
516	Formação bruta de capital fixo (FBKF)	
30	Variação de estoques (Var.E)	
36	Transferências de capital enviadas (Tce) e recebidas (Tcr) do resto do mundo	100
(−) 260	Capacidade (+) ou necessidade (−) de financiamento externo (+ ou − s.ext)	

Como mostra a conta 3, no período t, a economia teve uma poupança doméstica bruta insuficiente para sustentar seus investimentos e foi financiada pelo resto do mundo. Os valores Tce e Tcr referem-se a transferências ocorridas nesse período do resto do mundo para a economia H e vice-versa, mas transferências de natureza distinta daquelas que aparecem nos itens Te e Tr da conta 2.2. O que os distingue desses itens é a natureza da transferência, pois, no primeiro caso, tratam-se de **transferências correntes**, ou seja, que alteram os **fluxos** de renda, enquanto que no segundo tratam-se de transferências que envolvem **estoques** de capital. Em função disso, essas **transferências de capital** não aparecem nas contas anteriores, mas apenas nessa conta de acumulação, visto que sua finalidade é justamente mostrar a formação de capital, ou seja, a variação do estoque de riqueza da economia no período em questão.

Assim, de um lado, se o país, além de despender renda com formação bruta de capital fixo e acumular estoques, resolve ainda transferir capital para o resto do mundo (no exemplo, Tce = 36), então, essa transferência tem de entrar no cotejo entre investimento e poupança que a conta justamente demonstra. De outro lado, para saber qual o resultado final disso (ou seja, se o país vai financiar o exterior ou ser financiado por ele),

---

[7] A notação SD para identificar o agregado "Poupança Bruta" advém da utilização, mesmo em português, da letra S (do inglês *Saving*) para designar poupança. A letra D faz referência ao fato de esta ser a poupança doméstica.

é preciso também acrescentar à poupança doméstica (SD) as transferências de capital recebidas no período (no exemplo, Tcr = 100). Analisando a conta de capital, fica-se, então, sabendo que, no período t, a economia H para efetivar os investimentos que fez recebeu financiamento do resto do mundo no valor de $ 260.

Como o leitor já deve ter percebido, essa conta equivale à conta de capital do modelo anterior de contas nacionais (SNA 68) que vigorou no Brasil até 1996. Porém, havia ainda ali a conta de transações correntes com o resto do mundo que, no novo sistema, equivale ao grupo C das CEI. Por limitações de espaço, não será aqui apresentado todo esse conjunto de contas. Contudo, para fechar o conjunto de contas da economia H, será apresentada uma conta síntese de transações com o resto do mundo, a qual demonstrará o resultado obtido na conta de capital (Tabela 14.12).

TABELA 14.12

	Grupo C — Conta das operações correntes com o resto do mundo	
Usos	Operações e saldos	Recursos
282	Exportação de bens e serviços (X)	
	Importação de bens e serviços (M)	300
150	Rendas de propriedades enviadas (Rppe) e recebidas do resto do mundo (Rppr)	500
40	Remunerações pagas (Wnr) e recebidas (Wr) do resto do mundo	26
60	Outras receitas correntes enviadas (Te) e recebidas do resto do mundo (Tr)	30
100	Transferências de capital enviadas (Tce) e recebidas (Tcr) do resto do mundo	36
	Capacidade (+) ou necessidade (−) de financiamento externo (+ ou − s.ext)	(−) 260

Lembrando que a conta de operações com o resto do mundo é sempre feita do ponto de vista do resto do mundo, percebe-se pela conta acima que, no período t, o resto do mundo realizou operações com essa economia que lhes deram recursos totais de $ 892, para uma utilização de apenas $ 632. Assim, os restantes $ 260 contaram como poupança externa a complementar a poupança doméstica da economia H, frente aos investimentos realizados.

Antes de encerrar este capítulo, cabe completar a sequência de operações que as CEI apresentam. As operações anteriores foram reproduzidas para que fique completo.

$$\text{VBP} - \text{CI} + (\text{IpM-Sub.pM}) = \text{PIB (Conta 1 — de Produção)}$$

$$\text{PIB} - (\text{W 1 Wnr}) - (\text{Ipç-Sub.pç}) = \text{EOB (Conta 2.1.1 — de Distribuição Primária da Renda — Geração)}$$

$$\text{EOB} + (\text{W} + \text{Wr}) + (\text{Ipç-Sub.pç}) + (\text{Rppr} - \text{Rppe}) = \text{RNB (Conta 2.1.2 — de Distribuição Primária da Renda — Alocação)}$$

$$\text{RNB} + (\text{Tr} - \text{Te}) = \text{RDB (Conta 2.2 — de Distribuição Secundária da Renda)}$$

$$\text{RDB} = \text{CF} + \text{SD (Conta 2.3 — Conta de Uso da Renda)}$$

$$\text{SD} = \text{FBKF} + \text{Var.E} + (\text{Tce} - \text{Tcr}) + \text{ou} - \text{S.ext (Conta 3 — Conta de Acumulação)}$$

QUESTÕES

1. Explique por que os agregados podem ser mensurados em sua forma líquida ou bruta, interna ou nacional, a preços de mercado ou a custo de fatores.

2. Defina Produto Interno Bruto (PIB) e Renda Nacional Disponível Bruta (RDB), indicando as principais diferenças entre esses agregados.

3. Explique por que, no formato atualmente vigente do sistema de contas nacionais, existe uma diferença entre a distribuição primária e a secundária da renda.

4. Indique quais são as relações que existem entre as seis matrizes que constituem as Tabelas de Recursos e Usos (TRU) do sistema vigente e explique o que elas significam.

5. Explique quais são as diferenças entre: preços básicos, preços a custo de fatores, preços ao consumidor e preços de mercado.

6. Considere os seguintes valores de rubricas para a economia H no período t:

Valor bruto da produção	3.800
Consumo intermediário	1.800
Impostos sobre produtos	300
Subsídios a produtos	100
Impostos sobre a produção	400
Subsídios à produção	100
Salários pagos por residentes a residentes	1.200
Salários pagos por residentes a não residentes	200
Salários pagos por não residentes a residentes	100
Renda líquida enviada ao exterior	100
Consumo privado	1.200
Consumo do governo	400
Formação bruta de capital	400
Exportações	300

a) Calcule o valor das importações, do excedente operacional bruto, do PIB e da RDB.

b) Demonstre o valor do PIB segundo as três óticas.

c) Monte a conta de acumulação da economia H no período t.

REFERÊNCIAS

BANCO CENTRAL DO BRASIL. *Contas Nacionais* — PEDD, Padrão Especial de Disseminação de Dados. Disponível em: <www.bcb.gov.br>. Acesso em: jul. 2010.

FEIJÓ, C. A.; Ramos, R. L. O. *Contabilidade social*. Rio de Janeiro: Campus-Elsevier, 2008.

FUNDAÇÃO IBGE. *Sistema de Contas Nacionais do Brasil. 2007*. Disponível em: <www.ibge.gov.br>. Acesso em: set. 2009.

_____. Sistema de Contas Nacionais — Tabelas de Recursos e Usos — Metodologia. *Texto para discussão*, n. 88, 1997.

_____. Novo Sistema de Contas Nacionais. Metodologia e Resultados Provisórios. *Texto para discussão*, n. 10, 1998.

NUNES, E. P. *Sistema de contas nacionais do Brasil. Nova Base 2000* — audiência pública no Senado, em 10/04/2007. Disponível em: <www.senado.gov.br>.

PAULANI, L. M.; BOBIK, M. B. *A nova contabilidade social*. 4. ed. São Paulo: Saraiva, 2012.

SIMONSEN, M. H.; CYSNE, R. P. *Macroeconomia*. Rio de Janeiro: FGV, 1997.

UNITED NATIONS. *System of National Accounts*, 1993.

15 TEORIA DA DETERMINAÇÃO DA RENDA E PRODUTO NACIONAL

Juarez Alexandre Baldini Rizzieri

15.1 ■ INTRODUÇÃO

Durante alguns anos, foi possível observar que a economia consegue gerar níveis elevados de produção e consumo. Simultaneamente, registram-se baixo volume de desemprego do fator trabalho, elevados acréscimos no estoque de capital pelo aumento dos investimentos e, normalmente, sintomas de variação no nível geral de preços. Todavia, existem períodos em que o sistema econômico produz situação bastante inversa. Desemprego, baixo consumo, queda de produção e desestímulo ao investimento: é a situação de crise econômica. Assim, o hiato que se estabelece entre a produção obtida com o uso de fatores em desemprego e aquela que, potencialmente, se poderia obter com o pleno emprego dos fatores disponíveis, representa um custo social que deveria ser evitado.

Consiste, portanto, em objeto da Macroeconomia, o estudo dos elementos que determinam o nível de produção, de emprego e o de preços, em uma situação de curto prazo, em que são ignorados os efeitos sobre a distribuição da renda nacional.

15.2 ■ RENDA *VERSUS* DESPESA

Um dos elementos mais importantes para entender o conceito de renda nacional de equilíbrio é saber a distinção entre renda e despesa. Enquanto o primeiro mede o fluxo de pagamento dos fatores de produção, isto é, salário, juros, lucro e aluguel, o segundo mede o fluxo dos gastos em bens e serviços de consumo e investimentos da economia. O fato de as despesas se tornarem pagamentos que remuneram os fatores que produzem os bens e serviços significa que renda e despesa são duas medidas diferentes do mesmo fluxo contínuo. Se as despesas forem maiores ou menores que a remuneração dos fatores, é claro que a renda obtida não pode ser a renda nacional de equilíbrio. Assim, **renda nacional de equilíbrio** é aquela em que a remuneração dos fatores coincide com os gastos desejados em bens e serviços de consumo e investimento.

Se, de um lado, a despesa corresponde à demanda agregada, do outro, a produção corresponde à oferta agregada, e ambos são conceitos equivalentes da renda nacional.

Renda nacional de equilíbrio: *quando a remuneração dos fatores de produção (a renda nacional) iguala os gastos desejados em bens e serviços de consumo e investimento (a despesa nacional).*

15.3 ■ OFERTA AGREGADA, DESEMPREGO E NÍVEL GERAL DE PREÇOS

As firmas respondem aos acréscimos de demanda por meio de aumento da produção física, simplesmente elevando os preços ou, ainda, por meio de uma combinação de ambos. Para simplificar a análise, esqueça o último caso e fique com os extremos. O primeiro caso corresponde a uma situação de desemprego de fatores de produção, tal que o produto pode aumentar em resposta ao acréscimo de fatores sem, contudo, variar o nível de preços da economia. O segundo caso corresponde a uma situação de pleno emprego dos fatores de produção, tal que, pela utilização eficiente de todos os recursos disponíveis para em-

Inflação: *tendência contínua e sustentada de elevação de todos os preços de bens e serviços da economia.*

pregar o produto, não pode mais crescer em resposta aos estímulos da demanda, mas apenas o nível geral de preços da economia tenderá a subir. Essa tendência contínua e sustentada de elevação de todos os preços de bens e serviços da economia se chama **inflação**. Isso tudo pode ser interpretado pelo Gráfico 15.1.

GRÁFICO 15.1
Oferta agregada, desemprego e nível geral de preços

É fácil observar que qualquer renda nacional à esquerda da renda de pleno emprego equivale a uma situação de desemprego na economia e, nesse intervalo, apenas o produto real varia, permanecendo constante o nível de preços. Uma vez atingida a renda de pleno emprego, apenas os preços subirão, aumentando a renda nominal, conservando-se constante a renda real.

Assim, renda nominal = renda real vezes nível de preços:

$$Y = y \cdot P$$

Pelo fato de a análise macroeconômica ser de curto prazo, as seguintes hipóteses serão levantadas: nenhuma mudança tecnológica deverá ocorrer no período; o estoque físico produtivo do fator capital também permanecerá constante, e apenas o fator trabalho estará disponível para se empregar até a posição de pleno emprego, durante o período considerado.

Nesse modelo macroeconômico de curto prazo, a oferta agregada ajusta-se às expansões e contrações que porventura venham a ocorrer aos componentes da demanda agregada. Assim sendo, todas as flutuações no nível de consumo, investimento, despesas governamentais e exportações far-se-ão refletir nos níveis de produção e emprego da economia nacional.

15.4 ■ DEMANDA AGREGADA

Demanda agregada: *constitui-se nas despesas da coletividade em bens e serviços de consumo, investimento, despesas governamentais e exportações.*

A **demanda agregada** constitui-se nas despesas da coletividade em bens e serviços de consumo (C), investimento (I), despesas governamentais (G) e exportações (X). Observe que, para obter a renda nacional, deve-se subtrair o montante total das importações do país (M), pois o mesmo está contabilizado, fazendo parte de cada uma das despesas nacionais. Por exemplo, na despesa total com Coca-Cola, parte é valor importado na forma de matérias-primas não produzidas no país e sim no exterior, logo, não faz parte da renda nacional. O mesmo acontece com a despesa total em navios de fabricação nacional, em que grande parte dos componentes ainda é importada.

Assim, é possível escrever que a demanda nacional agregada (y^d), ou despesa nacional, é equivalente a:

$$y^d = C + I + G + X - M$$

15.5 ■ RENDA NACIONAL DE EQUILÍBRIO

A renda nacional de equilíbrio será determinada por meio da introdução gradativa de cada um dos componentes da demanda agregada.

15.5.1 O consumo nacional privado (C)

Imagine uma economia muito simples, na qual se consome tudo o que é produzido. Nesse caso, não há formação de estoques, o capital produtivo é indepreciável e não existe governo nem comércio exterior.

Sendo a decisão de consumir tomada por agentes econômicos diferentes dos que decidem sobre o volume da produção, pode-se acreditar que a renda de equilíbrio somente será obtida se as despesas em consumo programadas por parte das famílias coincidirem com o valor da produção programada pelos empresários; caso contrário, a renda obtida não poderá ser de equilíbrio. Como os empresários procuram ajustar seus níveis de produção e de emprego aos níveis de consumo das famílias, deve-se indagar: O que determina os gastos em consumo das famílias?

A renda é o fator que, isoladamente, maior influência tem na determinação do consumo, isto é, a magnitude das despesas em consumo programado[1] pela coletividade dependerá basicamente do nível de renda da economia. A relação entre consumo e renda tem pelo menos duas características básicas: função relativamente *estável* e monotonicamente crescente. De forma genérica, a função consumo pode ser assim escrita:

$$C = C(y)$$

Contudo, para efeito didático e sem prejuízo teórico, é possível adotar a seguinte função linear que, graficamente, corresponde ao Gráfico 15.2:

$$C = a + by$$

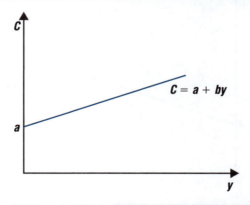

GRÁFICO 15.2

Função consumo da coletividade

---

[1] Consumo programado ou desejado representa a *intenção* de consumir da coletividade como um todo, aos diversos níveis de renda, e não um ato realizado ou consumado.

De acordo com a teoria econômica, os parâmetros da função podem ser assim interpretados:

$$a = \text{consumo mínimo da coletividade}$$

Quando $y = 0$, significa que $C = a$, isto é, a é o consumo mínimo que a coletividade pode suportar, pois, mesmo que a renda seja zero, a população necessita viver:

$$b = \text{propensão marginal a consumir } (PMgC)$$

A $PMgC$ equivale à relação entre um acréscimo no consumo desejado em decorrência de um acréscimo na renda da coletividade:[2]

$$b = \frac{\text{acréscimo no consumo}}{\text{acréscimo na renda}}.$$

Analiticamente, pode-se determinar a $PMgC$ como o coeficiente angular obtido entre a variação do consumo e da renda:

$$C + \Delta C = a + b \cdot (y + \Delta y)$$

separando, tem-se:

$$\Delta C = -C + a + b \cdot y + b \cdot \Delta y$$

mas, como $-C + a + b \cdot y = 0$, tem-se:

$$\Delta C = b \cdot \Delta y$$

e logo: $b = \Delta C/\Delta y$ que, conforme o Gráfico 15.3:

$$b = \frac{C_2 - C_1}{y_2 - y_1}.$$

GRÁFICO 15.3

Propensão marginal a consumir

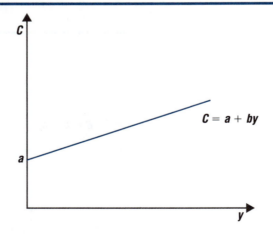

---

[2] Há também o conceito de propensão média a consumir, que é o quociente do consumo pela renda: $PMeC = C/y$. Sob a hipótese de linearidade da função, tem-se que $PMeC \cdot PMgC$, para qualquer nível de renda.

Apesar de intuitivo, é bom lembrar que a *PMgC* tem seu valor entre zero e a unidade, pois seria pouco sustentável uma situação em que a coletividade passasse a aumentar seu consumo mais que seu acréscimo de renda. Logo:

$$0 < PMgC < 1 \text{ ou } 0 < b < 1$$

Outro aspecto importante a ser considerado sobre a *PMgC* refere-se a sua estabilidade ao longo de algum tempo, ou seja, é pouco provável que a comunidade mude seu comportamento intencional de consumo em um curto espaço de tempo. Essa última observação é relevante para as condições de equilíbrio.

15.5.2 O equilíbrio

15.5.2.1 Solução gráfica

O equilíbrio entre a oferta agregada (y^0) ou a renda nacional (y) e a despesa agregada ($y^d = C$) ocorre sempre sobre a reta de 45°, conforme o ponto E no Gráfico 15.4.

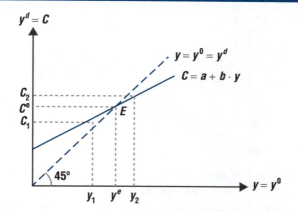

GRÁFICO 15.4
Renda nacional de equilíbrio

É possível observar que, no ponto E, obtém-se a renda de equilíbrio (y^e) igual à despesa agregada (y^d), equivalente a um nível de oferta agregada (y^0). Verifica-se também que o nível de renda y_1 é insuficiente para financiar uma despesa agregada da ordem de C_1. Da mesma forma, y_2 é um nível de renda excessivo para financiar uma despesa igual a C_2.

15.5.2.2 Solução algébrica

Condição de equilíbrio.................$y = y^0 = y^d = C$ (1)
Função consumo..........................$C = a + by$ (2)

Substituindo (1) em (2):

$$y^e = \frac{1}{1-b} \cdot a$$
$$C^e = a + by^e$$

Note a importância da hipótese $0 < b < 1$ para solução desse modelo.

15.5.2.3 Exemplo numérico

$$\text{Modelo} \begin{cases} \text{Condição de equilíbrio} & y = y^0 = y^d = C \\ \text{Função consumo} & C = 10 + 0,8\, y \end{cases}$$

Solução algébrica
$$y^e = \frac{1}{1-0,8} \cdot 10 = 5 \cdot 10 = 50$$
$$C^e = 10 + 0,8\,(50) = 10 + 40 = 50$$

15.5.2.4 Solução gráfica

Observe no gráfico abaixo que 30 é um nível de produção e renda incapaz de sustentar uma despesa de 34, o que, consequentemente, deve levar os empresários a aumentarem o nível de produção, gerando mais renda até a situação de equilíbrio, no caso, 50.

GRÁFICO 15.5

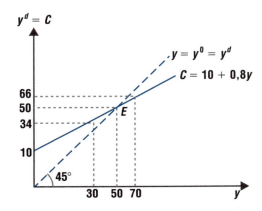

Se a produção e a renda gerada for de 70 e o consumo de apenas 66, os empresários deverão reduzir o nível de renda e emprego.

15.6 ◼ O INVESTIMENTO NACIONAL PRIVADO (I)

Antes de introduzir a repercussão do segundo componente da demanda agregada — o investimento — na determinação da renda e do emprego de equilíbrio, é necessário definir a poupança da coletividade.

15.6.1 A poupança (S)

Poupança nacional: *corresponde à parcela da renda nacional não gasta em bens e serviços de consumo produzidos na economia.*

Renda: *fator que, isoladamente, maior influência tem na determinação do nível de poupança da coletividade.*

A **poupança nacional** corresponde à parcela da renda nacional não gasta em bens e serviços de consumo produzidos na economia. Por força dessa definição, e da mesma forma que o consumo, a **renda** é o fator que, isoladamente, maior influência tem na determinação do nível de poupança da coletividade. A função poupança pode ser obtida por meio da renda menos a função consumo, isto é:

$$S = y - C = y - (a + by)$$

logo, a função poupança pode ser escrita:

$$S = -a + (1 - b)y$$

em que $(1 - b)$ é definido como a propensão marginal a poupar (*PMgS*), a qual corresponde ao quociente da variação absoluta na poupança pela variação absoluta na renda da coletividade. Deve-se observar que a soma das propensões marginais a consumir e a poupar é igual à unidade (*PMgC* + *PMgS* = 1). As funções poupança e consumo podem ser representadas conforme Gráfico 15.6.

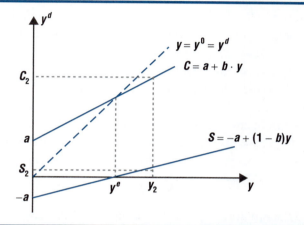

GRÁFICO 15.6

Funções consumo e poupança

15.6.2 O investimento (*I*)

Imagine, por meio do Gráfico 15.6, que o nível de renda gerado na economia seja y_2, o consumo desejado C_2 e o fluxo de renda não gasto em consumo, ou seja, a poupança programada pela coletividade, seja igual a S_2. Se essa economia produz somente bens de consumo e se apenas a parcela C_2 está sendo consumida, isso significa que a diferença da produção não consumida deverá ser estocada. Como, todavia, os empresários já assumiram os custos de produção, faltar-lhes-á recursos (pela não venda do total da produção) para saldarem seus compromissos, devendo, então, recorrer aos empréstimos correspondentes ao volume de poupança realizada pela coletividade, a fim de financiar seus investimentos em estoque (produção não vendida). Dessa forma, define-se **investimento** como a parcela do produto nacional não consumida. Deve-se notar que, se a coletividade deseja realizar uma poupança igual a S_2 e se os empresários desejam realizar os investimentos em estoques na mesma magnitude, logo, a renda y_2 também será uma renda de equilíbrio, pois o montante de vazamento desejado e realizado do fluxo circular da renda é igual ao montante de injeção desejada e realizada pelos empresários, apesar de essas decisões serem tomadas de forma independente por diferentes agentes econômicos. Por sua vez, se os empresários não estiverem dispostos a investir em estoques, eles procuram reduzir o volume de produção (obviamente, a renda e o emprego) até ao nível de renda y^e, para o qual a coletividade nada deseja poupar. Como consequência, os níveis de produção, renda e emprego da economia se contraem.

Imagine agora uma economia composta de dois setores. O primeiro produzindo bens de consumo e o outro, bens de capital, isto é, máquinas, equipamentos e construções civis em geral. É fácil de perceber que os empresários produtores de bens de consumo e de

Investimento: *parcela do produto nacional não consumida.*

capital, primeiro, assumem os custos de remuneração dos fatores de produção (salários, juros, lucros e aluguel), custos estes que se constituem na renda nacional. Os indivíduos detentores dessa renda nacional podem gastá-la na compra de bens de consumo ou poupá-la para empréstimo aos empresários que desejarem adquirir a produção de bens de capital com o intuito de repor a depreciação do seu estoque de capital ou de expandir seus negócios. Nesse caso, é possível ver que, sendo a renda nacional gerada y_2, se a coletividade desejar poupar S_2 e se os empresários programarem investir ou comprar o mesmo valor em bens de capital já produzidos na economia, essa mesma renda será de equilíbrio. Isso porque a renda não gasta em consumo, isto é, a poupança programada (S_p) foi equivalente ao produto não consumido (ou despesa em bens de capital), ou seja, ao investimento programado (I_p). Claro que essa igualdade poderia não ocorrer, bastaria, para tanto, que os empresários desejassem realizar um nível de investimento menor. Assim, o excesso de recursos programados (poupança) para financiar um nível menor de investimentos acabaria por produzir uma formação de estoques não desejados pelos empresários, os quais, no período seguinte, deverão reduzir a produção e o emprego até que os estoques se eliminem. Essa decisão, fatalmente, reduzirá o nível de renda que, por sua vez, também reduzirá o nível de poupança, até que esta atinja um montante igual ao investimento programado. A nova renda de equilíbrio deverá dar-se entre y^e e y_2, exatamente onde a poupança programada seja igual ao investimento programado:

$$S_p = I_p$$

Essa posição é de equilíbrio estável da renda nacional. Isso porque a poupança e o investimento programados (situação *ex ante*) foram exatamente iguais aos realizados (situação *ex post*). Diga-se de passagem que, na situação *ex ante*, investimento e poupança programados podem assumir valores diferentes entre si, porém, na situação *ex post*, esses valores são sempre iguais, ou seja, investimento realizado (I_r) é sempre igual à poupança realizada (S_r). Contudo, o nível de equilíbrio estável da renda nacional somente acontece quando os valores programados forem iguais aos realizados. Qualquer outra posição do nível de renda é caracterizada como de equilíbrio instável, e deve alterar-se até que a posição de equilíbrio estável se estabeleça. Ora, é bem verdade que nas economias modernas a probabilidade de haver uma coincidência de programações é bem reduzida, pois os agentes econômicos que poupam (indivíduos) são diferentes dos que investem (firmas), mesmo levando em consideração o fato de serem bastante expressivas as poupanças realizadas pelas firmas na forma de lucros não distribuídos, conforme Gráfico 15.7.

GRÁFICO 15.7

Investimento

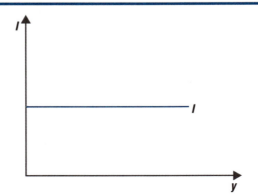

Quanto às decisões de investir, considere a hipótese de que os empresários planejam realizar seus programas de investimento independentemente de qualquer nível de renda ou do custo dos recursos para financiá-los (juros). Dessa maneira, é possível representar os *investimentos autônomos* em relação à renda conforme o Gráfico 15.7, isto é, o nível de investimento é o mesmo para qualquer nível de renda.

Será chamada de investimento realizado não programado (I_n) a diferença entre o investimento programado (I_p) e o realizado total (I_r), isto é: $I_n = I_r - I_p$. Observe que, se $I_r > I_p$, logo I_n corresponde a um aumento na formação dos estoques invendáveis, situação esta que levará os empresários a reduzirem o emprego e a produção. Se $I_r < I_p$, a situação é inversa. O equilíbrio estável dar-se-á por:

$$I_p = I_r = S_p, \text{ pois } I_r = S_r \text{ sempre}$$

15.6.3 O equilíbrio

15.6.3.1 Solução gráfica

GRÁFICO 15.8

Tendência para o equilíbrio

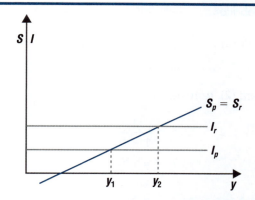

Segundo o Gráfico 15.8, a renda de equilíbrio instável ocorre onde $S_r = I_r$, pois, nesse caso, $I_r > I_p$, ou seja, $S_r = I_p + I_n$, de tal sorte que parte da poupança realizada financia o I_p na aquisição de bens de capital (investimento fixo), e o restante financia o I_n realizado em estoques não desejados pelos empresários. Nesse caso, a coletividade realizou uma poupança superior à desejada pelos empresários, o que ocasionou uma formação de estoques que os empresários procurarão vender não pela redução de preços, mas sim pela redução do nível de produção e do emprego. O nível de renda de equilíbrio deverá passar de y_2 para y_1, em que $S_p = I_p$, eliminando-se I_n.

A mesma solução pode ser vista pelo lado da despesa agregada, conforme o Gráfico 15.9, em que a renda nacional de equilíbrio estável y_1 corresponde à despesa nacional $y^d = C_p + I_p$, pois a renda nacional gerada (y_2) é excessivamente elevada para esse nível de despesa desejado.

GRÁFICO 15.9

O dispêndio agregado e a renda de equilíbrio

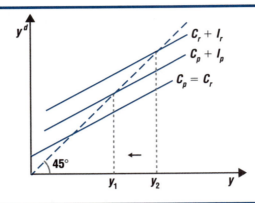

No caso de um excesso de despesa agregada, as firmas terão suas vendas substancialmente elevadas, a ponto de ficarem com estoques tão reduzidos que serão obrigados a expandir sua produção (e o emprego) em direção à renda de equilíbrio estável y_2. Cabe ao leitor uma interpretação gráfica desse caso, completando o Gráfico 15.10.

15.6.3.2 Solução algébrica

Condição de equilíbrio .... $y = y^0 = y^d = C + I$ (1)

Função consumo.. $C = a + by$ (2)

Substituindo (1) em (2), tem-se:

$$y^e = \frac{1}{1-b} \cdot (a + I)$$
$$C^e = a + by^e$$

GRÁFICO 15.10

Tendência para o equilíbrio

A solução pode ser apresentada de forma alternativa:

Despesa agregada... $y^d = C + I$ (1)

Renda nacional... $y = C + S$ (2)

Equilíbrio da renda nacional.. $y = y^0 = y^d$ ou $S = I$ (3)

Função poupança .... $S = -a + (1-b)y$ (4)

Substituindo (4) em (2) e, posteriormente, (2) e (1) em (3), tem-se:

$$y^e = \frac{1}{1-b} \cdot (a + I)$$
$$S^e = -a + (1-b)\,y^e$$
$$S^e = I$$

15.6.3.3 Exemplo numérico

Função poupança .... $S = -10 + 0{,}2\,y$
Condição de equilíbrio .... $S = I$
Investimento autônomo .... $I = 10$

Solução: $y^e = \dfrac{1}{0{,}2} \cdot (10 + 10) = 5\,(10 + 10) = 100$

$S^e = -10 + 0{,}2\,(100) = 10$
$C^e = y^e - S^e = 100 - 10 = 90$
$S^e = I$ ou $10 = 10$

O Gráfico 15.11 dá a solução:

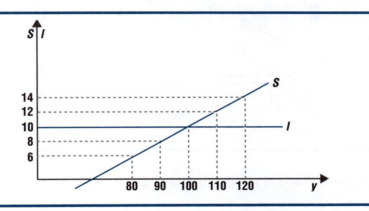

GRÁFICO 15.11

Solução gráfica do exemplo numérico

Fazendo uso do exemplo numérico, observa-se que os níveis de renda de 80 e 90 geram poupanças de 6 e 8 – valores insuficientes para financiar um investimento da ordem de 10. Igualmente, níveis de renda de 110 e 120 geram poupanças de 12 e 14 – valores localizados acima do investimento programado de 10. Logo, no primeiro caso, a renda nacional deve-se expandir, e, no segundo, contrair:

y	S		I	Tendência
80	6	<	10	Expansão
90	8	<	10	Expansão
100	10	=	10	Equilíbrio
110	12	>	10	Contração
120	14	>	10	Contração

Veja agora o que acontece com a renda nacional de equilíbrio se os empresários desejarem aumentar seus investimentos de 1 bilhão de reais, por exemplo.

Função poupança .... $S = -10 + 0,2\,y$
Condição de equilíbrio .... $S = I_1$
Investimento autônomo .... $I_1 = I_0 + \Delta I = 10 + 1 = 11$

Solução:

$$y^e = \frac{1}{0,2} \cdot (10 + 10 + 1) = 5 \cdot (10 + 11) = 105$$

$$S^e = -10 + 0,2\,(105) = 11$$

$$C^e = y^e - S^e = 105 - 11 = 94$$

Graficamente, pode-se representar conforme o Gráfico 15.12:

GRÁFICO 15.12

Equilíbrio da renda nacional após aumento do investimento autônomo

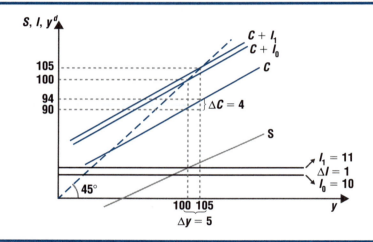

O leitor deverá observar a seguinte correspondência:

$$I_0 = 10 \quad y_0 = 100 \quad S_0 = 10$$
$$I_1 = 11 \quad y_1 = 105 \quad S_1 = 11$$
$$\Delta I = 1 \quad \Delta y = 5 \quad \Delta S = 1$$

A última linha mostra a capacidade do investimento de alterar o nível de renda segundo um múltiplo de sua variação. De maneira natural, a pergunta sugerida é: Qual é esse elemento *multiplicador*?

15.6.4 O multiplicador de investimentos

Multiplicador: *coeficiente (número) associado à variação dos investimentos, que determina a magnitude de variação no nível da renda nacional.*

O **multiplicador** é um coeficiente (número) associado à variação dos investimentos, que determina a magnitude de variação no nível da renda nacional. Segundo deduções anteriores, o leitor pode comprovar que o multiplicador de investimentos, agora (e daqui para a frente) chamado de k, é equivalente à expressão:

$$k = \frac{1}{1-b} \text{ ou } \frac{1}{1-PMgC} \text{ ou } \frac{1}{PMgS}.$$

Dessa expressão, pode-se verificar que, quanto maior a *PMgC* ou menor a *PMgS*, tanto maior será o multiplicador.

Neste exemplo numérico, o multiplicador corresponde a 5, isto é,

$$k = \frac{1}{0,2} = 5$$

A essa altura, o leitor começa a ficar curioso para saber o que está por trás desse mecanismo de geração de renda superior ao aumento do investimento. A explicação se dará por meio de um exemplo bem simples. Suponha que uma firma qualquer resolva investir $ 100.000 na construção de um galpão para depósito de materiais. Inicialmente, será feito um pedido adicional aos produtores de madeira serrada (os quais deverão contratar novos empregados para executar tal serviço), depois, serão contratados carpinteiros para construir o barracão. Por hipótese, o desembolso será feito após o término da construção. Considerando que os recebedores de renda adicional possuam uma *PMgC* = 0,8, vê-se que os madeireiros e os carpinteiros gastarão $ 80.000 dos seus respectivos acréscimos de renda em bens de consumo. Os produtores desses bens de consumo, ao receberem os $ 80.000 como acréscimo de renda, gastarão 80% desse valor em novos bens de consumo, isto é, $ 64.000. O processo se repete em cada turno em um gasto de 80% do acréscimo de renda recebida até a insignificância desses acréscimos. O processo se caracteriza por uma adição de novos gastos de consumo (gastos secundários ou derivados de um adicional de renda) provocados por um acréscimo de investimento inicial, no exemplo, de $ 100.000. A repercussão é continuamente decrescente, e a soma final resulta em um montante finito de renda adicional de $ 500.000.[3] Sumariamente, isso pode ser demonstrado da seguinte forma:

$K \cdot I$	=	y	
$1 \cdot 100.000$		100.000	$\Delta I = 100.000$
			efeito inicial
$(0,8) \cdot 100.000$		80.000	
$(0,8)^2 \cdot 100.000$		64.000	
$(0,8)^3 \cdot 100.000$		51.200	$\Delta C = 400.000$
			efeito secundário
$(0,8)^4 \cdot 100.000$		40.900	
$(0,8)^5 \cdot 100.000$		32.720	
.		.	
.		.	
.		.	

---

[3] A expressão do multiplicador é equivalente ao limite das somas de uma progressão geométrica decrescente:
$1 + PMgC + (PMgC)^2 + (PMgC)^3 + \ldots = \frac{1}{1 - PMgC}$.

$$\text{Soma} = \frac{1}{1-0,8} \cdot 100.000$$
$$\text{Soma} = 5 \cdot 100.000$$
$$\text{Soma} = 500.000$$

Quando é apresentado o efeito multiplicador de investimento sobre o nível de renda, tanto a análise gráfica como a algébrica fazem supor que o multiplicador opera de forma estática ou instantânea, isto é, todas as etapas do efeito secundário de aumento de consumo se verificam em um só período entre dois pontos de equilíbrio do nível de renda nacional. Observando o Gráfico 15.12, é possível fazer o resumo apresentado na Tabela 15.1.

TABELA 15.1

Posições de equilíbrio		Variações	
$I_0 = 10$	$I_1 = 11$	Inicial	Finais
$y_0 = 100$	$y_1 = 105$		$\Delta y = 5$
$S_0 = 10$	$S_1 = 11$	$\Delta I = 1$	$\Delta C = 4$
$C_0 = 90$	$C_1 = 94$		$\Delta S = 1$

O leitor deve ficar atento para responder ao que acontecerá no nível de renda nacional se o investimento inicial for realizado uma única vez. Intuitivamente, pode-se imaginar que, após realizado um acréscimo de investimento, o processo multiplicador de renda efetivar-se-á até que um nível maior de renda seja alcançado; contudo, se não for mantido em todos os períodos o mesmo incremento de inversão, todos os incrementos de renda e os respectivos gastos de consumo (gastos secundários) somente poderão realizar-se uma única vez, e o nível de renda nacional voltará ao ponto de partida. Em outras palavras, se uma firma faturar $ 1.000.000 e se receber um pedido adicional de vendas de $ 100.000, faturará $ 1.100.000, mas se esse adicional não for permanente, então, no próximo período, seu faturamento voltará a ser $ 1.000.000.

Voltando ao exemplo, percebe-se que, ao completar o efeito multiplicador de renda ($\Delta y = 5$), o investimento inicialmente acrescido ($\Delta I = 1$) não pode ser suspenso nos períodos seguintes, sob pena de voltar ao nível inicial de renda ($y_0 = 100$), ou seja, o multiplicador opera como uma faca de dois gumes: serve para expandir ou contrair a renda nacional, caso se aumente ou reduza o nível de investimento. Para concluir, é possível afirmar que, uma vez atingido determinado nível de renda nacional por meio de determinado nível de investimento, então, para manter o mesmo nível de renda, é necessário conservar o mesmo nível de investimento.

O Gráfico 15.13 pode ajudar na compreensão de tal fenômeno em um processo de multiplicação de renda, período a período, sob a hipótese de que um acréscimo de investimento $\Delta I = 1$, realizado no primeiro período, complete o efeito multiplicador no 10º período; o iniciado no 2º período se complete no 11º; o iniciado no 3º se complete no 12º, e assim por diante, *ad infinitum*. Certo de que o assunto já foi razoavelmente abordado, cabe ao leitor se autodirigir na interpretação do Gráfico 15.13.

GRÁFICO 15.13

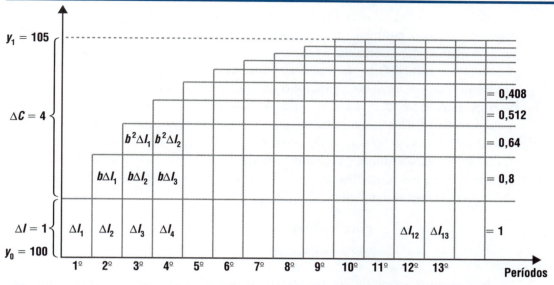

A ideia de que o multiplicador de investimento produz níveis de renda mais elevados nos inclina a estimular os acréscimos de investimentos a qualquer custo. Porém, como financiar mais inversões? A resposta poderia ser: poupando mais aos mesmos níveis de renda, o que leva ao paradoxo da parcimônia.

15.6.5 O paradoxo da parcimônia

Se, por qualquer razão, a coletividade resolvesse tornar-se mais parcimoniosa, ou seja, desejasse poupar uma parcela maior da renda (consumir menos), isso acabaria por reduzir o nível de renda, se os empresários desejassem manter o nível de investimento constante, criando o que é conhecido como **paradoxo da parcimônia**. Graficamente, esse comportamento da coletividade produziria um deslocamento para cima da escala de poupança (e para baixo da escala de consumo), de tal ponto que o nível de renda y_0 seria excessivo para gerar uma poupança necessária para financiar o nível de investimento I. Em y_0, a poupança S_1 excede o investimento I, provocando uma formação de estoques não desejados, cuja eliminação requer a redução da renda para o nível y_1. Isso pode ser visto no Gráfico 15.14.

Paradoxo da parcimônia: *se a coletividade resolvesse poupar uma parcela maior da renda (consumir menos), acabaria por reduzir o nível de renda caso os empresários mantivessem seus investimentos constantes.*

GRÁFICO 15.14

O paradoxo da parcimônia

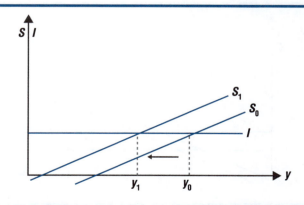

15.7 ■ OS GASTOS DO GOVERNO (G)

As despesas de investimento do governo, tais como construir estradas, portos, esgotos, irrigação, parques, ruas, bibliotecas públicas, entre outras, constituem-se no terceiro elemento da demanda agregada. Acréscimos nesses gastos governamentais possuem o mesmo efeito multiplicador dos investimentos privados, expandindo o nível de renda nacional pela expansão da demanda secundária em bens e serviços de consumo (isso poderá ser visto quando da dedução e comparação dos respectivos multiplicadores). Entretanto, como se sabe, os gastos do governo (G) são, predominantemente, financiados pela arrecadação de tributos (T). Esse fato leva a rever a hipótese inicial referente às funções consumo e poupança, pois agora tais decisões devem ser tomadas sobre a renda disponível e não mais sobre a renda total. Deve-se reescrever as funções da seguinte maneira:

$$\text{Função consumo: } C = a + b(y - T).$$
$$\text{Função poupança: } S = -a + (1 - b)(y - T).$$

Isso porque os indivíduos da coletividade farão suas escalas de consumo baseadas somente no montante de renda que lhes chega às mãos, ou seja, sua renda após o pagamento dos tributos governamentais. Para efeito de apresentação, será criada uma hipótese adicional: os níveis de gastos e de tributação do governo serão fixados de forma autônoma em relação à renda, do mesmo jeito como foram tratados os investimentos privados.

Também, daqui para frente, serão tratados apenas da determinação do equilíbrio da renda, não mais fazendo distinção entre os conceitos de planejado e realizado.

15.7.1 O equilíbrio

Despesa agregada .... $y^d = C + I + G$ (1)
Renda nacional .... $y = C + S + T$ (2)
Condição de equilíbrio .... $y = y^0 = y^d$ ou $I + G = S + T$ (3)
Função poupança .... $S = -a + (1 - b)(y - T)$ (4)

15.7.1.1 Solução gráfica

A condição de equilíbrio da equação (Gráfico 15.3) é representada pelo Gráfico 15.15.

GRÁFICO 15.15

O governo e a renda de equilíbrio

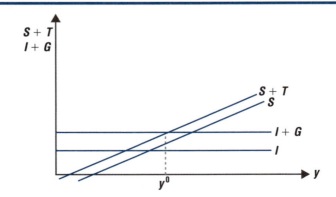

O mesmo equilíbrio pode ser apresentado conforme o Gráfico 15.16.

GRÁFICO 15.16

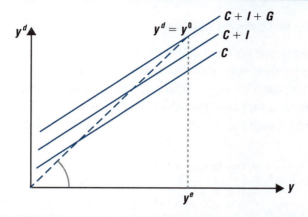

15.7.1.2 Solução algébrica

Substituindo a Equação (4) na condição de equilíbrio, tem-se:

$$y^e = \frac{1}{1-b}(a - bT + I + G) \quad (5)$$

$$S^e = -a + (1-b)(y^e - T) \quad (6)$$

15.7.1.3 Exemplo numérico

Condição de equilíbrio .... $S + T = I + G$
Função poupança .... $S = -10 + 0{,}2(y - T)$
Investimento autônomo .... $I = 10$
Gastos governamentais.. $G = 5$
Tributos governamentais .... $T = 5$

A solução algébrica[4] é equivalente a:

$$y^e = \frac{1}{0{,}2}(10 - 0{,}8 \cdot 5 + 10 + 5) = 105$$

$$S^e = -10 + 0{,}2(105 - 5) = 10$$

$$S^e + T = I + G \text{ ou } 15 = 15$$

É possível reescrever a última expressão, tal que $I = S^e + (T - G)$, mas, como $T - G = 0$, vem que $I = S^e$, situação essa semelhante ao caso da economia sem governo (Gráfico 15.11). Contudo, entre os dois casos, existe uma diferença no valor da renda de equilíbrio, pois, na economia com investimento ($I = 10$) e sem governo ($G = T = 0$), a

---
[4] A solução gráfica fica por conta do leitor.

renda alcançava o nível de $y^e = 100$; e, no caso da economia com o mesmo nível de investimento e com governo de orçamento equilibrado ($G = T = 5$), a renda de equilíbrio atinge o nível de $y^e = 105$. Como explicar esse fato?

15.7.2 Teorema do orçamento equilibrado

Sendo G uma injeção do nível de renda e T um vazamento, a primeira impressão seria que seus efeitos deveriam anular-se quando $G = T$. Entretanto, pode-se observar que isso não ocorre, pois o efeito multiplicador das despesas governamentais expande o nível de renda mais que o multiplicador de tributos a reduz. Para tanto, basta isolar os respectivos multiplicadores da Equação (5) da solução algébrica:

$$-\frac{b}{1-b} = \text{multiplicador dos tributos}$$

$$\frac{1}{1-b} = \text{multiplicador dos gastos governamentais}$$

O efeito líquido sobre o nível de renda é determinado pela soma dos multiplicadores, isto é:

$$\frac{1}{1-b} + \frac{-b}{1-b} = 1.$$

Como o multiplicador líquido do orçamento equilibrado é igual à unidade, o acréscimo final sobre o nível de renda equivale à magnitude do gasto governamental (G), obviamente, quando $G = T$. O leitor deve verificar essa conclusão, comparando os resultados dos Gráficos 15.11 e 15.15.

15.7.3 Composição do financiamento das inversões

A condição de equilíbrio pode ser reescrita da seguinte maneira:

$$I = S^e + (T - G),$$

de onde se conclui que parte do investimento privado nacional pode ser financiado pelo superávit orçamentário do governo: $T - G > 0$. No caso de défice: $T - G < 0$, poderá o gasto governamental ser financiado pela poupança privada, quando fixado o nível de investimento dos empresários.

15.8 ■ A DEMANDA DE EXPORTAÇÃO E DE IMPORTAÇÃO

Ao abrir a economia para o comércio exterior, o modelo macroeconômico de curto prazo se completa, bastando para isso incorporar à demanda agregada as despesas com a exportação e a importação de bens e serviços. Deve-se registrar que apenas será considerado o movimento líquido das exportações sobre as importações em bens e serviços (conceito esse equivalente ao balanço das transações correntes), ficando de fora o movimento de capital estrangeiro na forma de divisas.

As exportações têm um efeito positivo sobre o nível de renda interna, pois, para atender à demanda dos estrangeiros pelos produtos nacionais, os empresários devem aumentar a produção e o emprego dos fatores disponíveis do país. Fenômeno contrário se verifica quando se importam produtos do exterior, pois o efeito multiplicador de renda ocorre nos países de origem das exportações. Também aqui será mantida a hipótese de fixação autônoma dos níveis de exportação e importação.

15.8.1 O equilíbrio

Modelo $\begin{cases} \text{Despesa agregada} \ldots\ldots y^d = C + I + G + (X - M) & (1) \\ \text{Renda nacional} \ldots\ldots y = C + S + T & (2) \\ \text{Condição de equilíbrio} \ldots y = y^0 = y^d \quad \text{ou} \quad S + T = I + G + (X - M) & (3) \\ \text{Função poupança} \ldots\ldots S = -a + (1 - b)(y - T) & (4) \end{cases}$

15.8.1.1 Solução gráfica

A equação (3) pode ser representada conforme o Gráfico 15.17, desde que esteja na presença de um superávit na balança das transações correntes: $X - M > 0$.

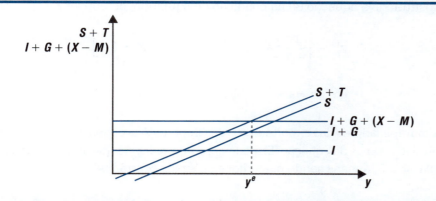

GRÁFICO 15.17

Renda nacional de equilíbrio com superávit no comércio exterior

Ou, alternativamente, pode-se reproduzir o mesmo equilíbrio pelo lado das despesas agregadas, conforme o Gráfico 15.18.

GRÁFICO 15.18

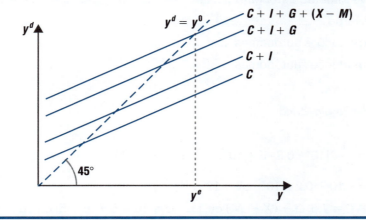

A solução gráfica para o caso de défice no balanço das transações correntes fica como exercício ao leitor, que deverá completar o Gráfico 15.19.

GRÁFICO 15.19
Renda nacional de equilíbrio com défice no comércio exterior: $X - M < 0$

15.8.1.2 Solução algébrica

Substituindo a equação (4) na condição de equilíbrio, obtém-se:

$$y^e = \frac{1}{1-b}\left[a - b \cdot T + I + G + (X - M)\right] \qquad (5)$$

$$S^e = -a + (1-b)(y^e - T) \qquad (6)$$

Os multiplicadores das exportações e das importações podem ser obtidos isolando os respectivos termos da equação (5); pode-se, então, observar que ambos correspondem à fórmula $\frac{1}{1-b}$, apenas sendo precedidos de sinais contrários.

15.8.1.3 Exemplo numérico

$$\text{Modelo} \begin{cases} \text{Condição de equilíbrio} \dotfill S + T = I + G + (X - M) \\ \text{Função poupança} \dotfill S = -10 + 0{,}2 + (y - T) \\ \text{Investimento autônomo} \dotfill I = 10 \\ \text{Governo} \dotfill G = T = 5 \\ \text{Exportações autônomas} \dotfill X = 6 \\ \text{Importações autônomas} \dotfill M = 5 \end{cases}$$

15.8.1.4 Solução algébrica

$$y^e = \frac{1}{0{,}2}\left[10 - 0{,}8 \cdot 5 + 10 + 5 + (6 - 5)\right] = 110$$

$$S^e = -10 + 0{,}2\,(110 - 5) = 11$$

$$S^e + T = I + G + (X - M) \text{ ou } 11 + 5 = 10 + 5 + (6 - 5) \text{ ou } 16 = 16$$

A solução gráfica fica a cargo do leitor.

15.8.2 Composição do financiamento das inversões, em uma economia aberta

Foi visto anteriormente que os investimentos privados poderiam ser parcialmente financiados pelo superávit orçamentário do governo: $T - G > 0$. Agora, afirma-se que os mesmos também podem ser financiados pelo défice do balanço das transações correntes: $M - X > 0$. Assim, a condição de equilíbrio pode ser escrita:

$$I = S + (T - G) + (M - X)$$

Nada impede que o saldo negativo do comércio exterior também financie os investimentos governamentais, ou seja:

$$I + G = S + T + (M - X)$$

Isso funciona da seguinte maneira: se $M - X > 0$, implica que os exportadores do resto do mundo devem ser pagos em divisas aceitáveis (normalmente, dólares) e, para que isso aconteça, haverá uma entrada de divisas, por meio de investimentos estrangeiros no país ou de financiamentos privados e governamentais, na mesma magnitude ou maior que o défice citado. Como isso é pago ao longo dos anos, vai-se acumulando uma dívida externa crescente (inclusive pela adição de juros sobre os empréstimos), quando se usa da prática de financiar investimentos no país com a poupança dos estrangeiros. O risco que se corre é de acumular um endividamento extremamente elevado que o país tenha dificuldades em controlar e saldar.

15.9 ■ OS HIATOS INFLACIONÁRIOS E DEFLACIONÁRIOS

Como se sabe, na teoria de determinação do equilíbrio da renda nacional e do emprego, a despesa agregada (y^d) pode ser maior, igual ou menor que o nível de oferta agregada (y^0). Os ajustamentos para o caso das desigualdades ocorriam pela variação nos níveis de produção, uma vez que sempre foi mantida a hipótese de que a economia sempre estaria operando abaixo do nível de pleno emprego. Este último pode ser caracterizado como uma situação de máximo produto que a economia pode gerar com a alocação econômica de seus recursos disponíveis.

Ao montante pelo qual a despesa agregada $y^d = C + I + G + (X - M)$ excede a oferta agregada ao nível de pleno emprego $\bar{y}$ será chamado de *hiato inflacionário*, conforme o Gráfico 15.20.

Devido ao excesso de gastos quando os recursos já foram totalmente empregados, cria-se uma pressão inflacionária que se caracteriza por uma elevação sustentada no nível geral de preços (P) e da renda nominal $Y = P \cdot \bar{y}$, e não da renda real y.

De forma semelhante, o volume da despesa agregada que está abaixo da renda de pleno emprego será chamado de *hiato deflacionário*, conforme o Gráfico 15.21.

O défice da despesa total acaba por reduzir o nível de renda real, acarretando uma queda da produção, do emprego e do nível geral de preços da economia; é o princípio da recessão (ou, como diria um bom político, é o princípio do fim).

GRÁFICO 15.20

O hiato inflacionário

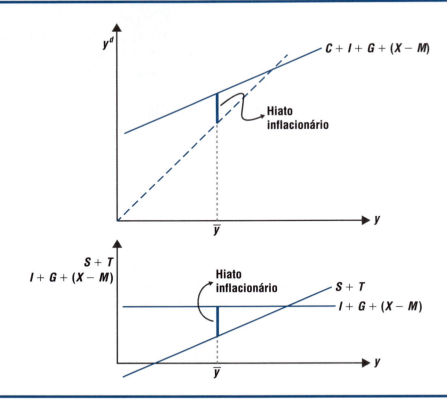

GRÁFICO 15.21

O hiato deflacionário

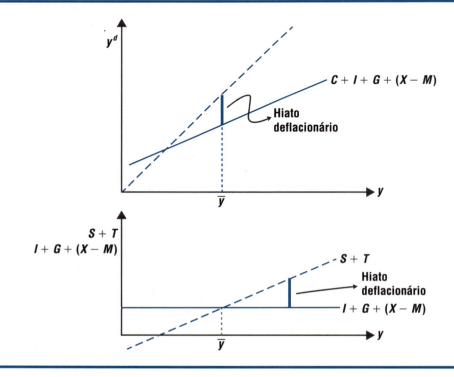

15.10 ■ POLÍTICA FISCAL E NÍVEL DE RENDA

As políticas fiscais do governo se constituem nas suas despesas (G) e no seu sistema tributário (T), e seriam utilizadas com o objetivo de conduzir a demanda agregada ao nível de renda de pleno emprego da economia ($\bar{y}$).

No caso do hiato inflacionário, cabe ao governo adotar algumas políticas que podem ser tomadas de forma simultânea, tais como: reduzir o montante de seus gastos (G); aumentar os tributos (T), o que comprimiria a renda disponível dos indivíduos e, consequentemente, o nível de consumo (C); aumentar a tributação sobre a rentabilidade dos investimentos, o que acabaria por desestimulá-los, reduzindo (I); elevar os tributos sobre as exportações (X) ou mesmo isentar das importações (M) os tributos. Todas essas medidas de política econômica teriam o efeito de reduzir o montante da despesa nacional agregado, conforme mostra o Gráfico 15.22.

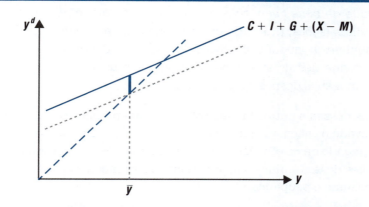

GRÁFICO 15.22

Política fiscal na redução do hiato inflacionário

No caso da redução do hiato deflacionário, as medidas são todas de natureza inversa das relacionadas, cabendo ao leitor listá-las e se conduzir nas suas representações gráficas ou algébricas.

Deve também ficar registrado que as políticas fiscais muitas vezes destinam-se a atingir outros objetivos, diferentes dos de tentar promover o pleno emprego na economia. A economia poderia ser conduzida a manter um certo grau de estabilidade desejável ao funcionamento do sistema econômico. Nesse caso, podem-se citar algumas como: política de preços mínimos na agricultura, salário-desemprego, imposto de renda, entre outras.

15.11 ■ SUPLEMENTO

Nesta parte, serão adicionadas mais algumas informações teóricas sobre a natureza das despesas privadas em consumo e em investimentos. Muito particularmente, porque ambos são afetados pelas políticas monetárias a serem expostas no próximo capítulo.

15.11.1 A função consumo

A renda disponível é, sem dúvida, o fator que mais influência tem na determinação das despesas de consumo. Entretanto, à medida que se vai diminuindo o espaço de tempo de análise em que ocorrem variações no consumo, maior é a influência de outras variáveis sobre as decisões dos indivíduos da coletividade de consumir. Veja alguns desses fatores:

a) *taxa de juros* — existe uma ideia clássica que supõe ser racional os consumidores pouparem mais quanto maior for a taxa de juros, consequentemente, consumindo menos;

b) *expectativas futuras de preços e renda* — é bastante lógico e racional o fato de o consumidor aumentar seu nível de consumo se "espera" que sua renda ou o nível geral de preços venha a elevar-se no futuro;

c) *crédito ao consumidor* — condições relativamente fáceis de crédito ao consumidor estimulam as despesas de consumo, principalmente de bens duráveis;

d) *distribuição de renda* — uma redistribuição de renda das pessoas ricas para as mais pobres pode estimular a despesa agregada, devido a maior *PMgC* destas últimas;

e) *estoque de bens financeiros* — variações no valor do estoque dos ativos financeiros (ações, títulos do governo, moeda, entre outros) podem levar seus possuidores a mudar seus níveis de consumo. Por exemplo, ao elevar o valor do estoque desses ativos, seus possuidores poderão sentir-se mais ricos e aumentar suas despesas de consumo.

Os efeitos desses e outros fatores sobre o comportamento de consumo dos indivíduos têm levado os economistas a desenvolverem inúmeros estudos sobre a função "consumo agregado da coletividade". No caso do modelo aqui apresentado, modificações nos valores dessas variáveis produziriam deslocamentos para cima ou para baixo da função consumo e poupança.

15.11.2 A eficiência marginal do investimento

Feitas algumas considerações sobre a função consumo, será explorada mais a fundo a natureza da função investimento, já que no modelo ela foi tomada como autônoma em relação à renda e independente de qualquer outra variável.

A primeira questão possível de levantar seria: o que determina a decisão de investir? A resposta mais objetiva seria: a expectativa de lucros. A relação entre o lucro esperado e o montante a investir será chamada de *taxa de retorno sobre o investimento*. Essa taxa é equivalente a uma porcentagem, ou seja, é um número puro. Assim, a taxa de retorno esperada sobre um investimento é também denominada *eficiência marginal do investimento* (*EMgI*).

15.11.2.1 *A EMgI para uma firma isolada*

Imagine que o programa de investimentos futuros de uma firma qualquer seja composto de um conjunto de projetos individuais, os quais, obviamente, devem ter diferentes taxas de retorno. Ao ordenar tais projetos de forma decrescente de taxa de retorno, seria possível ter algo semelhante ao Gráfico 15.23.

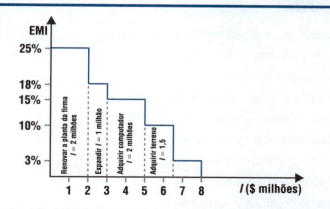

GRÁFICO 15.23
EMI para uma firma individual

De todos esses projetos, é racional que a firma realize os que a *EMgI* seja superior à taxa de juros de mercado (r), cujo valor é igual ao custo de oportunidade de usar os recursos para financiar os investimentos dos projetos.

Quando a taxa de juros (r) for superior à *EMgI*, é muito mais rentável aplicar os recursos no mercado financeiro (investimento financeiro) do que aplicá-los nos investimentos físicos ou reais. No exemplo, a firma investirá nos três primeiros projetos, com taxas de retorno de 25, 18 e 15%, respectivamente, sendo-lhe indiferente aplicar $ 1,5 milhão para adquirir ações ou emprestar a juros, se no caso a taxa de juros de mercado fosse $r = 10\%$. A linha com forma de escada corresponde à *EMgI* para uma firma isoladamente.

15.11.2.2 A EMgI para todas as firmas em conjunto

Ao somar horizontalmente a *EMgI* das firmas individuais, obtém-se uma linha suavemente declinante, a qual mostra o total dos investimentos privados (I) a serem realizados às diversas taxas de juros de mercado (r), conforme o Gráfico 15.24.

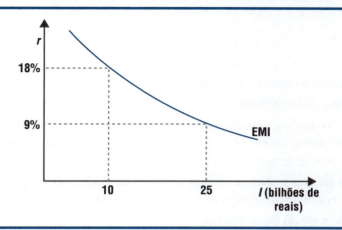

GRÁFICO 15.24
EMI para todas as firmas em conjunto

No próximo capítulo, o leitor verá que os níveis de investimentos da economia (I) podem ser alterados pela variação da taxa de juros de mercado (r), em decorrência de mudanças na política monetária. Assim, muda-se r, altera-se I e, pelo mecanismo do multiplicador, altera-se y.

QUESTÕES

1. Explique, sucintamente, os seguintes conceitos:
   a) consumo autônomo;
   b) investimento autônomo;
   c) propensão marginal a consumir e a poupar;
   d) propensão média a consumir e a poupar;
   e) equilíbrio macroeconômico estável;
   f) hiatos inflacionário e deflacionário;
   g) paradoxo da parcimônia;
   h) teorema do orçamento equilibrado.

2. O que diferencia, fundamentalmente, a abordagem citada na contabilidade social daquela citada na teoria macroeconômica?

3. Defina oferta agregada e demanda agregada de bens e serviços. Quais as hipóteses que cercam esses conceitos dentro do modelo básico?

4. O que você entende por equilíbrio macroeconômico com desemprego de recursos a curto prazo? Ilustre graficamente.

5. Explique, por meio de um exemplo, como opera o multiplicador de investimentos.

6. Do que depende a demanda de investimentos em bens de capital?

7. Coloque-se na posição de uma autoridade governamental e dê um exemplo de medida de política fiscal, para cada um dos casos a seguir:
   a) desemprego de recursos produtivos;
   b) inflação de demanda;
   c) desigualdade na distribuição entre classes de renda.

8. Se a renda nacional de equilíbrio estiver abaixo da renda de pleno emprego no valor de $ 100 bilhões, basta elevar a demanda agregada de bens e serviços nesse mesmo montante. Você concorda? Justifique sua resposta.

9. Dados:

   $$\text{função consumo } C = 200 + 0{,}75\, y$$
   $$\text{investimento agregado } I = 50$$

   a) determine a renda de equilíbrio;
   b) calcule o multiplicador de investimentos;
   c) supondo que a renda nacional de pleno emprego seja igual a $ye = 1.200$, de quanto devem ser elevados os investimentos para levar a economia ao equilíbrio com pleno emprego de recursos?

10. Dados o consumo autônomo igual a 50, a propensão marginal a poupar igual a 0,02, os gastos em investimento igual a 10 e as despesas do governo igual a 20:
    a) calcule a renda de equilíbrio;
    b) supondo uma renda de pleno emprego de 300, que tipo de hiato está ocorrendo?
    c) de quanto deve variar a demanda agregada, para restabelecer o equilíbrio do emprego?

REFERÊNCIAS

DERNBURG, T. F.; McDOUGALL, D. M. *Macroeconomia*. São Paulo: Mestre Jou, 1971.
DORNBUSCH, R.; FISHER, S. *Macroeconomics*. 8. ed. New York: McGraw-Hill, 2000.
FROYEN, R. T. *Macroeconomia*. São Paulo: Saraiva, 1999.
MANKIW, N. G. *Macroeconomia*. 3. ed. Rio de Janeiro: LTC, 1998.
PAULANI, L. M.; BOBIK, M. B. *A nova contabilidade social*. São Paulo: Saraiva, 2000.
SPENCER, M. H. *Economia contemporânea*. São Paulo: Fundo Educativo Brasileiro — Edusp, 1979.

16

INTRODUÇÃO À TEORIA MONETÁRIA

Roberto Luis Troster

16.1 ■ INTRODUÇÃO

A moeda tem um papel fundamental na sociedade, e seu estudo é um dos tópicos mais interessantes abordados na literatura econômica. A teoria monetária aborda seus impactos na economia e abrange um conjunto de instituições e instrumentos que cumprem funções importantes como:

- a transferência de recursos entre unidades superavitárias e deficitárias;
- a promoção do desenvolvimento;
- o aumento da eficiência produtiva dos recursos reais da economia;
- a existência de um canal para a condução da política monetária.

A economia de mercado é inconcebível sem esse conjunto de instituições e instrumentos que está em constante transformação e caracteriza-se pelo seu dinamismo.

As instituições incluem o Banco Central, os bancos e as demais instituições financeiras governamentais e privadas.

Os instrumentos são divididos em:

- financeiros, tais como papel-moeda, depósitos à vista, letras de câmbio, opções e futuros;
- política econômica, com destaque para taxa de redesconto, operações de mercado-aberto, tributação e alíquotas dos depósitos compulsórios dos bancos comerciais.

16.2 ■ MOEDA

Não existe uma definição aceita universalmente sobre moeda, por isso se delimita a moeda por suas três funções: meio de troca; unidade de conta e reserva de valor. Portanto, a **moeda** é algo que é aceito pela coletividade para desempenhar essas três funções.

> **Moeda:** *algo que é aceito pela coletividade para desempenhar as funções de meio de troca, unidade de conta e reserva de valor.*

16.2.1 As funções da moeda

16.2.1.1 *Meio de troca*

A função **meio (ou instrumento) de troca** pode ser entendida ao se pensar o que seria a sociedade atual se não houvesse um meio de troca aceito por todos. Sem moeda, todas as trocas deveriam ser diretas, ou seja, trocar-se-iam mercadorias por mercadorias (*economia do escambo*).

Assim, um criador de galinhas que desejasse comprar roupas deveria procurar um alfaiate que desejasse comer galinhas e com ele entrarem em entendimento para fechar o negócio.

Teria de ocorrer uma **dupla coincidência de desejos**, e, em seguida, seria necessário resolver as questões da quantidade e da divisibilidade: quanto de roupas seria necessário para comprar uma galinha ou vice-versa?

16.2.1.2 Unidade de conta

A segunda função da moeda é ser **unidade de conta**. A moeda serve para comparar o preço de diversas mercadorias. Com a moeda como denominador comum, é possível somar um trator mais uma caneta e também achar sua equivalência em preço.

Assim, a unidade de conta pode ser usada contabilmente, sem necessidade de transferências físicas de moeda. O acerto de contas se processa apenas por expedientes contábeis, entrando a moeda simplesmente como unidade para essa contabilidade.

A moeda serve como unidade até para pagamentos diferidos no tempo, ou seja, como medida para um pagamento a realizar-se no futuro.

16.2.1.3 Reserva de valor

A terceira função é ser **reserva de valor**. Para que a moeda possa ser aceita em troca de mercadorias, é preciso que ela seja aceita na compra de outros bens e serviços. Assim, a moeda representa um direito que seu possuidor tem sobre as mercadorias.

O indivíduo que recebe moeda não precisa gastá-la imediatamente, podendo guardá-la para o uso posterior. Isso significa que ela serve como reserva de valor. A moeda, para cumprir bem essa função, deve ter um valor estável, de forma que quem a possuir tenha uma ideia precisa de quanto pode obter em troca.

Mais de um ativo pode cumprir as funções da moeda e, em alguns casos, a moeda oficial não cumpre perfeitamente todas as funções, principalmente no contexto inflacionário. Entretanto, é um caso atípico.

Para entender bem as funções da moeda, é oportuno analisar como ela evoluiu ao longo do tempo, objeto da próxima seção.

16.2.2 História da moeda

A história da moeda tem cinco estágios: (1º) pré-economia monetária ou escambo; (2º) moeda mercadoria; (3º) moeda simbólica; (4º) moeda escritural; e (5º) moeda sofisticada. A evolução não foi contínua, não se deu da mesma forma em todos os lugares, e mais de um estágio convive com outros. Apesar da sofisticação existente em alguns contextos, ainda dura o escambo em determinadas operações.

O primeiro estágio é o do **escambo** e corresponde a poucas trocas esparsas e esporádicas, em que as trocas são diretas e a atividade produtiva não está voltada para o mercado. A sociedade medieval é um exemplo: apesar da existência de moedas, seu uso era esporádico e a maior parte das trocas era realizada de forma direta. Os pequenos agricultores produziam para sua própria subsistência e apenas uma pequena parte do excedente era levada às feiras para trocas. Contudo, à medida que as trocas proliferam, surge a necessidade de uma padronização maior. Uma moeda acaba sendo aceita por todos, e passa-se ao próximo estágio.

Escambo: *corresponde a poucas trocas esparsas e esporádicas, em que as trocas são diretas e a atividade produtiva não está voltada para o mercado.*

O segundo estágio é o da **moeda mercadoria**. As trocas são indiretas, existe uma venda e depois uma compra. O produtor troca seu produto pela moeda mercadoria, ou

Moeda mercadoria: *as trocas são indiretas, existe uma venda e depois uma compra.*

seja, vende, e, depois troca a moeda mercadoria pelo que deseja, portanto, compra. A grande vantagem é que não há mais a necessidade da dupla coincidência de desejos.

Apesar de as trocas serem indiretas, há um ganho de eficiência, pois troca-se com o mercado, sem a necessidade de encontrar alguém com as necessidades de troca totalmente complementares e simultâneas.

A moeda mercadoria utilizada variava de lugar a lugar. Em alguns lugares, foi utilizado o gado, em outros o sal, ou, ainda, conchas. Contudo, os metais acabam sendo utilizados como moeda em função de suas qualidades de: homogeneidade; durabilidade; portabilidade e escassez.

Moeda simbólica: *troca realizada pelo uso de moeda cunhada, em que o soberano garante o valor do metal.*

O terceiro estágio é o da **moeda simbólica**. As dificuldades de pesar e avaliar o metal são superadas por meio de moedas cunhadas, em que o soberano garante o valor do metal. A maioria das moedas tem a esfinge do soberano garantindo o seu valor. O sistema apresenta vantagens sobre o anterior, pois as trocas são feitas com mais facilidade. Aos poucos, os soberanos impõem o uso dessas moedas, e as mesmas passam a ser de uso legal. Existe a obrigação legal de aceitar a moeda para quitar qualquer tipo de débito. Embora alguns soberanos tenham abusado desse poder, a existência de uma moeda aceita por toda a sociedade facilitou a transição para a monetização de quase todas as relações econômicas.

Moeda escritural: *transação na qual instituições depositárias recebiam os depósitos.*

Com a disseminação do uso da moeda, desenvolveu-se uma tendência a depositar a moeda em instituições especializadas: os bancos. Passou-se, assim, ao quarto estágio: **moeda escritural**. As instituições depositárias recebiam os depósitos, os recibos dos depósitos, por sua vez, eram negociados como substitutos da moeda física e, aos poucos, foram padronizados, surgindo as notas bancárias. As transferências eram feitas por meio de endossos nos recibos ou por meio de avisos aos bancos. Os avisos também foram se padronizando e dando origem aos cheques. Todos os pagamentos — e recebimentos — eram feitos por débitos e créditos contábeis.

Moeda sofisticada: *é basicamente um conjunto de registros eletrônicos que representam uma diversidade de ativos.*

Com os avanços tecnológicos, foi possível transformar a moeda em outros ativos rapidamente e vice-versa, levando a sociedade ao quinto estágio: **moeda sofisticada**. A moeda é basicamente um conjunto de registros eletrônicos que representam uma diversidade de ativos. Há uma tendência global em evitar saldos monetários ociosos, em que a moeda de curso legal é rapidamente transformada em ativos remunerados e vice-versa. Embora exista um padrão monetário definido, um gerenciamento eficiente de caixa impõe a aplicação em outros ativos.

Para medir a quantidade de moeda de um país, usa-se o conceito de agregados monetários, e os ativos são qualificados e quantificados pela sua liquidez. Para maior clareza, na próxima seção, os agregados monetários serão descritos da forma como são considerados no Brasil.

Quase-moeda: *ativos que, apesar de não serem considerados moeda em sentido estrito, apresentam algumas características da moeda em sentido amplo.*

16.2.3 Os agregados monetários no Brasil

Existem muitos ativos — depósitos a prazo, bônus do Banco Central, caderneta de poupança, entre outros — que, apesar de não serem considerados moeda em sentido estrito, apresentam algumas características da moeda em sentido amplo. Assim sendo, costuma-se chamá-los de **quase-moeda**, pois podem, sem grandes problemas, ser transformados em moeda. Ou seja, são ativos de grande liquidez que, apesar de não serem aceitos normalmente em troca de bens e serviços, podem, rapidamente, ser convertidos em moeda. Ao classificar o total de moeda de um país, utiliza-se o conceito de *agregado monetário* ou *meios de pagamento*, que pode ou não incluir as quase-moedas.

Cada país classifica os seus agregados monetários por ordem de liquidez. No Brasil, existem cinco agregados monetários:

- **M0** = moeda em poder do público (papel-moeda e moedas metálicas);
- **M1** = M0 + depósitos à vista nos bancos comerciais;
- **M2** = M1 + depósitos de poupança + títulos privados (emitidos por instituições depositárias);
- **M3** = M2 + quotas de fundos de renda fixa + operações compromissadas com títulos federais;
- **M4** = M3 + títulos federais em poder do público.

M0 e **M1** são meios de pagamento de liquidez imediata que não rendem juros. **M0** é também chamado de *moeda manual* ou *moeda corrente*, e é o estoque de moeda metálica e papel-moeda que fica em poder das pessoas ou das firmas. **M1** são os depósitos em conta-corrente nos bancos comerciais, também chamados de *moeda escritural* ou *bancária*.

M2, **M3** e **M4** incluem as *quase-moedas*, que rendem juros aos aplicadores. O Banco Central do Brasil é responsável pela elaboração e divulgação dos agregados todos os meses. As estimativas são feitas pela posição de último dia útil do mês, bem como para a média dos saldos dos agregados nos dias úteis do mês (Tabela 16.1).

TABELA 16.1
Agregados monetários no Brasil – junho de 2016

Ativo	R$ bilhões	% de M4	% do PIB
M0 = Papel-moeda em poder do público	184	3,0%	2,9%
= + Depósitos à vista	141	2,3%	2,2%
= M1	325	5,3%	5,2%
= + Depósito de poupança	659	10,7%	10,4%
= + Títulos privados	1347	21,8%	21,3%
= M2	2331	37,7%	36,9%
= + Quotas de fundos de renda fixa	2819	45,6%	44,7%
= + Operações compromissadas com títulos federais	185	3,0%	2,9%
= M3	5335	86,3%	84,5%
= + Títulos federais	844	13,7%	13,4%
= M4	6179	100,0%	97,9%

Fonte: Banco Central do Brasil.

A Tabela 16.1 permite observar alguns pontos:

a) **o valor da moeda em poder do público:** consiste em apenas 2,9% do total dos agregados monetários, ilustrando como sua importância é pequena em termos relativos, com a quase totalidade da moeda ficando no sistema bancário;

b) **a participação elevada de ativos do setor público:** expressiva parcela do total além dos títulos públicos e do papel-moeda, parte dos depósitos à vista e a maior parte da carteira dos fundos monetários são passivos do setor público.

Na próxima seção, haverá uma explicação sobre como os agregados financeiros circulam na economia.

16.3 ■ INTERMEDIÁRIOS FINANCEIROS

Todo empreendimento tem momentos em que é deficitário e outros em que é superavitário, devido ao seu ciclo de produção, sazonalidade, maturação de investimentos, estrutura de recebimentos e pagamentos, e riscos naturais e de mercado a que está sujeito. Os responsáveis pelo empreendimento podem usar apenas recursos próprios e assumir todos os riscos. Nesse caso, seu crescimento fica estrito à sua capacidade de acumular e de proteger-se dos riscos. Contudo, podem utilizar recursos de terceiros, bem como transferir alguns riscos. Isso traz uma série de vantagens. Porém, encontrar parceiros com características complementares envolve um trabalho de pesquisa demorado e oneroso, que demanda conhecimentos econômicos, financeiros, empresariais e legais.

O setor financeiro realiza essa atividade em razão de: sua especialização; economias de escala e vantagens regulamentárias. Ele é responsável por intermediar recursos entre unidades deficitárias e superavitárias e transformar e repassar alguns riscos existentes.

Todas as operações são realizadas com uma variedade de instrumentos financeiros que apresentam características de risco, liquidez, rentabilidade e emitente que os diferenciam. Assim, uma apólice de seguros protege seu titular de um risco; um depósito bancário tem uma remuneração acordada de antemão; já uma ação tem seus rendimentos condicionados por muitos fatores, entre outros. Essa variedade permite transferência de recursos e riscos mais eficientes em toda a sociedade. Isso posto, os intermediários financeiros são divididos em bancários (que criam moeda) e não bancários.

16.3.1 Intermediários bancários

Os intermediários bancários mais importantes no Brasil são os bancos comerciais e múltiplos. As funções essenciais de um banco são: intermediação financeira, transmutação de ativos e câmara de compensação.

Essas funções são realizadas pelos bancos, em razão da especialização e da existência de economias de escala no volume de transações, no processamento de informações e na administração de carteiras, bem como por imposição legal. Os bancos também realizam operações acessórias, tais como os serviços de custódia, a administração de carteiras, a corretagem e assessoria, entre outras:

a) **função de intermediação financeira:** refere-se à tarefa de deslocar recursos de unidades superavitárias para unidades deficitárias, ou, dito de outra forma, de fazer a ponte entre poupadores e tomadores de recursos. Essa função é feita por meio de intermediários especializados, e não diretamente entre as unidades, em razão de economias de escala nas transações, na pesquisa e no processamento de informações pelos intermediários financeiros. A compra e venda de valores mobiliários e divisas são exemplos dessa função;

b) **função de transmutação de ativos:** diz respeito à função de transformar ativos com determinadas características de vencimento, volume, risco de crédito, risco de preço e liquidez, em outros tipos de ativos com características diferentes. Por exemplo, depósitos à vista de alguns clientes podem ser transformados num financiamento de um equipamento para outros clientes. Dessa forma, tem-se que o prazo de um dia dos depósitos à vista se alonga para a duração do financiamento; o valor do financiamento é de maior volume que cada um dos depósitos; o risco de crédito do financiamento é em parte diversificado por estar agregado com outros ativos, entre outros. O banco, ao transformar ou transmutar os ativos, torna-se mais frágil, em virtude de possuir um ativo com características diferentes de seu passivo;

c) **a função de câmara de compensação:** tem a função de intermediar trocas de moeda ou de liquidez na economia. Os agentes transferem moeda e fazem pagamentos por intermédio dos bancos. Não há nenhum motivo para que uma instituição não possa dedicar-se apenas a esta função, embora geralmente cumpra as outras funções destacadas anteriormente.

> **Intermediação financeira:** *refere-se à tarefa de deslocar recursos de unidades superavitárias para deficitárias, ou seja, de fazer a ponte entre poupadores e tomadores de recursos.*
>
> **Transmutação de ativos:** *diz respeito à função de transformar ativos com determinadas características de vencimento, volume, risco de crédito, risco de preço e liquidez, em outros tipos de ativos com características diferentes.*
>
> **Câmara de compensação:** *tem a função de intermediar trocas de moeda ou de liquidez na economia.*

Observa-se, assim, que os bancos representam um canal estável para a condução da política monetária, e, consequentemente, para a condução da política macroeconômica.

16.3.2 Intermediários não bancários

Além dos bancos (intermediários bancários), têm-se os intermediários financeiros não bancários que, diferentemente dos bancos, não captam recursos por meio de depósitos à vista, e sim por meios que caracterizam a chamada quase-moeda: depósitos a prazo, certificados e recibos de depósitos bancários ou letras de câmbio. Inclui ainda outros intermediários, que desenvolvem mais propriamente funções auxiliares e que promovem um contato direto entre compradores e vendedores de ações, que são os derivativos e outros títulos mobiliários.

Os intermediários não bancários no Brasil são todas as instituições financeiras com exceção dos bancos. A variedade, o número e a especialização de cada instituição têm se modificado muito ao longo do tempo. O mercado financeiro é dividido em segmentos, que, por sua vez, podem ser divididos em subsegmentos. A segmentação pode ser de muitas formas, por exemplo: a) por produtos: mercado cambial, bursátil; b) por região: Norte, Nordeste, e as outras; c) por clientes: atacado, varejo, e assim por diante.

No Brasil, a reforma bancária de 1964 segmentou as instituições por área de atuação. Cada instituição deveria atuar em um mercado específico. Dessa forma, as financeiras emitiriam letras de câmbio para financiar bens de consumo durável, as sociedades de crédito imobiliário utilizariam os recursos das cadernetas de poupança para financiar imóveis, entre outros.

Com o passar do tempo, algumas instituições passaram a atuar em nichos desses mercados, outras expandiram sua atuação para áreas fora dos limites planejados naquela reforma. Assim, muitas das atividades dos intermediários financeiros de antes são feitas por intermediários não financeiros. Firmas comerciais têm cartões de crédito próprio e captam recursos para financiar diretamente suas vendas. Outras atividades financeiras ganharam um destaque crescente. As inovações e a globalização dos mercados financeiros também são responsáveis por essa mudança constante no mercado.

Os principais intermediários financeiros não bancários brasileiros são:

a) **bancos de investimento:** são instituições financeiras destinadas a canalizar recursos de médio e longo prazos para capital fixo ou de giro das firmas. Suas fontes de financiamento são a emissão de Certificados de Depósitos Bancários (CDB) e a captação de recursos externos;

b) **sociedades de crédito, financiamento e investimento (financeiras):** destinam-se a financiar a aquisição de bens de consumo duráveis, por meio do crédito direto ao consumidor, e o capital de giro para pequenas e médias firmas. Suas fontes de recursos são as letras de câmbio e os empréstimos;

c) **sociedades de crédito imobiliários:** têm a finalidade de proporcionar financiamentos imobiliários diretamente ao mutuário final ou pela abertura de crédito a favor de empresários, para empreendimentos imobiliários. Suas fontes de recursos são as letras imobiliárias, os depósitos de poupança, os repasses da Caixa Econômica Federal (CEF) e, mais recentemente, os empréstimos externos;

d) **sociedades de arrendamento mercantil — firmas de *leasing*:** destinam-se a financiar operações de locação de bens móveis e imóveis. Compram bens seguindo as instruções de seus clientes e os alugam; ao final do período de aluguel, os clientes podem comprar o bem de *leasing* por um valor irrisório. Suas fontes de financiamento são as debêntures e os empréstimos;

e) **sociedades corretoras e distribuidoras:** são instituições auxiliares do sistema financeiro operando com a compra e venda de derivativos e títulos e valores mobiliários.

Existem ainda instituições oficiais como o Banco do Brasil, o Banco Nacional de Desenvolvimento Econômico e Social (BNDES) e bancos de desenvolvimento, entre outros, que atuam em todos os mercados. Uma instituição que tem o papel mais importante no mercado monetário é o Banco Central, conforme será apresentado a seguir.

16.3.3 Banco Central

A estrutura administrativa e jurídica dos diversos bancos centrais varia largamente entre os países. No Reino Unido, o Banco Central é o Banco da Inglaterra, originariamente privado. Nos Estados Unidos, encontra-se o Sistema Federal de Reserva, em que 12 bancos regionais compõem o Banco Central. No Brasil, as funções do Banco Central são desempenhadas pelo Banco Central do Brasil e pelo Conselho Monetário.

Entretanto, em que pesem as diferenças institucionais, as funções dos diversos bancos são praticamente as mesmas: banco dos bancos; banco do governo e executor da política monetária.

16.3.3.1 Funções do Banco Central

a) **Banco dos bancos:** os bancos comerciais podem querer depositar seus fundos em algum lugar e, para tanto, necessitam de um mecanismo para transferi-los de um banco para outro. O Banco Central cumpre esse papel. Recebe depósitos dos bancos comerciais e transfere fundos de um banco para outro. Os bancos comerciais precisam também de fundos líquidos. Uma das formas de consegui-los é pedir emprestado ao Banco Central. A taxa de juros que os bancos comerciais pagam é conhecida como *taxa de redesconto*. O Banco Central deve zelar pela estabilidade do sistema bancário, recusando novos empréstimos quando achar necessário e cobrando os empréstimos atrasados, isto é, deve ser "um emprestador de última instância". Sua função é a de socorrer os bancos em dificuldades, mas somente nessas ocasiões. De outra parte, o Banco Central pode usar, e realmente usa, esse poder de emprestar para controlar e regular as atividades dos bancos comerciais;

b) **Banco do governo:** grande parte dos fundos do governo é depositado no Banco Central. Ademais, quando o governo necessita de recursos, normalmente emite títulos (obrigações) e os vende ao público ou ao Banco Central, obtendo, assim, os fundos necessários. Mesmo quando o governo vende títulos ao público, ele o faz por meio do Banco Central. Ele é, por essas razões, o agente financeiro do governo. No Brasil, uma parte das funções é desempenhada pelos bancos estatais, como o Banco do Brasil. O Banco Central não recebe depósitos do governo; quem o faz são os bancos estatais;

c) **Executor da política monetária:** o Banco Central é responsável pelo controle da oferta de moeda, por vários instrumentos. As alterações no volume de moeda têm impactos em muitas variáveis econômicas importantes, como o nível de emprego, a taxa de inflação, a taxa de juros, o volume de investimentos, entre outras.

16.4 POLÍTICA MONETÁRIA

A política monetária se refere aos processos de oferta de moeda, aos instrumentos utilizados e aos mecanismos de transmissão de seus efeitos. A oferta de moeda é realizada tanto pelas autoridades monetárias, pela emissão de notas e moedas metálicas, como pelos bancos comerciais que, apesar de não poderem emitir, podem, no entanto, criar ou destruir moeda. Nessa seção, será analisada a oferta de moeda; na seção seguinte, serão apresentados os instrumentos de política monetária disponíveis pelas autoridades para controlarem a oferta de moeda, posteriormente os mecanismos de transmissão da oferta de moeda na economia e, finalmente, o regime de metas de inflação.

16.4.1 Oferta de moeda

De início, convém definir o que vem a ser criação ou destruição de moeda. Como já observado anteriormente, define-se moeda, ou *meios de pagamento*, em sentido restrito, $M1$, como sendo a soma das moedas em poder público (*moeda manual*) e dos depósitos à vista em poder nos bancos comerciais (*moeda escritural*), ou seja, $M1$ representa os agregados monetários de liquidez imediata que não rendem juros. Excluem-se, portanto, as quase-moedas, como títulos públicos, depósitos de poupança, depósitos a prazo, entre outros.

Haverá criação de moeda quando houver um aumento dessa soma, ou seja, quando aumentar o volume da soma de moeda manual e de moeda escritural. De outra parte, haverá destruição de moeda quando se reduzir o volume de meios de pagamento.

Alguns exemplos esclarecem esses aspectos: a) um indivíduo efetua um depósito à vista e não há criação nem destruição de moeda, e sim uma transferência entre moedas manual e escritural; b) um indivíduo efetua um depósito a prazo e existe destruição de meios de pagamento, pois depósitos a prazo não são considerados meios de pagamento, no sentido estrito ($M1$); e c) um banco compra títulos da dívida pública possuídos pelo público, pagando em moeda corrente: há criação de meios de pagamento, pois aumenta o volume de moeda manual em poder do público (essas operações são chamadas de mercado aberto ou *open market*).

A criação (ou destruição) de moeda manual corresponde, assim, a um aumento (ou diminuição) de moeda em poder do público, enquanto para a moeda escritural sua criação (ou destruição) ocorre quando há um acréscimo (ou decréscimo) dos depósitos à vista a curto prazo nos bancos comerciais.

Entende-se, então, que a oferta de moeda pode se dar:

a) pelo Banco Central, que tem o monopólio das emissões de moeda;
b) pelos bancos comerciais, por meio dos depósitos à vista.

A oferta de moeda pelo Banco Central já foi discutida anteriormente. Veja, então, como se processa a criação de moeda pelos bancos comerciais.

16.4.1.1 *Oferta de moeda pelos bancos comerciais: o mecanismo de multiplicação monetário*

Um depósito à vista em um banco comercial representa um direito que o depositante possui sobre determinada quantia. Em outras palavras, quando um banco recebe um depósito à vista, ele promete pagar a quantia depositada ou uma parte, quando para tal foi solicitado. Normalmente, essa solicitação é feita por meio de cheques. Ocorre, entretanto, que a todo instante existem depósitos e saques, de tal forma que somente uma parcela do total dos depósitos é necessária para atender ao movimento. Essa parcela é normalmente pequena e é suficiente para atender às necessidades de caixa dos bancos, ou seja, pagar os cheques que são descontados. Dessa forma, o banco comercial pode fazer "promessas de pagar" em um valor múltiplo do total de depósitos iniciais e usar os fundos assim obtidos para efetuar empréstimos.

Para mostrar o mecanismo de expansão monetária (ou seja, da oferta de moeda por meio dos bancos comerciais), suponha que os bancos comerciais mantenham uma parcela de $r\%$ dos seus depósitos como reservas e emprestem os restantes $(1 - r)\%$ ao público; r é chamada de **taxa de reservas** ou *encaixes bancários* ou **relação reservas-depósitos**.

Suponha também que o público decida reter $c\%$ do total dos seus ativos monetários em moeda manual, não depositada nos bancos; c é a chamada **taxa de retenção do público** em relação ao total dos meios de pagamento.

O processo pode se iniciar com um novo depósito, por exemplo, no banco A. Esse banco fica com $r\%$ como reserva e empresta $(1 - r)\%$ ao público. Já nessa primeira etapa ocorreu um aumento da moeda escritural, pois parte do depósito inicial foi emprestada a terceiros, criando mais moeda escritural, o que já representa um aumento dos meios de pagamentos.

O público, recebendo $(1 - r)$, guardará c% como moeda manual e depositará o restante, $(1 - c)$% de $(1 - r)$, no Banco B. Este reterá r% de $(1 - c)(1 - r)$ e emprestará $(1 - r)$ de $(1 - c)(1 - r)$, ou seja, $(1 - r)^2(1 - c)$. O público reterá c% desse montante e depositará $(1 - c)$% de $(1 - r)^2(1 - c)$, ou seja, $(1 - c)^2(1 - r)^2$. O processo continua, até que a expansão monetária tenda a cessar na enésima etapa. Ao final, tem-se uma típica progressão geométrica (PG) de razão $(1 - c)(1 - r)$. Chamando m de *multiplicador monetário*, chega-se à fórmula da PG:

$$m = \frac{1}{1 - (1 - c)(1 - r)}$$

Intuitivamente, o multiplicador monetário varia inversamente em relação à taxa de reservas ou de retenção do público. Quanto mais os bancos forem obrigados a reter em caixa (maior r), menos eles poderão emprestar ao público e menor a expansão monetária. Da mesma forma, quanto maior a taxa de retenção do público (maior c), menos será depositado nos bancos, e, evidentemente, os bancos contarão com menos depósitos para repassar a outros clientes.

No Brasil, a taxa de retenção do público (c) é normalmente calculada como a relação entre moeda manual (em poder do público) e depósitos à vista, e a taxa de reservas r é repartida em r_1, que é o total de encaixes (caixa) dos bancos comerciais, e r_2, total de reservas obrigatórias e reservas voluntárias dos bancos comerciais, ambas em relação aos depósitos à vista nos bancos comerciais.

As *reservas e os encaixes voluntários* são determinados pela experiência do banco e representam a parcela dos depósitos que deve ser guardada em moeda para atender ao movimento normal do banco. As *reservas obrigatórias*, ou *exigência de reservas*, são determinadas pelas autoridades monetárias, representando um dos principais instrumentos de política monetária, que serão discutidos no próximo item.

Deve-se frisar que o comportamento dos bancos comerciais descrito pelo multiplicador citado deve ser objeto de qualificações. Em primeiro lugar, o multiplicador bancário implica comportamento mecânico, sem levar em consideração mudanças nas variáveis econômicas (por exemplo, taxas de juros), que deverão afetar suas ações. Em segundo, a própria ação dos bancos deve repercutir no processo de criação de depósitos. Por exemplo, ao aumentar empréstimos, o banco acaba por reduzir a taxa de juros e, portanto, a atratividade de novos empréstimos.

O fundamental do mecanismo do multiplicador descrito antes é que, para uma determinada expansão inicial de depósitos, o sistema bancário será capaz de efetuar uma expansão múltipla de moeda escritural.

O ponto é como se originam os depósitos iniciais. O multiplicador monetário depende, além dos parâmetros c e r, das variações da chamada base monetária. O Banco Central do Brasil tem o monopólio da emissão de moeda. O passivo monetário do Banco Central é conhecido como *base monetária* e é como a moeda é inicialmente emitida.

A base monetária consiste na moeda emitida mais as reservas bancárias. Corresponde, assim, a praticamente toda moeda "física" disponível (papel-moeda e moedas metálicas) que está em poder do público, ou, então, com os bancos. O Banco Central controla a base monetária, e, dessa forma, os demais agregados. Esse processo é feito utilizando os instrumentos da política monetária, como se vê a seguir.

16.4.2 Instrumentos da política monetária

Por meio dos instrumentos da política monetária, as autoridades monetárias podem fornecer ao sistema econômico uma oferta de moeda suficiente para o desenvolvimento das atividades econômicas e manter a liquidez do sistema. Existem três instrumentos mais usados: a) reservas obrigatórias; b) operações de mercado aberto e c) política de redescontos. Há uma tendência mundial em usar cada vez mais o último.

a) **Reservas obrigatórias:** como já foi discutido, os bancos comerciais guardam uma parcela dos depósitos como reservas com a finalidade de atender ao movimento de caixa. Em geral, os bancos centrais forçam os bancos comerciais a guardarem reservas superiores às que seriam indicadas pela experiência e pela prudência desses estabelecimentos.

Como pôde ser visto, na fórmula do multiplicador apresentada anteriormente, a relação encaixe-depósito é uma das determinantes do mecanismo de expansão dos meios de pagamento. Assim, a variação das taxas de reservas obrigatórias acarreta alterações na criação de moeda por parte dos bancos comerciais.

De outra parte, não só a expansão dos meios de pagamento é afetada pela modificação nas reservas, mas o próprio volume de moeda escritural é alterado e, portanto, a oferta de meios de pagamento. De fato, para um volume de $ 1.000.000 de reservas e com uma relação encaixe-depósito igual a 0,20%, o total de moeda escritural será $ 5.000.000. Caso o Banco Central altere a relação para 0,25%, o sistema bancário será obrigado a reduzir o volume de moeda escritural para $ 4.000.000, mesmo que suas reservas permaneçam iguais a $ 1.000.000, pois agora ele será obrigado a ter como reservas 25% dos depósitos. Calculando 25% de 4 milhões, dará um milhão. Seria interessante que o leitor estudasse o que ocorreria caso o Banco Central reduzisse a relação encaixe-depósito para 0,10%.

b) **Operações de mercado aberto (*open market*):** outro instrumento para o controle da oferta de moeda são as operações de mercado aberto. Em essência, essas operações consistem em vendas ou compras, por parte do Banco Central, de títulos governamentais no mercado de capitais. Qual o efeito dessas compras e vendas sobre a oferta de moeda?

Para entender essa repercussão, será analisado o que ocorre quando essas operações são realizadas. Suponha que o Banco Central compre obrigações governamentais possuídas pelo público. Como pagamento dessa compra, o Banco Central entrega ao possuidor um cheque na importância devida. Por sua parte, o indivíduo que vendeu os títulos deposita o cheque em um banco comercial no qual seja correntista. Ora, o Banco Central, quando realiza essas operações, compra títulos de inúmeros indivíduos, os quais vão seguir o mesmo procedimento, ou seja, depositar os cheques recebidos nos seus bancos comerciais.

Já foi estudada a repercussão do aumento dos depósitos no sistema bancário. Como apenas parte dos depósitos precisa ser guardada como reserva ou encaixe, os bancos vão agora se defrontar com encaixes. Essa é a condição necessária e, de acordo com a hipótese formulada, suficiente para que se dê a expansão múltipla dos meios de pagamento.

Em resumo, a compra de títulos governamentais, por parte do Banco Central, acarretou um aumento dos depósitos nos bancos comerciais. Esse aumento, por sua vez, gerou encaixes excedentes, que foram o ponto de partida para a expansão múltipla dos meios de pagamentos e, portanto, para um aumento na oferta de moeda. O oposto se verificaria caso o Banco Central vendesse títulos. Os indivíduos que os comprassem pagariam com cheques. Quando o Banco Central descontasse esses cheques, reduziria as reservas dos bancos que, por sua vez, seriam obrigados a contrair a oferta de meios de pagamentos, ou seja, reduzir a oferta de moeda.

c) **Política de redesconto:** outra forma, bastante importante, de controlar a oferta de moeda é a política de redesconto. É, inclusive, uma das mais usadas nas economias modernas. Já foi visto que o Banco Central é o banco dos bancos e que empresta fundos líquidos aos outros estabelecimentos bancários, seja por meio de empréstimos diretos seja por meio de redesconto de títulos. À medida que adota uma política liberal de crédito, oferecendo empréstimos abundantes e a juros (*taxa de redesconto*) baixos, o Banco Central fornece aos bancos comerciais uma fonte acessível de empréstimos, e, portanto, podem também adotar uma política liberal de crédito para seus clientes. Caso o Banco Central limite quantitativamente os redescontos ou eleve suas taxas, os bancos comerciais serão obrigados a reduzir seus empréstimos e elevar as taxas de juros. Dessa forma, o crédito bancário se torna difícil e dispendioso.

16.4.3 Mecanismos de transmissão da política monetária

Os efeitos da política monetária sobre a economia podem ser avaliados segundo quatro *mecanismos de transmissão*:

a) **Mecanismo de equilíbrio de carteira:** uma carteira (*portfolio*) é um conjunto de ativos com características específicas de risco, retorno, liquidez, prazo, entre outras. A composição de uma carteira depende da combinação de ativos com suas características e as preferências do detentor da carteira. A moeda é um dos ativos que compõe as carteiras dos indivíduos.

Uma carteira está em equilíbrio se as características dos ativos e as preferências de seus detentores se mantêm constantes e se o retorno marginal de todos os ativos ajustados pelo risco, liquidez, entre outros, é igual. O último real gasto em todos os ativos tem de ser o mesmo. Dessa forma, a composição de moeda nas carteiras dos indivíduos aumenta quando o retorno da moeda cai.

O ajuste nas carteiras em razão de mudança nas taxas de juros depende da elasticidade-substituição entre os diferentes ativos. Um aumento no estoque de moeda, por meio de compra de títulos públicos no mercado, diminuição do compulsório, provoca uma reestruturação na carteira dos agentes econômicos.

Essa reestruturação pode se refletir em um custo de capital menor, uma expansão de empréstimos empresariais, uma demanda maior por ativos de renda variável, um aumento no consumo, entre outras. O resultado da expansão da moeda depende, portanto, do novo equilíbrio de carteiras obtido.

b) **Mecanismo da riqueza:** esse mecanismo pode ser focalizado sob dois pontos importantes. O primeiro é como alterações no estoque de moeda afetam a riqueza existente, o outro é como alterações na riqueza afetam as variáveis econômicas. A importância do mecanismo riqueza na economia pode aferir-se verificando-se o impacto da queda da Bolsa de Valores na economia norte-americana em 24 de outubro de 1929: uma das explicações para a queda do PNB americano é dada pela perda de riqueza com a queda da bolsa.

Para analisar se a moeda ou qualquer outro ativo faz parte da riqueza da sociedade, é necessário analisar se representa realmente uma riqueza, ou se seria apenas a contraparte de um outro ativo. Uma promissória, por exemplo, é apenas a contraparte de uma dívida; dessa forma, as promissórias e as dívidas correspondentes anulam-se entre si e não representam riqueza líquida da sociedade.

Assim, é fundamental analisar como aumentos (ou diminuições) no estoque de moeda afetam a riqueza líquida da sociedade. Mudanças na riqueza têm impacto nas variáveis econômicas por meio dos mercados monetário, de ativos e de bens. Esse impacto é representado por mudanças no consumo e no investimento dos agentes.

c) **Mecanismo da disponibilidade de crédito:** esse mecanismo está centrado basicamente na disponibilidade de liquidez na economia. O aspecto mais relevante a ser observado na oferta monetária é a abundância de liquidez. Os fundos disponíveis para empréstimos são a variável-chave a ser acompanhada.

Uma operação de mercado aberto tem dois efeitos na oferta de crédito: o primeiro é uma alteração na liquidez dos bancos, e o segundo, uma mudança no retorno dos empréstimos. Dessa forma, as operações no mercado aberto alteram a oferta global de crédito, o que, por sua vez, altera as variáveis macroeconômicas básicas.

d) **Mecanismos das expectativas:** mudanças na oferta monetária afetam as expectativas da sociedade. As duas mudanças mais importantes são as que se dão nas expectativas de preços e nas expectativas dos empresários.

A mudança nas expectativas de preços é função da percepção que os diferentes agentes têm da mesma. Pode-se supor que alguns agentes têm uma percepção mais rápida que outros, ou têm um poder de antecipar-se e proteger-se melhor. Um exemplo típico são as clássicas inflações de lucros, em que os empresários antecipam o resultado de um aumento (supondo que ele possa representar mais inflação) melhor que os trabalhadores. Um aumento no estoque de moeda não implica necessariamente aumento igual em preços. O ponto é que os agentes antecipam o equilíbrio que será obtido.

Uma segunda forma de como as expectativas representam um mecanismo de transmissão importante é por meio do comportamento dos empresários, os quais monitoram atentamente a oferta de moeda e reagem com suas decisões de emprego e investimento. Essas reações — positivas ou negativas — dependem das circunstâncias. Em determinadas situações, um aumento na oferta monetária pode significar mais inflação e instabilidade e, em outras, estabilidade e crescimento.

16.4.4 Regime de metas de inflação

No Brasil, após julho de 1999, a política monetária é fundamentada no regime de metas de inflação. O Conselho Monetário Nacional, em junho de cada ano, fixa a meta para o ano subsequente e o Banco Central do Brasil, em reuniões a cada 45 dias, do Comitê de Política Monetária (Copom), determina a taxa de juros básica de maneira que a inflação converge para a meta fixada.

O regime de metas fixa a diretriz para a atuação do Banco Central, combinando transparência com autonomia nas decisões e flexibilidade para absorver crises com rigor em perseguir objetivos.

O regime de metas de inflação foi um avanço institucional importante que substituiu uma história de confiscos, planos econômicos mirabolantes, mudanças de moeda etc., com metas críveis coordenando expectativas e minimizando os custos sociais de absorção de choques.

16.5 ■ A DEMANDA POR MOEDA E A TEORIA QUANTITATIVA DA MOEDA

16.5.1 A demanda por moeda

Assim como existe uma oferta de moeda pelo Banco Central e pelos bancos comerciais (via mecanismo multiplicador), pode-se definir uma demanda por moeda por parte das firmas e das famílias.

A demanda por moeda pela coletividade corresponde à quantidade de moeda que o setor privado não bancário retém, em média, seja com o público, seja no cofre das firmas e em depósitos à vista nos bancos comerciais.

O que faz com que as pessoas e firmas retenham dinheiro que não rende juros e não o utilizem na compra de títulos, imóveis, entre outros? Isto é, quais são os motivos ou razões para a demanda por moeda *per se*?

São três as razões pelas quais se retém moeda:

a) **demanda por moeda para transações:** as pessoas e firmas precisam de dinheiro para suas transações do dia a dia, para alimentação, transporte, aluguel;

b) **demanda por moeda por precaução:** o público e as firmas precisam ter uma certa reserva monetária para fazer face a pagamentos imprevistos ou atrasos em recebimentos esperados;

c) **demanda por moeda por especulação:** dentro de sua carteira de aplicações (*portfolio*), os investidores devem deixar uma "cesta" para a moeda e observar o comportamento da rentabilidade dos vários títulos, para fazer algum novo negócio, ou seja, a moeda, embora não apresente rendimentos, tem a vantagem de ter liquidez imediata e pode viabilizar novas aplicações.

As duas primeiras razões (transações e precaução) dependem diretamente do nível de renda nominal. É de se esperar que quanto maior a renda (seja pessoal, seja nacional), maior a necessidade de moeda para transações e por precaução.

Considerando que a taxa de juros representa um rendimento para quem possui moeda (e é um custo para quem não possui moeda, e precisa tomar emprestado), há uma relação inversa entre demanda por moeda para especulação e taxa de juros.

Quanto maior o rendimento dos títulos (a taxa de juros), menor a quantidade de moeda que o aplicador retém em sua carteira (em seu *portfolio*), preferindo aplicá-la em títulos que rendem juros.

Desse modo, a demanda por moeda depende principalmente de duas variáveis: nível de renda nominal e taxas de juros, sendo que existe uma relação direta com a renda e uma inversa com a taxa de juros.

A demanda por moeda pela coletividade também será afetada por outras variáveis, como as expectativas sobre as taxas de inflação, pela estrutura do mercado financeiro e de capitais, por questões sazonais, por exemplo.

16.5.2 A teoria quantitativa da moeda

Existe uma relação direta entre o volume de moeda no sistema econômico e o lado real da economia, ou seja, há uma correspondência entre o total dos meios de pagamentos em um sistema econômico e o valor global dos bens e serviços transacionados. Os mecanismos de transmissão discutidos no tópico anterior, de certa forma, já mostram essas inter-relações.

Nesta seção, essa questão será abordada de forma mais formal, introduzindo alguns conceitos bastante difundidos na literatura econômica, quais sejam, o de velocidade-renda da moeda e de teoria quantitativa da moeda.

Velocidade-renda da moeda: *também chamada de velocidade de circulação da moeda, é o número de vezes que o estoque de moeda passa de mãos em mãos, em certo período, gerando produção e renda.*

A **velocidade-renda da moeda**, ou velocidade de circulação da moeda, é o número de vezes que o estoque de moeda passa de mãos em mãos, em certo período, gerando produção e renda. É o número de giros da moeda, criando renda. É dada pela expressão:

$$V = \frac{\text{PIB nominal}}{\text{Saldo dos meios de pagamento } (M)}$$

Suponha um PIB nominal (ou PIB monetário igual ao PIB real vezes o nível geral de preços) igual a $ 800 bilhões e um saldo de meios de pagamento de $ 100 bilhões:

$$V = \frac{\$ \ 800 \text{ bilhões}}{\$ \ 100 \text{ bilhões}} = 8$$

Isso significa que o estoque de moeda de $ 100 bilhões girou oito vezes no período, criando $ 800 bilhões de renda e produto (PIB). Cada unidade monetária criou oito unidades de renda. A velocidade-renda da moeda pode ser calculada para as várias definições de meios de pagamento ($M1$, $M2$, $M3$, $M4$). Em relação a $M1$ (o mais usado), é praticamente estável a curto prazo, pois dependerá fundamentalmente de alguns fatores que se modificam muito lentamente, como os hábitos da coletividade e o grau de verticalização da economia. Quanto aos *hábitos da coletividade*, parece claro que, quanto maior a utilização de cheques e cartões de crédito, menor a necessidade de a coletividade reter moeda. No que se refere ao *grau de verticalização da economia*, ou seja, quando as firmas produzem seus próprios componentes, também cai o volume de transações envolvendo moeda, já que as operações passam a ser meramente contábeis.

A velocidade-renda da moeda variará em curto prazo apenas se ocorrerem grandes variações na taxa de juros de mercado ou se houver expectativa de inflação, principalmente se for definida em relação a $M1$ (moeda que não rende juros). Quanto maior a taxa de juros de mercado, as pessoas manterão menos moeda que não traz rendimentos, transferindo para ativos que apresentem um retorno financeiro.

O mesmo comportamento ocorre se crescerem as expectativas de um aumento da taxa de inflação. Em ambos os casos, a velocidade-renda da moeda se estende (aumenta o denominador $M1$, em relação ao numerador — PIB). Se V for definida como a relação entre PIB e $M2$, $M3$ ou $M4$, manter-se-á praticamente constante, pois ocorrerá apenas uma transferência entre os componentes dos agregados monetários (diminui $M1$, aumentam $M2$, $M3$ ou $M4$).[1]

Com base no conceito de velocidade-renda da moeda, pode-se entender mais claramente como opera a teoria quantitativa da moeda, que relaciona os fluxos real e monetário da economia, sendo dada pela expressão:

$$MV = Py$$

em que:

M = quantidade de moeda na economia;
V = velocidade-renda da moeda;
P = nível geral de preços;
y = nível de renda nacional real (PIB real).

O lado esquerdo da equação (MV) é explicado pelo fato de que a quantidade de moeda na economia depende da velocidade com que circula. O lado direito da equação (Py) mostra que o valor do PIB nominal será igual à quantidade de bens e serviços finais (PIB real) produzidos vezes o preço dos bens e serviços finais transacionados no período.

Evidentemente, os dois lados da equação são iguais, por definição: a quantidade de moeda multiplicada pelo número de vezes que ela circula, criando renda, é igual ao valor da renda (PIB) criada.

Usando o exemplo anterior, o saldo monetário de $ 100 bilhões, multiplicando sua velocidade-renda (8), será igual ao próprio PIB monetário de $ 800 bilhões.

Os conceitos de demanda por moeda, teoria quantitativa da moeda e velocidade de circulação da moeda são úteis para entender o impacto das políticas monetárias sobre os agregados macroeconômicos, principalmente preços, nível de atividade, riqueza, taxa de juros, entre outros.

Por exemplo, o interesse aqui está em avaliar a contribuição da política monetária para elevar o nível de atividade e de emprego da economia, a curto prazo. Evidentemente, trata-se de promover uma política monetária expansionista, o que pode ser feito utilizando vários instrumentos:

- aumento das emissões de moeda, na exata medida das necessidades dos agentes econômicos, para não gerar inflação;
- diminuição da taxa de compulsório, ou seja, diminuição do porcentual dos depósitos que os bancos comerciais devem reter à ordem do Banco Central, o que permitirá elevar o crédito bancário;
- recompra dos títulos públicos no mercado, ou seja, "troca de papel por moeda", o que elevará a quantidade de moeda disponível no mercado;

---

[1] Quando ocorre uma transferência de $M1$ para $M2$, $M3$, $M4$, tem-se uma desmonetização, pois diminui a proporção de ativos financeiros que não rendem juros — $M1$ —, em relação aos demais ativos financeiros. Isso ocorre principalmente quando as taxas de inflação aumentam. Caso contrário, tem-se uma monetização ou remonetização, que acompanha as quedas da inflação.

- diminuição da regulamentação no mercado de crédito, principalmente nos limites impostos aos prazos de empréstimos, ou no montante do crédito direto ao consumidor, entre outros.

Tais medidas causarão impactos diretos sobre o nível de produto e renda da economia. Em termos da teoria quantitativa da moeda, e supondo que a velocidade-renda (V) e o nível de preços (P) não se alteram a curto prazo, caso haja um aumento, por exemplo, de 10% na oferta monetária M, pode-se esperar um aumento na renda (e no emprego) na mesma magnitude.

Evidentemente, na prática, não existe em economia proporcionalidades tão exatas, e o impacto da política monetária é mais indireto. A expansão da moeda e do crédito deve diminuir a taxa de juros de mercado. Precisa-se, então, conhecer a elasticidade dos investimentos em relação às taxas de juros, isto é, a sensibilidade ou resposta dos investimentos das firmas em relação à taxa de juros de mercado, para verificar qual o impacto final da expansão monetária sobre a demanda agregada e sobre o nível de atividade e emprego.

Se o objetivo da política econômica for combater a inflação, a teoria quantitativa da moeda também será útil para avaliar o efeito de uma política monetária contracionista (por exemplo, restrições de crédito, aumento da taxa de redescontos, aumento do compulsório sobre depósitos dos bancos comerciais). Supondo uma economia com pleno emprego de recursos, a renda real y será constante. Ao observar a fórmula da teoria quantitativa, tem-se que uma queda em M deve levar a uma queda no nível geral de preços P, supondo que V se mantenha relativamente estável.

Há ainda um intenso debate acadêmico entre os economistas acerca da importância ou do peso dessas variáveis sobre a eficácia das políticas monetária e fiscal, centrado na influência da taxa de juros, no papel das expectativas inflacionárias e na própria definição de moeda, que envolve correntes, como monetaristas, fiscalistas, novos clássicos, pós-keynesianos, entre outros, comentadas no Capítulo 13 deste livro.

QUESTÕES

1. Defina moeda.
2. Quais são as funções da moeda?
3. Quais são os estágios da evolução da moeda?
4. Quais são as qualidades dos metais que faz com que assumam um lugar de destaque como moeda mercadoria?
5. O que é quase-moeda?
6. Quais são os agregados monetários no Brasil?
7. Como se dividem os intermediários financeiros?
8. Quais são as funções dos bancos? Quais instituições cumprem esse papel no Brasil?
9. Quais são os mecanismos de transmissão da política monetária?
10. Defina
    a) demanda por moeda;
    b) teoria quantitativa da moeda;
    c) velocidade-renda da moeda.

REFERÊNCIAS

BANCO CENTRAL. Disponível em: <www.bcb.gov.br>. Acesso em: 9 fev. 2017.
MISHKIN, F. S. *The economics of money, banking and financial markets*. New York: Pearson, 2015.
PASTORE, A. C. *Inflação e crises: o papel da moeda*. Rio de Janeiro: Campus, 2014.
SAYAD, J. *Dinheiro, dinheiro: inflação, desemprego, crise*. São Paulo: Portfolio Penguin, 2015.
SENNA, J. J. *Política monetária*. Rio de Janeiro: FGV, 2014.

17 POLÍTICA FISCAL DO GOVERNO

Sérgio Naruhiko Sakurai

17.1 ■ INTRODUÇÃO

O governo, que corresponde a toda a administração pública, independentemente de seu nível de atuação (federal, estadual ou municipal), é um dos principais agentes da economia.[1]

Do ponto de vista microeconômico, o governo é importante por poder corrigir as chamadas "falhas de mercado". Lembrando o que foi discutido no Capítulo 12, o governo pode auxiliar na redução de externalidades negativas, na provisão de bens públicos (caracterizados por serem não rivais e não excludentes) e na regulação de atividades, visando evitar abuso de mercado por parte de empresas monopolistas, entre outras ações possíveis.

Do ponto de vista macroeconômico, o governo é importante por dois motivos. Por meio da **política fiscal**, ele consegue influenciar no comportamento da economia com regras para os gastos públicos e na cobrança de impostos. Praticando sua política de gastos, o governo adquire uma série de produtos e serviços para garantir o funcionamento de sua estrutura administrativa (o que envolve não só a compra de materiais para escolas e hospitais públicos, por exemplo, mas também todos os itens consumidos pelos ministérios, governos estaduais, prefeituras, secretarias e outros órgãos da administração pública direta), além de contratar diversos tipos de obras públicas. O governo também realiza transferências de renda, como o pagamento de aposentadorias e benefícios sociais, estimulando o consumo das famílias. Para financiar todos esses gastos, o governo cobra impostos dos agentes, mas como será discutido ao longo deste capítulo, essa não é a única forma dele obter recursos para custeá-los.

Por meio da **política monetária**, por sua vez, o governo pode atuar por meio do Banco Central, controlando a oferta de moeda e, consequentemente, a taxa de juros e o grau de liquidez da economia, assim como pode atuar sobre o funcionamento do sistema financeiro via definição de normas e leis que devem ser por ele seguidas. Assim, note que, tanto por meio da política fiscal como da política monetária, o governo consegue influenciar, em maior ou menor grau, no ritmo da atividade econômica.

Aparentemente, portanto, há um consenso na Ciência Econômica sobre a importância do governo. Contudo, os economistas têm opiniões distintas sobre o seu papel no funcionamento da economia. Neste capítulo, essa atuação será discutida com mais detalhes, abordando sua interação com os demais agentes econômicos.

---

[1] Lembre-se também de que as empresas estatais não fazem parte do conceito de governo, já que estão no grupo das empresas.

17.2 ■ UMA DISCUSSÃO SOBRE A ATUAÇÃO DO GOVERNO

Qual papel exerce o governo em uma economia? Trata-se de uma pergunta bastante complexa, pois há um debate fervoroso na teoria econômica quanto às suas funções.

Para os economistas clássicos, o governo deveria intervir o mínimo possível, uma vez que o livre funcionamento dos mercados – a livre interação entre compradores e vendedores – garantiria que atingissem seu equilíbrio. Eles argumentam que o governo deveria existir somente para corrigir as **falhas de mercado**, pois qualquer intervenção do governo impediria que o mercado atingisse a eficiência de Pareto. Pode-se dizer que acreditam na "mão invisível" do mercado, que se autorregula quando funciona de forma autônoma. Assim, se os mercados de bens privados sempre convergem para o equilíbrio, todos os mercados também deveriam agir assim, inclusive o mercado de trabalho.

Se o mercado de trabalho está em equilíbrio, não há desemprego, ou seja, todas as pessoas que aceitam trabalhar recebendo o salário de equilíbrio encontrarão uma vaga. Nesse caso, diz-se que só existe o **desemprego voluntário**: pessoas que optam por não trabalhar recebendo o salário de equilíbrio de mercado porque é inferior ao mínimo que esperam receber, ou seja, o salário de mercado é inferior ao **salário de reserva** do agente. Essa é a mesma atitude de uma empresa que opta por não vender seu produto ao preço de mercado por achar que o valor recebido não compensa seus custos de produção (inclusive os custos de oportunidade).

Os economistas como os keynesianos, por sua vez, entendem que a atuação do governo deveria ir além da correção das falhas de mercado via intervenções no funcionamento da economia, porque o livre mercado nem sempre funciona perfeitamente. John Maynard Keynes, para muitos o economista mais importante que já existiu, revisou as teorias liberais lançadas por Adam Smith, chamando atenção para o fato de que, no momento em que as empresas tendem a investir menos (porque têm expectativas ruins sobre o futuro da economia, por exemplo), inicia-se todo um processo de retração econômica que leva à efetiva ocorrência de recessões duradouras (crises econômicas), com desemprego dos fatores de produção – inclusive do fator trabalho. Isso é o que Keynes definiu como **profecia autorrealizável**.

Assim, haveria, então, o **desemprego involuntário**, em que, mesmo aceitando o salário de equilíbrio de mercado, os indivíduos não conseguem emprego. Para evitar essa situação, Keynes defende a necessidade de o Estado buscar formas de garantir que a economia sempre funcione de modo estável e em ritmo pleno de produção, garantindo o **pleno emprego** de todos os fatores de produção. Esse resultado seria obtido por meio da política monetária e, especialmente, política fiscal, incentivando a demanda agregada (quer dizer, estimulando o consumo dos produtos e serviços produzidos pelas empresas) em momentos de recessão. Dessa maneira, Keynes mudou a visão do papel do Estado frente à economia, em oposição ao que defendiam os economistas clássicos. Em particular, Keynes defende uma política de elevação dos gastos públicos, de modo que a economia sempre opere com a plena utilização dos fatores de produção.

17.3 ■ FINANCIAMENTO DOS GASTOS DO GOVERNO

Conforme discutido no Capítulo 12, a existência e a atuação do governo envolvem a necessidade de recursos para fazer frente a suas despesas: é necessário construir ou alugar imóveis para atender à população e para realizar as tarefas administrativas;

é necessário custear o consumo de água e de energia elétrica das repartições, e é necessário pagar o salário dos funcionários públicos, entre outros custos importantes. Além dos custos de manutenção da estrutura governamental, o governo precisa de recursos para realizar investimentos, como a construção de rodovias, postos de saúde, escolas e creches, e para realizar obras de saneamento e urbanismo. Por fim, o governo também precisa de recursos para viabilizar a manutenção dos benefícios assistenciais e sociais. Usando a letra **G** para fazer menção aos gastos do governo, serão apresentados os diferentes instrumentos que o governo pode fazer uso para viabilizar o custeio de seus gastos.

17.3.1 Arrecadação de impostos

A maior parte desses recursos é arrecadada pelo governo via cobrança de **impostos** que, por sua vez, são pagos pelas empresas e pelas famílias – a letra T será usada para fazer menção aos impostos.[2] Note que aqui há um ponto importante: ao arrecadar impostos, o governo toma para si parte dos recursos que, em boa medida, eram do setor privado. Ainda que implicitamente, o governo assume que os agentes privados estão dispostos a ceder parte de seus recursos para sustentá-lo, pois exerce funções importantes e que justificam sua atuação – em regimes democráticos, isso é especialmente válido, pois é a sociedade que, em última instância, define quais serviços devem ser providos pelo Estado. Note que não está se discutindo se o governo efetivamente devolve esses recursos à população prestando serviços públicos de qualidade, muito embora essa seja uma questão relevante.

Os impostos podem ser agrupados em duas categorias distintas, mas relacionadas. Em primeiro lugar, há impostos cobrados por **nível de governo**, ou seja, pela esfera federal, pela esfera estadual e pela esfera municipal. Em segundo lugar, os impostos são classificados em diretos e indiretos. **Impostos diretos** são os que incidem sobre a renda ou sobre a propriedade dos agentes. O imposto de renda (cobrado tanto de pessoas físicas como de pessoas jurídicas) é um exemplo de imposto direto cobrado pelo governo federal, ao passo que o Imposto sobre a Propriedade de Veículos Automotores (IPVA), que incide sobre o valor dos automóveis particulares, e o Imposto Predial e Territorial Urbano (IPTU), que incide sobre o valor dos imóveis urbanos dos agentes, são exemplos de impostos diretos estadual e municipal, respectivamente. Observe que esses impostos só são pagos caso o indivíduo tenha alguma renda ou posse. Os **impostos indiretos**, por sua vez, incidem sobre o valor de uma transação econômica, tornando a aquisição de um produto ou serviço mais cara pelo fato de o preço já incluir o valor do imposto. O Imposto sobre Produtos Industrializados (IPI) é um exemplo de imposto federal indireto, ao passo que o Imposto sobre a Circulação de Mercadorias e Serviços (ICMS) e o Imposto Sobre Serviços de Qualquer Natureza (ISSQN) são exemplos de impostos indiretos estadual e municipal, respectivamente.

Surge aqui uma segunda questão relevante sobre os impostos. Os impostos indiretos tendem a ser mais fáceis de serem cobrados pelo governo porque já estão embutidos nos preços dos bens – um indivíduo pode até receber renda exercendo uma atividade informal ou ilegal (ou seja, pode até não pagar impostos diretos sobre sua renda), mas ao comprar um produto em um estabelecimento formal, por exemplo, ele pagará os impostos indiretos que incidem sobre a transação, assim como também pagará o indivíduo que

---

[2] Do inglês *tax*.

exerce uma atividade totalmente legal. Contudo, os impostos indiretos são mais "injustos", pois punem proporcionalmente mais os indivíduos de renda baixa do que os de renda alta: quando um indivíduo com renda elevada compra um automóvel novo, por exemplo, o valor do IPI ou ICMS que ele paga é exatamente o mesmo a ser pago na compra do mesmo automóvel por um indivíduo com renda baixa. Por isso, é comum economistas e tributaristas dizerem que os impostos indiretos são **regressivos**, isto é, os contribuintes mais pobres são proporcionalmente mais tributados que os mais ricos. O sistema tributário brasileiro é conhecido por ter alta concentração de impostos indiretos, prejudicando, consequentemente, os estratos de renda mais baixa.

Ainda que os impostos sejam cobrados com o importante objetivo de viabilizar o funcionamento do governo, naturalmente existem limites. Lembre-se que, ao cobrar impostos, o governo de alguma forma recebe recursos do setor privado. Com isso, impostos muito altos podem inviabilizar o funcionamento de algumas empresas, caso impliquem uma queda muito grande de sua lucratividade, levando algumas empresas a optar por migrarem para o setor informal ou até mesmo encerrar suas atividades. Eventualmente, impostos muito altos também podem levar à sonegação fiscal. Assim, segundo a chamada **curva de Laffer**, um aumento das alíquotas tributárias pode elevar a arrecadação de impostos somente até certo ponto — a partir de então, a arrecadação pode deixar de se elevar e pode inclusive cair, caso o governo continue elevando a arrecadação tributária em função dos motivos mencionados. O Gráfico 17.1 ilustra esse efeito.

GRÁFICO 17.1

A curva de Laffer

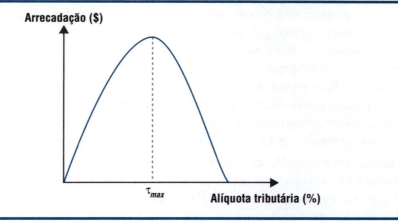

Além do aspecto quantitativo, existe também um aspecto qualitativo: quando o sistema tributário é muito complexo (como é o caso do Brasil, em que há muitos impostos cobrados pelos diferentes níveis de governo), as empresas são obrigadas a dedicar um alto esforço na gestão do pagamento de impostos, quando poderiam alocar seus recursos (tempo dos funcionários, por exemplo) na efetiva produção de bens. Assim, ainda que existam razões importantes para a cobrança dos impostos, é necessário defini-los adequadamente de modo a não prejudicar o funcionamento da economia.

Por fim, outro ponto relevante diz respeito ao chamado **efeito Oliveira-Tanzi**, referente à perda de poder de compra da arrecadação tributária em períodos de alta inflação. Assim, da mesma forma que a inflação corrói o poder de compra da renda dos indivíduos, também corrói o poder de compra da arrecadação de impostos realizada pelo governo.

17.3.2 Défice público, dívida pública e a emissão de títulos da dívida

Quando os recursos que o governo arrecada por meio de impostos não são suficientes para arcar com seus gastos (T < G), o governo apresenta défice primário. Nessas circunstâncias, existe outro instrumento que permite ao governo arrecadar recursos. Os **títulos públicos** (os quais serão simbolizados pela letra B[3]) são certificados que representam uma promessa de pagamento futuro do governo (o agente emissor) ao comprador do título. Em outras palavras, o comprador do título paga um **preço** e tem a promessa de receber um valor futuro, denominado **valor de face**, por parte de quem emite o título. Ao comprar um título da dívida pública, você empresta sua poupança ao governo com a promessa de recebê-la de volta no futuro. Naturalmente, o valor de face é maior do que o preço do título, ou seja, os agentes se dispõem a financiar o défice do governo desde que no futuro recebam o montante emprestado mais os juros. Assim, se você comprou um título por $ 90 e seu valor de face é de $ 99, você ganhou $ 9 de juros, ou 10% do preço pago.

A finalidade primordial dos recursos arrecadados pelo governo junto aos compradores dos títulos é captar recursos para financiar os gastos públicos, como os referentes à provisão de educação ou de saúde pública, e os investimentos em infraestrutura. Assim, o governo antecipa recursos futuros visando melhorar hoje a qualidade de vida da população. Do ponto de vista do governo, a questão importante é: de que forma usar esses recursos?

Esses recursos deveriam ser empregados de forma eficiente por uma razão simples: no futuro, o governo terá de devolver o recurso ao comprador do título acrescido de juros. Se o governo emprega o recurso de forma a elevar a produtividade da economia, como o investimento em infraestrutura, haverá provavelmente um retorno positivo para a sociedade que compense os juros a serem pagos pelo governo – não necessariamente esse retorno positivo precisa vir sob a forma de geração de mais riquezas, mas precisa ser algo benéfico para a sociedade. Contudo, se o governo usa esses recursos de forma ineficiente, sem que haja retorno positivo permanente à sociedade, obviamente a situação se reverte e a emissão de títulos da dívida torna-se questionável.

Outro aspecto significativo diz respeito ao momento em que o governo amortiza sua dívida junto aos credores, isto é, junto aos compradores do título. Em um dado instante, o governo até pode apresentar défice (gasta mais do que arrecada com impostos) e financiar essa diferença emitindo títulos da dívida. No futuro, contudo, o governo deverá ter uma arrecadação de impostos superior aos seus gastos, para que essa diferença possa ser devolvida aos credores. Assim, o governo deve administrar muito bem seu orçamento para garantir que, no futuro, a receita de impostos seja suficiente para custear os gastos e os investimentos públicos e ainda devolver com juros os recursos tomados junto aos compradores do título.

Esse cenário ajuda a entender por que alguns países entram em **crises fiscais**: governos muito endividados podem ter dificuldade em emitir novos títulos da dívida (ou seja, tomar novos empréstimos), caso os credores (aqueles que possuem os títulos) tenham a percepção de que o governo não conseguirá amortizá-la. Nesse caso, o governo pode se tornar insolvente e eventualmente decretar moratória. Nesses casos, é comum que os países pratiquem medidas de ajuste fiscal, com a elevação de impostos

---

[3] Do inglês *bond*.

e a redução de gastos públicos, para garantir que haja recursos disponíveis para a amortização da dívida. É por isso, entre outros motivos, que os governantes procuram manter o endividamento do governo sob controle.

17.3.2.1 Uma breve discussão sobre a diferença entre dívida pública x défice público

Quando o governo gasta menos do que arrecada em **determinado período**, diz-se que houve **superávit primário (T > G)**. Por sua vez, quando o governo gasta mais do que arrecada **em determinado período (G > T)**, diz-se que houve um **défice primário**.[4] Note, portanto, que o conceito de superávit ou défice público é um **fluxo**, ou seja, é um valor registrado em um determinado período. A **dívida pública**, por sua vez, é o saldo acumulado **até** dado instante do tempo, ou seja, a dívida pública é um **estoque**. Assim, ainda que um país tenha tido um superávit público em determinado ano, é perfeitamente possível que ele, ao longo dos anos anteriores, também tenha acumulado dívida pública.

Existem diferentes conceitos de superávit ou défice do governo. Quando, nos gastos do governo, são incluídos os valores dos pagamentos dos juros nominais que incidem sobre a dívida, tem-se o conceito de superávit ou défice nominal. Alternativamente, ao incluir nos gastos do governo os valores dos pagamentos dos juros reais (isto é, dos juros nominais descontados da inflação), tem-se o conceito de superávit ou défice operacional. Assim, tem-se o seguinte:

- Superávit primário: $T - G$;
- Superávit nominal: $T - (G + B \cdot i)$;
- Superávit operacional: $T - (G + B \cdot r)$;

Em que:

T = arrecadação de impostos;

G = gastos públicos;

B = estoque da dívida pública;

i = taxa nominal de juros (em %);

r = taxa real de juros (em %);

$r = i - \pi$;

π = taxa de inflação (em %).

O superávit primário representa uma reserva ou um esforço da arrecadação fiscal para garantir o pagamento dos juros nominais que incidem sobre a dívida pública. Assim, mesmo que tenha défice nominal, um país que apresente superávit primário está separando parte de sua arrecadação para honrar seus compromissos e, quanto maior o superávit primário, maior a garantia para os credores de que receberão o pagamento dos juros.

Em alguns dos anos recentes, o Brasil apresentou, ao mesmo tempo, défice nominal e superávit primário, conforme revela a Tabela 17.1. Esse quadro indica que a diferença entre o que o governo arrecada e gasta foi positiva, mas insuficiente para pagar todos os juros nominais que incidem sobre a dívida pública, o que leva a um aumento da dívida futura. Contudo, desde 2014, tem-se registrado superávit primário negativo, ou

---

[4] No relatório do Banco Central do Brasil, défice público é chamado de Necessidade de Financiamento do Setor Público (NFSP).

seja, défice primário. Esse resultado indica que a arrecadação de impostos deixou de ser suficiente para custear os gastos do governo, mesmo excluindo os gastos referentes ao pagamento de juros sobre a dívida do governo.

TABELA 17.1
Défice público como porcentagem do PIB – Brasil – anos selecionados

	2010	2011	2012	2013	2014	2015
Défice nominal (%)	2,50	2,60	2,50	3,20	6,04	10,34
Juros da dívida pública (%)	5,18	5,71	4,87	5,14	5,48	8,46
Superávit primário (%)	2,70	3,10	2,40	1,90	−0,57	−1,88

Fonte: Banco Central do Brasil.

TABELA 17.2
Dívida pública como porcentagem do PIB – países selecionados – 2015

País	Dívida pública / PIB (em %)	País	Dívida pública / PIB (em %)
Japão	227,90	Colômbia	46,90
Grécia	171,30	Argentina	45,80
Itália	135,80	África do Sul	45,40
Portugal	129,00	México	45,20
Irlanda	101,20	Suécia	44,00
Espanha	101,20	Noruega	39,30
França	98,20	Bolívia	37,50
Canadá	95,40	Uganda	34,80
Estados Unidos	73,60	Suíça	34,00
Alemanha	71,70	Equador	32,40
Uruguai	68,60	Cuba	31,60
Brasil	67,30	Paraguai	19,90
Moçambique	58,30	Chile	17,40
Angola	56,70	China	16,70
Índia	51,70	Rússia	13,50
Venezuela	51,20		

Fonte: The World Factbook.

A Tabela 17.2, por sua vez, mostra uma lista da **dívida pública** recente (como porcentagem do PIB) para alguns países selecionados. Note que entre os países que lideram a lista estão Grécia, Portugal, Irlanda, Itália e Espanha, os quais, no passado recente, passarem por problemas sérios em função do alto endividamento público. Contudo, países como Japão, Canadá, Estados Unidos e Alemanha também possuem alta dívida pública, mas não enfrentam problemas semelhantes. Conforme já mencionado, quando o governo de um país administra adequadamente suas finanças, os credores têm a perspectiva de que a amortização da dívida de fato acontecerá, permitindo que o governo realize novas emissões. No entanto, quando os credores têm a perspectiva de que o governo terá dificuldades em amortizá-la, ou deixam de prover novos financiamentos ou, então, passam a exigir uma taxa de remuneração excessivamente alta de modo a compensar os riscos de uma eventual não amortização.

17.3.2.2 Títulos públicos emitidos pelo governo brasileiro

Existe uma diversidade de títulos públicos emitidos pelo Governo Federal Brasileiro. Ao longo dos últimos anos, o mercado de títulos públicos se popularizou bastante no Brasil em função da criação do Tesouro Direto,[5] que permite que qualquer agente compre títulos da dívida diretamente junto ao governo — até então, a compra de títulos públicos só era possível de forma indireta, via aplicação em instituições financeiras. Esse mecanismo beneficia tanto o governo, que pode captar recursos junto a um público maior, como o público, que obtém acesso a uma nova forma de alocar sua poupança.

Segundo o governo federal, os principais títulos emitidos pelo governo federal são:

- Letras do Tesouro Nacional (LTN): título prefixado, o que significa que possui rentabilidade definida no momento da compra. Esse título possui fluxo de pagamento simples, quer dizer, o investidor faz a compra e recebe o valor de face na data de vencimento do título;
- Notas do Tesouro Nacional – Série F (NTN-F): título prefixado, mas, diferentemente das LTN, seu rendimento é recebido pelo investidor ao longo do investimento por meio de cupons (pagamentos) semestrais de juros e na data de vencimento do título, quando do resgate do valor de face e pagamento do último cupom;
- Notas do Tesouro Nacional – Série B – Principal (NTN-B Principal): título pós-fixado com rentabilidade vinculada à variação do IPCA, acrescida dos juros definidos no momento da compra. Assim, este título permite ao comprador proteger-se de flutuações do IPCA ao longo do investimento. A NTN-B Principal possui fluxo de pagamento simples, ou seja, o investidor faz a aplicação e resgata o valor de face na data de vencimento do título;
- Notas do Tesouro Nacional – Série B (NTN-B Principal): título com rentabilidade vinculada à variação do IPCA, acrescida dos juros definidos no momento da compra. Seu rendimento é recebido pelo investidor ao longo do investimento, por meio de cupons semestrais de juros e, na data de vencimento do título, quando do resgate do valor de face e pagamento do último cupom de juros;
- Letras Financeiras do Tesouro (LFT): título pós-fixado, cuja rentabilidade segue a variação da taxa Selic (taxa de juros básica da economia) e possui fluxo de pagamento simples, ou seja, o investidor faz a aplicação e recebe o valor de face na data de vencimento do título;

---

[5] Vide <http://www.tesouro.fazenda.gov.br/tesouro-direto>.

- Nota do Tesouro Nacional – Série C (NTN-C): título com rentabilidade vinculada à variação do IGP-M, acrescida de juros definidos no momento da compra. O rendimento da aplicação é recebido pelo investidor ao longo do investimento, por meio de cupons semestrais de juros e, na data de vencimento do título, quando do resgate do valor de face e pagamento do último cupom.

17.3.3 A senhoriagem

Há ainda uma terceira forma de o governo obter recursos para custear seus gastos e os investimentos públicos. Trata-se, contudo, de uma alternativa questionável, associada ao fato de o Banco Central ser monopolista na emissão de moeda doméstica.

Em muitos países, o Banco Central não é independente, mas sim, subordinado ao governo – no caso do Brasil, por exemplo, o presidente do Banco Central é indicado pelo presidente da República.[6] Isso abre espaço para que o Banco Central seja eventualmente levado a financiar parte dos gastos do governo via emissão de moeda. O Banco Central, por exemplo, pode conceder empréstimos ao governo direta ou indiretamente, via compra de títulos da dívida emitidos pelo próprio governo federal via Tesouro Nacional.

Na Ciência Econômica, define-se como **senhoriagem** o poder de compra obtido pelo governo via emissão de moeda. Esse termo tem origem na Idade Média, quando os senhores feudais, para obter o direito de cunhar moeda em seu feudo, deviam pagar certo valor ao seu suserano ou ao rei. Quando a senhoriagem é muito elevada, ou seja, quando a expansão de moeda por parte do Banco Central visando gerar recursos para o governo é muito alta, pode ocorrer o chamado **imposto inflacionário**, que é a perda do poder de compra (causada pela inflação) que incide sobre os indivíduos que retêm moeda — de fato, um dos problemas causados pela inflação é que ela corrói o poder de compra dos agentes.[7] Assim, o financiamento dos gastos do governo via senhoriagem é indesejável, pois gera ao governo poder de compra e a eventual inflação causada pode trazer sérios prejuízos aos agentes.

De fato, em muitos países que passaram pela experiência de hiperinflação, a senhoriagem financiou gastos públicos. Entre outros motivos, é por isso que alguns economistas defendem a ideia de que o Banco Central deve ser independente, justamente para garantir que seu monopólio sobre a emissão de moeda não seja usado de forma oportunista pelo governo.

17.4 CONSIDERAÇÕES FINAIS

A discussão realizada neste capítulo permite entender um pouco melhor as dificuldades pelas quais os governos passam ao administrar o orçamento público. Visando melhorar a qualidade de vida dos agentes, é natural que os governos realizem gastos e investimentos públicos para fornecer serviços públicos de qualidade e melhorar as condições de infraestrutura da economia. Contudo, essas ações envolvem custos para os quais são necessários recursos que podem ser obtidos via impostos, endividamento público ou emissão de moeda. Conforme apontado, existem limites para cada uma dessas alternativas, ou seja, o governo deve gerir com bastante cautela seus gastos para garantir que existam recursos disponíveis para financiá-los.

---

[6] Ao rigor, a indicação do presidente do Bacen pelo Presidente da República não necessariamente implica em dependência do Bacen. Em diversos países, o Presidente da República indica o presidente do Bacen e o Congresso e/ou o Senado sancionam a indicação.

[7] Note, portanto, que a senhoriagem não necessariamente é igual ao imposto inflacionário. O imposto inflacionário ocorre normalmente em situações em que a oferta de moeda cresce à uma taxa superior ao crescimento da demanda por moeda.

QUESTÕES

1. Discuta o que são falhas de mercado e por que a existência do governo é importante para saná-las.
2. Do ponto de vista macroeconômico, por que políticas que elevem os gastos públicos são positivas para a economia? Qual o limite para este tipo de política?
3. Discuta os três instrumentos de financiamento dos gastos do governo.
4. Discuta por que os impostos indiretos tendem a ser mais onerosos para indivíduos de baixa renda do que para indivíduos de alta renda.
5. Discuta a diferença entre imposto direto e imposto indireto.
6. Discuta a diferença entre dívida pública e défice público.
7. Defina os conceitos de superávit primário, superávit nominal e superávit fiscal.
8. Discuta o efeito Oliveira-Tanzi.
9. Por que a emissão de títulos da dívida não é uma forma permanente de financiamento do défice do governo?
10. Defina o conceito de senhoriagem e o conceito de imposto inflacionário.

REFERÊNCIAS

BIDERMAN, C.; ARVATE, P. *Economia do setor público no Brasil*. Rio de Janeiro: Campus, 2005.

DORNBUSCH, R.; FISCHER, S.; STARTZ, R. *Macroeconomia*. 11. ed. Porto Alegre: Bookman-McGraw Hill, 2013.

MANKIW, N. G. *Macroeconomia*. 8. ed. São Paulo: LTC, 2015.

PAULANI, L. M.; BRAGA, M. B. *A nova contabilidade social*: uma introdução à macroeconomia. 4. ed. São Paulo: Saraiva, 2013.

ROSEN, H. S.; GAYER, T. *Finanças públicas*. 10. ed. Porto Alegre: Bookman-McGraw Hill, 2015.

VASCONCELLOS, M. A. S.; LOPES, L. M. *Manual de macroeconomia*. 3. ed. São Paulo: Atlas, 2008.

18 CONSIDERAÇÕES SOBRE O PROBLEMA DA INFLAÇÃO

Carlos Antonio Luque
Marco Antonio Sandoval de Vasconcellos

18.1 ■ INTRODUÇÃO

> **Inflação:** *aumento contínuo e generalizado no nível de preços.*

A **inflação** pode ser conceituada como um aumento contínuo e generalizado no nível de preços, ou seja, os movimentos inflacionários representam elevações em todos os bens produzidos pela economia e não meramente o aumento de um determinado preço. Outro aspecto fundamental refere-se ao fato de que o fenômeno inflacionário exige a elevação contínua dos preços durante determinado período, e não meramente uma elevação esporádica dos preços.

Uma vez que a inflação representa uma elevação dos preços monetários, ela significa que o valor real da moeda é depreciado pelo processo inflacionário. Assim, por definição, a inflação é um fenômeno monetário. Entretanto, como será visto adiante, isso não quer dizer que as políticas anti-inflacionárias passem simplesmente por um controle do estoque de moeda.

De início, pode-se dizer que a inflação representa um conflito distributivo existente na economia. Em outras palavras, a disputa dos diversos agentes econômicos pela distribuição da renda representa a questão básica no fenômeno inflacionário. Dada a diversidade de agentes econômicos existentes, o processo inflacionário pode estar acoplado a inúmeras facetas.

Um exemplo típico atenta ao desequilíbrio financeiro do setor público, que induz a uma elevação do estoque de moeda em taxas acima do crescimento do produto. No âmbito do conflito distributivo, seria possível representar esse tipo de inflação como decorrente de um conflito entre o setor privado e o setor público pela disputa da renda gerada pelo produto nacional. Nessa hipótese, caso o setor público reduza seus gastos e, assim, consiga evitar o acréscimo de moeda, o problema inflacionário pode ser controlado.

Entretanto, o processo inflacionário pode resultar de outros tipos de conflito distributivo. Um que parece muito importante, especialmente para o caso da economia brasileira, refere-se às relações entre salários e preços. Nesse caso, o problema estaria centrado em uma disputa pelo produto entre trabalhadores e empresários que tornariam instáveis as relações entre salários e preços.

Outra faceta ainda do processo inflacionário como representativo do conflito distributivo poderia ser a associação da economia nacional com a internacional. No caso dos choques externos, por exemplo, nas crises do petróleo dos anos 1970, ocorreu um conflito distributivo dessa natureza, que também pode dar origem a um processo inflacionário.

A partir do momento em que se configuram diversas facetas do processo inflacionário, percebe-se a dificuldade de eliminá-lo, especialmente nos países onde esse processo representa mais de um dos aspectos mencionados.

Efetivamente, não constitui tarefa simples sistematizar a análise do problema da inflação, devido à evidência de que as fontes de inflação costumam diferir em função das condições de cada país ou de cada época. Assim, o processo inflacionário em países mais pobres tem características diversas daquelas dos países desenvolvidos. Países com estruturas de mercado oligopolizadas apresentam um comportamento de preços distinto do de países com estruturas mais concorrenciais. As taxas de inflação também são afetadas pela forma de organização trabalhista de determinado país, isto é, pelo poder de barganha de seus sindicatos. Ainda mais, países com maior abertura ao comércio exterior tendem a "importar" e "exportar" inflação de forma mais acentuada que países com pequena participação no comércio internacional.

Além de diferirem entre os vários países, deve ser ressaltado que as fontes de inflação também podem ser distintas para um mesmo país, mas em diferentes épocas e estágios de desenvolvimento.

Tendo em mente essas considerações, haverá aqui a tentativa de sintetizar todos os aspectos mais relevantes que cercam o problema da inflação, seguindo a forma tradicional de análise, que classifica a inflação em função de seus fatores causais. Desse modo, distinguem-se a inflação causada por elevações de custo e a inflação provocada por pressões de demanda agregada. Muitos consideram essa distinção apenas didática, mas ela é importante, porque vai, em grande parte, determinar a terapia mais adequada contra a inflação. Antes, porém, cabe destacar as principais distorções provocadas por elevadas taxas de inflação.

18.2 ■ AS DISTORÇÕES PROVOCADAS POR ALTAS TAXAS DE INFLAÇÃO

O processo inflacionário, especialmente aquele caracterizado por elevadas taxas e particularmente por taxas que oscilam, tem sua previsibilidade dificultada por parte dos agentes econômicos e promove profundas distorções na estrutura produtiva. Diante de tais questões, os principais efeitos provocados por esse fenômeno são apontados a seguir.

18.2.1 Efeito sobre a distribuição de renda

A distorção mais séria provocada pela inflação diz respeito à redução relativa do poder aquisitivo das classes que dependem de rendimentos fixos, os quais possuem prazos legais de reajuste. Nesse caso, estão os assalariados que, com o passar do tempo, vão ficando com seus orçamentos cada vez mais reduzidos, até a chegada de um novo reajuste. A classe trabalhadora é, sem dúvida, a que mais perde com a elevação das taxas de inflação, principalmente os trabalhadores de baixa renda, que não têm condições de se proteger, por exemplo, com aplicações financeiras, visto consumirem praticamente a totalidade de sua renda.

Os proprietários que auferem renda de aluguel também têm uma perda de rendimento real ao longo do processo inflacionário, mas são compensados pela valorização de seus imóveis, que costuma caminhar à frente das taxas de inflação. Nessa categoria também estão os capitalistas, que têm mais condições de repassar os aumentos de custos provocados pela inflação, procurando garantir a manutenção de seus lucros.

Por essas razões, costuma-se afirmar que **a inflação é um imposto sobre o pobre**.

18.2.2 Efeito sobre a balança de pagamentos

Elevadas taxas de inflação, em níveis superiores ao aumento de preços internacionais, encarecem o produto nacional em relação ao produzido externamente. Assim, tendem a provocar um estímulo às importações e desestímulo às exportações, diminuindo o saldo da balança comercial (exportações menos importações). Esse fato costuma, inclusive, provocar um verdadeiro círculo vicioso caso o país esteja enfrentando défice cambial. Nessas condições, as autoridades, na tentativa de minimizar o défice, são obrigadas a lançar mão de desvalorizações cambiais, as quais, depreciando a moeda nacional, podem estimular a colocação de produtos no exterior e, ao mesmo tempo, desestimular as importações.[1] Entretanto, as importações essenciais, das quais muitos países não podem prescindir, como petróleo, fertilizantes, equipamentos sem similar nacional, tornar-se-ão inevitavelmente mais caras, pressionando os custos de produção dos setores que se utilizam mais largamente de produtos importados. O círculo se fecha com uma nova elevação de preços, provocada pelo repasse do aumento de custos aos preços dos produtos.

18.2.3 Efeito sobre o mercado de capitais

Tendo em vista o fato de que, em um processo inflacionário intenso, o valor da moeda se deteriora rapidamente, ocorre um desestímulo à aplicação de recursos no mercado de capitais financeiros. As aplicações em poupança e títulos devem sofrer uma retração. Por seu turno, a inflação estimula a aplicação de recursos em bens de raiz, como terras e imóveis, que costumam se valorizar.

No Brasil, essa distorção foi bastante minimizada pela instituição do mecanismo da **correção monetária**, pelo qual alguns papéis, como os títulos públicos, as cadernetas de poupança e os títulos privados passaram a ser reajustados (ou indexados) por índices que refletem aproximadamente o crescimento da inflação. Em épocas de aceleração da inflação, isso contribui para um verdadeiro desvio de recursos de investimentos no setor produtivo, para aplicação no mercado financeiro.

Correção monetária: *mecanismo pelo qual alguns papéis passaram a ser reajustados (ou indexados) por índices que refletem aproximadamente o crescimento da inflação.*

18.2.4 Outros efeitos

Outra distorção provocada por elevadas taxas de inflação prende-se à formação das expectativas sobre o futuro. Particularmente, o setor empresarial é bastante sensível a esse tipo de situação, dada a relativa instabilidade e imprevisibilidade de seus lucros. O empresário fica em um compasso de espera enquanto a conjuntura inflacionária perdurar e dificilmente tomará iniciativas no sentido de aumentar seus investimentos na expansão da capacidade produtiva. Assim, a própria capacidade de produção futura e, consequentemente, o nível de emprego podem ser afetados pelo processo inflacionário.

Nas etapas iniciais do processo inflacionário, todos os que contraíram dívidas líquidas ganham com a inflação, justamente porque não incorporam nenhuma expectativa inflacionária. Nesse caso, o credor é quem perde, recebendo a quantia emprestada reduzida pela inflação e, por isso mesmo, perde não só as taxas normais, mas também a renda que teria se houvesse aplicado seu dinheiro em outras alternativas mais rentáveis de investimento.

Ainda que alguns possam ganhar com a inflação a curto prazo, pode-se dizer que, a longo prazo, poucos ou quase ninguém ganha com ela, porque seu processo, funcionando como um rolo compressor, desarticula todo o sistema econômico.

---

[1] A respeito das relações entre taxas de câmbio, inflação e balança de pagamentos, consulte o Capítulo 23.

Embora os trabalhadores sejam os maiores prejudicados, as perdas salariais farão com que os empresários também percam, porque venderão menos. O governo também pode ter perda, que, com as quedas de renda dos trabalhadores e das vendas, terá a arrecadação de impostos reduzida.

Uma vez discutidas as distorções provocadas por elevadas taxas de inflação, cabe analisar mais detidamente os fatores que a provocam.

18.3 ■ CAUSAS CLÁSSICAS DE INFLAÇÃO

A inflação representa um conflito distributivo pela repartição do produto. Tradicionalmente, a literatura econômica consagrou duas correntes básicas: a inflação provocada pelo excesso de demanda agregada sobre a oferta agregada (inflação de demanda) e a inflação causada por elevações de custos (inflação de custos ou inflação de oferta).

Nesse aspecto, pode-se afirmar que, em sua maioria, os estudos que enfatizam a inflação de demanda privilegiam o aspecto do conflito distributivo entre o setor público e o setor privado. Admite-se que os défices do governo, ao exigirem seu financiamento por meio da emissão de moeda, originam o fenômeno inflacionário. Por sua vez, os analistas que privilegiam a inflação de custos acabam por considerar os aspectos relacionados ao conflito distributivo associados à elevação de algum preço em particular, importante no processo produtivo (por exemplo, petróleo), ou às relações entre salários e preços.

18.3.1 Inflação de demanda

A **inflação de demanda**, considerada o tipo mais "clássico" de inflação, diz respeito ao excesso de demanda agregada, em relação à produção disponível de bens e serviços.[2] Intuitivamente, ela pode ser entendida como dinheiro demais em busca de poucos bens. Parece claro que a probabilidade de inflação de demanda aumenta quanto mais a economia estiver próxima de um ponto de pleno emprego de recursos, ou seja, de seu produto potencial.[3]

Inflação de demanda: *refere-se ao excesso de demanda agregada em relação à produção disponível.*

Afinal, se houver desemprego em larga escala na economia, é de se esperar que um aumento da demanda agregada deva corresponder a um aumento na produção agregada de bens e serviços, pela maior utilização de recursos antes desempregados, sem que necessariamente ocorra um aumento generalizado de preços. Quanto mais próximo do pleno emprego, reduz-se a possibilidade de uma expansão rápida da produção, e a repercussão maior deve se dar sobre os preços.

Como esse tipo de inflação está associado ao excesso de demanda agregada e tendo em vista que, a curto prazo, a demanda é mais sensível a alterações de política econômica que a oferta agregada (cujos ajustes normalmente acontecem a prazos relativamente longos), a política preconizada para combatê-la assenta-se em instrumentos que provoquem uma redução da demanda agregada por bens e serviços. O governo pode agir tanto direta como indiretamente para reduzir o processo de inflação de demanda. Já a atuação direta ocorre pela redução dos próprios gastos do governo.

---

[2] A definição mais rigorosa pressupõe que a inflação de demanda ocorreria apenas com pleno emprego de recursos, quando a economia atinge seu produto potencial. Entretanto, pode também ocorrer com desemprego de recursos, já que sempre existirão setores da atividade que atingem o pleno emprego antes de outros. Aumentos adicionais da demanda agregada causariam aumentos de preços nas firmas que estivessem operando com plena capacidade. Se fossem fornecedoras de bens intermediários para outras firmas, provocariam aumentos nos custos de produção nas firmas que utilizam esses bens. Assim, a inflação de demanda pode ocorrer mesmo que a plena capacidade no agregado não tenha sido atingida.

[3] O **produto potencial** refere-se à situação em que a Economia está em equilíbrio de pleno emprego, quando a demanda agregada iguala-se à oferta agregada, sem causar pressão sobre a taxa de inflação.

Evidentemente, a redução dos gastos do "principal comprador" de bens e serviços tem um efeito imediato e eficaz sobre a demanda agregada. A atuação indireta do governo ocorre por políticas que desencorajam o consumo e o investimento privado. Por exemplo, pode implementar uma política monetária que procure restringir a quantidade de moeda e de crédito, ou, então, uma política fiscal que provoque um aumento da carga tributária, tanto sobre bens de consumo como sobre bens de capital.[4]

18.3.2 Inflação de custos

A inflação de custos pode ser associada a uma inflação tipicamente de oferta. O nível de demanda permanece praticamente o mesmo, mas os custos de certos insumos importantes aumentam e são repassados aos preços dos produtos.

A sua natureza geral é a seguinte: o preço de um bem ou serviço tende a relacionar-se bastante com seus custos de produção. Se estes sobem, mais cedo ou mais tarde, o preço do bem provavelmente subirá. Uma razão frequente para a elevação de custos são os aumentos salariais. O aumento das taxas de salários, entretanto, não necessariamente significa que os custos unitários de produção de um bem subiram. Se a produtividade da mão de obra empregada aumenta na mesma proporção dos salários, os custos por unidade de produto não são afetados. Por exemplo, se os salários aumentam em 10% e a produção por trabalhador cresce na mesma proporção, não há razão para se elevarem os preços, pois os custos salariais, por unidade de produto, permaneceram os mesmos.

Por sua vez, se sindicatos com maior poder de barganha são capazes de forçar um aumento de salários a níveis acima dos índices de produtividade, os custos de produção de bens e serviços aumentam. Se os preços dos produtos finais seguem os custos de produção, resulta uma inflação impulsionada pelos custos de produção (no caso, pelo aumento de salários).[5]

A inflação de custos também está associada ao fato de algumas firmas, com elevado poder de monopólio ou oligopólio, terem condições de elevar seus lucros acima do aumento dos custos de produção. Nesse sentido, a inflação de custos também é conhecida como **inflação de lucros**.

A **estagflação** ocorre quando se tem paralelamente taxas significativas de inflação e recessão econômica com desemprego. Isso pode ser devido ao fato de, em períodos de queda de atividade produtiva, as firmas com poder oligopolista terem condições de manter suas margens de lucros sobre custos (ou **mark-up**) ao aumentarem o preço de seus produtos finais. O nível de produto e de emprego está caindo e, mesmo assim, os preços estão subindo. Muitos economistas acreditam que o fenômeno da estagflação esteja mais associado a uma inflação de lucros.

Uma distinção necessária, quando se trata de analisar a **inflação de custos**, é separar a **inflação de custos induzida** pela inflação de demanda da **inflação de custos autônoma**. A inflação de custos induzida ocorre da seguinte maneira: uma inflação de demanda leva a um aumento do lucro das firmas, nominalmente. Esse aumento de

---

Estagflação: *estagnação econômica com inflação.*

Mark-up: *margem da receita de vendas (faturamento) sobre os custos diretos de produção.*

Inflação de custos: *provocada por aumentos de custos, diminuindo a oferta agregada.*

Inflação de custos induzida: *aumento de custos, devido ao aumento dos salários, que, em última instância, foi induzido pela inflação de demanda preexistente.*

Inflação de custos autônoma: *aumento de preços devido a pressões autônomas, causadas por alguns grupos econômicos, como sindicatos e firmas oligopolistas.*

---

[4] Para mais detalhes sobre alternativas de política monetária e fiscal, consulte os Capítulos 15 e 16 deste livro.
[5] O termo **reajuste salarial** denota tratar-se de uma recomposição do poder aquisitivo perdido com a inflação anterior. Nesse sentido, o aumento de salários é consequência, e não causa, da inflação (a menos que o reajuste salarial supere os índices de produtividade). Agora, se o diagnóstico for de inflação de demanda, mesmo que os reajustes apenas recomponham o poder aquisitivo dos assalariados, o combate a essa inflação torna-se um pouco mais complexo, já que, por ocasião dos reajustes, a demanda agregada deve novamente se elevar e, provavelmente, realimentar os índices de inflação, gerando uma corrida entre preços e salários (a não ser que a política anti-inflacionária procure concentrar-se na diminuição da demanda de outros agentes econômicos, por exemplo, reduzindo lucros e/ou gastos públicos).

lucros pode estimulá-las a aumentar sua produção e, consequentemente, a demanda por mão de obra. Entretanto, se a mão de obra estiver quase completamente empregada (o que é muito provável, quando se observa uma inflação de demanda), deve ocorrer uma concorrência entre firmas pela mão de obra escassa, redundando em um aumento dos salários oferecidos aos trabalhadores. Portanto, o aumento de custos, devido ao aumento dos salários, foi, em última instância, induzido pela inflação de demanda preexistente.

Porém, o que caracteriza, na realidade, o termo inflação de custos é o aumento de preços devido a pressões autônomas, causadas pela circunstância de alguns grupos econômicos, como sindicatos e firmas oligopolistas com suficiente poder de barganha para forçar aumentos de sua participação na renda nacional ou, então, por choques de oferta associados a aumentos de preços de matérias-primas (como petróleo e derivados) e de produtos agrícolas.

Um dilema de política econômica, que aparece associado ao fenômeno da inflação de custos, é que as autoridades podem ser obrigadas a sancionar novas elevações de preços para impedir uma queda do nível de atividade econômica. Foi visto que a inflação de custos está ligada a uma insuficiência de produção agregada, isto é, a uma produção abaixo do nível potencial de pleno emprego de recursos. Se as autoridades têm como meta manter um nível de máximo emprego possível, isso só pode ser feito por meio de um estímulo à demanda agregada, seja via política monetária, seja via política fiscal, evitando-se que o mercado absorva os aumentos de preços por intermédio de uma diminuição das compras, com uma consequente queda de produção e de emprego. Contudo, estará provocando novos aumentos de preços (agora uma inflação de demanda), sem que se tenham debelado as causas autônomas de elevações de custos. Tudo se passa como se as autoridades "validassem" a inflação de custos. Foi, aliás, a estratégia adotada pelo Brasil, após a primeira crise do petróleo, em 1974, quando o governo optou por uma política de continuação do crescimento econômico (via investimentos na substituição de importações na área de energia e insumos básicos), em vez de uma política de contenção, adotada na maior parte dos países. Essa situação é ilustrada pelo Gráfico 18.1.

GRÁFICO 18.1

Situação em que o governo sanciona uma inflação de custos aumentando a demanda agregada

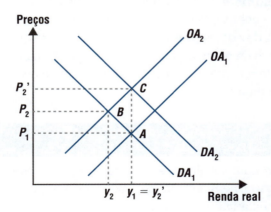

Com a inflação de custos, a oferta agregada diminui de OA_1 para OA_2. Se o governo opta por uma política anti-inflacionária, a economia será mantida no ponto B, com o custo de um desemprego representado pela diferença entre y_1 e y_2. Agora, se a opção do governo for a de manter o emprego, necessariamente terá de ser implementada uma política expansionista, que deslocará a demanda agregada de DA_1 para DA_2, restabelecendo o nível de renda e emprego anterior, e a economia ficará em uma situação semelhante ao ponto C, correspondente ao nível de renda y'_2, e com um custo representado pelo aumento no nível de preços de P_1 para P'_2. Assim, a política será de tal forma a "sancionar" o surto inflacionário.

Evidentemente, no plano teórico, a solução ideal seria expandir a oferta agregada, que permitiria paralelamente elevar o emprego e diminuir a inflação. Porém, sabe-se que na prática isso normalmente não é possível de ocorrer a curto prazo, já que a oferta agregada reage mais lentamente a estímulos de política econômica, principalmente quando a economia está operando perto de seu produto potencial.

A inflação de custos normalmente está associada aos chamados **choques de oferta** (aumento dos preços das matérias-primas, choques agrícolas etc.). Assim, por exemplo, nos anos 1970, a Organização dos Países Exportadores de Petróleo (OPEP) reduziu drasticamente a produção de petróleo, o que elevou consideravelmente seu preço no mercado internacional. Para os países importadores de petróleo, como o Brasil, o anterior significou um aumento importante dos custos de produção, o que terminou sendo repassado a preços. Além disso, o racionamento de combustível reduziu a produção agregada e o emprego, gerando estagflação.

As observações anteriores parecem suficientes para ilustrar as dificuldades envolvidas no combate a uma inflação tipicamente de custos. Normalmente, a política recomendada, nesse caso, é o controle direto de preços, o que pode ocorrer tanto por meio de uma política salarial mais rígida, pela maior fiscalização sobre os lucros auferidos pelos grupos oligopolistas, como pelo controle de preços dos produtos. Os controles de preços e salários são também chamados de "**política de rendas**", no sentido de que influem diretamente nas rendas, ou seja, nos salários, lucros, juros e aluguéis. A característica especial dessa política é que, nesses controles, os agentes econômicos ficam limitados para levar a cabo o que fariam em resposta a influências econômicas normais de mercado.

Política de rendas: tabelamentos e controles diretos de preços, salários, aluguéis etc. que afetam a distribuição de renda.

Não se recomenda, em um diagnóstico de inflação de custos, adotar uma **política monetária contracionista**. Como visto no Gráfico 18.1, tal política (aumento da taxa de juros, restrição de crédito) leva à redução da demanda agregada, compensando a elevação de preços devido às pressões de custos. Ocorre que a inflação de custos está associada à queda da oferta agregada e, consequentemente, a quedas da produção e do emprego. Uma política monetária contracionista acentuaria essas quedas, podendo levar à profunda recessão.

18.4 ■ OUTRAS CAUSAS: INFLAÇÃO INERCIAL, INFLAÇÃO DE EXPECTATIVAS E A CORRENTE ESTRUTURALISTA

Além dos fatores tradicionalmente considerados como os principais causadores do processo inflacionário, no Brasil tem-se associado esse processo também à inércia inflacionária e às expectativas de inflação futura.

A partir da década de 1970, especialmente porque em algumas economias proliferaram os mecanismos de indexação, surgiu outro termo denominado **inflação inercial**, que é um tipo de inflação de custos. Por inflação inercial, pode-se definir um padrão autorreprodutor das elevações de preços e salários.

Inflação inercial: decorrente dos reajustes de preços e salários, provocados pela indexação ou correção monetária.

Segundo a denominada **visão inercialista da inflação**, os mecanismos de **indexação** formal (contratos, aluguéis, salários) e informal (reajustes de preços no comércio, indústria, tarifas públicas) provocam a perpetuação das taxas de inflação anteriores, sempre repassadas aos preços correntes. Ademais, mesmo sem terem apresentado aumentos significativos de seus custos, muitos setores simplesmente elevam os preços de bens e serviços pela inflação geral do país, divulgada pelas instituições de pesquisa. Por essa razão, nos planos anti-inflacionários adotados após 1986 no Brasil, anteriores ao Plano Real, as autoridades adotaram o congelamento de preços e salários, para tentar eliminar a chamada **memória inflacionária**, ou seja, desindexar a economia.

A **inflação de expectativas** estaria associada aos aumentos de preços provocados pelas expectativas dos agentes de que a inflação futura cresça, assim, eles procuram resguardar suas margens de lucro. No Brasil, esse fator tem sido muito presente antes de mudanças de governo, com os empresários precavendo-se contra eventuais congelamentos de preços e salários – estratégia frequente nos planos pós-1986 (chamados de **choques heterodoxos**).

Na América Latina, a partir dos anos 1950, ganhou destaque uma corrente que pressupõe que a inflação no continente estaria associada estreitamente a tensões de custos, causadas por deficiências na estrutura econômica. É a **corrente estruturalista ou cepalina**, por ter sido originada na Comissão Econômica para a América Latina e Caribe (CEPAL), organismo da Organização das Nações Unidas (ONU), sediada no Chile. De acordo com essa corrente, a inflação seria explicada principalmente por **questões estruturais**, como estrutura agrária, estrutura oligopólica de mercado e estrutura do comércio internacional. A agricultura não responderia ao crescimento da demanda de alimentos, devido à exigência de latifúndios pouco preocupados com questões de produtividade (oferta de produtos agrícolas inelástica a estímulos de preços de mercado). Isso levaria ao aumento de preços dos alimentos. Por seu turno, grandes oligopólios têm condições de sempre manter suas margens de lucro, repassando todos os aumentos de custos a seus preços. Finalmente, a inflação seria provocada pelas desvalorizações cambiais que os países subdesenvolvidos são obrigados a promover, para compensar o défice crônico da balança comercial, gerado pela deterioração dos termos de troca no comércio internacional, contra países subdesenvolvidos, por exportarem produtos primários e importarem produtos manufaturados.

Assim, como destacado no início deste capítulo, depreende-se claramente que as causas da inflação estão associadas aos conflitos distributivos, ou seja, à tentativa de os agentes manterem ou aumentarem sua posição na distribuição do "bolo" econômico: empresários defendendo suas margens de lucro, trabalhadores tentando manter seus salários e governo mantendo sua parcela por meio de impostos, preços e tarifas públicas.

18.5 ■ POLÍTICA MONETÁRIA E INFLAÇÃO

São duas as principais estratégias de políticas monetárias adotadas para manter a inflação sob controle: o estabelecimento de Metas de Inflação, adotado no Brasil, ou o acompanhamento do chamado Núcleo da Inflação (Estados Unidos).

18.5.1 Sistema de metas de inflação

O sistema de **Metas de Inflação** (*inflation target*) refere-se à política monetária criada na Nova Zelândia, e empregada na Inglaterra, no Chile, e em outros países, em que se estabelece uma "âncora" nominal para orientar expectativas de mercado. São "bandas" fixadas para a inflação futura, controladas por meio da política monetária, principalmente taxa de juros.

No Brasil, esse sistema passou a ser adotado a partir de 1999. As Autoridades Monetárias fixam os limites de variação para os dois anos. Fixada a meta, o Banco Central, por meio do Comitê de Política Monetária (COPOM), em reuniões a cada 45 dias, controla a taxa de juros básica (SELIC) de acordo com as expectativas de mercado e anuncia a tendência ("viés") da taxa de juros até a próxima reunião, que pode ser de alta ("**viés de alta**"), de baixa ("**viés de baixa**") ou sem viés (ou "**viés neutro**"), significando que o Banco Central pode alterar a taxa de juros a qualquer momento, antes da realização da próxima reunião. O índice oficial utilizado para estabelecer a meta de inflação é o **Índice Nacional de Preços ao Consumidor Amplo (IPCA)**, elaborado pelo IBGE.

A Tabela 18.1 apresenta o comportamento da inflação, pelo IPCA, e as metas de inflação estabelecidas em cada ano.

TABELA 18.1
Comparação entre taxas de inflação e metas estabelecidas para o ano

Anos	Taxas de inflação (IPCA) (%)	Meta de inflação (%)	Teto da meta (%)	Governo
1999	8,94	8,0	10,0	FHC
2000	5,97	6,0	8,0	FHC
2001	7,67	4,0	6,0	FHC
2002	12,53	3,5	5,5	FHC
2003	9,30	4,0	6,5	Lula
2004	7,60	5,5	8,0	Lula
2005	5,69	4,5	7,0	Lula
2006	3,14	4,5	6,5	Lula
2007	4,46	4,5	6,5	Lula
2008	5,90	4,5	6,5	Lula
2009	4,31	4,5	6,5	Lula
2010	5,91	4,5	6,5	Lula
2011	6,50	4,5	6,5	Dilma
2012	5,84	4,5	6,5	Dilma
2013	5,91	4,5	6,5	Dilma
2014	6,41	4,5	6,5	Dilma
2015	10,67	4,5	6,5	Dilma

Fonte: <https://pt.wikipedia.org/wiki/Metas_de_inflação>.

Como se observa, de 2005 até 2015, a meta de inflação no Brasil tem sido fixada em 4,5%, com uma banda de 2% para cima (teto de 6,5%) e 2% para baixo (limite inferior). Para 2017, o centro da meta de inflação no Brasil continua sendo fixado em 4,5%, mas a banda foi alterada para 1,5% (teto de 6%).

18.5.1.1 Núcleo de inflação

Núcleo da inflação ("*core inflation*") é um índice de preços em que são expurgadas do índice geral as variações transitórias, sazonais ou acidentais, que não provocam pressões persistentes sobre os preços. As variações transitórias ou sazonais estão normalmente associadas aos choques de oferta, tais como escassez de energia, elevação de preços do petróleo, geadas, aumento de tarifas públicas etc., que, como visto, redundam em aumentos de custos de produção (inflação de custos).

Nos Estados Unidos, a política monetária, que consiste no controle da taxa de juros, baseia-se fundamentalmente nas variações do núcleo da inflação (em que são expurgados do índice de preços ao consumidor os preços de energia e de alimentos), e no acompanhamento do nível de emprego, que é um indicador do comportamento da oferta e demanda de mercado. Como, após cessado o período crítico, a produção e os preços tendem posteriormente a voltar aos níveis anteriores, o Banco Central, baseado na estimativa do núcleo da inflação, não deve alterar sua política monetária (por exemplo, elevando a taxa de juros com o objetivo de controlar a inflação). O Banco Central deve atuar apenas se o núcleo se alterar, o que só ocorrerá no caso de um excesso persistente de demanda agregada em relação à capacidade produtiva; ou seja, no caso de uma inflação de demanda.

18.6 ■ O PROCESSO INFLACIONÁRIO NO BRASIL

Pode-se afirmar, sem muita margem de erro, que a maior parte das fontes de inflação discutidas nos itens anteriores está, ou esteve presente, em alguma época no Brasil. Efetivamente, a inflação foi, durante muito tempo, um problema bastante característico da economia brasileira, em particular a partir da década de 1950. Isso pode ser ilustrado pela Tabela 18.2, na qual observam-se as taxas de inflação no Brasil desde 1948, medidas pelo índice geral de preços.[6]

Na década de 1950 e início dos anos 1960, apontava-se como principal fonte de inflação o défice do Tesouro. Basicamente, o fator principal era o elevado défice público, dada a necessidade de o governo suprir a infraestrutura adequada de transportes, energia, saneamento, entre outros, para fazer face ao desenvolvimento econômico acelerado a partir da segunda metade da década de 1950. Tendo-se em conta o baixo nível de renda *per capita*, diante da impossibilidade de o governo aumentar a carga tributária, optou-se pelas emissões de dinheiro. Essa foi uma típica inflação de demanda: quanto mais dinheiro corria na economia, maiores eram as compras, em um momento em que a economia ainda não estava preparada para produzir um volume correspondente ao do aumento de demanda.

Como visto anteriormente, alguns estudos (principalmente a corrente estruturalista) apontaram também, para a época, a existência de tensões de custo, provocadas por desvalorizações cambiais, atuação dos oligopólios etc. Porém, a causa principal era originada por pressões de demanda, provocadas principalmente pelos elevados défices públicos.

De 1964 a 1973, como é possível notar na Tabela 18.2, a inflação não foi debelada, mas perdeu a virulência. A política de combate caracterizou-se, em uma primeira fase

---

[6] Embora o índice oficial de inflação seja o Índice de Preços ao Consumidor Ampliado (IPCA) do IBGE, utiliza-se o Índice Geral de Preços-Disponibilidade Interna (IGP-DI), por tratar-se de uma série mais longa. Como será mostrado no capítulo seguinte, o IGP contém, entre seus componentes, preços por atacado, inclusive insumos importados (bens *tradables*); portanto, muito mais sensíveis às variações cambiais do que o IPCA, em que preponderam bens *no-tradables*, como aluguel, serviços médicos, educação etc., que sofrem menos os efeitos das oscilações da taxa de câmbio. Nesse sentido, em anos com fortes oscilações cambiais, as variações do IGP-DI superam as do IPCA.

Tratamento de choque: *política monetária, fiscal e salarial rígida para combater a inflação.*

Política gradualista: *combate à inflação por etapas planejadas.*

(1964-1966), por um tratamento que pode ser classificado como **tratamento de choque**, por meio de rígida política monetária, fiscal e salarial, enquanto, de 1967 a 1973, foi batizada como uma **política gradualista**, que correspondeu ao combate por etapas planejadas. A decisão por um tratamento gradual deveu-se à evidência de que países em desenvolvimento, como o Brasil, dificilmente podem suportar o custo social advindo de uma redução de crescimento e aumento de desemprego, que costumam resultar de uma política de tratamento de choque (o que, aliás, ocorreu na primeira fase de combate anti-inflacionário).

TABELA 18.2

Brasil: taxas anuais de inflação (dez./dez.) medidas pelo índice geral de preços, disponibilidade interna IGP – DI

Anos	Taxas de inflação (%)	Anos	Taxas de inflação
1945	11,11	1981	95,20
1946	22,22	1982	99,72
1947	2,73	1983	210,99
1948	7,96	1984	223,81
1949	12,30	1985	235,11
1950	12,41	1986	65,03
1951	12,34	1987	415,83
1952	12,72	1988	1.037,56
1953	20,51	1989	1.782,89
1954	25,86	1990	1.476,71
1955	12,15	1991	480,23
1956	24,55	1992	1.157,83
1957	6,96	1993	2.708,17
1958	24,39	1994	1.093,89
1959	39,43	1995	14,78
1960	30,47	1996	9,34
1961	47,78	1997	7,48
1962	51,60	1998	1,70
1963	79,92	1999	19,98
1964	92,12	2000	9,81
1965	34,24	2001	10,40
1966	39,12	2002	26,41
1967	25,01	2003	7,67
1968	25,49	2004	12,14
1969	19,31	2005	1,22
1970	19,26	2006	3,79
1971	19,47	2007	7,89
1972	15,72	2008	9,10
1973	15,54	2009	-1,43
1974	34,55	2010	11,30
1975	29,35	2011	5,00
1976	46,26	2012	8,10
1977	38,78	2013	5,52
1978	40,81	2014	3,78
1979	77,25	2015	10,70
1980	110,24		

Fonte: Revista Conjuntura Econômica (vários números), Fundação Getulio Vargas/Rio de Janeiro.

Em 1973, sobreveio a primeira crise do petróleo, com repercussões profundas sobre a economia mundial. Como pode ser observado na Tabela 18.2, daquela data até 1994, o Brasil apresentou, com raras exceções, taxas crescentes de inflação. Cada novo choque de preços conduzia a inflação a um patamar mais alto, para posterior acomodação em um novo nível. Além de dois choques do petróleo (em 1973/1974 e 1979), outros fatores relativamente independentes também foram responsáveis pela aceleração do processo inflacionário desde aquela data:

a) sucessivos choques agrícolas, principalmente em consequência de geadas (como ocorreu entre 1975 e 1977, com três safras sucessivas, ou, ainda, em fins de 1985), provocando aceleração dos preços na agricultura;

b) elevados gastos públicos com programas de substituição de importações na área de energia, aço, bens de capital e minerais não ferrosos, ocorridos na gestão Geisel.

Pelo alto grau de **indexação** da economia brasileira, as elevações de preços provocadas pelos fatores autônomos assinalados espalharam-se pela economia, trazendo novos aumentos e, assim, sucessivamente, caracterizando uma inflação inercial.

Indexação: *reajuste dos preços presentes pela inflação passada, podendo ser formal ou informal.*

A chamada **corrente inercialista** ou **heterodoxa** defendia a tese de que a inflação brasileira seria basicamente inercial, razão pela qual as políticas de controle monetário encetadas até 1985 não provocavam reduções da taxa de inflação. Consideravam que, desde que equacionada a questão do desequilíbrio do setor público, o processo inflacionário brasileiro só seria contido pela eliminação do mecanismo de indexação. Essa proposta estava por detrás do chamado **Plano Cruzado**, implantado em fevereiro de 1986. Esse plano, concebido à luz de um diagnóstico inercialista, apresentava como característica principal o congelamento de preços e salários.

Embora o diagnóstico do plano fosse relativamente correto na questão da inércia inflacionária, era equivocado quanto à suposição de que o défice público estava sob controle. Por outro lado, provocou ainda um aumento elevado da massa real de salários, o que representou uma pressão violenta de demanda, sem que fosse acompanhada pela expansão da oferta, uma vez que as firmas já estavam operando com plena capacidade. A manutenção do congelamento por um período relativamente longo, com essa pressão de demanda, provocou a formação de **ágios** e a "maquiagem" na qualidade dos produtos. O resultado foi uma explosão inflacionária após o descongelamento, em fins de 1986. Dessa forma, mesmo partindo de uma avaliação relativamente correta do processo inflacionário brasileiro, o plano falhou na sua gestão, provavelmente por relegar políticas ortodoxas de controle de demanda, em especial na questão do défice público.

Ágio: *adicional cobrado sobre um preço tabelado quando, a esse preço, a demanda supera a oferta.*

Outros planos, como o **Plano Bresser** e o **Plano Verão**, ainda durante o governo Sarney, e mais tarde o **Plano Collor**, também utilizaram o congelamento de preços e salários para tentar conter o processo inflacionário brasileiro.

Em 1994, no governo Itamar Franco, com Fernando Henrique Cardoso como ministro da Fazenda, implementou-se o **Plano Real**. Este, por sua vez, representou um avanço em relação aos planos anteriores, reconhecendo que as principais causas da inflação brasileira estavam no desequilíbrio do setor público e nos mecanismos de indexação.

Em uma primeira etapa, procurou-se equilibrar o orçamento público, de um lado, inicialmente, pela criação do Imposto Provisório sobre Movimentação Financeira (IPMF), que incidia sobre as transações bancárias, e, de outro, do Fundo Social de Emergência, que desvinculou as receitas federais das destinações para gastos específicos, posteriormente substituído pelo Fundo de Estabilização Fiscal e hoje pela Desvinculação de Receitas da União (DRU). Em uma segunda etapa, processou-se a quase total desindexação da economia pela mudança da moeda: passagem do cruzeiro real para a Unidade Real de Valor (URV) e, desta, para a nova unidade monetária, o Real, muito bem-sucedido. Foi mantido o imposto sobre movimentação financeira, que passou a denominar-se Contribuição Provisória sobre Movimentação Financeira (CPMF).

Voltando à Tabela 18.1, não restam dúvidas sobre o sucesso do Plano Real no controle da inflação. Em junho de 1994, a taxa de inflação chegou a cerca de 50% ao mês, com a previsão de que a inflação daquele ano ultrapassaria os 5.000%, ou seja, a taxa de inflação passou de quatro dígitos anuais e dois mensais, para um dígito anual.

Após a reforma monetária inicial, a política anti-inflacionária concentrou-se nas chamadas âncoras monetária e cambial. A **âncora monetária** consistiu no estabelecimento da taxa de juros e da taxa do compulsório sobre depósitos à vista relativamente elevadas, para controlar a demanda agregada. A **âncora cambial** consistiu na valorização do real associada ao regime de câmbio fixo. Ao tornar o real relativamente valorizado em relação às moedas estrangeiras, em particular ao dólar, as importações tornaram-se mais baratas e aumentou-se a concorrência com produtos produzidos brasileiros, ancorando-se os preços internos.

Âncora monetária:
estabelecimento da taxa de juros e da taxa do compulsório sobre depósitos à vista, relativamente elevados, para controlar a demanda agregada.

Âncora cambial:
valorização do real associada ao regime de câmbio fixo.

Essas âncoras permaneceram até janeiro de 1999, quando se estabeleceu um novo regime cambial de câmbio flutuante dentro da política de controle da inflação e a adoção de metas de inflação, estabelecendo-se uma banda (limites superior e inferior) para a inflação futura, em que o governo se compromete a cumpri-la pelo controle da taxa de juros, por meio do COPOM.

Além do sucesso no combate à inflação, o Plano Real proporcionou uma melhoria do padrão de vida dos trabalhadores de baixa renda, que eram os maiores prejudicados com a inflação elevada, já que só tinham condições de recuperar a perda de poder aquisitivo por ocasião dos dissídios, como apontado anteriormente.

Também permitiu um avanço nos índices de produtividade da economia brasileira em função de uma política cambial que levou a um aumento das importações. Nesse aspecto, deve-se considerar que a abertura comercial proporcionada no governo Collor de Mello contribuiu significativamente para esse resultado.

Embora a estratégia adotada fosse adequada, sabe-se que tudo em Economia tem um custo. O Plano Real, em particular a sua política de apreciação cambial (âncora cambial), representou um entrave às nossas exportações, ao mesmo tempo que estimulou as importações, ocasionando défices persistentes na balança comercial entre 1995 e 2000, o que aumentou a dependência de obtenção de recursos financeiros externos. Com as sucessivas crises financeiras do México em 1995, no Sudeste da Ásia em 1997, e na Rússia em 1998, a vulnerabilidade externa aumentou, obrigando uma elevação das taxas de juros internas, para defender-se dos ataques especulativos gerados por essas crises, e levando o Brasil a recorrer ao Fundo Monetário Internacional, em 1998.

Apesar desses problemas, a política de estabilização continuou sendo aprimorada, principalmente a partir do segundo mandato do Governo Fernando Henrique Cardoso. Além da adoção do câmbio flutuante e do sistema de metas de inflação, houve um grande avanço na política fiscal, primeiro com a obtenção de **superávits**

primários[7] (o chamado **tripé metas de inflação-câmbio flutuante-superávit primário**), e posteriormente com a criação da **Lei de Responsabilidade Fiscal** em 2000, que estabeleceu limites quantitativos para as despesas e o endividamento da União, dos Estados e Municípios.

Desde a criação do Plano Real, a única ocasião na qual a inflação saiu do controle foi em 2002, em função das eleições presidenciais. O favoritismo do candidato do Partido dos Trabalhadores, Luís Inácio Lula da Silva, provocou uma grande saída de recursos financeiros do país ("**corrida ao dólar**"), levando a uma forte desvalorização do real (dólar passou de cerca de $ 1,20 para quase $ 4). A consequência foi o aumento dos custos (em reais) dos produtos importados que foram repassados para os preços — o chamado *pass through*, ou **repasse cambial**. A taxa de inflação, medida pelo IGP-DI,[8] voltou a alcançar dois dígitos (26,41%). Temia-se que o novo governo implementasse as medidas radicais propostas pelo PT no congresso do partido em novembro de 2001, como moratória das dívidas interna e externa, reestatização de empresas públicas privatizadas no governo anterior (Telebrás, Embraer, Vale do Rio Doce etc.), o que poderia levar o país à grande instabilidade econômica e provável volta da inflação.

Porém, isso acabou não ocorrendo, pois o novo governo, tendo Antonio Palocci como Ministro da Fazenda e Henrique Meirelles como presidente do Banco Central, não alterou a política monetária e cambial do governo anterior, mantendo o tripé metas de inflação--câmbio flutuante-superávit primário, bem como a Lei de Responsabilidade Fiscal.

Assim, com a manutenção no governo Lula dos principais fundamentos de política econômica a partir do Plano Real, o Brasil conseguiu manter a inflação estabilizada, relativamente próxima do centro da meta de 4,5%, conforme mostrado na Tabela 18.1.

Na mesma tabela, revela-se que, no primeiro mandato do governo Dilma Roussef, a taxa de inflação oficial, pelo IPCA, ficou mais próxima do teto da meta, atingindo 6,41% em 2014, mas estourando o teto em 2015, no início do segundo mandato (10,67%). Em seu governo, o modelo do tripé macroeconômico, implantado a partir de 2009, foi substituído a partir de 2011 pela chamada **Nova Matriz Macroeconômica**, um modelo desenvolvimentista (heterodoxo), que consistiu em manter e ampliar as medidas de estímulo ao consumo da população, que já vinham sendo aplicadas desde 2009, como política anticíclica, face à crise do Banco Lehman Brothers em setembro de 2008. Essas medidas consistiram em aumento do crédito dos bancos públicos e aumento dos gastos públicos em programas sociais. Para estimular a produção, foram feitas desonerações tributárias e financiamentos do BNDES, o qual é focado principalmente para grandes empresas.

Ou seja, insistiu-se, com a Nova Matriz (também chamada de **Modelo de Consumo de Massa**), em manter uma política expansionista, mesmo diante de ter praticamente atingido o limite da capacidade produtiva e da absorção de mão de obra em 2010, quando a economia cresceu 7,5%. O setor produtivo (a oferta agregada) não acompanhou o crescimento da demanda, o que veio a trazer, além de pressão sobre as importações para atender ao consumo aquecido, a elevação das taxas de inflação.

Para manter a inflação dentro do teto da meta (6,5%), congelaram-se os preços dos combustíveis e reduziram-se as tarifas de energia, provocando uma crise sem precedentes nesses setores (petróleo, etanol e setor elétrico). Manteve-se ainda o câmbio

---

[7] Retirando-se do défice nominal ou total (variação da dívida pública em dado período) o total de juros da dívida pública, obtém-se o superávit primário. Por exemplo, se o défice nominal for 3% do PIB e os juros, 5%, o superávit primário será de 2% do PIB.
[8] A inflação oficial, medida pelo IPCA, pela primeira e única vez desde 1996, atingiu mais de um dígito (12,14%).

valorizado (âncora cambial), pressionando mais ainda as importações, o que levou ao desequilíbrio externo, culminando com o défice em conta-corrente em 2014, fato que não ocorria desde 2000.

Embora tenha conseguido, com dificuldade, manter a inflação dentro da meta até 2014, a política econômica expansionista, marcada pela elevação dos gastos públicos, desonerações tributárias mal planejadas, além de notórias manipulações fiscais (chamadas de "**contabilidade criativa**"), acabou provocando a perda de credibilidade do governo Dilma Roussef. Essa estratégia permitiu sua reeleição, mas provocou uma profunda desaceleração do nível de atividade, com o PIB de apenas 0,1% em 2014, queda de 3,8% em 2015, e perspectiva de nova queda superior a 3% em 2016. O Brasil mergulhou, então, talvez na pior crise econômica de sua história.[9]

18.7 ■ SUPLEMENTO, INFLAÇÃO E DESEMPREGO: A CURVA DE PHILLIPS

Como observado no Capítulo 15, até os anos 1950, o modelo macroeconômico tradicional apresentava uma dicotomia entre o comportamento da economia no pleno emprego e abaixo do pleno emprego. Abaixo do pleno emprego, seguia-se a tradição keynesiana de que os preços eram rígidos e que mudanças no sistema dadas exogenamente afetavam apenas as variáveis reais (emprego, produção). Por sua vez, no pleno emprego, as variáveis reais permaneciam inalteradas, e mudanças exógenas traduziam-se apenas em um movimento dos preços.

No entanto, a realidade não mostra uma dicotomia assim tão clara entre variações ou no preço ou na quantidade, observando-se, em geral, movimentos conjuntos das duas variáveis.

Uma luz importante nesse sentido, que procura resolver essa dicotomia, é a chamada **Curva de Phillips**, que mostra uma relação inversa (um *trade-off*) entre inflação e desemprego (Gráfico 18.2). Considerando que o nível de produto está diretamente relacionado ao nível de emprego, ou inversamente ao de desemprego, e sabendo que a inflação corresponde a um aumento no nível geral de preços, a Curva de Phillips fornece-nos um guia sobre o que se deve buscar em termos de modelo de oferta agregada. Caso a intenção seja ganhar mais produto (ou, nos termos da Curva de Phillips, reduzir o desemprego), é possível obtê-lo, mas, em troca, haverá também preços mais elevados (mais inflação). Pode-se expressar a curva de Phillips como se segue:

$$\pi = -\beta (\mu - \mu_N)$$

em que:

π = taxa de inflação;

β = elasticidade da inflação em relação aos desvios da taxa de desemprego efetiva;

μ_a = em relação à taxa natural de desemprego;

μ_N = isto é, a taxa de desemprego compatível com o pleno-emprego, provocada pela mobilidade normal da mão de obra.

---

[9] Pode superar a Grande Depressão provocada pelo *crack* da Bolsa de Nova Iorque, em 1929, em que o PIB caiu 1,1% em 1929, 2,1% em 1930 e 3,3% em 1931.

GRÁFICO 18.2
Curva de Phillips original

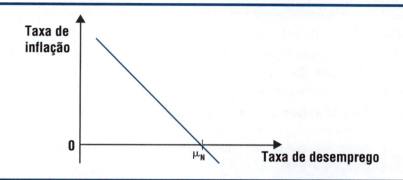

Note-se que, quando a taxa de desemprego for igual à taxa natural, a inflação será zero. A inflação será positiva se o desemprego estiver abaixo da taxa natural e será negativa (deflação) se o desemprego estiver acima.

Outra alteração trazida pela curva de Phillips é que a análise passa a ser considerada em termos de *taxas* (de inflação, desemprego), em vez dos *níveis* (preços, produto), como nos modelos vistos anteriormente.

No fim dos anos 1960, começaram a surgir trabalhos enfatizando o papel das expectativas dos agentes, principalmente sobre a inflação esperada. Contestou-se a estabilidade da curva de Phillips, alegando-se que, quando se tem inflação recorrente, os agentes passam a se antecipar à inflação, remarcando seus preços, sem alterar a produção (e, portanto, o emprego). Essa visão deu origem à **versão aceleracionista da curva de Phillips** (Gráfico 18.3), que pode ser expressa como se segue:

$$\pi = \pi^e - \beta(\mu - \mu_N)$$

em que:

π^e = taxa de inflação esperada.

GRÁFICO 18.3
Curva de Phillips: versão aceleracionista

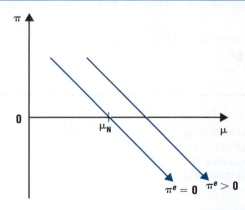

Portanto, a taxa de inflação em dado período depende de quanto os agentes esperam de inflação e do nível de atividade econômica, ou seja, pode ocorrer inflação simplesmente porque os agentes acreditam que haverá inflação no futuro. Isso significa que não existiria um *trade off* estático entre inflação e desemprego, como preconizado originalmente pela Curva de Phillips.

Com a introdução das expectativas, um ponto importante a ser discutido é como os indivíduos a formam. São duas as correntes principais: as chamadas expectativas adaptadas e as expectativas racionais.

De acordo com as **expectativas adaptadas** ou **adaptativas**, a inflação esperada para o próximo período é uma média ponderada da inflação observada nos últimos períodos. Uma implicação importante da hipótese das expectativas adaptativas sobre a análise da curva de Phillips é que a taxa de desemprego sempre tenderia à taxa natural, ou seja, os desvios decorrem de erros nas expectativas, e tenderiam a serem corrigidos. Assim, a **curva de Phillips de longo prazo** seria totalmente vertical, como mostra o Gráfico 18.4.

GRÁFICO 18.4

Curva de Phillips de longo prazo, com expectativas adaptadas

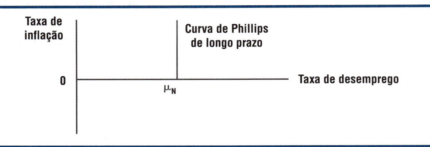

A escola das **expectativas racionais** considera que os agentes não olham somente o passado, mas também as informações disponíveis no presente. Para formar suas expectativas sobre a inflação futura, o indivíduo não incorre em erros sistemáticos, e aprende com os erros passados, incorporando essa informação a suas expectativas.

Uma implicação importante da hipótese das expectativas racionais sobre a análise da curva de Phillips é que a taxa de desemprego tenderia à taxa natural caso os agentes pudessem antecipar a política monetária. Caso contrário, a inflação continuaria a relacionar-se negativamente com a taxa de desemprego, que seria diferente da taxa natural. Em outras palavras, tem-se uma curva de Phillips típica para variações antecipadas da oferta monetária e uma completamente vertical para as variações não antecipadas da oferta monetária. Assim, há duas alternativas para a curva de Phillips, como mostra o Gráfico 18.5.

GRÁFICO 18.5

Curvas de Phillips com expectativas racionais

Com as mudanças ocorridas após a crise do petróleo, nos anos 1970, e o fenômeno da estagflação (inflação com desemprego), consolida-se a tendência iniciada anteriormente de evidenciar o papel das expectativas no comportamento dos agentes econômicos. Particularmente, a escola das expectativas racionais revoluciona a teoria macroeconômica, desenvolvendo a noção de que os agentes econômicos não cometem erros sistemáticos de previsão, pois têm condições de perceber o provável impacto das alterações de política macroeconômica.

QUESTÕES

1. Defina inflação, inflação de demanda e inflação de custos.
2. Explique resumidamente as distorções provocadas por altas taxas de inflação.
3. Aponte as causas da inflação brasileira, de acordo com as seguintes correntes:
   a) neoliberal;
   b) inercialista;
   c) estruturalista.
4. Explique qual o efeito provável de uma política de estabilização de preços sobre o grau de distribuição pessoal de renda.
5. Supondo uma economia com défice público relativamente elevado, se o governo emitir moeda para cobri-lo, o que deve ocorrer com as taxas de inflação?
6. a) Quais as principais causas de inflação de demanda?
   b) Quais medidas devem ser tomadas para controlar uma inflação de demanda?
7. a) Quais as principais causas de inflação de custos?
   b) O que vem a ser estagflação?
   c) Que medidas devem ser tomadas para controlar uma inflação de custo?
8. Discuta a Curva de Phillips:
   a) na versão original;
   b) na versão aceleracionista;
   c) supondo expectativas racionais.
9. Qual o diagnóstico do Plano Real para a inflação brasileira e quais as políticas adotadas para controlá-la?
10. Comente o que ocorreu com o aumento da taxa de inflação em 2002.

REFERÊNCIAS

DELFIM NETTO, A.; PASTORE, A. C.; CIPOLLARI, P.; CARVALHO, E. P. Alguns aspectos da inflação brasileira. *Estudos ANPES*, São Paulo, n. 1, 1965.

DORNBUSCH, R.; FISHER, S. *Macroeconomia*. 7. ed. Rio de Janeiro: McGraw-Hill, 1998.

FROYEN, R. T. *Macroeconomia*. São Paulo: Saraiva, 1999.

GAMBOA, U.R.; VASCONCELLOS, M.A.S.; TUROLLA, F. A. *Macroeconomia para gestão empresarial*. São Paulo: Saraiva, 2016.

PAULANI, L. M.; BOBIK, M. B. *A nova contabilidade social*. 4. ed. São Paulo: Saraiva, 2012.

REGO, J. M.; MARQUES, R. M. (Org.). *Economia brasileira*. 3. ed. São Paulo: Saraiva, 2008.

19 COMO MEDIR A INFLAÇÃO: OS NÚMEROS-ÍNDICES DE PREÇOS

Heron Carlos Esvael do Carmo

19.1 ■ INTRODUÇÃO

A convivência com a inflação é fato generalizado nas economias modernas. Mais que isso, processos inflacionários caracterizados por taxas de crescimento do nível de preços em torno de 2% a.a. são considerados objetivos desejáveis de política econômica. A inflação, no entanto, afeta cláusulas monetárias de contratos, tais como os contratos de trabalho, de locação imobiliária, de financiamento e aplicação financeira, por exemplo, o que leva à adoção da correção monetária baseada em índices de preços. No Brasil, devido à prolongada convivência com taxas de inflação muito elevadas, disseminou-se na legislação a utilização de critérios de indexação de contratos — a chamada correção monetária. Procede-se à correção monetária de contratos de vários tipos (de trabalho, de locação imobiliária, mobiliários, entre outros), utilizando-se indexadores que representam fatores de conversão de valores monetários entre diferentes momentos no tempo.

Isso remete ao problema da construção de indexadores adequados a cada aplicação, que é um dos objetos da teoria dos números-índices e serve de base para a construção de uma variável representativa da evolução de um agregado heterogêneo de produtos, serviços, insumos etc. em uma sequência de situações. A aplicação mais comum consiste no cálculo de números-índice de preços apresentados na forma de séries de tempo, ou seja, em uma sequência de períodos. Um número-índice de preço é tanto uma medida como uma estatística da variação relativa do "nível de preços" de um agregado de bens e serviços entre períodos de tempo. Se apenas um item é considerado, o resultado é unívoco, comporta uma única forma de interpretação. Contudo, se o agregado inclui itens, com variações diferentes, como é o caso de interesse prático, surge o que se denomina, no jargão econométrico, "problema dos números-índices".

Por exemplo, se for considerado apenas um produto completamente especificado, cujo preço entre dois períodos tenha passado de $ 1 para $ 1,20, é inequívoco que ocorreu elevação de 20% no preço do produto. No entanto, tratando-se de uma cesta de produtos composta, para simplificar, de dois itens, o artigo em questão e outro cujo preço tenha passado de $ 10 para $ 9, com queda de 10%, a única informação que se pode obter *a priori* é que a taxa de variação do nível de preços da cesta de consumo, composta dos dois bens, deve se situar entre as taxas dos itens, ou seja, entre os 20% da elevação e os 10% da queda. Este último caso desperta maior interesse, uma vez que mesmo produtos e serviços aparentemente homogêneos apresentam diferenças associadas às características de sua comercialização, por exemplo, a evolução de preços de um produto comercializado em supermercados pode diferir da evolução do mesmo produto comercializado em padarias. Em síntese, qualquer quociente de preços médios ou qualquer média de relativos de preços, entre dois períodos, pode servir de estimador do número-índice. A complexidade do problema fica evidente quando se considera que as alternativas para cálculo de médias são praticamente infinitas, sendo as mais conhecidas as médias aritmética, geométrica e harmônica simples ou ponderadas.

Em vista disso, além de outros problemas metodológicos, uma questão fundamental a resolver diz respeito à escolha das fórmulas elementares e agregativas para estimar o número-índice de preços em cada aplicação. Uma fórmula elementar corresponde a um tipo de média simples, ou seja, que utiliza informações referentes a apenas uma variável, no caso, o preço de uma determinada especificação de produto ou serviço, por exemplo, pão francês comercializado em padarias.

A seguir serão apresentadas as fórmulas elementares e agregativas mais utilizadas, tendo como referência o cálculo de indicadores de preços. No caso das fórmulas elementares, destacam-se as de Dutot, também conhecida como Índice Agregativo Simples; Carli; Jevons e Coggeshall. Entre as fórmulas agregativas, serão apresentadas as de Laspeyres, Paasche, Konüs-Byushgens e Fisher. Na descrição da metodologia dos principais indicadores, serão descritas as fórmulas utilizadas na prática, obtidas por meio de adaptações das fórmulas de referência.

19.1.1 Principais fórmulas elementares

Fórmula de Dutot ou Índice Agregativo Simples: relativo de médias aritméticas de preços dos períodos de referência (t) e base de cálculo ($t-1$).

$$D_{t-1,t} = \frac{n^{-1}\sum_{i=1}^{n} p_t^i}{n^{-1}\sum_{i=1}^{n} p_{t-1}^i} = \sum_{i=1}^{n} \frac{\left(\frac{p_t^i}{p_{t-1}^i}\right) \times p_{t-1}^i}{\sum_{i=1}^{n} p_{t-1}^i} = \sum_{i=1}^{n} \frac{\left(r_{t-1,t}^i\right) \times p_{t-1}^i}{\sum_{i=1}^{n} p_{t-1}^i}$$

Fórmula de Carli: média aritmética simples de relativos.

$$C_{t-1,t} = \frac{1}{n}\sum_{i=1}^{n}\left(\frac{p_t^i}{p_{t-1}^i}\right) = \frac{1}{n}\sum_{i=1}^{n}\left(r_{t-1,t}^i\right)$$

Fórmula de Jevons: média geométrica simples de relativos de preços.

$$J_{t-1,t} = \left[\prod_{i=1}^{n}\left(\frac{p_t^i}{p_{t-1}^i}\right)\right]^{1/n} = \left[\prod_{i=1}^{n}\left(r_{t-1,t}^i\right)\right]^{1/n}$$

Fórmula de Coggeshall: média harmônica simples de relativos de preços.

$$H_{t-1,t} = \frac{1}{\frac{1}{n}\sum_{i=1}^{n}\left(\frac{p_{t-1}^i}{p_t^i}\right)} = \frac{1}{\frac{1}{n}\sum_{i=1}^{n}\left(\frac{1}{r_{t-1,t}^i}\right)}$$

19.1.2 Principais fórmulas agregativas

Fórmula de Laspeyres: comparação entre dois orçamentos, um para cada período, em que apenas os preços dos subitens variam e as quantidades são as do período base de cálculo. Essa fórmula pode ser apresentada como uma média aritmética ponderada de relativos de preços.

$$L_{t-1,t} = \frac{p_t^1 \cdot q_{t-1}^1 + p_t^2 \cdot q_{t-1}^2 + \ldots + p_t^n \cdot q_{t-1}^n}{p_{t-1}^1 \cdot q_{t-1}^1 + p_{t-1}^2 \cdot q_{t-1}^2 + \ldots + p_{t-1}^n \cdot q_{t-1}^n} \text{ ou } L_{t-1} = \frac{\sum_{i=1}^{n} p_t^i \cdot q_{t-1}^i}{\sum_{i=1}^{n} p_{t-1}^i \cdot q_{t-1}^i}$$

Dividindo e multiplicando no numerador da expressão os preços de cada subitem no período t pelos preços no período $t-1$, o resultado corresponde a uma média aritmética ponderada de relativos de preços.

$$L_{t-1,t} = \frac{\sum_{i=1}^{n}\left(\frac{p_t^i}{p_{t-1}^i}\right) p_{t-1}^i \cdot q_{t-1}^i}{\sum_{i=1}^{n} p_{t-1}^i \cdot q_{t-1}^i} = L_{t-1,t} = \sum_{i=1}^{n} w_{t-1}^i \left(\frac{p_t^i}{p_{t-1}^i}\right) \text{ ou } L_{t-1,t} = \sum_{i=1}^{n} w_{t-1}^i \left(r_{t-1,t}^i\right)$$

Os pesos (w_{t-1}) correspondem à participação de cada item no orçamento do período base ($t-1$).

$$w_{t-1} = \frac{p_{t-1}^i \cdot q_{t-1}^i}{\sum_{i=1}^{n} p_{t-1}^i \cdot q_{t-1}^i}$$

Fórmula de Paasche: comparação entre dois orçamentos, um para cada período, em que apenas os preços dos subitens variam e as quantidades são as do período de referência. A fórmula de Paasche pode ser apresentada como uma média harmônica ponderada de relativos de preços.

$$P_{t-1,t} = \frac{p_t^1 \cdot q_t^1 + p_t^2 \cdot q_t^2 + \ldots + p_t^n \cdot q_t^n}{p_{t-1}^1 \cdot q_t^1 + p_{t-1}^2 \cdot q_t^2 + \ldots + p_{t-1}^n \cdot q_t^n} \text{ ou } P_{t-1,t} = \frac{\sum_{i=1}^{n} p_t^i \cdot q_t^i}{\sum_{i=1}^{n} p_{t-1}^i \cdot q_t^i}$$

Dividindo e multiplicando no denominador da expressão os preços de cada subitem no período $t-1$ pelos preços no período t, obtém-se como resultado uma média harmônica ponderada de relativos de preço.

$$P_{t-1,t} = \frac{\sum_{i=1}^{n} p_t^i \cdot q_t^i}{\sum_{i=1}^{n}\left(\frac{p_{t-1}^i}{p_t^i}\right) p_t^i \cdot q_t^i} \quad P_{t-1,t} = 1 / \sum_{i=1}^{n} w_t^i \left(\frac{p_{t-1}^i}{p_t^i}\right), \text{ ou seja, } P_{t-1,t} = 1 / \sum_{i=1}^{n} w_t^i \left(1 / r_{t-1,t}^i\right)$$

Neste caso, os pesos correspondem à participação de cada subitem no orçamento do período atual (t).

$$w_t = \frac{p_t^i \cdot q_t^i}{\sum_{i=1}^{n} p_t^i \cdot q_t^i}$$

Fórmula do Índice Geométrico ou Fórmula de Konüs-Byushgens: média geométrica ponderada dos relativos de preços. Como os pesos somam 1, tem-se:

$$KB_{t-1,t} = \prod_{i=1}^{n} \left(r_{t-1,t}^i\right)^{w_*^i}$$

Nessa fórmula, a estrutura de ponderações w_*^i pode referir-se à participação no orçamento do período atual (t), no orçamento do período base de cálculo ($t-1$) ou a um anterior ao período base de cálculo, a depender da aplicação e da base de dados sobre o agregado econômico representado.

Fórmula de Fisher: média geométrica das fórmulas de Laspeyres e Paasche.

$$F_{01} = \left(L_{t-1,t} \times p_{t-1,t}\right)^{1/2}$$

Nas fórmulas apresentadas:

$i = 1, 2, 3, ..., n$ indica os artigos e serviços (subitens) componentes do agregado para o qual se calcula o índice;

$p_t^1, p_t^2, ..., p_t^n$, são os preços dos n subitens no período de referência, t;

$p_{t-1}^1, p_{t-1}^2, ..., p_{t-1}^n$, são os preços dos n subitens no período base de cálculo, $t-1$;

$q_t^1, q_t^2, ..., q_t^n$, são as quantidades dos n subitens no período de referência, t;

$q_{t-1}^1, q_{t-1}^2, ..., q_{t-1}^n$, são as quantidades dos n subitens no período base de cálculo, $t-1$;

w_0^i, são as participações de cada subitem no orçamento do período 0, em geral anterior ao período da base de cálculo;

w_{t-1}^i, são as participações de cada subitem no orçamento do período base de cálculo, $t-1$;

w_t^i, são as participações de cada subitem no orçamento do período de referência, t;

$r_{t-1,t}^i$, são relativos de preços de subitens entre os períodos $t-1$ e t;

$\sum_{i=1}^{n}$, indica soma de termos do primeiro ao enésimo;

$\prod_{i=1}^{n}$, indica produto de termo do primeiro ao enésimo.

19.2 ■ TEORIA DOS NÚMEROS-ÍNDICE

Na literatura sobre o assunto há vários enfoques teóricos visando resolver o "problema dos números-índice", ou seja, como escolher o conjunto de fórmulas elementares e agregativas adequado a cada aplicação. Esses enfoques podem ser consolidados em três: o estatístico ou estocástico; o lógico-matemático ou axiomático e o da teoria econômica. Na prática, procedimentos fundamentados nessas três aproximações teóricas são utilizados de forma integrada. Isso possibilita interpretar um número-índice de preço como uma "medida com teoria", ou seja, como um método econométrico aplicado à construção de variáveis econômicas. A seguir, será apresentada uma síntese das três correntes teóricas citadas e, associado ao enfoque estatístico, o enfoque integrado (econométrico) que utiliza contribuições dessas três correntes e corresponde à elaboração prática de números-índice econômicos.

19.2.1 Enfoque estatístico

O enfoque estatístico foi proposto no século XIX por vários economistas neoclássicos que tinham como preocupação básica medir variações no nível geral de preços, no contexto da "teoria quantitativa da moeda". Esses economistas partiam da hipótese de que os fatores monetários explicavam uma variação proporcional do nível de preços, também denominada componente de tendência comum. Os desvios, em termos de variações de preços de cada bem ou serviço relativamente a esse componente de tendência comum, dependeriam de fatores aleatórios ou choques, representados por um termo aleatório. Essa concepção evoluiu para a especificação de modelos que relacionam as variações de preços de cada especificação de produto ou serviço, expressa como relativo de preços, a um componente de tendência e a um componente aleatório, com média zero e variância constante. Em desenvolvimentos recentes, propõe-se que o parâmetro de tendência comum possa ser estimado utilizando-se métodos econométricos, principalmente o Método dos Mínimos Quadrados, em suas várias versões: Mínimos Quadrados Ordinários para fórmulas elementares e Mínimos Quadrados Generalizados para fórmulas agregativas, em que é atribuída uma ponderação a cada componente do agregado. Um aspecto prático importante dessa corrente é que permite determinar intervalos de confiança para índices de preços.

19.2.2 Enfoque lógico-matemático ou axiomático

A corrente teórica conhecida como **enfoque lógico-matemático ou axiomático** foi sistematizada inicialmente por Irving Fisher em seu livro clássico *The making of index numbers*, publicado em 1922. Esse autor propôs um conjunto de testes lógicos, sempre válidos quando apenas um item é considerado e que, por extensão, deveriam ser atendidos por uma fórmula ideal. Quanto mais testes uma fórmula satisfizer, melhor seria considerada a fórmula. Esses testes são usualmente agregados em três categorias — a primeira compreende três testes que, no caso de índices de preços, são explicitados a seguir:

1. **Teste de Identidade:** se não houver alteração de preços entre dois períodos, o número-índice não deve apresentar variação.
2. **Teste de Proporcionalidade:** se todos os preços variarem em uma mesma proporção, o número-índice deverá registrar variação igual a esta proporção.
3. **Teste de Homogeneidade (mudança de unidade):** o número-índice deve ser invariante a qualquer mudança nas unidades monetárias ou físicas em que os itens são medidos.

A segunda categoria trata da propriedade transitiva em suas duas manifestações, como a seguir:

4. **Teste de Reversão Temporal:** o resultado de um número-índice apresentado na forma de relativo entre dois períodos s e t, tendo por base o período s, deve ser igual ao inverso do número-índice com base no período t.

5. **Teste Circular:** o número-índice entre quaisquer dois períodos de uma série deve ser independente de como os preços evoluíram, ao longo do tempo, nos períodos intermediários.

A última categoria requer que sejam considerados dois fatores: preço e quantidade.

6. **Teste de Reversão de Fatores ou Decomposição das Causas:** o produto de um número-índice de preços por um número-índice de quantidade, ambos expressos na forma de relativos, deve ser igual ao número-índice representativo da variação de valor.

Além dos testes apresentados, alguns autores propuseram outro teste:

7. **Teste de Determinação:** o número-índice não pode tornar-se nulo, infinito ou indeterminado.

Fisher (1922) fez um levantamento exaustivo das fórmulas então conhecidas, além de propor novas fórmulas, chegando a discutir mais de 100 diferentes e não encontrando nenhuma que satisfizesse a todos. Estabeleceu um *ranking* das fórmulas discutidas, conforme o "viés" que apresentavam, relativamente à fórmula proposta por ele.

Vários economistas têm analisado a questão da consistência dos testes, havendo consenso que são inconsistentes quando a mesma fórmula é considerada. Os mais restritivos são os de reversão de fatores e o circular. No entanto, esses testes podem ser contornados ao permitir, no primeiro caso, a adoção de fórmulas diferentes para índices de preços e quantidades e, no segundo, utilizando-se o conceito de índice encadeado concebido por Alfred Marshall e para o qual existe uma formalização de muito interesse teórico e empírico, o "índice integral de Divisia", proposto pelo economista francês François Divisia. As provas de Fisher são o referencial de uma linha teórica segundo a qual a escolha da fórmula deve se basear em um conjunto de axiomas que os fatores — preço, quantidade, valor — devem atender.

19.2.3 Enfoque da teoria econômica

Essa corrente teórica considera que preços e quantidades não são determinados independentemente uns dos outros, mas sim em um sistema de relações definidas com base na teoria econômica: teoria do consumidor; teoria de produção e custos etc. Assim, as fórmulas devem ser determinadas com fundamento no referencial teórico pertinente, tomando por base o esquema de escolha racional dos vários agentes no agregado para o qual se deseja medir números-índice de preços ou quantidades, entre duas situações — de tempo, local, especificidade etc.

Na literatura sobre números-índice, tem merecido destaque a busca de correspondências entre especificações de funções agregativas e fórmulas. Uma fórmula é "exata" quando é consistente com uma particular função agregativa, como é o caso da fórmula de Laspeyres e de funções de produção a proporções fixas — funções de produção de Leontief. Um conceito de muito interesse prático é o de **fórmula de número-índice superlativa**, que é o caso da fórmula de Fisher. Essas fórmulas geram estimativas de índices com menor viés, mesmo quando não se conhece exatamente a especificação funcional do agregado, mas apenas algumas de suas propriedades.

Assim, tende a modificar-se a concepção, bastante difundida, de que o uso de números-índice tem como limitação o fato de as fórmulas utilizadas na elaboração prática serem compatíveis com especificações funcionais muito restritivas. Outra vantagem de fórmulas superlativas diz respeito à questão da consistência na agregação. Um índice é considerado consistente na agregação se o valor do índice calculado em dois ou mais estágios coincidir com o valor do índice calculado em um único estágio. Mesmo nos casos em que uma fórmula "superlativa" não atende essa propriedade, resultados teóricos mostram que fórmulas superlativas são aproximadamente consistentes na agregação.

Ao considerar algumas fórmulas como superlativas, e diante das evidências tanto teóricas como empíricas de que fórmulas superlativas apresentam resultados próximos entre si, diferenças de resultados das fórmulas mais utilizadas na prática, como as Laspeyres e Konüs-Byushgens (média geométrica ponderada de relativos), relativamente às fórmulas superlativas, podem ser consideradas medidas de vieses. No caso de Índices de Preços ao Consumidor (IPCs), em conjunturas inflacionárias, a tendência é que as fórmulas de Laspeyres apresentem viés positivo e as fórmulas de Konüs-Byushgens, viés negativo, mas de menor magnitude relativamente a "índices superlativos".

19.2.4 Aplicação da teoria dos números-índice na elaboração de índices de preços

A ampliação do leque de aplicações de números-índice econômicos tem correspondido a um esforço teórico de integração entre os três principais enfoques teóricos que deram origem ao enfoque econométrico para números-índices, principalmente no caso de IPCs. O cálculo de um número-índice envolve, em uma etapa inicial, a especificação do modelo e a escolha da fórmula com base na teoria econômica. O passo seguinte corresponde à estimação do número-índice aplicando-se a fórmula já definida ao conjunto de dados disponíveis, considerados os procedimentos de coleta e cálculo. A seguir, são obtidas estimativas do erro amostral do índice e estatísticas sobre a distribuição de relativos de preços.

Do ponto de vista prático, a primeira etapa na construção de um número-índice consiste na definição da finalidade do indicador, por exemplo, medir a inflação percebida pelos consumidores. A isso se segue a formulação de hipótese sobre a especificação da relação econômica relevante, função utilidade do consumidor. Uma vez definida, o passo seguinte consiste na escolha da fórmula agregativa mais adequada, que pode ser uma fórmula exata para a especificação funcional da função utilidade ou, quando isso não for possível, uma fórmula superlativa. Devido a limitações do processo de coleta de preços, entre outras, na prática, são feitos ajustes nas fórmulas definidas teoricamente para tornar sua aplicação factível.

Uma vez escolhida a fórmula mais adequada, o passo seguinte consiste na elaboração da estrutura de ponderações, ou seja, na determinação do conjunto de pesos atribuídos a cada produto, subitem, item, subgrupo e grupo de produtos. A estrutura de ponderações é determinada com base em pesquisas específicas, tais como as pesquisas de orçamentos familiares (POFs) para os índices de preços ao consumidor, dados de contabilidade nacional para a obtenção de pesos em índices de preços por atacado e relações técnicas de construção de habitações, quando se trata de índices de custo de construção.

Uma vez determinada a estrutura de ponderações, são selecionadas as amostras de especificações de produtos e serviços e o painel de estabelecimentos em que serão coletados de modo rotineiro seus preços. Recorre-se, nesses casos, a amostras, devido à inviabilidade de pesquisar todas as especificações de produtos no universo estatístico dos estabelecimentos prestadores de serviços e fornecedores de produtos. A última etapa do processo é a elaboração da metodologia de cálculo de subíndices e índices, a qual inclui métodos de análise da consistência dos dados coletados e a definição dos procedimentos de cálculo de elementares de relativos de preços de produtos e serviços e agregativos para os estágios subsequentes de classificação, até chegar ao índice geral.

Observando as fórmulas agregativas anteriormente apresentadas, constata-se que dependem de informações atualizadas de preços e quantidades. Isso, em geral, não é viável no caso de IPCs, por exemplo, em que é possível coletar correntemente preços das especificações de produtos e serviços da cesta de consumo, de uma unidade de consumo representativa, mas não os dados de dispêndio. A estrutura de gastos é determinada em período passado com base em POFs. Para contornar essa dificuldade, a alternativa é aplicar adaptações, como a fórmula de Laspeyres proposta pelo *Bureau of Labor Statistics* (BLS), também denominada de Laspeyres **encadeada de base móvel**. Na mesma linha, foram desenvolvidas adaptações para as fórmulas de Paasche e Konüs-Byushgens, que serão apresentadas, a seguir, na forma de promédios ponderados, aplicados ao cálculo de números-índices de preços.

■ **Laspeyres modificada:**

$$I_{t-1,t} = L_{t-1,t} = \sum_{i=1}^{n} w_{t-1}^{i} \cdot r_{t-1,t}^{i}$$

Na fórmula de Laspeyres modificada, a ponderação de cada subitem é modificada a cada período de acordo com a fórmula:

$$w_{t-1}^{i} = w_{0}^{i}\left(\frac{r_{0,t-1}^{i}}{I_{0,t-1}}\right)$$

■ **Paasche modificada:**

$$P_{t-1,t} = 1 / \sum_{i=1}^{n} w_{m}^{i}\left(1 / r_{t-1,t}^{i}\right)$$

Na fórmula de Paasche modificada, é atribuído um peso diferente a cada mês (m) do ano, considerando o padrão da sazonalidade de itens.

■ **Konüs-Byushgens modificada ou índice geométrico:**

$$I_{t-1,t} = \prod_{i=1}^{n} \left(r_{t-1,t}^{i}\right)^{w_{0}^{i}}$$

Nessa fórmula, a estrutura de ponderações é definida, em geral, para o período base de ponderações. Nas fórmulas, tem-se que:

W_0: ponderação (peso) base de cada mercadoria i, determinado no período-base de ponderação;
W; ponderação (peso) ajustada para o mês-base de cálculo;
W_m^i: ponderação (peso) ajustada para o mês de referência, aplicada, no caso do INPC e IPCA do IBGE, para os produtos hortifrutigranjeiros;

$I_{0, t-1}$: acumulado do índice entre o período-base de ponderação e o mês-base de cálculo;

$r_{0, t-1}^{i}$: relativo acumulado de cada subitem i entre o mês base de ponderação e o mês base de cálculo $(t-1)$.

As três fórmulas apresentadas tomaram como referência o caso bissituacional, isto é, quando se comparam apenas duas situações de tempo. No entanto, usualmente, os índices são calculados com periodicidade definida, em geral mensal, e os resultados obtidos são acumulados em uma sequência ordenada de períodos para construir uma variável, na forma de série de tempo, representativa da evolução do agregado de interesse. Assim, para determinar o número-índice entre dois valores extremos 0 e t, os resultados periódicos são acumulados, de modo que:

$$I_{0,t} = I_{0,1} \times I_{1,2} \times I_{2,3} \times ..... \times I_{t-2,t-1}$$

Utilizando o princípio de encadeamento, o número-índice passa a atender necessariamente ao princípio da circularidade e representa a trajetória da variável no tempo. Ademais, por conveniência, escolhe-se um período para servir de base de comparação a que é atribuído, por convenção, o valor 100. Isso permite calcular facilmente a variação acumulada em relação ao período base de comparação: se a série de um número-índice de preço em um determinado período tem valor 200, significa que o nível de preços desse período é o dobro ou 100% maior que o do período base.

Nesse ponto, convém esclarecer alguns conceitos muito empregados na elaboração prática de números-índices. Em primeiro lugar, distinguem-se **índices móveis** de números-índices. Índices móveis são os resultados de cada elo da cadeia, ou seja, envolvem dois períodos consecutivos na série. O último período é denominado **período de referência** e o anterior, **período-base de cálculo**. Assim, em geral, no caso de índices de preços com periodicidade mensal, o cálculo de cada índice móvel envolve a coleta de preços ao longo de dois meses, o de referência e o base de cálculo.

Em alguns casos, considera-se, para o período-base e/ou para o período de referência, a situação dos preços em um particular instante, em vez de se coletarem os preços ao longo do período (mês). Isso ocorreu no Brasil quando se decretaram planos de estabilização, como o Cruzado, Bresser e Verão. São os "vetores de preços" que permitem encerrar a contagem inflacionária na moeda antiga e iniciar a medida de inflação, em termos acumulados, na nova moeda. Uma vez construída a série de números-índice, a **base de comparação** pode ser alterada sem que seja alterada a estrutura da série. A mudança do período-base de comparação é feita aplicando-se uma "regra de três", em que o novo período-base passa a assumir o valor 100 e a base antiga tem seu valor alterado, preservando a variação entre os dois períodos-base de comparação. Por sua vez, o período-base de ponderação corresponde à época de definição de estrutura de ponderações. Quanto à **base de ponderação**, os números-índices podem ser classificados como de **base fixa**, **base móvel** e **base móvel encadeada**. No primeiro caso, a base é mantida inalterada ao longo da série. No segundo, a base de ponderação muda a cada período de referência. E, no terceiro caso, a base é alterada a cada elo da cadeia, acompanhando o período-base de cálculo.

Índices móveis: resultados de cada elo da cadeia, ou seja, envolvem dois períodos consecutivos na série.

Período de referência: período a que se refere o índice móvel de cada elo da cadeia.

Período-base de cálculo: período imediatamente anterior ao período de referência, ou seja, corresponde ao período de referência do índice móvel imediatamente anterior na série de tempo.

Base de comparação: corresponde ao período (mês, ano) com o qual toda a série é comparada.

Base de ponderação: corresponde à época de definição da estrutura de ponderações dos produtos e grupos componentes do número-índice.

Base fixa: a base de ponderação é mantida inalterada ao longo da série.

Base móvel: a base de ponderação é alterada a cada período de referência.

Base móvel encadeada: a base de ponderação é alterada a cada elo da cadeia, acompanhando o período-base de cálculo.

Modificações no período-base de ponderação, necessárias às atualizações de sistemas de números-índices, implicam alterações na estrutura de série, ou seja, os resultados de cada elo da cadeia (índices móveis) também são alterados. Contudo, quando se altera a base de ponderação, a nova base só é aplicada a partir do mês da alteração para não comprometer a utilização do índice no sistema de indexação. Como mudanças na ponderação afetam os índices móveis, haveria dois indicadores para um mesmo mês — o índice calculado com a base antiga e o índice calculado com a nova base.

19.3 ■ SÍNTESE DA METODOLOGIA DOS PRINCIPAIS INDICADORES BRASILEIROS DE INFLAÇÃO

Indicadores gerais de preço servem a vários propósitos, sendo o mais conhecido o de servir de parâmetro para avaliar o estado da economia nacional — o desejável é que uma economia nacional opere com uma taxa de inflação baixa e controlada. Nas economias modernas, o controle da inflação, que na maioria dos países é medida por IPCs, é responsabilidade dos Bancos Centrais e é realizado principalmente por meio da política monetária. No Brasil, por exemplo, em que a política monetária é balizada por um regime de metas de inflação, o indicador de referência é o IPCA-IBGE. Além disso, indicadores gerais de preços e seus componentes são utilizados como indexadores de contratos, prática que no Brasil assumiu grande importância devido à prolongada convivência com taxas de inflação elevadas e disseminação na legislação, notadamente no período anterior ao "plano real", com normas estabelecendo critérios de indexação de contratos. Além disso, números-índice gerais de preços são utilizados na construção de variáveis — séries temporais de valores deflacionados, de preços relativos etc.—, utilizadas na análise econômica. Evidentemente, variáveis econômicas construídas dessa maneira herdam os eventuais erros amostrais e de medida dos indicadores gerais utilizados na sua construção. Em vista disso, é importante conhecer a evolução da metodologia dos indicadores de inflação mais utilizados. Assim, nas seções seguintes, é apresentado um breve relato da evolução da metodologia dos Indicadores de Preços ao Consumidor do Instituto Brasileiro de Geografia e Estatística (IBGE), do Indicador de Preços ao Consumidor da Fipe e dos Índices Geral de Preços da Fundação Getulio Vargas (FGV), incluindo seus três componentes (IPC, IPA e INCC).

19.3.1 Sistema Nacional de Índices de Preços ao Consumidor (SNIPC – IBGE)

No ano de 1978, o IBGE, por determinação oficial, ficou incumbido de calcular dois índices de preços ao consumidor: o **Índice Nacional de Preços ao Consumidor Amplo (IPCA)** e o **Índice Nacional de Preços ao Consumidor Restrito (INPC)**. O primeiro tinha como finalidade substituir o IGP-DI como principal indexador da economia e o segundo seria a referência para a política salarial, ou seja, deveria substituir o índice de preço ao consumidor elaborado pelo Ministério do Trabalho (IPC-MTb) desde 1948, como indexador oficial dos salários. Os dois indicadores foram implantados gradualmente a partir de 1979, passando a serem calculados no ano seguinte em nove regiões metropolitanas e no Distrito Federal. Em 1991, foi incluído o município de Goiânia e, em janeiro de 2014, foram incluídos a Região Metropolitana de Vitória e o município de Campo Grande. Assim, cada uma das cinco macrorregiões geográficas do país se encontra representada no SNIPC-IBGE.

INPC restrito: *teria por finalidade constituir-se no indexador oficial dos salários.*

INPC amplo: *deveria ser o indexador de aplicação mais geral, e sua população-objetivo seria constituída de famílias, sem especificação da fonte de rendimento, situadas em uma faixa mais ampla de rendimento.*

INPC: *índice calculado com base em índices elaborados para nove regiões metropolitanas, mais os municípios de Brasília e Goiânia, nas quais as famílias têm rendimento assalariado entre um e seis salários-mínimos.*

IPCA: *índice calculado com base em uma cesta de itens representativos do consumo de famílias com renda entre 1 e 40 salários-mínimos, sem distinção quanto à fonte de renda.*

19.3.1.1 Índice Nacional de Preços ao Consumidor Amplo

Desde a implantação do regime de metas de inflação em abril de 1999, o IPCA é o indicador de referência da política monetária sendo representativo das despesas de consumo das famílias brasileiras. O IPCA é calculado com base em uma cesta de itens representativos do consumo de famílias com renda entre 1 e 40 salários-mínimos, residentes em áreas urbanas, sem distinção quanto à fonte de renda. As estruturas de ponderações para cada uma das regiões metropolitanas, e a do país como um todo, são determinadas com base em POFs. O peso de cada componente — produto, subitem etc. — corresponde à participação relativa do gasto total com cada item relativamente ao total geral de despesas com todos os itens — critério plutocrático. Critério análogo é adotado na definição dos pesos de cada região, que atualmente se baseia no rendimento monetário das famílias residentes das regiões metropolitanas componentes.

A estrutura base de ponderação do IPCA foi atualizada em janeiro de 2012 com base na POF realizada entre maio de 2008 e maio 2009, em substituição à estrutura base implantada em julho de 2006, com base na POF, levada a campo entre julho de 2002 e junho de 2003. A estrutura anterior, utilizada de julho de 1999 até junho de 2006, foi gerada com base na POF feita entre setembro de 1995 e outubro de 1996. Por sua vez, a estrutura vigente entre junho de 1989 e julho de 1999 foi gerada com base na POF aplicada entre março de 1987 e fevereiro de 1988, e a primeira estrutura de ponderações, aplicada ao cálculo do IPCA entre 1979 e maio de 1989, foi elaborada com base no Estudo Nacional de Despesas Familiares (ENDEF), realizado pelo IBGE entre julho de 1974 e junho de 1975. Os dados da Tabela 19.1 referem-se à última atualização de ponderações do IPCA feita em janeiro de 2014, quando foram incluídas a região metropolitana de Vitória e o município de Campo Grande, expandida para julho de 2016. Essa atualização se baseou na POF 2008-2009, assim como as ponderações vigentes entre janeiro de 2012 e dezembro de 2013.

TABELA 19.1

Estrutura de ponderação do IPCA-IBGE (junho de 2016) (*)

Área	Brasil	Campo Grande (MS)	Goiânia (GO)	Brasília (DF)	Belém (PA)	Fortaleza (CE)	Recife (PE)	Salvador (BA)	Belo Horizonte (MG)	Rio de Janeiro (RJ)	São Paulo (SP)	Curitiba (PR)	Porto Alegre (RS)	Grande Vitória (ES)
Índice geral	100,00	100,00	100,00	100,00	100,00	100,00	100,00	100,00	100,00	100,00	100,00	100,00	100,00	100,00
1. Alimentação e bebidas	25,85	25,07	24,80	23,03	35,82	33,26	28,44	29,65	23,16	24,65	24,10	24,56	27,17	23,24
2. Habitação	15,35	15,02	16,15	15,75	12,41	14,14	13,97	14,03	15,88	17,25	15,20	16,88	14,31	17,23
3. Artigos de residência	4,24	4,47	3,97	4,70	5,06	4,26	4,95	4,41	5,03	3,47	3,75	4,30	4,65	5,24
4. Vestuário	6,00	6,22	5,60	5,95	8,21	6,54	7,27	6,62	6,27	4,52	5,43	7,00	6,20	6,42
5. Transportes	18,08	18,40	20,28	18,83	12,23	15,59	14,88	18,41	17,86	17,31	19,49	19,20	18,00	17,92
6. Saúde e cuidados pessoais	11,42	11,68	10,31	10,24	10,40	9,68	12,81	10,38	11,02	11,95	11,97	11,48	11,23	11,79
7. Despesas pessoais	10,65	11,07	10,84	11,54	8,17	9,25	9,71	8,26	12,09	11,41	11,31	9,82	10,40	10,02

Continua

Continuação

Área	Brasil	Campo Grande (MS)	Goiânia (GO)	Brasília (DF)	Belém (PA)	Fortaleza (CE)	Recife (PE)	Salvador (BA)	Belo Horizonte (MG)	Rio de Janeiro (RJ)	São Paulo (SP)	Curitiba (PR)	Porto Alegre (RS)	Grande Vitória (ES)
8. Educação	4,67	3,97	4,26	5,44	4,57	4,30	4,50	4,49	4,79	5,10	5,05	3,40	4,44	3,65
9. Comunicação	3,75	4,10	3,79	4,52	3,13	2,99	3,48	3,75	3,90	4,34	3,69	3,35	3,61	4,49

(*) Base de ponderações: Pesquisa de Orçamentos Familiares (POF-IBGE 2008-2009)

Fonte: IBGE — Índice Nacional de Preços ao Consumidor Amplo.

O IPCA-IBGE é uma estatística contínua, de periodicidade mensal, para todas as nove áreas mostradas na Tabela 19.1. Para cada área são definidas, com base em POFs e em pesquisas complementares, as cestas de produtos e serviços e as amostras de estabelecimentos informantes em que é realizada a coleta rotineira de preços. Todos os produtos são pesquisados ao longo dos períodos de referência e base de cálculo, de modo a refletir o movimento de preços. A periodicidade de coleta de preços é mensal, tanto para o período de referência como para o período-base. Cada mês é dividido em quatro lotes de coleta, variando de sete a nove dias. A referência é sempre o preço à vista pago pelo consumidor, já deduzidos quaisquer descontos. A distribuição da coleta em lotes permite a construção de índices quadrissemanais com a mesma metodologia, no entanto, o IBGE só calcula atualmente o IPCA-15, que se baseia na coleta dos dois últimos lotes do mês anterior e os dois primeiros do mês de referência, compreendendo, aproximadamente, o período entre o dia 15 do mês anterior e o dia 15 do mês de referência.

Para evitar erros de coleta, é fundamental a especificação correta de produtos e serviços, classificados segundo a precisão da especificação: os de **especificação completa** e os de **especificação incompleta**. No primeiro caso, trata-se de produto homogêneo e, devido a isso, coleta-se apenas um preço em cada estabelecimento. No segundo, o produto é de difícil especificação, como os hortifrutigranjeiros — por exemplo, a alface de uma banca não tem a mesma qualidade da comercializada nas outras de uma mesma feira —, e seus preços, em geral, diferem. Nesses casos, coleta-se o preço de um, cinco ou dez produtos mais vendidos a depender do caso. Além disso, para alguns itens, a coleta ocorre em domicílios, caso dos aluguéis, e em estabelecimentos específicos, como escolas. Para evitar os efeitos de eventuais alterações no tamanho da amostra, os painéis de produtos e de estabelecimentos informantes são mantidos fixos, entre dois períodos sucessivos (o período-base e o período de referência). Isso requer que os preços de produtos não encontrados nos estabelecimentos da amostra sejam imputados.

Especificação completa: *trata-se de produto homogêneo e coleta-se apenas um preço em cada estabelecimento.*

Especificação incompleta: *o produto é de difícil especificação, como os hortifrutigranjeiros, e seus preços, em geral, diferem.*

Os procedimentos de cálculo adotados nos IPCs são descritos, a seguir, para os diversos níveis de agregação: do nível mais elementar de especificação de produto ou serviço em cada área até o mais agregado que é o índice nacional. No primeiro estágio, referente a uma especificação de produtos ou serviços, a fórmula de referência é a de Dutot, ou seja, o relativo entre preços médios do período de referência e o período base de cálculo. No estágio subsequente, os relativos de preços de subitens são calculados pela fórmula de Dutot, no caso de incluírem apenas um produto, ou pela fórmula de Jevons, que é uma média simples de relativos de preços de produtos, quando compostos de mais de um produto.

Para os estágios seguintes do cálculo em cada uma das 13 áreas, a fórmula de referência é a de Laspeyres modificada (BLS). A esse respeito, é importante observar que até junho de 2006, para os três itens de produtos hortifrutigranjeiros — "Tubérculos, Raízes e Legumes", "Hortaliças e Verduras" e "Frutas" —, era aplicada a fórmula de Paasche modificada para atenuar o efeito da sazonalidade. No último estágio, o IPCA-BR é calculado procedendo-se à média aritmética ponderada dos índices regionais, adotando-se como fator de ponderação a participação do rendimento familiar calculado para cada área relativamente ao total das áreas.

19.3.1.2 O Índice Nacional de Preços ao Consumidor Restrito

O **Índice Nacional de Preços ao Consumidor Restrito (INPC)** é o indicador de preços que serve para balizar a atualização do salário-mínimo e o reajuste de aposentadorias. Diferentemente do IPCA, considera como classe de referência famílias cuja fonte de rendimento está no trabalho assalariado e cujo rendimento monetário familiar disponível se situa, após a implantação da nova estrutura de pesos em 2012, entre um e cinco salários-mínimos. A metodologia desse indicador é praticamente a mesma do IPCA, salvo o fato de as estruturas de ponderação e os fatores de ponderação aplicados no último estágio de agregação, ou seja, na determinação do índice nacional a partir dos índices regionais, basearem-se na população e não no rendimento.

A metodologia do INPC foi reformulada junto da do IPCA como resultado das POFs. A última atualização ocorreu em janeiro de 2014, quando o índice passou a abranger a Região Metropolitana de Vitória e o Município de Campo Grande a partir da POF 2008-09. No caso do INPC, a determinação da estrutura de ponderação de cada área e nacional é feita segundo o "critério democrático" em que cada família assume, implicitamente, igual importância na determinação de estrutura de pesos. Por sua vez, os resultados regionais são ponderados de acordo com a distribuição da população urbana em dois estágios. Em um primeiro estágio, calcula-se a participação de cada grande região (Sudeste, Centro-Oeste e as demais), na população urbana nacional. Depois, distribui-se o peso de cada grande região entre as áreas metropolitanas pesquisadas de forma proporcional. Por exemplo, a Região Sul é representada pelas áreas metropolitanas de Curitiba e Porto Alegre. Tal como no caso do IPCA, os dados da Tabela 19.2 referem-se à última atualização de ponderações do INPC feita em janeiro de 2014, devidamente extrapolada pela aplicação da fórmula de Laspeyres modificada (BLS) para junho de 2016.

TABELA 19.2

Estrutura de ponderação do INPC-IBGE (junho de 2016)(*)

Área	Brasil	Campo Grande (MS)	Goiânia (GO)	Brasília (DF)	Belém (PA)	Fortaleza (CE)	Recife (PE)	Salvador (BA)	Belo Horizonte (MG)	Rio de Janeiro (RJ)	São Paulo (SP)	Curitiba (PR)	Porto Alegre (RS)	Grande Vitória (ES)
Índice geral	100,00	100,00	100,00	100,00	100,00	100,00	100,00	100,00	100,00	100,00	100,00	100,00	100,00	100,00
1. Alimentação e bebidas	31,42	29,81	29,35	26,02	39,55	37,98	32,72	35,01	28,23	30,64	28,66	28,72	32,51	27,72
2. Habitação	17,54	20,54	20,25	23,02	11,57	16,23	14,84	14,17	20,19	18,86	18,66	20,51	15,24	21,29

Continua

Continuação

Área	Brasil	Campo Grande (MS)	Goiânia (GO)	Brasília (DF)	Belém (PA)	Fortaleza (CE)	Recife (PE)	Salvador (BA)	Belo Horizonte (MG)	Rio de Janeiro (RJ)	São Paulo (SP)	Curitiba (PR)	Porto Alegre (RS)	Grande Vitória (ES)
3. Artigos de residência	5,01	5,58	4,50	5,05	5,98	5,06	6,08	5,32	5,20	3,75	4,44	5,31	5,38	5,80
4. Vestuário	7,22	6,84	6,36	7,36	9,60	7,57	9,17	8,00	6,78	5,22	6,57	7,37	7,08	8,27
5. Transportes	15,50	13,58	15,04	16,28	12,17	11,63	12,39	14,19	15,35	18,57	17,81	16,20	16,19	12,83
6. Saúde e cuidados pessoais	9,70	8,96	9,39	8,21	9,77	8,47	10,61	9,64	10,07	9,49	9,85	9,49	9,97	10,50
7. Despesas pessoais	7,39	8,26	8,15	6,62	5,81	7,32	7,02	6,78	7,99	6,37	8,33	6,59	8,03	6,94
8. Educação	2,96	2,94	3,48	3,42	3,00	3,09	4,09	3,60	2,77	3,21	2,37	2,55	2,67	2,83
9. Comunicação	3,26	3,51	3,49	4,02	2,56	2,67	3,06	3,29	3,41	3,88	3,32	3,26	2,93	3,83

(*) Base de ponderações: Pesquisa de Orçamentos Familiares (POF-IBGE 2008-2009)

Fonte: IBGE — Índice Nacional de Preços ao Consumidor.

19.3.2 O Índice de Preços ao Consumidor da Fipe

O Índice de Preços ao Consumidor (IPC) no município de São Paulo é o mais tradicional indicador da evolução do custo de vida das famílias paulistanas e um dos mais antigos números-índices de inflação existentes no Brasil. O início da série data de janeiro de 1939, com base em uma pesquisa de padrão de vida realizada entre fins de 1936 e meados de 1937, em um incipiente sistema de acompanhamento de preços no atacado e no varejo. A Prefeitura Municipal de São Paulo, por meio da Subdivisão de Estatística e Documentação Social, foi diretamente responsável por seu cálculo até 1968, quando foi transferido para o então Instituto de Pesquisas Econômicas da Universidade de São Paulo (IPE-USP) e, posteriormente, à Fundação Instituto de Pesquisas Econômicas (FIPE), entidade criada em 1973. Em 1972, a denominação do índice foi alterada para Índice de Preços ao Consumidor (custo de vida), da classe de renda familiar modal no município de São Paulo, e, a partir de 1984, para Índice de Preços ao Consumidor no município de São Paulo (IPC-Fipe).

Atualmente, o IPC no município de São Paulo é calculado para famílias com renda entre um e dez salários-mínimos. A última reformulação da metodologia do IPC-Fipe, implantada em julho de 2015, baseou-se na POF, realizada entre maio de 2011 e abril de 2013. Dado o número elevado de especificações de produtos e serviços levantados na POF para as famílias pesquisadas, situadas na faixa de renda de interesse, para cada subitem foram selecionadas as especificações, incluindo marca, tipo, unidade e local de comercialização de produtos e serviços considerados mais representativos. Esses foram agregados por item, que por sua vez foram agregados por subgrupo e grupos. Como a fórmula utilizada no cálculo do IPC-Fipe é a fórmula de Konüs-Byushgens, os pesos dos subitens não se alteram a cada mês. A estrutura de ponderação de julho de 2015 é mostrada na Tabela 19.3.

TABELA 19.3

Estrutura de ponderação do IPC-FIPE (julho de 2015)(*)

Grupos	Ponderações
I. Habitação	31,12
II. Alimentação	24,55
III. Transportes	14,72
IV. Despesas pessoais	13,64
V. Saúde	6,09
VI. Vestuário	6,62
VII. Educação	3,25
Geral	100,00

(*) Base de ponderações: POF-IBGE (2011-2013)

Fonte: Pesquisa de Orçamentos Familiares, FIPE, 2011-2013.

No que se refere à coleta de preços, é realizada uma amostra de cerca de 5.900 estabelecimentos varejistas e prestadores de serviços e de domicílios no município de São Paulo. São pesquisados rotineiramente preços de cerca de 2.700 especificações de produtos e serviços, agregados em 463 subitens, cuja pesquisa é distribuída em quatro lotes correspondentes a "semanas de coleta", com no mínimo sete e no máximo oito dias. A organização da coleta em lotes, que incluem amostras representativas de estabelecimentos para todas as especificações de produtos e serviços, permite a elaboração dos índices quadrissemanais e dos índices "ponta a ponta". Cada índice quadrissemanal é obtido comparando-se o nível de preços das últimas quatro semanas de coleta relativamente ao nível de preços obtido na coleta realizada da quinta a oitava semanas anteriores. Por sua vez, nos índices "ponta a ponta", o nível de preços na semana de referência é comparado com o nível de preços na mesma semana do mês anterior. Também no IPC-FIPE, o conceito de preço utilizado é o preço final à vista.

Finalmente, o cálculo do IPC-FIPE é feito por etapas: análise de consistência dos preços coletados; análise de emparelhamento; cálculo de relativos e dos índices quadrissemanais e mensais. Em todas as etapas do cálculo do IPC, adotam-se médias geométricas simples — fórmula de Jevons — e ponderadas — fórmula de Konüs--Byushgens. No estágio de análise de consistência, procede-se à crítica dos dados levantados e digitados, para apontar os preços extremos e, eventualmente, errados. Na análise de emparelhamento, são excluídas do cálculo as cotações de preços de produtos e serviços nos estabelecimentos para os quais não consta registro no período-base e/ou no período de referência. Feito o emparelhamento, é calculado o subíndice de preço de cada especificação de produto/serviço, em cada tipo de estabelecimento no qual é pesquisado, aplicando-se a fórmula de Jevons — média geométrica simples. Nos níveis mais elevados, do subitem até o índice geral, é aplicada a fórmula de Konüs-Byushgens. A cada mês são divulgados quatro índices para as quadrissemanas encerradas na primeira, segunda, terceira e quarta semanas de coleta. O IPC mensal corresponde sempre ao resultado apurado para a quarta quadrissemana do mês-calendário de referência.

19.3.3 O sistema IGP-FGV

Com a criação da FGV, teve início o cálculo do **Índice Geral de Preços (IGP)**, divulgado pela primeira vez no número inaugural da revista *Conjuntura Econômica*, em novembro de 1947, ocasião em que foi divulgada uma série retroativa ao ano de 1944. O IGP, inicialmente, tinha por finalidade deflacionar o Índice de Movimento dos Negócios, também calculado pela FGV, e resultava da média aritmética simples dos índices de preços no atacado e no varejo. A partir de 1950, foi incorporado ao cálculo um índice de preços para a indústria da construção civil, o ICC, hoje Índice Nacional de Custo de Construção (INCC). Em 1955, o indicador passou a ser divulgado em dois conceitos: oferta global (IGP-OG), que considerava o preço do café exportado, e o de **disponibilidade interna** (IGP-DI), que só considerava o preço do café comercializado no mercado interno.

Em maio de 1989, o Instituto Brasileiro de Economia (IBRE-FGV) passou a calcular o Índice Geral de Preços de Mercado (IGP-M), para servir como indexador de títulos privados e contratos com vencimento no final de cada mês, e, em setembro de 1993, o IGP-10, além do IGP-DI.[1] Como esses três indicadores são elaborados utilizando a mesma metodologia, como referência será usado o IGP-DI e seus componentes: Índice de Preços ao Consumidor Brasil (IPC-BR), o Índice Nacional de Custo da Construção (INCC-DI) e o **Índice de Preços ao Produtor Amplo (IPA)**, nova denominação do Índice de Preços por Atacado desde abril de 2010. Com a mudança, a denominação do indicador ficará mais próxima à realidade de negócios entre empresas produtoras em que predomina a relação direta dispensando o atacadista.

O IGP-DI é uma combinação de três outros índices, ou seja:

$$IGP = 0{,}6\ IPA + 0{,}3\ IPC\text{-}BR + 0{,}1\ INCC\text{-}DI.$$

Cada componente representa uma fase do processo produtivo, correspondendo aos componentes da despesa interna bruta. Assim, tem-se que:

a) 60% representados pelo IPA equivale ao valor adicionado pela produção de bens agropecuários e industriais, nas transações comerciais em nível de produtor;

b) 30% do IPC-BR equivalem ao valor adicionado pelo setor varejista e pelos serviços de consumo;

c) 10% complementares, representados pelo INCC-DI, equivalem ao valor adicionado pela indústria da construção civil.

O IGP-DI tem sido utilizado como a melhor aproximação ao deflator implícito da renda e, desde a introdução da correção monetária em 1964 até novembro de 1985, foi o principal indexador de contratos monetários firmados no país.

19.3.3.1 O Índice de Preços ao Produtor Amplo

O **Índice de Preços ao Produtor Amplo (IPA)**, que até abril de 2010 era denominado Índice de Preços por Atacado, é um indicador de preços de abrangência nacional, cujo objetivo é medir a evolução de preços recebidos pelos produtores domésticos na venda de seus produtos. A metodologia desse indicador tem sido gradualmente alterada para torná-lo compatível com outras estatísticas de contas nacionais no Brasil e as

---

IGP: *combinação do IPA, IPC-BR e INCC, em que cada componente representa uma fase do processo produtivo.*

Disponibilidade interna: *consideram-se a produção interna e as importações deduzidas as exportações.*

IPA: *indicador de preços de abrangência nacional, em que o peso de cada mercadoria corresponde à sua parcela no valor adicionado total, calculada com base nos coeficientes.*

---

[1] Esta parte do texto foi baseada na metodologia do IGP-DI de junho de 2015.

estatísticas internacionais. Essa evolução da metodologia tem tomado como referência os índices de preços ao produtor calculados em outros países. O sistema de classificação adotado no IPA é o definido na Classificação Nacional de Atividades Econômicas (CNAE).

A estrutura de ponderações é determinada com base em um conjunto de pesquisas das quais são elaboradas as Contas Nacionais do Brasil. Assim, o peso atribuído a cada mercadoria corresponde à sua parcela no valor adicionado bruto, em uma média de três anos. A estrutura de ponderações também obedece a um critério de ponderação regional, em que os fatores de ponderação correspondem à razão entre o valor da produção regional e o valor da produção nacional. De forma similar, os pesos de cada informante são obtidos, considerando-se a participação do informante relativa a vendas no mercado regional e ao peso de cada região no mercado nacional. A estrutura de ponderações do IPA é apresentada segundo dois critérios de classificação: conforme a origem dos produtos (IPA-OG) e o estágio de processamento (IPA-EP). As duas resultam a cada período no mesmo índice, o que significa que a partir de certo nível de classificação a metodologia de cálculo é consistente na agregação. Como o IGP-DI utiliza a classificação segundo a origem, na Tabela 19.4, será apresentada uma síntese da estrutura de ponderações do IPA-OG.

TABELA 19.4

Índice de Preços ao Produtor Amplo (OG), Estrutura de Ponderações, segundo a origem da produção das mercadorias (IPA-OG): janeiro de 2013 (*)

Base: média do período 2008 a 2010	
Classes de atividades	Ponderação (%)
Produtos agropecuários	29,1
Lavouras temporárias	17,0
Lavouras permanentes	2,7
Pecuária	9,4
Produtos industriais	70,9
Indústria extrativa	5,2
Indústria de transformação	65,7
IPA — Todos os itens	100,0

(*) Base: média do período de 2008 a 2010.

Fonte: FGV-IBRE, Índice Geral de Preços-Disponibilidade Interna, junho de 2015.

A coleta sistemática de preços do IPA é realizada no mês-calendário do primeiro ao último dia do mês de referência. Os preços dos produtos agropecuários são levantados, diariamente, em várias fontes: centrais de abastecimento regionais, empresas estaduais de extensão rural (EMATER), cooperativas, bolsas de mercadorias, produtores agrícolas etc. Por sua vez, os preços industriais são coletados diretamente de uma amostra de empresas informantes, mensalmente. No total, o número de informantes é de cerca de 1.200, por meio do qual são obtidas cerca de 6.400 cotações a cada mês.

O cálculo do índice é feito em uma sequência de etapas. O primeiro passo consiste no cálculo de índices elementares pela fórmula de Dutot. Nos estágios seguintes são calculados os índices de preço para cada subitem, item, grupo e o índice geral. Em linhas gerais, a agregação de índices elementares, para cada hierarquia de classificação entre regiões, adota as mesmas fórmulas do cálculo de índices para cada região em que o IPA é pesquisado.

19.3.3.2 O Índice de Preços ao Consumidor para o Brasil

O **Índice de Preços ao Consumidor para o Brasil (IPC-BR)** mede a evolução dos preços de um conjunto fixo de bens e serviços componentes de despesas habituais de famílias em sete das principais capitais do país — Belo Horizonte, Brasília, Porto Alegre, Recife, Rio de Janeiro, Salvador e São Paulo —, com renda entre 1 e 33 salários-mínimos. Esse indicador deu continuidade, a partir de 1947, ao indicador de preços calculado pela Receita Federal a partir de 1912, para a população do então Distrito Federal.

IPC-BR: *mede a evolução dos preços no varejo nas cidades de Belo Horizonte, Brasília, Porto Alegre, Recife, Salvador, Rio de Janeiro e São Paulo, para as classes com renda entre 1 e 33 salários-mínimos.*

A estrutura de ponderações e a cesta de produtos do IPC-BR foram definidas com base na última POF elaborada pelo Instituto Brasileiro de Economia (IBRE) da FGV entre 2008/2009. A estrutura de ponderações por regiões, cuja síntese é mostrada na Tabela 19.5, desdobra-se em oito grupos, 25 subgrupos, 85 itens e 338 subitens.

TABELA 19.5

Estrutura de ponderações, segundo classes de despesa (fevereiro de 2012)

Índices de preços ao consumidor

Componentes	Brasil	Salvador	Brasília	Belo Horizonte	Recife	Rio de Janeiro	Porto Alegre	São Paulo
IPC – todos os itens	100,00	100,00	100,00	100,00	100,00	100,00	100,00	100,00
Alimentação	23,31	21,35	22,56	19,42	23,34	24,55	23,99	24,16
Habitação	25,17	25,31	26,52	27,60	23,16	26,23	25,56	23,50
Vestuário	5,84	7,01	6,04	6,86	8,19	5,05	6,10	4,83
Saúde e cuidados pessoais	11,66	10,11	10,49	10,64	14,10	12,05	11,47	12,10
Educação, leitura e recreação	7,63	6,79	7,06	8,74	8,49	7,34	8,02	7,52
Transportes	18,15	22,22	18,42	18,54	15,68	15,51	15,80	20,42
Despesas diversas	2,82	2,60	3,41	2,92	2,40	2,49	3,31	2,73
Comunicação	5,42	4,61	5,51	5,29	4,63	6,79	5,75	4,75
Ponderações regionais	100,00	10,68	8,21	8,47	7,24	19,90	17,61	27,89

Fonte: FGV-IBRE, Índice Geral de Preços-Disponibilidade Interna, junho de 2015.

A sistemática de coleta de preços se desdobra em dois segmentos: o primeiro inclui alimentos, material de limpeza, artigos de higiene e cuidados pessoais e é realizado por uma equipe de donas de casa especialmente treinadas. Os demais produtos e serviços têm preços coletados por equipe de funcionários do IBRE, uma vez por mês nos estabelecimentos informantes. A periodicidade é mensal, podendo ser subdividida em semanas e decêndios, a depender do indicador. As amostras de produtos e estabelecimentos foram selecionadas a partir da POF 2008/2009.

Com relação à metodologia de cálculo, tanto em nível regional como nacional, no primeiro estágio, são calculados subíndices elementares para cada produto e, a seguir, para cada subitem composto por uma cesta de produtos, com a utilização da fórmula de Jevons. Nos níveis mais elevados na hierarquia de classificação, aplica-se a fórmula de Laspeyres modificada.

19.3.3.3 O Índice Nacional de Custo da Construção

INCC-DI: *índice que afere a evolução dos custos da construção habitacional.*

O **Índice Nacional de Custo da Construção (INCC-DI)** foi concebido com a finalidade de aferir a evolução dos custos de construções habitacionais. De 1950 a 1985, o índice era calculado só para a cidade do Rio de Janeiro, tendo, a partir de então, ampliado sua cobertura para sete municípios de capitais, as mesmas nas quais é calculado o IPC-BR. A estrutura de ponderações do INCC-DI foi obtida a partir de orçamentos analíticos de instituições especializadas, com base nos quais foram selecionados os materiais, equipamentos e serviços e os tipos de mão de obra para três padrões de construção, considerados mais representativos em nível nacional, em cada município. Ou seja:

- *H*1 — casa de um pavimento, com sala, um quarto e demais dependências, medindo, em média, 30 m^2;
- *H*4 — edifício habitacional de quatro pavimentos, composto por unidades autônomas de sala, três quartos e dependências, com área total média de 2.520 m^2;
- *H*12 — edifício habitacional de 12 pavimentos, composto de apartamentos com sala, três quartos e dependências, com área total média de 6.013 m^2.

Segundo a metodologia divulgada pela FGV, em junho de 2015, na definição da estrutura de ponderação, consideram-se a distribuição regional da construção urbana estimada, a cada ano, com base nas estatísticas de "habite-se", e o detalhamento dos itens de custo, em nível regional, com suas respectivas participações nos custos de cada tipo de obra. A estrutura de ponderações é apresentada pelo IBRE-FGV sob duas classificações: por região e por item. Os pesos dos grupos materiais e mão de obra podem ser acompanhados na Tabela 19.6.

TABELA 19.6

Índice nacional de custo da construção (*)

Discriminação	Estrutura de ponderações – março de 2009							
	Brasil e municípios							
Componentes	Brasil	Belo Horizonte	Distrito Federal	Porto Alegre	Recife	Rio de Janeiro	Salvador	São Paulo
INCC – todos os itens	100,00	100,00	100,00	100,00	100,00	100,00	100,00	100,00
Materiais, equipamentos e serviços	54,28	53,67	55,72	56,15	56,21	55,59	53,70	53,21
Mão de obra	45,72	46,33	44,28	43,85	43,79	44,41	46,30	46,79
Ponderações municipais	100,00	11,13	10,50	11,04	5,24	9,49	9,31	43,29

(*)Estrutura de ponderações: março de 2009.

Fonte: FGV-IBRE, Índice Geral de Preços-Disponibilidade Interna, junho de 2015.

O INCC-DI, tal como o IPA e o IPC-BR, é uma estatística contínua de periodicidade mensal, em que a coleta pode ser subdividida em decêndios e semanas de coleta. A amostra de empresas informantes é de cerca de 1.200 informantes em que são colhidas mensalmente, aproximadamente, 7.300 cotações. Para os materiais de construção, os preços utilizados referem-se, com raras exceções, a valores de venda à vista, deduzidos os descontos e acréscimos dos impostos incidentes.

O INCC é calculado em duas etapas: na primeira, são calculados passo a passo os índices regionais e, na segunda fase, são agregados para chegar ao índice nacional, utilizando as ponderações regionais mostradas na Tabela 19.6. Nos primeiros estágios de cálculo, em que são determinados os relativos de preço de especificações de produtos e os subíndices de produtos, a fórmula de referência é a de Jevons. Nos níveis superiores de agregação, aplica-se a fórmula de Laspeyres modificada, ou seja, médias aritméticas de relativos em que os pesos se alteram a cada período.

QUESTÕES

1. Defina número-índice de preços.
2. Qual a diferença entre a base de ponderação e a base de comparação de um índice?
3. Quanto à base de ponderação, como é possível classificar os números-índices?
4. Quais são os subsistemas componentes de um índice de preços?
5. Suponha que existam apenas três bens: carne, arroz e pão. Se as variações de preços em determinado mês forem de 10, 30 e 20%, respectivamente, há uma taxa de inflação de 20%? Justifique sua resposta.
6. Se houver uma grande elevação no preço dos alimentos, em um certo mês, qual índice deverá apresentar maior variação: o índice geral de preços (IGP) ou o índice de preços ao consumidor (IPC)? Justifique sua resposta.
7. Se os preços se elevarem nos últimos dias do mês, o IGP apresentará uma variação inferior à do IGP-M desse mês. Você concorda? Por quê?
8. O IPC-Fipe é um índice quadrissemanal. O que isso significa?
9. Descreva as principais características do IGP da Fundação Getulio Vargas.
10. Preencha a tabela a seguir:

Índice	Período de coleta de preços	Região abrangida	Classes de renda consideradas	Principal utilização do índice
INPC – IBGE				
IPCA – IBGE				
IGP – FGV				
IGP-M – FGV				
IPC – Fipe				

REFERÊNCIAS

ENDO, S. K. *Números-índices*. São Paulo: Atual, 1986.

_____; CARMO, H. C. E. *Pesquisa de orçamentos familiares no Município de São Paulo*. São Paulo: IPE-USP, 1984.

FROYEN, R. T. *Macroeconomia*. São Paulo: Saraiva, 1999.

FUNDAÇÃO GETULIO VARGAS. *Revista Conjuntura Econômica*, vários números.

_____. *Metodologia do IGP-DI*, Jun. 2015.

INSTITUTO BRASILEIRO DE GEOGRAFIA E ESTATÍSTICA (IBGE). *Sistema Nacional de Índices de Preços ao Consumidor: Métodos de Cálculo*. 7. ed. Rio de Janeiro: IBGE, 2013.

_____. *Sistema Nacional de Índices de Preços ao Consumidor: métodos para o trabalho de campo*. Rio de Janeiro: IBGE, 1983.

_____. *Sistema Nacional de Índices de Preços ao Consumidor: estrutura de ponderações*. Pesquisa de Orçamentos Familiares de vários anos.

PAULANI, L. M.; BOBIK, M. B. *A nova contabilidade social*. 3. ed. São Paulo: Saraiva, 2008.

RIZZIERI, J. A. B.; CARMO, H. C. E. *Retrospectiva histórica e metodológica do IPC-Fipe*. Fipe, 1995.

20 MODELO DE INTERLIGAÇÃO ENTRE O LADO REAL E O MONETÁRIO: ANÁLISE *IS-LM*

Rudinei Toneto Jr.

20.1 INTRODUÇÃO

O modelo de interligação entre o lado real e o monetário, mais completo que o modelo keynesiano simples de determinação da renda, sintetiza algumas das principais hipóteses das teorias clássica e keynesiana, e é também conhecido como **síntese neoclássica**, formalizado por J. R. Hicks e A. Hansen.

Os pressupostos básicos continuam os mesmos: a demanda agregada determina o produto nacional (o **princípio da demanda efetiva**), sendo o nível de preços constante. A diferença maior refere-se à incorporação do mercado de ativos e, consequentemente, da taxa de juros, que passa a influir na determinação da renda por meio do investimento. O nível de renda, porém, também afeta a determinação da taxa de juros, por sua influência na demanda por ativos. Com isso, tem-se a determinação simultânea da taxa de juros e da renda, que equilibram os mercados de bens e de ativos. Constitui-se, portanto, em um modelo de equações simultâneas, em que as decisões de política econômica representam as variáveis exógenas, determinadas, independentemente do modelo, institucionalmente pelas decisões de política econômica (políticas expansionistas, contracionistas, entre outras).

A discussão será iniciada com uma introdução ao modelo keynesiano simples de taxa de juros na determinação do investimento, para deduzir o equilíbrio no mercado de bens e serviços. Na sequência, deduzir-se-á o equilíbrio no mercado de ativos, para o qual será utilizada a discussão sobre demanda por moeda já realizada anteriormente. Por meio das condições de equilíbrio em cada um dos mercados, serão analisados o equilíbrio simultâneo em ambos e o impacto das políticas monetária e fiscal.

Síntese neoclássica: *síntese das principais hipóteses das teorias clássica e keynesiana.*

20.2 A CURVA *IS*: O EQUILÍBRIO NO MERCADO DE BENS

A **curva IS** (*investment-saving*) mostra as condições de equilíbrio no mercado de bens, isto é, em que a despesa agregada iguala à renda agregada. Considerada uma relação inversa entre investimento e taxa de juros, será mantida a mesma estrutura do modelo keynesiano, com o acréscimo da taxa de juros, para explicar o investimento.

Dessa forma, o modelo de determinação da renda é expandido da seguinte maneira:

$$Y = C(Y_d) + I(r) + G$$

em que:

Y = nível de renda;

C = consumo agregado;

Y_d = renda disponível $Y_d = Y - T$; em que T = arrecadação de impostos;

Curva IS (*investment-saving*): *mostra as condições de equilíbrio no mercado de bens, isto é, em que a despesa agregada iguala à renda agregada.*

I = investimento agregado;

r = taxa de juros;

G = gastos públicos.

No modelo keynesiano, foi visto que alterações no investimento levavam à ampliação da renda, tanto pelo maior dispêndio autônomo como pelo efeito do multiplicador. Naquele caso, o investimento era considerado exogenamente determinado. Quando a taxa de juros é introduzida, torna-se possível determinar o investimento pelo próprio modelo, pois agora o investimento depende da taxa de juros. Assim, com uma taxa de juros r_1 maior do que r_2, tem-se um nível de investimento (I_1) menor do que o existente, com uma taxa de juros menor. Portanto, reduções na taxa de juros levam ao aumento no investimento e, consequentemente, na renda. Isso pode ser visto no Gráfico 20.1.

GRÁFICO 20.1

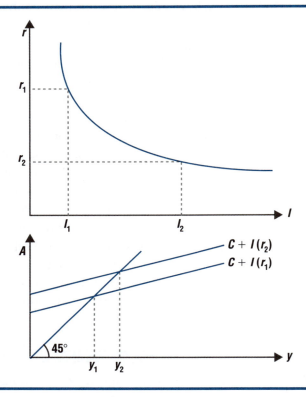

Percebe-se que, para cada taxa de juros, existe um nível de renda correspondente que equilibra o mercado de bens ($Y = C + I + G$). Combinando-se cada taxa de juros com a respectiva renda de equilíbrio, chega-se à curva IS correspondente ao lócus dos pares (Y,r) que equilibram o mercado de bens. Como o investimento é inversamente relacionado com a taxa de juros, a relação entre a taxa de juros e a renda que equilibra o mercado de bens é negativamente inclinada, ou seja, $\uparrow r \Rightarrow \downarrow I \Rightarrow \downarrow Y$.

Essa relação pode ser vista no Gráfico 20.2, que representa uma curva IS. Qualquer ponto sobre a curva IS representa um equilíbrio no mercado de bens: renda agregada igual à despesa agregada. Pontos fora da curva IS correspondem a um desequilíbrio no mercado de bens.

GRÁFICO 20.2

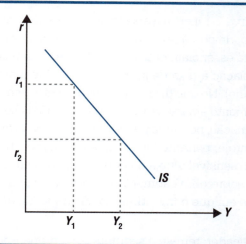

Pontos à direita (ou acima) da curva IS correspondem a situações de excesso de oferta e à esquerda, ou abaixo, excesso de demanda. Considere o ponto A no Gráfico 20.3. Com esse nível de taxa de juros, o investimento é relativamente baixo, fazendo com que a demanda seja insuficiente para esgotar o nível de renda correspondente. Pode-se raciocinar também da seguinte forma: como a propensão marginal a consumir é menor que um, com níveis elevados de renda, a diferença entre a renda e o consumo a ser coberta pelo investimento será maior. Com taxas elevadas de juros, não haverá investimento suficiente, gerando excesso de oferta de bens. No ponto B, ocorre o inverso: a taxa de juros está muito baixa para o nível do produto, induzindo a um elevado volume de investimento e provocando excesso de demanda por bens.

Seguindo a lógica keynesiana, com preços constantes, havendo excesso de oferta, ocorrerá acúmulo de estoques, fazendo com que as empresas diminuam a produção. Havendo excesso de demanda, os estoques diminuirão, forçando um aumento da produção. Assim, sempre que houver desequilíbrios no mercado de bens, o ajuste correrá via quantidades, alterando o nível de produto (e de renda). Essa é a primeira regra de ajustamento considerada, descrita no Gráfico 20.3.

GRÁFICO 20.3

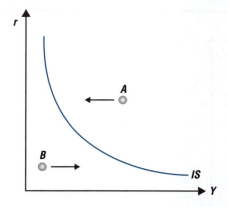

20.2.1 Inclinação da curva IS

A inclinação da curva *IS* reflete a resposta da renda a variações na taxa de juros. Ela é negativa, como visto, devido à relação inversa entre investimento e taxa de juros. A inclinação dependerá essencialmente de dois fatores: a sensibilidade (elasticidade) do investimento em relação à taxa de juros e a propensão marginal a consumir (ou o multiplicador keynesiano). No que diz respeito ao primeiro, tem-se que, quanto maior a elasticidade do investimento em relação à taxa de juros, mais horizontal será a curva *IS*, isto é, menor a sua inclinação, pois uma pequena variação na taxa induzirá a uma grande variação no investimento e, portanto, na renda agregada. O oposto ocorrerá quando o investimento for pouco sensível à taxa de juros: variações na taxa de juros produzirão um pequeno impacto sobre o investimento e a renda, levando a uma *IS* próxima da vertical. No caso-limite em que o investimento não depende da taxa de juros, a curva *IS* torna-se vertical.

Quanto ao multiplicador, tem-se o seguinte: se a propensão marginal a consumir for elevada e, portanto, o multiplicador for grande, variações no investimento gerarão grandes expansões na renda, como visto no capítulo de determinação da renda. Dessa forma, quanto maior o multiplicador, maior será o impacto sobre a renda de variações na taxa de juros, ou seja, menor será a inclinação da *IS* (mais horizontal). O inverso ocorrerá com uma pequena propensão marginal a consumir.

20.2.2 Posição da curva IS (fatores de deslocamento da curva)

A posição da curva *IS* depende do volume de gastos autônomos, nos quais estão incluídos o consumo e o investimento autônomos e os gastos públicos. Quanto maior a despesa autônoma, mais para a direita se localizará a curva *IS*. Desse modo, mudanças nas despesas deslocam a curva, alterando sua posição. Uma expansão nos gastos autônomos desloca a *IS* para a direita (para cima) e uma contração a desloca para a esquerda (para baixo), como pode ser visto no Gráfico 20.4. O montante do deslocamento será dado pelo multiplicador vezes a variação na despesa, ou seja, dado o nível da taxa de juros, o deslocamento da renda de equilíbrio será determinado como no modelo keynesiano simples.

Supondo um aumento dos gastos, o deslocamento da *IS* acontece conforme Gráfico 20.4.

GRÁFICO 20.4

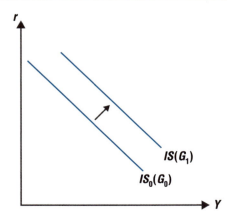

20.3 ■ A CURVA *LM* E O EQUILÍBRIO NO MERCADO MONETÁRIO

A **curva *LM*** (*liquidity money*) representa o equilíbrio no mercado de ativos. Considere que existam dois tipos de ativos na economia, nos quais os indivíduos alocam sua riqueza: moeda e títulos públicos. A característica do primeiro é possuir liquidez absoluta, mas não apresentar qualquer rendimento, isto é, sua posse não dá um rendimento ao detentor. Já os títulos rendem juros, porém, possuem uma liquidez inferior à da moeda, isto é, existe um custo para transformá-los em poder de compra.

Considerando determinado estoque real de riqueza, composta por moeda e títulos públicos, se um dos dois mercados estiver em equilíbrio, o mesmo valerá para o outro. Se houver excesso de demanda por moeda, haverá excesso de oferta de títulos, e vice-versa. Assim, basta analisar um mercado para saber o que está acontecendo no outro. Essa propriedade é conhecida como **lei de Walras** do mercado de ativos.

Pode-se, então, desenvolver a análise em relação ao mercado monetário. Em capítulo anterior, foi visto que o Banco Central possui instrumentos para controlar a oferta de moeda, considerada aqui como uma variável exógena.

Quanto à demanda por moeda, como visto, as teorias que buscam explicá-la são de dois tipos: **motivo transação** e **motivo portfólio**. Em relação ao primeiro motivo, a demanda por moeda é diretamente relacionada ao nível de renda da economia. Quanto maior o nível de produto, maior o volume de transações e, portanto, maior será a quantidade de moeda requerida (demandada) para realizá-las. Dessa forma, a demanda por moeda aumenta conforme aumenta a renda. Já no que diz respeito ao motivo portfólio, o indivíduo, ao tomar a decisão de alocar sua riqueza, compara o diferencial de rentabilidade entre os vários ativos. Desconsiderando a existência de inflação, o retorno real da moeda é zero, enquanto o dos títulos é a taxa de juros que eles rendem. Por conseguinte, a taxa de juros corresponde ao custo de oportunidade de reter moeda e a demanda por moeda diminui conforme aumenta a taxa de juros.

Percebe-se que a demanda por moeda é igual à de um bem normal qualquer: varia inversamente com o preço e diretamente com a renda. Assim, para um certo nível de renda em que a demanda varia inversamente com a taxa de juros, é possível representá-la por moeda com Gráfico 20.5.

Curva LM (*liquidity money*): *representa o equilíbrio no mercado de ativos.*

Lei de Walras: *análise de um mercado para saber o que está acontecendo no outro.*

Motivo transação: *a demanda por moeda é diretamente relacionada ao nível de renda da economia.*

Motivo portfólio: *o indivíduo que compara o diferencial de rentabilidade entre os ativos ao tomar a decisão de alocar sua riqueza.*

GRÁFICO 20.5

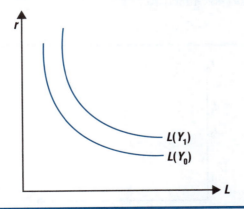

Ao considerar as variações da renda, observa-se que provocam deslocamentos da demanda por moeda. Quando a renda se amplia de Y_0 para Y_1, a demanda por moeda desloca-se de $L(Y_0)$ para $L(Y_1)$, ou seja, qualquer nível de taxa de juros aumentará a demanda por moeda.

O equilíbrio no mercado monetário ocorre quando a demanda por moeda se iguala à oferta de moeda. A última, como foi dito, pode ser considerada constante.

Portanto, para se ter equilíbrio no mercado monetário (e, portanto, no mercado de ativos), a demanda, combinando o motivo transação e o motivo portfólio, deve se igualar à oferta de moeda, considerada constante, ou seja:

$$\frac{M}{P} = L$$

$$\frac{M}{P} = L_Y + L_i$$

Para que isso aconteça, como a demanda por moeda responde positivamente à renda e negativamente à taxa de juros, elevações na renda devem ser acompanhadas por aumentos nas taxas de juros, de modo a compensar o impacto expansivo sobre a demanda por moeda decorrente do maior nível de renda, o que pode ser visto no Gráfico 20.6.

GRÁFICO 20.6

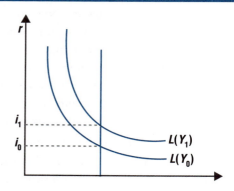

Plotando os pares (Y, r) que equilibram o mercado monetário, obtém-se a curva LM, como pode ser visto no Gráfico 20.7.

GRÁFICO 20.7

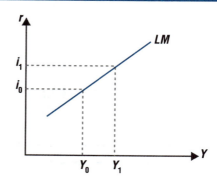

Qualquer ponto sobre a curva LM corresponde a uma situação de equilíbrio no mercado monetário, enquanto pontos fora da curva mostram uma situação de desequilíbrio. No caso de pontos à direita (abaixo), haverá excesso de demanda por moeda. Para pontos à esquerda (acima), haverá excesso de oferta de moeda. O excesso de demanda, como no ponto A do Gráfico 20.8, pode ser explicado da seguinte forma: dada a oferta de moeda e o nível de renda correspondente ao ponto A, os indivíduos demandam moeda em excesso, pois a taxa de juros está abaixo do equilíbrio, gerando excesso de demanda por moeda. O inverso ocorre no ponto B, em que há um excesso de oferta.

O ajustamento nesse mercado é feito por meio da taxa de juros. Quando há excesso de demanda por moeda, há excesso de oferta de títulos, ou seja, os bancos (por exemplo) não conseguem captar recursos e passam a elevar a rentabilidade dos papéis para estimular os agentes a se desfazerem da liquidez (moeda). O inverso acontece quando há excesso de oferta de moeda: os indivíduos querem direcionar todos os recursos para os títulos, gerando um excesso de demanda e provocando uma queda na taxa de juros, o que conduz o mercado monetário ao equilíbrio.

Essa é a segunda regra de ajustamento: desequilíbrios no mercado monetário são corrigidos por variações na taxa de juros. Quando há excesso de oferta, a taxa de juros diminui, e quando há excesso de demanda, a taxa de juros eleva-se. O processo de ajustamento está ilustrado no Gráfico 20.8.

GRÁFICO 20.8

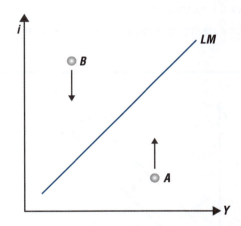

20.3.1 Inclinação da curva LM

A inclinação da curva LM é positiva, pois, dada a oferta de moeda, quando um dos componentes da demanda por moeda (transação ou portfólio) se eleva, o outro deve se reduzir. Assim, se há uma elevação da renda provocando aumento da demanda por moeda para transação, a taxa de juros deve se elevar para diminuir a demanda por moeda pelo motivo portfólio, isto é, devem-se desestimular os indivíduos a reterem em moeda como ativo. Portanto, a inclinação da LM mostra qual deve ser a variação na taxa de juros para compensar uma determinada variação no nível de renda.

Os fatores que afetam a inclinação da curva LM são as elasticidades da demanda por moeda em relação à renda e à taxa de juros. Quanto maior a sensibilidade da demanda por moeda em relação à renda, maior será a inclinação da curva LM, uma vez que uma pequena variação na renda levará a uma grande expansão na demanda por moeda, exigindo maior elevação na taxa de juros para compensá-la. Por sua vez, quanto maior a elasticidade de demanda por moeda em relação à taxa de juros, menor será a inclinação. Se a demanda por moeda for muito sensível à taxa de juros, qualquer variação exigirá mudança significativa na renda para compensá-la; ou inversamente, qualquer alteração no nível de renda exigirá uma pequena mudança na taxa de juros para manter o mercado monetário em equilíbrio.

20.3.2 Posição da curva LM (fatores de deslocamento da curva)

A posição da curva LM é determinada pela oferta real de moeda. Como está sendo considerado o nível de preços constante, essa oferta é afetada, basicamente, pela política monetária. Expansões na oferta de moeda deslocam a LM para a direita (para baixo) e contração da oferta de moeda a desloca para a esquerda (para cima). Um aumento na oferta de moeda faz com que, para um certo nível de renda inicial, seja gerado um excesso de oferta de moeda, levando à queda na taxa de juros. Assim, com maior quantidade de moeda, tem-se, para qualquer nível de renda, menor taxa de juros que equilibra o mercado monetário, correspondendo ao deslocamento para a direita (para baixo) da curva LM, o que pode ser visto no Gráfico 20.9. O inverso ocorreria com uma redução na oferta de moeda em que, para qualquer nível de renda, requerer-se-ia maior taxa de juros para equilibrar o mercado monetário, o que corresponderia a um deslocamento para cima da curva LM.

Supondo uma política monetária expansionista, tem-se o Gráfico 20.9.

GRÁFICO 20.9

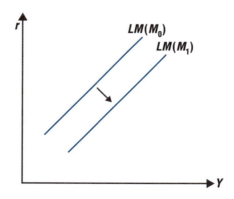

20.4 ■ EQUILÍBRIO SIMULTÂNEO NO MERCADO DE BENS E DE ATIVOS

Para determinar o nível de renda e da taxa de juros que equilibra simultaneamente os mercados de bens e de ativos, basta juntar a IS e a LM, conforme o Gráfico 20.10.

GRÁFICO 20.10

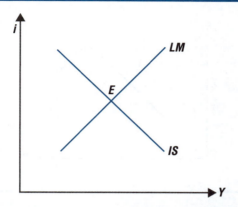

No ponto E, a economia estará em repouso, pois ambos os mercados estarão em equilíbrio. Como o ponto E está sobre a curva IS, o mercado de bens estará em equilíbrio, não havendo nenhuma pressão para alteração do nível de renda, isto é, como não há nem excesso de demanda nem de oferta por bens, as firmas não têm por que alterar o nível de produto. Nesse ponto, o mercado monetário também está em equilíbrio, pois o ponto E situa-se sobre a curva LM. Nesse caso, não há nenhuma pressão para a alteração da taxa de juros. Tendo em vista as regras de ajustamento discutidas, essa será a única situação em que a economia poderá permanecer.

20.5 ■ OS EFEITOS DA POLÍTICA ECONÔMICA NO MODELO IS-LM

Conforme destacado anteriormente, a curva IS é traçada considerando determinada política fiscal (nível de gastos públicos e tributação). Da mesma forma, a curva LM admite uma oferta de moeda fixa. Alterações no ponto de equilíbrio da economia (em relação a taxas de juros e níveis de renda) decorrem de deslocamentos da curva IS, da LM, ou de ambas. Os principais fatores a provocar essas mudanças são as medidas de política econômica.

Os casos de alterações nas despesas do governo e na oferta de moeda serão aqui considerados. No caso da curva IS, outros fatores podem levar a deslocamentos como mudanças no investimento autônomo em decorrência de modificações na eficiência marginal do capital ou, ainda, modificações no consumo autônomo devido a mudanças no estado de confiança dos consumidores. No caso da LM, seus deslocamentos decorrem de modificações na oferta real de moeda, que pode ocorrer por alterações ou no estoque nominal de moeda ou no nível de preços. A seguir, apenas as modificações decorrentes da política econômica serão consideradas, mantendo, ainda, o nível de preços constante.

20.5.1 Política monetária

Por política monetária, entende-se a atuação do Banco Central para alterar a oferta de moeda. Chama-se política monetária expansionista o aumento da oferta de moeda, e de política monetária contracionista a redução na oferta de moeda. Inicialmente, considere o efeito de uma expansão monetária. De acordo com o exposto até o momento, conclui-se que o resultado será uma queda na taxa de juros e uma expansão na renda, conforme o Gráfico 20.11.

GRÁFICO 20.11

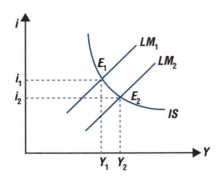

Veja como ocorre a transição de E_1 para E_2.

Com o aumento na oferta de saldos monetários reais, gera-se um desequilíbrio no portfólio dos agentes que tentarão se desfazer da moeda excedente ampliando a demanda por títulos. Com a elevação no preço dos títulos, reduz-se a taxa de juros,[1] de modo a equilibrar o mercado de ativos: moeda e títulos. Note que, para acomodar a maior oferta de moeda no portfólio dos agentes, a rentabilidade dos títulos deve cair para tornar mais atraente a retenção de moeda.

A queda na taxa de juros estimula o investimento, ampliando a demanda agregada. No nível inicial de produto, gera-se um excesso de demanda por bens, que as firmas atendem com redução dos estoques. Com isso, as firmas passam a ampliar a produção para atender à maior demanda. Conforme a renda vai se elevando, a demanda por moeda para transação aumenta, forçando elevações na taxa de juros para diminuir a demanda pelo motivo portfólio, de modo a manter equilibrado o mercado monetário. Observe que, apesar de haver uma elevação na taxa de juros no segundo momento, ela não volta ao patamar inicial, mantendo-se abaixo, portanto, a renda na nova situação de equilíbrio é superior à inicial. Caso a taxa de juros voltasse ao nível inicial, não haveria qualquer impacto sobre a renda.

Assim, o mecanismo de transmissão da política monetária é o seguinte:

1. a mudança na oferta de moeda deve gerar um desequilíbrio de portfólio, de modo a alterar a taxa de juros;
2. a mudança na taxa de juros deve alterar os investimentos e, com isso, a demanda agregada.[2]

---

[1] Para perceber a relação entre preço dos títulos e taxa de juros, pense no seguinte exemplo: suponha que exista um único tipo de título, as perpetuidades. Esse título dá uma renda nominal fixa a seu detentor pelo resto da vida. Neste caso, o valor do papel que dá origem a essa renda é determinado pela capitalização do rendimento: $Pt = R/r$, em que Pt é o preço do título, R é a renda nominal e r é a taxa de juros. Assim, se um título qualquer der uma renda anual de $ 100 e a taxa de juros for 5% a.a., o preço do título será igual ao capital necessário para que, aplicado a 5% a.a., gere um retorno de $ 100, ou seja, o preço será de $ 2.000. Se a taxa de juros se elevar para 10% a.a., o capital necessário para gerar uma renda de $ 100 será $ 1.000. Desse modo, o preço do título cai com elevações nas taxas de juros. O raciocínio pode ser feito também da seguinte forma: supondo um rendimento fixo oferecido por algum papel, uma elevação na demanda eleva seu preço, e, ao calcular a taxa de juros do papel, se reduz.

[2] De acordo com Keynes, haveria um estágio intermediário entre eles. Para o autor, existe uma estrutura de taxas de juros na economia que se diferencia de acordo com o prazo. Para a decisão de investimento, a taxa relevante é a de longo prazo, enquanto a política monetária afeta a taxa de curto prazo. Considere que o efeito sobre a taxa de curto prazo é transferido para a de longo prazo. Deve-se destacar que, no pensamento keynesiano, não necessariamente o aumento na oferta de moeda redundará em queda na taxa de juros, caso se amplie a preferência pela liquidez, isto é, caso a demanda por moeda se desloque para cima, ampliando a quantidade demandada para qualquer nível de taxa de juros e, ainda que ocorra a redução das taxas de juros, esta não necessariamente ampliará o investimento na ocorrência de uma queda na eficiência marginal do capital.

20.5.2 Eficácia da política monetária

Dado o mecanismo de transmissão, é fácil analisar quais são as condições que tornam a política monetária mais ou menos eficaz nesse modelo. O primeiro fator a afetar a eficácia da política monetária é a sensibilidade (elasticidade) da demanda por moeda em relação à taxa de juros. Se a demanda por moeda for muito sensível à taxa de juros, uma pequena variação será suficiente para ajustar o mercado de ativos. Assim, com essa pequena mudança na taxa de juros, induzir-se-á a uma pequena alteração no investimento e, portanto, na renda, ou seja, quanto maior a elasticidade da demanda por moeda em relação à taxa de juros, menor será a eficácia da política monetária.

O segundo condicionante da eficácia da política monetária é a sensibilidade (elasticidade) do investimento em relação à taxa de juros. Se essa elasticidade for baixa, mesmo que a ampliação da oferta de moeda gere uma grande mudança na taxa de juros, isso poderá resultar em uma pequena variação no investimento.

Conclui-se, portanto, que a eficácia da política monetária será maior quanto maior a inclinação da *LM* e menor a inclinação da *IS*. Isto é, quanto mais próxima da horizontal estiver a *LM* (quanto mais sensível a demanda por moeda em relação à taxa de juros), menor será o impacto da política monetária sobre a renda, pois alterações na oferta de moeda gerarão uma pequena mudança na taxa de juros e, portanto, uma pequena variação no investimento.

Existe um caso-limite chamado de **armadilha da liquidez**, que seria uma situação na qual a taxa de juros está em um nível tão baixo que qualquer ampliação na oferta de moeda será retida pelo público, isto é, a demanda por moeda é infinitamente elástica à taxa de juros, não provocando qualquer alteração. Nesse caso, a *LM* será totalmente horizontal e a política monetária não terá efeito algum sobre a renda. Essa situação está ilustrada no Gráfico 20.12.

Armadilha da liquidez: *situação na qual a taxa de juros está em um nível tão baixo que qualquer ampliação na oferta de moeda será retida pelo público.*

GRÁFICO 20.12

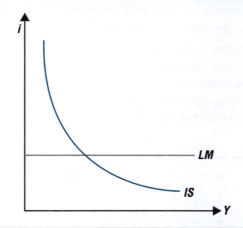

Com base nesse caso, pode-se imaginar uma situação oposta em que os indivíduos não consideram a moeda como um ativo financeiro e, portanto, a demanda por moeda é insensível à taxa de juros (*LM* vertical). Nesse caso, o efeito da política monetária será ampliado.

Desconsiderando esses extremos, a política monetária tende a afetar o nível de renda por afetar a taxa de juros e por ela influir nas decisões de investimento dos agentes. Desse modo, o impacto da política monetária sobre a atividade econômica está relacionado:

(i) ao desequilíbrio que ela provoca no mercado de ativos e à modificação que isso gera na taxa de juros;

(ii) à influência da taxa de juros sobre as decisões de investimento.

Um aumento na oferta de moeda tende a reduzir a taxa de juros, ampliando o investimento e a renda. Uma redução na oferta de moeda tende a elevar a taxa de juros, diminuindo o investimento e a renda. Assim, em situações normais, tem-se os impactos mostrados no Quadro 20.1.

QUADRO 20.1

Oferta de moeda	Taxa de juros	Investimento	Renda
Aumento	Redução	Aumento	Aumento
Redução	Aumento	Redução	Redução

20.5.3 Política fiscal

Entende-se por política fiscal a atuação do governo definindo o nível de gastos públicos e o volume de arrecadação de impostos. Já foi discutida em capítulos anteriores a forma pela qual a tributação e os gastos públicos afetam a despesa na economia. O gasto público é um elemento direto de demanda que afeta o volume de gastos autônomos. Como visto no modelo keynesiano simples, quanto maior o gasto público, maior será a renda de equilíbrio. Os impostos, por sua vez, afetam indiretamente a demanda ao alterar a renda disponível e, consequentemente, o consumo. Portanto, no modelo keynesiano, os impostos afetam a propensão marginal a gastar, isto é, a parcela da renda que é destinada ao gasto e, portanto, o valor do multiplicador. Quanto maior o volume de impostos, menor será a renda disponível, o consumo e a renda. Chama-se **política fiscal expansionista** o aumento dos gastos públicos ou a redução dos impostos e denomina-se **política fiscal contracionista**, a redução dos gastos públicos e o aumento dos impostos.

Política fiscal expansionista: *aumento dos gastos públicos ou redução dos impostos.*

Política fiscal contracionista: *redução dos gastos públicos e aumento dos impostos.*

Partindo da análise então desenvolvida, será analisado o impacto de uma política fiscal expansionista (por exemplo, a elevação do gasto público) no modelo *IS-LM*.

O impacto inicial da variação do gasto público é o deslocamento da curva *IS* para a direita, uma vez que, para qualquer nível de taxa de juros, a demanda por bens será maior. A magnitude desse deslocamento é determinada pelo incremento do gasto vezes o multiplicador, conforme já discutido. O impacto final dessa política sobre a economia será o aumento da renda e da taxa de juros, como pode ser visto no Gráfico 20.13.

GRÁFICO 20.13

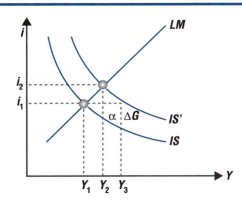

Deve-se destacar que, no modelo keynesiano simples, o impacto do gasto sobre a renda seria igual ao valor horizontal do deslocamento da IS, com o que a nova renda seria Y_3.

Por que no modelo IS-LM o impacto é menor e a renda se eleva somente para Y_2? Isto decorre do fato de se alterar a taxa de juros. Conforme a renda se amplia em decorrência do gasto, aumenta a demanda por moeda. Com a oferta de moeda fixa, a taxa de juros deve se elevar para equilibrar o mercado monetário. A elevação da taxa de juros, por sua vez, faz com que o investimento se reduza, amenizando o impacto da política fiscal expansionista, mas mantendo ainda um impacto positivo sobre a renda. Note, portanto, que, apesar do aumento do gasto público gerar um impacto positivo sobre a renda, isso leva a uma queda do investimento privado.

20.5.4 Eficácia da política monetária

Pela explicação dada, já é possível perceber quais são os elementos que determinam o grau de eficácia da política fiscal. O primeiro, assim como no modelo keynesiano, é o tamanho do multiplicador que determinará quanto se deslocará a *IS*. Fora esse, os outros fatores que afetam são os mesmos que determinam a eficácia da política monetária: a elasticidade da demanda por moeda em relação à taxa de juros e a elasticidade do investimento também em relação aos juros.

Quanto ao primeiro fator, quanto maior a sensibilidade da demanda por moeda à taxa de juros, maior será o impacto da política fiscal, uma vez que esta gerará uma pequena variação na taxa de juros e, por conseguinte, uma pequena compensação negativa por parte do investimento. Por sua vez, quanto maior for a sensibilidade do investimento em relação à taxa de juros, menor será o efeito da política fiscal sobre a renda, uma vez que qualquer mudança na taxa de juros gerará um grande impacto sobre o investimento, compensando a política do governo.

No chamado caso da armadilha da liquidez, em que a demanda por moeda é infinitamente elástica em relação à taxa de juros, com a *LM* horizontal, o efeito da política fiscal será semelhante ao do modelo keynesiano, uma vez que a taxa de juros não se alterará em resposta ao deslocamento da *IS*, não havendo, portanto, redução do investimento. É o caso de máxima eficácia da política fiscal.

GRÁFICO 20.14

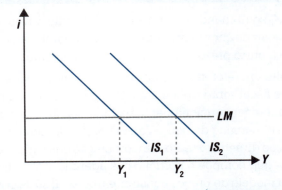

Pode-se, porém, pensar na situação oposta, em que a demanda por moeda independe da taxa de juros e a *LM* se aproxima da vertical. Nesse caso, a política fiscal

Crowding-out ou efeito deslocamento: *substituição de gastos privados por gastos públicos.*

será totalmente ineficaz. O maior gasto público não leva a qualquer alteração da renda, apenas gera uma variação na taxa de juros, que provoca uma redução no investimento de magnitude semelhante à variação no gasto público. Tem-se apenas a substituição de gastos privados por gastos públicos, o chamado ***crowding-out*** ou efeito **deslocamento**. Esse resultado pode ser visto no Gráfico 20.15.

GRÁFICO 20.15

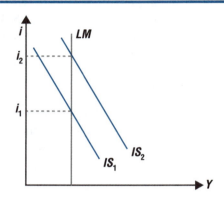

Em situações normais, como visto, uma política fiscal expansionista provoca o aumento da renda, pois eleva a demanda; mas esse aumento, ao elevar a demanda por moeda, provoca o aumento da taxa de juros. Uma política fiscal contracionista provoca redução da demanda e da renda, e, assim, ao diminuir a demanda por moeda, causa redução na taxa de juros.

QUADRO 20.2

Política fiscal	Renda	Taxa de juros	Investimento
Expansionista	Aumento	Aumento	Redução
Contracionista	Redução	Redução	Aumento

20.6 ■ CONSIDERAÇÕES FINAIS

O modelo *IS-LM*, combinando o mercado de bens e de ativos, complementando o modelo keynesiano, parece ser um importante instrumental para analisar o comportamento da economia a curto prazo, e suas flutuações econômicas.

O modelo permite um referencial simples para entender, por exemplo, o efeito das políticas monetária e fiscal sobre a economia. Constitui-se em um primeiro passo para os estudantes entenderem o funcionamento da Macroeconomia e a integração entre o mercado de ativos e o mercado de bens. Vários aprofundamentos são possíveis nesse modelo: a incorporação do setor externo, a incorporação das expectativas e a ampliação do número de ativos que compõe o portfólio dos agentes. Além disso, deve-se ter em mente a hipótese do modelo de preços constantes, ou seja, só se considera a demanda agregada, assumindo que as empresas possam atender a qualquer demanda ao nível de preços dado. Assim, uma importante lacuna desse modelo é não incorporar a oferta agregada e as condições de ajustamento de preços e salários.

Todos esses pontos devem ser considerados pelo leitor, que deverá aprofundar seu estudo. Apesar de ser um modelo simples, é um importante instrumento para o entendimento da Macroeconomia.

QUESTÕES

1. a) Defina as curvas *IS* e *LM*.
   b) Qual a contribuição desse modelo para a análise macroeconômica?
2. O que ocorre com o equilíbrio renda-taxa de juros, no caso de uma política fiscal expansionista? Ilustre graficamente.
3. Realize o mesmo, no caso de uma política monetária expansionista.
4. No modelo *IS-LM*, que fatores ou variáveis afetam o efeito multiplicador keynesiano, no caso de um aumento dos gastos do governo?
5. Descreva e ilustre graficamente os casos em que a economia está fora do equilíbrio, no modelo *IS-LM*.

REFERÊNCIAS

DORNBUSCH, R.; FISHER, S. *Macroeconomia*. 7. ed. Rio de Janeiro: McGraw-Hill, 1998.
FROYEN, R. T. *Macroeconomia*. 7. ed. São Paulo: Saraiva, 1999.
HANSEN, A. *Um guia para Keynes*. São Paulo: Vértice Universitária, 1987.
HICKS, J. R. Mr. Keynes and the classics: a suggested interpretation. *Econometrica*, v. 5, 1937.
LOPES, L. M.; VASCONCELLOS, M. A. S. *Manual de macroeconomia*: básico e intermediário. 3. ed. São Paulo: Atlas, 2009.

PARTE 4

População, Emprego e Distribuição de Renda

CAPÍTULOS

21 MERCADO DE TRABALHO:
CONCEITOS, DEFINIÇÕES, FUNCIONAMENTO E PRINCIPAIS ESTATÍSTICAS PARA O BRASIL

22 A DESIGUALDADE DE RENDA NO BRASIL:
DA INDUSTRIALIZAÇÃO ACELERADA À DISTRIBUIÇÃO DE RENDA NO INÍCIO DO SÉCULO XXI

21 MERCADO DE TRABALHO: CONCEITOS, DEFINIÇÕES, FUNCIONAMENTO E PRINCIPAIS ESTATÍSTICAS PARA O BRASIL

José Paulo Zeetano Chahad[1]

21.1 INTRODUÇÃO

Com o surgimento do sistema capitalista de produção e consequente utilização do trabalho assalariado em larga escala, emerge o mercado de trabalho como uma instituição fundamental ao funcionamento da economia. De uma forma bastante ampla, ele pode ser entendido como a compra e venda de serviços de mão de obra, representando o lócus em que os trabalhadores e os empresários se confrontam e, dentro de um processo de negociações coletivas que ocorre algumas vezes com a interferência do Estado, determinam conjuntamente os níveis de salários, o nível de emprego, as condições de trabalho, os padrões de rotatividade do trabalho, o treinamento profissional e os demais aspectos relativos às relações entre capital e trabalho.

O mercado de trabalho assim definido e que tem sido abordado em outras partes deste manual denomina-se **mercado formal de trabalho**, o qual contempla as relações contratuais de trabalho, em grande parte determinadas pelas forças de mercado, mas ao mesmo tempo objeto da legislação (trabalhista, previdenciária, tributária e educacional) específica que as regula. Em contraposição, existe o chamado **mercado informal de trabalho**, em que prevalecem regras de funcionamento com um mínimo de interferência governamental. Ainda que a dimensão do mercado informal possa, a um momento do tempo, ser relativamente grande, a dinâmica econômica é sempre determinada pelo setor formal, notadamente em um país emergente como o Brasil. Ademais, a própria dimensão e o funcionamento do mercado informal estão intrinsecamente ligados ao que ocorre no núcleo capitalista de produção, no qual desponta a importância e o papel do mercado formal de trabalho.

A importância do mercado de trabalho pode ser observada de óticas variadas dentro da teoria econômica. Do ponto de vista microeconômico, esse mercado constitui-se em um caso particular da teoria dos preços, sendo imprescindível na determinação dos níveis de salários e emprego da economia. Já do ponto de vista macroeconômico, ele contribui para a compreensão da determinação do nível de demanda agregada, do produto e do emprego, em que tem um papel fundamental ao lado dos mercados de bens e serviços, acionário, monetário e financeiro. Outro ponto de vista a ser observado diz respeito à sua importância socioeconômica, em que se formam inúmeras variáveis de profunda repercussão sobre o cotidiano dos trabalhadores, tais como salários (reais e nominais), desemprego, rotatividade, produtividade, além de determinadas condições de trabalho e de subsistência dos indivíduos e das famílias.

Mercado formal de trabalho: *contempla as relações contratuais de trabalho, em grande parte determinadas pelas forças de mercado, ao mesmo tempo em que são objeto de legislação específica.*

Mercado informal de trabalho: *prevalecem regras de funcionamento com um mínimo de interferência governamental.*

---

[1] O autor agradece às estagiárias de pesquisas Anna Costola Pede e Luiza Karpavicius, bacharelandas de Ciências Econômicas da FEA/USP, pelo apoio na busca de dados, elaboração de gráficos, tabelas e figuras. Erros e omissões são de responsabilidade do autor.

Finalmente, convém salientar que a compreensão dos aspectos pertinentes ao mercado de trabalho é importante no Brasil na medida em que se relaciona com outros aspectos relevantes, como crescimento populacional, necessidades de absorção de mão de obra vinda do campo, migrações regionais, miséria e pobreza. Além disso, a experiência tem mostrado que, sobre uma ótica puramente econômica, grande parte do ajuste da economia tem, historicamente, recaído sobre o mercado de trabalho, com os trabalhadores penalizados na forma de quedas de salário real, elevação do desemprego, aumento da rotatividade da mão de obra, elevação da miséria e deterioração das condições de trabalho.

Este capítulo abordará os principais elementos constitutivos do mercado de trabalho, seu funcionamento e suas definições mais importantes. A seção seguinte procurará mostrar que esse mercado é condicionado, basicamente, pela evolução do nível de atividade econômica, ou seja, o Produto Interno Bruto (PIB). O próximo tópico apresenta as categorias da população com relação à atividade econômica e, a partir daí, as possibilidades de transições de trabalhadores no mercado de trabalho. Seguem-se definições das principais variáveis e dos indicadores que o compõem. Abordam-se, também, algumas das principais estatísticas recentes sobre o mercado de trabalho brasileiro, bem como algumas entre as mais utilizadas fontes de informações sobre o assunto. Finalmente, são apresentadas as principais políticas voltadas para corrigir os rumos do mercado de trabalho ou torná-lo mais eficiente. Seguem sugestões de questões para consolidar o entendimento do material apresentado e a bibliografia básica que fundamentou este texto.

21.2 ■ A ATIVIDADE ECONÔMICA E O COMPORTAMENTO DO MERCADO DE TRABALHO

O mercado de trabalho não pode ser analisado isoladamente no contexto da economia. As modificações das principais variáveis que o compõem — salários, emprego, desemprego, rotatividade e produtividade — são condicionadas tanto pelo nível como pela flutuação da atividade econômica. Isso é verdade seja em curto prazo, durante o chamado ciclo de conjuntura, ou então em uma perspectiva de longo prazo, em que os principais fatores condicionantes da evolução das variáveis mencionadas são o nível e o ritmo de crescimento econômico do país. De qualquer modo, analisar o que ocorre com o mercado de trabalho de uma forma isolada tem seus propósitos didáticos, mas não se deve ocultar o fato de que os movimentos desse mercado não são isolados dos movimentos e das flutuações da atividade econômica.

Como regra geral, em períodos longos (longo prazo), o crescimento econômico conduz à elevação dos principais indicadores do mercado de trabalho. Os salários reais sobem, pois, com o crescimento, a demanda por trabalhadores se eleva, criando uma pressão altista sobre os salários nominais. Ademais, mais bens são colocados à disposição da coletividade, assim como o nível de produtividade do trabalho é maior. Nenhuma inferência, contudo, pode ser extraída com relação à distribuição de renda.

O emprego também cresce porque se ampliam as oportunidades de trabalho, seja pelo surgimento de novas ocupações, seja pelo aumento de novas vagas em firmas já instaladas. A produtividade cresce, pois, em geral, as empresas utilizam maior quantidade de capital, ou instrumentos de trabalho tecnologicamente mais avançados, por unidade de trabalho. Além disso, os trabalhadores educam-se e treinam-se, tornando-se mais eficientes. A rotatividade cresce porque, com a ampliação das oportunidades de emprego, os trabalhadores têm maiores chances de mobilidade ocupacional e/ou entre firmas, ou mesmo buscam maior salário na mesma ocupação. Além disso, o contingente de trabalhadores sujeitos à dispensa pelas empresas ou demissão a pedido do próprio trabalhador é maior, um fato determinante de maiores possibilidades de substituição de mão de obra.

Observando agora o mercado de trabalho no curto prazo, em que os ciclos de expansão e recessão econômica se sucedem com maior rapidez, os indicadores já mencionados refletem esse fenômeno cíclico. Tal aspecto está ilustrado no Gráfico 21.1, que reúne informações sobre a produção e o emprego formal no período de 2000 a 2016. O PIB representa a atividade econômica, e flutua de acordo com a demanda de bens e serviços da sociedade. O emprego formal representa aqui o mercado de trabalho. Observando as variações anuais, nota-se que, durante o ciclo de expansão do PIB, o emprego sobe. Na recessão, ocorre o movimento oposto. É certo, porém, que existem defasagens, isto é, por breves períodos a produção pode estar caindo e o emprego crescendo, ou, então, o emprego caindo e o produto crescendo devido à utilização mais intensa da mão de obra. Entretanto, a tendência geral desse mercado é acompanhar o ciclo econômico. Essa constatação fica bastante clara quando se observam as chamadas linhas de tendência, retratadas no referido gráfico.

Ainda que não aparente, é preciso destacar que, além de acompanhar a evolução do nível de atividade econômica, algumas variáveis que compõem o mercado de trabalho relacionam-se. Por exemplo, dentro dos pressupostos tradicionais, os níveis de salários reais tendem a acompanhar a produtividade do trabalho, o que reforça a tendência de variação conjunta nessas variáveis, de acordo com a evolução da atividade econômica. Do mesmo modo, o emprego tende a se correlacionar com os níveis de salários reais reforçando ainda mais o impacto da atividade econômica sobre o comportamento do mercado de trabalho.

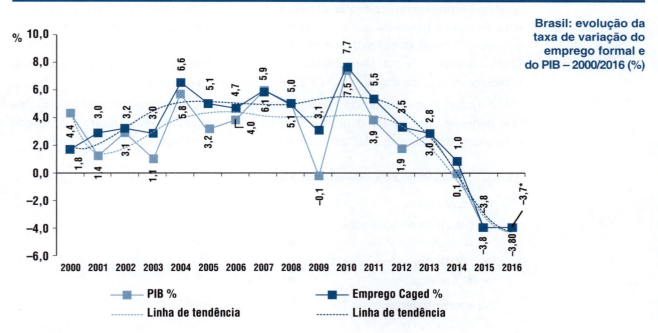

GRÁFICO 21.1

Brasil: evolução da taxa de variação do emprego formal e do PIB – 2000/2016 (%)

Fontes: MT/Caged; IBGE.
* Estimativas.

21.3 ■ POPULAÇÃO ECONOMICAMENTE ATIVA E MERCADO DE TRABALHO

21.3.1 A força de trabalho: definição e composição

Para entender o que vem a ser o mercado de trabalho, no que se refere a indivíduos que o constituem, é necessário, inicialmente, classificar a população segundo a atividade econômica que cada um exerce. Para delimitar esse mercado, deve-se partir da noção de atividade econômica — conceito marcado por algumas dificuldades de definição. Quando isso ocorre, verificam-se, por vezes, situações ambíguas. Além disso, o conceito de atividade econômica diferencia-se no espaço e no tempo, carregando consigo a necessidade de se decidir sobre situações não suficientemente claras em determinados casos, bem como utilizando, frequentemente, parâmetros arbitrários para definir determinadas ocupações.

De qualquer forma, por critérios cientificamente elegidos, é possível conceituar a denominada força de trabalho (ou População Economicamente Ativa — PEA), que, em última instância, representa o conjunto de indivíduos que constituirão o mercado de trabalho, o qual, por sua vez, abastecerá as firmas no que diz respeito às suas necessidades de mão de obra.

Entende-se por PEA o conjunto de elementos empregados-ocupados (E) e desempregados-desocupados (D), em certo momento, captado por um inquérito estatístico de natureza domiciliar, com base na definição de atividade econômica dos indivíduos. A PEA é um subconjunto da população em idade ativa (PIA), conforme pode-se inferir na Figura 21.1, a qual fornece, em detalhes, as categorias da população com relação à atividade econômica, partindo-se do total da população de um país. Neste gráfico, é possível destacar três grandes segmentos de trabalhadores que mais diretamente dizem respeito ao mercado de trabalho, bem como à própria dinâmica de formação de salários e emprego na economia: a) os indivíduos em idade ativa, mas não considerados economicamente ativos, isto é, os *indivíduos fora da força de trabalho*; b) os indivíduos *ocupados (empregados)* e c) os indivíduos *desocupados (desempregados)*. Estes dois últimos somados constituem a força de trabalho à disposição das empresas do país, estado ou região, tanto para o setor público como para o privado.

No interior de cada um desses segmentos, ocorrem inúmeras outras classificações que permitem enquadrar com maior precisão os trabalhadores segundo a atividade econômica que exercem. Um sumário é a seguir apresentado.

21.3.1.1 *População economicamente ativa*

1. Empregados:
a) plenamente ocupados:
   - em tempo integral;
   - em tempo parcial;
b) subempregados:
   - visíveis;
   - invisíveis.

2. Desempregados:
a) buscando trabalho:
   - já trabalharam;
   - nunca trabalharam (primeiro emprego);
b) não estão procurando trabalho, mas estão dispostos a trabalhar em condições específicas:
   - já trabalharam;
   - nunca trabalharam.

21.3.1.2 População não economicamente ativa

1. Capacitados para o trabalho:

a) trabalhadores desalentados (dispostos a trabalhar, mas desestimulados a buscar emprego pelas más condições da economia):
- dedicando-se a afazeres domésticos;
- estudante;
- aposentado;
- pensionista;
- rentista e outros.

b) inativos (não buscam trabalho nem desejam trabalhar).

2. Incapacitados para o trabalho:

a) inválidos física e mentalmente;
b) idosos, réus e outros.

Longe de esgotar todas as possibilidades de enquadramento quanto à atividade econômica, a Figura 21.1 e as considerações realizadas permitem vislumbrar as principais formas de inserção dos indivíduos na força de trabalho.

Essa forma de classificação da PEA é universal e contemplada pelas mais importantes instituições nacionais e internacionais, inclusive a Organização Internacional do Trabalho (OIT), que é voltada para questões e levantamentos estatísticos sobre o mercado de trabalho, sendo, também, adotada nos principais inquéritos visando captar aspectos relativos à atividade econômica dos indivíduos. A principal polêmica ocorre em como enquadrar determinada categoria ocupacional, com base em uma situação observada. Por vezes, é difícil distinguir desemprego de rotatividade do trabalho ou, mesmo, desemprego do trabalho informal. Porém, isso é sempre solucionado pelo rigor científico no tratamento destas questões.

FIGURA 21.1
População, força de trabalho e mercado de trabalho.

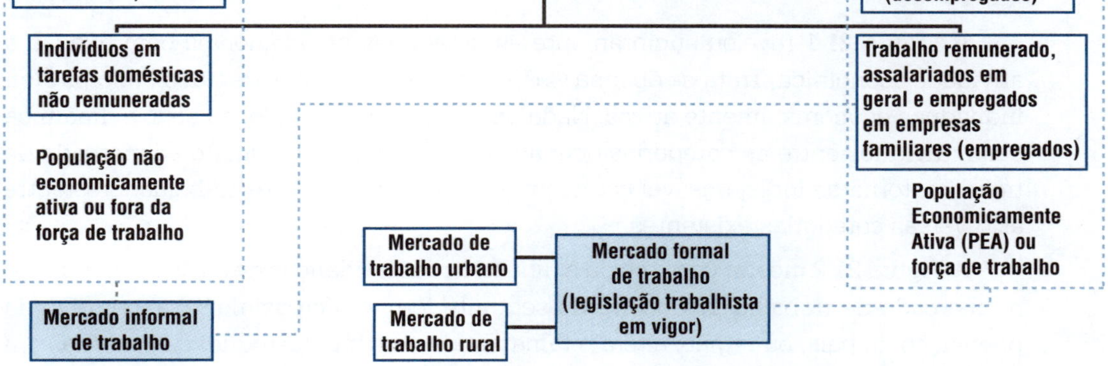

As seguintes observações também merecem destaque:

a) alguns indivíduos que não trabalham fazem parte do mercado informal, composto também por indivíduos que trabalham muitas vezes em trabalhos precários sem a necessária proteção social;
b) o nível de participação dos grupos populacionais na PEA pode alterar-se sem modificações originadas por aspectos demográficos. Basta mudar de um *status* ocupacional para outro;
c) o critério para definir idade ativa é arbitrário, variando entre países, mas, em geral, contido no intervalo entre 10 e 15 anos de idade. No Brasil, adota-se o critério de 14 anos como limite mínimo para idade ativa, no caso da Pesquisa Nacional por Amostras de Domicílios (PNAD Contínua), realizada pelo Instituto Brasileiro de Geografia e Estatística (IBGE);
d) os desempregados autênticos, também chamado desemprego aberto, representam um patamar mínimo de subutilização da mão de obra, desde que entre os empregados existam os indivíduos subempregados;
e) o fato de o indivíduo estar em idade ativa não o caracteriza como economicamente ativo;
f) possuir capacidade para trabalhar também não assegura que o indivíduo seja economicamente ativo;
g) desemprego não significa inatividade, mas sim uma situação temporária entre aqueles economicamente ativos.

Finalmente, deve-se notar que as categorias classificadas como economicamente ativas, na forma mencionada, ainda que representativas do volume de trabalho apto e imediatamente disponível a serem ocupadas, não revelam a total potencialidade da força de trabalho. Nesse caso, a definição de força de trabalho não leva em consideração aspectos importantes das condições da vida ocupacional dos indivíduos, tais como nível educacional dos trabalhadores, experiência no trabalho, qualidade do trabalho, volume de horas trabalhadas, dedicação e intensidade do indivíduo em sua ocupação, entre outras variáveis que são determinantes do trabalho potencial dos indivíduos componentes do mercado de trabalho.

Dessa forma, a PEA deve ser interpretada como um conceito parcial no que diz respeito à verdadeira dimensão da oferta do trabalho (disponibilidade de mão de obra) imediatamente utilizável de um país.

21.3.2 A dinâmica ocupacional do mercado de trabalho

A Figura 21.1 revelou sucintamente as categorias populacionais com relação à atividade econômica. Trata-se de uma visão estática do conjunto de trabalhadores e/ou indivíduos economicamente ativos. Nada diz sobre a mobilidade, ou seja, a dinâmica dos indivíduos entre as categorias ocupacionais. No que diz respeito ao mercado de trabalho, torna-se indispensável conhecer esses movimentos dos trabalhadores entre as diversas categorias existentes.

A Figura 21.2 mostra como se dá a dinâmica das mudanças de *status* ocupacional no mercado de trabalho. Ela ocorre da seguinte forma: o crescimento vegetativo da população do país, ou região, altera o tamanho do conjunto (estoque) das pessoas em idade de trabalhar. Isso causa mudanças no estoque da força de trabalho disponível para trabalhar no mercado, assim como no estoque de indivíduos fora da força de trabalho. A modificação do tamanho da força de trabalho, por sua vez, afeta o estoque de trabalhadores empregados e o conjunto de trabalhadores desempregados.

Nessa perspectiva, existem, conforme afirmado na introdução, três estoques de trabalhadores entre os indivíduos em idade ativa de dimensão diferente entre si, mas igualmente importantes: *o estoque daqueles fora da força de trabalho, o estoque de empregados e o conjunto dos desempregados*. Esses estoques se modificam no tempo pela ocorrência de fluxos migratórios entre eles. Por exemplo, um trabalhador que se aposenta aumenta o estoque daqueles fora da força de trabalho. Um desempregado contratado por uma empresa reduz o estoque de desempregados e eleva na mesma proporção o estoque de empregados, e assim por diante, conforme revelado na Figura 21.2.

FIGURA 21.2

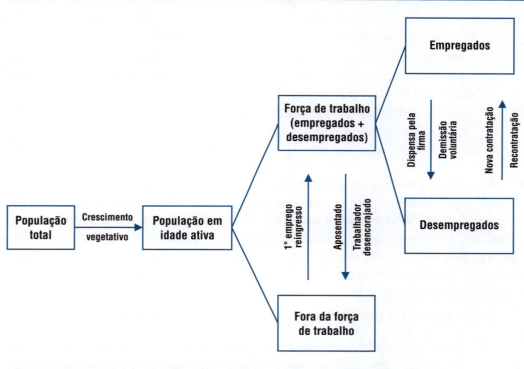

Fluxos e estoques na força de trabalho: a dinâmica do mercado de trabalho, segundo o *status* ocupacional do trabalhador.

Fonte: EHRENBERG, R. & SMITH, R. *Modern Labor Economics*: theory and public policy. New York: Pearson Education, 2006.

21.4 ■ PRINCIPAIS INDICADORES DO MERCADO DE TRABALHO: CONCEITOS E DEFINIÇÕES

A seção anterior apresentou a composição da PEA e descreveu os principais movimentos de trabalhadores no mercado de trabalho, bem como entre aquela e o estoque de indivíduos fora da força de trabalho. Para avaliar o comportamento desse mercado, uma série de indicadores é construída, alguns diretamente das definições apresentadas, e outros, como o índice de salário real, que não emergem diretamente do que foi descrito, mas derivam de variáveis que se formam no mercado.

Tais indicadores possibilitam tanto refletir sobre o desempenho quanto avaliar o comportamento da economia, no que diz respeito à sua força de trabalho. Podem, também, serem utilizados como importantes fatores de orientação no processo de tomada de decisões, seja pelo governo, por firmas, ou ainda pelas organizações sindicais, visando proporcionar melhorias no padrão de vida, nas condições de emprego e, principalmente, na harmonização das relações entre empresários e trabalhadores. Servem ainda para refletir situações de pobreza ou miséria, além de contribuir para a avaliação do nível de absorção de mão de obra e de seu grau de subutilização.

A seguir, apresenta-se um conjunto selecionado desses indicadores, dentre os mais relevantes, complementando-se tal apresentação com uma análise básica do comportamento de cada indicador.

21.4.1 A taxa de participação na força de trabalho

Taxa de participação na força de trabalho: *mede o tamanho relativo da força de trabalho, fornecendo uma aproximação do volume da oferta de trabalho humano imediatamente disponível na economia.*

A **taxa de participação na força de trabalho** mede o tamanho relativo da força de trabalho, fornecendo uma aproximação do volume de oferta de trabalho imediatamente disponível na economia. Estatisticamente, representa o volume da população que compõe o mercado de trabalho. É também conhecida como *taxa de atividade*, refletindo, ainda, o nível de engajamento da PIA nas atividades produtivas.

Como o tamanho da população e da própria PEA tende a diferir de país para país, ou entre regiões de um mesmo país, é necessário expressar porcentualmente o volume de indivíduos em atividades voltadas para a produção social de bens e serviços em relação à PIA. Define-se, então, taxa de participação (t_p) como:

$$t_p = \frac{D}{\text{PEA}} = \frac{D}{E+D} \qquad (1)$$

Ela pode ser decomposta em *taxa de ocupação (emprego) e taxa de desocupação (desemprego)*, desde que, por definição, a força de trabalho se componha dos ocupados e dos desocupados (**doravante denominados empregados e desempregados**). Essa taxa pode também ser calculada para outras características demográficas e sociais, como sexo, idade, estado civil, escolaridade, região e outras. Em todos esses casos, a taxa de participação possui padrões de comportamento bem definidos e universalmente semelhantes.

Como regra geral, para qualquer país, observa-se que a taxa de:

a) participação masculina é maior que a feminina, pois os afazeres domésticos não são considerados ocupações economicamente ativas e são exercidos majoritariamente pelas mulheres;

b) participação adulta é maior que a participação jovem ou idosa. A necessidade de educar e a aposentadoria são as explicações tradicionais para a menor participação desses dois últimos grupos;

c) participação feminina tende a crescer com o desenvolvimento econômico, seja porque aumentam as oportunidades de emprego para as mulheres, seja porque o próprio papel delas com relação ao trabalho é visto de forma integrativa.

21.4.2 A taxa de desemprego aberto

O desemprego aberto figura como um dos mais conhecidos indicadores da economia, pois reflete os desequilíbrios no mercado de trabalho. Rotula-se como aberto aquele tipo de desemprego em que o indivíduo não exerce qualquer atividade econômica, mesmo informal ou precária. Representa, ainda, a falta de capacidade do sistema econômico em prover ocupação produtiva para todos aqueles que a desejam.

Por que a taxa de desemprego se afigura tão importante como um indicador da economia? Algumas das principais explicações são as seguintes:

a) representa o principal indicador do desempenho da atividade econômica de um país, estado ou região;
b) representa a saúde econômica do país e o nível de bem-estar da população;
c) indicador do comportamento do setor produtivo: se o desemprego for baixo é porque as empresas estão elevando o nível de contratações e sua produção e vice-versa;
d) revela o grau de eficiência econômica do sistema produtivo. Se há trabalho ocioso em decorrência do desemprego, então, existem fortes indícios de que outros recursos produtivos da economia também estão ociosos;
e) do ponto de vista social e humanitário, impõe pesados custos às famílias e aos indivíduos. Ele leva à perda do conjunto de conhecimentos, experiências e habilidades do trabalhador;
f) impõe pesados custos psicológicos e emocionais que se tornam mais graves com o prolongamento do período de desemprego. Do ponto de vista profissional, ficar sem trabalho leva à deterioração do capital humano do indivíduo, ou seja, leva degradação aos indivíduos e família, associando-se a problemas como separação conjugal, doenças mentais, suicídios e outros tipos de violências.

Do ponto de vista numérico, a **taxa de desemprego** aberto contabiliza aqueles indivíduos que estão aptos, saudáveis, disponíveis para o trabalho, buscando ativamente um emprego, mas que não encontram ocupação à taxa de salários vigente no sistema econômico.

Estatisticamente, a taxa de desemprego (avaliada em termos percentuais) é a relação entre o número de desempregados (D) e o total da força de trabalho (PEA), ou seja:

$$t_d = \frac{D}{\text{PEA}} = \frac{D}{E + D} \qquad (2)$$

Taxa de desemprego: *mostra a relação entre o número de desempregados e o total da força de trabalho, indicando aqueles indivíduos que estão aptos, saudáveis e buscando trabalho, mas que não encontram ocupação à taxa de salários vigente no sistema econômico.*

Sua evolução demonstra as flutuações da atividade econômica, sendo extremamente útil ao governo central como indicador do impacto das políticas econômicas no curto prazo. Do ponto de vista social, é inegavelmente o principal indicador da ocorrência de recessão, pois incorpora tanto movimentos da força de trabalho como flutuações no plano das atividades produtivas.

A maior polêmica envolvendo a mensuração do desemprego foi anteriormente mencionada e destaca a possibilidade de o indivíduo ser classificado, equivocadamente, como inativo, isto é, fora do mercado de trabalho, levando, assim, à subestimação dessa taxa. Esse é o caso do "*trabalhador desencorajado*". Alega-se também que o desemprego pode ser estimado erroneamente quando se atribui menor importância às aspirações do indivíduo em obter um trabalho. Argumenta-se, ainda, quanto à própria composição do mercado de trabalho, que pode refletir uma estrutura de ocupações e de firmas, em que o trabalho precário ou ocasional é, muitas vezes, computado como atividade produtiva, quando, na verdade, trata-se de um desemprego disfarçado ou precário. Isso leva à subestimação do índice de desemprego.

Em decorrência da importância da taxa de desemprego, será apresentado, a seguir, como os diversos fluxos de trabalhadores, descritos na Figura 21.2, interferem na dimensão dessa variável, podendo-se verificar até mesmo que ela se modifica ainda que o número de desempregados não se altere, em determinado período. A Figura 21.3 fornece suporte a essa discussão.

FIGURA 21.3

População, força de trabalho e mercado de trabalho

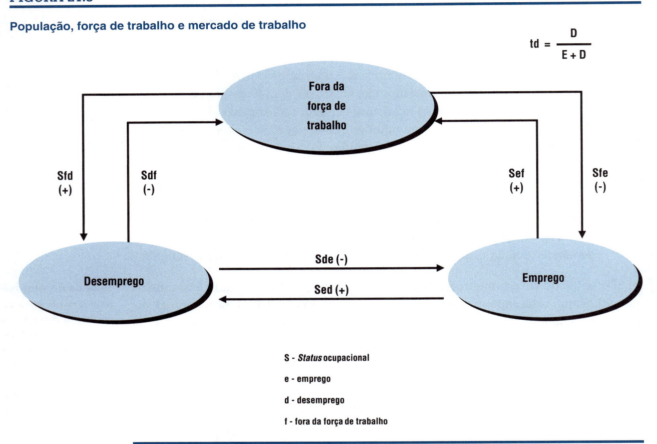

S - *Status* ocupacional
e - emprego
d - desemprego
f - fora da força de trabalho

Indivíduos *fora da força de trabalho, o total de desempregados e o total de ocupados* são considerados estoques de indivíduos trabalhadores, ou seja, só mudam mediante fluxos de entrada e saída de trabalhadores entre eles. Nesse sentido, esses três estoques de indivíduos, que representam as diversas categorias da população descritas, estão em constante mutação, ou porque se alteraram determinados critérios de enquadramento, ou por fatores principalmente decorrentes das influências exercidas pelos ciclos da atividade de produção e consequente impacto sobre a política de formação de recursos humanos das empresas. De qualquer forma, é preciso ter em mente que o tamanho dos círculos representando cada estoque se difere entre si: o estoque dos fora da força de trabalho tende a ser maior que o estoque de empregados, que é maior que o estoque de desempregados.

Uma retração da atividade econômica, por exemplo, transforma um empregado em um desempregado, permanecendo imutável, contudo, o total da força de trabalho (PEA). Da mesma forma, uma retomada da atividade econômica que reempregue um trabalhador mantém constante a força de trabalho, ainda que os estoques de empregados e desempregados se alterem. Por sua vez, a expansão de uma firma ou setor que propicie ocupação a um indivíduo que não estava no mercado de trabalho ampliará o estoque de empregados, e, assim, o próprio tamanho da força de trabalho.

Esses movimentos de trabalhadores acontecem de forma dinâmica, todos simultaneamente, ainda que não na mesma intensidade, esteja a economia em declínio ou em crescimento acelerado. Deve-se ainda notar que o mercado de trabalho depende do estoque de vagas colocado pelas firmas à disposição dos trabalhadores, as quais tendem a aumentar pela elevação da demanda por mão de obra, pressionada pela demanda social por bens e serviços. Esse estoque de vagas pode incrementar-se, não só pela oferta de vagas adicionais proporcionadas pelas firmas já existentes, bem como pelo surgimento de novas empresas criando novas vagas no mercado de trabalho. Além disso, observa-se que tais vagas podem ocorrer em um conjunto relativamente amplo de diferentes ocupações.

Ainda que a Figura 21.3 possa sugerir um volume de vagas igual ao número de desempregados, isso é difícil de acontecer no processo dinâmico que caracteriza esses movimentos no mercado de trabalho. Seja por pressões advindas do crescimento populacional e/ou por crises que diminuem a oferta de novos empregos, ou mesmo eliminam alguns já existentes, a situação mais provável é caracterizada por escassez de demanda por trabalho, isto é, o estoque de desempregados tende a ser maior que o número de vagas existentes. Além disso, o estoque de vagas pode elevar-se somente por ação do setor produtivo, tanto de origem privada como pública.

Em épocas, por exemplo, de recessão, quando as firmas do setor privado estão em dificuldades para manter o volume de vagas disponíveis, emerge o próprio governo como elemento institucional de manutenção do nível de emprego. Ainda que esse fato signifique uma mudança na forma de vínculo empregatício, posto que o emprego público funcione com regras mais rígidas de estabilidade, isso pode representar novas vagas que ocorrem em níveis de salários diferentes das vagas preexistentes, fato que pode afetar a estrutura salarial observada no mercado de trabalho.

Enquanto aspectos relativos ao crescimento populacional, até mesmo decorrentes dos fluxos migratórios, tendem a afetar o tamanho da força de trabalho e, consequentemente, o mercado de trabalho, podem acontecer movimentos de trabalhadores para fora da região em questão, com a retirada de trabalhadores da força de trabalho. Nesse caso, quando essa retirada se faz por via da saída de um desempregado, é possível que tal diminuição seja artificial, pois o indivíduo não desejava tornar-se inativo, mas, sim, foi desestimulado a buscar trabalho em face da acentuada diminuição das oportunidades de emprego.

Essa situação denomina-se, como já mencionado, "*trabalhador desencorajado*", cuja consequência maior é levar a uma *subestimação* das estatísticas de desemprego. Ocorre principalmente em períodos de retração mais intensa da atividade econômica, quando as oportunidades de emprego se estreitam demasiadamente. Nesse particular, pode-se também falar do "*trabalhador adicional*", isto é, do elemento que na tentativa de recompor a renda familiar em uma época de crise, e não sendo o trabalho de mercado sua principal ocupação, aflui ao mercado e, não obtendo uma vaga, contribui para elevar artificialmente as estatísticas de desemprego.

Aqui, é necessário destacar que todos esses movimentos dentro da força de trabalho entre trabalhadores e firmas, e dentro dela para fora (ou vice-versa), estão associados intimamente com o ciclo de produção, quando enfocados no curto prazo. Já no longo prazo, o importante é o crescimento econômico, que leva a uma melhora geral nas condições de vida e, com isso, pode concorrer para o aumento da população, bem como da própria dimensão e composição da força de trabalho. Essas duas situações revelam ser o desemprego um fenômeno bastante influenciado pela atividade cíclica, cuja melhor compreensão se faz quando se aborda a oferta de trabalho nas zonas urbanas como uma variável que deve ser interpretada, tendo a família como unidade de decisão.

Pelos problemas sociais e de sobrevivência que acarreta ao trabalhador, o desemprego é a situação que possui maior importância. A alteração do número de desempregados não ocorre só pela dispensa por parte da firma, que só se destaca das outras razões em períodos recessivos mais intensos. Em épocas normais, a procura pelo reingresso na força de trabalho, bem como o primeiro emprego, acabam por constituir categorias de desemprego tão importantes quanto à dispensa por iniciativa da firma.

Definida como em (2), e consoante à Figura 21.3, a taxa de desemprego pode alterar-se *sem que necessariamente um trabalhador tenha aumentado o estoque de desempregados*. Se um indivíduo se retira da força de trabalho, haverá uma redução do numerador da expressão e, consequentemente, uma elevação da taxa de desemprego. Por seu turno, se um trabalhador ingressa na força de trabalho diretamente como empregado, a taxa de desemprego se reduz, sem que tenha diminuído o volume de desempregados. Assim, podem-se simbolizar os impactos dos movimentos de trabalhadores sobre a taxa de desemprego da seguinte forma:

Sendo *s* o segmento da força de trabalho que passa do *status* ocupacional *i* para o *status j* e denominando-se os empregados *e*, os desempregados *d* e os indivíduos fora da força de trabalho *f*, tem-se:

$$t_d = t\ (\overset{-}{S_{de}};\ \overset{-}{S_{df}};\ \overset{+}{S_{ed}};\ \overset{+}{S_{fd}};\ \overset{+}{S_{ef}};\ \overset{-}{S_{fe}}), \qquad (2')$$

em que o sinal acima da situação de mudança (*S*) indica o impacto de uma elevação (+) ou diminuição (−) sobre a taxa de desemprego, em decorrência do movimento a que se refere. Observa-se que, quando ocorre a passagem de um *status* para outro, modificando-se tanto o numerador como o denominador da expressão (2'), o efeito relativo é sempre maior no estoque de desempregados. Além disso, dentro do contexto dinâmico que caracteriza o mercado de trabalho, todos esses movimentos ocorrem simultaneamente na taxa de desemprego, cuja variação deve ser interpretada como o resultado líquido decorrente das diversas mudanças de *status* ocupacional que estão ocorrendo.

A taxa descrita em (2) capta aqueles indivíduos classificados como desempregados por diversas razões, as quais vão desde a total *involuntariedade* do trabalhador em se colocar nessa situação até a incapacidade do sistema em absorver o contingente de indivíduos que afluem às forças de trabalho periodicamente. Em outras palavras, existem diversas classificações de desemprego, segundo sua origem, todas ocorrendo ao mesmo tempo e, dessa forma, captadas pela taxa de desemprego tradicionalmente calculada por pesquisas primárias.

Os principais tipos de desemprego são os seguintes:

- **Desemprego involuntário**: ocorre quando o indivíduo deseja trabalhar à taxa de salários vigente no sistema econômico, mas não encontra ocupação. É também denominado desemprego aberto, cíclico ou conjuntural e ocorre devido à insuficiência de demanda agregada na economia. Desde que Keynes se destacou como o gestor das ideias sobre o impacto da insuficiência de demanda sobre a economia e o mercado de trabalho, esse tipo de desemprego é também conhecido como keynesiano. Representa, sem dúvida, aquele tipo de desocupação dos indivíduos que deve merecer maior atenção das autoridades governamentais.
- **Desemprego estrutural**: acontece quando o padrão de desenvolvimento econômico adotado exclui uma parcela dos trabalhadores do mercado de trabalho. Denomina-se também desemprego tecnológico e ocorre devido ao desequilíbrio entre a oferta e a demanda por mão de obra de determinada qualificação. Há um descompasso entre o tipo de trabalhador demandado pela empresa e o perfil dos trabalhadores desempregados.
- **Desemprego friccional**: surge em decorrência do processo dinâmico que caracteriza o mercado de trabalho, no qual o sistema de informações sobre a oferta de vagas disponíveis no sistema produtivo é imperfeito. Existe um lapso de tempo entre a saída do indivíduo de um emprego e a obtenção de uma nova ocupação de acordo com suas características. A capilaridade do sistema de recolocação do trabalhador em um novo emprego não permite que isso ocorra imediatamente. Nesse ínterim, ele é classificado como desempregado.
- **Desemprego sazonal:** ocorre devido à sazonalidade de determinados tipos de atividade econômica. Como é possível prever esse tipo de flutuações, pode-se atribuir uma dose de voluntariedade dos indivíduos engajados em ocupações dessa natureza.

Desemprego involuntário: *ocorre quando o indivíduo deseja trabalhar à taxa de salários vigente no sistema econômico, mas não encontra ocupação. É também denominado desemprego cíclico ou desemprego conjuntural.*

Desemprego estrutural: *acontece quando o padrão de desenvolvimento econômico adotado exclui uma parcela dos trabalhadores do mercado de trabalho.*

Desemprego friccional: *surge em decorrência do processo dinâmico que caracteriza o mercado de trabalho, no qual o sistema de informações sobre a oferta de vagas disponíveis no sistema produtivo é imperfeito.*

Desemprego sazonal: *ocorre devido à sazonalidade de determinados tipos de atividade econômica.*

21.4.3 A taxa de emprego

Uma primeira versão dessa taxa é dada pelo quociente entre E/PIA. Esse indicador é usado para medir a proporção da população economicamente ativa que, após certa idade, é considerada empregada (ocupada), isto é, procura refletir aqueles indivíduos absorvidos no mercado de trabalho na condição de empregados. Em outras palavras, indica o contingente de trabalhadores disponíveis e utilizados pelas firmas. Acontece, porém, que, ao tomar a população em idade ativa como base, pois se inclui nela os inativos e incapacitados como elementos de referência, há uma subestimação dessa taxa.

Para superar tal inconveniente, a taxa de emprego (avaliada em termos percentuais) se expressa como a relação entre o volume de empregados (E) e o total da força de trabalho (PEA), isto é:

$$t_e = \frac{E}{\text{PEA}} = \frac{E}{E + D} \qquad (3)$$

Em última instância, essa taxa procura refletir o número de indivíduos que estão realmente exercendo atividades econômicas, relativamente a todos aqueles que potencialmente poderiam exercê-la. Fornece também uma avaliação da capacidade da economia em absorver o crescimento da população, em um ambiente de constantes

Taxa de emprego: *mede a proporção da população economicamente ativa que, após certa idade, é empregada.*

transformações tecnológicas, as quais afetam tanto o comportamento das firmas como o nível de emprego por elas desejado.

Da definição **taxa de emprego** como em (3), pode-se inferir que seu valor tende a ser relativamente alto em relação à taxa de desemprego, o que leva a expressar um número aproximadamente igual à própria taxa de participação na força de trabalho. Além disso, é mais estável ao longo do tempo, mas é afetado por fenômenos como "trabalhador desencorajado", "trabalhador adicional" e inatividade.

Para evitar a "contaminação" do emprego pela ocorrência de fenômenos típicos de inquéritos provenientes de painel domiciliar, como é o caso das definições das taxas de desemprego e de emprego anteriormente mostradas, a evolução no emprego é mais confiável quando feita a partir de *registros administrativos*. Nesse caso, é melhor trabalhar com os chamados números-índices, em que se elege um determinado mês, ou ano, de referência, e observa-se o comportamento do emprego a partir de então.

Esses registros administrativos são informações que as empresas prestam às autoridades governamentais sobre o número de trabalhadores que utilizam ao longo de determinado período. Um exemplo é a Relação Anual de Informações Sociais (Rais) a que as empresas se obrigam a entregar ao Ministério do Trabalho.

21.4.4 O subemprego e a taxa de informalidade

O subemprego é uma definição associada ao grau de subutilização da mão de obra. Mesmo representando um conceito de simples compreensão, são inúmeras as formas de medir subemprego. As causas e os efeitos do subemprego são múltiplos, mas invariavelmente ele está relacionado com o desenvolvimento econômico insuficiente ou atrasado. No que diz respeito ao cenário internacional sobre mercado de trabalho, tal conceito é associado à questão do emprego na América Latina, Ásia e África.

Historicamente, o subemprego tende a representar a parcela da população subutilizada em decorrência do padrão de crescimento adotado, que exclui inúmeros segmentos da população do desempenho de atividades econômicas produtivas. Além disso, o subemprego tem grande aceitação como conceito referente ao problema ocupacional no meio rural, onde reflete a porcentagem de ocupados em atividades de baixa produtividade agrícola. Igual conceito também se aplica ao meio urbano, mas recentemente a definição de subemprego ganhou nova roupagem, sob o título de mercado ou *setor informal de trabalho*, em que muito mais que um problema conceitual ou de mensuração, discute-se a importância do núcleo capitalista de produção no surgimento e no desenvolvimento de atividades econômicas marginais e/ou informais.

De um ponto de vista amplo, a questão do subemprego transcende a discussão sobre a melhor definição e/ou medida mais apurada. Para alguns, certas ocupações classificadas como subemprego deveriam, na verdade, ser consideradas como pura desocupação e adicionadas ao contingente de desempregados computados em determinado período. A precariedade da ocupação é tão acentuada que não se pode classificá-la como representando qualquer atividade econômica que justifique o não enquadramento de quem a exerce como desempregado.

Mais recentemente, o desenvolvimento conceitual associado ao subemprego tem privilegiado mais o enfoque sobre a informalidade na utilização da mão de obra. Com o surgimento de inúmeras atividades produtivas atuando de forma diferenciada dos padrões de produção tradicionais, tem surgido um conjunto considerável de ocupações consideradas atípicas, não representando necessariamente subemprego no sentido *lato* do termo, mas, sim, uma modalidade ocupacional diferenciada, caracterizada por relações informais de produção. Nesse sentido, o antigo conceito de índice, ou taxa de subemprego, deu lugar à denominada *taxa de informalidade* (em termos porcentuais):

$$t_i = \frac{\text{trabalhadores por conta própria}}{\text{total de ocupados}} + \frac{\text{trabalhadores assalariados sem carteira assinada}}{\text{total de ocupados}} \quad (4)$$

Nessa forma de medir a informalidade, supõe-se que os trabalhadores que atuam por conta própria não estão sujeitos a qualquer vínculo empregatício que indique que exercem trabalho formal, entendido como os trabalhadores assalariados nas empresas que possuem sua carteira de trabalho assinada, desfrutando ainda dos benefícios das legislações trabalhistas e previdenciária. Por sua vez, inúmeros trabalhadores exercendo atividade produtiva tradicional em empresas formais, não têm sua carteira de trabalho assinada, embora sejam assalariados. Esses também são considerados ocupados informais e incluídos na mensuração da taxa de informalidade acima definida.

21.4.5 Taxa de rotatividade da mão de obra

O movimento referente às demissões, dispensas e rescisões de contrato de trabalho, seja por iniciativa das firmas ou dos empregados, tanto pode representar desemprego da força de trabalho como, também, rotatividade da mão de obra. O que diferencia essas duas situações é que, do ponto de vista das empresas, a rotatividade implica na ideia de que a mão de obra dispensada, ou que voluntariamente se demite, será **substituída**, enquanto a dispensa do empregado por parte da firma, ou seu pedido de rescisão do contrato de trabalho, sem que ocorra reposição, caracteriza uma situação de desemprego na forma tradicional do termo.

O princípio da substituição de mão de obra é de fácil compreensão, mas a mensuração da rotatividade é algo complexo, emergindo inúmeras formas alternativas de estimá-la. A medida mais usual que preserva a ideia de substituição é a seguinte (em termos porcentuais):

$$t_r = \frac{\min(A,D)}{\frac{1}{2}\left[F_i + (F_i + A - D)\right]} \quad (5)$$

em que:

A = admissões da firma ou setor num período;

D = demissões ou setor num período;

F_i = estoques de trabalhadores no início do período.

A suposição implícita ao tomar o mínimo entre admissões e demissões é para evitar subestimações ou superestimações do índice de rotatividade. Por quê? Se a firma ou o setor estão em expansão, supõe-se que estejam contratando mais que demitindo e, portanto, as rescisões de contrato de trabalho seriam o melhor indicador da rotatividade. Por seu turno, se existe declínio da atividade econômica da firma, pode-se supor que as demissões predominam e, assim, seriam um indicador da substituição que ocorreria na firma ou no setor.

Dessa forma, no período de contração (recessão) da atividade econômica (c), a fórmula pode ser simplificada para:

$$t_r^c = \frac{A}{N} \cdot 100 \tag{6}$$

em que:

N = total de empregados da firma, setor ou região, em determinado período de referência.

Quando o período é de crescimento (m), a fórmula descrita em (5) transforma-se em:

$$t_r^m = \frac{D}{N} \cdot 100 \tag{7}$$

Taxa de rotatividade da mão de obra (*labor turnover*): *movimentos referentes às demissões e rescisões de contrato de trabalho, seja por iniciativa das firmas ou dos empregados. Tanto podem representar desemprego da força de trabalho como rotatividade da mão de obra.*

As **taxas de rotatividade** não carregam dificuldades de definir limites das atividades econômicas exercidas pelo indivíduo, uma característica marcante dos índices de emprego, desemprego e subemprego. Sofrem, porém, outro tipo de problema, visto que uma mesma função pode ser ocupada diversas vezes ao longo de um mesmo período. Se tal comportamento não for adequadamente captado, o valor obtido não refletirá a verdadeira rotatividade. Além disso, é necessário separar o cálculo da rotatividade mensal do cálculo da rotatividade anual. Nesse sentido, as medidas apresentadas refletem uma mensuração da rotatividade ao longo do mês.

Da mesma forma que as demais variáveis do mercado de trabalho, a rotatividade também possui um comportamento cíclico. Para entender melhor esse aspecto, pode-se dividir a rotatividade em dois componentes que a estimulam. O primeiro originado do comportamento dos empregados, e o outro devido à rotatividade provocada pelas firmas. Em período de recessão, em que diminuem as oportunidades de emprego, os trabalhadores reduzem sua mobilidade entre empregos, isto é, provocam menos rotatividade. Já as firmas parecem ter um comportamento ambíguo. Por um lado, com maior volume de desemprego e, portanto, de trabalhadores disponíveis no mercado, podem trocar aqueles menos qualificados por outros de maior experiência e qualificação. Porém, por outro, dependendo da severidade e duração da recessão, tentam segurar segmentos de seus trabalhadores mais qualificados em que despenderam significantes custos de treinamento. Ademais, existem também os custos de contratação e de dispensa, que obrigam a firma a reter os trabalhadores mais qualificados em suas fileiras. Em face dessa indefinição em relação à rotatividade decidida pela firma, a redução da rotatividade total permanece uma questão empírica, a menos que se admita a *priori* predomínio dessa redução causada pelo comportamento dos trabalhadores.

No período de expansão econômica, a questão fica mais clara. Do ponto de vista dos trabalhadores, elevam-se as chances de mobilidade em direção a empregos com maiores salários, e mesmo ascensão ocupacional para cargos ou funções mais nobres. Pelo lado das firmas, com uma oferta de trabalho em expansão, elas podem treinar melhor seu contingente de mão de obra, utilizando-se disso para trocar com maior rapidez os ocupados em determinado posto de trabalho. Em consequência, a rotatividade como um todo tende a se elevar na expansão, seja por iniciativa das empresas ou dos trabalhadores.

Finalmente, quando se contempla a rotatividade no longo prazo, isto é, em uma perspectiva de crescimento econômico, a tendência geral é de elevação no seu patamar, pois uma parcela maior da força de trabalho estará sujeita a vínculos formais de trabalho, aumentando a mobilidade horizontal e vertical observada entre os empregados.

21.4.6 Os índices de salários reais e salários nominais

Da movimentação de trabalhadores descrita nas Figuras 21.1 e 21.23, o nível de salários — tanto nominal como real — emerge como um importante indicador do mercado de trabalho e da própria economia. A evolução do salário nominal, de modo geral, responde tanto a aspectos institucionais, consubstanciados nas chamadas políticas salariais, como, igualmente, aos eventuais desequilíbrios observados no mercado de trabalho, sendo o desemprego o melhor indicador desse descompasso entre a oferta e a demanda por trabalho a mover os salários nominais.

Ademais, a determinação do nível de salários nominais e/ou do piso salarial, depende de alguns fatores, tais como as características dos trabalhadores (sexo, idade, escolaridade, experiência no trabalho, estado civil e outras), e aquelas das empresas ou do setor de atividade (como tamanho da firma, grau de capitalização, tipo de atividade e região). Nesse sentido, a política de fixação do salário-mínimo também contribui para a formação dos pisos salariais.

O salário real é obtido com base na deflação do salário nominal (w) por um índice de preços (IP), ou seja:

$$tw = \frac{w}{\text{IP}} \qquad (8)$$

Convém destacar alguns pontos relevantes com relação ao **salário real** descrito. Em primeiro lugar, é importante saber qual o deflator que está sendo utilizado. Se for um índice geral de preços (IGP), o indicador obtido tende a refletir o salário real no conceito de custo da mão de obra. Sua importância maior é do ponto de vista da firma. Mostra, sob a ótica do salário, o custo do trabalho para a empresa.

Salário real: *obtido com base na deflação do salário nominal por algum índice de preços.*

Por sua vez, caso o deflator seja um índice de preços ao consumidor (IPC), ou índice do custo de vida (ICV), o salário real resultante tende a revelar a evolução do poder de compra do trabalhador. Nesse caso, a importância maior desse indicador ocorre do ponto de vista dos trabalhadores, consumidores e sindicatos.

Em segundo lugar, é necessário destacar que o mercado de trabalho determina **sempre** o nível de salários nominais, ainda que as partes envolvidas no processo de negociações coletivas, ou seja, as firmas e os sindicatos, possam estar lutando pela obtenção de determinada meta almejada de salário real. Como visto, sua evolução está intrinsecamente relacionada a inúmeros outros fatores econômicos e sociais, os quais acabam sendo catalisados na evolução dos níveis de inflação.

Em terceiro lugar, o cálculo do nível de salário real é realizado por meio da evolução do salário nominal *médio* das pessoas ocupadas e, portanto, leva em conta as modificações na composição da força de trabalho empregada. Quando ocorre uma recessão, por exemplo, os primeiros a ser dispensados pelas firmas são, em geral, os trabalhadores de menor qualificação e, assim, de baixos níveis de remuneração. Isso tende a elevar o salário médio nominal dos que permanecem ocupados, elevando artificialmente a estatística de salário real. Certamente, quando a recessão se aprofunda, até mesmo os mais experientes e de melhor qualificação são paulatinamente dispensados, e esse efeito aritmético tende a desvanecer.

Enquanto a evolução do salário nominal é condicionada pela política salarial e pela trajetória do desemprego, a evolução do salário real é determinada pelo ritmo de variação dos preços, isto é, da inflação. Caso não se consiga controlar adequadamente a inflação, os ganhos de salários nominais são rapidamente anulados. Deve-se ainda observar que a própria inflação pode ser alimentada pelos reajustes de salários, à medida que as empresas procurem manter seus lucros repassando esses aumentos para os preços e/ou não haja uma oferta de bens salariais que sustente a elevação do poder de compra dos assalariados. Esse fenômeno de repasse da inflação passada para os preços futuros é chamado de *indexação*.

Independentemente do índice de reajuste de salários que venha a ser adotado, o Gráfico 21.2 mostra que, dada uma periodicidade de reajuste, quanto maior for a taxa de inflação, mais rapidamente cairá o salário real. Outra forma de dizer isso é afirmando que, para uma dada taxa de inflação, maior será a recomposição da perda do poder de compra quanto mais curto for o período de reajuste.

GRÁFICO 21.2

Efeitos da inflação sobre o salário real para distintos períodos de reajustes

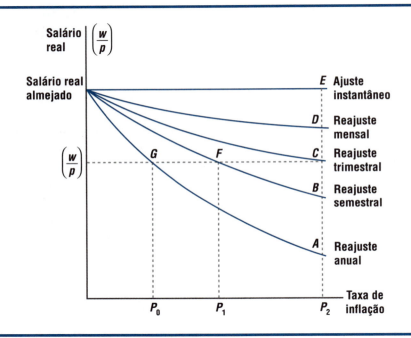

Da relação entre salários e preços, emerge a famosa questão do suposto caráter inflacionário dos reajustes salariais. A resposta pode ser mais bem compreendida quando a questão é colocada no contexto do chamado conflito redistributivo. Isso significa analisar o problema sobre a ótica da inflação de rendas, com os preços se elevando em decorrência das tentativas de os segmentos sociais preservarem sua participação relativa na renda nacional.

Pode-se demonstrar que, em uma economia oligopolizada (poucos ofertantes de produtos semelhantes, que predomina no mundo globalizado), com as firmas formando seus preços por meio da fixação de margens de ganhos sobre seus custos diretos, o preço de venda (p) será dado por:

$$p = \frac{(1 + \theta)\, wL}{Q} \tag{9}$$

em que:

θ = margem de lucro (*mark-up*);

w = salário nominal;

L = número de trabalhadores empregados pela firma;

Q = nível de produto correspondente a L trabalhadores;

Q/L = produtividade média do trabalho.

No caso de um reajuste de salários que eleve w, suponha, no curto prazo, que L/Q (o inverso da produtividade média do trabalho) não se altere. Caso a firma não reduza sua margem de lucro (θ), haverá uma elevação do preço de venda como contrapartida. Consequentemente, deve-se atribuir o caráter inflacionário não só aos salários, mas, também, ao empresário capitalista que tenta preservar, ou mesmo elevar, sua margem de lucro quando ocorrem reajustes nominais de salários.

Finalmente, destaca-se a vinculação do salário real com o nível de emprego. Levando-se em consideração o pressuposto da maximização de lucros por parte da firma (para operar ela iguala custos e receitas na margem), existe uma correlação inversa entre salário real e volume de emprego. No enfoque tradicional, de inspiração neoclássica, o salário real determina o nível de emprego. Para que a economia empregue um maior número de trabalhadores, é necessário que não ocorram restrições do tipo salário-mínimo, atuação sindical e outras limitações que perturbam o livre equilíbrio do mercado.

Para o célebre economista Keynes, acontece o oposto com a demanda agregada da economia fixando o nível de emprego, associando-se a um determinado nível de salário real que maximiza o lucro das firmas. A fim de chegar ao salário real de equilíbrio do sistema econômico, as forças de mercado atuam de forma a modificar o salário nominal pela variação de preços.

21.4.7 O índice de produtividade da mão de obra

A produtividade da mão de obra é um importante indicador do mercado de trabalho não só de modo isolado, mas pela vinculação direta com os níveis de salários ou rendimentos do trabalhador. Tradicionalmente, é medida como:

$$tq = \frac{Q}{L} \qquad (10)$$

em que:

Q = representa determinado nível de produção, seja da firma, setor, região ou país;

L = reflete o número de trabalhadores envolvidos na geração da produção.

Uma característica semelhante às outras variáveis relativas ao mercado de trabalho é que a produtividade também possui caráter cíclico, acompanhando a evolução do nível de atividade econômica. Um aprimoramento dessa medida deve levar em consideração a questão de horas trabalhadas, o que permitiria obter um valor mais próximo da verdadeira produtividade dos trabalhadores envolvidos no processo de produção, bem como do esforço das firmas no sentido de elevar a eficiência produtiva. Isso porque indivíduos com maior eficiência trabalham menos tempo para obter o mesmo volume de produto relativamente a um trabalhador de menor eficiência.

Do ponto de vista das relações entre capital e trabalho, a produtividade é um elemento fundamental devido à sua importância como item de negociação coletiva. Isso porque a incorporação dos ganhos de produtividade aos salários é necessária para que se mantenha inalterada a distribuição de renda entre salários e lucros, o que pode ser observado da forma como se segue.

Sabe-se que as rendas da economia podem ser resumidas em dois tipos diferentes. Um deles corresponde aos salários, obtidos do produto entre o salário médio da economia (w_m) e o número de trabalhadores (L). A outra parcela da renda nacional são os lucros, π. A renda nacional representa nada mais que a multiplicação entre um índice de preços agregados (P) e um índice de produção física (Q). Logo, tem-se que:

$$w_m L + \pi = P \cdot Q$$

ou

$$\frac{w_m L}{P \cdot Q} + \frac{\pi}{P \cdot Q} = 1 \qquad (11)$$

Como L/Q é o inverso da produtividade média, sempre que ela se eleva em 10%, por exemplo, o salário deve se elevar em 10% para que a distribuição de renda entre salários e lucros não se altere.

21.5 ■ A EVOLUÇÃO RECENTE DO MERCADO DE TRABALHO NO BRASIL

Esta seção apresenta algumas das principais estatísticas anteriormente definidas referentes ao comportamento do mercado de trabalho no Brasil. Além de contribuir para a consolidação dos conceitos e definições descritos, será útil para mostrar um panorama da realidade brasileira do ponto de vista do estado da economia, sob a ótica do mercado de trabalho.

Antes, porém, sucintamente será apresentado um descritivo do quadro econômico que fornece o pano de fundo da evolução das estatísticas, uma vez que, conforme visto anteriormente, o comportamento da economia se transfere automaticamente para o mercado de trabalho. Além disso, serão estudadas também as principais fontes de informações relativas ao mercado de trabalho.

21.5.1 O quadro econômico brasileiro em período recente

Desde meados da década de 1990, o Brasil passou a experimentar substanciais melhorias em seus indicadores econômicos, consolidando um quadro macroeconômico estável em decorrência de três fundamentos básicos: lei de responsabilidade fiscal, regime de metas inflacionárias e câmbio flutuante. Mesmo não experimentando níveis elevados de crescimento do PIB, o país passou de uma economia vulnerável para uma economia relativamente estável.

Ao longo dos três ciclos governamentais iniciados em 1994 e terminados em 2006, o setor produtivo, em decorrência da estabilidade de preços e de marcos regulatórios bem definidos, teve sucesso em realizar planejamento econômico, fenômeno vital para seus planos de investimentos. Além disso, os trabalhadores puderam organizar melhor seus orçamentos e experimentar ganhos da mobilidade horizontal e vertical, de modo que a sociedade experimentou, como um todo, maiores níveis de bem-estar e melhoria da qualidade de vida de grande parcela de sua população. O emprego formal passou a crescer com vigor, o salário-mínimo real se elevou muito rapidamente, houve diminuição da desigualdade de renda, com redução da miséria e da pobreza e reduziu-se a informalidade no trabalho, dentre os inúmeros aspectos positivos vivenciados naquele período.

Desde meados do ciclo governamental iniciado em 2007, mas, principalmente, a partir dos ciclos de governo iniciados em 2010 e 2014, a condução da política econômica se revelou um grande desastre, promovendo forte deterioração da atividade econômica privada e uma total desarticulação das finanças públicas, originando um enfraquecimento do governo federal na condução econômica, seja pela total falta de recursos, seja em decorrência da perda total de credibilidade como autoridade governamental. A perda de confiança e a instabilidade política criaram um ambiente negativo para as expectativas de investimentos que se retraíram. Na visão do governo federal eleito em 2010, o caminho a ser seguido seria a estatização de tudo que pudesse, não havendo limites no gasto público para perseguir esse objetivo.

No epicentro dessa desarticulação financeira está o abandono dos fundamentos macroeconômicos que sustentavam a economia, em nome de uma "*nova matriz macroeconômica*" que só gerou retrocessos na economia. Nos preceitos dessa matriz, o Banco Central foi forçado a baixar os juros, atiçando a inflação. O controle de preços voltou. A gestão fiscal foi vítima da contabilidade criativa, que escondia a exagerada expansão dos gastos. O mercado de câmbio sofreu intervenções para atender a visões de mundo que atribuíam à desvalorização cambial a fonte da competividade dos produtos exportáveis.

Sob a ótica institucional, o país se tornou uma verdadeira balbúrdia. Adotou-se uma regulamentação excessiva de setores estratégicos e de infraestrutura, como os setores de combustíveis e energia elétrica, por exemplo. Houve um total desvirtuamento do papel das agências reguladoras. Estimulou-se uma oposição oculta aos processos de privatizações, com leilões de concessões mal desenhados, levando a um forte desestímulo dos investimentos privados. Primou-se por uma total falta de transparência na gestão dos recursos públicos. Aparecerem as mais variadas formas de pressão nas finanças governamentais pela farta distribuição de subsídios, desoneração da folha de pagamentos para setores, além da concessão de benefícios fiscais ao setor privado sem qualquer tipo de contrapartida. Adotou-se uma política de recursos humanos que promoveu forte aparelhamento dos órgãos e empresas públicas. Revelou-se uma enorme incompetência na conciliação do conflito federativo, e, assim, adotou-se uma política de empréstimos e benesses a estados e municípios, hoje o principal problema fiscal do país.

O resultado desses equívocos se reflete em deterioração econômica e recessão, notadamente a partir de 2103. O PIB tem sofrido quedas sucessivas, chegando a cair 4% em 2015 (cifra que se repetira em 2016), voltando ao seu nível de 2011. A taxa de investimentos em 2015 retroagiu a 18% do PIB, mesmo valor de 2007. A inflação de 2015, medida pelo IPCA, foi de dois dígitos (10,7%), o que não ocorria desde 2003. A taxa de câmbio ultrapassou, em janeiro de 2016, os $ 4, a maior cotação na era do Real. A produção industrial, em março de 2016, voltou aos níveis de dezembro de 2008. Os indicadores de expectativas (empresas e consumidores) caíram, sinalizando forte crise de falta de confiança na recuperação da economia. A dívida bruta do governo cresceu vertiginosamente, com as projeções das agências internacionais apontando para um valor próximo de 90,0% do PIB, em 2020.

Do lado social, houve significativa regressão das conquistas advindas desde o início da era do Plano Real. Devido à inflação em alta, o salário-mínimo real começou a cair, assim como os rendimentos reais dos trabalhadores em geral. O índice de Gini, que mede o grau de desigualdade de renda, voltou a subir, indicando uma piora na distribuição de renda. O desemprego aberto atingiu a marca de 10,9%, no início de 2016, o maior valor desde 2012, quando se iniciou a PNAD-contínua, e sua trajetória segue se elevando. A perda líquida de vagas formais de emprego no ano de 2016 foi cerca de 1,32 milhões. Atualmente, existem aproximadamente 12,5 milhões de desempregados.

É nesse contexto e com esse quadro econômico que devem ser entendidas as estatísticas de mercado de trabalho a seguir apresentadas.

21.5.2 Principais fontes de informações

Para facilitar a compreensão do que o país dispõe em termos de fontes de informações voltadas para o mercado de trabalho e tópicos correlatos, elaborou-se o Quadro 21.1. Ele não esgota todas as possíveis fontes de dados, mas, certamente, contempla as principais e mais frequentemente utilizadas pelos usuários nacionais. Incluiu-se ainda não somente as fontes que produzem e disseminam dados primários, mas, também, fontes nacionais e internacionais que congregam bases de dados já produzidas.

QUADRO 21.1

Principais fontes primárias de informações sobre o mercado de trabalho brasileiro (2016)

	Fonte de dados	Instituição	Periodicidade	Abrangência espacial	Tipo de coleta
Nacionais	Censo Demográfico	IBGE: Instituto Brasileiro de Geografia e Estatística	Decenal	Nacional	Painel domiciliar
	PNAD – Contínua: Pesquisa Nacional por Amostra de Domicílios (contínua)	IBGE	Trimestral	Nacional	Painel domiciliar
	PIMES – Indústria: Pesquisa Industrial Mensal de Emprego e Salário	IBGE	Mensal	Nacional	Painel de empresas
	CNI – Emprego: Confederação Nacional da Indústria	CNI	Mensal	Nacional	Painel de empresas
	FIESP – Emprego: Federação das Indústrias do Estado de São Paulo	FIESP	Mensal	São Paulo	Painel de empresas
	FIRJAN – Emprego: Federação das Indústrias do Estado do Rio de Janeiro	FIESP	Mensal	Rio de Janeiro	Painel de empresas
	CAGED/ Lei 4923: Cadastro Geral de Empregados e Desempregados – Lei 4923	MTb: Ministério do Trabalho	Mensal	Nacional	Registro administrativo
	RAIS: Relação Anual de Informações Sociais	MTb	Anual	Nacional	Registro administrativo
	PED: Pesquisa de Emprego e Desemprego/ SEADE: Sistema Estadual para Análise de Dados – SP/ DIEESE: Departamento Intersindical de Estatísticas e Estudos Socioeconômicos	SEADE	Mensal	Regiões Metropolitanas	Painel domiciliar
	IPEADATA: base de dados socioeconômicos do IPEA	IPEA: Instituto de Pesquisa Econômica Aplicada	Variada	Nacional	Dados secundários
	Banco Central do Brasil	BCB	Variada	Nacional	Dados secundários
Internacionais	OCDE: Organização para a Cooperação e Desenvolvimento Econômico	OCDE	Variada	Nacional	Dados secundários
	OIT: Organização Internacional do Trabalho	OIT	Variada	Nacional	Dados secundários

Fonte: elaborado pelo autor a partir de fontes secundárias de informações, englobando inúmeras fontes de informação sobre o mercado de trabalho e temas correlatos.

De início, cabe destacar que as fontes de informações são relativamente recentes no Brasil, não se consolidando ainda uma tradição no tratamento dos dados sobre mercado de trabalho, negociações coletivas e relações de emprego. Esse noviciado pode ser atestado pelas frequentes mudanças metodológicas: se melhoram a qualidade da informação captada, impedem, muitas vezes, a obtenção de séries mais longas sobre determinado dado em análise.

Além disso, essas fontes resultam, por vezes, em informações incompletas, truncadas, não se podendo, em determinados casos, prosseguir uma série histórica necessária para se conhecer a plenitude de determinada análise. Destaca-se, também, que algumas dessas fontes utilizam conceitos ainda não suficientemente testados, cuja divulgação e comparação somente podem ser realizadas com a devida cautela (tempo de experimentação) sobre o que eles realmente estão medindo.

Ainda assim, algumas instituições divulgam um amplo conjunto de dados referentes aos principais indicadores do mercado de trabalho, com base em levantamentos primários. O IBGE, a maior delas, produz amplas e valiosas informações no plano nacional. Além dos dados dos Censos Demográficos decenais, a instituição produz a Pesquisa Nacional por Amostra de Domicílios (PNAD). Até 2012, era de periodicidade anual, mas após esse ano, passou a ser divulgada trimestralmente e denominada de PNAD-Contínua. O grande ganho dessa maior periodicidade tem sido acompanhar com maior frequência a taxa de desemprego aberto a nível nacional, o que antes era feito pela Pesquisa Mensal de Emprego (PME), cobrindo somente as seis principais regiões metropolitanas do país. Em contrapartida, a PME foi desativada em março de 2016.

Ainda em termos de cobertura nacional, agora no âmbito do Ministério do Trabalho (MT), existem duas importantes fontes de dados: a Relação Anual de Informações Sociais (Rais), contendo os dados da movimentação de vínculos empregatícios nas empresas, de periodicidade anual (dados em 31 de dezembro de cada ano), e o Cadastro Geral de Empregados e Desempregados — Lei n. 4.923/65 (Caged), que levanta a movimentação mensal de admissão e demissão (e outras informações correlatas) das firmas. Ambas se referem ao mercado de trabalho formal e são registros administrativos advindos da obrigatoriedade das empresas em entregá-los ao Ministério.

No plano regional, estão as informações geradas pela Fundação Seade/Dieese, por meio da Pesquisa de Emprego e Desemprego (PED), já consolidada para a região da Grande São Paulo, e em fase de consolidação e/ou implantação em outras regiões metropolitanas. Ainda em São Paulo, estão as informações da Federação das Indústrias do Estado de São Paulo (Fiesp), captadas por meio de um amplo painel de firmas, e no Rio de Janeiro a congênere Firjam, gerando dados semelhantes.

O Quadro 21.1 inclui, também, fontes secundárias de dados, tanto a nível nacional, como de caráter internacional. No Brasil, o Banco Central e o Ipeadata reúnem inúmeras informações sobre o mercado de trabalho em sua base de dados, ocorrendo o mesmo com instituições internacionais, como a OCDE e a OIT.

Além dessas fontes principais, inúmeras outras instituições, como as federações, as confederações, os sindicatos de trabalhadores e patronais, geram estatísticas relativas ao mercado de trabalho local e/ou setorial, com aplicação e utilização limitadas. De qualquer forma, possuem dados que são de grande utilidade aos especialistas, técnicos e profissionais da área do trabalho.

No que diz respeito à PNAD-Contínua, o desenho dos grupos que representa todos os *status* ocupacionais acompanha os padrões internacionais definidos no âmbito da OIT, conforme representa a Figura 21.2. A partir da população total, obtém-se a parcela da população em idade ativa (14 anos ou mais), que se subdivide entre os empregados — aqueles na PEA (força de trabalho) e aqueles fora da PEA. Esta, por sua vez, é composta das pessoas empregadas, e suas várias ramificações, destacando categorias como público e privado, tendo ou não a carteira de trabalho assinada, entre outras especificações, e o conjunto das pessoas desempregadas, conforme mostra claramente a árvore ocupacional representando esses vários segmentos na Figura 21.4.

FIGURA 21.4

Classificação ocupacional da população em idade de trabalhar

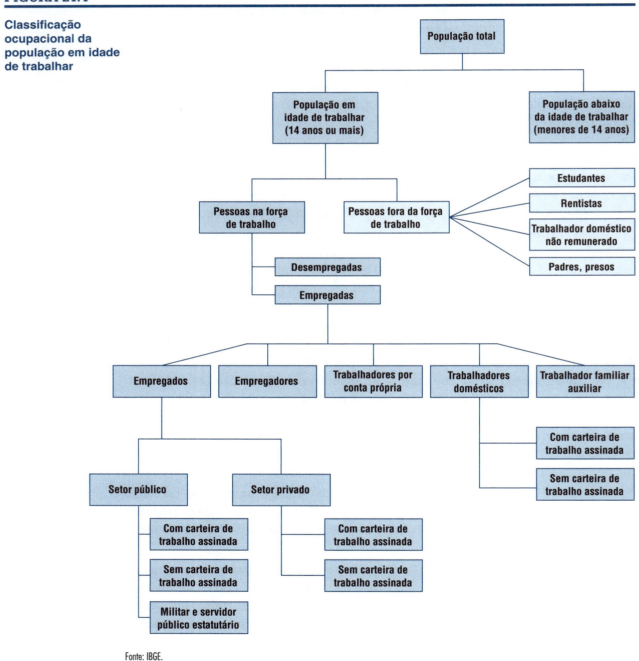

Fonte: IBGE.

21.5.3 As dimensões do mercado de trabalho brasileiro

Os grandes números populacionais e do mercado de trabalho brasileiro podem ser vistos na Figura 21.5, com informações obtidas a partir da PNAD-Contínua, no trimestre referente entre janeiro e março de 2016. Note que essa figura acompanha, de forma resumida, as proposições de enquadramento das Figuras 21.2 e 21.4.

No início de 2016, a população brasileira era composta de aproximadamente 205 milhões de habitantes, sendo 80,8% em idade de trabalhar. Deste, cerca de 102 milhões representavam a PEA, ou seja, o mercado de trabalho *strictu sensu*, e 38,6% estavam fora da força de trabalho. Os empregados eram cerca de 91 milhões, representando 61,4% da PIA e 89,2% da PEA. Consequentemente, 11% daqueles em idade ativa estavam desempregados.

Dentro do grupo dos empregados, os contingentes importantes aparecem como sendo os trabalhadores com carteira de trabalho assinada (38,2%), os funcionários públicos e militares (12,1) e os empregadores (4,1%). No total, representam cerca de 55,0% do mercado de trabalho brasileiro que estão na formalidade, sendo os demais (45,0%) um indicativo da informalidade, com destaque para os empregados por conta própria, que significam aproximadamente 25,6% dos trabalhadores em atividades informais.

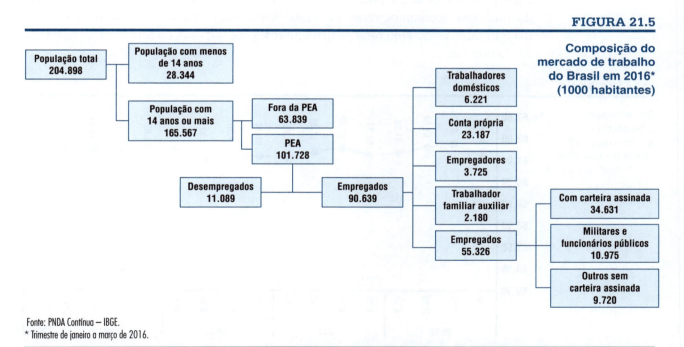

FIGURA 21.5
Composição do mercado de trabalho do Brasil em 2016*
(1000 habitantes)

Fonte: PNDA Contínua – IBGE.
* Trimestre de janeiro a março de 2016.

21.5.4 A evolução dos principais indicadores

Apresenta-se, a seguir, utilizando-se as fontes de informações mencionadas, o comportamento das principais estatísticas do mercado de trabalho brasileiro em período historicamente recente. Para o conjunto das variáveis, será enfocado, de acordo com a disponibilidade do dado ou interesse em mostrar o comportamento de determinada variável, o período compreendido desde o início da década de 2000 até o primeiro trimestre de 2016. No entanto, alguns indicadores retrocederão um pouco mais no tempo.

Os comentários que se seguem revelam somente as tendências observadas, assim como os fatos explicativos mais comumente associados. Outra observação importante é que serão utilizadas fontes de informações variadas, seja porque não existe uma fonte única que contenha todas as informações relevantes, seja para mostrar a utilidade e importância das diversas fontes de dados mencionadas na Figura 21.4.

Relembre-se que o comportamento desse mercado está sempre associado ao ciclo da atividade econômica, conforme discutido na parte conceitual deste capítulo. Nesse sentido, para efeitos de melhor compreensão do comportamento do mercado, torna-se necessário relembrar que esse mercado é cativo do que ocorre com a atividade econômica do país, estado ou região.

21.5.4.1 A taxa de participação na força de trabalho

O Gráfico 21.3 traz a evolução da taxa de participação na força de trabalho, com base nas informações da PNAD-Contínua. Esse é um indicador que tende a se modificar vagarosamente no tempo. De acordo com os dados mostrados nesse gráfico, observa-se que a taxa de participação tem oscilado em torno de 61,0%, pois se trata de um período relativamente curto para alterações nessa variável. Após o final de 2014, parece ocorrer ligeira elevação. Uma possível explicação é que, em decorrência da forte crise econômica vivenciada pelo Brasil, inúmeros segmentos de trabalhadores têm ingressado e/ou retornado ao mercado de trabalho na tentativa de manter a renda familiar.

GRÁFICO 21.3

Brasil: taxa trimestral de participação na força de trabalho – 2012/2016 (%)

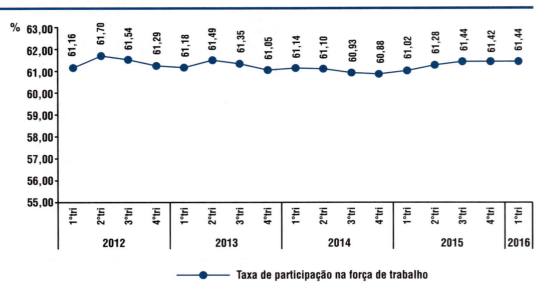

Fonte: PNAD Contínua – IBGE.

Há grupos de jovens que, face aos bons resultados até então vividos pelo mercado de trabalho, com sobra de oportunidades de emprego até meados de 2013, não estavam trabalhando, nem estudando e nem procurando emprego, sobrevivendo basicamente da renda familiar. O agravamento da crise econômica, com uma forte limitação das oportunidades de emprego e a consequente elevação da taxa de participação, se consolidou na forma de maior desemprego entre os jovens.

21.5.4.2 A evolução do emprego formal

Historicamente, até o final dos anos 1990, ocorreu uma forte queda no emprego formal (com carteira assinada) devido à retração do emprego industrial. Em outras palavras, naquele período se verificou grande mudança setorial no emprego, com uma absorção de mão de obra relativamente menor no setor industrial, exatamente no ramo de atividade que mais absorve trabalhadores formais. Essa mudança estrutural decorreu, entre outros fatores, do chamado "ajuste produtivo", oriundo da necessidade de o setor manufatureiro se tornar mais competitivo.

Na presença de um amplo fenômeno de globalização, o qual requer um novo tipo de trabalhador, mais flexível e polivalente, não somente a indústria, mas praticamente todos os demais ramos de atividade econômica, tem promovido mudanças drásticas em direção ao aumento da produtividade como forma de elevar o produto, e não mais só na expansão do emprego, como ocorria. Para tanto, têm sido promovidas drásticas mudanças nos padrões de emprego, organização, gestão e administração de seus recursos humanos. Nota-se, contudo, uma retomada nos anos 2000 do emprego formal como um todo, conforme mostra o Gráfico 21.4. Isso se deve ao comportamento das empresas em contratar mais com carteira assinada diante da possibilidade de fazer planejamento econômico, em decorrência da conjuntura estável de preços, bem como a medidas de promoção ao emprego na legislação trabalhista, mas, principalmente, na legislação tributária.

O estoque de emprego formal avaliado pelo Caged chegou a ser de 40,4 milhões de trabalhadores em 2014, mas sua previsão era de acentuada queda para o ano de 2016, devido à perda de cerca de 2 milhões de vagas neste ano. Com isso, a quantidade dos empregos formais se reduzirá para cerca de 36,4 milhões, fazendo-o retroceder aos níveis verificados em 2010. Além de uma redução significativa do ponto de vista quantitativo, haverá também uma diminuição do contingente de trabalhadores de maior qualificação no mercado de trabalho, o que colocará mais trabalhadores fora do sistema de proteção social conferida pelas leis trabalhistas e previdenciárias.

A elevação vigorosa do emprego formal desde o início dos anos 2000 está, inequivocamente, sofrendo uma reversão de tendência. A partir de 2008, o ritmo de crescimento começou a ficar mais lento, em parte porque a crise financeira internacional tornou o horizonte de negócios muito mais incerto, inclusive no plano interno brasileiro. Após 2010, passa a haver uma lenta paralisia nas contratações com carteira assinada que, finalmente, desabam a partir de 2014.

A razão para isso foi que, diante de uma forte crise nas finanças públicas, decorrente da irresponsabilidade fiscal do governo federal, secundado pelas demais esferas de governo, o setor produtivo mergulhou em uma total falta de segurança e em um clima de expectativas amplamente negativas, eclodindo um comportamento empresarial voltado para demissões em grande escala. Quando as expectativas e perspectivas não permitem ao setor produtivo fazer planejamento, os investimentos se retraem, e com ele os empregos, especialmente os de natureza formal.

GRÁFICO 21.4

Brasil: evolução do índice de emprego formal, segundo setores da atividade econômica; média anual; 2000/2016

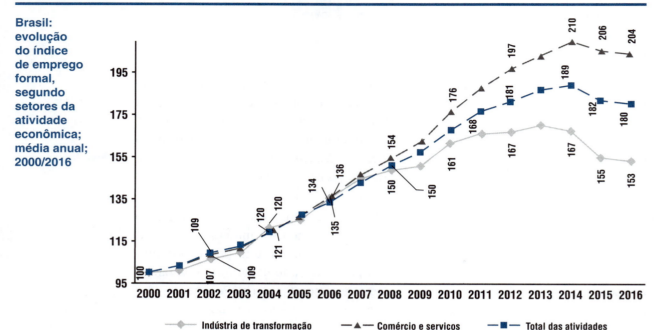

Fonte: MT – Caged.

21.5.4.3 Os níveis de informalidade

Os registros estatísticos históricos indicam ter havido, ao longo dos anos 1990, um vigoroso crescimento do trabalho informal, mas que tem se revertido desde o início dos anos 2000, conforme revelam os dados da taxa de informalidade do Gráfico 21.5. Mesmo retrocedendo ao longo do tempo, o valor desta taxa ainda é muito alto no mercado de trabalho brasileiro.

A razão é que esse grande contingente de ocupações informais responde às características específicas da economia brasileira. Não se trata somente de um aumento do trabalho precário, ao estilo do antigo subemprego, fruto da pobreza, da miséria e da marginalidade. Ainda que o setor informal continue sendo receptáculo desses trabalhadores, hoje, em face dos desafios do mercado de trabalho, decorrentes do alto custo do emprego formal, a ocupação tem assumido formas não tradicionais, ou atípicas, a partir da iniciativa dos próprios agentes sociais e econômicos.

Deve-se notar que, desde 2014, se esboça uma retomada da informalidade nas relações de emprego e trabalho no Brasil. Por um lado, isso decorre da concomitante retração do emprego formal, conforme já apontado. Por outro lado, e representando outra forma de ver o mesmo fenômeno, tal reversão decorre da elevação das atividades informais de trabalho, em decorrência das pressões fiscais, tributárias, trabalhistas e previdenciárias a que estão sujeitas as empresas nacionais, sejam elas de pequeno, médio ou grande porte. Em 2015, a chamada "fatia subterrânea" no PIB registrado no Brasil foi de 16,2%, um indicativo da força da informalidade no Brasil.

GRÁFICO 21.5

Brasil: taxa de informalidade* nas principais regiões metropolitanas – 2002/2016*** (%)

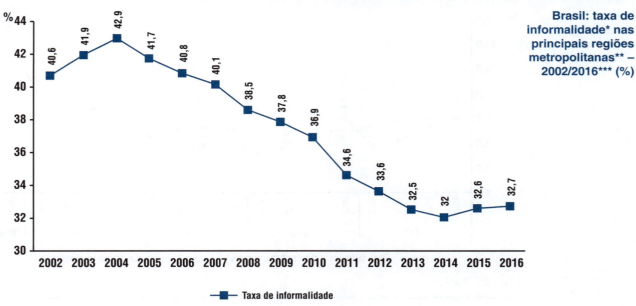

— Taxa de informalidade

Fonte: PME/IBGE.
* Empregados sem carteira assinada + empregados que trabalham por conta própria sobre a população ocupada (no período de referência).
** Recife, Salvador, Belo Horizonte, Rio de Janeiro, São Paulo e Porto Alegre.
*** Referente aos meses de janeiro e fevereiro. O IBGE descontinuou a PME a partir de março de 2016.

21.5.4.4 O comportamento do desemprego aberto

Conforme visto anteriormente, a taxa de desemprego representa o principal indicador da evolução do nível de atividade econômica de um país. Sob a ótica do bem-estar, do ponto de vista social e humanitário, o desemprego traz custos muito altos às famílias e aos indivíduos. No que diz respeito ao cidadão-trabalhador, determina a deterioração de seu conjunto de conhecimentos, experiências e habilidades, além de culminar em efeitos psicológicos e emocionais adversos que se agravam com o prolongamento do período de desemprego. Face à sua importância, será explorada com mais detalhes a taxa de desemprego, englobando outras informações que qualificam melhor seu comportamento recentemente.

O Gráfico 21.6 revela a evolução do desemprego no Brasil desde 2012, ano em que se começou a publicar a PNAD-contínua, e o Brasil passou a ter uma taxa de desemprego confiável a nível nacional. Parece claro que, a despeito dos fundamentos da crise econômica já estarem se esboçando, o desemprego estava caindo suavemente até o final de 2013. A partir de então, a desocupação de trabalhadores passou a crescer, fruto do fracasso das políticas federais tributária, financeira e monetária, com a total derrocada da chamada nova matriz macroeconômica, a qual tinha por fundamento o lema que gastar era preciso e arrecadar, menos importante.

GRÁFICO 21.6

Brasil: desemprego aberto trimestral – 2012/2016 (%)

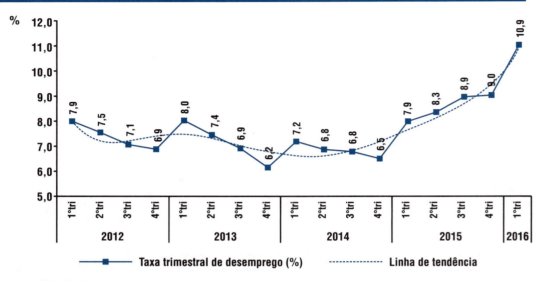

Fonte: IBGE – PNAD Contínua.

Após as eleições de 2014, as promessas de campanha não foram cumpridas, conduzindo o país a uma crise fiscal sem precedentes, com uma total falta de perspectivas de planejamento do investimento para o setor privado e com o setor público depauperado, sem recursos próprios para investir em infraestrutura. Nesse contexto, o desemprego passou a se elevar vertiginosamente, chegando a uma taxa próxima de 11,0% no primeiro trimestre de 2016. Em termos absolutos, isso representa cerca de 11,5 milhões de trabalhadores sem renda e procurando oportunidades de emprego no mercado de trabalho.

A crise econômica sem precedentes, combinada com uma crise política e institucional jamais vista, fez com que o país experimentasse uma das maiores taxas de desemprego entre os países que compõem o G20, grupo que congrega as 20 maiores economias do mundo, conforme indica a Gráfico 21.7. De fato, o desemprego brasileiro é praticamente o dobro daquele observado em países que competem com o Brasil no comércio mundial, como Coreia, México, Turquia, Rússia e Austrália, atingindo patamares de países em que o sistema de seguridade social (*welfare state*) é amplo, com fortes programas de seguro-desemprego.

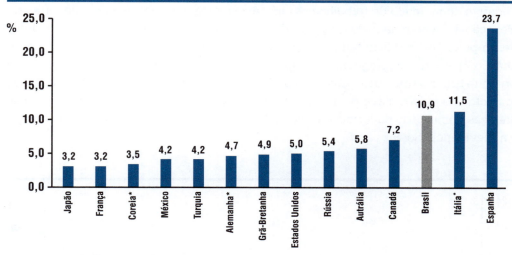

GRÁFICO 21.7

OCDE: taxa de desemprego aberto dos países do G20** – Primeiro trimestre de 2016 (%)

Fonte: OCDE, IBGE – PNAD Contínua.
OCDE: Organização para a Cooperação e Desenvolvimento Econômico.
* taxa referente ao quarto trimestre de 2015.
** G20: grupo formado por países industrializados e emergentes integrantes de um fórum informal que promove debates sobre assuntos-chave relacionados à estabilidade econômica global. A Espanha não faz parte do G20.

A elevação abrupta do desemprego aberto a partir do início de 2014 não revela por si só a gravidade vivenciada pelo mercado de trabalho, existindo outros elementos que indicam que tal piora é ainda mais dramática. O Gráfico 21.8 mostra que as condições de busca por trabalho também se deterioraram como resultado da elevação do desemprego, pois o tempo médio de procura por trabalho, que era de 20,7 semanas no início de 2014, aumentou para 29,3 semanas no início de 2016, um crescimento forte para um período curto. Ainda que essa estatística se refira à Região Metropolitana de São Paulo, representa um resultado expressivo, uma vez que a oferta de vagas tende a ser maior nas grandes metrópoles.

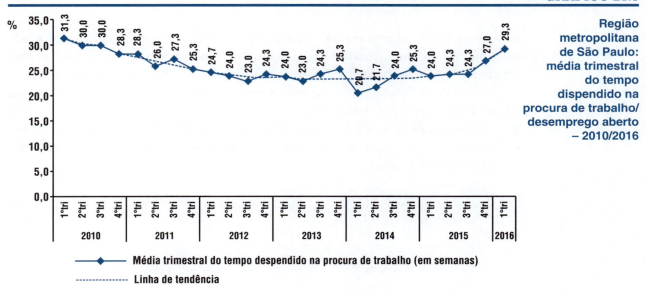

GRÁFICO 21.8

Região metropolitana de São Paulo: média trimestral do tempo dispendido na procura de trabalho/ desemprego aberto – 2010/2016

Fonte: PED/SEADE/DIEESE.

Como resultado dessa forte limitação das oportunidades de emprego, outro reflexo negativo no mercado de trabalho com inegáveis impactos sociais ocorre na forma de elevação do denominado desemprego de longo prazo, ou seja, daqueles trabalhadores desempregados que ficam um ano ou mais nessa condição. De fato, como mostra o Gráfico 21.9, o desemprego de longo prazo, com 13,1% do total de desempregados no primeiro trimestre de 2013, passou para 21,6% no primeiro trimestre de 2016. Além dos impactos negativos sobre os desempregados, esse resultado também é ruim para as finanças públicas do país, pois pressiona direta e indiretamente o seguro-desemprego e a Previdência Social.

GRÁFICO 21.9

Brasil: taxa trimestral de desemprego de longo prazo* – 2012/2016 (%)

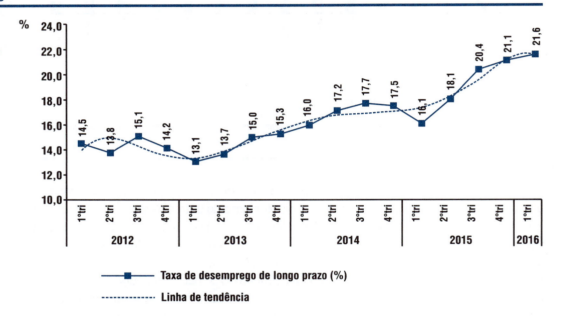

Fonte: PME/IBGE. O IBGE descontinuou a PME a partir de março de 2016.
* Parcela de desempregados procurando emprego há 1 ano ou mais.

Outra faceta ruim da deterioração causada pelo desemprego pode ser observada no Gráfico 21.10. Nela, é saliente que um grupo social com forte incidência a ficar sem emprego é a população jovem. Entre o quarto trimestre de 2013 e o primeiro trimestre de 2016, a desocupação entre os jovens cresceu nada menos de que 14,2 pontos percentuais, uma cifra assustadora. No início de 2016, a taxa de desemprego entre jovens de 14 a 24 anos era de quase 30,0% da força de trabalho dessa faixa etária. O forte crescimento no início de 2016 se deve à elevação abrupta do desemprego entre os jovens de 14 a 17 anos.

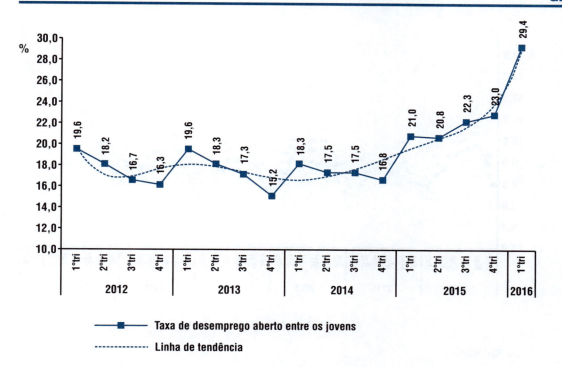

GRÁFICO 21.10

Brasil: taxa trimestral de desemprego aberto entre os jovens* – 2012/2016 (%)

Fonte: PNAD Contínua – IBGE.
* Taxa de desemprego das pessoas entre 14 e 24 anos de idade. Cálculos do autor.

Finaliza-se essa incursão sobre as estatísticas de desemprego no Brasil com uma característica típica desse indicador, evidentemente revelada no Gráfico 21.11: sua sazonalidade ao longo do ano. Uma observação mais atenta indica que a taxa de desemprego se eleva até meados do ano, vindo a cair após este período e atingindo seus valores mínimos ao final do ano.

No início do ano e meses subsequentes, o desemprego eleva-se porque trabalhadores contratados para o período de festas de fim de ano são dispensados quando elas se encerram. Outra razão é que ao final do ano os estudantes estão se formando e tomando a direção do mercado de trabalho. Apesar de terem elevado seu nível de qualificação por meio da educação, eles ainda são inexperientes, sendo discriminados pelo mercado de trabalho por essa razão. Para o grosso dos estudantes que afluem ao mercado em busca do primeiro emprego, a batalha não é simples, seja pela sua inexperiência, seja pela própria competitividade que se estabelece entre eles.

Não deixa de escapar aqui a observação, sob esta ótica, da severa gravidade de falta de emprego que o país vem assistindo desde o final de 2013. A partir de 2015, diante do aprofundamento da crise econômica e dos seus impactos sobre o mercado de trabalho, até mesmo os padrões tradicionais de sazonalidade do desemprego foram violados, com o desemprego aberto crescendo continuamente ao longo do ano, e assim parece que o será também nos próximos anos.

GRÁFICO 21.11

São Paulo: evolução da taxa de desemprego aberto – 2010/2016 (%)

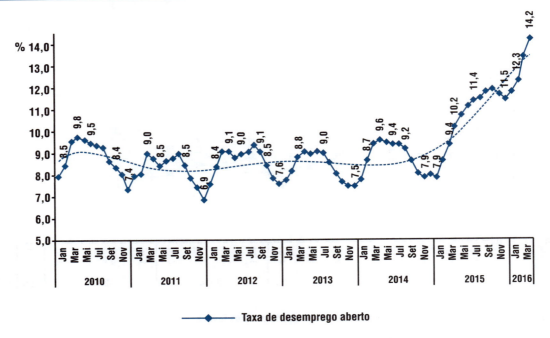

Fonte: PED/SEADE/DIEESE.

Por fim, os padrões de sazonalidade do desemprego aberto possuem uma importante mensagem implícita para saber se o desemprego está, de fato, aumentando ou reduzindo. Por exemplo, ao comparar a taxa de desemprego entre abril e maio de um mesmo ano, é possível constatar, regra geral, que ela estará subindo por força dos padrões sazonais, refletindo-se uma situação de normalidade no mercado de trabalho. Se, contudo, a taxa de desemprego de maio de 2015 for maior do que a de maio de 2014, então, de fato, o desemprego estará se elevando, pois essa comparação estará isenta do fator sazonalidade.

21.5.4.5 A taxa de rotatividade da mão de obra

Outro indicador importante refere-se à taxa de rotatividade da mão de obra, cuja evolução aparece no Gráfico 21.12, compreendendo o período de 2004 até 2015. Além da taxa anual de rotatividade para o total de setores da atividade econômica, são incluídos dois outros setores: *a construção civil* e os *serviços industriais de utilidade pública*.

O principal comentário é que a rotatividade da mão de obra é muito alta no Brasil. Se considerar 2011 como um ano de referência, verifica-se que a rotatividade anual foi de 50,24%. Considerando que o estoque de trabalhadores naquele ano, com base no Caged, era de aproximadamente 38 milhões de pessoas, conclui-se que cerca de 19,5 milhões mudaram de emprego ao longo do ano, um valor muito acima dos padrões internacionais.

Essa alta substituição de trabalhadores não pode ser atribuída a uma grande mobilidade ocupacional no mercado de trabalho brasileiro, mas, sim, a uma grande permissividade da legislação trabalhista brasileira, em especial ao FGTS e a sua multa.

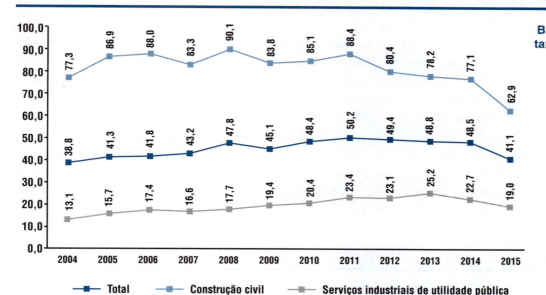

GRÁFICO 21.12
Brasil: evolução da taxa de rotatividade em setores selecionados – 2004/2016 (%)

Fonte: MT – Caged.

A inclusão dos setores já mencionados tem por objetivo mostrar que outro fator que condiciona a rotatividade é o nível de qualificação profissional e/ou educacional dos trabalhadores. Regra geral, quanto mais qualificada for a mão de obra, maior é a probabilidade de haver uma relação de trabalho mais sólida e duradora entre empresa e trabalhador. Diminui-se a possibilidade de substituição, pois a empresa hesita em demitir um indivíduo de alta qualificação, seja porque é difícil de substituí-lo, ou então porque perderá os investimentos em treinamento que fez no trabalhador para elevar sua qualificação. Do ponto de vista do trabalhador, também há insegurança em se demitir, ou porque o conhecimento adquirido na empresa não é portável, ou porque perderá eventuais investimentos educacionais que fez em si próprio.

No caso da *construção civil*, sabe-se que seus trabalhadores desfrutam de um nível muito baixo de educação e qualificação profissional. Isso torna sua substituição fácil, o que origina altas taxas de rotatividade nesse setor. Já os *serviços industriais de utilidade pública* são compostos por trabalhadores com nível de qualificação profissional e perfil educacional acima da média. Como consequência, pelos argumentos apresentados, tendem a ter níveis de substituição de mão de obra menores, implicando em baixas taxas de rotatividade.

Finalmente, mas não menos importante, é preciso reforçar os resultados perversos desses altos patamares de rotatividade. Por um lado, um exame mais apurado apontará para algo que se verifica mesmo em termos internacionais: a rotatividade tende a atingir grupos específicos, em especial jovens, mulheres, trabalhadores menos qualificados, enfim, aqueles grupos mais vulneráveis da força de trabalho. Por outro lado, incidindo sobre eles, ou mesmo outros grupos de trabalhadores, níveis tão altos de rotatividade desestimulam fortemente investimentos em capital humano, seja por iniciativa do trabalhador, seja por iniciativa das empresas, já que nenhum dos agentes tem um tempo médio de permanência no emprego suficiente para recuperar eventuais gastos com treinamento e formação de recursos humanos.

21.5.4.6 A evolução da produtividade do trabalho

Os índices de produtividade são fundamentais não só no mercado de trabalho como na economia, pois, quando comparados aos salários pagos, determinam, dentre outros fatores, o grau de competitividade das empresas, ou mesmo do país. Se o valor de produtividade do trabalhador estiver crescendo abaixo do salário real que lhe é pago, significa que está contribuindo para que os custos de produção cresçam mais que as receitas que adiciona oriunda da sua produtividade.

O Gráfico 21.13 traz a evolução da produtividade do trabalho no setor industrial no período de 2002 a 2015. De acordo com essa estatística, esse indicador aumentou cerca de 36,0%, em um período de 14 anos, o que dá uma média simples de crescimento de 2,6% ao ano. Observando os padrões internacionais de países competidores do Brasil, esse pode ser considerado um valor de pequena monta. Ademais, não foi um crescimento linear, intercalando-se anos de aumento da produtividade sucedidos por anos de queda.

GRÁFICO 21.13

Brasil: índice de produtividade da mão de obra na indústria* – 2002/2015 (2002=100)

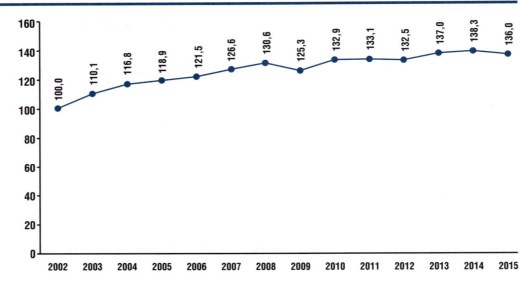

Fonte: PMI e PIMES – IBGE.
* A produtividade da mão de obra foi obtida do quociente entre a produção física e as horas trabalhadas.

Embora aqui esteja retratada apenas a baixa produtividade da mão de obra no setor industrial, essa é uma realidade que atinge praticamente todos os ramos de atividade econômica, e isso tem tornado o país menos competitivo no cenário internacional. As razões para o Brasil conviver com baixos níveis de produtividade são de ordem estrutural, ou seja, a solução leva mais tempo para surtir efeito quando posta em prática.

Sob uma ótica global, a qualidade educacional brasileira, em todos os níveis, ainda é fraca, defasada e não tem a atenção oficial que deveria ter. Isso causa atrasos culturais e não permite que os trabalhadores adquiram níveis de qualificação compatíveis com os padrões internacionais. Do lado das empresas, há uma excessiva regulamentação, uma alta carga tributária que as inibe em investir em tecnologias de ponta, condição necessária para elevarem seus níveis de produtividade pelo progresso técnico.

21.5.4.7 As flutuações dos rendimentos reais

O Gráfico 21.14 contém a evolução do rendimento real dos trabalhadores brasileiros desde o início de 2012 até o primeiro trimestre de 2016. Observam-se dois comportamentos distintos. Até o final de 2013, ocorre um crescimento, ainda que pífio, de 4,0%. Em seguida, começa a declinar, ainda que essa queda não conduza a valores menores que o primeiro trimestre de 2012.

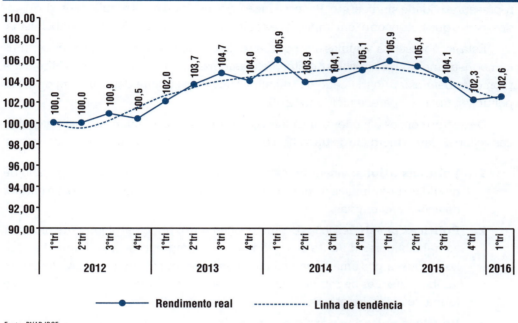

GRÁFICO 21.14

Brasil: índice do rendimento real trimestral por trabalhador – 2012/2016
1º trimestre de 2012=100

Fonte: PNAD-IBGE.

Essa queda ocorre por duas razões. Por um lado, a recessão que se instalou no país após as eleições de 2014 já vinha ensaiando eclodir desde 2010, e, por fim, acelerou-se de forma nunca antes vista no Brasil. Com isso, ocorre uma forte queda na demanda de bens e serviços, obrigando as empresas a reduzirem sua demanda por mão de obra. Isso no mercado de trabalho representa queda nos salários nominais, acentuada pelo fato de que os próprios trabalhadores estão dispostos a trabalhar por uma remuneração menor.

Por outro lado, a forte deterioração das finanças públicas federais, em decorrência da gastança desenfreada, violando os preceitos básicos da Lei de Responsabilidade Fiscal, acelerou o crescimento dos preços, ou seja, fez crescer a inflação. Com a inflação crescendo e os salários nominais caindo, os rendimentos reais dos trabalhadores teriam que cair, como verificado no Gráfico 21.14. De acordo com as estatísticas da PED, essa queda tem sido maior no setor privado em relação ao setor público e maior entre os assalariados com carteira de trabalho assinada relativamente àqueles sem carteira assinada.

21.6 ■ AS POLÍTICAS PÚBLICAS VOLTADAS PARA O MERCADO DE TRABALHO

Assim como os demais setores da economia, o mercado de trabalho sofre com inúmeras distorções e efeitos colaterais que trazem graves prejuízos para os trabalhadores. Diferentemente dos demais, o mercado de trabalho tem uma peculiaridade marcante, pois a mercadoria a ser transacionada (trabalho humano) está incorporada ao próprio vendedor. Logo, os trabalhadores sofrem uma dupla consequência de desequilíbrios. Por um lado, pode ser penalizado como vendedor e, por outro lado, sobre as consequências como trabalhador, na forma de perda de emprego, condições ruins de trabalho, falta de representatividade sindical etc. Por essa razão, é o mercado mais regulamentado de todos, pois o que nele ocorre tem implicações culturais, sociais, econômicas e trabalhistas.

Esta seção resenha algumas das políticas públicas utilizadas pelos governos centrais como instrumento para resolver distorções, amenizar problemas, defender direitos e promover bem-estar no mercado de trabalho. Uma lista sucinta das mais importantes políticas públicas aparece na Figura 21.6.

De acordo com os cânones universais consagrados nesse campo, as políticas públicas voltadas para o mercado de trabalho, sob uma ótica global, assumem três categorias:

1. **Políticas ativas:** visam promover a integração e a articulação por meio de medidas de estímulos na oferta e na demanda de trabalho. Assumem o caráter de ações preventivas.

2. **Políticas passivas:** ações e intervenções com o principal objetivo de proteger os trabalhadores durante seu período de desemprego, seja na forma de auxílio na busca por uma nova ocupação, seja na reposição de renda. Procuram também auxiliar na retirada do trabalhador da força de trabalho. Assumem a forma de ações curativas.

3. **Políticas voltadas para o mercado informal:** representam medidas para apoiar os trabalhadores que não se inserem no setor formal da economia, tendo o caráter de estimular a transição para sua formalização e/ou garantir a sustentabilidade de sua atividade informal.

As políticas ativas se ramificam em vários tipos, desde a intermediação ou recolocação no mercado de trabalho da mão de obra desempregada, ou buscando mobilidade vertical, passando pelas políticas de treinamento e reciclagem profissional, programas para atender a juventude, criação direta de emprego e ações destinadas a atender os indivíduos portadores de deficiências físicas.

As políticas passivas têm como principal ramificação o programa de seguro-desemprego, visando pagar benefícios aos desempregados elegíveis durante o período inicial em que estiver nesta situação. Têm o objetivo de permitir ao trabalhador alguma subsistência para buscar emprego, assim como que seu capital humano de conhecimentos não se deteriore rapidamente. Nessa categoria de políticas, têm-se ainda os programas de demissão voluntária (PDVs), buscando estabelecer uma transição segura do indivíduo da situação de trabalhador para inativo. Já a postergação do ingresso do aluno no mercado de trabalho tem por finalidade permitir que quando ingresse na força de trabalho, o aluno faça com a plenitude dos conhecimentos adquiridos.

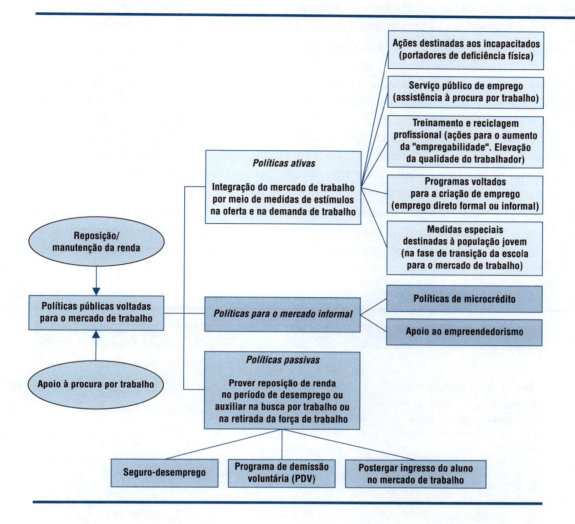

FIGURA 21.6 Políticas públicas no mercado de trabalho

No campo das políticas públicas, merecem destaque aquelas voltadas para combater e/ou atenuar o maior dos males do mercado de trabalho: o desemprego. O Quadro 21.2 traz as principais medidas para combater esse fenômeno, levando-se em consideração o tipo de desemprego que incide sobre os trabalhadores.

O desemprego friccional decorre do descompasso de tempo entre a dispensa, ou demissão voluntária do trabalhador, e busca da vaga que procura. Ele incide sobre qualquer segmento da força de trabalho e tem curta duração. A melhor política para combatê-lo é uma vasta rede de informações sobre as vagas oferecidas, facilitando o encontro de uma vaga pelo trabalhador demitido. São necessárias também ações que facilitem as empresas encontrarem rapidamente o trabalhador com o perfil que ela precisa. Um bom serviço público de emprego, primando por um serviço de recolocação eficiente, tende a diminuir significativamente esse tipo de desemprego.

O desemprego estrutural, por sua vez, é de longa duração, existindo devido ao descompasso entre o tipo de trabalhador requerido pelas empresas e o perfil de trabalhador existente no mercado de trabalho. Nesse caso, a principal política para reduzi-lo ocorre na forma de amplos programas de treinamento profissional, reciclagem da mão de obra, tanto de natureza pública como a oferecida pelo próprio setor privado. Esse desemprego pode também ser combatido concedendo-se estímulos diretos às empresas na forma de subsídios, para contratarem e treinarem os trabalhadores de que necessitam.

O desemprego cíclico, decorrente da deficiência de demanda agregada pela economia, é o mais grave de todos. Nesse caso, com a demanda de bens e serviços fraca, não são geradas as vagas necessárias para absorverem o volume gerado de desempregados. O governo precisa, então, estimular as empresas a investirem para elevar o contingente de vagas oferecidas. Isso pode ocorrer com a adoção de políticas monetárias na forma de redução dos juros, ou elevação da oferta de crédito. Pode adotar também políticas fiscais como cortar impostos, conceder subsídios, desonerar a folha de pagamentos ou elevar os gastos públicos. Outro tipo de ação para combater esse tipo de desemprego é gerar emprego público direto.

Já o desemprego sazonal tende a durar o tempo do ciclo produtivo da mercadoria sujeita à sazonalidade. Como tem certa previsibilidade, resta somente ao governo socorrer o trabalhador com medidas temporárias enquanto durar esse período, por exemplo, por meio do seguro-desemprego.

QUADRO 21.2

Tipologia do desemprego: características e políticas para sua redução

Tipo de desemprego	Características	Políticas públicas para reduzi-lo
Desemprego friccional: existe um descompasso entre o indivíduo ficar desempregado e obter uma nova ocupação (Onde está a minha vaga?)	■ Ocorre devido ao sistema de informações imperfeito no mercado de trabalho ■ Afeta todo tipo de trabalhador ■ É de curta duração ■ É impossível de se evitar	■ Aumentar a capilaridade do sistema de informações no mercado de trabalho ■ Fortalecer o serviço público de emprego ■ Criar medidas para reduzir a rotatividade
Desemprego estrutural: existe um descompasso entre o perfil requerido pela demanda de mão de obra e o perfil da oferta de trabalhadores. ■ Qualificados vs. não qualificados ■ Trabalhador com experiência vs. trabalhador jovem ■ Emprego no Sudeste vs. mão de obra no Sul	■ Concentra-se em grupos desalojados pela tecnologia ou prejudicados pelo declínio de um setor ■ É de longa duração	■ Subsídios salariais às empresas ■ Programas de treinamento e reciclagem profissional ■ Estimular a mobilidade horizontal (migração)
Desemprego cíclico (deficiência de demanda): a demanda agregada da economia é insuficiente para gerar emprego suficiente para todos aqueles procurando trabalho. O número de vagas oferecidas é bem menor que o número de desempregados	■ Dependendo da crise, pode atingir todos os segmentos da força de trabalho ou se concentrar em apenas alguns ■ Duração intermediária entre curto e longo prazo	■ Política monetária (abaixar juros, aumentar crédito) ■ Política fiscal (aumentar gastos públicos, cortar impostos) ■ Emprego público direto ■ Gastos públicos em investimento
Desemprego sazonal: ocorre de forma previsível, pois o ciclo de produção é sujeito à sazonalidade	■ Dura enquanto houver o período de sazonalidade	■ Socorrer o trabalhador durante o período da sazonalidade. Por exemplo: seguro-desemprego para pescador artesanal

QUESTÕES

1. O comportamento do mercado de trabalho é influenciado pelo nível de atividade econômica em curto prazo, mas não em longo prazo. Comente essa afirmação.

2. Os indivíduos que não trabalham, mas estão buscando emprego, não fazem parte da força de trabalho, pois não auferem renda. Certo ou errado? Justifique sua resposta.

3. Mostre como as vagas oferecidas pelo setor produtivo e o aumento demográfico da força de trabalho afetam a dinâmica do mercado de trabalho.

4. Mostre os efeitos da inflação sobre o salário real para diferentes períodos de reajuste do salário nominal.

5. Defina a taxa de desemprego aberto. Em seguida, esclareça:
   a) como ela se comporta ao longo do ciclo econômico;
   b) como ela pode ser afetada pelos fenômenos do "trabalhador adicional" e "trabalhador desencorajado";
   c) como ela pode mudar sem alteração no estoque de desempregados.

6. Defina a taxa de informalidade no mercado de trabalho brasileiro, mostrando seu comportamento recente.

7. Como se mede a rotatividade da mão de obra? Como ela se diferencia do desemprego? O que você tem a dizer sobre os níveis de rotatividade no mercado de trabalho brasileiro?

8. Discuta os principais tipos de políticas públicas voltadas para atender o mercado de trabalho. Como você combateria o desemprego estrutural e o desemprego cíclico?

9. Baseando-se em uma medida de produtividade do trabalho, mostre que a distribuição de renda pode piorar para os trabalhadores, caso os reajustes salariais fiquem abaixo dos aumentos de produtividade.

10. Qual a melhor forma de acompanhar a evolução do emprego: número-índice ou taxa de emprego?

11. De acordo com o IBGE, classifique a seguintes categorias ocupacionais como estando dentro ou fora da força de trabalho: desempregados, estudantes, trabalhador sem carteira de trabalho assinada, trabalhador doméstico remunerado, empregadores, e trabalhador desencorajado.

REFERÊNCIAS

AFONSO, J. R.; CASTRO, K. *A (des)construção econômica e fiscal.* São Paulo: Instituto Teotônio Vilela, 2016.

BORJAS, G. J. *Economia do trabalho.* 5. ed. AMGH Editora Ltda.: Porto Alegre, 2012.

CHAHAD, J. P. *Flexibilidade no mercado de trabalho, proteção aos trabalhadores e treinamento vocacional da força de trabalho: a experiência da América Latina e perspectivas*, Documento de Projeto, CEPAL, Nações Unidas, Santiago, Chile, 2009.

CHAHAD, J. P. Z. A evolução recente do desemprego brasileiro e sua comparação com o cenário internacional. *Boletim Informações FIPE*, v. 428, p. 11-18, 2016.

_____. O mercado de trabalho em 2016: o que já está ruim ainda vai piorar. *Boletim Informações FIPE*, v. 425, p. 14-26, São Paulo, 2016.

_____. Crescimento econômico e mercado de trabalho no cenário internacional ao final de 2014: panorama e perspectivas. *Boletim Informações FIPE*, v. 411, p. 8-25, 2014.

_____. Por que o desemprego deverá retornar em 2015. *Boletim Informações FIPE*, v. 409, p. 6-8, São Paulo, 2014.

_____. Mercado de trabalho, emprego e desemprego no Brasil. In: *Administração de empresas* — Enciclopédia de direção, produção, finanças e marketing. São Paulo: Nova Cultural, 1987. n. 45-7.

CHAHAD, J. P. Z.; MACEDO, R. B. M. *FGTS e a rotatividade*. São Paulo: Nobel-Ministério do Trabalho, 1985 (Col. Estudos Econômicos e Sociais).

CHAHAD, J. P. Z.; MENEZES-FILHO, N. A. (org.) *Salário, emprego e desemprego numa era de grandes mudanças*. São Paulo: LTR, 2002.

CHAHAD, J. P. Z.; POZZO, R. G. Mercado de trabalho do Brasil na primeira década do século XXI: Evolução, Mudanças e Perspectivas. *Revista Ciência & Trópico*, v. 36, p. 100-111, Recife, 2014.

CHAHAD, J. P. Z.; TATEI, F. O impacto do ajuste fiscal no mercado de trabalho. *Boletim Informações FIPE*, v. 418, p. 7-14, São Paulo, 2015.

DEPARTAMENTO INTERNACIONAL DE ESTATÍSTICA E ESTUDOS SOCIOECONÔMICOS (DIEESE). *A situação do trabalho no Brasil na primeira década dos anos 2000*. Departamento Intersindical de Estatística e Estudos Sócio Econômicos, São Paulo: DIEESE, 2012.

EHRENBERG, R. G.; SMITH R. S. *Modern Labor Economics — Theory and Public Policies*. 9. ed. Pearson, 2006.

INSTITUTO BRASILEIRO DE GEOGRAFIA E ESTATÍSTICA (IBGE). *Indicadores IBGE*, Pesquisa Nacional por Amostra de Domicílios Contínua. Rio de Janeiro, 2016.

MINISTÉRIO DO TRABALHO E EMPREGO. *O mercado de trabalho formal no Brasil nos últimos 15 anos*, Brasília, 2010.

ORGANIZAÇÃO INTERNACIONAL DO TRABALHO (OIT). *Panorama laboral* 2015, Oficina Regional Para América Latina y el Caribe, p. 24, 2015.

22

A DESIGUALDADE DE RENDA NO BRASIL: DA INDUSTRIALIZAÇÃO ACELERADA À DISTRIBUIÇÃO DE RENDA NO INÍCIO DO SÉCULO XXI

Maria Cristina Cacciamali[1]

22.1 ◼ INTRODUÇÃO

O **crescimento econômico** se constitui em um processo por meio do qual a renda *per capita* de determinada sociedade se eleva persistentemente. Acompanhando esse crescimento, ocorrem transformações estruturais quantitativas e qualitativas. Dentre elas, destacam-se a diminuição nas taxas brutas de natalidade e de mortalidade, que alteram a estrutura etária da população e da força de trabalho; a ampliação do sistema escolar e de saúde; o maior acesso aos meios de transportes, de comunicação e culturais; a urbanização das atividades econômicas e da inserção da força de trabalho em detrimento do setor primário e a favor das atividades de serviços; a maior integração com as mais importantes economias mundiais e o aumento da produtividade média nos diferentes setores da atividade econômica.

O **desenvolvimento econômico** e humano, por sua vez, pressupõe que, paralelamente ao crescimento econômico, a maior parte da população dessa sociedade seja a principal beneficiária das mudanças em andamento. Entende-se que, ao longo do processo de desenvolvimento, a grande maioria da população eleve o seu padrão de vida material, obtenha melhores condições de saúde, viva mais tempo, amplie o seu exercício da cidadania e disponha de maiores oportunidades de aperfeiçoamento pessoal. Assim, os estudos sobre a evolução da distribuição de renda e de outros indicadores sociais são importantes para detectar se, de fato, o crescimento econômico está acarretando o desenvolvimento econômico e humano, ou seja, se está atingindo a maior parte da população.

No caso brasileiro, as mudanças estruturais se fizeram sentir, principalmente, depois da década de 1950, quando o país, assim como outros denominados pelo Banco Mundial de país *em desenvolvimento*, ingressou em um processo de crescimento econômico acelerado, sob a liderança do setor industrial. No entanto, ao contrário de outros países, mormente do Leste Asiático, que também cresceram de forma acelerada, durante a evolução do quadro de indicadores sociais, o Brasil apresentou resultados altamente insatisfatórios.

Especificamente, com relação à distribuição de renda familiar, dados do Banco Mundial indicam que, em meados da segunda década do século XXI, dos 105 países que reportam dados, em dez deles, as famílias 10% mais ricas possuíam mais do que 40% da renda total. Entre os países mais industrializados da Organização para a Cooperação e Desenvolvimento Econômico (OCDE), no denominado *Grupo dos 7*,[2] por exemplo, esse indicador varia entre 23,7% (2011) na Alemanha e 30,2% (2013) nos Estados Unidos. No Brasil, esse percentual é de 41,8%, inferior apenas ao da África do Sul, Haiti, Zâmbia, Ruanda, Guiné-Bissau,

Crescimento econômico: *processo por meio do qual a renda per capita de uma dada sociedade se eleva persistentemente.*

Desenvolvimento econômico: *parte da teoria econômica que se preocupa com a melhoria do padrão de vida da coletividade ao longo do tempo. Estuda questões como progresso tecnológico, estratégia de crescimento, entre outras.*

---

[1] A autora agradece a Fabio Tatei (mestre pela Universidade de São Paulo e doutorando na Universidade Estadual de Campinas) pela atualização de tabelas e quadros e pela assistência à pesquisa que atualizou este texto.
[2] O Grupo dos Sete é composto por Estados Unidos, Canadá, Alemanha, França, Itália, Reino Unido e Japão.

Colômbia e Guatemala. Além disso, a renda das famílias 10% mais ricas no Brasil é cerca de 28 vezes maior do que a renda das famílias 10% mais pobres.[3] O nível de desigualdade da distribuição de renda no Brasil se mostra exacerbado com relação aos demais países, mesmo aqueles da América Latina ou de similar renda *per capita*.

Evidentemente, essas informações devem ser tomadas com cautela, em função dos problemas metodológicos envolvidos na comparação de estatísticas entre países. Não existem dúvidas, contudo, de que o país apresenta um perfil distributivo de renda extremamente desigual, entre os piores do mundo, sendo notado no cenário internacional do último século como um paradigma de simultaneidade entre paz, política e iniquidade.

O Brasil caracteriza-se por grandes diversidades regionais e entre estados da mesma região. Os Índices de Desenvolvimento Humano Municipal (IDHM),[4] calculados para municípios brasileiros e, posteriormente, agregados por unidades da federação, mostram que, em 2010:

- apenas o Distrito Federal apresentou IDHM muito alto (IDHM > 0,8), embora inferior àqueles dos países industrializados com IDHM superior a 0,9 e de alguns países latino-americanos, como Argentina e Chile, que apresentam IDH acima de 0,82;
- 12 Estados – São Paulo, Santa Catarina, Rio de Janeiro, Paraná, Rio Grande do Sul, Espírito Santo, Goiás, Minas Gerais, Mato Grosso do Sul, Mato Grosso, Amapá e Roraima – possuem IDHM altos, entre 0,8 e 0,7;
- os demais 14 Estados – Tocantins, Rondônia, Rio Grande do Norte, Ceará, Amazonas, Pernambuco, Sergipe, Acre, Bahia, Paraíba, Piauí, Pará, Maranhão e Alagoas – possuem IDHM médios, que variam de 0,7 a 0,6.[5]

O tema deste capítulo será apresentado por meio de três seções que apresentam: a forma mais comumente utilizada para medir o grau de concentração de renda; as limitações existentes na metodologia e no tipo de informações disponíveis para o cálculo desses índices e a análise das causas e dos resultados da distribuição de renda no Brasil para o período compreendido entre 1960 e 2015. Em seguida, tecem-se as considerações finais.

22.2 ■ MENSURAÇÃO DO GRAU DE CONCENTRAÇÃO DA RENDA

Índice de Gini: *uma das medidas usuais para se medir o grau de concentração da renda de uma localidade, região ou sociedade.*

Grau de concentração da renda: *obtido por meio da curva de Lorenz, construída a partir do referencial de eixos cartesianos, no qual se classificam em seus eixos a percentagem acumulada de pessoas, famílias ou domicílios que recebem até determinado nível de renda e a percentagem acumulada da soma dos percentuais de renda calculada para cada percentagem da população obtida no item anterior.*

O **índice de Gini** se constitui em uma das medidas usuais para se medir o grau de concentração da renda de uma localidade, região ou sociedade.[6] Esse índice é obtido por meio da *curva de Lorenz*, construída a partir do referencial de eixos cartesianos da seguinte maneira: a) classifica-se, em um dos eixos, a percentagem acumulada de pessoas, famílias ou domicílios que recebem até um determinado nível de renda; b) no outro eixo, classifica-se a percentagem acumulada da soma dos percentuais de renda calculada para cada percentagem da população, de famílias ou de domicílios obtida no item anterior.

---

[3] PNAD 2014 – IBGE.
[4] O IDHM é um indicador da ONU que considera que três condições têm de estar presentes para ampliar as oportunidades dos seres humanos: desfrutar de uma vida longa e saudável (expresso pelo indicador esperança de vida ao nascer); adquirir conhecimento (expresso pelo indicador combinado entre taxa de alfabetização de adultos e taxa de matrícula no ensino fundamental, de segundo e de terceiro graus, nas idades correspondentes); e ter recursos necessários para um padrão de vida decente (expresso pela renda *per capita*).
[5] Os Estados foram citados em ordem do *ranking* IDHM de 2010. Assim, o Distrito Federal apresenta o maior IDHM (0,824) e Alagoas, o menor índice (0,631). Maiores detalhes disponíveis em: <http://www.pnud.org.br/>.
[6] Além do índice de Gini, são usualmente utilizados o índice de Theil, a curva de Pareto e a variância dos *logs*.

No Gráfico 22.1, expõe-se uma curva de Lorenz, linha ADC, obtida da forma especificada. O grau de convexidade da curva em relação ao eixo AB indica o grau de desigualdade da distribuição de renda.

GRÁFICO 22.1

Curva de Lorenz

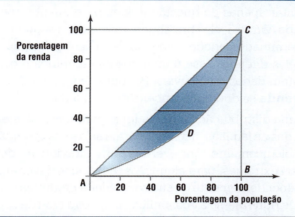

O **coeficiente de concentração de Gini** é definido a partir da curva de Lorenz, calculando-se: 1) a área compreendida entre a diagonal AC e a curva de Lorenz (linha ADC); 2) dividindo-se a área determinada no item anterior pela área do triângulo ABC. O resultado obtido é o coeficiente de Gini. Tomando-se um caso extremo em que a renda fosse igualitariamente distribuída, a curva de Lorenz seria representada, conforme Gráfico 22.2, pelo segmento da reta AC. Exemplificando, 40% da população receberiam 40% da renda, 70% receberiam 70% da renda etc. Neste caso, a área de desigualdade desapareceria e o coeficiente de Gini teria valor nulo. Em outro extremo, isto é, se toda a renda estivesse concentrada nas mãos de um indivíduo ou de uma família, a curva de Lorenz seria representada pelos segmentos de reta ABC e mostraria uma perfeita desigualdade. Neste caso, o coeficiente de Gini teria valor unitário.

Como não poderia deixar de ser, observa-se que o coeficiente de Gini, calculado para diferentes países, em diferentes períodos de tempo, sempre se situa em pontos intermediários. Como ilustração, pode-se analisar a curva de Lorenz para países e anos selecionados no Gráfico 22.2.

Coeficiente de concentração de Gini: *coeficiente definido por meio da curva de Lorenz que, variando de 0 a 1, mede o grau de concentração da renda.*

GRÁFICO 22.2

Curva de Lorenz: vários países

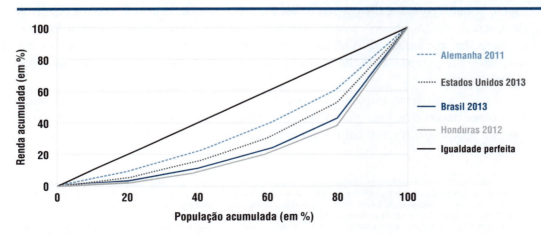

Fonte: elaborado pela autora a partir de dados do Banco Mundial.

Nota-se, por meio dessa representação, que, nos anos considerados, a renda estava mais bem distribuída na Alemanha e nos Estados Unidos do que no Brasil e em Honduras. Portanto, índices de concentração de Gini são maiores nos últimos países mencionados do que nos primeiros (respectivamente, 0,301; 0,411; 0,529 e 0,537).

Deseja-se enfatizar que a curva de Lorenz e o coeficiente de Gini são instrumentos adequados para tratar apenas da questão monetária e quantitativa da igualdade na distribuição de renda. Ou seja, eles pretendem responder à seguinte questão: em dada sociedade, em determinado período, quão iguais são as rendas; ou, de forma complementar, o quanto elas diferem. Essa é uma questão empírica e pode ser respondida à medida que existam dados disponíveis. Por outro lado, o conceito de igualdade na **distribuição da renda** se difere do conceito de equidade.

Distribuição da renda: *quão iguais são as rendas em dada sociedade, em determinado período, ou, de forma complementar, o quanto elas se diferem.*

A busca por uma distribuição de renda igual para todos os membros de uma sociedade, ou para todas as famílias, não implica que seja justa ou equânime. Essa é uma questão ética e ideologicamente controvertida entre indivíduos e entre nações. Raciocinando sobre casos extremos, para alguns, os indivíduos deveriam ser remunerados de forma igual, independentemente da sua capacidade produtiva e da sua acumulação prévia de estoque de riqueza – seja econômica, financeira e/ou de capital humano; para outros, as remunerações devem ser diferenciadas, por exemplo, seguindo padrões de comportamento, retorno à acumulação prévia e/ou à propensão ao risco.

Nas sociedades democráticas modernas, em cada período, essas questões, mediadas pelo grau de organização social dos interesses econômicos e de classe, e reagindo a valores incorporados, levam a conflitos explícitos. Esses são canalizados por grupos ou partidos políticos, sendo filtrados pelos governantes que orientam a política distributiva.

22.3 ■ PROBLEMAS METODOLÓGICOS E LIMITAÇÃO DOS DADOS

A escolha da unidade para analisar a distribuição de renda pode recair sobre uma das seguintes categorias: pessoas economicamente ativas;[7] pessoas ocupadas; famílias; ou domicílios. Por sua vez, a análise pode ser efetuada sobre as seguintes variáveis: renda por pessoas economicamente ativas; renda por família; renda por domicílio; ou renda familiar ou domiciliar *per capita*.

Em tese, a unidade de análise deveria ser o indivíduo, visto que cada pessoa *per se* tem direito a determinado nível de consumo e de bem-estar material. No entanto, a sociedade encontra-se organizada em unidades familiares, que é a menor célula da atual organização social, nas quais diferentes pessoas trabalhando individualmente consolidam um orçamento comum para fins de receitas e distribuem os gastos de acordo com os objetivos do grupo. Assim, a variável-chave nesse caso é a análise de acordo com a renda familiar ou domiciliar *per capita*. Essa última abordagem é bastante utilizada, por exemplo, em estudos sobre pobreza, para dimensionar diferenças regionais e caracterizar mercados de bens e serviços.[8]

Para fins de comparações intertemporais e/ou entre países, devido à facilidade para obter dados e realizar o cálculo, os indicadores que são mais utilizados referem-se à distribuição dos rendimentos das pessoas economicamente ativas, à distribuição

---

[7] A Fundação IBGE considera economicamente ativa, para efeitos censitários ou de levantamentos anuais, de caráter mais estrutural, a pessoa de dez anos ou mais que se encontra ocupada ou procurando ativamente uma ocupação. Para efeitos de levantamentos mensais, de caráter mais conjuntural, a idade considerada é de 15 anos ou mais.

[8] A literatura especializada define pobreza como a condição de renda insuficiente para a reprodução adequada de um ser humano. Linha de pobreza e linha indigência é um recurso metodológico utilizado para estimar a quantidade de famílias ou indivíduos que se encontram em situação de pobreza ou de extrema pobreza. Essas linhas são definidas a partir de determinado patamar de renda, que permita às famílias o acesso a bens e serviços para suprir necessidades essenciais.

dos rendimentos das famílias ou dos domicílios e à apropriação da renda pelo grupo dos 20% ou dos 10% mais ricos com relação aos 40% mais pobres da população ativa, das famílias ou domicílios. Outro índice frequentemente utilizado em trabalhos acadêmicos é o índice de Theil, que é dado pelo logaritmo neperiano do coeficiente entre as médias aritméticas e geométricas da renda familiar *per capita* média. Se a razão entre as médias for igual a um, Theil será igual a zero, indicando perfeita distribuição. Quanto maior a razão entre as médias, maior será o valor para o índice de Theil, e pior será a distribuição de renda.

Outra questão metodológica refere-se ao tratamento a ser dado à variável renda, que se altera ao longo do ciclo de vida das pessoas e das famílias. O rendimento costuma ser menor no início da vida profissional de um indivíduo ou no início da formação de uma família. A desigualdade deveria então ser medida contemplando-se a renda esperada ao longo do ciclo de vida — profissional e/ou familiar. Essas estimativas, embora factíveis de serem realizadas, a partir de pesquisas domiciliares ou dos censos, exigem imputações, demoram a ser realizadas e podem não corresponder à realidade futura, visto modificações abruptas e/ou estruturais na sociedade. Assim, salvo estudos comparativos específicos, essa abordagem não é adotada de maneira rotineira.

Um último ponto reporta-se à inclusão ou não das pessoas ou das famílias que se declaram *sem rendimento*. Estas se constituem no patamar inferior da distribuição de renda, e a sua inclusão aumentará o grau de desigualdade. O tratamento adequado deve ser diferenciado dependendo da unidade de análise considerada: pessoas ou famílias. Quando a unidade da análise diz respeito a *pessoas*, a maioria dos casos de declaração sem rendimento encontra-se associada a membros secundários da força de trabalho da família — filhos e esposa —, que muitas vezes trabalham conjuntamente com o chefe da família. Dessa forma, essas pessoas não podem ser consideradas de fato sem rendimento. E a sua inclusão tenderia a elevar artificialmente os indicadores de desigualdade. No caso das *famílias sem rendimento*, a situação é diferente. Em geral, a renda familiar nula corresponde a um fenômeno real, a um nível extremo de pobreza e, nesse caso, as unidades de análise com essa característica devem ser incluídas na distribuição de renda familiar e na renda familiar *per capita*.

22.3.1 Vieses de registro

Os estudos sobre a distribuição de renda baseiam-se em dados procedentes de levantamento de campo junto aos domicílios e são obtidos mediante declaração dos próprios moradores ou de um morador que responde pelos demais. Esse fato conduz a dois tipos de restrições.

A primeira restrição é uma tendência a subestimar o total da renda da família. As maiores distorções na qualidade dos dados encontram-se associadas aos estratos populacionais situados nos extremos da distribuição: entre os grupos mais pobres e entre os mais ricos. Em relação ao primeiro estrato, usualmente, não existem dados sobre a produção para autoconsumo, salários em espécie, recebimentos regulares de transferências ou doações de renda e de outras rendas diretas propiciadas pelo Estado. Ademais, a produção para autoconsumo está tendendo a diminuir ao longo do tempo, o que prejudica comparações intertemporais. Por sua vez, os estratos mais ricos sonegam informações — voluntariamente ou não — associadas às rendas de propriedade, salários e benefícios indiretos, juros, lucros e rendas ocasionais. Acrescente-se que a tendência é de que as rendas procedentes de salários indiretos cresçam ao longo do tempo, mesmo entre os estratos médios, fato esse que também prejudica as comparações intertemporais.

Em muitos estudos, analistas envolvidos neste tema realizam imputações de renda para sanar essas questões. No entanto, esse expediente deve ser adotado com prudência pelas restrições que apresenta. Em primeiro lugar, os critérios de imputação, em geral, envolvem juízo de valor por parte do pesquisador e devem ser transparentes para evitar interpretações equivocadas. Em segundo lugar, os efeitos desses ajustes sobre os dados originais têm sentido contrário e dependem da posição de cada estrato de renda. Por um lado, o ajuste nos grupos mais pobres aumenta o patamar mínimo da distribuição da renda, diminuindo o grau de desigualdade; por outro, a adição de renda nos estratos mais ricos implica efeito oposto, ampliando o grau de desigualdade.

Um segundo grupo de limitações decorre das mudanças efetuadas nos formulários e na metodologia de levantamento dos dados. Evidentemente, essas alterações são inevitáveis pela necessidade de se adequar os dados às novas situações do meio social. Entretanto, essas alterações dificultam e, muitas vezes, até impedem, comparações intertemporais. No caso brasileiro, entre os Censos de 1960 e 2000, a variável renda passou a ser pesquisada com maior rigor, detalhe e explicitação. Nos Censos de 1960 e de 1970, apenas um quesito agregado captava essa variável, enquanto, em 1980, sete contemplavam a sua investigação e, em 1991 e em 2000, quatro e sete quesitos, respectivamente, detalhavam o levantamento dessa variável. Esse fato é, sem dúvida, um fator positivo, pois a mudança na qualidade do levantamento do dado vem de encontro a uma sociedade mais complexa e crítica na produção e no uso das informações. Contudo, esse elemento dinâmico positivo, somado à tendência inerente à subestimação na declaração da renda por parte dos entrevistados, acarreta, a cada Censo, uma dificuldade adicional para a comparabilidade intertemporal.

Nos Censos de 1970 a 1991, por exemplo, o rendimento fixo sempre foi captado, tendo como período de referência o mês anterior à data do levantamento, enquanto o rendimento variável referia-se aos 12 meses anteriores à data do levantamento. No Censo de 1960, essa última variável era apreendida referida ao ano anterior do levantamento. No Censo de 2000, as duas variáveis são referenciadas ao mês do levantamento. Essa diferença e o fato de que o Censo de 1960 registrou as declarações de renda em classes prefixadas subestimam as informações daquele ano com relação a 1970. Nos Censos de 1960 e 1970, no que se refere ao rendimento fixo, não há explicitação de quantos salários o indivíduo recebeu ao longo do ano, nem se o rendimento declarado era bruto ou líquido. Essas restrições foram sanadas nos Censos posteriores, mas conduzem à subestimação desses dados com relação aos Censos anteriores. Ademais, o fato de que, nos Censos de 1960 e de 1970, considerava-se apenas um único quesito para apreender o dado de renda, aumenta a probabilidade de subestimação das informações no que respeita aos anos de 1980 e de 1991, além de não permitir diferenciar a renda do trabalho das demais rendas e das transferências públicas no censo de 2000.

O Censo de 2010 passou a captar os rendimentos de outras fontes, somados em um único quesito do questionário, relativos ao mês de referência da pesquisa – julho de 2010. Assim, não é mais possível discriminar os rendimentos oriundos de aposentadorias, pensões, aluguéis etc. Por sua vez, não houve alterações na forma de captação do rendimento do trabalho, que ainda é desagregada em trabalho principal e demais trabalhos.

Com relação à renda familiar, nos Censos de 1970 e de 1980, caso um membro economicamente ativo da família fosse considerado *sem declaração de rendimentos*, toda a família era incluída nessa classificação, enquanto esse critério não foi adotado para os anos de 1960, 1991 e 2000. Esse procedimento leva a subestimar a renda dos mais pobres nos dois Censos intermediários (Quadro 22.1).

CAPÍTULO 22 – A DESIGUALDADE DE RENDA NO BRASIL: DA INDUSTRIALIZAÇÃO ACELERADA À DISTRIBUIÇÃO DE RENDA NO INÍCIO DO SÉCULO XXI 509

QUADRO 22.1
Censos demográficos

Discriminação	1960	1970	1980	1991	2000	2010
1. Conceitos de rendimento	RENDIMENTO MENSAL – todas as importâncias recebidas no mês anterior à data do Censo, provenientes de salários, ordenados, honorários de profissionais liberais, retiradas de empresários de negócios, gratificações, comissões, gorjetas, pensões, donativos regularmente recebidos, rendas vitalícias decorrentes de seguros totais, ou similares, quantias recebidas pelo usufruto de bens, renda de aluguéis etc. Para as pessoas que auferiram rendimentos variáveis, foi considerado o médio dos 12 meses anteriores à data do Censo	RENDIMENTO MENSAL – foram considerados: a) o último mês, para os que auferissem rendimentos fixos (salários, ordenados, vencimentos contratuais, soldos de militares etc.); b) a renda média dos últimos 12 meses, para os que percebessem importâncias variáveis (honorários de profissionais liberais, comissões de venda ou corretagens, pagamento pela prestação de serviços etc.); c) o rendimento fixo do último mês acrescido da renda média dos últimos 12 meses para os que percebessem parte fixa ou variável; d) o média das importâncias mensalmente recebidas provenientes de donativos, aluguéis e retiradas de empréstimos; e) as diferenças entre os preços de aquisição e de revenda, para pessoas que vivessem de revenda; f) quantias auferidas pelo usufruto de bens; g) seguros de renda vitalícia	RENDIMENTO DO TRABALHO – rendimento obtido no exercício de ocupação habitual e em outras ocupações, seja ele fixo ou variável. Da mesma forma que nos Censos anteriores, considera-se como rendimento fixo o do mês anterior à data do Censo e, como rendimento variável, o médio mensal dos 12 meses anteriores à data do Censo. OUTROS RENDIMENTOS – rendimento bruto mensal proveniente de aposentadoria ou pensões; aluguéis ou arrendamento; doação ou mesada; emprego de capital. Não foram considerados como rendimentos doações eventuais, heranças, indenizações, retiradas do FGTS e prêmios em dinheiro, obtidos em loterias, concursos, sorteios etc.	RENDIMENTO BRUTO NO MÊS DE AGOSTO DE 1990 NA OCUPAÇÃO PRINCIPAL E DE OUTRA OCUPAÇÃO – para o empregado, rendimento total bruto (parte fixa ou variável) do referido mês, ou do último mês trabalhado, caso não tenha trabalhado em agosto; para conta própria, os valores são corrigidos monetariamente e considera-se a média corrigida para o último mês trabalhado; para o empregador, utilizou-se esse mesmo critério para a parte variável auferida e registra-se o rendimento fixo, se houver, do mês de agosto. Não são computados valores referentes ao 13º salário; participação nos lucros; outros benefícios, como tíquete refeição, vale transporte etc.	RENDIMENTO BRUTO DO MÊS DE JULHO DE 2000 NO TRABALHO PRINCIPAL E NOS DEMAIS TRABALHOS – foram considerados: a) o rendimento do mês de julho; b) trabalho e rendimento na semana de referência: existência de trabalho remunerado ou qual estava temporariamente afastado, existência de trabalho não remunerado em ajuda a conta própria ou empregador (morador) ou como aprendiz ou estagiário, existência de trabalho não remunerado em ajuda ao empregado (morador) em atividades de cultivo, extração vegetal, criação de animais, caça, pesca ou garimpo, existência de trabalho para o próprio consumo, número de trabalhos, ocupação principal, atividade principal, se empregado pelo regime jurídico dos funcionários públicos ou militares, número de empregados (só para empregadores), contribuinte para o Instituto da Previdência, horas trabalhadas no trabalho principal, horas trabalhadas nos demais trabalhos	RENDIMENTO NOMINAL MENSAL NO TRABALHO PRINCIPAL E DEMAIS TRABALHOS NO MÊS DE REFERÊNCIA – considera-se rendimento do trabalho: a) rendimento fixo: a remuneração bruta do empregado ou a retirada do trabalhador por conta própria (empregador); b) rendimento variável: valor, em média, da remuneração bruta ou da retirada do mês de referência; c) pessoa licenciada: rendimento bruto do mês de referência, recebido como benefício (auxílio-doença, auxílio por acidente de trabalho etc.); d) conta própria e empregador: retirada do trabalho em dinheiro, produtos ou mercadorias (a retirada em dinheiro pode ser fixa ou como um percentual dos lucros do empreendimento; e a retirada em produtos ou mercadorias foi computada pelo seu valor em dinheiro como a diferença entre o valor dos produtos e mercadorias destinados ao mercado e as despesas necessárias para a sua produção, excluindo-se a parcela destinada ao próprio consumo da unidade domiciliar)
2. Forma de captação	Os níveis de rendimento foram avaliados em um único quesito, por meio de classes, com base em valores correspondentes aos salários-mínimos vigentes nas diversas regiões do país, especificados nos instrumentos de coleta. As classes consideradas foram (em cruzeiros): até 2.100; de 2.101 a 3.300; de 3.301 a 4.500; de 4501 a 6.000; de 6001 a 10.000; de 10.001 a 20.000; de 20.001 a 50.000 e mais; sem rendimentos. (quesito T do questionário do Censo)	Os níveis de rendimento foram avaliados em um único quesito, de forma aberta, em cruzeiros, da data de referência do Censo. As pessoas que não responderam ao quesito, embora as demais características indicassem a existência de renda, foram classificadas como "sem declaração de rendimentos". (quesito 20 do questionário do Censo)	Os rendimentos de trabalho foram captados, de forma aberta, em 3 quesitos, em cruzeiros, da data de referência do Censo (quesitos 37, 38 e 39). Os rendimentos de outras fontes foram captados de forma aberta, em quatro quesitos, em cruzeiros, da data de referência do Censo (quesitos 45 a 49). Foram pesquisados individualmente os rendimentos em dinheiro da ocupação principal; o rendimento em produtos ou mercadorias da ocupação principal; o rendimento das outras ocupações; o rendimento de aposentadoria ou pensões; o rendimento de aluguéis ou arrendamento; o rendimento de doações ou mesadas e o rendimento do emprego de capital. Para os empregados foi investigado quantos salários recebem por ano (quesito 40)	Os rendimentos foram pesquisados em cruzeiros correntes, por meio de quatro quesitos que abrangem, além dos rendas do trabalho (quesitos 56 e 57), locação em geral, pensão alimentícia; abonos; complementação de salário ou pensão procedente de fundos privados de aposentadoria; doações ou mesadas; lucros em geral; rendimento derivado de aplicações financeiras, aposentadoria ou pensão (quesitos 60 a 61)	Os rendimentos foram pesquisados em reais, por meio de sete quesitos que indicavam o rendimento bruto do mês de julho de 2000 no trabalho principal e demais trabalhos (quesitos 53 e 54), assim como os rendimentos no referido mês provenientes de aposentadoria, pensão, aluguel, pensão alimentícia, mesada, doação recebida de não morador, renda mínima/bolsa-escola, seguro-desemprego e outros rendimentos. (quesito 57 a 61)	Os valores de rendimentos pesquisados em reais, por meio de nês quesitos que indicavam o rendimento bruto do mês de julho de 2010 no trabalho principal e demais trabalhos (quesitos 6.51 e 6.52), assim como os rendimentos no referido mês provenientes de outras fontes, tais como aposentadoria, pensão, Bolsa Família, PETI, BPC/LOAS, bolsa de estudos, aluguel, pensão alimentícia, mesada, doação recebida de não morador, seguro-desemprego, juros, aplicações financeiras etc. O rendimento de outras fontes foram somados em uma única pergunta (quesito 6.591)

Continua

Continuação

Discriminação	1960	1970	1980	1991	2000	2010
3. Abrangência	Foram investigados os rendimentos para todos os pessoas de 10 anos ou mais, independentemente de trabalharem ou não. Os rendimentos do trabalho não poderiam ser obtidos diretamente. Para reconhecer os rendimentos da PEA, deveriam ser considerados apenas aqueles referentes às pessoas que trabalhavam. O rendimento familiar poderia ser obtido pela soma dos rendimentos das pessoas que compõem a família	Foram investigados os rendimentos para todos os pessoas de 10 anos ou mais, independentemente de trabalharem ou não. Os rendimentos do trabalho não poderiam ser obtidos diretamente. Para reconhecer os rendimentos da PEA, deveriam ser considerados apenas aqueles referentes às pessoas que trabalhavam. O rendimento familiar poderia ser obtido a partir da soma dos rendimentos das pessoas que compõem a família. Se uma dessas fosse considerada como "sem declaração de rendimentos", toda a família ficaria incluída nesta classificação	Foram investigados os rendimentos da ocupação habitual para menores de 5 a 9 anos de idade; os rendimentos do trabalho (na ocupação habitual e em todas as ocupações) para as pessoas de 10 anos e mais; os outros rendimentos de todos as pessoas de 10 anos e mais, independentemente de trabalharem ou não. O rendimento familiar poderia ser obtido a partir da soma dos rendimentos das pessoas que compõem a família. Os sem declaração foram calculados da mesma forma que no Censo de 1970	Foram investigados os rendimentos da ocupação principal, de outras ocupações e de outros rendimentos de todas as pessoas com 10 anos ou mais. A renda do chefe do domicílio foi pesquisada e agregada em destaque. O cálculo do rendimento familiar segue os procedimentos dos Censos anteriores	Foram considerados o rendimento bruto mensal do trabalho principal e o rendimento bruto mensal dos demais trabalhos para pessoas com 10 anos ou mais no mês de referência. Tanto a renda do chefe do domicílio como dos demais moradores foram investigados, sem distinção de qualquer natureza	O rendimento bruto mensal do trabalho foi captado para pessoas com 10 anos ou mais, em julho de 2010, em duas categorias: rendimento do trabalho principal e rendimento nos demais trabalhos. Não são computados benefícios que foram ganhos ou reembolsados em dinheiro, tais como vale-alimentação, vale-transporte, treinamentos etc. É captado o rendimento de todos os membros do domicílio
4. Referência temporal	Para os que recebem rendimentos fixos, foram considerados os relativos ao mês anterior à data do Censo. Para os que recebem rendimentos variáveis, foi considerada a média mensal dos rendimentos do ano anterior à data do Censo	Rendimentos fixos (salários, ordenados, vencimentos contratuais, soldos etc.) – mês anterior à data do censo. Rendimentos variáveis (honorários de profissionais liberais, comissões de venda, corretagens, prestações de serviços, donativos, aluguéis, retiradas de empréstimos, lucro com operações de revenda) – média mensal dos 12 meses anteriores à data do Censo. Para os que recebem rendimentos fixos e variáveis, foi considerada a soma da parte fixa (mês anterior) com a parte variável (média mensal dos 12 meses anteriores à data do Censo)	Rendimento médio mensal bruto obtido na ocupação principal e nas outras ocupações – para empregados, rendimentos do mês anterior; para empregadores e autônomos, média mensal do rendimento dos 12 meses anteriores à data do Censo. Rendimentos de outras fontes – para aposentados e pensionistas, rendimentos do mês anterior; para rendimentos de aluguéis e arrendamentos, de doações regularmente recebidas e de emprego de capital, média mensal dos rendimentos dos 12 meses anteriores à data do Censo	A referência foi o mês de agosto de 1990 para os rendimentos do trabalho. Outros rendimentos tiveram como período de referência os últimos 12 meses e foram computados segundo os Censos anteriores	Foi utilizado o mês de julho de 2000 como referência para análise do rendimento bruto. Para informações adicionais a respeito do tipo de atividade e características do trabalho, utilizou-se o última semana (23 a 29 de julho de 2000) do mês referido	Tanto o rendimento do trabalho como o rendimento de outras fontes são referentes ao mês de julho de 2010

Fonte: elaborado pela autora a partir da Metodologia do Censo Demográfico da IBGE, diversos anos.

A comparação entre os três últimos Censos é mais consistente do ponto de vista metodológico, entretanto, a elevada inflação ocorrida nos anos de 1980 e de 1990, conjuntamente com a existência de sistemas de indexação salarial, de rendas e de atualização monetária dos contratos, prejudica sobremaneira, entre esses períodos, as informações sobre as rendas e quaisquer comparações mais acuradas e aderentes à realidade.

Todas as restrições apresentadas, tanto de ordem metodológica como aqueles referentes à veracidade dos dados, fazem com que os estudos, relativos à tendência da distribuição de renda, estimada com base nos Censos, devam ser complementados com análises pontuais e cotejados com a evolução de outros indicadores sociais, de tal forma a validar o comportamento observado.

22.4 ■ A DISTRIBUIÇÃO DE RENDA NO BRASIL[9]

O Brasil mantém, depois dos anos de 1960, um elevado grau de desigualdade na distribuição de renda que se agrava ao longo das décadas seguintes e apresenta um ponto de inflexão mais consistente apenas a partir dos primeiros anos do século XXI (Tabela 22.1). Esse perfil deve ser remetido, em primeiro lugar, aos determinantes estruturais da concentração da renda e, em seguida, à inexistência de políticas distributivas, contínuas e coerentes, conduzidas pelo Estado, depois de 1950, quando se inicia um processo persistente de industrialização.

TABELA 22.1
Brasil: distribuição do rendimento da população economicamente ativa – 1960/2014

Percentis	1960	1970	1980	1985	1990	1995	2001	2005	2011	2012	2013	2014
10% mais pobres	1,9	1,2	1,2	0,9	0,8	1,1	1,0	0,9	1,0	1,0	1,0	1,2
30% mais pobres	5,9	6,2	6,2	5,3	4,6	5,6	6,5	7,2	6,4	6,6	6,5	7,0
50% mais pobres	17,4	15,1	14,1	13,1	11,2	13,0	14,4	15,7	16,1	16,4	16,4	17,0
30% mais ricos	66,1	71,7	73,2	74,6	76,4	74,5	72,6	70,9	68,5	68,4	68,2	67,6
10% mais ricos	39,6	46,5	47,9	47,7	49,7	48,2	46,9	45,4	41,8	41,9	41,6	40,9
1% mais ricos	12,1	14,5	13,5	13,3	13,9	13,4	13,6	13,3	11,8	12,6	11,7	11,3
Coeficiente de Gini	0,497	0,565	0,592	0,611	0,620	0,585	0,566	0,543	0,501	0,499	0,496	0,491

Fonte: elaborado pela autora a partir do IBGE, Diretoria de Pesquisas, Departamento de Emprego e Rendimento, Censo Demográfico, Pesquisa Nacional por Amostra de Domicílios, diversos anos.

O passado colonial e escravocrata é o ponto de partida da concentração da riqueza e da renda no Brasil. As relações sociais baseadas no uso de mão de obra escrava marcaram fortemente a sociedade brasileira e, até o final século XIX, impediram a criação de um mercado de trabalho assalariado abrangente, restringindo a apropriação de renda pela força de trabalho. O mercado de trabalho teve maior

---

[9] Esta seção reproduz de maneira livre alguns parágrafos dos capítulos da autora em edições anteriores deste livro e dos seguintes artigos: CACCIAMALI, M. C. Mercado de trabalho na década de 1990: menos empregos, mais política pública. *In*: VELLOSO, J. P. dos R. (Org.). *O real e o futuro da economia*. Rio de Janeiro: José Olympo, 1995. p. 213-231; CACCIAMALI, M.; CAMILLO, V. S. Redução da desigualdade da distribuição de renda entre 2001 e 2006 nas macrorregiões brasileiras: tendência ou fenômeno transitório? *Economia e Sociedade*, 2008; CACCIAMALI, M.; CAMILLO, V. S. Magnitude da queda da desigualdade de renda no Brasil de 2001 a 2006: uma abordagem regional por tipos de renda, Trabalho apresentado no *XIII Encontro Nacional de Economia Política*, Universidade Federal da Paraíba, 2008.

expressão nos centros urbanos do Estado de São Paulo e no Rio de Janeiro, depois da imigração estrangeira da segunda metade do século XIX. Contudo, o mercado de trabalho ganha, de fato, importância apenas ao fim da primeira década do século XX e, particularmente, na Região Sudeste.

A posse da terra, por outro lado, é outro fator estrutural da desigualdade da distribuição de renda. Desde o início da colonização, a posse da terra caracterizou-se pelo elevado grau de concentração, pela violência na expropriação de terras já ocupadas e pela dificuldade enfrentada pelos novos ocupantes para legalizarem suas propriedades, mesmo depois da *Lei de Terras* de 1850.

Essa dupla e complementar base de poder econômico, não única, mas principal, do período da colônia à maior parte da fase da exploração cafeeira, persistiu no polo dinâmico da economia até as primeiras décadas do século XX. A consequência dessas marcas é uma estrutura de poder político concentrado, autoritário e paternalista que se manteve até a primeira metade do século passado, recortado por breves períodos de participação política mais ampla.

O Brasil apresentou ainda especificidades regionais sobre essa questão. O processo de industrialização iniciou-se no final do século XIX na Região Sudeste, que representava o polo dinâmico da economia, centro da economia exportadora, devido ao cultivo e à exportação do café. Essa região, devido ao acúmulo de capital originário do ciclo do café, passou a ser a maior beneficiária do processo de crescimento econômico que se estabeleceu no país nos anos de 1930 e, de maneira mais acelerada e sustentada depois dos anos de 1950. Em outras regiões, como Norte, Nordeste e Centro-Oeste, no início do século XXI, ainda se encontravam traços profundos do substrato social anterior, relações de produção tradicionais, elevada concentração de terras, violência e grilagem de terras e, inclusive, a ocorrência de trabalho compulsório, *quase escravo*, sob a forma de servidão por dívidas.

A concentração da riqueza econômica e financeira no Brasil se expressa também por uma forte concentração de capital humano. A massificação escolar que se iniciou na década de 1940 não atingiu a maior parte da população. O sistema escolar oficial tornou-se disponível, principalmente, para as camadas médias dos centros urbanos. Até os dias de hoje, o Brasil não dispõe de um sistema público de boa qualidade de ensino fundamental e de ensino médio, embora tenha ampliado o acesso para todos os níveis. Por fim, a política social que se estabelece no país no mesmo período — saúde, educação, habitação, transportes, infraestrutura urbana —, a despeito dos avanços dos anos 2000, manteve seus traços tradicionais característicos: patrimonialista, impregnada de interesses clientelísticos e paternalistas — o que barra as oportunidades para um processo de mobilidade mais equitativo.

22.4.1 Os anos de 1960

Entre os anos 1960 e 1970, todos os décimos do perfil de distribuição de renda perderam participação, exceto os 10% mais ricos (Tabela 22.1). Esse comportamento elevou o coeficiente de Gini em quase 14% e deflagrou intenso debate na década de 1970 a propósito das principais causas que motivaram tal concentração. Entre as interpretações divergentes ou complementares que, na época, marcaram o debate público, foram recortadas cinco, entre as mais importantes.

A vertente liderada por Langoni[10] postulou o efeito de dois mecanismos transitórios e autocorrigíveis para explicar o aumento no grau de desigualdade.[11] O primeiro referia-se às mudanças na composição da força de trabalho, por região, setor econômico, sexo e, especialmente, quanto à distribuição da escolaridade. O segundo dizia respeito ao crescimento da demanda por mão de obra mais qualificada ao longo do processo de crescimento econômico. No mercado de mão de obra qualificada, a demanda acelerada, por um lado, e a oferta inelástica, por outro, provocaram a sua escassez e ampliaram de forma desmesurada o prêmio salarial. O comportamento ocorrera, em particular, no meio urbano e na Região Sudeste do país.

Fishlow,[12] por outro lado, apontou uma explicação inversa: entre as principais causas do aumento da desigualdade da distribuição de renda, as mudanças nas rendas relativas foram mais importantes do que aquelas na distribuição da escolaridade. Segundo esse autor, a política econômica de intervenção no mercado de trabalho praticada pelo regime militar — política salarial restritiva e ingerência nos sindicatos — criara as condições para a apropriação da maior parte da renda gerada pelos trabalhadores inseridos no topo da hierarquia ocupacional e salarial. Esta, portanto, seria a origem, segundo Fishlow, da abertura do leque salarial. A variável de escolaridade, nesse caso, não seria a causa, mas estaria refletindo a concentração prévia dos altos níveis de escolaridade prevalecentes nesse grupo.

Outras interpretações complementares à interpretação de Fishlow são introduzidas no debate. Hoffmann e Duarte[13] e Hoffmann[14] corroboraram o argumento de que a política econômica sobre o mercado de trabalho foi a causa principal da ampliação dos diferenciais de salários. No bojo das medidas de controle e inflação, a política salarial introduzida a partir de 1965 reajustou tanto o salário-mínimo como os pisos salariais das diferentes categorias profissionais abaixo da inflação, e permitiu o aumento do diferencial salarial. Além disso, outros fatos fortaleceram a contenção dos salários de base: a eliminação da lei de estabilidade, em 1966, provocou a ampliação da rotatividade da mão de obra, especialmente a menos qualificada, e a forte repressão sobre a atuação dos sindicatos, no mesmo período, impediu as reivindicações salariais para esse mesmo grupo.

Tavares[15] e Bacha[16] interpretaram a abertura do leque salarial por meio do comportamento da alta hierarquia das empresas. Os executivos e os profissionais de nível superior tiveram condições de autodeterminar salários relativamente superiores à sua produtividade marginal, porque suas rendas derivam dos lucros das firmas que, no período, apresentaram expansão significativa. Por fim, Barbosa e Cacciamali[17] expõem

---

[10] LANGONI, C. G. Distribuição da renda e desenvolvimento econômico no Brasil: uma reafirmação. *Ensaios Econômicos* EPGE, n.7, Rio de Janeiro: FGV-EPGE, 1973.

[11] O estudo de Langoni se constituiu na versão oficial sobre a ampliação da desigualdade de renda no Brasil dos governos Médici (1969-75) e Geisel (1975-79).

[12] FISHLOW, A. Brazilian size distribution. *American Economic Review*, v. 67, 1972.

[13] HOFFMANN, R.; DUARTE, J. C. A distribuição de renda no Brasil. *Revista de Administração de Empresas*, v. 12, n. 2, Fundação Getulio Vargas, São Paulo, 1972.

[14] HOFFMANN, R. Considerações sobre a evolução recente da distribuição de renda no Brasil. *Revista de Administração de Empresas*, v.13, n.4, Fundação Getulio Vargas, São Paulo, 1973.

[15] TAVARES, M. C. *Características da distribuição de renda no Brasil*. Santiago de Chile: CEPAL/ILPES, 1969.

[16] BACHA, E. Hierarquia e remuneração gerencial. *In*: TOLIPAN, R.; TINELLI, A. C. (Orgs.) *A controvérsia sobre a distribuição de renda e o desenvolvimento*. Rio de Janeiro: Zahar, 1975.

[17] BARBOSA, M.; CACCIAMALI DE SOUZA, M. C. *Evidências sobre o mercado interno de trabalho em um processo de crescimento rápido*. CNRH-Ipea/PNUD-OIT, 1976.

a tese de que a constituição e o fortalecimento de mercados internos de trabalho[18] no setor moderno da economia durante esse período influenciaram na fixação de salários maiores entre os trabalhadores desses mercados e os demais, o que veio a contribuir para a abertura do leque salarial.

22.4.2 Os anos de 1970

Nos anos de 1970, a tendência concentradora continuou, embora de maneira menos exacerbada do que na década anterior: o índice de Gini passou nesse interregno de 0,565 para 0,592. As altas taxas de crescimento econômico e a expansão do emprego urbano permitiram ganhos reais para todos os decis de renda, embora os grupos no topo da distribuição, especialmente os 10% mais ricos, apresentassem, novamente, taxas de crescimento da renda superiores aos demais estratos.

A política oficial de indexação salarial, adotada pelo regime militar, comprimia os pisos salariais das diferentes categorias profissionais e deixou de ser aplicada pelos setores privados mais dinâmicos, paralelamente à reorganização do movimento sindical, especialmente depois de 1976, na Região Sudeste do país. A política salarial mudou, paulatinamente, para um sistema de negociação conflituoso, no qual os sindicatos reivindicaram com sucesso reajustes maiores para os estratos inferiores da escala salarial, levando a uma maior convergência nos salários, de meados da década de 1970 ao início da década seguinte.

O coeficiente de Gini, entre 1960 e 1970, aumentou com maior intensidade entre a população economicamente ativa do setor urbano, enquanto na década seguinte o maior aumento ocorreu entre a população economicamente ativa do setor primário. Basicamente, esse é o resultado da aceleração do processo de modernização da agricultura, que se intensificou a partir desse período. Entre as diferentes implicações desse novo momento da agricultura, o número de assalariados no campo, por exemplo, aumentou, em detrimento do número de trabalhadores sem remuneração, e a ampliação do número de pessoas na base da estrutura de rendimentos aumentou a concentração dos rendimentos no mercado de trabalho não agrícola.

Adicionalmente, entre 1960 e 1970, o coeficiente de Gini cresceu relativamente mais nas Regiões Sudeste e Sul, e, na década seguinte, o aumento ocorreu mais intensamente nas Regiões Nordeste, Centro-Oeste e Norte. O Nordeste apresentou, entre 1970 e 1980, o maior crescimento relativo dos rendimentos médios e medianos da população economicamente ativa, mormente urbana, em comparação com as demais regiões. Esse comportamento justifica-se por dois motivos. O primeiro é que, no Nordeste, a base dos rendimentos médios em 1960 era muito baixa; o segundo é porque alguns Estados da região, por exemplo, Pernambuco, Bahia e Ceará, entre os principais, receberam o impacto, na década seguinte, da maior industrialização e da modernização do setor terciário. Os mesmos argumentos, exceto pelo impacto da industrialização, que não atingiu significativamente o Norte e o Centro-Oeste, são válidos para explicar o comportamento do índice de Gini nessas últimas regiões.

---

[18] O termo mercado interno de trabalho está sendo utilizado de acordo com a concepção de Doeringer e Piore (1971), ou seja, é uma unidade administrativa que dispõe de regras para a contratação de mão de obra, promoções, treinamento e salários.

Estudo realizado por Hoffmann & Kageyama,[19] para os anos de 1970, apontou que o índice de Gini, calculado, para o Brasil, de acordo com o conceito de renda familiar, permaneceu praticamente inalterado nessa década. Esse comportamento teve relação, segundo esses autores, com três motivos: maior número de membros ativos por família, menor tamanho médio das famílias e menor grau de desigualdade na região Sudeste. Por sua vez, os indicadores, aferidos de acordo com o conceito de rendimento familiar *per capita*, revelaram redução sensível no índice de desigualdade. Essa diminuição também seria explicada pelo ingresso de maior número de membros da família no mercado de trabalho e pela diminuição do tamanho médio das famílias, que declinou de 4,8 para 4,4 membros.

O conjunto de resultados favoráveis apresentados sobre a distribuição de renda, somado ao quadro econômico, social e político do final da década de 1970, induziu inúmeros analistas, inclusive esta autora, a criarem quadros prospectivos mais otimistas com relação à questão distributiva. A manutenção do crescimento econômico com expansão de emprego, inflação relativamente baixa e políticas sociais redistributivas poderiam sustar o crescimento perverso da desigualdade no país. Ao final da década de 1970, a administração do presidente Figueiredo (1979-1985) institucionalizou a prática salarial que estava sendo adotada pelas negociações coletivas e estabeleceu legislação que indexava os salários de forma regressiva: aumentos maiores para as faixas de salários menores. O quadro institucional encaminhava-se para um regime democrático formal, a sociedade civil reivindicava não apenas liberdades políticas, mas também maior justiça social. A maior democratização do parlamento, com representantes de movimentos sociais organizados até então praticamente ausentes, poderia pressionar e garantir a execução de políticas redistributivas. Entretanto, a derrota do movimento das *Diretas Já*, o fim da expectativa que o próximo mandato presidencial pudesse ocorrer pelo voto direto, a reorganização das forças políticas tradicionais e conservadoras do país e o cenário econômico dos anos de 1980 frustraram a perspectiva de encetar um processo consistente de diminuição da desigualdade de rendas no país.

22.4.3 Os anos de 1980

A concentração de renda continuou a elevar-se ao longo das décadas de 1980 e de 1990 e, entre esses dois períodos, o primeiro caracterizou-se por elevada instabilidade econômica, mudanças institucionais, muitas vezes imprevisíveis, altas taxas de inflação e aumento do défice público — dívida interna e externa. O início desses anos foi marcado por profunda recessão econômica, denominada de *crise do endividamento externo*, com taxa de queda do PIB pouco maior do que –4%, entre 1981 e 1980, e entre 1983 e 1982. A taxa urbana de desemprego aberto alcançou patamares nunca antes experimentados, no período após a Segunda Guerra Mundial, ao redor de 9% em média, e o mercado de trabalho caracterizou-se pela desorganização institucional e pelo aumento da informalidade.

A política econômica, entre 1981 e 1983, tinha como objetivo reorientar a estrutura produtiva para o setor exportador, na medida em que havia necessidade de divisas para fazer frente à dívida externa provocada pelo segundo choque do petróleo e pela alta dos

---

[19] HOFFMANN, R.; KAGEYAMA. A distribuição de renda no Brasil, entre famílias e entre pessoas, em 1970 e 1980. *Trabalho para discussão interna*, n.4/85, São Paulo, IPE- USP, 1985.

juros internacionais, causada pela política monetária norte-americana. A meta primordial foi atingida; contudo, o défice público elevou-se e a inflação alcançou taxas anuais de três dígitos. Ao fim de 1983, a economia voltou a crescer conduzida pelo crescimento do setor industrial e o emprego e os salários se recuperaram. A partir de então, durante dez anos, a política econômica centrou-se na busca do controle da inflação por meio de planos heterodoxos que fracassaram sucessivamente e criaram expectativas negativas com relação a uma possível recuperação sustentada da economia.

A despeito da instabilidade econômica, da diminuição do investimento público e privado, da fuga de capitais e das elevadas taxas de inflação, a organização da vida econômica foi mantida, principalmente devido aos múltiplos sistemas de indexação de preços. O emprego expandiu-se a taxas significativas ao longo da década e provocou queda da produtividade total média da ordem de 12% entre 1981 e 1990.

Os índices de desigualdade de renda, conforme observado anteriormente, cresceram na década. A inflação e o sistema de indexação se constituíram em uma alavanca de transferência de renda a favor dos estratos superiores da distribuição de renda. A instabilidade e a perda de produtividade da economia brasileira também contribuíram para a concentração da renda, na medida em que, durante esses anos, o emprego cresceu de forma significativa nas atividades de baixa produtividade e com baixos salários. Muitos dos empregos criados na época não ofereceram registro em carteira de trabalho, os contratos eram acordados verbalmente entre as partes ou eram estabelecidos por prestação de serviços, à margem do Sistema Público de Seguridade Social. O descumprimento da legislação trabalhista e da seguridade social manteve-se, nas décadas seguintes, sob o beneplácito da burocracia estatal e das elites que justificavam esse procedimento com dois argumentos. O primeiro reiterava que o custo dos encargos sociais era muito elevado e restringia a competitividade dos produtos brasileiros no exterior. O segundo pregava que era *melhor criar qualquer tipo de emprego do que nenhum emprego*. Nesse cenário, os sindicatos que se defrontavam com altas taxas de desemprego, por um lado, e com a reestruturação produtiva, por outro, assistiram passivamente ao descumprimento crescente da legislação.

Soma-se ao contexto dos anos de 1980, tão desfavorável para a maioria da população, o fato de que a restrição de ordem política e financeira do Estado reduziu a execução de políticas sociais redistributivas em, praticamente, todas as áreas, especialmente, educação, saúde e habitação. A agenda política, por sua vez, passou longe de qualquer enfrentamento mais direto com os elementos estruturais da concentração da renda no país como, por exemplo, a revisão da estrutura fundiária, o desenho e a execução de programas de combate à pobreza, a massificação do ensino fundamental ou o acesso ao crédito e à tecnologia para as empresas de menor porte, entre outros.

22.4.4 Os anos de 1990

A última década do século XX, da mesma forma que a anterior, iniciou-se com forte desaceleração da atividade econômica (1990 e 1992): o PIB cresceu menos do que 1% ao ano. A perda de produtividade da economia desde a década anterior levou-a à estagnação e a necessidade de sua modernização foi executada por meio da liberalização comercial, ou seja, da diminuição das tarifas de importação. A indústria, em um primeiro momento, reagiu de forma passiva à maior abertura das importações e diminuiu custos, em um segundo momento, praticou uma profunda reestruturação produtiva, especialmente nos setores e nas cadeias produtivas orientadas para a exportação.

O Plano Real, instaurado em meados de 1994, estabilizou o sistema de preços e aprofundou a liberalização econômica. Seguindo as recomendações do denominado *Consenso de Washington*, entre outras medidas, o governo de Fernando Henrique Cardoso promoveu a privatização de empresas públicas (telefonia e distribuição de energia elétrica, bancos, metalurgia, dentre os mais importantes) e criou, nos segmentos de utilidade pública, agências reguladoras; expandiu a privatização dos serviços sociais públicos (saúde, educação, segurança pública, previdência, entre outros); modernizou a tecnologia da política social e de observância aos direitos humanos e desregulamentou mercados. O mercado de trabalho, por exemplo, entre 1994 e 2005, foi alvo de mais de 20 intervenções pontuais federais de desregulamentação e flexibilização.[20]

Depois de 1994, a sobrevalorização cambial foi mantida até 1998 pela elevação das taxas de juros domésticas a fim de atrair a entrada de capitais externos para equilibrar o balanço de pagamentos, compensando o saldo comercial pelo saldo de capital. Essa medida, por outro lado, refreava o nível da atividade interno, já restrito pela competição imposta pela entrada de maior volume de bens importados, e não permitia aumentos generalizados de preços.

Nesse quadro de contenção, um aspecto positivo se destacou: a queda da taxa de inflação aumentou, em um primeiro momento, a renda dos grupos mais pobres e elevou a demanda por bens de salário e de consumo durável. A compra de duráveis contou com a ampliação do crédito ao consumidor, muitas vezes proporcionado pelo próprio estabelecimento comercial que, mesmo operando com taxa de juros elevada, aumentou, de forma expressiva, o prazo de pagamento e permitiu prestações acessíveis aos estratos de menor renda. A taxa de investimento, por outro lado, recuperou-se por meio, não apenas, mas, principalmente, das privatizações e das fusões entre empresas de capitais nacional e estrangeiro.

Assim, a elevação da demanda permitiu taxas de crescimento econômico da ordem de 5,85 e 4,22%, no curto período, entre 1994 e 1995, e gerou a ampliação do nível de emprego. Entretanto, a criação de emprego deu-se em volume e qualidade insuficientes para brecar as transformações quantitativas e qualitativas que estavam em andamento desde o início da década: relação emprego-produto menor; comportamento do emprego industrial em queda abrupta, assim como o emprego formal; e expansão das relações informais de emprego – contratos de trabalho sem registro em carteira de trabalho, contratações indevidas por prestação de serviços e por cooperativas de trabalho, e múltiplas práticas de subcontratação, muitas vezes, à margem da legislação.

A adoção do sistema de câmbio flutuante, depois de 1999, e a consequente desvalorização do Real, como reação ao ataque especulativo à moeda brasileira que se seguiu às crises financeiras do México, da Rússia e da Ásia, inicialmente não elevou as exportações em nível suficiente para liderar o crescimento econômico e imprimir

---

[20] Entre decretos, leis, medidas provisórias e portarias do Ministério do Trabalho, nove mudanças visavam a regulamentação ou novas modalidades de contrato, cinco referiam-se à flexibilização da jornada de trabalho, quatro à flexibilização dos salários e três a formas extrajudiciais de resolução de conflitos. Mais informações podem ser obtidas, entre outros, em Cacciamali (2005). Neste trabalho, estão sendo adotadas definições jurídicas para os termos *desregulamentação e flexibilização*. O primeiro diz respeito à supressão de normas que regulam as relações de trabalho, enquanto o segundo traduz, de maneira geral, a diminuição de regras ditadas pelo Estado para regular as relações de trabalho.

maiores taxas. Ademais, o baixo crescimento econômico entre 1996 e 1997 debilitou o mercado de trabalho, especialmente o mercado de trabalho formal.

Sob a ótica da distribuição de renda, o grau de desigualdade diminuiu ligeiramente entre 1995 e 1999, principalmente pela retração do mercado de trabalho que estreitou os diferenciais de salários, pelos aumentos reais do salário-mínimo e pela ampliação da cobertura do Benefício da Prestação Continuada.[21] No que concerne às interpretações sobre a persistência do elevado grau de desigualdade da distribuição de renda no Brasil, na década de 1990, a maior parte dos autores defendeu a teoria do capital humano com base no individualismo metodológico, uma visão dominante.

Dessa maneira, os argumentos empregados, em geral, retomaram os argumentos defendidos 20 anos antes por Langoni em seu artigo de 1973 e, em alguns estudos, outras variáveis são adicionadas, por exemplo, relacionadas à discriminação ou à segmentação no mercado de trabalho.

A principal causa da concentração salarial e de renda foi, como era de esperar, atribuída aos efeitos da distribuição desigual da escolaridade. Cada ano adicional de escolaridade elevaria o nível salarial do trabalhador, segundo Hoffman,[22] e Barros,[23] entre 11 e 15%, respectivamente, e se os diferenciais de salário por nível educacional fossem eliminados, com o restante permanecendo constante, a desigualdade salarial declinaria de 35 a 50%.[24]

Em artigo de 1995, Barros e Mendonça introduziram três fatores determinantes da desigualdade salarial: a segmentação no mercado de trabalho brasileiro, por exemplo, segundo ramo de atividade, formal-informal e regional; a discriminação por cor da pele e gênero; e a experiência no mercado de trabalho e a escolaridade do trabalhador, associados ao capital humano. A segmentação por ramo de atividade explicou 15% da desigualdade salarial brasileira, indicando a participação da heterogeneidade da estrutura produtiva brasileira nesse processo de desigualdade. A segmentação formal-informal foi responsável por apenas 1% da desigualdade salarial brasileira, embora os diferenciais salariais entre trabalhadores formais e informais não sejam desprezíveis. Com relação à segmentação regional, os autores concluíram que isso explica entre 2 e 5% da desigualdade salarial, muito provavelmente porque os diferenciais salariais entre os trabalhadores de qualificação similar não foram tão elevados.

Os resultados de Barros e Mendonça para a discriminação de cor da pele e gênero foram insuficientes para explicar a desigualdade salarial brasileira, da ordem de 2 e 5%, respectivamente. A experiência do trabalhador no mercado de trabalho explicou 5% da desigualdade salarial, enquanto a sua experiência na empresa contribuiu com 10%, expondo o maior impacto do tempo na empresa sobre os diferenciais de salários.

---

[21] Este benefício social foi instituído pela Constituição de 1988 e diz respeito ao pagamento de um salário-mínimo aos idosos de 60 ou 65 anos e mais, mulheres ou homens, respectivamente, caso eles se situem em famílias de *renda per capita* inferior a 25% do salário-mínimo. Os benefícios sociais não são computados como renda familiar para efeitos de cálculo da elegibilidade para o acesso a quaisquer programas sociais; dessa forma, cada idoso membro da família pode receber o benefício, assim como os demais membros podem perceber benefícios de outros programas sociais.

[22] HOFFMANN, R. Mensuração da desigualdade e da pobreza no Brasil. *In*: HENRIQUES, R. (Org.). *Desigualdade e pobreza no Brasil*. Rio de Janeiro: IPEA, 2000.

[23] BARROS, R.; MENDONÇA, R. *Os determinantes da desigualdade no Brasil*. Texto para discussão n. 377, p. 60. Rio de Janeiro: IPEA, 1995.

[24] BARROS, 1995.

Outro estudo dos anos de 1990 combina com os resultados anteriores. Ferreira[25] utilizou as evidências empíricas de Barros e Mendonça e constatou que a escolaridade é o principal determinante da distribuição de renda no Brasil. Segundo o autor, os anos de estudos explicam entre 33 e 50% da desigualdade total, embora outras causas devam ser citadas, por exemplo, os efeitos da segmentação e da discriminação. Além dos resultados empíricos, Ferreira construiu um modelo teórico para explicar a persistência da desigualdade de renda no Brasil. O argumento centra-se na ideia de que a desigualdade de escolaridade leva à desigualdade de renda e à desigualdade de poder político. A desigualdade de poder político, por sua vez, não consegue alterar as decisões políticas que possam favorecer os mais pobres. Para pôr termo ao fenômeno, Ferreira propôs a expansão e melhoria dos gastos públicos com educação, focalizando-os.

As abordagens apresentadas tiveram a relevância de descrever e quantificar o défice de escolaridade da população brasileira e de ressaltar a sua relevância para o elevado grau de distribuição de renda do país — a distribuição desigual da escolaridade explica cerca de 50%. Esse enfoque também teve o mérito de explicitar o consenso formado na sociedade brasileira sobre o fato de que a escolaridade é condição necessária tanto para o exercício pleno da cidadania quanto para acessar as melhores oportunidades do mercado de trabalho. Entretanto, o debate sobre a desigualdade da distribuição de renda não pode estacionar nesta única explicação, pois restam outros 50% a aclarar. Dessa maneira, a análise dessa vertente deveria ser complementada por estudos sobre, por exemplo, a importância e os fatores determinantes da qualidade da escolaridade, os principais fatores da demanda de trabalho, a mudança de composição do emprego e dos diferenciais de salários, os efeitos da maior integração da economia brasileira à economia mundial, a evolução da distribuição funcional da renda e seus componentes, entre outros, temas que se encontram subrepresentados na literatura especializada brasileira dos anos de 1990.

22.4.5 Os anos 2000

As expectativas positivas sobre a recuperação das economias latino-americanas e do Brasil foram, mais uma vez, frustradas nos primeiros anos do século XXI. Contribuíram para tal fim fatos que dominam o cenário internacional: maior aversão ao risco por parte dos investidores estrangeiros, reduzindo o fluxo de entrada de capital na região; queda nos preços das *commodities*, com exceção do petróleo; manutenção das barreiras protecionistas nos países mais ricos para os produtos agroindustriais; instabilidade da economia norte-americana, que se agravou depois de 11 de setembro de 2001; instauração de forte instabilidade política no cenário internacional e guerras; crises política, econômica e social na Argentina; agravamento da crise colombiana; instabilidade política de outros países da região — Venezuela, Equador, Peru e Bolívia; e perda de credibilidade, perante a opinião pública, das grandes empresas estadunidenses e francesas que mascararam seus balanços para não desvalorizarem os seus ativos na bolsa de valores e acabaram por reafirmarem a crise de liquidez.

A economia brasileira, em 2002, atravessou um momento de incerteza devido à imprevisibilidade gerada nos investidores quanto à administração do presidente

---

[25] FERREIRA, F. H.G. Os determinantes da desigualdade de renda no Brasil: luta de classe ou heterogeneidade educacional? *In*: HENRIQUES, R. (org.) *Desigualdade e pobreza no Brasil*. Rio de Janeiro: IPEA, 2000.

Luis Inácio Lula da Silva — principal nome para vencer as eleições presidenciais daquele ano e substituir Fernando Henrique Cardoso em 2003. Os índices de risco-país estimados pelas agências financeiras internacionais atingiram alturas estratosféricas e reduziram a entrada de capital estrangeiro, já limitada pelo cenário internacional depois do ataque às Torres Gêmeas e da guerra no Oriente Médio. O real desvalorizou-se fortemente, atingindo a relação de quase $ 4 por US$ 1 e as taxas de juros no mercado internacional aumentaram excessivamente para os empréstimos brasileiros. Por outro lado, as exportações brasileiras reagiam lentamente à desvalorização cambial, enquanto os componentes importados embutidos na produção local geravam tensões inflacionárias em muitos setores produtivos, como nos setores automobilístico, petróleo, têxtil, plásticos, química, farmacêutico, agroindustriais, entre outros, e o Banco Central aumentava continuamente a taxa básica de juros para inibir o aumento da inflação. A Selic passou de 19% a.m., em janeiro, para 25% a.m., em dezembro; enquanto o IPCA de 2002 foi de 12,53% ante 7,67% no ano anterior.

Nesse cenário, a administração Lula da Silva ratificou a política de metas inflacionárias do governo anterior, atuando, inclusive, de maneira mais exacerbada. A reação dos agentes econômicos foi a esperada: a atividade econômica retraiu-se (taxa de crescimento do PIB de 1,14%, em 2003), o desemprego aberto apresentou taxas nunca antes atingidas (13,8%, em abril de 2004)[26] e os salários e todas as rendas do trabalho diminuíram (a renda caiu mais do que −15%, entre 2002 e 2005).[27]

Nos anos seguintes, todavia, a economia se recuperou expressivamente. A inflação seguiu uma meta entre 5 e 6,5% ao ano a partir de 2005, as exportações responderam positivamente ao *boom* das *commodities*, liderado pela expansão da demanda chinesa, e os saldos comerciais alcançaram os picos mais altos da história econômica do século passado.[28] A relação dívida líquida do setor público sobre o PIB, um dos indicadores básicos do ajustamento macroeconômico, depois de alcançar 52,93% do PIB em 2003, atingiu valores inferiores a 42% em meados de 2008,[29] e as reservas internacionais chegaram a 205 milhões de dólares no início de agosto de 2008. O desempenho positivo da economia continuou até 2013, excetuando-se entre o último trimestre de 2008 e o último trimestre de 2009, período em que a crise financeira mundial atingiu o Brasil. Foi implementada uma política de expansão da demanda e o impacto da crise foi amortecido. A média de crescimento até 2013 foi da ordem de 4 e 5% ao ano, atingindo o pico de 7,53%, em 2010. A taxa de desemprego aberto diminuiu em níveis em torno de 6% e a recuperação dos salários começou a partir de 2004.

No campo da política social, os programas de transferência de renda e de microcrédito se constituíram na prioridade do governo petista que reuniu no Programa

---

[26] Taxa de desemprego (período de referência de 30 dias) das pessoas de 10 anos ou mais de idade. Fonte: Instituto Brasileiro de Geografia e Estatística, Pesquisa Mensal de Emprego (IBGE/PME).
[27] Rendimento médio real efetivamente recebido pelas pessoas ocupadas, de 10 anos ou mais de idade. Fonte: Instituto Brasileiro de Geografia e Estatística, Pesquisa Mensal de Emprego (IBGE/PME).
[28] Exportações FOB, em milhões US$. Fonte: Banco Central do Brasil, Boletim, Seção Balanço de Pagamentos (BCB Boletim/BP).
[29] Tendo em vista o aumento da relação dívida líquida do setor público sobre PIB, Edgard Pereira e Geraldo Biasoto Jr. defenderam, no início de 2004, que é o aumento da dívida que acomodou o estado de confiança do mercado. Ou seja, se o fluxo de entrada de capitais externos diminui ou diminuir a expectativa, a taxa de câmbio (R$/US$) se desvalorizará, provocando inflação e aumento da taxa de juros, ou induzirá o governo a emitir dívida indexada. Ambos os movimentos aumentam a relação dívida/PIB. Quando o fluxo de capitais externos aumenta, a moeda nacional se valoriza e o Banco Central compra dólares para recompor reservas, aumentando a liquidez e levando à emissão de dívida mobiliária para diminuir a liquidez. O aumento da dívida ajusta as expectativas do mercado (Pereira, 2004).

Bolsa Família (PBF) todos os programas assistencialistas do governo Fernando Henrique e ampliou expressivamente o atendimento — que atingiu 14 milhões de famílias em 2013. Esse programa de combate à pobreza foi desenhado para focalizar os municípios de menor receita e menor índice de desenvolvimento humano e atendeu, sobretudo, as zonas rurais do Norte e do Nordeste.[30]

Há evidências sobre a importância do comportamento das rendas do trabalho para a queda da desigualdade de renda no período compreendido entre 2001 e 2011. Especificamente, entre 2001 e 2004, a renda do trabalho contribuiu entre 45 e 68% para a diminuição do coeficiente de Gini.[31] Em seguida, as transferências de renda do PBF e as aposentadorias e pensões foram os fatores subsidiários para essa queda. Soares[32] e Hoffman[33] estimaram, respectivamente, que a renda do PBF, nesse mesmo período, contribuiu entre 27 e 31% e as aposentadorias e pensões, indexadas ao salário-mínimo, com 10%.

Resultados mais recentes para o período de 2003 a 2011 indicam participação decrescente do PBF na queda da desigualdade frente a ampliação da contribuição das aposentadorias e pensões: 14 e 9,2% para a contribuição do PBF entre 2007 e 2009 e 2006 e 2011, e 9 e 15%, respectivamente, para as aposentadorias e pensões. O porcentual de contribuição dessas duas modalidades de renda se difere entre as regiões, representando, em 2011, 22,8 e 23,1% no Nordeste e 3,2 e 23,8%, respectivamente, no Sudeste.[34]

A configuração da dinâmica do mercado de trabalho, com a criação de 17,4 milhões de empregos entre 2002 e 2014, sobretudo pouco qualificados, sendo a maioria formal; o aumento do salário-mínimo; os acordos e dissídios coletivos, na maior parte das vezes, definindo reajustes salariais acima da inflação; e o aumento da escolaridade da força de trabalho implicaram diminuição dos diferenciais salariais e, consequentemente, queda no grau de desigualdade da renda. Embora o diferencial de salários ainda fosse elevado, na década de 2000, observou-se um estreitamento desse hiato em múltiplas dimensões: anos de escolaridade, homens e mulheres, brancos e pretos, indústria de transformação e serviços, empresas de maior e menor porte e regiões mais adiantadas e mais atrasadas economicamente.[35] Por exemplo, os salários médios dos ocupados formais nas micro e pequenas empresas cresceram 1,4% a.a. frente aos ocupados nas médias e grandes empresas, com 0,4% a.a.;[36] a queda nas diferenças de rendimentos entre as atividades econômicas contribuiu com 14% para a queda da desigualdade da renda domiciliar *per capita*

---

[30] Deve-se destacar, entretanto, que o Programa não se constitui em um direito social, ou seja, não se constitui em um programa de renda mínima. Assim, pode ser alterado a qualquer momento. A ausência de controle, por outro lado, pode resultar na renovação de todo tipo de clientelismo. O programa foi objeto de denúncias de malversação de recursos no ano de 2004. Foram detectadas falhas na aplicação dos critérios de pobreza na seleção dos beneficiários e ausência do envio da frequência escolar das crianças e jovens aos quais foi atribuído o benefício.
[31] SOARES, 2006; BARROS, 2006; IPEA, 2006; CACCIAMALI, 2009; HOFFMANN, 2006 e 2013.
[32] SOARES, S. *Distribuição de renda no Brasil de 1976 a 2004 com ênfase no período entre 2001 e 2004*. Texto para Discussão n.1166. Brasília: IPEA, 2006.
[33] HOFFMANN, R. Transferências de renda e a redução da desigualdade no Brasil e cinco regiões entre1997 e 2004. *Econômica*, v. 8, n. 1, p. 55-81, 2006.
[34] CACCIAMALI, M.; TATEI, F.; CAMILLO, V. S. Esgotamento do Programa Bolsa Família para a queda da desigualdade de renda no Brasil? Evidências para o período de 2001 a 2011. In: KON, A.; BORELLI, E. *Aportes ao desenvolvimento da economia brasileira*. São Paulo: Blucher, 2015.
[35] CACCIAMALI & TATEI & ROSALINO, 2009; BARROS, 2007.
[36] DEPARTAMENTO INTERSINDICAL DE ESTATÍSTICA E ESTUDOS SOCIOECONÔMICOS (DIEESE). *A situação do trabalho no Brasil na primeira década dos anos 2000*. São Paulo: DIEESE, 2012.

em 2005,[37] enquanto a redução do hiato entre as capitais e o interior contribuiu com 11% em 2005.[38] O aumento do salário-mínimo — a soma do crescimento da inflação e do crescimento do PIB — foi responsável por trazer ao longo do período os salários dos grupos de menor salário para a média salarial.[39]

Não se pode deixar de mencionar que, desde os anos 1980, os investimentos em infraestrutura e em capital humano — baixa qualidade do ensino fundamental e cobertura insuficiente do ensino médio, técnico e superior — ainda são um fato no Brasil, o que pode comprometer não apenas o nível como a qualidade dos investimentos nas próximas décadas, além de restringir o processo de descontração de renda. Investimentos incipientes podem limitar o aumento e a disseminação da produtividade, limitando a criação de empregos de maior produtividade, a melhor qualidade e ascensão da renda do trabalho. O Brasil estava correndo o risco de cair em uma armadilha de baixo investimento em projetos de tecnologia avançada, criação de empregos de baixa produtividade, baixos salários e menor dispersão de salários. O excesso de gastos do governo federal e a quebra da estabilidade econômica, aliados ao menor dinamismo do comércio mundial, instauraram, a partir de 2012, recessão e estagnação no processo redistributivo.

22.4.6 O primeiro lustro dos anos 2010

O ano de 2012 marca um ponto de inflexão no regime de crescimento com distribuição de renda (Gráfico 22.3). O PIB, entre 2012 e 2015, ficou estagnado — aumento médio de 0,28% a.a., enquanto entre 2003 e 2011, cresceu a uma taxa média de 4,03% a.a. —, e em 2015, houve uma retração de –3,8% — a maior queda desde 1990. E as expectativas para os próximos anos são de um decréscimo de igual magnitude.

GRÁFICO 22.3

Brasil: crescimento anual do PIB – 2000/2015

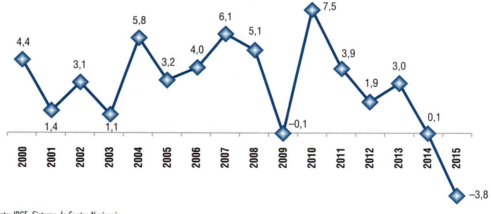

Fonte: IBGE, Sistema de Contas Nacionais.

---

[37] ULYSSEA, G. *Segmentação no mercado de trabalho e desigualdade de rendimentos no Brasil*: uma análise empírica, 2007.
[38] INSTITUTO DE PESQUISA ECONÔMICA APLICADA (IPEA). *Sobre a recente queda da desigualdade de renda no Brasil*. Nota Técnica. Brasília: IPEA, 2006.
[39] A queda no coeficiente de Gini ao final do primeiro lustro do século XXI suscitou controvérsia sobre a ocorrência de uma possível mudança estrutural na distribuição de renda no Brasil. A conclusão do debate dirigiu-se para o fato de que, embora ocorrerá aumento na renda das famílias mais pobres e diminuição da pobreza, a concentração de renda pessoal é tão expressiva no Brasil que o crescimento da renda dos estratos mais pobres de $ 3 a $ 9,5 mensais por pessoa em valores de 2006 foram insuficientes para alterar significativamente o padrão de bem-estar social desses estratos de renda (CACCIAMALI; CAMILLO, 2008b).

O governo Lula da Silva (2003-2010) superou a crise financeira internacional de 2008-2009 por meio de uma política de expansão de aumento do crédito pessoal e produtivo e de isenção de tributos às empresas em um contexto de sobrevalorização cambial. Essa política foi mantida na administração posterior de Dilma Rousseff (2011-2016), o que precipitou o país em profunda recessão entre 2014 e 2016. Os investimentos previstos financiados pelo Banco Nacional de Desenvolvimento Econômico e Social (BNDES) e pela Caixa Econômica Federal não se efetivaram, e o aumento da demanda agregada em um ambiente de sobrevalorização cambial implicou ampliação de importações e défice na conta comercial. A dívida pública aumentou, pois não foram realizados ajustes entre despesas e receitas e a inflação se elevou.

Entre outros efeitos, verificou-se forte queda da produção e do emprego industrial — respectivamente, −9,2% e −10,2%, entre 2012 e 2015 — e aumento do desemprego, que atingiu 11,0% em meados de 2016. A tentativa de conter a inflação via política monetária — aumentos na taxa de juros – elevou consideravelmente a dívida pública e aumentou a recessão da economia. Porém, a inflação continuou subindo pelo aumento dos preços dos serviços de utilidade pública e pela acentuada desvalorização cambial que ocorreu em 2014 e 2015 – a taxa de câmbio efetiva aumentou em 14,6% e a taxa de câmbio nominal perante o dólar em 47% em 2015 em relação a 2014 —, elevando os custos de toda sorte de insumos e componentes importados.

Os impactos sobre o mercado de trabalho foram bastante negativos em 2015 em relação ao ano anterior. O emprego formal perdeu 1,625 milhão de postos de trabalho, o trabalho por conta própria e o trabalho doméstico aumentaram em 4,5 e 3,8%, respectivamente, embora insuficiente para impedir o aumento do desemprego. Por conta disso, a massa de rendimentos diminuiu −1,7% e a taxa de pobreza aumentou. Ademais, a concentração do rendimento do trabalho aumentou ligeiramente no último trimestre de 2015 em relação ao mesmo período do ano anterior, ocorrendo principalmente nos estados mais pobres do Norte e Nordeste.[40,41]

Ressalta-se que, nesse período, o governo Rousseff sustentou a política de salário-mínimo e os gastos com programas sociais redistributivos como Bolsa Família e Minha Casa, Minha Vida, mesmo que novas contratações tivessem sido suspensas. Outros programas sociais, como Aquisição de Alimento, Água para Todos, Farmácia Popular, Pronatec, FIES e Ciência sem Fronteiras, sofreram cortes, mas não foram encerrados. Essas ações contribuíram para que a população mais pobre não se encontrasse em uma posição mais fragilizada. Contudo, as perspectivas de retomar um modelo sustentado de crescimento à economia se situam para o ano de 2018 ou mais adiante.

A esse cenário deve ser acrescentada uma crise política de amplas dimensões, devido à gestão Rousseff ter realizado despesas extraorçamentárias sem autorização do Congresso e ter apresentado despesas subestimadas ao Congresso, o que dissimulou a construção de um défice de mais de 150 bilhões de reais em 2016 contra 20 bilhões de reais de superávit em 2015. Esse fato foi considerado abuso de poder e levou, em maio de 2016, à aprovação da abertura do processo de impedimento da presidente em exercício (Rousseff) e sua substituição pelo vice-presidente (Temer), depois de um processo constitucional que demorou cerca de oito meses até a decisão final.

---

[40] PNAD Contínua, 2014 e 2015.
[41] Ressalta-se que, até maio de 2016, a PNAD Contínua contemplava apenas a renda do trabalho. Ou seja, não levanta as demais fontes da renda domiciliar, como aposentadorias, pensões e programas de transferência de renda, tais como o Bolsa Família.

A instabilidade política e econômica foi alimentada por investigações e processos sobre estabelecimento de um sistema de corrupção sistemático, com a participação de políticos da base de sustentação do governo, levando empresários e políticos a processos que redundaram em prisões e penas expressivas.

A manutenção da taxa de juros em patamar relativamente elevado, na tentativa de reduzir a pressão inflacionária acelerada pela alta do dólar e o realinhamento dos preços administrados, deve contribuir para que os investimentos continuem em baixa e que a contração do nível de atividade, embora menor do que nos dois anos anteriores, se repita até a metade de 2017. Os reflexos nas contas públicas são perversos, seja pelo aumento da relação dívida-PIB, seja pela queda da receita governamental. Contudo, o aumento das exportações, devido à desvalorização do real, poderá contribuir para a recuperação da economia e para a manutenção das políticas redistributivas que deverão passar por maior focalização e avaliação de seus níveis de eficiência e eficácia.

22.5 CONSIDERAÇÕES FINAIS

O cômputo estatístico da distribuição de renda envolve problemas metodológicos praticamente insolúveis, como a subdeclaração de renda dos entrevistados, que não devem ser ignorados na avaliação dos dados. A análise da evolução da distribuição de renda é vital para diagnosticar os beneficiários do processo de crescimento econômico e, quando associada a outros indicadores, mostra o evolver da qualidade de vida das pessoas e famílias em determinada sociedade.

Altos índices de desigualdade encontram-se associados a uma pior qualidade de vida, inclusive para os mais ricos. Caracterizam-se como sociedades mais violentas, restritas em suas possibilidades de constituir ambientes de elevada produtividade sistêmica, e que apresentam multifacetados e elevados índices de desperdício no uso de recursos, seja na conservação do meio ambiente, na depredação urbana, na qualidade dos bens e serviços produzidos, na instabilidade dos contratos e negócios, nos valores oportunistas de conduta social etc.

As evidências empíricas sobre o Brasil mostram que o país ampliou os índices de desigualdades na distribuição da renda entre os anos de 1960 e o Plano Real e no período imediatamente posterior. Depois da estabilização da economia em 1994 até 1999, por exemplo, os índices de desigualdade se mantiveram constantemente elevados e revelaram um dos piores perfis de distribuição de renda no mundo — índice de Gini entre 0,58 e 0,59, até o fim da década de 1990, e nunca inferior a 0,51. Ademais, indicadores sociais referentes à educação, saúde e habitação, embora mostrando evolução positiva, apresentam-se ainda inferiores àqueles de países com similar, ou até mesmo inferior, nível de renda *per capita*. Apenas depois de 2001, o índice de Gini começou a recuar incessantemente e apresentou queda de 13%. Mesmo assim, o país continua com um dos piores índices de desigualdade da distribuição de renda no mundo. A partir de 2015, devido à crise econômica e política em gestação, o índice começa a apresentar ligeiro viés de alta.

Cada uma das décadas, desde 1960, apresentou especificidades que ajudam a compor o quadro de aumento da concentração ou diminuição da desigualdade em cada um dos períodos, embora ainda o índice esteja elevado. As causas estruturais da elevada concentração de renda podem ser encontradas tanto no Brasil do passado como no Brasil de hoje. De maneira estilizada, pode-se indicar quatro principais determinantes que se realimentam e impedem um quadro distributivo de melhor qualidade: a) a elevada concentração de riquezas do país, sob a forma de capital físico, ativos financeiros ou de capital humano, que restringe a construção de um sistema social melhor distribuído e de alta produtividade; b) o poder e a habilidade política das classes dirigentes em manter situações de privilégio; c) a ausência histórica de políticas públicas que objetivem mudanças estruturais e distributivas de forma consistente e d) a pequena organização social e política do povo brasileiro, oriunda, não apenas, mas inclusive, de um incompatível baixo nível de educação formal.

O início do século XXI mostrou tendência de queda do índice de Gini mais consistente de 0,56 a 0,53, embora mantendo níveis elevados. Dentre os fatores que influenciaram esse processo, deve-se mencionar a manutenção do crescimento real do salário-mínimo, o aumento da oferta de trabalho mais escolarizada, o crescimento do emprego em regiões periféricas do Brasil e em setores intensivos em mão de obra e os programas públicos de transferências de renda para grupos não contributivos (aposentadorias rurais, BPC e BPF).

O início do século XXI mostrou uma tendência de queda do índice de Gini mais consistente de 0,56 a 0,53, embora mantendo níveis elevados. Dentre os fatores que influenciaram esse processo, deve-se mencionar a manutenção do crescimento real do salário-mínimo, o crescimento do emprego formal em regiões periféricas do Brasil, em setores intensivos de mão de obra, e os programas de transferências de renda. Entre 2001 e 2006, o trabalho se constituiu na principal fonte de renda associada ao movimento de queda da desigualdade, principalmente entre 2001 e 2004, quando apresentou a contribuição de 70%. Por outro lado, a ampliação da cobertura dos programas de transferências públicas de renda se constituiu em um instrumento complementar ao comportamento do mercado de trabalho nesse processo.

Deve-se considerar, entretanto, que o movimento de redução do coeficiente de desigualdade ocorreu depois de um período longo, um quarto de século, de baixo dinamismo da economia e, depois de dez anos, de estagnação com estabilidade de preços. A diminuição do grau de desigualdade se verificou pelo aumento da participação na renda total dos estratos inferiores e diminuição da participação dos estratos superiores. Desde os anos 1980, os investimentos são insuficientes e de baixa difusão territorial em toda sorte de infraestrutura e em capital humano — baixa qualidade do ensino fundamental e cobertura insuficiente do ensino médio, técnico e superior. Tais fatos podem comprometer não apenas o nível como a qualidade dos investimentos da próxima década, quando seria desejável manter o processo de desconcentração de renda. Investimentos incipientes podem limitar o aumento e a disseminação da produtividade, restringindo, no futuro próximo, a criação de empregos de maior produtividade, melhor qualidade e a ascensão da renda do trabalho com menor dispersão.

QUESTÕES

1. Explique o significado do índice de Gini e da curva de Lorenz.
2. Exponha o significado do Índice de Desenvolvimento Humano (IDH) e como as várias regiões brasileiras se posicionam nesse indicador.
3. O conceito de equidade na distribuição de renda tem o mesmo significado que o conceito de igualdade? Justifique sua resposta.

4. Sintetize os principais problemas metodológicos e as limitações dos dados para a mensuração do grau de distribuição de renda.
5. Quais os componentes estruturais que explicam o péssimo perfil de distribuição pessoal de renda no Brasil?
6. Faça um resumo do debate sobre a piora no grau de distribuição de renda entre 1960 e 1970, em particular as posições de Langoni, Fishlow, Hoffmann e Duarte, Hoffmann, Tavares, Bacha e Morley.
7. Nos anos de 1970, o índice de Gini aumentou relativamente pouco (0,565 para 0,592). Explique as prováveis razões para esse fato.
8. Entre os anos de 1960 e 1980, o índice de Gini passou de 0,497 para 0,592, revelando uma piora no grau de distribuição de renda no Brasil. Pode-se, então, afirmar que houve uma piora no padrão de vida dos estratos mais pobres da população?
9. Quais os fatos e as interpretações teóricas sobre o aumento da desigualdade de renda na década de 1990? Em que divergem com relação às interpretações das décadas anteriores?
10. Como você analisa o período de desigualdade de renda dos anos 2000?

REFERÊNCIAS

BACHA, E. Hierarquia e remuneração gerencial. In: TOLIPAN, R.; TINELLI, A. C. (orgs.) *A controvérsia sobre a distribuição de renda e o desenvolvimento*. Rio de Janeiro: Zahar, 1975.

BANCO MUNDIAL. *Relatório sobre o desenvolvimento*. Washington, D.C. (diversos anos).

BARBOSA, M.; CACCIAMALI DE SOUZA, M. C. *Evidências sobre o mercado interno de trabalho em um processo de crescimento rápido*. CNRH-Ipea/PNUD-OIT, 1976.

BARROS, R. et al. A importância da queda recente da desigualdade para a pobreza. In: BARROS, R. P. et al (orgs). *Desigualdade de renda no Brasil*: uma análise da queda recente. Brasília: IPEA, 2006.

BARROS, R. P.; CARVALHO, M.; FRANCO, R. O papel das transferências públicas na queda recente da desigualdade de renda brasileira. In: BARROS, R. P.; FOGUEL, M. N.; ULYSSEA, G. (Org.). *Desigualdade de renda no Brasil*: uma análise da queda recente. Brasília: IPEA, 2007. v. 2, p. 41-86.

BARROS, R.; MENDONÇA, R. Os determinantes da desigualdade no Brasil. *Texto para discussão n. 377*. Rio de Janeiro: IPEA, 1995. p. 60.

CACCIAMALI, M. C. Política social e reforma laboral no Brasil. Os desafios da reforma sindical. In: *Encontro de Economia Política*, Campinas, 2005.

_____. Política social e reforma laboral no Brasil. *Os desafios dos sindicatos sob o governo Lula. Revista de Relaciones Laborales*, n.7, Universidad de La República del Uruguay, 2005.

_____. Distribuição de renda no Brasil: persistência do elevado grau de desigualdade. In: PINHO, D. B. P.; VASCONCELLOS, M. A. S. de V. (Org.). *Manual de economia*. 4. ed. São Paulo: Saraiva 2002. p. 406-422.

_____. Mercado de trabalho na década de 1990: menos empregos, mais política pública. In: VELLOSO, J. P. dos R. V. (Org.). *O real e o futuro da economia*. Rio de Janeiro: José Olympo, 1995. p. 213-231.

CACCIAMALI, M.; CAMILLO, V. S. Magnitude da queda da desigualdade de renda no Brasil de 2001 a 2006: uma abordagem regional por tipos de renda. Trabalho apresentado no *XIII Encontro Nacional de Economia Política*, Universidade Federal da Paraíba, 2008a.

_____. Redução da desigualdade da distribuição de renda entre 2001 e 2006 nas macrorregiões brasileiras: tendência ou fenômeno transitório? *Economia e Sociedade*, 2008b.

CACCIAMALI, M.; TATEI, F.; CAMILLO, V. S. Esgotamento do Programa Bolsa Família para a queda da desigualdade de renda no Brasil? Evidências para o período de 2001 a 2011. In: KON, A.; BORELLI, E. *Aportes ao desenvolvimento da economia brasileira*. São Paulo: Blucher, 2015.

CACCIAMALI, M.; TATEI, F.; ROSALINO, J. W. Estreitamento dos diferenciais de salários e aumento do grau de discriminação: limitações da mensuração padrão? *Planejamento e políticas Públicas*, 2009.

DEPARTAMENTO INTERSINDICAL DE ESTATÍSTICA E ESTUDOS SOCIOECONÔMICOS (DIEESE). *A situação do trabalho no Brasil na primeira década dos anos 2000*. São Paulo: DIEESE, 2012.

FERREIRA, F. H.G. Os determinantes da desigualdade de renda no Brasil: luta de classe ou heterogeneidade educacional? In: HENRIQUES, R. (Org.). *Desigualdade e pobreza no Brasil*. Rio de Janeiro: IPEA, 2000.

FISHLOW, A. Brazilian size distribution. *American Economic Review*, v. 67, 1972.

HOFFMANN, R. Transferências de renda e desigualdade no Brasil (1995-2011). *In*: CAMPELLO, T.; NERI, M. C. *Programa Bolsa Família*: uma década de inclusão e cidadania. Brasília: IPEA, 2013.

_____. Transferências de renda e a redução da desigualdade no Brasil e cinco regiões entre 1997 e 2004. *Econômica*, v. 8, n. 1, p. 55-81, jun. 2006.

_____. Mensuração da desigualdade e da pobreza no Brasil. In: HENRIQUES, R. (Org.). *Desigualdade e pobreza no Brasil*. Rio de Janeiro: IPEA, 2000.

_____. Considerações sobre a evolução recente da distribuição de renda no Brasil. *Revista de Administração de Empresas*, v.13, n. 4, Fundação Getulio Vargas, São Paulo, 1973.

HOFFMANN, R.; DUARTE, J. C. A distribuição de renda no Brasil. *Revista de Administração de Empresas*, v. 12, n. 2, Fundação Getulio Vargas, São Paulo, 1972.

HOFFMANN, R.; KAGEYAMA. A distribuição de renda no Brasil, entre famílias e entre pessoas, em 1970 e 1980. *Trabalho para discussão interna*, n. 4/85, São Paulo, IPE- USP, 1985.

IBGE. *Microdados das PNAD*, diversos anos.

INSTITUTO DE PESQUISA ECONÔMICA APLICADA (IPEA). Sobre a recente queda da desigualdade de renda no Brasil. *Nota Técnica*. Brasília: IPEA, 2006.

LANGONI, C. G. Distribuição da renda e desenvolvimento econômico no Brasil: uma reafirmação. *Ensaios Econômicos* EPGE, n. 7. Rio de Janeiro: FGV-EPGE, 1973.

LLUCH, C. Pobreza e concentração de renda no Brasil. *Pesquisa e Planejamento Econômico*, v. 11, n. 1, 1981.

PNUD/IPEA. *Relatório sobre o desenvolvimento humano no Brasil*. Brasília, vários anos.

SOARES, S. Distribuição de renda no Brasil de 1976 a 2004 com ênfase no período entre 2001 e 2004. *Texto para Discussão*, n. 1166. Brasília: IPEA, 2006.

TAVARES, M. C. *Características da distribuição de renda no Brasil*. Santiago de Chile: CEPAL/ILPES, 1969.

ULYSSEA, G. *Segmentação no mercado de trabalho e desigualdade de rendimentos no Brasil*: uma análise empírica, 2007.

PARTE 5

Economia Internacional

CAPÍTULOS

23 COMÉRCIO INTERNACIONAL

24 ECONOMIA ABERTA: REGIMES CAMBIAIS, DETERMINAÇÃO DA RENDA E IMPACTOS DA POLÍTICA ECONÔMICA

25 O SETOR EXTERNO DA ECONOMIA BRASILEIRA

23 COMÉRCIO INTERNACIONAL

Simão Davi Silber

23.1 ■ INTRODUÇÃO

Por que a Alemanha é uma grande produtora mundial de máquinas e equipamentos, ao passo que o maior produtor de carne bovina do mundo é o Brasil? Por que a taxa cambial, isto é, o preço do dólar e de outras moedas está mudando constantemente? Quais motivos fazem com que o governo incentive a exportação? Quais as principais razões das mudanças do sistema financeiro internacional? O que vem a ser a globalização dos mercados? Qual a relevância da formação dos blocos regionais de comércio? Por que é tão enfatizada a necessidade de ganhos de produtividade?

Esses são alguns dos principais problemas relativos ao comércio internacional que serão abordados neste capítulo. Para responder a algumas dessas perguntas, existem instrumentais teóricos específicos que constituem a teoria do comércio internacional, cujos objetivos são precisamente a explicação de por que os países comercializam entre si e por que alguns países produzem alguns bens enquanto outros países produzem outros. A teoria econômica apresentada até esta etapa do livro (as teorias microeconômica e macroeconômica) é útil para a explicação e análise desses problemas, mas existe uma série de particularidades que exigiram a construção de um item especial na teoria econômica, qual seja, a teoria do comércio internacional. Entre as principais particularidades, pode-se citar, inicialmente, o fato de as trocas ou o comércio não serem realizados entre indivíduos ou firmas de uma mesma nação. Isso não significa que o comércio entre nações seja feito por meio do governo. Na realidade, os principais participantes do comércio internacional são indivíduos e firmas pertencentes a nações diferentes e, portanto, sujeitos a legislações diferentes. Além disso, outro aspecto peculiar, no caso do comércio internacional, refere-se ao problema monetário. Quando uma firma brasileira vende para outra brasileira, está obrigada por lei a aceitar, como pagamento pelas vendas, a moeda nacional, ou seja, o real. Entretanto, o mesmo não ocorre quando uma firma brasileira vende para a Argentina. A empresa brasileira não aceita como pagamento os pesos argentinos, porque com a moeda argentina não poderá pagar seus operários ou realizar suas compras no Brasil. Da mesma forma, uma firma argentina não aceitará como pagamento reais, já que essa moeda não será aceita internamente. Esse aspecto introduz uma diferença adicional nos problemas de comércio internacional, sendo uma das justificativas para a elaboração de uma teoria especial, ou seja, a teoria do comércio internacional. A razão básica, entretanto, para estudar o comércio internacional separadamente reside na imobilidade dos fatores de produção entre nações. Em palavras mais simples, isso significa que, enquanto dentro de uma nação a mão de obra e o capital movimentam-se entre diversas firmas e entre regiões diferentes, orientados pelas taxas de lucros dos diversos setores de produção e das diversas regiões, entre nações a mobilidade é muito mais restrita. Isso não quer dizer que não existe nenhuma movimentação de mão de obra ou capital entre diversas nações, mas que essas movimentações são mais difíceis.

Para a exposição dessa teoria, na seção seguinte serão introduzidos alguns conceitos necessários à compreensão das relações internacionais, para, em seguida, apresentar a teoria do comércio internacional propriamente dita. Compreendidas essas duas seções, haverá uma tentativa de responder às questões inicialmente formuladas na parte quatro, quando da análise das relações entre o comércio internacional e o desenvolvimento econômico.

No Capítulo 24, será apresentado um modelo de macroeconomia aberta, no qual se discute a eficácia das políticas econômicas sob diferentes regimes cambiais. Em seguida, no Capítulo 25, serão apresentadas as relações do comércio internacional com a economia brasileira, bem como a evolução do setor externo do Brasil.

23.2 ■ MECANISMOS DO COMÉRCIO INTERNACIONAL: ALGUNS CONCEITOS FUNDAMENTAIS

23.2.1 Taxas de câmbio

Se dois países diferentes pretendem comercializar entre si, é necessário que exista alguma forma de conversão das moedas. Assim, por exemplo, se o Brasil deseja vender café aos Estados Unidos, é necessário que exista alguma medida para converter o preço do café brasileiro em dólares. Tal medida é exatamente a taxa de câmbio — se cada dólar custar $ 3,20 e o quilo de café, em reais, for $ 32, em dólares será U$ 10.

Taxa de câmbio: *a medida pela qual a moeda de um país qualquer pode ser convertida em moeda de outro país.*

A **taxa de câmbio**, portanto, é a medida pela qual a moeda de um país qualquer pode ser convertida em moeda de outro país. Em outras palavras, a taxa de câmbio é precisamente o preço de uma moeda em relação à outra. Assim, se o dólar custar $ 3,23, a libra custará, aproximadamente, $ 4,29, e o euro, $ 3,64.[1] É por meio da taxa de câmbio, enfim, que pode-se relacionar dois sistemas de preços relativos de dois países quaisquer.

Demanda por moeda estrangeira: *constituída pelos importadores que necessitam de moedas estrangeiras para efetuar suas compras em outras nações, já que, nesse caso, a moeda nacional não é aceita, e pelos devedores em moeda estrangeira que precisam de moeda estrangeira para saldarem as suas dívidas.*

Como qualquer preço, a taxa de câmbio também é influenciada pela oferta e pela demanda. Por exemplo, o preço do dólar é fixado pela oferta de dólares e pela demanda por dólares; o preço do euro pela oferta e demanda por euro, e assim por diante. De uma forma geral, a taxa de câmbio é influenciada pela oferta e **demanda por moeda estrangeira**, em determinado país.

Ofertantes de moeda estrangeira: *exportadores que receberam, em troca de suas vendas, moedas estrangeiras que não podem ser utilizadas no país e que necessitam, portanto, ser trocadas por moeda nacional, e as firmas que obtiveram empréstimos em moeda estrangeira e precisam convertê-la em moeda nacional.*

Os **ofertantes de moeda estrangeira** são os exportadores que receberam, em troca de suas vendas, moedas estrangeiras que não podem ser utilizadas no país e que necessitam, portanto, ser trocadas por moeda nacional, e as firmas que obtiveram empréstimos em moeda estrangeira e precisam convertê-la em reais. A demanda por moeda estrangeira é constituída pelos importadores que necessitam de moedas estrangeiras para efetuar suas compras em outras nações, já que, nesse caso, a moeda nacional não é aceita, e pelos devedores em moeda estrangeira que precisam de moeda estrangeira para saldar suas dívidas. É preciso lembrar sempre que, como qualquer curva de oferta e demanda, ambas representam desejos, isto é, o comportamento psicológico dos exportadores e importadores em relação à taxa de

---

[1] Cotação no dia 24 de agosto de 2016, obtida no *site* do Banco Central do Brasil: <http://www4.bcb.gov.br/pec/taxas/port/ptaxnpesq.asp?id=txcotacao>.

câmbio e ao montante de moedas estrangeiras que desejam comprar e vender. Se a taxa de câmbio for muito elevada, muitos produtores ou muitas firmas desejarão exportar, e a oferta de dólares será muito grande. É fácil compreender os motivos: se um quilo de café vale US$ 10,00 quando a taxa de câmbio é $ 3,20, o exportador receberá $ 32 por quilo e desejará, portanto, exportar mais do que quando a taxa de câmbio é $ 2 e receber apenas $ 20 por quilo (supondo, no exemplo, que o preço do café é constante — US$ 10 — em dólares), conforme Tabela 23.1.

TABELA 23.1

A taxa de câmbio e o preço dos produtos exportados e importados

Taxa de câmbio $ por dólar	Preço do café em dólares	Preço do café em reais	Exportações
3,20	10,00	32,00	Desejam exportar mais
2,00	10,00	20,00	Desejam exportar menos

Taxa de câmbio $ por dólar	Preço da gasolina em dólares	Preço da gasolina em reais	Importações
3,20	1,00	3,20	Desejam importar menos
2,00	1,00	2,00	Desejam importar mais

A conclusão a se extrair dos dois exemplos é bastante simples: quanto maior a taxa de câmbio, maior o volume que as firmas desejam exportar; quanto menor a taxa de câmbio, menor o volume que as firmas desejam exportar. Como a oferta de moeda estrangeira depende das exportações, quanto maior a taxa de câmbio, maior a oferta de moeda estrangeira e, quanto menor a taxa de câmbio, menor a oferta de moeda estrangeira. Assim, como qualquer curva de oferta, a curva de oferta de moeda estrangeira é crescente em relação ao preço, isto é, crescente em relação à taxa de câmbio.

Do lado das importações, a situação se inverte: quanto maior a taxa de câmbio, menor a quantidade que as firmas desejam importar e menor, portanto, a demanda por moeda estrangeira; quanto menor a taxa de câmbio, maior a quantidade que as firmas desejam importar e, portanto, maior a demanda por moeda estrangeira. Como uma curva de demanda qualquer, a curva de demanda por importações é decrescente em relação ao preço ou à taxa de câmbio.[2]

Graficamente, a curva de demanda e a de oferta de moeda estrangeira podem ser apresentadas como no Gráfico 23.1.

---

[2] O raciocínio só é válido se a demanda dos produtos do país exportador e a demanda por importações forem elásticas e se for mantido o nível de renda constante.

GRÁFICO 23.1

A demanda e oferta de moeda estrangeira e a determinação da taxa de câmbio de equilíbrio

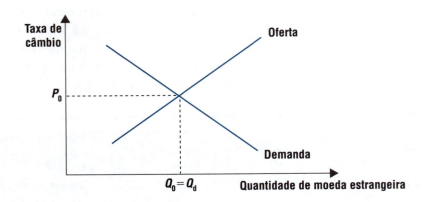

Quando a taxa de câmbio for exatamente igual a P_0, como no Gráfico 23.1, o volume de demanda por moeda estrangeira será exatamente igual ao volume de oferta de moeda estrangeira e o mercado de moeda estrangeira estará em equilíbrio. Com a taxa de câmbio em equilíbrio, a quantidade de moeda estrangeira que os exportadores estão dispostos a vender (Q_0) é exatamente igual à quantidade de moeda estrangeira que os exportadores estão dispostos a comprar (Q_d).

Falta analisar, ainda, os fatores que influenciam tanto a oferta como a demanda por moeda estrangeira. Suponha, por exemplo, que os produtos de exportação brasileiros tenham sua demanda aumentada nos países estrangeiros. Isso fará com que os exportadores consigam preços maiores por seus produtos e, portanto, mais dólares pela exportação. Em consequência, a curva de oferta de moeda estrangeira se desloca para a direita como no Gráfico 23.2 e, a uma mesma taxa de câmbio P_0, os exportadores desejam ofertar mais dólares. Porém, a esta taxa de câmbio, os importadores desejam comprar apenas Q. Consequentemente, sobrarão dólares nas mãos dos exportadores, que estarão dispostos a vendê-los a uma taxa de câmbio menor, P_1, que será a nova taxa de equilíbrio.

GRÁFICO 23.2

Efeito de um aumento da oferta de moeda estrangeira sobre a taxa de câmbio de equilíbrio

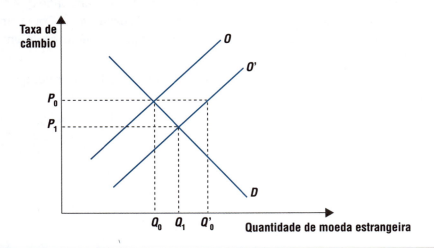

Imagine agora que o consumidor brasileiro aumente a demanda por bens importados, isto é, aos mesmos preços os brasileiros desejam comprar mais gasolina, mais cigarros americanos, mais automóveis importados e outros. Isso significa que os importadores desejam importar mais bens, mesmo a preços maiores, ou seja, a curva de demanda por moeda estrangeira se deslocará para a direita como no Gráfico 23.3.

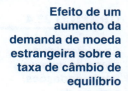

GRÁFICO 23.3

Efeito de um aumento da demanda de moeda estrangeira sobre a taxa de câmbio de equilíbrio

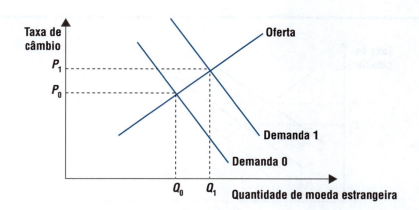

A nova taxa de câmbio de equilíbrio será P_1, maior do que P_0, e, a esta nova taxa de câmbio, a quantidade de moeda estrangeira que os importadores desejam comprar será exatamente igual à quantidade de moeda estrangeira que os exportadores desejam vender. Conclusão: a curva de oferta e de demanda por moeda estrangeira depende dos gostos e das preferências das populações do país importador e do exportador.

A demanda por moeda estrangeira depende, por seu turno, da renda do país importador. Quando cresce a renda de um país, cresce a demanda por todos os bens de economia (exceto a de bens inferiores). Então, quando cresce a renda do país, também deve crescer a demanda por bens importados. Se a demanda por bens importados aumenta, deve crescer também a demanda por moeda estrangeira, necessária para pagar as importações. Portanto, é razoável admitir-se que, quando cresce a renda do país, amplia também a demanda por moeda estrangeira.

O fator mais importante na determinação da demanda e da oferta de moeda estrangeira é, principalmente para a análise do caso brasileiro, o nível geral de preços. Suponha, por exemplo, que o nível geral dos preços cresça 10% no Brasil, enquanto nos outros países permaneça constante. Os exportadores que desejavam vender determinada quantidade de moeda estrangeira a $ 3,20, agora desejam vender menos dólares por $ 3,20, pois, a este preço, podem comprar menos bens internamente, já que o nível de preços cresceu em 10%. Por isso, a curva de oferta de moeda estrangeira desloca-se para a esquerda, aumentando a taxa de câmbio de equilíbrio. Por sua vez, os importadores desejam comprar mais dólares à taxa de $ 3,20. Isso porque, relativamente aos preços internos que subiram em 10%, os produtos importados passam a ser mais baratos. Então, devido à elevação do nível geral de preços, a curva de demanda por importações desloca-se para a direita. Conclusão: quando cresce o nível de preços, ou seja, quando há inflação, diminui a oferta de moeda estrangeira e aumenta a demanda por moeda estrangeira, resultando em um aumento da taxa de câmbio.

Até aqui, foi estudada a determinação da taxa de câmbio no mercado. Entretanto, alguns países do mundo adotam taxas de câmbio fixas, isto é, as taxas de câmbio são fixadas pelo governo.[3] À primeira vista, as taxas de câmbio determinadas pelo mercado, como nos exemplos anteriores, parecem fornecer um mecanismo bastante simples de ajuste sem maiores problemas. Entretanto, existem alguns motivos que podem levar o governo a optar por um regime de câmbio fixo. Em primeiro lugar, se as elasticidades da demanda e da oferta de moeda estrangeira forem muito pequenas, as alterações na oferta e na demanda por moeda estrangeira provocarão grandes alterações na taxa de câmbio. O Gráfico 23.4 mostra essa situação.

GRÁFICO 23.4

Elasticidades do preço da demanda por importações, e oferta de exportações e seus efeitos sobre a taxa de câmbio de equilíbrio

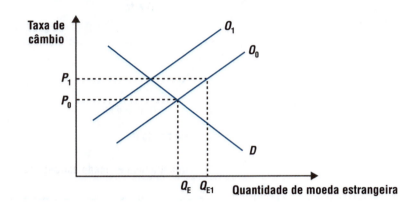

Se a oferta de moeda estrangeira O_0 se deslocar para O_1, devido a um aumento nos preços do café, por exemplo, a taxa de câmbio passará a ser P_1, subindo $(P_1 - P_0)$. Essas grandes alterações na taxa de câmbio provocam enormes alterações na economia e, se forem frequentes, acabam por ocasionar problemas muito graves. No caso do Brasil, basta pensar o que aconteceria se, de um dia para outro, a taxa de câmbio aumentasse em 100%. Os preços dos produtos importados, como o trigo e a gasolina, subiriam de um dia para outro, provocando um aumento considerável nos preços dos transportes e nos preços dos alimentos.

Um segundo argumento que poderia ser utilizado a favor da fixação das taxas de câmbio pelo governo é a especulação. Quando os compradores de moeda estrangeira esperam que a taxa de câmbio se eleve, antecipam suas compras e compram quantidades maiores, isto é, aumentam a demanda. Por outro lado, quando os ofertantes acreditam que a taxa de câmbio vai elevar, diminuem a sua oferta para vender mais tarde. O resultado é que as expectativas dos compradores e dos vendedores sobre a elevação da taxa de câmbio acabam por diminuir a oferta e aumentar a demanda. Como consequência, a taxa de câmbio acaba por se elevar.

Especulação:
tomada de decisões que se baseia em perspectivas sobre a evolução futura do mercado, isto é, ao acreditar que amanhã a taxa de câmbio vai ser maior que a de hoje, é conveniente e racional comprar dólares hoje para vender amanhã.

É necessário compreender corretamente o conceito de **especulação**. Por especulação, entende-se a tomada de decisões baseando-se em perspectivas sobre a evolução futura do mercado, isto é, ao acreditar que amanhã a taxa de câmbio vai ser maior que

---

[3] Pode-se adotar, também, um regime de câmbio fixo em termos reais, no qual a moeda é desvalorizada pelo diferencial da inflação doméstica e a inflação dos principais parceiros comerciais.

a de hoje, é conveniente e racional comprar dólares hoje para vender amanhã; é esse o fenômeno que se pretendeu citar no parágrafo anterior. O termo especulação não contém em si nenhum sentido moral nem está ligado à corrupção, falcatruas ou negociatas. É fenômeno de mercado, quando existem perspectivas sobre a evolução futura dos preços.

Em alguns mercados, os especuladores, em vez de provocarem grandes variações nos preços, conseguem estabilizá-los, isto é, conseguem evitar que os preços variem muito em um período curto. No caso de produtos agrícolas, por exemplo, os especuladores, mantendo estoques reguladores, evitam que se verifiquem grandes quedas ou grandes elevações nos preços dos produtos agrícolas.

Embora existam alguns argumentos favoráveis ao regime de câmbio fixo, um vasto número de países tem optado pelo regime de câmbio flutuante nos últimos 45 anos. A adoção da flutuação cambial é decorrência do forte crescimento do mercado financeiro internacional, que tornou cada vez mais difícil para o Banco Central administrar um regime de câmbio fixo. Essa tendência iniciou-se em 1971, quando o governo dos Estados Unidos suspendeu a conversibilidade do dólar em ouro e praticamente extinguiu o regime denominado de Bretton Woods, ou padrão dólar. Até aquela data, o regime era de câmbio fixo entre as diversas moedas e o dólar, sendo que o papel dos Estados Unidos era o de garantir a conversão do dólar que circulava internacionalmente em ouro a uma paridade fixa de USD$ 1 por onça *troy* de ouro. Os movimentos especulativos contra a moeda americana se intensificaram após essa decisão e, em 1973, iniciou-se o período de flutuação cambial que permanece até os dias de hoje.

O crescimento do mercado financeiro internacional é a principal causa para que um número cada vez maior de países migre para o regime de câmbio flutuante. São três os fatores que explicam o rápido crescimento das transações financeiras internacionais:

- em primeiro lugar, o progresso tecnológico na área de telecomunicações e informática diminuiu dramaticamente os custos das transações financeiras, levando praticamente à eliminação das fronteiras nacionais para o mercado financeiro. É o que popularmente se denomina **o fim da geografia**;
- em segundo lugar, a desregulamentação do mercado financeiro internacional possibilitou uma rápida diversificação de portfólio em escala planetária. Hoje em dia, um gestor de fundos financeiros pode fazer aplicações em mais de uma centena de países, tornando possível o fenômeno do "contágio", pelo qual a crise em um país pode se espalhar para outros em função do comportamento dos agentes do mercado financeiro;
- em terceiro lugar, pelas inovações financeiras que possibilitaram o aparecimento de novos produtos financeiros, dentre eles o desenvolvimento do mercado de derivativos (futuros, *swaps*, opções e outros), os quais passaram a dar ao mercado novas opções de *hedge* ou de especulação.

O fim da geografia: *progresso tecnológico na área de telecomunicações e informática, que diminuiu dramaticamente os custos das transações financeiras, levando praticamente à eliminação das fronteiras nacionais para o mercado financeiro.*

Atualmente, no mercado cambial mundial, são feitas transações que atingem a cifra de US$ 3 trilhões por dia, sendo que dois terços desse total são de transações financeiras. Com a entrada e saída rápida e em grandes montantes de recursos financeiros, ficou muito mais difícil para os bancos centrais administrarem o regime de câmbio fixo: ou estavam comprando moeda estrangeira e emitindo moeda para evitar uma apreciação da moeda nacional quando havia ingresso significativo de moeda estrangeira, ou estavam vendendo a moeda estrangeira quando havia uma fuga de capitais e recolhendo a base monetária.

Em outras palavras, com câmbio fixo e grande mobilidade de capital financeiro, o Banco Central perde controle sobre a política monetária e, portanto, sobre a inflação ou o nível de atividade doméstica. O regime de câmbio fixo é uma espécie de "piloto automático", no qual o Banco Central só sabe fazer duas coisas: comprar dólar, quando existe excesso de oferta de dólar, ou vender dólar, quando há excesso de demanda pelo mesmo.

A grande vantagem do regime de câmbio flutuante é criar uma espécie de escudo protetor para amortecer os efeitos adversos das crescentes turbulências internacionais decorrentes da globalização financeira. Quando o ambiente externo se deteriora, os impactos maiores ocorrerão sobre o câmbio e não na atividade doméstica. Além disso, com o câmbio flutuante, o Banco Central ganha muita liberdade em sua política monetária e passa a concentrar suas atenções em metas de inflação ou de desemprego, possibilitando um controle mais adequado sobre a economia interna. É esse o regime dominante nos principais países do mundo; o Brasil, a partir de 1999, também optou pelo câmbio flutuante.

Países que adotaram esse câmbio presenciaram significativas mudanças da taxa de câmbio ao longo do tempo. O Gráfico 23.5 apresenta esse fenômeno: mesmo entre as três principais moedas do mundo (dólar, euro e iene), até o final do século XX a flutuação cambial é grande, devido à magnitude do mercado financeiro internacional e à incapacidade do Banco Central de mudar as tendências de valorização/desvalorização da taxa de câmbio.

A partir desses dois regimes cambiais, fixo e flutuante, desenvolveu-se uma série de outros sistemas nos diversos países. Um sistema que ganhou destaque pós-1973 foi o de flutuação suja (*dirty-floating*). O princípio básico é o do regime flutuante, mas, ao contrário do que preconiza a determinação da taxa de câmbio em um mercado livre, sem interferências do governo, neste, a determinação continua se dando no mercado, com intervenções do Banco Central que tentam diminuir a volatilidade da taxa de câmbio e garantir a liquidez das operações internacionais.

GRÁFICO 23.5

Taxas de câmbio do yen e do euro com relação ao dólar dos Estados Unidos (US$), 1973-2015

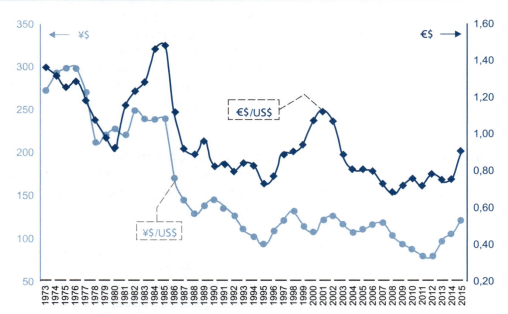

Fonte: FMI World Economic Outlook Database: Disponível em: <http://www.imf.org/external/pubs/ft/weo/2016/02/weodata/index.aspx>. Acesso em: fev. 2017.

Outro regime desenvolvido a partir dos anos 1970 é o das chamadas bandas cambiais. De acordo com ele, fixam-se uma taxa de câmbio e um intervalo admitido de variação para cima e para baixo. Enquanto a taxa de câmbio estiver dentro do intervalo estipulado, sua determinação segue o sistema flutuante, dependendo do mercado; atingindo os limites, o Banco Central age como se fosse um sistema de câmbio fixo. Ao atingir o limite máximo de desvalorização admitido, o Banco Central entra vendendo moeda estrangeira, e, ao atingir o limite de valorização, entra comprando moeda estrangeira. Em geral, os bancos centrais executam intervenções dentro dessas margens para evitar que atinja os limites estipulados.

23.2.2 Balanço de pagamentos

O **balanço de pagamentos** é o registro contábil de todas as transações de um país com outros países do mundo. Assim, nele, estão registradas todas as importações que o Brasil faz de outros países, todas as exportações brasileiras, os fretes pagos a navios estrangeiros, os empréstimos que o Brasil recebe em moeda estrangeira, o capital das firmas estrangeiras que abrem filiais no Brasil, o capital das firmas estrangeiras que saem do Brasil, entre outros.

Balanço de pagamentos: *registro contábil de todas as transações de um país com outros países do mundo.*

Como se pode concluir dos exemplos anteriores, no balanço de pagamentos, estão registradas todas as compras e vendas de moeda estrangeira. As compras de moedas estrangeiras são efetivadas ou para importar mercadorias de outros países, ou para pagar serviços prestados por estrangeiros a brasileiros, ou para que as firmas estrangeiras possam enviar seus lucros aos países de origem, ou para pagamento de juros de empréstimos estrangeiros, ou para pagamento de *royalties* e patentes a outras nações do mundo. As vendas de moedas estrangeiras são efetivadas pelos exportadores que receberam suas receitas em dólares pelas firmas estrangeiras que estão montando filiais no Brasil e precisam de reais, ou pelas entidades que receberam empréstimos de outros países e precisam convertê-los em reais para realizar seus pagamentos.

Todas as compras de moeda estrangeira são registradas no lado esquerdo do balanço de pagamentos, isto é, são lançadas a débito. Por sua vez, todas as vendas de moeda estrangeira são registradas no lado direito do balanço de pagamentos, isto é, são lançadas a crédito, conforme Tabela 23.2

**TABELA 23.2
Regras contábeis do balanço de pagamentos**

Do lado esquerdo – Débito	Do lado direito – Crédito
Compra de moeda estrangeira	Venda de moeda estrangeira

Fonte: Banco Central do Brasil. Disponível em: <http://www.bcb.gov.br/ftp/infecon/nm1bpm6p.pdf>. Acesso em: fev. 2017.

O total de compras de moeda estrangeira deve ser sempre exatamente igual ao total de vendas de moeda estrangeira, pois, sempre que alguém está vendendo alguma coisa, outra pessoa está comprando essa mesma coisa. Em outras palavras, o balanço de pagamentos, assim como qualquer registro contábil, precisa estar sempre em equilíbrio, ou seja, o montante de débitos deve sempre coincidir com o montante de créditos, da mesma forma que qualquer registro contábil de lançamentos por partidas dobradas.

Balanço comercial: *item do balanço de pagamentos em que são lançadas as exportações e importações de mercadorias, contabilizado pelo critério FOB.*

Balanço de serviços e rendas primárias: *item do balanço de pagamentos em que são lançadas as transações com serviços, como fretes, seguros, viagens internacionais, juros, lucros, royalties, assistência técnica, entre outros, realizadas entre o país e os demais países.*

Balanço de transações correntes: *registro contábil de todas as transações de um país com o resto do mundo. Envolve transações com mercadorias, serviços, rendas e transferências unilaterais.*

Conta capital e financeira: *registro de entrada e saída de investimento direto, investimento em carteira (por exemplo, aplicação em bolsas de valores), derivativos e outros investimentos.*

Desse modo, o balanço de pagamentos não fornece informações sobre o perfil do mercado externo de uma nação. Na realidade, para que essas informações possam ser obtidas, é necessário subdividir o balanço de pagamentos em algumas categorias mais importantes. Pela metodologia atual do *Manual de Balanço de Pagamentos do Fundo Monetário Internacional*,[4] ele é dividido em quatro grandes categorias relativas aos tipos de transações: em primeiro lugar, existe o chamado **balanço comercial**, que registra todas as exportações de mercadorias brasileiras e todas as importações de mercadorias do resto do mundo. Depois, existe o chamado **balanço de serviços e rendas primárias**, que registra o montante pago pelo Brasil por serviços e rendas referentes prestados por estrangeiros e brasileiros, como serviços de transportes, serviços de assistência técnica, os juros que o Brasil paga/recebe pelos empréstimos fornecidos por outras nações do mundo ou concedidos pelo Brasil a outros países, bem como os lucros remetidos pelas multinacionais aqui localizadas e das multinacionais brasileiras com filiais fora do país, além de registrar também os recebimentos do Brasil por serviços prestados a estrangeiros.

Dessa forma, o balanço de pagamentos poderia ser representado como na Tabela 23.3.

O balanço comercial e o balanço de serviços e rendas primárias, considerados conjuntamente, formam o chamado **balanço de transações correntes**,[5] o qual não registra os capitais estrangeiros que entram e saem do Brasil, os empréstimos que o Brasil recebe de entidades e nações internacionais, entre outros. Todas as transações que não se referem à produção e compra ou venda de serviços ou bens, ou seja, todas as transações que não se referem à produção corrente, são registradas na terceira divisão do balanço de pagamentos, **a conta capital e financeira**. Neste balanço, são registrados o capital das firmas estrangeiras que ingressam no país, o capital estrangeiro que ingressa sob a forma de empréstimos, os empréstimos de outros governos ao Brasil, os empréstimos do FMI, entre outros.

TABELA 23.3

Lançamentos contábeis do balanço de pagamentos em transações correntes – um exemplo

Balanço comercial = Débito	Crédito
Importações	Exportações
Balanço de serviços e rendas primárias	
(Do lado esquerdo) = Débito	(Do lado direito) = Crédito
Fretes pagos a navios estrangeiros	Fretes recebidos por navios brasileiros
Prêmios de seguro de companhias estrangeiras	Prêmios de seguro de companhias brasileiras
Juros de empréstimos estrangeiros	Juros recebidos do estrangeiro
Lucros remetidos ao exterior	Lucros recebidos do exterior

Apesar de ter-se afirmado que o balanço de pagamentos está sempre em equilíbrio, isso não significa de forma alguma que as diversas divisões do balanço de pagamentos

---

[4] Trata-se da sexta edição do *Manual do Balanço de Pagamentos e Posição Internacional de Investimento* (BPM6). Para maiores detalhes, consultar: <https://www.bcb.gov.br/ftp/infecon/faqbpm6p.pdf>.
[5] Rigorosamente, o balanço de transações correntes também inclui as chamadas rendas secundárias, anteriormente denominadas transferências unilaterais.

também estejam em equilíbrio. Não é necessário que o montante de importações brasileiras seja igual à parte do balanço de pagamentos relativa às transações com capitais internacionais, físicos ou monetários. O que se pode afirmar é que a soma dos débitos do balanço deve ser igual à soma dos créditos do balanço conjuntamente.

Um exemplo auxiliará na compreensão desse fato. Suponha que o Brasil tenha exportado $ 150 bilhões durante determinado ano, que nesse mesmo ano tenha importado $ 170 bilhões e que os serviços prestados pelo Brasil chegassem ao montante de $ 30 bilhões, ao passo que os serviços de transporte e de juros devidos aos estrangeiros fossem elevados a $ 50 bilhões. Nesse caso, ter-se-ia a situação mostrada na Tabela 23.4.

TABELA 23.4

Balanço de pagamentos em transações correntes – um exemplo

Balanço comercial (em milhões de dólares)			
Débito		Crédito	
Importações	170.000	Exportações	150.000
		Saldo devedor	20.000
Balanço de serviços e rendas primárias			
Transportes e juros	50.000	Transportes	30.000
		Saldo devedor	20.000
Balanço de transações correntes			
		Saldo devedor	40.000

O balanço de pagamentos está sempre em equilíbrio, isto é, o montante de dólares recebidos precisa sempre ser exatamente igual ao montante de dólares pagos, então, o saldo devedor de $ 40 bilhões precisa ser coberto de alguma forma. Se o Brasil importou $ 170 bilhões e pagou $ 50 bilhões de transportes, precisa de $ 220 bilhões para cobrir seus pagamentos. Recebeu pelas exportações $ 150 bilhões e pelos serviços $ 30 bilhões, tendo um montante de $ 180 bilhões. Porém, para pagar $ 220 bilhões, faltam ainda $ 40 bilhões. Suponha que algumas firmas estrangeiras tenham ingressado no país e, para isso, tenham vendido $ 10 bilhões em troca de reais para realizar suas compras no Brasil. Faltam, mesmo assim, $ 30 bilhões. Uma das formas de cobertura dessa diferença poderia ser por meio de um empréstimo no mercado financeiro internacional de $ 10 bilhões. Outra forma poderia ser por meio da venda de dólares que o governo possuísse em reserva, exatamente para essas situações. E, finalmente, os $ 10 bilhões restantes deveriam ser obtidos por empréstimos tomados pelas firmas brasileiras no mercado financeiro internacional.

Dessa forma, portanto, estaria o balanço de pagamentos em equilíbrio. O superávit do balanço de capitais e financeiro se compensa pelo défice do balanço de transações correntes, como não poderia deixar de ser, pois o montante de dólares pagos pelo Brasil precisava ser exatamente igual ao montante de dólares recebidos pelo Brasil.

Cabem, agora, algumas explicações adicionais sobre o significado do saldo devedor do balanço de transações correntes apresentado no exemplo anterior.

Em primeiro lugar, é muito comum falar em desequilíbrio no balanço de pagamentos ou em défice do balanço de pagamentos em transações correntes. Como ficou demonstrado, não pode existir desequilíbrio no balanço de pagamentos, já que o montante de recebimentos é igual ao de pagamentos. O que acontece é que, na prática, por saldo devedor do balanço de pagamentos, quer se referir a saldo devedor no balanço de transações correntes ou no balanço de capitais e financeiro (conta capital e financeira), e não no balanço de pagamentos como um todo (Tabela 23.5).

TABELA 23.5

Estrutura do balanço de pagamentos – um exemplo

1. Balanço de transações correntes				
1.1 Balanço comercial				
Importações	170.000	Exportações	150.000	
			Saldo (défice)	20.000
1.2 Balanço de serviços				
Fretes pagos	50.000	Fretes recebidos	30.000	
			Saldo défice	20.000
1.3 Saldo do balanço de transações correntes (défice)				40.000
2. Conta de capital e financeira				
Ingresso de capitais			10.000	
Empréstimos do exterior			10.000	
Diminuição de reservas			10.000	
Empréstimos do FMI			10.000	
2.1 Saldo do balanço de capitais e financeiro (superávit)				40.000

Em segundo lugar, é preciso compreender o significado do saldo negativo no balanço de transações correntes. Suponha que, no exemplo anterior, as relações apresentadas se referissem somente ao comércio entre o Brasil e os Estados Unidos. Nesse caso, o Brasil teria produzido um total de $ 180 bilhões ($ 150 bilhões de exportação e $ 30 bilhões de serviços), isto é, teria auferido uma renda de $ 180 bilhões no comércio internacional. Em troca dessa produção, entretanto, o Brasil recebeu $ 220 bilhões, isto é, $ 40 bilhões a mais. Os Estados Unidos, por sua vez, produziram $ 220 bilhões e receberam somente $ 180 bilhões, isto é, $ 40 bilhões a menos. Esses $ 40 bilhões de diferença são a renda dos Estados Unidos colocada à disposição da economia brasileira. É um montante de renda que não foi consumido nos Estados Unidos, isto é, foi poupado, mas que foi transferido para o Brasil. Trata-se, portanto, de uma transferência de poupanças dos Estados Unidos para o Brasil.

Esse mesmo raciocínio pode ser explicado para as relações comerciais do Brasil com todas as nações do mundo. Se houver um saldo negativo no balanço de transações correntes, trata-se de uma transferência de poupanças do resto do mundo para o Brasil.

Em terceiro lugar, é necessário compreender como se relaciona o balanço de pagamentos com as contas nacionais, analisadas na seção de Macroeconomia. É preciso lembrar que, quando se mede o produto nacional de uma nação, mede-se a produção corrente de bens e serviços. Assim, a venda de uma casa produzida há dois anos não entra no cômputo do produto. Analogamente, em relação ao balanço de pagamentos, não são incluídos os itens que se referem à produção de bens e serviços ou de renda relativa a períodos anteriores. Só deve ser incluída a produção corrente de bens, serviços e rendas exportadas. Se uma firma estrangeira, por exemplo, transfere seu capital, isto é, suas máquinas para o Brasil, essa operação não deve ser considerada no **Produto Nacional Bruto (PNB)**, pois se trata da produção de anos passados. Se o Brasil contrai empréstimos, eles não devem ser incluídos no PNB, pois não se trata de produção. Conclusão: só devem ser incluídas no cômputo do PNB as transações correntes e não as transações de capital, já que o PNB mede o produto corrente de uma nação.

Produto Nacional Bruto (PNB): *produção ou renda dos residentes de um país depois de descontada a renda enviada ao exterior.*

Formalmente, o PNB é definido como:

$$PNB = C + I + G + X - M,$$

em que:

C = montante de bens consumidos pelo setor privado;
I = montante de investimentos produtivos (máquinas, equipamentos e construções);
G = despesas governamentais;
X = exportações de bens, serviços e rendas;
M = importações de bens, serviços e rendas.

A diferença de $X - M$ é exatamente o saldo positivo ou negativo do balanço de transações correntes.

Agora se pode dar uma nova explicação para o significado do saldo negativo no balanço de transações correntes. A condição de equilíbrio em Macroeconomia é:

Demanda agregada = produção agregada, ou renda nacional, ou

$$C + I + G + X - M = C + S + T$$

em que:

S = poupança agregada;
T = nível de arrecadação do governo.

Simplificando algebricamente a expressão anterior (C aparece dos lados das equações e é eliminado), tem-se:

$$I + G + X - M = S + T \text{ ou } I = S + (T - G) + (M - X)$$

$M - X$ é o saldo negativo do balanço de transações correntes que é somado à poupança interna (privada e pública), permitindo, portanto, um investimento maior.

Muitos países em desenvolvimento apresentam saldo negativo no balanço de transações correntes. Normalmente, esses países têm um volume de poupanças pequeno, já que sua renda é pequena, e complementam a poupança interna com saldo negativo no balanço de transações correntes. Isso não significa que o saldo negativo seja sempre favorável ao país subdesenvolvido. Se o saldo negativo for compensado pela entrada de capitais estrangeiros que venham a montar firmas no Brasil, por exemplo, mais tarde serão remetidos os lucros dessas firmas para o país de origem. Isso não constitui um problema muito grave no balanço de pagamentos, pois se houver escassez de moeda estrangeira para a remessa dos lucros, quem pagará taxas de câmbio mais elevadas serão as próprias firmas. Se o saldo negativo for coberto por empréstimos, a situação pode ser mais prejudicial, pois os juros desse empréstimo podem se tornar elevados, agravando num período posterior a situação do balanço de transações correntes. Se essa situação for muito delicada, podem ser contraídos empréstimos a juros muito altos e prazos muito curtos, o que fatalmente agravará a situação no ano seguinte.

De qualquer forma, um saldo negativo no balanço de transações correntes representa uma transferência de poupanças do resto do mundo para o Brasil. Além disso, é necessário considerar os custos dessa transferência e suas consequências na situação do balanço de pagamentos nos anos seguintes.

23.2.3 Alguns conceitos adicionais

Antes de entrar na teoria do comércio internacional propriamente dita, cabe definir dois conceitos adicionais bastante utilizados. O primeiro refere-se ao **índice de relações de troca**, definido como o quociente do índice dos preços dos produtos de exportação pelo índice dos preços dos produtos importados, isto é:

Índice de relações de troca: *quociente do índice dos preços dos produtos de exportação pelo índice dos preços dos produtos importados.*

$$R = \frac{P_x}{P_m}$$

Capacidade de importar: *divisão da receita de exportações pelo índice dos preços de importação.*

Outro conceito importante é o da **capacidade de importar**. Para avaliar quanto um país pode importar, divide-se sua receita de exportações pelo índice dos preços de importação. Por exemplo, se um país exporta 100 e o índice de preços de importação é 10, pode-se importar aproximadamente 10. Se no ano seguinte exporta 100 e o índice dos preços de importação passou para 20, pode-se importar menos, ou seja, só 5. O índice de capacidade de importar pode ser definido assim:

$$C_m = \frac{P_x \cdot Q_x}{P_m} = R \cdot \frac{Q_x}{R \cdot Q_x}$$

em que:

P_x = preço das exportações;

Q_x = quantidade exportada;

$P_x \cdot Q_x$ = receita de exportações;

P_m = preço das importações.

23.3 ■ TEORIAS DO COMÉRCIO INTERNACIONAL

Até este momento foram discutidos alguns aspectos relativos ao comércio internacional, como a taxa de câmbio e o balanço de pagamentos, que se referem a peculiaridades das relações de comércio entre nações que não estão no comércio interno de um país. Entretanto, resta saber por que duas nações diferentes comerciam, se é o melhor a se fazer e quais produtos devem comerciar. A resposta a todas estas perguntas foi elaborada inicialmente pelos economistas clássicos, constituindo a **teoria das vantagens comparativas**. A teoria de comércio internacional afirma que uma nação exportará sempre aqueles produtos que fabricar com custos relativamente menores que de outros e importará os produtos nos quais tenha custos relativamente maiores, o que trará vantagens para ambas. É também chamada de teoria clássica do comércio internacional.

As conclusões extraídas por essa teoria são bastante simples, sendo possível enumerá-las antes mesmo da explicação do seu funcionamento. Em primeiro lugar, a teoria afirma que duas nações têm relações comerciais quando apresentam custos de produção diferentes. Em segundo lugar, conclui que uma nação exportará sempre o produto que fabricar com custos relativamente menores do que o de outra. E, finalmente, com base nesses resultados, argumenta que o comércio entre duas nações é vantajoso para ambas.

Para a exposição da teoria propriamente dita, será utilizado o seguinte exemplo: suponha que o Brasil e os Estados Unidos possam produzir dois tipos de bens somente, café e automóveis. Por um lado, os Estados Unidos podem produzir 8 mil automóveis por mês ou 2 mil sacas de café por mês. Por outro lado, o Brasil pode produzir 6 mil automóveis por mês ou 3 mil sacas de café. A Tabela 23.6 resume os dados do exemplo.

Teoria das vantagens comparativas: *teoria de comércio internacional que afirma que uma nação exportará sempre aqueles produtos que fabricar com custos relativamente menores que de outros e importará os produtos nos quais tenha custos relativamente maiores, o que trará vantagens para ambas. É também chamada de teoria clássica do comércio internacional.*

TABELA 23.6
Produção mensal máxima de automóveis e café no Brasil e nos Estados Unidos

	Brasil	Estados Unidos
Produção mensal de automóveis	6	8
Produção mensal de café	3	2

Como se pode ver, o Brasil produz café "melhor" do que os Estados Unidos, e os Estados Unidos produzem automóvel "melhor" do que o Brasil.

Se o Brasil se dedicasse a produzir automóvel durante a primeira metade do ano e café durante a segunda metade, conseguiria produzir 36 mil automóveis e 18 mil sacas de café. Os Estados Unidos, se fizessem a mesma coisa, conseguiriam produzir 12 mil sacas de café e 48 mil automóveis, conforme Tabela 23.7. Se o Brasil se dedicasse o ano inteiro à produção de café e os Estados Unidos à produção de automóveis, o resultado seria 36 mil sacas de café e 96 mil automóveis. A produção total de automóveis aumentaria, assim como a produção total de café, como demonstra a Tabela 23.8.

TABELA 23.7
Máximo de produção sem comércio internacional

	Brasil	Estados Unidos	Total
Produção anual de automóveis	36	48	84
Produção anual de café	18	12	30

TABELA 23.8
Os ganhos do comércio internacional

	Brasil	Estados Unidos	Total	Ganho líquido
Produção anual de automóveis	0	96	96	22
Produção anual de café	36	0	36	6

Entretanto, o Brasil não quer consumir apenas café, assim como os Estados Unidos não desejam consumir somente automóveis. Os Estados Unidos estão produzindo somente automóveis e desejam trocar automóveis por café e, da mesma forma, o Brasil deseja trocar café por automóvel. Se os dois países não comercializassem entre si, isto é, se ambos produzissem automóvel e café ao mesmo tempo, a situação seria a seguinte: para produzir seis mil automóveis a mais, o Brasil precisaria abandonar um mês da produção de café, ou seja, deixaria de produzir três mil sacas de café; se quisesse um automóvel a mais, o Brasil precisaria abandonar 0,5 saca de café. Então, um automóvel custaria, no Brasil, 0,5 saca de café. Inversamente, uma saca de café custaria dois automóveis. Nos Estados Unidos, a situação seria a seguinte: se o país quisesse produzir duas mil sacas de café a mais, precisaria abandonar a produção de oito mil carros, e, se quisesse produzir uma saca a mais, precisaria abandonar a produção de quatro carros. Então, nos Estados Unidos a saca de café custa quatro carros e, inversamente, um carro custa um quarto de saca de café. Os custos nos dois países seriam de acordo com a Tabela 23.9.

TABELA 23.9
Custo relativo do automóvel e do café

	Brasil	Estados Unidos
Custo do automóvel em relação ao café	$\frac{1}{2}$	$\frac{1}{4}$
Custo do café em relação ao automóvel	2	4

Como a Tabela 23.9 indica claramente, os custos de produção dos automóveis são menores nos Estados Unidos, ao passo que os custos de produção de café são menores no Brasil, ou, em outras palavras, se os Estados Unidos quisessem produzir automóveis e café, pagariam por saca de café o preço de quatro automóveis. Da mesma forma, se o Brasil quisesse produzir café e automóveis, teria de pagar por automóvel meia saca de café. Por sua vez, se o Brasil produzisse somente café e trocasse determinado número de sacas de café por carros, pagaria apenas um quarto de saca de café, que é o preço do automóvel nos Estados Unidos. E, se os Estados Unidos produzissem somente automóveis e trocassem determinado número por sacas de café, pagariam apenas dois automóveis por saca de café, que é o custo brasileiro do café, um custo bem menor do que se produzissem café internamente. Conclusão: se cada país produzisse os bens cujos custos relativos são menores, ambos os países sairiam ganhando, pois comprariam seus produtos a custos menores.

Esquecendo um pouco os números, a conclusão é óbvia. Os Estados Unidos não têm condições climáticas nem solo adaptado para a produção de café. Se quisesse produzir café internamente, teria de desviar uma grande quantidade de recursos, que estão sendo empregados em outras produções, para produzir café. E os resultados não seriam muito auspiciosos, pois os custos seriam muito elevados. Da mesma forma, o Brasil não tem condições propícias para a produção de automóveis e, se quisesse produzi-los internamente, deveria abandonar grandes quantidades de café, ou seja, teria custos mais elevados na produção de automóveis. Conclusão: é mais vantajoso para os Estados Unidos produzirem somente automóveis e comprarem café do Brasil, assim como é mais vantajoso para o Brasil produzir somente café e comprar automóveis dos Estados Unidos.

No exemplo anterior, os Estados Unidos são os melhores produtores de automóveis e o Brasil o melhor produtor de café. Porém, as mesmas conclusões se aplicariam caso se considerasse outro exemplo com a produção de milho e soja. Supondo que os Estados Unidos produzissem mais milho e mais soja por mês do que o Brasil, os dados mostrados na Tabela 23.10 de produção mensal seriam válidos.

TABELA 23.10
Produção máxima mensal de milho e soja

	Brasil	Estados Unidos
Produção mensal de milho	4	6
Produção mensal de soja	1	3

Como mostra a tabela, os Estados Unidos ganham do Brasil tanto na produção de milho como na produção de soja. Mesmo assim, valerá a pena para os Estados Unidos se concentrarem somente na produção de soja. Isso é fácil de compreender: o custo da tonelada de milho nos Estados Unidos é meia tonelada de soja (para cada seis toneladas a mais de soja por mês, precisa abandonar três toneladas de milho e, por regra de três, para cada tonelada a mais de soja, precisa abandonar meia tonelada de milho) e, no Brasil, o custo do milho é um quarto de tonelada de soja. Portanto, interessa aos Estados Unidos produzirem soja, bem como interessa ao Brasil produzir milho. Então, mesmo no caso de um país conseguir produzir melhor os dois produtos, ainda vale a pena se especializar no que tem uma vantagem maior. Assim, no exemplo anterior, os Estados Unidos conseguem produzir 1,5 vez mais milho e três vezes mais soja do que o Brasil. Dessa forma, ambos os países serão beneficiados se os Estados Unidos se dedicarem à produção do bem em que este tem uma vantagem comparativa maior, ou seja, a soja.

Um último exemplo elucidará a questão. Suponha um excelente advogado que seja também um excelente datilógrafo. Esse advogado tem uma secretária que datilografa muito mais lentamente do que ele próprio. Mesmo assim, valerá a pena o advogado dedicar-se somente à advocacia e deixar à secretária as funções de datilografia. Isso porque, apesar de o advogado ser melhor em ambas as atividades, ele é muito melhor do que a secretária em advocacia do que em datilografia.

Baseados nesse tipo de raciocínio, ou seja, na teoria das vantagens comparativas, os clássicos concluíram que seria muito melhor para todos os países se especializarem na produção dos bens em que tivessem vantagem comparativa. Como cada país tem recursos naturais diferentes, em quantidades e habilidades diferentes, apresentam custos de produção diferentes. Assim, os custos de produção de relógios são menores na Suíça do que no Brasil, os custos de produção de café são menores no Brasil do que na França, e todos os países seriam beneficiados se cada país produzisse os bens em que tivessem vantagens comparativas, isto é, custos de produção menores. Como conseguir isso? Por meio de um comércio internacional livre e sem barreiras alfandegárias, sem tarifas, sem restrições à importação ou à exportação.

Se o livre-comércio prevalecesse, fatalmente cada país produziria os produtos de custos menores e o bem-estar de todas as nações aumentaria, pois existiriam mais bens e serviços à disposição das nações para satisfazer uma quantidade maior de necessidades de seus cidadãos.

Entretanto, para o funcionamento da previsão dos clássicos, era necessário que a teoria das vantagens comparativas fosse uma teoria realista. Para analisar se uma teoria é realista, é necessário observar se suas hipóteses são realistas. No caso da teoria das vantagens comparativas exposta, foram feitas várias hipóteses, implicitamente, enumeradas a seguir:

a) Suponha, em primeiro lugar, que os custos de produção de um bem sejam constantes no tempo, isto é, se os custos de produção de automóveis no Brasil são maiores do que nos Estados Unidos hoje, supõe-se que serão sempre maiores e que, portanto, valerá a pena ao Brasil abandonar completamente a produção desse bem. Essa é a primeira hipótese pouco realista da teoria; ela é estática, não considera o tempo como fator que pode diminuir alguns custos e elevar outros, alterando os padrões de produção.

b) Em segundo lugar, suponha que os produtos sejam vendidos pelos custos, isto é, que os mercados sejam de concorrência perfeita, o que, evidentemente, é uma hipótese bastante distanciada da realidade;

c) Em terceiro lugar, esqueça fatores como as economias de escala e as economias externas que podem diminuir bastante os custos de produção de um país, quando ele aumentar a produção de um bem que, em determinado momento, tem custos de produção maiores do que em outros países.

Por essas razões, nenhum país contemporâneo adota uma política de livre-comércio sem restrições à importação, deixando sua economia completamente exposta à concorrência internacional. Isso não significa, entretanto, que uma nação deva, de certa forma, desobedecer à teoria das vantagens comparativas, isto é, que os Estados Unidos devam produzir café ou que o Brasil deva concorrer com a Suíça na produção de relógios. Trata-se, na realidade, de considerar, além da teoria das vantagens comparativas, outros aspectos também importantes no comércio internacional. Esses aspectos, entretanto, serão tratados com mais cuidado no tópico seguinte, no qual será dada ênfase a outras teorias do comércio e da política comercial internacional.

23.3.1 A teoria neoclássica do comércio internacional

A teoria de comércio internacional apresentada anteriormente não constitui a única explicação para as vantagens comparativas das nações. Existem outros modelos, entre os quais se destaca o neoclássico ou de Heckscher-Ohlin-Samuelson. Enquanto o **modelo clássico** enfatizava a diferença da produtividade relativa da mão de obra entre os países para explicar as vantagens comparativas, ou seja, o país que tivesse uma indústria com produtividade relativa maior da mão de obra exportaria o produto dessa indústria, o **modelo neoclássico** coloca no centro da explicação para a existência do comércio internacional a diferença relativa da dotação de fatores de produção (capital e trabalho) entre os países.

As hipóteses centrais desse modelo são as seguintes: concorrência perfeita em todos os mercados; existência de dois fatores de produção, capital e trabalho; os países têm dotações relativas diferentes de capital e trabalho; o conhecimento tecnológico está disponível livremente no mundo e, finalmente, existem produtos que usam intensivamente capital e outros que usam intensivamente mão de obra. Nessas condições, é possível obter outra explicação para o comércio internacional: os países com abundância relativa de capital tenderiam a exportar produtos que usam intensivamente capital, enquanto os países com abundância relativa de mão de obra exportariam os produtos de mão de obra intensivos. Por que isso? A explicação é simples: no país rico, onde existe abundância de capital, a taxa de retorno do capital é menor, fazendo com que os produtos de capital intensivo tenham custo relativo menor, ao passo que, no país pobre, onde existe abundância de mão de obra, o salário é baixo, tornando o custo relativo de produtos de mão de obra intensivo menor. Nessas condições, a previsão do modelo é a seguinte: os países ricos tenderiam a exportar produtos de capital intensivo (máquinas e equipamentos, por exemplo), ao passo que os países mais pobres exportariam produtos de mão de obra intensiva (tecidos, vestuário, alimentos, e outros). Essa também é uma teoria que enfatiza as vantagens do livre-comércio, já que os países poderiam atingir um nível de bem-estar material superior nessa situação do que se recorressem ao protecionismo.

A apresentação geométrica do modelo é feita no Gráfico 23.6, no qual estão as curvas de transformação de dois países, Brasil e Estados Unidos, na hipótese de que sejam produzidos dois bens: tecidos e máquinas. Por hipótese, o Brasil é o país com mão de obra abundante e os Estados Unidos o país de capital abundante, enquanto a produção de tecido usa intensivamente mão de obra e a de máquinas usa intensivamente o capital.

Modelo clássico:
enfatizava a diferença entre a produtividade relativa da mão de obra entre os países para explicar as vantagens comparativas, ou seja, o país que tivesse uma indústria com produtividade relativa maior da mão de obra exportaria o produto dessa indústria.

Modelo neoclássico:
coloca no centro da explicação, para a existência do comércio internacional, a diferença relativa da dotação de fatores de produção (capital e trabalho) entre os países.

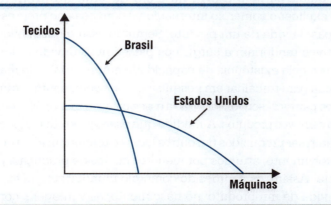

GRÁFICO 23.6

Curvas de possibilidades de produção

As curvas de transformação se diferem entre os países, basicamente porque cada um tem uma dotação relativa maior de um dos fatores de produção, indicando que o Brasil tem um viés a produzir mais tecidos, enquanto os Estados Unidos têm tendência a produzir mais máquinas. Visto de outra forma, o Gráfico 23.6 apresenta curvas de transformação com declividades diferentes e, como essas inclinações representam o custo de oportunidade de cada país em transformar tecidos em máquinas, pode-se concluir que tal custo é maior no Brasil do que nos Estados Unidos. Por essa razão, o Brasil tenderia a se especializar em tecidos e os Estados Unidos em máquinas, ou seja, cada país exportaria os bens que usam intensivamente o fator abundante de suas economias.

A evolução do comércio internacional nas últimas décadas não seguiu as previsões dos modelos apresentados anteriormente. Esses modelos previam que o comércio seria predominantemente interindustrial, como o apresentado no exemplo anterior: o Brasil exportando tecidos e os Estados Unidos, máquinas. Porém, o que se observou no mundo real foi uma presença significativa de comércio intraindustrial, ou seja, exportações e importações dentro do mesmo ramo industrial. Nessas condições, era necessário o desenvolvimento de novas teorias que pudessem explicar por que um país poderia exportar um tipo de tecido ou de automóvel e importar outras variedades de tecidos e automóveis. Em outras palavras, uma parcela importante do comércio internacional ocorre com produtos diferenciados. Além disso, os economistas constataram a importância de economias de escala e de estruturas de mercado imperfeitas influenciando os fluxos comerciais mundiais. As novas teorias procuraram incorporar esses aspectos do comércio internacional, o que será apresentado na próxima seção.

23.3.2 As novas teorias do comércio internacional

Um dos precursores da nova teoria do comércio internacional é o economista sueco B. Linder, que, no começo dos anos 1960, apresentou uma explicação para a crescente importância do comércio entre os países ricos (comércio norte-norte) em contraposição às teorias tradicionais que previam uma intensificação do comércio entre países ricos e em desenvolvimento (comércio norte-sul). Segundo esse autor, a concentração do comércio de manufaturas entre os países ricos era explicada, fundamentalmente, pela semelhança dos seus níveis de renda *per capita*. Com padrões de demanda semelhantes, esses países tinham estruturas produtivas parecidas, com produtos diferenciados, o que possibilitava a existência de espaço para um comércio intenso de produtos diferenciados, já que o potencial de comércio seria máximo entre países semelhantes e de alta renda.

Teoria do ciclo de vida do produto: *procurava explicar o comércio internacional com base no progresso tecnológico e nas várias etapas da vida de um produto.*

Em seguida, surge a **teoria do ciclo de vida do produto** de R. Vernon, que procurava explicar o comércio internacional com base no progresso tecnológico e nas várias etapas da vida de um produto. Segundo essa teoria, novos produtos e processos produtivos tenderiam a surgir nos países ricos devido à demanda por produtos sofisticados e pela existência de capacidade empresarial e de mão de obra altamente especializada para trabalhar em pesquisa e desenvolvimento. As inovações tecnológicas surgidas nos países desenvolvidos dão a esses países o monopólio transitório da produção e exportação de novos produtos. À medida que esses produtos fossem ficando padronizados, poderiam ser produzidos em outros locais e tenderiam a se transferir para os países em desenvolvimento, atraídos por menores custos de produção, particularmente o de mão de obra. Assim, os padrões do comércio mundial seriam explicados pelas várias etapas da vida de um produto: no nascimento, as vantagens comparativas estariam nos países desenvolvidos; na maturidade, nos países em desenvolvimento.

No final dos anos 1970 e começo dos anos 1980, presenciou-se a incorporação de mercados imperfeitos, economias de escala e diferenciação dos produtos em modelos formais de comércio internacional. Existem aqui duas variantes principais: a que usa o modelo de concorrência monopolística e a que usa as teorias de oligopólio para explicar algumas das características do comércio internacional atual. No modelo de concorrência monopolística, é possível incorporar economias de escala e diferenciação do produto para explicar a existência de um importante comércio intraindústria. Basicamente, o que esse modelo admite é a existência de um número grande de firmas produzindo produtos diferenciados em diferentes países. Como existem economias de escala, nenhum país produzirá todas as variedades dos bens e, quando forem expostos ao livre-comércio, ocorrerá o comércio intraindústria, com aumento do bem-estar, já que aumentará a variedade de bens disponíveis para o consumidor e haverá redução em seus preços. O Gráfico 23.7 resume o impacto do comércio internacional quando existe concorrência monopolística nos setores envolvidos.

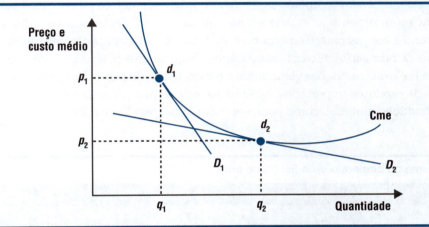

GRÁFICO 23.7

Concorrência monopolística e comércio internacional

Antes do livre-comércio (em economia fechada), uma situação típica de equilíbrio para uma firma seria representada pelo ponto d_1, tendo como quantidade transacionada q_1 e preço igual a p_1. Não existem lucros extraordinários, porque há livre ingresso de novas firmas. Com livre-comércio, haveria um aumento da variedade de produtos dessa indústria e a elasticidade-preço da demanda tenderia a aumentar pela elevação do número de produtos substitutos. Com isso, o equilíbrio de longo prazo seria obtido em um ponto como d_2, em que a quantidade produzida aumentaria e o preço reduziria. Portanto, o consumidor ganharia duplamente com o livre-comércio: os preços cairiam e as variedades disponíveis aumentariam.

Os modelos de **oligopólio** e comércio internacional serão apenas mencionados, já que se revestem de grande sofisticação formal e uma explicação verbal poderá fornecer os principais ingredientes desses modelos. Normalmente, são modelos de duopólio nos quais se especifica se os produtos são homogêneos ou diferenciados e se existem efeitos dinâmicos sobre os custos, derivados de pesquisa e desenvolvimento e efeitos de aprendizagem (*learning by doing*). Nessas condições, é possível mostrar que, se um país adotar uma política industrial ativa, suas firmas poderão se transformar em firmas vencedoras no mercado mundial. Mesmo os economistas que elaboraram essas teorias

Oligopólio: *estrutura de determinado bem ou serviço que os produtores desejam vender, em determinado período de tempo.*

são cautelosos em prescrever tal tipo de política, dadas as incertezas do resultado final, e acabam prescrevendo livre-comércio como a política ideal a ser atingida no longo prazo.

23.4 ■ GLOBALIZAÇÃO, REGIONALIZAÇÃO DO COMÉRCIO INTERNACIONAL E OS PAÍSES EM DESENVOLVIMENTO

O período pós-guerra presenciou uma contínua expansão dos mercados mundiais. O comércio internacional, após um longo período de retração devido a duas guerras mundiais e à grande crise de 1929, inicia uma fase de rápida expansão impulsionada pelo crescimento da renda mundial e pela liberalização comercial negociada com o Acordo Geral de Tarifas e Comércio (GATT)/ Organização Mundial do Comércio (WTO). No correr desse período, o crescimento do comércio mundial suplantou o crescimento da renda mundial, indicando que os países estão crescentemente se especializando internacionalmente e utilizando o mercado mundial para aumentar seu nível de bem-estar e de crescimento econômico, o que não significa que a ameaça protecionista tenha sido reduzida. Particularmente a partir dos anos 1970, com o aumento da participação dos países em desenvolvimento no comércio internacional, os países ricos passaram a utilizar intensamente as restrições não tarifárias para proteger suas indústrias da concorrência com os países emergentes. Intensificou-se a utilização das quotas de importação, de normas (técnicas, fitossanitárias, de qualidade, meio ambiente e condições de trabalho) e das restrições voluntárias à exportação e de leis comerciais para coibir a entrada de produtos importados. Mesmo assim, o comércio mundial cresceu mais do que a produção mundial, como pode ser constatado pela Tabela 23.11.

TABELA 23.11
Crescimento do PIB e do volume do comércio mundial (% ao ano)

	1953/1973	1973/1980	1980/1985	1986/1990	1991/2000	2001/2008	2009	2010/2015
Comércio mundial	7,8	4,6	2,6	7,4	7,2	6,2	−11,7	3,2
PIB mundial	4,8	3,3	2,6	3,8	3,2	4,0	−0,7	2,5

Fonte: Organização Mundial do Comércio. Disponível em: <https://www.wto.org/english/res_e/statis_e/wts2016_e/wts16_toc_e.htm>. Acesso em: fev. 2017.

Outra mudança importante do mercado mundial foi o aumento da participação das multinacionais na produção e no comércio internacional. Estima-se que pelo menos 25% da produção mundial seja controlada pelas multinacionais, que têm transferido parcelas crescentes de sua produção para os países emergentes. O baixo custo da mão de obra, as perspectivas de crescimento do mercado interno e o acesso a recursos naturais transformaram esses países em atores cada vez mais importantes no cenário mundial. A internacionalização do comércio, das finanças e da produção é o fenômeno conhecido como **globalização dos mercados na economia mundial**.

Uma tendência recente na economia mundial foi a proliferação de acordos regionais de comércio. Existem mais de uma centena de tais acordos e entre eles se destacam: a União Europeia, o Acordo de Livre-Comércio da América do Norte (NAFTA), o Bloco do Iene e o MERCOSUL. Destes, o mais sofisticado é o acordo europeu com sua moeda única para seus países-membros. O NAFTA é mais modesto em suas ambições, com sua área de livre-comércio entre os Estados Unidos, Canadá e México. O Bloco do Iene,

Globalização dos mercados na economia mundial: *fenômeno da internacionalização do comércio, das finanças e da produção.*

envolvendo o Japão e seus vizinhos asiáticos, é um bloco informal no qual as transações comerciais têm se expandido a taxas extremamente elevadas, em função do grande dinamismo do crescimento econômico daquela região. O MERCOSUL, envolvendo Brasil, Argentina, Paraguai e Uruguai, voltou-se à implantação de um mercado comum entre esses países.

Finalmente, deve-se destacar a crescente importância dos países em desenvolvimento na economia mundial, atraindo parcelas importantes de investimento e produção mundiais. Os países em desenvolvimento aumentaram sua participação na exportação mundial de 30,1%, em 1953, para 44,6%, em 2015. Durante este período, a participação das exportações de manufaturados desses países no total de suas exportações passou de 47 para 74%. Eles perceberam que a política de substituição de importações não conseguiria manter o dinamismo e a competitividade internacional de suas indústrias, passando a enfatizar a abertura econômica para o exterior como estratégia de acelerar seu crescimento. Os países mais bem-sucedidos nessa estratégia foram os asiáticos, por meio da combinação de estabilidade macroeconômica, das taxas de câmbio atrativas para a exportação e dos investimentos governamentais, particularmente na educação e em infraestrutura. O Brasil vem tentando desde o final dos anos 1980 implementar um programa de abertura comercial e financeira que possibilite ao país gradualmente recuperar seu poder competitivo na economia mundial.

QUESTÕES

1. Se o governo brasileiro fixar a taxa de câmbio acima da taxa de equilíbrio, haverá sobra ou falta de moeda estrangeira no país?
2. Se aumentar a renda na economia mundial, a oferta de moeda estrangeira por parte dos exportadores brasileiros aumentará ou diminuirá?
3. Se o PIB brasileiro crescer em um determinado ano, deve-se esperar que a demanda por moeda estrangeira cresça ou diminua?
4. Explique por que um défice de transações correntes no balanço de pagamentos de um país representa uma poupança externa.
5. Como se registrariam as seguintes transações no balanço de pagamentos: exportações, pagamentos de juros, recebimento de investimentos diretos, pagamento de amortizações e recebimento de um empréstimo de regularização do FMI?
6. No que consiste a ideia de vantagens comparativas? Por que os economistas clássicos recomendavam o livre comércio entre as nações?
7. Segundo a teoria neoclássica do comércio internacional, que tipo de produtos os países em desenvolvimento tenderiam a exportar?
8. Quais são as principais características da evolução do comércio internacional após a Segunda Guerra Mundial?
9. Qual sistema cambial tem vigorado na economia mundial nos últimos 25 anos?
10. Em que consiste a globalização dos mercados?

REFERÊNCIAS

BAUMANN, R.; CANUTO, O.; GONÇALVES, R. *Economia internacional*. Rio de Janeiro: Campus, 2015.

CARVALHO, M. A.; SILVA, C. R. L. *Economia internacional*. 4. ed. São Paulo: Saraiva, 2007.

CAVES, R. E.; FRANKEL, J. A.; JONES, R. W. *Economia internacional*: comércio e transações globais. 8. ed. São Paulo: Saraiva, 2009.

KENEN, P. *Economia internacional*: teoria e prática. 3. ed. Rio de Janeiro: Campus, 1998.

KRUGMAN, P.; OBSTFELD, M.; MELITZ, M. J. *Economia internacional*. 10. ed. São Paulo: Pearson, 2015.

SALVATORE, D. *Introdução à economia internacional*. Rio de Janeiro: LTC Editora, 2007.

24

ECONOMIA ABERTA: REGIMES CAMBIAIS, DETERMINAÇÃO DA RENDA E IMPACTOS DA POLÍTICA ECONÔMICA

Rudinei Toneto Jr.

24.1 ■ INTRODUÇÃO

Neste capítulo, a discussão sobre política econômica em economia aberta será aprofundada, complementando os Capítulos 19 e 22, utilizando uma estrutura analítica conhecida como **modelo Mundell-Fleming**.

Como visto anteriormente, um país realiza uma série de transações econômicas com residentes de outros países, tanto por meio do comércio de bens e serviços (exportações, importações, turismo, entre outros), como por meio de ativos (direitos e obrigações: investimentos diretos, endividamento externo, colocação de papéis no exterior e outros).

As transações internacionais permitem uma série de ganhos de eficiência: especialização na produção de bens em que o país possua vantagens comparativas, isto é, os que podem produzir relativamente melhor que os demais podem obter uma maior produção com a mesma quantidade de fatores; aumento da variedade de produtos a que os cidadãos têm acesso; possibilidade de diversificação de portfólio dos agentes, reduzindo o risco em que incorrem; antecipação do consumo futuro pelos residentes, recorrendo ao endividamento externo e ampliação da concorrência nos mercados domésticos, limitando o poder de oligopólios e monopólios, por exemplo. Enfim, existe uma série de razões que justificam a realização de transações entre os países, o que mostra ser contraproducente o isolamento das economias.

As transações entre os residentes de um país e o resto do mundo são registradas no chamado balanço de pagamentos, que se divide em dois grupos principais de contas: a **conta-corrente**, que se refere aos fluxos de bens e serviços entre os países, e o **movimento de capitais**, referente aos direitos e obrigações dos residentes do país com o resto do mundo.

Neste capítulo, uma versão do modelo *IS-LM* para economia aberta, com base no modelo Mundell-Fleming, será apresentada, bem como a explicação para a alteração da determinação da renda e da taxa de juros e qual o impacto das políticas econômicas sob diferentes regimes cambiais, sendo a questão da taxa de câmbio retomada neste capítulo.

24.2 ■ TAXA DE CÂMBIO REAL E NOMINAL

Para que as transações internacionais sejam viáveis, os preços nos diferentes países devem poder ser comparados e deve haver alguma forma de converter a moeda de um país na moeda de outro. A taxa de câmbio mostra qual é a relação de troca entre duas unidades monetárias diferentes, ou seja, o preço relativo entre diferentes moedas.

Existem duas modalidades de taxa de câmbio: nominal e real. Por **taxa de câmbio nominal**, entende-se o preço de uma moeda em relação à outra.

Taxa de câmbio nominal: *o preço de uma moeda em relação à outra.*

Taxa de câmbio real: *corresponde ao relativo de preços entre o produto nacional e estrangeiro (ou vice-versa, conforme definição da taxa de câmbio nominal).*

Para determinar os fluxos comerciais entre os países, a taxa de câmbio relevante é a chamada **taxa de câmbio real**, que corresponde ao relativo de preços entre o produto nacional e estrangeiro (ou vice-versa, conforme definição da taxa de câmbio nominal). Tomando como referência o dólar, a taxa de câmbio pode ser obtida pela seguinte expressão:

$$\varepsilon = EP^*/P,$$

em que:

- ε = taxa de câmbio real;
- E = taxa de câmbio nominal (R\$/\$);
- P^* = preço do produto estrangeiro em \$;
- P = preço do produto nacional em R\$.

Considere que um automóvel produzido no Brasil custe R\$ 30.000, e o mesmo automóvel nos Estados Unidos custe \$ 12.000. Se a taxa de câmbio nominal no Brasil for de R\$ 2/\$, tem-se a seguinte taxa de câmbio real:

$$\varepsilon = 2 \ (R\$/\$) \cdot \$ \ 12.000/R\$ \ 30.000 = 0{,}8.$$

Uma desvalorização da taxa de câmbio real significa que o produto nacional ficou relativamente mais barato que o estrangeiro, estimulando a demanda por esses produtos, tanto pelas exportações como pela diminuição das importações, porque fica relativamente mais caro consumir produtos importados. Observe que uma desvalorização da taxa de câmbio nominal não necessariamente significa uma desvalorização da real. Por exemplo, suponha que a taxa de câmbio nominal se desvalorize em 10% num certo intervalo de tempo, e nesse mesmo período o preço interno tenha se elevado em 20% e o externo tenha se mantido constante. Percebe-se que não só não houve uma desvalorização da taxa de câmbio real, como na realidade esta se valorizou, isto é, o produto nacional ficou relativamente mais caro.

Conclui-se, portanto, que, para verificar o grau de competitividade de um país para fins de comércio, a taxa de câmbio relevante é a taxa real e não a nominal.

24.2.1 Câmbio real e nominal e regimes cambiais

Definidos os principais conceitos de taxa de câmbio, a segunda questão importante é: como se determina o valor da taxa nominal de câmbio? Os dois principais tipos de regime cambial são o de **câmbio fixo** e o de **câmbio flutuante**. Como visto no capítulo anterior, no primeiro caso, o Banco Central determina o valor da taxa de câmbio e se compromete a comprar e vender divisas à taxa estipulada. Note que, para esse regime poder funcionar, o Banco Central deve possuir moeda estrangeira em quantidade suficiente para atender a uma situação de excesso de demanda (uma situação de défice na balança de pagamentos) a uma taxa estabelecida, bem como deve adquirir qualquer excesso de oferta de moeda estrangeira.

Câmbio fixo: *o valor da taxa de câmbio é determinado pelo Banco Central, que se compromete a comprar e vender divisas à taxa estipulada, além de intervir no mercado para manter em equilíbrio o mercado de divisas (reservas internacionais).*

Câmbio flutuante: *a taxa de câmbio deve ajustar-se de modo a equilibrar o mercado de divisas. O Banco Central não intervém na taxa de câmbio.*

O segundo regime cambial, de taxas flutuantes, tem como característica básica o dever da taxa de câmbio em se ajustar para equilibrar o mercado de divisas. Em uma situação de excesso de demanda por moeda estrangeira, terá seu preço elevado, ou seja, a moeda nacional se desvalorizará. Quando houver um excesso de oferta de moeda estrangeira, seu preço cairá, isto é, a moeda nacional será valorizada.

Observe que o princípio básico do regime de câmbio flutuante é um mercado de divisas do tipo concorrência perfeita, sem intervenções do Banco Central, de modo que qualquer desequilíbrio seja prontamente eliminado pelo mecanismo de preço (alteração da taxa de câmbio). Com isso, a balança de pagamentos estará sempre em equilíbrio, com câmbio flutuante. O mercado determinando a taxa de câmbio, tornando-a menos sujeita às intervenções das autoridades governamentais, e a liberdade dada à política monetária são as principais vantagens atribuídas ao sistema de câmbio flutuante.

Algumas desvantagens são associadas a esse sistema. A principal delas refere-se à instabilidade devido a maior volatilidade da taxa de câmbio. As maiores flutuações das taxas podem desestabilizar os fluxos comerciais, restringindo o comércio internacional (ressurgimento de protecionismo), e, ao ampliar a incerteza, podem levar a reduções nos investimentos.[1]

24.3 ■ OS DETERMINANTES DA TAXA DE CÂMBIO

Ainda em relação à taxa de câmbio, resta discutir os determinantes de seu valor. Pode-se pensar no valor da taxa de câmbio no curto e longo prazo. Como visto anteriormente, o balanço de pagamentos de um país se divide em **transações correntes** e **movimento de capitais**. As transações correntes correspondem às transações com bens e serviços que o país realiza com o resto do mundo. Já o movimento de capitais corresponde aos direitos e às obrigações de um país com o resto do mundo. A soma desses dois componentes é necessariamente igual a zero. Isso pode ocorrer com um equilíbrio entre o que o país compra e o que vende do exterior, isto é, um saldo zero em transações correntes e um saldo zero na conta capital, ou pode ser obtido com um défice em conta-corrente (quando o país importa mais do que exporta) e um superávit na conta capital, o que corresponde a um acúmulo de dívidas (obrigações) em relação ao exterior; ou, ao contrário, com um superávit em conta-corrente e um défice na conta capital. Pode-se dizer que, no curto prazo, o país pode equilibrar o balanço de pagamentos acumulando dívidas ou direitos em relação ao exterior mas, no longo prazo, as dívidas deverão ser pagas e os direitos, realizados. Assim, o país deve, ao longo do tempo, apresentar equilíbrio nas transações correntes.

Transações correntes: *correspondem às transações com bens e serviços que o país realiza com o resto do mundo.*

Movimento de capitais: *corresponde aos direitos e às obrigações de um país com o resto do mundo.*

Como o valor da taxa de câmbio é determinado com base nas relações do país com o resto do mundo, pode-se dizer, em um primeiro momento, que a taxa de câmbio é fixada no longo prazo de tal forma a possibilitar o equilíbrio da conta-corrente do país, enquanto no curto prazo o movimento de capitais assume um papel primordial.

Veja: o saldo em conta-corrente depende das exportações líquidas de bens e serviços. O volume de importações de um país depende do nível de atividade econômica, isto é, da renda nacional e da taxa de câmbio real, que refletem a competitividade da produção doméstica em relação à externa. Quanto maior o nível de renda nacional, maiores serão as importações, uma vez que amplia a demanda por bens, inclusive em seu componente externo, e quanto mais valorizada estiver a taxa de câmbio real, mais barato será o produto importado em relação ao interno, estimulando as importações.

---

[1] A respeito dos prós e contras de cada um dos regimes cambiais, principalmente do flutuante, ver: KRUGMAN, P.; OBSTFELD, M. *International economics*: theory and policy. 5. ed. Illinois: Scott, Foresman and Company, 2000.

Já as exportações dependem basicamente da renda do resto do mundo e da taxa de câmbio real. Quanto maior o nível de atividade nos demais países, mais importados serão necessários, repercutindo positivamente sobre as exportações do país. Quanto mais desvalorizada for a taxa de câmbio real, maior será a competitividade dos produtos domésticos, ampliando as exportações.

Assim, o saldo em conta-corrente, pelo nível de renda interno e externo, depende basicamente da taxa de câmbio real. Dessa forma, se a longo prazo o saldo em conta-corrente do país deve estar equilibrado, a taxa de câmbio real deve se ajustar para este fim. Como a taxa de câmbio real depende da taxa de câmbio nominal e do nível de preços do país e do resto do mundo, o comportamento da taxa de câmbio nominal está relacionado à evolução dos preços. Essa é a ideia da chamada **paridade do poder de compra**.

Lei do preço único: *produtos homogêneos devem custar a mesma coisa nos diferentes mercados, quando expressos na mesma moeda.*

A teoria da paridade do poder de compra parte da chamada **lei do preço único**, de acordo com a qual produtos homogêneos devem custar a mesma coisa nos diferentes mercados, quando expressos na mesma moeda. O exemplo geralmente utilizado é o do Big Mac, que é um produto homogêneo seja em Nova Iorque, em São Paulo, em Paris, em Tóquio, Moscou ou onde quer que seja. De acordo com a lei do preço único, o Big Mac deveria custar a mesma coisa em São Paulo e em Nova Iorque, por exemplo, de tal modo que o consumidor brasileiro ou o norte-americano fossem indiferentes entre comprar em qualquer um dos dois mercados. Assim, pela lei do preço único, tem-se:

$$P^{R\$}_{BR} = P^{R\$}_{EUA} = E \times P^{US\$}_{EUA}$$

em que:

$P^{R\$}_{BR}$ = preço de um produto no Brasil expresso em reais;

$P^{R\$}_{EUA}$ = preço de um produto nos Estados Unidos expresso em reais;

E = taxa de câmbio (R$/US$);

$P^{US\$}_{EUA}$ = preço de um produto nos Estados Unidos em dólar.

Para comparar os preços do mesmo produto nos diferentes mercados, eles devem ser expressos na mesma unidade monetária (no caso, o real — R$). Para fazer a conversão, toma-se o preço em dólar de determinado produto e o multiplica pela taxa de câmbio entre as duas moedas. A igualdade entre ambos os preços é garantida pelo funcionamento do mercado. Inexistindo custos de transação, se o preço do mesmo produto for menor no Brasil do que nos Estados Unidos, todos os consumidores americanos direcionarão sua demanda para o produto brasileiro, de tal modo que a elevação da demanda no mercado nacional tenderá a elevar o preço do produto brasileiro, e a diminuição da demanda nos Estados Unidos tenderá a reduzir o respectivo preço, até que os dois se igualem.

Se os preços nos respectivos países refletem as condições de custo e, portanto, de competitividade dos dois países, a taxa de câmbio, de acordo com essa lei, será determinada de tal forma a igualar o preço dos dois países quando expressos na mesma moeda. Por exemplo, se um Big Mac custa, em São Paulo, R$ 5 e, em Nova Iorque, $ 3, pela lei do preço único, a taxa de câmbio R$/$ será de R$ 1,66/$, de tal modo a igualar o preço dos produtos quando expressos na mesma moeda:

$$E = P^{R\$}_{BR} / P^{US\$}_{EUA}$$

Se a taxa de câmbio for inferior a essa, o produto americano será mais barato que o brasileiro, canalizando para si toda a demanda. Se, ao inverso, a taxa de câmbio for maior que essa (mais desvalorizada do que a moeda brasileira), o produto brasileiro será mais barato, canalizando para si toda a demanda.

Aplicada para a economia como um todo, a lei do preço único fornece a condição de paridade do poder de compra das moedas. Nesse caso, em vez de definir a taxa de câmbio como a relação entre os preços de uma única mercadoria expressa em diferentes moedas, no caso da economia como um todo, relaciona-se o nível geral de preços (conjunto de mercadorias — cesta de consumo) nos dois países. Dessa forma:

$$E = P_{BR}/P_{EUA}$$

Isso diz que, a longo prazo, a taxa de câmbio nominal deve ser corrigida pelo diferencial entre a inflação doméstica e a internacional, de modo a manter a taxa de câmbio real constante, ou seja, o poder de compra da moeda. Assim,

$$(1 + \Delta E) = (1 + \pi) / (1 + \pi^*)$$

em que:

ΔE = variação da taxa de câmbio nominal em um determinado período;

π = inflação doméstica no mesmo período;

π^* = inflação externa no mesmo período.

Em geral, expressa-se essa relação simplesmente como uma diferença:

$$\Delta E = \pi - \pi^*$$

Esta regra oferece um referencial para analisar o comportamento da taxa de câmbio ao longo do tempo. Apesar desse indicativo, observa-se, no dia a dia, que a taxa de câmbio sofre muito mais oscilações do que as explicadas pelo comportamento dos preços e das condições de competitividade dos países. Isso porque a maior parte das transações com divisas (transações com o exterior) se refere ao movimento de capitais, transações com ativos, que possuem outros determinantes.

Os determinantes do fluxo de capitais entre países são semelhantes às decisões de portfólio tomadas internamente. O investidor, ao decidir onde alocar o capital, faz a análise do binômio risco-retorno. Considerando que o risco seja semelhante entre todos os países, o capital tenderia a fluir para os países que oferecessem a maior taxa de retorno. Com o capital fluindo para esses países, a tendência no limite é que o retorno seja equivalente em todos os países.

Em um mundo com mobilidade de capitais, valeria a seguinte condição de arbitragem:

$$r = r^* + \text{expectativa de desvalorização da taxa de câmbio nominal} + $$
$$+ \text{custos de transação} + \text{risco-país,}$$

em que:

r = taxa real de juros interna;

r^* = taxa real de juros internacional.

Considerando a livre mobilidade de capitais, isto é, inexistindo custos de transação para a negociação com ativos entre os países, e sem riscos, a condição de arbitragem restringe-se à igualdade entre as taxas reais de juros interna e externa, quando expressas na mesma moeda. Se o retorno interno superar o internacional, haverá um grande influxo de recursos no país, tal que o diferencial tenderá a ser eliminado.

Portanto, inicialmente, conclui-se que o movimento de capitais depende basicamente do diferencial entre as taxas de rentabilidade nos diversos países. Dessa forma, a taxa de câmbio no curto prazo tende a refletir o movimento de capitais para o país.

24.4 ■ MODELO DE ECONOMIA ABERTA NO CURTO PRAZO

Ao introduzir o resto do mundo, é necessário fazer algumas adaptações no modelo *IS-LM* discutido no Capítulo 19. Conforme destacado nesse capítulo, a curva *IS* reflete as condições de equilíbrio no mercado de bens e serviços, e a curva *LM*, o equilíbrio no mercado monetário. Nesse modelo, considera-se o nível de preços constante e todo ajustamento acontece via produto.

Introduzindo o setor externo, tem-se a seguinte alteração no mercado de bens e serviços (curva *IS*):

$$Y = C + I + G + (X - M),$$

em que:

Y = renda nacional real;
C = consumo agregado;
I = investimento agregado;
G = gastos públicos;
X = exportações totais;
M = importações totais.

Continuando com as mesmas especificações anteriores, o consumo varia positivamente com a renda disponível, o investimento varia inversamente com a taxa de juros e o gasto público e os impostos são exogenamente[2] determinados. Em relação às variáveis do setor externo, tem-se:

$$X = X(\varepsilon; Y^*)$$
$$M = M(\varepsilon; Y)$$

As exportações variam positivamente com a renda do resto do mundo Y^* e com a taxa de câmbio ε, considerando que um aumento na taxa de câmbio corresponda a uma desvalorização da moeda nacional. As importações variam positivamente com a renda interna Y e inversamente com a taxa de câmbio ε. Como se supõe o nível de preços constante, isso tornará indiferente a diferenciação entre a taxa de câmbio real E e a nominal ε.

---

[2] São variáveis cujos valores não são determinados pelo modelo, ou seja, seu comportamento não é influenciado pelas variáveis a serem calculadas pelo modelo. Entretanto, a solução do modelo depende, em geral, dos valores das variáveis exógenas.

Para uma determinada taxa de câmbio e para certo nível de renda externa, tem-se um determinado montante de exportações. Qualquer alteração nesses parâmetros afetará o volume de exportações e, portanto, o volume de gastos autônomos, e, com isso, a posição da curva IS.

Uma desvalorização da taxa de câmbio torna o produto nacional mais barato, estimulando as exportações e desincentivando as importações. Essa melhora no saldo em conta-corrente desloca a curva IS para a direita. Já uma valorização da taxa de câmbio terá o efeito oposto, deslocando a IS para a esquerda. A curva LM não será afetada pela introdução do setor externo. A demanda por moeda depende da renda e da taxa de juros, respondendo positivamente em relação à primeira variável e negativamente em relação à segunda. Dada a oferta de moeda, a curva LM representará os pares (Y, r) que equilibram esse mercado:

$$M/P = L(Y, r)$$

Note que, com a introdução do setor externo, passa-se a ter três variáveis a serem determinadas: o nível de renda, a taxa de juros e a taxa de câmbio. Para o modelo ter uma solução para essas três variáveis, é necessário impor uma restrição adicional.

Pode-se considerar dois casos:

(1) pequena economia que não afeta as condições do mercado internacional, isto é, cuja capacidade de absorver recursos ou de ofertar recursos é insignificante diante do tamanho do mercado mundial de capitais, de tal modo que sua presença não afeta a taxa de juros internacional. Significa que, com perfeita mobilidade de capital, um país pequeno pode financiar qualquer défice de transações correntes ou aplicar seu superávit a uma taxa de juros dada pelo mercado internacional, ou seja, o saldo da conta de capital é infinitamente elástico em relação à taxa de juros internacional;

(2) uma grande economia, cuja presença afeta as condições de mercado. Maior demanda por recursos pressionará elevações nas taxas de juros internacionais, e um aumento no saldo da conta capital elevará as taxas de juros.

No primeiro caso, em uma pequena economia aberta, pode-se afirmar, então, que a taxa de juros interna r deve necessariamente ser igual à taxa de juros internacional r^*, pois qualquer diferença levará a uma grande entrada ou saída de capital. Assim, pode-se acrescentar uma terceira equação ao modelo IS-LM:

$$r = r^*$$

No caso de uma grande economia, o fluxo de capitais passa a variar positivamente com a taxa interna de juros. Como o movimento de capitais (MK) se iguala ao saldo em transações correntes $(X - M)$, tem-se:

$$MK = (X - M)$$
$$MK = MK(r)$$
$$(X - M) = f(\varepsilon, Y, Y^*).$$

Assim, pode-se substituir na curva IS o saldo em conta-corrente pelo saldo da conta capital, de tal forma que o modelo volte a ter apenas duas variáveis a serem determinadas.

24.4.1 Modelo para uma economia aberta de pequeno porte e com livre mobilidade de capitais

Na sequência, será apresentada uma formalização mais detalhada apenas para o caso de uma pequena economia aberta.[3]

Neste caso, em que o país tem livre acesso ao mercado internacional de capitais, a taxa de juros vigente no país será aquela determinada pelo mercado internacional. Em uma situação como essa, qualquer défice em transações correntes pode ser financiado à taxa de juros vigente no mercado internacional, e qualquer superávit pode ser aplicado no exterior a essa mesma taxa de juros.

Ou seja, nessa situação, o saldo em transações correntes é irrelevante para determinar o equilíbrio na balança de pagamentos (*BP*), uma vez que sempre haverá um movimento de capitais compensatórios a uma taxa de juros estipulada pelo mercado internacional. Nessa situação de livre mobilidade de capital, a variável relevante para determinar o equilíbrio da *BP* passa a ser a taxa de juros. Uma taxa de juros ligeiramente superior à taxa internacional induzirá, por um lado, uma entrada massiva de capitais (um grande superávit na *Balança de Pagamentos*), que forçará a igualdade entre as taxas; uma taxa ligeiramente inferior levará, por outro lado, a uma saída massiva de capitais, isto é, a profundos défices na *Balança de Pagamentos*.

Desse modo, haverá um único nível de taxa de juros interna compatível com o equilíbrio externo:

$$r = r^*.$$

Assim, tem-se a restrição dada pelo setor externo expressa na curva *BP*, que representa pontos de equilíbrio entre taxa de juros e nível do produto, que equilibram a *Balança de Pagamentos*, como mostrado no Gráfico 24.1.

GRÁFICO 24.1

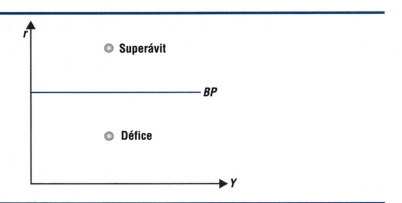

---

[3] Dado que este Manual tem um cunho mais generalista, sintetizando as várias áreas da teoria econômica, apresenta-se aqui a parte do modelo Mundell-Fleming que foi julgada a mais relevante para os objetivos deste livro. Como já foi observado, a maioria das publicações recentes específicas para a área de Macroeconomia mostra outros desenvolvimentos do modelo (grandes economias, mobilidade imperfeita de capitais, entre outras). Ver, por exemplo, LOPES, L. M.; VASCONCELLOS, M. A. S. (Org.). *Manual de Macroeconomia*: básico e intermediário - Equipe de Professores da USP. 3. ed. São Paulo: Atlas, 2006.

Pontos acima da curva *BP* significam superávit na *Balança de Pagamento* e pontos abaixo da curva representam défice.

Combinando-se essa restrição com o modelo *IS-LM*, pode-se chegar à determinação da renda em uma economia aberta. Antes de entrar nesta análise, é importante recordar que, no sistema de câmbio fixo, o Banco Central intervém no mercado para manter em equilíbrio o mercado de divisas (reservas internacionais). Já no regime de câmbio flutuante, o Banco Central não intervém na taxa de câmbio. Assim, deve-se definir também qual é o regime cambial vigente. No regime de câmbio fixo, a oferta de moeda torna-se variável endógena,[4] e no regime de câmbio flutuante a taxa de câmbio é endógena.

Tomando-se as três equações:

$$IS: Y = C\,(Yd) + I\,(r) + G + (X - M)\,(\varepsilon,\,Y,\,Y^*),$$
$$LM: M/P = L\,(Y,r),$$
$$BP: r = r^*,$$

o equilíbrio da economia acontecerá quando o mercado de bens, o mercado monetário e a *Balança de Pagamentos* estiverem simultaneamente em equilíbrio, o que está ilustrado no Gráfico 24.2.

GRÁFICO 24.2

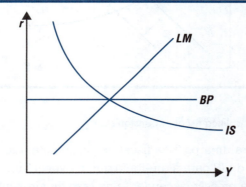

A forma de ajustamento da economia à situação de equilíbrio dependerá do tipo de regime cambial vigente. Para ver como acontece o ajustamento, será analisado no tópico seguinte a resposta da economia a diferentes políticas econômicas.

24.5 ■ EFICÁCIA DA POLÍTICA ECONÔMICA E REGIMES CAMBIAIS

Considere que a economia esteja inicialmente em uma situação de equilíbrio, antes da ocorrência de alguma alteração na política econômica. Veja, então, qual a eficácia de políticas econômicas alternativas (monetária e fiscal) sobre o nível do produto nacional, que dependerá do tipo de regime cambial.

24.5.1 Câmbio fixo: política monetária expansionista

Supondo câmbio fixo e livre mobilidade de capitais, qual será o impacto da política monetária? Considere o caso de uma expansão monetária por meio da emissão de

---

[4] Variáveis cujos valores são determinados pelo modelo.

moeda pelo governo. O impacto inicial será o deslocamento na curva LM para a direita, pressionando a taxa de juros para baixo. Com perfeita mobilidade de capitais, isso induzirá uma fuga maciça de capitais do país, ou seja, um profundo défice na *Balança de Pagamentos*. Essa maior demanda por moeda estrangeira terá de ser atendida pelo Banco Central, que deverá se desfazer das reservas internacionais para poder manter a taxa de câmbio fixa, o que provocará a retração da oferta de moeda, até que a *LM* volte à posição original, restabelecendo a condição de igualdade entre as taxas interna e externa de juros, cessando a fuga de capitais.

Percebe-se, então, que a política monetária é totalmente inoperante nesse caso, uma vez que o Bacen não tem qualquer controle sobre o agregado monetário, que terá de se ajustar para garantir a igualdade entre as taxas de juros. Esse processo pode ser visto no Gráfico 24.3.

GRÁFICO 24.3

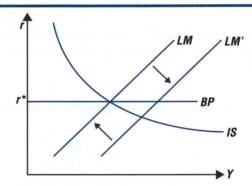

24.5.2 Câmbio fixo: política fiscal expansionista

Considerando agora uma política fiscal expansionista, tem-se: o impacto inicial será um deslocamento da *IS* para a direita, o que provocará uma elevação na renda e na taxa de juros. Com a pressão ascendente na taxa de juros interna forçando-a para níveis superiores às taxas internacionais, haverá grande entrada de capitais no país (superávit na *Balança de Pagamentos*), adquirida pelo Banco Central emitindo moeda, o que deslocará a *LM* para a direita, ampliando o efeito expansionista da política fiscal. Isso pode ser visto no Gráfico 24.4.

GRÁFICO 24.4

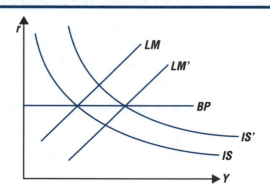

Percebe-se, então, que a política fiscal é extremamente eficiente para afetar o nível de produto. Interessante observar que, nessa situação, com câmbio fixo e livre mobilidade de capitais, o resultado da política fiscal é melhor do que no caso do modelo *IS-LM,* com economia fechada. A razão para isso é a seguinte: no caso da economia fechada, o aumento dos gastos públicos pressiona a elevação da taxa de juros, reduzindo o investimento, o que diminui o impacto expansionista da política fiscal. Já nesse caso, com livre mobilidade de capital, a taxa de juros interna é ditada pelo mercado internacional, e com taxa de câmbio fixa o agregado monetário ajustar-se-á para garantir essa igualdade, de modo a poder preservar a taxa de câmbio fixa. Com isso, a taxa de juros não se altera em decorrência do maior gasto público (o que se ajusta é a quantidade de moeda), não havendo, portanto, redução do investimento.

24.5.3 Câmbio flutuante: política monetária expansionista

Com livre mobilidade de capitais, uma expansão monetária, supondo livre flutuação da taxa de câmbio, terá os seguintes impactos: inicialmente, a *LM* se deslocará para a direita, gerando pressões no sentido de redução da taxa de juros, o que provocará um aumento na demanda por moeda estrangeira para remeter capital ao exterior. Essa maior demanda por moeda estrangeira provocará a desvalorização da moeda nacional, ampliando as exportações e deslocando a *IS* para a direita. A taxa de câmbio se desvalorizará até que a *IS* intercepte a *LM* ao nível da taxa de juros internacional, quando cessa a pressão pela desvalorização.

Portanto, neste caso, a política monetária é plenamente eficaz, pois, ao induzir a desvalorização da moeda nacional, melhora o saldo em transações correntes, ampliando a demanda por produto doméstico e, portanto, ampliando a renda nacional. Esse caso pode ser visto no Gráfico 24.5.

GRÁFICO 24.5

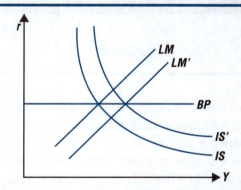

24.5.4 Câmbio flutuante: política fiscal expansionista

Supondo uma expansão nos gastos públicos, o efeito imediato será o deslocamento da *IS* para a direita, o que exigirá elevação da taxa de juros e, consequentemente, maior demanda por moeda nacional, devido ao ingresso de capitais estrangeiros. Esse processo induzirá uma valorização da moeda nacional, encarecendo o produto nacional em relação ao estrangeiro, reduzindo a demanda, e fazendo com que a *IS* se desloque para a esquerda. Esse processo se manterá até que a *IS* volte à posição original, eliminando a pressão da entrada de capitais no mercado de câmbio.

Note que, nesse processo, a taxa de câmbio se valoriza, de forma que a queda da demanda externa seja exatamente igual ao aumento do gasto público, com o que o resultado final em relação ao produto apresenta-se nulo, ou seja, ocorre um tipo de *crowding-out* (efeito deslocamento), tal como visto no Capítulo 19, só que agora expulsando demanda externa por meio do movimento da taxa de câmbio. Esse processo pode ser visto no Gráfico 24.6.

GRÁFICO 24.6

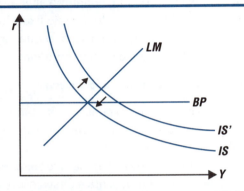

24.6 ■ CONSIDERAÇÕES FINAIS

A Tabela 24.1 sintetiza as quatro situações descritas em relação à eficácia das políticas monetária e fiscal sobre o nível do produto nacional.

TABELA 24.1

	Política monetária expansionista	Política fiscal expansionista
Câmbio fixo	Ineficaz	Efeitos positivos sobre renda
Câmbio flutuante	Efeitos positivos sobre renda	Ineficaz

A análise desenvolvida mostra alguns resultados já esperados da própria discussão sobre regimes cambiais. A primeira conclusão importante é sobre a ineficácia da política monetária em um sistema de taxa de câmbio fixa. Isso já era esperado, pois, como destacado, nesse regime, a política monetária fica prisioneira do desempenho do setor externo e o Banco Central perde o controle dos agregados monetários, que passa a depender basicamente do comportamento das reservas internacionais. Já a política fiscal, em uma situação de plena mobilidade de capital, é totalmente eficaz, pois as pressões que exerce sobre a taxa de juros e o consequente impacto sobre o saldo da conta capital fazem com que o agregado monetário se ajuste ao sentido da política fiscal: ampliam-se os gastos públicos, amplia-se a oferta de moeda, e vice-versa.

Com taxa de câmbio flutuante e possibilidade de retomar a política monetária, ela volta a ser eficiente. Já a política fiscal, com perfeita mobilidade e taxa de câmbio flutuante, é totalmente ineficaz, apenas provocando — via alteração da taxa de câmbio — a substituição entre demanda externa e interna.

O modelo desenvolvido para analisar o impacto da política econômica em uma economia aberta é bastante simples, mas permite chegar a conclusões importantes. Com taxa de câmbio fixa, como a oferta de moeda torna-se endógena, o Banco Central perde o instrumento da política monetária. Com câmbio flutuante, recupera-se a política monetária e perde-se a política fiscal, como um instrumento para afetar o nível de renda.

QUESTÕES

1. O que representa a curva *BP*, e em que medida ela altera a análise *IS-LM* tradicional?
2. Em que medida as hipóteses sobre a mobilidade de capitais influenciam a análise no modelo *IS-LM-BP*?
3. Em que medida as hipóteses sobre o tamanho da economia influenciam a análise no modelo *IS-LM-BP*?
4. Sobre a política fiscal:
    a) Mostre os impactos de uma política fiscal expansionista com taxa de câmbio fixa, no modelo *IS-LM-BP*, considerando uma economia pequena e perfeita mobilidade de capitais.
    b) *Idem*, com taxa de câmbio flutuante.
5. Faça o mesmo exercício anterior, supondo política monetária expansionista.

REFERÊNCIAS

CARVALHO, M. A.; SILVA, C. R. L. *Economia internacional*. 2. ed. São Paulo: Saraiva, 2002.

CAVES, R. E.; FRANKEL, J. A.; JONES, R. W. *Economia internacional*: comércio e transações Globais. São Paulo: Saraiva, 2001.

KRUGMAN, P.; OBSTFELD, M. *International economics*: theory and policy. 5. ed. Illinois: Scott, Foresman and Company, 2000.

LOPES, L. M.; VASCONCELLOS, M. A. S. (Org.). *Manual de Macroeconomia*: básico e intermediário - Equipe de Professores da USP. 3. ed. São Paulo: Atlas, 2006.

MANKIW, N. G. *Macroeconomia*. 3. ed. Rio de Janeiro: LTC, 1998.

SACHS, J.; LARRAIN, P. *Macroeconomia*. São Paulo: Makron, 1995.

25 O SETOR EXTERNO DA ECONOMIA BRASILEIRA

Antonio Evaristo Teixeira Lanzana

25.1 ■ INTRODUÇÃO

Ao analisar o crescimento do setor externo da economia brasileira nos últimos anos, três aspectos chamam a atenção: em primeiro lugar, o reduzido grau de abertura comercial do Brasil comparativamente a outros países; em segundo, a importância do setor externo como fator determinante das fases de crescimento e recessão do país; e, em terceiro, a capacidade de resposta do setor externo aos instrumentos de política econômica, quer na direção correta quer na incorreta.

O ano de 1968 pode ser considerado o início de um processo de maior abertura do país ao resto do mundo. A tentativa de buscar novas alternativas de crescimento ficou evidenciada pelas alterações da política cambial (implantação do sistema de minidesvalorizações) e pela criação de um sistema de incentivos às exportações.

Para se ter uma ideia do que representou essa internacionalização da economia brasileira, basta observar o comportamento de algumas variáveis: as exportações passaram de US$ 1,9 bilhão, em 1968, para US$ **190,1** bilhões, em **2015**; da mesma forma, as importações saltaram de US$ 1,9 bilhão, em 1968, para US$ **172,4** bilhões, em **2015**. No mesmo período, a dívida externa líquida (dívida externa bruta menos reservas internacionais) passava de US$ 3,5 bilhões, em 1968, para US$ **299,1** bilhões em **2015**.

Vale observar, porém, que ocorreram fatos importantes na economia internacional ao longo desses anos. Além das crises do petróleo (1974, 1979 e "quase crise" no início de 2000), o mundo assistiu a uma substancial elevação das taxas internacionais de juros (início dos anos 1980), uma moratória de países devedores (Brasil, México, Peru, nos anos 1980; Rússia, em 1998; e Argentina, em 2001); um crescimento significativo dos fluxos financeiros internacionais; crises financeiras (como em 2008); elevação dos preços internacionais das *commodities* favorecendo os países emergentes (Governo Lula), e assim por diante. Como seria de se esperar, esses fatos tiveram impacto sobre a economia brasileira, gerando, em alguns momentos, estímulos e, em outros, grandes dificuldades para o país.

O objetivo deste capítulo é discutir como o Brasil foi afetado pelas diferentes situações da economia internacional, como foram acionados internamente os instrumentos de política econômica, as consequências sobre produção, emprego e inflação, enfim, como se comportou o setor externo da economia brasileira ao longo dos últimos anos. Para o entendimento dessa questão, é fundamental discutir o significado e a composição do balanço de pagamentos, bem como outros conceitos relativos à área externa.

25.2 ■ O BALANÇO DE PAGAMENTOS

Ao analisar a composição do balanço de pagamentos do Brasil, é importante observar que, a partir de abril de 2015, o Banco Central alterou os critérios de classificação dos itens que o compõem, adequando-o à sexta Edição do *Manual do Balanço de Pagamentos e Posição Internacional do Investimento do FMI* (BPM6). Ocorre, entretanto, que não há uma série histórica com essa nova metodologia, o que inviabiliza a análise da evolução do setor externo, que é o objetivo deste capítulo.

Tendo em vista essa situação, serão apresentadas duas composições para o balanço de pagamentos: uma com a nova metodologia (MPB6) e outra com a metodologia anterior (MPB5), adaptando as informações para 2015 de modo a obter a série completa.

A nova metodologia divide o balanço de pagamentos em quatro itens: transações correntes, conta capital, conta financeira e erros e omissões. A Tabela 25.1 traz os valores de cada uma dessas contas para o ano de 2015.

TABELA 25.1
Brasil: balanço de pagamentos – US$ bilhões

Discriminação	2015
1. Transações correntes (1.1+1.2+1.3+1.4)	-58,9
1.1. Balança comercial	17,7
1.2. Serviços	-36,9
1.3. Renda primária	-42,4
1.4. Renda secundária	2,7
2. Conta capital	0,4
3. Conta financeira (3.1 – 3.2 – +3.3+3.4+3.5+3.6)	-54,7
3.1. Investimento direto no exterior	13,5
3.2. Investimento direto no país	75,1
3.3. Investimento em carteira	-22,0
3.4. Derivativos	3,5
3.5. Outros investimentos	23,9
3.6. Ativos de reserva	1,6
4. Erros e omissões	3,2

Fonte: Banco Central do Brasil.

Como se pode observar, as transações correntes são compostas dos seguintes itens:

- **Balança comercial:** referente às operações de compra e venda de mercadorias, isto é, importações e exportações. Seu saldo em 2015 foi superavitário em US$ 17,7 bilhões. Como se verá adiante, a balança comercial ganha posição relevante na balança de pagamentos, porque é a componente mais sensível aos instrumentos internos de política econômica;
- **Serviços:** registra as transações internacionais dos chamados serviços de não fatores, compreendendo transportes, turismo, seguros etc.;

- **Renda primária:** engloba os pagamentos relativos ao uso temporário de recursos, incluindo juros, lucros e dividendos;
- **Renda secundária:** mede a renda gerada em uma economia e transferida para outra, sendo a principal componente os pagamentos recebidos e emitidos por pessoas físicas.

A conta de capital refere-se à compra e venda de ativos não financeiros não produzidos (marcas e patentes) e transferências de capital.

A conta financeira é composta por um conjunto de itens, os quais são desdobrados em ativos (quando detidos por residentes no Brasil) e passivos (quando emitidos por residentes no Brasil, sendo o credor não residente). Os principais itens são apresentados a seguir, já considerando o resultado líquido, isto é, ativos menos passivos para investimentos em carteira, derivativos e outros investimentos:

- **investimento direto no exterior:** feito por brasileiros no exterior;
- **investimento direto no país:** feito por estrangeiros no Brasil;
- **investimento em carteira:** envolve títulos de renda fixa, ações, certificados de depósito etc.;
- **derivativos:** engloba operações de *swap*, mercados futuros etc.;
- **outros investimentos:** inclui empréstimos e financiamentos (exceto entre companhias), empréstimos de órgãos oficiais etc.;
- **ativos de reserva:** refere-se ao resultado global do balanço de pagamentos, ou seja, se a entrada de dólares for superior à saída, tem-se um saldo positivo que implicará em aumento das reservas; se a saída superar a entrada de dólares, o ativo da reserva será negativo e o país estará perdendo reservas.

Finalmente, erros e omissões referem-se a eventuais discrepâncias existentes entre os dados, sendo uma espécie de "compensação".

Como destacado anteriormente, para se promover uma análise da evolução do setor externo, utilizar-se-á a classificação antiga do balanço de pagamentos (MPB5) para montar a série, adaptando os números mais recentes a partir dos dados da nova composição.

A estrutura do balanço de pagamentos a ser utilizada é composta de cinco grandes itens: balança comercial, conta de serviços e rendas, transferências unilaterais correntes, balanço de transações correntes (que é a soma das anteriores) e a conta de capitais (capital e financeira). A Tabela 25.2 traz os valores de cada uma dessas contas.

TABELA 25.2

Balanço de pagamentos: Brasil – US$ bilhões

Discriminação	2015
1. Balança comercial	
1.1. Exportações	190,1
1.2. Importações	–172,4
1.3. Saldo	17,7

Continua

Continuação

Discriminação	2015
2. Conta de serviços e rendas	
2.1. Juros	−21,9
2.2. Turismo	−20,8
2.3. Lucros e dividendos	−20,8
2.4. Outros	−15,8
2.5. Saldo	−79,3
3. Transferências unilaterais correntes	
3.1. Saldo	2,7
4. Balança de transações correntes (1) + (2) + (3)	
4.1. Saldo	−58,9
5. Conta de capital e financeira	
5.1. Investimentos	61,6
5.2. Empréstimos/amortizações	−5,3
5.3. Saldo	56,3
6. Erros e omissões	
6.1. Saldo	0,0
7. Superávit (+) ou défice (−)	
7.1. Saldo	−2,6

Fonte: Banco Central do Brasil.

A balança comercial, como já destacado, registra as operações de compra e venda de mercadorias: exportações no valor de US$ **190,1** bilhões representam ingresso de divisas, e importações de US$ **172,4** bilhões significam saída de divisas.

A conta de serviços e rendas, anteriormente denominada balança de serviços, refere-se a pagamentos (saída de dólares) e recebimentos (entrada de dólares) relativos à remuneração de serviços. Os principais componentes dessa conta são:

- **juros:** referem-se aos serviços da dívida externa (não incluem amortizações). Vale destacar que os juros são devidos tanto pelo setor público como pelo setor privado. Como o Brasil é tomador de empréstimos no exterior, e não emprestador, a conta líquida dos juros (isto é, os juros pagos menos os recebidos) é negativa; o valor de −US$ 21,9 bilhões (2015) representa uma saída de divisas do país;
- **turismo:** também apresenta resultado líquido, isto é, dólares recebidos de turistas estrangeiros (entrada de divisas), menos dólares despendidos por turistas brasileiros no exterior (saída de divisas); o valor de US$ −20,8 bilhões significa que houve mais gasto de turistas brasileiros no exterior do que de turistas estrangeiros no Brasil;

- **lucros e dividendos:** refere-se a remessas efetuadas por empresas multinacionais instaladas no país para seus países de origem. Embora existam empresas brasileiras com filiais no exterior, a presença de multinacionais no Brasil é muito maior, fazendo com que o resultado líquido seja negativo (US$ **20,8** bilhões em 2015), isto é, saída de dólares da economia brasileira;
- **outros:** destacam-se, principalmente, as operações com fretes e seguros. Toda a mercadoria transacionada internacionalmente envolve despesa de frete e seguro; se, por exemplo, o seguro ou transporte de mercadoria for realizado por empresa brasileira, ocorre entrada de divisas; se realizado por empresa estrangeira, saída de divisas; em **2015**, essa conta foi deficitária em US$ **15,8** bilhões.

As transferências unilaterais correntes referem-se ao fluxo de recursos provenientes de pessoas trabalhando fora do país. Se um brasileiro vai trabalhar no Japão e remete parte de seu salário para o Brasil, haverá uma entrada de divisas no país. De outro modo, se um japonês trabalhar no Brasil e fizer a mesma remessa para o seu país de origem, implicará uma saída de divisas do país. Nessa conta, também estão incluídas transferências para o país advindas de organismos não governamentais. No caso brasileiro, em **2015**, as transferências unilaterais apontaram uma entrada "líquida" de divisas da ordem de US$ **2,7** bilhões.

O balanço de transações correntes (também conhecido como conta-corrente) é a soma dos três itens anteriores (balança comercial, conta de serviços e rendas e transferências unilaterais). É o item mais importante do balanço de pagamentos, na medida em que mostra as necessidades de recursos que o país teria de buscar no exterior para não perder reservas internacionais. Em **2015**, por exemplo, o país teve de buscar recursos devido a um saldo negativo em US$ **58,9** bilhões. Com isso, teria de buscar US$ **58,9** bilhões para não perder as reservas. Duas questões merecem destaque em relação ao balanço de transações correntes: a primeira é o fato de representar a poupança externa que está entrando na economia, isto é, recursos do exterior que financiarão o excesso de dispêndio doméstico nas transações com o exterior; a segunda está relacionada ao grau de dependência em relação ao fluxo de capital externo. Assim, défice em conta-corrente representa um lado positivo, que será a maior absorção de poupança externa. Todavia, torna o país vulnerável a qualquer "mudança de clima" na área internacional.

A conta capital e financeira (antes chamada de balanço ou movimento de capitais), por sua vez, indica as alternativas de cobertura do défice em transações correntes. Uma das formas é pelo ingresso de capitais estrangeiros de risco (item investimentos), que podem entrar no país por meio da construção de uma unidade da empresa multinacional, aquisição de empresas dentro do programa de privatização ou mesmo fora do programa. Em **2015**, o Brasil conseguiu atrair investimentos da ordem de US$ **61,6** bilhões, número muito expressivo, considerando que, antes do Plano Real, a entrada de recursos no Brasil por esse item era de cerca de US$ 2 bilhões por ano. A outra forma de entrada de capitais é por meio de empréstimos externos obtidos pelo setor público em órgãos oficiais (Banco Mundial, FMI, Clube de Paris etc.) ou nos bancos privados externos (tanto o setor público como o privado) ou, ainda, por meio do lançamento de títulos de empresas públicas e privadas no exterior.

É importante observar que esse item pode ser negativo porque inclui empréstimos novos e subtrai amortizações; assim, nos períodos em que há dívida vencendo e novos recursos em menor montante, o resultado pode ser negativo. Em **2015**, o resultado foi negativo em US$ **5,6** bilhões.

A soma do saldo da conta capital e financeira com o saldo do balanço de transações correntes mostrará o resultado do balanço de pagamentos, já analisado anteriormente.[1]

25.3 ■ OUTROS CONCEITOS IMPORTANTES

Além dos itens que compõem o balanço de pagamentos, existem outros conceitos importantes utilizados na análise do setor externo, os quais serão apresentados a seguir.

25.3.1 Índice de relação de trocas

O índice de relação de trocas mede a relação entre os preços dos produtos que o país exporta (P_x) e os preços dos produtos que o país importa (P_m), ambos medidos em dólares:

$$RT = \frac{P_x}{P_m}$$

É importante observar três aspectos em relação ao índice de relação de trocas: a) sempre que a relação se tornar desfavorável às exportações, isto é, o índice cair, a tendência é de desvalorização da moeda local, porque serão necessárias mais exportações para adquirir a mesma quantidade de produtos importados; b) é comum observar queda no índice sempre que ocorre uma desvalorização cambial no país, uma vez que os importadores pressionam os exportadores para reduzir os preços (em dólares) a fim de se apropriarem de parte dos benefícios da desvalorização cambial; e c) sempre que os preços internacionais sobem excessivamente, como ocorreu com o petróleo em alguns períodos, os países importadores perdem no índice de relação de trocas e o câmbio é pressionado no sentido da desvalorização.

A Tabela 25.3 apresenta o índice de relação de trocas para a economia brasileira, na qual é possível notar situações bastante desfavoráveis ao país, como a forte queda em 1974/1975, em função do aumento dos preços do petróleo; o mesmo fator (segundo choque do petróleo) "derruba" o índice a partir de 1979, levando aos valores mais baixos de toda a série em 1983 e à redução significativa de 1999, como consequência da queda dos preços das *commodities* que o país exporta. Com a retomada do crescimento mundial, comandada, principalmente, por China e Índia, dependentes de matérias-primas, a situação do Brasil começou a ficar muito favorável a partir de 2002, voltando a se reverter dez anos depois.

---

[1] O item Erros e Omissões refere-se apenas a ajustes derivados de diferentes fontes de informação.

TABELA 25.3
Brasil: índice de relação de trocas (Base: 1977 = 100)

Anos	Índice	Anos	Índice	Anos	Índice
1972	87	1987	71	2002	65
1973	95	1988	72	2003	74
1974	78	1989	65	2004	88
1975	76	1990	62	2005	92
1976	85	1991	65	2006	99
1977	100	1992	74	2007	100
1978	86	1993	68	2008	103
1979	79	1994	75	2009	103
1980	65	1995	83	2010	118
1981	55	1996	92	2011	128
1982	54	1997	78	2012	120
1983	53	1998	77	2013	118
1984	58	1999	64	2014	114
1985	58	2000	66	2015	101
1986	79	2001	64		

Fonte: FGV e Funcex.

25.3.2 Coeficiente de vulnerabilidade

O coeficiente de vulnerabilidade é um indicador do grau de solvência externa de um país que mede a relação entre a dívida externa líquida (dívida externa — reservas internacionais) e o valor das exportações. O objetivo é verificar quantos anos de exportação são necessários para pagar a dívida externa. A fórmula estabelece:

$$CV = \frac{D_B - R}{x}$$

em que:

CV = coeficiente de vulnerabilidade;

D_B = dívida externa bruta;

R = reservas;

x = exportações.

A Tabela 25.4 apresenta o crescimento do coeficiente de vulnerabilidade do Brasil desde 1968. Chamam a atenção três períodos em que o índice se tornou muito elevado: o primeiro, de 1981/1982, quando o índice ultrapassou a casa dos quatro (significando que seriam necessários mais de quatro anos de exportação para pagar toda a dívida externa), e o Brasil recorreu ao Fundo Monetário Internacional (FMI), desvalorizando a moeda; o mesmo ocorreu em 1986/1987, quando o Brasil decretou moratória da dívida externa (governo Sarney), e, novamente, desvalorizou a moeda (gestão Bresser Pereira); e, por fim, o período 1998/1999, quando, outra vez, o Brasil recorreu ao FMI e desvalorizou a moeda (adoção do regime de câmbio flexível). A partir daí, a evolução torna-se favorável, situando-se em torno de um ou até mesmo abaixo.

TABELA 25.4
Coeficiente de vulnerabilidade

Anos	Dívida líquida (1)	Exportações (2)	Coeficiente (1)/(2)	Anos	Dívida líquida (1)	Exportações (2)	Coeficiente (1)/(2)
1968	3,5	1,9	1,84	1992	112,2	35,7	3,14
1969	3,4	2,3	1,48	1993	113,5	38,5	2,95
1970	4,1	2,7	1,52	1994	109,5	43,5	2,52
1971	4,8	2,9	1,66	1995	105,3	46,5	2,26
1972	5,3	4,0	1,33	1996	109,5	47,7	2,29
1973	6,1	6,2	0,98	1997	147,8	53,0	2,79
1974	11,9	8,0	1,49	1998	197,1	51,1	3,85
1975	17,1	8,7	1,97	1999	205,1	48,0	4,27
1976	19,4	10,1	1,92	2000	203,1	55,1	3,69
1977	24,9	12,1	2,06	2001	192,1	58,2	3,30
1978	31,6	12,6	2,51	2002	192,3	60,4	3,18
1979	40,2	15,2	2,64	2003	188,6	73,1	2,58
1980	47,9	20,1	2,33	2004	174,8	96,5	2,02
1981	54,7	13,3	4,11	2005	138,8	118,3	1,17
1982	65,7	20,1	3,27	2006	131,7	137,8	0,96
1983	77,3	21,9	3,53	2007	84,4	160,6	0,53
1984	79,0	27,0	2,93	2008	82,6	197,9	0,42
1985	84,2	25,6	3,29	2009	50,3	153,0	0,33
1986	103,5	22,3	4,64	2010	164,1	201,9	0,81
1987	100,1	26,2	3,82	2011	164,0	256,0	0,64
1988	93,5	33,0	2,83	2012	197,9	242,6	0,82
1989	89,3	34,4	2,60	2013	262,5	279,6	0,94
1990	93,0	31,4	2,96	2014	338,5	264,1	1,28
1991	114,5	31,6	3,62	2015	299,1	223,9	1,34

Fonte: Banco Central do Brasil.

Explorada a questão conceitual, pode-se partir para uma análise da situação do setor externo da economia brasileira. Para facilitar a visualização das diferentes etapas enfrentadas pelo país, a exposição será dividida em vários períodos.

25.4 O CRESCIMENTO DO SETOR EXTERNO

Como comentado no início deste capítulo, a partir de 1968, o Brasil adotou uma estratégia de maior abertura da economia ao resto do mundo. Até então, o comércio de mercadorias do país com a economia mundial apresentava números muito reduzidos, situando-se em torno de US$ 2,5 bilhões a US$ 3 bilhões (exportações mais importações), permanecendo praticamente estáveis nos 20 anos anteriores ao início desse processo. E é bom frisar que a política cambial era a principal responsável por esse quadro de estagnação.

Na verdade, antes de 1968, o sistema cambial adotado pelo Brasil consistia em desvalorizações abruptas da taxa de câmbio, em grandes intervalos de tempo, fato que trazia consequências desfavoráveis sobre o desempenho das principais variáveis do setor externo da economia. Em primeiro lugar, havia um grande risco para o exportador, na medida em que havia incerteza em relação ao tempo e tamanho da próxima desvalorização. Além disso, a atividade exportadora não contava com estímulos suficientes para aumentar o seu volume de vendas ao exterior, em razão de problemas relacionados à remuneração (taxa cambial valorizada, inexistência de incentivos fiscais etc.). Como consequência, a capacidade de importar do país também era reduzida.

Ademais, as desvalorizações cambiais bruscas criavam movimentos especulativos em termos de importações e de fluxo de capitais. Quando eram esperadas desvalorizações cambiais significativas, os agentes procuravam antecipar importações e converter moeda nacional em estrangeira, fazendo o oposto logo após a desvalorização.

Esse sistema representava um forte obstáculo à política de desenvolvimento econômico, para a qual era importante a importação de equipamentos, máquinas, matérias-primas, componentes etc. Essa necessidade crescente de importações tenderia a criar fortes pressões sobre o balanço de pagamentos, devido à baixa capacidade de exportar do país. A constatação dessa evidência resultou, a partir de 1968, na formulação de uma política de desenvolvimento com ênfase nas exportações, sendo a taxa cambial um dos principais instrumentos dessa nova política.

25.4.1 O período 1968/1973

A partir de agosto de 1968, o Brasil passou a adotar a política de minidesvalorizações cambiais (desvalorizações em períodos curtos), apoiada na teoria da paridade do poder de compra. De acordo com essa teoria, a variação da taxa cambial de um país, entre dois períodos, é dada pelo quociente entre o índice de preços internos e externos subtraído da unidade, ou seja:

$$\lambda_{t/t-1} = \frac{P^i_{t/t-1}}{P^e_{t/t-1}} - 1$$

em que:

$\lambda_{t/t-1}$ = variação da taxa cambial no período t em relação ao período $t-1$;

$P^i_{t/t-1}$ = índice de preços internos (período t em relação ao período $t-1$);

$P^e_{t/t-1}$ = índice de preços externos (período t em relação ao período $t-1$).

Sob as hipóteses de que a) a taxa cambial a partir da qual se inicia a política é de equilíbrio; b) a relação de trocas do país se mantém constante e c) a renda interna e a do resto do mundo se mantêm constantes, o procedimento indicado pela teoria da paridade manteria a taxa cambial em equilíbrio, sem problemas maiores para o balanço de pagamentos.

Além das medidas cambiais, a partir de 1968, o governo procurou ampliar as exportações (e, consequentemente, a capacidade de importar) por meio de uma série de medidas fiscais e creditícias (crédito fiscal do IPI e, mais tarde, do ICM, maior assistência financeira, isenção do imposto de renda nas vendas ao exterior etc.).

Essa maior abertura ao setor externo processou-se de forma extremamente favorável até 1973, como é observado na Tabela 25.5. As exportações cresceram a uma taxa média de 27% ao ano, no período 1968/1973, o que permitiu às importações crescerem no mesmo ritmo, mantendo praticamente "zerada" a balança comercial no período. Como a conta de serviços e rendas foi registrando um défice crescente, ampliou-se também o défice do balanço de transações correntes. Ocorre, porém, que esse défice não apresentou qualquer dificuldade de ser financiado pelos resultados favoráveis da conta capital e financeira, os quais, inclusive, permitiram a obtenção de superávits no balanço de pagamentos (e aumento do nível de reservas internacionais).

TABELA 25.5

Brasil: balanço de pagamentos (1968/1973) – US$ bilhões

Discriminação	1968	1969	1970	1971	1972	1973
1. Balança comercial						
1.1. Exportações	1,9	2,3	2,7	2,9	4,0	6,2
1.2. Importações	–1,9	–2,0	–2,5	–3,2	–4,2	–6,2
1.3. Saldo	0,0	0,3	0,2	–0,3	–0,2	0,0
2. Conta de serviços e rendas*						
2.1. Juros	–0,1	–0,2	–0,2	–0,3	–0,3	–0,5
2.2. Outros serviços	–0,4	–0,4	–0,5	–0,6	–0,9	–1,1
2.3. Saldo	–0,5	–0,6	–0,7	–0,9	–1,2	–1,6
3. Transferências unilaterais correntes						
3.1. Saldo	0,0	0,0	0,0	0,0	0,0	0,0
4. Balança de transações correntes (1) + (2) + (3)						
4.1. Saldo	–0,5	–0,3	–0,5	–1,2	–1,4	–1,6
5. Conta de capital e financeira**						
5.1. Investimentos	0,1	0,1	0,1	0,2	0,3	0,9
5.2. Empréstimos/amortizações						
5.3. Saldo	0,6	0,8	1,0	1,8	3,4	3,5

Continua

Continuação

Discriminação	1968	1969	1970	1971	1972	1973
6. Erros e omissões						
6.1. Saldo	−0,1	0,0	0,0	−0,1	0,4	0,2
7. Superávit (+) ou défice (−)						
7.1. Saldo	0,0	0,5	0,5	0,5	2,4	2,1

* Antes denominada balança de serviços.
** Antes denominada balança ou movimento de capitais.

Fonte: Banco Central.

Ainda com relação à conta de capital e financeira, há que se destacar dois aspectos importantes: de um lado, o rápido incremento dos investimentos diretos (US$ 0,1 bilhão, em 1968, para quase US$ 1 bilhão, em 1973), sinalizando uma maior confiança do capital estrangeiro na economia brasileira; e, de outro, o crescimento expressivo dos empréstimos líquidos, mostrando que o país utilizava, de forma crescente, empréstimos externos para financiar o seu crescimento. Cabe destacar, ainda, que, apesar do aumento do ingresso de recursos sob a forma de empréstimos, o coeficiente de vulnerabilidade do país era razoável: as divisas relativas a um ano de exportação eram suficientes para o pagamento integral da dívida.

25.4.2 O período 1974/1980

A situação extremamente favorável à economia brasileira foi interrompida em 1974 com a crise do petróleo, culminando com substancial aumento dos preços do produto e consequente deterioração das relações de troca do país.

Ao contrário dos países do mundo ocidental, que procuraram adotar políticas de ajustamento com o objetivo de reduzir a dependência do petróleo, os condutores da política econômica brasileira optaram pela manutenção do crescimento da produção de bens e serviços, embora em ritmo inferior ao observado no período anterior. Entende-se claramente essa preocupação, na medida em que a inexistência de uma estrutura de seguro-desemprego tornaria extremamente custoso, do ponto de vista social, um ajustamento mais drástico da economia doméstica.

Ocorre, porém, que essa estratégia fez com que as despesas de importação duplicassem em 1974 (relativamente a 1973), abrindo um défice na balança comercial da ordem de US$ 4,6 bilhões, como se pode observar na Tabela 25.6. Como o défice na conta de serviços e rendas também se ampliou (em parte devido ao próprio aumento das importações, já que as despesas com fretes e seguros são uma função do volume do comércio), o balanço de transações correntes também registrou um excepcional crescimento.

Cabe observar, no entanto, que, nesse período, não havia dificuldades para se captar recursos externos (sob a forma de empréstimos), dada a excessiva liquidez do sistema financeiro internacional. Na verdade, os superávits árabes ampliavam a oferta de recursos no mercado internacional – oferta que encontrava uma demanda em retração devido às políticas de ajustamento adotadas principalmente nos países industrializados. Dessa forma, o mercado financeiro internacional encontrava-se com excessiva liquidez, e, consequentemente, com reduzidas taxas de juros.

Pode-se verificar, portanto, que a aceleração do ritmo de endividamento brasileiro foi favorecida pela situação do mercado financeiro internacional (cujo excesso de recursos precisava ser aplicado), aliada à opção brasileira de manter um ritmo razoável de crescimento do produto.

TABELA 25.6

Brasil: balanço de pagamentos (1973/1980) – US$ bilhões

Discriminação	1973	1974	1975	1976	1977	1978	1979	1980
1. Balança comercial								
1.1. Exportações	6,2	8,0	8,7	10,1	12,1	12,6	15,2	20,1
1.2. Importações	6,2	-12,6	-12,2	-12,4	-12,0	-13,4	-18,1	-23,0
1.3. Saldo	0,0	-4,6	-3,5	-2,3	0,1	-0,8	-2,9	-2,9
2. Conta de serviços e rendas								
2.1. Juros	-0,3	-0,6	-1,2	-1,8	-2,1	-2,7	-4,2	-6,3
2.2. Outros serviços	-1,4	-1,7	-1,6	-1,9	-2,0	-2,3	-3,7	-3,8
2.3. Saldo	-1,6	-2,3	-2,8	-3,7	-4,1	-5,0	-7,9	-10,1
3. Transferências unilaterais correntes								
3.1. Saldo	0,0	0,0	0,0	0,0	0,0	0,0	0,0	0,0
4. Balança de transações correntes (1) + (2) + (3)								
4.1. Saldo	-1,6	-6,9	-6,3	-6,0	-4,0	-5,8	-10,8	-13,0
5. Conta de capital e financeira								
5.1. Investimentos	0,9	0,9	0,9	1,0	0,8	0,9	2,2	1,5
5.2. Empréstimos/amortizações	2,6	5,3	5,3	5,6	4,5	8,5	5,5	8,2
5.3. Saldo	3,5	6,2	6,2	6,6	5,3	9,4	7,7	9,7
6. Erros e omissões								
6.1. Saldo	0,2	-0,2	-0,8	0,5	-0,7	0,3	-0,1	-0,2
7. Superávit (+) ou défice (−)								
7.1. Saldo	2,1	-0,9	-0,9	1,1	0,6	3,9	-3,2	-3,5

Fonte: Banco Central.

Essa fase de crescimento da dívida externa ficou ainda mais comprometida com o segundo choque do petróleo, em 1979. Repetindo a situação anterior, embora em menor escala, as importações voltaram a pressionar a balança comercial, ampliando seu défice e, por consequência, o saldo devedor do balanço de transações correntes.

O governo, por sua vez, tentou alterar esse quadro promovendo a maxidesvalorização do cruzeiro, em dezembro de 1979. Entretanto, a prefixação da desvalorização cambial para 1980 acabou eliminando todo o impacto da maxi, devido à inflação efetivamente observada naquele ano ter sido muito superior à estimada.

Com isso, o país passou a atravessar o que se poderia chamar de segunda fase do processo de abertura da economia. Os resultados mostram que as exportações continuaram crescendo nesse período, porém em um ritmo inferior ao necessário para "zerar" a balança comercial. Como consequência, a dívida externa entrou em processo de rápido crescimento.

25.4.3 A crise 1981/1983

No início da década de 1980, o Brasil enfrentou uma das maiores recessões de sua história, e essa situação esteve intimamente associada à situação das contas externas do país. Na verdade, à medida que a dívida externa crescia a taxas aceleradas, como consequência da situação ocorrida no período anterior, um papel fundamental no equilíbrio do balanço de pagamentos passou a ser exercido pelas taxas internacionais de juros. Isso porque grande parte dos empréstimos internacionais contratados pelo Brasil era remunerada a taxas flutuantes, isto é, o montante de juros é definido pela taxa de juros vigente no mercado internacional (mais o *spread*), com certa defasagem de tempo.

Com isso, elevações nas taxas internacionais de juros representavam sangria de dólares preciosos do país para fazer frente aos compromissos externos. E foi exatamente o que aconteceu no início da década de 1980. Para combater a inflação que superava a casa dos 10% anuais, os Estados Unidos passaram a adotar uma política de combate ao crescimento de preços, concentrada, fortemente, em um aperto monetário, o que conduziu as taxas internacionais de juros a níveis jamais observados. Como se pode notar no Gráfico 25.1, a *prime rate* (taxa de juros do mercado financeiro de Nova Iorque) quase atingiu a barreira dos 20%, em 1981. A *libor* (taxa de juros no mercado financeiro de Londres), embora em menor escala, também registrou tendência de forte alta em 1980.

GRÁFICO 25.1

Taxas de juros internacionais: final de período

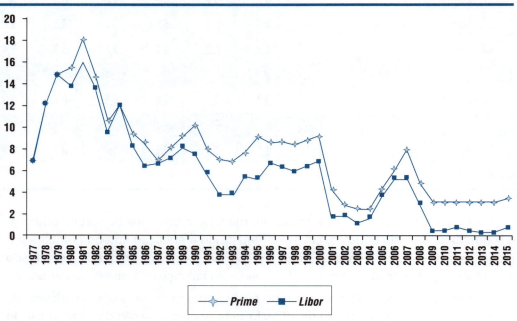

Fonte: Banco Central.

Esse quadro internacional conduziu a economia brasileira a uma situação extremamente complicada em termos de balanço de pagamentos. A elevação das taxas de juros nos Estados Unidos, de um lado, aumentava a necessidade de divisas para o Brasil e, de outro, reduzia a disponibilidade de recursos para os países devedores, na medida em que grande parte desses recursos passava a ser desviada para a economia americana.

Essa redução do fluxo de empréstimos dirigidos à economia brasileira, aliada ao crescimento do serviço da dívida (devido à elevação das taxas de juros), estrangulou as contas externas do país com o surgimento de défices expressivos no balanço de transações correntes (US$ 10,8 bilhões, em 1980) e no balanço de pagamentos (US$ 3,5 bilhões), acarretando, consequentemente, na redução do nível de reservas (Tabela 25.7).

TABELA 25.7

Brasil: balanço de pagamentos (1980/1984) – US$ bilhões

Discriminação	1980	1981	1982	1983	1984
1. Balança comercial					
1.1. Exportações	20,1	23,3	20,1	21,9	27,0
1.2. Importações	-23,0	-22,1	-19,4	15,4	-13,9
1.3. Saldo	-2,9	1,2	0,7	6,5	13,1
2. Conta de serviços e rendas					
2.1. Juros	-9,2	-11,3	-9,6	-10,2	-9,2
2.2. Outros serviços	-3,9	-5,7	-3,8	-3,0	-3,9
2.3. Saldo	-3,1	-17,0	-13,4	-13,2	-13,1
3. Transferências unilaterais correntes					
3.1. Saldo	0	0,2	0	0,1	0,2
4. Balança de transações correntes (1) + (2) + (3)					
4.1. Saldo	-11,7	-16,3	-6,8	0,1	-11,7
5. Conta de capital e financeira					
5.1. Investimentos	2,2	1,7	1,1	0,3	0,2
5.2. Empréstimos/amortizações	5,5	11,9	9,4	2,6	7,8
5.3. Saldo	7,7	13,6	10,5	2,9	8
6. Erros e omissões					
6.1. Saldo	-0,2	-0,1	0,0	0,0	-0,1
7. Superávit (+) ou défice (−)					
7.1. Saldo	-5,5	1,8	-5,8	-3,9	8,0

Fonte: Banco Central.

Ficava evidenciado que o ajustamento da economia brasileira, para se adaptar a uma menor disponibilidade de recursos externos, era inevitável. Esse processo de ajustamento, que se iniciou em 1981, não prosseguiu em 1982 devido à realização de eleições no país. Como consequência, os recursos internacionais praticamente se exauriram e o Brasil recorreu ao FMI.

25.4.3.1 O papel e a estratégia do FMI

O Brasil, como qualquer outro sócio do FMI, pode recorrer a esse órgão para pleitear recursos ao registrar problemas no balanço de pagamentos, derivados de alterações desfavoráveis nas relações de troca. Na realidade, o FMI foi criado exatamente para socorrer países nesses momentos. Entretanto, a liberação dos recursos fica condicionada à adoção de uma política econômica negociada com o Fundo, que leve à superação das restrições de ordem externa.

Vale lembrar, no entanto, que os recursos do FMI não são suficientes para cobrir as necessidades de financiamento do balanço de pagamentos. Na realidade, o Fundo funcionaria como um "avalista" para a concessão de dinheiro novo pelos bancos privados. O acerto do Brasil com o FMI era uma garantia para os bancos de que a economia brasileira realizaria seu processo de ajustamento e teria condições de arcar com os compromissos assumidos.

De acordo com esse ponto de vista, pode-se perceber que a política do FMI, exclusivamente em termos do setor externo, buscava eliminar o défice do balanço de transações correntes. Isso significa que o país deveria reunir condições de pagar integralmente os juros da dívida, sem precisar de "dinheiro novo".

Como já foi citado, grande parte do défice em conta-corrente da economia brasileira é determinada pelos juros da dívida externa. Uma vez que a taxa internacional de juros independe da política doméstica, todo o processo de ajustamento é dirigido para obter superávits comerciais (estímulo às exportações e/ou redução das importações).

O estímulo às exportações concentrou-se em dois pontos básicos. Em primeiro lugar, o governo promoveu uma nova maxidesvalorização do cruzeiro (fevereiro de 1983) e, ao contrário do erro cometido em 1980, manteve os efeitos indutores da exportação, definindo uma regra por meio da qual o câmbio passaria a se desvalorizar na mesma proporção da inflação interna, sem descontar nem mesmo a inflação externa, como determina a teoria da paridade do poder de compra. Em segundo lugar, a redução dos salários reais (por meio de vários decretos-leis que estipulavam reajustes inferiores ao crescimento dos preços) contribuiu, de um lado, para contrair a demanda e gerar maiores excedentes de exportação e, de outro, para reduzir os custos de produção, o que ficou evidenciado pelo substancial crescimento da relação câmbio/salários.

É importante observar, no entanto, que essas alterações não foram suficientes para concentrar o ajustamento exclusivamente nas exportações, dado o reduzido crescimento dos países industrializados e o elevado grau de protecionismo que caracterizou o mercado internacional no período. Isso fez com que a maior parcela da estratégia de ajustamento recaísse sobre a contenção das importações. Para isso, além da maxidesvalorização (que aumentou, em cruzeiros, os preços dos bens importados), promoveu-se uma forte redução das importações, via restrições não tarifárias, por meio da extinta Carteira de Comércio Exterior (Cacex) – com retenção de guias de importação – e ainda pela contração da demanda interna. E, para impor essa redução de demanda, apesar da perda de salário real, as políticas fiscal e monetária também foram acionadas. A primeira encarregou-se de reduzir a renda disponível da sociedade com a elevação da carga tributária, e a segunda conduziu os juros reais a níveis elevados, desestimulando o consumo e o investimento.

25.4.3.2 Os resultados

Após a execução dessa política, foi possível observar dois conjuntos de resultados completamente opostos. No que tange ao setor externo, o país saiu de um défice de US$ 2,9 bilhões na balança comercial, em 1980, para um saldo positivo de US$ 6,5 bilhões, em 1983, e US$ 13,1 bilhões, em 1984.

Para essa situação, a contribuição das importações foi espetacular: de US$ 23 bilhões, em 1980, as compras externas caíram para US$ 15,4 bilhões, em 1983, e US$ 13,9 bilhões, em 1984. O balanço de transações correntes reduziu seu défice de US$ 10,8 bilhões, em 1980, para US$ 6,8 bilhões, em 1983, e já no ano seguinte, encontrava-se superavitário.

No entanto, se os resultados foram amplamente favoráveis ao setor externo, no interno, o país assistia a uma forte queda na produção de bens e serviços. A redução da demanda agregada fez com que, em 1983, relativamente a 1980, o PIB *per capita* do Brasil se reduzisse em mais de 10% e o nível de emprego na indústria de São Paulo caísse cerca de 20%. Considerando a taxa de crescimento da população brasileira (a taxa anual é de 1,3% ao ano), pode-se ter uma visão do que efetivamente ocorreu com o nível de desemprego, colocando em risco a própria estabilidade social do país.

25.4.4 Retomada do crescimento (1984/1985)

Concluído o processo de ajustamento, o país encontrava-se com as contas externas praticamente equilibradas e com elevado grau de ociosidade, gerado exatamente pelo processo recessivo. A significativa expansão da economia americana, que se verificou em 1984, resultou em uma importante expansão da demanda por produtos brasileiros, criando, assim, condições para a retomada do crescimento.

Dessa forma, o país voltava a crescer por meio da demanda externa, que, pelos seus efeitos multiplicadores sobre a economia, permitiu a expansão do emprego, dos salários e, consequentemente, do mercado interno. Essa retomada do crescimento dava-se em condições extremamente favoráveis:

a) o superávit comercial ultrapassava a casa dos US$ 13 bilhões (1984);

b) o coeficiente de exportação da indústria (exportação/valor adicionado) passava de 14%, em 1980, para 28%, em 1984;

c) o coeficiente de importação na indústria, (importação/valor adicionado), que era de 12%, em 1979/1980, reduziu-se para 7%, em 1984, mostrando que o país estava concluindo o processo de substituição de importações que se havia iniciado na década de 1970;

d) o nível de reservas internacionais cresceu rapidamente (US$ 12 bilhões, em 1984, contra US$ 4 bilhões, em 1982).

Em 1985, apesar da existência de capacidade ociosa, ainda havia condições de se manter a expansão do produto, sem comprometer o equilíbrio em transações correntes. Vale lembrar, no entanto, que a capacidade de crescimento do país ficaria limitada à medida que novos investimentos se fizessem necessários. Isso porque superávits expressivos representavam uma parcela significativa de recursos remetidos ao exterior, criando dificuldades de financiamento para os investimentos internos.

25.4.5 O Plano Cruzado, o "consumo" das reservas e a moratória

Uma avaliação do desempenho da economia brasileira, desde a implantação do Plano Cruzado (fevereiro de 1986) até o chamado Plano Cruzado II (novembro de 1986), mostra que as principais variáveis relativas ao setor externo se comportaram de forma extremamente contrária à observada no período 1981/1983. Em termos de nível de salários, verificou-se uma forte ampliação nos ganhos reais da mão de obra, com o salário real médio na indústria paulista crescendo 14% em 1986, e a massa real de salários, 25%. A renda disponível elevou-se pela redução do imposto de renda na fonte, bem como pelos subsídios dados aos mutuários do Sistema Financeiro da Habitação, em julho de 1985.

Além disso, o processo de monetização da economia (expansão da oferta monetária) reduziu significativamente as taxas de juros, que chegaram a ser negativas, uma vez que a inflação medida se encontrava aquém do crescimento efetivo dos preços. O consumo foi estimulado, o mesmo acontecendo com o investimento e, por consequência, com a demanda agregada. No entanto, o congelamento do câmbio, aliado à existência de inflação interna e aumento de salários, reduziu o poder de competição das exportações brasileiras.

À medida que os instrumentos de política econômica foram conduzidos de forma contrária, os resultados também se inverteram: a) em relação às importações, a pressão da demanda interna, aliada ao "sonho" do governo de manter a inflação igual a zero, gerou uma forte pressão sobre as compras externas, principalmente na área de bens de consumo não duráveis; tais pressões só não foram ainda maiores devido aos baixos preços do petróleo no período; e b) com relação às exportações, a forte expansão da demanda interna, aliada à política cambial, fez com que sofressem quedas sensíveis a partir do último trimestre de 1986. Como consequência, o saldo comercial, que, durante vários meses, situou-se na casa de US$ 1 bilhão, caiu a níveis irrisórios (US$ 156 milhões) no final daquele ano.

Assim, o nível de reservas começou a reduzir-se rapidamente, obrigando o país a suspender o pagamento dos serviços da dívida no início de 1987. É importante lembrar, no entanto, que, ao contrário do ocorrido no período 1981/1983, quando o estrangulamento foi motivado por fatores de ordem externa, em 1986/1987, a escassez cambial foi gerada exclusivamente por questões de política doméstica. Na verdade, nesse último período, as condições externas mostraram-se extremamente favoráveis ao Brasil, com taxas de juros internacionais em níveis reduzidos e preço do petróleo em queda.

25.4.6 O Plano Bresser

Mesmo com a decretação da moratória, as reservas internacionais do país continuaram caindo em função do reduzido saldo da balança comercial e pelo fato de o Brasil continuar pagando os juros devidos aos órgãos oficiais (FMI, Banco Mundial, Clube de Paris etc.). Essa situação começou a ser alterada com a mudança ocorrida na condução da política econômica. Assim que assumiu o comando do Ministério da Fazenda, o ministro Bresser Pereira promoveu uma mididesvalorização do cruzado (8,5%) e mostrou intenção de retomar a negociação externa. Para isso, faziam-se necessários recuperar os saldos comerciais e corrigir os desajustes provocados pelo Plano Cruzado.

Em termos gerais, a estratégia era semelhante à adotada no início da década de 1980: aumentar a rentabilidade da exportação (por meio do câmbio) e reduzir a demanda interna. Ocorre, porém, que a redução da demanda interna esbarrava na presença do "gatilho" salarial implantado pelo Plano Cruzado I. É bem verdade que a escala móvel de 20% não garantia a manutenção do poder de compra dos salários, principalmente em períodos de aceleração inflacionária. No entanto, a partir de certo ponto, perdas salariais adicionais só ocorriam com taxas de inflação superiores a 20% ao mês. E era exatamente isso o que estava acontecendo na implantação do chamado Plano Bresser (junho de 1987), o que veio a dar mais liberdade para concluir o ajustamento externo.

Em termos de taxa cambial, foi decretada nova mididesvalorização (9,5%) e, apesar do congelamento de preços e salários, o câmbio continuou sendo desvalorizado diariamente, evitando, com isso, a repetição das distorções provocadas pelo Plano Cruzado. Os instrumentos de redução da demanda interna também foram adicionados: a extinção do "gatilho" e o congelamento dos salários em níveis mais reduzidos garantiam um maior controle sobre a procura interna; e a política monetária foi conduzida de forma a manter taxas reais de juros fortemente positivas.

Dentro desse quadro, os saldos comerciais voltaram a se expandir a partir de meados de 1987 (em junho, o superávit na Balança Comercial foi de US$ 1,4 bilhão), criando as condições necessárias para a renegociação com os credores externos e a suspensão da moratória brasileira.

25.4.7 A gestão Maílson da Nóbrega

Maílson da Nóbrega assumiu o Ministério da Fazenda com a intenção de adotar uma política econômica ortodoxa, que ficou conhecida como "política do feijão com arroz". Do ponto de vista externo, manteve a estratégia do Plano Bresser, e os resultados foram extremamente favoráveis: em 1988, o saldo comercial registrou US$ 19,2 bilhões e o superávit na balança de pagamentos foi de US$ 5,3 bilhões, conforme Tabela 25.8.

TABELA 25.8

Brasil: balanço de pagamentos (1985/1990) – US$ bilhões

Discriminação	1985	1986	1987	1988	1989	1990
1. Balança comercial						
1.1. Exportações	25,6	22,3	26,2	33,8	34,4	31,4
1.2. Importações	-13,1	-14,0	-15,0	-14,6	-18,3	-20,7
1.3. Saldo	12,5	8,3	11,2	19,2	16,1	10,7
2. Conta de serviços e rendas						
2.1. Juros	-9,6	-9,3	-8,8	-9,8	-9,6	-9,7
2.2. Outros serviços	-3,3	-4,4	-3,9	-5,3	-5,7	-5,6
2.3. Saldo	-12,9	-13,7	-12,7	-15,1	-15,3	-15,3
3. Transferências unilaterais correntes						
3.1. Saldo	0,1	0,1	0,1	0,1	0,2	0,8
4. Balança de transações correntes (1) + (2) + (3)						
4.1. Saldo	-0,3	-5,3	-1,4	4,2	1,0	-3,8
5. Conta de capital e financeira						
5.1. Investimentos	0,1	-0,4	0,1	0,0	-0,3	0,3
5.2. Empréstimos/amortizações	1,5	-5,5	-7,9	-9,8	-9,3	-0,7
5.3. Saldo	1,6	-5,9	-7,8	-9,8	-9,6	-0,4
6. Erros e omissões						
6.1. Saldo	0,1	0,0	-0,1	0,0	0,0	0,0
7. Superávit (+) ou défice (−)						
7.1. Saldo	1,4	-11,2	-9,3	-5,6	-8,6	-4,2

Fonte: Banco Central.

Essa política, no entanto, foi alterada no início de 1989 com a implantação do Plano Verão. Na verdade, a aceleração inflacionária verificada no final do ano anterior e as frustradas tentativas de se chegar a um pacto social levaram o governo a adotar o congelamento de preços, salários e câmbio. Esse plano alterou o crescimento do setor externo do país.

Em um primeiro momento, as elevadas taxas de juros vigentes no mercado interno, aliadas à expectativa de manutenção do congelamento do câmbio, induziram a uma antecipação das exportações, mantendo favorável a situação da balança comercial. O decorrer do ano, no entanto, encarregou-se de mudar fortemente esse quadro. O fracasso do Plano gerou nova aceleração inflacionária, a qual, por sua vez, impôs reduções no valor real do câmbio, comprometendo novamente o saldo comercial. É verdade que a taxa de câmbio vinha sendo reajustada pela inflação oficial (o Índice de Preços ao Consumidor — IPC). Ocorre, porém, que o IPC refletia uma inflação "atrasada", o que deteriorou o câmbio devido à aceleração. O IPC de novembro de 1989, por exemplo, refletia a variação média dos preços entre 15 de outubro e 15 de novembro, estando, portanto, "centrado" no dia 30 de outubro. Assim, com a aceleração do processo inflacionário, o câmbio passou a caminhar "por baixo" da inflação, não refletindo efetivamente os custos de produção.

Como consequência, as exportações foram desestimuladas e as importações, aquecidas, quadro que foi reforçado pela expectativa de uma eventual maxidesvalorização do (então) cruzado. A deterioração do saldo levou o país a suspender os pagamentos dos juros da dívida externa a partir de setembro de 1989. Além disso, vale observar que a tentativa de manter um nível razoável de reservas era importante para dar algum grau de liberdade para o novo governo e, principalmente, evitar a eclosão de um processo hiperinflacionário.

25.4.8 O governo Collor

No bojo de um amplo conjunto de reformas, o Plano Collor, lançado em março de 1990, alterou drasticamente a política cambial do país, com a adoção do sistema de câmbio flutuante. Nesse sistema, a taxa de câmbio seria formada pela interação entre a oferta e a demanda de divisas.

É importante lembrar, porém, que o novo sistema não representava a completa liberalização do câmbio, na medida em que apenas os agentes autorizados a operar com divisas podiam participar do mercado. Além disso, o Banco Central podia atuar no mercado comprando ou vendendo moeda estrangeira, isto é, em um sistema de "flutuação suja" da taxa de câmbio.

A introdução da flutuação, em um quadro de grande aperto de liquidez, valorizou a taxa de câmbio: na abertura do mercado, logo após o Plano, o dólar foi cotado a Cr$ 37,00 contra Cr$ 42,00, no último dia do governo Sarney. Em um primeiro momento, essa valorização não trouxe dificuldades às exportações, na medida em que a crise de liquidez obrigou os exportadores a fecharem suas operações para fazer "caixa" em cruzeiros.

A partir de setembro, no entanto, quando o saldo da balança comercial começou a registrar rápida deterioração, o Banco Central interveio fortemente no mercado para não criar dificuldades de longo prazo ao setor exportador. Com isso, até o final do ano, o cruzeiro sofreria uma desvalorização real superior a 30%.

Outra mudança importante na estratégia do governo Collor foi a política de comércio exterior, adotada em meados de 1990. De acordo com essa política, a tarifa aduaneira e a taxa cambial passariam a ser os únicos instrumentos de proteção à produção doméstica, uma vez que foram extintos os controles quantitativos. Além disso, estabeleceu-se um cronograma de redução gradual de tarifas para atingir níveis entre 0 e 40%, em 1994, e tarifa média e modal de 20% para esse mesmo ano.

Alguns segmentos da sociedade avaliaram que tal política traria impactos extremamente perversos sobre a produção doméstica, a exemplo do que havia ocorrido na Argentina e no Chile, na década de 1970. É importante observar, porém, que tal preocupação não procedia, porque:

a) esses países mantiveram taxas de câmbio fixas durante o período de abertura, usando o câmbio como instrumento de combate à inflação;

b) havia recursos no mercado internacional para financiar os défices que surgiram nesses países como consequência dessa fixação do câmbio;

c) no Brasil, o câmbio seria flutuante, portanto, pressões de demanda de divisas elevariam o valor do câmbio, o qual, dessa forma, acabaria se constituindo na própria proteção à produção doméstica;

d) não havia recursos no mercado internacional para financiar défices na balança de pagamentos e, portanto, não se poderia esperar nenhuma "avalanche" de importações.

Os resultados do segundo semestre de 1990 mostram que as importações, até então proibidas, representaram apenas 4% do total das compras externas nesse período. E mais, no início de 1991, a balança comercial brasileira já apresentava resultados satisfatórios.

Outra questão importante a ser destacada na administração Collor é a tentativa de novo acerto para a retomada do pagamento da dívida externa. Afinal, dentro da estratégia de integração do país na economia mundial, o acerto da dívida externa era uma pré--condição. A novidade introduzida nas negociações foi, no entanto, o condicionamento do pagamento da dívida externa à geração de superávits no orçamento público. Uma vez que, como o governo era o grande devedor externo, mas não era o gerador de divisas, precisaria de cruzeiros para comprar dólares do setor privado. Se não obtivesse esses cruzeiros por meio do superávit fiscal, seria obrigado a emitir moeda, e as pressões inflacionárias seriam inevitáveis.

25.4.8.1 A gestão Marcílio Marques Moreira

O fracasso do Plano Collor levou a uma nova aceleração dos preços, com a inflação, em fevereiro de 1991, atingindo 21% ao mês. A nova tentativa de estabilização da inflação com o Plano Collor II também não foi favorável. Como consequência, houve nova troca no comando da economia.

O novo ministro, o embaixador Marcílio Marques Moreira, enfrentaria dois grandes desafios: acertar o acordo da dívida externa (que envolvia FMI, Clube de Paris e bancos privados estrangeiros) e controlar o processo inflacionário que estava em ritmo claro de aceleração.

As restrições impostas pela Constituição à execução da política fiscal (como já se viu, ao criar um excesso de vinculações das despesas públicas, a Constituição de 1988 "engessou" a política fiscal) obrigaram o governo a concentrar a condução da economia na política cambial e monetária. Na área cambial, o governo praticamente "colou" a variação cambial à inflação interna, e, na área monetária, promoveu substancial elevação das taxas reais de juros.

Essa estratégia vigorou durante toda a gestão do ministro Marcílio Marques Moreira. As consequências dessa prática foram muito favoráveis ao setor externo da economia brasileira: o superávit comercial ampliou-se e, atraídos pela alta taxa de juros, os recursos externos fluíram para a economia brasileira, permitindo um substancial aumento das reservas internacionais, que passaram de US$ 8,8 bilhões, em abril de 1991, para US$ 23,7 bilhões, em dezembro de 1992.

25.4.9 O Plano Real

25.4.9.1 A primeira fase (1994/1998)

Embora o Plano Real tivesse como principal objetivo combater a inflação, ele gerou a mudança mais drástica do setor externo da economia brasileira das últimas décadas. O "peso" dado ao setor externo como componente do programa de estabilização foi, em grande parte, responsável por essa forte mudança, naquela que se poderia chamar da primeira fase do Plano Real, que vai desde a sua implantação (julho de 1994) até a sua brusca desvalorização de janeiro de 1999. Ao mesmo tempo, essa estratégia foi responsável pela maior vulnerabilidade da economia a choques externos, o que acabou obrigando o governo a mudar a política a partir do início de 1999.

A abertura comercial, que havia se iniciado em 1990, foi a grande "marca" do Plano Real. Conjugando um processo de redução de alíquotas de importações (inclusive com antecipação das reduções que foram definidas no âmbito do Mercosul) com apreciação cambial, a estratégia de estabilização foi extremamente dependente do setor externo. Não somente as importações desempenharam diretamente um papel importante no aumento da oferta, como também limitaram os aumentos de preços, mesmo que as importações não fossem efetuadas. O simples potencial de importação tirou o "espaço de manobra" das empresas para a elevação dos preços no mercado doméstico.

Os impactos dessa estratégia sobre o setor externo podem ser analisados na sua primeira fase a partir de quatro períodos distintos. O primeiro, que vai desde a implantação do Plano (julho de 1994) até março de 1995, é caracterizado por forte pressão de demanda interna e substancial aumento das importações. Houve aquecimento da demanda da economia, porque a redução da inflação favoreceu as camadas de menor poder aquisitivo (que não tinham como se proteger no período de inflação elevada), e também pela volta do crediário, viabilizado pela redução da inflação.

Grande parte desse aumento de demanda foi desviada para as importações, não apenas por meio dos bens de consumo, mas também dos bens intermediários e de capital. Na realidade, a redução dos impostos de importação e a apreciação cambial tornavam os produtos importados extremamente baratos em reais. A própria preocupação empresarial em reduzir custos para enfrentar a concorrência externa levou à utilização crescente de insumos importados e aquisição de bens de capital no exterior, principalmente pela necessidade de modernização.

Os reflexos dessa nova situação sobre a balança comercial foram imediatos: no primeiro ano do real (julho de 1994 a junho de 1995), as importações cresceram mais de 70% em relação aos 12 meses anteriores (no mesmo período, as exportações cresceram 20%), e os défices comerciais já começavam a surgir a partir de novembro de 1994 (US$ 409 milhões).

É importante destacar que a situação deficitária da balança comercial não causava maiores preocupações à equipe econômica do governo, uma vez que fazia parte da estratégia do Plano utilizar, de forma crescente, a poupança externa para financiar o investimento interno. E isso somente ocorria por meio de défices no balanço de transações correntes.

Essa política, de certa forma, era baseada nos programas de estabilização do México e da Argentina, os quais tiveram sucesso no controle da inflação, ao mesmo tempo que registraram défices crescentes nas respectivas contas-correntes. O México, inclusive, chegou a registrar défices em conta corrente de quase 10% do PIB (no Brasil, esse percentual encontrava-se na casa dos 3%).

No final de 1994 e início de 1995, um novo fato internacional provocou alterações nesse quadro e colocou em risco o próprio Plano Real. O elevado défice em conta-corrente registrado pelo México levou a uma forte fuga de capitais daquele país. Devido à preocupação de que o défice mexicano não poderia se sustentar por um período muito longo e de que a mudança na política cambial seria inevitável (a desvalorização cambial imporia perdas aos proprietários de ativos em moeda mexicana), o capital financeiro antecipou-se e, em apenas dois meses, as reservas internacionais do México caíram a níveis irrisórios.

Esse fato trouxe à tona vários tipos de questionamento em relação à estratégia de estabilização adotada pelo Brasil, Argentina e México. Em primeiro lugar, ficava claro que um volume de reservas baseado em capitais de curto prazo tornava o país extremamente vulnerável às decisões dos investidores financeiros externos. Em segundo, sinalizava claramente que a absorção de poupança externa (ou seja, o défice em conta-corrente) tinha limites próximos a 2% do PIB. E, em terceiro, o risco de ataques especulativos à moeda doméstica sempre estaria presente se não houvesse forte confiabilidade no sistema.

As perspectivas de ataques especulativos à moeda brasileira obrigaram o governo a alterar os rumos do Plano Real, entrando no que se poderia chamar de segundo período da primeira fase do programa de estabilização. As mudanças ocorreram basicamente em duas frentes: de um lado, por meio da opção pela política de bandas cambiais (que era uma forma de sinalizar que o país não manteria fixa a paridade cambial, como a Argentina fazia) e desvalorização cambial (embora não oficial), acompanhando o aumento dos preços por atacado e mostrando ao mercado que o câmbio não continuaria sua trajetória de apreciação; de outro lado, pela utilização de instrumentos que permitissem reduzir o nível de atividade da economia para diminuir as pressões sobre as importações. Para isso, o governo adotou uma série de medidas na área monetária (aumento significativo dos depósitos compulsórios, limitação de prazos de financiamento, aumento de juros etc.), cujo resultado final foi uma forte contração de crédito e um aumento substancial do custo do dinheiro (em abril de 1995, a taxa de juros para desconto de duplicatas chegava a 7% ao mês, para uma inflação mensal de cerca de 1%).

Esse segundo período, que se iniciou em maio de 1995, foi caracterizado por uma forte contração do nível de atividade: de acordo com dados da Federação da Indústria de São Paulo (Fiesp), em apenas seis meses, a atividade industrial paulista registrava uma queda de 14%. Os impactos da recessão se fizeram sentir na balança comercial que, a partir de julho de 1995, mostrava equilíbrio, e, em agosto, já registrava superávit de US$ 328 milhões.

Além da melhora na posição da balança comercial, a situação externa brasileira foi favorecida por uma significativa entrada de capitais financeiros, atraídos por um diferencial extremamente alto entre as taxas de juros interna e externa. Embora grande parte desse capital fosse constituída de recursos de curto prazo, dadas as condições internacionais de liquidez e a necessidade de elevar o nível de reservas para superar essa fase de transição, não havia como "exigir" a permanência desse capital por um período mais longo. Com isso, as reservas internacionais do país passaram a se elevar continuamente e, no final de 1995, já atingiam US$ 51,5 bilhões.

Superadas essas dificuldades, o Plano Real entrou no seu terceiro período (a partir do final de 1995), no qual o Ministério da Fazenda passou gradualmente a flexibilizar a política monetária, com a ampliação dos prazos de financiamento, redução suave dos depósitos compulsórios e redução, também suave, das taxas de juros. As consequências foram as esperadas: o nível de atividade voltou a se expandir e a balança comercial voltou a apresentar défice em março de 1996 (US$ 464 milhões). É importante destacar que, conforme a recuperação da atividade concentrou-se fortemente na expansão da produção de bens de consumo durável (basicamente devido à ampliação do crédito), as pressões sobre a balança comercial foram inevitáveis, uma vez que esses segmentos são fortemente importadores de componentes, notadamente na área eletroeletrônica pela Zona Franca de Manaus.

Nesse terceiro período, a estabilização e o capital financeiro no país ampliavam o seu prazo de permanência. Em meados de 1996, as empresas brasileiras já conseguiam captar recursos no exterior com prazo de oito a dez anos, eliminando, assim, temporariamente, o risco de uma fuga de capitais e consequente esvaziamento do nível de reservas.

Esse quadro de calmaria prevaleceu até o segundo semestre de 1997, com o desenrolar da crise asiática. É o início do quarto e último período dessa fase. O expressivo fluxo de capitais financeiros que havia "invadido" vários países da Ásia após a liberalização dos mercados financeiros locais, levaria à apreciação das moedas de vários países do continente. A rápida fuga de capitais da região levou a um autêntico "efeito dominó", atingindo a Tailândia, Coreia, Malásia, entre outros.

A crise asiática levou a um processo inicial de saída de capitais do Brasil: de um lado, recursos deixaram o país para cobrir posições na Ásia, e, de outro, em um clima de incerteza, o risco do Brasil aumentou, até mesmo pela elevada dependência em relação ao fluxo internacional de capitais. Para reverter essa situação, o governo adotou duas novas medidas: a primeira foi na área monetária, com forte elevação (novamente) das taxas de juros, e a segunda, na área fiscal, com a adoção do chamado "pacote 51". Com 51 medidas contidas nesse pacote, o governo prometia uma substancial melhora nas contas do setor público, dado que a prática de juros elevados por períodos mais longos estava levando a uma expansão muito rápida da dívida pública e começava a criar desconfiança no investidor financeiro externo.

Essas duas medidas foram suficientes para reverter a saída de capitais financeiros no Brasil, e, a partir do final de 1997, as reservas internacionais voltaram a subir, o que ocorreu até a crise da Rússia, em agosto de 1998. A partir dessa data, a fraqueza da economia brasileira a choques externos ficou evidenciada.

Para enfrentar a crise russa, a estratégia utilizada pela equipe econômica foi a mesma das anteriores: elevação significativa da taxa de juros, a qual, dessa vez, entretanto, não conseguiu evitar que os capitais financeiros continuassem saindo diariamente do país. Embora essa situação possa ser explicada pelo fato de a crise russa, ao contrário das anteriores, ter sido acompanhada de moratória (criando forte insegurança no mercado internacional), não se pode deixar de atribuir à deterioração do quadro fiscal no Brasil uma parcela expressiva da responsabilidade sobre a fuga dos capitais.

O Brasil voltava a recorrer ao FMI (dezembro de 1998) e, internamente, o quadro era agravado com a troca de comando do Banco Central, que levou a uma tentativa de mudança da política cambial com maior abertura da banda. A exemplo do que ocorrera no México, a estratégia foi desastrosa. Um governo, que há vários anos defendeu com rigor a manutenção da política cambial, deixava um sinal claro de que a situação havia se descontrolado de maneira significativa ao alterar o "tamanho" da banda. A reação dos agentes foi muito clara: se a situação é tão grave, uma simples ampliação de banda não seria suficiente para reverter o quadro, e o governo teria, em um segundo momento, de promover nova desvalorização cambial. Como resultado, o capital continuava saindo do país, a cotação do dólar foi imediatamente para o teto da banda, o presidente do Banco Central foi demitido e a livre flutuação cambial foi adotada, não por alternativa, mas por falta dela. Estava encerrada a primeira fase do Plano Real, e o Brasil utilizava os recursos do FMI como alternativa até obter um novo ajuste externo.

25.4.9.2 A segunda fase (1999/2002)

A segunda fase do Plano Real registrou mudança significativa no *mix* de política econômica no Brasil. Com a adoção do câmbio livre, a exemplo do que ocorrera no México e nos países da Ásia, os movimentos iniciais do câmbio levaram a uma superdesvalorização do real (no que se convencionou chamar de *overshooting*), com o dólar saindo da casa de $ 1,32 para atingir $ 2,06. No entanto, como ocorre em mercados livres, o dólar passou a apresentar alta volatilidade, com elevação em períodos de vencimentos de obrigações externas e recuo em períodos em que as obrigações eram pequenas ou não existiam.

Essa situação levou o governo a entrar mais diretamente no mercado cambial, a partir de novembro de 1999, com o objetivo de reduzir a volatilidade. Desde então, embora ainda representando intervalos de variação, as flutuações do câmbio passaram a ser menos pronunciadas.

Analisando mais de perto o crescimento do setor externo, em 1999, chama a atenção o fraco desempenho da balança comercial, o que não seria de se esperar tendo em vista a desvalorização cambial e as medidas restritivas que acompanharam a desvalorização (na área fiscal, ocorreu redução de gastos públicos e aumento de tributos e, na área monetária, forte elevação das taxas de juros, que chegaram a 42% ao ano, no início de 1999). Em 1982/1984, no primeiro ano, a balança comercial passou de US$ 0,7 bilhão para US$ 6,5 bilhões, e, no ano seguinte, para US$ 13,1 bilhões de superávit.

Nos últimos anos, o défice comercial saiu de US$ 6,4 bilhões, em 1998, para um superávit de US$ 2,6 bilhões, em 2001. É possível identificar pelo menos cinco fatores para explicar esse quadro: a) a forte queda dos preços de *commodities* que o Brasil exporta; b) a recessão que tomou conta da Ásia a partir do último quadrimestre de 1997; c) a recessão da Argentina, causada, em parte, pela própria desvalorização cambial brasileira; d) as pressões para redução de preços em dólares por parte dos importadores, gerando deterioração nas relações de troca (vale observar que, depois de desvalorizar, a Coreia e a Tailândia também registraram redução no volume das exportações — de 3 e 7%, respectivamente) e e) as mudanças estruturais que ocorreram na economia brasileira, nos últimos anos, passando o processo produtivo a ser mais intensivo na importação, até mesmo como forma de tornar o parque industrial mais competitivo.

Um resumo dos resultados do Plano Real na área externa pode ser observado na Tabela 25.9, na qual são apresentados os dados relativos ao balanço de pagamentos nos anos 1990.

TABELA 25.9

Brasil: balanço de pagamentos (1990/2002) – US$ bilhões

Discriminação	1990	1991	1992	1993	1994	1995	1996	1997	1998	1999	2000	2001	2002
1. Conta de serviços e rendas													
1.1. Exportações	31,4	31,6	35,9	38,6	43,6	46,5	47,7	53,0	51,1	48,0	55,1	58,2	60,4
1.2. Importações	20,7	21,0	20,6	25,7	33,1	49,7	53,3	61,3	57,5	49,2	55,7	55,6	47,2
1.3. Saldo	10,7	10,6	15,3	12,9	10,5	-3,2	-5,6	-8,3	-6,4	-1,2	-0,6	2,6	13,1
2. Conta de serviços e rendas													
2.1. Juros	-9,8	-8,6	-7,3	-8,3	-6,4	-8,2	-8,8	-9,5	-11,4	-14,9	-14,7	-14,9	-13,1
2.2. Lucros e dividendos	-1,6	-0,7	-0,6	-1,8	-2,5	-2,6	-2,8	-5,4	-6,9	-4,1	-3,3	-5,0	-5,2
2.3. Outros serviços	-3,9	-4,2	-3,7	-5,6	-5,8	-7,8	-8,8	-11,0	-10,0	-6,8	-7,5	-7,6	-4,9
2.4. Saldo	-15,3	-13,5	-11,6	-15,6	-14,7	-18,6	-20,4	-25,9	-28,3	-25,8	-25,5	-27,5	-23,2
3. Transferências unilaterais correntes													
3.1. Saldo	0,8	1,6	2,4	1,7	2,6	4,0	2,4	1,8	1,5	1,7	1,5	1,6	2,4
4. Balanço de transações correntes (1) + (2) + (3)													
4.1. Saldo	-3,8	-1,3	6,1	-1,0	-1,6	-17,9	-23,6	-32,4	-33,2	-25,3	-24,6	-23,2	-7,7
5. Conta capital e financeira													
5.1. Investimentos	0,3	0,1	1,6	0,7	1,9	4,3	10,8	19,0	28,9	28,6	32,8	22,6	16,6
5.2. Empréstimos/ amortizações	-0,7	4,0	3,2	11,8	12,4	25,1	23,2	6,8	0,8	-11,2	-13,4	4,3	-7,7
5.3. Saldo	-0,4	4,1	4,8	12,5	14,3	29,4	34,0	25,8	29,7	17,4	19,4	26,9	8,9
6. Erros e omissões													
6.1. Saldo	0,0	-0,1	0,0	0,4	0,2	1,9	1,0	-1,2	-0,1	0,1	2,9	-0,4	-1,2
7. Superávit (+) ou défice (−)													
7.1. Saldo	-4,2	2,7	10,9	11,9	12,9	13,5	11,4	-7,8	-3,6	-7,8	-2,3	3,3	0,3
Reservas internacionais	10,0	9,4	23,8	32,2	38,8	51,9	60,1	52,1	44,6	36,3	33,0	35,9	37,8
Dívida externa bruta	123,5	123,9	135,9	145,8	148,3	159,2	179,5	200,0	223,7	225,9	216,9	211,7	210,7

Fonte: Banco Central.

Na Tabela 25.9, pode-se destacar uma série de pontos:

- o espetacular salto dado pelas importações que mudaram de US$ 25,7 bilhões, em 1993, para US$ 61,3 bilhões, em 1997, e US$ 47,2 bilhões, em 2002;
- apesar da política cambial adotada até 1998, as exportações também cresceram, passando de US$ 38,8 bilhões, em 1993, para US$ 53 bilhões, em 1997, atingindo US$ 60,4 bilhões, em 2002;
- o volume crescente de empréstimos, tendo a dívida externa bruta saído de US$ 145,8 bilhões, em 1993, para US$ 210,7 bilhões, em 2002;
- o volume de investimentos diretos saltou de US$ 6,3 bilhões, em 1993, para US$ 16,6 bilhões, em 2002, depois de atingir US$ 32,8 bilhões, em 2000; embora parte desses recursos tenha entrado no país pela privatização, não há a menor dúvida de que o país passou a ser mais atrativo ao capital estrangeiro, mesmo com a queda registrada em 2001 e 2002;
- o excepcional crescimento do défice em conta-corrente, que saiu de US$ 1 bilhão, em 1993, para US$ 23,2 bilhões, em 2001, depois de ter atingido US$ 33,4 bilhões, em 1998; em 2002, já houve forte redução do défice para US$ 7,7 bilhões.

Particularmente, em relação a esse último aspecto, vale destacar que, com isso, o país conseguiu absorver maior poupança do resto do mundo, mas criou uma elevada dependência do fluxo de capitais externos, tornando a economia brasileira mais vulnerável às oscilações do mercado financeiro internacional.

25.4.9.3 O governo Lula

Apesar das fortes críticas do Partido dos Trabalhadores (PT) à política econômica do governo Fernando Henrique Cardoso, a realidade mostrou que, na área macroeconômica, não ocorreram mudanças na condução da política econômica no primeiro mandato. Na área externa, o câmbio continuou flutuante, e essa estratégia trouxe uma série de benefícios ao setor externo do país.

Tais benefícios podem ser identificados a partir de dois fatos: de um lado, as incertezas em relação à política econômica que seria adotada pelo governo Lula pressionaram para cima a taxa de câmbio, favorecendo o desempenho das exportações, principalmente em 2003; de outro, o crescimento da economia mundial em 2004, principalmente da China, impactou positivamente os preços dos bens que o país exporta, gerando resultados espetaculares na balança comercial nesses três anos.

Os resultados muito positivos da balança comercial favoreceram o balanço de transações correntes, que passou a registrar números positivos a partir de 2003 (Tabela 25.10).

TABELA 25.10

Brasil: balanço de pagamentos (2003/2010) – US$ bilhões

Discriminação	2003	2004	2005	2006	2007	2008	2009	2010
1. Balanço comercial								
1.1. Exportações	73,1	96,5	118,3	137,5	160,6	197,9	153,0	201,9
1.2. Importações	48,3	-62,8	-73,6	-91,4	-120,6	-173,1	-127,7	181,6
1.3. Saldo	24,8	33,7	44,7	46,1	40,0	24,8	25,3	20,3

Continua

CAPÍTULO 25 – O SETOR EXTERNO DA ECONOMIA BRASILEIRA **595**

Continuação

Discriminação	2003	2004	2005	2006	2007	2008	2009	2010
2. Balança de serviços								
2.1. Juros	-13,0	-13,4	-13,5	-11,0	-7,1	-7,2	-9,1	-9,7
2.2. Lucros e dividendos	-7,3	-12,7	-14,0	-21,2	-33,9	-25,2	-30,4	-5,6
2.3. Outros serviços	-4,9	-4,6	-7,9	-11,9	-12,3	-16,1	-18,7	-30,5
2.4. Saldo	-23,5	-25,3	-34,1	-36,9	-40,6	-57,2	-53,0	-70,6
3. Transferências unilaterais								
3.1. Saldo	2,9	3,3	3,6	4,3	4,1	4,2	3,3	2,8
4. Balança de transações correntes (1) + (2) + (3)								
4.1. Saldo	4,2	11,7	14,2	13,5	3,6	-28,3	-24,3	-47,5
5. Balança de capitais								
5.1. Investimentos	10,1	18,2	15,2	-8,5	27,6	45,1	36,0	37,0
5.2. Empréstimos/amortizações	-5,0	-25,5	-24,0	25,8	61,3	-12,2	34,9	63,1
5.3. Saldo	5,1	-7,3	-8,8	17,3	88,9	32,9	70,6	100,1
6. Erros e omissões								
6.1. Saldo	-0,8	-2,2	-1,1	0,0	0,0	-1,6	0,3	-3,5
7. Superávit (+) ou déficit (−)								
7.1. Saldo	8,5	2,2	4,3	30,8	92,5	3,0	46,7	49,1
Reservas internacionais	49,3	52,9	53,8	85,8	180,3	206,8	239,1	288,6
Dívida externa bruta	214,9	203,5	169,0	192,0	243,9	267,1	283,6	350,4

Fonte: Banco Central.

Como se pode observar, o saldo comercial brasileiro saltou de US$ 13,1 bilhões, em 2002, para US$ 46,1 bilhões, em 2006, reduzindo-se para US$ 20,3 bilhões, em 2010. E mais, o saldo em conta-corrente, que era de US$ 7,7 bilhões, em 2002, passou a registrar superávit a partir de 2003, atingindo a excepcional marca de US$ 14,2 bilhões em 2005, mas voltando a ser negativo a partir de 2008, como consequência da apreciação cambial.

Em relação ao saldo em conta-corrente, o superávit observado até 2007 mostrava menor dependência externa, o que era um fato positivo, mas, de outro, uma redução da disponibilidade de poupança para alavancar novos investimentos. Na realidade, o país, até 2007, exportou poupança.

Crise financeira internacional

A crise internacional, desencadeada a partir do sistema financeiro dos Estados Unidos, atingiu fortemente o Brasil em setembro de 2008. As exportações brasileiras foram muito afetadas pela recessão dos países industrializados e desaceleração do crescimento dos países emergentes. Além da redução do *quantum* exportado, os preços dos produtos que o Brasil exporta sofreram queda expressiva, como aliás ocorreu com os preços de praticamente todas as *commodities*. A perda de dinamismo das economias chinesa e indiana (que são fortes importadoras de matérias-primas) inverteu a tendência de crescimento de preços dos bens exportados pelo país, que havia sido observada nos anos recentes.

Além disso, a escassez de crédito internacional também impactou negativamente as exportações brasileiras, dado que parcela significativa de nossas vendas externas era realizada com adiantamento do contrato de câmbio (ACCS). Como consequência desse quadro, as exportações brasileiras no primeiro semestre de 2009 caíram 22% em relação ao mesmo período do ano anterior.

Em um primeiro momento, o fluxo de capitais dirigidos ao país também foi reduzido, com a retração do crédito internacional, a queda dos investimentos das empresas multinacionais no mundo e o crescimento da aversão ao risco, promovendo uma autêntica corrida aos títulos do tesouro dos Estados Unidos, considerados os ativos de menor risco do mundo. A taxa de câmbio sofreu significativo processo de desvalorização.

A situação, no entanto, começou a se reverter no segundo e terceiro trimestres de 2009, com a estabilização e até mesmo algum crescimento "na margem" das economias mais desenvolvidas. Assim, em um segundo momento, o quadro voltou a ficar favorável ao Brasil, na medida em que mostrou uma capacidade de retorno ao crescimento mais rápida que os demais países, tornando-se novamente foco de atração para os investimentos estrangeiros, com nova retomada do fluxo de capitais para o país. Além disso, o preço das *commodities* voltava a subir.

25.4.9.4   O governo Dilma

Ao analisar o desempenho do setor externo da economia brasileira no governo Dilma, é importante separá-lo em duas fases: o primeiro e o segundo mandato.

O primeiro mandato (2011-2014)

As mudanças na política econômica que já se mostravam presentes no final do governo Lula foram intensificadas no primeiro mandato do governo Dilma. A chamada Nova Matriz Econômica era caracterizada por um excesso de intervencionismo e "apostava" no crescimento, por meio da ampliação do consumo privado (principalmente por meio de crédito dos bancos estatais) e público (via expansão dos gastos do governo). Como seria de se esperar, esse modelo pode trazer resultados positivos no curto prazo (enquanto há capacidade ociosa), mas se esgota na medida em que os investimentos não respondem.

A situação tornar-se-ia mais grave em função de medidas adotadas com objetivos eleitoreiros. Nesse sentido, cabe destacar o represamento artificial de preços básicos da economia (energia elétrica, transportes públicos e combustíveis), a forte intervenção no mercado de câmbio para manter o real apreciado e evitar pressões inflacionárias, principalmente em 2014.

Ao mesmo tempo, as condições internacionais tornaram-se menos favoráveis na medida em que os preços das *commodities* que voltaram a crescer em 2009 reverteram essa tendência em função da desaceleração do crescimento da China. Vale lembrar que, embora a taxa de crescimento da China ainda continue muito elevada — acima de 6% ao ano —, seu ritmo de crescimento vem perdendo fôlego aos longo dos últimos anos. Com isso, a relação de trocas tornou-se menos favorável, como se pode observar na Tabela 25.11.

A conjugação de expansão da demanda interna (sem resposta da produção), deterioração dos termos de troca e apreciação artificial do câmbio contribuíram para uma nova deterioração das contas externas do país. A balança de transações correntes saiu de um défice de US$ 47,5 bilhões para US$ 104,2 bilhões em 2014, conforme se pode observar na Tabela 25.11.

TABELA 25.11
Brasil: balanço de pagamentos (2010/2014) – US$ bilhões

Discriminação	2010	2011	2012	2013	2014
1. Balança comercial					
1.1. Exportações	201,9	256,0	242,6	242,0	224,1
1.2. Importações	-181,6	226,2	223,2	239,7	230,7
1.3. Saldo	20,3	29,8	19,4	2,3	-6,6
2. Balança de serviços					
2.1. Juros	-9,7	-9,7	-11,9	-18,6	-21,3
2.2. Lucros e dividendos	-30,5	-38,2	-24,1	-26,0	-31,2
2.3. Outros serviços	-30,4	37,3	-40,5	-42,7	-47,8
2.4. Saldo	-70,6	-85,2	-76,5	-87,3	-100,3
3. Transferências unilaterais					
3.1. Saldo	2,8	2,8	2,8	3,4	2,7
4. Balança de transações correntes					
4.1. Saldo	-47,5	-52,6	-54,3	-81,6	-104,2
5. Balança de capitais					
5.1. Investimentos	37,0	66,6	68,1	67,5	70,9
5.2. Empréstimos/amortizações	63,1	45,3	4,7	6,3	29,5
5.3. Saldo	100,1	111,9	72,8	73,8	100,4
6. Erros e omissões					
6.1. Saldo	-3,5	0,0	0,0	0,0	0,0
7. Superávit (+) ou défice (−)					
7.1. Saldo	49,1	59,3	18,5	-7,8	-3,8
Reservas internacionais	288,6	352,0	373,1	358,8	374,0
Dívida externa bruta	350,9	402,4	455,3	486,7	560,4

Fonte: Banco Central.

Ainda como consequência do quadro descrito, cabe destacar:

- a perda de fôlego das exportações, principalmente a partir de 2012, mesmo com a economia mundial crescendo acima de 3% a.a.;

- o crescimento das importações, revertido levemente em 2014, em função do fraco desempenho da atividade econômica (crescimento do PIB de apenas 0,1%);
- o saldo comercial passar a ser negativo (-US$ 6,6 bilhões em 2014) contra + US$ 20,3 bilhões em 2010;
- os pagamentos de juros também subirem exponencialmente, saindo de US$ 9,7 bilhões, em 2010, para US$ 21,3 bilhões, em 2014.

Por outro lado, o país não teve dificuldades maiores para cobrir o défice da balança de transações correntes, principalmente por causa da expansão dos investimentos diretos (saíram de US$ 37,0 bilhões em 2010 para US$ 70,9 bilhões em 2014). Apenas nos dois últimos anos, o saldo da balança de capitais não foi suficiente para compensar o défice em conta-corrente, mesmo assim em pequena magnitude.

O segundo mandato (2015-2016)

O segundo mandato da presidente Dilma não foi finalizado devido ao processo de impeachment sofrido, levando-a a se afastar do governo em maio de 2016. Apesar disso, ocorreram mudanças importantes na política econômica em 2015 e que afetaram os indicadores do setor externo da economia brasileira.

Correção de preços defasados, forte elevação das taxas de juros, forte desvalorização cambial (dada a maior liberalização cambial) e medidas de ajuste fiscal (embora insuficientes) levaram à aceleração da inflação, à queda forte do nível de atividade (3,8% de contração do PIB em 2015) e ao aumento do desemprego. Os impactos sobre os indicadores externos foram inevitáveis, conforme Tabela 25.12.

TABELA 25.12
Brasil: balanço de pagamentos (2010/2014) – US$ bilhões

Discriminação	2015
1. Balança comercial	
1.1. Exportações	190,1
1.2. Importações	172,4
1.3. Saldo	17,7
2. Balança de serviços	
2.1. Juros	−21,9
2.2. Lucros e dividendos	−20,8
2.3. Outros serviços	−36,6
2.4. Saldo	−79,3
3. Transferências unilaterais	
3.1. Saldo	2,7

Discriminação	2015
4. Balança de transações correntes	
4.1. Saldo	−58,9
5. Balança de capitais	
5.1. Investimentos	61,6
5.2. Empréstimos/amortizações	−5,3
5.3. Saldo	56,3
6. Erros e omissões	
6.1. Saldo	0,0
7. Superávit (+) ou défice (−)	
7.1. Saldo	−2,6
Reservas internacionais	368,7
Dívida externa bruta	545,4

Fonte: Banco Central.

Como se pode perceber:

- apesar da desvalorização cambial, as exportações continuaram em declínio (US$ 224,1 bilhões em 2014 para US$ 190,1 bilhões em 2015), o que pode ser explicado por três motivos: a reposta das exportações à desvalorização cambial não é imediata; o preço das *commodities* caíram; e a indústria brasileira, notadamente alguns segmentos, parece pouco competitiva;
- as importações mostraram queda mais expressiva, não somente em função do câmbio, mas, principalmente, pela forte recessão interna;
- com isso, observou-se importante reversão no saldo da balança comercial, saindo de −US$ 6,6 bilhões para +US$ 17,7 bilhões;
- a desvalorização cambial impactou também a remessa de lucros e dividendos (caiu de US$ 31,2 bilhões, em 2014, para US$ 20,8, em 2015), uma vez que a elevação da taxa de câmbio diminuiu o lucro em dólares. Além disso, certamente, houve antecipação de remessas em 2014, em função da expectativa futura de desvalorização cambial;
- como consequência, o saldo em conta-corrente caiu de forma expressiva, passando de US$ 104,2 bilhões, em 2014, para US$ 58,9 bilhões, em 2015, reduzindo assim a dependência externa do país em um momento em que as condições de captação para o Brasil estavam menos favoráveis, dada a perda do grau de investimento;
- apesar da substancial melhora das contas-correntes, o país continuou registrando défice no balanço de pagamentos (−US$ 2,6 bilhões). Isto ocorreu por causa da significativa queda na entrada de capitais (tanto por investimentos diretos como empréstimos/amortizações), o que pode ser observado pelo comportamento da conta de capital, a qual passou de US$ 100,4 bilhões, em 2014, para US$ 56,3 bilhões, em 2015. Na realidade, a deterioração dos fundamentos macroeconômicos afetou o fluxo de recursos dirigidos ao país.

25.5 OUTRAS CONSIDERAÇÕES SOBRE O SETOR EXTERNO

Além das questões do balanço de pagamentos já enfocadas, pelo menos outros dois pontos merecem abordagem especial na análise do setor externo da economia brasileira: o interesse do capital externo e a competitividade da produção nacional.

25.5.1 O investimento externo

Uma análise mais detalhada do crescimento recente do balanço de capitais no Brasil revela alguns aspectos importantes. No item Investimentos, chama a atenção não somente o crescimento significativo do fluxo de entradas de recursos, mas também o fato de que a crise que se abateu sobre o país, com a desvalorização cambial, ao contrário do fluxo financeiro, não abalou a entrada de capital de risco, que continuou aumentando (de US$ 28,9 bilhões, em 1998, para US$ 32,8 bilhões, em 2000). A partir de 2001, recuou em função da redução do fluxo em todo o mundo, mas voltou muito forte nos anos recentes, superando a casa dos US$ 70 bilhões, em 2014.

Parte desse comportamento pode ser explicada pela própria estratégia das multinacionais, que têm se caracterizado pela forte expansão dos Investimentos Diretos Estrangeiros (IDEs), principalmente até 2007/2008, como se pode observar no Gráfico 25.2. Depois da crise mundial gerada a partir do mercado imobiliário americano, o fluxo de

IDE mundial passou a mostrar certa oscilação e se situou em níveis bem inferiores aos observados no período pré-crise. Isso, entretanto, não tira a importância do capital estrangeiro como fonte de crescimento, principalmente em um país como o Brasil, carente de poupança para alavancar seus investimentos.

GRÁFICO 25.2

Mundial: fluxo de IDE – US$ milhões

Fonte: *World Bank*.

Além disso, a participação do Brasil, embora apresente volatilidade, tem sido crescente no fluxo dirigido aos emergentes nos anos recentes, como se observa no Gráfico 25.3.

GRÁFICO 25.3

Participação do Brasil no IDE mundial (%)

Fonte: *World Bank*.

Particularmente em relação à participação do Brasil no IDE mundial, uma série de aspectos chama a atenção. É possível notar uma presença maior do Brasil a partir do Plano Real, uma vez que, antes desse período, era praticamente inexistente. Não se pode negar que a estabilização da economia teve um papel fundamental nesse processo, dado que é um fator de grande peso nas decisões externas de investimento. Esse fato ganha importância na medida em que a estabilidade foi conseguida com liberdade total de preços, ao contrário das experiências anteriores de estabilização. É importante destacar que os investidores estrangeiros se dispõem a correr os riscos impostos pelo mercado, mas não os riscos da intervenção do governo no mercado (por exemplo, controle de preços).

Outro fato que contribuiu para aumentar esse fluxo de capitais está associado às mudanças constitucionais. Além da eliminação das restrições que existiam ao capital estrangeiro (inclusive possibilidade de discriminação), a quebra do monopólio estatal abriu novas oportunidades de investimento, por meio das concessões no sistema de infraestrutura básica, para exploração por parte do setor privado das áreas de energia, transportes, telecomunicações etc. O próprio programa de privatização abriu espaço ao capital estrangeiro de risco nas áreas de siderurgia, petroquímica e mineração.

É importante destacar, também, as perspectivas de um mercado em crescimento. Dadas as dimensões do país, pequenos crescimentos no consumo de um bem podem representar o surgimento de mercados de grande dimensão. Parte desse capital, inclusive, está entrando com a finalidade de aquisição de empresas e realização de fusões e associações como forma de ingressar em um mercado emergente como o Brasil.

Embora o capital que entra e no país para aquisição de empresas não represente um novo investimento, várias questões devem ser esclarecidas nesse processo. É normal que, em um primeiro momento, o capital estrangeiro venha adquirir uma empresa para aproveitar o sistema de distribuição já montado e conhecer melhor o mercado. Em uma fase posterior, a tendência é de que os investimentos sejam reduzidos, o mesmo ocorrendo com o processo de fusões.

A partir de 2000, a participação do Brasil começou a declinar, uma vez que não seria realista contar com todo esse volume de recursos por um período muito longo. O programa de privatização era limitado, e as oportunidades de investimento eram mais amplas, em um mercado no qual a participação de empresas multinacionais fosse bastante restrita; com a maturidade, as oportunidades foram reduzidas. Além disso, o baixo crescimento da economia brasileira certamente explica o menor interesse dos investidores estrangeiros. Essa situação foi revertida a partir de 2007/2008, com a retomada do crescimento, e se manteve até 2014, apesar da perda de dinamismo da economia brasileira no primeiro mandato do governo Dilma. Em 2015, a difícil situação política e econômica do país levou a uma nova queda na participação do Brasil no IDE mundial.

Tendo em vista a reduzida taxa de investimento do Brasil, seria importante ao país atrair mais investimento direto como alternativa de reaceleração do crescimento. Certamente há interesse do capital estrangeiro em investir em países emergentes, desde que algumas condições básicas sejam atendidas. Além de fundamentos macroeconômicos consolidados, a existência de marcos regulatórios adequados e estáveis é imprescindível.

25.5.2 A competitividade da produção nacional

Uma das críticas ao processo de inserção internacional do Brasil concentra-se na constatação de que o país promoveu a abertura comercial, mas o sistema no qual as empresas operam é típico de uma economia fechada. Essa limitação, ao impor custos adicionais às empresas, retira-lhes a capacidade de exportar e de concorrer com o produto importado naquilo que se convencionou chamar genericamente de custo Brasil.

Na realidade, a presença do custo Brasil faz com que as empresas operem em condições desiguais em relação ao produto importado. Assim, mesmo empresas que adotaram políticas de aumento de eficiência poderão não sobreviver em função de fatores que independem de seu controle e ação. A presença do custo Brasil, tirando a competitividade sistêmica do país, é facilmente identificável em três áreas: sistema tributário, infraestrutura e encargos sociais.

O sistema tributário brasileiro é um dos fatores que tiram a competitividade da produção nacional, na medida em que foi planejado para uma economia fechada. Apesar da extinção da Contribuição Provisória sobre Movimentação Financeira (CPMF), continuam presentes impostos em cascata, inadequados para uma economia aberta, uma vez que, no mercado internacional, nenhum país exporta impostos (os impostos são pagos pelos consumidores). Ao contrário dos tributos sobre valor adicionado, não há como retirar os impostos em cascata das exportações, até porque não se conhece a incidência exata em todas as etapas do processo produtivo. Ademais, o produto importado entra em condições vantajosas de concorrência, uma vez que só é tributado por esses tipos de impostos na etapa final (etapa de comercialização, já que foi produzido em outro país, no qual não existem impostos em cascata). Outra distorção do sistema tributário é sua complexidade, fazendo com que as empresas tenham de montar verdadeiros departamentos apenas para se manterem regularizadas perante o fisco. Basta observar que no Brasil são emitidas 47 normas tributárias por dia útil.[2] Essa também é uma pressão de custos não existente em outros países, que convivem com sistemas tributários muito mais simples que o vigente no Brasil.

As condições de infraestrutura (sistema de transporte, portos etc.) também são inadequadas no país. A incapacidade do governo de poupar (em função da crescente despesa de custeio) eliminou sua habilidade de investir em infraestrutura. Os investimentos em infraestrutura, que representavam 5,4% do PIB na década de 1970, caíram para pouco mais de 2,0% nos últimos 25 anos. Enquanto o Brasil investiu 2,2% do PIB em infraestrutura no período 2002/13, a média dos países emergentes foi de 5,1%. Isso explica a precariedade da infraestrutura brasileira, disseminado custos elevados em toda a cadeia de produção. São muito conhecidas as diferenças de custo dos portos no Brasil e em outros países.

Ainda dentro dos fatores que compõem o custo Brasil, vale destacar a elevada incidência dos encargos trabalhistas. Estimativas apresentadas por Pastore[3] mostram que a incidência dos encargos sociais eleva em 91,9% o custo do trabalho no Brasil, taxa essa substancialmente maior que a apresentada em outros países, como se pode observar na Tabela 25.13.

---

[2] Cf. IBPT.
[3] PASTORE, J. *Flexibilização dos mercados de trabalho e contratação coletiva*. São Paulo: LTr, 1994.

TABELA 25.13
Encargos sociais incidentes sobre a folha de salários (em %)

Países	Encargos sociais
Alemanha	60,0
Bélgica	45,4
Brasil	91,9
Dinamarca	11,6
França	79,7
Holanda	51,0
Inglaterra	58,8
Irlanda	56,0
Itália	51,3
Luxemburgo	41,7

Fonte: PASTORE, 1994.

25.6 CONSIDERAÇÕES FINAIS

Como observado, o setor externo da economia brasileira passou por diferentes fases nos períodos estudados. Apesar de a economia brasileira apresentar um grau bastante reduzido de abertura externa, a sensibilidade do país às oscilações do mercado internacional tem sido muito pronunciada.

Essa sensibilidade pode estar crescendo com o processo de globalização, que tem determinado uma crescente interligação entre os mercados financeiros e de bens e a integração das economias em um grande mercado, com desregulamentação dos fluxos de comércio, de produção e financeiros. Nesse novo processo, a produção será realizada nos países em que é possível alcançar um maior grau de competitividade. As decisões para as empresas envolvem não apenas determinado mercado, mas todos os possíveis mercados, como também todas as possíveis localizações e fornecedores.

Além disso, os preços internacionais passam a ser parâmetro para o mercado interno, e o referencial da capacidade de competir não é mais o concorrente interno, e sim o concorrente externo. O IDE espalha-se pelo mundo, principalmente por meio de fusões, incorporações e *joint ventures*, com o objetivo de buscar a competitividade global.

Nessa nova realidade, do ponto de vista empresarial, a rapidez de ação dos agentes econômicos é fundamental, uma vez que oportunidades aparecem e desaparecem rapidamente. O desafio é, acima de tudo, o da competitividade, portanto, é necessário ganhar produtividade de forma permanente.

Em termos macroeconômicos, fica claro que o custo da adoção de políticas demagógicas e/ou inconsistentes é por demais elevado. Desequilíbrio fiscal e excesso de dependência externa podem trazer problemas graves para a balança de pagamentos, como foi o caso do México, dos países da Ásia e do próprio Brasil.

QUESTÕES

1. Discuta os prós e contras da abertura comercial *vis-à-vis* uma economia fechada.
2. "O equilíbrio das contas externas de um país depende da taxa de câmbio, das taxas de juros e do nível de demanda interna". Discuta essa afirmação.
3. Em sua avaliação, a abertura comercial deve ser indiscriminada para garantir o sucesso do combate à inflação ou se justificam medidas de proteção a alguns setores para garantir o acesso à tecnologia e à manutenção do emprego?
4. O Brasil obteve taxas de crescimento elevadas em um período em que a economia era bastante fechada em relação ao resto do mundo. Sob esse enfoque, a abertura comercial não devia ter sido realizada. Você concorda? Justifique sua resposta.
5. O fechamento comercial seria uma boa medida para reduzir os níveis altos de desemprego no país? Justifique sua resposta.
6. Qual papel a privatização pode exercer na atração de capitais externos de risco?
7. Quais os fatores que levaram a um excepcional aumento das importações no início do Plano Real?
8. Qual a importância das exportações para a economia de um país? No Brasil, esse papel tem sido desempenhado a contento? Por quê?
9. Se o país tivesse adotado o câmbio fixo na condução do Plano Real, os resultados teriam sido mais favoráveis? Justifique sua resposta.
10. Uma das restrições impostas ao crescimento do produto no Plano Real são as pressões sobre as importações sempre que a demanda interna aumenta. Uma forma de superar essa restrição seria o crescimento das exportações. Como se poderia conseguir esse objetivo, sem comprometer o plano de estabilização?

REFERÊNCIAS

FRANCO, G. H. B. *O plano real e outros ensaios*. Rio de Janeiro: Francisco Alves, 1995.

GREMAUD, A. P.; VASCONCELOS, M. A. S.; TONETO JÚNIOR, R. *Economia brasileira contemporânea*. 4. ed. São Paulo: Atlas, 2008.

LANZANA, A. E. T. *Economia brasileira*: fundamentos e atualidades. 4. ed. São Paulo: Atlas, 2011.

PASTORE, J. *Flexibilização dos mercados de trabalho e contratação coletiva*. São Paulo: Ltr, 1994.

REVISTA CONJUNTURA ECONÔMICA. Rio de Janeiro: FGV, vários números.

SILBER, S.D. Contabilidade Nacional e o Balanço de Pagamentos, apostila MBA - Análise Econômica, *FIPE*, 2016.

PARTE 6

Desenvolvimento Econômico

CAPÍTULO

26 CRESCIMENTO E DESENVOLVIMENTO ECONÔMICO

26 CRESCIMENTO E DESENVOLVIMENTO ECONÔMICO

Marco Antonio S. de Vasconcellos
Manuel Enriquez Garcia

26.1 ■ INTRODUÇÃO

Nos capítulos anteriores, na parte de Macroeconomia, deu-se ênfase a questões de curto prazo ou conjunturais, relacionadas com o nível de atividade, o emprego e os preços (as chamadas políticas de estabilização).

A Teoria do Crescimento e do Desenvolvimento Econômico, entretanto, discute estratégias de longo prazo, isto é, quais as medidas que devem ser adotadas para um crescimento econômico equilibrado e autossustentado. Nessa teoria, a oferta ou produção agregada joga um papel importante na trajetória de crescimento de longo prazo, o que não se observara na análise de curto prazo, pois ela se supunha fixa, e as mudanças no nível de renda davam-se basicamente pela demanda agregada.

Geralmente, supõe-se, na teoria do crescimento, que os recursos estejam plenamente empregados. Assim, concentra-se em analisar o comportamento do produto potencial, ou de pleno emprego, da economia.

Crescimento e desenvolvimento econômico são dois conceitos diferentes. **Crescimento econômico** é o crescimento contínuo da renda *per capita* ao longo do tempo. O **desenvolvimento econômico** é um conceito qualitativo que inclui as alterações da composição do produto e a alocação dos recursos pelos diferentes setores da economia, de forma a melhorar os indicadores de bem-estar econômico e social (pobreza, desemprego, desigualdade, condições de saúde, nutrição, educação e moradia).

Os dados internacionais indicam as amplas diferenças de renda entre os países em desenvolvimento. Os níveis de renda médios em muitos desses países, especificamente na América Latina, são semelhantes aos níveis de renda americanos do século passado. No entanto, em outros países em desenvolvimento, na Ásia e na África, as rendas *per capita* são ainda menores. Além disso, existem grandes disparidades na distribuição de renda de cada país, com uma pequena parcela da população vivendo realmente muito bem, e a maioria com rendas bem abaixo do nível de renda médio.

Quais respostas seriam dadas para essas diferenças de desempenho econômico? Quais são as fontes de crescimento econômico? É o que será discutido a seguir.

26.2 ■ FONTES DE CRESCIMENTO

Um caminho para analisar as diferenças de desenvolvimento é partir dos elementos que constituem a função de produção agregada do país. O crescimento da produção e da renda decorre de variações na quantidade e na qualidade de dois insumos básicos: capital e mão de obra. Nesse sentido, as fontes de crescimento são as seguintes:

a) aumento na força de trabalho (quantidade de mão de obra), derivado do crescimento demográfico e da imigração;

b) aumento do estoque de capital, ou da capacidade produtiva;

c) melhoria na qualidade da mão de obra, por meio de programas de educação, treinamento e especialização;

d) melhoria tecnológica, aumentando a eficiência na utilização do estoque de capital;

e) eficiência organizacional, ou seja, eficiência na forma como os insumos interagem.

Evidentemente, o desenvolvimento é um fenômeno global da sociedade, que atinge toda a estrutura social, política e econômica. Para efeito de análise, serão enfatizados aqui apenas os fatores econômicos estratégicos para o crescimento.

26.2.1 Função alocativa

No estudo das fontes do crescimento, muita ênfase é dada ao capital físico. Todavia, o **capital humano** é muito importante, por ser o valor do ganho de renda potencial incorporado nos indivíduos, incluindo a habilidade inerente à pessoa e o talento, assim como a educação e as habilidades adquiridas.

O trabalhador médio em países industrializados é muito mais produtivo do que aquele em países em desenvolvimento. Em parte, isso se explica porque ele trabalha com mais capital físico. No entanto, também se explica pelo fato de ele ser mais qualificado.

O capital humano é adquirido por meio da educação formal e do treinamento informal e pela experiência. O problema para os países em desenvolvimento é que é extremamente difícil acumular fatores de produção, capital humano ou físico, com baixos níveis de renda. O mínimo que sobra, após a provisão da subsistência, não permite investir muito em educação ou em capital físico. Decidir se a criança deve começar a trabalhar ou ir para a escola é crítico para as famílias com níveis de renda muito baixos. Da mesma forma, é difícil para o governo decidir como usar os recursos muito limitados que ele tem sob o seu comando. E mesmo que os recursos financeiros estejam disponíveis, ainda leva anos para que se elevem o nível de educação e de treinamento.

Portanto, os países não podem saltar de um nível de renda para outro muito mais alto. Assim, alguns economistas utilizam, para descrever esse caso, a expressão **círculo vicioso da pobreza**. O crescimento está limitado ao tempo que os fatores de produção levam para se acumular; a educação é fator de crescimento mais lento, mas também é um dos mais poderosos, além de contribuir para a redução das desigualdades.

26.2.2 Capital físico

O **capital físico** tem sido sempre o centro das explicações para o progresso econômico, simplesmente devido à presença notável de maquinário e de equipamentos sofisticados e abundantes em países ricos e de sua escassez e ausência em países pobres.

Um conceito muito utilizado para realçar o papel do capital físico no processo de desenvolvimento econômico é o da relação **produto-capital**, razão entre a variação do produto nacional (Δy) e a variação da capacidade produtiva (ou estoque de capital) Δk, assim:

$$v = \Delta y/\Delta k$$

em que:

$v =$ a relação **produto-capital** (ou relação **marginal** ou **incremental** produto-capital, porque se refere às variações ou acréscimos), ou seja, é a produtividade do capital físico (quanto ele aumenta o produto).

Por exemplo, uma relação **produto-capital** igual a 0,33 (aproximadamente à brasileira) indica que, para aumentar o produto em 33 bilhões de reais, é necessário aumentar os investimentos em 100 bilhões de reais.

Portanto, esse conceito revela que é possível aumentar a taxa de crescimento econômico quando houver aumento da taxa de investimento e/ou deslocamento dos investimentos para os setores em que a relação produto-capital seja mais elevada.

Deve ser observado que a relação produto-capital se refere ao impacto do aumento do estoque de capital sobre a produção agregada de pleno emprego. Por essa razão, a produção varia menos que proporcionalmente ao aumento do capital físico. É bastante diferente do efeito do multiplicador keynesiano, visto anteriormente. O multiplicador keynesiano de gastos considera as despesas em investimento, em uma economia com capacidade ociosa e desemprego, quando então é possível que a produção aumente mais que proporcionalmente aos gastos em investimentos. O conceito de relação produto-capital, na teoria do desenvolvimento, supõe pleno emprego e preocupa-se com o efeito dos investimentos, após sua maturação, sobre a oferta agregada.

A relação **produto-capital** também é chamada **produtividade marginal do capital**. Algumas vezes, esta relação aparece como **capital-produto**, e não produto-capital. Uma relação produto-capital de 0,33 corresponde a uma relação capital-produto de três: três unidades de capital produzem uma unidade do produto.

26.3 ■ MODELOS DE CRESCIMENTO ECONÔMICO: INTRODUÇÃO

Embora a preocupação com a questão do desenvolvimento começou a preocupar os economistas a partir do século XX, os chamados modelos de crescimento começaram a ser desenvolvidos mais formalmente a partir dos anos 1940, procurando identificar os determinantes históricos do desenvolvimento e entender quais variáveis determinam a expansão do produto ao longo do tempo. Nesse sentido, destacam-se duas correntes, a Escola do Desenvolvimento e os Modelos Neoclássicos.

Como esses modelos são discutidos em disciplina mais avançada (Desenvolvimento Econômico), ministrada nos últimos semestres dos cursos de Economia, após as disciplinas de Macroeconomia, neste texto será apresentada uma visão mais geral, sem entrar na formalização matemática, comum principalmente nos modelos neoclássicos.

26.3.1 Escola do Desenvolvimento

A chamada Escola do Desenvolvimento utiliza uma abordagem mais histórica, procurando estudar as causas do subdesenvolvimento de economias atrasadas, com base agrária, e como fazer a passagem para uma economia moderna, industrializada, ou seja, essa corrente destaca que a economia de qualquer sociedade deve necessariamente passar por estágios sucessivos. Nesse sentido, destacam-se o trabalho pioneiro de Arthur Lewis, Clark, bem como a Teoria de Etapas de Rostow, Clark e outros. Essa linha teve ampla repercussão na América Latina, com os estudos da Comissão Econômica para a América Latina e Caribe (CEPAL).

Arthur Lewis considerava que preponderava nos países subdesenvolvidos uma agricultura de subsistência, com oferta ilimitada de mão de obra, em que sua produtividade marginal seria nula (hipótese de **desemprego disfarçado** na agricultura). Assim, retirar trabalhadores desse setor não reduziria a produção agrícola e eles poderiam ser transferidos para o setor moderno. Os baixos salários no setor moderno, proporcionados pelo excedente de mão de obra, aumentariam a acumulação de capital, isto é, os lucros e os investimentos do setor industrial. Com o tempo, o setor tradicional também passaria a apresentar aumentos de produtividade como o setor moderno, superando, dessa forma, o subdesenvolvimento.

Para Clark, o primeiro estágio é dominado pelo setor de produção primário (agropecuária); a seguir, predominaria o setor secundário (manufaturados); e, finalmente, o setor terciário (comércio e serviços). O crescimento econômico iniciar-se-ia na passagem do período de predominância do setor primário para o secundário.

Talvez a formulação mais conhecida, dentro da Escola do Desenvolvimento, seja a chamada **Teoria de Etapas de Rostow**, que, analisando a evolução histórica dos países desenvolvidos, detectou cinco estágios de desenvolvimento:

a) sociedade tradicional;
b) pré-requisitos para o arranco;
c) arranco ou decolagem (*take off*);
d) crescimento autossustentável (marcha para o amadurecimento);
e) idade do consumo de massa.

A **sociedade tradicional**, normalmente, é predominantemente agrária, com pouca tecnologia e baixa renda *per capita*.

Na segunda etapa, são criadas as **condições prévias para o arranco**, de importantes mudanças econômicas e não econômicas. Há aumento da taxa de acumulação de capital em relação à taxa de crescimento demográfico e uma melhoria no grau de qualificação da mão de obra, habilitada para a produção especializada em grande escala. Ocorre um aumento da produtividade agrícola, o que permite criar um excedente de recursos que financiará a expansão industrial (começando com a produção de bens de consumo básicos, como alimentos, vestuário, calçados etc.). Paralelamente, durante esse período, empreendem-se grandes investimentos em infraestrutura básica (transportes, comunicações, energia, saneamento).

O período crucial é o **arranco ou decolagem** (*take off*), na terceira etapa do processo. Nessa etapa, o processo de crescimento contínuo institucionaliza-se na sociedade. Isso, na segunda etapa, ainda devido à certa resistência, porque a sociedade se caracteriza ainda por atitudes e técnicas produtivas tradicionais. Mais precisamente, Rostow define a etapa do arranco com base no aumento da taxa de investimento e do surgimento de novos segmentos industriais associados a bens de consumo duráveis (TV, geladeiras etc.).

Na quarta etapa, a **marcha para o amadurecimento**, a moderna tecnologia estende-se para além dos setores líderes que impulsionam o arranco para outros setores.

Finalmente, a economia atinge a quinta etapa, a **era do alto consumo de massa**, quando os setores líderes se voltam para a produção de bens de consumo duráveis de alta tecnologia e serviços. Nesta fase, a renda ascendeu a níveis em que os principais objetivos de consumo dos trabalhadores não são mais a alimentação básica e a moradia, mas, automóveis, microcomputadores etc. Além disso, a economia, por meio de seu processo político, expressa um desejo de destinar recursos ao bem-estar e à seguridade social. Segundo Rostow, os Estados Unidos, o Japão e a maior parte das nações da Europa Ocidental já alcançaram a última etapa.

Existem algumas críticas à teoria formulada por Rostow. Tratar-se-ia mais de uma análise empírica, *ad hoc*, pela observação do que ocorreu historicamente com os países desenvolvidos. Não existiria uma clara distinção entre a segunda e a terceira etapas (período de condições prévias e o *take off*). Ainda, Rostow parece dar a entender que a evolução industrial só pode ocorrer após a melhoria da produtividade agrícola, e não simultaneamente. Finalmente, não enfatiza o papel representado pelo comércio internacional.

Na visão da CEPAL, dentro dessa corrente de desenvolvimento, o determinante do subdesenvolvimento estaria justamente na estrutura do comércio internacional que favorece os países desenvolvidos ("centrais", na terminologia estruturalista), nos produtores que exportam produtos manufaturados, em detrimento dos países "periféricos", e nos produtores que exportam produtos básicos. Como a elasticidade-renda dos produtos manufaturados supera a dos produtos básicos, o aumento do comércio internacional leva à deterioração das relações de troca dos países subdesenvolvidos (periféricos), com os ganhos do comércio sendo apropriados pelos países centrais, sem possibilidade de crescimento dos países periféricos. A forma de os países periféricos agrícolas superarem o subdesenvolvimento seria a industrialização. Para tanto, deveriam ser criadas barreiras protecionistas para promovê-la (o chamado **processo de substituição de importações**).

Dessa forma, a essência da Escola de Desenvolvimento ilustra o fato de que o desenvolvimento econômico é um processo que deve avançar em determinada sequência de passos claramente definidos, de uma economia com base agrícola até chegar ao estágio de uma economia industrializada.

26.3.2 As teorias neoclássicas de crescimento

As teorias neoclássicas, utilizando mais intensamente modelos matemáticos, procuram identificar as variáveis determinantes do crescimento do produto *per capita* ao longo do tempo. Destacam-se as contribuições de Harrod, Domar, Solow e Roemer, apresentadas de forma sucinta a seguir, com maior destaque para o modelo pioneiro de Harrod-Domar.

O **modelo de crescimento de Harrod-Domar** destaca a importância de três variáveis básicas para o crescimento: a taxa de investimento, a taxa de poupança e a relação produto-capital.

Em síntese, no modelo de Harrod-Domar, a taxa de crescimento do produto y é determinada por:

$$y' = s \times v$$

em que:

s = taxa de poupança = S/y (propensão a poupar);

v = relação marginal produto-capital = $\Delta y/\Delta k = \Delta y/I$.

S é a poupança agregada, y a renda nacional, ΔK o aumento do estoque de capital e I a taxa de investimento agregado, todas as variáveis definidas em dado período.

A taxa de poupança S é a parcela da renda nacional y não consumida (também chamada propensão média a poupar). No modelo, representa a fonte de financiamento do investimento e é composta das poupanças interna e externa.

A relação produto-capital, como definido anteriormente, representa quantas unidades do produto podem ser produzidas por unidade de capital. É a produtividade do capital que depende do nível de tecnologia e de qualificação da mão de obra. Uma hipótese do modelo Harrod-Domar é que a relação produto-capital é constante ou invariável.

Assim, caso haja, por exemplo, uma taxa de poupança de 19% e relação produto-capital de 0,33, a taxa de crescimento será:

$$y' = 0,2 \times 0,3 = 0,06$$

significando que um crescimento de 6,3% é possível, a partir de uma taxa de poupança de 19% da renda e de uma relação produto-capital de 0,33 (ou inversamente de uma relação capital-produto de três). Aliás, como a taxa de poupança e a relação capital-produto apresentadas são os números aproximados do Brasil, a fórmula de Harrod-Domar mostra qual seria a taxa de crescimento potencial do país, de acordo com aqueles parâmetros.

Ao considerar a taxa de crescimento da renda em termos *per capita*, deve-se descontar a taxa de crescimento da população. Como no Brasil a estimativa mais recente dessa taxa é de 1,4% ao ano, utilizando os dados apresentados, o crescimento potencial da renda real *per capita* pode atingir 4,9% ao ano.

Esse modelo, muito utilizado em planejamento econômico, apresenta duas dificuldades. Em primeiro lugar, é muito agregado, não permitindo estudar questões estruturais e regionais de cada país. Em segundo lugar, apresenta uma contradição básica, conhecida como **equilíbrio em fio de navalha**: se um país sair da trajetória de equilíbrio de longo prazo, ele não consegue voltar para a trajetória do crescimento equilibrado.[1]

Um modelo mais geral para explicar o crescimento econômico é o desenvolvido pelo economista Robert Solow (Prêmio Nobel de 1987). O **modelo de Solow** parte da mesma ideia de Harrod e Domar, ou seja, o crescimento depende do investimento, mas remove a hipótese de coeficientes fixos de produção, avançando ao permitir a substituição de fatores, além de considerar que as decisões de poupança e investimento não são separadas, o que remove a instabilidade do modelo Harrod-Domar (o "equilíbrio em fio da navalha").

Posteriormente, outros economistas propuseram novas abordagens, enfatizando o papel da inovação tecnológica que não aparece em Harrod-Domar e que, no modelo de Solow, é completamente exógena. Essa nova geração de modelos, chamados de **modelos de crescimento endógeno**, resgatam o trabalho pioneiro de J. A. Schumpeter, economista austríaco com importantes trabalhos que destacam o papel do empresário, responsável pelas inovações no desenvolvimento capitalista. Nessa linha,

---

[1] Isso se deve justamente à hipótese da relação produto-capital constante (ou coeficientes fixos de produção). De acordo com esse modelo, se o país tiver excesso de capital, ele precisa investir mais ainda; se tiver escassez de capital, precisa diminuir a taxa de investimento. Essa contradição explica por que, uma vez saindo da trajetória de equilíbrio, nunca se retornaria ao crescimento equilibrado. Para maiores detalhes, ver: LOPES; VASCONCELLOS. *Manual de macroeconomia*: básico e intermediário. 4. ed. São Paulo: Atlas, 2006.

Romer desenvolveu uma teoria schumpetiana de inovação induzida para suplementar a teoria neoclássica tradicional, mostrando que o processo de crescimento tende a se realimentar, devido ao avanço da tecnologia, à existência de rendimentos crescentes de escala e à existência de externalidades associadas à acumulação de capital humano.

26.4 ■ ESTRATÉGIAS DE DESENVOLVIMENTO

A industrialização é a chave para o desenvolvimento. Entretanto, o processo de desenvolvimento dos países industrializados foi iniciado com grande aumento da produtividade agrícola, o que permitiu liberar mão de obra e recursos para as áreas urbanas a fim de construir o parque industrial.

Na década de 1950 e no início dos anos 1960, acreditava-se amplamente que a industrialização nos países em desenvolvimento ocorreria se ao setor industrial fossem assegurados mercados domésticos seguros, que permitiriam seu desenvolvimento. A tão famosa estratégia de substituição de importações ("crescimento para dentro") consistia em proteger os produtores domésticos da competição estrangeira por meio de quotas e tarifas, de modo que eles pudessem expandir sua produção para substituir bens que costumavam ser importados.

Por volta da década de 1980, ficou claro que a estratégia de substituição de importações havia se esgotado na maior parte dos países. Os produtores domésticos, protegidos da competição estrangeira, produziam um volume pequeno com custo alto e pouca inovação. Na década de 1980, a estratégia adotada pela maioria dos países em desenvolvimento foi a redução das barreiras comerciais. Elas começaram a liberar importações pela redução de tarifas e quotas e a encorajar as exportações mediante desvalorizações e medidas mais diretas.

O sucesso da adoção dessa estratégia de crescimento ("crescimento para fora") está nas novas economias do Leste Asiático, os chamados Tigres Asiáticos — Coreia, Taiwan, Hong Kong, Cingapura, Malásia, Tailândia e Indonésia — foram, certamente, os países que mais se beneficiaram do processo de globalização que se assentou a partir dos anos 1980.

Todas essas economias cresceram muito rapidamente nas três últimas décadas, com base no rápido crescimento das exportações de produtos manufaturados. Na verdade, eles não começaram pela liberalização das importações, mas por um período de proteção aos produtores domésticos, e só depois permitiram importações com o objetivo de testar a competitividade dos produtos domésticos.

É claro que apenas a abertura comercial para o setor externo não é suficiente. Além de taxas de poupança extremamente elevadas, tem sido invertido em educação há muitas décadas. Em geral, eles também mantêm há muitos anos bons fundamentos macroeconômicos, implantando políticas fiscais bem cuidadosas, com o orçamento do governo permanecendo relativamente pequeno em relação ao PIB e evitando elevações indevidas de preços.

QUESTÕES

1. Qual é a diferença entre os conceitos de crescimento econômico e desenvolvimento econômico?
2. Quais são as principais diferenças entre a Escola de Desenvolvimento e as teorias neoclássicas de crescimento econômico?
3. Quais são os estágios de desenvolvimento de uma economia, de acordo com Rostow?
4. Aponte as fontes de crescimento econômico.
5. Dada a relação produto-capital da economia, mostre o efeito de um aumento da taxa de poupança (ou propensão a poupar) sobre a taxa de crescimento do produto real, de acordo com o Modelo Harrod-Domar.
6. Mostre como a eficiência do investimento, e não apenas o montante total, afeta a taxa de crescimento econômico.
7. O que vem a ser o Princípio dos Acelerados?
8. Qual foi a contribuição de Arthur Lewis para a teoria de desenvolvimento econômico?
9. Quais indicadores devem ser analisados para medir o grau de desenvolvimento de um país?
10. Por que o valor do produto marginal do trabalho é aproximadamente zero no modelo de oferta ilimitada de mão de obra de Lewis?

REFERÊNCIAS

CLARK, C. *The condition of economic progress*. London: MacMillan, 1940.

FEI, J. C.; RANIS. *Development of the labour surplus economy; theory and policy*. New York: Irwin, 1964.

JONES, C. I. *Teoria do crescimento econômico*. Rio de Janeiro: Campus, 2000.

JONES, H. G. *An introduction to modern theories of economic growth*. New York: McGraw-Hill, 1976.

KUZNETS, S. *Modern economic growth: findings and reflections*. Stockholm: Sweden Nobel Lecture, 1971.

LEWIS, A. W. Economic development with unlimited supplies of labour. *Manchester School of Economic and Social Studies*, n. 22, p. 139-191, 1954.

REGO, J. M.; MARQUES, R. M. (Org.) *Economia brasileira*. São Paulo: Saraiva, 2000.

ROMER, P. N. Increasing returns and long-new growth. *Journal of Political Economy*, v. 94, n. 5, p. 1002-1037, 1989.

ROSTOW, W. W. *The process of economic growth*. New York: Norton, 1962. p. 29-31.

SCHUMPETER, J. A. *Teoria do desenvolvimento econômico*. 1911.

SOLOW, R. *Growth theory*. New York: Oxford University Press, 2000.

SWEEZY, P. *The theory of capitalist development*. New York: Monthly Review Press, 1942.

PARTE 7

Metodologia e Tópicos Especiais em Economia

CAPÍTULOS

27 ECONOMIA DO MEIO AMBIENTE

28 ECONOMIA REGIONAL E URBANA

29 ECONOMIA DA SAÚDE

30 METODOLOGIA DA CIÊNCIA ECONÔMICA

31 METODOLOGIA QUANTITATIVA NA PESQUISA ECONÔMICA: A ESTATÍSTICA E A ECONOMETRIA

27 ECONOMIA DO MEIO AMBIENTE

Roberto Guena de Oliveira

27.1 ◾ INTRODUÇÃO

A história recente da humanidade é marcada por avanços jamais vistos no domínio das técnicas e dos processos de produção de bens materiais. Hoje, não apenas é possível produzir em quantidades maiores e com melhor qualidade tudo o que os antepassados produziam, como também tem-se acesso a produtos que há 20 anos não seriam sequer imagináveis. Todo esse avanço, todavia, não terá o seu preço?

Em 1968, um grupo de estudiosos publicou um trabalho intitulado *Limites do crescimento*, no qual sugeriam uma resposta a essa pergunta. Segundo eles, o ritmo de crescimento da economia mundial só se sustentaria graças a uma progressiva e insaciável exploração dos recursos naturais e ao comprometimento das condições do meio ambiente. Esse estudo teve grande repercussão e gerou uma série de previsões catastróficas quanto ao futuro da Terra. Dizia-se, por exemplo, que até o ano 2000 seriam praticamente esgotadas as nossas reservas de combustíveis fósseis (petróleo e carvão), o que tornaria impossível a continuidade das economias modernas.

Atualmente, o pessimismo se mostra bem menor. Todavia, ainda há problemas que não podem ser ignorados. O crescimento econômico, principalmente nos países em desenvolvimento, veio acompanhado de diversos males, como a poluição da água e do ar e a degradação de vários ecossistemas. Diversas espécies animais e vegetais que podem ser úteis para a humanidade no futuro estão ameaçadas de extinção. Isso seria indício de que algo errado está sendo feito? E, se sim, como é possível modificar a maneira de agir do ser humano?

A teoria econômica pode ajudar a obter respostas a essas perguntas. O campo da economia que aplica a teoria a questões ligadas ao manejo e à preservação do meio ambiente é chamado **Economia Ambiental**. Neste capítulo, serão discutidos alguns dos princípios desta disciplina.

Economia Ambiental: *campo da economia que aplica a teoria a questões ligadas ao manejo e à preservação do meio ambiente.*

27.2 ◾ EXPOSIÇÃO DO PROBLEMA

A Figura 27.1 ilustra como é possível conceber as relações entre as atividades econômicas de consumo e de produção com o ambiente natural, que exerce basicamente três funções: a prestação de serviços diretos ao consumo (o ar respirado, o suporte da terra para o corpo, a recreação e outros), o fornecimento de insumos para a produção (combustíveis, matérias-primas, suporte físico, entre outros) e a recepção de resíduos provenientes tanto do consumo como da produção. Essas funções são interdependentes e podem entrar em conflito. Assim, por exemplo, quando emprega-se o ar como meio para a recepção dos resíduos dos escapamentos de automóveis, nas grandes cidades, esse ar está se tornando menos adequado para ser consumido no processo de respiração.

Da mesma maneira, o uso da água de um rio para a irrigação de uma fazenda faz com que menos água fique disponível para o consumo pessoal.

FIGURA 27.1

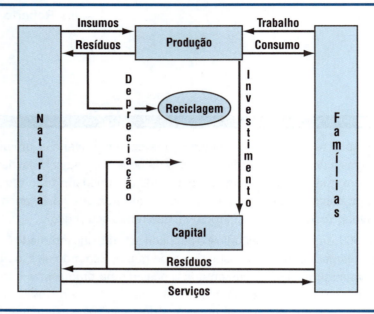

Em outras palavras, pode-se dizer que os recursos naturais são, em sua maioria, *escassos e têm usos alternativos*. Como empregar esses recursos é, portanto, um problema tipicamente econômico. Veja a seguir, para alguns casos, quais condições devem ser satisfeitas para que esses recursos sejam bem empregados e por que, às vezes, essas condições podem não ser satisfeitas. O critério utilizado para julgar se o emprego de um recurso natural é bom ou não é o critério de eficiência de Pareto, visto no Capítulo 8 deste livro, e que pode ser enunciado da seguinte maneira: "um estado da economia é eficiente no sentido de Pareto quando não há nenhuma possibilidade de melhorar a posição de pelo menos um agente dessa economia sem que com isso a posição de um outro agente seja piorada".

27.3 ■ POLUIÇÃO

Talvez o problema ambiental mais importante seja o da poluição, notadamente do ar e da água. Essa questão vem ganhando dimensões globais à medida que se associa o aquecimento global ao aumento da concentração de gás carbônico na atmosfera ou à destruição da camada de ozônio da estratosfera devido às emissões do gás CFC. As questões locais ligadas à poluição também são extremamente sérias: a contaminação dos recursos hídricos tem comprometido a pesca e a agricultura e aumentado o custo de tratamento da água para consumo humano; a poluição do ar nas grandes cidades pode provocar significativo crescimento da incidência de doenças respiratórias, assim como uma série de desconfortos, tais como irritação dos olhos e da garganta, aumento das necessidades de limpeza de prédios, entre outros.

A poluição pode ser entendida do ponto de vista da economia como uma externalidade negativa. Como uma primeira aproximação, pode-se dizer que uma externalidade ocorre quando a atividade de um agente econômico afeta o bem-estar ou o lucro de outro agente e não há nenhum mecanismo de mercado que promova algum tipo de compensação entre esses agentes. Assim, por exemplo, a fumaça que sai do escapamento de um automóvel afeta o bem-estar dos pedestres, mas o motorista não tem de pagar nada por isso, a menos que um dispositivo legal o obrigue; uma firma que polui um rio pode afetar a produtividade de um pescador que trabalha no mesmo rio, e assim por diante. A poluição provocada pelo automóvel assim como a provocada pela firma são, portanto, externalidades negativas.

Uma boa maneira de compreender o que está envolvido no conceito de externalidades é considerar um exemplo muito simples. Suponha que, em um lago, operem duas companhias: uma química, que usa o lago como receptor de seus resíduos, e uma pesqueira, que usa o lago como fonte de pesca. Quanto mais resíduos a companhia química lançar no lago, menor será o número de peixes, o que deverá aumentar os custos da pesqueira e, portanto, reduzir o seu lucro. Acontece que, se a companhia química quiser reduzir suas emissões de poluentes, terá ou que incorrer em custos para o tratamento de seus resíduos ou reduzir sua produção, ambas as alternativas implicando redução de lucro. Há, portanto, interesses conflitantes: a companhia pesqueira gostaria que a companhia química reduzisse a emissão de poluentes para poder, com isso, obter um lucro maior; a companhia química, por sua vez, não teria interesse nenhum em reduzir suas emissões, porque isso implicaria redução de seus lucros. Como esses dois interesses conflitantes deveriam ser conciliados?

A Tabela 27.1 apresenta um exemplo numérico do que estaria acontecendo: para cada nível de emissão de poluição por parte da companhia química, descreve quais devem ser os lucros de cada uma das duas companhias.

TABELA 27.1

Emissão	Lucro da companhia química (π_p)	Lucro da companhia pesqueira (π_q)	$-\Delta\pi_q$ (benefício marginal)	$-\Delta\pi_q$ (custo marginal)	$\pi_q + \pi_p$ (lucro total)
0	1.160	3.000	—	—	4.160
1	1.440	2.990	280	10	4.430
2	1.650	2.960	210	30	4.610
3	1.800	2.900	150	60	4.700
4	1.900	2.800	100	100	4.700
5	1.960	2.650	60	150	4.610
6	1.990	2.440	30	210	4.430
7	2.000	2.160	10	280	4.160
8	2.000	1.800	0	360	3.800
9	1.990	1.350	-10	450	3.340

Evidentemente, caso não haja estímulo para que a companhia química leve em consideração o prejuízo causado à pesqueira pela poluição, a primeira deverá emitir poluição até o ponto em que um aumento na emissão de poluentes não gere aumento em seus lucros, isto é, ela deverá emitir oito (ou sete) unidades, obtendo um lucro igual a $ 2.000. Será esse resultado, contudo, eficiente? Para responder a essa pergunta, basta ver se, com alguma mudança no nível de poluição, as duas companhias podem ficar melhores. De fato, isso pode acontecer. Suponha, por exemplo, que o nível de emissão de poluentes seja reduzido de oito para sete unidades. Neste caso, o lucro da companhia química não seria reduzido. O lucro da companhia pesqueira, por sua vez, cresceria de $ 1.800 para $ 2.160, isto é, sofreria um aumento de $ 360. Assim, se a companhia pesqueira transferisse para a química um valor positivo menor que $ 360, ambas as companhias teriam um crescimento em seu lucro com a redução de emissão. Uma redução de emissão de sete para seis unidades também poderia, mediante um sistema de compensação, aumentar o lucro das duas companhias, uma vez que o ganho da companhia pesqueira ($ 280) seria mais que suficiente para compensar a redução no lucro da companhia química ($ 10), isto é, qualquer transferência de lucro da companhia pesqueira para a companhia química, menor que $ 280 e superior a $ 10, tornaria vantajosa para ambas uma redução no nível de emissão de poluição de sete para seis unidades. Essas possibilidades de ganhos conjuntos só se esgotam quando o lucro conjunto das duas companhias (última coluna da Tabela 27.1) atinge o seu máximo, isto é, quando são emitidas quatro (ou três) unidades de poluição. Esse é o nível ótimo de poluição.

Esse resultado também pode ser visto de outra maneira. A emissão de poluição traz, do ponto de vista social (no exemplo, a sociedade só é composta pelas duas companhias), custos e benefícios. O custo associado à poluição é a redução no lucro da companhia pesqueira. O benefício é o aumento no lucro da companhia química. O nível eficiente de emissão seria atingido quando a diferença entre o benefício total e o custo total fosse máxima.

Como era de se esperar, o benefício de uma unidade adicional de poluição, isto é, o aumento no lucro da companhia química decorrente da emissão dessa unidade adicional, será chamado de *benefício marginal* da poluição. Já o custo associado à emissão dessa unidade adicional, ou seja, a redução no lucro da companhia pesqueira associada à emissão dessa unidade adicional, será chamado *custo marginal* da poluição. A quarta e quinta colunas da Tabela 27.1 mostram como se comportam o custo e o benefício marginais da poluição no exemplo.

Enquanto o benefício marginal da poluição for superior a seu custo marginal, a emissão de uma unidade adicional aumentará a diferença entre o benefício e o custo total da poluição. Desse modo, a emissão de poluição atingirá seu nível eficiente quando o benefício marginal se igualar ao custo marginal, o que ocorre, no exemplo, quando são emitidas quatro unidades de poluição.

27.3.1 O teorema de Coase

Todavia, a companhia química não está diretamente preocupada com questões de eficiência. O que ela busca é lucro máximo, e, com esse objetivo, deverá emitir oito (ou sete) unidades de poluição, obtendo um lucro igual a $ 2.000. O que seria possível fazer para garantir que essa companhia reduza suas emissões para o nível ótimo (quatro unidades)?

Em um artigo consagrado, o Prêmio Nobel de Economia, Ronald Coase,[1] sugeriu que a companhia química seria levada a emitir o nível ótimo de poluição, desde que fosse

---

[1] COASE, R. The problem of social cost. *The Journal of Law and Economics*, p. 1-44, 1960.

claramente determinado se é a companhia química que tem o direito de poluir quanto quiser ou se é a companhia pesqueira que tem o direito à água limpa do lago.

Explicação: suponha que seja definido legalmente que ninguém pode poluir o lago sem a autorização expressa da companhia pesqueira. Neste caso, a companhia pesqueira só permitiria que a companhia química emitisse poluição se ela fosse compensada na perda de seus lucros. Até quando a companhia química estaria disposta a pagar essas compensações? Volte à Tabela 27.1. A primeira unidade de poluição emitida provocaria um aumento no lucro da companhia química de $ 280 e uma redução no lucro da companhia pesqueira de $ 10. Assim, se a companhia química compensasse a pesqueira com um valor entre $ 10 e $ 280, poderia convencê-la a aceitar a emissão de uma unidade adicional de poluição, tendo, ainda assim, um aumento em seu lucro. O interesse da companhia química em "comprar" a permissão para emitir uma unidade adicional de poluição deve perdurar enquanto o aumento no lucro obtido ao emitir essa unidade adicional for superior à redução no lucro da companhia pesqueira causada por essa mesma unidade, ou seja, enquanto o benefício marginal da poluição for superior a seu custo marginal. Assim, é de se esperar que a companhia química tenha interesse em "comprar" o direito de emitir as três (ou quatro) primeiras unidades de poluição, o que a levará a um nível eficiente de poluição.

Suponha agora, pelo contrário, que se defina legalmente que a companhia química tem o direito de emitir quanta poluição quiser. Nesse caso, é a companhia pesqueira que terá interesse em pagar à companhia química para que reduza o nível de poluição. Quantas unidades abatidas ela estará disposta a comprar? Uma vez que a companhia química só reduzirá uma unidade de poluição caso ela seja compensada na perda de seus lucros, só há possibilidade de compra dessa redução por parte da companhia pesqueira enquanto o lucro perdido pela companhia química for inferior ao lucro ganho pela pesqueira, isto é, enquanto o benefício marginal da poluição for inferior a seu custo marginal. Desse modo, a companhia pesqueira estará disposta a pagar para que a companhia química não emita a oitava, sétima, sexta e quinta unidades, o que fará com que o nível de emissão seja ótimo.

Assim, a definição de quem tem o direito sobre a poluição possibilitaria que as negociações entre as duas partes alcançassem o nível ótimo de emissão de poluição. Esse resultado ficou conhecido como **teorema de Coase**, que, em uma formulação mais geral, afirma que, desde que os direitos de emissão de externalidades (poluição, nesse caso) sejam adequadamente definidos e que não haja custos de transação entre as partes, a livre negociação deve levar ao nível ótimo de emissão dessas externalidades.[2]

Teorema de Coase: *os direitos de emissão de externalidades (como poluição) são adequadamente definidos e não há custos de transação entre as partes, a livre negociação entre elas deve levar ao nível ótimo de emissão dessas externalidades.*

27.3.2 Poluição como bem público

O **teorema de Coase** parece sugerir que os problemas envolvendo poluição podem ser facilmente resolvidos desde que seja claramente definido a quem pertence o direito sobre a emissão de poluição. Na maioria dos casos que envolvem poluição, todavia, a aplicação desse princípio é praticamente impossível. Isso acontece porque a poluição costuma ter um caráter de bem público, ou, melhor dizendo, de mal público. Como visto

---

[2] Essa é conhecida como a versão fraca do teorema de Coase. A versão forte, que é uma interpretação possível do artigo já citado, diz que o nível ótimo de emissão não depende da definição legal dos direitos. Embora a versão forte do teorema de Coase seja válida sempre que os agentes envolvidos sejam firmas, ela só é válida para casos especiais quando um dos agentes envolvidos é um consumidor. Nesse último caso, não é possível garantir que a emissão ótima de poluição não dependa da definição dos direitos de propriedade. Para uma demonstração, ver, por exemplo, Varian (1993), Capítulo 31.

em outra parte deste livro, um bem público pode ser caracterizado pelo fato de seu consumo por parte de uma pessoa não reduzir a quantidade disponível para os outros. Um bom exemplo de um bem público é o pôr do sol. O fato de uma pessoa contemplar o pôr do sol não afeta de modo nenhum a possibilidade do outro em contemplá-lo. Sabe-se que o fornecimento de bens públicos não costuma ser ótimo quando emerge de condições de livre negociação entre os agentes.

Para ver por que o caráter de bem público da poluição pode tornar inválida a prescrição do teorema de Coase, houve uma pequena modificação no exemplo da subseção anterior. Suponha agora que, em vez de uma única companhia pesqueira, existam dez. Todas têm o mesmo tamanho, o que representaria um décimo da companhia do exemplo anterior. A Tabela 27.2 mostra como a emissão de poluição afeta o lucro dessas firmas individualmente e em seu conjunto (o lucro da indústria).

TABELA 27.2

	Lucro da companhia química (π_p)	Lucro da companhia pesqueira individual (π_p)	Lucro da indústria pesqueira ($10\pi_p$)	$\Delta\pi_q$ (benefício marginal)	$-\Delta\pi_q$ (custo marginal por companhia pesqueira)	$10\Delta\pi_p$ (custo marginal da indústria pesqueira)
0	1.160	300	3.000	—	—	—
1	1.440	299	2.990	280	1	10
2	1.650	296	2.960	210	3	30
3	1.800	290	2.900	150	6	60
4	1.900	280	2.800	100	10	100
5	1.960	265	2.650	60	15	150
6	1.990	244	2.440	30	21	210
7	2.000	216	2.160	10	28	280
8	2.000	180	1.800	0	36	360
9	1.990	135	1.350	-10	45	450

O nível eficiente de poluição continua sendo de quatro unidades, pois é nele que o benefício marginal da poluição se iguala ao seu custo marginal social, ou seja, à soma dos custos marginais individuais de cada companhia pesqueira. Todavia, suponha que seja dado à companhia química o direito legal de poluir quanto quiser. Essa companhia pode vender reduções em sua poluição para as companhias pesqueiras. Qual será o tamanho da redução obtida?

Se a companhia química está inicialmente emitindo oito unidades de poluição, então cada companhia pesqueira estará disposta a pagar até $ 36 para que essa emissão se reduza em uma unidade. Como a redução na emissão de poluição de oito para sete unidades não aumenta os custos da companhia química, a oitava unidade não deverá ser emitida. Com a sétima unidade de poluição acontecerá a mesma coisa: cada companhia pesqueira perde com essa unidade $ 28. Para reduzir a sua emissão de sete para seis unidades, a companhia química tem uma queda de lucro igual a $ 10. Assim, haverá uma companhia pesqueira disposta a compensar a companhia química para que essa reduza sua emissão de sete para seis unidades. Todavia, não haverá redução de seis para cinco unidades, pois o ganho no lucro de cada companhia pesqueira individual não será superior à redução no lucro da companhia química. Portanto, a livre negociação entre as partes não levará a um nível ótimo de poluição: serão emitidas seis unidades e o nível ótimo será de quatro unidades.

Evidentemente, quanto maior o número e menor o tamanho das companhias pesqueiras, menor a possibilidade de que algumas delas "comprem" reduções de poluição da companhia química e, portanto, mais distante do nível eficiente de poluição ficarão.

27.3.3 Cooperação e o problema do *free-rider*

O resultado obtido depende crucialmente da hipótese de que as companhias pesqueiras não ajam coletivamente, isto é, não cooperem entre si. Se houvesse cooperação entre elas, poderiam ratear entre si o custo de cada unidade de poluição abatida.

Assim, suponha, por exemplo, que tenha sido feito um acordo entre as companhias pesqueiras e a companhia química, no qual as primeiras se comprometeram a pagar $ 60 por unidade de poluição não emitida abaixo de oito unidades. Nesse caso, a companhia química emitiria até a quarta unidade, uma vez que todas as unidades até quatro geram aumento no lucro dessa companhia (benefício marginal) superior à indenização que as companhias pesqueiras estariam dispostas a pagar, e que qualquer unidade emitida acima de quatro tem um benefício marginal inferior ou igual à indenização oferecida pelas pesqueiras para que essa unidade não seja emitida. Então, seriam abatidas quatro unidades de poluição: a oitava, a sétima, a sexta e a quinta. Se a indenização oferecida pelas pesqueiras fosse rateada igualmente entre elas, então, cada uma estaria pagando $ 6 por unidade não emitida abaixo de oito. Observe que a oitava, a sétima, a sexta e a quinta unidades geram para cada companhia pesqueira uma redução de lucro superior ou igual a $ 6. Desse modo, as companhias pesqueiras estariam dispostas a pagar esses $ 6 cada uma ($ 60 no total) por unidade de poluição abatida. Assim, cada uma pagaria, pela redução da poluição em quatro unidades, $ 24, aumentando o seu lucro de $ 180 para (280 − 24 =) $ 256. Portanto, mediante cooperação entre as companhias pesqueiras, o nível ótimo de emissão de poluição poderia, novamente, ser obtido.

Será, todavia, essa cooperação provável? Infelizmente, a resposta é não. Para ver o porquê, imagine que uma das companhias pesqueiras deixe de colaborar. Nesse caso, as outras teriam de aumentar a contribuição individual de $ 6 para (60 ÷ 9 =) $ 6,67 cada uma a fim de poder comprar o abatimento de quatro unidades. Isso ainda valeria a pena, já que cada uma estaria disposta a pagar até $ 15 para que esse abatimento se realize. Porém, a companhia que deixou de colaborar, nesse caso, teve um aumento em seu lucro igual ao que ela deixou de pagar para a companhia química, isto é, $ 24. As outras companhias, por sua vez, tiveram uma redução de lucro, visto que estão tendo de pagar mais por unidade de poluição abatida. Assim, enquanto a saída de uma unidade da cooperação não afetar a quantidade de poluição emitida pela companhia química, haverá um forte estímulo (o aumento no lucro) para que essa saída ocorra.

Então, não se deve esperar que haja mais do que quatro companhias pesqueiras cooperando na compra de redução da poluição. Quando esse número for atingido, cada uma das quatro estará contribuindo exatamente com o máximo que ela está disposta a pagar pelo abatimento de quatro unidades e, portanto, se uma delas desistir de cooperar, as restantes só estarão dispostas a pagar por uma redução de três unidades de poluição. Mesmo assim, continua sendo interessante para cada companhia não cooperar, pois, se deixarem de cooperar, não precisarão pagar $ 60 (= 4 · 15) e terão seu lucro bruto reduzido em $ 21 porque as outras agora só estarão dispostas a comprar três unidades de abatimento de poluição. O seu ganho líquido, portanto, será de (60 − 21) = $ 39.

Logo, se toda companhia individual está preocupada exclusivamente com o seu lucro, a cooperação pode nunca existir ou não ser suficientemente forte e abrangente para eliminar ineficiências geradas pela poluição. O comportamento das companhias que deixam de colaborar é conhecido como comportamento **free-rider** (carona ou oportunista) e pode levar à inviabilização da cooperação ou, ao menos, à impossibilidade de que essa cooperação leve a empresa química a emitir apenas a quantidade ótima de poluentes.

Free-rider:
pessoa que usufrui do bem público sem pagar por ele.

27.3.4 Regulamentação direta e taxas pigouvianas

Quando a livre negociação entre as partes não é capaz de garantir que o nível de emissão de poluentes seja eficiente, algumas políticas públicas podem ser justificáveis. As duas formas mais tradicionais de políticas públicas contra a poluição são a regulamentação direta e o estabelecimento de uma taxa sobre a emissão de poluentes, conhecida como taxa pigouviana.

Taxa pigouviana:
imposto sobre unidade de poluição emitida que deve igualar-se ao custo marginal social dessa poluição no nível ótimo de emissão.

A **taxa pigouviana**, nome dado em homenagem ao economista A. Pigou, que primeiro sugeriu essa taxa, é um imposto sobre unidade de poluição emitida que deve igualar-se ao custo marginal social dessa poluição no nível ótimo de emissão. No exemplo, a taxa pigouviana seria igual a $ 100 por unidade emitida. A companhia química, ao defrontar-se com essa taxa, emitiria apenas as unidades de poluição que gerassem um aumento em seu lucro (benefício marginal) superior a essa taxa. Assim, emitiria apenas até a quarta unidade, uma vez que a quinta unidade gera um aumento em seu lucro de apenas $ 60, o que não é suficiente para cobrir a taxa.

A regulamentação direta consiste simplesmente em determinar para a firma poluidora o quanto deve emitir. Assim, no exemplo, o governo poderia simplesmente estabelecer que a companhia química não poderia emitir uma quantidade superior a quatro unidades de poluentes.

Teoricamente, tanto a restrição direta à emissão de poluentes como a taxa pigouviana podem gerar um nível eficiente de poluição, se houver conhecimento preciso das condições de custo e de benefícios de uma redução na poluição. Infelizmente, esse conhecimento é bastante improvável. Nesse caso, pode-se ora preferir restrições diretas, ora preferir taxas pigouvianas.

A regulamentação direta dos níveis de poluição é preferível quando o objetivo é garantir que um padrão mínimo de qualidade ambiental seja atingido. Se a estrutura dos custos de redução de poluição for desconhecida, não será possível saber qual a taxa pigouviana adequada para que esse padrão seja obtido. Todavia, se houver controle direto da emissão, ter-se-á certeza dessa obtenção.

A taxa pigouviana pode ser adequada quando houver mais de um poluidor e quando a preocupação for garantir que a redução na poluição seja feita a um custo mínimo. Suponha, por exemplo, dois poluidores. Um deles pode reduzir sua poluição a um custo relativamente pequeno. O outro tem de arcar com pesadas reduções em seus lucros para cada unidade de poluição emitida a menos. Nesse caso, seria mais interessante impor uma redução maior de poluição àquele poluidor que pode fazê-lo a baixo custo. Isso é automaticamente conseguido com o mecanismo da taxa pigouviana. A firma que tiver alto custo para reduzir sua emissão de poluentes preferirá reduzir pouco essa emissão e arcar com o pagamento da taxa pigouviana para a quase totalidade de sua poluição original. Já uma firma que pode reduzir a poluição a baixo custo preferirá realizar grandes reduções em seus volumes de emissão. Assim, a taxa pigouviana minimiza o custo social da redução na poluição.

Outro ponto que pode ser levantado em favor da taxa pigouviana é o estímulo que gera para que as firmas busquem desenvolver tecnologias menos poluidoras. Isso ocorre porque, com a taxa pigouviana, a emissão de poluição passa a ter um custo e, evidentemente, toda firma gostaria de possuir tecnologias que reduzissem seus custos.

27.3.5 Permissões negociáveis

Um instrumento de política econômica que começa a ser aplicado no controle da poluição são as chamadas **permissões negociáveis** para poluir. Esse instrumento parece combinar propriedades interessantes tanto do sistema de regulamentação direta da poluição como do sistema de taxas pigouvianas. Esse sistema é implementado da seguinte maneira: o governo estabelece um limite máximo para a emissão de poluição e o divide entre as firmas poluidoras por meio de permissões para poluir. As firmas só podem emitir poluição na quantidade especificada por suas permissões. Porém, se uma firma estiver emitindo abaixo de suas permissões, ela pode vender parte delas a uma firma que gostaria de emitir mais do que suas permissões possibilitam, ou seja, as permissões são negociáveis.

Esse sistema, por um lado, garante que as metas de poluição total sejam certamente atingidas, uma vez que o total de poluição é predeterminado pelo governo, e, por outro, garante que os custos sociais da obtenção dessas metas sejam mínimos, visto que as firmas que podem reduzir suas emissões de poluição a um baixo custo procurarão fazê-lo, e ainda vender as permissões de poluição não utilizadas às firmas para as quais a redução no volume de emissão é muito custosa.

Permissões negociáveis: *sistema em que o governo estabelece um limite máximo para a emissão de poluição e o divide entre as firmas poluidoras por meio de permissões para poluir. É possível a elas vender sua ota caso estejam abaixo do limite permitido.*

27.4 ■ O PROBLEMA DOS BENS COMUNS

O **problema dos bens comuns** ocorre devido ao abuso do recurso, pelo fato de ninguém ter sua posse e, portanto, o interesse em preservá-lo. Os custos de eficiência gerados pela poluição decorrem, em última instância, do fato de que há um recurso natural (um lago, no exemplo utilizado, ou, ainda, o ar atmosférico no caso da poluição do ar, ou o mar, entre outros) ao qual todos têm livre acesso, isto é, por cujo uso ninguém paga. No caso da poluição, além de livre acesso, há conflito entre diferentes tipos de usos para o mesmo recurso: a água do lago pode ser empregada como veículo para a dispersão de resíduos industriais ou como fonte de criação de peixe; mas o primeiro uso compromete o segundo. Pode haver, todavia, situações em que, apesar de não haver usos conflitantes para um recurso natural ao qual se tem livre acesso, esse recurso seja explorado de maneira ineficiente. Isso acontece muitas vezes com os recursos pesqueiros naturais. Por isso, será trabalhado a seguir um exemplo sobre a pesca. No entanto, os resultados são bem mais gerais e podem ser estendidos a todas as situações em que há livre acesso a um recurso produtivo.

Problema dos bens comuns: *ocorre devido ao abuso do recurso pelo fato de ninguém ter sua posse e, portanto, o interesse em preservá-lo.*

Suponha, portanto, determinado parque pesqueiro (um rio, uma região do mar ou um lago). Suponha também que qualquer pessoa pode colocar um barco de pesca nesse parque e pescar o que bem entender. O custo diário de cada barco de pesca é, diga-se, $ 100, incluindo a remuneração do capital, isto é, o lucro normal e o preço do peixe, que é de $ 10 por unidade. A quantidade que cada barco pode pescar por dia depende do número de barcos existentes. Quanto maior o número de barcos presentes na região, menor a quantidade pescada por barco, pois um maior esforço de pesca deve reduzir a quantidade existente de peixes, fazendo com que seja mais difícil encontrar e pescar os cardumes. A Tabela 27.3 dá um exemplo desta relação e também mostra quais seriam a receita e o lucro obtidos por barco, assim como a receita e o lucro obtidos pelo conjunto dos barcos.

TABELA 27.3

(1) Número de barcos	(2) Peixes por barco	(3) Receita por barco = (2) · $ 10	(4) Lucro por barco = (3) − 100	(5) Receita de todos os barcos = (1) · (3)	(6) Lucro de todos os barcos = (1) · (4)	(7) Contribuição do último barco à receita total
1	100	1.000	900	1.000	900	1.000
2	90	900	800	1.800	1.600	800
3	80	800	700	2.400	2.100	600
4	70	700	600	2.800	2.400	400
5	60	600	500	3.000	2.500	200
6	50	500	400	3.000	2.400	0
7	40	400	300	2.800	2.100	−200
8	30	300	200	2.400	1.600	−400
9	20	200	100	1.800	900	−600
10	10	100	0	1.000	0	−800
11	0	0	−100	0	−1.100	−1.000

Sob condição de livre acesso, haverá entrada de novos barcos nessa região enquanto for lucrativa. Assim, o número de barcos deve estabilizar-se em dez. Entretanto, esse não é, evidentemente, um número eficiente — com dez barcos pesca-se a mesma quantidade de peixes que seria pescada caso houvesse apenas um barco. A quantidade eficiente de barcos seria a que gerasse o maior lucro possível para o conjunto dos barcos, isto é, cinco barcos. Uma forma de perceber que cinco barcos é o número eficiente sem olhar para a sexta coluna da Tabela 27.3 é observar que, do ponto de vista do conjunto dos barcos, até o quinto barco, a receita adicional trazida pelo último barco é superior ou igual ao custo desse barco ($ 100). Do sexto barco para a frente, a receita adicional (do ponto de vista do conjunto dos barcos) de cada barco é inferior ao seu custo e, portanto, não é socialmente desejável empregá-lo.

Assim, sob condições de livre acesso, o número de barcos empregados será bem superior ao número ótimo de barcos, e a renda, isto é, o valor que excede o custo da atividade pesqueira, será reduzida a zero. O que pode ser feito para evitar esse resultado?

Uma possível resposta seria estabelecer o direito privado de propriedade sobre o parque pesqueiro. Se ele pertencesse a um único indivíduo, ele procuraria extrair o máximo de renda, e, para tal, manteria o número eficiente de barcos. Embora essa solução seja teoricamente perfeita, há alguns problemas. O primeiro deles é que a renda da atividade pesqueira seria apropriada por uma única pessoa e seriam excluídos todos (ou todos menos um) os pescadores que historicamente viviam dessa atividade. Um segundo problema é ainda mais complicado: estabelecer o direito de propriedade é uma coisa; outra coisa é fazer valer esse direito, isto é, realmente impedir o acesso à zona pesqueira de todos os que não tiverem expressa autorização de seu dono. Isso custa dinheiro e, no caso da pesca marinha, pode custar mais do que a máxima renda auferida pela atividade pesqueira. Neste caso, não valerá a pena para o proprietário da zona pesqueira fazer valer o seu direito de propriedade, que será letra morta. Por exemplo, suponha que, para garantir que o parque pesqueiro do exemplo não seja explorado por pescadores não autorizados, o proprietário tenha de contratar um serviço de patrulha que custa $ 2.600. Nesse caso, ele terá de pagar mais do que a renda que essa patrulha lhe garantirá ($ 2.500) e, portanto, a patrulha não será contratada e, de fato, o livre acesso ao parque não será eliminado.

Uma outra alternativa seria simplesmente estabelecer que o número máximo de barcos a atuar na região seja o número eficiente. Entretanto, os dois problemas reaparecem: quem seriam os privilegiados que poderiam realizar a pesca? E será que os custos de fiscalização para impedir a pesca por barcos clandestinos não superariam a renda auferida pela pesca autorizada?

Pode-se ainda pensar em uma alternativa pigouviana: se o governo impusesse um imposto por barco igual a $ 500, então o custo de cada barco passaria a ser igual a $ 600 e o lucro por barco seria igual a zero quando o número de barcos atingisse o nível eficiente. O governo apropriar-se-ia da renda econômica. Novamente, emerge o problema do custo de fiscalização: pode ser que a renda de impostos não seja suficiente para financiar um sistema de fiscalização que garanta que os barcos que não pagam o imposto de $ 600 sejam devidamente autuados.

27.5 ■ RECURSOS NÃO RENOVÁVEIS

Até agora foi visto o mau uso de recursos naturais que, se adequadamente explorados, não devem se extinguir jamais. O ar e a água são naturalmente reciclados e os seres vivos perpetuam-se por meio de sua reprodução. Há, todavia, um grupo de recursos naturais cujo uso necessariamente implica menor disponibilidade no futuro. Basicamente, são os recursos minerais: metais, carvão, petróleo e algumas pedras preciosas. Uma vez extraídos esses recursos, suas reservas não são capazes de se refazer, e, portanto, diz-se que são **recursos não renováveis**: uma vez destruídos, estão perdidos para sempre.

A questão que se pode colocar acerca de um recurso não renovável é: quando consumi-lo? O barril de petróleo que se consumir hoje não poderá ser consumido amanhã, perdeu-se para sempre. É melhor consumi-lo hoje ou daqui a um ano? Ou daqui a

Recursos não renováveis:
recursos que, uma vez destruídos, não são capazes de se refazer.

dois anos? Para responder a essa pergunta, deve-se comparar os benefícios que esse barril de petróleo traria caso fosse consumido hoje com o benefício que traria no futuro.

Suponha que a decisão se restrinja à escolha entre consumir em um período t_0 ou em um período subsequente, t_1. Isso simplificará a exposição sem que haja perda de generalidade. Se o sistema de mercado funciona bem, sabe-se que o preço do petróleo em cada período é um indicador adequado de seu benefício. Sejam, portanto, p_0 o preço do barril de petróleo no período 0 e p_1, esse preço no período 1. Para aumentar a simplicidade, suponha também que o petróleo seja extraído sem custo ou que p_0 e p_1 sejam os preços líquidos dos custos. É necessário, então, decidir se o barril de petróleo deve ser retirado em t_0 ou em t_1, comparando-se p_0 com p_1.

Porém, como esses valores estão em diferentes momentos do tempo, eles não podem ser diretamente comparados, pois, em primeiro lugar, as pessoas costumam preferir o consumo no presente ao consumo no futuro; em outras palavras, para abrir mão de determinado benefício no presente, exigirão um benefício maior no futuro. Em segundo lugar, determinado valor pode ser investido hoje, devendo gerar um valor maior no futuro. Se o mercado financeiro funcionar adequadamente, a taxa de juros, indicada pela letra r, será um bom indicador dessas duas tendências: ela deverá indicar quantos reais a mais as pessoas exigiriam receber no futuro para abrir mão de um real hoje e também quantos reais a mais serão obtidos no futuro por real investido hoje.

Se extrair o petróleo em t_0, recebe-se, portanto, o valor p_0. Porém, p_0 hoje equivale a $(1+r)\,p_0$ em t_1, seja porque as pessoas só abrirão mão de p_0 em t_0 se receberem $(1+r)\,p_0$ em t_1, seja porque um investimento no valor de p_0 gera um valor de $(1+r)\,p_0$ em t_1. Portanto, se $(1+r)\,p_0 > p_1$, é mais interessante extrair o petróleo em t_0. No entanto, se todos os proprietários de poços de petróleo pensarem assim, a quantidade ofertada de petróleo aumentará e, consequentemente, uma vez que a demanda é negativamente inclinada, o preço p_0 deverá cair. Inversamente, se $(1+r)\,p_0 < p_1$, valerá a pena esperar para extrair o petróleo em t_1, e a oferta de petróleo em t_0 deverá se reduzir. Portanto, o preço é estável quando $(1+r)\,p_0 = p_1$. Esse resultado é eficiente do ponto de vista social, uma vez que o benefício marginal da extração do petróleo em t_0 (isto é, o benefício de um barril de petróleo extraído em t_0) é igualado à perda de benefício marginal causada por essa perda de petróleo em t_1. Rearranjando o resultado, e lembrando que no exemplo a variação de tempo Δt entre os períodos t_0 e t_1 é igual a 1, obtém-se:

$$(1+r)\,p_0 = p_1 \Rightarrow p_0 - (1+r)\,p_0 = p_0 - p_1 \Rightarrow \boxed{\frac{\Delta P}{\Delta t} = r} = r$$

Regra de Hotelling: *diz que um recurso não renovável deve ser explorado de modo a garantir que a taxa de crescimento em seu preço seja igual à taxa de juros.*

Esse resultado é conhecido como **regra de Hotelling** e diz, simplesmente, que um recurso não renovável deve ser explorado de modo a garantir que a taxa de crescimento em seu preço seja igual à taxa de juros.

Foi visto que a regra de Hotelling será satisfeita se houver propriedade privada do recurso não renovável. O que acontecerá se o acesso a esse recurso for livre? Neste caso, aquele que explora esse recurso não pode contar com a alternativa de deixar de explorá-lo hoje para explorá-lo mais tarde, simplesmente porque, se ele não retirar o recurso hoje, isso será feito por outro. O livre acesso deve, portanto, causar superexploração também dos recursos renováveis. Foi isso o que ocorreu, por exemplo, em todas as corridas do ouro da história da humanidade: a descoberta de novas jazidas de ouro, às quais qualquer um poderia ter acesso, provocou uma exploração tão elevada desses recursos que acabou gerando uma queda no preço do ouro que não se justificaria caso a propriedade das minas fosse privada.

Problema equivalente, porém, mais importante, acontece com a exploração de um recurso natural não renovável de suma importância para a economia moderna: o petróleo. Os lençóis de petróleo localizam-se embaixo da terra, sem respeitar a divisão de propriedade feita pelos homens, ou seja, é frequente o caso em que um lençol de petróleo passa por baixo de mais de uma propriedade. Suponha que você seja um fazendeiro texano e descubra que há uma reserva de petróleo sob sua propriedade e sob as propriedades de seus vizinhos. O que você faria? Provavelmente, extrairia tanto petróleo quanto pudesse antes que seus vizinhos o fizessem — considerações acerca da conveniência de esperar uma valorização seriam desprezadas. O mesmo problema pode ocorrer no nível das relações internacionais. Entre os motivos alegados pelo Iraque para dar início à chamada Guerra do Golfo contra o Kuwait, estava a exploração de lençóis de petróleo que jaziam tanto sob território iraquiano como sob território kuwaitiano.

QUESTÕES

1. O que é uma externalidade negativa? Por que a poluição pode ser entendida como uma externalidade negativa?
2. O que diz o teorema de Coase?
3. O que é uma taxa pigouviana?
4. Explique em suas palavras por que o livre acesso a um recurso natural pode levar à sua superexploração.
5. Explique o significado da regra de Hotelling.
6. A tabela a seguir mostra como as emissões de poluição, por parte de uma companhia química, afetam tanto o seu lucro como o lucro de 20 companhias pesqueiras idênticas. Complete a tabela e determine qual deve ser o nível ótimo de poluição e qual o nível mínimo de poluição esperado, caso seja determinado que a companhia química tenha o direito de poluir o quanto quiser.

	Lucro da companhia química (π_p)	Lucro da companhia pesqueira individual (π_p)	Lucro da indústria pesqueira ($10\pi_p$)	$\Delta\pi_q$ (benefício marginal)	$-\Delta\pi_q$ (custo marginal por companhia)	$10\Delta\pi_q$ (custo marginal da indústria pesqueira)
0	800	150				
1	1.440	149,5				
2	1.650	148				
3	1.800	145				
4	1.900	140				
5	1.960	132,5				
6	1.990	122				
7	2.000	108				
8	2.000	90				
9	1.990	67,5				

7. No exercício anterior, qual seria a taxa pigouviana que levaria a companhia química a emitir o nível ótimo de poluição?

8. Em uma região pesqueira, o volume total diário de pesca é determinado pela expressão $Y = 100.000 - 0,5\,n^2$, na qual Y é o total pescado (em quilos) e n é o número de barcos empregados na pesca. Suponha que o custo do barco é de \$ 1.000 por dia e que o preço do peixe, \$ 1 por quilo. Determine o número de barcos, caso seja permitido o livre acesso à pesca. Defina também o número ótimo de barcos.

9. Com relação ao exercício anterior, determine quais seriam as possíveis políticas para induzir um número ótimo de barcos na região.

REFERÊNCIAS

BAUMOL, W. J.; OATES, W. E. *The theory of environmental policy*. 2. ed. Cambridge: Cambridge University Press, 1988.

COASE, R. The problem of social cost. *The Journal of Law and Economics*, 1960.

CROPPER, M. L.; OATES, W. E. Environmental economics: a survey. *Journal of Economic Literature*, n. 30, 1992, p. 675-740.

DAGUPTA, P.; MÄLER, KARL-GÖRAN. Poverty, institutions, and the environmental resource-base. In: BEHRMAN, J.; SRIVASAN, T. N. (Eds.). *Handbook of development economics*. New York: Elsevier, 1995.

EATON, C. B.; EATON, D. F. *Microeconomia*. São Paulo: Saraiva, 1999.

MANSFIELD, E.; YOHE, G. *Microeconomics*. New York: W. W. Norton & Company, 2000.

VARIAN, H. R. *Intermediate microeconomics*. 5. ed. New York: W. W. Norton & Company, 1999.

WESSELS, W. J. *Economia*. 2. ed. São Paulo: Saraiva, 2003.

28 ECONOMIA REGIONAL E URBANA

Julio Manuel Pires

28.1 ■ INTRODUÇÃO

Constitui-se em um fato óbvio a qualquer pessoa que o desenvolvimento econômico não se distribui de forma homogênea no espaço. Os diferentes níveis de complexidade atingidos pelo aparato produtivo nas diversas regiões trazem implicações políticas e sociais evidentes. Daí a grande importância dos estudos relacionados à distribuição espacial do desenvolvimento econômico.

O estudo de uma economia regional diferencia-se do estudo da economia nacional, sobretudo pela ausência de barreiras em relação à migração e circulação de bens, serviços e capital. Essa maior mobilidade de recursos entre regiões pode determinar que uma área exerça influência relevante sobre as demais, em relação à atração de recursos produtivos ou domínio de mercados, em virtude de dotações diferenciadas de recursos naturais, tamanho de mercados consumidores, qualificação da mão de obra, entre outras.

Constantemente, surgem notícias a respeito das pressões políticas vindas das regiões nas quais o desenvolvimento econômico está mais defasado. À medida que os desequilíbrios regionais se mostram mais pronunciados e que a integração econômica é mais tênue, tendem a se acirrar os antagonismos políticos. A sensação dos moradores da região A de que estão sendo espoliados — via relações econômicas, tributárias e outras — pelos residentes da região B, normalmente, é correspondida por sentimentos semelhantes em sentido oposto, podendo transformar-se, no limite, em propostas efetivas de autonomia política e administrativa.

No caso do Brasil, é imperioso observar que a estrutura do sistema político nacional permite que se coloquem em pauta as reivindicações de tais regiões, ensejando sua transformação em políticas efetivas, cujo grau de eficiência na atenuação dos desníveis econômicos regionais tem se mostrado bastante variável. Conquanto a Superintendência de Desenvolvimento do Nordeste (Sudene), a Superintendência de Desenvolvimento da Amazônia (Sudam) e um conjunto expressivo de incentivos fiscais tenham sido criados nas décadas anteriores, é a partir da década de 1970 que se promoveram políticas mais efetivas visando reduzir a concentração do desenvolvimento econômico — e em particular da indústria — na Região Sudeste. Assim, após o período do milagre econômico, é possível identificar uma tendência nítida de desconcentração da atividade econômica no Brasil em termos inter-regionais, intrarregionais e intraestaduais. O II Plano Nacional de Desenvolvimento (II PND) teve papel importante nessa transformação, pois uma de suas preocupações fundamentais foi a descentralização espacial dos investimentos programados. Desde os anos 1970, é possível constatar uma nítida tendência de desconcentração econômica: das regiões e Estados mais ricos do Sul-Sudeste para o Nordeste, Norte e Centro-Oeste e das áreas metropolitanas para o interior dos Estados.

O grande protagonista dessa desconcentração foi o Estado, mediante suas políticas regionais (Sudam, Sudene), setoriais (de apoio à agricultura, por exemplo) e exportadoras e por meio dos investimentos diretos das empresas estatais.

Atualmente, a grande dúvida que se estabelece diz respeito à possibilidade de, em face do contexto de desregulamentação e menor participação do Estado na economia, instalar-se um processo de reconcentração econômica, uma vez que os limites mais amplos de operação das forças de mercado — com um menor volume de investimentos públicos direcionados e redução de subsídios/incentivos fiscais específicos — poderiam conduzir os investidores a optar pelas regiões mais desenvolvidas.

Os conceitos e instrumentais apresentados de forma sumária na sequência deste capítulo pretendem fornecer um referencial teórico para o entendimento desse tipo de problema e outros mais relacionados ao planejamento regional e à definição de políticas de desenvolvimento regional. O objetivo neste trabalho compreende tão-somente uma apresentação sumária das principais linhas investigativas que caracterizam a economia regional e urbana, de modo a introduzir os leitores em alguns conceitos e teorias dessa importante área do conhecimento. Determinado o objetivo, julga-se mais adequado não explicitar as deduções algébricas que acompanham a grande maioria dos modelos, as quais, apesar de simples, pouco contribuiriam para um entendimento mais abrangente dos conceitos explicitados. Aos leitores interessados em pormenores, a bibliografia relacionada no final deste capítulo é perfeitamente capaz de atender suas demandas.

28.2 ■ ESPAÇO GEOGRÁFICO E ESPAÇO ECONÔMICO

Um primeiro conceito fundamental a balizar o conhecimento sobre o desenvolvimento econômico regional é o conceito de espaço econômico. O primeiro conjunto de abordagens sobre o desenvolvimento econômico regional, de autores como Von Thünen, Alfred Weber e Lösch, discutido em tópicos posteriores, concentrava-se basicamente no esforço em entender como as atividades econômicas se distribuíam no meio geográfico. Mais tarde, Perroux, criticando essa abordagem estritamente euclidiana do espaço, substituiu a ideia de espaço tridimensional na economia pela ideia de espaço abstrato, criando o conceito de **espaço econômico**, o qual se constitui de um conjunto de relações abstratas não relacionadas diretamente à localização geográfica. François Perroux distingue três conceitos diversos de espaço econômico, cuja utilidade ver-se-á condicionada pelo objetivo do analista.

Espaço econômico: *conjunto de relações abstratas não relacionadas diretamente à localização geográfica.*

Espaço de planejamento: *delimita geograficamente o campo de abrangência das atividades de uma firma ou órgão público.*

Espaço polarizado: *espaço econômico diferenciado, hierarquizado e articulado de forma funcional, constituído por concentrações de população e de produção que tendem a gerar efeitos de atração e repulsão sobre as demais regiões.*

Em primeiro lugar, tem-se o conceito de **espaço de planejamento**, cujo escopo essencial consiste em delimitar geograficamente o campo de abrangência das atividades de uma firma ou órgão público. À medida que o setor privado ou público se propõe a exercer determinada atividade, é essencial que, no seu processo de planejamento, seja determinado o território no qual se processará sua atuação, bem como as relações de mútuo impacto entre essa região de planejamento e as atividades propostas.

O segundo conceito de espaço econômico refere-se ao **espaço polarizado**. As concentrações de população e de produção tendem a gerar efeitos de atração e repulsão sobre as demais regiões, constituindo, assim, um espaço econômico diferenciado, hierarquizado e articulado de forma funcional. Por exemplo, em torno das regiões metropolitanas — as quais tendem a atrair grandes contingentes populacionais e a concentrar as atividades econômicas principais —, normalmente, distribuem-se outras cidades, cujas funções econômicas se subordinarão às necessidades do núcleo metropolitano, fazendo com que suas dinâmicas econômicas permaneçam dependentes. É importante observar que a influência exercida por um polo econômico pode muitas vezes independer de uma contiguidade geográfica, e exercer sua ascendência em cidades/regiões mais dispersas. Estas, por sua vez, também atuarão sobre outras áreas, determinando, com base no polo principal, uma rede mais ampla de regiões polarizadas segundo certa hierarquização de funções.

Por último, Perroux conceitua o **espaço homogêneo**, no qual, mediante a utilização de uma ou mais variáveis consideradas relevantes, possa se estabelecer uma relação de identidade entre áreas cujos parâmetros se aproximem e, simultaneamente, diferenciem-se das demais regiões.

Essa classificação não implica assumir tais espaços e regiões como excludentes entre si. Uma mesma região pode ser ao mesmo tempo uma região de planejamento e uma região polarizada. Assim, o espaço econômico pode ser entendido como sendo representado por vetores típicos da ciência econômica, desvinculados da localização geográfica. Ao se considerarem esses vetores interagindo com a área geográfica, tem-se o **espaço geoeconômico**.

Espaço homogêneo: *onde possa se estabelecer uma relação de identidade entre áreas cujos parâmetros se aproximem e, simultaneamente, diferenciá-las das demais regiões.*

Espaço geoeconômico: *é representado por vetores interagindo com a área geográfica.*

28.3 ■ INDÚSTRIA MOTRIZ E POLO ECONÔMICO

Dentro do referencial teórico de Perroux, destacam-se também os conceitos de **indústria motriz** e o de **indústria-chave**. A primeira refere-se à indústria capaz de promover acréscimos de vendas e compras de bens e serviços de outras firmas, por meio do aumento de suas próprias vendas. Já a indústria-chave é a que induz, no conjunto da economia, a um acréscimo global de vendas maior que o aumento de suas vendas.

A aglomeração territorial de indústrias motrizes acaba determinando o surgimento de um polo industrial complexo, o qual, em virtude da intensificação das atividades econômicas, gera novos padrões de consumo diversificados e progressivos, ensejando o aumento de necessidades coletivas como habitação, transportes ou serviços públicos, colaborando também para a formação de empresários e trabalhadores qualificados.

A constituição desses polos industriais complexos e aglomerados acaba por modificar o meio geográfico, tornando-os centros de acumulação e aglomeração de recursos humanos e de capital fixo, determinando efeitos em relação a disparidades inter-regionais.

As indústrias motrizes, os polos industriais e as atividades aglomeradas constituem o que Perroux chamou de **conjuntos ativos**, os quais determinam o crescimento dos **conjuntos passivos**, compostos pelas indústrias movidas e regiões dependentes.

A formulação de Perroux a respeito dos polos de crescimento baseia-se em uma ampliação da concepção desenvolvimentista de Schumpeter. Assim como Schumpeter atribuía ao empresário inovador o papel dinâmico fundamental no capitalismo, Perroux procurou ampliar essa visão atribuindo às unidades econômicas dominantes a capacidade de modificar as estruturas econômicas. A **unidade econômica** pode se constituir de uma firma, uma indústria, um complexo industrial ou mesmo um país ou um bloco de nações. A unidade dominante, caracterizada posteriormente de unidade motriz, seria, assim, o elemento impulsionador fundamental para dinamizar o crescimento em outras regiões.

Indústria motriz: *promove acréscimos de vendas e compras de bens e serviços de outras firmas, por meio do aumento de suas próprias vendas.*

Indústria-chave: *induz, no conjunto da economia, a um acréscimo global de vendas maior que o aumento de suas vendas.*

Conjuntos ativos: *indústrias motrizes, polos industriais e atividades aglomeradas.*

Conjuntos passivos: *compostos pelas indústrias movidas e regiões dependentes.*

Unidade econômica: *pode se constituir de uma firma, uma indústria, um complexo industrial ou mesmo um país ou um bloco de nações.*

Perroux salientou o fato de que o surgimento e desenvolvimento das indústrias e seu eventual declínio não ocorrem de forma uniforme ao longo do espaço geográfico, mas sim de forma nodal. Essa ideia, somada à concepção de espaço econômico anteriormente formulada, permitiu-lhe desenvolver a teoria dos polos de crescimento.

A conceituação de indústria motriz passa por três características fundamentais. Em primeiro lugar, seu grande porte, com sua participação expressiva no total da produção de determinada região polarizada. Em segundo lugar, sua taxa de crescimento superior à média regional. E, por último, suas importantes ligações técnicas (*linkages*) com várias outras indústrias, permitindo, assim, a constituição de um complexo industrial.

> **Região polarizada:** define-se pelo fato de suas transações econômicas principais serem feitas com seu polo dominante comparativamente a outras localidades.

A **região polarizada** define-se pelo fato de suas transações econômicas principais serem feitas com seu polo dominante comparativamente a outras localidades.

Apesar da definição de polarização não implicar obrigatoriamente a existência de concentração geográfica, uma vez que uma indústria dominante pode comandar empresas espalhadas por várias outras regiões, há uma tendência de concentração das atividades em termos geográficos. Essa concentração pode confundir-se com uma determinada cidade, já que a constituição de um polo de crescimento gera economias externas, o que favorece a indústria motriz e outras a ela relacionadas. O polo dominante, conduzindo a efeitos de aglomeração, permite a atração de novas firmas e efeitos de ligação, proporcionando acesso mais fácil aos mercados já existentes ou em criação.

28.4 ■ AS ABORDAGENS CLÁSSICAS

A concentração da atividade industrial, pelos encadeamentos estabelecidos dentro do próprio setor secundário e com outras atividades econômicas e consequentes efeitos multiplicadores, tornou-se, desde há muito, objeto particular de atenção de alguns pesquisadores. Têm-se, assim, alguns trabalhos considerados clássicos pelo pioneirismo em suas formulações a esse respeito.

As contribuições de Von Thünen, Alfred Weber, August Lösch e Walter Isard constituem a chamada teoria clássica da localização, uma vez que foram os primeiros autores a se preocupar com o problema da distribuição espacial do crescimento econômico, tendo fixado as bases das análises subsequentes.

28.4.1 Von Thünen e a localização industrial

A análise de Von Thünen, desenvolvida na primeira metade do século XIX, apesar de se preocupar originariamente em examinar a localização de atividades agrícolas na área circunvizinha a uma cidade, constituiu-se, posteriormente, como base importante para estudos de localização industrial. Com base em determinados pressupostos, como um centro de mercado rodeado por uma região agrícola homogênea, que apresenta as mesmas propriedades físicas em todas as direções, custos de transporte uniformes em função da distância, preços na cidade idênticos para cada produto e objetivo de maximização de renda por parte dos agentes econômicos, Von Thünen procurou explicar como se desenvolvia o padrão de distanciamento das atividades agrícolas do centro do mercado, tendo em vista o objetivo de maximização da renda da terra. Maximização que depende, em cada ponto, da distância do mercado.

> **Anéis de Von Thünen:** mostravam que, devido ao aumento dos custos de transporte, as culturas mais nobres tendem a ocupar os círculos mais próximos ao núcleo central, reservando os anéis externos às culturas de menor rendimento, mas com custos de transporte inferiores.

A conformação das atividades derivada de sua análise ficou conhecida como **anéis de Von Thünen**, mostrando que, devido ao aumento dos custos de transporte, as culturas mais nobres tendem a ocupar os círculos mais próximos ao núcleo central, reservando os anéis externos às culturas de menor rendimento, mas com custos de transporte inferiores.

28.4.2 O modelo de Weber

O ponto focal das preocupações de Weber centra-se na localização de uma indústria, direcionando sua análise para a influência dos custos de transporte, das despesas associadas ao deslocamento da mão de obra e para o que o autor denomina forças aglomerativas. O objetivo fundamental da firma em seu modelo é a minimização de custos, dadas as localizações e os pesos distintos das fontes de matérias-primas e dos centros de consumo (levando-se em conta também seu tamanho) e a oferta de mão de obra.

O ponto de partida de Weber consiste em tentar determinar uma localização para a indústria que minimize o seu custo de operação. Para tanto, procura definir quais os fatores locacionais gerais da indústria, isto é, busca identificar quais as economias de custo que qualquer tipo de indústria pode obter ao escolher determinada localização. Descarta, assim, os fatores de custo específicos, que seriam auferidos por um número reduzido de indústrias.

Esses fatores gerais podem ser classificados, segundo a escala geográfica de abrangência, em **regionais**, **aglomerativos** e **desaglomerativos**.

Os fatores regionais referem-se, basicamente, às despesas com mão de obra e transporte do produto final e das matérias-primas necessárias ao processo produtivo. No tocante às matérias-primas, Weber distingue as disponíveis em qualquer lugar — denominadas de **ubiquidades** — das localizadas, ofertadas apenas em determinadas localidades. A partir daí, é possível desenvolver dois conceitos relacionados para avaliar a importância dos custos do transporte da matéria-prima. O primeiro deles é o **índice material**, representado pelo quociente entre o peso das matérias-primas localizadas e o peso total do produto. Valores próximos a zero indicam a presença predominante ou quase exclusiva das ubiquidades, enquanto valores maiores que um para esse indicador conotariam a existência de perdas no processamento do produto. O **peso locacional**, por sua vez, relaciona o peso total a ser transportado (correspondente ao peso das matérias-primas localizadas mais o peso do produto) com o peso do produto. De acordo com os valores assumidos por esse indicador, podem-se tirar algumas conclusões interessantes concernentes à melhor localização da indústria, uma vez que ele proporciona uma ideia da importância relativa do custo de transporte das matérias-primas e do produto final na escolha relativa à localização. Assim, se o peso locacional for elevado, significa que há perdas expressivas de peso no processo produtivo, indicando que a proximidade das fontes de matéria-prima é mais recomendável. Por sua vez, valores baixos assumidos por esse quociente apontam para ganhos de peso no processamento do bem, sugerindo a localização da indústria mais próxima do mercado consumidor.

Em relação à mão de obra, é possível dispensar tratamento idêntico. Assim, um dos conceitos fundamentais diz respeito ao **índice de custo de mão de obra**, o qual, mediante a relação do custo de mão de obra com o peso de produto, permite a obtenção de um indicador do número de unidades monetárias de salários por unidade de peso do produto. O quociente entre o custo de mão de obra e o peso locacional, denominado **coeficiente de mão de obra**, permite aquilatar a importância relativa dos custos de transporte e de salários. Assim, se o valor do coeficiente de mão de obra for elevado,

---

Ubiquidades: *matérias-primas disponíveis em qualquer lugar.*

Índice material: *representado pelo quociente entre o peso das matérias-primas localizadas e o peso total do produto.*

Peso locacional: *relaciona o peso total a ser transportado (correspondente ao peso das matérias-primas localizadas mais o peso do produto) com o peso do produto.*

Índice de custo de mão de obra: *permite a obtenção de um indicador do número de unidades monetárias de salários por unidade de peso do produto.*

Coeficiente de mão de obra: *permite aquilatar a importância relativa dos custos de transporte e de salários.*

significa que as despesas de salários são mais elevadas que as despesas de transporte, em relação ao peso do produto; portanto, o custo do fator mão de obra é mais importante. Se o coeficiente de mão de obra assumir um valor reduzido, equivale a dizer que o fator transporte de matéria-prima e do produto final é mais relevante que o custo salarial.

A comparação entre as vantagens relacionadas ao custo de transporte e de mão de obra pode ser facilmente visualizada por meio da delimitação das **isodapanas** — curvas com mesmo nível de custos de transporte para a indústria — e da localização, no mapa de isodapanas, dos lugares mais favoráveis da perspectiva do custo de mão de obra. Torna-se, assim, possível definir a **isodapana crítica**, que mostra o esgotamento da vantagem provável de ser obtida em relação ao custo de mão de obra com a localização da indústria em determinado lugar.

Os outros conceitos fundamentais dentro da análise de Weber são os conceitos de fator aglomerativo e fator desaglomerativo. Tomando como unidade de análise a indústria individual, o **fator aglomerativo** indica o ganho para a firma em relação à redução de custos, proporcionado por sua localização próxima a outras firmas da mesma indústria. O **fator desaglomerativo**, por sua vez, mostra a redução de despesas obtida por uma determinada firma em virtude de seu distanciamento das outras da mesma indústria já estabelecidas.

Um dos pontos importantes do modelo de Weber é o chamado **triângulo locacional**, constituído por lugares diferentes de fornecimento de matéria-prima para a indústria e o centro consumidor. O ponto de equilíbrio das três forças seria aquele capaz de proporcionar o menor custo para a firma.

Uma das principais críticas feitas em relação ao trabalho de Weber diz respeito a não inclusão dos fatores institucionais, como economias de juros, seguros e impostos. Além disso, considera-se também a teoria como de pouca operacionalidade, uma vez que as externalidades de aglomeração são muito difíceis de ser quantificadas.[1]

Isodapanas: *curvas com mesmo nível de custos de transporte para a indústria.*

Isodapana crítica: *mostra o esgotamento da vantagem possível de ser obtida em relação ao custo de mão de obra com a localização da indústria em determinado lugar.*

Fator aglomerativo: *indica o ganho para a firma em relação à redução de custos, proporcionado por sua localização próxima a outras firmas da mesma indústria.*

Fator desaglomerativo: *mostra a redução de despesas obtida por determinada firma em virtude de seu distanciamento das outras da mesma indústria já estabelecidas.*

Triângulo locacional: *constituído por dois pontos diferentes de fornecimento de matéria-prima para a indústria e o centro consumidor.*

28.4.3 Lösch e o sistema de cidades

A preocupação fundamental de Lösch é, antes de tudo, normativa. Muito mais que explicar a realidade, volta-se para tentar estabelecer os parâmetros definidores da melhor localização para as firmas, tendo em vista o planejamento público e privado.

Lösch parte de alguns pressupostos como planície homogênea e isótropa, igualdade de renda e de gostos entre os consumidores e supõe que as firmas adicionem ao preço de venda de seu produto o custo referente ao frete, determinando, portanto, uma demanda decrescente pelo produto — em decorrência do acréscimo de preço —, com o aumento da distância. Com base nesse modelo, é possível determinar o anel circular da área de mercado correspondente ao círculo que tem como centro a fábrica e como raio a distância máxima que a firma atenderá, tendo em vista o acréscimo constante do preço de venda com a distribuição e a redução da demanda a zero em determinado ponto. Considerando como constante ao longo do anel também a densidade demográfica, além dos pressupostos mencionados, é possível estimar o cone de demanda, representativo do volume total de vendas de certa localização, na ausência de competidores.

---

[1] Cf. RICHARDSON, H. W. *Elementos de economia regional*. Rio de Janeiro: Zahar, 1973.

A grande contribuição de Lösch aos estudos sobre desenvolvimento regional é a sua teoria sobre sistemas de cidades. Com base em algumas hipóteses bastante específicas, como planície homogênea, população igualmente distribuída por todo o território sob análise, existência de economias de escala na produção do bem final em alguns pontos do território e concorrência perfeita, Lösch consegue desenvolver uma teoria inovadora, utilizando um raciocínio puramente econômico e substituindo a versão anterior de Weber, a qual considera exclusivamente o problema de minimização de custos. Lösch considera que não se trata apenas de minimizar custos ou maximizar receitas, mas sim considerar a maximização de lucros. Nesse sentido, consegue desenvolver uma teoria que pode ser considerada como um meio-termo lógico entre a teoria da localização parcial e a teoria geral da localização.[2]

O modelo de Lösch implica uma concorrência entre as cidades para suprir produtos na maior área possível, resultando em um modelo com formação hexagonal, devido ao atendimento por centro de uma região circular de igual área.

A concentração espacial da produção surge como decorrência da ação oposta de duas forças: as economias de escala e os custos de transporte. As economias de escala, de um lado, à medida que implicam reduções de custo, criam estímulos para uma maior concentração da atividade industrial. Por outro lado, os acréscimos nos custos de transporte inviabilizam a concentração total. O equilíbrio estabelecido por meio da contraposição dessas forças acabará determinando o grau de concentração da produção.

A combinação dessas duas tendências, havendo concorrência, estabelecerá a localização dos produtores no centro de hexágonos regulares de igual tamanho. Havendo, no entanto, importância maior das reduções de custo propiciadas pela escala de produção, o número de produtores pode ser menor, dispondo-se em distâncias tais que, em vista de seus custos de transporte, suas áreas de mercado se limitem quando houver a coincidência de preços FOB mais frete de cada firma. Essa distância determinaria o limite de mercado de cada firma. É importante notar que as reduções nos custos de transporte e o aumento da importância das escalas de produção agem no sentido de propiciar aumentos na concentração da produção.

28.4.4 Walter Isard: o insumo-transporte

A grande contribuição de Walter Isard foi a idealização de um modelo em que se procura obter a minimização de custos, incorporando, no entanto, os fatores locacionais, que podem ser divididos em custos de transporte (ou de transferência) e custos de produção. Além disso, sua análise também incorpora o exame da área de mercado e as variações espaciais de receita.

O modelo de Isard se propõe a ser um aprofundamento do modelo de Weber. Ambos têm, no custo de transporte, o fator primordial para a determinação da escolha locacional. Trata-se, na verdade, de agregar à teoria neoclássica da produção um novo fator de produção, o insumo de transporte, incluindo na estrutura de custo das firmas o custo de deslocamento das mercadorias. Tal custo está condicionado ao valor das tarifas de transporte — dependente da estrutura de concorrência do setor e de fatores conjunturais — e da quantidade a ser transportada, relacionada ao padrão tecnológico vigente e à eficiência dos meios de transporte.

---

[2] Cf. AZZONI, C. R. *Teoria da localização*. São Paulo: FEA/USP, 1982.

Nesse sentido, o problema fundamental que se apresenta para a firma diz respeito à minimização do custo do insumo de transporte com a matéria-prima e o produto final. Para tomar sua decisão, a firma deverá levar em conta os requisitos de insumos de transporte por unidade de produto em conjunto com seus preços, as tarifas. A partir daí, o processo de determinação torna-se idêntico ao do equilíbrio da firma, maximizando sua produção em razão dos preços relativos dos insumos produtivos.

28.5 ■ TEORIA DOS LUGARES CENTRAIS

Teoria dos lugares centrais: *os espaços econômicos tendem a se organizar segundo o princípio da centralidade.*

A hipótese básica da **teoria dos lugares centrais**, desenvolvida inicialmente por Walter Christaller nos anos 1930, é a de que os espaços econômicos tendem a se organizar segundo o princípio da centralidade, isto é, toma-se a centralização como uma tendência natural. Isso significa que é possível, segundo essa linha de argumentação, hierarquizar as diversas regiões econômicas de acordo com sua posição em uma rede de interdependência envolvendo várias outras localidades.

Cada núcleo urbano, como se sabe, fornece bens e serviços para si mesmo e para regiões externas a ele, assim como recebe bens e serviços de outras regiões. Entre esses bens e serviços figuram alguns cuja disponibilidade é bastante ampla, sendo facilmente achados em maior número de localidades, enquanto outros são encontrados em poucos lugares. Estes últimos denominam-se produtos de maior centralidade, sendo os primeiros considerados de menor centralidade. Assim, determinado núcleo urbano A é considerado central em relação à cidade B sempre que ofertar todos os bens e serviços encontrados nessa segunda localidade e outros mais não disponíveis em B. Na cidade A, por sua vez, pode inexistir a oferta de certos bens e serviços só disponíveis em um núcleo urbano C, o qual fornece todos os produtos de A e outros mais. Pode-se, assim, delinear uma hierarquização entre os vários núcleos urbanos de acordo com a centralidade dos bens e serviços ofertados em cada um deles, estabelecendo uma rede funcional que vai desde as menores cidades, que vendem bens e serviços apenas para a zona rural circunvizinha, até as grandes metrópoles nacionais e mundiais.

Dessa forma, com base na capacidade de cada núcleo urbano em ofertar bens e serviços centrais, pode-se estabelecer uma hierarquia dos lugares, ou seja, a característica dos produtos ofertados por localidade permite situá-la comparativamente às demais. É importante observar que a oferta não implica obrigatoriamente produção, dada a importância das economias de escala na rede de comércio varejista e atacadista.

A concentração da oferta de bens e serviços é determinada não apenas em função de fatores geográficos; mais importante que a distância geográfica é a distância econômica entre os centros urbanos, representada, no caso dos bens, pelos custos de frete, seguro, embalagem, armazenagem e deslocamento e, no caso dos serviços, pelos custos relacionados ao transporte, tempo de viagem e desconforto associado ao deslocamento das pessoas. Nesse sentido, a existência de obstáculos naturais e de infraestrutura adequada dos meios de comunicação afigura-se como fundamental para determinar a maior ou menor centralidade de um produto e de uma cidade. Quanto menores forem os custos econômicos associados à distância, maiores serão as possibilidades de um bem ou serviço vir a se constituir como central. Assim, no caso dos bens, por exemplo, quanto maior for a relação preço/volume (peso), mais facilmente eles poderão tornar-se centrais. Já produtos com reduzida relação preço/volume, teriam um elevado valor de frete relativamente ao seu preço, facilitando a dispersão de sua produção e, portanto, sua menor centralidade.

Além do custo de acesso, outro fator a determinar a centralidade do produto são as economias de escala. Quanto maior a importância das economias de escala, maior a centralidade do produto, uma vez que a redução de custos em virtude do volume de produção pode compensar os custos associados à menor dispersão da atividade.

Os modelos teóricos para determinação do grau de centralidade de uma região buscam estabelecer a rede funcional que interliga cada região, procurando definir, por meio das populações rurais atendidas pelos núcleos menos centrais e pelas proporções de residentes e não residentes no atendimento total de cada núcleo urbano, a hierarquização das cidades.

28.6 ■ TEORIA DA BASE ECONÔMICA E DA BASE DE EXPORTAÇÃO

Nessa perspectiva teórica, cabe distinguir, inicialmente, as atividades básicas das não básicas. As primeiras são as voltadas para as exportações, enquanto as atividades não básicas caracterizam-se por atender exclusivamente à demanda da própria região. Um conceito bastante importante dentro da teoria da base econômica é o **coeficiente-base**, que representa a relação entre as vendas propiciadas pelos setores não básico e básico. Normalmente, os modelos relacionados a esse enfoque teórico admitem a estabilidade do coeficiente-base ao longo do tempo. Uma vez que essa hipótese dificilmente se sustenta quando considerado um período mais amplo e, por outro lado, como mudanças estruturais dificilmente são observadas no curto prazo, pode-se afirmar que a teoria da base econômica apresenta maiores possibilidades explicativas quando analisada no curto prazo, e pouca representatividade quando considerada no longo prazo. Por aí é possível também inferir a importância crucial que a demanda externa representa sobre o crescimento da economia. Apenas o impulso externo será capaz de determinar alterações expressivas no nível de renda e emprego dessa região. Dados os efeitos multiplicadores internos, o aumento na demanda externa tenderá a impactar sobre a renda de forma mais ampla do que o aumento inicial das vendas a outras regiões.

Coeficiente-base: *representa a relação entre as vendas propiciadas pelos setores não básico e básico.*

É bastante razoável inferir que o coeficiente-base varia proporcionalmente ao tamanho da região, ou seja, quanto maior o espaço geográfico ocupado pela região, maior tende a ser a importância das atividades não básicas e menor a relevância das exportações no total da renda. Desse modo, as regiões de menor extensão territorial tendem a depender mais das exportações como fator de dinamismo para o seu crescimento econômico do que as regiões com maior amplitude territorial. O papel das exportações, portanto, apresenta-se bastante diferenciado, conforme o tamanho da região considerada.

A perspectiva essencial da teoria da base de exportação é acentuar o papel determinante das vendas externas à região para a consecução de níveis de crescimento econômico ascendentes. Nesse sentido, as exportações — entendidas aqui como as vendas inter-regionais e internacionais — seriam as responsáveis básicas pelo desempenho apresentado por determinada região.

A base de exportação constitui-se nos produtos vendidos por uma região para outras regiões do mesmo espaço nacional ou para o exterior do país.

Um exemplo de instrumental utilizado para a análise regional é o **quociente locacional**, desenvolvido por Hildebrand e Mace, que permite medir a concentração de um setor ou atividade i, de uma região j, em uma área de referência, na qual a região j esteja

Quociente locacional: *permite medir a concentração de um setor ou atividade i, de uma região j, em uma área de referência, na qual a região j esteja inserida.*

inserida. Tal coeficiente permite diferenciar, ainda que de forma aproximada, as atividades básicas — voltadas para a exportação — e as atividades não básicas. O mais comum, até mesmo pela maior disponibilidade e confiabilidade das informações, é usar um indicador relacionado ao emprego. Esse quociente pode ser representado por:

$$QL_{ij} = \frac{\left(E_{ij}/E_{i}\right)}{\left(E_{j}/E_{..}\right)}$$

em que:

E_{ij} = emprego no setor *i* da região *j*;
E_{i} = emprego no setor *i* da área de referência;
E_{j} = emprego em todos os setores da região *j*;
$E_{..}$ = emprego em todos os setores da área de referência.

Valores superiores a um para o quociente locacional indicam que, relativamente à área de referência, a região tomada como foco de análise apresenta uma concentração maior do emprego nesse determinado setor, permitindo a qualificação de tal setor como básico. Por sua vez, um quociente locacional menor do que um indica uma relevância menor dessa atividade relativamente ao conjunto da região, fazendo com que tal setor se qualifique como não básico.

Por meio da base de exportação, desenvolvem-se os centros nodais, que, devido às vantagens de localização, possuem custos de transferência e de processamento dos artigos exportados, transformando-se em importantes centros comerciais. Por meio desses centros, são canalizadas não só as exportações da região como também são introduzidas as importações, sendo, então, distribuídas para as regiões circunvizinhas. Além disso, os centros nodais caracterizam-se também por desenvolver indústrias complementares ao setor exportador. Além disso, desenvolvem-se também os serviços relacionados a esses setores que contribuem mais ainda para dinamizar tal região.

As atividades de exportação, vistas nessa perspectiva teórica como fundamentais para o crescimento da região, podem apresentar maior ou menor nível de desenvolvimento, podendo vir mesmo a estagnar ou retroceder em função de vários fatores, como exaustão de um recurso natural, custos crescentes de terra ou trabalho em relação a uma região competidora e mudanças tecnológicas capazes de alterar a composição relativa dos insumos.

Um dos autores mais importantes no desenvolvimento dessa teoria é Douglas North. Ele se preocupa, basicamente, em demonstrar que o impulso inicial para que as regiões "jovens" se desenvolvam é determinado pelas exportações. No entanto, isso não implica afirmar que essa seja condição suficiente para a perpetuação do desenvolvimento.

O conceito de base de exportação permitiu a North desenvolver um modelo no qual as exportações de uma região se constituem no determinante básico do crescimento da renda absoluta e *per capita*. Utilizando o exemplo do desenvolvimento econômico norte-americano, o autor procura mostrar que a teoria da localização e a teoria do crescimento regional tradicional não explicam o que teria ocorrido com o desenvolvimento americano durante o seu período de análise. Dessa forma, ele inverte o sentido de determinação de que a redução nos custos de transporte determinaria a concentração da atividade; o autor mostra que algumas regiões pioneiras dos Estados Unidos lastrearam seu desenvolvimento na especialização de alguns produtos exportáveis, diversificando sua pauta de exportações. Apenas posteriormente é que teriam ocorrido as reduções nos custos de transporte.

Historicamente, segundo North, alguns fatores mostraram-se mais importantes, como o desenvolvimento dos transportes; o crescimento da renda e da demanda por outras regiões; o progresso tecnológico; a participação dos governos estadual e federal na criação de benefícios sociais básicos e a guerra.

O conceito de base de exportação permite uma redefinição do conceito de região, agregando áreas onde existe uma base de exportação comum, articulando-se em um desenvolvimento interdependente em vista das economias externas que as condicionam.

A ideia fundamental é que, por meio de uma certa base de exportação, têm-se características distintas na indústria subsidiária, distribuição da população e mesmo no padrão de industrialização. Com essa base de exportação também serão gerados efeitos multiplicadores e estimuladores do aumento do investimento, relacionados não apenas ao setor exportador, mas também a outras atividades econômicas.

Uma outra inferência relevante dessa teoria é que, por meio do crescimento da renda da região, o aumento da taxa de poupança local permitirá a criação de novos tipos de atividade, voltados, inicialmente, para atender a demanda local, e que, posteriormente, tenderão a voltar-se também para o mercado externo, ampliando a base de exportação da região.

Assim, um dos elementos fundamentais na determinação do desenvolvimento regional é a demanda por seus bens por outras regiões ou países.

Todavia, não há por que considerar como exclusivo o papel da exportação na determinação do nível de renda. Por certo, outros fatores, como as propensões a importar e a consumir, o gasto de outras esferas do governo na região, os pagamentos de fatores de produção a moradores de outras regiões, assim como o investimento autônomo, o crescimento da população e o progresso tecnológico, devem ser considerados também como variáveis importantes.[3]

QUESTÕES

1. Como você conceituaria espaço econômico e espaço geográfico?
2. Qual a diferença entre espaço de planejamento, espaço polarizado e espaço homogêneo?
3. Quais os fatores que contribuem para a constituição dos polos industriais?
4. Em que consistem os denominados "anéis de Von Thünen"?
5. Por que Lösch critica a teoria de Weber? Qual sua contribuição para tentar superá-la?
6. O que determina a centralidade de um produto?
7. Qual a diferença entre coeficiente-base e quociente locacional?
8. Com base no conceito de polo econômico, como você analisaria o caso da Zona Franca de Manaus?

---

[3] Cf. SCHWARTZMAN, J. (Org.). *Economia regional: textos escolhidos*. Belo Horizonte: CEDEPLAR, 1977.

9. Em sua opinião, a teoria da base de exportação possui algum poder explicativo em relação ao desenvolvimento econômico brasileiro ocorrido no século XX? Justifique a sua resposta.
10. Como você hierarquizaria as capitais dos estados das regiões Sul, Sudeste e Nordeste do Brasil? Esclareça os critérios utilizados.

REFERÊNCIAS

AFFONSO, R. B. A.; SILVA, P. L. B. (Orgs.). *Desigualdades regionais e desenvolvimento.* São Paulo: FUNDAP/Editora da Universidade Estadual Paulista, 1995.

AZZONI, C. R. *Indústria e reversão da polarização no Brasil.* São Paulo: IPE/USP, 1986.

_____. *Teoria da localização.* São Paulo: FEA/USP, 1982.

BOUDEVILLE, J. R. *Os espaços econômicos.* São Paulo: Difusão Europeia, 1973.

CANO, W. *Raízes da concentração industrial em São Paulo.* 3. ed. São Paulo: Hucitec, 1990.

_____. *Desequilíbrios regionais e concentração industrial no Brasil*: 1930-1970. Campinas: Global, 1985.

CLEMENTE, A. *Economia regional e urbana.* São Paulo: Atlas, 1994.

_____. *Economia regional*: introdução à economia do espaço geográfico. Curitiba: Scientia et Labor, 1987.

CRUZ, B. O. et al. *Economia regional e urbana*: teoria e métodos com ênfase no Brasil. Brasília: IPEA, 2011.

DINIZ, C. C.; CROCCO, M. A. (Orgs.). *Economia regional e urbana.* Belo Horizonte: UFMG, 2006.

EATON, C. B.; EATON, D. F. *Microeconomia.* São Paulo: Saraiva, 1999.

GALVÃO, A. C. F.; VASCONCELOS, R. R. *Novos elementos para repensar o planejamento regional.* Brasília: IPEA, 1995.

HADDAD, P. R. (Org.). *Economia regional*: teorias e métodos de análise. Fortaleza: BNB/ETENE, 1989.

_____. *Desequilíbrios regionais e descentralização industrial.* Rio de Janeiro: IPEA/INPES, 1975.

_____. *Planejamento regional*: métodos e aplicação ao caso brasileiro. 2. ed. Rio de Janeiro: IPEA/INPES, 1974.

LONGO, C. A.; RIZZIERI, J. A. B. (Orgs.). *Economia urbana: localização e relações intersetoriais.* São Paulo: IPE/USP, 1982.

PERROUX, F. *A economia do século XX.* Lisboa: Herder, 1967.

RICHARDSON, H. W. *Economia urbana.* Rio de Janeiro: Interciência, 1978.

_____. *Economia regional*: teoria da localização, estrutura urbana e crescimento regional. Rio de Janeiro: Zahar, 1975.

_____. *Elementos de economia regional.* Rio de Janeiro: Zahar, 1973.

SANTOS, M. *Economia espacial*: críticas e alternativas. São Paulo: Hucitec, 1979.

SCHWARTZMAN, J. (Org.) *Economia regional*: textos escolhidos. Belo Horizonte: CEDEPLAR, 1977.

29 ECONOMIA DA SAÚDE

Antonio Carlos Coelho Campino
Denise Cavallini Cyrillo

29.1 ■ INTRODUÇÃO

A economia de uma nação engloba as atividades econômicas e sociais que visam atender às necessidades materiais da população. Quanto mais eficiente for a economia, ou seja, quanto mais eficiente for o uso dos recursos (relativamente escassos) na produção de bens e serviços, maior a chance de o objetivo de máximo bem-estar ser alcançado.

No mundo atual, a organização da maioria das economias ocidentais tem o caráter capitalista. Isso quer dizer que a produção é realizada com vistas ao mercado, baseada na garantia da propriedade privada, sob o pressuposto de que o consumo de bens e serviços é elemento básico da busca de bem-estar pelas pessoas.

Entre o imenso leque de bens e serviços visados pelas pessoas, um, em particular, tem características peculiares que o distingue do restante: a saúde. Todos almejam saúde, embora não seja possível definir exatamente o que isso significa, porque todas as pessoas, mesmo as mais saudáveis, convivem com algum processo infeccioso.[1] Saúde é um bem não alienável e sua produção não é voltada para o mercado. Todo indivíduo nasce com um estoque de "saúde", o capital fisiológico,[2] que, ao longo do tempo, tende a se deteriorar a uma taxa que, em certa medida, depende do investimento que o indivíduo realiza para manutenção desse estoque. Em outras palavras, a (preservação da) saúde é produzida pelo indivíduo a partir de insumos, alguns adquiridos no mercado, sob um "*modus operandi*", influenciados por fatores endógenos e exógenos. O estilo de vida — o "*modus operandi*" — é influenciado por variáveis econômicas, como renda real, desemprego, oferta de alimentos e de moradia; sociais, como educação, distribuição da renda, condições de trabalho, saneamento, oferta de serviços de saúde, nível de informação; e ambientais,[3] a partir da condição genética, do gênero e etnia, os fatores endógenos.

Nesse contexto, a Economia da Saúde[4] é um ramo da Ciência Econômica que procura aplicar a teoria e as ferramentas dessa ciência às questões ligadas à saúde, desde aquelas relacionadas ao funcionamento dos mercados dos serviços de saúde — os insumos da produção da saúde individual —, à avaliação econômica de programas de saúde, às questões de caráter macro, envolvendo o papel do governo, o financiamento dos gastos em saúde e

---

[1] ALMEIDA, N. *O que é Saúde*. Rio de Janeiro: Fiocruz, 2012.
[2] FOULKES, D. A. M. VILLOUTA, C. P. Economic development and non-communicable chronic diseases. *Global Economy Journal*, v. 12, n. 4, 2012.
[3] BUSS, P. M.; PELLEGRINI FILHO, A. A saúde e seus determinantes sociais. *Physis. Rev. Saúde Coletiva,* Rio de Janeiro, v. 17, n. 1, p. 77-93, abr. 2007. Disponível em: <http://www.scielo.br/scielo.php?script=sci_arttext&pid=S0103-73312007000100006&lng=pt&nrm=iso>. Acesso em: 21 ago. 2016; BARATA, R. B. *Como e por que as desigualdades sociais fazem mal à saúde*. Rio de Janeiro: Fiocruz, 2009. p. 120.
[4] O início do estudo moderno da Economia da Saúde é frequentemente atribuído ao artigo de Arrow, *Uncertainty and the Welfare Economics of Medical Care*, de 1963, tendo, portanto, algo como 47 anos de existência.

à equidade do acesso. Del Nero[5] propôs uma definição em que explicita o caráter social dessa disciplina:

> o ramo do conhecimento que tem por objetivo a otimização das ações de saúde, ou seja, o estudo das condições ótimas de distribuição dos recursos disponíveis (limitados) para assegurar à população a melhor assistência à saúde e o melhor estado de saúde possível (...).

Entre os problemas da área da saúde que podem ser submetidos à análise econômica, a discussão do papel do governo tem destaque. Seria o mercado a organização mais adequada para a provisão dos insumos da produção de saúde dos indivíduos, ou caberia ao governo uma participação dominante?

O presente capítulo revisitará a teoria econômica analisando mercados específicos dos serviços de saúde, apontando as falhas inerentes à provisão de serviços de saúde pelo mercado. Antes de adentrar aos aspectos teóricos da questão, na sequência, apresenta-se uma visão do perfil de saúde da população brasileira, relacionando-o aos fenômenos de transição demográfica, epidemiológica e nutricional que evidenciam as influências socioeconômicas sobre esse perfil e sobre os gastos em saúde. Finaliza o capítulo uma descrição do sistema de saúde nacional, o Sistema Único de Saúde (SUS), antecedida a um breve histórico de sua construção, concluindo-se com os grandes desafios do setor.

29.2 ■ OS FENÔMENOS DAS TRANSIÇÕES DEMOGRÁFICA, NUTRICIONAL E EPIDEMIOLÓGICA

O objetivo deste item é descrever os fenômenos de transição demográfica, nutricional e epidemiológica e suas consequências sobre o setor de saúde e seus gastos.

29.2.1 Transição demográfica

A transição demográfica representa a passagem de uma situação de baixo crescimento populacional, derivado de altas taxas de natalidade e de mortalidade, para outra situação, também de baixa taxa de crescimento populacional, mas derivada de taxas baixas de natalidade e mortalidade. O processo se deu, ao longo do tempo, pela tendência de queda das taxas de natalidade e mortalidade, esta última defasada em relação à primeira.

As consequências desse processo são: a diminuição na proporção relativa de crianças, o aumento na proporção relativa de idosos na população total e o aumento da expectativa de vida, com consequências sobre a composição da demanda por serviços de saúde e da demanda derivada por seus insumos (médicos, especialistas e outros recursos; por exemplo, são necessários cada vez menos pediatras e mais oncologistas, mais geriatras). Esse processo tem consequências sobre o gasto em saúde, já que tratar doenças que afligem a população idosa e doenças crônicas de longa duração custa muito mais do que tratar doenças infantis.[6] O Gráfico 29.1 ilustra a transição demográfica ocorrida no Brasil desde o último quarto do século XIX até o início do presente século, com a indicação de eventos importantes na área da saúde que influenciaram as taxas

---

[5] PIOLA, S. F; VIANNA, S. M. *Economia da Saúde*: conceitos e contribuição para a Gestão da Saúde. Brasília, 1995, p. 20.
[6] Isso significa que a taxa de dependência se alterou e houve uma mudança na composição dessa taxa, com redução na proporção de crianças e jovens e aumento na proporção de idosos.

brutas de natalidade (TBN) e de mortalidade (TBM): pílula feminina, o advento dos antibióticos e esterilização feminina.[7]

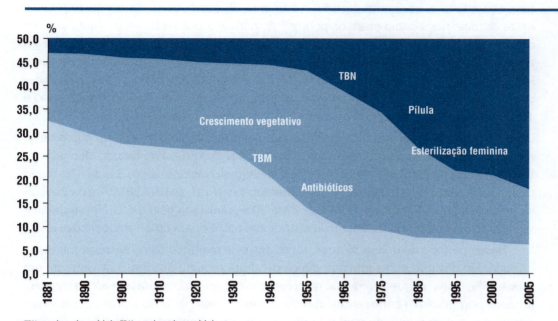

GRÁFICO 29.1
Brasil: evolução da natalidade e mortalidade (1881 a 2005)

TBN: taxa bruta de natalidade; TBM: taxa bruta de mortalidade.
Fonte: IBGE, Diretoria de Pesquisas, Coordenação de População e Indicadores Sociais.

29.2.1.1 A transição demográfica no Brasil

Os censos demográficos começaram a ser realizados no Brasil em 1872. Até o ano de 2010, foram feitos 11 censos demográficos, a saber, os de 1872, 1900, 1920, 1940, 1950, 1960, 1970, 1980, 1991, 2000 e 2010. Assim, no século XX, os primeiros censos foram vintenais até 1940, e, a partir daí, passaram a ser decenais, como convencionado na estrutura dos censos observada pelos países membros das Nações Unidas. Observa-se, no Gráfico 29.1, que a taxa bruta de natalidade declinou pouco no período de 1872 a 1975. A explosão demográfica, iniciada com a queda da mortalidade nos anos 1930, começou a perder impulso em meados da década de 1980. Por volta de 2006, o país iniciou o terceiro estágio da transição demográfica.

29.2.2 Transição nutricional

A transição nutricional pode ser entendida como um processo no qual ocorre a transformação do perfil dos problemas nutricionais diretamente relacionados a um desequilíbrio energético: consumo e gasto de energia. Tal processo vem ocorrendo paralelamente ao fenômeno da transição demográfica.

O termo está associado a uma transição de dietas tradicionais ricas em cereais e fibras para um padrão chamado de ocidental, em que predominam os alimentos ricos em açúcar, gorduras de origem animal e industrializados. Essa mudança da dieta se dá em meio à transformação das sociedades. Com o desenvolvimento, há um aumento

[7] IBGE.

na população que vive em zonas urbanas e novas ocupações que implicam menores gastos energéticos, bem como novas atividades de lazer menos ativas. A consequência mais visível foi a redução da desnutrição infantil, praticamente o desaparecimento da magreza adulta e, em contrapartida, o aumento do sobrepeso e da obesidade, tanto entre os mais ricos como entre os pobres.[8] A mudança nos padrões de alimentação e de atividade física, bem como suas consequências, no Brasil, tem implicado por vezes a coexistência na mesma família de crianças com baixo peso e outras com sobrepeso. Entre as crianças de 0 a 59 meses de idade, 5% apresentavam baixo peso e 7,3% apresentavam sobrepeso.[9] Entre os adultos, as proporções eram de 40,6% de sobrepeso e 11,1% de obesidade, existindo apenas 4% de adultos com baixo peso.

O Gráfico 29.2 apresenta a distribuição das crianças com menos de cinco anos, segundo indicadores antropométricos, extraída das pesquisas do Estudo Nacional de Despesa Familiar (ENDEF), de 1974/1975; da Pesquisa Nacional sobre Saúde e Nutrição (PNS), feita pelo Instituto Nacional de Alimentação e Nutrição (INAN/MS); e da Pesquisa de Orçamentos Familiares (POF) de 2008/2009, realizada pelo IBGE. Nesse gráfico, visualiza-se o fenômeno da transição nutricional entre crianças de cinco a nove anos.

Nesse período de quase 35 anos, tanto entre os meninos como entre as meninas, a proporção dos que apresentavam défice de altura reduziu-se significativamente em quase 75%; houve pequena redução na proporção dos que apresentavam défice de peso; aumento significativo entre os que apresentavam excesso de peso (cerca de três vezes entre os meninos e as meninas) e também aumento significativo entre os que eram classificados como obesos (5,7 vezes entre os meninos e 6,5 vezes entre as meninas).

O aumento do sobrepeso e da obesidade, o aumento do sedentarismo, a transformação da dieta, bem como o aumento da expectativa de vida e a proporção de idosos na população contribuíram para a emergência de outro fenômeno: a Transição Epidemiológica.

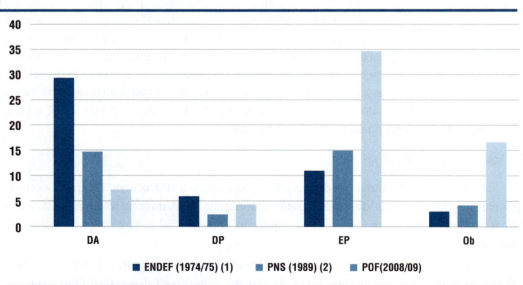

GRÁFICO 29.2 (a)
Brasil: evolução de indicadores antropométricos de meninos de 5 a 9 anos de idade (1974-1975, 1989 e 2008-2009)

[8] BATISTA, F. M.; RISSIN, A. A transição nutricional no Brasil: tendências regionais e temporais. *Cadernos de Saúde Pública*, v. 19, suppl.1, Rio de Janeiro, 2003.
[9] POF, 2008/2009. – Antropometria e Estado Nacional de Crianças, Adolescentes e Adultos no Brasil. Rio de Janeiro: IBGE, 2010.

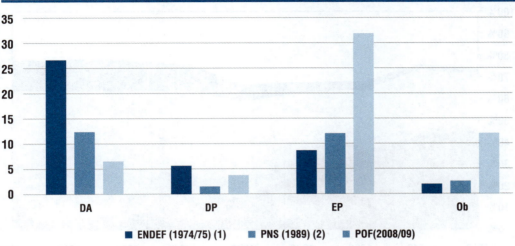

GRÁFICO 29.2 (b)

Brasil: evolução de indicadores antropométricos de meninas de 5 a 9 anos de idade (1974-1975, 1989 e 2008-2009)

Fonte: Adaptado de IBGE, 2010.

Legenda:
DA = défice de altura;
DP = défice de peso;
EP = excesso de peso;
Ob = obesidade.
Obs.: (1) Exclusive as áreas rurais das Regiões Norte e Centro-Oeste; (2) Exclusive a área rural da Região Norte.

29.2.3 Transição epidemiológica

Omran[10] conceituou transição epidemiológica como complexas mudanças nos padrões de saúde/doença e na interação entre elas, com influência de outros fatores consequentes e determinantes demográficos, econômicos e sociais.

Com a urbanização e o aumento da oferta de alimentos, além da redução da taxa de mortalidade, houve também mudança em suas causas. Houve redução por causas infecciosas e parasitárias e aumento na mortalidade por neoplasias e problemas coronarianos, como também por causas externas. Do mesmo modo, o perfil de morbidade se alterou, aumentando as taxas de incidência das doenças crônicas.

De acordo com Batistella,[11] para o período de 1930 a 2004, "(...) a mudança do perfil epidemiológico do Brasil (...) pode ser expressa pela permanência das doenças do aparelho circulatório como principal causa de morte, pela diminuição da importância das doenças infecciosas e parasitárias e, principalmente, pelo crescimento das neoplasias e das causas externas".

O Gráfico 29.3 ilustra o fenômeno da transição epidemiológica no Brasil para o período de 1930 a 2004. A perda de participação da mortalidade por doenças infectocontagiosas é patente, bem como o aumento da participação das neoplasias, das doenças do aparelho circulatório, mas também das causas externas (acidentes, homicídios etc.).

---

[10] OMRAN apud PEREIRA, R. A.; ALVES-SOUZA, R. A.; VALE, J. de S. O processo de transição epidemiológica no Brasil: uma revisão de literatura. Revista Científica da Faculdade de Educação e Meio Ambiente, v. 6, n. 1, pp. 99-108, 2015.
[11] BATISTELLA, C. Análise da Situação de Saúde: principais problemas de saúde da população brasileira. In: FONSECA, A. F.; CORBO, A.M.A. (Org). O território e o processo saúde-doença. Rio de Janeiro: EPSJV/Fiocruz, 2007.

GRÁFICO 29.3

Mortalidade proporcional por grupos de causas definidas no Brasil, entre 1930 e 2004

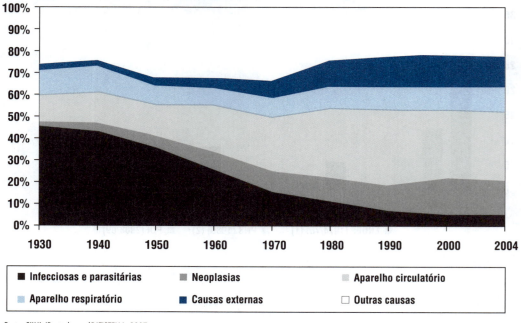

Fonte: SILVA JR. et al. *apud* BATISTELLA, 2007.

O atual perfil de morbimortalidade tem implicações importantes para os gastos do sistema de saúde, uma vez que é muito diferente tratar desidratação e desnutrição infantil do que tratar doenças crônicas, que muitas vezes levam a custos catastróficos. Ilustra esse fato o projeto desenvolvido pela Fundo das Nações Unidas para a Infância (UNICEF), ou seja, uma terapia para reidratação oral de crianças em episódios de desidratação severa, a um custo muito baixo ante os gastos inerentes aos tratamentos de idosos acometidos com algum tipo de neoplasia (câncer), para uma sobrevida de alguns poucos anos.[12]

29.3 ■ MERCADO DE SERVIÇOS DE SAÚDE: QUANDO O MERCADO FALHA

Como visto no Capítulo 8, a estrutura de mercado de concorrência perfeita, que é ideal de mercado, conduz a uma alocação ótima dos recursos, ou seja, o equilíbrio do mercado se dá pela igualdade do benefício marginal que os consumidores extraem daquela quantidade transacionada, ao custo marginal associado àquela mesma quantidade. Nessa situação, consumidores maximizam a sua função utilidade (a satisfação de suas necessidades e desejos) dada a sua restrição orçamentária, e os produtores/vendedores maximizam seus lucros, dados o estoque de capital, a tecnologia e os preços dos insumos. Sob essa estrutura de mercado, ocorre a alocação eficiente no sentido de Pareto, ou seja, no equilíbrio não é possível aumentar o bem-estar de um ator, sem que para isso ocorra uma redução de bem-estar de um ou mais atores no mercado.[13] De acordo com essa teoria, nada se pode afirmar acerca da distribuição de renda inerente à situação.

---

[12] MATTOS, A. P.; ALMEIDA, P. S.; CERQUEIRA, C.; RIBEIRO Jr. H. Hidratação oral. *In*: SILVA, L. R. (Org.). *Urgências clínicas e cirúrgicas em gastroenterologia e hepatologia pediátricas.* 1. ed. Rio de Janeiro: Medsi, 2003. v. 1, p. 3-637.

[13] VARIAN, H. R. *Microeconomia*: princípios básicos. São Paulo: Campus, 2003. 7. ed.

O mercado em concorrência perfeita é eficiente, mas não interfere na distribuição de renda, que está dada pela dotação inicial dos atores no mercado.

Para que esse resultado — o máximo bem-estar — seja alcançado, são necessários alguns pré-requisitos fortes: produto homogêneo de caráter privado; grande número de agentes demandando e ofertando o produto; racionalidade ilimitada;[14] ausência de externalidades; livre entrada e saída do mercado; e informação perfeita.[15]

A saúde do indivíduo é produzida por ele, no contexto econômico, social e ambiental em que se encontra, a partir de características próprias e dos insumos adquiridos no mercado. Cabe assim questionar: quais insumos ofertados pelo mercado são fundamentais ao processo de produção de saúde? Os mercados para esses insumos funcionam de modo ótimo? Ou o mercado falha ao ofertar insumos para a produção de saúde pelo indivíduo?

29.3.1 Demanda de saúde e de serviços de saúde

Em sua tese de doutorado, o economista da saúde Michael Grossman[16] desenvolveu um modelo de determinação da demanda por boa saúde que até hoje se mantém como referência. Na teoria tradicional, pressupõe-se que o consumidor possui uma estrutura de preferências estável acerca de diferentes combinações de bens e serviços passíveis de aquisição (ou não) e que ele selecionará a combinação que maximize a sua satisfação (sua função utilidade), escolha esta sujeita à sua restrição orçamentária. À primeira vista, a aplicação dessa teoria para a análise da demanda por boa saúde pode parecer simples, mas de fato não é trivial. A saúde possui dois papéis, além de não ser passível de aquisição direta no mercado — tem que ser produzida pelo indivíduo a partir de insumos comprados e da aplicação de tempo —, é ao mesmo tempo bem de consumo e bem de capital.

Como um bem de capital, o indivíduo nasce com um estoque que se deprecia ao longo da vida,[17] sofrendo as mais variadas influências (genética, estilo de vida, fatores ambientais, tipo de ocupação), mas que pode aumentar por meio de investimentos, ou seja, alocação de tempo e de bens e serviços para manter uma condição sadia ou para eliminar a doença, aumentando a vitalidade e elevando a produtividade do indivíduo, do mesmo modo que a apropriação de conhecimento e informação por meio da educação ou do treinamento no trabalho.[18] Porém, não é apenas isso, pois o estoque do capital de saúde influencia a quantidade de tempo disponível para a produção de renda e o consumo de outros bens e assim tem também caráter de bem de consumo.

Assim, seja como bem de consumo ou de investimento, a "saúde", independentemente de como for mensurada, é demandada e produzida pelo indivíduo. E dependendo da escolha do consumidor — investir em ou consumir sua saúde e em que proporção —, haverá impacto sobre sua capacidade de gerar renda e riqueza.

---

[14] Racionalidade ilimitada ou racionalidade forte significa que, dada a informação perfeita, o indivíduo tem a capacidade de processar todas as informações e identificar a escolha que lhe é mais benéfica, ou seja, que maximiza a sua função objetivo. Cf. FARINA, E. M. M. Q.; AZEVEDO, P. F.; SAES, M. S. M. *Competitividade*: Mercado, Estado e Organizações. Editora Singular: FAPESP/PENSA, 1997.

[15] Informação perfeita implica o conhecimento, por parte dos atores, de todas as informações relevantes para a tomada de decisão, sejam os preços, as características, a qualidade de todos os bens e serviços disponíveis no mercado, entre outras. Cf. ALMEIDA, A. *Economia aplicada para gestores*. Editor Atlântico: Publicações e Marketing Lda., 2003.

[16] GROSSMAN, M. On the concept of Health Capital and the demand for Health. *The Journal of Political Economy*, v. 80, 1972.

[17] A uma taxa crescente, pelo menos a partir de certa idade, cf. FOULKES; VILLOUTA, 2012.

[18] Investimento em capital humano em geral, cuja teoria foi desenvolvida por Becker. cf. BECKER, G. S. *Human capital*: a theoretical and empirical analysis, with special reference to education. Chicago: The University of Chicago Press, 1964.

Produzir saúde é investir no capital saúde, utilizando tempo e bens e serviços adquiridos no mercado, como serviços de saúde, medicamentos, ou fornecidos pelo governo, como saneamento, vacinas, combate a vetores. A demanda por bens e serviços utilizados na produção de saúde é uma demanda derivada da demanda por saúde.

Admitindo-se um nível de saúde dado (S_0), a demanda por serviços de saúde será determinada pela maximização de sua função utilidade (U), sujeita à restrição orçamentária (R_o), que envolve a renda do consumidor (R) e os preços relativos dos bens e serviços de saúde (P_s) e de outros bens de consumo (P_c):

$$U = u(C_i, S_0, L) \text{ e } R = C \cdot P_c + SS \cdot P_s$$

em que:

U = função utilidade;
C_i = bens de consumo específicos (SS, C);
SS = uma cesta de serviços de saúde;
C = uma cesta composta de outros bens, exclusive os SS;
P_c = preço dos bens de consumo, exclusive SS;
P_s = preço dos serviços de saúde.

A derivação da demanda de serviços de saúde é apresentada no Gráfico 29.4, em que se observa a estrutura de preferências do consumidor (duas curvas do mapa de indiferenças), dado estado de saúde S_0. Para a renda R e o preço relativo (P_c/P_{s1}), a quantidade demandada de serviços de saúde que maximiza a função utilidade do consumidor é SS_e. Se o preço relativo se reduz, para (P_c/P_{s2}), coeteris paribus, a quantidade demandada de serviços de saúde aumenta para SS_{e2}, definindo assim uma demanda negativamente inclinada por serviços de saúde.

GRÁFICO 29.4

Derivação da curva de demanda de serviços de saúde, dado o estado de saúde (S_0)

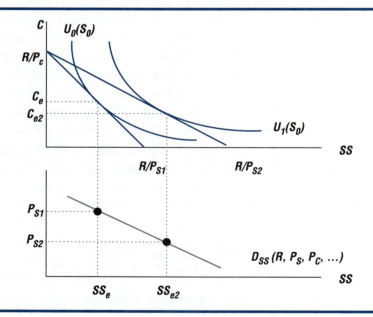

Se a renda do consumidor aumenta, a expectativa é de que a demanda aumente, ou seja, pressupõe-se que, em geral, os serviços de saúde são bens normais. Se o consumidor quiser aumentar seu estoque de saúde ou se ficar doente, sua estrutura de preferências se modificará (U_{Sd}), ampliando a demanda por serviços de saúde, como demonstrado no Gráfico 29.5.

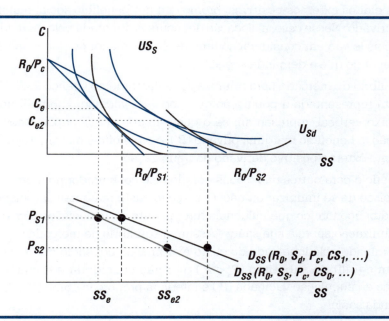

GRÁFICO 29.5

Variação da demanda por serviços de saúde quando a demanda por saúde aumenta

29.3.2 Bens públicos e externalidades

O mercado para alguns bens e serviços importantes à produção de saúde não funciona de modo ótimo. Bens que não estão sujeitos aos princípios da exclusão e da rivalidade não são de interesse da iniciativa privada — os **bens públicos**.[19] O exemplo clássico é o do concerto em praça pública. Não há como excluir aqueles que se aproximam de usufruir da música exigindo pagamento. O concerto é não excludente. E a presença de mais ouvintes não reduz o benefício dos demais que estão apreciando o espetáculo — o concerto é não rival.

Na saúde, o esgoto a céu aberto é um exemplo de "mal público": não há como se esquivar dos malefícios da situação individualmente — excluir-se dos malefícios. Se alguém decidir canalizar o "problema", não conseguirá espontaneamente contribuições para os custos da obra. O malefício, adicionalmente, se distribui para todos que convivem na região, o mal cheiro e os insetos são não rivais. Para resolver o problema, obras de saneamento são necessárias, contudo, não haverá interessados em financiar diretamente tais obras, pois uma vez realizadas, todos se beneficiarão, não sendo possível excluir os não pagantes. Para esse tipo de bem não há mercado. E mesmo para o governo, não é possível identificar quanto cada um deve ser tributado para contribuir para o financiamento, pois não há como saber quanto cada um utiliza do bem.

---

[19] Ver Capítulo 12 deste livro.

Outros mercados da saúde não funcionam de modo ótimo em virtude de externalidades: efeitos benéficos ou maléficos sobre terceiros de ações nas quais não tiveram poder de decisão. Um bom exemplo é o da imunização. O indivíduo ao se submeter à vacinação contra uma doença extrai um benefício direto de ficar protegido daquele mal e, ao mesmo tempo, o fato de estar vacinado promove um efeito externo sobre terceiros não vacinados, que é diminuir a probabilidade de que venham a ficar doentes. Bens, que geram efeitos externos positivos, promovem um benefício social maior do que o benefício privado. Nesse caso, a alocação de recursos orientada pelo mercado não será eficiente, pois levará em consideração uma demanda menor do que a demanda total, ou seja, menor do que a demanda social.

O equilíbrio de mercado para imunização é ilustrado no Gráfico 29.6. No eixo horizontal está representada a população que pode ser vacinada, normalizada na base 100 e no eixo vertical, representam-se o custo marginal (C), suposto constante por simplificação; o benefício marginal privado (B_p); e o benefício marginal social (B_s), que inclui o efeito externo positivo derivado da imunização.

O benefício para outros não é considerado pelo consumidor no momento em que toma a decisão de se imunizar ou não. O preço (o custo marginal) associado à imunização é o fator econômico que influencia diretamente a sua decisão, além do efeito da própria imunização sobre a sua saúde. Assim, o equilíbrio de mercado (E_1, no Gráfico 29.6) determinado pela igualdade do custo marginal ao benefício marginal privado é, de fato, um equilíbrio subótimo ($P_p < P_s$), por não considerar a demanda social.[20] A proporção da população vacinada (P_p) é inferior à proporção ótima (P_s), determinada pela demanda social.

GRÁFICO 29.6

Impacto de externalidade positiva sobre a eficiência do mercado: o caso da imunização

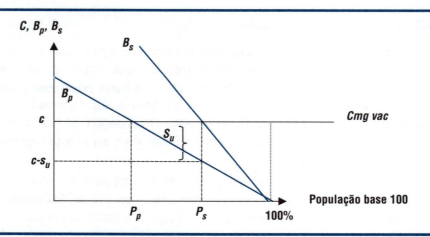

Uma solução possível neste caso é uma política de subsídio que reduza o preço para os consumidores, induzindo um nível de vacinação compatível com a demanda social, como o subsídio S_u, reduzindo o preço de C para $C-S_u$, conforme demonstrado no Gráfico 29.6, o que induziria a proporção ótima de população vacinada (P_s).

---

[20] Para mais detalhes deste modelo, ver JACK, W. *Principles of health economics for developing countries*. Washington, DC: WBI Development Studies, 1999.

É importante notar que o equilíbrio ótimo (E_2) não implica a imunização de 100% da população (P_t); no entanto, de modo geral, as campanhas de vacinação do governo se propõem a imunizar toda a população — objetivo ou proporções próximas a isso. Economicamente, a imunização de toda a população não é uma situação ótima. Imunizando 100% da população, o custo adicional seria maior do que o benefício adicional ($P_s E = AP_t > P_s E = P_t$), mas ainda assim, as campanhas buscam vacinar a maior proporção possível. Os argumentos a favor dessa medida são: (a) aqueles que não procuram a imunização são justamente quem têm um risco maior de contrair a doença; (b) podem residir nas regiões mais afastadas; e (c) a erradicação completa beneficia as gerações futuras.

29.3.3 Risco e incerteza: o mercado de seguros

Os problemas de saúde podem acontecer com qualquer um a qualquer momento, e as despesas que envolvem o tratamento são distribuídas aleatoriamente no tempo, não sendo possível planejar tais gastos. Além disso, existem doenças cujo custo do tratamento é muito elevado, podendo levar a família à falência, são chamadas doenças com custos catastróficos.[21]

Em outras áreas, também se podem identificar situações com características semelhantes, isto é, situações inesperadas que implicam gastos não planejados, como os acidentes de carro, os incêndios, as enchentes etc.

De fato, a vida envolve inúmeros acontecimentos incertos sob a perspectiva individual, que, no entanto, podem ter seu risco mensurado pela probabilidade de ocorrência, quando examinados pela ótica dos grandes números. A incerteza é a aleatoriedade dos eventos futuros não mensurável, enquanto o risco é a aleatoriedade mensurável.[22]

Para as situações em que é factível identificar o risco, o seguro é uma solução que reduz a incerteza dos indivíduos acerca de evento futuro. O gasto inesperado passa a ser previsível e planejável por meio do pagamento de um prêmio. Assim, o seguro reduz a variabilidade da renda dos segurados, pois estabelece um pagamento como proporção do provável gasto. É uma estratégia, em um contexto de incerteza (individual)/risco (coletivo), para financiar de forma compartilhada despesas inesperadas, transferindo o risco para um terceiro. Um esquema de seguro deve envolver grande número de segurados independentes, cobertura à perda acidental, com probabilidade mensurada, definida em tempo, lugar e montante.

O seguro-saúde é um elemento-chave dos sistemas de saúde, pois, na maioria dos países, os cidadãos não pagam diretamente por sua assistência à saúde. No Brasil, para fins legais, a Agência Nacional de Saúde Suplementar (ANS) trata indistintamente seguro e plano de saúde, conforme a lei n. 10.185/2001. Do ponto de vista prático, o seguro-saúde, em geral, está baseado no reembolso (usuário escolhe o provedor, paga e, posteriormente, é reembolsado pela seguradora). No caso do plano de saúde, em geral, o reembolso é excepcional, e o usuário deve escolher o provedor dentre a lista credenciada no plano.

---

[21] KNAUL, F.; WONG, R.; ARREOLA-ORNELAS, H.; MÉNDEZ, O.; BITRAN, R.; CAMPINO, A.C.; DIAZ, M.D.M. et al. Household catastrophic health expenditures: a comparative analysis of twelve Latin American and Caribbean countries. *Salud Pública de México*, v. 53, p. S85-S95, 2011.
[22] KNIGHT, F. H. Risk, *Uncertainty, and Profit*, Boston: Hart, Schaffner & Marx; Houghton Mifflin Co., 1921.

Do ponto de vista econômico, interessa estudar como são determinadas a demanda e a oferta e qual a repercussão da existência do mercado de seguro-saúde sobre o mercado dos serviços de saúde.

29.3.3.1 Demanda de seguro-saúde

No modelo ideal de concorrência perfeita, um pressuposto básico é o da informação perfeita e, consequentemente, a ausência de incerteza. No mundo real, contudo, falta informação de como será o futuro, em particular, quando se ficará doente, por quanto tempo e qual será o custo do tratamento. O seguro privado é demandado por compradores que querem se proteger contra eventos desconhecidos com probabilidades passíveis de estimação estatística. Em tais situações, é possível definir uma expectativa resumo, dada pela média dos resultados dos eventos possíveis, ponderada pelas probabilidades de cada evento possível — o valor esperado. Pode-se, assim, calcular o valor esperado da perda de riqueza, da riqueza ou da utilidade.

Desse modo, se existe uma probabilidade de 10% de adoecer no ano e o custo do tratamento for estimado em $ 30.000, dada uma riqueza anual de $ 80.000, pode-se calcular o valor esperado da riqueza envolvendo essas duas situações: ficar sadio (90%) ou ficar doente (10%), sabendo-se que, se ficar doente, a renda anual será diminuída dos custos do tratamento. Nesse caso, o valor esperado da riqueza seria:

$$\text{Valor esperado da riqueza} = 10\% \cdot (\$\,80.000 - \$\,30.000) + 90\% \cdot (\$\,80.000) = \$\,77.000$$

e a

$$\text{Perda esperada} = 10\% \cdot \$\,30.000 + 90\% \cdot \$\,0 = \$\,3.000$$

Assim, na média, esse consumidor teria uma renda líquida de $ 77.000, mas uma renda de $ 80.000 se não ficasse doente ou com apenas $ 50.000 caso adoecesse. Evidentemente, essa dúvida (incerteza) impõe uma perda de satisfação (de utilidade) a um consumidor **avesso ao risco** (Gráfico 29.7), ou seja, a um consumidor que extrai mais satisfação sob certeza do que sob incerteza.[23]

GRÁFICO 29.7

Ilustração do consumidor avesso ao risco, com função utilidade côncava

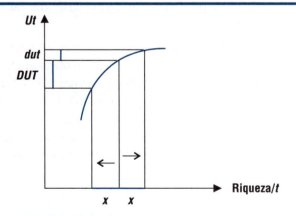

---

[23] Existe também o indivíduo que prefere a adrenalina da expectativa, o chamado "amante do risco", cuja função utilidade total é convexa e sua utilidade marginal crescente, bem como o indivíduo "neutro em relação ao risco", para o qual incerteza ou certeza dão a mesma satisfação e sua curva de utilidade total é linear e a utilidade é marginal constante. Cf. FOLLAND, S.; GOODMAN, A. C; STANO, M. *The Economics of Health and health Care*. London: Routledge, 2007.

Legenda:

UT = utilidade total;

dut = variação positiva da utilidade, devido a um aumento x na riqueza;

Dut = variação negativa da utilidade, devido a uma queda x na riqueza.

O consumidor avesso ao risco estará disposto a pagar para eliminar a incerteza da situação, ou seja, estará disposto a adquirir uma apólice de seguro por meio da qual transferirá o risco para a seguradora. Para ele, a satisfação de uma riqueza **certa** de determinado montante lhe dá mais satisfação do que uma riqueza **esperada** de igual valor.

Do mesmo modo que é possível calcular a riqueza esperada em situações que envolvem risco, é possível pensar a utilidade esperada associada à riqueza esperada, ou seja, a média ponderada dos níveis de utilidade associados aos níveis de riqueza possíveis. Retomando o exemplo numérico, admita que a riqueza de $ 80.000 gere utilidade de 200 e tenha probabilidade de 90% de ocorrência, ao passo que se o consumidor ficar doente, incorrerá no custo do tratamento e ficará com uma riqueza de apenas $ 50.000, associada a um nível de utilidade igual a 140. Assim, a utilidade esperada será dada por:

Utilidade esperada = 90% · 200 + 10% · 140 = 194

Ao passo que a utilidade associada a um nível certo de riqueza igual a $ 77.000 seria maior, por exemplo, igual a 199.

A partir desses conceitos, pode-se questionar quanto o consumidor estará disposto a pagar para se livrar do risco de incorrer no custo da doença. Apenas a perda esperada?

No Gráfico 29.8, a situação citada é reproduzida. Supõe-se um consumidor avesso ao risco, que como tal possui uma função utilidade marginal decrescente em relação à riqueza (uma função utilidade total côncava). Observa-se que a utilidade da riqueza esperada ($ 77.000) é mais baixa (194) do que a utilidade se essa riqueza não envolvesse risco (199). Verifica-se também que uma riqueza certa inferior a $ 77.000 ainda seria preferível, em termos de utilidade, à situação de risco até certo limite. Observe que uma riqueza ligeiramente maior do que $ 65.000 geraria uma utilidade maior do que a utilidade esperada (194), a utilidade sob incerteza, e, portanto, seria preferida.

Sob o pressuposto de um consumidor avesso ao risco, verifica-se uma disposição a pagar um prêmio maior do que a perda esperada. De fato, como se pode verificar no Gráfico 29.8, ele estará disposto a pagar um prêmio que produz uma riqueza líquida da qual extrai satisfação associada à riqueza esperada, sob incerteza.

Em resumo, o consumidor adquirirá a apólice de seguro desde que o prêmio gere uma riqueza líquida da qual ele extraia utilidade superior à esperada (194). Observe que se o prêmio for igual à perda esperada, o que é denominado prêmio atuarialmente justo, o consumidor adquirirá uma apólice com cobertura total. À medida que o prêmio se eleve, o consumidor reduzirá a cobertura adquirida. Um prêmio de $ 14.000 daria cobertura de apenas $ 16.000 para uma perda total de $ 30.000. Porém, ainda assim, gerando uma utilidade superior à utilidade esperada. A diferença entre a riqueza total e a riqueza associada à utilidade esperada (*FE*) é denominada "valor da aversão ao risco".[24]

---

[24] FOLLAND; GOODMAN; STANO, 2007.

GRÁFICO 29.8

Definição do limite do prêmio

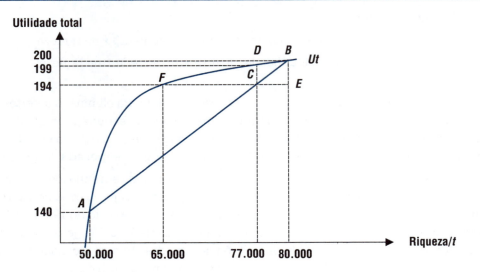

Fonte: adaptado de FOLLAND; GOODMAN &; STANO, 2007.

Um prêmio igual à perda esperada de $ 3.000 (associado a uma riqueza certa de $ 77.000), gera uma utilidade (199) mais elevada do que a utilidade gerada pela riqueza esperada de $ 77.000 (sob incerteza, 194).

29.3.3.2 Oferta de seguro-saúde

Os consumidores avessos ao risco buscam se livrar deles adquirindo apólices de seguro. Ao adquirir uma apólice, transferem o risco de uma perda inesperada para um terceiro, para uma seguradora. As empresas de seguro aceitam assumir esse risco em troca de pagamento, desde que tenham um grupo de segurados suficientemente grande para estimar a probabilidade de ocorrência dos sinistros (no caso, o tratamento da doença). Os consumidores, como visto na seção anterior, estarão dispostos a pagar um prêmio que varia desde o valor da perda esperada até o valor da aversão ao risco (no exemplo anterior: $ 15.000).

Do lado da empresa seguradora, participar desse mercado só será atrativo se o prêmio for suficiente não apenas para cobrir os sinistros, mas também os custos envolvidos — os custos administrativos para gestão dos recursos. Embora, individualmente, a doença e seus custos possam ser incertos, em uma população, a frequência obedecerá a lei dos grandes números,[25] e os custos convergirão para a média. Em outras palavras, a frequência relativa de ocorrência de uma doença, em um grupo, tenderá para a taxa de incidência[26] à medida que o grupo aumente, definindo o risco: a probabilidade de ocorrência.

---

[25] A frequência de determinados eventos observada em uma grande população tende a se aproximar do valor previsto pela teoria das probabilidades.
[26] Taxa de incidência (TI) mede a taxa de ocorrência de novos casos de uma doença em relação à população de risco, em determinado período: TI = novos casos/população/t.

Nesse contexto, para a seguradora, o negócio será viável desde que o prêmio cubra as despesas com indenização, que correspondem às perdas esperadas, mais os custos administrativos (t), que envolvem a coleta e o processamento das apólices. Em um mundo competitivo, todas as empresas estariam operando com lucro extraordinário igual a zero, de modo que o prêmio a ser cobrado seria determinado por:

receita − custos = zero

receita = prêmio · quantidade de apólices vendidas

custos = (indenização + t) · quantidade de sinistros + t · quantidade (de apólices vendidas − sinistros)

A quantidade de sinistros é determinada pela probabilidade (p) de ocorrência em relação ao total de apólices vendidas. Assim, para (1-p) apólices, não ocorrerão sinistros e a seguradora incorrerá apenas nos custos administrativos, já para a proporção (p) de apólices cujos proprietários incorrerão em sinistros, a seguradora incorrerá no pagamento das indenizações mais os custos administrativos. Adotando os parâmetros do exemplo anterior e custos administrativos de $ 1.000, pode-se calcular o custo esperado para a seguradora:

Custo esperado = 10% · ($ 30.000 + $ 1.000) + 90% · ($ 1.000) = $ 4.000/apólice

A determinação algébrica do prêmio é apresentada a seguir, sendo:

a = prêmio como proporção da cobertura;

Q = cobertura;

p = probabilidade de indenizações;

t = custos administrativos;

Receita = $a \cdot Q$

Custo esperado = $p \cdot (Q + t) + (1 - p) \cdot t = pQ + t$

Lucro = Receita − custo

Lucro Médio = $aQ - (pQ + t)$

Em concorrência, o lucro extraordinário = 0

$aQ - pQ - t = 0$

$aQ = pQ + t$

$a = p + (t/Q)$ prêmio (%) > que a probabilidade de sinistro.

O prêmio definido como uma proporção da cobertura precisa ser a soma da probabilidade de sinistro (probabilidade de ficar doente) mais a taxa de custos administrativos em relação à cobertura.

No exemplo, um prêmio superior a $ 4.000, em um mundo competitivo, atrairia outras seguradoras, levando o prêmio de equilíbrio para o nível do custo esperado, a saber, perda esperada mais custos administrativos. No exemplo, o prêmio seria de $ 4.000, acima do prêmio atuarialmente justo, que corresponde à perda esperada ($ 3.000), mas ainda factível, uma vez que o consumidor representativo (o do exemplo) estaria disposto a pagar um prêmio de até $ 15.000 para se livrar do risco.

29.3.3.3 Impacto do seguro-saúde sobre o mercado de serviços de saúde: um caso de risco moral

Até aqui, foi suposto perdas aleatórias e indenizações em quantia fixa predeterminada, pelas quais a seguradora é responsável. No entanto, em muitos casos, a compra do seguro é acompanhada por uma mudança de comportamento do consumidor: na hora do uso, com preço do serviço nulo (cobertura total), a quantidade demandada tende a ser maior do que seria se o consumidor enfrentasse o preço do serviço. Essa situação, denominada risco moral, é possível à medida que a informação é imperfeita no mundo real. As empresas seguradoras não conhecem os agentes compradores, nem têm conhecimento das ações que empreenderão após a assinatura do contrato de seguro, favorecendo o comportamento oportunista.[27]

Sob essa situação, ocorre desequilíbrio nas contas das empresas seguradoras, uma vez que foram projetados custos com base nas perdas esperadas, mas as indenizações se tornam maiores. Essa situação é demonstrada no Gráfico 29.9, no qual se observa a demanda original, antes da aquisição do seguro, que projeta a aquisição de serviços no nível Q_1 dado o preço P_1, quando da ocorrência da doença. Admitindo probabilidade (p) de ocorrência de 50%, o custo esperado (CE) pela seguradora para cobertura completa, supondo custos administrativos nulos, seria de:

$$CE = p \cdot (P_1 \cdot Q_1) + (1 - p) \cdot 0 = 0{,}5 \cdot (P_1 \cdot Q_1) = OABQ_1$$

De modo que um prêmio de igual montante implicaria situação de equilíbrio, com lucro normal nulo.

GRÁFICO 29.9

Risco moral: impacto do seguro sobre a demanda de serviços de saúde (Q)

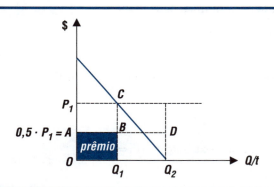

Todavia, com cobertura completa (preço igual a zero), o consumidor tende a consumir Q_2 do serviço de saúde, tornando a despesa da seguradora maior, igual a $OADQ_2$, gerando prejuízo. Por outro lado, se a seguradora cobrar como prêmio $0{,}5 \cdot P_1 \cdot Q_2$, o consumidor não compraria a apólice, pois esse prêmio poderia exceder as despesas médicas se ele as comprasse diretamente (OP_1CQ_1).

O risco moral[28] refere-se ao comportamento oportunista, pós-contratual, que se concretiza pelo uso maior do que ocorreria na ausência do contrato de seguro e está diretamente relacionado com a elasticidade-preço da demanda: quanto mais elástica

---

[27] No comportamento oportunista, não há limites para o egoísmo dos agentes econômicos (FARINA; AZEVEDO; SAES, 1997).
[28] *Moral hazard*, em inglês.

for a demanda, maior o risco moral. Ao contrário, menor o risco moral, quanto mais inelástica for a demanda. Por exemplo, a demanda por insulina de um paciente diabético é perfeitamente inelástica, portanto, com ou sem seguro, a quantidade demandada será sempre a mesma, e assim o custo esperado coincide com a despesa realizada.

Para contornar esse comportamento oportunista, as empresas há muito vêm empregando os instrumentos de copagamento e franquia.

Um contrato com cláusula de franquia implica que a cobertura só começa a valer após o pagamento de um montante definido *a priori*, ou seja, a franquia. A dificuldade é determinar seu montante. Se for pequena, não impedirá que o consumidor use o máximo do serviço ao custo da franquia (custo adicional zero), e se for alta, pode desestimular a aquisição da apólice.

O copagamento é uma cláusula que determina o pagamento de uma parcela do preço do serviço no momento do uso. Sem seguro, o consumidor pagaria o preço integral do tratamento (P_0); com seguro e cobertura completa, o consumidor não pagaria qualquer quantia no momento do uso e usaria o máximo (Q_{max}). Com seguro e copagamento, o consumidor, no momento do uso, pagaria uma parcela do preço original reduzindo a cobertura, e a quantidade demandada seria maior (Q_1) do que aquela adquirida na ausência do contrato de seguro (Q_0), mas inferior à quantidade que ocorreria (Q_{max}) com um contrato de seguro sem cláusula de copagamento. O Gráfico 29.10 ilustra essa situação e mostra também a perda de eficiência associada a essa estratégia. Admitindo custo marginal constante ($=P_0$), sem seguro, a quantidade demandada do serviço de saúde seria Q_0. Ao adquirir uma apólice de seguro em copagamento de 50%, o consumidor, no momento do uso, pagaria 50% do preço original, demandando Q_1. É como se a demanda do consumidor (D_e) se ampliasse para D_e(50%).

Duas observações são importantes. Note que se a apólice não tivesse cláusula de copagamento, a indenização seria muito maior (OP_1DQ_{max}) do que com copagamento (OP_1CQ_1), considerando uma probabilidade de ocorrência da doença também de 20%. Considere também que o aumento da quantidade demandada de Q_0 para Q_1 gera um benefício adicional (ACQ_1Q_0) inferior ao custo adicional (ABQ_1Q_0), implicando uma perda social no montante *ABC*, evidenciando a ineficiência de funcionamento do mercado em tal situação.

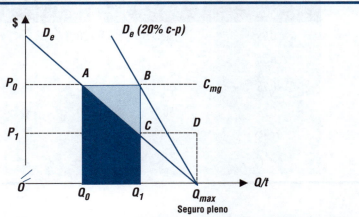

GRÁFICO 29.10

Impacto de copagamento sobre o mercado de serviços de saúde: ABC é perda

29.3.3.4 Impacto do seguro-saúde sobre o mercado de serviços de saúde: um caso de seleção adversa

A empresa de seguro, para ofertar apólices no mercado, realiza cálculos atuariais visando identificar a probabilidade dos sinistros e assim determinar o custo esperado do negócio e o prêmio da apólice. Porém, os potenciais compradores possuem diferentes características e, consequentemente, diferentes expectativas de gastos com saúde. A empresa não consegue identificar essas diferentes características, o que define uma situação com informação assimétrica e, consequentemente, uma oferta de apólices de seguro a um prêmio único. Sob esses pressupostos, observa-se uma "seleção adversa".[29] Alguns potenciais compradores perceberão que o prêmio é superior ao seu gasto esperado e desistirão da compra, ao passo que aqueles com expectativa de gastos maiores realizarão a compra da apólice. O resultado é que as indenizações de responsabilidade da empresa de seguro serão maiores do que o custo originalmente esperado, implicando prejuízos. Esse cenário foi originalmente discutido por Akerlof,[30] ao analisar o mercado de carros usados, com diferentes níveis de qualidade e informação assimétrica entre vendedores e compradores. O autor demonstrou que, sob tais condições, os carros de baixa qualidade — os limões — expulsavam os carros de alta qualidade, inviabilizando o mercado.

O exemplo numérico da Tabela 29.1 ilustra essa situação, no caso de planos de saúde, destacando a ineficiência e a iniquidade associadas.

Com base em cálculos atuariais, o custo esperado (*CE*) de $ 50 foi computado. Supondo quatro grupos de consumidores com as mesmas características demográficas, mas com despesas esperadas (*DEC*) variando entre $ 20 e $ 80 (com probabilidades uniformes e média ponderada de $ 50), observa-se que os grupos com expectativas inferiores ao prêmio estabelecido (*PP*), de acordo com o *CE*, não teriam incentivo para adquirir a apólice. Ao saírem do mercado, o gasto realizado pela seguradora (*GRS*) ficaria maior do que o gasto esperado (*GES*) originalmente, pois apenas os segurados com gastos unitários projetados mais elevados ficariam. O *GRS* seria de fato $ 70 (0,25 · 60 + 0,25 · 80)/0,5), maior do que o prêmio estabelecido, o que inviabilizaria o negócio.

TABELA 29.1

Exemplo numérico do fenômeno seleção adversa

Grupos	PP ($)	DEC ($)	GES ($)
0,25	50	20	5
0,25	50	40	10
0,25	50	60	15
0,25	50	80	20
CE ($)	1		50
GRS ($)			70

---

[29] *Adverse selection*, em inglês. Esse fenômeno foi originalmente descrito por Akerlof (1970) ao analisar o que ficou conhecido como mercado dos "limões". Os produtos ruins expulsam os produtos de melhor qualidade do mercado.
[30] AKERLOF, G. A. The market for "lemons": quality uncertainty and the market mechanism. *The Quarterly Journal of Economics*, v. 84, n. 3, 1970.

Com um esquema de prêmio *flat* (igual para todos), as pessoas de menor risco (ou menor gasto esperado) não comprarão seguro e ficarão desprotegidas — implicando perda de bem-estar por não conseguirem comprar um seguro compatível com seu nível de risco. Ao passo que as de maior risco (ou maior gasto esperado), com esse prêmio, tenderão a comprar a apólice. Portanto, a informação assimétrica torna o mercado ineficiente e não equitativo.

As seguradoras usam alguns mecanismos para reduzir a assimetria de informação, ao incluir no contrato cláusulas que melhorem a informação ou minimizem as surpresas, como a eliminação da cobertura para doenças preexistentes; prêmios diferenciados, segundo características específicas; comercialização de apólices para grupos corporativos. Nessa opção, os prêmios são fixados com base na experiência dos sinistros do grupo, em termos médios (*flat*), e os usuários não têm como tirar proveito das informações que possuem, pois têm escolhas limitadas.

O problema da seleção adversa é uma explicação para o desaparecimento dos planos de saúde individuais no Brasil; muito embora, provavelmente, também tenha contribuído para isso a política da ANS de controlar apenas os reajustes dos prêmios dos planos individuais, deixando para o mercado os reajustes de planos corporativos.

De modo geral, problemas de seleção adversa são contornados por meio de estratégias adotadas pelos atores envolvidos, como a de sinalização,[31] quando os membros do grupo informado escolhem uma variável de decisão ou uma ação observável e crível,[32] que sinalize o seu verdadeiro tipo para o agente desinformado; ou rastreio,[33] quando os membros do grupo desinformado aplicam provas ou oferecem contratos desenhados para distinguir entre os diferentes tipos de grupos informados, buscando identificar aqueles com as características desejadas (por exemplo, oferecendo diferentes combinações de franquias e copagamentos).

Em resumo, a assimetria de informação propicia o aparecimento do comportamento oportunista pré-contratual, inviabilizando as transações ou, caso o mercado se estabeleça, tornando ineficiente a alocação de recursos, sem garantia de qualidade do serviço.

29.3.4 O mercado de medicamentos

A saúde é um bem produzido pelo indivíduo, dados seus conhecimentos e estilo de vida, ao combinar seu tempo e bens e serviços adquiridos no mercado. Entre esses últimos, uma categoria das mais relevantes é a dos medicamentos.

Medicamento é o produto final, tecnicamente elaborado, com finalidade profilática, curativa, paliativa ou para fins de diagnóstico.[34] A colocação de um novo medicamento no mercado envolve anos de pesquisa básica e de desenvolvimento. Todavia, a tecnologia, uma vez desenvolvida, pode ser facilmente copiada, e o custo marginal de produzir e distribuir o novo medicamento será muito baixo, ante o investimento realizado para a descoberta do princípio ativo e a sua transformação em um produto

---

[31] *Signalling*, do inglês.
[32] Um sinal crível é aquele que tem um custo que não seria suportado por um agente que não tivesse a mesma característica. Esse conceito foi desenvolvido originalmente por SPENCE, M. *Market signaling*. Harvard University Press: Cambridge, 1974.
[33] *Screening*, do inglês. Cf. STIGLITZ, J. The theory of Screening, Education and distribution of income. *American Economic Review*, LXV, p. 283-300, 1975.
[34] Lei n. 5.991/73, Brasil, 1973.

para comercialização. A nova tecnologia é informação e, como tal, um bem público, cuja aplicação gera um bem excludente e rival objeto de interesse privado.

Um bem público é produzido pelo governo ou é financiado por ele para que a iniciativa privada produza e distribua gratuitamente à população. No caso dos medicamentos, contudo, o investimento em pesquisa e em desenvolvimento de longa data é realizado por empresas privadas, graças ao mecanismo das patentes. À primeira vista, pode ser difícil entender por que se criou um mecanismo para viabilizar a produção de um bem público pela iniciativa privada. Talvez a história tenha começado com a busca de proteção do uso de invenções por seus criadores, definindo-se aí o direito à propriedade intelectual. As primeiras patentes, conta a história, datam de 1421, em Florença, na Itália, em 1449, na Inglaterra, e a primeira lei em Veneza, no ano de 1474. O uso exclusivo dos frutos de sua invenção para o progresso da ciência aparece na Constituição Federal Americana de 1787, em seu Artigo 1, do poder legislativo, Seção 8, que trata dos poderes do Congresso, em seu parágrafo 8º: "*To promote the Progress of Science and useful Arts, by securing for limited Times to Authors and Inventors the exclusive Right to their respective Writings and Discoveries*".[35]

Segundo Assis Neto,[36]

> *o direito de patente, como propriedade industrial, possui um longo processo de desenvolvimento histórico, o qual foi configurado de modo a objetivar algo antes realizado de maneira bastante arbitrária com as reservas de mercado impostas por monarcas absolutistas.*

Segundo o Instituto Nacional de Propriedade Industrial (INPI), o sistema de patentes é um mecanismo legal que assegura um "título de propriedade temporária sobre uma invenção ou modelo de utilidade, outorgado pelo Estado aos inventores ou autores ou outras pessoas físicas ou jurídicas detentoras de direitos sobre a criação".[37] A patente confere, em tese, monopólio temporário para a exploração econômica dos frutos da invenção ou descoberta, sob o pressuposto de que tal proteção encoraja a inovação por meio da pesquisa e do desenvolvimento (P&D). Contudo, também estimula a concentração de mercado.

A indústria farmacêutica internacional é uma das que mais se beneficia do sistema patentário. É dependente de alta tecnologia, de pesquisa intensiva em conhecimento e altamente sensível aos marcos regulatórios, constituindo-se, contudo, em negócio altamente arriscado. Entre a descoberta e o produto pronto para o mercado, são necessários vários anos de pesquisa e pesado investimento. Segundo Burns,[38] de 5 mil a 10 mil compostos descobertos nos Estados Unidos, 250 avançam para os testes pré-clínicos, e, destes, apenas cinco passam por testes clínicos, sendo apenas uma droga aprovada pelo *Food and Drugs Administration* (FDA), processo que dura de 9 a 15 anos.

---

[35] Disponível em: <htttps://www.gpo.gov/fdsys/pkg/CDOC-110hdoc50/pdf/CDOC-110hdoc50.pdf>. Acesso em: 2 set. 2016.
[36] ASSIS NETO, N. D. Direito de patente: o processo histórico de desenvolvimento do direito patentário em sua dialética relação com a propriedade. *Revista Âmbito Jurídico*, 2010. Disponível em: <http://www.ambitojuridico.com.br/site/index.php?n_link=revista_artigos_leitura&artigo_id=8177>. Acesso em: 3 set. 2016.
[37] Disponível em: <http://www.inpi.gov.br/servicos/perguntas-frequentes-paginas-internas/perguntas-frequentes-patente#patente>. Acesso em: 7 set. 2016.
[38] BURNS, L. R. *The Biopharmaceutical Sector's Impact on the U.S:* economy: analysis at the national, state, and local levels. Washington, DC: Archstone Consulting, LLC, 2009.

Nesse contexto, o sistema de patentes garante à indústria que desenvolveu a droga o monopólio do produto por determinado tempo. Nos Estados Unidos e no Brasil,[39] as patentes concedem o monopólio por 20 anos.

Um rápido exame da lista de empresas do setor farmacêutico pode dar a impressão de que não há monopólio, afinal, são centenas de empresas. Porém, uma análise mais profunda revela que a monopolização ocorre em nível das classes terapêuticas, em que as estratégias de concorrência baseadas na reputação, inovação, diferenciação e propaganda são adotadas sob patente específica.

Um mercado monopolizado garante lucros extraordinários e gera um peso morto para a sociedade. No entanto, no caso da indústria farmacêutica, há, ainda, uma polêmica em torno do uso das patentes para além de seu objetivo original de estimular a inovação e a descoberta de novas drogas, pela garantia da recuperação dos investimentos em P&D. Pesquisadores de universidades americanas[40] destacam que o elevado preço dos medicamentos exclui as populações mais pobres do acesso (professor Eben Moglen, Universidade de Columbia); que as patentes são renovadas com base em aprimoramentos de drogas preexistentes com baixo benefício adicional (professora Marcia Angell, Harvard University); e que os investimentos são aplicados no desenvolvimento de drogas para tratar doenças crônicas, de longa duração (professor Gwen Olsen), em vez de o ser para a descoberta de medicamentos para a cura de doenças da pobreza, tais como vacinas (professor Michael Heller). Segundo Melo, Ribeiro e Storpirtis,[41] o gasto em publicidade da indústria farmacêutica era quase o dobro do investimento em P&D.

29.3.5 Privado ou público?

Os mercados de serviços de saúde enfrentam diversas falhas que geram ineficiências minimizadas por políticas de subsídios e impostos, por estratégias de copagamento e franquias, de sinalização ou rastreio, ou ainda pelo monitoramento do governo. Alternativamente, o Estado pode assumir a provisão dos serviços de saúde, mas a gestão pública também está sujeita a diversas falhas. O governo falha quando o resultado do que faz é pior do que o resultado do *laissez-faire*, ou seja, do mercado, e isso pode ocorrer por má gestão, omissão ou corrupção. Porém, esse assunto merece um capítulo exclusivo e ficará para outra oportunidade.

A saúde não é exclusivamente uma questão biológica, nem é resolvida exclusivamente por serviços médicos, mas é socialmente determinada,[42] de modo que a desigualdade presente na sociedade brasileira faz existirem grupos que sofrem mais do que outros. Nesse contexto, sem dúvida, cabe um papel importante ao Estado no setor saúde e nos demais setores que se inter-relacionam para determinar a saúde da população, mas definir os limites dessa atuação é uma questão ainda em aberto. O mercado busca a eficiência, mas falha na saúde. O Estado busca a equidade, mas também falha. E isso se comprova ante os imensos desafios que o SUS enfrenta.

---

[39] Lei de Patentes, 1996.
[40] Essas informações foram extraídas de vídeo preparado pelo professor Castilho, cientista sênior no Instituto de Pesquisa Computacional do Qatar, em Doha. Disponível em: <http://www.youtube.com/watch?v=-XCgNlxaKOw>. Acesso em: 15 fev. 2017. Uma amostra dos trabalhos desses especialistas consta nas referências finais deste capítulo.
[41] MELO, D. O.; RIBEIRO, E.; STORPIRTIS, S. A importância e a história dos estudos de utilização de medicamentos. *Revista Brasileira de Ciências Farmacêuticas*, v. 42, n. 4, 2006.
[42] BUSS; PELEGRINI, 2007.

29.4 ■ SISTEMA DE SAÚDE E O SUS

O objetivo desta seção é descrever a evolução e estrutura organizacional do sistema de saúde no Brasil a partir da criação do SUS. À guisa de introdução, faz-se necessário observar que o surgimento do sistema de saúde brasileiro está ligado ao sistema de segurança social que se iniciou na década de 1920, com a criação das Caixas de Aposentadoria e Pensões, instituídas pela chamada Lei Elói Chaves, de janeiro de 1923, as quais beneficiavam poucas categorias profissionais. A evolução do setor nas décadas seguintes ocorreu em meio às mudanças verificadas no sistema de segurança social.

Em 1933, as Caixas de Aposentadoria e Pensões foram absorvidas pelos Institutos de Aposentadoria e Pensão (IAPs), divididos em categorias específicas de trabalhadores, criadas sucessivamente. Em 1933, foi criado o IAPM (para marinheiros); em 1934, o IAPC (para os empregados do comércio); em 1936, o IAPI (para os trabalhadores da indústria); em 1938, o IAPTEC (para os trabalhadores em transporte) e assim por diante.

De fato, o início do século XX foi marcado por epidemias e grandes desigualdades. Na segunda metade do século, começou a se estruturar o movimento sanitário que organizou a população em torno de suas reivindicações de saúde pública. Por meio das Conferências Nacionais de Saúde, as ideias sobre um sistema público universal e equitativo foram sendo construídas, culminando na VIII Conferência, com a concepção do SUS, inserido, então, na Constituição Cidadã de 1988.

29.4.1 SUS

Em 1988, foi introduzido na Constituição um capítulo específico sobre saúde, que adotava, basicamente, as propostas oriundas da VIII Conferência Nacional da Saúde. Em seu artigo 196, consta:

> *A saúde é um direito de todos e dever do Estado, garantido mediante políticas sociais e econômicas que visem a redução do risco de doença e de outros agravos e o acesso* **universal e igualitário** *às ações e aos serviços para sua promoção, proteção e recuperação.*

Em termos gerais, os congressistas procuraram descentralizar o estado brasileiro. A inclusão (já no primeiro artigo) da municipalização da federação e a nova divisão dos impostos, definida no artigo 159, expressam bem essa tendência. No capítulo sobre a saúde, essa tendência à descentralização também se fez presente, mais especificamente no artigo 198, o qual estabeleceu que as ações e os serviços de saúde pública formam uma rede regionalizada e hierarquizada e constituem um sistema único, organizado de acordo com as seguintes diretivas: 1) descentralização, com administração unificada em cada esfera do governo; 2) atenção integral, com prioridade nas ações preventivas, sem perda para os serviços de atenção à saúde; e 3) participação da comunidade.

O fornecimento de serviços de atendimento à saúde para a população[43] passou a ser uma responsabilidade exclusiva dos municípios. A União e os estados ficaram com a responsabilidade apenas de fornecer a cooperação técnica e financeira necessária ao exercício da jurisdição exclusiva dos municípios. Finalmente, no artigo 24, cláusula XII, quando são mencionadas jurisdições competitivas, tais como passar legislação

---

[43] Constituição Federal, artigo 30, cláusula VII.

destinada à proteção e defesa da saúde, a União ficou limitada ao estabelecimento de regras gerais.[44]

29.4.2 As normas operacionais básicas do SUS

Na década de 1990, foram instituídas duas Normas Operacionais Básicas do SUS (NOB/SUS/01/93 e NOB/SUS/01/96) e uma Instrução Normativa (IN/01/98). Essas normas estabeleciam mecanismos que davam continuidade ao processo de descentralização, com o escalonamento dos municípios segundo sua capacidade gerencial, instituindo parâmetros para a implantação gradual do SUS.

O SUS, portanto, é formado por três subsistemas — o nacional, o estadual, e o municipal —, com responsabilidades distintas, dentro das quais cada subsistema tem sua própria gestão, representada respectivamente pelo Ministério da Saúde e as Secretarias de Saúde Estaduais e Municipais. Os gestores do SUS agem de acordo com as resoluções dos Conselhos de Saúde (nacional, estadual e municipal) e das Comissões Intergestoras em cada nível de governo. Os estados e municípios recebem os recursos financeiros a eles destinados por meio de transferências fundo-a-fundo automáticas e regulares, a partir do mês subsequente à publicação do decreto, ratificando a respectiva qualificação.

Assim, em 1998, dez anos após a instituição do SUS pela Constituição de 1988, a descentralização que caracteriza o sistema ainda estava sendo implantada.

29.4.3 As políticas adotadas no século XXI

Após os anos 2000, o Ministério da Saúde deu continuidade à sua política de descentralização, promovendo municípios da "plena gestão do atendimento básico" à "plena gestão do sistema municipal" e aumentando o número de municípios incluídos no sistema.

O Ministério da Saúde também continuou a definir a estrutura institucional do setor de saúde. O sistema privado de saúde, especificado como o setor suplementar, foi regulado em 1998, quando o Congresso aprovou a lei n. 9.656/98 que regula os planos de saúde e, em 2000, quando o governo de Fernando Henrique Cardoso criou a ANS, cujos membros são aprovados pelo Congresso e não podem ter qualquer compromisso com os planos de saúde para ter liberdade na definição de políticas e regras norteadoras das ações das empresas seguradoras e de planos de saúde.

A organização do sistema de saúde após 2000 está descrita na NOAS SUS 01/2001, e NOAS SUS 01/2002 (Normas Operacionais de Assistência à Saúde), ambas aprovadas no governo de Fernando Henrique e nos pactos para a saúde criados pelo governo Lula.

No que se refere ao financiamento do SUS, é importante atentar para os seguintes princípios gerais:

- a responsabilidade dos três níveis de gestão — a União, os estados e os municípios;
- a redução de iniquidades macrorregionais, estaduais e regionais;
- a formação, organização e transferência dos recursos federais para financiamento em dois blocos de recursos:
    - atendimento básico;
    - atendimento de média e alta complexidades.

---

[44] Ver parágrafo 1 do artigo mencionado.

O processo de programação em conjunto e integrado foi um dos poucos processos introduzidos pela NOAS 01/02 que se tornou efetivo, em diferentes níveis de intensidade, em todas as Unidades da Federação.

29.4.4 O setor privado de saúde no SUS

De acordo com as disposições legais, o setor privado pode participar da estrutura do SUS como complemento aos serviços públicos de saúde. O artigo 199 da Constituição de 1988 permite a abertura do atendimento à saúde à iniciativa privada. Instituições privadas podem participar de forma complementar no SUS, por meio de contrato público ou convênio, com preferência para entidades filantrópicas e sem fins lucrativos. Assim, no desenho geral do sistema, o setor privado funciona como um provedor de saúde, gerido pelo setor público. As relações entre os gestores públicos e os provedores privados são estabelecidas mediante contratos e convênios. A maior parte do volume de recursos envolvidos se efetiva nas operações com os provedores de serviços hospitalares.

O setor privado de saúde pode ser dividido em dois grupos: setor privado com e sem finalidade de lucro. As entidades sem fins lucrativos são filantrópicas ou religiosas, enquanto que as com fins lucrativos são constituídas pelos planos e seguros de saúde e provedores de saúde (médicos particulares, laboratórios, clínicas e hospitais).

Existem quatro tipos de planos de atendimento médico privados no Brasil: medicina de grupo com pré-pagamento, cooperativas médicas, planos de saúde para empregados das empresas e planos de seguro tradicionais. De acordo com dados da ANS, em 2015, eram 843 operadoras com cerca de 50 milhões de beneficiários, sendo que os planos coletivos empresariais representavam 82,5% do total.[45]

O setor privado de saúde que não busca o lucro é

> geralmente instituído pela iniciativa de comunidades (civis ou religiosas) ou grupos sociais, a maioria com fontes de financiamento dependentes dos recursos do Estado, ou pelo pagamento de taxas pelos serviços ou pela utilização de mecanismos fiscais (isenção de diversos impostos federais, Estaduais, e municipais) e isenção de contribuições.[46]

Deve-se enfatizar que, dados os problemas permanentes apresentados nos serviços oferecidos pelo setor público (filas, falta de médicos nos serviços básicos de saúde), o setor privado tem boas condições para crescer, principalmente no suprimento de serviços suplementares de saúde para a classe média.

29.4.5 Os gastos em saúde e os desafios do SUS

29.4.5.1 Recursos e gastos em saúde

De acordo com dados do IBGE, o SUS disponibilizou, em 2010, um total de 343.640 leitos hospitalares, ou seja, 1,68 leitos por mil habitantes, considerando a população brasileira de 198,6 milhões de habitantes, e foram realizadas 0,057 internações *per capita* em hospitais no mesmo ano. Além disso, foram realizados 3,3 milhões de procedimentos ambulatoriais (16,9 *per capita*).

---

[45] ANS TabNet, 2016. Acesso em: 29 mar. 2016.
[46] ELIAS, P. E. Estrutura e organização da atenção à saúde. *In*: COHN, A.; ELIAS, P. *Saúde no Brasil*. 3. ed. São Paulo: Cortez/CEDEC, 1999. p. 75-76.

Há 6.500 hospitais no país integrados ao SUS, dos quais 48% são privados. Essas instituições podem fornecer desde atendimento ambulatorial simples até transplantes de órgãos. Entre as unidades públicas que atendem o SUS, 69 são hospitais federais, 618 hospitais estaduais e 2.278 hospitais municipais, distribuídos por todos os estados. Todos os hospitais universitários servem ao sistema de saúde público. Além disso, existem 67.695 estabelecimentos que prestam cuidados ambulatoriais.

O Ministério da Saúde responde por 67,6% de todos os gastos em cuidados de saúde, com 19,9% dirigidos aos cuidados primários ($ 65,40 *per capita*) e 48,7% para a atenção de complexidades média e alta ($ 156,70 *per capita*). Os gastos *per capita* com ações e serviços públicos de saúde pelo SUS aumentaram 187% entre o ano de 2000 e 2008.

Observa-se na Tabela 29.2 que o gasto em saúde como porcentagem do PIB também tem aumentado de maneira constante, passando de 6,5% em 1995 para 8,3% em 2014. Nesse último ano, 54% foram gastos pelo setor privado e 46% pelo setor público. O gasto privado inclui as despesas feitas pelas unidades domésticas com planos e seguros de saúde e os gastos diretos com provedores de saúde particulares. Analisando os dados da tabela, não se verifica uma tendência de mudança nas proporções de gastos entre os setores público e privado que, no período de 1995 a 2014, variaram em torno de 45 e 55%, respectivamente.

O gasto *per capita* do Brasil em saúde foi de US$ 1.318,17 dólares PPP em 2014. Esse valor é mais alto do que o despendido na Costa Rica, que ocupa a última posição em termos de despesas em saúde *per capita*, mas que, no entanto, é o segundo país com o melhor estado de saúde na América Latina, quando se considera a taxa de mortalidade infantil de 9 por mil, inferior a apresentada pelo Brasil de 14,5 por mil nascidos vivos. Tal fato parece indicar que o desempenho do setor de saúde não está ligado apenas aos recursos disponíveis.

29.4.5.2 Desafios a serem enfrentados pelo SUS

Há alguns desafios que o SUS deve enfrentar na próxima década.

Em primeiro lugar, os desafios decorrentes do envelhecimento da população e as consequentes mudanças epidemiológicas. Isso requer a transição de um modelo de cuidados agudos para um modelo de promoção da saúde.

Fazem-se necessárias uma revisão da estrutura financeira do setor de saúde no Brasil e uma avaliação da relação público-privada no setor. É preciso rever todo o sistema de atendimento de saúde à população. O tamanho das despesas de saúde não é o único fator para explicar seu desempenho, mas existem outros fatores importantes ligados à organização do sistema em si, que devem ser considerados e revistos.

TABELA 29.2

Despesas com saúde no Brasil em relação ao PIB, parcela pública e privada e taxa de mortalidade infantil

Ano	Pública (%)	Privada (%)	Total como %PIB	TMI
1995	43,01	56,99	6,51	37,9
1996	40,26	59,74	6,71	36,4
1997	42,95	57,05	6,69	34,8
1998	42,64	57,36	6,56	33,2
1999	42,73	57,27	6,91	31,7

Continua

Continuação

Ano	Pública (%)	Privada (%)	Total como %PIB	TMI
2000	40,3	59,7	7,03	29,02
2001	42,29	57,71	7,19	27,48
2002	44,64	55,36	7,13	26,04
2003	44,37	55,63	6,94	24,68
2004	47,02	52,98	7,07	23,39
2005	41,51	58,49	8,27	22,18
2006	41,8	58,2	8,36	21,04
2007	41,73	58,27	8,28	19,98
2008	43,84	56,16	8,24	18,99
2009	44,41	55,59	8,65	18,07
2010	45,8	54,2	8,27	17,22
2011	45,17	54,83	8,09	16,43
2012	44,32	55,68	8,26	15,69
2013	45,12	54,88	8,48	15,02
2014	46,04	53,96	8,32	14,4

Fonte: *World Bank Data.*

Adicionalmente, a programação dos recursos federais precisa ser aperfeiçoada por meio de novas metodologias para estimar as necessidades da saúde, maior integração entre a programação municipal e a programação dos estabelecimentos de saúde, e melhor articulação entre as demandas que resultam da programação de atendimento básico e as demandas da programação de média e alta complexidade, ou destas para a programação da Vigilância em Saúde.

Para efeito de comparação, considere que do total do gasto social do governo central em 2015, 11,8% foi destinado a saúde e apenas 2,8% a saneamento e habitação; infelizmente neste conjunto de dados não há separação das funções saneamento das de habitação.[47]

Para 2010, último ano para o qual se dispõe dos dados do IPEA/DISOC, o gasto federal com saúde era 4,1% do gasto federal total, enquanto o gasto federal com saneamento era 0,30% do gasto federal total. Já em relação ao PIB, o gasto federal com saúde era 1,68% do PIB e aquele com saneamento era 0,14%.

Esses números deixam claro que o Brasil tem gasto muito mais com saúde do que com saneamento, embora seja claro que aumentar o gasto com saneamento permitiria reduzir o gasto em saúde ou, alternativamente, melhorar a efetividade dos gastos federais em saúde. A esse respeito, o Ministro da Saúde do Brasil disse, em 26 de outubro de 2016, durante a abertura do 1º Encontro da Rede Nacional de Especialistas em Zika e Doenças Correlatas, que "para cada $ 1 investido em saneamento, o país economiza $ 4 em saúde".[48]

---

[47] SIAFI/SIDOR. Demonstrativo dos Gastos Tributários – DGT.
[48] Disponível em: <www.agenciabrasil.ebc.com.br>. Acesso em: 20 mar. 2017.

QUESTÕES

1. Caracterize os fenômenos de transição demográfica, nutricional e epidemiológica.
2. Resuma os determinantes sociais da saúde, segundo ideias de Buss e Pelegrini.
3. Discuta as possíveis razões da ineficiência dos mercados de serviços de saúde.
4. O mercado para coleta de lixo é eficiente. Esta afirmação é falsa ou verdadeira? Justifique.
5. Discuta a diferença entre incerteza e risco.
6. Como se define o prêmio atuarialmente justo?
7. O que é sinalização? E rastreio?
8. Atualmente, é muito difícil encontrar uma seguradora que comercialize seguro para pessoas físicas.
    a. Quais as prováveis razões para esse fato?
    b. Quais sugestões poderiam ser dadas à Agência Nacional de Saúde Suplementar acerca desse problema?
9. Quais são os princípios que orientam o SUS?
10. Quais são os desafios do SUS nesta segunda década do século XXI?

REFERÊNCIAS

AKERLOF, G. A. The market for "lemons": quality Uncertainty and the market mechanism. *The Quarterly Journal of Economics*, v. 84, n. 3, 1970.

ALMEIDA, A. *Economia aplicada para gestores*. Editor Atlântico, Publicações e Marketing Lda, 2003.

ALMEIDA, N. *O que é Saúde*. Rio de Janeiro: Fiocruz, 2012.

ANGELL, M. *The truth about the drug companies*: how they deceive us and what to do about it. New York: Random House, 2004.

ASSIS NETO, N. D. Direito de patente: O processo histórico de desenvolvimento do direito patentário em sua dialética relação com a propriedade. *Revista Âmbito Jurídico*, 2010. Disponível em: <http://www.ambitojuridico.com.br/site/index.php?n_link=revista_artigos_leitura&artigo_id=8177>. Acesso em: 3 set. 2016.

BARATA, R. B. *Como e por que as desigualdades sociais fazem mal à saúde*. Rio de Janeiro: Fiocruz, 2009. p. 120.

BATISTA F. M.; RISSIN, A. A transição nutricional no Brasil: tendências regionais e temporais. *Cadernos de Saúde Pública*, v. 19, suppl.1, Rio de Janeiro, 2003.

BATISTELLA, C. Análise da situação de saúde: principais problemas de saúde da população brasileira. In: FONSECA, A. F.; CORBO, A.M.A. (org.) *O território e o processo saúde-doença*. Rio de Janeiro: EPSJV/Fiocruz, 2007.

BECKER, G. S. *Human capital*: a theoretical and empirical analysis, with special reference to education. Chicago: The University of Chicago Press, 1964.

BURNS, L. R. *The biopharmaceutical sector's impact on the U.S. economy*: analysis at the National, State, and Local Levels. Washington: Archstone Consulting, LLC, 2009.

BUSS, P. M.; PELLEGRINI FILHO, A. A saúde e seus determinantes sociais. Physis: *Revista de Saúde Coletiva*, Rio de Janeiro, v. 17, n. 1, p. 77-93, 2007. Disponível em: <http://www.scielo.br/scielo.php?script=sci_arttext&pid=S0103-73312007000100006&lng=pt&nrm=iso>. Acesso em: 21 ago. 2016.

CAMPOS, H. A. Falhas de mercado e falhas de governo: uma revisão da literatura sobre regulação econômica. *Prismas: Dir., Pol. Publ. e Mundial*, Brasília, v. 5, n. 2, p. 341-370, jul./dez. 2008. Disponível em: <http://www.olibat.com.br/documentos/prismas-regulacao-economica.pdf>. Acesso em: 07 set. 2016.

DIAZ, M. D. M; SARTI, F. M.; CAMPINO, A. C. C. ; IUNES, R. Catastrophic health expenditures in Brazil: Regional Differences, Budget Constraints and Private Health Insurance. In: KNAUL, F.; WONG, R.; ARREOLA-ORNELAS, H. (ed.). *Financing Health in Latin America*, v. 1, Household Spending and Impoverishment. Harvard Global Equity Initiative, Mexican Health Foundation e International Development Research Centre, 2011.

ELIAS, P. E. Estrutura e organização da atenção à saúde. In: COHN, A.; ELIAS, P. *Saúde no Brasil*. 3. ed. São Paulo: Cortez/CEDEC, 1999. p. 75-76.

FARINA, E. M. M. Q.; AZEVEDO, P. F.; SAES, M. S. M. *Competitividade*: Mercado, Estado e Organizações. Singular: FAPESP/PENSA, 1997.

FOLLAND, S.; GOODMAN, A. C.; STANO, M. *The Economics of Health and health Care*. London: Routledge, 2007.

FOULKES, D. A. M.; VILLOUTA, C. P. Economic Development and Non-Communicable Chronic Diseases. *Global Economy Journal*, v. 12, n. 4, 2012.

GROSSMAN, M. On the concept of Health Capital and the demand for Health. *The Journal of Political Economy*, v. 80, 1972.

HELLER, M. *The Gridlock Economy*: How Too Much Ownership Wrecks Markets, Stops Innovation, and Costs Lives, 2008.

IORIO, U. J. Economia e Liberdade - A Escola Austríaca e a Economia Brasileira. *Forense Universitária*, 1997. Disponível em: <http://www.mises.org.br/EbookChapter.aspx?id=525>. Acesso em: 7 set. 2016.

JACK, W. Principles of Health Economics for Developing Countries. Washington DC: WBI Development Studies, 1999.

KNAUL, F.; WONG, R.; ARREOLA-ORNELAS, H.; MÉNDEZ, O.; BITRAN, R.; CAMPINO, A. C.; DIAZ, M. D. M. et al. Household catastrophic health expenditures: a comparative analysis of twelve Latin American and Caribbean countries. *Salud Pública de México*, v. 53, p. S85-S95, 2011.

KNIGHT, F. H. *Risk, Uncertainty, and Profit*. Boston: Houghton Miffin, 1921.

LIMA, C. R. M. de. *Administração da assistência suplementar à saúde*. Rio de Janeiro: Editora E-papers, 2005.

MARKLE, W. H.; FISHER, M. A.; SMEGO JR. R. A. *Compreendendo a saúde global*. 2. ed. Porto Alegre: AMGH, 2015.

MATTOS, A. P.; ALMEIDA, P. S.; CERQUEIRA, C.; RIBEIRO Jr., H. Hidratação Oral. In: SILVA, L. R. (Org.). Urgências Clínicas e Cirúrgicas em Gastroenterologia e Hepatologia Pediátricas. 1. ed. Rio de Janeiro: Medsi, 2003. v. 1, p. 3-637.

MELO, D. O.; RIBEIRO, E.; STORPIRTIS, S. A importância e a história dos estudos de utilização de medicamentos. *Revista Brasileira de Ciências Farmacêuticas*, v. 42, n. 4, 2006.

MOGLEN, E. *Free Software Matters*: The Patent Problem, Oct. 2000. Disponível em: <http://moglen.law.columbia.edu/publications/lu-05.html>. Acesso em: 2 set. 2016.

MUSGROVE, P. *Economia de La Salud* — Perspectivas para América Latina. Organização Panamericana de Saúde, 1989.

OLSEN, G. Confessions of an Rx Drug Pusher, International Speaker, and Health Activist, 2009.

PEREIRA, R. A.; ALVES-SOUZA, R. A.; VALE, J. de S. O processo de transição epidemiológica no Brasil: uma revisão de literatura. *Revista Científica da Faculdade de Educação e Meio Ambiente*, v. 6, n. 1, pp. 99-108, 2015.

PIOLA, S. F.; VIANNA, S. M. *Economia da Saúde*: Conceitos e Contribuição para a Gestão da Saúde. Brasília, 1995.

SPENCE M. *Market Signaling*. Cambridge: Harvard University Press, 1974.

STIGLITZ, J. The theory of Screening: Education and distribution of income. *American Economic Review*, LXV, p. 283-300, 1975.

VARIAN, H. R. *Microeconomia*: Princípios Básicos. 7. ed. Rio de Janeiro: Campus, 2003.

METODOLOGIA DA CIÊNCIA ECONÔMICA

30

Carlos Marques Pinho[1]

30.1 ■ INTRODUÇÃO

Em qualquer Ciência Social, o problema do método significa fundamentalmente o meio de reconstituição racional do real ou de sua interpretação. Cada umas delas analisa parcialmente o real, com base em certos termos de referência e segundo determinado esquema de interpretação. Ou, como escreve Marc Bloch em *Apologie pour l'histoire ou métier d'historien*,[2] a ciência decompõe o real apenas para observá-lo melhor. *Homo religiosus*, *homo oeconomicus*, *homo politicus* e outros mais são fantasmas úteis, desde que não se tornem incômodos. O homem, único ser de carne e osso, reúne todos eles ao mesmo tempo.

O motor principal dos estudos científicos, em geral, parece ser, de fato, a vontade do homem de utilizar a razão para compreender e controlar a natureza.

A reflexão, diz Grawitz,[3] separou o sujeito que conhece do objeto a conhecer e submeteu à análise o liame que os une. A resposta às questões — Como o real se presta à nossa investigação? Como o sujeito conhece o objeto? — difere-se em função do destaque dado ao objeto ou ao sujeito do conhecimento, ao ser ou ao pensamento ou consciência. As oposições entre as duas grandes correntes filosóficas — materialismo e idealismo — resultam, sobretudo, da ênfase dada ao sujeito ou ao objeto. Qualquer que seja o ponto de partida, entretanto, é sempre por meio do pensamento, do raciocínio, que se chega ao conhecimento.

A Economia, como Ciência Social, cuida de determinado aspecto da realidade: a atividade econômica, entendida geralmente como um complexo institucional canalizador das decisões e das ações dos membros de uma sociedade, na luta travada contra a escassez.

Vários autores têm definido a Economia como a ciência que estuda a alocação de recursos escassos entre usos alternativos. As opções sobre o que, como e para quem produzir são impostas pela limitação dos recursos à disposição dos homens.

Guitton acrescenta à ideia de escassez a de inadaptação no tempo e no espaço: os bens, muito abundantes ou muito raros, nunca estão no lugar "adequado", o que gera tensões e cria a potencialidade econômica. Os homens e as nações precisam adaptar um mundo inadaptado às suas necessidades crescentes.[4]

Barre esclarece que a atividade humana apresenta aspecto econômico quando há luta contra a escassez.[5] Na origem dessa luta (que pode ser individual ou social) está a

---

[1] Originalmente escrito pelo Prof. Dr. Carlos Marques Pinho, a atualização deste capítulo nesta edição ficou sob responsabilidade do Prof. Dr. Raul Cristovão dos Santos.
[2] BLOCH, M. Apologie pour l'histoire ou métier d'historier *apud.* BARRE, R. *Économie politique*. Paris: PUF, 1956, t. 1, p. 5.
[3] GRAWITZ, M. *Méthodes des sciences sociales*. 3. ed. Paris: Dalloz, 1976. p. 3
[4] GUITTON, H. *Problèmes économiques contemporains*. Colloques de la Chaire Francqui. Liège, 1953. p. 115.
[5] BARRE, R. *Économie politique*. Paris: PUF, 1956, t. 1. p. 5.

necessidade, definida por Pantaleoni como o desejo de dispor de um meio capaz de prevenir ou de fazer cessar uma sensação penosa e de provocar, conservar ou aumentar uma sensação agradável.[6]

A essência da atividade econômica, segundo Röpke, só pode ser compreendida por meio de três ideias básicas: escassez dos meios, escolha dos fins e custo. As considerações sobre o equilíbrio entre as necessidades e os meios disponíveis para satisfazê-las estão sempre presentes quando se emprega a renda, dirige-se um negócio, organiza-se a produção, divide-se o tempo entre o trabalho e o lazer, o sono e a vigília.[7]

A principal tarefa da Ciência Econômica, para Samuelson,[8] consiste na descrição, análise, explicação e no relacionamento do comportamento da produção, do desemprego, do preço e de fenômenos semelhantes. Porém, em virtude de dificuldades várias, tais como a complexidade do comportamento humano e social e a impossibilidade de realizar experimentos controlados, o economista não pode contar com a precisão que se consegue em algumas ciências físicas.

Na tentativa de explicar satisfatoriamente a atividade econômica, a Economia recorre a todos os processos do conhecimento científico, combinando vários instrumentos de análise ou optando por determinados métodos, o que tem levado, com frequência, a disputas metodológicas entre autores ou escolas.

A pluralidade dos processos de abordagem da Economia levou, aliás, Granger a colocar a seguinte questão: ou seu objeto é múltiplo ou, então, está mal definido.[9]

A própria posição da Economia no elenco das Ciências Humanas é bastante "ambígua" para Granger, já que trata ela, concomitantemente, de problemas humanos e não humanos. A economia é "simultaneamente e confusamente, ciência das coisas, ciência das ações e ciência das estruturas sociais".[10]

As coisas, produtos ou bens econômicos, têm relevante papel a desempenhar no processo de apropriação e de adequação do meio natural às necessidades dos homens. Porém, embora a economia trate dos produtos intencionais da atividade humana e de seu ciclo de consumo, não se reduz a uma arte de produzir ou de consumir, nem a uma tecnologia.[11]

As ações ou os atos estratégicos representam escolhas que orientam, no seu conjunto, a atividade econômica.[12]

As estruturas sociais compõem o quadro em que aparecem o ato organizador e as coisas produzidas, pois o fato econômico é também um fato social.[13]

---

[6] PANTALEONI, M. *Principi di economia pura*. 3. ed. Milano, 1931.
[7] W. RÖPKE, *apud* BARRE, 1956, t. 1, p. 7.
[8] SAMUELSON, P. *Introdução à análise econômica*. Rio de Janeiro: Agir, 1963, v. 1, p. 10.
[9] GRANGER, G. G. *Méthodologie économique*. Paris: PUF, 1955. p. 1.
[10] GRANGER, 1955, p. 2.
[11] O conhecimento dos meios de produção, repartição e consumo é apenas um "dado" da economia. Não fazem parte da Ciência Econômica os processos de criação e de manutenção dos produtos intencionais do homem (GRANGER, 1955, p. 3).
[12] Granger destaca a confusão possível entre a descrição das estratégias de escolha e uma doutrina de fins. A vocação atual da Economia não é tanto evitar qualquer suspeita de finalidade concreta, mas instituir abertamente "um casamento razoável com a prática", aceitar "o contrato de um racionalismo aplicado" (GRANGER, 1955, p. 4).
[13] O modelo robinsoniano do economista é uma abstração "perigosa" caso se descuide dos componentes sociais dos fatos econômicos efetivamente observados. Por haver negligenciado muito esse aspecto, o Marginalismo do século XIX apresenta-se, por vezes, como uma "metafísica arbitrária dos atos racionais atribuídos *in abstracto* ao homo oeconomicus" (GRANGER, 1955, p. 2).

Efetivamente, o conteúdo da Economia vai variar segundo o enfoque de cada autor ou escola: apresenta-se, por exemplo, como amplo sistema contábil que descreve o circuito dos produtos, em estreita ligação com o funcionamento de uma sociedade; ou enquanto teoria do comportamento racional, regulado pela hierarquia das necessidades ou das utilidades; ou conjunto de organismos que assegura a produção, a repartição e o consumo dos bens, entre outros.

Em uma tentativa de sistematização, Hugon reúne os estudos da atividade econômica em três grupos principais: no primeiro, estão os que a explicam pelo fim a que se destina (produção, repartição, circulação e consumo da riqueza, segundo Say e os clássicos em geral; obtenção do bem-estar econômico, de acordo com Pigou; satisfação das necessidades, para os marginalistas e neomarginalistas, entre outros); no segundo grupo, estão os autores que explicam a atividade econômica pelos meios que a impulsionam (interesse pessoal, busca do lucro, maximização do prazer e minimização do sofrimento, entre outros); e, no terceiro grupo, vêm os que estudam a atividade econômica pela forma com que se apresenta (trocas onerosas, comércio em sentido amplo, moeda e preços, entre outros).[14] Aos diferentes enfoques correspondem métodos também diferentes e, não raro, conflitantes.

30.2 ■ CONTROVÉRSIAS METODOLÓGICAS

Já no fim do século XVIII, é possível a distinção entre duas concepções da Ciência Econômica que utilizam dois métodos opostos e que correspondem às posições dos fisiocratas e dos clássicos.

Ambos atribuíam importante papel à ordem natural, em contraste com a ordem social, instituída artificialmente pelo homem; consideravam a Economia "ciência da natureza", cujas relações são essencialmente determinadas por elementos objetivos, externos ao homem; acreditavam que a livre concorrência permite o estabelecimento do preço mais vantajoso para compradores e vendedores e que o interesse pessoal é o grande motor da atividade econômica; pensavam que os fenômenos sociais estão ligados entre si por relações que devem ser analisadas, entre outras coisas.

A metodologia da escola fisiocrática e da clássica era dedutiva e abstrata; mas, enquanto Quesnay e seus discípulos enfocaram os problemas econômicos do ponto de vista macroscópico, os clássicos permaneceram essencialmente na ótica microscópica.

Em 1758, surgiu a primeira edição do Quadro Econômico (*Tableau économique*), considerado o primeiro modelo econométrico de descrição global do processo econômico estacionário. Nele, Quesnay representou o fluxo de despesas e de produtos entre as classes produtiva, proprietária e estéril da França. Apesar de ter apenas quatro páginas, constitui a origem dos estudos econométricos que se desenvolveram em nossa época, a partir de Léontief.[15] Mirabeau, entusiasmado, considerou o Quadro Econômico uma das três grandes invenções da humanidade, juntamente da escrita e da moeda.[16]

---

[14] HUGON, P. *Curso de economia*. São Paulo: FEA/USP, 1970, apostilado.
[15] O trabalho de Léontief, diz SCHUMPETER, 1964, v. 1, p. 301, reviveu o princípio fundamental do método do *Tableau économique*, embora com objetivo e técnica diferentes. Entre Quesnay e Léontief está Marx, que, entretanto, não procurou tornar seu esquema estatisticamente operativo.
[16] QUESNAY, F. *Quadro econômico*: análise das variações do rendimento de uma nação. Lisboa: Fundação Calouste Gulbenkian, 1969.

O método do Quadro Econômico marcou época por evidenciar a interdependência entre todos os setores do processo econômico, ser facilmente manuseável e controlável e ser global e simplificado (reduziu a vida econômica de uma nação a fluxos de grandes agregados — no caso, as classes da sociedade francesa do século XVIII).[17]

Diferentemente dos fisiocratas, os clássicos se limitaram à análise microeconômica, buscando "leis" gerais e universais de decisiva influência sobre a atividade econômica.

Os clássicos, evidentemente, não dispunham da documentação precisa e objetiva com que contam atualmente os economistas, graças ao processo do instrumental fornecido pela Matemática e pela Estatística. Recorreram, então, ao raciocínio dedutivo e abstrato, por meio de hipóteses baseadas em considerações introspectivas sobre a natureza humana. Conceberam, pois, o *homo oeconomicus*, ser imaginário dotado de todos os reflexos julgados fundamentais e que obedece apenas a duas "leis" — a lei do interesse pessoal e pecuniário e a lei do menor esforço.

Por volta da metade do século XIX, os historicistas opuseram-se, com veemência, ao método dedutivo e abstrato dos clássicos, substituindo-o pelo método indutivo e concreto.

À ciência hipotética, abstrata, dedutiva e arbitrária dos clássicos, a escola histórica alemã (com Roscher, Knies, Hildebrand e outros) apresentou severas críticas, concentrando-as principalmente em três pontos: o fundamento psicológico da Ciência Econômica, seu caráter absoluto e universal e o método abstrato e dedutivo.

Ao *homo oeconomicus*, movido em sua atividade econômica por interesses puramente egoístas, opõe-se o homem real, que, além dos instintos, está sujeito a motivações de ordem moral ou social: vaidade, desejo de glória ou de poder, piedade, sentimento de dever, amor ao próximo, prazer pela ação, costume, entre outros.

A contribuição da escola histórica, contudo, foi mais de crítica do que de construção científica.[18] A nova escola histórica (que se desenvolveu depois de 1870, com Schmoller, Brentano, Bücher e outros) foi mais moderada. No conjunto, tanto a antiga como a nova escola alemã influíram sobretudo na "relativização" do rigor das leis econômicas: ao contrário das leis físicas, as leis econômicas são provisórias (com o desenrolar da História surgem novos fatos, obrigando os economistas a reformulá-las ou adequá-las à realidade), condicionais (se as circunstâncias se modificarem, os efeitos ligados a certas causas também cessarão) e contingentes (são válidas dentro de certos limites de tempo).[19] De acordo com tal concepção, os historicistas, de Bücher a Sombart, passaram a considerar a evolução em partes ou em sistemas, distinguindo, por exemplo, a economia artesanal da economia capitalista, ou opondo o capitalismo inicial ao capitalismo avançado, entre outros. Dessa maneira, puderam destacar as uniformidades ou as leis válidas para o período considerado, e não para o anterior ou o posterior.

Os historicistas contribuíram também para a consideração da atividade econômica em toda a sua complexidade, ou seja, em suas relações com o meio social: para

---

[17] A esse respeito assim se exprimiu Dupont, um dos discípulos de Quesnay — "nada está só, todas as coisas permanecem unidas" (cf. SCHUMPETER, *Fundamentos do Pensamento Econômico*. Rio de Janeiro: Zahar, 1968).
[18] MARCHAL, A. *Méthode scientifique et science économique*. Paris: Lib. Médicis, 1952. v. 2. p. 55.
[19] André Marchal critica a ilusão dos historicistas quanto às leis físicas, que também são condicionais ou provisórias, isto é, válidas apenas dentro de uma certa escala de observações. O recente progresso da Física Nuclear, por exemplo, obrigou a revisão de várias "leis" anteriores.

compreender cientificamente cada um dos fenômenos que compõem a vida nacional, torna-se necessário conhecer todos eles. E isso só é possível pelo método histórico.

Durante mais de um século, várias escolas discutiram apaixonadamente o problema metodológico e hesitaram entre o deduzir (tirar consequências de um princípio, por meio de uma cadeia de raciocínios) e o induzir (chegar a uma proposição geral por meio da observação dos fatos).

Aliás, a importância de ambos os métodos é tão evidente na época atual, que se torna difícil imaginar o ardor e a combatividade dos economistas em torno dessa questão.

Depois de longos debates, entretanto, historicistas e marginalistas chegaram a uma espécie de acordo de princípio: a célebre polêmica entre Schmoller (jovem dirigente da escola histórica alemã) e Menger (fundador da Escola de Viena ou Escola Psicológica Austríaca[20]), conhecida como "querela dos métodos", terminou quando o primeiro acabou concluindo que "a indução e a dedução são tão necessárias ao raciocínio como as duas pernas para andar".

A própria Escola de Viena, por sua vez, tentou ampliar a conciliação metodológica ao distinguir, na Ciência Econômica, três campos nitidamente separados:

- **Economia Pura:** construída sobre a psicologia do interesse pessoal e pecuniário, o hedonismo do *homo oeconomicus*, por meio do método dedutivo;
- **Economia Aplicada:** resultante da observação dos fatos, das circunstâncias particulares de tempo e de lugar, graças ao método indutivo;
- **Arte Econômica:** campo de formulação de regras de política econômica, por meio da Economia Aplicada.

Apesar de aceitos por muitos economistas, os campos da Economia Pura, da Economia Aplicada e da Arte Econômica, entretanto, são de difícil delimitação, uma vez que as definições de cada um deles variam segundo os autores.

Assim, relativamente à Economia Pura, Perroux a considera "a parte da ciência econômica que estuda as verdades mais gerais dessa ciência, abstração feita de acidentes e particularidades do meio em que a atividade econômica se desenrola".[21] Andler a explica como "a ciência das condições econômicas que subsistem independentemente das variações do estado social". Marchal a descreve como o domínio exclusivo da dedução, edificada sobre a psicologia do interesse pessoal e pecuniário, o hedonismo do *homo oeconomicus* e outros dados gerais relativos às condições externas (abstenção do Estado, livre concorrência, entre outros).[22]

Por sua vez, a Economia Aplicada tem sido, com relativa frequência, confundida com a Arte Econômica.

O valor dessa tentativa metodológica conciliatória por meio da compartimentalização dos campos da Economia, para a aplicação dos métodos dedutivo e indutivo, é relativo. Na prática, é quase impossível que o economista não faça incursões nos três campos ao tratar do mesmo assunto. "Assim, o esquema de Economia Pura se transforma progressivamente, no espírito de seu autor, em uma representação da tendência profunda e a longo termo da economia real, depois em uma norma de política

---

[20] Ver Capítulo 2 deste livro.
[21] PERROUX, F. *Cours d'économie politique*. Paris: PUF, 1939. v. 1, p. 42.
[22] MARCHAL, 1952, v. 1, p. 76.

econômica pela introdução de todos os fatos observados (...)". Porém, a justaposição de um esquema teórico e de um "paralelo histórico" não integrado não leva ao progresso, afirma Marchal.[23]

Marx, ao contrário, rompeu com as tentativas de conciliação metodológica e apresentou o método dialético, que liga o concreto ao abstrato, o fato à ideia. Lançou, ao mesmo tempo, as bases metodológicas da pesquisa e da explicação dinâmicas e globais. Provocou, além disso, a renovação do método histórico, que deixou de ser predominantemente descritivo para se tornar interpretativo.

O método dialético tem suas raízes em Hegel, que o concebeu como a conciliação dos contrários, em três momentos: a tese, a antítese e a síntese. Esse método supera a contradição, mas não marca uma parada definitiva, e sim suscita sua própria negação, de que uma nova síntese deverá superar.

Mais do que um ponto de partida e de chegada, a dialética é um caminho, escreveu Wahl, permite a apreensão das totalidades reais em movimento. Por isso, Grawitz[24] a considera o mais completo, o mais rico e o mais acabado dos métodos.[25]

Contudo, como observa Gurvitch,[26] a dialética tem servido a fins ideológicos, apesar de ser, por definição, um meio de pesquisar a verdade. Para não "volatilizar" o concreto por meio da análise abstrata, a dialética é eminentemente empírica. Esse empirismo, entretanto, não nasceu de uma posição filosófica, mas da vontade de eliminar tudo o que turvava a clareza da realidade.

As oposições metodológicas, todavia, não terminaram com as tentativas de conciliação vistas nem com o método dialético-marxista. Acalmaram-se apenas durante algum tempo, renascendo depois.

Assim, a Escola de Viena, que já mantivera longa polêmica com a Escola Histórica, iniciou depois outro conflito metodológico com a Escola de Lausanne. Apesar de ambas terem o rótulo comum de "marginalistas", passaram a discutir o problema do método. O que as separava, entretanto, não era a natureza do raciocínio, mas os processos que cada uma delas utilizava: a Escola de Viena empregava os processos comuns da lógica, enquanto a Escola de Lausanne preferia os da lógica matemática.

A Escola de Viena e a Escola de Lausanne fazem parte do Marginalismo ou Neoclassicismo, ao lado da Escola de Cambridge (Marchal, Pigou e outros), da Escola Marginalista Americana (John Bates Clark, Irving Fisher, entre outros), da Escola Sueca (Wicksell e outros), entre outras.

O principal ponto comum entre as diversas escolas marginalistas é o método de raciocínio à margem, que supõe conhecidas e apreciadas as vantagens e as desvantagens decorrentes da pequena modificação de um dado comportamento.[27]

Tanto a Escola de Viena como a Escola de Lausanne desenvolveram ao máximo e, com muito rigor, as tendências mecanicistas e formais da escola clássica.

A respeito da escola psicológica austríaca, Bousquet[28] afirma que as teorias elaboradas são lógicas e não psicológicas. O próprio nome da escola não está de acordo

---

[23] MARCHAL A., 1952, v. 1, p. 81.
[24] GURVITCH. L'hyperempirisme dialectique, ses applications en sociologie. Cahiers Internationales de Sociologie, 1953, p. 3-33.
[25] GRAWITZ, 1976, p. 447.
[26] GURVITCH, 1953, p. 6.
[27] Cf. COTTA, A. *Dictionnaire de science économique*. Paris: Maison Mame, 1968. p. 308-10.
[28] BOUSQUET. *Essai sur l'evolution de la pensée économique*. Paris, 1927. p. 281.

com seu conteúdo real, pois não elaborou uma psicologia econômica, ignorou o homem real e raciocinou com base no *homo oeconomicus*. Somente mais tarde é que alguns economistas, dentre os quais se destacam os componentes da escola americana do comportamento econômico, opuseram-se às teorias clássicas e procuraram elaborar novas teorias explicativas do papel dos agentes econômicos na atividade econômica. A escola da estrutura ou da *"gestalt"*, posteriormente, procura mostrar que o homem não é um conjunto de instintos, mas um "juiz" que percebe a realidade e analisa os fenômenos que vê de acordo com um sistema de referência preexistente. Coube a Katona,[29] entre outros, integrar as modernas contribuições da Psicologia à Economia, desenvolvendo um novo campo — o da Psicologia Econômica —, voltado essencialmente para a análise do comportamento econômico dos atores humanos (consumidores, empresários, economistas, políticos, entre outros).

A Escola de Lausanne ou Escola Matemática, por sua vez, rejeitou a posição da escola clássica sobre o encadeamento de causas e efeitos para a formulação de leis, e utilizou a Matemática para construir, com base na noção de equilíbrio, um esquema estático de interdependência mútua dos fenômenos. Os progressos da Matemática, juntamente dos da Estatística, entretanto, possibilitaram novos estudos econômicos, como a Econometria — combinação das três ciências — Economia, Matemática e Estatística —, que tem sido utilizada, atualmente, na análise de dados econômicos, como coeficientes de elasticidade, propensão marginal a consumir e produtividade marginal de fatores de produção.[30]

Por outro lado, os métodos de observação também progrediram: além do método histórico, surgiram as contribuições da Sociologia, das Ciências Sociais em geral e da Estatística moderna. O método concreto daí resultante permitiu a renovação da Ciência Econômica.

O institucionalismo, por exemplo, na busca de nova metodologia, com o fim de conduzir os estudos econômicos à realidade, passou a considerar o tempo (colocado em destaque pela escola histórica), o espaço (por meio dos quadros sociais e das instituições) e os dados estatísticos.

Na França, a Escola Sociológica, cujas raízes remontam a Comte, inspirou-se na metodologia de Durkheim, reformulada por seus discípulos (entre os quais se destacam Bouglé, Simiand e Maunier), mas que preserva a ideia central de que o grupo não é uma simples somatória dos indivíduos que o compõem; é uma realidade que deve ser estudada como coisa, isto é, não por meio de vagas análises introspectivas, mas da verdadeira observação conduzida do exterior.

Na busca de instrumentos para a análise do real, o economista moderno tem encontrado importante apoio na Estatística, que atualmente lhe oferece condições para testar teorias e para medir relações quantitativas entre variáveis econômicas. Assim, impossibilitada de realizar experimentos controlados, já que não é ciência de laboratório, a Economia consegue, de certa forma, contornar o problema por meio do instrumental estatístico. Pode, por exemplo, observar e registrar as decisões dos consumidores em

---

[29] Cf. KATONA, G. *Psychological economics*. New York: Elsevier, 1976, que apresenta as principais discussões contidas em suas obras anteriores e importante material adicional resultante de seus estudos sobre a análise psicológica do comportamento econômico. A respeito do impacto da obra de Katona sobre as Ciências Sociais, cf. STRUMPEL & ZAHN. *Human behavior in economic affairs*. New York: Elsevier, 1972.

[30] Cf. TINTNER, G. *Elementos de econometria*. São Paulo: Pioneira, 1965.

suas compras, dos empresários a respeito do que e como produzir, a intervenção do Estado no campo econômico por meio de impostos, taxas, subsídios e outros.

E, mais uma vez, alguns autores modernos tentam distinguir áreas na Economia, para efeito de utilização de instrumentos metodológicos, o que lembra de certo modo a Escola de Viena.

Nesse sentido, Lipsey e Steiner,[31] embora advertindo que o economista deve estar preparado para se engajar em ambos os métodos — dedução lógica e observação empírica —, diferenciam a Economia Positiva da Economia Normativa: a primeira diz respeito ao que é, era ou será; a segunda, ao que deve ser (o que implica juízos de valor e suas relações com os sistemas cultural, religioso, político, filosófico e outros).

A divisão da análise econômica em positiva e normativa, esclarece Lipsey,[32] resulta da impossibilidade lógica de deduzir proposições normativas de proposições positivas e vice-versa. Exemplifica: ao saber que duas coisas são verdadeiras, pode-se delas deduzir uma terceira, que também o será, mas não pode-se deduzir nada acerca do que seria desejável. A proposição "é impossível dividir o átomo" é positiva e pode ser contestada empiricamente. "Os cientistas não devem dividir os átomos" é proposição normativa e contém juízos de valor.

Adverte Lipsey que o estudante deve tomar cuidado para que tal distinção não se converta em "lei dogmática". Assim, o estudante de Economia Positiva não pode parar sua investigação no instante em que ouvir a palavra "deve".

Em nossa época, a Economia passou a ter mais contato com a realidade e, por isso mesmo, tornou-se mais útil para a nação.

Nesse sentido, além de desenvolver metodologia aplicável à análise de problemas individuais e microeconômicos, voltou-se para considerações macroeconômicas e passou a atender mais diretamente às solicitações do Estado, em sua crescente intervenção na ordem econômica. Problemas da especialização da mão de obra e da produtividade, da poupança e da acumulação de capital, do comércio exterior e do balanço de pagamentos, da estabilidade monetária e da política financeira, do aumento demográfico e do desenvolvimento econômico e muitos outros passaram a ser tratados nacionalmente. Métodos estatísticos e modelos econométricos foram aperfeiçoados para atender à "ótica global". Organizou-se a contabilidade nacional, que se superpôs às contabilidades privadas dos empresários e à contabilidade puramente orçamentária do Estado. Retrospectiva ou prospectiva, a contabilidade da nação foi, em seguida, adaptada ao âmbito regional. O complexo instrumental analítico permitiu a elaboração de planos econômicos indicativos ou autoritários, globais (de promoção do desenvolvimento, no caso dos países emergentes, ou de aceleração do ritmo desenvolvimentista, no caso das nações prósperas), regionais (como o planejamento de áreas metropolitanas, bacias hidrográficas, áreas estagnadas ou em regressão econômica, e outras) ou setoriais (de estímulo à atividade agrícola, à criação de complexos industriais, à organização da infraestrutura econômica, ao desenvolvimento da educação, à assistência à saúde e assim por diante).

---

[31] R. G. LIPSEY e P. STEINER. *Economics*. New York: 1976.
[32] R. G. LIPSEY. *An introduction to positive economics*. Londres, 5. ed., 1979. p. 5.

À evolução do instrumental analítico quantitativo junta-se o progresso dos serviços de computação, com grande aumento da margem de ação e de segurança da análise e da previsão econômicas.

Concomitantemente, verifica-se a ascensão do "economista político" como conselheiro de governantes: oferece aos responsáveis pelas decisões públicas opções de escolha, sempre que possível, em termos quantitativos; quando não dispõe de dados para elaborar um modelo quantificável, realiza estimativas qualitativas dos efeitos prováveis de determinadas ações. Define problemas, estima os custos e os lucros, as vantagens e as desvantagens de ações alternativas; indica, por exemplo, como pode o governante tentar obter o pleno emprego dos fatores humanos e materiais ou uma elevada taxa de crescimento, a um custo mínimo relativamente à estabilidade de preços e à balança de pagamentos.[33]

A renovação metodológica vem provocando a renovação da teoria econômica e vice-versa, em uma interação que faz aparecerem, frequentemente, novos conflitos metodológicos.

A seguir, tentar-se-á sintetizar a evolução dos métodos econômicos por meio de quatro linhas principais: análise macroeconômica, análise objetiva, análise dinâmica e análise espacial.

30.2.1 Análise macroeconômica

No passado, os mistérios da complexidade eram observados por meio das unidades mais simples. Nesse sentido, a teoria econômica baseava-se quase exclusivamente no indivíduo e em suas reações essenciais. Com Keynes, principalmente, a abordagem macroscópica passou a simbolizar uma nova maneira de ver, compreender e agir: busca-se a análise do comportamento dos conjuntos, dos grupos, das coletividades e dos fenômenos de massa. Assim, a nação, que tradicionalmente era uma categoria da doutrina econômica, tornou-se uma categoria da teoria econômica.[34]

A análise das diversas variáveis econômicas voltou-se para a sociedade como um todo, enfocando a renda total, as despesas totais, o emprego total e outros.

Essa mudança de ótica corresponde à crescente necessidade de intervenção do Estado no campo econômico — necessidade que já se evidenciara dramaticamente no decorrer do século XIX, ante as graves consequências socioeconômicas do *laissez--faire, laissez-passer*.

A figura do *État Gendarme* há muito tempo se tornara completamente obsoleta, mas alguns fatos, entre eles as duas Grandes Guerras, impuseram o aceleramento do intervencionismo estatal para dirigir a conversão da economia de paz em economia de guerra, racionalizando o emprego dos recursos humanos e materiais, no início para vencer a luta e, em seguida, para enfrentar a crise de reconversão da atividade bélica e reconstruir o país.

A crise de 1929, por sua vez, mostrou que a fragilidade das estruturas econômicas nacionais e, ao mesmo tempo, sua interdependência, exigia medidas acauteladoras especiais de seus respectivos poderes públicos.

---

[33] Cf. HELLER, W. W. *Novas dimensões da economia política*. São Paulo: Zahar, 1969.
[34] MÉRIGOT, J. G. La nation dans la pensée économique. *Economie Contemporaine*, 1950, Paris, p. 74.

Além disso, as solicitações ao dirigismo econômico estatal aumentaram quando o progresso dos meios de comunicação e de transporte fez aflorar, em âmbito mundial, o drama dos países emergentes, propiciando, concomitantemente, a conscientização de suas populações quanto à sua inferioridade econômica. Colocou-se, então, o desafio no sentido de que os "Estados Proletários" conseguissem promover o desenvolvimento econômico, apesar da insuficiência de capital e de recursos humanos de alto nível, da "explosão demográfica", das estruturas socioeconômicas ultrapassadas, do crônico défice da balança de pagamentos, da deficiente infraestrutura econômica e da pequena poupança interna.

Mais recentemente, outros fatos vêm contribuindo para o aumento das exigências de intervenção do Estado, destacando-se, entre eles, as consequências da aplicação de tecnologia cada vez mais complexa à produção de bens. Com o rápido avanço tecnológico, intensificam-se as exigências de fabulosos investimentos na produção, minuciosa especialização da mão de obra, moderna organização empresarial, planejamento das condições da produção e do mercado, entre outros. Tudo isso significa também a necessidade de maiores precauções para que fatores adversos não conduzam a um desastre, com o grande volume de capital investido, o complexo empresarial implantado, as economias externas dele decorrentes e também as unidades domésticas engajadas no processo produtivo.

A ótica macroeconômica encontra, portanto, explicação e reforço: de um lado, nos fatos socioeconômicos e na crescente necessidade do dirigismo econômico, e, de outro, na teoria keynesiana, no aperfeiçoamento do instrumental de análise estatístico-matemática e no aparecimento da Econometria.

Então, os estudos econômicos, centralizados pelos clássicos e marginalistas no comportamento do indivíduo, interessam-se cada vez mais pelos problemas globais, de grandes agregados, de massa. O individual torna-se coletivo e as raízes econométricas lançadas por Quesnay encontram terreno propício ao seu florescimento.[35]

30.2.2 Análise objetiva

Para descobrir a reação do microcosmo, os clássicos e os marginalistas recorriam à observação psicológica interna ou introspecção, como visto. Utilizavam uma psicologia elementar na explicação do comportamento do indivíduo isolado porque não contavam com outro método analítico. Os neomarginalistas, entretanto, procuraram novos instrumentos de análise para o estudo da atividade econômica consciente e refletida, como a teoria do cálculo econômico. Porém, de modo geral, continuaram a ótica anterior de construção puramente mecânica e dedutiva, apoiada na análise dos comportamentos individuais e, portanto, impossibilitada de resolver o problema da ação da economia de massa.

A necessidade premente de conhecer as reações coletivas, todavia, aliada aos recentes progressos do instrumental analítico, levou a Ciência Econômica a tornar-se objetiva. À abordagem subjetiva da Microeconomia opõe-se o objetivismo da Macroeconomia.

---

[35] A esse respeito escreveu HUGON, 1954, p. 9: "Economia dirigida, instrumento estatístico, teoria keynesiana explicam e reforçam a Macroeconomia. A primeira fornece-lhe os fatos; a segunda possibilita a observação; a terceira facilita-lhe sua análise e explicação".

30.2.3 Análise dinâmica

Quando o pesquisador escolhe premissas mais ou menos hipotéticas, sem se preocupar se estão ou não de acordo com a realidade, imprime à ciência caráter meramente especulativo. Sua validade dependerá da coerência que apresentar ou das exigências da lógica que obedecer.

Se, ao contrário, o pesquisador achar que a Ciência Econômica não é um simples *jeu de l'esprit*, mas deve ser útil à política intervencionista, em que todos os Estados estão engajados atualmente, deve refletir a realidade concreta, em seu aspecto dinâmico. Não pode se contentar com abstrações estáticas de uma situação "normal" hipotética. A realidade muda rápida e constantemente, de modo que o fator tempo não pode ser colocado de lado.

Nesse particular, surgem várias controvérsias que podem ser reunidas em quatro grupos principais: no primeiro, estão os autores que pensam não ser possível "dinamizar" a estática, já que seu distanciamento da realidade a torna um esquema vazio e inconsistente; no segundo, os que procuram justapor à teoria abstrata um estudo concreto — e recebem todas as críticas que têm sido endereçadas à compartimentalização da economia em pura e aplicada, positiva e normativa; no terceiro grupo, vêm os economistas que buscam reintroduzir no esquema estático, sucessivamente, os fatores até então negligenciados; e, no quarto grupo, os que tentam construir uma dinâmica autônoma, enfrentando o pessimismo da maioria dos economistas, mas confiando no progresso do instrumental analítico, sobretudo o matemático.

Dentre os autores que têm tentado elaborar uma dinâmica autônoma, destacam-se Robertson (análise dos períodos sucessivos), Lindahl (teoria do *planning*), Lundberg, Hansen, Samuelson (sequências-tipos), Tinbergen (modelos estatísticos), dentre outros.

André Marchal[36] cita Haberler para acentuar que uma teoria dinâmica que considere a imensa complexidade do mundo real só poderá ser edificada com o auxílio de avançada técnica matemática, "a única capaz de resolver delicados problemas de lógica formal". Assim, de importante instrumento da Economia Pura, a Matemática passa a ser também instrumento da Economia Aplicada.

30.2.4 Análise espacial

A análise macroeconômica fez surgir a necessidade de considerar o problema do espaço, uma vez que as quantidades globais, resultantes de médias, não deixam entrever os movimentos de seus componentes. Na média, anulam-se, por exemplo, duas variações de grandeza equivalente, mas de sentido contrário, e que podem ser fonte de graves tensões. Além disso, a média tem significado muito reduzido no caso de países emergentes com graves desequilíbrios econômicos regionais.

A consideração do espaço levou os economistas a dedicarem atenção aos problemas de planejamento de regiões intranacionais ou supranacionais, bem como ao desenvolvimento de técnicas de análise aplicáveis às regiões subdesenvolvidas (tais como a adaptação da contabilidade social no plano regional, o desenvolvimento de técnicas de

---
[36] MARCHAL, 1960, t. 1, p. 86.

análise regional de entradas e saídas, de análise dos complexos industriais, de análise dos ganhos e dos custos, de análise dos custos comparados etc.).[37]

Os diversos aspectos das controvérsias metodológicas estudados permitem concluir que o método da Ciência Econômica deve ser essencialmente sintético, ou seja, resultado da combinação de vários métodos, sobretudo os abstratos, históricos, sociológicos, estatísticos e econométricos. Tarefa difícil, sem dúvida, mas que permitirá a conjugação dos esforços de economistas de especialidades diferentes.

30.3 ESTUDO DE CASO

O estudo de caso pode ser utilizado na análise de diversos problemas. É muito útil, por exemplo, nas Ciências Sociais, no estudo de organizações complexas, na elaboração de monografias de final de cursos de graduação ou em trabalhos de cursos de pós-graduação.

Costuma-se destacar sua importância em pesquisas exploratórias, mas também em trabalhos descritivos e causais. Ou, então, na primeira fase de uma investigação para se levantar hipóteses a serem testadas em pesquisas subsequentes.

Estudo de caso: *pesquisa sintética que aborda a realidade de maneira sistêmica, mas não estática.*

Pode-se dizer, de modo geral, que o **estudo de caso** é uma pesquisa sintética que aborda a realidade de maneira sistêmica, mas não estática, ou seja, analisa um "caso" dentro do seu contexto real, compondo um retrato instantâneo no qual são destacadas suas contradições intrínsecas, suas respostas ao meio, seus pontos fortes e fracos.

Assim, o estudo de caso apresenta a descrição, em determinado momento, de uma situação real vinculada a um conjunto de circunstâncias internas e externas. E como as circunstâncias mudam, ou não se repetem, não é possível atualizar o estudo de caso. Também não existem conclusões nem encaminhamento único para as questões nele colocadas. Aliás, o estudo de caso não é conclusivo, devendo, sobretudo, estimular a reflexão e não uma ou algumas respostas "certas".

Contudo, as informações, embora predominantemente qualitativas, podem ser completadas com outros métodos, inclusive quantitativos, quando se desejar compreender mais profundamente um fenômeno dentro do seu próprio contexto.

30.3.1 Estudo de caso: importante técnica de pesquisa e de ensino

Nas instituições de ensino, o abundante material levantado em estudos de caso é útil para discussões, debates, *workshops*, elaboração e implementação de planos, tomadas de decisão em condições de incerteza e outras atividades educacionais, sobretudo em cursos de pós-graduação.

Assim, por exemplo, é de grande utilidade a organização dos dados de determinada unidade produtiva ou administrativa, ou a história de vida de um indivíduo ou de um grupo.

Nas áreas de saúde e direito, os estudos de caso são frequentemente utilizados para discussões e debates entre estudantes residentes e/ou estagiários. São também frequentes em análises de coordenação de funções administrativas dentro de uma empresa, de políticas governamentais, culturais etc. Além disso, em pesquisa social, nas

---
[37] Cf. OECE. *Planification économique régionale*. Várias conferências reunidas por Walter Isard e John Cumberland, Paris, 1961.

quais não se pode controlar o comportamento dos fenômenos de modo direto, preciso e sistemático. Nesse caso, costuma-se combiná-lo com outros métodos que também lidam com o problema da não controlabilidade das variáveis envolvidas na pesquisa, como *surveys* e análises históricas.

Aliás, embora o estudo de caso utilize as mesmas técnicas da análise histórica, acrescenta duas fontes de evidência pouco usadas pelos historiadores: a observação direta e a entrevista sistemática. Daí sua aplicação, por exemplo, em estudos de eventos contemporâneos e em observações participantes.

30.3.2 Exemplo de roteiro básico de estudo de caso de uma empresa[38]

a) Elaborar breve *histórico* da empresa escolhida e do setor econômico em que ela atua (consumo, crédito, educação ou outro), ressaltando o ambiente institucional e competitivo no qual a empresa funciona. Nessa fase inicial, deve-se enfatizar as peculiaridades do município e da empresa objeto de estudo. Na medida do possível, deve-se juntar material iconográfico, mapas, fotos e/ou documentos de momentos distintos da vida do município e da empresa estudada.

b) Levantar os *dados secundários* da empresa e de sua comunidade para analisar sua importância em um contexto local e regional específico. Assim, são importantes os dados das atividades econômicas fundamentais da empresa e da região, sua infraestrutura regional (transporte, comunicações, energia elétrica), mercado de trabalho, população (idade, sexo, escolaridade, profissão), educação, lazer, qualidade de vida, preservação ambiental, política econômica interna da empresa e reflexos sobre a empresa das políticas públicas municipais, estaduais e federais.

c) As informações obtidas com o levantamento de dados completam-se com *entrevistas* do pessoal da *empresa*, sobretudo de seus dirigentes. Os roteiros devem oferecer a possibilidade de espontânea manifestação do entrevistado. Devem-se incluir também algumas pessoas com vínculo significativo com a região, bem como *questões de igualdade de gênero*.

d) A parte final é composta do conjunto de questões que foram levantadas no decorrer do trabalho, com o objetivo de estimular reflexões sobre o tema, sem a preocupação de indicar ações estratégicas à empresa estudada. O estudo de caso, como foi mencionado, não deve ser conclusivo nem indicar possíveis soluções.

---

[38] Interessantes exemplos de estudos de caso financiados por órgãos de apoio à pesquisa são encontrados em publicações periódicas, como *Fapesp — Pesquisa*, publicação mensal da Fundação de Amparo à Pesquisa do Estado de São Paulo.

QUESTÕES

1. Por que durante mais de um século várias escolas econômicas discutiram apaixonadamente o problema metodológico, hesitando entre o *deduzir* e o *induzir*?
2. Quais os fundamentos das controvérsias metodológicas do final do século XVIII entre fisiocratas e clássicos, e os da metade do século XIX entre historicistas e clássicos? Qual a posição de Schmoller sobre a nova escola histórica?
3. A Escola de Viena tentou ampliar a conciliação metodológica distinguindo na Ciência Econômica três campos nitidamente separados: a *Economia Pura*, a *Economia Aplicada* e a *Arte Econômica*. Analise cada um desses campos e explique em que consiste essa tentativa de conciliação.
4. Por que Marx rompeu com as tentativas de conciliação metodológica e o que significa sua proposta de *método dialético*?
5. A renovação da teoria econômica faz aparecer, frequentemente, novos conflitos metodológicos. Indique os aspectos originais de dois conflitos metodológicos da época atual.
6. O que é estudo de caso?
7. Por que o estudo de caso é uma técnica importante utilizada pelas áreas de saúde e direito?
8. Por que o estudo de caso é recomendado nas pesquisas para monografias de fim de curso?
9. Como as entrevistas podem completar as informações obtidas em levantamentos de dados?
10. Dê um exemplo prático de roteiro de estudo de caso de uma empresa.

REFERÊNCIAS

BARRE, R. *Économie politique*. Paris: PUF, 1956, t. 1.

BÊRNI, D. de A. *Técnicas de pesquisa em economia*: transformando curiosidade em conhecimento. São Paulo: Saraiva, 2002.

COTTA, A. *Dictionnaire de science économique*. Paris: Maison Mame, 1968.

ECO, U. *Como se faz uma tese*. 15. ed. São Paulo: Perspectiva, 2000.

GOWER, B. *Scientific method*: a historical and philosophical introduction. London: Routledge, 1997.

GRANGER, G. G. *Méthodologie économique*. Paris: PUF, 1955.

GRAWITZ, M. *Méthodes des sciences sociales*. 3. ed. Paris: Dalloz, 1976.

GUITTON, H. *Problèmes économiques contemporains*. Colloques de la Chaire Francqui: Liège, 1953.

GURVITCH. *L'hyperempirisme dialectique, ses applications en sociologie*. Cahiers Internationales de Sociologie, 1953, v. 15.

HELLER, W. W. *Novas dimensões da economia política*. São Paulo: Zahar, 1969.

KATONA, G. *Psychological economics*. New York: Elsevier, 1976.

MARCHAL, A. *Méthode scientifique et science économique*. Paris: Lib. Médicis, 1952. 2 v.

_____. La méthode en économie politique. *Traité d'économie politique*. Dir. Louis Baudin. Paris: Dalloz, 1960. t. 1.

MATTAR, J. *Metodologia científica na era digital*. São Paulo: Saraiva, 2017.

OECE. *Planification économique régionale*. Várias conferências reunidas por Walter Isard e John Cumberland, Paris: 1961.

PERA, M. *The discourses of science*. Chicago: University of Chicago Press, 1944.

PERROUX, F. *Cours d'économie politique*. Paris: PUF, 1939. v. 1, p. 42.

SAMUELSON, P. *Introdução à análise econômica*. Rio de Janeiro: Agir, 1963, v. 1, p. 10.

SCHUMPETER. *História da análise econômica*. Rio de Janeiro: Fundo de Cultura, 1964, v. 1, p. 301.

STRUMPEL, M.; ZAHN. *Human behavior in economic affairs*. New York: Elsevier, 1972.

TINTNER, G. *Elementos de econometria*. São Paulo: Pioneira, 1965.

31 METODOLOGIA QUANTITATIVA NA PESQUISA ECONÔMICA: A ESTATÍSTICA E A ECONOMETRIA

José Tiacci Kirsten

31.1 ■ HISTÓRICO

Dentre os métodos de investigação científica apresentados neste capítulo e, mais especificamente, em relação à atividade de pesquisa, destacam-se os chamados métodos quantitativos. Nestes, ênfase é dada à Estatística e à Econometria.

De um ponto de vista histórico, pode-se dizer que a Econometria é o resultado de uma evolução metodológica ocorrida dentro da economia, desde Adam Smith até os dias atuais.

A maior parte das teorias desenvolvidas pela Escola Clássica Inglesa teve origem em um esforço de explicação dos fenômenos econômicos em geral, com base na observação do que ocorria na Inglaterra no início, e durante, a Revolução Industrial. A construção teórica desta escola tinha, portanto, ampla base na observação da realidade que, no entanto, foi se estreitando à medida que o esforço de teorização surtia seus efeitos (principalmente com Ricardo). Assim, com o desenvolvimento do pensamento econômico, a tendência acentuou-se; os primeiros seguidores de Ricardo — Senior e Cairnes — consideravam a Economia Política como uma ciência puramente dedutiva.

A obra de Cairnes, *The character and logical method of political economy*, de 1856, que defendia o emprego do método dedutivo em Economia, era um símbolo da orientação metodológica adotada nas demais escolas do pensamento econômico de toda a segunda metade do século XIX e início do século XX, redundando em uma crescente preocupação de refinamento teórico da Economia, com acentuação do seu grau de abstração.

Com o impacto da teoria de Cournot (1838) e dos famosos princípios de Marshall (1890), associados às contribuições de Jevons e Walras, quase houve uma separação da Economia Pura, perfeitamente científica, da Economia Aplicada, que comportaria considerações de tempo e espaço, refletidas por dados numéricos de observação. Essa evidência pode ser vista, por exemplo, pela quase inexistência de relações entre as formalizações teóricas dos economistas da época e os problemas domésticos por que passava a Economia: em uma época caracterizada por desequilíbrios e crises econômicas, foi que se aperfeiçoou a teoria do equilíbrio estático.

Simultaneamente a essa evolução metodológica observada na Economia, constataram-se algumas tentativas de alteração completa do método de estudo dos fenômenos econômicos. A primeira delas, na segunda metade do século XIX, ficou conhecida com o nome de escola histórica, cujo principal fundamento era construir uma Ciência Econômica sem ser necessário apelar para hipóteses *a priori*, utilizando-se apenas o método histórico. A segunda delas é representada pela orientação conhecida pelo nome de Estatística Econômica, em evidência nas primeiras três décadas do século XX, que se constituía na aplicação da análise estatística às séries de dados econômicos sem recorrer à teoria econômica; era, pois, uma medida sem teoria.

Ao levar em conta os temas discutidos pela Estatística Econômica, é possível verificar que eles se referiam exatamente aos problemas econômicos mais em evidência na época e para os quais a teoria econômica não havia elaborado esquemas teóricos adequados (as crises, por exemplo). Exigia-se, para tal, uma teoria econômica formulada em termos dinâmicos e macroeconômicos, formulações que só ocorreram recentemente, no final do século XX. Assim, a orientação da Estatística Econômica proporcionava simplesmente uma descrição das regularidades observadas, não permitindo a determinação das relações de causa e efeito subjacentes aos fenômenos em análise.

A orientação metodológica denominada Econometria (ou, por semelhança, medida com teoria) surgiu com a necessidade de perseguir um novo caminho, após a demonstração da inadequação das orientações anteriores ou, segundo Koopmans, de "uma teoria sem medidas e de medidas sem teorias". A Econometria, utilizando os instrumentos da Matemática, da Estatística e da teoria econômica, representa "a medida com teoria e a teoria com medida".

É sempre difícil tentar fixar uma data concreta para a origem da Econometria. Embora o termo seja atribuído a Ragnar Frisch, em 1926, ao que tudo indica, o ano de 1930, quando foi fundada a Econometric Society, pode ser considerado um dos primeiros marcos na implantação desse novo método. Posteriormente, em 1939, quando Tinbergen incorporou os modelos macroeconômicos à equação simultânea, o método recebeu importante contribuição, que foi complementada quatro anos mais tarde com as contribuições de Haavelmo, delineando a estimação simultânea de relações interdependentes. O apogeu do método foi atingido em 1950, quando a Cowles Commission publicou *Statistical inference in dynamic economic models*. A hipótese básica desse trabalho é a de que os dados econômicos são gerados por sistemas de relações que são, em geral, estocásticos, dinâmicos e simultâneos.

31.2 ■ A ESTATÍSTICA

Papel importante representado na Econometria é o da Estatística. É justamente essa ciência, como será visto no item seguinte, o elo entre a realidade e a teoria econômica. Assim, a seguir, serão apresentados os fundamentos metodológicos da Estatística.

31.2.1 Conceitos da palavra "estatística"

Podem-se encontrar três significados diferentes para o termo "estatística". Quanto à sua origem etimológica, estatística vem da palavra latina *status*, que significa Estado. Nesse sentido, a Estatística poderia ser interpretada como o conhecimento das coisas do Estado. De fato, tanto na Idade Média como posteriormente, com o surgimento do Estado Moderno, a Estatística compreendia uma série de dados e/ou lançamentos contábeis que facilitavam a tarefa administrativa das instituições governamentais, sendo útil, por exemplo, no controle das arrecadações de impostos e tributos devidos.

Em um segundo sentido, o termo "estatística" pode ser interpretado como uma coleção de dados. Assim, por exemplo, é comum se falar em estatística de acidentes de trânsito, estatística da produção de aço, entre outros. Nesse segundo sentido apresentado, a palavra deve ser entendida no plural, como estatísticas.

De acordo com um terceiro sentido de compreensão, que é, evidentemente, o de interesse para este livro, a Estatística é interpretada como sendo um método de análise.

Estatística: *matemática aplicada à análise dos dados numéricos de observação.*

31.2.2 A Estatística como método

Para que seja possível destacar os aspectos metodológicos relevantes na Estatística, será utilizada a definição de Fisher, que afirma ser a **Estatística** "a matemática aplicada à análise dos dados numéricos de observação".

Inicialmente, pela própria definição, pode-se perceber que a Estatística não tem um fim em si, mas é utilizada como meio à medida que é aplicada tendo em vista a análise dos dados numéricos. Nesses termos, não se constitui a Estatística em ciência propriamente dita, mas sim em um método de análise, procurando, pelo uso da Matemática, a determinação dos dados que representam certa realidade.

Quando a Estatística é aplicada, ela o é, e poderá sê-lo, nos mais diferentes campos do conhecimento humano. Assim, por exemplo, os fenômenos físicos, econômicos e sociais são passíveis de ser analisados pela Estatística. Dentro dessa linha de raciocínio, os métodos estatísticos são aplicados de acordo com as características da realidade em estudo. Devido à própria natureza das variáveis, para os mais diversos campos do conhecimento, com correspondentes características fenomenológicas diferentes, há implicação na existência de métodos diferenciados de análise propiciados pela Estatística. Nesse sentido, é comum se falar hoje em dia, por exemplo, em "métodos estatísticos da Econometria" que, utilizando-se da Matemática, da Estatística e da teoria econômica, constitui-se em um método especial de análise em economia.

31.2.3 Os fenômenos universais

Os fenômenos universais, que representariam o conhecimento de como os fatos acontecem e se sucedem no tempo e no espaço, em todos os campos do conhecimento humano, podem ser classificados em duas categorias principais: os fenômenos (ou eventos) certos e os eventos incertos.

Os eventos certos podem ser entendidos como os que acontecem sempre de uma mesma maneira e/ou aqueles cuja estrutura que lhes preside a ocorrência permanece imutável no tempo e no espaço. Um exemplo clássico de evento certo seria aquele representado pelos fenômenos astronômicos. Assim, pode-se falar na existência de uma "mecânica celeste", no sentido de que as leis responsáveis pela ocorrência dos eventos são não mutáveis. Por exemplo, o fenômeno eclipse pode ser previsto com exatidão até de segundos.

As leis responsáveis pela ocorrência dos eventos certos, que são não mutáveis no tempo e no espaço, são conhecidas por leis matemáticas. Assim, ao dividir o comprimento C de uma circunferência pelo seu diâmetro D, encontrar-se-á sempre uma constante universal, no sentido de que é válida hoje, válida no passado e continuará valendo no futuro, bem como é válida para o Brasil, para os Estados Unidos, para a Comunidade de Estados Independentes ou para qualquer outra região. Da lei matemática que afirma ser $C/D = \pi$, tem-se que $C = \pi \cdot D$, cujo Gráfico 31.1 indica tratar-se de uma função linear passando pela origem do sistema cartesiano-ortogonal (0,0), no qual, dado certo valor D_0 para o diâmetro, só existe um e somente um valor correspondente C_0 para o comprimento da circunferência, o que indica ser passível de determinação exata.

A segunda grande categoria dos fenômenos universais é representada pelos chamados eventos incertos. Como seu próprio nome indica, os eventos incertos são os que não ocorrem sempre da mesma maneira, mas com certa regularidade e/ou os fenômenos cuja estrutura que lhes preside a ocorrência é mutável no tempo e no espaço. Abrange, principalmente, todos os fenômenos sociais, pois os comportamentos, tanto o individual como o social, são afetados por uma infinidade de fatores subjetivos. Veja um exemplo de um evento incerto tomado de H. Stowe. Suponha que haja interesse em estabelecer uma relação que ligue o consumo de determinado bem aos seus fatores, ou causas, relevantes. A teoria econômica informará que esses fatores seriam o preço (p) de mercado desse bem e a renda (R) que os indivíduos teriam disponíveis, no sentido de que o consumo variaria inversamente aos preços e diretamente com a variação da renda. Seria possível escrever, então, que o consumo $C = f(p, R)$. Entretanto, caso se considere o consumo de dois indivíduos, em particular, em determinado instante de tempo, ou o consumo de um indivíduo em dois instantes distintos de tempo, esse consumo seria de C' e diferente de C, mesmo mantidas constantes, por hipótese, as variáveis p e R. O que acontece, na realidade, é que intervém no processo de decisão do consumidor, ou dos consumidores em questão, outra infinidade de fatores que também vão ser responsáveis pelo seu comportamento. Entre esses fatores citam-se, por exemplo, os elementos subjetivos, o estado de saúde física e mental do consumidor, as condições psíquicas, o consumo realizado anteriormente em um instante próximo àquele de C', entre outros. Na realidade, essa infinidade de fatores não é passível de representação funcional ou de ser quantificada, e logo introduzida explicitamente no modelo proposto. Considere agora E como sendo a diferença entre o consumo nos dois instantes considerados. Então, $C' < C = E$, resultando em:

$$C' = C + E, \text{ ou seja, } C' = f(p, R) + E$$

GRÁFICO 31.1

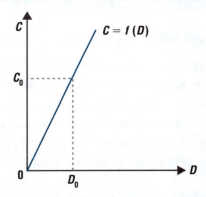

Por meio dessa última expressão, verifica-se que o consumo é formado pela justaposição de duas componentes. Uma exata, $f(p, R)$, que se tem sob controle, e outra aleatória, E, que foge ao alcance. A relação apresentada difere da anterior, que determinava uma lei matemática, pelo termo aleatório, ou residual, como é também conhecido. A esse novo tipo de relação que liga variáveis, estando presente nessa união o termo aleatório, dá-se o nome de lei estatística.

Para efeito de representação gráfica, suponha a relação

$$Y = f(X) + E$$

Então, ter-se-ia o Gráfico 31.2:

GRÁFICO 31.2

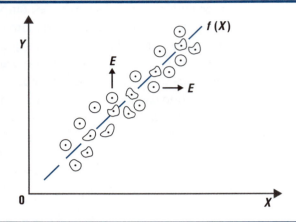

31.2.4 O cálculo das probabilidades

Cálculo das probabilidades: *ramo da Matemática que cuida do estudo dos eventos incertos, ou seja, dos eventos que são descritos por variável, ou variáveis, aleatória(s).*

No exemplo citado no caso anterior, foi visto que a variável função-consumo era formada pela soma de uma componente exata e de uma variável aleatória E; logo, será também aleatória. Existe um ramo da Matemática que cuida do estudo dos eventos incertos, ou seja, dos eventos que são descritos por variável, ou variáveis, aleatória(s). Esse ramo da Matemática é conhecido como **cálculo das probabilidades**. Portanto, voltando à definição de Estatística apresentada, quando Fisher fala em "Matemática Aplicada à análise dos dados numéricos de observação", está falando em cálculo das probabilidades, que seria, por assim dizer, o suporte formal de toda a teoria estatística conhecida, como já visto, por Estatística Matemática.

31.2.5 O problema da inferência

Amostra: *porção convenientemente selecionada da população.*

População: *conjunto de entes ou seres, animados ou inanimados, que apresentam pelo menos uma característica em comum.*

Antes de discutir esse problema, torna-se mister introduzir dois conceitos primitivos da Estatística: o conceito de **amostra** e o de **população**.

Por população, entende-se um conjunto de entes ou seres, animados ou inanimados, que apresentam pelo menos uma característica em comum. Um exemplo de população seria o conjunto formado pelos indivíduos residentes no município de São Paulo que apresentem mais do que 1,80 m de estatura, ou, ainda, o conjunto formado pelos proprietários de automóvel no Brasil.

A população será indicada por uma letra latina maiúscula e N será o número de seus elementos. Então, a população poderia ser representada pelo conjunto

$$X_N = (x_1, x_2, x_3, ..., x_n)$$

O outro conceito primitivo diz respeito à amostra. Por amostra, entende-se uma porção convenientemente selecionada da população. Dentro da teoria dos conjuntos, a amostra pode, então, ser interpretada como um subconjunto x_n da população X_N. Tem-se, então, que $x_n \subset X_N$, em que $n \leq N$.

Quando Fisher fala em "dados numéricos de observação", está, implicitamente, referindo-se às amostras. Nesse sentido, quando aplica a Matemática (cálculo das probabilidades) aos dados numéricos de observação, está procurando, por meio de amostras, tirar conclusões a respeito da população que deu origem às amostras. Esse procedimento metodológico é conhecido com o nome de indução, e o método estatístico é indutivo por excelência.

Evidentemente, quando o método estatístico é aplicado para, por meio do particular, tirar conclusões ou fazer inferência sobre o geral, há possibilidade de cometer o que em Estatística se chama erro de inferência.

Assim, no exemplo de população apresentado, imagine o conjunto formado pelos proprietários de um automóvel no Brasil. Ao tomar uma amostra particular composta unicamente de pessoas do sexo feminino, incorreria em afirmar que todos os proprietários de automóvel no Brasil são desse sexo, o que se sabe ser um absurdo.

Os erros cometidos ao fazer inferência podem ser classificados em duas categorias: o erro tipo I, ou de primeira espécie, e o erro tipo II, ou de segunda espécie. Designando por H_0 uma hipótese que se queira colocar à prova, comumente chamada de hipótese nula, ela poderá ser falsa ou verdadeira, e seria possível tomar apenas duas decisões: ou aceitar ou rejeitar H_0. Essa situação será configurada no Quadro 31.1.

QUADRO 31.1

Decisão \ Características da hipótese	H_0 é falsa	H_0 é verdadeira
Aceito H_0	Erro tipo II	Acerto
Rejeito H_0	Acerto	Erro tipo I

No quadro apresentado estão configurados os dois tipos de erro. O erro tipo I é o que se comete quando há rejeição por uma hipótese verdadeira, ao passo que o erro tipo II é o cometido quando uma hipótese falsa é aceita como verdadeira. Embora, nos dois casos apresentados, sempre se estaria cometendo erros, é fácil perceber que, na sua essência, o erro de segunda espécie tem consequências muito mais "graves" do que o de primeira espécie. Assim, por exemplo, é muito melhor deixar de comer lebre quando pensa tratar-se de gato, embora seja lebre, do que comer gato pensando que é lebre, isto é, aceitar uma hipótese falsa como verdadeira. Essas constatações são importantes porque mostram que os testes de hipóteses a serem delineados para permitir resolver o problema da inferência deverão ser conduzidos no sentido da rejeição da hipótese nula, isto é, dado certo nível de significância α, que esse nível indique sempre a probabilidade que se tem em cometer um erro de primeira espécie. Daí ser comumente chamada a hipótese H_0 de nula, ou seja, uma hipótese geralmente contrária àquilo que se deseja.

31.2.6 Os três problemas fundamentais da Estatística

Da forma pela qual se conduziu a metodologia da Estatística, verifica-se que o seu objetivo maior é o da inferência. A inferência estatística pressupõe a resolução de três problemas: o da especificação, o da estimação e o da prova de hipóteses.

A prova de hipóteses, que foi verificada anteriormente, seria o último passo da inferência, no sentido de que possibilita verificar se uma hipótese é ou não válida.

Agora, quando se fala em testar hipótese, fala-se em testar características da população com base nos elementos da amostra, ou das amostras, selecionada(s). Essas características podem ser paramétricas ou não paramétricas.

No caso das características paramétricas, digam-se, por exemplo, a média e a variância de uma distribuição, que se pressupõem existirem na população quando se está trabalhando com amostras, não se têm os verdadeiros valores desses parâmetros, e sim valores "próximos" ou que, em média, devam reproduzir o "verdadeiro" valor. A parte da Estatística que se preocupa com a obtenção desses valores "próximos" é conhecida como *teoria da estimação*.

O elemento fundamental da teoria da estimação é o estimador, isto é, uma certa transformação T que, quando aplicada à população, $T(X_N)$, reproduz o verdadeiro valor do parâmetro e que, quando aplicada às amostras, $T(x_n)$, faz com que se obtenham estimativas do parâmetro populacional. São justamente essas estimativas que podem ser entendidas como valores "próximos" ou como as que em média reproduzem o valor do parâmetro existente na população dos resultados possíveis.

A teoria da estimação mostra, por exemplo, que não existe uma só transformação, ou estimador, T, que gere famílias de estimativas e sim várias. Daí a relevância que tem, em Estatística, a discussão das propriedades dos estimadores. Uma dessas propriedades, por exemplo, é a da *ausência de viés*. Nesse sentido, diz-se que um estimador é não viesado, ou justo, quando em média (quando aplicado em várias amostras) reproduz o verdadeiro valor do parâmetro.

O terceiro problema fundamental da Estatística citado diz respeito à especificação. Esse problema consiste em procurar saber qual a forma especificativa da função da variável aleatória E que apresenta a regularidade estatística apresentada anteriormente. No tempo, esse problema vem antes daquele da prova de hipóteses, uma vez que dá elementos para a discussão desses dois tipos de problemas. Aqui cabe destacar o papel relevante representado pela forma especificativa, ou distribuição, normal (Gauss), que supõe terem as estimativas uma distribuição de probabilidades simétricas, concentrando-se em torno da média, como um sino (por isso também é conhecida como *Bell Curve*).

A distribuição normal tem papel relevante na *teoria da inferência*, e é nessa distribuição e nas dela derivadas que toda a sistemática de decisão está baseada.

31.3 ■ A ECONOMETRIA

Foi visto que o conjunto de processos por intermédio dos quais a Estatística realiza as suas inferências constitui o método estatístico.

A Estatística Aplicada consiste na aplicação dos processos de análise estatística ao tratamento de dados de determinado campo específico. Entretanto, em cada campo de aplicação da estatística, os fatos a ela pertinentes estão sujeitos a determinadas estruturas características. Essas estruturas poderão ou não, teoricamente, ser ignoradas; ignorá-las significa tentar construções puramente empíricas, condicionadas à manutenção do estado de regularidade existente nas observações estatísticas.

Nesse sentido, a aplicação do método estatístico na análise dos dados numéricos de observação pode ser feita — conforme visto no histórico — segundo as orientações: medida sem e com teoria.

Segundo a orientação da medida sem teoria, o procedimento metodológico seria:

a) observação da realidade e constatação de possíveis estados de regularidade;

b) adoção da hipótese de que o estado de regularidade, empiricamente constatado na amostra, existe na população das observações possíveis;

c) descrição do estado de regularidade observada;

d) adoção dessa descrição como válida para a população dos resultados possíveis.

Em primeiro lugar, embora esse tipo de análise tenha como objeto fazer inferência dos possíveis estados de regularidade existentes na população, e embora uma análise desse tipo possa conduzir a uma conclusão sobre a estrutura responsável pelas observações, deve-se destacar que essa conclusão é de natureza descritiva, não apresentando nenhuma contribuição no sentido de permitir uma explicação da realidade. Em segundo lugar, deve-se destacar que essa construção fica enormemente condicionada à hipótese de manutenção do estado de regularidade: a hipótese de *coeteris paribus*. Em terceiro lugar, as construções empíricas são extremamente frágeis (por exemplo, os "Barômetros de Harvard") e devem ser admitidas somente por tempo provisório, enquanto não se dispuser de construções explicativas e racionais.

Por seu turno, a medida com teoria supõe, como ponto de partida, a existência de uma teoria explicativa, racionalmente elaborada, para o mecanismo a que os dados se referem, ou seja:

a) considerar os dados estatísticos que se pretende analisar;

b) considerar uma teoria (conjunto de hipóteses) que se proponha a explicar o mecanismo responsável pelos dados estatísticos observados;

c) verificar, por meio de processos estatísticos adequados, a diferença entre o comportamento apresentado pelos dados observados e o comportamento que esses mesmos dados deveriam apresentar se a teoria fosse adequada para descrevê-los.

A fase de cooperação da Estatística com a Economia, na orientação de medida com teoria, é muito recente, como visto. Essa fase de cooperação científica iniciou-se com o método econométrico de análise quantitativa na economia, do qual participam, conjuntamente, a teoria econômica, a Matemática, como linguagem ideal para uma quantificação, e a Estatística, como o método capaz de permitir uma ligação entre o conhecimento teórico e o comportamento da realidade, conforme esquema da Figura 31.1.

FIGURA 31.1

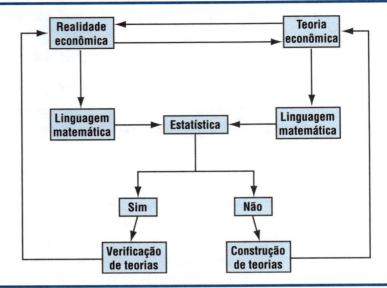

Assim, os objetivos da Econometria seriam:

1) efetuar medidas de variáveis e de agregados econômicos;
2) estimar parâmetros pertencentes às relações construídas pela teoria econômica;
3) formular hipóteses a respeito do comportamento da realidade;
4) submeter à prova, com base na observação da realidade, teorias fornecidas pela Economia;
5) construir novas teorias (conjunto de hipóteses).

Do organograma apresentado, pode-se verificar que a associação da teoria econômica à Matemática e à Estatística imprime duas características fundamentais à Econometria, isto é, a de ser inevitavelmente quantitativa e a de estar em estreito contato com a realidade. Pode-se dizer, portanto, que a Econometria é o ramo da Ciência Econômica que trata de quantificar, ou seja, de representar numericamente as relações econômicas, o que se realiza pela utilização adequada da teoria econômica, da Matemática e da Estatística: a Matemática como linguagem ou forma de expressão simbólica; e a Estatística como uma "ponte" entre a teoria e a realidade. Segundo Frisch, embora utilizando essas três disciplinas, a Econometria não é nem Estatística Econômica, nem teoria econômica, nem Economia Matemática. Entretanto, existem estágios fundamentais que são de natureza teórico-econômica, de um lado, e estatística, de outro. É comum passar, frequentemente, de um campo para outro, como uma espécie de jogo de vaivém ou, utilizando um exemplo de Tinbergen, como se tratasse de uma partida de tênis entre economistas puros e econometristas. O método de investigação econométrica é, portanto, dedutivo e indutivo ao mesmo tempo, constituindo-se, mesmo, na aplicação das regras da lógica à Economia.

QUESTÕES

1. A Estatística seria uma ciência ou um método de análise?
2. Como surgiu, historicamente, a necessidade da Econometria?
3. Qual a diferença entre "leis matemáticas" e "leis estatísticas"? Dê exemplos.
4. O que vem a ser o problema da inferência estatística?
5. Defina:
   a. erro tipo I e erro tipo II;
   b. hipótese nula.
6. O que vem a ser o teste ou prova de hipóteses?
7. Descreva a questão da especificação em Estatística.
8. Discuta o problema da estimação estatística. O que é estimador?
9. Discuta a questão da "medida sem teoria" e "medida com teoria", no campo estatístico.
10. Quais os objetivos da Econometria?

REFERÊNCIAS

BARBANCHO, A. G. *Fundamentos e possibilidades da Econometria*. Rio de Janeiro: Fórum Ed., 1970. Cap. 1.

BUENO, L. F. *Curso de estatística econômica:* introdução. São Paulo: FEA/USP, 1962.

CHRIST, C. F. *Econometric models and methods*. New York: John Willey & Sons, 1966. Cap. 1.

EATON, C. B.; EATON, D. F. *Microeconomia*. São Paulo: Saraiva, 1999.

ECONOMETRICA. Ragnar Frisch and the founding of the econometric society. 1960. Número especial.

FOX, K. A. *Econometric analysis for public policy*. The Iowa State College Press, 1958.

HAAVELMO, T. The role of the econometrician in the advancement of economic theory. *Econometrica*, v. 26, n. 3, 1958.

HILL, C.; GRIFFITHS, W.; JUDGE, G. *Econometria*. 2. ed. São Paulo: Saraiva, 2003.

MORETTIN, P. A.; BUSSAB, W. O. *Estatística básica*. 5. ed. São Paulo: Saraiva, 2002.

TINTNER, G. *Econometrics*. New York: John Willey & Sons, 1965. Cap. 1.

GLOSSÁRIO

Abertura Comercial: redução das barreiras comerciais sobre importações, como quotas, tarifas e entraves burocráticos.

Acordo de Livre-Comércio da América do Norte (NAFTA): propôs implantar uma área de livre comércio entre Estados Unidos, Canadá e México até o ano de 2008.

Agregados Monetários: conceito de moeda que inclui as quase-moedas. São eles: $M0$ = papel-moeda em poder do público; $M1$ (meio de pagamento restrito) + $M0$ + depósitos à vista; $M2 = M1$ + depósitos especiais remunerados + depósitos de poupança + títulos privados; $M3 = M2$ + quotas de fundos de renda fixa + operações compromissadas com títulos federais; $M4 = M3$ + títulos federais (Selic) + títulos estaduais e municipais.

Análise Dedutiva: método que parte das conclusões gerais para explicar fatos específicos.

Análise do "Resíduo": linha de estudo que demonstra que o crescimento americano no século XX é pouco explicado pelas variações observadas nos níveis de capital e de mão de obra. Grande parcela da explicação desse processo deve-se ao "progresso tecnológico", isto é, ao chamado "fator residual".

Análise Indutiva: método que parte dos fatos específicos para chegar a conclusões gerais.

Âncora Cambial: valorização da moeda nacional, com os objetivos de aumentar a concorrência dos produtos importados com os produtos nacionais e de estabilizar a inflação interna.

Âncora Monetária: política monetária contracionista, com o objetivo de reduzir a demanda agregada e controlar a inflação. Por exemplo, juros elevados e crédito restrito.

Argumentos Normativos: análise que contém, explícita ou implicitamente, um juízo de valor sobre alguma medida econômica. É uma análise do que deveria ser.

Argumentos Positivos: análise que não envolve juízo de valor, estando limitada a argumentos descritivos ou medições científicas. É uma análise do que é.

Armadilha da Liquidez: se a economia estiver em desemprego e com nível de taxa de juros muito baixo, toda eventual expansão monetária será retida para fins especulativos, não sendo aplicada na atividade produtiva. Trata-se de uma situação apontada por Keynes, na qual a política monetária seria totalmente ineficaz para promover o aumento da renda e do emprego.

Arranco: etapa do processo de crescimento em que se institucionaliza, com o surgimento de novos segmentos industriais associados a bens de consumo duráveis.

Balança Comercial: item do *balanço de pagamentos* em que são lançadas as exportações e importações de mercadorias, em termos FOB.

Balanço de Pagamentos: registro contábil de todas as transações de um país com o resto do mundo. Envolve transações com mercadorias, serviços e capitais (monetários e físicos).

Balanço de Transações Correntes: parte do *balanço de pagamentos* relativa à soma do balanço comercial, à conta serviços e rendas e às transferências unilaterais. Também chamado "Saldo em Conta-Corrente do Balanço de Pagamentos".

Base de Comparação: corresponde ao período (mês, ano) com o qual toda a série é comparada.

Base de Ponderação: corresponde à época de definição da estrutura de pesos ou de ponderações dos produtos e grupos componentes do número-índice.

Base Fixa: base de ponderação mantida inalterada ao longo da série.

Base Monetária: total de moeda em poder do setor privado, inclusive reservas dos bancos comerciais. Também chamada de moeda de alta potência (*high power money*), ou passivo monetário das autoridades monetárias.

Base Móvel: base de ponderação alterada a cada período de referência.

Base Móvel Encadeada: base de ponderação alterada a cada elo da cadeia, acompanhando o período--base de cálculo.

Bem de Consumo Saciado: dada uma variação na renda do consumidor, a quantidade demandada não se altera, *coeteris paribus* (tudo o mais constante). Por exemplo, alimentos como arroz, sal e açúcar.

Bem de Giffen: única exceção à Lei Geral da Demanda. A quantidade demandada de um bem varia diretamente com o seu preço, *coeteris paribus*. Curva de procura positivamente inclinada.

Bem Inferior: tipo de bem em que a quantidade demandada varia inversamente em relação ao nível de renda do consumidor, *coeteris paribus*. Assim, se a renda aumenta, a quantidade procurada diminui; se a renda decresce, a quantidade procurada aumenta. A elasticidade-renda da demanda é negativa.

Bem Normal: tipo de bem em que a quantidade demandada varia diretamente em relação ao nível de renda do consumidor, *coeteris paribus*. Assim, se a renda aumenta, a quantidade procurada aumenta; se a renda diminui, a quantidade demandada também cai. A elasticidade-renda da demanda é positiva e menor que um.

Bem Superior ou de Luxo: tipo de bem em que a quantidade demandada varia mais que proporcionalmente a variações na renda do consumidor, *coeteris paribus*. A elasticidade-renda da procura é maior que um.

Bens Complementares: bens consumidos conjuntamente.

Bens Comuns ou Recursos Comuns: bens rivais não exclusivos, de uso coletivo a determinada comunidade.

Bens de Capital: bens utilizados na fabricação de outros bens, mas que não se desgastam totalmente no processo produtivo. É o caso de máquinas, equipamentos e instalações.

Bens de Consumo: bens destinados diretamente ao atendimento das necessidades humanas. Podem ser classificados em *duráveis* (fogões, automóveis) ou *não duráveis* (alimentos, produtos de higiene e limpeza).

Bens Econômicos: bens escassos.

Bens Imateriais: serviços em geral, não mensuráveis, de caráter abstrato: transporte, hospedagem etc.

Bens Livres: bens disponíveis na natureza, não escassos, como ar e água.

Bens Materiais: têm características físicas de forma, peso e dimensão.

Bens ou Serviços Finais: bens ou serviços que são vendidos para consumo ou utilização final.

Bens ou Serviços Intermediários: bens ou serviços transformados ou agregados na produção de outros bens, consumidos no processo produtivo.

Bens Públicos: bens cuja oferta privada não é viabilizada apenas pelas forças de mercado da oferta e da demanda, por conta de sua não exclusividade e não rivalidade.

Bens Substitutos (ou Concorrentes): bem cujo consumo substitui o consumo de outro.

Brechas Fiscais: referem-se a lacunas na lei que possibilitam a discussão do não recolhimento do imposto por parte do contribuinte.

***Break-Even* point:** ponto de equilíbrio da produção, quando a receita total cobre exatamente os custos de produção, a partir do qual a empresa passa a apresentar lucros.

Cadastro Geral de Empregados e Desempregados (CAGED): Lei n. 4.923/65.

Câmara de Compensação: tem como função intermediar trocas de moeda ou de liquidez na economia.

Capital: conjunto (estoque) de bens econômicos heterogêneos, tais como máquinas, equipamentos, fábricas, terras, matérias-primas etc., capaz de reproduzir bens e serviços. O proprietário do capital é denominado *capitalista* e o sistema econômico baseado na propriedade privada do capital é o *capitalismo*.

Cartel: organização (formal ou informal) de empresas dentro de um setor que determina as políticas para todas as suas empresas.

Coeficiente de Vulnerabilidade: relação entre a dívida externa líquida e as exportações.

Coeteris Paribus: expressão latina que significa "tudo o mais constante". Na Microeconomia, analisa-se determinado mercado isolado dos demais. É a análise do equilíbrio parcial.

Concepção Humanística da Economia: coloca em plano superior os móveis psicológicos da atividade humana. A Economia repousa sobre atos humanos e é, por excelência, uma Ciência Social.

Concepção Mecanicista da Economia: corrente que considerava que as leis econômicas se comportavam como determinadas leis da Física. A terminologia utilizada era "estática", "dinâmica", "velocidade" etc.

Concepção Organicista da Economia: grupo que pretendia que a economia se comportasse como um órgão vivo e utilizava termos retirados da Biologia, como "órgãos", "funções", "circulação", "fluxos" etc.

Concorrência Monopolista (ou Imperfeita): estrutura de mercado com inúmeras empresas, produto diferenciado e livre acesso de firmas ao mercado, desde que elas possuam a tecnologia e o volume apropriado de capital.

Concorrência Perfeita: estrutura de mercado com número expressivo de firmas, com produto homogêneo, não existindo barreiras à entrada ou à saída de firmas.

Conflito Distributivo: ocorre quando a questão básica de fenômeno inflacionário está associada à disputa dos diversos agentes econômicos pela sua parcela na distribuição de renda.

Consumo Autônomo (ou Consumo Mínimo da Coletividade): consumo da coletividade quando a renda nacional for zero, ou seja, é a parcela do consumo que independe da renda nacional.

Conta Capital e Financeira: parte do *balanço de pagamentos* relativa às transações com capitais internacionais, físicos ou monetários. São registrados o capital das firmas estrangeiras que ingressam no país, o capital estrangeiro que ingressa sob a forma de empréstimos, os empréstimos de outros governos ao Brasil, os empréstimos do FMI etc. Antigamente, era chamada de balança de capitais ou movimento de capitais.

Conta Serviços e Rendas: item do *balanço de pagamentos* em que são lançadas as transações com serviços, como fretes, seguros, viagens internacionais, juros, lucros, *royalties*, assistência técnica etc., realizadas entre o país e os demais países. Antigamente, era chamada de balança de serviços.

Contabilidade Social: registro contábil da atividade econômica de um país em determinado período (normalmente, um ano). É uma técnica que se preocupa com a definição e os métodos de quantificação dos principais agregados macroeconômicos, como Produto Nacional, Consumo Global, Investimentos, Exportações etc.

Corrente Estruturalista: ver Estruturalismo.

Corrente Monetarista: ver Monetarismo.

Corrente Keynesiana: ver Keynesianos.

Credencialismo: refere-se à proliferação de escolas de nível superior no Brasil, fornecendo diplomas ou certificados cujo objetivo maior é atender aos requisitos para emprego, com deterioração do conteúdo educacional.

Crescimento Econômico: crescimento contínuo da renda total e *per capita* ao longo do tempo.

Curto Prazo: período no qual existe pelo menos um fator de produção fixo.

Curva de Lafer: mostra que, após certo nível da alíquota do imposto, qualquer elevação da taxa, em vez de aumentar a arrecadação total do governo, resultaria em uma redução, devido à evasão fiscal (sonegação), e em um desestímulo provocado sobre os negócios em geral.

Curva de Lorenz: curva utilizada para obter o coeficiente de Gini e cujo grau de convexidade indica o grau de desigualdade na distribuição da renda, isto é, quanto menos convexa, mais igualitária é a distribuição e quanto mais convexa, menos igualitária.

Curva de Phillips (versão original): revela que há uma relação inversa entre taxas de salários nominais (e inflação) e taxas de desemprego.

Curva de Phillips (versão aceleracionista): enfatiza o efeito das expectativas no mercado de trabalho.

Curva (fronteira) de Possibilidades de Produção (CPP): fronteira máxima daquilo que a Economia pode produzir, dados os recursos produtivos limitados. Mostra as alternativas de produção da sociedade, supondo os recursos plenamente empregados.

Curva IS: conjunto de pontos de equilíbrio entre taxa de juros e nível de renda, em que a oferta iguala à demanda agregada de bens e serviços. Do inglês *Investment-Saving*.

Curva LM: conjunto de pontos de equilíbrio entre taxa de juros e nível de renda, em que a oferta de moeda iguala à demanda de moeda. Do inglês *Liquidity-Money*.

Custo Brasil: custos adicionais impostos às empresas brasileiras na forma de juros, tributação, infraestrutura (transporte, portos) e encargos sociais, que tiram a competitividade sistêmica do país.

Custo de Oportunidade: grau de sacrifício exigido ao optar-se pela produção de um bem, em termos da produção alternativa sacrificada. Também chamado de custo alternativo ou custo implícito (por não envolver desembolso monetário).

Custo Fixo Médio (CFMe): custo fixo total dividido pela quantidade produzida.

Custo Fixo Total (CFT): parcela do custo que se mantém fixa quando a produção varia (aluguéis), ou seja, são os gastos com fatores fixos de produção.

Custo Marginal (CMg): variação do custo total, dada uma variação na quantidade produzida.

Custo Marginal de Longo Prazo: dado pelas variações do Custo Total de Longo Prazo e as variações da produção.

Custo Médio de Longo Prazo: curva envoltória das curvas de Custo Médio de Curto Prazo. Representa a variação dos custos quando se altera o tamanho de planta da empresa.

Custo Total (CT): gasto total da empresa com fatores de produção, composto de custos variáveis e custos fixos.

Custo Total Médio (CTMe ou CMe): custo total dividido pela quantidade produzida. Também chamado de *Custo Unitário*.

Custo Variável Médio (CVMe): custo variável total dividido pela quantidade produzida.

Custo Variável Total (CVT): parcela do custo que varia quando a produção varia (salários e matérias-primas). Depende da quantidade produzida.

Custos Contábeis: envolvem dispêndio monetário. É o custo explícito, considerado na contabilidade privada.

Custos de Longo Prazo: no longo prazo, só existem custos variáveis. O longo prazo é um horizonte de planejamento: as empresas têm um elenco de alternativas, com diferentes escalas (tamanhos) de planta, e escolhem uma delas.

Défice do Balanço de Pagamentos: diferença entre o saldo do *Balanço de Transações Correntes* e o do *Balanço de Capitais*.

Défice de Caixa: omite as parcelas do financiamento do setor público externo e do resto do sistema bancário, bem como fornecedores e empreiteiros. É a parcela do défice público financiada pelas autoridades monetárias.

Défice Nominal: défice total do governo, incluindo juros e correções monetária e cambial da dívida passada. Também chamado de *Necessidades de Financiamento do Setor Público — Conceito Nominal*.

Défice Operacional: diferença entre os gastos públicos e a arrecadação tributária no período, somadas aos juros reais da dívida passada, ou seja, não inclui a correção monetária e cambial da dívida. Também chamado de *Necessidades de Financiamento do Setor Público — Conceito Operacional*.

Défice Primário: diferença entre os gastos públicos e a arrecadação tributária do período. Não inclui a dívida passada.

Deflação: ocorre quando o efeito da inflação das séries monetárias ou nominais é retirado. É calculada pela divisão da série monetária por um índice de preços chamado *deflator*.

Demanda de Moeda para Transações: parcela da demanda de moeda que o público retém com o objetivo de satisfazer suas transações normais do dia a dia. Depende do nível de renda: quanto maior o nível de renda, maior será a necessidade da moeda para transações.

Demanda de Moeda por Especulação: parcela da demanda de moeda que o público retém com o objetivo de auferir algum ganho futuro na compra de ativos (títulos, imóveis etc.). Depende do nível das taxas de juros de mercado: quanto maior a taxa de juros, mais as pessoas aplicarão em ativos e menor será a retenção da moeda para especulação.

Demanda de Moeda por Precaução: parcela de moeda retida por pessoas e empresas para fazer face a pagamentos imprevistos ou atrasos de recebimentos esperados.

Demanda (ou Procura) Individual: quantidade de determinado bem ou serviço que o consumidor deseja adquirir em certo período.

Demonstrativo de Renúncias Fiscais: balanço das perdas de receita que decorrem de isenções e subsídios concedidos pelo governo federal.

Depreciação: consumo de capital físico em determinado período.

Deseconomias de escala: ocorre quando a empresa tem perdas ao aumentar a produção.

Desemprego Conjuntural: ocorre quando a demanda agregada de bens e serviços é insuficiente para absorver a oferta agregada de pleno-emprego. Também chamado de *Desemprego Keynesiano*.

Desemprego de Fatores de Produção: ocorre quando a demanda agregada está abaixo da oferta agregada de pleno emprego.

Desemprego Disfarçado: ocorre quando a produtividade marginal da mão de obra é nula. Por exemplo, em uma agricultura de subsistência, a retirada de trabalhadores da roça não reduz o produto agrícola.

Desemprego Estrutural: ocorre quando o padrão de desenvolvimento econômico adotado exclui uma parcela de trabalhadores do mercado de trabalho. Também chamado de *Desemprego Tecnológico*, deve-se ao desequilíbrio entre a oferta e a demanda de mão de obra de determinada qualificação.

Desemprego Friccional: surge em decorrência do processo dinâmico que caracteriza o mercado de trabalho, em que o sistema de informações sobre a oferta de vagas disponíveis no sistema produtivo é imperfeito. Existe um lapso de tempo entre a saída do indivíduo de um emprego e a obtenção de uma nova ocupação.

Desemprego Involuntário: ocorre quando o indivíduo deseja trabalhar à taxa de salários vigente, mas não encontra ocupação. Deve-se à insuficiência de demanda agregada na economia. Também conhecido como *Desemprego Keynesiano*.

Desemprego Keynesiano: ver Desemprego Conjuntural.

Desemprego Marxista: ver Desemprego Estrutural ou Tecnológico.

Desemprego Sazonal: ocorre devido ao caráter sazonal de determinados tipos de atividade econômica.

Desenvolvimento Econômico: parte da teoria econômica que se preocupa com a melhoria do padrão de vida da coletividade ao longo do tempo. Estuda questões como progresso tecnológico, estratégia de crescimento etc.

Despesa Nacional: total de gastos dos vários agentes econômicos, em termos agregados: despesas de consumo, despesas de investimento, gastos do governo e despesas líquidas do setor externo (exportações menos importações).

Desvalorização Real do Câmbio: ocorre quando a desvalorização nominal do câmbio supera a taxa de inflação interna.

Dilema dos Prisioneiros: tipo de jogo no qual o equilíbrio, independentemente de como foi alcançado, não é "ótimo de Pareto", o que significa possibilidades de resultados melhores para um ou ambos os jogadores, sem que o outro seja prejudicado.

Direitos de Propriedade: direitos que os agentes têm de controlar o acesso a recursos de que são titulares.

Discriminação de Preços: ato de cobrar preços diferenciados pelo mesmo bem ou serviço, sem que ocorra diferença proporcional nos custos de produção.

Dispêndio Agregado: o mesmo que Demanda ou Procura Agregada de Bens e Serviços. Corresponde aos gastos de consumo e investimento dos vários agentes macroeconômicos.

Distribuição Normal (ou de Gauss): supõe que as estimativas têm uma distribuição de probabilidade simétrica e seus valores estão concentrados em torno da média das estimativas. Conhecida também como *Bell Curve*, por ter uma distribuição que se assemelha a um sino.

Dumping: prática na qual uma empresa ou um país vende abaixo dos custos de produção, o que lhes dá vantagem no comércio.

Econometria: ramo da Ciência Econômica que trata de quantificar, isto é, de representar numericamente as relações econômicas, o que se realiza por meio da utilização da Teoria Econômica, da Matemática e da Estatística.

Economia: pode ser definida como a Ciência Social que estuda a maneira pela qual os homens decidem empregar recursos escassos a fim de produzir diferentes bens e serviços, de modo a distribuí-los entre as várias pessoas e grupos da sociedade, para satisfazer as necessidades humanas.

Economia a Dois Setores: em uma economia simplificada, supõe-se que os únicos agentes são as empresas (que produzem bens e serviços) e as famílias (que auferem rendimentos pela prestação de serviços).

Economia a Quatro Setores: uma economia completa, com os quatro agentes: famílias, empresas, setor público e setor externo.

Economia a Três Setores: uma economia hipotética, fechada, com três agentes: famílias, empresas e setor público.

Economia Centralizada (ou Economia Planificada): sistema econômico em que as questões econômicas fundamentais são resolvidas por um Órgão Central de Planejamento, e não pelo mercado. Tem também como característica a propriedade pública dos recursos produtivos.

Economia (Teoria) da Informação: trabalha com a probabilidade de que alguns agentes detêm mais informação que outros, conferindo-lhes uma posição diferenciada no mercado.

Economias de Escala: acontece quando a empresa tem rendimentos crescentes, aumentando a produção.

Economia de Mercado: sistema econômico em que as questões econômicas fundamentais são resolvidas pelo mercado. Caracteriza-se também pela propriedade privada dos recursos produtivos. Pode ser uma economia de mercado pura (*sistema de concorrência pura*) ou com a interferência do governo (*sistema de economia mista*).

Economia Informal: reflete a desobediência civil a atividades normais de mercado (sonegação, não registro em carteira de trabalho, Caixa Dois).

Efeito-Preço Total: variação da quantidade demandada quando varia o preço do bem, *coeteris paribus*. Divide-se em efeito-renda e efeito-substituição.

Efeito Oliveira-Tanzi: aumento do défice fiscal, provocado pela desvalorização real da arrecadação, em períodos de aumento da inflação.

Efeito-Renda: dada uma variação no preço de um bem, é o efeito sobre a quantidade demandada desse bem, derivado de uma mudança na renda real (ou poder aquisitivo) do consumidor, supondo a renda monetária e os preços dos outros bens constantes. Por exemplo, se o preço do bem x aumenta, a quantidade demandada de x cai, porque o poder aquisitivo do consumidor diminui, *coeteris paribus*.

Efeito-Substituição: dada uma variação no preço de um bem, é o efeito sobre a quantidade demandada desse bem, derivado de uma alteração nos preços relativos dos bens, supondo a renda monetária e os preços dos outros bens constantes. Por exemplo, se o preço do bem x aumenta, a quantidade demandada de x cai, porque o bem x fica relativamente mais caro que os outros bens, *coeteris paribus*.

Eficiência ou Ótimo de Pareto: uma alocação de recursos é considerada eficiente se não for possível melhorar a situação de um setor sem prejudicar a de outro.

Eficiência Marginal do Investimento: taxa de retorno esperada sobre a compra de um bem de capital. É a taxa que iguala o valor dos retornos líquidos que se espera obter com o investimento, com o preço de aquisição do equipamento.

Elasticidade: alteração percentual em uma variável, dada uma variação percentual em outra, *coeteris paribus*.

Elasticidade no Arco (ou no Ponto Médio): calculada dos pontos médios, e não em um ponto específico (por exemplo, preço médio e quantidade média).

Elasticidade no Ponto: calculada em um ponto específico (por exemplo, a um dado nível de preço e quantidade).

Elasticidade-Preço Cruzada da Demanda: variação percentual na quantidade demandada, dada a variação percentual no preço de outro bem, *coeteris paribus*. Quando for positiva, os bens são *substitutos*; quando negativa, os bens são *complementares*.

Elasticidade-Preço da Demanda: variação percentual na quantidade demandada, dada a variação percentual no preço do bem, *coeteris paribus*. Quando for maior que um (em módulo), o bem tem *demanda elástica*; quando menor que um (em módulo), o bem tem *demanda inelástica*; quando igual a um, o bem tem *demanda de elasticidade unitária*.

Elasticidade-Preço da Oferta: variação percentual na quantidade ofertada, dada a variação percentual no preço do bem, *coeteris paribus*. Quando for maior que um, o bem tem *oferta elástica*; quando menor que 1, o bem tem *oferta inelástica*; quando igual a um, o bem tem *oferta de elasticidade unitária*.

Elasticidade-Renda da Demanda: variação percentual na quantidade demandada, dada uma variação percentual na renda, *coeteris paribus*. Quando maior que um, é um *bem superior* ou de luxo; quando menor que um e maior que zero, é um *bem normal*; quando menor que zero, é um *bem inferior*.

Equilíbrio de Nash: dentro da Teoria dos Jogos, em que cada jogador (agente) está adotando a estratégia ótima, dada a estratégia adotada pelo outro jogador.

Equilíbrio Estável: no modelo macroeconômico básico, ocorre quando a poupança e o investimento programados (*ex ante*) são exatamente iguais aos realizados (*ex post*). Alternativamente, trata-se da situação em que a Oferta Agregada de Bens e Serviços se iguala à Demanda Agregada de Bens e Serviços.

Equilíbrio Geral: procura analisar se o comportamento independente de cada agente econômico conduz todos a uma posição de equilíbrio global, considerando-se a interdependência entre os mercados.

Equilíbrio Parcial: analisa um mercado específico isoladamente de outros mercados.

Era do Consumo de Massa: etapa do processo de crescimento no qual ele se consolida, quando os setores líderes se voltam para a produção de bens de consumo duráveis de alta tecnologia e serviços. São destinados maiores recursos para o bem-estar e a seguridade social.

Erro Tipo I: em Estatística, é o erro que se comete quando se rejeita uma hipótese verdadeira.

Erro Tipo II: em Estatística, é o erro que se comete quando se aceita uma hipótese falsa.

Escola Clássica: Escola que predominou no final do século XVIII e no século XIX. Consolidou a Economia como corpo científico próprio. Foram lançadas as bases do liberalismo econômico, em que prevalecem as forças de mercado, sem intervenção governamental. Seus expoentes foram Adam Smith, David Ricardo, John Stuart Mill e Jean Baptiste Say.

Escola de Lausanne ou Escola Matemática: dentro dos princípios marginalistas, empregava os processos de lógica matemática a partir da noção de equilíbrio.

Escola de Viena ou Escola Psicológica Austríaca: restringiu a Ciência Econômica em três campos: *Economia Pura* (dedutiva, construída sobre a psicologia do interesse pessoal, do *homus oeconomicus*); *Economia Aplicada* (indutiva, da observação dos fatos) e *Arte Econômica* (campo de formulação de regras da Política Econômica, da Economia Aplicada).

Escola do Desenvolvimento: dentro da Teoria de Desenvolvimento Econômico, corrente que estuda as causas do subdesenvolvimento e como fazer a passagem de uma economia atrasada, com base agrária, para uma economia industrial.

Escola Historicista (século XIX): criticou a ciência abstrata e dedutiva dos clássicos, substituindo-a pelo método concreto e indutivo. Os historicistas contribuíram para a consideração da atividade econômica em suas relações com o meio social.

Especificação Estatística: consiste em saber qual a forma matemática mais adequada para explicar o comportamento de uma dada variável.

Estabilizador Automático (*Built in*): ocorre quando a tributação progressiva tem efeito anticíclico sobre a renda disponível. Por exemplo, na recessão, o contribuinte que tivesse sua renda diminuída desceria de alíquota e teria uma redução no imposto, o que faria com que a renda disponível diminuísse menos que a renda nacional total.

Estagflação: ocorre quando se tem paralelamente taxas elevadas de inflação e recessão econômica.

Estática-Comparativa: confrontam-se duas ou mais posições de equilíbrio, sem qualquer preocupação com o que possa ter ocorrido durante a passagem da situação inicial para a final.

Estatística: matemática aplicada à análise dos dados numéricos de observação.

Estatística Aplicada: aplicação dos processos de análise estatística ao tratamento dos dados de um campo específico.

Estimação Estatística: valores obtidos de amostras, permitindo-se obter estimativas do parâmetro populacional.

Estimador Não Viesado (ou Justo): refere-se ao caso em que, quando aplicado em várias amostras, reproduz o verdadeiro valor (isto é, o valor para a população) do parâmetro em análise.

Estratégia: conjunto de ações a serem tomadas ao longo de um jogo.

Estratégia Dominante: uma estratégia é dominante em relação a outra quando os resultados obtidos com sua utilização são melhores que os resultados que seriam obtidos com outra estratégia, qualquer que seja a atuação dos outros jogadores.

Estratégia *Maxmin*: dentro da Teoria dos Jogos, em que os agentes adotam a estratégia de maximizar a probabilidade de perda mínima, ou minimizar a perda esperada.

Estruturalismo: corrente econômica surgida na América Latina, que supõe que a inflação em países subdesenvolvidos está associada a tensões de custos, causadas por problemas estruturais como a estrutura agrária, a estrutura oligopólica dos mercados e a estrutura do comércio internacional. É adepta de barreiras às importações para estimular a industrialização.

***Ex Ante*:** valores planejados, programados, previstos, como definidos na teoria macroeconômica.

***Ex Post*:** valores realizados, efetivos, como definidos na Contabilidade Social.

Excedente do Consumidor: ganho em bem-estar pelo fato de o consumidor pagar por um determinado bem ou serviço um preço menor que uma disposição máxima a pagar (preço de reserva).

Excedente do Produtor: ganho em bem-estar pelo fato de o produtor receber por determinado bem ou serviço um preço maior que sua disposição mínima a receber.

Excedente Operacional Bruto: nas contas nacionais, é a diferença entre o PIB a custo de fatores e o total de salários, ou seja, é o total de juros, aluguéis e lucros.

Externalidades ou Economias Externas: impactos gerados pelas atividades de produção ou consumo de agentes envolvidos em um mercado específico e que atingem outros agentes não diretamente envolvidos no mercado.

Falhas de Informação: como os agentes econômicos têm informação imperfeita a respeito dos preços de bens e serviços, eles não tomarão decisões corretamente quando forem ao mercado desejando adquiri-los.

Fator de Produção: bens ou serviços que, por meio do processo produtivo, são transformados em outros bens e serviços.

Fiscalistas: ver Keynesianos.

Fisiocracia: uma das escolas precursoras da Economia, embora ainda muito influenciada por questões de Filosofia, Ética e Religião, tendo seu apogeu entre 1760 e 1770. Preocupou-se com a questão da repartição do produto entre setores da atividade e enfatizou as leis naturais do Universo que condicionariam as relações econômicas. Seu principal nome foi François Quesnay, médico, e provavelmente o principal responsável por termos como *fluxos, órgãos, circulação*, que são de uso corrente também em Economia.

Float: ganhos do setor financeiro gerados pela inflação elevada.

Flutuação "Suja" da Taxa de Câmbio: no sistema de câmbio flutuante, rigorosamente a taxa de câmbio seria determinada pela interação entre a oferta e a demanda de divisas. Entretanto, o Banco Central pode interferir no mercado, comprando ou vendendo moeda estrangeira. Em inglês, *dirty floating*.

Fluxo Circular de Renda: fluxo que se estabelece entre as unidades produtoras e apropriadoras de renda, no mercado de bens e serviços e no mercado de fatores de produção.

Fórmula de Ievons: média geométrica ponderada do relativo de preços, com base de ponderação no período inicial.

Fórmula de Laspeyres: média aritmética ponderada do relativo de preços, com base de ponderação no período inicial.

Fórmula de Paasche: média harmônica ponderada do relativo de preços, com base de ponderação no período de referência.

Função Produção: relação técnica entre a quantidade física de fatores de produção e a quantidade física do produto, em determinado período.

Funções da Moeda: meio ou instrumento de troca; unidade de medida (ou unidade de conta); reserva de valor.

Funções do Banco Central: banco emissor; banco dos bancos; banco do governo; banco depositário das reservas internacionais.

Globalização: representada pela produção e distribuição de valores dentro de redes em escala mundial, com o acirramento da concorrência entre grupos multinacionais. O crescimento tecnológico acelerado gerou maior eficiência produtiva e maiores condições de competitividade.

Grau de Verticalização: quando uma empresa passa também a produzir componentes que antes comprava no mercado. Quanto maior o grau de verticalização da economia, menor a necessidade de moeda, já que as transações são fechadas apenas contabilmente.

Hiato Deflacionário: insuficiência da demanda agregada em relação à oferta agregada de pleno emprego. Tem-se uma situação de desemprego de recursos. Mostra em quanto a demanda agregada deve ser aumentada para que possa atingir o equilíbrio de pleno emprego.

Hiato do Produto: diferença entre a renda de equilíbrio (quando a oferta agregada é igual à demanda agregada) e a renda de pleno emprego.

Hiato Inflacionário: excesso de demanda agregada em relação à oferta agregada de pleno emprego. Tem-se aqui uma inflação de demanda. Mostra em quanto a demanda deve cair para restabelecer o equilíbrio de pleno emprego.

Homogeneidade (Produto Homogêneo): acontece quando todas as firmas oferecem um produto semelhante, homogêneo. Não há diferenças de embalagem e qualidade do produto nesse mercado.

Ilusão Monetária: segundo Keynes, dado um aumento de preços e salários, os trabalhadores não "sentem" o aumento de preços, percebem melhor seus salários e pensam que estão em situação melhor do que realmente estão. Isso faz com que aumentem a oferta de mão de obra. Os trabalhadores percebem mais o salário nominal que o salário real.

Imposto *Ad Valorem*: imposto sobre vendas, na forma de uma alíquota (percentual), fixo sobre o valor do bem.

Imposto de Pigou ou Pigouviano: tipo de imposto que corrige uma falha de mercado gerada por uma externalidade negativa.

Imposto Direto: incide diretamente sobre a renda das pessoas (por exemplo, Imposto de Renda).

Imposto Específico: imposto sobre vendas, na forma de um valor fixo sobre o valor do bem.

Imposto Indireto: incide sobre o preço das mercadorias (por exemplo, ICMS, IPI). Também chamado *Imposto de Venda*, pode ser específico e *ad valorem*.

Imposto Inflacionário: espécie de taxação que o Banco Central impõe à coletividade, pelo fato de deter o monopólio das emissões e nunca ter perda de poder de compra, mesmo com inflação elevada.

Imposto Progressivo: quanto maior o nível de renda, maior a proporção paga do imposto em relação à renda.

Imposto Proporcional ou Neutro: a proporção arrecadada do imposto permanece constante para todos os níveis de renda.

Imposto Regressivo: quanto maior o nível de renda, menor a proporção paga do imposto relativamente à renda.

Imposto sobre a Renda: sua incidência ocorre sobre os fluxos anuais de rendimento.

Imposto sobre a Riqueza (Patrimônio): a base tributária é o estoque acumulado de capital.

Imposto sobre Vendas de Mercadorias e Serviços: a base tributária é a compra e a venda de mercadorias e serviços.

Incidência Tributária: carga ou proporção do imposto paga efetivamente pelos consumidores e pelos produtores.

Indexação Formal: correção monetária fixada em contratos, como acordos salariais, aluguéis e contratos financeiros.

Indexação Informal: correção de preços de bens e serviços fornecidos por empresas privadas ou pelo governo visando recuperar as perdas inflacionárias.

Índice de Capacidade de Importar: relação entre a receita de exportações e o índice de preços de importação.

Índice de Desenvolvimento Humano: indexador calculado pela ONU para aferir o grau de desenvolvimento social de um país, da média de três indicadores: esperança de vida ao nascer; taxa de alfabetização de adultos combinada com taxas de matrícula no ensino fundamental, médio e superior; e renda *per capita*.

Índice de Emprego: mede a proporção da população economicamente ativa que, após certa idade, é empregada. É medido pela relação entre o volume de empregados e o total de força de trabalho (PEA).

Índice de Gini (ou Coeficiente de Gini): medida frequentemente utilizada para medir o grau de concentração da renda de uma localidade, região ou sociedade. É obtido por meio da curva de Lorenz e varia de zero (igualdade perfeita) a um (desigualdade perfeita).

Índice de Preços: número que reflete o crescimento dos preços de um conjunto de bens, servindo para medir a taxa de inflação e deflacionar séries monetárias ou nominais.

Índice de Preços ao Consumidor (Fipe): elaborado pela Fundação Instituto de Pesquisas Econômicas da Universidade de São Paulo, é calculado para o município de São Paulo, e a base de ponderação é constituída da estrutura de consumo de famílias que auferem entre 1 e 20 salários-mínimos.

Índice de Preços ao Consumidor Amplo (IPCA): estrutura e regiões abrangidas, igual ao INPC, com a diferença na base de ponderação do IPCA, calculado da estrutura de consumo de famílias cuja renda varia de 1 a 40 salários-mínimos.

Índice de Preços ao Consumidor Restrito (INPC): elaborado pelo IBGE, abrange dez capitais mais o Distrito Federal, e é calculado da estrutura de consumo de famílias de renda entre um a oito salários-mínimos.

Índice de Produtividade: medido pela relação entre o volume de produção sobre o número de trabalhadores envolvidos na geração daquela produção.

Índice de Relações de Troca (ou Termos de Intercâmbio): quociente do índice de preços dos produtos de exportação pelo índice de preços dos produtos importados.

Índice de Subemprego: indicador do grau de subutilização da mão de obra. De forma genérica, é medido pela relação entre o volume de desempregados e o total da força de trabalho (PEA).

Índice Geral de Preços (IGP): elaborado pela Fundação Getulio Vargas (RJ), é composto do Índice de Preços por Atacado (IPA), que corresponde a 60% do IGP, pelo Índice de Preços ao Consumidor (RJ e SP), que participa com 30%, e pelo Índice Nacional de Construção Civil (INCC). O IPA e o INCC são calculados para dez capitais mais o Distrito Federal. O período de coleta é o mês completo (do primeiro ao último dia do mês).

Índice Geral de Preços de Mercado (IGP-M): sua estrutura e regiões abrangidas são as mesmas do IGP. Diferencia-se no período de coleta de dados, que vai do dia 21 de um mês ao dia 20 do mês seguinte, e por apresentar prévias a cada dez dias.

Índice Integral de Divisa: considera o caso-limite de modificações instantâneas dos pesos e preços dos itens de um agregado.

Inflação: aumento contínuo e generalizado no nível geral de preços.

Inflação de Custos: ocorre quando o nível de demanda agregada permanece o mesmo, mas os custos de produção aumentam, diminuindo a oferta agregada. Também chamada de *inflação de oferta*.

Inflação de Demanda: diz respeito ao excesso de demanda agregada em relação à produção disponível (oferta agregada) de bens e serviços.

Inflação Inercial: inflação decorrente dos reajustes de preços e salários, provocada pelo mecanismo de indexação ou de correção monetária.

Influência Estatística: quando se procura, de amostras, tirar conclusões a respeito da população que deu origem a elas. Esse procedimento metodológico é o da indução (método indutivo), que utiliza o cálculo de probabilidades.

Informação Assimétrica: em uma relação contratual, uma das partes detém informação não disponível para a outra. Isso pode implicar custos adicionais nas transações (exigência de garantias), elevando os custos de transação (ver Seleção Adversa e Risco Moral).

Injeções ao Fluxo Circular de Renda: toda a renda adicionada ao fluxo de renda básico, entre famílias e empresas. São os investimentos, os gastos do governo e as exportações.

Institucionalistas: criticam o alto grau de abstração da teoria econômica e o fato de a mesma não incorporar na sua análise as instituições sociais. Seus grandes expoentes são John Kenneth Galbraith e Thornstein Veblen.

Investimento Agregado ou Taxa de Acumulação de Capital: aumento da capacidade produtiva da economia em dado período. É o gasto em bens que permitirão o aumento do consumo e do fluxo de renda futuro. Seus componentes são máquinas, equipamentos e construções (Investimentos em Bens de Capital ou Formação Bruta de Capital Fixo) e Variações de Estoques.

Investimento Autônomo: gastos em investimentos do nível de renda, ou seja, não induzidos pelas variações no nível de renda nacional.

Investimento Bruto: acumulação de capital. Variação do estoque de capital físico em dado período.

Investimento Líquido: investimento bruto, descontado da depreciação.

Isocusto: significa "igual custo", e é definido como uma linha na qual todos os pontos representam diferentes combinações de fatores, que indicam o mesmo custo total. Também chamado de *Linha de Preços na Produção*.

Isoquanta: significa "igual quantidade", e é definida como uma linha na qual todos os pontos representam diferentes combinações de fatores, que indicam a mesma quantidade produzida.

Isorrendimento: significa "igual rendimento". É a linha sobre a qual os pontos revelam as diferentes quantidades dos produtos que, vendidas no mercado aos seus respectivos preços, geram para a firma a mesma *Receita Total*.

Jogo Cooperativo: tipo de jogo em que acordos entre os jogadores são permitidos.

Jogo de Informação Completa: aquele no qual os jogadores possuem todas as informações necessárias para a tomada da decisão.

Jogo de Informação Imperfeita (Jogo Simultâneo): tipo de jogo em que os jogadores agem ao mesmo tempo, ou seja, um jogador não sabe o que o outro vai fazer.

Jogo de Informação Incompleta: aquele no qual parte das informações não está disponível.

Jogo de Informação Perfeita (Jogo Sequencial): os jogadores agem em sequência, isto é, um jogador sabe o que o outro fez antes de se decidir.

Jogo de Soma Constante: a soma dos resultados é sempre a mesma, independentemente das ações dos jogadores.

Jogo de Soma Variável: a soma dos resultados é inconstante.

Jogo de Soma Zero: caso particular do jogo de soma constante no qual o ganho de um jogador é sempre igual à perda do outro, independentemente das ações dos jogadores.

Jogo Não Cooperativo: não há possibilidade de acordos entre os jogadores.

Keynesianos: corrente econômica que enfatiza o papel do Estado como condutor do desenvolvimento, complementando a atuação do setor privado.

Lei de Diretrizes Orçamentárias (LDO): por determinação da Constituição Federal de 1988, o Executivo deve definir a cada ano suas metas e prioridades para o exercício financeiro subsequente, e o faz por meio de lei de diretrizes orçamentárias. Essa lei determina os parâmetros que devem ser observados na elaboração da lei orçamentária anual, dispõe sobre as modificações na legislação tributária e estabelece a política de aplicação das agências oficiais de fomento.

Lei de Say: princípio criado pelo francês Jean Baptiste Say, segundo o qual a oferta cria sua própria procura.

Lei dos Rendimentos Decrescentes: ao aumentar o fator variável (mão de obra), sendo dada a quantidade de um fator fixo, a produtividade marginal do fator variável cresce até certo ponto e, a partir daí, decresce até tornar-se negativa. Vale apenas se mantiver um fator fixo (portanto, só vale a curto prazo). Também chamada *Lei das Proporções Variáveis* ou, ainda, *Lei da Produtividade Marginal Decrescente*.

Lei Geral da Oferta: quantidade ofertada de um bem (ou serviço) que varia na relação direta com o preço do próprio bem, *coeteris paribus*.

Lei Geral da Procura: quantidade procurada de um bem ou serviço qualquer que varia na razão inversa da variação de seus preços, mantidas as demais influências constantes.

Leis Antitruste: atuam sobre a formação de preços em mercados monopolizados e oligopolizados, e sobre a conduta das empresas.

Leis Estatísticas: relações probabilísticas incertas, envolvendo sempre uma aleatoriedade ou erro. É o caso das relações entre variáveis econômicas, que não são relações exatas, mas probabilísticas.

Leis Matemáticas: relações exatas, sempre válidas (o comprimento da circunferência é sempre igual a 2p radianos).

Liberalismo: corrente econômica criada no século XVIII, que acredita que os mercados, sem interferência do governo, como que guiados por uma "mão invisível", conduzem a economia ao pleno emprego.

Libor: taxa de juros no mercado financeiro de Londres.

Longo Prazo: período no qual todos os fatores de produção variam, ou seja, não existem mais fatores fixos.

Lucro Extraordinário: uma vez que os custos totais já incluem os lucros normais (a remuneração do empresário ou seu custo de oportunidade), ocorrerão lucros extraordinários quando as receitas totais forem superiores aos custos totais.

Lucro Normal: remuneração do empresário medida pelo custo de oportunidade de empregar seus recursos em dada atividade, e não em uma alternativa. Nas curvas de custo, a teoria econômica incorpora os custos de oportunidade associados aos insumos, ou seja, remuneram-se todos os fatores de produção de propriedade do empresário.

$M0$: papel-moeda em poder do público.

$M1$: moeda em poder do público + depósitos à vista nos bancos comerciais.

$M2$: $M1$ + títulos públicos.

$M3$: $M2$ + depósitos de poupança.

$M4$: $M3$ + títulos privados (depósitos em CDB, RDB, letras).

Macroeconomia: estudo da determinação e do comportamento dos grandes agregados, como PIB, consumo nacional, investimento agregado, exportação, nível geral dos preços etc.

Mais-Valia: conceito criado por Marx. Refere-se à diferença entre o valor das mercadorias que os trabalhadores produzem e o valor da força de trabalho vendida aos capitalistas. Os lucros, juros e aluguéis, que são rendimentos da propriedade, representam a expressão da mais-valia.

Mão Invisível: base do pensamento liberal da Escola Clássica: milhões de consumidores e milhares de empresas, sozinhos, como que guiados por uma "mão invisível", encontram a posição de equilíbrio nos vários mercados, sem a intervenção do Estado. É o *laissez-faire*.

Mapa de Produção: família de isoquantas.

Marcha para o Amadurecimento: etapa do processo de crescimento em que a moderna tecnologia se estende dos setores líderes, que impulsionaram o arranco, para outros setores.

Marginalismo: base do pensamento neoclássico. Os conceitos de margem, como utilidade marginal, receita marginal, custo marginal, são mais relevantes para a tomada de decisões por parte de consumidores e empresários do que os conceitos de média (produtividade média, custo médio etc.).

Mark-up: margem da receita de vendas (faturamento) sobre os custos diretos de produção.

Marxismo: Escola baseada nos trabalhos de Karl Marx, desenvolvidos na segunda metade do século XX. Representa uma crítica ao Capitalismo, observando que o desenvolvimento tecnológico em regimes capitalistas levaria à marginalização dos trabalhadores. Baseia sua análise a partir da luta entre capitalistas e trabalhadores.

Matriz Insumo-Produto ou de Relações Intersetoriais: sistema de Contabilidade Social criado pelo economista russo Wassily Leontief, que mostra todas as transações agregadas de bens intermediários e finais da economia em determinado período.

Maximizar Lucro Total: corresponde ao volume de produção em que a Receita Marginal (RMg) é igual ao Custo Marginal (CMg).

Maxmin: ver Estratégia *Maxmin*.

Mecanismo de Transmissão da Política Monetária: meio pelo qual a política monetária afeta o comportamento dos agentes econômicos (setor real). Geralmente, este mecanismo está relacionado com a taxa de juros e o mercado de crédito.

Meios de Pagamento: estoque de moeda disponível para uso do setor privado não bancário a qualquer momento (ou seja, de liquidez imediata). É composto pela moeda em poder do público (moeda manual) e pelos depósitos à vista nos bancos comerciais (moeda escritural).

Mercado Atomizado: inúmeros vendedores e compradores (como "átomos"), de forma que um produtor isolado não tem condições de afetar o preço de mercado. Assim, o preço de mercado é fixado para a empresa, sendo determinado no mercado pela ação conjunta de ofertantes e consumidores.

Mercado de Trabalho: mercado em que se realiza a compra e venda de serviços de mão de obra, onde trabalhadores e empresários se confrontam, determinando conjuntamente os níveis de salários, o nível de emprego, as condições de trabalho e os demais aspectos relativos às relações entre capital e trabalho.

Mercado Formal de Trabalho: contempla as relações contratuais de trabalho, em grande parte determinadas pelas forças de mercado, ao mesmo tempo que são objeto de legislação específica que as regula.

Mercado Informal de Trabalho: prevalecem regras de funcionamento com um mínimo de interferência governamental.

Mercantilistas: são praticamente os precursores do estudo econômico sistematizado. Apesar de não apresentarem um conjunto analítico homogêneo, tinham preocupações explícitas sobre a acumulação de riquezas, comércio exterior e moeda. Enfatizaram o poder do Estado, considerando que o governo de um país seria mais forte e poderoso quanto maior fosse o seu estoque de metais preciosos. Seus principais nomes foram William Petty e Cantillon.

Mercosul (Acordo do Cone Sul): destinado a implantar até o ano de 2006 uma área de livre-comércio entre Brasil, Argentina, Uruguai e Paraguai, está desenvolvendo negociações com as demais nações sul-americanas, visando a criação de uma zona de livre-comércio na América do Sul.

Metas de Inflação: ver Sistema de Metas de Inflação.

Método Dialético: devido a Hegel e Marx, liga o concreto ao abstrato, o fato à ideia. Provocou a renovação do método histórico, que deixou de ser predominantemente descritivo para ser interpretativo.

Microeconomia (ou Teoria de Preços): estudo do comportamento dos consumidores e produtores em mercados específicos, preocupando-se em como são determinados os preços e as quantidades dos bens e serviços nesses mercados.

Minidesvalorizações Cambiais: política cambial adotada no Brasil a partir de 1968, com desvalorizações em períodos curtos.

Modelo Clássico de Oligopólio (ou Modelo Neoclássico): o objetivo da empresa é maximizar o lucro total (ou seja, igualar a receita marginal ao custo marginal).

Modelo de Concorrência Monopolística no Comércio Internacional: nesse modelo, é possível incorporar economias de escala e diferenciação do produto para explicar a existência de um importante comércio intraindústria.

Modelo de Cournot: modelo de duopólio (duas empresas produtoras no mercado). Cournot foi um dos pioneiros a mostrar como as empresas dependem umas das outras no oligopólio. A característica básica é que um empresário, ao tomar suas decisões sobre preços, supõe que os demais não reagirão, mantendo seus preços, ou seja, não reconhecem a interdependência entre si.

Modelo de Crescimento de Harrod-Domar: considera a taxa de crescimento do produto de um país como sendo determinada pela taxa de poupança (como proporção do PIB), multiplicada pela relação capital-produto.

Modelo de Lewis: modelo dual (agricultura/indústria), que mostra que o crescimento econômico advém da industrialização, abastecida com a oferta de mão de obra excedente da agricultura.

Modelo de *Mark-up*: modelo de oligopólio, em que o objetivo da firma é maximizar o *mark-up* e não os lucros. Este modelo parte do pressuposto de que as firmas conhecem melhor seus custos de produção do que a demanda do produto, razão pela qual o preço do produto é fixado de uma margem sobre os custos diretos de produção (*mark-up*).

Modelo de Sweezy (Curva da Procura Quebrada): busca explicar por que os preços no oligopólio permanecem fixados por períodos relativamente longos, mesmo com mudanças nos custos. A curva de demanda é elástica para preços acima do equilíbrio e inelástica para preços abaixo dele. Os oligopolistas reconhecem a interdependência entre si.

Modelos de Crescimento Endógeno: o avanço tecnológico promove uma realimentação do processo de crescimento econômico.

Moeda: objeto de aceitação geral, utilizado na troca de bens e serviços. Sua aceitação é garantida por lei (ou seja, a moeda tem "curso forçado" e sua única garantia é a legal).

Moeda Escritural: total de depósitos à vista nos bancos comerciais. Também chamada de *moeda bancária*.

Moeda Manual: total de moeda em poder do público (empresas privadas e pessoas físicas).

Monetarismo: corrente econômica que enfatiza o papel da política monetária, que seria menos intervencionista do que a política fiscal. São também liberais, no sentido de que a atuação do Estado deve ser direcionada para o fornecimento de bens públicos, como educação, saúde, justiça, segurança. Seu principal nome é Milton Friedman, da Universidade de Chicago. Também chamados ortodoxos ou neoliberais.

Monopólio: estrutura de mercado em que uma única empresa oferece dado produto sem substitutos próximos, constituindo barreiras à entrada de novas firmas.

Monopólio Bilateral: forma de mercado em que um monopsonista, na compra de um insumo, se defronta com um monopolista na venda desse insumo. Por exemplo, uma única fábrica em uma cidade do interior (monopsonista na compra) se defronta com um único sindicato de trabalhadores (monopolista na venda).

Monopólio Puro ou Natural: mercado em que as empresas apresentam elevadas economias de escala, o que lhes permite produzir a custos unitários de produção muito baixos e vender seu produto a preços que inviabilizam a entrada de novas firmas no mercado.

Monopsônio: único comprador se defronta com muitos vendedores de fatores de produção.

Multiplicador da Base Monetária: variação dos meios de pagamento, dada uma mudança no saldo da base monetária. A variação dos meios de pagamento é um múltiplo da variação da base monetária. É também chamado simplesmente de *multiplicador monetário*.

Multiplicador de Investimentos: variação da renda nacional, dada uma variação autônoma da demanda de investimentos. A renda nacional varia em um múltiplo da variação da demanda agregada de investimentos.

Neoclássicos: escola que se desenvolveu na segunda metade do século XIX e início do século XX. De princípios liberais (economia de mercado), foi responsável pela consolidação da formalização analítica em Economia e pelo uso intensivo da Matemática. Sua preocupação principal era com alocação ótima de recursos. Criaram a Teoria do Valor Utilidade, pela qual o preço dos bens é formado do grau de satisfação que o consumidor espera obter do bem, contrapondo-se à Teoria do Valor Trabalho, pela qual o valor dos bens seria derivado do lado da oferta ou dos custos da mão de obra. Seus principais expoentes foram Alfred Marshall, Leon Walras, Vilfredo Pareto, Joseph Schumpeter e Francis Edgeworth.

Núcleo de Inflação: índice de preços, em que são expurgadas, do índice geral, as variações transitórias, sazonais ou acidentais, que não provocam pressões persistentes sobre os preços, que são normalmente associadas a choques de oferta. Como são depurados esses choques, supõe-se que a inflação residual esteja associada à inflação de demanda. Trata-se de um indicador importante para a política monetária.

Número-Índice de Preços: estatística que visa medir a variação relativa de preços de um agregado de bens e serviços fisicamente diferentes, em uma sequência de períodos curtos.

Oferta: quantidade de determinado bem ou serviço que os produtores desejam vender, em determinado período.

Oligopólio: estrutura de mercado com pequeno número de empresas que dominam o mercado, formando barreiras à entrada de novas empresas.

Oligopsônio: poucos compradores defrontam-se com muitos vendedores do fator de produção.

***Open Market* ou Mercado Aberto:** mercado de compra e venda de títulos públicos.

Orçamento da Seguridade Social: compreende todas as entidades e órgãos vinculados ao Executivo: da saúde, Previdência Social e assistência social. É parte do Orçamento Geral da União.

Orçamento Geral da União: formado pela soma do orçamento fiscal, das estatais, da Seguridade Social e brechas fiscais.

Orçamento Público Moderno: a partir da década de 1930, o Estado começou a abandonar a neutralidade econômica, que caracterizava o pensamento liberal. O Estado passou a intervir para corrigir distorções do sistema econômico e estimular programas de desenvolvimento. As alterações orçamentárias passaram a ter uma grande importância.

Orçamento Público Tradicional: a principal função do orçamento tradicional era disciplinar as finanças públicas e possibilitar aos órgãos de representação um controle político sobre o Executivo. O orçamento estava a serviço da concepção do Estado Liberal, que tinha por finalidade manter o equilíbrio nas contas públicas. Nesse tipo de orçamento, o aspecto econômico não estava em primeiro plano. As contas públicas caracterizavam-se por sua neutralidade e o gasto público não tinha importância significativa, em termos econômicos.

Paradigma de Estrutura Conduta-Desempenho: preocupa-se com a avaliação do desempenho de determinado mercado frente ao desempenho esperado em uma situação ideal de concorrência perfeita. Procura avaliar em que medida as imperfeições de mercado limitam sua capacidade em atender às aspirações e demandas da sociedade por bens e serviços. Assume que o desempenho econômico pode ser alterado mediante intervenções sobre a estrutura de mercado e a conduta das firmas, o que serviria como guia para as políticas públicas.

Paradoxo da Parcimônia: se, por qualquer razão, a coletividade resolvesse tornar-se mais parcimoniosa, ou seja, desejasse poupar uma parcela maior da renda (consumir menos), acabaria por reduzir o nível de renda, caso os empresários mantivessem seus investimentos constantes.

Paradoxo de Giffen: ver Bem de Giffen.

Paridade da Taxa de Juros: a diferença, ou *spread*, entre a taxa de juros doméstica e a taxa de juros internacional deve-se igualar à variação esperada da taxa de câmbio nominal.

Pass-Through: efeito de variações cambiais sobre a taxa de inflação.

Passivo/Ativo Externo Líquido (ou poupança externa): saldo do balanço de transações correntes, com sinal trocado. Se o saldo do BTC é negativo, indica que o país aumentou seu endividamento externo, em termos financeiros (tem um passivo externo líquido), mas tem poupança externa positiva, pois absorveu bens e serviços em termos reais do exterior. Se o saldo do BTC é positivo, indica um ativo externo líquido, ou uma poupança externa negativa.

Payoff: conjunto de resultados possíveis em um jogo, resultante da interação entre as estratégias dos jogadores.

***Peak Loading Pricing* (Preços de Pico):** situações em que o produto apresenta uma variabilidade de demanda bastante elevada, como energia elétrica e transporte urbano.

Período-Base de Cálculo: período anterior considerado em uma série de números-índices.

Período de Referência: último período considerado em uma série de números-índices.

Peso Morto: custo social devido à redução da quantidade produzida, em função do preço de mercado estar acima do preço que seria cobrado em concorrência perfeita. Ocorre tanto em mercados não competitivos (monopólio, oligopólio), como pela imposição de impostos e tarifas pelo governo.

PIBPPP: conceito do PIB, considerando a paridade do poder de compra (*purchasing power parity*), no qual se supõe que o dólar tenha o mesmo poder de compra em todos os países. Na medição do PIB de cada país, em vez dos preços na moeda do país, consideram-se os preços das mercadorias e dos serviços nos Estados Unidos, em dólares, e as quantidades produzidas de cada país. Com essa metodologia, a ONU procura aferir adequadamente o grau de desenvolvimento econômico de cada país, independentemente da política cambial adotada.

Pleno Emprego: situação em que os recursos disponíveis estão sendo plenamente utilizados na produção de bens e serviços, garantindo o equilíbrio das atividades produtivas.

Pleno Emprego de Recursos: ocorre quando todos os recursos produtivos da economia estão sendo totalmente utilizados, ou seja, não existe capacidade ociosa nem trabalhadores desempregados.

Poder de Monopólio: ocorre quando um produtor, ou grupo de produtores, ao trabalhar com capacidade ociosa, coloca no mercado um volume menor de produção, cobrando preços superiores àqueles que seriam praticados se o mercado fosse competitivo.

Política Cambial: refere-se à atuação do governo sobre a taxa de câmbio.

Política Comercial: refere-se a medidas específicas para incentivar ou inibir o comércio exterior, que podem ser de ordem monetária, fiscal ou qualitativa, como a imposição de controles e barreiras a determinadas importações.

Política de Gastos Públicos: refere-se à alocação e distribuição dos gastos do setor público.

Política de Rendas: diz respeito à interferência direta do governo na formação de preços por meio do congelamento de preços e salários, fixação de reajustes salariais etc.

Política Fiscal: controle e administração das contas públicas por meio da política tributária e de gastos.

Política Monetária: diz respeito à atuação do governo sobre a quantidade de moeda, de crédito e do nível das taxas de juros, com o objetivo de manter a liquidez do sistema econômico.

Política Tributária: refere-se à arrecadação de impostos por meio da manipulação da estrutura e das alíquotas dos impostos.

Políticas Heterodoxas: termo associado a políticas implementadas no Brasil a partir de 1986, que localizam nos mecanismos de indexação a causa principal da inflação no país.

População Economicamente Ativa: genericamente, a Fundação IBGE considera economicamente ativas as pessoas com dez anos ou mais, que se encontram ocupadas ou que estão procurando ativamente uma ocupação.

População Economicamente Ativa (PEA) ou Força de Trabalho: conjunto de pessoas empregadas e desempregadas em dado período. É um subconjunto da População em Idade Ativa (PIA), que inclui donas de casa, estudantes, aposentados precocemente, inválidos etc.

Pós-Keynesianos: corrente que promoveu a releitura da obra de Keynes, procurando demonstrar que ele não desprezou o papel da moeda no sistema econômico. Enfatizam o papel da especulação financeira em Keynes e defendem que, quando necessário, o governo deve intervir na atividade econômica. Seus expoentes são Joan Robinson, Hyman Minsky, Paul Davison e Alessandro Vercelli.

Poupança Agregada: parcela da renda nacional não consumida no período, isto é, parte da renda gerada que não é gasta em bens de consumo no período.

Poupança Externa: o mesmo que passivo/ativo externo líquido.

Preço Absoluto: preço específico de determinado bem ou serviço.

Preço de um Bem: expressão monetária do valor de troca de um bem ou serviço.

Preço Relativo: preço de um bem comparado com os preços de outro(s) bem(ns).

Prime Rate: taxa de juros no mercado financeiro de Nova York.

Princípio da Anualidade: princípio legal pelo qual todo tributo só pode ser cobrado no ano seguinte à sua criação. Chamado inicialmente de *Princípio da Anterioridade*.

Princípio da Capacidade de Pagamento: princípio tributário pelo qual cada indivíduo deve pagar proporcionalmente à sua condição econômica.

Princípio da Demanda Efetiva: princípio criado por Keynes e pelo polonês Mikail Kalecki, segundo o qual a demanda agregada é o que determina as variações do produto e da renda a curto prazo. Inverte a Lei de Say, que acreditava ser a oferta agregada a determinante.

Princípio da Exclusão: diz que, quando o consumo do indivíduo A de determinado bem implica que ele tenha pago o preço do bem, o indivíduo B, que não pagou por esse bem, será excluído do consumo do mesmo. O consumo desse bem é rival.

Princípio do Acelerador: mostra que o nível de investimentos é influenciado pela taxa de crescimento do produto e não pelo nível do produto. Por exemplo, a encomenda de novos vagões está mais relacionada às flutuações do tráfego ferroviário do que ao nível do tráfego.

Princípio do Benefício: princípio de tributação no qual os indivíduos devem pagar impostos proporcionalmente aos benefícios que auferem dos gastos públicos.

Problema do "Carona" (*Free Rider*): dificuldade manifestada pelos agentes econômicos em revelar sua disposição a pagar por bens públicos que não são rivais (ver Bens Públicos).

Processo de Produção (ou Método de Produção): técnica pela qual um ou mais produtos podem ser obtidos de diferentes combinações dos fatores de produção, a um dado nível de tecnologia.

Produção: processo pelo qual uma firma transforma os fatores de produção adquiridos em produtos ou serviços para venda no mercado.

Produção Múltipla: ocorre quando a firma produz mais de um produto, dado seu estoque de fatores de produção.

Produtividade Marginal: variação do produto, dada uma variação no fator de produção. Por exemplo, a produtividade marginal da mão de obra é a variação da quantidade produzida, dada uma alteração na quantidade de mão de obra utilizada.

Produtividade Média: relação entre o nível do produto e a quantidade do fator de produção. Por exemplo, a produtividade média da mão de obra (ou produto por trabalhador) é a relação entre a quantidade produzida e o número de trabalhadores empregados.

Produto Interno Bruto (PIB): renda devida à produção, dentro dos limites territoriais do país.

Produto Nacional: valor de todos os bens e serviços finais produzidos em determinado.

Produto Nacional Bruto (PNB): renda que pertence efetivamente aos nacionais. É o PIB mais a renda líquida do exterior (dada pela diferença entre a renda recebida e a renda enviada, na forma de juros, lucros, *royalties* e assistência técnica).

Produto Nacional Líquido (PNL): Produto Nacional Bruto menos a depreciação.

Produto (Renda) Nominal: produto medido a preços correntes do período. O mesmo que produto (renda) monetário.

Produto (Renda) Real: produto medido a preços constantes de determinado ano (chamado ano-base), ou seja, é o produto deflacionado, do qual se retirou o efeito da inflação.

Produto Total (PT): quantidade total produzida em dado período.

Programa de Compras: dentro de uma política de fixação de preços mínimos para a agricultura, o governo compra toda a produção excedente, ao nível do preço mínimo.

Programa de Subsídios: dentro de uma política de fixação de preços mínimos para a agricultura, o governo permite que os preços caiam, mas, para manter a receita dos produtores, paga a estes um subsídio.

Propensão Marginal a Consumir: variação do consumo agregado, dada uma variação da renda nacional.

Propensão Marginal a Poupar: variação da poupança agregada, dada uma variação da renda nacional.

Propensão Média a Consumir: relação entre o nível de consumo agregado e o nível de renda nacional.

Propensão Média a Poupar: relação entre o nível de poupança agregada e o nível de renda nacional.

Quase-Moeda: ativos financeiros de alta liquidez que rendem juros, como títulos públicos, cadernetas de poupança, depósitos a prazo. Também chamados de *Haveres não Monetários*.

Receita Marginal: variação da receita total, dada uma variação na quantidade vendida.

Redesconto de Liquidez ou Comum: empréstimo do Banco Central aos bancos comerciais, quando de eventual défice na conta de compensação de cheques.

Redesconto Especial ou Seletivo: montante de recursos que o Banco Central coloca à disposição dos bancos comerciais, com o objetivo de incentivar setores específicos da economia.

Regime "Padrão Dólar" ou de Bretton Woods: vigorava até 1973, quando as principais moedas do mundo conviviam em um regime de taxa de câmbio nominal fixo.

Relação Produto-Capital: relação entre a variação da renda nacional e a variação no estoque de capital da economia. Mostra quantas unidades de renda podem ser produzidas por uma unidade de capital. Também chamada de *Produtividade Marginal do Capital*.

Remuneração dos Fatores: constitui-se da renda dos fatores de produção: salários, juros, aluguéis e lucros.

Renda Disponível do Setor Privado: renda efetivamente disponível para o setor privado gastar ou poupar. É igual à renda disponível total mais as transferências e subsídios do governo ao setor privado (pensões), e menos os impostos diretos e indiretos pagos pelas famílias e outras receitas correntes do governo.

Renda Disponível do Setor Público: renda disponível para o governo utilizar para seus gastos ou poupar. É dada pela diferença entre o total de receitas correntes do governo e as transferências e subsídios ao setor privado.

Renda Enviada ao Exterior (RE): parte do que foi produzido internamente que não pertence aos nacionais, principalmente o capital e a tecnologia. A remuneração desses fatores vai para fora, na forma de remessa de lucros, *royalties*, juros e assistência técnica.

Renda Líquida de Fatores Externos: remuneração dos ativos, de acordo com o país de origem. É a diferença entre a renda recebida do exterior e a renda enviada ao exterior, na forma de lucros, juros, *royalties* e assistência técnica. No Brasil, como a renda enviada supera a renda recebida, é chamada de Renda Líquida Enviada ao Exterior.

Renda Nacional: soma dos rendimentos pagos aos fatores de produção (salários, juros, aluguéis e lucros) em dado período.

Renda Nacional de Equilíbrio: a remuneração aos fatores de produção (salários, juros, aluguéis e lucros) — a Renda Nacional — iguala os gastos desejados em bens e serviços de consumo e investimento — a Despesa Nacional.

Renda Nominal: Renda Monetária igual à renda real multiplicada pelo nível geral de preços.

Renda Pessoal Disponível: renda recebida pelas famílias, que fica disponível para gastar ou poupar. É dada pela Renda Nacional (Renda Nacional Líquida a custo de fatores) mais as transferências do governo, menos os lucros não distribuídos pelas empresas, os impostos diretos, as contribuições previdenciárias e outras receitas do governo (taxas, multas etc.).

Renda Real: Renda Deflacionada, isto é, a Renda Nominal descontada a taxa de inflação.

Renda Recebida do Exterior (RR): renda recebida devido à produção, no exterior, de empresas nacionais.

Rendimentos Constantes de Escala: se todos os fatores crescem em dada proporção, a produção cresce na mesma proporção. A produtividade média dos fatores de produção permanece constante.

Rendimentos Crescentes de Escala (ou Economias de Escala): se todos os fatores de produção crescerem em uma mesma proporção, a produção crescerá em uma proporção maior. Isso ocorre porque empresas com maiores plantas permitem maior especialização de tarefas (melhor divisão do trabalho) e porque certas unidades de produção só podem ser operadas de um nível mínimo de produção (as chamadas *indivisibilidades na produção*).

Rendimentos Decrescentes de Escala (ou Deseconomias de Escala): se todos os fatores de produção crescem em uma mesma proporção, a produção cresce em uma proporção menor. A expansão da empresa pode provocar descentralização e acarretar problemas de comunicação entre a direção e as linhas de produção.

Reservas Compulsórias ou Obrigatórias: parcela dos depósitos à vista que os bancos comerciais são obrigados legalmente a reter no Banco Central. Também chamadas depósitos ou *encaixes compulsórios*, ou simplesmente *Compulsório*.

Reservas Totais dos Bancos Comerciais: soma das reservas de caixa, reservas obrigatórias e reservas voluntárias junto ao Banco Central.

Reservas Voluntárias ou Livres: conta dos bancos comerciais junto ao Banco Central, para atender a seu movimento de caixa e compensação de cheques. Também chamadas *depósitos* ou *encaixes voluntários*.

Restrições Não Tarifárias: a partir dos anos 1970, com o aumento da participação dos países em desenvolvimento no comércio internacional, os países ricos, para proteger suas indústrias, intensificaram a utilização de quotas de importação, de normas técnicas, fitossanitárias, de qualidade, meio ambiente e condições de trabalho, das restrições voluntárias à exportação e de leis comerciais para coibir a entrada de produtos importados.

Risco-Moral (*Moral Hazard*): dada a assimetria de informações, uma vez formalizado um contrato, uma das partes passa a tomar ações indesejáveis, que não são observadas pela outra parte, ações essas que comprometem o cumprimento do contrato.

Risco-país: relacionado à probabilidade de não pagamento dos passivos adquiridos por um país no exterior (ou seja, *default* ou calote).

Salário Real: salário nominal ou monetário, descontada a taxa de inflação. Obtido pela deflação do salário nominal por um índice de preços.

Seleção Adversa: existindo assimetria de informações, quando pode estar ocorrendo um erro de decisão. Por exemplo, quando em um empréstimo o credor seleciona maus pagadores, por falta de informação adequada.

Senhoriagem (*Seignoriage*): ganho implícito auferido pelo emissor de moeda, pelo fato de que o valor impresso da moeda (papel-moeda ou moeda metálica) é muito superior a seu custo de produção.

Serviços de Fatores: correspondem aos itens da conta de serviços e rendas que representam remuneração a fatores de produção externos, ou seja, é a própria renda líquida de fatores externos, que corresponde à soma de lucros, juros, *royalties* e assistência pagos e recebidos do exterior.

Serviços de Não Fatores: correspondem aos itens da conta de serviços e rendas que se referem a pagamentos a empresas estrangeiras na forma de fretes, seguros, transporte, viagens etc.

Sistema de Concorrência Pura: encontro do ponto de equilíbrio entre consumidores e produtores pelo mercado (sem a interferência do governo), por meio do mecanismo de preços. É a base da filosofia liberal.

Sistema de Contas Nacionais: sistema de Contabilidade Social criado pelo economista inglês Richard Stone, que considera apenas as transações com bens e serviços finais. Utiliza o método contábil das partidas dobradas e consiste em quatro contas básicas (PIB, Renda Nacional Disponível, Capital e Transações com o Resto do Mundo) e em uma conta complementar (Conta-Corrente das Administrações Públicas).

Sistema de Economia Mista: sistema predominantemente de economia de mercado, mas com a participação direta do governo, com o objetivo de eliminar distorções alocativas e distributivas que o mercado, sozinho, não tem condições de resolver.

Sistema de Metas de Inflação: estratégia de política monetária, em que se adotam como âncora nominal as taxas de inflação esperadas, para orientar expectativas de mercado. No Brasil, as metas de inflação para os dois próximos anos são fixadas pelo Conselho Monetário Nacional. O Banco Central, através do Comitê de Política Monetária (**COPOM**), em reuniões a cada 45 dias, controla a taxa de juros básica (Selic) de acordo com as expectativas de mercado, e anuncia a tendência (**viés**) da taxa de juros até a próxima reunião.

Spread: taxa de risco que incide sobre os empréstimos tomados pelo país, além da taxa de juros.

Steady State of Growth **(Crescimento em Estado Estável):** taxa de crescimento econômico, com equilíbrio entre oferta e demanda agregada, com pleno emprego de mão de obra e do estoque de capital.

Subemprego Encoberto: medido pela relação entre o número de indivíduos com produtividade igual ou inferior a certo valor prefixado e o total da PEA. Por dificuldade de mensuração da produtividade, usa-se, regra geral, a renda igual ou inferior a certo valor.

Subemprego Potencial: quantidade de mão de obra que pode ser liberada, dado um nível de produção, por meio de mudanças nas condições de exploração dos recursos ou transformações na indústria ou agricultura. Incorpora no conceito de subemprego a ideia de pobreza.

Subemprego Visível: diferença entre o volume real de horas trabalhadas pelo indivíduo e o volume de horas que ele poderia, de fato, trabalhar. Medida pela relação entre o número de indivíduos ocupados, trabalhando menos que determinado número de horas, e o total da PEA.

Substituição de Importações: estratégia de desenvolvimento econômico baseada no estabelecimento de barreiras às importações de produtos que a indústria nacional tem condições de produzir.

Take-off **(Arranco ou Decolagem):** segundo Rostow, é a etapa do desenvolvimento econômico na qual o país consolida o processo de industrialização, com o surgimento de novos segmentos, principalmente no setor de bens de consumo duráveis.

Tarifa em Duas Partes: estratégia de discriminação de preços, em que se cobra um preço de entrada e um preço de utilização. Por exemplo, em parques de diversão, onde se cobra um preço de entrada reduzido, garantindo grande afluência de consumidores, e um preço de utilização dos brinquedos elevado. No caso de impressoras, eletrônicos etc., pode ser mais vantajoso cobrar um elevado preço de aquisição, já que o preço de utilização é relativamente baixo.

Taxa de Câmbio: preço da moeda (ou divisa) estrangeira (reais por dólar, reais por euro etc.).

Taxa de Câmbio Fixa: ocorre quando o Banco Central mantém a taxa fixada por certo período, independentemente da oferta e da demanda de divisas.

Taxa de Câmbio Flutuante (ou Flexível): taxa de câmbio que varia conforme variam a oferta e a demanda de divisas. É a taxa de equilíbrio do mercado de divisas.

Taxa de Câmbio Real: mede a competitividade dos produtos nacionais no comércio exterior, e é dada pela relação entre preços externos e domésticos, ambos medidos na moeda nacional (reais).

Taxa de Desemprego: contabiliza os indivíduos que estão aptos, saudáveis e buscando trabalho, mas que não encontram ocupação à taxa de salários vigente. Estatisticamente, é a relação entre o número de desempregados e o total da força de trabalho (PEA).

Taxa de Participação na Força de Trabalho: indicador que reflete o nível de engajamento da população nas atividades produtivas, fornecendo uma aproximação do volume de oferta de emprego imediatamente disponível na economia. É medido pela relação entre a População Economicamente Ativa (PEA) e a População em Idade Ativa (PIA). Pode ser decomposta em Taxa de Ocupação e Taxa de Desocupação.

Taxa de Reservas Bancárias: relação entre as reservas totais dos bancos comerciais e os depósitos à vista.

Taxa de Retenção do Público: relação entre o total da moeda em poder do público e os depósitos à vista. Também pode ser definida como a relação entre o total da moeda em poder do público e o saldo dos meios de pagamento.

Taxa de Rotatividade da Mão de Obra: supõe que a mão de obra dispensada, ou que voluntariamente se demite, será substituída.

Taxa Marginal de Substituição Técnica: mostra qual deverá ser o acréscimo de utilização do fator x_1, para que, compensando o decréscimo da utilização do fator x_2, mantenha constante a quantidade produzida. Nesse caso, é a inclinação da Isoquanta. Também pode ser definida a Taxa Marginal de Substituição Técnica na linha de Isocustos: é o incremento na utilização do fator x_1, que compensará o decréscimo do fator x_2 de tal maneira que, mantidos constantes os preços desses fatores, a despesa ou o custo total de produção permaneça inalterado.

Taxa Marginal de Transformação: quantidade adicional de um produto final, que deve ser produzida para compensar a queda de um outro produto final, de forma que seja utilizada pela firma a mesma quantidade de insumos, ou seja, que a firma se mantenha em cima de sua Curva de Possibilidades de Produção. Também chamada de *Taxa Marginal de Substituição entre os Produtos*.

Tecnologia: inventário dos métodos de produção conhecidos. É o "estado das artes".

Teorema de Coase: no caso de externalidades negativas, os impostos pigouvianos podem não ser a melhor solução, desde que haja a possibilidade de negociação entre as partes envolvidas e que os custos de transação sejam baixos. Assim: "Na ausência de custos de transação, e independentemente dos direitos de propriedade, o resultado da negociação será eficiente". O nome foi dado devido ao economista Ronald Coase, Prêmio Nobel de Economia de 1991.

Teorema do Orçamento Equilibrado: se o governo efetuar gastos no mesmo montante dos impostos recolhidos (isto é, se o orçamento estiver equilibrado), o nível de renda nacional aumentará no mesmo montante do aumento nos gastos e nos impostos. Também chamado de *Teorema do Multiplicador Unitário* ou, ainda, *Teorema de Haavelmo*.

Teoria da Firma: parte da teoria microeconômica que explica o comportamento da unidade produtora.

Teoria da Organização Industrial: teoria que analisa mais detidamente mercados não competitivos, como monopólios e oligopólios, partindo de pressupostos diferentes da teoria tradicional. Baseado em estudos empíricos, mostra que a hipótese de maximização de lucro da teoria neoclássica está distante do que ocorre no mundo real. Analisa mais detidamente as imperfeições de mercado, e como limitam a capacidade de atuação da firma (ver Paradigma Estrutura-Conduta-Desempenho).

Teoria da Renda Permanente: modelo que relaciona o consumo e a poupança com a renda futura esperada, que também pode ser chamada de renda permanente. Nesse sentido, não havendo restrições ao crédito, o agente econômico reagiria mais às variações dessa renda futura, e não tanto às mudanças de renda corrente.

Teoria de Ciclo de Vida do Produto: procura explicar o Comércio Internacional a partir do progresso tecnológico e das várias etapas de vida de um produto. Novos produtos e processos produtivos tenderiam a surgir nos países ricos devido à demanda por produtos sofisticados e pela existência de capacidade empresarial e mão de obra altamente especializada para trabalhar em pesquisa e desenvolvimento. Deve-se a R. Vernon.

Teoria de Etapas de Rostow: por meio da análise da evolução histórica dos países desenvolvidos, detectam-se cinco estágios de desenvolvimento: a) sociedade tradicional, b) pré-requisito para o arranco, c) arranco (*take off*), d) crescimento autossustentável e e) consumo de massa.

Teoria de Paridade do Poder de Compra: a variação da taxa cambial de um país, entre dois períodos, é dada pelo quociente entre o índice de preços internos e externos.

Teoria de Produção: refere-se às relações tecnológicas e físicas entre a quantidade produzida e as quantidades de insumos utilizados na produção.

Teoria de Vantagens Comparativas: teoria de Comércio Internacional que afirma que uma nação exportará sempre aqueles produtos que produzir com custos relativamente menores que de outros, e importará os produtos nos quais tenha custos relativamente maiores, o que trará vantagens para ambas. Também chamada de *Teoria Clássica do Comércio Internacional*.

Teoria do Valor Trabalho: considera que o valor de um bem ou serviço se forma a partir dos custos da mão de obra incorporados ao bem; ou seja, o valor do bem se forma pelo lado da oferta.

Teoria do Valor Utilidade: supõe que o valor de um bem ou serviço se forma pela satisfação que o produto representa para o consumidor, ou seja, o valor é determinado pela demanda.

Teoria dos Custos: parte da Teoria Microeconômica que analisa as relações entre os preços dos insumos e a produção física.

Teoria dos Jogos: estudo das decisões em situações interativas, relativas a diversos ramos do conhecimento, inclusive a Economia.

Teoria Neoclássica do Comércio Internacional: enquanto o modelo clássico enfatiza a produtividade relativa da mão de obra entre os países para explicar as vantagens comparativas, a Teoria Neoclássica coloca no centro da explicação a diferença relativa da dotação de fatores de produção (capital e trabalho) entre os países: os países com abundância de capital exportam bens que usam intensivamente capital, enquanto os países com abundância de mão de obra têm vantagens na exportação de produtos intensivos nesse fator de produção. Também chamada de *Modelo de Heckscher-Ohlin-Samuelson*.

Teoria Quantitativa da Moeda: dada pela expressão $MV = Py$, em que M é a quantidade de moeda; V é a velocidade-renda da moeda; P, o nível geral de preços; e y, a renda nacional (PIB), sendo Py a renda nominal. Ela mostra que, multiplicando o estoque de moeda pela velocidade com que a moeda cria renda, tem-se o total da renda nominal.

Teoria Real do Ciclo Econômico: teoria que explica as flutuações econômicas a partir dos chamados choques de oferta.

Teste (Prova) de Hipóteses: em Estatística, é o passo que permite verificar se uma dada hipótese é válida ou não, quando confrontada com os dados da realidade.

Tragédia dos Comuns: consumo predatório de um bem ou recurso comum, decorrente do fato de os agentes não internalizarem os custos pelo uso do fator comum, na tomada de decisão individual.

Trajetória de Expansão (ou Caminho de Expansão): são pontos de equilíbrio do produtor, quando aumenta a escala da empresa. Corresponde aos pontos onde as curvas de isoquanta tangenciam as curvas de isocustos.

Transferências Unilaterais Correntes: item do balanço de pagamentos em que são lançados os donativos recebidos e enviados a outros países, seja em mercadorias, seja em donativos financeiros. Também chamadas de *Donativos*.

Transmutação de Ativos: diz respeito à função de transformar ativos com determinadas características de vencimento, volume, risco de crédito, risco de preço e liquidez em outros tipos de ativos com características diferentes.

Transparência do Mercado: quando os consumidores e vendedores conhecem tudo sobre o mercado (preços, lucros etc.).

Utilidade Marginal: grau de satisfação adicional (na margem) que os consumidores podem obter pelo consumo de mais uma unidade de um bem ou serviço.

Utilidade Total: grau de satisfação que os consumidores atribuem aos bens e serviços que podem adquirir no mercado.

Valor Adicionado: consiste em calcular o que cada ramo de atividade adicionou ao valor do produto final, em cada etapa do processo produtivo. É dado pela diferença entre o valor bruto da produção (receita de vendas) e as compras de bens intermediários (matérias-primas e componentes).

Valor de Troca: de um bem ou serviço, forma-se pelo encontro entre a oferta e a demanda no mercado; ou seja, é o próprio preço de mercado.

Valor de Uso: utilidade ou satisfação que o bem representa para o consumidor.

Variação da Demanda: deslocamento da curva da demanda, devido a alterações no preço de outros bens (substitutos ou complementares), na renda do consumidor ou nas preferências do consumidor.

Variação na Oferta: deslocamento da curva de oferta, devido a alterações no preço de outros bens (substitutos na produção), no custo dos fatores de produção, na tecnologia ou nos objetivos empresariais.

Variação na Quantidade Demandada: movimento ao longo da própria curva de demanda, devido a variação do preço do próprio bem, supondo todas as demais variáveis constantes.

Variação na Quantidade Ofertada: movimento ao longo da própria curva de oferta, devido à variação do preço do próprio bem, supondo todas as demais variáveis constantes.

Vazamentos do Fluxo Circular de Renda: referem-se a toda renda que não permanece no fluxo ("vazam"). São contituídos de poupança, tributação e importações.

Velocidade-Renda da Moeda ou Velocidade de Circulação da Moeda: número de giros que a moeda dá, em certo período, criando renda nacional. É dada pela relação entre a renda nominal (PIB corrente) e o saldo dos meios de pagamento.

Vetores de Preços: nos planos de estabilização recentes (Cruzado, Bresser, Verão), considera-se, para o período-base e/ou período de referência, a situação dos preços em um particular instante, em vez de coletar-se os preços ao longo de um período. Permitem encerrar a contagem inflacionária na moeda antiga e iniciar a medida de inflação na nova moeda.

Índice de Assuntos

A

abordagem de equilíbrio parcial, 301
ação oculta, 247
acumulação de capital, 39, 41, 48, 50, 55, 63, 80, 610
adiantamentos, 31, 32, 65
agências e instrumentos, 259
agentes
    deficitários, 302
    econômicos superavitários, 302
ágio, 415
agregados monetários, 378, 380, 383, 566
agricultura, 23, 30, 41, 71, 111, 266, 371, 411, 415, 514, 610, 618, 632
Akerlof, George, 99, 101
alocação de recursos, 222, 253
amostra(s), 428
análise
    dedutiva, 80, 674, 697
    dinâmica, 679
    econômica moderna, 29
    espacial, 679, 681
    indutiva, 697
    IS-LM, 87, 443-455
    macroeconômica, 102, 303, 308, 350, 679-680
    marginal, 77
    objetiva, 680-681
âncora
    cambial, 416, 418, 697
    monetária, 416
anéis de Von Thünen, 634
Antiguidade, 67-68, 99
arcabouço de análise, 29-30

argumentos, 4
    normativos, 6, 697
    positivos, 6, 697
armadilha da liquidez, 455, 697
arranco, 610
árvore de decisão, 277
assimetria de informação, 265

B

Balança
    comercial, 321, 404, 411, 569
    de capitais, 595, 598
    de pagamentos, 406, 556, 557, 562-564, 569
    de serviços, 321, 343, 571
    de transações correntes, 597, 598
balanço
    de pagamentos, 406, 556-557, 562, 563, 564, 585
    de transações correntes, 571-577, 581, 586, 595, 597-598
Banco Central, 376, 378-379, 382
    do Brasil, 379, 382, 385, 389
    funções do, 383, 705
        banco do governo, 383
        banco dos bancos, 383
        executor da política monetária, 383
bancos de investimento, 382
barreiras
    à entrada, 218
base
    de comparação, 430, 697
    de ponderação, 430, 697
    fixa, 430, 697
    monetária, 385-386, 698
    móvel, 430, 698

encadeada, 430, 698
bem(ns), 10
  complementares, 118, 698
  concorrentes, 117
  de capital, 318, 698
  de produção, 178
  econômicos, 10
  finais, 311, 698
  inferior(es), 119, 132, 698
  normais, 119, 120
  públicos, 257, 290-291, 651-653, 698
  substitutos, 117, 698
Böhm-Bawerk, Eugen, 78
built in, 704

C

Cade, 262-264
cálculo das probabilidades, 690
câmara de compensação, 380-381, 698
câmbio
  fixo, 416, 536-538, 556
  flutuante, 416-417, 480, 517, 537
capacidade
  de importar, 544
  de trabalho, 58
capital, 10, 17, 19-20, 40, 698
  intangível, 20
  lucro do, 40
  na esfera de competição, 61-65
  tangível, 20
Capitalismo, 20
capitalista, 20
cartel, 211, 221, 699
cartelização, 232, 260
cestas de mercadorias, 175
ciência econômica, 3
  concepções sobre, 7-10
  dedutivo, 4

definições, 4
depois de Keynes, 86-90
evolução da, 33, 67-99
indutivo, 4
método(s) científico(s), 4, 33
modelos, 4
natureza da investigação, 5
normativos, 6
objeto da, 10-11
positivos, 6
raízes da, 67-91
tendências atuais, 92
teoria, 4, 5
Coase, 243-246
Coeficiente
  base, 639
  de concentração de Gini, 505
  de mão de obra, 635
  de vulnerabilidade, 574, 699
coeteris paribus, 109, 699
comando e controle, 257
comércio internacional, 531-552
composição do financiamento das inversões, 366, 369
concorrência, 16
  do mercado
    de fatores, 16
    do produto, 16
  efetiva, 234
  imperfeita *ver* concorrência monopolista
  monopolista, 211, 699
  perfeita, 211, 215-218, 699
  potencial, 212, 234
condições
  de entrada, 234
  de produção, 30-32
conjuntos
  ativos, 633

ÍNDICE DE ASSUNTOS 723

    passivos, 633
consumidor, 146
    equilíbrio do, 167-171
    teoria do, 146-175, 146
consumo
    das famílias, 314, 317
    do governo, 324
    nacional privado, 351
conta(s)
    capital, 320
    corrente, 323
        das administrações públicas, 328
    nacionais, 309
        sistemas de, 309-346
    PIB, 309, 316
    renda nacional, 309
    transações correntes com o resto do mundo, 328
contabilidade nacional, 309
contabilidade social *ver* contabilidade nacional
contrato(s)
    de adesão, 262
    verticais, 261
contribuição dos economistas, 90-92
controle
    das fontes de suprimento, 214, 261
controvérsias
    metodológicas, 673
correção monetária, 406
credencialismo, 699
crematística, 67
criação científica da Economia, 70
crise, 398, 486
critério de tributação, 294
crowding-out, 456
curto prazo, 65, 82, 180, 699
curva
    de demanda, 117-121, 127

    de mercado, 120-121, 136
    derivando a, 175
    de igual rendimento, 206
    de indiferença, 156-157
    de Lafer, 699
    de demanda, 151
    IS, 443-446
    LM, 447-450
    possibilidade de produção (CPP), 201, 700
    transformação, 11-13
custo(s)
    curto prazo, 191, 194
    de oportunidade, 11-13, 109, 203, 700
    fixo
        médio (CFMe), 192-193, 700
        total (CFT), 192-193, 700
    longo prazo, 195, 700
    marginal (CMg), 110, 700
    produção, 109, 112, 177, 191
    total médio (CTMe), 192, 700
    variável
        médio (CVMe), 192, 700
        total (CVT), 191-192, 700

D

defesa da concorrência, 113
défice
    da balança de pagamentos, 556, 562, 564, 680
    de caixa, 700
    nominal ou total, 399, 700
    operacional, 399, 700
    primário ou fiscal, 398-399, 701
    público, 398-402
definições, 4
demanda
    agregada, 306, 329
    de exportação e importação, 366
    de mercado, 120

de moeda, 449
    para transações, 389, 701
    por especulação, 389, 701
    por precaução, 389, 701
de um bem, 117-119
elástica, 128
individual, 115
inelástica, 128
por divisas, 303
depreciação, 318
desempenho econômico, 232, 234
desemprego, 349
    cíclico, 473, 500
    disfarçado, 469, 610
    estrutural ou tecnológico, 473, 500, 701
    friccional, 473, 701
    involuntário, 473, 701
    sazonal, 473, 701
desenvolvimento econômico, 413, 468, 503, 607, 701
deslocamento, 363, 446
despesa nacional, 351, 357, 371, 701
desvalorização cambial, 481, 523, 701
diferenciação do(s) produto(s), 211, 551
dilema dos prisioneiros, 702
direito(s)
    coletivos, 265
    de alienação, 254
    de exploração, 254
    de propriedade, 256, 702
        plena, 255
    de uso, 254
    difusos, 265
    individuais homogêneos, 265
disponibilidade interna, 414, 437
distribuição da renda, 290, 506, 508
divisão do trabalho, 20-21
divisas

demanda por, 303
oferta de, 303
divulgação da teoria econômica matematizada, 93
duopólio(s), 112

E

econometria, 692-694, 702
econometristas *versus* economistas institucionalistas, 93
economia(s), 3, 702
    aberta, 320-327, 555
    ambiental, 617
    assimetria de informação da, 265, 287, 661
    autonomia da, 8-10
    brasileira, 531-537
    capacidade de trabalho, 58
    capital na esfera de competição, 61-65
    capitalista, 19-21
    centralizada, 21-23, 702
    da informação, 99
    de escala, 236-237
        reais, 237
    de mercado, 15, 19, 376, 702
    do bem-estar, 81
    dos custos de transação, 242, 245
    e Estatística, 9
    e Geografia, 9
    e História, 9
    e Matemática, 10
    e Política, 8
    e Sociologia, 9
    mais-valia, 62, 64, 75
    marxista, 64, 75
    medida de valor, 37, 50, 57
    mista de mercado, 18-19
    pecuniárias, 237
    política, 26, 42-52

  e a marxista, 52- 61
 problemas econômicos, 3-4, 11-15, 24
 processo de
  acumulação, 24, 41, 48, 60-61
  produção capitalista, 54, 57-60
 real, 317, 323
 regional e urbana, 631-640
 valor e dinheiro, 55-57
educação, 398, 433, 435-436, 439, 493, 495, 512
efeito Oliveira-Tanzi, 397, 702
eficiência, 22, 703
 de Pareto, 222
 econômica, 222
 marginal do investimento, 372-373, 703
  todas as firmas em conjunto, 373
  uma firma isolada, 373
elasticidade, 703
 no arco, 126-127, 703
 no ponto, 126-127, 703
  médio, 703
 preço
  cruzada da demanda, 131-132, 703
  da demanda, 131, 703
  de oferta, 132-133, 703
 renda da demanda, 132, 703
emprego
 formal, 463
empresa *ver* firma
entrada, 214
equilíbrio, 211, 214, 218, 220, 253, 260, 273, 282, 301, 304
 da firma, 191, 207-208, 214,
 de mercado, 122-144
 de Nash, 273, 703
 do consumidor, 167-171, 173-175
 geral, 77-79, 113, 703
 macroeconômico, 307, 374
  a pleno emprego, 303-304

  com desemprego, 374
escala de produção, 188
escambo, 376, 377
escola
 Cambridge, 78
 clássica, 72, 703
 de Lausanne, 78, 703
 de Viena, 78, 704
 institucionalista, 80-81
 Matemática *ver* escola de Lausanne
 neoclássica, 301
 Neoclássica Sueca, 80
 Psicológica Austríaca *ver* Escola de Viena
Espaço
 de planejamento, 632
 econômico, 63
 geoeconômico, 633
 geográfico, 632-633
 homogêneo, 644
 polarizado, 632
especialização, 20
especificação
 completa, 433
 incompleta, 433
especulação, 536
estabilizador automático (*built in*), 704
Estado, presença do, 18-19
estagflação, 408, 704
estatística, 686-688, 704
estratégias, 111, 224, 231, 704
 dominantes, 279-281, 704
estruturalista, 410
estruturas
 clássicas básicas, 212-218
 de mercado, 211-222
estudo
 da ciência econômica, 24
 de caso, 682-683

evolução do setor externo, 532, 569, 570

ex ante, 356

ex post, 356

excedente

de produção, 30, 35-36, 40

do consumidor, 148, 704

excesso

de demanda, 123-124

de oferta, 123

exemplo numérico, 48, 335, 340, 354, 359, 361, 365, 368

exportações, 321-322, 325, 328-329, 335, 341, 350, 366-367

F

fase contemporânea, 82-92

fator(es)

aglomerativo, 636

de produção, 109, 111-112, 637

desaglomerativo, 636

fixo, 180

variável, 180

fenômenos universais, 688-690

fim da geografia, 537

financiamento e investimento *ver* sociedades de crédito)

firma(s), 177, 190-209, 214, 217, 231, 235, 242, 260, 373, 382

de *leasing ver* sociedades de arrendamento mercantil

fiscalistas, 41, 705

fisiocracia, 70-72, 705

fisiocratas, 27-42, 71

fluxo circular da renda, 310, 314-316, 355

FMI, 332, 540

força de trabalho, 58-59, 61, 65, 464-466

forma

extensiva, 277-278

normal ou estratégica, 278-279

Fórmula

de Laspeyres, 423, 705

de Paasche, 424, 705

free-rider, 623-624

frequência, 245

Frisch, Ragnar, 92

formação de capital, 318, 345

função

alocativa, 608

consumo, 372, 374, 690

distributiva, 525

econômica do setor público, 591

produção

de curto prazo, 191

de longo prazo, 184, 191, 196

G

gastos do governo, 364-366

gestão

Maílson da Nóbrega, 585

Marcílio Marques Moreira, 588

Gini, coeficiente de, 505

globalização da economia mundial, 552

governo, 287

grandes questionamentos, 98-99

grau de concentração da renda, 504-506

grupo dos 7 (G7), 96, 503

H

Hall & Hitch, 225

heterodoxias, 92

hiato

deflacionário, 369-370, 705

inflacionário, 369-370, 705

hipóteses, 4-5

Hotelling, regra de, 628

I

Idade Média, 68
ideias fisiocráticas, 28-33
importações, 68, 83, 303, 321-323, 337, 366, 406
imposto(s)
    ad valorem, 140, 143, 294-295, 706
    direto, 324, 706
    específico, 140-142, 706
    indireto, 324, 706
    inflacionário, 402, 706
    neutro, 706
    progressivos, 294, 706
    proporcional, 294, 706
    regressivo, 294, 706
    sobre
        a renda, 294, 706
        a riqueza (patrimônio), 706
        as vendas, 140-144
        vendas de mercadorias e serviços, 706
incentivos financeiros, 257
indexação, 283, 411
    formal, 411, 706
    informal, 411, 706
índice(s)
    de custo de mão de obra, 635
    de emprego, 469, 476, 706
    de Gini, 481, 706
    de preços, 439, 706
        ao consumidor
            da Fipe, 439-440, 706
            para o Brasil (IPC-BR), 439
        no atacado (IPA), 437
    de produtividade, 479-480, 707
    de relações de troca, 544, 707
    de rotatividade, 475
    de salários reais e nominais, 477-479
    de subemprego, 707
    geral de preços (IGP), 437
        de mercado (IGP-M), 437, 707
    material, 635
    móveis, 430
    nacional de
        custo de construção (INCC), 440
        preços ao consumidor (INPC), 431, 434
            amplo (IPCA), 431
indústria-chave, 633
indústria motriz, 633
ineficiência
    alocativa, 323
    dinâmica, 323
    produtiva, 323
inflação, 397, 402, 404, 707
    causas, 411
    como medir, 422-440
    correção monetária, 406
    de custos, 407, 707
        autônoma, 408
        induzida, 408
    de demanda, 407, 409, 707
    inercial, 283-284, 707
informação oculta, 264
instrumento(s)
    da política monetária, 386-387
    de troca, 376
insumo-transporte, 637
intercâmbio *ver* índice de relações de troca
intermediários financeiros, 380-383
    bancários, 380-381
    não bancários, 381-382
intervencionismo keynesiano, 92, 95
investigação
    científica, 4
    na ciência econômica, 5
investimento, 317-327, 349
    agregado, 374, 444, 707

do governo, 364
externo, 599-601
nacional privado, 354-363, 366
Isard, Walter, 634
isocusto, 198-200, 708
isodapana
crítica, 636
isoquanta, 184-185, 708
propriedades da, 186-188
isorrendimento, 206, 708

J

jogadores, 272
jogo(s), 272
ações e estratégias, 276-276
caracterização de um jogo, 274-277
cooperativos, 275, 708
de informação
completa, 276, 708
imperfeita, 276, 708
incompleta, 276, 708
perfeita, 276, 708
de soma
constante, 277, 708
variável, 277, 708
zero, 277, 708
não cooperativo, 275, 708
representação de um, 277-279
resultados, 277
sequenciais, 277
simultâneos, 277
soluções do, 279-283
tipos de, 277
joint ventures, 263, 603

K

Keynes, John Maynard, 82
keynesianismo, 88, 93, 95-96

L

laissez-faire, 81
Laspeyres, 423
Lei
da escassez, 10-11
de Walras, 447
do preço único, 558
dos rendimentos decrescentes, 181-184, 708
Lekachman, 72
limitação dos dados, 506
linha de restrição orçamentária, 165-167
deslocamento da, 165-167
livre
iniciativa, 16-19
mobilidade, 215
localização industrial, 634
longo prazo, 180, 709
Lorenz, curva de, 504
Lösch, 632, 634
lucro, 199, 213, 214
extraordinário, 214, 709
normal, 214, 709

M

M1, M2, M3, M4, 379, 709
macroeconomia, 94, 109, 302-308, 709
mais-valia, 58, 709
Malthus, Thomas Robert, 73
mão invisível, 16, 41, 709
mapa de
indiferença, 650
produção, 184, 709
marginalismo, 78, 709
mark-up, 225, 709
Marshall, Alfred, 27, 77
Marx, Karl, 27, 52
trajetória intelectual de, 53-55

marxismo, 75-76, 709
Mason, 231, 234
massificação do ensino, 516
matriz
    de Leontief, 334
    insumo-produto, 327, 332-339, 709
maximização do lucro, 110, 225, 242
mecanismo(s)
    da disponibilidade de crédito, 388
    da riqueza, 388
    das expectativas, 388
    de equilíbrio de carteira, 387
    de transmissão da política monetária, 387-388
    do comércio internacional, 532-544
mecanização, 20
meio(s)
    de pagamento, 80, 379, 383-384, 390
    de troca, 21, 376-377
mercado
    cambial, 32
    de bens e serviços, 302
    de capitais, 386, 406
    de divisas, 556-557
    de títulos, 302
    de trabalho, 83, 219, 302, 461-500
        a dinâmica do, 521
        atividade econômica e o, 462-463
        comportamento do, 462, 480
        evolução no Brasil, 480-497
            fontes de informações, 480
            principais indicadores, 483
        formal, 461, 483, 518, 710
        indicadores do, 467-480
        informal, 461, 465, 710
        população economicamente ativa (PEA), 464-467
    monetário, 302
    negro, 139

    relevante, 263
mercantilismo, 68
    transformações, 68
        do padrão de vida, 68
        econômicas, 69
        geográficas, 69
        intelectuais, 68
        políticas, 69
        religiosas, 68
metodologia
    da ciência econômica, 671-683
    quantitativa na pesquisa econômica, 686-694
métodos da ciência econômica
    científico, 4
    dedutivo, 4
    indutivo, 4
    de investigação, 4
microeconomia, 109-114, 710
    lei geral da demanda, 698
Mill, John Stuart, 26, 49, 51, 74
modelo(s), 4
    clássico, 549, 710
    de Cournot, 211, 219-220, 710
    de economia aberta no curto prazo, 560
    de liderança-preço, 221-222
    de Lösch, 637
    de Sweezy, 211, 220-221, 711
    de Weber, 635-637
    IS-LM, 443, 451-456
    macroeconômicos, 85
    Mundell-Fleming, 555
    neoclássico, 549
    para economia aberta de pequeno porte, 562-563
moeda, 20-21, 376, 711
    conceito, 376
    escritural, 377, 711
    funções da, 376-377, 705

história da, 377-378
manual, 379, 711
mercadoria, 377
metálica, 379
quase-moeda, 378
simbólica, 378
sofisticada, 378
velocidade-renda da moeda, 390
monetarismo, 711
monetaristas, 306
monetização, 378, 584
monopólio, 82, 112, 211-212, 214, 711
bilateral, 711
natural, 258, 711
monopsônio, 711
motivo
portfólio, 447
transação, 447
movimento de capitais, 555, 557
multiplicador, 360
multiplicador monetário, 385, 711

N

Nash, 282
neoclassicismo, 78
oposições ao, 80-82
neoliberalismo, 88, 92, 96-97
nível de renda, 115, 302, 354-355, 363, 371
novos
clássicos, 307
keynesianos, 307
número-índice de preços, 423, 427, 711

O

o fim da geografia, 537
oferta, 121, 711
agregada, 349-350

de moeda, 383-386
global, 388, 437
oligopólio, 211, 219, 551, 712
oligopsônio, 219, 712
opções tecnológicas, 11-13
open market, 384, 712
orçamento
da seguridade social, 712
geral da união, 712
público, 588
moderno, 712
tradicional, 712
organização
econômica, problema da, 15-23
industrial, 224-250
overshooting, 592

P

Paasche, 434
países em desenvolvimento, 544, 552-553
baixo nível da qualidade de vida, 524
pobreza, 507, 516, 521
evolução histórica, 610
países subdesenvolvidos, 411
paradoxo da parcimônia, 363, 612
patrimônio, 342
payoff, 276-277, 284, 712
período-base de cálculo, 430, 712
período de referência, 430, 712
permissões negociáveis, 625
Perroux, 632
peso locacional, 635
Phillips, curva de, 418-421
plano
Bresser, 585
Collor, 587-588
Cruzado, 584
Real, 589-592

pleno emprego, 13, 303, 713
política(s)
    antitruste, 263
    cambial, 568, 713
    colonial mercantilista, 69
    de gastos públicos, 713
    de redesconto, 386-387
    de rendas, 410, 713
    econômica, 376
    credibilidade da, 283
    eficácia da, 532, 563
    fiscal, 371, 394, 451, 454-455, 713
        contracionista, 454, 456
        expansionista, 454, 456
    gradualista, 414
    monetária, 394, 411-413, 713
polo econômico, 633-634
poluição, 618-625
ponto de lucro máximo, 213
população, 504
    economicamente ativa (PEA), 464, 514, 713
    não economicamente ativa, 465
posição dominante, 263
poupança
    agregada, 543, 612, 713
    do governo, 324
    do setor privado, 324
    externa, 330
    interna, 330
    nacional, 354
preço(s)
    do bem, 116-117
    e distribuição da produção, 23
    e organização da produção, 22
    e quantidade de equilíbrio, 18-19
    máximos, 18
    mínimos, 18
    nível geral de, 349-350

    nominal, 37
predatório, 261
Prêmio Nobel, 67, 90-92
Princípio
    da capacidade de pagamento, 294, 714
    da demanda efetiva, 443, 714
    da equidade, 294, 506
    da exclusão, 651, 714
    do(s) benefício(s), 294, 714
    marginalista, 225, 231
problema(s)
    da inferência, 690
    dos bens comuns, 625
    econômicos, 3-4, 11
    metodológicos, 423, 504
processo
    de acumulação, 60-61
    de circulação, 32-33
    de produção capitalista, 57-60
    inflacionário brasileiro, 415
procura, 110
produção, 111-112, 122, 177, 714
    conceito, 177
    do capital, 60
    função, 705
    processo, 179
    teoria, 177, 718
produtividade
    marginal do fator variável, 181, 714
    média do fator variável, 181, 714
produto
    a preços de mercado, 325
    diferenciação de, 218, 235-236
    interno bruto (PIB), 309, 325, 462, 714
    nacional, 345, 714
        bruto (PNB), 714
        líquido (PNL), 302, 349, 714
    real, 350, 714

total do fator variável, 181
progresso tecnológico, 249, 291, 537
propensão
    marginal a
        consumir, 352, 445, 677, 714
        poupar, 355, 714
    média a consumir, 715
propriedade
    comum, 255
    individual plena, 255
        estatal, 255
        privada, 20
        pública, 23

Q

Quantidade
    ofertada, 122, 139, 222, 628
    quase-moeda, 379, 381, 384
Quesnay François, 28, 705
questão distributiva, 515
quociente locacional, 639

R

racionamento, 23, 138-140
receita
    marginal (RMg), 204, 213, 216, 715
    média (RMe), 204, 212-213
    total, 129, 130, 204
        das vendas, 204
recessão econômica, 408
recursos
    contábeis, 22
    de livre acesso, 255
    não renováveis, 627-629
    no mercado, 253-257
redesconto, 376, 383, 386
região polarizada, 633

regra de Hotelling, 628
regulamentação
    conceito, 253
    dos mercados, 253-269
    e incentivos, 256
relação entre
    a demanda
        de um bem e o preço dos outros bens, 117-119
        do bem e o gosto do consumidor, 120
        por um bem e a renda do consumidor, 119-120
        quantidade demandada e preço do bem,116
renda, 294
    disponível, 212
        do setor privado, 715
        do setor público, 715
    total, 503, 525
        enviada ao exterior, 326, 330, 715
        nacional (RN), 80, 309, 319, 321, 715
            de equilíbrio, 351, 353, 715
        pessoal disponível, 715
        recebida do exterior, 322, 326, 330, 715
    versus despesa, 349
rendimentos
    da firma, 177, 204-207
    de escala, 188-190, 715
        constantes, 188
        crescentes, 188, 716
        decrescentes, 188, 716
reservas obrigatórias, 385-386, 716
retomada do crescimento, 573
revolução
    keynesiana, 82-86
    matematizante, 92
Ricardo, David, 26
riqueza
    de um país, 29

ÍNDICE DE ASSUNTOS

teoria da, 30
risco moral, 247

S

Salário
    nominal, 477-479
    real, 456-458, 716
Say, Jean Baptiste, 74
seleção adversa, 249
setor
    externo da economia brasileira, 568
        evolução do, 569
    público, 571, 666
    terciário, 514, 610
sinalização, 248
síntese neoclássica, 94, 96, 304, 443
sistema
    de atribuição de direitos, 254-256, 258-259, 262-263, 265, 267-268
    de contas nacionais, 309, 716
    de defesa da concorrência, 260-264
    de preços, 15-21
    de proteção ao meio ambiente, 266-269
    IGP, 402, 437
    mercantilista, 28, 34, 41
    nacional de
        defesa do consumidor (SNDC), 264-266
        índices de preços ao consumidor (SNIPC), 431
    ONU *ver* sistemas de contas nacionais
    privado de preços, 16-18
Smith, Adam, 26-28, 33, 35, 70, 72
sociedade(s)
    corretoras e distribuidoras, 382
    de arrendamento mercantil, 382
    de crédito, 382
        imobiliário, 382
solução

    algébrica, 353-354, 358-359, 365, 368
    gráfica, 353, 354, 357, 364, 367
Spence, Michael, 101
Stiglitz, Joseph, 101
Stuart Mill, John, 26, 49, 51, 73, 74
subemprego
    encoberto, 717
    potencial, 717
    visível, 717
suplemento, 371=373

T

taxa(s)
    de câmbio, 532-539, 555, 717
        determinantes da, 557
        fixa, 536, 565, 717
        nominal, 523, 555-556
        real, 555-556
    de desemprego, 305, 419, 468-470, 472, 717
    de emprego, 473-474
    de inflação, 304, 395
    de participação na força de trabalho, 468, 474, 717
    de redesconto, 376
    de reservas, 384, 717
    de retenção do público, 384, 717
    marginal
        de substituição, 160-162, 718
        técnica na isocusto, 200
    pigouviana, 791, 624-625
teorema
    de Coase, 289, 620-621
    do orçamento equilibrado, 366, 718
teoria(s), 4-5
    behaviorista, 242-243
    da agência, 247-249
    da base econômica e da base de exportação, 639-641

da determinação da renda e produto nacional, 349

da escolha, 103

da firma, 177-210, 718

da produção, 177-178

da riqueza, 30

da utilidade, 77

    marginal, 77-78

do ciclo de vida do produto, 550

do comércio internacional, 545-552

do consumidor, 94, 113, 146-176, 177

do equilíbrio

    geral, 77-79

    parcial, 79-80

dos jogos, 113, 272-274, 719

dos lugares centrais, 638-639

dos mercados contestáveis, 239-241

econômica, 4-5

elementar da demanda, 115-121

evolucionista, 249-250

macroeconômica, 301-308

monetária, 376-392

neoclássica, 303

    do comércio internacional, 549-550, 719

    quantitativa da moeda, 389-392, 719

Tinbergen, Jan, 85

tipos de jogos, 274, 277

trabalho humano, 29, 35, 37, 42

transações correntes, 245, 322, 330

transferências unilaterais, 329, 570, 719

transmutação de ativos, 380, 719

transparência do mercado, 211, 719

tratamento de choque, 414

triângulo locacional, 636

tributos e sua classificação, 294

U

ubiquidades, 635

unidade

    de conta, 377

    econômica, 633

utilidade, 10

V

valor

    adicionado, 295, 719

    e dinheiro, 55-57

    real, 260, 404

vantagem absoluta de custos, 235

variável exógena, 216

velocidade de circulação da moeda, 64, 390

velocidade-renda da moeda, 390

vendas casadas, 261

Von Thünen, 632

W

Walras, Léon, 27, 53

Wicksell, Knut, 80

Wieser, Friedrich von, 78